러시아 침례교회사

러시아 침례교회사

초판 1쇄 인쇄 2019년 12월 15일

지은이	세르게이 니키토비치 사빈스키 · 요하네스 딕
편역자	강성규
발행인	이요섭
펴낸곳	요단출판사
편집	요단편집팀
디자인	요단디자인팀
제작	박태훈
영업	김승훈, 김창윤, 이대성, 정준용
	이영은, 김경혜, 정영아, 백지숙

등록	1973. 8. 23 제13-10호
주소	07238) 서울특별시 영등포구 국회대로 76길 10
기획 문의	(02)2643-9155
영업 문의	(02)2643-7290
	Fax(02)2643-1877
구입 문의	인터넷서점 유세근
	요단인터넷서점 www.jordanbook.com

Copyright ⓒ 2019 요단

값 39,000원
ISBN 978-89-350-1801-7

• 이 책의 모든 사진, 그림, 작품, 프로그램의 저작권은 도서출판 요단에 있습니다.
• 파손된 책은 구입하신 서점에서 교환해 드립니다. 책값은 뒤표지에 있습니다.

고난의 큰 싸움을 견디어 낸 것을 생각하라

러시아 침례교회사

세르게이 사빈스키, 요하네스 딕 외
러시아 복음주의 기독교 침례회 역사출판위원 지음

강성규 옮김

요단

차례

- 한국독자를 위한 저자 서문 • 12
- 서문 • 14
- 개요 • 20

제1부 _ 러시아 · 우크라이나 복음주의 침례회 연합형제회

|제1장| 러시아 국내의 종교적 추구와 다양성, 역사적 사건 개요(10세기~18세기 중엽) 34

루시 시대 러시아 최초의 기독교인 • 34
기독교 수용 • 37
러시아 국민의 종교적 추구와 다양성 • 38
러시아 국내의 성서 인쇄 시작 • 41
정교회 내부의 분열 구교도파 • 43
분열 후 종교적 추구 • 44
복음주의 부흥의 역사적 배경 • 54
러시아어 신약성서의 최초 번역과 복음 전파의 시작 • 57
독일인 정착촌의 부흥 • 62
몰우유파 • 67
농민 개혁 • 69
시노드 신약성서 개정번역과 출판 • 70
러시아성서공회의 러시아 국내 성서 보급 • 72
부흥 직전 러시아 국민의 종교적 상태 • 75

|제2장| 복음주의 침례교 운동의 발생(1860 ~ 1882년) 81

우크라이나 남부의 부흥운동 • 81
독일인 정착촌의 계속되는 부흥 • 81
우크라이나인 내부의 회심 • 87
시계파에서 침례교로 변화의 과정 • 96

키예프현내 최초의 시계파와 침례교　•102
　　　첫 번째 공동체의 생활　•106
　　　타우리드현의 복음 부흥　•110
　　　우크라이나 침례교의 교리　•113

캅카스의 복음 부흥　•115
　　　우유파 내부의 회심　•115
　　　티플리스 공동체의 영향력 증가　•120

상트페테르부르크의 부흥　•123
　　　부흥의 시작　•127
　　　부흥의 발전　•132
　　　상트페테르부르크의 중생한 그리스도인의 교리　•136

침례교 공인 입법기관의 법령　•138
메노파와 침례교의 공동회의　•140
러시아 · 우크라이나 복음주의 침례교 형제회 발생 요인　•142

| 제3장 | 1882~1905년의 복음주의 침례교 형제회　148

　　　역사적 상황　•148
　　　제1차 총회　•151
　　　사역 과정의 고난　•157
　　　교회성장의 추세　•170
　　　고난의 시련　•177
　　　러시아 침례교 공인　•189
　　　형제회 총회　•200

| 제4장 | 1905~1917년의 복음주의 확산과 형제회 생활　206

1905~1911년의 침례교 연합회　•214
　　　지역 교회의 활발한 활동　•214
　　　전러시아 형제회 총회, 제1차 세계침례교대회　•220

복음주의 기독교 연합회 설립 • 229

프로하노프의 상트페테르부르크 활동 • 229
러시아 복음주의 연합회 • 236
복음주의 기독교 교회 연합회 • 238
전 러시아 복음주의 기독교 총회 • 242
통합을 위한 추가적 노력 • 246

1912~1917년의 복음주의 침례교 형제회 • 249

출판 활동 • 257
사역자 양성 • 260
형제회 교회의 합창곡 • 263

|제5장| 1917년~1929년의 복음주의 침례교 형제회 266

1917~1922년의 복음주의 침례교 형제회의 생활 • 278

1917~1922년의 전러시아 총회와 침례교 연합회 임시 지도부 • 278
지역 교회의 생활과 사역 • 283

1917~1922년의 복음주의 기독교 형제회 • 290

영적 사역의 활성화와 전 러시아 총회 • 290
복음주의 기독교 지방회 • 294

1917~1923년의 연합회 활동 • 296

1922~1927년의 침례교연합회 • 305

전 러시아 침례교 총회 지도부 재구성 • 305
복음전파와 지방회 • 308
복음주의 침례교 원칙의 추가적 인준 • 312

1922~1927년의 복음주의 기독교 • 316

전 러시아 총회 • 316
복음주의 기독교 교회의 생활 • 318
복음주의 기독교의 교리 • 324

1927~1929년의 복음주의 침례교 형제회 • 326

출판 활동 • 329
설교자 양성 • 330
형제회 교회의 찬양과 음악 • 332

| 제6장 | 1929~1942년의 형제회 생활　335

　　　　믿음의 시련　•339
　　　　연맹의 상태와 활동　•341
　　　　전국민적인 시련 복음주의 기독교침례회 교회 생활의 부활　•349
　　　　침례교와 복음주의 기독교의 접근　•351

| 제7장 | 1942~1985년의 복음주의 침례교 형제회 생활　353

　　　　복음주의 기독교침례회 총연합회내 복음주의 계열 교회연합회　•353
　　　　　형제회 교회의 영적 부흥과 활발한 생활　•360

　　　　60년대 형제회 교회의 생활　•364
　　　　　형제회 분열　•364
　　　　　기독교 복음주의 침례회에 반대하는 선도 그룹의 활동　•369
　　　　　1963년 총연합회 총회. 형제회 통합의 활동 상태　•372
　　　　　1966년 총연합회 정기총회　•375
　　　　　1969년 제40차 총연합회 총회　•379

　　　　70~80년대 형제회 교회 생활　•380
　　　　　연합활동의 상태　•380
　　　　　제41차 총연합회 정기총회　•383
　　　　　제42차 총연합회 정기총회　•384
　　　　　제43차 총연합회 정기총회　•386

　　　　복음주의 기독교침례회 총연합회의 국제평화활동　•389
　　　　　신학교육　•409
　　　　　통신성서강좌　•409

　　　　복음주의 기독교침례회 교회의 찬양　•415

　　　　형제회 기독교 시문학　•423
　　　　　선배 시인　•425
　　　　　현대 시인　•439

| 제8장 | 연합회 형제회 교회의 현대 생활　442

　　　　복음주의 침례교회의 구조와 사역　•443
　　　　교회의 절기　•445
　　　　러시아연방 교회의 생활　•446

우크라이나 교회의 생활 • 450
카자흐스탄의 복음주의 침례교 형제회 • 456
중앙아시아의 교회 • 458
키르기스스탄 교회의 생활 • 459
남캅카스 교회의 생활 • 461

복음주의 기독교침례회 재외동포의 생활 • 466
러시아 · 우크라이나 형제회 • 466
에스토니아 형제회 • 468
라트비아 형제회 • 469
리투아니아 형제회 • 470

복음주의 기독교침례회 연합회의 연대별 주요 사건 • 470

제2부 _ 국제 형제회와 복음주의 기독교침례회 연합회 교단

|제9장| 몰도바 형제회 482

몰도바 국민의 영적부흥사 • 482
1907~1917년의 복음주의 침례교 운동 • 484
1918~1944년의 복음 전파 • 487
전쟁 이후 몰도바 교회 • 494
기독교신앙 복음주의 교회 • 498
찬양 사역 • 499
현대 몰도바 형제회 생활 • 500
몰도바 복음주의 기독교침례교회사의 주요 사건 • 503

|제10장| 에스토니아 형제회 505

에스토니아의 기독교 발생 • 505
1882~1904년의 자유교회와 침례교회의 발생 • 508
1905~1913년의 전도 확산 • 511
1914~1920년의 교회 생활 • 516
1922~1936년의 영적 상승기 • 516
1939~1945년의 교회 • 519

1945~1980년의 교회생활 •520
현대 에스토니아 형제회교회의 생활 •521
역사적 교회 •523
형제회 시문학 •528
에스토니아 기독교침례교회사의 주요 사건 •529

|제11장| 라트비아 형제회 531

준비된 길 •531
침례교 연합회 조직 •538
지역 교회의 생활 •543
찬양대와 음악 •548
도서 출판 •550
라트비아 침례교 시문학 •552
다양한 교회 사역 •555
라트비아 침례교회사의 주요 사건 •561

|제12장| 리투아니아 형제회 565

리투아니아 기독교 역사 개요 •565
복음주의 기독교침례회 운동의 시작 •567
복음주의 기독교침례회 교회 •568
시문학 •575
리투아니아 형제회 주요 사건 •575

|제13장| 벨로루시 형제회 577

기독교 시작(10~19세기 중엽) •577
19~20세기 초의 복음 전파 •580
1905~1917년의 복음주의 침례회 운동의 발전 •581
1917~1929년의 교회의 영적 상승 •583
벨로루시 서부의 교회 생활 •589
전쟁 이후와 현대의 벨로루시 형제회 생활 •594
찬양대 합창곡 •598
벨로루시 복음주의 기독교침례교회사의 주요 사건 •601

| 제14장 | 기독교 복음주의 신앙 602

오순절 운동의 발생 •602
러시아 북부의 오순절 운동 •603
러시아 서부의 오순절 운동 •604
우크라이나 남부의 기독교 복음주의 신앙 연합회 형성
보로나에프의 활동 •610
기독교 복음주의 신앙의 연합형제회 생활. 8월 합의서 •613
기독교 복음주의 신앙 역사의 주요 사건 •619

| 제15장 | 메노파 형제회 621

역사적 배경 •621
메노파 형제회 공동체의 발생 •631
1865~1917년의 혁명 전 시기 •636
1917~1929년의 혁명 후 시기 •648
1930~1940년의 영적활동 하락기 •651
영적활동 상승기 •652
메노파 형제회 교회의 찬양 •656
출판 활동 •658
첫 번째 독일인 침례교회 •659
메노파 형제회 역사의 주요 사건 •664

| 제16장 | 복음주의 침례교 형제회 교리 개요 666

부록

| 부록 1 | 교단 소속 개교회 생활의 기록 686

러시아 연방 교회 •686
복음주의 기독교침례회 모스크바 교회 •686
복음주의 기독교 공동체 •689
침례교 공동체 •691
찬양 사역 •698

레닌그라드 교회 생활 • 700
　　　　봉쇄 기간의 교회(1941~1944. 1.) • 702
　　　　교회 회복 • 707
　　　　교회 수리 • 708
　　스몰렌스크 교회 • 716
　　로스토프 교회 • 717
　　식팁카르 교회 • 721
　　노보시비르스크 교회 • 723
　　크라스노야르스크 교회 • 725
　　극동 교회 • 728
　　수자노보 교회 • 735

우크라이나 교회 • 737
　　키예프 교회 • 737
　　자포리자 교회 • 743
　　키로보흐라드 교회 • 744
　　리비우 교회 • 745
　　하르키우 교회 • 750
　　오데사 교회 • 754

남캅카스 교회 • 759
　　트빌리시 교회 • 759
　　예레반 교회 • 762
　　바쿠 교회 • 762

카자흐스탄 교회 • 763
　　알마티 교회 • 763
　　잠불 교회 • 768

중앙아시아 교회 • 771

키르기스스탄 교회 • 779
　　프룬제 교회 • 780

| 부록 2 | 복음주의 기독교침례회 총회 연도별 기록표　782

| 부록 3 | 복음주의 침례교 운동가 약력　787

■ 참고문헌 • 836

한국 독자를 위한 저자 서문

여러분 앞에 러시아와 소련의 침례교 역사책이 있다. 책을 출판한 지 30년이 지난 지금 어떤 것들은 달리 보이지만 과거는 뒤에서 더 잘 보인다. 그와 더불어 오랜 세월의 경험을 비추어 보면 교회의 기원과 발전에 결정적인 역할을 하는 것은 생명과 능력을 주시는 성령과 방향을 제시하고 인도하는 하나님의 말씀이라는 것을 알게 된다.

러시아와 소련의 침례교는 끊임없는 대립의 역사였다. 침례교는 많은 사람의 반대와 4세대 동안 국가적이고 총체적인 4회의 거센 박해 속에서 고난을 겪으며 성장했다.

침례교가 현재도 존재하고 있다는 사실은 하나님의 놀라운 기적이며 신자들의 굳건함으로 인한 결과이다. 러시아와 소련 시절의 침례교는 항상 다민족이었다. 언어와 문화의 다양성은 하나님 나라의 설립과 확장을 위한 독특한 조건을 만들었다. 하나님의 은혜는 뚜렷한 민족적 특징의 한 측면을 가지고 있고, 다른 한 측면은 다양한 민족으로 구성된 교회들의 상호 풍요로움이 작용하였다.

러시아 침례교는 사람들 가운데 성서가 널리 보급되기 시작하면서 발생했다. 침례교 부흥의 원동력은 교육적, 사회적 지위에 상관없이 모두가 하나님의 말씀을 전파했다는 것이다. 여기에서 말씀을 따르는 전통이 생겨났고, 그것은 항상 부족했던 교육 기관이 아니라 교회에서 시행되고 전달되었다. 교회에서 하나님의 말씀에 따라 생활하도록 가르치는 것이 중요했다.

러시아와 소련의 복음주의 기독교침례회 역사가 한국어로 나온다니 기쁘다. 러시아와 소련의 침례교회사는 많은 교훈과 유익이 될 것이다. 이 책이 한국 독자들에게 축복이 되기를 소망한다.

2019. 4. 4.
요하네스 딕

서문

러시아 침례교회사는 소련 시절의 침례교회 발생과 생활 그리고 현대 복음주의 기독교침례회에 관한 내용이다. 교회사는 다음과 같은 중요한 시기를 포함한다. 전 역사(10~19세기 중엽), 복음주의 운동 출현기(1860~1882년), 교회 생활기(1882~1905년)의, 복음주의 운동 부흥기(1905~1917년), 혁명 후기(1917~1929년, 1929~1942년), 현대(1942~1980년)이다. 복음주의 침례교 운동과 관련된 사건은 18세기 리투아니아 공동체 시기부터 현대까지이다. 주요 내용은 1~7장, 16장에 소개된 러시아·우크라이나 복음주의 침례교회이다.[1] 러시아 침례교회사는 국외 침례교회의 생활도 소개한다. 9장 몰도바 침례교회, 10장 에스토니아 침례교회, 11장 라트비아 침례교회, 12장 리투아니아 침례교회, 13장 벨로루시 침례교회, 14장 타교단~오순절 교회, 15장 메노파 교회, 16장 침례교회 교리다.

러시아·우크라이나 교회사의 기술은 역사를 잘 아는 프로하노프와 파블로프가 첫 번째 과제의 책임을 졌다. 프로하노프는 1895년에 [대담] 잡지 발행인으로 복음주의 침례교 운동 발생 시에 관한 별도의 글을 기고하기 시작했다. 파블로프

---

1. 사빈스키Savinsky, S.N., 『소련과 러시아 시대의 러시아·우크라이나 복음주의침례교회사 요약』, 공식적인 연구 문서. 필사본.

는 1911년에 [침례교] 잡지에 '침례교의 진실'이라는 글을 게재했다. 침례교 총회는 1920년에 파블로프에게 자세한 침례교회사 집필을 위임하였다. 그런데 그가 갑자기 사망하여 그 사역은 중단되었다. 프로하노프 주도로 1924년부터 복음주의 기독교침례회 총연합회에서 역사 자료를 수집하기 시작했다. 그 결과 역사 자료들이 만들어졌고 그중 일부가 짓코프 서고에 보관되었다. 이바노프 클리시니코프는 1927년에 복음주의 침례교회 60주년을 맞아 간략한 역사를 썼다. [침례교]와 [우크라이나 침례교] 잡지에 다른 저자들의 글이 실렸다. 다츠코는 1937년에 어려운 상황으로 인해 기록할 수 없었던 교회사를 기록하기 위해 역사 자료를 수집했다.

전국 복음주의 기독교침례회 연합회 위원회는 1954년에 [형제들 소식]을 통해 역사 자료를 수집해 달라고 요청했다. 많은 교회가 반응했고 자료들을 보내 주었다. 복음주의 침례교회사 집필의 과제는 총회와 전체 회의에서 여러 번 논의되었다. 카레프 사무총장은 1966년에 전국 복음주의 침례회 총연합회 연차보고 때 복음주의 운동의 크고 작은 역사를 기록해야 한다는 필요성을 언급했고 2개의 역사가 만들어질 것이라고 했다. 전국 복음주의 기독교침례회 상임위원회는 1965년에 역사 편찬위원회를 만들었다. 위원은 짓코프, 카레프, 레빈단토, 모토린, 멜니니코프, 미츠케비치였다. 그런데 위원회는 역사를 기록할 수 없었다. 카레프는 1967~1969년에 복음주의 침례회 100주년을 맞아 러시아 복음주의 운동사를 게재했다. 그 가운데 몇 개는 [형제들 소식][2]에 실렸다.

그라체프는 1968~1972년에 자신의 역사적 연구를 강의 형식으로 정리했으나 널리 알릴 수 없었다. 코발코프는 1969~1979년에 추가적인 역사적 자료를 꼼꼼히 수집했다. 멜리니코프, 미츠케비치와 다른 목회자와 사역자들이 역사 자료를 수집하는데 참여했다. 특별한 일은 발트연안국의 복음주의 침례교회사 연구와 집필이다. 예켈만은 1928년에 리투아니아와 라트비아의 침례교회사를 출간했다. 리스

---

2. [형제들 소식 Bratsky vestnik], 제4호, 8~21페이지

는 1913년에 라트비아 복음주의 침례교 운동사를 출간했다. 테르비스는 1970년에 개괄적인 라트비아 교회사를 기록했다. 에스토니아 교회사 몇 권이 1911~1933년에 출간되었다. 저자는 부시, 다알, 툿타르, 테테르만, 실도스이다. 비주는 1958년에 에스토니아 교회사를 집필했다. 프리젠은 1911년에 메노나이트 교회사를 출간했다. 1914년에 러시아 남부에 거주하는 독일계 교회사가 출간되었는데 저자는 프리츠카우이다. 복음주의 침례교회사 작업이 외국에 알려졌다. 잡코~포타포비치(1952), 구트쉐(1956), 리벤(1967), 스티베스(1974), 칼레(1978), 센데로프스키(1980), 디드리히(1985) 등이다. 그런데 이들 가운데 몇 저자는 복음주의 침례교회의 풍부한 역사적 유산을 모든 영역과 대상에 대해 반영할 수 없었고 원저자로서 자격이 부족했다.

초기 복음주의 침례교회 관련 기초 문헌은 정교회와 일반 연구자가 소유하고 있다. 전자는 교단적 소유에 큰 영향을 미쳤고, 후자는 사회적 측면의 질문을 더 많이 반영하였는데 두 출처 모두 중요한 사실적 자료를 담고 있다. 전국 복음주의 기독교침례회 상임위원회 회의 결과 1979년 10월 2일에 7인으로 구성된 새로운 역사편찬 위원회가 만들어졌다. 위원장 두혼첸코, 역사편찬 위원장 비즈코프, 비서 겸 조력자 사브첸코, 위원 체르노퍄토프, 미츠케비치, 비주, 테르비스였다. 후에 편찬위원회 구성에 사빈스키와 지역별, 국가별, 교단별 사역자들이 합류하였다.

러시아 샤트로프, 몰도바 세들레츠키, 리투아니아 인케나스, 판코, 벨로루시 카나투시, 부카티, 피리슉, 남캅카스 크비리카시빌라, 벨로우소프, 독일계 메노파 딕, 오순절 교회 보즈뉴, 글루호프스키, 카자흐스탄 고렐로프, 추가노프, 키르기스스탄 시즈프, 중앙아시아와 다른 지역 사역자 대표 세린 등이다. 그들은 지역별로 최초의 역사 자료를 만들었다. 예배와 음악과 시 낭독 사역의 역사 자료는 사브첸코, 비소츠크, 하를로프, 짓코바가 만들었다. 복음주의 기독교침례회 총연합회 국제분과는 필리푹이 담당했다. 소콜로프와 페트릭은 사역자들의 약력 기록, 표, 지도, 책 삽화를 담당했다. 카다예바는 참고 문헌을 편집했다.

역사편찬위원회는 1980~1983년에 역사 자료를 수집했고, 추가적인 역사적 사건 연구와 공인된 첫 번째 초고본을 준비했다. 그니다, 체르노퍄토프, 바실리에프, 불가코프, 파듀힌, 테르비스, 미츠케비치 목사 등이 참여했다. 교회사 2판은 1985년에 자료 점검에 따른 지적을 반영하여 만들어졌다. 비츠코프, 사빈스키, 딕, 사브첸코의 제안으로 1986~87년에 개정된 원고를 바탕으로 성서 강좌용 소련 복음주의 기독교침례교회사에 관한 강의 과정을 편성했다. 책의 기본적인 내용은 강의로 선택된 역사와 추가 부분이었다. 8장에 연합된 교회의 현대 생활이 새롭게 추가되었는데 여러 교회의 역사와 위에서 언급된 저자들이 기록했다. 역사 연구는 복음주의 기독교침례교회사 관련 기사, 서적, 안내 책자, 연구 논문이 많이 사용되었고, 침례교인이 기록한 것과 러시아 정교인, 일반학자, 러시아와 해외학자들이 기록한 것도 있다. 출처로는 복음주의 기독교 연맹과 침례교 연맹의 정기간행물, 필사 자료, 서류, 편지, 메모, 서고와 도서관 보관자료, 국내의 개인과 외국 단체의 소장 자료, 연장자 신자들의 회고를 토대로 기록한 구술과 서면 자료, 혁명 전후 입법 문서 등이다.

이 책은 역사에 열정을 가진 사람들이 쓴 책이다. 부분적으로 전문적인 형식의 기술에서 벗어난 것에 대해서 전문성이 있는 독자들 앞에 양해를 구한다. 다음 번 연구와 더 나은 역사 기록용 자료로 사용될 수 있도록 사실과 잘 알려진 사건들을 기술하려고 노력했다. 역사의 페이지에서 공식화된 기본 내용은 적어도 23개의 출처를 인용하여 확정하였다. 알려진 사실은 교차 검토하는 방법을 적용했다. 이 책의 목적은 현대의 신자들이 복음주의 침례교회의 출현과 발전의 역사를 살피고, 영적 내용과 복음적 침례교회의 고백적인 생활 윤리와 복음주의 운동의 출발점에서 활동했던 사역자들의 희생적인 영적 노력을 이해하고, 역사적인 오해와 편견을 제거하는 한편, 그리스도 교회의 관리와 복음 정신으로 신자의 양육 문제를 해결하는 데 유익한 교훈을 제공하는 것이다. 우리는 침례교인들의 생활을 전체적으로 보여

주고자 하는 동시에 부록 1에 첨부한 지역 교회의 생활에서 구체적인 실례를 보여 줄 것이다.

집필진은 도서 및 수기 자료의 열람을 허용한 모든 기관과 우리의 요청에 응답하고 수기 자료와 기타 자료를 제공해 준 소련 종교성 위원회 Sovetu po delam religiy pri Sovete Ministrov SSSR, 모스크바 레닌국립도서관 지도부Direktsiyam Gosudarstvennoy biblioteki im. V. I. Lenina(Moscow), 레닌그라드 살트코바~세드린 국립도서관 Gosudarstvennoy biblioteki im. M. Ye. Saltykova~Shchedrina (Leningrad), 레닌그라드 소련 과학 아카데미 종교무신론사 박물관 필사자료부 Biblioteki i Rukopisnomu otdelu Muzeya istorii religii i ateizma AN SSSR (Leningrad), 키예프 셰프첸코 우크라이나 과학 아카데미 도서관 Nauchnoy biblioteki Akademii nauk USSR im.T. G. Shevchenko (Kiev), 오데사 고리키 국립도서관 Gosudarstvennoy biblioteki im. M. Gor'kogo (Odessa), 레닌그라드 신학교 자료보관소장Rukovodstvu arkhiva Leningradskoy dukhovnoy akademii, 스위스 바젤 선교부The Basel Mission (Switzerland), 영국 버밍엄 대학교 Birmingham University (England), 독일 함부르크 Hamburg (Germany)와 폴란드 로즈 신학교 Lodz (Poland) Seminars, 미국남침례회 역사위원회 The Historical Commission of the Southern Baptist Convention (USA) 등 여러 선교 기관 및 교육 기관에 감사를 표한다.

위원회는 개인 자료 및 역사 자료를 제공한 코발코프, 미츠케비치, 짓코프, 모토리나, 파블로바, 비코바, 카르포프 등 여러분에게도 감사를 표한다. 또한, 역사 자료를 제공해 준 지역 교회 목회자들에게 진심 어린 감사를 표한다. 전국 복음주의 기독교침례회 지도부는 역사편찬을 완료하고 역사 연구를 위해 수년간 헌신하고 이 책을 구성한 역사 편찬위원회에 감사하고 특히 편찬위원 사빈스키, 사브첸코, 딕에게 감사한다. 또한, 기초 자료를 번역한 스크보르초프, 필사본의 문학적이고 기술적 작업과 인쇄 도우미 카레트니코바, 사빈스카야, 흐로모바, 플라토바, 최종 단계의 본문 작업 도우미 코체트코바, 페레드레바, 시도로바, 콜레소바, 슈바리나 등 여러 작업에 참여한 사람들에게 감사를 표한다.

　이 책이 교단에 소속된 침례교 신자들과 교회 그리고 소련과 해외에 있는 관련 교회들에 축복이 되기 바란다. 이 책은 소련시대의 복음주의 기독교침례회에 관한 역사적 사실을 알고자 하는 사람들을 포함하여 폭넓은 독자들을 위해 제작되었다. 우리는 이 책을 읽고 반응해 준 독자들에게 감사를 표할 것이다.

　주님! 이 일을 축복해 주십시오. 당신의 고귀한 이름의 영광을 위해 완성되었습니다.

복음주의 기독교침례회 총연합회 상임위원회

개요

복음주의 기독교침례교인은 누구인가? 그들의 신앙은 무엇이며 역사의 기원은 무엇인가? 그들은 소련 내 다른 기독교도들과 어떻게 다른가? 이 질문들과 다른 질문들에 대해서 전국 복음주의 침례교 총연합회에서 처음 출판한 러시아 침례교회사가 대답할 것이다. 역사에 관한 지식과 보존은 성서 시대로 거슬러 올라간다. 주님께서는 선택된 사람들에게 그들이 지나간 길을 기억하도록 명하셨다.

"네 하나님 여호와께서 이 사십 년 동안에 네게 광야 길을 걷게 하신 것을 기억하라 이는 너를 낮추시며 너를 시험하사 네 마음이 어떠한지 그 명령을 지키는지 지키지 않는지 알려 하심이라"(신 8:2)

"하나님의 말씀을 너희에게 일러 주고 너희를 인도하던 자들을 생각하며 그들의 행실의 결말을 주의하여 보고 그들의 믿음을 본받으라"(히 13:7)

카레프는 침례교 100주년 보고서에서 복음주의 기독교침례회에 관한 역사를 아는 것이 필요하다고 했다. 산 정상은 자주 안개와 구름으로 덮여 있지만 걷히면 햇빛으로 가득하여 모든 여행자가 아름다움에 매료된다. 이처럼 우리는 러시아와 우크라이나 복음주의 침례회 운동에 대해 말할 수 있어야 한다. 알려지지 않은 신자들의 역사가 안개 속에 숨겨져 있다. 안개가 걷히고 사람들이 역사의 출현과 발전을 알게 될 때 운동은 예사롭지 않은 아름다움으로 매료될 것이다.[3]

복음주의 기독교침례교인이라는 이름은 역사적으로 친척과 같은 두 개의 분파에서 유래되었다. 최초의 침례교인은 믿음으로 침례를 받고 대부분 남쪽에 살았던 기독교도를 의미했고 복음주의 기독교도는 조금 뒤에 주로 북쪽에서 등장했던 사람을 의미했다. 복음주의 노선 교회들의 연합은 1944년에 복음주의 기독교도와 침례교인의 협정으로 이루어졌다. 그것은 우연한 결과가 아니었다. 연합을 위한 자체적인 배경이 있었다. 드넓은 러시아에서 활동하는 복음주의 침례교인들이 형제 교단의 연합을 위해 끊임없이 노력했다.

연합의 역사적 과정은 다음과 같다. 1884년의 첫 번째 총회에서 상트페테르부르크 파시코프파, 시계파, 침례교, 메노파, 자하로프파가 연합했다. 1898년 볼고그라드 차리친 총회에서 러시아 침례교단과 복음주의 기독교단이 하나님 나라를 위한 공동의 복음화 작업에 합의했다. 1905년 침례교단과 복음주의 기독교침례회 명칭에 동의한 로스토프나도누의 복음주의 기독교단이 연합 총회로 모였다. 1920년 모스크바 총회에서 침례교단과 복음주의 기독교단의 통합 문제 해결과 두 교단의 통합을 위한 연합 총회에서 상임위원회로 모였다. 마침내 1944년에 복음주의 기독교단과 침례교단이 하나로 통합되었다. 1945년에 자체 교단을 가지고 있었던 오순절교회 대표와 결론적인 8월 합의서를 체결했고, 그들은 1947년에 기독인과 사도들의 정신으로 협약했다. 1963년에 총회는 메노파를 받아들였다. 이렇게 통합된 총연합회는 몇 개의 가까운 복음적 분파로 구성되었다. 복음주의 기독교, 침례교, 메노

---

3. 『형제들 소식 Bratsky vestnik』, 1967, 4호, 8페이지

파 형제회, 기독교 신앙 복음주의, 단일 사도파 기독교, 다비파 자유 기독교 등이다. 복음주의 기독교침례회는 다국적 출신의 복음주의 노선을 고백하는 신자들이 다양성 안에서 통일성을 유지한다. 복음주의 기독교침례회 신자들은 완전한 침수침례를 인정하고 유아 세례는 인정하지 않는다.

하나 된 교단의 명칭은 처음에는 복음주의 기독교와 침례교의 연합회라 했다. 시간이 지나면서 접속사 '그리고'가 없어졌다. 최종적인 명칭은 복음주의 기독교침례회yevangel'skiye khristiane~baptisty로 확정되었다. 지도부는 '복음주의 기독교침례회 총연합회 Vsesoyuznyy sovetyevangel'skikh khristian~baptistov'라는 명칭을 받았다. 복음주의 기독교침례회 총연합회 초대 총회장 짓코프는 결론적인 명칭에 대해 다음과 같이 말했다. 이 명칭은 전국의 모든 교회와 신자들을 만족하게 할 것이다. 명칭 속의 단어 가운데 '기독교인 (그리스도인)'이 주요 단어이다. 우리는 사랑하는 구세주 예수 그리스도의 이름과 관련되어 있다. '복음주의'란 신자가 인간의 전승이 아닌 예수 그리스도의 복음을 자신의 사역에서 하나님께 세워가는 것을 말한다. '침례교인'이란 기독교인들이 어린 나이가 아닌 오직 믿음에 따른 침수침례를 인정한다는 것을 말한다.[4] 짓코프 는 주님, 이제부터 우리가 과거 복음주의 기독교인, 침례교인, 기독교 신앙 복음주의자(오순절 교인)였던 것을 잊도록 도와주십시오. 이제 우리는 모두 복음주의 기독교침례회 신자입니다'라고 기도했다.[5]

국제적 형제회 구성

복음주의 기독교침례회에 소속된 규모가 큰 국가 형제회는 러시아 · 우크라이나, 벨로루시, 리투아니아, 라트비아, 에스토니아, 몰도바 형제회가 있다. 민족별 교회의 구성은 독일, 조지아, 아르메니아, 오세티야, 가가우즈, 리투아니아, 핀란드계

---

4. 『형제들 소식Bratskiy vestnik』, 1946, 4호, 16페이지.
5. 『형제들 소식Bratskiy vestnik』, 2호, 12페이지

교회이다. 지역 교회의 예배에 2~3개의 언어가 사용된다. 러시아어와 우크라이나어, 러시아어와 몰도바어와 우크라이나어, 몰도바어와 가가우즈어, 러시아어와 독일어와 오세티야어, 러시아어와 독일어, 우크라이나어와 폴란드어와 다른 언어 등 복음은 27개 언어로 선포되고 있다.

카레프는 1966년 총회 연차보고에서 국제적 형제회가 가지고 있는 많은 과제를 언급하면서 어떤 민족도 연합된 커다란 형제회에서는 이방인으로 취급되지 않는다. 모든 국제적 형제회 신자들은 사랑과 존경과 함께 평등한 권리가 있다. 우리는 연합되어 복음주의침례교 가족이 된 각 민족의 고유한 역사를 알고 사랑해야 한다. 복음주의 침례교회사는 민족별 기독교침례회의 고유한 역사를 포함해야 한다. 형제회에 연합된 복음주의 단체는 각자 독특한 영적 특색을 가지고 있다. 한 가족으로 연합된 신자의 생활에서는 다양성이 나타난다. 과거는 물론 지금도 형제회의 주요 과제와 필요는 형제들이 하나 되는 것이다. 하나 됨의 중요성을 깨달은 카레프는 신자들의 하나 됨은 발전하는 과정이라고 했다. 조직의 연합과 내면의 일치, 마음의 일치, 신자들 사이의 충분한 상호 이해라고 했다.[6]

복음주의 기독교침례회 신앙의 기초

복음주의 기독교침례회는 살아계신 삼위일체 하나님을 신앙으로 고백한다. 하나님은 모든 보이는 것과 보이지 않는 것의 창조주이시다. 하나님의 말씀인 성서를 하나님의 계시로 존중한다. 침례교인이라는 이름은 그리스어 밥티조에서 유래하는데 믿음으로 "침례를 주다, 물에 잠기다" 곧, 믿음으로 침례를 받는 것을 의미한다. 형제회 교회는 그리스도의 가르침에 따라 개인적인 신앙에 기반을 둔 신자들로 구성된다. 교회 조직의 역사는 최초의 사도 교회에서 출발한다. 첫 번째 교회는 예루살렘에서 사도들과 그들을 따랐던 사람들에 의해 성령 강림절에 시작되었다. 그

---

6. 『형제들 소식Bratskiy vestnik』, 1966, 16호, 16페이지

날에 사도 베드로의 간증을 사람들이 기꺼이 받아들였다. 침례를 받았고 약 3천명이 합류했다고 사도행전 2장 41절에 기록되어 있다. 그렇게 그리스도의 예언은 실현되었다. 마태복음 16장 18절에 "내가 내 교회를 세우리니 음부의 권세가 이기지 못하리라"고 했다. 최초의 그리스도인 이래로 모든 믿는 사람을 구원에 이르도록 하는 하나님의 능력인 십자가에 달린 그리스도의 복음은 교회가 담당하고 있다(고전 1:18).

복음주의 기독교침례회는 만인제사장설을 신앙으로 고백한다. 신약성서는 교회 사역자들의 호칭을 감독, 장로, 집사 등으로 부른다. 베드로전서 2장 9절에서는 왕 같은 제사장, 하나님과 그리스도의 성직자로, 요한계시록 20장 6절에서는 그리스도 교회의 모든 회원에게 적용한다. 복음주의 기독교침례회는 안수식에서 사도 전승을 지켜야 할 필요성을 받아들이지 않는다. 그들에게 중요한 것은 교회가 예수 그리스도와 사도 교회의 영과 교리와 생활의 계승자가 되는 것이다. 파블로프는 중요한 것은 승계가 아니라 선함을 소유하는 것이라고 했다. 믿음의 문제에서 유일한 권위는 성서 곧 하나님의 말씀이다.[7] 신앙고백의 기초는 사람과 하나님과의 관계에서 가장 중요한 것은 예수 그리스도를 개인적인 구주와 주님으로 믿는 것이다. 복음주의 기독교침례회는 하나님께 회심하기 전까지의 인간은 자신의 죄와 범죄함으로 인해 영적으로 죽은 상태이나 하나님의 은혜로 거듭난 사람은 새로운 삶을 얻는다는 것을 인정한다.

신앙은 그리스도의 죽음과 부활에 관한 복음의 증거에 기초하고 있다. 예수는 우리의 범죄로 인해 내어줌이 되고 또한 우리를 의롭다 하시기 위하여 살아나셨다(롬 4:25). 복음주의 기독교침례회는 성서에 근거하여 하나님께 사랑이 있음을 믿는다. 그가 우리를 위하여 목숨을 버리셨으니 우리가 이로써 사랑을 알고(요일 3:16) 하나님의 사랑은 그를 향한 마음 속에 있는 구속적 응답의 사랑으로 불타 오른다.

---

7. 『형제들 소식Bratskiy vestnik』, 1946, 3호, 7페이지; 이바노프Ivanov V.V., 마자에프 Mazayev D. I. 세계침례회연맹 런던대회Vsemirnyy kongress baptistov v Londone, 1909, 38페이지.

복음주의 기독교침례회는 용서와 영생의 선물은 누구나 예외없이 그들의 공로와 상관없이 제공된다는 것을 믿는다. 우리는 그리스도께서 그의 피로(롬 3:24~25) 우리를 죄와 죽음에서 구속하셨다는 믿음에 의해 구원의 은혜를 선물로 받는다. 구원자께서는 우리 죄의 벌을 자신이 책임지시고 우리에게 영원한 생명을 주셨다(요일 5:11, 벧전 3:18). 복음주의 기독교침례회는 영적 탄생(요 1:13) 곧 중생 혹은 위로부터의 탄생, 그리스도의 속죄적 희생을 받은 자들을 위한 성령의 새롭게 하심을 믿는다.

육으로 난 것은 육이요 영으로 난 것은 영이니(요 3:6) 회개와 위로부터 탄생을 통해 각 사람은 주님과의 교제에 들어가고 새로운 창조물의 첫 열매가 된다(약 1:18, 고후 5:17). 영적 탄생은 침례와 지역 교회와의 친교보다 앞선다. 복음서에 따르면, 교회란 성령으로부터 태어난 신자들 곧 하나님의 자녀들의 모임이다. 사람의 중생은 침례와 그리스도의 몸인 교회로 연합하기 위한 유일한 기초이다. 신자는 믿음에 근거하여 거듭남의 표시로 물에 잠김을 통해서 성부와 성자와 성령의 이름으로 침례를 받고 선한 양심으로 하나님의 계명을 지킬 것을 하나님께 약속한다. 약속은 매일의 영적, 정신적인 노력과 성서에 비추어 마음과 양심을 깨끗하게 할 때 가능하다(행 24:16) 신자들은 일상적인 기도와 특히 주님의 성찬을 받기 전에 자신의 양심과 마음의 청결을 끊임없이 점검해야 한다(고전 11:27~32).

복음주의 기독교침례회는 모든 사람에게 양심의 자유가 있음을 인정한다. 국가는 교회 내부 생활을 방해해서는 안 되고 교회는 국가의 지지를 활용하지 않는다. 교회와 국가의 분리 원칙을 준수한다. 복음주의 기독교침례회는 복음서 말씀에 기초하여 무정부 상태를 인정하지 않는다. "권세는 하나님으로부터 나지 않음이 없나니 모든 권세는 다 하나님께서 정하신 바라"(롬 13:1~4). 제16장에는 형제회가 100년 역사에서 정리한 10개의 교리 요약이 있다. 마지막 교리는 1985년 총회에서 통과되었다. 복음주의 기독교침례회는 1905년 세계침례교연맹 창립 때부터 회원으로 참여했고 세계 형제회가 작성한 성서적 7대 원리를 인정한다. 성서 곧 구약성서와 신약성서(정경)가 교리의 기초이다. 교회는 중생한 사람들에 의해 구성되어야 한다. 침례와 주의 만찬(성찬)에 관한 계명도 중생한 사람에게 해당된다. 개 교회는 독립적이다. 모든 사람은 양심의 자유가 있다. 교회와 국가는 분리한다.

복음주의 기독교침례회의 사회 역사적 측면

하나님은 하늘과 땅의 창조주이다. "인류의 모든 족속을 한 혈통으로 만드사 온 땅에 살게 하시고 그들의 연대를 정하시며 거주의 경계를 한정하셨으니 이는 사람으로 혹 하나님을 더듬어 찾아 발견하게 하려 하심이로되"(행 17:26~27). 하나님을 찾는 일은 민족 역사의 발전 요인이다. "주께서 땅에서 심판하시는 때에 세계의 거민이 의를 배움이니이다"(사 26:9). 러시아와 우크라이나 민족의 복음주의 부흥사를 보면 다른 나라에서는 찾아볼 수 없는 많은 독특한 점을 발견할 수 있다. 하나님의 진리와 구원을 얻기 위해 러시아와 우크라이나 민족들은 그리스 동방교회(정교회) 교리에 관한 의심에서부터 거룩한 복음으로 나타난 초대 기독교회에 호소하기까지 수세기의 길을 걸어 왔다. 교회의 지배적인 조건에서 러시아 제국에 거주하던 사람들이 스스로 복음을 이해하고 정교회와 구별되는 실제적인 교회로 다가왔다. 이것은 권력자들이 약해서가 아니라 하나님의 뜻에 의해 가능하게 되었다. 주님께서 스스로 교회를 세우기 위해 복음의 문을 여셨고 복음을 전파하셨다(계 3:8). 독자들은 하나님의 말씀을 믿음으로 받아들이기 위해 마음의 밭을 준비한 성령의 일하심을 생각하며 복음주의 부흥사를 살펴볼 수 있을 것이다.

19세기 후반에 러시아어 성서가 번역되어 사람들이 읽을 수 있었다. 복음주의 기독교침례회는 정교회 신학자들의 선한 행위를 높이 평가했다. 그렇게 평가한 최초의 침례교인은 파블로프이다. 그는 1908년 8월 유럽 침례교 베를린 대회에서 러시아에서의 침례교 발생과 발전이라는 글에서 정교회의 큰 업적은 가톨릭 교회와 달리 사람들에게 성서를 금지하지 않았고, 읽을 수 있도록 허용했고, 구어체로 번역하여 접근성을 높인 것이라고 했다.[8] 러시아에서 최초의 기독교침례회 공동체가 나타난 것은 외국 선교의 결실이 아니었다. 과거 정교회 학자들이 생각했던 것처럼 외부에서 국민에게 유입된 우연한 현상이 아니었다. 러시아에서 기독교침례교 공동체가 처음으로 발생한 현대적 개념은 국민정신에서 나온 자주적인 과정으로 생각한다. 영적 부흥은 복음의 영향을 받았으며 1850년대 후반 1860년대 초반에 복음서를 읽고 그리스도의 가르침에 따라 생활하려 했던 우크라이나 그룹 가운데서 나타난 것으로 확인된다. 그 후 시계파 공동체가 나왔다. 그 이전 러시아에 살고 있었던 독일계 루터파, 개혁파, 메노파에서도 부흥이 일어났다. 그들은 경건한 마음으로 공교회인 하나님의 친구 형제회 혹은 전인류 형제회에 소속된 신자들로 구성되었다. 이바노프와 프로하노프는 남캅카스의 우유파(몰로칸, 우유 먹는 사람)에 의해 러시아 침례교가 자생적으로 발생했다고 1905~1909년에 기록했다.

그런데 당시 복음주의 침례회 형제회에서 영향력이 있었던 티모센코와 카레프 등에 의해 지지된 독일계 부흥의 기원에 관한 의견이 지배적이어서 자생 발생설은 더는 확산되지 않았다. 첫 번째 공동체 발생에 관한 세심한 연구는 자생 발생설 채택의 근거를 제시했다(제2장 참조). 19세기 중반 러시아 복음주의 부흥은 하나님의 진리 추구와 구원의 길을 이끌었고 정교회 환경에서 다양한 사상들이 나타나도록 작용했다. 결과적으로 합리주의파 (무소유자, 바시킨, 코소이 사상), 신비적 합리주의파 (영적전사파, 우유파), 신비적 종파 (채찍파, 공중부양파) 등이 발생했다. 그런데 1장에 기록된 다양한 추종자들 속에서 우리의 선배들을 찾지 않아야 한다. 그것은 복음주의 침례회 형제회의 계보가 아니라 진리 추구의 역사였다.

역사적 사건에서 하나님의 섭리는 18세기 말 19세 초 흑해 북부 연안이 러시아로 편입, 정착민 이주, 1812년의 조국 전쟁, 전후 러시아 내 국내 사건 등으로 나타났다. 주요 사건은 외국인의 러시아 이주 초청, 몰로치니보디 지역으로 영적전사파

---

8. 『형제들 소식Bratskiy vestnik』, 1967, 4호, 23페이지

와 우유파의 이주, 러시아 성서공회 설립, 러시아어 복음서 번역, 1861년의 농노개혁(1장) 등이다.

최초의 침례교 공동체 발생은 부흥의 전 단계로 영적 추구가 먼저 나타났다. 티플리스 침례교 공동체의 등장이 그렇다.[9] 그들은 믿음으로 침례받은 기독교인이라 불리는 우유파 가운데 먼저 나타났다. 그들은 믿음에 의한 침수침례의 필요성과 주의 만찬을 토대로 부지런히 성서를 연구하고 기도와 묵상을 했다. 보로닌이 우유파 최초의 회심자이다. 그는 티플리스에 거주하는 리투아니아 출신 침례교인 칼베이트를 알기 전부터 중생체험을 했다. 보로닌은 1867년 8월 20일에 침례를 받았다. 이것을 러시아 · 우크라이나 복음주의 침례회 활동의 시작으로 간주한다. 중생 체험의 메노파 교인에게 믿음에 근거하여 처음으로 침수침례를 실시한 것은 서유럽에서 최초의 침례교인들이 도착하기 오래 전부터 이루어졌다. 타우리드현의 우유파도 바로 침례를 받지 않았다. 신우유파 공동체 혹은 자하로프파 발생이 먼저였다. 상트페테르부르크에서 '부흥과 거룩함의 공동체'가 나타나면서 귀족들은 체르트코바와 리벤에게 호소했다. 그들은 영국에서 레드스톡 경이 상트페테르부르크에 오기 전에 이미 중생체험을 했다.

라트비아인들이 성서를 연구하면서 50년대 후반에 복음의 진리를 알았다. 테르비스는 성서의 빛과 접촉에서 그들에게 개인적인 신앙생활이 존재했다고 기록했다. 라트비아의 진리 추구자들은 성서의 계명을 지키고 믿음에 근거한 침례를 받는 침례교회가 추구하는 길을 가고 있음을 깨달았다. 라트비아인 최초의 침례는 1860년 9월 2일에 이루어졌다. 그것이 라트비아 침례교 역사의 출발이다. 에스토니아 침례교 발생 역시 우크라이나처럼 오래 걸렸다. 경건주의자와 헤른후트파와 믿음으로 침례와 성찬을 실시하는 자유복음주의 공동체의 등장을 통해서 이루어졌다.

---

9. 역자 주, 티플리스는 1936년까지의 지명이고 현재는 조지아의 수도 트빌리시Tbilisi를 말한다.

마지막 그룹은 에스토니아 침례교 선구자들이었다. 그들은 우크라이나 남부의 열광적인 기독교 신앙을 가진 남캅카스의 우유파와 시계파처럼 물우유파였다.

성서는 교회내 영적 활동의 기초를 결정한다. 국가의 시민으로서 교회 회원은 국가와 정부에 관련된 특정 권리와 의무를 지닌다. 이러한 상호관계는 그리스도께서 허락하신 황금률에 기초한다. "그런즉 가이사의 것은 가이사에게, 하나님의 것은 하나님께 바치라"(마 22:21). 그리스도인은 자신의 민족을 사랑하고 국가의 행복과 번영을 진심으로 염려하는 모범적인 시민이 되어야 한다.

그리스도인은 하나님의 백성이자 자기 나라의 시민이며 지구 가족이다. 그들은 인류의 일상생활에 연관되었고, 위에 있는 것들을 생각하나 땅에 것도 잊지 않는다. 창조 초기에 인간은 하나님의 인도하심을 받아 열심히 창조적인 일을 하도록 부름을 받았다. 우리는 그 일이 성서에 기록된 대로 땀을 흘리기까지 부지런하고 사심이 없어야 함을 이해한다. 그것을 경작하며 지키게 하시고(창 2:15) 누구든지 일하기 싫어하거든 먹지도 말게 하라(살후 3:10). 그런데 노동은 주어진 일의 수행일 뿐만 아니라 장인 정신의 완성, 정확성, 깨달음, 정직, 인내의 표현으로 이해된다. 그런 자질과 다른 것들이 노동에서 성취된다. 영적 성장을 원하는 사람은 일상적인 노동의 영적 의미를 놓치지 않아야 하고 그 안에서 하나님의 은혜의 도구를 살펴야 한다. 복음주의 기독교침례회는 가정을 강조한다. 그 안에서 영적인 삶의 고귀한 근원을 본다. 사랑, 부드러움, 겸손, 순종, 동정심, 충성, 헌신 등의 가장 고상한 감정이 가정의 울타리에서 자란다.

복음주의 기독교침례회는 많은 사실로 확증되었듯이 자국민의 어려움과 불행을 외면하지 않았다. 1877년에 티플리스의 작은 교회는 간병인을 배치하여 러시아~터키 전쟁터에서 부상자를 데려와 완전히 회복될 때까지 그들을 돌보았다. 간병인뿐만 아니라 교회도 적십자로부터 상을 받았다.

복음주의 기독교침례회는 1904~1905년의 러일전쟁과 제1차 세계대전 당시 전사자 가족과 과부와 고아들을 위한 구호금을 모았고 진료소를 만들었다. 신자들은 1920년에 볼가 지역 주민들에 기근이 들자 모아진 많은 식품을 국가가 분배하도록 맡겼다.

복음주의 기독교침례회 역사는 이웃 사랑에 관한 크고 작은 선한 행위의 많은 사례를 알고 있다. 복음주의 기독교침례회의 인간 존중은 계명에 근거한다. "예수께서 이르시되 네 마음을 다하고 목숨을 다하고 뜻을 다하여 주 너의 하나님을 사랑하라 하셨으니 이것이 크고 첫째 되는 계명이요. 둘째도 그와 같으니 네 이웃을 네 자신 같이 사랑하라 하셨으니"(마 22:37~39), "새 계명을 너희에게 주노니 서로 사랑하라 내가 너희를 사랑한 것 같이 너희도 서로 사랑하라"(요 13:34). 그리스도는 신자들이 생활에서 행할 수 있는 진정한 박애와 자비를 주셨다.

러시아 남부에 복음주의 부흥이 시작되자 여러 시계파 교회와 침례교회는 복음주의에 기초한 집단 농장의 아이디어를 냈다. 그러나 러시아 제정 상황에서 코뮌 조직의 시도는 성공하지 못했다. 소비에트 권력 수립 후 침례교인들과 복음주의 기독교인들은 그들의 신념에 따라 새로운 생활의 창조에 가능한 힘을 쏟았다. 1918년에 최초의 농업협동조합이 생겨났다. 그 후 복음주의 기독교인과 침례교인이 조직한 협동조합이 다수 등장했다. 정부가 사업을 지원했다. 나중에 농업협동조합은 입법의 변화 때문에 폐지되었다. 30년대에는 복음주의 기독교침례회 교회는 대부분 폐쇄되었다.

제2차 대전의 어려운 시기에 남녀 교인들은 전 국민과 함께 군사와 노동 부문에서 공을 세웠고 일부 신자들은 국가로부터 상을 받았다. 전쟁과 노동 일선에 참가한 많은 사람이 지금까지 살아 있다. 일부는 계속 일하며 국민 복지를 높이고 있다.

고귀한 생명의 선물이 파괴당하는 위협 속에서 세계대전의 새로운 전운이 감돌기 시작했을 때 복음주의 기독교침례회는 평화와 군축 활동에 적극 동참했다. 침례교세계연맹은 교회와 시민 단체로 국제평화 활동에 참여했다. 이 책에서는 복음주의 기독교침례회 형제회가 겪었던 고난의 생활을 언급했다. 교회는 러시아 혁명 전까지 박해와 심한 시련을 겪었다. 1930년대, 1950년대, 1960년대에 종교인들은 숨어 있었고, 어떤 경우든지 사회주의의 잠재적 반대자로서 억압의 원인이라는 잘못된 생각이 남아있었다.

국가와 교회의 관계가 안정적으로 된 것은 1977년 소련 헌법 52조에 따라 양심의 자유를 보장하면서부터이다. 복음주의 기독교침례회 교회사 책은 인민위원회 평의회 판결에 따라 교회와 국가 간의 관계가 재설정되던 1918년 1월 23일에 출판되었다. 2세기 동안 생존한 복음주의 기독교침례회는 수많은 신자가 연합된 형제회가 되었다. 지역 교회의 활동과 교리와 복음주의 기독교침례회 규약은 성서에 기초한다.

연합회에 소속된 개교회는 독립성을 유지하며 신자 회원 전체 모임에서 교회 내부의 중요 문제를 해결한다. 개교회 회원은 중생한 신자로 예수 그리스도를 개인적인 구세주로 믿고 거룩한 침례를 받은 사람이다. 교회의 영적 지도를 위해 1명 이상의 장로, 집사, 교회위원회 위원을 선출한다. 복음주의 기독교침례회 상회 기관은 행정단위인 주, 변방, 자치공화국 회의에서 선출된 교회 대표들로 구성된 총연합회이다.

총연합회의 결정과 연합활동을 실행하기 위해 총연합회에 소속된 복음주의 분파의 대표들 가운데 중앙기관인 복음주의 기독교침례회 전국위원회를 구성했다. 복음주의 기독교침례회 전국위원회는 정기총회 회기 동안 당면 과제를 실행하기 위해 상임위원회를 구성했다. 1985년 총연합회 소속 확대 위원회에서 복음주의 기독교침례회 전국위원회를 구성했다. 전국위원회는 회원 33명과 후보 회원 9명으로 구성되었다. 상임위원회는 14명으로 구성되었다. 복음주의 기독교침례회 총연합회 총회장 바실리 예피모비치 로그비넨코, 사무총장 알렉세이 미하일로비치 비츠코프가 선출되었다. 총회 기관은 전도와 기독교 통합부, 사역자 양성과 개발부, 출판부, 국제관계와 재정부가 있다. 복음주의 기독교침례회 총연합회 정기총회는 최소 1년에 1회 개최된다. 지역 교회 활동을 원활하게 하는 목적으로 지역들이 연합되었다. 현재 11개의 지역이 소속되어 있다. 러시아, 우크라이나, 벨라루스, 몰도바, 남캅카스(그루지야, 아르메니아, 아제르바이잔), 중앙아시아 (우즈베키스탄, 타지키스탄, 투르크메니스탄), 카자흐스탄, 키르기스스탄, 라트비아, 리투아니아, 에스토니아이다. 러시아, 우크라이나, 벨라루스 등의 지역은 지역별(변방별)로 분리되어 있다. 지역과 주(변방)의 업무는 자치공화국과 주(변방)의 교회 목회자 회의에서 선출된 선임목회자가 주도한다. 경험 있는 교회 지도자로 구성된 목회자 연합회가 선임목회자와 협력한다.

복음주의 기독교침례회와 지역 교회의 기본 활동

- 복음전파(행 20:24, 마 24:14, 고전 1:23)
- 경건의 추구와 생활 속에서 그리스도의 계명을 지키는 성도들이 되도록 성도들을 영적으로 교육(마 28:20, 딤전 2:1~4)
- 그리스도께서 대제사장의 기도를 하신 것처럼 신자의 화합 노력과 강화 (요 17:21~23)

복음주의 기독교침례회 총연합회는 출판 기관을 가지고 있다. 1945년부터 형제들 소식 잡지가 발행되었고, 성서, 찬송가, 기독교 서적 등을 발간한다. 부록 2는 형제회 정기총회 목록으로 1879년 제1차 총회(대표자 회의)부터 1985년 제43차 총회까지 연대순으로 기록되었다. 부록 3은 과거 형제회에서 활동했던 유명 목회자들의 간략한 개인 약력이 기록되었다.

제1장
러시아 국내의 종교적 추구와 다양성, 역사적 사건 개요
(10세기~18세기 중엽)

루시 시대 러시아 최초 기독교인

기독교는 공식적으로 채택되기 훨씬 전에 미래 키예프 루시의 영토에 들어오기 시작했다. 연대기 작성자 네스토르는 안드레 사도가 동슬라브인들 가운데 첫 번째 기독교 전파자였다고 주장했다. 드네프르(드네프르 강, 역자 주)는 폰틱 바다 아래로 떨어진다. 바다는 러시아의 것으로 알려졌다. 강기슭에서 그를 가르쳤다. 베드로의 형제 안드레가 말했다. 안드레는 시노프를 가르쳤고 코르순(헤르소네스)에 도착했다. '거기서 드네프르 위로 올라갔다. 도착하여 해안의 산 아래에 서 있었다. 아침에 일어나 함께했던 제자들에게 말했다. 이 산들을 보느냐? 이 산들에서 하나님의 은혜가 빛나고 큰 도시가 생길 것이며 하나님은 많은 교회를 세우실 것이다. 그는 이 산들에 올라가서 그들에게 축복하고, 십자가를 세우고, 하나님께 기도했고, 나중에 키예프가 발생한 이 산에서 내려와 드네프르를 따라 출발하여 노브고로드의 슬라브인에게 도착했다.[10] 폰틱 바다(현재는 흑해)와 코르순 기슭에서 안드레의 복음전

---

10. 『10세기에서 11세기초 고대루스 문학기념비 Pamyatniki literatury Drevney Rusi. XI ~nachalo XII veka』 모스크바, 1978, 27페이지

제1부

러시아·우크라이나 복음주의 침례회 연합형제회

파에 관한 언급은 4~5세기 교회사가인 케사르의 에우세비우스, 리용의 에우티키우스, 키프로스의 예피파니의 글에 실려 있다. 그들은 다음과 같이 기록했다.

'예수 그리스도의 제자들이 복음전파를 위해 흩어지면서 비잔틴인들이 드네스트르 강과 돈 강 사이의 넓은 지역을 10세기까지 동슬라브인 거주지로 불렀던 스키피야까지 안드레 사도가 갔고 안드레는 스키피야인에게 쉽게 복음을 전파했다. 안드레 사도가 드네프르 강변을 방문한 사실과 거기서 발생한 교회에 관한 그의 예언은 역사적 자료에 의해 확인되지 않은 전승이다. 사도 베드로의 제자 클리멘트 로마 주교는 1세기 말 헤르소네스(현재 크림 반도)로 유배되어 기독교 공동체를 발견했다. 기독교는 이미 3~4세기에 스키피야에서 확인되었다. 제롬(347~420년 경)[11]은 스키피야의 추위는 신앙의 열기로 타올랐다'고 기록했다. 러시아 정교회 역사가 마카리우스는 아바르족, 훈족, 카자르족의 이교도 종족들 사이에서 분리된 개인 가족을 만났다고 기록한 1세기 여행자들의 필사본을 언급하면서 민족들의 고상하고 특별한 관습이 관찰되었다고 했다. 이교도 세계에서 소수로 키예프 루시 변방에 살고 있던 평범한 가정이 최초의 그리스도인이 되었다. 그들은 민족을 복음의 빛으로 깨우치기 위해 기초를 마련하면서 하나님의 뜻을 성취했다. 당시 키예프 루시에 거주한 대부분 슬라브인은 이교 신앙에 깊이 빠져 있었음에도 그들 가운데 던져진 복음의 첫 씨앗은 헛되지 않았다. 연대기에서는 이미 10세기 중반 키예프 거주 기독교인에 대해 언급한다.

루시 시대의 이교

슬라브인의 이교 신앙에 관한 정보는 많지 않다. 보관된 자료에 따르면 그들은 조상 숭배와 자연의 힘과 현상을 신격화했다. 가장 오래된 신앙은 흡혈귀와 수호신이고 그다음은 출산, 조상신, 집귀신, 물의 요정 등이다. 민간 신앙은 죽은 사람

---

11. 그레코프 Grekov B. D. 『키예프 루시 Kiyevskaya Rus』 모스크바, 1939.

의 영이 산 사람의 일에 계속해서 개입하고, 지키고, 잘되게 하거나 잔인하게 벌주는 것으로 존재했다. 그래서 죽은 자의 영혼에게 화해와 비위를 맞추기 위해 제물을 바쳤다. 기독교 수용 이전에 키예프와 노브고로드에서 가장 존경받은 신은 하늘의 신 페룬이었다. 그는 나무로 만들어졌고 은머리와 황금입을 가지고 궁정 옆 언덕에 서 있었다. 블라디미르 대공은 페룬을 최고 신으로 여겨 키예프 루시에서 존경받는 전 국가적이고 우호적인 신으로 만들었다. 조상들은 우마 신, 바람 신, 하늘과 땅의 전령신, 여성수호신 등을 숭배했다. 점차 부의 신이자 상거래 후원자이며 가축의 신, 머리털이 많이 숭배되었다. 원초 연대기에서는 블라디미르 대공 시대에 젊은 남녀가 제물로 희생되었다고 한다. 제비뽑기에 뽑힌 사람은 전투의 승리를 위해 신에게 희생된다.[12] 슬라브인들은 미신과 점술에 깊이 뿌리를 내렸다. 일부는 기독교 수용 이후에도 남아 있었다.

키릴과 메소디우스

9세기에 슬라브 민족은 기독교를 받아들이기 시작했다. 그때까지 콘스탄틴(약 827~869년, 수도원에서는 키릴)과 메소디우스(약 815~885년)[13] 형제의 활동이 관련되어 있다. 그들은 솔룬(살로니키)에서 태어나서 마케도니아의 슬라브 주민 가운데 자랐다. 형제들은 콘스탄티노플에서 훌륭한 교육을 받았다. 콘스탄틴은 그리스어와 슬라브어 이외에도 라틴어, 히브리어, 아랍어를 알았으며, 학교를 졸업한 후 사제 겸 총대주교의 수석비서관으로 일했다. 나중에 그는 콘스탄티노플 대학교 철학과를 지도했다. 메소디우스는 수년 동안 슬라브인 거주지 스트룸주 주지사였다고 전해진다. 9세기 중반 유럽 슬라브 공국의 하나인 대모라비아 공국은 서구 가톨릭의 전통에 따라 기독교를 수용했다. 교회 예배는 라틴어로 행해졌다. 상황은 모라비아 군주 로스티슬라프가 비잔티움으로 돌아가서 슬라브어로 가르쳐 줄 사람들을 보내달라고 하는 계기가 되었다. 요청에 관한 응답으로 863년 말에 콘스탄틴과 메소디

---

12. 『10세기에서 11세기초 고대루스 문학기념비 Pamyatniki literatury Drevney Rusi. XI ~nachalo XII veka』 모스크바, 1978, 97 페이지
13. 베른시테인 Bernshteyn S.V. 콘스탄틴 철학과 메소디우스 Konstantin~filosof i Mefodiy. 모스크바, 모스크바 대학교 출판사, 1984.

우스가 이끄는 교회 선교부가 모라비아로 파송되었다. 선교를 시작하기 전에 예배용 책을 슬라브어로 번역하는 어려운 작업이 있었다. 당시 슬라브족은 아직 자신의 문자가 없었기 때문에 콘스탄틴과 메소디우스는 먼저 새로운 알파벳을 만들고, 문자의 언어 규범을 개발하고, 그 언어로 예배용 책을 번역해야 했다. 슬라브어로 번역된 첫 번째 책은 요한복음의 첫 번째 구절로 시작되는 짧은 아프라코스[14]라고 하는 주간 복음서였다. 형제들은 867년까지 모라비아에서 일했다. 콘스탄틴은 869년에 사망했다. 그는 사망 전 '키릴'이라는 이름으로 수도사 생활을 서원했다. 870년에 메소디우스는 슬라브 민족의 첫 번째 주교가 되었고 남은 생애 동안 주교로서 일했다. 그의 생애 마지막 수년 동안 슬라브어 성서 번역에 헌신했다. 메소디우스는 약 885년 사망했다. 연구자들은 키릴과 메소디우스 형제에 의해 번역된 성서의 수준을 높이 평가했다.

기독교 수용

988년 8월에 키예프 루시는 공식적으로 그리스동방정교회 양식으로 기독교를 수용했다. 정교회는 영적 의미에서 무엇보다도 러시아 국민에게 유일하며 살아계신 하나님 숭배의 교리와 실제적인 삶에서 하나님을 두려워하는 교리를 가져 왔다. 하나님 경외와 인간의 죄에 관한 인식이 함께 전파되었다. 사람들이 영적 교훈에서 영감을 받는 가장 중요한 행실은 헌신된 신앙인의 개인 생활에서 나그네 대접, 하나님 앞에서 완전한 겸손, 온유, 원수 사랑 등이었다. 고대 루시의 큰 미덕은 책에서 배운 가르침에 관한 경건한 태도였다. 야로슬라프는 교회 규정을 좋아하여 밤낮으로 자주 읽었다. 많은 서기관을 모았고 그들은 그리스어에서 슬라브어로 번역했다. 그들은 많은 책을 기록했고, 신자들은 하나님의 가르침을 그들에게 받았고 책에서 얻는 가르침의 유익이 크다. 교훈과 가르침의 책은 회개의 길로 인도하는데, 왜냐하면 책 속에 있는 말씀에서 지혜와 절제를 얻기 때문이다. 책을 자주 읽는 사람은

---

14. 일요일 및 절기용 책자, 역자 주

하나님과 대화할 것이다. 예언적 대화와 복음적 가르침을 읽는 사람은 영혼 으로부터 큰 유익을 얻는다.[15]

루시 시대의 첫 번째 기독교 설교자의 특징은 성실, 정직, 활동이었다. 예를 들면 키예프페 체르스크와 안토니와 페오도시 수도원 설립자들이었다. 유명한 영적 저자와 설교자 가운데 무롬의 키릴 사제와 [율법과 은혜] 저자 키예프의 일라리온 대주교가 있다. 고대 루시에서 체계적인 신학생 양성과정은 신학교에서 이루어졌고 교회 부속 어린이 학교도 만들어졌다. 수도원은 나라의 문화 중심지가 되었고 예배용 서적과 다른 영적 도서를 슬라브어로 번역했다. 키예프 루시 시대의 정교회는 문화, 교육 및 도덕 교육의 근원지가 되었다. 루시는 교회를 통해 비잔틴과 동로마의 문화를 알게 되었다. 기독교는 또한 건축과 미술의 발전에 이바지했다. 이러한 모든 것이 키예프 루시를 당시 유럽 국가들과 같은 수준으로 끌어 올렸다. 성서는 루시 시대에 여러 형태로 사용되었다. 가장 일반적인 것은 아프라코스(그리스어 주간) 복음서였는데 부활절부터 주별로 나누어졌고, 사도행전과 서신서를 포함한 사도, 시편, 구약성서 본문을 대표 하는 파레미닉 등이 예배에서 낭독되었다.

러시아 국민의 종교적 추구와 다양성

루시 시대에 정교회 신앙을 수용한 이후, 성서를 스스로 이해하는 사람들이 나타났다. 예를 들어, 기독교 공인 후 16년이 지나 정교회와 정교회 의식을 거부한 수도사 아드리안이 나타났다. 니콘 연대기에 따르면 키예프의 대주교 레온티는 그를 반대했다. 아드리안은 폭로되어 투옥되었다. 그는 죄를 회개한 후 교회로 다시 돌아왔다. 1125년에 정교회 규정을 거부한 다른 합리주의자 드미트리가 러시아 남부에 나타났다. 그도 같은 운명을 겪었다. 그는 시네레츠 마을로 추방되었다. 분명히 아드리안과 드미트리의 관점은 공통점이 많았다. 일부 연구자들은 성인, 이콘, 십자가, 유물, 금식, 수도원, 교회 계급, 경배의 외적 표현을 거부한 10~12세기 불가

---

15. 『고대 러시아 문학 기념비. 11~12세기의 시작 Pamyatniki literatury Drevney Rusi. XI nachalo XII veka』, 16페이지.

리아인 보고밀의 추종자로 아드리안과 드미트리를 관련지었다. 보고밀은 바울 서신을 신앙의 주요 기초로 규정한 바울파 출신이었다.

스트리골니키파

정교회의 규정에 동의하지 않으면서 복음과 설교의 열린 해석을 추구하는 사람들이 연합한 최초의 대중 운동이 스트리골니키 운동이다. 운동은 14~15세기에 존재했다. 사람들은 스트리골니키파를 성직 안수 때 머리를 원형으로 자르는 하급 성직자 대표라 불렀다. 스트리골니키파의 교리와 운동 성격은 1382~1427년 동안 정교회 성직자들이 서신에서 폭로한 내용으로 알 수 있다. 14세기 70년대 프스코프의 집사 니키타와 카르프는 성직자에게 뇌물 제공을 방관한다고 공개적으로 항의했다. 그들은 주교들과 백승들의 많은 재산 소유를 비난했다. 또한, 백승들을 산 자와 죽은 자의 요구, 가치 없는 삶을 추구하는 프스코프와 노브고로드의 추종자들이라고 비난했다. 스트리골니키파는 정교회와 분리되어 자신들의 공동체를 조직했다. 기도와 설교를 위해 그들은 야외에서 모였다. 금품 제공 때문에 계급제도를 거부하고 공동체에서 설교자를 선택했다. 가르치는 권리는 적절한 은사가 있고, 도덕적이며, 무소유자에게 속한다고 했다. 스트리골니키파 설교자들은 신학 도서를 공부하고 교육받은 사람들로 서기관이라는 별명을 얻었다. 스트리골니키파의 교리적 특징은 복음의 권위를 인정하나 전통의 의미는 부인했다. 그들은 신자들을 백성과 성직자, 양떼와 목자들로 나누지 않았다. 어떤 신자든지 교사와 설교자가 될 수 있었다. 평범한 설교자의 권리는 사도바울의 진술에 기초하여 정당화되었다. 스트리골니키파는 성서와 올바른 이해에 기초한 새로운 믿음의 전파자라고 생각했다. 사람과 하나님 사이의 중보자는 예수 그리스도 한 분이다. 회개는 성직자 앞에서가 아니라 하나님 앞에서 한다. 성례전과 의식은 불필요하다. 이콘과 십자가의 필요성도 느끼지 못했다. 교회에서 이탈한 사람들을 권면하면서 시작된 공식적인 교회의 지도자들은 더 결정적인 조치로 옮겨왔다. 스트리골니키파의 안내서 Pisaniye knizhnoye는 압수되고 불태워졌고 니키타와 카르프 집사는 1376년 노브고로드의 볼호프 다리 밑으로 던져졌다. 그러나 그 운동은 50년 동안 존재했다. 그러나 스트리골니키파의 생각들은 사라지지 않았고 15세기 말에서 16세기 초까지 계속되었다.

무소유파 운동

15세기 말 수도원과 흑승 출신의 성직자들이 무소유파 운동에 나섰다. 운동은 약 100년 동안 지속되었다. 키릴로벨로제르스키 수도원에서 시작되어 닐 소르스키, 바시안 파트리케예프, 이구멘 아르테미, 막심 그렉, 구리아 투쉰과 관련이 있다. 닐 소르스키 Nil Sorsky는 무소유파의 열정적인 설교자였다. 그는 백승 성직자들이 추구했던 소유 정신을 훈계하면서 기독교의 사랑과 용서에 관한 설교를 처음으로 전파했다. 닐은 이단자들과 이교주의자들에 대해 수도원 소유권과 물리적 제재를 반대했다. 신자들을 향한 설교에서 그는 오직 복음만을 언급하면서 실제적인 기독교에 관한 의미를 설명했다. 그에게는 하나님의 말씀이 다른 어떤 권위보다 더 높았다. 닐의 생각은 일반인들도 이해할 만하여 많은 추종자가 생겼다. 성직자들 사이에서도 비소유파로 불리는 닐 소르스키 지지자 그룹이 형성되었다. 반대파는 요시프 볼로츠키가 이끌었다. 그들은 요셉파라 한다. 1503년 대성당 회의에서 요셉파가 우세했다. 그들은 교회의 전통, 정관, 계급 제도는 성서만큼 권위가 있다고 확정했다. 비소유파는 패배를 인정하지 않았고 회의 결정에 공개적으로 반대했다. 바시안 파트리케예프는 신자들에게 그리스도의 계명과 사도들의 약속에 순종할 것을 촉구했다. 그는 이단자의 육체적인 형벌은 성직자들의 일이 아니라 정부가 해야 한다고 주장했다. 성직자는 이단자와의 싸움에서 영적인 검을 사용해야 한다. 비소유파는 사람들이 복음으로 생활하기 위해서 성서를 널리 전파해야 한다고 주장했다. 반대로 요셉파는 보통 사람들이 사도서와 복음서 읽기는 죄라고 했다. 고위 성직자들은 비소유파와 다른 자유주의파들을 심하게 징계했다. 그러나 그들의 생각은 민중들 사이에서 오랫 동안 유지되었다.

바시킨과 코소이의 교리

교회 예식과 성서에 있는 여러 장소의 중요성을 독자적으로 설명하고 더 중요한 도덕적 요구를 만족시키려는 추구가 또다시 서기관과 비서기관, 영적인 사람과 세속적인 사람들 속에서 나타났다. 마트베이, 세메노비치, 바시킨에 관한 자료가 조금 보존되어 있다. 그는 1553년에 참회를 구실로 성모영보대성당의 시메온 사제를 찾아갔다. 바시킨은 떠오르는 자유로운 생각에 대해 질문했다. 그것이 이반 4세에게 보고되었다. 왕은 처음에 그를 자유사상가로 너그럽게 인정해 주었으나 후에 바시킨과 친구 4명의 체포 명령을 내렸다.

심문 과정에서 밝혀진 것처럼 바시킨은 리투아니아 출신 약사 마트페이와 라틴어 학자 안드레이 카테예프의 아이디어를 참고했다. 바시킨의 교리는 모스크바뿐만 아니라 다른 지역의 많은 평신도와 성직자 대표에게도 영향을 주었다. 수도원을 통해 벨로오제르 지역까지 확산되었다.

바시킨의 교리는 이전의 다양한 사상들과 공통점이 많았다. 그는 종교 예식, 총회 의결, 조상 전승을 거부했고 이콘을 우상이라고 했다. 맛베이 바시킨의 추종자들은 조사를 받을 때 성직자의 낮은 도덕적 수준과 수도원의 세습적 소유에 관한 부당함을 말했다. 바시킨은 고백에 대해서 사람이 죄짓는 것을 멈추듯이 성직자가 없다면 사람들은 죄를 짓지 않는다고 했다.

성찬 선물을 보통의 빵과 포도주로 여겼다. 바시킨의 교리에 이단적인 요소가 있음을 주목해야 한다. 그는 하나님의 아들과 아버지의 동등성을 부인했다. 1554년에 바시킨의 주요 공범인 삼위일체~성세르기옙 이구멘 아르테미, 수도사 페오도시의 코소이에 관한 이교도 재판을 위해 평의회가 열렸다. 평의회는 아르테미의 성직을 박탈하고 솔로프키로 추방하고 바시킨과 공범들을 감옥과 수도원으로 분산시켰다. 페오도시와 수도사 이그나티는 그들의 사상을 성공적으로 전파했던 리투아니아로 순조롭게 떠났다.

러시아 국내의 성서 인쇄 시작

루시는 기독교 수용으로 하나님의 말씀을 알게 되었다. 성서 내용을 사용한 책들은 1056년의 오스트로미르 복음서(가장 오래된 필사본), 1499년의 겐나디 성서, 1552년의 막심 그렉의 새번역 시편 등으로 여러 번 필사되었고 가치가 뛰어났다.

책 출판은 의심할 여지없이 러시아 국민의 종교 생활에 큰 영향을 미쳤다. 이로 인해 성서 배포는 교회와 수도원뿐만 아니라 일반 사람들 사이에도 널리 전파되었다. 중요한 것은 인쇄본 성경의 내용이 필사본보다 실수가 훨씬 적었다. 슬라브어로 된 최초의 예배 서적은 15세기 말 크라코프의 시바이폴트 피올 인쇄소에서 출판되었다. 거의 같은 해에 슬라브어책 인쇄가 베니스와 몬테네그로에서도 시작되었다.[16]

벨라루스 출판의 개척자는 프란치스크 스코리나(1490~1551년)이다. 그는 1517~1519년에 프라하에서 교회 슬라브어로 시편을, 그 후 벨로루시어와 가까운 언어로 구약 22권을 출판했다. 성서 번역은 출판사가 맡았다. 16세기 초반 스코리나는 빌리노(현재는 빌뉴스)에서 최초로 인쇄소를 설립했다. 빌리노에서 출판한 도서 가운데 사도 책이 있다. 그런데 출판은 인정받지 못했다. 스코리나는 설교자이자 강해자로 유명했다.

모스크바 루시의 출판은 이반 표도로프(약 1510~1583년)에 의해 시작되었다. 표도로프는 전국적인 성서 보급에 관한 필요성을 깊이 인식했고 성서 보급에 관한 자신의 사명을 깨달았다. 생애의 사명을 다음과 같이 말했다. 전세계적으로 영적인 씨가 뿌려지고 모든 사람에게 영적인 음식이 공급될 것이다. 목표 달성은 인쇄된 성서의 배포였다. 필사 작업은 비생산적이고 필사자는 필연적인 실수로 텍스트 왜곡을 벗어날 수 없었다.

이반 표도로프과 표트르 므스티스라프츠는 1564년에 모스크바에서 최초로 인쇄된 사도 책을 출판했다. 1565년에 인쇄소에서 여러 권의 책이 출판되었지만, 그는 모스크바를 떠나야 했다. 많은 권력자와 고위 성직자들과 교사들의 분노가 심했다. 이반 표도로프는 친구들과 함께 성서보급 운동을 계속하기 위해 모스크바를 떠나야 했고 리투아니아, 리비우, 오스트록 부근 볼린 등으로 이동했다.

5년 후 리투아니아의 자블루도프에서 해설서가 딸린 교육용 복음서가 대량으로 인쇄되었다. 1578년에 리비우에서 우크라이나 최초로 사도 책이 출판되었다. 이반 표도로프는 1581년 죽음을 앞두고 볼린에서 자신의 전 생애의 역작인 오스트로지

---

16. 리지스키 엠.이. 러시아 성경번역사.노보시비르스크, 1978, 78~79 페이지 Rizhskiy M. I. Istoriya perevodov Biblii v Rossii. Novosibirsk, 1978, s. 7879

스키 슬라브어 성서를 처음으로 대량 인쇄하여 판매하기 시작했다. 2세기 동안 오스트로지스키 성서본은 후속 성서 출판의 모델이 되었다. 루시 시대 정교회 환경에서 출판을 시작한 지 500년 동안 출판 발전에 노력을 기울였으나 슬프게도 반대자들이 있었다. 이반 표도롭은 민중의 문해력을 높이는데 이바지했다. 1574~1578년 러시아 문화와 계몽용 자모 입문서를 수회 출판했다. 모스크바에서 슬라브어 성서 전권이 1663년에 처음으로 출판되었다.

정교회 내부의 분열 구교도파

1667년 니콘 총대주교 시기에 정교회가 마침내 분열되었다. 러시아 정교회에서 구교도파의 분열은 복음주의 부흥운동과 전혀 관련이 없다. 그들의 동기와 이유는 완전히 다른 성격이다. 그 여파로 러시아에서 신비주의적이고 합리주의적 종파들이 나타나는데 이바지했다. 니콘파 분열(구교도파)의 첫 징조는 1419년에 이미 등장했는데 주로 그리스 원문에 근거한 교회 전례서 교정과 특정 종교의식의 변화가 영향을 미쳤다. 총 대주교 니콘을 반대하는 지도자는 사제장 아바쿰(1620~1682)이었다.

그는 정교회의 강성 보수파로서 폭 넓은 지지를 얻었다. 1651년에 그는 니즈니노브고로드현의 격분한 무리로 인해 모스크바로 떠나야 했다. 아바쿰은 모스크바에서 그리스 모델에 따른 전례서 교정에 참여하도록 지시를 받았다. 그는 곧 자신이 의무를 다하면서 총 대주교 니콘에 의해 제거된 반개혁파로서 자신을 증명했으나 다우리아로 추방되었다. 당시 그는 매우 어려운 상황이었다. 1663년에 아바쿰이 모스크바로 돌아왔지만, 총 대주교 니콘의 개혁을 계속해서 전적으로 반대했다. 1666년 모스크바의 대성당 회의에서 아바쿰은 사제직을 박탈당하고 파문되었다. 그는 채찍형을 받고 푸스토제르스크로 추방되었고 공범들은 처형당했다. 아바쿰은 14년 동안 푸스토제르스크에서 설교와 편지와 메시지를 토굴 수형자들에게 보내면서 활동을 계속했다. 1682년에 아바쿰은 황제 모독죄로 화형을 당했다.

1685년 법령은 분열주의자를 불법으로 공포했다. 개종 유도자를 잡아서 화형시키고, 심지어 돌아온 사람도 처형하라는 명령이었다. 절망적인 상황 때문에 많은 구교도파는 해외로 도피해야 했다. 다른 사람들은 인적이 드문 숲에 피난처를 마련했다. 더 심한 경우는 고통 속에 지내고, 심지어 장작불에 스스로를 불태우고, 마지막으로 순교를 준비하기도 했다. 어려운 대외 상황에서 구교도들은 성자들을 구원했던 믿음으로 굳게 서자며 결속을 강화했다. 그들은 계승적 은혜는 총 대주교 니콘의 등장으로 끝났고 첫 번째 교회는 무너졌다고 간주했다. 분열되고, 비조직적이고, 고집 세고, 미계몽적인 사람들은 장래의 방향에 관한 결정을 내릴 수 없었다. 시간이 지나자 성찬, 교회 전례, 계급 및 기타 특성에 관한 거부의 정도에 따라 여러 분파가 생겼다.

주요 분파는 사제파popovtsy와 비사제파bespopovtsy로 나뉘었다. 수도원(스케테)이 나타났고 지지자와 분파가 생겼다. 정교회에서 구교도파의 분열은 대다수 무지하고 거룩함에 무관심했던 러시아 민중들이 신을 찾는 계기가 되었다. 분열은 먼저 정교회 신자에게 무엇을 믿을 것인가? 무엇을 따를 것인가?의 질문을 던졌다. 이로써 대중적인 종교에서 개인 신앙에 이르는 길이 열렸다. 분열이 격화되면서 합리적이고 신비적인 종교 사상이 러시아에서 자랄 수 있는 토대를 마련했다.

분열 후 종교적 추구

트베리티노프(1667~약 1741년)의 합리주의 운동은 개신교 영향으로 18세기 초에 발생했다. 트베리티노프는 모스크바 교외 독일인 지역에서 의학을 공부하던 중 개신교 교리에 관심을 가졌다. 의사로서 사회의 여러 계층을 접촉했고 자신의 의견을 다양한 좋은 환경 속에서 확산시켰다. 그는 예배 의식을 포함한 그리스도교 본질에서 벗어난 정교회 설립을 비난했다. 트베리티노프는 성령 충만을 이해했고, 빵과 포도주가 실제로 그리스도의 몸과 피라는 것을 부인했고, 성찬식을 통해 구세주의 희생에 관한 기억을 회상했다. 한마디로 외적 경배를 부인했고, 인간과 하나님 사이의 중보자로 성모와 성직자의 중재를 인정하지 않았다. 그는 믿음을 통한 구원에 관한 개신교 교리를 수용하지 않았고 선행으로 구원을 주장했다. 트베리티노프는

10년 동안 수천 명의 추종자를 모았다. 1714년에 그와 추종자들은 배반과 파문을 당해 민사 재판으로 넘겨졌다. 그 후 트베리티놉은 잘못을 인정하고 다시 정교회로 돌아갔다.

그리고리 사비치 스코보로다(1722~1794)

위대한 우크라이나 시인이자 기독교 사상가인 스코보로다는 우크라이나인의 종교 생활에 큰 영향을 미쳤다. 그는 1722년 폴타바현에 있는 평범한 농부 가정에서 태어났다. 농촌 학교에서 초등 교육을 받은 후 스코보로다는 키예프 모힐라 아카데미 신학교에 입학했다. 1740년부터 1744년까지 상트페테르부르크 정교회 성가대에서 봉사한 2년을 제외하고 신학교에서 1750년까지 공부했다. 신학교 졸업 후 해외에서 몇 년을 보냈다. 1751~1753년에 할레[17]에서 공부했다. 당시 경건주의[18] 창시자 어거스트 헤르만 프랑케(1663~1727)가 할레에서 활동했다.

고향으로 돌아온 후 스코보로다는 페레야슬라프 신학교에서 시문학을 가르쳤고 가정교사로도 일했다. 신학교 교수 활동과 성직 수용을 거부한 채, 25년 동안 우크라이나를 여행하면서, 하나님의 말씀을 전파하고, 하나님과의 경건한 삶을 증거했다. 사람들은 방랑 설교자를 사랑했고 진심으로 도왔다. 스코보로다는 황금과 은이 아니라 친절한 충고, 권면, 교훈, 친절한 책망 등 자신이 가진 모든 것을 사람들에게 주었다.[19] 1757년 스코보로다의 시에 다음과 같은 내용이 있다.

태어나서부터 자신을 그리스도에게 헌신하고, 선의 멍에를 지고, 부담을 덜어 주고, 그런 삶에 익숙한 사람이 복 있다. 그것이 거룩한 삶이다. 가난이나 불행이 무거운 것이 아니다. 나를 위해 죽으신 그리스도가 내 삶이다. 나는 내

---

17. 바갈리 데. 이. 『우크라이나의 방랑철학자 스코보로다 지. 에스.』 하리코프, 2판, 1928, 43 페이지. Bagaliy D. I. Ukrains'kiy mandrivniy filosof G. S. Skovoroda, izd. 2~ye, Kharkiv, 1928, s. 43. 2
18. 경건주의 운동은 17 세기에 루터교인들 사이에서 생겨난 경건 운동으로 다른 교파로 퍼져 나갔다. 옛 경건주의와 구별되는 여러 방향의 경건주의가 있었다. 후자는 죄 짓는 조건이 없는 그런 사회를 세우는 것을 과제로 세웠다. 새로운 경건주의는 개인적인 중생의 경험에 기초한다.
19. 루뱌노프스키 에프., 에르., 『회상』 키예프, 1872, 106~107 페이지, Lubyanovskiy F. P. Vospominaniya, t. 1. Kiyev, 1872, s. 106107.

인생의 모든 것을 당신에게 드려야 했지만 이제라도 남은 시간을 당신에게 드립니다. 나의 빛이여! 내 마음의 차가움을 제거하여 주시고, 욕심과 악한 마음을 물리쳐 당신을 위해 살 수 있도록 불을 붙여 주십시오.[20]

1762년에 그는 다음의 시를 썼다.

복된 삶이 무엇인지 깨달으라. 모든 것을 내려놓고 복된 삶에 마음을 돌리라. 온 마음을 다해 진리를 따르고 하나님의 말씀을 신뢰하라. 오, 나의 아들아! 너의 마음을 나에게 달라! 온전한 마음을 달라. 네가 세상에 마음을 조금이라도 준다면 나는 너의 선물을 받지 않을 것이다. 복된 삶을 누릴 수 있는 사람이 복된 자이다.[21]

스코보로다의 시에서 자신들의 주장과 같은 내용을 발견한 영적전사파는 그를 매우 존경했다. 실례로 시의 구절 가운데 '과연 나는 누구인가? 나는 하나님의 성전과 반석과 제사장으로 불리며 당연히 희생도 해야 한다. 우리 마음에 제단이 있고 의지는 희생이다. 제사장은 의지를 선물로 가져오는 우리 안의 영혼이다' 등을 인용했다. 스코보로다는 그의 무덤에 다음과 같은 비문을 남겼다. '세상이 나를 붙잡으려 했으나 잡히지 않았다.'

채찍파

17세기 중엽 블라디미르와 코스트로마와 탐보프 지역에 살았던 구교도파 사이에서 채찍파라 불리는 신비적인 작은 분파가 나타났다. 창시자는 농민 다니엘 필립치와 이반 수슬로프였다. 추종자들은 열광적인 예배와 금욕주의와 특별한 신비주의에서 구원을 찾았다. 분파의 유래는 그들의 공동체에서 비롯되었다. 공동체를 방주라 했고 운영자는 조타수 혹은 그리스도라 했다. 예배 중 일부는 채찍과 막대기

---

20. 『형제들 소식』, 1973, 1권, 70페이지, Bratskiy vestnik, 1973, 1, s. 70.
21. 스코보로다, 작문, 2권, 202 페이지, 1973, Skovoroda G.S. Soch. v 2~kh tomakh, t. 2, s. 202. M., 1973.

로 몸을 괴롭혔기에 사람들은 그들을 채찍파라 부르기 시작했다. 자신들을 신의 사람들이라 했다. 채찍파는 평민뿐 아니라 왕손과 성직자도 있었다. 채찍파의 출현은 하나님의 능력이 아니라 성서에 관한 무지에서 비롯된 종교적 실수였다. 그것은 민중의 선지자를 발생시켰다. 채찍파는 하나님을 경배하면 성령이 선지자에게 거하게 되고 그의 개인 성품을 제거한다고 믿었다. 신비한 부활을 통해 선지자는 참된 그리스도가 된다. 그 순간부터 추측컨대 그는 죄가 없고, 전능하고, 기적을 행하는 능력을 지닌다. 예배의 황홀경에 참가한 채찍파는 성령의 영감을 받은 것으로 여겨졌다. 정교회 사제와 조직은 150년 동안 채찍파의 교리 확산에 맞서 비타협적으로 대처했다. 채찍파 선지자들과 설교자들은 고문을 당하고 강제 노동을 선고 받았으며 참회를 위해 수도원에 보내졌다.

19세기 초 고상한 신비주의를 추구하는 사회 속에서 '타타리노바 정신연합회'라는 종교 단체가 출현했다. 단체는 민중들이 선택한 채찍파가 허용한 결혼 생활과는 달랐다. 예배는 황홀경과 예언을 동반했다. 단체는 창시자가 서면으로 자신의 잘못을 포기한 10년 후인 1837년까지 지속되었다.

영적전사파

신비적이고 합리적인 추구가 18세기 중반 영적전사파에서 처음으로 나타났다. 분파는 1785년에 예카테리노슬라프의 대주교 암브로스가 시작했고 성령에 위배된다는 것을 강조했다. 새로운 교리를 따르는 사람들은 구원의 원수에 대항하여 성령의 능력으로 싸우는 전사였다. 신앙의 문제에서 그들은 영적 수단만을 인정하고 가시적이며 외적인 모든 것을 거부했다. 영적전사파의 교리는 15~16세기의 합리주의 경향, 이념, 구교도파적 해석(무사제파), 여러 출처에 기초한 퀘이커파 등의 내용이 나타난다. 영적전사파는 우크라이나 남쪽에서 출현했다. 하르키우 지방에서 예카테리노슬라프 지방으로 퍼졌다. 실루안 콜레스니코프는 예카테리노슬라프 지방의 영적전사파 창시자가 되었다. 그는 박식한 사람이었고 개신교와 신비주의를 알고 있었다. 콜레스니코프는 1750년에 니콜스코에 마을에서 영적전사파 공동체를 조직하여 오랫동안 이끌었다. 영적전사파는 러시아로 전파되면서 여러 해석의 신을 찾는 사람들의 생각 속에 막연히 있었던 많은 새로운 아이디어를 수용했다. 영적전사파가 활동하던 때는 일반 사람들이 성서에 접근할 수 없었고 신자들도 일상에서 성서를 자유롭게 연구할 수 없었다. 영적전사파는 하나님의 말씀에 기초한 순수하고 도덕적이며 고상한 삶에 목말라 있었다. 그들은 성령이 신자들 안에 거하고, 사람이 하나님과 직접 접촉할 수 있고, 하나님께 기도할 뿐만 아니라 계시와 내적인 깨달음을 받을 수 있다고 믿었다.

영적전사파 가운데 경배의 가시적 형태를 영적으로 해석하는 신앙의 진리에 관한 우화적 설명이 널리 전파되었다. 그들은 침례를 내적인 영적 행위로 이해했다. 사람은 하나님의 말씀으로 침례를 받고, 말씀 안에 사는 사람은 자신을 부인하고 하나님을 신뢰한다. 참회는 하나님 앞에서의 내적인 청소로 이해했다. 영적전사파는 성찬식을 외적 형태가 아닌 믿음과 생각 곧 영적인 것으로 이해했다. 교회는 비가시적이고 내부의 빛에 이끌려 하나님이 부르시고 선을 행하려고 애쓰는 사람들로 구성된다.

스코보로다는 영적전사파의 요청으로 그들의 교리를 정리했다.[22] 영적 전사파는 그들의 영적 임무를 하나님 나라의 법칙을 실천하는 것으로 보았다. 그들은 조용하고 차분하고 의로운 삶을 살았는데, 의심할 여지없이 그들의 교리를 전파하는 데 이바지했다. 1877년 중엽에 살았던 국회의장 호먀코프는 키가 크고, 강하고, 체격이 좋고 잘 생긴 것처럼 일하는 사람은 다른 사람들의 필요에 대해 솔직하고, 양심적이고, 부드럽고, 감동적으로 부지런히 보살폈다.[23] 영적전사파는 가족과 사회 생활의 모범이 되었다. 그들은 아이들에게 순종과 영적 교훈을 가르쳤고, 성서 본문을 자기 말로 말하게 하고, 시편과 기도를 가르쳤고, 선하고 유용한 것을 가르쳤다. 최근 한 증인의 말에 따르면, 영적전사파 아이들은 정교회 아이들과 달리 귀리

---

22. 노비츠키 오., 『영적전사파, 그들의 역사와 교리』. 키에프, 1882, Novitskiy O. Dukhobortsy. Ikh istoriya i veroucheniye. Kiyev, 1882; 클리바노프 아.,이., 『러시아 사람들의 사회적 유토피아』 Klibanov AI, M., 1977, p. 230.
23. 테네로모 이., 『우리 시대의 종교적 열망』 1909, 세계, 11~12 페이지 Teneromo I. Religioznyye iskaniya nashikh dney. Mir, 1909, 11 ~ 12.

사이의 밀처럼 구별되었다.

영적전사파는 짧은 시간에 하르키우, 에카테리 노슬라프, 탐보프, 보로네시, 사라토프, 아스트라한, 펜자, 핀란드, 돈코사크, 시베리아 등지로 확산되었다. 영적전사파의 교리가 확산되자 지배적 교회에 관한 외적 순종은 정교회로부터 이탈로 바뀌기 시작했고, 그 후 공개적인 대립으로 발전했다. 18세기 후반 영적전사파는 중노동형을 받고 가족 추방과 강제이주를 포함한 무거운 형벌을 받기 시작했다.

그런데 알렉산드르 1세의 판결에서 보듯이 1801년 이전에 30년 동안 영적전사파에 대해 매우 소모적이고 엄격하게 대했음에도 불구하고 분파는 없어지지 않았고 오히려 추종자의 수가 점점 더 늘어났다. 1801년에 발효된 법령에 따라 추방당한 영적전사파의 대부분은 사면되었다. 알렉산더 1세 통치하에 모든 영적전사파를 한 곳으로 이주시키는 것이 결정되었다. 몰로치니보디 지역에 있는 멜리토폴스크 대초원으로 결정되었다.

첫 번째 영적전사파의 정착지 보그다노프카가 만들어졌다. 이주민은 약 4천 명에 달했다. 이주민들은 새로운 장소에 순조롭게 정착하여 정교회 주민과 교육에서 완전히 분리된 영적전사파의 나라에 대해 생각하기 시작했다. 사벨리 카푸스틴은 영적전사파 공동체의 기획가 겸 지도자가 되었다. 그는 유능한 설교자였고 공동체의 영적 경제적 활동을 운영했다. 그는 기도와 결혼 및 장례식의 절차를 정하고 재산 공유제를 도입했다. 빈곤층 지원을 위한 협동 기금을 만들고 고아들을 위한 집을 설립했다. 그가 만든 협의회는 30명의 장로들로 구성되었으며, 그중 12명은 사도로 봉사했다. 그는 스스로 최고의 명예를 가졌다.

일상에서 하나님의 말씀으로 확인되지 않은 계시가 마치 영적전사파 교인과 지도자가 말하고 행동하고 생각하는 모든 것이 삼위일체 하나님으로부터 영감을 받아 하는 것처럼 구체화되었다. 내적인 깨달음처럼 계시에 관한 태도 문제로 인해 영적전사파가 몰로치니보디 지역으로 이주하기 전에 분열이 일어났다. 일라리온 포비로힌은 탐보프 지방 고렐 마을에서 1775년부터 1785년까지 설교했다.

그는 영적전사파의 구원론은 기록된 말씀이 아니라 영에서 비롯되고 기억과 살아있는 책에 새겨져 있다는 것에 기초했다. 그는 채찍파로부터 선택된 자에게 그리스도의 거룩한 마음이 옮겨진다는 개념을 가져왔다. 그는 자신을 우주의 심판관으로 언급하면서 그리스도가 자기 안에 거한다고 했다. 포비로힌은 일반인이 성서 읽는 것을 금지했고 그것을 큰 고통이라고 했다. 성서대신 영적전사파는 그들의 교리와 계시를 기록한 생명의 책을 사용했다.

우유파

우유파는 영적전사파에서 유래했다. 영적전사파의 교리가 형성되는 동안 일라리온 포비리힌이 지도자였을 때 교육받은 정교회 농민 세멘 마트베예비치 우클레인이 나타났다. 우클레인은 영적전사파의 교리를 수용하여 교리를 전파하는 포비리힌의 주요 조력자가 된다. 그는 성서에 정통했고 달변으로 동료 신자들 사이에서 큰 영향력을 가졌다. 그런데 우클레인과 포비리힌의 협력은 5년 동안만 되었다. 그 후 우클레인은 성서에 기록된 것만 진리로 인정하고 나머지는 인간의 사상이라고 했다. 그는 영적전사파의 신앙생활에서 중요한 자리를 차지하고 있는 내적 깨달음을 부인하지 않았지만, 하나님의 말씀에 비추어 봐야 한다고 했다. 포비로힌과 우클레인은 성서에 관한 태도와 계시에 대해서 의견이 달라 분리되었다. 얼마 후 우클레인과 그를 추종하는 많은 영적전사파 신도들이 공동체에서 분리되었다. 우유파 Molokans라는 최초의 이름은 1785년 탐보프 영성회의에 모인 사람들에게 주어졌는데 그들이 우유(러시아어로 '몰로코', 역자 주)를 마셨기 때문이다. 우유파는 베드로전서 2장 2절에 있는 갓난아기들같이 순전하고 신령한 젖을 사모하라는 구절로 그들의 명칭을 설명했다.

70년대 말엽 우유파 선지자 우클레인은 사도라 칭한 70명의 제자와 함께 시편을 노래하며 공개적인 설교와 우상 곧 이콘 제거를 위해 탐보프에 야심차게 들어왔다. 그 일로 탐보프 감옥에 수감되었다. 출감후 박해를 피해 탐보프, 보로네시, 사라토프, 아스트라한 지역을 오랫동안 여행했다. 그의 제자들은 몰로칸 신앙을 돈, 캅카스, 시베리아로 전파했다. 우유파는 쿠르스크, 하르키우, 랴잔, 펜자, 니제고로드, 심비르스크 지방으로 전파되었다. 우클레인의 방랑생활 동안 약 5,000명에 이르는 우유파 신도가 있었다. 우유파의 교리는 우클레인과 그의 조력자 세멘 돌마토프의 공동 노력으로 체계화되었다. 그것은 복음의 진리와 인간적인 사상이 섞였다. 여러 측면에서 그것은 영적전사파의 교리와 일치한다. 예를 들어, 우유파는 침수침례를 부인한다. 영적 침례는 성서 연구, 사죄와 회개로 구성된다. 우유파 교리에는 성찬식의 가시적 흔적이 불필요했다. 죽은 자의 부활 역시 실제적인 부활이 아니라 영적인 의미로 해석했다. 우유파의 특징은 장로들을 신앙의 지도자로 인정했다.

그들의 견해에 따르면 진정한 그리스도인은 '노예 제도, 전쟁 불참, 군복무 거부, 맹세 수용'과 같은 하나님의 말씀에 모순되는 법의 집행은 피해야 한다. 추측컨대 그들은 고린도후서 3장 17절의 "주는 영이시니 주의 영이 계신 곳에 는 자유가 있느니라"는 사도 바울의 메시지를 좋아했을 것이다. 우유파는 일반 권력은 그리스도의 가르침을 따르는 사람들보다 위에 있어서는 안 된다고 가르쳤다. 그리스도인들은 이 세상을 따르지 말고 일상생활에서 그리스도의 계명을 지키면서 땅에서 하나님의 나라를 만들어가야 한다고 했다. 다음은 우유파의 생활에 관한 기록이다. 그는 1870년대에 사라토프 근처 마르틴 요새에서 가족들과 함께 살았다. 어느 겨울 저녁에 희미한 불빛 아래 넓은 오두막에 사람들로 가득했다. 마르틴 쿠츠마의 아들은 복음서를 한 구절씩 읽고 같은 내용을 반복하여 읽었다. 나머지 사람들은 그 말을 속삭이면서 거룩한 단어를 기억하기 위해 반복했다. 그 후 마르틴은 "여호와는 나의 목자시니 내가 부족함이 없으리로다"의 시편 구절을 찬양했다. 시편 멜로디는 민요풍으로 느리고 감성적이었다. 가사를 오랫동안 불렀고 특히 모음을 세밀하게 분리하여 고~오오오스포오오오디이~이(주여, 역자 주)로 찬양했다. 후렴 후 마르틴은 찬양하는 사람들에게 한 마디했고 모두 찬양을 계속했다. 벤치에 모여 앉아 경건하고, 조용하고, 평안하게 찬양했다.

시간이 조금 지났고, 마르틴의 오두막에 모인 열정적인 방문객들의 가슴에는 새 생명의 싹이 났다. 그들은 너무 달랐다. 남자들은 이웃들과 싸우고, 도둑질하고 술을 마시고, 부인을 때리던 것을 그만두었다. 여자들은 자기 남편과 며느리와 아이들에 관한 악행과 험담을 그만두었다. 저녁에는 고함과 싸움 대신 노래와 사이좋게 실타래 돌아가는 소리가 났다. 하나님의 평안이 가족들에게 임했다. 교육을 많이 받지 않은 우유파 신자 프로코피는 복음을 잘 알지 못했으나 알고 있는 작은 것을 생활 속에서 열심히 실천했다. 두 벌 옷을 가지고 있는 사람은 하나를 가난한 사람들에게 주라는 그리스도의 말씀을 듣고 그는 자기 재산에 대해 다시 생각했다. 그에게 셔츠가 하나 있었고 모자와 짚신과 바지는 두 개씩 있었는데 그것들을 나누어 주었다. [24] 주린 자를 먹이라는 그리스도의 계명을 깨닫고 그는 빵을 모은 자루를 어깨에 걸치고 동참을 요청하면서 배고픈 사람들에게 빵을 나누어 주었다. 빵 자루는 그가 죽을 때까지 그를 떠나지 않았다. 모임에서 "너희가 짐을 서로 지라. 그리하여 그리스도의 법을 성취하라"는 갈라디아서 6장 2절을 듣고 기억해 두었다가 다음 날 프로코피 가족 모두는 자녀가 많아 일손이 부족한 사람들을 위해 그들을 대신하여 들판에서 일을 해주었다.

오랫동안 정부는 우유파와 영적전사파를 구분하지 않았다. 1805년에 우유파 대표자가 상원으로 우유파를 보내서야 공개적으로 우유파의 신앙고백을 허용했다. 19세기 초에 우유파의 교리가 확산되었다. 그들 중에는 유능하고 열정적인 설교자가 나타났다. 그런데 일부는 자신을 선지자와 기적행위자로 가장했다. 이사야 크릴로프의 운명은 비극적이었다. 뛰어난 기억력과 달변가인 그는 자신을 선택된 구원자라고 선포했고 우유파에 의해 새로운 예언자로 인정받았다. 크릴로프는 영적기독교회 대제사장의 칭호를 받기 위해 요청서를 가지고 페테르부르크에 갔다. 그런데 요청서를 받지 않고 우유파 교리와 자신의 예언을 열정적으로 확산시켰다. 그로 인해 오히려 체포되어 채찍형을 당했다.

우유파의 특별한 부흥은 19세기 30년대에 일어났다. 1818년에 경건주의자 융 스틸링의 책이 우유파에게 널리 출간되었는데 책에는 아라랏산 근처에서 천년 왕국이 도래할 것이라고 쓰였다. 거짓 선각자, 거짓 그리스도, 거짓 예언자가 많았다. 여러 지방 출신의 우유파 신도들은 미래의 구세주가 출현하는 장소를 남캅카스로 생각했다. 그런데 1836년에 부흥은 사그라졌다. 예언이 실행되지 않고 연기되자 우유파는 내부적으로 분쟁과 모든 가능한 논의가 시작되었다. 1823년 코사크인 안드레이 살라마틴은 돈 군대의 결정으로 노보바실리예프카로 추방되었다. 그는 우유

---

24. 셸퍄코바 베,[나의 아버지 쿠즈마 마르티노비치 셸퍄코프 Kuzma Martynovich Shelpakov], 수기 1956 년, Shel'pyakova V. Po rasskazam moyego ottsa Kuz'my Martynovicha Shel'pyakova. Rukopis', 1956.

파와 국가법에 관한 논쟁을 벌였다. 그는 성서에 따르면 당국과 정부 기관에 복종하고 군복무의 충성 서약도 필요하다고 주장했다. 살라마틴은 성유 의식과 성품성사를 제외한 정교회의 기본적인 성례전을 인정하고 정교회 정신으로 그들에게 설명했다. 그는 또한 우유파에게 유아 세례와 성찬식 등 정교회 의식을 소개했다. 결과로 돈지역 우유파가 생겼다. 후자는 다시 정교회로 돌아갔다. 60년대 말에 돈지역 우유파에서 복음주의 기독교인이라고 불리는 자하로프파가 분리되었다. 1850년대에 남캅카스의 예리반스코이현 우유파 가운데 열정적이고 진실하며 순수한 신앙 집단이 조직되었는데 후에 공중부양파로 변했다. 그들의 교리는 우클레인 계열 우유파와 채찍파의 교리가 섞였다. 공중부양파 집회는 채찍파와 유사했고 보통 열광적인 예배로 끝났다. 60년대에는 그들의 교리가 멜리토폴 우유파에게도 전파되었다. 그들 가운데 니키타 콜로딘 계열의 공중부양파가 나타났다. 1940~1950년대에 남캅카스의 란코란 우유파 가운데 물우유파가 나타났다.

그들은 믿음에 근거한 침례와 주의 만찬의 필요성을 인정했다. 종교적 열망과 분열의 개요를 마무리하면서 우리는 몇 가지 결론을 내릴 것이다. 러시아 민중의 종교적 분열은 무엇보다 공교회의 처방에 관한 러시아인의 불만과 하나님을 향한 부당한 종교예식과 내용없는 형식의 규정으로 증명된다. 사람들은 그들의 영적 필요를 만족시키기 원했다. 글을 읽을 수 있고 성서에 접근할 수 있었던 사람들은 하나님의 의와 구원의 유일한 근원인 복음에 호소했다. 그것은 야로슬라브 대공 시대에 존재했던 필사 방법을 통해 성서가 널리 보급 되기 시작했고 나중에 인쇄술이 이바지했다. 분열의 출현과 종교 운동의 점진적인 붕괴는 그들 안에 있는 삶의 정신 곧 그리스도의 영이 없음을 나타낸다. 진리 추구자의 발견은 보통 영적 가치에 관한 재평가와 이전 생활 방식에 관한 거부가 아니라 자신의 옛 성품을 쇄신하는 것으로 끝나는데 새 포도주를 헌 부대에 붓는 것과 같다. 당시 사람들은 하나님의 말씀과 성령으로 탄생하는 새 생명에 관한 생각을 하지 못했다. 만약 그들이 생각했다면 정교회 교리에 따른 성례전의 정신 속에서 생각했을 것이다. 성령의 능력이 없는 이러한 운동의 선구자들은 자주 자신의 신념을 포기하고 끝났다. 두 번째 이유는 많은 사람들이 영적으로 무지했고 영적 필요성을 부차적인 것으로 밀어내거나 완전히 차단한 민간 신앙인이 일반적이었다. 사람들은 성서에서 하나님의 뜻을 알 수 있는 기회를 박탈 당했다. 채찍파khlystovstvo, 거세파Skopchestvo, 공중부양파 pryguny와 같은 신비적 분파의 출현은 러시아 민족 속에 합리적인 진리 추구자와 더불어 감각적인 추구와 황홀경으로 표현되는 초자연적 방법을 추구했던 사람들이 함께 있었다는 것이 꽤 설득력 있게 증명된다.

이런 교리의 추종자들은 성서에 근거하여 그들의 경험을 확인하고 실증하려 하지 않았으며 성서와 하나님의 능력을 알지 못하여 미혹되었다. 종교적 사고의 발달 측면에서 신비적~합리주의 경향은 우유파와 같은 분파들의 출현을 가져왔다. 후자의 경우 러시아 민족내 자주적이고 복음적인 추구로 가장 뚜렷하게 드러났고 허용되었다.

복음주의 부흥의 역사적 배경

러시아와 우크라이나 민족의 영적 각성은 18세기 후반과 19세기 초반 역사적 사건의 전 과정에서 준비되었다. 여기에는 흑해 북부지역의 러시아 통합과 확보된 토지로 이주가 포함된다. 유럽의 나폴레옹 전쟁, 1812년의 애국 전쟁, 러시아 정부의 연속적 국내 사건이 모두가 복음주의 부흥에 결정적인 영향을 미쳤다.

러시아 남부로 이주

터키와의 전쟁 결과 러시아는 흑해에 접근할 수 있는 출구와 북쪽 해안을 확보한다. 우크라이나 남쪽에 있는 원래 러시아 지역이었던 곳이 러시아로 합병된다. 그 지역은 헤르손, 타우리드, 예카테리노슬라프 지역 및 크림의 일부가 포함되었다. 당시 그 넓은 땅에는 사람이 거의 살지 않았다. 새로운 토지를 개발하기 위해서 많은 인적 자원과 물적 자원이 필요했다. 예카테리나 2세 정부는 러시아인 이주민뿐만 아니라 외국인 이주민(개척자)들을 국가의 변두리에 이주시키기로 결정했다. 독일인 중심의 외국인 이주가 1760년대에 시작되어 약 100년 지속되었다."[25]

---

25. 1897 년 인구 조사 결과, 180 만 명의 독일인이 러시아에 거주했고 그 가운데 76 %는 루터교, 13.5 % 가톨릭교, 3.7 % 메노파, 3.6 % 개혁파였다. 참조 : 바르나 이,『러시아와 복음』카셀, 1920 (독일어), 18~22페이지.

예카테리나 2세의 두 가지 선언문과 공적 법령은 이주민에게 커다란 혜택과 우선권을 주었다. 특별한 혜택은 뛰어난 근면성과 선한 행동으로 유명한 메노파[26]들이 누렸다. 러시아 남부의 메노파와 함께 루터교와 개혁파 교인들이 이주했다. 1785년에 러시아 정부는 해외에서 선언문을 발표했고 이를 토대로 이주민들이 흑해 북부 해안지역인 노보로시야로 이주하게 되었다. 이주민의 대부분은 메노파 교인이었고 일부는 단치그 출신과 인접한 프로이센에 땅을 소유한 루터교인이었다.

메노파 공동체와 프로이센 영토에 거주하는 루터교인은 단치그 주에서 토지 소유가 금지되었다. 노보로시아 총독 포템킨이 단치그에 초청을 공지하자 이주민들은 러시아 남쪽으로 이주하게 된다. 1787년에 예카테리나 2세 이름의 명령이 내려졌는데 가장 중요한 혜택은 메노파에게 신앙의 자유를 제공하고, 병역 면제, 10년간 면세의 내용이었다. 각 가정에 최대 65 개의 토지가 나누어졌다. 시민권을 받을 때 메노파는 서약 없이 선서할 수 있었다. 이러한 특권은 1800년 파벨 1세 황제가 메노파에게 발급한 최고 헌장에 의해 확인되었다. 알렉산더 1세 정부는 메노파에게 관심을 보였다. 메노파의 러시아 이주를 국가적인 중요한 과제로 여겼다. 그 결과 수많은 메노파 정착촌이 러시아 남부에 만들어졌는데 주로 알렉산드로프스크와 몰로츠니보디 지역 근처였다. 비옥한 남부 땅의 상당 부분이 귀족들에게 나누어졌고 그들은 귀족들에게서 큰 사유지를 만들어 냈다. 같은 장소에 농부 출신의 소러시아인 (우크라이나인)들이 정착했다. 이른바 러시아 남부는 후에 러시아 복음주의 침례교 운동의 요람 중 하나가 될 운명이었다.

1812년의 애국전쟁

전쟁은 러시아 역사뿐만 아니라 유럽 국가들에게도 매우 중요했다. 1805~1815년의 사건은 모든 생활 영역에서 활기를 띠게 했다. 그들은 유럽 기독교에 충격을

Varne I., Rossiya i Yevangeliye. Kassel', 1920 (na nem. yaz.), s. 1822.
26. 메노파(Mennoites) ~ 첫 번째 지도자인 메노 시몬스 (Menno Simons, 1496 ~ 1561)의 이름에서 명칭을 만든 분파. 메노파 교인들은 유아세례와 교회의 계층 구조를 거부했다. 그들의 교리중 특히 강조하는 것은 사도의 모범을 따라 그리스도를 본 받고 지역 공동체를 조직하는 데 있다. 1860 년대 러시아에서 형제메노파 (novenomenity)가 형성되었고, 교리는 원칙적으로 기독교침례교도와 다르지 않다.

주었다. 1804년에 나폴레옹 보나파르트는 프랑스 황제로 선언했다. 그는 세계 지배의 목표를 세웠다. 1810년까지 그의 제국은 이미 거의 서유럽 전체를 점령했다. 그의 권위 아래 1억 명이 살았다. 1812년 나폴레옹은 4만5천 명 병력을(다른 출처에는 60만 명) 러시아로 이동시켰다. 나폴레옹은 보로디노 전투 후, 불타는 모스크바로 진군했으나 곧 군인들의 죽음으로 마침내 퇴각을 시작했다. 바르샤바에서 나폴레옹은 패잔병들과 1만5천 명에 달하는 농부 썰매부대를 만들었다. 이전의 영광을 회복하려는 나폴레옹의 시도는 완전한 붕괴와 폐위를 가져왔다. 그의 빠른 상승과 끔찍한 하강은 한 세대 앞에서 일어났다. 1805~1815년의 사건은 의심할 여지 없이 유럽 기독교인의 생활에 반영되었다. 1805년부터 영국성서공회와 다른 나라의 성서공회가 활동하기 시작했다. 1

1818년에서 1836년 사이에 12개의 선교회[27]가 결성되었다. 그 당시 많은 그리스도인은 그리스도의 천년왕국이 지상에 곧 도래할 것으로 기대했다. 벵겔(16871752)은 1790년대에 도래할 것이라 예언했다. 경건주의자 융 스틸링(1740~1817)은 벵겔의 계산을 수정하고 1836년에 그리스도의 재림이 일어날 것이라 했고, 1816년에서 1836년까지는 요한계시록 12~13장의 이마의 표를 위한 준비기로 생각했다. 용으로부터 숨어있는 아내를 구원할 장소인 동쪽과 들판 길을 안내하는 예언자와 여성 예언자가 많이 나타났다. 종말론자들은 무저갱의 짐승(역자 주, 요한계시록 11장 7절)을 나폴레옹이라 했다.

강성경건파는 세계 각국의 기독교들은 미래의 재앙[28]을 피할 수 있는 장소를 러시아 변경이라 생각하고 캅카스와 남부 러시아로 이주를 촉구했다. 이것은 노보로시스크 자치구 정착촌 조성에 이바지했다. 경건파는 타우리드 지방으로 이주하기 시작했다. 나폴레옹 전쟁에서 경험한 근심과 알렉산더 1세의 신비주의적이고 자연주의적 경향(그는 서유럽 경건파에 가까웠다)은 종교 도덕 분야의 활동 방향을 정했

---

27. 블록하우스 에프, 아, 예프론 이, 아, 『백과사전』, 19권, 상트페테르부르크,1896 Brockhaus F.A., Efron IA, Encyclopaedic Dictionary, vol. XIX SPb., 1896.http://blog.naver.com/PostView.nhn?blogId=hj12165445&logNo=221630317915
28. 구츠케 더블유, 『러시아 스툰디스트의 서부 근원지』 카셀. 1956, 16~18 페이지, Gutsche W. Westliche Quellen des Russischen Stundismus. Kassel. 1956. S. 1618.

다. 1812년 영국성서공회의 초대 대표였던 제이 피터슨 목사는 러시아에 성서공회를 만들자고 제안했고 궁중 모임에서 호의적인 반응[29]을 보였다. 그 결과 러시아에 하나님의 말씀이 전파되는 길이 열렸다.

러시아어 신약성서의 최초 번역과 복음 전파의 시작

러시아 성서공회

1813년 1월 골리친의 집에서 러시아 성서공회의 개회식이 열렸다. 성서공회 활동에 개신교 성직자와 정교회 고위직 대표와 가톨릭 교회 대표 등 여러 교단의 대표들이 참가했다. 어떠한 해석과 논평과 비판 없이 모든 기독교 신자들에게 다양한 언어로 성서를 배포하고 출판하는 목적으로 1804년에 설립된 영국 해외 성서공회가 러시아 성서공회의 조직 모델이 되었다. 성서공회의 대표로 골리친이 선출되었다. 알렉산더 1세는 성서공회 회원 자격을 받아들였고 25,000 루블을 일시불로 헌금하였고 후에 매년 1만 루블씩 헌금했다. 또한 인쇄소, 서적 보관소, 서점을 위한 공간과 피터슨 목사를 위한 아파트를 제공했다. 피터슨은 인쇄용 재료와 인쇄소 및 서적 보관소 준비를 담당했다.

골리친 공은 존경받는 협력자 피터슨 목사가 위원회 설립 이후 자신에게 직접적인 의무가 없었음에도 모든 중요하고 어려운 일을 했다고 기록했다. 그는 협력자들과 함께 하나님 말씀의 책을 배포하려는 성경적 목적과 기독교 평등에 따라 무한한 열정으로 섬겼는데 그것은 가장 강력한 동기 부여가 되었다. 사심 없이 겸손함으로 그 일을 했다. 피터슨 목사는 하나님의 사랑으로 사람들을 섬기고 그들에게 유용하고 해결할 수 있는 일로 이바지했다.[30]

공회의 목적은 하나님의 말씀을 주로 슬라브어로 인쇄하여 배포하는 것이고(당시 러시아어 번역은 아직 없었다), 후에 이교도와 무슬림용 포함 러시아 제국에 거주하

---

29. 치스토비치 아이.,에이., 『러시아어 성경번역사』 상트페테르부르크, 1899, Chistovich I. A. Istoriya perevoda Biblii na russkiy yazyk. SPb., 1899.
30. 『1814년 성서공회의 성공』 상트페테르부르크, 1815년, 4페이지, Ob uspekhakh Bibleyskikh obshchestv v 1814 godu. SPb., 1815, s. 4.

는 다른 언어로도 번역하는 것이었다. 일은 아주 잘 되었다. 첫해에 모스크바와 야로슬라블을 포함한 러시아의 여러 도시에 6개의 지회가 생겼다. 정교회는 성서공회용 기금을 후하게 모았다. 1813년에 6만 루블을 1회 후원했고 다음에는 해마다 17,000루블을 후원했다.

일반인과 가난한 사람들, 병사들과 코사크, 가난한 과부들, 소시민, 농민, 이주민, 장인과 성직자들은 구원의 말씀을 받기를 원했고 배고픔을 해결할 수 있다는 것을 깨달았다. 결코, 성서를 본 적이 없는 70대와 80대의 노인들, 그들은 이 책을 결코, 읽지 않았다는 것을 인정하고 그것을 읽으려는 갈망으로 불타올랐다. 그런 놀라운 유익이 성서를 읽음으로써 오는 것이라고 누가 그들에게 이야기했는가? 우리 아버지 하나님이 아니라면 누구란 말인가?[31]

일부 러시아 장군들이 공회에 가입했고 군인들에게 성서를 공급하도록 허락했다. 리투아니아의 가톨릭 주교는 성서 번역을 일반 신자의 언어로 해줄 것을 요청하고 성서 5천 권 이상을 공회에 전달했다. 성서가 핀란드어와 독일어로 출판되었고 신약성서는 아르메니아어와 칼미크어로 출판되었다. 공회는 베니스와 콘스탄티노플에 거주하는 아르메니아인과 그리스인을 위한 성서를 배포했다. 신약성서가 고대 히브리어로 번역되었고, 맹인을 위한 성서의 일부가 점자체 글씨로 인쇄되었다. 1816년에 완전한 슬라브어 성서가 출판되었다. 7년 동안 15개의 개정판이 있었다. 1823년까지 성서 전권이 41개 언어로 184,851부가 인쇄되었다. 신약성서는 315,928부가 출판되었다. 러시아 성서공회 활동에서 가장 중요한 업적은 러시아 일반인들이 이해할 수 있는 쉬운 러시아어로 성서를 번역하고 인쇄한 것이다.

1822년 신약성서 번역

황제는 성서 출판본을 살펴 본 후 자신의 결정을 성서공회 대표에게 다음과 같이 명령했다. 러시아인들이 국내에서 출판된 성서를 쉽고 자연스런 슬라브 러시아어로 읽을 수 있는 방법에 관한 황제의 진지한 관심을 종무원에 전달하라[32]. 1816년

---

31. 위의 책, Tam zhe.
32. 치스토비치 아이.,에이., 『러시아어 성경번역사』 상트페테르부르크, 1899, Chistovitch IA Istoriya perevoda

2월 28일 골리친 경은 황제의 명령을 종무원에 전달했다. 종무원은 복음서 번역을 완수하기로 결정했다. 특별위원회는 페테르부르크 신학교에서 이 중요한 사명을 감당할 수 있는 사람들을 선택하도록 지시를 받았다. 마태복음은 저명한 언어학자이자 신학교 교수인 파브스키가 번역했다. 마가복음은 신학교 학장 폴리카르프가 번역했다. 누가복음은 학사 출신의 견습 대수도사제 모이세이가 번역했다. 요한복음은 신학교 대수도사제 필라레트가 번역했다. 1818년에 사복음서 2만 부가 인쇄되어 전국에 배포되었다.

이어서 번역가들은 사도행전과 사도 서신서 번역 작업을 시작했다. 첫 번째 러시아 신약성서 번역본이 나오자 다양한 계층의 사람들이 환호했다. 러시아어 복음서는 1818년도의 성서공회 업적으로 기록되었다. 인내심이 부족하고 고대하던 수많은 사람이 넘치도록 만족했다. 하나님의 말씀을 읽으려는 욕구는 더욱 커졌다. 그런데 확실히 러시아어로 성서를 출판한다는 아이디어는 성서가 사람들에게 선사한 영감이었다. 진실로 번역 작업은 오래전부터 경건함을 지향하고 영성 계발을 열망했던 러시아 민족에게 가장 큰 축복이라고 말할 수 있다.

1822년에 신약성서 전권이 러시아어로 번역되었고 2만 부가 출판되었다. 이 해가 생생한 러시아어로 복음서가 번역된 해로 역사 속으로 들어왔다. 1820년부터 번역가들은 구약성서 작업에 착수했다. 번역은 페테르부르크, 모스크바, 키에프 신학교에서 완수했다. 번역가들은 주로 고대 히브리어 본문에 기초했다. 1821년에 파브스키 교수가 시편을 번역했다. 1822년에 시편 1만 부가 판매되었다. 일이 무난히 진행되었다. 1825년까지 여호수아서와 모세오경, 사사기, 룻기가 번역되고 출판되었다.

그런데 성서공회가 존재한 초기부터 반대파가 나타났다. 주요 반대파는 세라핌 대주교와 러시아 과학원장 시시코프 제독이었다. 성서공회 활동을 반대한 주된 이유는 성서번역, 출판 및 배포가 교회의 참여없이 실시되었다는 것과 성서공회에 정교회뿐만 아니라 그들이 싫어하는 가톨릭과 루터교인과 일반인이 포함되었다는 것

Biblii na russkiy yazyk. SPb., 1899.

이었다.

시시코프는 이와 관련하여 다음과 같이 기록했다. "성서공회에서 우리 대주교와 부주교들이 사도전승을 반대하는 루터교도, 가톨릭교도, 칼빈주의자, 퀘이커교도 등 한마디로 모든 이방인과 함께한다는 것이 이상하지 않습니까?" 성직자들은 종무원 주도로 성서출판을 철회하는 것이 마음에 들지 않았다. 불만의 다른 이유는 신비주의 분파의 대표자와 그들과 공감하는 사람들이 성서공회의 일에 참여했다는 것인데 성서공회장인 골리친 공이 타타리노프파 회원이었기 때문이다. 성서공회 회원은 모든 종류의 서적을 인쇄하고 배포할 수 있는 모든 기회를 활용했는데 때로는 공회 회장의 재가 없이도 사용되었다. 후자의 상황은 반대자들이 공개적으로 등장하는 요인으로 작용했고 후에 격렬한 논쟁이 전개되었다. 군부대 책임자 아락차예프와 대주교 세라핌과 시시코프 제독은 성서공회와 성서의 보편적 호소에 반대하는 공개 행동을 취했다. 골리친 공은 1824년 5월 주권자의 허락을 받아 자신의 직위를 사임했다. 새로운 회장으로 대주교 세라핌이 임명되었고 그는 바로 황제에게 성서공회의 문제점에 관한 보고서를 제출했다. 그는 이제 성서위원회의 행동을 중단하고 제국 전역에서 폐쇄한다고 했다. 황제 스스로 성서공회의 일에 관한 전국적인 확고한 지지를 인지하고 있었기 때문에 그런 요구에 동의하지 않았다. 그러나 궁내의 끊임없는 압력을 받고 해결될 때까지 잠정 유보하기로 동의했다. 이미 러시아어 성서의 첫 권이 출판되었다. 이것은 그가 사망하기 12일 전에 일어난 일이었다. 니콜라이 반작용으로 불리는 암울한 30년이 찾아왔다. 1826년 4월 12일에 니콜라이 황제는 대주교 세라핌에게 러시아 성서공회와 지회, 위원회, 289개 협의회의 활동을 중단하라는 특별 허가를 명령했다.

성서공회의 모든 재산은 종무원으로 이전되었다. 팔리지 않은 모세 오경의 인쇄본은 불태워졌다. 슬라브어 문자를 병용하지 않는 신약성서의 판매는 금지되었다. 종무원은 성서를 읽으려는 사람을 허용하는 것이 위험하다고 생각했다. 정교회에서 사제가 복음서를 읽을 때 신자들이 듣는 것으로 충분하다고 여겨서 가정에서 성서를 읽지 못하게 하려는 시도가 있었다. 이러한 상황은 국가적 차원에서 나타났다. 그러나 주님께서 이미 러시아에 복음 전파를 위한 문호를 열어 놓으셨기 때문에 그

문을 닫는 것은 불가능했다. 하나님의 말씀이 러시아 사람들에게 널리 퍼졌다.

최초의 복음 전도자

러시아 성서공회의 활동이 중단되었음에도 불구하고 복음 전파는 멈추지 않았다. 주님은 그의 사역자들을 선한 사역을 위해 보내셨다. 역사는 영국 해외 성서공회 사역자 중 몇 사람의 이름을 보존해 왔다. 그 가운데 스코틀랜드인 멜빌이 있었는데 러시아에서 신자들은 그를 바실리 이바노비치[33]라고 불렀다. 그는 1820년대 러시아에 도착하여 하나님의 말씀을 전파했으며 60년 동안 그 일을 쉬지 않고 했다. 그는 가족이 없었다. 멜빌은 남캅카스와 러시아 남부의 정교회와 우유파 속에서 하나님의 말씀을 전했다. 사람들의 마음에 영향을 미치는 방법을 능숙하게 알고서 그는 성서의 특정 부분을 읽은 후 생각을 나누는 것을 제안했다. 멜빌은 설명을 피하고 성령께서 직접 역사하시도록 했다. 그는 읽은 사람이 자신의 영혼 구원에 대해 생각하게 하는 것으로 충분하다고 믿었다.

그리스도의 은혜를 증거한 델랴코프로 러시아인에게 알려진 야쿱 카샤 혹은 야곱 성직자가 있다. 그는 시리아 국적의 장로교[34] 선교사였다(다른 출처에는 앗시리아인으로 기록). 고향 페르시아에서 성서학교를 졸업했다. 델랴코프는 1862년 페르시아에서 러시아에 도착했다. 처음에는 바쿠 지방의 란코란 지역에 인접한 페르시아 영토인 남캅카스에 살았다. 헤르손 지방의 엘리자벳그라드에서 그의 형이 불신자 가족과 함께 살았다. 델랴코프는 그들을 찾아 러시아로 왔다. 그의 민족들이 살고 있는 러시아에 와서 러시아 남부에 살면서 주로 그들을 위해 활동하려고 했다. 그 후 그는 러시아와 우크라이나를 포함한 모든 사람에게 복음을 전하라는 소명을 받았다. 1년 만에 러시아어를 익힌 그는 서투른 언어로 구원의 복음을 알리기 시작했다. 같은 목표로 델랴코프는 오데사에 지회를 둔 영국해외성서공회의 서점 사업에

---

33. 리벤 에스, 피, 『러시아에서 영적 대각성』 코른탈, 1967; 바르네 이. 『러시아와 복음』 카셀, 1920 (독일어), 96~97페이지, Liven S. P. Dukhovnoye probuzhdeniye v Rossii. Korntal', 1967; Varne I. Rossiya i Yevangeliye. Kassel', 1920 (na nem. yaz.), s. 9697.
34. 장로교는 영국에서 16세기에 탄생한 개신교 교단으로 추종자들은 중생을 위해서는 회개의 필요성을 언급하고 유아세례를 실시한다. 감독의 권한을 거부하고 장로와 교회의 자치권을 인정한다.

합류했다. 그는 남캅카스와 남부 러시아에서 멜빌과 같은 정신으로 일했다.

델랴코프는 말수레에 작은 물건들을 싣고 마을과 시골을 돌아다니며 구매자들에게 작은 상품과 함께 성서나 신약전서를 구입할 것을 제안했다. 그는 그리스도 안의 구원에 관해, 죄 사함의 확신을 가질 필요성, 침례와 스스로 중생 하지 못하고 구원받을 수 없음을 설명하면서 대화를 했다. 우리는 델랴코프의 열정에 힘입어 영원히 하나님 말씀의 씨앗이 얼마나 좋은 땅에 떨어져 열매 맺었는지 알게 될 것이다.

프리츠카우는 그를 러시아 경건주의와 시간파의 선구자로 기억해야 한다고 전했다. 그의 전도에 힘입어 러시아인들이 처음으로 주님께 나오게 되었다. 무엇보다도 그는 우유파와 루터교 독일인들과 대화하는 것을 좋아했다. 프리츠카우[35]는 델랴코프는 한마디로 적극적인 기독교 개척자였다고 말했다.

독일인 정착촌의 부흥

이주민과 다민족이 함께 거주하는 캅카스는 선교 활동에 가장 적합한 장소였다. 1815년에 설립된 바젤 복음선교회의 첫 번째 직원이 1821년에 캅카스로 파송되었다.[36]

바젤선교회는 1818년 뷔르템베르크에서 러시아 남부로 이주한 독일 이주민 개척자들의 정신적 지도를 위한 직원들을 파견하도록 러시아 정부로부터 초청을 받았다. 그런데 선교회 직원들은 오래전부터 캅카스 무슬림 사이에서 전도활동을 할 계획이 있었다. 때마침 그들의 계획이 이루어졌다. 그들은 독일 개신교인들과 함께 무슬림들에게 진리를 전파했다. 캅카스 선교 활동 14년 동안 약 40명의 선교사들이 독일 이민자, 무슬림, 아르메니아인을 위해 사역하도록 파송되었다. 선교 거점은 마자르, 아스트라한, 슈사, 세마흐에 있었다.

---

35. 프리츠카우 제이., 『슬리드~러시아에서 침례교회사』 오데사, 1914, 39~53 페이지, Pritzkau J. Geschichte der Baptisten in Slid. Russland. Odessa, 1914, S. 3953.
36. 하스 베., 옌킨스 페., 『바젤선교회 기록보관소 핸드북』. 러시아 남부 및 페르시아의 바젤선교회, 미출판, 1980 년, Xaac V.,Jyenkins P. Spravochnik po arkhivu Bazel'skoy missii. Bazel'skaya missiya v Yuzhnoy Rossii i Persii. Ne opublikovano, 1980.

특히 초대 사역자 중 펠리치안 자렘바(1794 1874)[37]의 활동이 두드러졌다. 자렘바는 데르프대학교(현재는 에스토니아의 타르투대학교, 역자 주) 졸업 후 알렉산더 1세의 왕실에서 외교관으로 지냈다. 거기서 훌륭한 경력을 쌓았다. 그런데 그는 나폴레옹 군대 패배를 목격한 후 하나님을 위한 사역에 뜨거운 관심을 보였다. 복음서와 융 스틸링의 저서를 읽고 영향을 받아 예수 그리스도를 믿게 된 그는 자신의 경력을 포기하고 외교관 사직청원서를 썼다. 자신을 이 세상의 어떤 것과도 연관 짓지 않으려고 상속과 명예도 거부했다. 1818 년 자렘바는 복음으로 생활하는 사람들을 찾아 독일에 왔다.

그는 바젤선교회 신학교에 입학했고 1821년에 복음전도자로 러시아에 돌아왔다. 자렘바는 알렉산더 1세의 입국 허가를 얻었다. 그의 바젤선교회 사역 결과로 러시아에 복음전도의 문이 열렸다. 자렘바는 무슬림에게 복음을 전파하기 시작했다. 그는 페르시아어와 투르크어를 열심히 공부했다. 언어 습득을 돕던 페르시아 청년 무하메드 알리가 기독교를 받아들였다. 그의 본명은 알렉산드르 카셈벡이었다. 주요 선교 거점과 인쇄소가 있는 곳은 슈샤였다. 자렘바가 지도하는 러시아 학교도 있었다. 그는 현지 언어로 번역하고 성서관련 도서 출판을 위해 열심히 일했다.

전도자들은 아르메니아인들의 신앙 갱신을 위해 일했다. 아르메니아 청소년을 위한 학교가 개설되었고, 성서와 경건도서가 번역되고 인쇄되었다. 아르메니아 정교회 성직자들은 선교 활동에 유감을 표했고 알렉산더 1세 사망 후 니콜라이 1세 때 아르메니아인에 관한 선교를 금지시켰다. 머지않아 무슬림에 관한 선교도 금지되었다. 1838년에 바젤선교회의 마지막 사역자들이 캅카스를 떠났다. 그런데 러시아 선교 활동은 끝나지 않았다. 아르메니아인을 포함한 러시아 복음전도자들이 바젤신학대학원에서 교육을 받았다. 성령의 도움으로 그들의 활동은 남캅카스 거주 아르메니아인들이 하나님의 말씀을 받아들이는 토대를 마련했다.

1880년 무렵 40명의 사역자가 준비되었다. 그들 중 12명은 아르메니아인이었고 그 가운데 유명한 설교자들이 있었는데 아미르하냔츠, 바그다사랸, 함바르수만, 차

---

37. 카터필드 아., 『캅카스 그리스도의 증인~펠리시안 폰 자렘바』 스투트가르트, 1939년, 바젤, Katterfeld A. Felician von Zaremba ein Christuszeuge im Kaukasus. Stuttgart. Basel, 1939

흐마흐자샨츠, 바르타네스였다. 독일인 이주민 선교에서도 바젤선교회 사역자들의 노력과 열매가 있었다. 그 결과는 복음 전파자들의 원래 계획보다 훨씬 초과해서 달성되었다는 것을 언급할 필요가 있다. 그들은 러시아인과 우크라이나인 농민들이 하나님의 진리와 구원의 길을 찾고 있는데 그 풍부한 자원이 바로 독일인 지역 가까이에 있었다는 사실을 예상하지 못했다. 치우침이 없으신 주님께서 복음주의 대각성 발원지를 만들어 놓으셨다. 그 이름이 스툰다shtunda혹은 스툰디스트Stundists이다. 어떤 사람들은 싫어했지만 다른 사람에게는 복된 자들이었다.

신구파 경건주의

바젤 출신 복음전도자로 사역한 대다수 독일 이주민은 뷔르템베르크 출신의 경건주의 분리파였다. 경건주의의 창시자 스페너(1635~1705)의 사례를 보면 그들은 교회 예배에 추가로 성서연구와 깊이 있는 영적 생활을 나누는 스툰덴(독일어로 시간)이라는 가정 모임을 만들었다. 나중에 주변 사람들의 영향을 받아 경건주의자들은 죄의 영향권으로부터 자신들을 분리하고 죄지을 수 있는 삶의 환경이 존재하지 않는 사회를 조직하기로 결정했다. 그 아이디어를 실천하기 위해 그들은 국가 교회로부터 분리되었다. 경건주의자들은 융 스틸링의 예언에 매우 수용적이어서 얼마 동안은 영적 생활에서 예언적 믿음이 중요했다. 노보로시아와 남캅카스 거주 경건주의자들은 그들의 교리에 따라 그리스도와 신자들의 만남 장소인 동쪽 나라에 가깝게 도착했다. 그들은 1836년에 융 스틸링이 예고한 그 만남을 긴장 속에서 기다렸다. 그러나 현세에서 모든 유혹을 배제한 사회를 만드는 것이 불가능하다는 것을 깨달은 경건주의자들 중에는 다른 나라로 정착을 원하지 않은 사람들도 있었다.

예언적 믿음에 기초하여 새로운 사회를 세우려는 구파경건주의는 개인적이며 신비주의적인 곧 개인적 경건을 추구하는 신파경건주의를 발생하게 했다. 신파경건주의자는 인간 내부의 갱신 곧 로마서 14장 17절에 있는 오직 성령 안에 있는 의와 평강과 희락으로 내적인 하나님 나라를 추구했다. 그들은 사람들을 깨우치고, 죄를 회개하게 하여, 과거의 죄로부터 새롭고 거룩한 삶으로 돌이킬 수 있도록 힘썼다. 신파 경건주의의 대표적 인물은 스웨덴의 신학자이자 설교가인 에반겔리야

루트비히 고파커(1798~1828) 목사이다. 그의 수많은 설교 주제는 그리스도의 대속적 죽음이었다. 고파커의 설교집은 그 당시 신자들에게 큰 인기가 있었다.

1824년 바젤선교회에서 파송된 개혁교회[38] 목사 요한 본켐퍼(1796~1857)가 독일인 이주민 사역을 위해 헤르손 지역에 도착했다. 그는 그리스도를 믿는 믿음으로 얻는 구원을 선포했다. 노보로시아에서 본켐퍼는 이주민들의 커다란 내외부적인 황폐함을 발견했다. 사람들은 부도덕한 삶을 살고 있었다. 단지 시간파 신도 소수만이 경건함을 보여주었다. 본켐퍼는 열정적으로 전도했다. 그는 로르바흐와 보름스 정착지 거주 개혁파로부터 5개의 루터교 마을을 포함하여 교구를 조직했다.

본켐퍼는 교구 목사가 되자 이전에 개혁파 신자와 루터교 신자들이 만들어 놓은 성서와 함께 프로그램을 전적으로 지지했다.[39] 이전 모임에서 준비한 사람이 있었으나 그가 직접 '성서와 함께'를 진행했다. 과정에 성인들이 방문하기 시작했다. 축복받은 목사의 출현과 함께 1835년에 시작된 헤르손 지방 신자들 사이에서 영적 각성이 일어났고 다른 곳으로도 퍼졌다. 본켐퍼는 구단치그 지역 모임을 다음과 같이 간증했다. 사도행전 10장 29절 본문으로 회개를 촉구한 흥미 진지한 설교가 계속되었고 그대로 이루어졌다.[40] 이런 방법으로 짧은 시간에 경건주의는 모든 루터교 정착지로 퍼졌다. 경건주의 확산은 시간과 형제회가 조직되도록 이바지했다. 본켐퍼는 러시아에서 15년 동안 일했다. 1839년부터 루마니아에서 사역을 계속했다.[41] 베르단스크 지역의 타우리드 지방에 살았던 뷔르템베르크 분리파를 살펴본다. 그들은 영적 지도자 없이 1836년까지 그리스도 재림을 초조하게 기다리며 살았다. 그러나 여기서 융 스틸링이 예언한 1836년이 지나가자 신자들은 실망했다. 당시의 구파 경건주의는 위에서 언급했듯이 심각한 위기를 겪고 있었다. 일반적인 보살핌을 완

---

38. 개혁주의자는 개신교단으로 16세기 초 스위스에서 생겨났다. 창시자는 츠빙글리Zwingli W. 와 칼빈 Calvin J.이다.
39. 본켐퍼 케이.,『시계과 형제회에 관한 글』오데사 소식, 1868, 55권. Bonekemper K. Stat'ya o bratstve Stund. Odesskiy vestnik, 1868, 55.
40. 프리츠카우 제이.,『러시아 남부 침례교회사』오데사, 1914, 3페이지, Pritzkau J. Geschichte der Baptisten in Sd. Russland. Odessa, 1914, S. 3.
41. 하스 베., 옌킨스 페.,『바젤선교회 기록보관소 핸드북』. 남부 러시아와 페르시아 바젤선교회, 미출판, 1980년, Xaac V.,Iyenkins P. Spravochnik po arkhivu Bazel'skoy missii. Bazel'skaya missiya v Yuzhnoy Rossii i Persii. Ne opublikovano, 1980.

전히 차단하고 그리스도의 재림을 기다리면서 위의 것을 생각하며 기다리는 사람, 개인의 복지를 준비하는 사람, 보물 수집에 열중하는 사람 등 여러 가지 극단적인 현상이 나타났다.

1844년에 바젤에서 요한 간케 전도자가 그 장소를 방문했다. 거기서 분리주의자들의 약한 영적 상태를 보고 자신을 경험이 풍부한 목사로 여겨 지역 공동체를 돌보는 일을 담당했다. 그 일에 가장 적합한 후보자는 열렬한 신파경건주의자 대표였던 27세의 설교자 에드워드 뷔스트(1818~1859)였다. 열정적인 설교자의 사역 결과는 본켐퍼처럼 의미가 있었다. 뷔스트는 1845년에 노이고프눙 정착지에 도착했다. 그는 첫 번째 설교부터 청중의 마음을 움직였다. 이후의 설교는 동시대 사람들이 증언에 따르면 돌 같은 마음을 부수는 마치 벼락과 같았다. 처음 3달 동안 노이고프눙 공동체에 회개의 불이 타올라 회심이 시작되었다. 뷔스트는 주님께서 모든 죄인에게 베푸시는 은혜를 믿음으로 받아들이라고 강조하면서 속죄에 관해 설교했다. 새로운 설교자에 대해서 곧 이웃 정착촌의 루터교인과 메노파교인이 이야기하기 시작했다.

뷔스트의 설교를 통해 성령의 영적 운동은 타우리드 지방뿐만 아니라 예카체리노슬라프 지방의 독일인 이주민 정착촌으로 확산되었다. 회심자들은 형제회로 연합하여 최대한 뷔스트를 지지했다. 신자들의 상호 교제를 위해 뷔스트는 연례 축제를 마련했다. 이 축제에 분리주의적 경건주의자 뿐만 아니라 루터교인과 메노파교인도 모였다. 집회는 기도의 집(역자 주, 교회)와 신자들의 집에서 열렸다. 루터교 목사들과 메노파 목사들뿐만 아니라 일반 신도들도 설교했다.

뷔스트는 나이고프눙에서 성서 모임, 사랑의 모임, 형제 모임 등을 조직했다. 성서 모임의 목적은 하나님의 말씀을 연구하는 것이었고, 사랑의 모임은 회원들 사이에 일어나는 오해를 없애기 위한 것이었고, 형제 모임은 형제회의 현안을 해결했다. 이 모든 것이 러시아 남부의 독일인 이주민 정착촌에서 신파 경건주의의 확산과 폭넓은 영적 각성에 이바지했다.

특히 뷔스트의 활동은 메노파에게 인정을 받았다. 나중에 뷔스트 추종자들이 메노파 공동체 형제회의 초대 지도부와 창립자가 되었는데 그들은 클라센, 라이머,

코넬슨, 후버트, 바틀, 베커이다. 뷔스트는 러시아 남부의 부흥을 주도한 사도라 할 만하다. 그는 몸을 사리지 않고 피곤을 무릅쓰고 몰로츠니보디 정착촌까지 방문했다. 41세에 사망했다. 14년 동안 그는 러시아 남부에 복음을 전했고 그 후 넘치는 추수를 했다. 곧 루터교와 메노파 교인들 사이에서 다수의 큰 부흥과 회심자들이 생겼다. 그런데 경건주의 복음 부흥운동은 러시아 거주 독일인들 사이에서만 일어났다. 이렇게 용의 분노로부터 피난처를 찾기 위해 노보로시아 방문을 결정한 분리파 경건주의자들의 잘못된 방향은 하나님의 섭리로 남부 러시아에 있는 독일인 정착촌의 명목상 그리스도인들 깨우는 위대한 부흥의 요인이 되었다. 거기서 사역했던 개혁교회 설교자 본켐퍼와 루터교 목사 뷔스트는 경건주의 두 방향에서 축복받은 대표자였다.

차이점을 보면 본켐퍼는 공식 교회 안에서 교회로부터 분리하지 않고 시계파 형제들의 유익한 영향이 가능하다고 보았다. 뷔스트는 전통적인 교회의 예배를 신파 경건주의 흐름에서 성서적 형제회 모임으로 바꾸자는 것이었다. 뷔스트는 오직 참된 신자 곧 회개하고, 개종하고, 중생한 사람들로 이루어진 공동체를 만드는 아이디어를 포기하지 않았다. 독일인 이주민 정착지에서 일어난 최초의 부흥운동은 러시아 남부의 러시아인과 우크라이나인들 사이에서 침례교 출현을 위한 준비된 토양이었고, 시간과 출현과 러시아 국민의 영적 부흥에 일정 부분 이바지했다.

물우유파

40년대 후반과 50년대 초반에 사람들의 복음 전파가 결실을 맺기 시작했다. 바쿠 지방의 세마힌스크와 란코란 지역 거주자 이바노프가[42] 입증하다시피 우유파 가운데 신약성서를 열심히 공부한 덕분에 성서에 기초한 침수침례와 주의 만찬을 실시해야 한다고 주장하는 사람들이 나타났다. 이바노프는 그 당시 침수침례를 받은 사람들을 거명했는데 세베로프, 타나소프, 소트니코프이다. 다른 모든 측면에서 그

---

42. 이바노프, 브이., 브이., 알렉세이 감독 저 침례교도 1908년, 제 9권. Ivanov V. V. Kniga yepiskopa Aleksiya. Baptist, 1908, 9.

들은 우클레인계열 우유파와 다르지 않았다. 믿음에 기초한 침례의 필요성을 인식한 우유파를 물우유파Vodnye Molokane로 부르게 되었다. 그 후 그들은 볼가로 가르침을 전파했다. 아스트라한 지방의 프리십 마을에서 나중에 복음 전도그룹을 만들었던 우유파 신자 피노게노프가 다른 사람들과 침례를 받았다. 이 그룹에서 훈련받은 침례식 설교자들은 볼가강을 따라 러시아 중부 지방으로 갔다. 1860년대에 재능있는 청년 니키타 이사예비치 보로닌은 물우유파의 가르침에 매료되었다. 여기서 침례교인과 물우유파의 교리에 관한 전반적인 견해를 언급하는 것이 적절하다. 침례는 물속에 잠겨서 받고 믿음에 기초하여 성인만 받는다.

이바노프가 완전한 의에 대해 말한 것을 우유파는 성서를 규칙적으로 연구한 덕분에 완전히 스스로 이해하기에 이른다. 그런데 침례교의 영적 원리는 믿음에 기초한 침례와 성만찬뿐만 아니라 무엇보다도 침례 없는 회개와 개종과 중생은 무의미했다. 물우유파는 침수침례의 필요성을 인정했지만, 마자예프 가[43] 기록했듯이 물우유파는 믿음과 거듭남이 없는 침수침례의 필요성을 인정했다. 이렇게 그들은 믿음을 복음에 기초하여 하나님의 진리를 성취하는 필요성의 인식으로 제한했다. 우유파는 사죄를 위한 회개와 믿음의 필요성을 강조하지 않으면서, 복음에 기초하여 그것을 인정한 모든 사람에게는 침례 받을 것을 권했다. 볼가 지방에서 우유파 교리를 전했던 설교자 피노게노프에 관한 다음과 같은 증언이 있다. 피노게노프는 아볼로처럼 '성서에 능통하고 달변가'였지만 그리스도의 초보적인 가르침으로만 받았을 뿐이었다. 침례와 성만찬을 영적으로가 아니라 문자 그대로 이해할 필요가 있다고 주장하면서 구원의 중요한 조건인 "사람이 거듭나지 아니하면 하나님 나라를 볼 수 없느니라"(요 3:3)을 빠트렸다. 그래서 침례와 성만찬과 기름 바름을 구원의 의미로 추가했다.[44]

실제로 물우유파 내에서 큰 영적 부흥은(요 3:5~6) 없었다. 그런데 그들은 우유파 가운데 침례의 선구자였음을 인정해야 한다. 물우유파의 추구 방향은 침례교 준

---

43. 마자예프 지., 아이, 『회고록(일기장 노트)』.Mazayev G. I. Vospominaniya (Zapiski iz dnevnika).
44. 『악츄빈스크 지방의 침례교 출현』 1908년, 제 4권, Poyavleniye baptizma v Akhtubinskom kraye, Baptist, 1908, 4

비 단계에 이바지했다.

농민 개혁

농노 폐지는 1812년의 조국 전쟁과 전쟁후 변화된 러시아인의 삶이 작용한 결과였다. 그 사건은 교육 제도뿐만 아니라 농민들의 영적, 사회경제적 상황에 영향을 미쳤다. 1861년의 농민 개혁은 많은 부정적인 결과를 낳았다. 새로운 환경에 적응하지 못한 농민과 지주 모두를 파멸로 이끌었다. 소작농의 희망은 실현되지 않았고 평범한 생활 방식이 무너졌다. 토지가 없는 농민들은 도시에 일하러 갔고, 도시에서 노동자로 고용되어 가족 유지를 위한 재원을 찾았다. 사람들은 개혁을 통해 더 많은 것을 기대했으나 결과는 자유의 조건에 관한 실망과 불만의 고통을 경험했다. 영적 생활의 상황은 그렇지 않았다.

일반인의 의식 개발과 개인의 영적 필요성 증대에 따른 개혁의 영향에 대해 한 성직자가 다음과 같이 짧고 쉽게 설명했다. 평민은 농노제의 속박으로부터 내팽개쳐졌고, 개혁은 그의 삶의 터전을 심하게 흔들어 놓았고, 그의 눈은 농부의 삶에서는 알지 못했던 인간의 존엄성 관련 몇 가지 요구들을 지나치게 높여 놓았다. 개혁에 들어있는 자유로운 정신과 개인적인 자립심은 자유 시민의 다양한 생활에서 무의식적으로 반영되었고 종교적 생활에서도 놀라지 않을 정도였다.[45]

알렉시 도로드니친 정교회 주교는 다음과 같이 기록했다. 농노제로 그들의 영적 권리를 제한받았다. 사람들은 자유를 느끼면서 탐욕스럽게 개인의 만족을 우선시 했다. 그는 자신의 인격성을 깨달았고, 영적 생활의 매력을 느꼈다. 그것은 개인의 영적 삶에서 전환점이 되었다.[46] 파블로프의 유명한 논문 [침례교에 관한 진실에서 농노제]에서 농민이 해방되면서 시간파라고 불리는 운동에서 나타난 러시아 국민

---

45. 하를라모프 이., 『시계파~러시아적 의미』, 1885년, 146 페이지, Kharlamov I. Shtundisty, Russkaya mysl', 1885, s. 146.
46. 도로드니친 아., 『19세기 후반 러시아 남부의 종교운동』, 카잔, 1909년, Dorodnitsyn A. Religioznoye dvizheniye na yuge Rossii vo vtoroy polovine XIX sto letiya. Kazan', 1909.

의 종교의식이 각성되기 시작되었다[47]고 했다.

영적 자유를 갈망하던 사람들은 1세기 동안의 잠에서 깨어났다. 그런데 그는 공식적인 종교에서 자유를 찾을 수 없었다. 그가 1861년에 시민 회복을 깨달은 직후 국민들의 종교적 열망은 종교에 관한 광적인 무관심과 미발달을 마주하게 된다. 어떤 경우는 부도덕한 자신들의 목회자로 인해 그랬다.[48] 그러나 시편 107편 14절과 같이 주님과 그의 백성이 흑암과 사망의 그늘에서 인도하여 내고 그들의 얽어맨 줄을 끊었다.

하나님의 진리를 찾는 사람들은 더는 꿈과 환상에 굴복하지 않고 하나님의 말씀에 호소할 수 있었다. 농노제로부터 국민을 해방시킨 사건은 이전에 교구 사제들이 실질적으로 운영하던 러시아 공립교육의 발전에도 강력한 자극 제가 되었다. 사제는 학교 건축을 돌아보고, 교육 사업을 이행하고, 그것을 위한 재원을 찾아야 했다. 19세기 후반부터 공립학교의 조직은 공립교육부 감독청 산하 행정부로 이관되었다.

시노드 신약성서 개정번역과 출판

농민 개혁후 러시아에 신약성서가 광범위하게 배포되기 시작했다. 러시아어 성서 번역의 아이디어는 니콜라스 1세 재위 30년의 침울한 기간에도 불구하고 사라지지 않았다. 번역에 관한 확신과 열렬한 옹호자들이 있었는데 모스크바주 대주교 필라렛, 수석사제 파브스키, 대수도사제 마카리우스였다. 모든 장애물을 극복하고 20년 만에 페테르부르크 신학교 히브리어 교수 파브스크는 구약성서 전권의 번역을 완료했다. 1839~1841년에 파브스크에게 알리지 않고 아카데미에 재학중인 신학생들이 그의 번역본을 석판 인쇄하여 500부가 출판되었고 대부분은 사제들에게 배포되었다.

멀리 떨어져 있는 알타이산에서 구약성서를 번역하던 파브스크와 거의 비슷한

---

47. 파블로프 브이.,지., 『침례교에 관한 진실』, 1911년, 41~47권, Pavlov V. G. Pravda o baptistakh. Baptist, 1911, 4147.
48. 코니 아.,에프., 『생애 여정』, 1권, 1912년 상트 페테부르크,(시간과 소개) Koni A. F. Na zhiznennom puti, t. 1. SPb., 1912 (O shtundistakh)

시기에 대수도사제 마카리는 신도들에게 이해할 수 있는 언어로 하나님의 말씀을 읽을 기회를 주고자 간절히 원했다. 그는 파브스크 번역본을 사용하여 구약성서를 러시아어로 번역했다. 그런데 구약성서 인쇄에 관한 그의 지속적인 노력과 청원은 교회의 징계를 받는 요인이 되었다. 가장 일관되고 인내심을 갖고 성서 번역을 러시아어로 재개한다는 아이디어를 실천에 옮긴 사람은 대주교 필라렛으로 19세기 러시아에서 가장 영향력 있는 영적 인물 가운데 한 명이었다. 그는 알렉산더 2세 대관식을 위한 적절한 시기를 기다리면서 이 중요한 문제에 찬성할 정교회 고위 성직자를 배정할 줄 알았다. 1856년 9월 10일, 성서번역을 금지한 지 정확히 30년 만에 종무원은 러시아어 번역을 다시 허락하여 처음에 신약성서를 번역하고 그다음에 성서의 다른 책들을 번역하기로 했다. 이 결정을 뒷받침하는 논증으로 다음과 같은 내용이 인용되었다. 1822년에 번역본 신약성서가 거의 배포되었고 남은 번역본은 매우 높은 가격에 팔렸다. 많은 책이 외국출판사에서 나왔다. 결정이 내려졌지만 승인받기까지 2년이 지났다. 사실은 반대자들이 신약성서를 러시아어로 번역하는 대신에 신자들이 슬라브어를 더 부지런히 연구하도록 격려하자는 제안을 했다. 이와 관련하여 키예프 대주교 필라렛은 다음과 같이 썼다. 러시아어 번역은 슬라브어를 대신할 것이다. 번역 없이는 우리 선배에게서 교육받은 사람조차 익숙하지 않을 것이다. 그렇게 된다면 마침내 교회 슬라브어 예배는 가장 이해할 수 없는 예배가 될 것이다.[49] 마지막으로 1858년 5월 5일에 종무원은 다음과 같이 결정했다. 신약성서와 그 밖의 다른 성서의 책을 러시아어로 번역하는 것이 필요하고 유용하지만 교회 안에서 사용하기 위한 것은 아니다. 슬라브어 본문은 건드리지 말고 남겨둬야 한다. 성서 이해의 한 가지 목적만 있을 뿐이다.

번역은 히브리어와 그리스어를 잘 아는 경력자로, 성직자 선거와 종무원 확인을 거쳐 모든 가능성과 치밀함을 가진 사람이 착수해야 한다.[50] 1년 후 종무원은 상트페테르부르크, 모스크바, 키예프, 카잔에 있는 신학교에 복음서 중 1권을 번역하도

---

49. 치스토비치 아이., 아., 『러시아어 성경 번역사』, 상트페테르부르크, 1899년, 263 페이지, Chistovich I. A. Istoriya perevoda Biblii na russkiy yazyk. SPb., 1899, s. 263.
50. 치스토비치 아이., 아., 『러시아어 성경 번역사』, 상트페테르부르크, 1899년, 270 페이지, Chistovich I. A. Istoriya perevoda Biblii na russkiy yazyk. SPb., 1899, s. 270.

록 위임했다. 신학교에 사도행전, 요한계시록, 사도 서신서의 번역에 관한 책임과 번역할 책을 나누고 정했다. 번역의 정확성, 접근성 및 통일성을 보장하기 위해 신학교는 특별한 지시를 받았다.

종무원은 업무일의 하루를 번역 감독에 매진했다. 예비 번역본은 종무원 각 회원이 점검했다. 모스크바의 대주교 필라렛의 생애 동안 번역본이 그에게 전달되었고 그는 지적사항을 말했다. 종무원에서 전체 토론 후 원고는 인쇄소에 보내졌다. 1860년에 4복음서가 러시아어로 출판되었고, 1862년에 사도행전과 요한계시록이 출판되었다. 이렇게 신약성서 첫 번역본이 출판된 지 사십 년 후인 1862년에 광범위한 새 번역본이 출판되었다. 1876년에 처음으로 러시아어로 번역된 성서 전권이 출판되었다. 첫 번역본 출판 이후 두 번째 번역본 출판까지 35년의 공백 동안 러시아어 신약성서는 해외에서 출판되었다. 해외의 출판 장소는 런던과 라이프치히였고 영국해외성서공회에 의해 러시아에 배포되었다.

러시아성서공회의 러시아 국내 성서 보급 [51]

1862년 러시아어 시노드 신약성서 번역본이 출판된 후 새로운 복음전도자가 국민들에게 나타났다. 그중 한 사람은 네덜란드 출신 오토 보그다노비치 포겜머였다. 50년대에 그는 멜빌이 사역할 때 회심하여, 우크라이나 남부와 볼가강 주변의 메노파, 루터교, 우유파 사이에서 독일어와 러시아어로 된 런던과 라이프치히판 신약성서를 배포했다. 포겜머는 얼마동안 뷔스트와 함께 일했던 카페스에서 신자가 되었다.

성서 배포에 관한 성령의 인도하심과 열정이 불타오른 그는 그 일을 일해 자신의 전생애를 스스로 헌신했다. 그는 상트페테르부르크와 주변, 그리고 다른 지역에서 복음서 배포를 시작했다. 복음전파를 목적으로 니즈니노브고로드 박람회 여행

---

51. 아스타피예프 엔., 에이., 『1863~1893년 공회의 러시아 성경 배포~기원과 활동』 상트페테르부르크, 1895년, Astaf'yev N. A. Obshchestvo dlya rasprostraneniya Svyashchennogo Pisaniya v Rossii (18631893). Ocherk yego proiskhozhdeniya i deyatel'nosti. SPb., 1895.

에 관한 이야기는 역사가 아스타페예프의 관심을 불러일으켰다. 1863년 1월의 어느 일요일에 아스타페예프는 음악가인 자렘바에게 열심히 이야기했다. 그들은 포겜머를 지원하기 위해 친구들을 통해 헌금을 모금으로 결정했다.

다음 날, 자렘바와 아스타피예프가 저녁 집회에 참석했고, 네덜란드 교회의 오르간 연주자 판~아르크가 손에 수첩을 들고 두 사람에게 다가와 나도 포겜머를 위해 준비하겠다고 말했다. 성서배포를 위한 모금 행사의 아이디어는 동시에 3가지로 나타났으며 시작은 친구들 사이에서 뜨거운 관심을 불러일으켰다. 4월에 아스타피예프 아파트에서 감동받은 다양한 소원과 신앙을 가진 자원봉사자 8명이 러시아 사람들을 뜨거운 사랑과 그리스도의 이름으로 섬기기 위해 모였다.

그들은 표어로 너희가 성서를 알지 못하는 고로 오해하였다(마 22:29)는 그리스도의 표현을 선택했으며, 헌금 목록을 장부에 작성하기로 했다. 그들은 겉표지 제목을 러시아어 및 슬라브어 시노드 신약성서 배포용 헌금이라고 썼고 그 아래에 헌금은 무지와 가난과 여러 이유로 성서를 소유하지 못한 사람들에게 디모데후서 3장 15절의 '구원에 이르는 지혜가 있게 하는' 책인 성서를 가지도록 기회를 제공하려는 목적이라고 썼다. 다음 페이지부터는 헌금 장부 상단에 당신은 성서를 몰라 착각하고 있다고 쓰여 있었다. 헌금은 지인들에게만 호소해야 한다. 헌금 장부의 명단에 있는 사람들은 아스타피예프의 아파트에서 매월 포겜머의 편지 및 기타 통신문과 일반적인 대책 그리고 결산 내용을 듣기 위해 모였다. 회의는 기도로 시작하고 기도로 끝났다. 기도는 나를 떠나서는 '너희가 아무것도 할 수 없음이라'(요 15:5)는 그리스도의 말씀에 기초하여 특별한 의미가 있었다. 가능한 이 일에 많은 러시아인을 참여시키기 위해 1866년 10월에 모임은 만장일치로 러시아성서보급공회로 전환되었다. 그들의 정관은 1869년 5월 2일 정부에 의해 승인되었다.

30년 동안 존재해 온 공회는 시베리아, 아무르 지역, 투르케스탄에 약 15만 부를 포함하여 러시아의 유럽 및 아시아 지역의 도시와 마을에 성서, 시편, 신약성서 및 기타 서적 약 1,588,413부를 보급했다. 합계 약 5만5천 부가 병원, 학교, 수녀원 및 빈곤층에 기증 또는 저렴하게 판매되었다.

서적상

성서는 서적상이 직접 보급했다. 공회는 소수의 서적상을 선호했지만, 특별한 이유로 가장 적합한 사람들이 선택되었다. 성서보급에는 일반 도서 판매원이 적당하지 않았다. 서적상은 종종 모욕과 감정 상함 등의 불편을 감수하면서 연속적인 출장과 쉽지 않은 일로 인해 요구되는 참된 경건과 겸손과 자기희생에 의해 구별되었다. 작지만 강한 영적 팀원의 이름을 열거한다. 그들 중 한 사람이 위에서 언급한 1863~1873년에 공회의 서적상이었던 포겜머이다. 그는 60세의 나이로 5만8천 권의 성서를 보급했다. 보급된 성서는 볼가지역(트베리에서 아스트라한까지), 모스크바, 돈지역(노보체르카스), 우크라이나, 보로네시현, 노보우젠스크군, 북캅카스(페트로프스크, 데르벤트, 그로즈니, 블라디캅카스), 남캅카스(바쿠, 란코란, 세마흐, 티플리스, 쿠타이시) 지역에서 하나님의 말씀을 갈망하던 사람들이 받았다.

포겜머는 캅카스 출장 관련 자신의 보고서에서 렌코란 거주 우유파들이 러시아어 신약성서에 관한 우호적 태도를 언급했다. 러시아어로 된 최고의 신약성서였고, 그들에게 가장 뛰어난 선교사인 것을 보고 매우 큰 격려를 받았다. 볼가지역 두보프카 시골을 방문한 서적상은 시골 전체를 다녔다. 포겜머는 책 500권을 판매했다. 그는 알렉산드로프가이, 노보우젠에서 50km 떨어진 큰 마을, 키르기스 초원 국경에서의 하나님의 말씀에 관한 간절함을 어디에서도 만나지 못했다고 기록했다. "사람들은 성서 때문에 여기저기서 우리 집으로 찾아 왔다. 내가 길을 따라 걸을 때 그들은 끊임없이 나를 멈추게 하고 신약성서를 달라고 했다." 고령의 서적상 가운데는 책방 노인(그녀는 이미 70세 이상이었다)이라고 불렀던 신클리티키야 페트로브나 필리포바가 눈에 띄었다. 그녀는 1865~1879년에 17,000권의 성서를 보급했다. 필리포바는 거리, 시장, 광장을 걸어 다녔고 교회, 공장, 묘지, 상트페테르부르크와 실리셀부르크의 식당을 방문했다. 그녀는 라도가 남쪽 강변을 여행했고, 어디서든지 구원의 책을 사라고 열심히 권했다.

어느 레스토랑에서 필리포바는 홍차를 마시려는 20명의 구두수선공들에게 그녀가 가지고 있던 책을 팔았다. 그때 약 30세의 남자가 와서 복음서를 요청했다. 필리포바에게는 1권도 없었다. 그때 그는 눈물을 흘리면서 '나는 큰 죄인이다. 내가 복음서를 받지 않으면 하나님의 나라에 들어갈 수 없다.' 그녀는 그에게 미안함을 느꼈다. 그녀는 항상 가지고 다니던 자신의 신약성서를 주머니에서 꺼내서 그에게 주었다. 그 남자는 그녀에게 무릎을 꿇었다. 그녀는 곤혹스러워 하며 "하나님을 찬양하세요!"라고 말했다. 필리포바는 많은 수고와 결실의 88년을 살았고 평화롭게 세상을 떠났다.

서적상 골루비예프는 시베리아, 극동, 투르케스탄 및 세미레첸스크 지역의 넓은 지역을 두 차례 여행했다. 그는 러시아의 가장 먼 곳인 메르바와 쿠시카, 레나강까지 방문했다. 골루비예프 100개 이상의 도시와 시골에서 약 10만 권의 성서를 보급했다. 러시아 내 아시아 지역의 서적상을 위한 자금조달은 미국성서공회가 맡았고 매년 6,000~10,000루블을 지원했다. 복음서 배포의 성실함과 능력에 관해서는 서적상 티덴베르크의 일화에 나와 있다.

그가 레스토랑에 들어가려고 했을 때 문지기가 그를 막아서서 여기서 판매할 수 없다고 말했다. 그러자 티덴베르크는 허락없이 들어갔다. 감히 나를 못 들어가 해? 나는 레스토랑과 술집, 지옥까지 가서 사람들에게 하나님을 알리도록 보냄을 받았다!고 소리쳤다. 레스토랑에 있던 사람 중 일부가 복음서를 구매했다. 스무 살의 문지기가 그 일을 지켜보다가 복음서를 샀는데 그것은 더 비쌌다.

서적상의 복음서 보급으로 하나님의 말씀이 사람들의 마음에 주는 유익함을 이해한 일부 정교회 성직자들이 동참했다. 성서공회 설립부터 관심을 가졌고 러시아 노동자 잡지 발행인이 된 페이커가 적극 참여했다. 그녀는 공회 모임으로 전환을 도왔던 귀족 사교모임에 속한 몇 사람을 연결하는 첫 번째 역할을 했다. 공회를 위한 코르프 백작의 참여도 적지 않았다. 이렇게, 성령의 도움과 세상의 부족한 사람들을 통해서 러시아와 우크라이나 사람들에게 구원과 은혜의 씨를 심기 위한 토양이 준비되었다.

부흥 직전 러시아 국민의 종교적 상태

복음주의 부흥이 시작될 즈음 러시아와 우크라이나 사람들은 주로 정교회 신도였다. 카레프는 '기독교 역사에서 복음의 씨를 뿌리기에 더 좋은 땅을 찾는 것이 어렵다는 것을 확신할 수 있다'고 기록했다. 정교회는 세상 사람들이 몰랐던 러시아 국민에게 위대한 하나님을 찾도록 이바지했다. 정교회로부터 최초의 복음 전파자가 분리되어 나왔다. 침발, 랴보샤프카, 라투시니, 파시코프, 코르프, 체르트코바, 리벤 등이다.

사람들이 복음의 씨앗을 받기 위해 어떻게 토양이 준비되었는지 살펴본다. 혁명 전 곧 복음주의 부흥운동 직전, 정교회의 영적 상태의 특징을 정교회를 반대하는 입장이 아니라, 정교회 비판은 멀리하고, 상황 개선을 위해 방법을 추구했던 정교회 성직자들의 평가를 보면 보다 확실할 것이다. 로즈데스트 벤스키, 알렉시 도로드니친, 우신스키, 테를레스키, 보로노프, 기타 등의 글을 참조하면 충분하다.[52] 먼저, 우리는 정교회 신도 내부 생활은 연구원들의 일치된 평가에 따르면, 성직자의 심각한 몰락, 불신, 교인들의 낮은 영적 도덕적 수준이 특징이었다. 국민의 모든 종교심은 교회의 처방을 외부에서 성취할 때 표현되었다(도로드니친).

로즈데스트벤스키 책에 의하면 국민들의 영적 생활은 다음과 같은 결론에 도달한다. 일관되지 않은 기도 언어, 예배의 높은 가치를 이해하지 못한 채 예배에 참석하고, 명확한 지식없는 교리교육으로 자신을 기독교인이라 부르지만 공개적으로 말하지 않는다. 그는 하나님께 말로만 기도하고 기계적으로 십자가형 성호를 긋는다. 그는 조상들이 그렇게 했고 계명으로 지키기 때문에 축일과 금식, 단식, 성인 경배, 이콘 숭배와 같은 모든 것을 그대로 유지한다. 그는 기독교 성인들을 이교도들이 신이라 부르는 어리석음을 참는다.

당연한 일이지만 헤르손 교구 니카노르 대주교의 증언에 따르면, 무식한 사람의 절반은 모든 이미지가 신이라는 완전히 어두운 생각을 모두 가지고 있다. 농노제는

---

52. 로즈젠스트벤스키 아., 『남러시아 시간파』, 상트페테르부르크,1889년, Rozhdestvenskiy A. Yuzhnorusskiy shtundizm., St. Petersburg, 1889; 도로드니친 아., 『19세기 후반 남러시아의 종교운동』, 카잔, 1909년, Dorodnitsyn A. Religioznoye dvizheniye na yuge Rossii vo vtoroy polovine XIX stoletiya. ; 알렉시 감독, 『19세기 후반 남러시아의 종교적 합리주의 운동 역사를 위한 자료』, 카잔, 1908년, Materialy dlya istorii religiozno~ratsionalisticheskogo dvizheniya na yuge Rossii vo vtoroy polovine XIX stoletiya. Kazan', 1908; 우신스키 아.,데., 『합리적 교리의 시간파 출현 원인』, 키예프, 1884년 O prichinakh poyavleniya ratsionalisticheskikh ucheniy shtundy; 테를레스키 지., 『파시코프 분파』, 상트페테르부르크, 1891년, Sekta pashkovtsev; 보로노프 아.『시간파, 소러시아인 종교 및 생활 소개』, 상트페테르부르크, 1884년, Shtundizm, ocherki religiozno~bytovoy zhizni v Malorossii

정교회 사람들의 종교적 필요를 이미 최소한으로 좁혔다. 소작농의 관심은 대부분 시간을 제공한 귀족들의 생활권으로 제한되었다. 농민들은 영적 깨달음에 관한 것이 아니라 적당한 강제노역과 소작료에 관해 관심이 있었다. 표면적인 종교생활로 인해 사람들은 미신과 거짓 예언자, 마녀, 광인, 수행자 등을 신뢰하는 경향이 늘어났다. 아무도 사람들을 깨우치지 않았다. 당시 기초교육과 기초종교교육을 함께 교육하도록 요청받은 마을학교는 주민들의 작은 부분에서 영향을 넓혀갔다. 로즈젠스트벤스키가 제시한 자료에 따르면, 60년대 말 헤르손 지방에는 한 학교당 145명의 문맹자들이 있었고, 키예프 지방에는 1,500명이었다.

이러한 상황에서 마을학교는 목축과 교육의 일을 수행할 수 없었고, 그들은 교구 성직자들에게서 완전히 떨어졌다. 마을 사제들은 자기 가족 유지에 매여서 교인들을 예배에 보내고, 종교 행위를 모으는데 몰두했다. 착한 의지는 종종 무시되었다. 종교 행위 비용은 사제가 임의로 결정했는데, 이는 신자들의 불평과 성직자에 관한 불신을 가져왔다. 일반인들은 성직자들이 주변 사람들보다 도덕적 자질이 더 높은 데 있는 것을 보고 싶었다. 유감스럽게도 그런 성직자가 적었다. 일반인이 마음속에 그리는 이상적인 목자는 점점 줄어들었다. 정교회 예배는 일반인이 이해하기 어려운 언어로 행해졌다. 설교는 준비 없이 종종 이루어졌다. 증언하건데 거의 읽지도 않고, 참고 자료도 인용하지 않고, 어떠한 설교집도 가지고 있지 않은 사제가 가르치는 것을 사람들이 무엇을 배울 수 있을까? 그들의 설교에서 무엇을 기대할 수 있을까? 사제들의 저녁 예배에서 우리는 가장 고통스런 느낌을 참았다. 세상에! 이것을 몇 시간 동안이나 들어야 하다니! 거기서는 입맛, 청각, 신경, 심장 모두 고통스러웠다. 수세기 동안 우리 국민은 그렇게 고통을 당하고 있다! 로즈젠스트벤스키는 대주교 니카노르의 말을 인용했다.

가장 중요한 교회 의례와 의식으로 심오하고 신성한 의미와 뜻이 담긴 행사들인 장례식, 제사, 기공식, 침례식, 명절, 교회 절기에 술집 옆에서 바쿠스 신에게 많은 양의 술을 붓고, 오합지졸의 배회자들이 함께했다. 여기서부터 시작되는 모든 추태와 말싸움 및 싸움이 가정으로 옮겨진다. 식구들의 삶을 해롭게 하는 계속되는 고통의 원인이 여기 있다(보로노프 교수).

성직자 다음으로 일반인에게 가장 가까운 사람들은 지주들, 관료들, 지식인들이었다. 그 당시의 지식인은 무엇을 의미했고 영적 지도력 측면에서 일반인의 생활에 무엇을 가져왔나? 도로드니친의 의견을 들어보자. 지식인을 좋게 말하면 신앙에 대해 무관심했고, 나쁘게 말하면 정교회, 예배, 성직자 등 그들이 기억하는 모든 면에서 적대적으로 대했다.

지식인 가운데 많은 사람의 도덕적 삶은 종교적 이상과 완전히 배치되었다. 특히 이것은 여러 종류의 공무원에게 적용된다. 자신에 관한 부도덕한 태도는 널리 알려졌고 가족생활과 일반인의 일상뿐만 아니라 공공 기관에서도 알려졌다. 자치 정부의 부도덕함은 소름이 끼치며, 시골 법정에서 재판은 술병으로 결정되었다. 태만, 횡령, 선출된 고위직과 판사의 부패, 몰상식한 무례, 복수는 상투적이었다(로즈데스트벤스키).

만약 하류층 농부와 농촌생활 전반에 대해, 경멸적인 태도를 취하는 교만과 오만의 상류층 앞에 아첨을 첨가하면, 우리는 농민에게 영향력을 행사할 사람의 거의 완벽한 도덕적 초상을 얻게 될 것이다. 상류사회와 대도시 귀족계급은 신앙 행위를 아주 가볍게 대했다. 최고위 사교모임에는 불신앙, 회의론 및 합리주의가 확산되었는데 그것은 주로 세속적인 생활 이미지가 작용했다.

생활의 물질적 측면에 초점을 맞춘 1850~60년대 상류사회의 구성원들의 관심은 사치와 쾌락에 관한 욕망으로 꿈틀거렸다. 종교적인 요구는 매우 작았다. 종교와 정교회 관련 문제는, 완전히 제외하지 않으면 어떤 경우든지 뒤로 밀렸다. 상류사회에 속한 일부는 세속적인 삶의 공허와 무의미와 대비되는 종교적 황홀경에 빠지면, 오히려 정교회를 멀리하고 깨달은 종교적 느낌에서 만족을 찾으려 하지 않았다. 그들에게 종교의식과 예배를 제공하는 정교회는 접근하기 어렵고 따분한 종교였다(테를레스키). 그런데 회의론과 불신앙을 견딜 수 없었던 사람들이 있었다. 그들은 타고난 종교적 욕구를 누를 수 없었지만 믿음과 기본적인 신념을 갖지 못한 채 서구의 이교도들에게 그들의 영적요구를 충족시키려 눈을 돌렸다. 상류층에서 첫 번째 신자들은 체르트코바, 가가리나 여공, 리벤, 코르프 등이었다.

우유파는 하나님의 말씀의 씨를 뿌리기에 적절한 토양이었기 때문에, 우리는 러시아에 널리 전파된 우유파의 영성을 몇 가지로 특징지을 것이다. 알려진 바와 같이, 우유파에서 보로닌, 파블로프, 이바노프, 마자예프Mazaev A.M., 마자예프Mazaev D.I., 짓코프, 발리힌 등 유명한 러시아 침례교 지도자들이 나왔다.

19세기 후반 우유파의 영적 모습은 정교회처럼 우울한 그림으로 나타났다. 1836년의 그리스도 재림과 지상 천년왕국 시작에 관한 예언이 성취되지 못하자 우유파는 실망과 영적 위기가 찾아왔다. 우유파 공동체는 분쟁과 불화가 시작되었고 종교 도덕적 쇠퇴가 점차 심해졌다. 위에서 언급한 것처럼 대부분의 우유파는 세속적 복지 건설에 바빴다. 영성 집회가 열리면, 찬양하거나 기도할 사람이 없어서, 훈계는 적었다. 보통 그들은 암기한 시편 구절로 기도했다.

주일은 예배를 마친 후 누군가를 만나고, 농장을 살펴보고, 농사일에 대해 오랫동안 대화를 나눴다는 점에서 평일과 달랐다. 다음 주일에 그들은 또 다른 주인에게 가서 창고, 마구간을 다니며, 말과 다른 동물들을 살폈다. 사람들이 조용하고 평온한 삶을 살았다라고 마자예프는 회고록에 썼다. 부유한 우유파들의 가정에 살던 소작농, 군인, 전직 죄수들은 우유파의 종교 도덕적 질서를 받아들이지 못했을 뿐만 아니라, 특히 청년들이 타락했다. 프리츠카우는 타우리드 지방의 우유파에 대해 다음과 같이 썼다. 방탕하고 모든 면에서 가능한 부도덕으로 그들은 악화되었다. 젊은 세대는 하나님의 자비와 그리스도의 보혈에 관한 지식이 점점 없어졌다.

그런데 우유파 가운데 특히 남캅카스 사람들이 진정한 예배와 산 믿음과 구원의 길을 찾았다. 이 사람들은 열심히 성서 본문을 숙고하고 기도했다. 무엇보다도 그들은 우유파가 거부한 침수침례에 관심을 가졌다. 그리스도의 말씀 믿고 침례를 받은 사람은 구원을 얻을 것이다(막 16:16)는 구절을 연구했다.

정교회 외에 여기서 다루지 않은 구교도, 다양한 분파와 지지자, 우유파 등은 러시아와 우크라이나 민족 복음주의 부흥운동 직전에도 여전히 남아 있다. 채찍파, 소규모의 거세파, 영적전사파이다. 채찍파와 영적전사파는 주로 폐쇄적인 공동체에서 살았다. 복음의 진리가 그들의 주변에 들어온다 해도 중요하지 않았다.

메노파, 루터교, 개혁주의자는 본질적으로 독일계 러시아 3세대였고, 일부는 5세대와 6세대였다. 복음주의 부흥운동 시기의 사람들은 종교적인 면에서 대부분 자신의 믿음을 생활에서 구현하지 못했던 명목상의 그리스도인이었다. 그러한 일반적인 용어는 순수한 복음주의적 가르침의 씨앗에 떨어질 운명적인 토양이었다.

제2장
복음주의 침례교 운동의 발생(1860~1882년)

우크라이나 남부의 부흥운동

독일인 정착촌의 계속되는 부흥

러시아의 첫 번째 복음주의 침례교 공동체는 20세기에 일어났다, 19세기의 60년대 초부터 네 지역, 즉 우크라이나 남부의 헤르손, 예카테리노슬라프 및 키예프 지방, 남캅카스, 상트페테르부르크, 타브리체스크 지방(마지막은 우크라이나의 왼쪽 연안에 포함)이다. 러시아·우크라이나 복음주의 침례교 운동은 하나님의 영과 말씀의 영향에 힘입어 민족정신을 깨운 결과였다. 복음 부흥 운동은 진리와 구원의 길을 간절히 추구하는 사람들이 하나님의 말씀을 읽음으로써 시작되어, 거룩하게 살기를 희망하며, 복음과 삶을 일치하려 했다. 유사한 열망은 부흥을 경험한 정교회, 우유파, 독일계 러시아인들에게도 고유한 성격으로 동일하게 나타났다. 이러한 부흥을 다른 외부에서 가져온 어떤 종류로 생각할 수는 없다. 정교회 학자들이 주장하는 마지막 개념은 오래되었다는 것을 언급할 필요가 있다. 각 지역에서 최초 복음주의 침례교 공동체 출현에는 이전 시대의 역사와 선배들이 존재했다.

우크라이나 남부 오른쪽 연안에서의 신앙 부흥의 방법은 매우 복잡했다. 부흥은 시계파, 메노파 형제회, 독일계 러시아인 가운데 최초로 기독교침례교인들과 교제를 통해서 일어났다. 후자는 조금 더 이전에 믿음에 근거하여 침례를 받아야 한다는 주장에 도달했다. 러시아 안에서 일어난 일반적인 복음 부흥운동 영향으로 우크라이나에서 출현한 메노파 형제회는 신파 경건주의를 지향하는 시계파의 외부적 영향을 받았다. 남캅카스 우유파 가운데 침례교회가 최초로 출현한 것은 침수, 침례와 성찬을 인정한 물우유파의 교리가 먼저 전파되었기 때문이다.

새로운 교리에 조심하는 우유파에게 타우리드 지방의 준비 단계로 신우유파내 복음적 기독교 운동이라 불린 자하로프파가 나타났다. 상트페테르부르크의 복음 부흥은 체르트코바, 리벤과 같은 상류층 여성들의 영향으로 이루어졌다. 그들은 레드스톡 경이 상트페테르부르크에 도착하기 이전에 이미 하나님의 말씀과 성령을 통해 거듭남을 경험했다. 모든 것은 주님의 길을 예비하는 역할을 했다. 사람들의 마음의 길은 고르게 되어 구원의 은혜를 얻었다. 일반인의 모든 골짜기에 영적인 내용으로 가득 찼고, 사람들의 찬양의 산과 언덕들은 낮아졌으며, 굽은 거짓 경로는 곧게 되었고, 고르지 못한 길은 평평해졌다(눅 3:4~5) 우크라이나인의 복음부흥이 독일 정착촌의 부흥보다 먼저 일어났다. 독일 정착촌의 부흥은 두 방향이었다. 개혁교회와 일부 루터교 정착지의 영적 각성은 공식적인 교회 안에서 이루어졌다. 메노파와 일부 루터교 정착지에서 일어난 부흥으로 새로운 공동체가 형성되었는데, 거듭난 사람들만 모였다. 공동체는 기독교침례교 교리에 기초하여 조직되었다.

부흥운동으로 정착지에 두 부류의 시계파가 조직되었다. 개혁주의자는 하나님의 형제들이라 불렸는데 구파 경건주의 원칙을 따랐고, 메노파는 뷔스트 형제회라 하여 신파 경건주의 정신을 지켰다. 두 가지 부흥운동의 특징을 자세히 살펴본다. 개혁주의 시계파는 거듭난 개혁주의 교인들이 적극 참여했다. 1867년 요한 본캠머의 아들 칼이 유럽과 미국을 오랫동안 여행한 후 오데사 근처 로르바흐 정착지로 돌아와 아버지의 사역을 이어갔다. 그는 시계파에 대해 종교 정신을 생활 속에 적용하기를 좋아하는 지역교회 교인의 일부를 대표 한다고 썼다. 시계파들은 항상 일반 예배에서 부지런히 기도했다. 그뿐만 아니라 그들은 시계가 있는 교인 집에 모이거나 편의상 종종 두 곳의 개인 주택에서 모였다. 그는 그들을 따라가서 여가시간에 그들의 모임에 참석한다. 집회가 진행되는 동안 집은 임시 예배 처소로 바뀐다. 그는 설교하지 않고, 회중의 성장과 하나님의 말씀을 일상에서 적용할 수 있도록 성서의 짧은 구절을 설명하고, 영적 격려를 위해 짧은 만남을 진행한다. 그 후 형제들은 찬송가를 부르며 구주께 영광을 돌린 다음 집으로 돌아간다. 그들은 보통 일요일 점심 후 그리고 저녁에 모였다.[53] 복음주의 루터교 시계파는 어떠한 불안 요소도 일으키지 않았다. 시계파라 불렸듯이, 일반 예배에서, 알려진 행동을 했고, 정해진 시간의 기도, 어떠한 변화도 없이 복음주의 루터교 교리를 고백했다. 루터교 교리와 관련하여 그들의 교리는 어떠한 분열도 없었다.[54] 개혁주의 시계파는 침례교와 관련이 거의 없었다. 그때까지 칼 본켐퍼는 대다수 개혁주의 목사들처럼 침례교 설교자에게 부정적 태도였다.[55]

메노파 형제회 공동체

우리는 러시아・우크라이나 형제회 역사와 관련된 메노파 형제회 역사에서 주요 순간을 주목한다. 뷔스트게 형제회의 많은 부분은 몰로치니보디에 살았던 메노파 교인들에 의해 만들어졌다. 1860년 무렵 몰로찬스크와 호르티카 메노파 정착지에서 서로 독립적으로, 거듭난 새 사람들이 성서에 기초한 생활을 하도록 새로운 공동체를 조직해야 한다는 결론에 도달했다. 공동체가 1860년 1월 6일 몰로치니보디에 처음 나타났다. 18명의 교인들이 메노파 교회를 떠나 다른 공동체를 형성했다. 1860년 5월 30일 교회 장로로 규베르트가 선출되었고 같은 해 6월 5일에 첫 번째 사역자로 안수받았다.

처음에는 형제들이 춤추는 형제 그룹의 영향을 계속 받았으나 기쁨의 극단적인

---

53. 본켐머 카., 『시계파 형제회 소개~오데사 소식』, 1868년, 56권, Bonekemper K. Stat'ya o bratstve shtund (Stund). Odesskiy vestnik, 1868, 56
54. 상트페테르부르크 복음주의 루터교협의회의 태도, 1873년 5월 10일, No. 794., 도로드니친 아., 『시계파계열 유명한 남러시아의 재침례회』인용, 스타브로폴~캅카스키, 1903 년, Otnosheniye S.~Peterburgskoy yevangelichesko~lyuteranskoy konsistorii 1873 goda, 10 maya, 794. Tsit. po: Dorodnitsyn A. Yuzhnorusskiy neobaptizm, izvestnyy pod imenem shtundy. Stavropol'~Kavkazskiy, 1903
55. 우신스키 아.,데., 『시계파의 합리주의적인 가르침의 출현과 다른 유사점들… 농촌 정교회 마을에서 그들의 확산에 대항하는 조치들』 키예프, 1884년, Ushinskiy A., D.. O prichinakh poyavleniya ratsionalisticheskikh ucheniy shtundy i nekotorykh drugikh podobnykh... v sel'skom pravoslavnom naselenii i merakh protiv rasprostraneniya ikh. Kiyev, 1884.

표현은 그들의 환경에서 비교적 드문 현상이었다. 몰로찬스크 교회 대표자 회의는 그런 행동을 하는 새로운 공동체 회원 모두를 제명하고 행정 개입과 그들에 관한 메노파 권리를 박탈하겠다고 위협했다. 그런데 그런 조치는 오히려 새 흐름의 추종자들을 더욱 견고하게 만들었다. 1861년 호르티차 교인들이 몰로찬스크 교인들과 접촉을 시작했다.

그 가운데 웅거는 1859~1860년 침수침례의 정당성을 따르게 되었다. 첫 번째 호르티차 메노파 교인들이 1862년 3월에 몰로치나야에서 침례를 받았는데 그것은 몰로찬스크 교인들의 첫 번째 침례식 후 1년 반이 지난 시점이었다. 1864년에 메노파 형제회 공동체는 공인되었다. 공동체가 결성된 첫해에 교인들은 침례에 관한 질문을 던졌다. 교인들은 거듭나지 사람을 위한 침례준비 교육은 복음서와 불일치한다는 것을 잘 알고 있었다. 그런데 침례의 형태에 관한 문제는 여전히 분명하지 않았다. 교회 공동체는 뿌리는 방법인 관수례로 세례를 주었다.

뿌리는 형태는 교인들에게 받아들일 수 없는 것처럼 보였다. 곧 그들은 신약성서 마가복음 1장 9~10절, 사도행전 8장 38절의 예에서 알 수 있듯이 침수침례가 복음적 침례라는 결론에 도달했다. 또한, 메노파 교인들이 사용하는 독일 방언에서 '침례하다'라는 말은 '물에 들어가다'를 의미했다. 영향력 있는 교인 야곱 라이머는 미얀마 선교로 유명한 미국 선교사 앤 저드슨의 전기에서 침수침례에 대해 읽었다. 이것이 그에게 큰 인상을 주었다. 교인들은 메노 시몬스의 저서에서 자신들의 견해를 확인했다.

메노파는 예수 그리스도에 관한 살아있는 신앙에 근거하여 사도적 침례로 옮기기로 결심했다. 첫 번째 침례를 누가 줄 수 있는가의 문제가 떠올랐다. 1860년까지 그런 사역자가 우크라이나에 없었다. 1860년 9월 23일에 발트하임 정착지 근처 쿠루샨강에서, 메노파 형제회 공동체는 믿음에 근거하여 첫 번째로 완전히 물에 잠기는 침수침례가 실시되었다. 침례식 실행에 앞서 공동체 사역자 야콥 베커와 겐리 바르텔은 안수하고 기도했고, 참석한 많은 남녀 교인들이 물에 들어가서 서로 침례를 주었다. 형제회 역사상 그것은 예외적인 경우였다.

감동적인 사건 후 차례대로 침례가 실시되었다. 1861년 11월 호르티차에서 메노파 게르하르트 윌러가 첫 번째 침례를 받았다. 1862년 3월에 그는 아브람 웅거에게 침례를 주었다. 웅거는 후에 호르치츠크 메노파 형제회의 초대 지도자가 되었다. 웅거는 예핌 침발에게 침례를 주었다. 지역교회 조직과 구조의 근본적인 문제에 대해 말하자면 처음부터 메노파와 침례교 공동체는 많은 공통점이 있었다.

신메노파 신앙은 매우 간단하게 표현된다. 실례로, 1862년 6월 28, 에카테리 노슬라프 세 번째 구역 예비심문관에게 다음과 같이 썼다. 아래 서명자들은 (아브람 웅거, 게르가드 빌러, 표트르 베렉) 우리 모임을 대신하여 증언한다. 우리 신앙의 기초는 메노 시몬스가 설명한 성서이다. 우리는 구주에 관한 우리의 신앙을 숨기고 싶지 않다. 여러분이 알다시피 우리는 여가 시간에 경건한 훈련을 위해 찬송가를 부르고, 기도와 독서를 한다. 그런데 악의를 가진 사람들은 우리를 이단이라 부른다.[56]

메노파 공동체에서의 침례에 관한 이해는 침례교와는 약간 달랐다. 처음에는 침수침례가 공동체에 합류하기 위한 전제 조건이 아니었지만, 대부분 몰로찬스크 공동체 회원들은 처음 2년 동안 그렇게 침례를 받았다. 주의 만찬도 마찬가지였다. 그것에 참여하기 위해서는 어떻게 침례를 받았던지 상관없이 거듭난 사람에게 허용되었다. 오직 믿음에 근거한 침수침례와 믿음으로 침례 받은 사람만 주의 만찬에 참여한다는 것은 메노파 교인들이 웅거의 영향으로 1862~1863년에 확립했다. 웅거는 그 문제에 관한 설명서를 독일 침례교 창립자 온켄(1800~1884)에게서 받았다.

1873년에 아인락 메노파 형제회 공동체(호르티차 섬)에서 문서에 그 교리를 반영할 필요가 있었다. 문서는 남러시아 연합 메노파 공동체의 교리와 내용이었다. 교리는 웅거가 정리했고 1876년에 라이프치히에서 출판되었다. 메노파 형제회 공동체는 25년 동안 그것을 사용했다. 교리의 기초는 한때 러시아 침례교가 사용했던 온켄의 저서 함부르크 침례교 고백서였다. 웅거는 메노파 형제회 공동체와 침례교 공동체의 차이라는 내용을 추가했다.

침례교는 우리 공동체가 하나님의 말씀으로 동의하지 않는 무력 사용을 허용한다. 그들은 우리 공동체가 야고보서 5장 12절에 근거하여 반대하는 맹세를 필요한

---

56. 알렉시 감독. 역사 자료...36페이지, Yepiskop Aleksiy. Materialy dlya istorii... s. 36.

경우에 허용한다. 그들은 우리의 형제회의 관습인 세족식을 실시하지 않는다. 일반적으로 우리는 침례교 공동체(교회)가 성령을 인정하고, 거듭난 하나님의 진정한 자녀들의 모임으로서 살아있다고 생각한다. 위에서 언급한 것이 없다 하여 그들과 성스러운 신비인 성찬식에 함께 하고, 우리 공동체를 돕고 세우기 위해 때때로 그들의 교사들을 초청하고, 진지하게 서로 교제하는 것을 방해하지 않는다. 위에서 언급한 세 가지 점을 제외하고 그들 역시와 우리와 같은 신앙을 고백한다. 침례는 하나님의 말씀에 따라 거듭난 사람만 물에 잠긴 채 침례를 준다. 진정한 변화와 교정이 이루어질 때까지, 정해지지 않는 기간에 회원들의 삶을 무질서하게 인도하는 사람들은 공동체에서 제외된다.[57]

루터교인의 침례

뷔스트계 형제회는 엘리자벳그라드군의 신단치그의 루터교 정착지 주민들이 포함되었다. 뷔스트 사망 이후에도 부흥의 불길은 계속 타올랐다. 죄를 깨닫고 마음이 괴로웠고 회개와 고백의 시간을 가졌다. 성령의 역사를 부인하는 거의 단 사람의 정착지 주민도 없었다. 이 사건을 목격한 동시대 사람의 글이다.[58] 믿음에 따른 침례 문제는 루터교에서 연구되었다. 프리츠카우에 따르면 이와 관련하여 영국인 설교자 스펄전(1834~1892)의 글을 읽었는데, 유아세례는 근거가 없고 침례를 통한 거듭남의 교리를 강조했다. 그런데 그 당시 거기서는 스펄전이 침례교인 것을 미처 알지 못했다.

1864년 5월 10일, 인굴강에 있는 신단치그에서 메노파 윌러와 베커가 루터교인, 개혁교인, 가톨릭교인 7명의 형제와 4명의 자매에게 침례를 주었다. 그룹에서 지도자를 선출했는데 프리드리히 엥겔이었다. 최초의 독일계 침례교도가 우크라이나에 나타났다.

---

57. 본다르 에스., 데., 『러시아의 이단 메노파』 Pg., 1916년, 155페이지, Bondar' S. D. Sekta mennonitov v Rossii. Pg., 1916, s. 155.
58. 프리츠카우 제이., 『남러시아 침례교회사』 오데사, 1914년, 16페이지. Pritzkau J. Geschichte der Baptisten in Sd Russland, Odessa, 1914, S. 16.

우크라이나인 내부의 회심

알렉시스 감독은 러시아 남부의 종교적 합리주의 운동의 시작에 이바지했던 19세기 중엽의 독일계 이주민 속에서 활동했던 두 종류의 시계파 존재에 대해 기록했다. 첫 번째는 시계파계 경건주의라 했고, 두 번째는 시계파계 침례교라고 했다. 후자의 이름은 성향적인 배경에서 주어졌을 가능성이 가장 컸고 후에는 시계파와 침례교를 확인하는 구실로 사용되었고, 포베도노스체프 시기에는 침례교에 관한 잔인한 박해의 토대가 되었다.

사실, 시계파계 침례교는 어떤 분파도 생기지 않았다. 시계파계 메노파가 존재했다. 주요 인물인 윌러, 웅거, 노이펠트, 베르크 등은 침례교가 아니라 신메노파였다. 본켐퍼가 이끈 다른 분파인 시계파계 경건주의 혹은 개혁파는 60년대에 정부 대표자들이 정교회 교인을 침례교로 유혹한 사실을 확증하지 못했듯이 침례교인과 메노파 교인은 없었다. 1875년의 우신스키와 본켐머의 대담 내용을 보면 본켐머가 침례교 설교자에 대해 부정적이었다는 결론을 내릴 수 있다. 그래서 시계파의 분파로 침례교인은 없었다. 최초의 우크라이나 시계파 가운데서도 역시 침례교인은 없었다.

농노제는 우크라이나에서 침례교가 출현하기 전에 3세대 동안 존재했다. 국민들의 정신적, 도덕적 생활에 매우 심각한 결과를 초래했다. 그 시대의 농노들의 무거운 사회적 일상생활 조건은 잘 알려져 있다. 그들은 극빈, 권리 박탈, 지주에 관한 완전한 의존, 지주들은 종종 자신들의 영향력을 농노들의 개인 생활에까지 넓혔다. 그런 상황에서 영적인 필요에 대해 생각하는 것은 어려웠다. 농노들과 시골귀족의 농민들 옆에서 살았던 국영 농민들 역시 더 나은 위치에 있지 않았다. 농노제 지지자들은 농노의 불만과 불평을 방지하기 위해 국영 농민의 삶을 개선하려는 시도를 질투심으로 따랐다. 또한, 국영 농민들은 언젠가 농노가 될 수 있었다. 1861년에 고대하던 농민 개혁이 선언되었다. 선언문을 발표하기 전에 농민들은 개혁 이후 토지가 그들 소유가 될 것이며 그중 일부가 지주의 소유로 남을 것으로 희망했다. 그러나 그들의 기대는 정당화되지 않았다. 선언문 발표에 있었던 모든 사람은 농민들에게 불만이 남아 있다는 것을 확인했다. 실례로, 헤르손 지방의 류보미르카 마을 농민들이 선언문에 관한 불만과 불신은, 로즈데스트벤스키가 지적했듯이 폭동 직전이었고, 지주 들을 반대하는 분노가 쏟아졌다. 그러한 사례는 소러시아 · 우크라이나에서 하나가 아니었다.

농노에서 해방되었지만 토지를 소유할 수 없었던 우크라이나 남부의 농민 대부분은 가족의 생계를 위해 일을 찾아야 했다. 손재주가 있는 사람들은 대부분 인근 도시로 나가서 수리 가게나 공장에서 일했다. 사업체의 주인은 종종 독일계 기술자들이었다. 일부 농민들은 독일계 정착지에 고용되었다. 일부는 부담스런 조건으로 이전 지주들에게서 땅을 빌렸다.

개혁주의 영향으로 시계파 발생

오니센코와 라투시니의 회심

다수 연구자는 우크라이나 헤르손 지방의 오데사 주변 마을을 시계파가 발생한 장소로 간주한다. 1887년에 개인적으로 마을 주민과 만난 로즈데스 트벤스키의 증언에 따르면, 촛불의 씨앗은 농부 오니센코에게 뿌려졌다. 그는 자신의 미혹자가 가리키는 것을 거부했다. 오니 센코의 회심은 50년대 후반이었다. 농노제 시기에 그는 독일인들 가운데서 방랑생활을 했는데 주로 니콜라예프 도시 주변이었다. 그는 독일계 이주민의 겉모습을 생생하게 기억한다. 오니센코는 자신의 종교적 견해를 말했다. "가축은 하고 싶은 일을 하는데, 나는 돼지와 가축보다 더 형편없었다. 비참했다. 어느 날 들에서 기도했다. 울면서 소리를 질렀다. 주님, 가르쳐주세요, 고쳐주세요! 나는 보지 못했는데 정말 누군가 내 옷을 벗겨주었다. 나는 가벼워져 자유를 느꼈고 하나님을 인정했다." 큰 키에 몸이 말랐고, 어린아이의 눈빛과 사람을 이끄는 자연스런 말투의 사람, 오니센코는 자신의 느낌을 전했다. 개인적으로, 그는 개척자였고 그에 관한 많은 이야기가 있었다.[59]

이것이 오니센코의 회심에 관한 단 하나의 믿을만한 증언이다. 그의 회심 날짜

---

59. 로즈데스트벤스키 아., 『남러시아 시계파, 상트페테르부르크』, 1889년, 52~53 페이지, 170~171 페이지, Rozhdestvenskiy A. Yuzhnorusskiy shtundizm. SPb., 1889, s.52~53, 170~171.

는 문서에 기록되지 않았다. 그가 정교회에 가지 않은 지 13년 이상이 되었다는 것으로 판단했을 때 로즈데스트벤스키가 지적했듯이 1857년 이전에 일어났을 것이다. 1892년에 출판된 브라운의 저서 시계파를 인용한 크메타 예피모피치[60] 박사는 오니셴코가 1858년에 회심했고, 그해에 자신을 형제라 불렀던 정착지 이주민들과 연합했다고 썼다. 그들은 베사라비아 분리주의자, 나사렛파와 비슷했다. 교회는 가지 않았고 유아세례를 받은 사람들이었다.

문서 자료를 보면 오니셴코는 거듭남을 체험한 최초의 우크라이나인이었다. 동시에 오니셴코는 최초의 소러시아인(그 당시 우크라이나인의 호칭) 신자였을 뿐만 아니라 믿음에 근거하여 침수침례를 받은 최초의 인물이라는 의견이 있다. 잡코 포타포비치[61]는 오니셴코의 회심과 침례를 1852년 무렵이라고 주장한다. 동시에, 그는 셰르비나의 소러시아인 시계파(주간지, 1~2권, 1877년), 시계파(남러시아의 편지), (주간지, 45권, 1885년)와 진코프스키의 시계파에 관한 미완성 글을 주요 자료로 인용했다.

진코프스키의 시계파 역사에 대해 차이첸코(1889년?)는 상트페테르부르크에서 쓰기 시작했고 리비우에서 출판하려고 했으나 끝내 아무것도 이루지 못했다. 이것과 다른 주요 자료들을 바탕으로 확실히 해 둘 것은 셰르비나의 첫 번째와 두 번째와 어떤 글에서도 오니셴코에 대해서는 한마디도 언급하지 않았다는 것이다. 또한 소러시아인 시계파 23쪽에서 저자는 '우크라이나 최초 시계파는 헤르손 지방의 파세코바 주민 라투시니'라고 했다. 따라서 미완성 글의 내용을 근거로 제시하는 것은 위험하다.

오니셴코가 1858년에 회심했을 경우, 1852년에 믿음에 따라 침례 받는 것은 불가능하다. 표도르 오니셴코의 이웃 마을 오스노바에서 미하일 라투시니(1830년에서 약 1915년까지)가 살았다. 오니셴코가 여행에서 집으로 돌아온 후, 그들은 이웃과

---

60. 크메타~예피모피치 아., 『복음주의 기독교침례회 100 주년 기념 (소련 및 디아스포라)』, 1867~1967 년. ~ 복음주의 기독교침례회 100주년, 애쉬포드, 1967년, Kmyeta I., A., Stoletniy yubiley yevangel'skikh khristian~baptistov(v Sovetskom Soyuze i v rasseyanii), 1867~1967 gody. ~Stoletiye yevangel'skikh khristian~baptistov, Ashford, 1967.
61. 잡코~포타포비치 엘., 『우크라이나에 기독교의 광명』, ~비니펙~체스터, 1952년. Zhabko~Potapovich L. Khristove svitlo v Ukraini ~ Vinnipeg~Chester, 1952

친구로서 만났고, 성서를 함께 읽었으며, 오니센코에 따르면 활발한 대화를 나누었다. 라투시니는 오니센코 보다 13세 어렸고, 마을 사람들의 증언에 따르면, 그는 기초학습과 구두 수선을 공부했다. 라투시니는 자신과 추종자들이 독일인으로부터 믿음을 받아들인 사실을 숨기지 않았으나 누구인지는 말하지 않았다. 그는 오스노 바에서 12킬로미터 떨어진 로르바흐 정착지의 독일인 방앗간에 자주 갔다고 이야기했다. 라투시니는 1860년에 신자가 되었다.[62]

로즈데스트벤스키는 오니센코와 라투시니의 로르바르 시계파 관련 충분한 증거가 있다고 말한다. 그러나 우리는 알렉시스 감독이 수집한 공식 문서에 근거한다. 라투시킨은 오데사 경찰서장에게 자신은 1860년에 신자가 되었다고 증언했다. 1870년 5월 해질무렵 시작하여 밤 1시까지, 그리고 이튿날 아침까지 계속된 경찰서장과의 대화에서 그는 이미 10년 전에 진리의 복음을 이해했고, 하나님의 계시를 받았다는 것을 확신했다고 밝혔다. 그 증언은 라투시니 자신에 의해 1860년이 확정되었는데 1873년 2월 22일 헤르손 주지사에게 요청한 탄원서에 기록되어 있다. 정교회를 떠났다고 경찰서장이 13년 동안 우리를 괴롭혔다고 적혀 있다. 라투시니는 회심한 그 날부터 그의 마을에서 오니센코가 시작한 복음 전파를 계속했다. 시계파 형제회가 오스노 바에 발생한 것을 증명하는 1861년 말 1862년 초의 수많은 문서가 있다. 그 모임은 1865년 초에 20명이었고 그중 3명은 여성이었다. 그 무렵 이웃 마을의 주민 7명이 회심했다. 1867년 2월 오데사 경찰서장은 그 형제회에 관해 헤르손 주지사에게 개혁주의 분열과 비슷한 형태를 가졌다고 기록했다. 그들은 15명의 신자로 구성된 이그나토프카 마을에 모였고, 랴스노폴 마을은 5가정이, 오스노바 마을은 14가족이 있었으며 그들에게는 정해진 건물이 있었다. 교회 슬라브어 책을 읽고, 내용과 의미는 지도자의 도움을 받으며 상호 해석했다. 로르바흐에서 분리해 나온 일부 독일계 개혁주의 신도가 있었다. 그들은 정교회에 가지 않았고, 이콘을 숭배하지 않았으며, 정교회 의식은 아무것도 수행하지 않았다. 그들의 지도자는 오스노바 마을의 농민 라투시킨이었다.[63]

---

62. 알렉시 감독, 역사 자료 … 93,180 페이지, Yepiskop Aleksiy. Materialy dlya istorii… s. 93 i 180.
63. 위의 책, 47~48페이지, Tam zhye, s. 47~48

시계파는 집회에서 시간별 예배인도서, 시편, 신약성서, 정교회 그리스도인의 헌금 찬양집을 사용했다.[64] 이그나토프카에서 라투시킨의 조력자는 게라심 발라반과 알렉산드르 카푸스틴이었다. 그는 키예프 지방에서 이그나토프카로 이사했고, 아이들이 있는 농부의 미망인과 결혼했다. 발라단은 라투시킨과 거의 같은 나이였고 비범한 능력이 있었다. 성서 해석을 위해 성직자의 도움이 필요하지 않았고, 그는 한때 하나님 말씀 해석을 포기하는 것보다 자기 목숨을 버리는 것이 낫다고 대답했다. 시계파와 독일계 로르바흐와 본켐퍼의 기본적인 관계는 확고하게 확립되었다.

본켐퍼는 우신시키와의 대화에서 러시아인 정착민들이 가장 훌륭하고 순수한 동기에서 종교운동에 이바지했다고 말했다. 그는 정교회가 동의하는 선에서, 정교회를 떠나지 않으면서, 독일계 시계파로부터 성서연구의 열망과 바람직한 기독교 생활을 채택할 것을 조언했다.[65] 문서 자료에서는 라투시니가 새로운 믿음을 오스노바 마을에 전파하는 본켐퍼의 주요 조력자였음을 바로 알려준다. 본켐퍼가 러시아어 복음서의 기초 지식을 공부하고 형제회에 연합한 농민들에게 배포한 사실은 잘 알려져 있다.[66]

본켐퍼는 1874년에 시계파 확산으로 인한 고발에 관련되어, 티라스폴 지역으로 이동했고, 1877년에 미국으로 이주했다. 이렇게 우크라이나에서 시계파 추종자들은 오스노바와 이그나토프카 지역에서 로르바흐 경건주의 계열 시계파의 영향권 아래서 나타난 것이다. 초기에는 지방 당국이 시계파 집회 감시와 교구 교회로 돌아가기 위한 서약서를 받는 것으로만 제한했다.

하지만, 1867년 초 마을 사람들은 마을 행정 대표가 집행하고 성직자가 책임을 지는 조건으로 재판없이 라투시니, 발라반, 카푸스틴, 오사드치에게 태형을 가하고 체포했고 그 후 그들은 오데사 감옥에 수감되었다. 마을과 지방 당국은 시계파를

---

64. 찬송가와 기본방향 "정교회 신자들에게 헌금"(1864 년판 2 판)에는 찬송가 97곡이 있는데 그 중 복음주의 침례교회에서는 88곡을 지금도 사용한다. Sbornik i osey Prinosheniye pravoslavnym khristianam (izd. 2~oye. SPb., 1864)
65. 우신스키 아., 데., 『시계파의 합리적 교리 출현의 원인』, 15~16 페이지, Ushinskiy A. D. O prichinakh poyavleniya ratsionalisticheskikh ucheniy shtundy... s. 15~16.
66. 알렉시 감독, 역사 자료 ... 77페이지, Yepiskop Aleksiy, Materialy dlya istorii... s. 77

종교적인 이단으로 생각하지 않고 특별한 공동체로 보았다. 그들은 이해할 수 없는 것을 정교회에서 듣는 것보다, 집에서 복음서 읽기를 선호한다는 주장을 만들었다. 그런 확신 아래 그들은 정해진 장소에서 모였고, 일반 사람들이 이해했듯이 그 장소에서 복음서를 읽고 해석했다. 그러나 그들은 신앙고백과 성찬식을 매해 실시했다.[67] 따라서, 처음에는 회심자들이 당국자들에게 심각한 위험이 되지 않았다.

니콜라옙스크 농장의 시계파

1867년 중엽 시계파 그룹에 관한 첫 번째 정보는 니콜라옙스크 농장에서 아이들을 제외한 27명의 사람들로 구성되었다는 것이다. 그룹의 지도자는 전에 가톨릭 신자였던 아담 보이사로프스키와 다니엘 콘드라트스키였다. 그들은 이콘, 교회 의례, 거룩한 유물을 인정하지 않았고 십자가 경배를 거부했다. 시계파 가정을 살펴보면, 집에는 시노드 번역 복음서와 시편이 있었다.[68] 발라반의 증언에 따르면, 니콜라옙스크 농장의 시계파는 오스노바보다 일찍 나타났다.[69] 그들의 미래 운명에 대해서는 알려진 바가 없다.

오스트리코바 농장의 신경건주의 시계파

우크라이나 시계파에서 두 번째 방향의 출현은 신경건주의 메노파 영향으로 19세기 60년대 초반으로 거슬러 올라간다. 우크라이나 남쪽에 침례교도가 없었던 시기에, 메노파 형제회와 루터교도 가운데 뷔스트 형제회가 있을 때 나타났다. 러시아인에게 시계파로의 첫 번째 유혹에 대해 본다르가 믿을 만한 출처를 1860~1861년에 인용하여 썼다. 1862년 1월에 타브리체스크 주지사는 내무부 장관에게 오스트리코바(정착지 리베나우 베르단스크 지구에 인접한) 농장에 개설된 분열적인 이단[70]에 대해 보고했다.

---

67. 위의 책, 64페이지, Tam zhye, s. 64.
68. 위의 책, 52~54페이지, Tam zhye, s. 52~54.
69. 로즈데스트벤스키 아., 『남러시아 시계파, 상트페테르부르크』, 1889년, 52페이지, Rozhdestvenskiy A. Yuzhnorusskiy shtundizm. SPb., 1889, s.52.
70. 본다르 에스., 데., 『러시아의 이단 메노파』 Pg., 1916년, 156~158, Bondar' S. D. Sekta mennonitov v Rossii. Pg., 1916, s. 156~158.

주요 전파자는 리베나우 정착지의 교사 게르하르트 윌러였다. 그는 러시아어를 잘했고, 신약성서를 읽고 오스트리코프 농장 농부들에게 설명했다. 그는 그중 일부를 자신의 신앙에 끌어들였다. 끌림을 받은 사람들 중에 눈에 띄는 사람들은 데미얀 바세츠키와 그의 가장 가까운 동료들인 표도르 바세츠키, 티모페이 아키멘코, 알렉산드르 오체레트코, 이반 체르납스키이다. 그들은 리베나우 정착지에 있는 신메노파의 기도 모임에 참석했다. 오스트리코프 농장에 있는 데미얀 바세츠키의 집에서도 농부들이 20명에서 35명 정도 참석하는 집회가 있었다.

윌러는 종종 집회에 참석했다. 데미얀 바세츠키는 교육받은 사람처럼 수집된 신약성서를 읽었다. 따라서 윌러가 리베나우 정착촌을 떠나면, 그는 리더가 되었다. 바세츠키와 그의 동료들은 가장 가까운 러시아 마을을 여행했으며, 특히 그들은 종종 오체레바토예 마을을 방문하여 거기서 신앙을 전파했다. 1861년 그들은 재판을 받았다. 심문 과정에서 바세츠키와 그의 협력자들은 그들은 이단이 아니고, 분열에 관한 의심스런 일을 하지 않았고, 정교회인들과 더불어 복음서만 읽으려 했다고 설명했다.

윌러는 복음서 보급시 신메노파 요한 클라센과 야곱 라이머의 도움을 받았다. 그들은 러시아어 신약성서를 오스트리코프 마을의 농민들에게 배포했다. 그들은 정교회에 관한 전적인 부정적인 태도에도 불구하고 침례교도는 아니었다. 그들은 신경건주의의 영향을 받은 시계파였다. 언급된 본다르, 윌러, 클라센 및 라이머는 몰로찬스크 메노파 형제 공동체의 책임자로서 자신들의 권리를 수호했다.

카를로프카와 류보미르카 관련 신경건주의 시계파의 영향력, 랴보샤프카의 회심

헤르손 지방(현재 키로보그라드 주)의 엘리자벳그라드 지구 카를로프카와 류보미르카 마을에서, 1859년 스타리단치그에 거주하는 루터교도에게 불을 붙였던 신경건주의 복음부흥 결과로 우크라이나인들 사이에 시계파가 출현했다. 헤르손 영성 집회[71]는 카를로프가나 (현재 크룹스코에)의 트리폰 흘리스툰, 예핌 침발, 안드레

---

71. 알렉시 감독, 역사 자료 ... 75~76, Yepiskop Aleksiy. Materialy dlya istorii... s. 75~76

이 하목 등 7명의 사람들이 미혹되었다고 알렸다. 이것은 1862년에 일어났다. 미혹자들은 단치그 정착민 예프렘 프리츠카우, 로렌츠(퀘이커파), 프리드리히 간테르였다. 러시아인들은 표도르 골룸보스키와 엘리자벳그라드의 단치그 정착지에 살았던 평민 그리고리 보로노프였다. 형제들은 구단치그에 있는 프리츠카우 집에 모여서 정교회 그리스도인의 헌금 찬양을 했다. 골룸보스키는 1854년 이래로 보로노프는 1860년부터 구단치그에서 살았다. 두 사람은 종종 프리츠카우가 인도하는 집회에 참석했다.

예핌 침발(1830~1880)은 1866년까지 정교회에 충실했다고 증언했다. 그리고 1866년에 홀스툰, 보로노프, 골룸보프스키는 그에게 다른 성서를 읽고 해석해 주었는데, 성서 이사야 44장에서 우상을 만들지 말라고 했는데 그 말을 이콘과 관련지었다.[72] 류보미르카 최초의 시계파는 이반 랴보샤프카(1831~1900년)였다. 그는 라투시니 보다 한 살 아래였다. 로즈데스트벤스키는 그의 외모에 대해 볼품없는 외모, 굽은 등, 중간키, 짙은 갈색 머리, 마마 자국, 둥근 얼굴, 수염이 있고, 듣기 좋은 목소리, 느린 말투, 독일스타일 양복을 입었다.[73]고 기록했다. 어린 시절 랴보샤프카는 목동이었고, 후에 대장장이, 배관공으로 일했고, 믿음을 가졌을 때는 방앗간에서 일했다.

구단치그에 살던 마틴 규브네르는 자신의 죄를 깨달은 랴보샤프카를 인도했고, 류보미르카에는 농노제 폐지 이후에 나타났다. 그는 랴보샤프카는 자신과 주변 사람들을 눈여겨보도록 도왔고, 랴보샤프카에게 복음서를 읽어주면서, 대부분 농민은 어려운 생활을 하고 있었고, 그것은 구세주의 가르침에 맞지않다는 것을 이해시키려 했다. 여기서 구원의 방법으로 오직 복음서에 기초한 시계파의 가르침을 인용했다. 랴보샤프카에게 커다란 변화가 생겼다. 오락 장소에 더는 얼굴을 내밀지 않았다. 방앗간 문 옆에 앉아서 손에 기초 책을 가지고 있거나 마틴 선생의 가르침을 듣는 모습이 자주 보였다.[74]

---

72. 도로드니친 아.,「남러시아의 재침례교」, 135~136, Dorodnitsyn A. Yuzhnorusskiy neobaptizm... s. 135136.
73. 로즈데스트벤스키 아.,「남러시아 시계파」, 72, Rozhdestvenskiy A. Yuzhnorusskiy shtundizm, s.72.
74. 엔., 게.,「류보미르카 시계파~엘리자벳그라스크 소식」, 1877년, 22권, N. G. Lyubomirskiye shtundisty. Yelizavetgradskiy vestnik, 1877, 22

랴보샤프카의 개인적인 능력이 돋보였다. 30세가 넘어, 스스로 러시아어를 깨우쳤고, 독일어를 구사했다. 독일어 복음서는 의미에 따라 장별 구성을 해 놓아서 성서 본문을 분석하기 위해서는 독일어 지식이 필요했다. 그의 각성은 다음과 같이 자세히 알려져 있다. 어느 날 랴보샤프카와 규브네르가 대장간에 있었는데, 규브네르는 무늬(아마도 방앗간 맷돌용)를 고쳤다. 그는 랴보샤프카와 종교적인 대화를 시작했다. 하나님께 회개하는 것의 필요성과 성서 읽기에 관해 이야기했고, 교회 가르침이 복음과 모순된다는 것을 지적했다. 랴보샤프카는 규브네르의 견해를 반대했다. 규브네르는 헤어질 때 랴보샤프카에게 "이반, 언젠가, 내 말을 기억할 걸(zga-daesh우크라이나어~기억하다), 두고 봐"라고 말했다. 이후에 랴보샤프카는 규브네르가 그에게 말한 것을 곰곰이 생각하기 시작했다.[75] 랴보샤프카의 개인적인 지인들이 언급했듯이 그는 마태복음 7장을 펼쳤고, 서두르지 않고 매 구절을 주의 깊게 살피면서 모두 읽었고, 갑자기 기도하고 싶은 강한 마음을 느꼈다. 그는 무릎을 꿇고 인생에서 처음으로 전능하신 하나님께 마음 깊은 곳으로부터 모든 죄를 용서해 달라고 간구하면서 의식적으로 호소했다. 나중에 그는 자주 기도를 마친 후 상태를 회상했다. 기쁨으로 나는 방앗간에서 소리치고 하나님을 찬양했다. 방앗간은 설교하기에 아주 편리하다는 것을 알았고, 랴보샤프카와 함께했던 교사들은 잠을 자지 않았다. 새로운 가르침을 따르는 10가정 이상이 지도자 주변에 조직될 때까지, 그들의 활동은 특별한 관심을 끌지 않았다. 다음 그들은 훈계를 시작했고, 그것이 도움이 되지 않으면, 시골 당국은 시계파로부터 훨씬 더 큰 반대를 일으키는 억압적 조치를 취했다.[76]

우리는 류보미르카에서 수년 동안 살았고 시계파의 출현과 기초를 관찰했던 시계파 바깥사람들의 객관적인 증언에서 발췌문을 인용했다. 카를로프카와 류보미르카 및 다른 장소에서의 첫 번째 새신자 모임에서는 성서를 읽고, 찬송가를 부르고, 알려지지 않은 기도를 했다. 집회들과 독일인의 새신자 교육 시간의 공통점 때문에

---

75. 파블로프 베.게., 『침례교에 관한 진실~침례교』, 1911 년, 41~47, Pavlov V. G. Pravda o baptystakh. Baptyst, 1911, 4147.
76. 엔., 게., 『류보미르카 시계파~엘리자벳그라스크 소식』, 1877년, 22권, N. G. Lyubomirskiye shtundisty. Yelizavetgradskiy vestnik, 1877, 22

사람들은 시계파라고 부르기 시작했다. 시계파는 한동안 정교회와의 관계를 완전히 끊지 않고 교회 예배에 계속 참석했다. 아이들의 침례식, 결혼식, 장례식을 위해 그들은 정교회 성직자들을 초청했다. 성직자 스토이코프는 1865년에 이콘은 각 가정마다 단정하게 있었다고 말했다. 다음 해에 그는 또한 일요일과 명절에 의심스런 사람들이 교회에 간다라고 썼다. 정교회 출석을 그만두려면 위해서 집회와 박해를 심하게 금해야 했다.[77] 류보미르카 시계파에 관한 주변인들의 증언은 다음과 같다. 시계파를 경험한 사람들은 그들이 정직하고, 분명하고, 지혜롭고, 근면하고, 앞서가는 농민 계층의 사람들이다. 당신이 영원히 일에 바쁘고, 모든 자유 시간을 공부하는데 애쓰는 그들을 우습게 보려면 그들을 반대하는 데 열심을 내야할 것이다.[78]

시계파에서 침례교로 변화의 과정

그런데 러시아와 우크라이나 국민들의 복음부흥은 시계파 내에서 중단되지 않았다. 성서를 부지런히 연구하면서, 초기 시계파는 믿음이 성장했다. 시간이 지남에 따라 그들은 행위에 의존하지 않는 믿음에 의한 칭의, 유아세례의 효력, 정교회에 관한 태도 등 여러 문제에 대해 고민하기 시작했다. 그들은 제기된 질문들을 믿음의 선배들에게 물어보았다.

그러나 본켐퍼와 다른 독일인 시계파는 유아세례를 받았기 때문에, 침례와 관련된 질문에 대해 만족스런 답을 줄 수 없었다. 더욱이 본켐퍼는 신자들에게 정교회가 동의하는 조건에서만 독일계 시계파로부터 받아들이고, 정교회를 떠나지 말라고 조언했다. 러시아 시계파에게 유물숭배, 이콘, 금식, 십자가 성호 긋기, 말씀 등 정교회가 정한 모든 규례를 따르라는 것이다. 많은 신자는 새 포도주를 헌 부대에 붓는 것(마 9:17)과 같다고 이해했다. 과거로 돌아가는 것은 이미 불가능했다. 1867

---

77. 우신스키 아.,데.,『시계파의 합리적 교리 출현 원인』, 15~16페이지;『시계파와 파시코프시나』(달톤 Dalton G.의 글). 신앙과 이성, 하리코프, 1884년, 2권, 154~203 페이지, Ushinskiy A. D. O prichinakh poyavleniya ratsionalisticheskikh ucheniy shtundy. s. 1516; Shtundizm i pashkovshchina (po povodu sochineniya G. Dal'tona).Vera i razum, Khar'kov, 1884, kn. 2, s. 154~203.
78. 예멜야노프 게. 인용 『러시아 남부의 합리주의,~선배들의 쪽지』, 1878년, 3권, 204페이지, Tsit. po: Yemel'yanov G. Ratsionalizm na yuge Rossii,Otechestvennyye zapiski, 1878. 3, s. 204.

년부터 1868년까지 시계파는 정교회를 완전히 떠났다.

침발의 침례

1867년 무렵 카를로프카와 류보미르카 시계파는 이미 몇 년 전에 스타리 단치그에서 건너온 루터교도의 진실을 알고 있었다. 1864년 시작된 단치그 거주 독일인들은, 그들과 밀접한 관계를 가지고 있던 카를로프카와 류보미르카 주민들의 도움을 받아, 중생한 신자에게 침수침례를 이미 실시했다. 성서연구를 깊이 하면서 그들은 구단치그 신자들이 올바른 길을 가고 있다고 점점 더 확신하게 되었다. 1867년 카를로프카와 류보미르카에 예핌 침발, 트리폰 홀르스툰, 이반 랴보샤프카 및 막심 크라프센코의 노력으로 침례교 지향의 공동체가 조직되었다. 그런데 그들은 아직 침례를 받지 않은 상태였다.[79] 우크라이나 형제들 속에서 하나님의 사역에 관한 열심은 예핌 침발이 돋보였다. 그는 온 마음으로 그리스도의 말씀을 믿었다고 증언했다. 믿고 침례를 받는 사람은 구원을 얻을 것이다(막 16:16). 카를로프카와 류보미르카 거주 신자들은 구단치그에 사는 침례교도와 교제가 있었다. 프리츠카우의 아들 요한이 증언하듯, 그들은 프리츠카우의 집에서 복음서 읽기와 찬양과 기도회를 위해 자주 모였다. 이것에 대해서는 공식 문서에 나와 있다. 그들은 구단치그에서 침례식을 위해 아인락 메노파 형제회의 웅거를 가끔 초대했다. 그와 함께 청년 윌러도 왔다.

1869년 6월 11일 웅거가 그런 방식으로 방문했을 때, 우크라이나인 예핌 침발이 구단치그 정착지 부근 수가클레야 강에서 침례를 받았다. 엘리자벳그라드의 경찰서장은 헤르손 주지사에게 이 사건에 대해 다음과 같이 썼다. 웅거는 수가클레야 강 근처에서 그에게 침례받기를 원하는 이주민들을 모았고, 먼저 가져온 복음서에서 독일어로 기도문을 읽었고, 그다음에 찬송을 하고 기도했다. 마침내 개별적으로 물속으로 들어갔다. 거기서도 기도를 했고 그 후 침례받을 사람을 1번 물속에 넣었다.[80]

---

79. 타타르첸코 이.,야.,『생명의 바위~침례교도』, 1927년, No.10, Tatarchenko, I. Ya. Zhivyye kamni,~Baptist, 1927, No.10
80. 알렉시 감독, 역사 자료 ... 71페이지, Yepiskop Aleksiy. Materialy dlya istorii... s. 71

침례식에 참석했던 프리츠카우는 침발이 웅거와 삼십 명의 독일인이 모여 있는 물속으로 예상치 않게 왔다고 기록했다. 우리는 그에게 침례 주는 것을 결정할 수 없었다. 그런데 침례 받는 사람들 속에 섞여 있었다.[81] 침발이 침례 주는 사람에게 다가갔을 때 그는 정교회인에게 침례 주려는 것은 금지되었다는 것을 인용하면서 침발에게 침례를 주지 않으려 했다고 사람들은 증언했다. 그는 정교회를 미혹하는 엄격한 금지를 언급하면서 침례를 거부하려 했다. 침발은 이에 그가 자신에게 침례를 시행하지 않는다면, 주님은 그에게 누구를 통해 어떻게 하나님의 계명을 성취할 것인지를 보여 주실 것이고, 침례를 거절한 웅거는 하나님 앞에서 대답해야 할 것이다. 이 말 후에 웅거는 침발에게 침례를 주었다.

얼마 후 침발은 카를로프카에서 전에 그의 형제 차렌코와 그의 아내 및 다른 사람들과 함께 믿었던 트리폰 흘스툰에게 침례를 주었다. 1869년 10월 초에 카를로프카 공동체는 이미 54명의 회원이 있었다.[82] 아마 이 숫자는 침례 받은 사람뿐 아니라 공동체를 방문하는 모든 신자들까지 포함했을 것이다. 1871년 3월 무렵에 이 공동체는 이미 58명의 회원이 있었다.[83] 카를로프카에서의 복음 부흥과 공동체의 성장은 은혜로운 설교자 델랴코프의 요한복음 19장 5절을 본문으로 한 보라 이 사람이로다. 설교로 촉진되었다.

류보미르카에서의 침례

1870년 4월말 이반 랴보샵카, 페트로그리프, 야콥 타란에게 침례주었던 류보미르카에 침발이 초청되었다.[84] 1870년 7월 카를로프카와 류보미르카의 러시아 침례회 공동체에는 약 70명의 침례받은 회원들이 있었다.[85] 카를로프카와 류보미르카 공동체는 매우 빨리 조직되었다. 카를로프카의 장로로 흘르스툰이 선출되었다. 류

---

81. 프리츠카우 제이., 『남러시아 침례교회사』, 13~14페이지. Pritzkau J. Geschichte der Baptisten in Sd Russland,13~14
82. 로즈데스트벤스키 아., 『남러시아 시계파』, 101페이지, Rozhdestvenskiy A. Yuzhnorusskiy shtundizm, s.101.
83. 알렉시 감독, 역사 자료 ... 123페이지, Yepiskop Aleksiy. Materialy dlya istorii... s.123
84. 위의 책 100페이지, Tam zhye, s.100.
85. 레베딘체프 페., 『남러시아 시계파 발생과 확산의 역사 자료~키예프 유물』 1884년, 318~319 페이지, Lebedintsev P. Materialy dlya istorii vozniknoveniya i rasprostraneniya shtundy na yuge Rossii. Kiyevskaya starina. 1884, s. 318319

보미르카의 장로는 랴보샤프카였다. 크라프첸코가 그를 도왔다. 침발은 주변 마을의 전도를 맡았다. 1870년 무렵 하나님의 말씀이 전파되어 엘리자벳 그라드의 11개 마을이 믿음을 받아들였다. 신자들 그룹은 오보즈노프카, 이그나티예프카, 페샤노이 브로드, 크리보예 호수, 르소야고라, 포모시냐야, 니콜라예프카, 렐레코프카 및 글리야나 마을에 나타났다.[86] 1880년에 침발은 영원한 처소로 부름을 받았다.

오스노바와 이그나토프카에서의 침례

위의 마을에서 시계파의 영적 생활은 라투시니, 발라반, 카푸스틴의 지도력 아래서 진행되었다. 그들은 정교회에 실망했다. 성서를 연구하고, 영적 찬양, 공동 기도로도 그들의 영혼을 충분히 채울 수 없었다. 어떻게 구원을 받는가에 관한 답을 찾다가 '믿고 침례를 받는 사람은 구원을 얻을 것이요(막 16:16)'의 말씀을 지나칠 수 없었다. 오스노바와 이그나토프카의 시계파 구도자들은 신경건주의(뷔스트파) 영향으로 소개된 믿음으로 의롭게 된다는 의미, 중생, 정교회에 관한 태도 등을 이해하고 있는 류보미르카와 카를로프카 신자들과 가까워졌다.

나중에, 오스노바와 이그나토프카의 신자들은 라투시니에게서 침례에 대해 알게 되었고 침례교 교리를 접하게 되었다. 랴보샤프카와 침발도 그 마을의 신자들을 방문할 수 있는 기회가 있었다. 1868~1869년에 라투시니와 오니세코는 본다르가 언급했던 달톤이 침례교로 돌아섰다고 썼다.[87] 아마도, 그 "끌림"은 그 당시 침례교도와 교류하면서 이루어진 것이다. 그런데 드미트리 대주교가 라투시니에게 성직 안수를 제안했을 때, 그는 단호하게 거절했다.[88] 당시에 오스노바, 이그나토프카, 랴스노폴에 이미 219명의 시계파 신도들이 있었다. 오스노바 집회는 이반 그니다의 집에서 수시로 모였다. 1870년 5월 11일 그의 집에서 있었던 저녁 집회에 100명 이상이 참석했다고 한다.[89]

---

86. 로즈데스트벤스키 아., 『남러시아 시계파』, 75페이지, Rozhdestvenskiy A. Yuzhnorusskiy shtundizm, s.75; 알렉시 감독, 『역사 자료』... 100페이지, Yepiskop Aleksiy. Materialy dlya istorii... s.100
87. 본다르 에스., 데., 『러시아의 이단 메노파』, 164, Bondar' S. D. Sekta mennonitov v Rossii, s. 164.
88. 로즈데스트벤스키 아., 『남러시아 시계파』, 113페이지, Rozhdestvenskiy A. Yuzhnorusskiy shtundizm, s.113
89. 위의 책, 88페이지, Tam zhye, s.88

1871년 6월 8일, 라투시니와 카푸스틴의 증언에 따르면 엘리자벳그라드 지구 류보미르카 마을의 농민, 이반 랴보샤프카로부터 파세코보에 마을 농민 (오스노바 마을) 50명(다른 소식통에 따르면 48명, 저자)과 이그나토프카 마을 사람들이 침례를 받았다.[90] 1871년 11월 28일 라투시니는 대주교 드미트리에게 정교회를 떠난다고 말했다. 수침자들은 다른 사람들이 성물 모독으로 비난하지 못하도록, 자신들의 집에서 이콘과 십자가를 가져와서 종탑 옆에 두었다. 정교회와 단절은 시계파의 집회 금지와 억압으로 나타났다. 라투시니와 같은 날 침례받은 수침자 중 발라반의 이름은 언급되지 않았다. 1870년 중반부터 1872년 초까지 그는 가족들과 거주했던 헤르손 지방에서 거주 권리를 박탈당하고, 마을 성직자가 감찰하는 조건으로 고향인 차플린크로 추방되었다. 침발이 침례 받기 전에 여러 명의 우크라이나 신자들이 서로 다른 시간에 침례를 받았다. 1863년 10월 게르하르트 윌러는 알렉산드로프스크 시의 독일인 구두 수선소에서 일하던, 22세 농민 마트베이 사불렌코(다른 이름은 세르부셴코, 저자 주)에게 드네프르 강에서 침례를 주었다. 사불렌코는 심문에서 전에 정교회 신앙을 가졌지만, 지금은 복음주의 신앙이다. 자발적으로 참여했고, 어떤 고통도 없고, 믿음을 바꾸라고 강요하지 않았다고 말했다.[91]

　1864년 4월 21일 윌러는 드네프르 강에서 안드레이 페타셴코에게 침례를 주었다.[92] 그것 때문에 그는 재판을 받고 1865년에 구속되었다. 1865년에 야콥 사라나(실제 이름은 사모일렌코, 저자)가 침례를 받고 아인락 신메노파 공동체에 합류했다. 일반인 야콥 사라나의 정교회 탈퇴와 정교회에 관한 신성 모독 사건에 관한 조사는 크론스베이데 정착촌의 메노파 표트르 프레제를 포함했다. 그 후 야콥 코르네비치 사라나는 복음 사역 분야에서 유명한 사역자가 되었다. 1880~1881년에 그는 아인락 러시아 침례교 공동체 창립자의 한 사람이 되었다. 1882년에, 그는 류켄나우 정착지에 있는 첫 번째 신메노파와 침례교 연합 집회에서 지역 대표로 참가했고, 선

---

90. 위의 책, 139페이지, Tam zhye, s.139
91. 로즈데스트벤스키 아., [남러시아 시계파], 40페이지, Rozhdestvenskiy A. Yuzhnorusskiy shtundizm, s.40, ; 네키 베., 페., [독일~호홀라츠크 시계파에 관한 편지 투고~키예프 유물].1884, No. 11, 543~544페이지, Nekiy B. P. Iz pis'ma v redaktsiyu o nemetsko~khokhlatskoy shtunde. ~ Kiyevskaya starina. 1884. 11, s. 543544
92. 알렉시 감독, [역사 자료]... 41,49,50페이지, Yepiskop Aleksiy. Materialy dlya istorii... s.41, 49, 50; 본다르 에스., 데.,[러시아의 분파 메노파], 159 페이지, Bondar' S. D. Sekta menonitov v Rossii, s. 159

교분과 위원으로 선임되었다. 1885년과 1886에 사라나는 테르스크 지역 니콜스키 공동체 대표로 침례교 총회의 대의원이었다. 위의 사실과 관련하여 누구를 우크라이나 남부에서 진행된 복음주의 침례교 운동의 개척자로 간주해야 하는지의 질문이 제기된다. 의심할 여지없이 복음 전파에 있어 복음 부흥의 요소, 침례, 공동체 조직과 역할 등을 잘 살펴볼 필요가 있다. 사불렌코, 페타센코, 사라나와 기타 무명인의 침례는 중요한 사건이었다. 그것은 커가는 러시아와 우크라이나 공동체의 생활에 이바지했고, 향후 부흥을 알리는 전조가 되었다. 사불렌코와 페타센코의 믿음 생활이 그 후 어떻게 진행되었는지 알려지지 않았다. 또한, 사라나가 신자가 된 이후 15년 동안의 활동에 관한 정보는 가지고 있지 않다.

위에서 언급한 바와 같이, 우크라이나 남부의 복음주의 침례교 운동의 시작은 예핌 침발의 침례로 간주되어야 한다. 소수 정교회 학자들은 우크라이나의 침례교 출현을 독일 침례교의 리비히, 벤친, 온켄, 온드라 등에 연결시킨다. 러시아에서 최초의 침례교 공동체가 출현하는 데 있어 그들의 역할은 주목을 받는다. 리비히는 처음으로 우크라이나 남부를 방문했다. 그는 1866년 봄에 웅거의 초청으로 공동체 상황을 정상화시키기 위해 아인락 메노파 공동체를 방문했었는데, 2주 만에 당국의 요청에 따라 강제 퇴거를 당했다. 나중에 리비히는 러시아 남부의 독일인 공동체에서 순조롭게 사역했다. 그런데 그 무렵 이미 러시아 공동체가 있었다.

1868년 여름, 프러시아의 침례교회 집사 칼 벤친이 공동체를 방문했다. 그의 참석하에 공동체에서는 목회자, 집사 및 설교자를 선출했다. 형제의 아인락 방문은 공동체의 영적 상태에 호의적으로 작용했다. 1869년 9월 16일, 침발이 침례 받은 지 3개월 후, 구단치그와 아인락 정착지에서 신메노파가 처음으로 침례 받은 지 9년 후, 러시아 정부의 허가를 받아 함부르크에서 독일 침례교 창립자 온켄이 방문했다. 그는 구단치그 공동체에서 독일어로 설교했고, 여러 명의 회심한 독일인에게 침례를 주었다. 그는 아인락 공동체에서 안수식을 했는데 웅거 목회자, 레프 교사, 두 명의 집사가 안수를 받았다. 엘리자벳그라드 지역 경찰서장은 그의 방문에 대하여 온켄은 단치그에서 실제로 독일인들에게 설교하고 침례를 주었지만, 정교회 신도들을 미혹하지 않았다고 말했다.[93] 그전에 온켄은 1864년 10월 페테르부르크에 도착하여 발트해 연안에서 침례교 신앙고백의 자유에 관한 탄원서를 제출했다.

공식 자료에 따르면, 칼 온드라는 1870년 6월 13일 우크라이나 남부의 독일 정착지에서 처음 나타났는데 곧바로 지방 당국에 의해 구금되었다. 그는 8월에 윌러의 보석금으로 풀려났고, 그후 볼린 주에 있는 집으로 돌아왔다.[94] 위의 사실들이 우크라이나 남부의 침례교 출현에 관한 외국인 복음전도자들의 직접적인 영향을 확증하는 것은 아니다. 물론 프리츠카우, 웅거, 윌러와 같은 정착지 내 독일인 공동체 지도자들의 간접적인 영향을 부정하는 것은 아니다. 그것은 개인적으로 그들을 아는 침례교 1세대와 2세대의 많은 우크라이나와 러시아 형제들에 의해 입증되었다. 독일계 침례교와 신메노파 공동체 형제들은 지역 공동체의 조직 형태를 빌려왔을 뿐만 아니라, 그들과의 영적 교류를 유지했다. 그들은 러시아계 독일인이었고, 복음 전파로 인해 영적 부흥이 러시아에서 일어났다.

키예프현내 최초의 시계파와 침례교

플로스코예 마을의 부흥

1868년 혹은 1869년에 타라샨스크 지구의 플로스키 마을에 정교회 반대 교리의 추종자들이 나타났다.[95] 첫 설교자는 야코프 치불스키를 통해서 믿음을 가진 파벨 치불스키와 요시프 티시케비치였다. 요시프는 오데사에서 상인 칼 슈츠의 집에서 살았고, 그를 통해 도브루자(루마니아 도시)에서 영적 내용의 소책자가 러시아에 보급되었다. 야코프 치불스키는 정기적으로 플로스코예에 왔다.[96] 외관상으로 당시 플로스코예는 이미 복음적 교리가 전파되었다. 파벨 치불스키의 집에서 저녁마다 집회가 있었는데, 참석자들은 복음서를 읽고 정교인의 봉헌 찬송가를 불렀다. 운동

---

93. 알렉시 감독, 『역사 자료』... 80페이지, Yepiskop Aleksiy. Materialy dlya istorii... s.80
94. 알렉시 감독, 『역사 자료』... 97페이지, Yepiskop Aleksiy. Materialy dlya istorii... s.97
95. 위의 책, 84~85페이지, Tam zhye, 84~85
96. 레베딘체프 페., 자료~키예프 유물, 1884년, 10권, 305~307 페이지 Lebedintsev P. Materialy, 10, s. 305~307; 레베딘체프 페., 『키예프 지방 침례교와 시계파~키예프 유물』 1885년, 3권, Lebedintsev P. Baptizm, ili shtunda v Kiyevskoy gubernii.~Kiyevskaya starina, 1885, 3

의 시작은 그리스도인 생활의 실제를 복음서의 가르침과 비교하면서 정교회의 규정과 의식을 거부하는 결과를 가져왔다. 처음에는 권고에 따라 이러한 추구를 중지하려고 시도했다. 그러나 신자들은 성모와 성인들이 하나님 앞에서 우리를 위해 중보 하지 않고 예수 그리스도가 한다. 그러므로 교회와 성인들의 기도에만 의존하지 말고, 모든 사람은 스스로 기도해야 한다는 확신을 강하게 주장했다. 하나님께 신령과 진리로 예배해야 하므로 예배에서 외부적 의례는 불필요하다. 십자가와 이콘에 관한 경배는 우상 숭배로 간주했다. 성인의 유물 역시 경배의 대상이 되어서는 안 된다. 오락은 신자들에게 적절하지 않다. 술을 마시는 것은 소량이라 할지라도 기독교 가르침에 위배된다.[97]

티시케비치와 파벨 치불스키는 심한 억압을 당하자, 부흥의 불길이 잠시 꺼졌다. 그러나 로즈데스트벤스키에 따르면, 먼지 아래에 작은 불꽃이 남아 있었고, 곧 강한 불길로 변화했다. 발라반이 타라샨스크 지구 플로스코예 마을에서 전도를 시작된 지 2년 후, 이그나토프카에서 차플린크 마을로 추방되었다. 차플린크에 살면서, 그는 마을 서기 이반 랴소츠키와 친해졌다. 발라반은 시계파이고 동네 정교회 사제가 랴소츠키를 통해 그와 만남을 가졌다는 사실이 널리 알려졌다.

랴소츠키 참석하에 그들 사이에서 매일 대화가 시작되었다. 매번 대화에서 정교회 사제는 곤경에 처했다. 얼마 후에 랴소츠키는 발라반이 옳았다는 확신을 갖게 되었다. 랴소츠키는 '내 영혼이 그에게 절했다'고 후에 기록했다. 성직자의 탄원 결과 발라반은 개인증명서 수령을 거부당했다. 그 이후, 나는 성직자보다 발라반에게 더 가까워졌다고 랴소츠키가 썼다.

우리는 자주 성서의 주제를 가지고 대화했고, 다른 사람들도 발라반과의 대화에 참여하기 시작했고, 그의 말이 타당하다는 것을 확인하기 시작했다. 우리는 저녁마다 집에서 집회를 가졌다. 많은 사람이 대화를 매우 기다렸고 우리를 자기 집으로 초대했다. 어느 날 비밀리에 이그나토프카에 도착한 발라반은 슬라브어 성서를 가져왔다. 그 후, 플로스코에 마을에 공개 집회가 시작되었고 청중이 많이 모였다. 하

---

97. 위의 책, Tam zhe.

나님의 말씀이 다른 동네까지 전파되었다. 위에서 언급한 성직자의 탄원에 따라 랴소츠키는 전에 추방되었던 옆 동네인 코샤 코프카로 거처를 옮겼다.

1872년 8월 키예프지방 성직자회의 영성위원회는 발라반이 주도하는 모든 추종자들을 타라샤에 모았다. 권고 후 11명(발라반은 15명 주장)은 타라샤 교도소에 수감되었다. 1873년 5월 발라반을 포함하여 여러 명이 석방되었다. 8명은 키예프로 옮겨졌고, 고문을 당했고, 1874년 말까지 수감되었다. 교도소에서 야킴 벨리와 요셉 티스케비치는 돌아오지 않았다. 그들은 우크라이나에서 복음전파로 인한 박해의 첫 희생자가 되었다.

영적 시계파의 등장

발라반은 석방 이후 성직자회의에서 회개했고 그 진실성이 받아들여졌다. 그는 차플린크로 돌아와서 그가 전파한 교리의 진실성을 확인한 사람들이 그를 석방시켰다고 설명했다. 랴소츠키가 그것에 대해 기록했다. 우리가 키예프 교도소에 있는 동안, 발라반은 타라샤 교도소에서 석방되어 차플린크와 코샤 코프카에서 침수침례와 주의 만찬이 불필요하다는 교리를 전파했다. 이전에는 그에게서 그런 소리가 전혀 들리지 않았다. 감옥을 나온 후, 우리는 그의 많은 추종자는 침례의 교리와 주의 만찬을 반대하고, 심지어 거룩한 종교의식에 대해 조롱하는 태도를 취했다. 우리는 형제들과 함께 우리의 신념을 충실히 지켰고, 우리는 많은 조소와 신성 모독을 받아야 했다. 마침내 어떤 신자들이 우리에게 합류하기 시작했다.[98]

이렇게 우크라이나인들 가운데는 침례교 이전에 일어난 경건주의 시계파가 아닌 다른 관점의 시계파가 침례교와 함께 나타났다. 문헌에서는 이런 시계파를 청년 시계파 또는 영적 시계파라 했다. 파블로프[99]가 지적했듯이 영적 시계파에서는 우유파적 요소들이 발견된다. 그는 다음과 같이 기록했다. 곧 새로운 가르침을 따르

---

98. 랴소츠키 Lyasotsky I., 가 파블로프 Pavlov V.,G.,에게 보낸 편지 내가 정교회에서 나온 이유 + 인용 : 본치브루예비치 베., BonchBruyevich V. 『복음주의 이단 침례교 박해』 크라이스트처치, 한트스, 1902년, 2~5 페이지, Pis'mo I. Lyasotskogo V. G. Pavlovu Kak ya otpal ot pravoslaviya.~ Tsit. po: BonchBruyevich V. Presledovaniye baptistov yevangel'skoy sekty. Christchurch, Hunts, 1902, s. 2~5.
99. 파블로프 브이.,지., 『침례교에 관한 진실~침례교』, 1911 년, 41~47, Pavlov V. H. Pravda o baptystakh. Baptyst, 1911, 41~47

는 사람들은 두 부류로 분리되었다. 한 부류는 침례교 교리를 완전히 받아들였고, 다른 부류는 침례와 주의 만찬을 거부했다. 그들을 우유파로 이해하지만, 일반적인 예배 순서는 그대로 유지했다. 그들은 같은 찬송가를 부르고, 진심으로 기도했고, 외우지 않은 기도를 했다. 후자 역시 시계파로 간주되어야 한다.

문서는 우유파가 발라반의 신념에 영향을 준 것을 입증하고 있다. 그가 키예프 지방에 있는 동안, 라투시니와 같은 사역자들로부터 떨어져 있었고, 우유파와 편지로 교류한 시계파 다닐 콘드라츠키에게 들었다고 했다. 랴소츠키는 로즈데스트벤스키와 개인적 대화에서, 타라샨스키 교도소에서도 시계파와 침례교도들의 침례와 주의 만찬을 포함한 믿음 행위 의식에 관한 열띤 논쟁이 있었다고 말했다. 1872년에 발라반은 그것들의 필요성을 단호하게 거부했다.

1873년 말에 이그나토프카에 돌아온 발라반은 침례교에 합류하지 않은 신자들을 모아 시계파 공동체를 조직했다. 그의 조력자는 안톤 스트리건이었다. 찬플린크에서 이 시계파의 기도자는 야코프 코발이었다. 1882년에 찬플린크의 시계파 공동체 회원수는 1,086명이었다.[100]

키예프현에서의 침례

1876년에 랴소츠키와 가브리엘 친형제는 오스노바에 도착하여 라투시니에게 침례를 받았다. 코샤코프카로 돌아가서 랴소츠키는 10명의 사람을 개종시키고 그들에게 침례를 주었다. 형제들은 계속해서 자유롭게 복음을 전했고, 그들의 노력은 적지 않은 성과를 얻었다. 코샤코프카와 인근 마을의 공동체는 성장하기 시작했고 단기간에 100여 명의 사람이 모였다. 1882년에 공동체 회원은 590명이었다.[101]

---

100. 우신스키 아.,데., 『시계파의 합리적 교리 출현 원인』 Ushinskiy A. D. O prichinakh poyavleniya ratsionalisticheskikh ucheniy shtundy.
101. 위의 책, Tam zhe.

첫 번째 공동체의 생활

류보미르카 공동체

1870년 류보미르카 공동체의 공식 자료에 따르면 회원은 20가정 45명이었다. 공동체 지도자는 랴보샤프카와 크라프첸코였다. 그런데 얼마 후 신자들은 새로운 어려움을 만났다. 평화 중재자가 그들에게 2개월 구속과 강제 노동형을 자의적으로 결정했다. 1870년 말에 랴보샤프카는 노보로시스크 총독 코체부에게 자신과 20가정의 신자들이 그리스도의 초대 교회 모델을 따라 볼나야 목초지로 떠나 분리된 마을에서, 자신들의 학교(사실은 류보미르카에 학교는 없었다. 저자 주)와 교회를 가질 수 있도록 허락해 달라고 요청했다.[102]

그런데 요청은 허용되지 않았으며 헤르손 총독으로부터 정교회를 떠난 사람을 기소할 수 없다는 설명을 들었다. 현행법상 이단에 견고히 남아있는 미혹된 신자들의 처리에 관한 법령이 없기에, 정교회를 기피한다고 기소할 수 없었다.[103] 그 후, 지역 정교회 사제는 다른 조치를 했다. 1871년 부활절에 류보미르카에서 프로미슬로프 정교회 사제는 농민 스코롬노고 (침례교회에 속한 것으로 의심받은)를 교회 예배에서 제외시키고, 그의 부활절 기념빵에 복을 비는 의식을 거부했고, 농민 네미로반은 울타리에 묶여 정교회 신자들이 그에게 침을 뱉도록 했다.[104] 비슷한 조치들로 인해 오히려 신자들의 더 큰 동정을 불러 일으켰고, 이웃 마을에 복음 부흥을 확산시키는 요인으로 작용했다. 1873년에 류모비미르카 사제 두브네비치는 대주교 드미트리에게 다음과 같이 보고했다. 작년 중반 이래로 시계파가 확산되기 시작했다. 이그나티예프카 마을은 6가구, 코토프카는 5 구, 코콜로프카는 4가구, 언급된 60가구(당시 류보미르카에는 45가구가 이미 믿고 있었다)은 정교회에서 나왔다. 엄격한 도덕적인 생활, 상호지원, 생활개선은 본당의 나머지 정교회 거주민들에게 유리하게 작용하고 있다. 류보미르카 마을에서 가장 정밀한 조사에 따르면 150가구에서 신실

---

102. 알렉시 감독, 『역사 자료』... 111~115 페이지, Yepiskop Aleksiy. Materialy dlya istorii... s.111~115
103. 위의 책, 119페이지, Tam zhe, s.119
104. 위의 책, 226페이지, Tam zhe, s.226

한 정교회 가구는 3곳뿐이다.[105]

1873년에 자칭 복음 고백 형제들은 기도의 집(교회, 역자 주)을 건축했다. 1873년 6월 11일 집회용으로 구분한 집의 반을 봉인되었고, 성찬식용 흰색 금속 접시가 몰수되었다. 다음날 랴보샵카 공동체의 모든 서류 21장이 몰수되었다. 아래는 약 200명이 모인 곡물창고에서 실시되었던 부활절 집회에 관한 설명이다.

창고의 벽에는 종이에 적힌 텍스트가 걸려 있었다. 하나님은 영이시니, 예배하는 자들은 신령과 진정으로 예배해야 한다. 랴보샤프카는 청중에게 다음과 같이 말했다. 오늘은 거룩한 부활절이다. 우리가 그리스도의 부활을 보면, 그분께 신령과 진정으로 예배할 것이다. 우리를 위해 못 박히심을 참으시고, 십자가에서 고난 겪으신 그의 영적 십자가를 경배한다. 다른 모든 신은 포기한다. 우리는 그리스도인의 이름으로 부름받았다. 다시는 우리의 죄나, 도둑질이나, 술 취함으로 그를 십자가에 못 박지 않도록 해야 한다. 그리스도는 우리의 부활이다. 그는 우리를 위해 돌아가시고, 우리 죄를 용서하도록 기도했다. 그런데, 우리는 우리가 무엇을 하고 있는지 알지 못하면서 살았다. 그는 자기를 십자가에 못 박은 사람들을 용서하신다. 우리가 용서를 구하면 그는 우리를 용서할 것이다. 오늘 사람들은 그리스도를 말하며 인사한다. 우리도 그렇게 할 것이다. 그러나 우리는 전에 했던 것처럼 하지 않고, 우리는 그리스도의 사랑의 관점에서 그것을 할 것이다. 모두를 용서하고, 모든 것을 용서하고, 심지어 작은 불만도 용서하라.

이것을 말하면서, 랴보샤프카는 첫 번째로 모든 사람에게 용서를 구했고, 문안하고, 볼에 입을 맞추며 인사했다. 그의 모범을 다른 사람들도 뒤따라 했다. 모두가 무릎을 꿇고 기도했다.

카를로프카 공동체

1875년에 이 공동체에 대해 다음과 같이 기록했다. 모두가 예외 없이 완전히 맑은 정신에, 겸손하고 성실한 생활을 하고, 기독교 교리에 바탕을 둔 높은 도덕적 원

---

105. 헤르손 교구 보고서, 1873년, 1권, 16~18 페이지, Khersonskiye yeparkhial'nyye vedomosti. 1873, 1, s. 16~18.

칙을 생활에서 나타내면서 가르침의 본질은 복음서 읽기와 해석, 승인 및 검증된 영적 찬송가집 정교회인의 봉헌106에 포함된 영적 찬송가에 두었다. 1873년 이전에 엘리자벳그라드 경찰서장은 다음과 같은 보고를 했다. 시계파에 아직 끌리지 않았던 카를로프카의 소수 주민들은, 시계파가 젊은 세대를 빠르게 그들의 환경 속으로 끌어들였다고 불평했다.107 오스노바와 이그나토프카의 공동체는 첫 번째 침례 후 2년 동안 공동 조직을 만들었다. 교인들은 장로가 세워지기까지 침례식과 주의 만찬을 하기 위해 류보미르카와 카를로프카의 목회자를 초청해야 했다. 형제들은 요청에 기꺼이 응했다. 때로는 주의 만찬을 인도하기 위해 메노파의 윌러가 왔다. 1872년 2월 6일에 로르바흐 정착지를 방문했을 때, 그는 최근에 침례를 받은 10명의 신자들과 라투시니, 카푸스틴이 참석한 스톨레르 집에서 러시아어로 집회를 인도했다. 집회 후 성찬식을 거행했다. 모든 러시아인은 식탁 뒤에 앉았고, 빵을 먹었고, 포도주를 마셨다. 윌러를 제외하고 그들은 성찬을 받았다. 라투시니가 먼저 탁자에서 빵과 컵을 가지고 와서 그다음에 전달했다.108

윌러가 그날 로르바흐 정착지의 스타로스토이와 숏스키에서 구금된 것은 알려진 사실이다. 1873년 라투시니가 오스노바 침례교회의 장로가 되었다. 카푸스틴은 이그나토브카의 장로가 되어 인접한 마을의 신자들을 보살폈다. 1873년부터 랴보샤프카, 흘르스툰과 같은 형제들이 침례식, 주의 만찬, 결혼식, 장례식을 주관하기 시작했다. 랴보샤프카와 라투시니는 키예프 주에서 생겨난 공동체의 필요에 가까이 있었다. 그들의 방문으로 신자들은 격려를 받았고 강건케 되었다. 랴보샤프카의 방문 중 한 번은 챠플린크의 시계파 지도자가 타라샨스키 감옥에 있을 때 실시되었다. 1873년 1월 차플린크, 코샤코프카, 플로스코예 시계파는 라투시니에게 정부에 그들의 지도자 석방을 청원해 요청했다. 1877년에 랴보샤프카는 볼린에 도착하여 14명에게 침례를 주었다. 그는 밤에 설교하고 침례를 주었으며 오후에는 탈곡장으로 피신했다. 1881년 랴소츠키는 체르냐 호프 도시를 방문했는데, 설교 후 몇 사람

---

106. 알렉시 감독, 『역사 자료』 ... 229 페이지, Yepiskop Aleksiy. Materialy dlya istorii... s.229
107. 위의 책, 209페이지, Tam zhe, s.209
108. 위의 책, 134~139페이지, Tam zhe, s.134~139

이 신자가 되었다.

1882년에 헤르손, 에카테리노슬라프, 키예프 지방에 약 1천 명의 침례교인이 있었다.[109] 1881년 5월, 헤르손 지방의 공식 자료에 따르면, 침례교도와 시계파(공식 자료를 공유하지 않음)는 3,363명이었다.[110]

1872~1873년에, 랴보샤프카와 라투시니와 윌러는 예배 인도를 방해받지 않도록 허가해 달라는 청원을 위해 페테르부르크를 방문했다. 형제들은 이러한 요구를 고위 당국자에게만 요청한 것이 아니다. 라투시니는 헤르손 총독에게 '거룩한 복음이 우리의 광대한 러시아 전역에 퍼져, 모든 사람이 자신의 영혼 구원을 얻을 수 있도록, 성령의 감동으로, 우리 조국에서 복음을 믿고 하나님께 기도하는 것이 어찌 불가능한가?'라고 민원을 제기했다.[111]

"우리는 총독 코체부에게 경의를 표한다. 신자들의 민원이 지방 당국에 전달되어, 자세히 연구되었고, 구금된 랴보샤프카, 발라반, 카푸스틴은 증거 부족으로 석방되었다. 1872년 오데사 법원의 검사는 그가 검사로 있는 동안, 시계파에 관한 사건은 재판에 이르지 않거나, 그들에 관한 고소에 관한 검사의 감찰을 거부한다고 말했다. 사법부 검사관은 시계파가 소유하고 있는 양심의 신념에 관한 뛰어난 이해가 농업인 환경에서 발전한 것은 기뻐해야 한다"고 말했다.[112]

공식적인 인물이 객관적으로 새로운 종교 운동을 평가한 것을 주목해야 한다. 코체부는 심지어 시계파에 속한다는 동정의 고소를 피하지 않았다. 지방 당국은 다음과 같이 말했다. 우리에게 많은 이단과 분파가 존재하는 그 책임은 전적으로 정교회 성직자들에게 있다. 그들은 정교회 규례에 따른 단순한 예배 실행자가 아니라, 기독교 신앙의 기본을 설교하는 설교자로서의 중요한 의무 수행에 대해 무관심했다."[113]

헤르손 총독은 1873년 침례교 확산을 억제하기 위한 결정적인 조치로 주요 선

---

109. 알렉시 감독, 『역사 자료』... 506~508 페이지, Yepiskop Aleksiy. Materialy dlya istorii... s.506~508
110. 위의 책, 276페이지, Tam zhe, s.276
111. 위의 책, 192페이지, Tam zhe, s.192
112. 위의 책, 205페이지, Tam zhe, s.205
113. 위의 책, 231페이지, Tam zhe, s.231

전원인 러시아인과 독일인 프리츠카우, 윌러 등의 추방을 제안했다. 동시에 그는 추방지로부터 침례교가 제국 전역에 퍼져 나갔기 때문에, 그러한 사건의 위험성을 알고 있었다. 그럼에도 불구하고 그 재판은 1878년 말까지 중단되지 않았다. 시계파와 침례교에 관한 재판은 공개되었고 다양한 반응을 일으켰다. 자유주의 언론은 박해를 방어하기 위해 행동했다. 그 과정에 관한 반응은 외국 언론에 나타났다.

타우리드현의 복음 부흥

현대 우크라이나의 영토는 전에 타우리드 지방에 속했던 지역을 포함한다. 그 지역에서의 복음 부흥은 자립적으로 발전되었다. 일부 연구자들은 러시아·우크라이나 침례교의 독립적인 출처로 타우리드를 배제하려는 경향이 있다.

자하로프 복음주의 기독교

타우리드 현에서 복음주의 침례교 형제회의 출현은 장로교 전도자의 활동과 신우유파의 출현보다 먼저였다. 앞서 밝혔듯이 자신들을 복음주의 기독교인이라고 칭한 두 번째 돈지역 우유파 계열 혹은 자하로프파였다.114 복음 부흥 운동은 노보바실리예프카와 아스트라한카 지역의 첫 번째 돈(살라마틴 계열) 지역 우유파 신도 가운데 델랴코프의 설교 결과로 1865~1866년에 시작되었다.

성서와 신약성서를 배포하면서 우유파와 하나님에 관한 대화를 했다. 하나님의 자비에 관한 그의 증언은, 예수 그리스도 안에서 발견된 죄인들에게, 믿음으로 의롭게 된다는 것에 대해 많은 관심을 불러일으켰다. 사람들은 침례가 아니라, 죄 사

---

114. 『선교적 평가』 상트페테르부르크, 1899년, 169~170페이지; 쿠시네로프 이., 페., 러시아의 복음주의 운동의 기원, 발달, 현재 상황과 파시코프파, 침례교, 신우유파 등 국민에게 알려진 러시아 복음주의 기독교인의 필요에 관한 요약 메모. 1905년, 상트페테르부르크. Missionerskoye obozreniye. SPb., 1899, s. 169170; Kushnerov I. P. Kratkaya zapiska o vozniknovenii, razvitii, o nastoyashchem polozhenii yevangel'skogo dvizheniya v Rossii i o nuzhdakh russkikh yevangel'skikh khristian, izvestnykh v narode kak pashkovtsy, baptisty, novomolokane i t. p. SPb., 1905.

함과 회개의 믿음으로 중생한다는 설교에 귀를 기울였다.[115] 델랴 코프가 선포한 교리는, 예전에 뷔스트가 루터교와 메노파에게 감동을 주었던 설교처럼, 우유파에게 영적 각성에 관한 자극제가 되었다. 그런데 델라코프는 유아침례를 남겨두고, 믿는 부모의 자녀들에게 침례를 주어야 한다고 가르쳤다.

델랴코프의 청중 가운데 지노비 다닐로비치 자하로프가 있었다. 그는 아스트라한카에서 영향력 있는 유능하고 부유한 사람이었다. 1867년부터 자하로프는 자하로브파로 불린 두 번째 돈 지방 계열 신우유파 공동체를 이끌었다. 그들은 자신을 복음주의 기독교인이라고 불렀다. 자하로프가 나중에 기술한 교리는 성인 신자뿐만 아니라, 유아기에 믿는 부모의 자녀에게도 침례를 주는 것이 필요하다는 인식으로 침례교와 달랐다. 또한, 복음주의 기독교인들은 아마도 메노파에게서 받아들인 세족식을 행했다. 나머지 교리 내용은 침례교와 차이가 없다.

우유파 내부에 침례교인 출현

70년대 후반에, 침례교 설교자들이 타우리드 우유파를 방문하기 시작했다. 1877년 알렉산드르 페도세비치 스토로제프가 타우리드에 처음으로 도착했다. 그를 통해서 돈 지방 우유파 공동체 대표의 아들 알렉세이 안드레비치 스토얄로프가 믿음에 근거하여 침수침례를 받았다. 1878년 이반 이바노비치 포포프가 독일인 정착지에서 회심하고 윌러에게 침례를 받았다.[116] 마자예프는 그를 기도의 사람으로 소개했다.

그해에 기도하며 깊이 생각한 후 안드레이 안나예비치 스토얄로프가 믿음에 근거하여 침례를 받고 침례교에 합류했다. 그 일에 대해, 그는 다음과 같이 말했다. 내가 돈 지방 우유파 공동체의 대표였을 때, 나는 어린이들이 부주의하게 입에서 내뱉는 성찬식의 빵조각 때문에 그들에게 다시 빵조각을 줘야 했다. 그 상황으로

---

115. 파블로프 베.,게., 『타우리드 지방 아스트라한카의 침례교 기념식』 1911년, No. 23~24. Pavlov V., G., Yubileynyye torzhestva v sele Astrakhanke Tavricheskoy gubernii. ~ Baptist, 1911, ~ 23~24.
116. Yubileynyy doklad k stoletiyu vozniknoveniya yevangel'skikh khristian~baptistov v NovoVasil'yevke, Astrakhanke, Novospasskom. Rukopis', 1978, arkhiv VSEKHB.[노보바실리예프카, 노보스파스코에, 아스트라한카에서 복음주의 기독교침례회 출현 100주년 기념 보고서~수기, 1978년, 침례교총회 기록 보관소]

인해 나는 어린이들이 성찬식에 참여하는 것이 적합한지 생각하게 되었다.

마침내, 사도 바울이 사람이 스스로 시험하고, 그렇게 빵을 먹고, 잔을 마실 것이 다라고 했듯이, 주님께서 시작하신 거룩한 침례와 주의 만찬은 인식하지 못하는 어린이를 위한 것이 아니라 침례교인들이 가르쳤듯이, 인식하는 신자를 위한 것임을 강하게 확신하게 되었다. 안드레이 스토얄로프는 노보바실리 예브카에 새로 설립된 침례교 공동체의 목회자로 임명되었다.

1880년 가을, 안드레이 스토얄로프의 초청으로 노보바실리예프카에서 멀지 않은 곳에 있는 티플리스에서 파블로프, 티게 정착지에서 윌러가 우유파 마을인 노보바실레프카와 아스트라한카를 방문했다. 두 마을에서는 모두 큰 집회가 있었다. 집회에는 모든 우유파의 분파가 방문했다. 우클레인계 우유파와 돈 지방 우유파가 제기한 주요 질문은 성서에 근거한 침수침례이다. 첫 번째 질문은 침수침례의 필요성이었고, 두 번째는 어떤 근거로 유아침례 거부의 근거였다.

이 중요한 질문에 관한 정확한 답변은 많은 우유파들이 믿음에 근거한 침수침례의 필요성을 확신하게 했다. 회의에는 전에 오데사에서 짓코프[117]의 간증을 통해 믿음을 가진 표도르 프로호로비치 발리힌(1854~1919)이 참석했고, 나중에 그는 복음주의 침례교 형제회에서 은혜로운 사역을 했다. 1882년까지 랴보샤프카와 보그다노프와 보로닌은 여러 번 타우리드 우유파를 방문했다. 형제들의 사역은 큰 열매를 거두었다.

하나님 말씀의 씨앗은 성령에 의해 준비된 토양에 떨어져 사람들이 그리스도께 회심했다. 노보바실레프카와 아스트라한카와 노보스파스키(샵카이) 공동체가 빠르게 성장했다. 새신자들은 대부분 첫 번째 돈 지방 우유파와 자하로프파 우유파에서 나왔다. 알렉시스 감독은 대화 중에 만류했던 많은 우유파가 침례교로 옮겨 왔고, 자신들의 교리적 입장을 바꾸었다고 기록했다. 그 자하로프파는 두 번째 돈 지방 우유파 대신 정확히 침례교 우유파라고 불렸으면 했다.[118] 그들은 자신들의 출현이

---

117. *Soobshcheniye o zhizni i rabote na yevangel'skoy nive I. I. Zhidkova.* ~ Khristianin, 1924, 4. [『지트코프의 기독교 복음현장의 사역과 생활 보고서』 1924년, 4 호]
118. Dorodnitsyn A. Religioznoye dvizheniye na yuge Rossii.[도로드니친 아., 러시아 남부의 종교 운동.]

침례교도에게 책임이 있는 것이 아니라 장로교인 델랴코프에 있다고 한 사실을 주목해야 한다. 침례교와 자하로프파는 공동의 복음 설교를 위해 연합할 필요성을 충분히 인식했다. 그들은 합병의 장애물을 여러 번의 토론을 통해 제거하려고 했다. 1882년 11월 19일의 토론 중 하나가 노보바실레프카 마을에서 열렸다. 토론회에 자하로프 외에 바젤선교회 신학교 졸업생으로 엘리자벳폴 출신의 복음주의 설교자 아브람이 참석했다. 침례교 쪽에서는 안드레이 스토얄로프와 콜로딘이 참석했다. 토론회는 많은 청중이 참석한 가운데 아침에 시작하여 새벽 3시까지 계속되었다. 그런데 당사자들은 합의에 이르지 못했다.

우크라이나 침례교의 교리

러시아 · 우크라이나 침례교 공동체가 출현한 초기에는 명확하게 정리된 교리를 가지고 있지 않았다. 공무원의 조사나 개인적인 대화에서 신자들은 다음과 같이 설명했다. 정교회의 신앙적 상징은 대체로 동의하지만, 오직 성서만 하나님의 계시로 인정하기 때문에, 전승은 영적 생활을 위한 지침으로 여기지 않았다. 그들은 하나님께 신령과 진리로 경배한다는 확신을 표현했다. 십자가, 성인들의 성화, 성모 숭배는 우상 숭배로 간주했다. 이 점에서 그들은 성인들의 유물과 이콘(성화)을 거부했다. 중보자로서 성인들의 기도와 죽은 자를 위한 기도도 인정하지 않았다. 침례는 인식할 수 있는 나이에 오직 믿음으로 행해지는 것을 바른 것으로 간주했다. 그래서 그들은 자신들을 재침례교도가 아니라 믿음에 근거한 침례교도라 했다. 침례식은 마태복음 28장 19절에 근거하여 아버지와 아들과 성령의 이름으로 행한다. 침례의 형태는 물속에 한 번 들어가는 것이다. 믿음으로 침수침례를 받은 사람들만 주의 만찬에 참석할 수 있다.

1873년 라투시니는 다음과 같이 기록했다. 우리는 그리스도 예수 안에서 침례 받은 사람들이 예수의 죽음으로 침례를 받았다고 믿는다. 침례는 기독교의 표시이다. 침례를 받은 사람을 교회 회원으로 간주한다(행 2:41~43). 그 사람은 신자들과 함께 성찬을 받을 수 있고 성찬식에 참여할 수 있다. 침례를 받지 않은 사람들은 성

찬식에 참여할 수 없다.[119]

물론, 많은 형제는 러시아 형제회 새신자들의 신앙규칙에서 그 입장을 이해했다. 규칙에는 10개의 분류 항목이 있다. 그들의 저자는 알 수 없다. 1871년 랴투시니가 손으로 필사한 규칙 사본이 1873년에 그의 집에서 발견되었다. 우크라이나 최초의 침례교 교리는 1881년 무렵 랴보샤프카가 클리센코, 추르칸, 락과 함께 정리한 것으로 알려졌다. 그것은 간략한 교리 문답, 또는 러시아 침례교인, 침례받은 성인, 그리스도인의 신앙고백서라고 불렸다.[120]

1881년에 침례교 공동체(류보미르카, 폴타프카)와 기독교침례회 또는 러시아 기독교침례교(야스노폴, 오스노바)를 대신하여 랴보샤프카, 쿠시네렌코, 라투시니는 교리와 청원서를 내무부에 제출했다. 청원서에는 헤르손현에서 교회 설립과 영적지도자 선출에 관한 요청을 마이코프 지시 규정에 따라 기록되었다.

교리 문답서는 "정교회의 상징에 관한 모든 것은 올바르며, 신자들은 그 상징들이 성서에 일치하므로 동의한다. 우리는 누구로부터도 기다리지 않는다(천사로부터도). 구원은, 오직 예수 그리스도를 통해 주님으로부터 온다(행 4:12). 침례식에서 침례 받는 사람은 하나님께 약속한다. 그리고 하늘, 땅, 물, 형제와 자매들의 증인이다. 침례 받는 사람은 1번 물에 잠긴다." 교리 문답서에 성찬식은 침례 받은 사람들을 위해 실시된다는 것을 특히 강조했다. 지역 교회의 목회자는 이미 안수받은 회원 가운데 선택된다. 엄격한 교회 규칙이 제정되었다. 성서(롬 13: 1~5, 벧전 2:13~17, 마 22:21, 행 4:19~20)에 근거하여 신자들은 국가적 의무 수행에 특별한 주의를 기울인다. 영적 시계파는 통일된 엄격하고 정리된 교리가 없었다.

---

119. Dorodnitsyn A. *Religioznoye dvizheniye na yuge Rossii*. s. 189 [도로드니친 아., 러시아 남부의 종교 운동, 189페이지]
120. Nedzel'nitskiy I. *Shtundizm, prichiny yego poyavleniya i razbor ucheniya*. SPb., 1899 [네드젤니츠키 이,, 『시계파의 출현의 이유와 교리 분석』, 상트페테르부르크, 1899년]

캅카스의 복음 부흥

우유파 내부의 회심

러시아 복음 부흥의 두 번째 장소는 캅카스이다. 남캅카스 우유파 내 부흥은 우크라이나 시계파와 관계없이 독립적으로 발생했다. 이미 언급했듯이, 일부 우유파는 성서를 열심히 공부하면서 참된 신앙과 구원의 길을 찾았고, 스스로 침례의 필요성에 관한 확신에 도달했다. 모든 것을 하나님의 뜻에 따라 이루기를 원하면서 그들은 침례를 수용했고, 믿음에 근거한 침례 교리를 열심히 전파하여 새로운 공동체를 형성했다. 그 당시에 그들은 위로부터의 출생에 대해서 아무것도 몰랐다. 그들을 물우유파라 했다.

러시아 성서공회 설립과 함께 성서가 캅카스에서 널리 보급되기 시작했다는 것은 알려진 사실이다. 당시 러시아와 우크라이나 사람들에게 가장 열정적으로 복음서를 보급한 사람들은 바실리 이바노비치로 알려진 멜빌과 야쿱 카샤(야코프 델랴코프)였다. 복음서 배포자로서 멜빌의 활동은 20년대부터 80년대까지를 포함된다. 델랴코프는 1860년대 초반부터 80년대 말까지 일했다. 멜빌의 신앙적 배경은 알려지지 않았다. 60년대 초까지 멜빌과 다른 서적상이 1814~1825년에 슬라브어와 러시아어 신약성서를, 1825~1860년에는 런던과 라이프치히에서 출판한 러시아어 신약성서를 배포했다.

1862년 러시아어로 시노드 번역 신약성서가 나오자 포감머는 러시아의 남부에서 헌신적인 배포자가 되었다. 그는 러시아 내 성서 보급 목적의 코카서스 출장과 관련하여 제출한 공회보고서에서 신약성서는 남캅카스의 우유파 선교에 있어 무엇보다 중요하다고 언급했다. 책 배포자들의 여정이 중복되어 서로 만나게 되는 것을 배제하지 않았다. 그들은 사람들에게 각자의 방법으로 성서를 전파할 수 있었다. 그들에 의해 뿌려진 하나님의 살아있는 말씀은 성령의 역사하심으로 열매를 맺었다. 그 결과 믿음으로 침례를 받는 물우유파가 생겨났다.

그런데 침례교도들은 믿음에 따른 침례와 성찬식뿐만 아니라, 먼저 회개, 회심,

중생 그리고 복음서에 따른 지역 교회의 설립 등을 포함시키기 시작했다. 물우유파의 신앙은 복음에 따른 하나님의 공의를 실천할 필요성에 대해 제한적으로 인정했다. 그들은 회개와 죄의 용서에 대해 가르치지 않았다.

보로닌의 회심

지난 세기 60년대에 물우유파에 관한 가르침은 티플리스에 살았던 유능한 청년, 니키타 이사에비치 보로닌(1840~1905)에게 매력적이었다. 그런데 그는 물우유파의 구원에 관한 가르침이 충분하지 않다는 것을 알았고, 만족하지 못했다. 구원의 길에 관한 깊은 기도와 묵상으로 그는 자신의 죄의식을 깨닫게 되었다. 주님 앞에서 회개한 그는 용서와 구원을 받았고 하나님의 말씀과 성령을 통해 위로부터 탄생을 경험했다. 이 경험을 한 후, 보로닌은 누구를 통해서 물침례를 받을 수 있는지 찾기 시작했다. 얼마 후에 그는 티플리스에 있는 델랴코프를 만났다. 두 사람은 회개, 회심, 중생에 관한 이해가 비슷했다. 그러나 침례에 관한 질문에서 델랴코프는 보로닌에게 정확하게 복음적인 설명을 해줄 수 없었다. 왜냐하면 당시 그는 유아세례의 정당성을 확신하고 있었다.

그런데 델랴코프는 티플리스 외곽에 침례교인 마틴 카를로비치 칼베이트(1833~1918)가 산다는 것을 알았다. 칼베이트는 주님께 회심하고 1858년에 코벤스코이 지방의 익센에 있는 침례교 공동체(현재 리투아니아)에서 침례를 받았다. 델랴코프는 보로닌을 칼베이트에게 소개했다. 칼베이트는 나중에 회고록에 다음과 같이 기록했다. 우리는 우리가 배운 것을 확실히 붙잡았다. 즉, 우리는 항상 하나님의 말씀을 읽고, 기도하고, 집회를 빠지지 않았다. 우리는 단 네 명뿐이었다. 나와 내 아내, 두 명의 자매들, 그러나 우리는 정기적으로 모였다. 주님께서 우리를 축복해 주셨고, 우리의 큰 기쁨으로 인해 모임은 늘어나기 시작하여 티플리스에서 신자가 15명이 되었다. 모두 독일인이었다. 우리가 스스로 만든 러시아식 이름은 아직 아무에게도 알려지지 않았다. 러시아인과의 관계는 수년 후 야코프 델랴코비치 델랴코프를 통해서 확립되었다. 그는 우리에게 처음으로 착하고 양심적이고 성서에서 진리를 찾고 침례 받기를 원하는 우유파 신자를 데려왔다. 그 사람은 나에게 침례를 받

고 우유파 집회에서 하나님의 말씀을 전하기 시작한 니키타 이사예비치 보로닌이었다.[121]

보로닌은 1867년 8월 20일 밤에 티플리스의 쿠라강에서 칼 베이트에 의해 침례를 받았다. 이바노프 크리시니코프는 그는 특별한 능력을 지니고 있고, 무엇보다 하나님의 일을 열렬히 사랑하며, 그리스도의 사랑에 관해 쉬지 않고 이야기한다. 그는 또한 사교성과 환대로 유명하며 그의 집은 끊임없는 뜨거운 대화와 기도의 장소가 되었다.

보로닌이 침례 받은 날을 러시아·우크라이나 복음주의 침례교 형제회가 창립된 날짜로 인정했다.[122]

티플리스 러시아 침례교회 공동체

1867년에 보로닌을 이어 그의 친구이자, 말하조프카 출신의 우유파 신자인, 26세의 표도르 안토노비치 아리신이 침례를 받았다.[123] 아리신도 보로닌처럼 성서를 깊이 연구하고 기도와 묵상을 통해 복음의 진리를 알게 되었다. 보로닌이 우유파 신자들과 뜨거운 기도와 진실된 대화를 하며 1년 6개월을 지내자 트빌리시에 러시아인 침례교 공동체가 조직되었고 6명이 소속되었다. 1868년 8월 6일에 보로닌의 아내가 침례를 받았다. 1869년 4월 18일에 보로닌은 우유파 알렉세이 이바노비치 폴로수힌 부부, 카피톤 니키티치 세르바예프 부부에게 침례를 주었다.[124]

1869년 공동체에 눈에 띄는 우유파의 멘토 세멘 게라시모비치 로디오노프와 엘리사벳폴 지방 내 미하일로프카 마을 출신 농민 게라심 울리야노프 고르바초프가 합류했다. 보로닌이 두 사람에게 침례를 주었다. 1871년 4월 9일에 거룩한 침수침례를 통해 티플리스 공동체에 4명이 합류했다. 그들 가운데 17세의 바실리 구례비

---

121. Kal'veyt M. K. *Avtobiografiya*. Rukopis', 1913. Arkhiv VSEKHB. [칼베이트 엠.,카., 수기 자서전, 1913년. 침례교총회 기록보관소]
122. Ivanov~Klyshnikov P. V. *Shestidesyatiletiye*. 1867~1927 gg. Baptist, 1927, 5. [이바노프~크리시니코프 페., 베., 『60 주년(1867~1927 년)~침례교도』 1927 년, 제 5 호.]
123. Struchalina(Arishina) T. V. *Biografiya Fedora Antonovicha Arishina*. Rukopis'. Arkhiv VSEKHB [스트루찰리나(아리시나) 테.,베., 페도르 안토노비치 아리신의 전기, 수기, 침례교총회 자료보관소.],
124. Pavlov V. G. *Pravda o baptistakh*.~Baptist, 1911, 41~47. [파블로프 베.,게., 『침례교의 진실』, 침례교인 1911년, 41~47호]

치 파블로프(1854~1924)가 있었다. 당시 공동체 회원은 10명이었고, 칼베이트가 자신의 그룹과 함께 합류했다. 이 일에 대해 다음과 같이 기록했다. "그 당시 우리 독일인 공동체는 많은 사람이 흩어져서 상심했다. 그때 나는 내 아내에게 말했다. '러시아 형제들이 하고 있는 것을 보러 갑시다.' 우리는 가서 바로 그들에게 합류하였다. 합류 초기에 칼베이트 그룹은 그들의 소명을 발견했는데 공동체에서 찬양으로 봉사하는 것이었다. 칼베이트의 아내는 보통 독일어로 다른 한 사람과 같이 이중창으로 찬양했다. 콘스탄티노플에서 출판된 찬송가 모음집에서 칼베이트는 멜로디를 찾아 형제들에게 노래를 가르쳤다. 다음과 같은 찬송가 제목이 있었다. '오직 그리스도만 한없이 사랑하신다.' 나는 나의 구원을 발견했다."

1871년 10월 31일은 엘리사벳폴 지방의 노보이바노프카 마을에서 우유파 신자 바실리 바실례비치 이바노프(1846~1919)가 침례를 받았다. 그는 그의 마을에 침례교 공동체를 조직했다. 주님께 봉사하는 현장에서 이바노프는 파블로프와 특히 가까워졌다. 반세기 동안 주님의 일터에서 협력하는 동안, 어떤 상황에도 불구하고, 그리스도의 선한 군사들의 감동적인 우정은 끊이지 않았다고 오딘초프가 기록했다.[125]

1873년, 이바노프가 복음 전파를 위해 세마힌스키 지역의 추후르~유르트 마을과 제바니 마을, 렌코란 지역의 노보이바노프카, 안드레예프카, 프리십, 렌코란 도시를 방문했다. 그의 방문 후 신자들이 생겼다. 우유파는 정교회보다 더 효과적으로 진리를 수용했다. 파블로프는 우유파가 침례를 그리스도의 순수한 영적 가르침에서 벗어나 외적 원칙으로 돌아간다고 보았고, 중요한 것은 침례교가 정교회로 가는 디딤돌 역할만하며, 그들과 그들의 조상들이 많은 고난을 겪었던 것을 부인한다고 경계했다.

1874년에 칼리스토프 사제는 다음과 같이 기록했다. "침례교는 다행이지만 우리에게는 불행하게도, 공동체(티플리스~저자 주)가 정교회 그룹의 열성적인 교인, 유능한 교육자 트레스코프스키를 합류시켰다. 그는 지역 중등학교 교사, 상트페테르

---

125. Odintsov N. V. *Obrazets dlya vernykh*. Baptist, 1929, 2. 오진초프 엔.,베., 『충성된 자의 모범침례교인』, 1929년, 2호.,

부르크 대학교에서 교육받은 지역 신학교 교수, 오랫동안 지역 신문사의 편집부 직원 등으로 활동했다."[126] 하나님의 일에 관한 열정과 뛰어난 기획력을 가진 트레스코프스키가 1875년에 공동체 내에 주일학교를 세웠다.

1875년 2월 21일 파블로프는 고통스런 혼동을 마친 후, 단호히 그리스도의 추종자가 되기로 결심한 우유파, 안드레이 마르코비치 마자예프에게 침례를 주었다. 사랑과 열정으로 마자예프가 설교 사역에 참여하기 시작했다. 얼마 후에 그는 보그다노프와 주일학교 교사로 임명받았다.[127] 1875년에 칼베이트의 조언에 따라 티플리스 공동체는 파블로프를 함부르크에 보내 신학 교육을 받고 침례교 공동체 조직을 보다 자세히 연구하도록 결정했다. 그 당시 함부르크에는 신학교 준비 단체가 있었다. 파블로프는 충분한 교육을 받았고, 외국어 습득이 뛰어난 드문 능력을 인정받아 선택되었다. 파블로프는 어렸을 때 독학으로 독일어를 공부했고, 유대인 학교 헤데르(유대인 초등학교, 역자 주)에서 고대 히브리어를 배웠다. 복음 전파를 위해, 하나님 말씀을 보다 깊게 이해하기 위해, 그리스어, 라틴어를 비롯하여 약 20개 언어를 공부했다. 함부르크 체류 1년은 그의 영적 발전에 힘이 되었다. 그는 자주 온켄을 만나 대화했고, 그의 설교를 듣고, 브레멘 집회에 다녀왔다. 항상 영적 행사에 참여할 수 있는 기회를 놓치지 않았다.[128]

1876년에 온켄은 파블로프가 선교 사역을 할 수 있도록 안수했다. 러시아로 돌아오자 파블로프는 먼저 15개 항목으로 구성된 온켄이 정리한 함부르크 침례교 신앙고백을 러시아어로 번역했다. 이전에 티플리스 공동체는 예배 규칙과 믿음의 교리를 보로닌에게 정리하도록 했다.[129] 보로닌의 문서는 불행히도 보관되지 않았다.

---

126. Kallistov N. *Russkaya obshchina baptistov v Tiflise. Tserkovnyy vestnik.* SPb., 1879, 49. 칼리스토프 엔., 『티플리스 러시아 침례교 공동체~교회소식지』 상트페테르부르크, 1879년, 49호
127. Ivanov~Klyshnikov P. V. *Nash mech ne iz stali blestyashchey.* Baptist, 1925, 2.3. 이바노프~크리시니코프, 페.,베., 우리의 칼은 빛나는 강철로 만들지 않았다.~침례교인, 1925년, 2호
128. 'Pavlov V. G. *Vospominaniya ssyl'nogo. V knige Bonch Bruyevich V. D. Materialy k istorii i izucheniyu russkogo sektantstva i raskola. Baptisty... Shtundisty...* SPb., 1908, 파블로프 베.,게., 회고록에서 인용, 본치~브루에비치 베.데., 러시아 종파주의와 분열 역사와 연구에 관한 자료. 침례교. 시계파., 상트페테르부르크, 1908년
129. Ivanov V. V. *Kniga yepiskopa Aleksiya.* ~ Baptist, 1908, 9. 이바노프 브이., 알렉시 감독~ 침례교, 1908년, 9호.

파블로프의 남캅카스 여행

1876년 가을에, 파블로프는 다른 전도자 1명과 함께 복음전파를 위해서 남캅카스에 갔다. 여행은 파블로프의 고향인 보론초프카 마을에서 시작되었다. 그들은 보통 우유파 속에서 전도했고, 그리스도파 추종자인 공중부양파의 집회에 참석했다. 그들은 이바노프가 3년 동안 전도하여 신자 그룹이 이미 이루어진 마을을 방문했다. 란코란에서도 여러 사람이 회심하여 공동체가 이미 조직되었다. 루터교 신앙을 전파한 죄목으로 사람들이 체포되어 티플리스로 보내졌으나 곧 풀려났다. 아마도 남캅카스의 형제들이 복음전파의 이유로 체포된 이후 10년 만에 일어난 유일한 경우였을 것이다. 아마도 이것은 정교회 신자를 대상으로 전도한 것이 아니라 우유파를 대상으로 했기 때문일 것이다. 왜냐하면, 법률은 정교회로부터 이탈자만 처벌했을 뿐 한 분파에서 다른 분파로 옮기는 것은 금지하지 않았다.

티플리스 공동체의 영향력 증가

1877년에 러시아 · 터키 전쟁이 시작되었다. 티플리스 공동체는 이 사건에 대해 무관심하지 않았다. 공동체 교인 중 자매 2명은 간호, 형제 2명은 부상자 담당을 하도록 나누었다. 1880년에 캅카스 주변 적십자사 운영회는 공동체에 적십자사 표지를 수여했고 표지는 칼베이트가 받았다.[130] 1877년부터 공동체는 니콜라스 교회 옆에 위치하여, 도시의 편안한 장소인, 보로닌이 건축한 새로운 집의 넓은 홀을 임대했다. 집회에는 일반인과 지식인 및 다른 계층의 사람들도 청중으로 모이기 시작했다. 하나님의 말씀이 전파되었고, 성령께서 구원받을 자를 교회에 붙이셨다. 공동체의 사역 운영을 위한 교회 운영위원회를 구성하고 파블로프, 로지오노프, 보로닌, 마자예프, 칼베이트, 보그단노프를 위원으로 선출했다.

1879년에 파블로프는 블라디캅카스(현재 오르조니키제)를 방문했다. 몇 년 전에, 교회 운영위원회 회원이었던 보그다노프는 티플리스에서 이사를 왔고 한 그룹의

---

130. Yepiskop Aleksiy, *Materialy dlya istorii...* s. 633~634. 알렉시 감독, 역사 자료... p.633~634.

신자들을 구성했다. 예배에서 그가 하나님의 말씀을 전했는데 많은 청중이 회심했다. 파블로프가 블라디캅카스에 머무르는 동안, 많은 사람이 모여서 테렉강에서 7명의 새신자에게 침례를 주었다. 북캅카스에 최초의 공동체가 생겼다. 보그다노프의 전도 결과로 복음이 테레스크 마을과 쿠반 지방에 퍼졌다.

동시에, 모즈독 근처의 파블로돌스카야 마을에 공동체가 형성되었다. 1882년경, 보그다노프의 설교 장소에서 모두 78명의 회심자가 침례를 받았다.[131] 1879년 4월 티플리스 공동체는 이바노프를 바쿠 지방으로 보냈다. 그의 사역 결과로 우유파의 여러 가족이 회심했다. 노보이바노프카 마을의 마몬토프와 갈리아예프 가족, 바쿠의 안드레예프카 마을의 세레브랴코프, 보로비요프와 유리나 가족이었다. 시간이 지나면서 가족들 주위에 침례교 공동체가 형성되기 시작했다.[132]

마콥스키 회람 조항에 따라 지방 당국은 티플리스 공동체는 등록이 필요하고 공동체 위원회 명단과 선출된 대표를 발표해야 한다고 통보했다. 1879년 10월, 티플리스 공동체는 비밀 투표로 대표를 선출했는데 31명 출석 중 21명 찬성으로 과반수가 파블로프를 선출했고, 그는 2년 동안 공동체를 이끌었다. 1879년 12월, 공동체는 로디오노프를 교사로, 마자예프와 칼베이트를 집사로 선출했다.

1880년에 티플리스 공동체는 오데사 공동체 대표 아우구스트 리비히와 페테르부르크의 설교자 이반 베냐민노비치 카르겔을 선출된 사역자 안수와 하나님의 말씀에 따라 공동체가 설립될 수 있도록 요청하며 초청했다. 두 사람이 참석하여 1880년 8월 17일 아침에 조직된 티플리스 침례교 공동체의 공식적인 첫 번째 전교인 공동회의가 열렸다. 하나님 말씀의 가르침에 관한 공동체의 동의와 신앙의 표현으로 함부르크 침례교 신앙고백을 채택했다.

저녁 회의 시간에서는 선출된 사역자들의 안수식이 거행되었다. 파블로프를 목회자로, 로디오노프를 교사로, 칼베이트를 집사로 안수했다. 이렇게 티플리스 공동체는 주변 공동체와 그룹을 대표하게 되었다. 이바노프에 따르면 러시아 전역에 새

---

131. Yepiskop Aleksiy. *Materialy dlya istorii*... s.560. 알렉시 감독, 역사 자료... p.560
132. Yepiskop Aleksiy. *Materialy dlya istorii*... s. 612; Yunitskiy A. *Baptizm v Bakinskoy gubernii. Pribavleniya k tserkovnym vedomostyam*, 1891, 28, s. 921. 알렉시 감독, 역사 자료... p.612; 유니츠키 아., 바쿠 지방의 침례교~교회 보고서 추가 사항, 1891, No. 28, p.921

롭게 떠오르는 모든 지역 공동체를 위한 조직의 모델 역할을 했다. 1880년에 파블로프는 지방 당국에 의해 지역 사회의 정신적 멘토로 확인되었다.[133]

1882년까지 티플리스 공동체의 교회 내부생활에 관해서는 전체 회원 공동회의 서기록 내용으로 살펴볼 수 있다. 회의는 1~3주 후에 열렸다.[134] 회의에서 그리스도의 계명, 사도의 규정, 율법의 요구와 세상일, 회원 상호 간의 관계 등 다양한 문제가 논의되었다. 당시 우유파에서 나온 많은 사람이 사업을 잘하는 소상인과 자본가였기 때문에 고리대금업 같은 민감한 질문도 다뤄졌다. 얼마 동안은 주일의 신성함과 준수 여부가 주제 목록에서 벗어나지 않았다. 논의된 질문을 보면 환자를 방문하기 위해 주일에 대중교통 수단을 이용하는 것이 죄가 되는지, 찬양대의 합창 연습이 가능한지 등이었다. 두 가지 질문은 모두 죄가 아니라고 정리되었다. 만약 공동체 구성원 간에 평화가 깨지면 사역자들은 그들을 화해시키려 노력했다. 화해하기를 원하지 않는 사람은 징계를 받거나 출회를 당했다. 만약 신자가 공동체의 결정을 따르지 않으면, 두 번째 경고 후 그를 출회했다.

이러한 이유로 트레스코프스키가 출회되었다. 다수 의견과 일치하지 않은 경우, 반대자의 의견을 무시하지 않고, 사도 바울의 말처럼 겸손히 대했다. 모든 사람은 자기 마음에 확정한 대로 행동하라(롬 14:5). 가난한 사람이 긴급한 필요를 위해 돈을 빌리고, 이익을 위해 돈을 빌려 주는 것은 죄이나, 자신의 사업을 확장하기 위해 부자에게서 돈을 빌린 사람이 적당한 이율을 취하는 것은 죄가 아니다. 그런데 고리대금회사에 투자하는 것은 엄격히 금지한다.

위의 비난받을 만한 행위로 보로닌은 출회를 당했다. 그는 회사가 어떤 일을 하는지 확실히 알지 못한 채 자신의 돈을 투자했다. 보로닌의 출회는 많은 교인의 불만을 일으켰고, 보로닌을 지도자로 하는 두 번째 공동체가 조직되는 큰 원인을 제공했다. 공동체는 또한 캅카스와 헤르손 공동체, 수감된 형제들에 관한 재정 지원 문제를 논의했다. 지도자 회원 회의에서 허락을 얻지 못해서 공동체 연합회의에서

---

133. Pavlov V.,G., *Pravda o baptistakh. Baptist,* 파블로프 베.,게., 『침례교에 관한 진실』; Yepiskop Aleksiy. *Materialy dlya istorii...* s.624~625. 알렉시 감독, 역사 자료...p.624~625
134. Yepiskop Aleksiy. *Materialy dlya istorii...* s.624~625. 알렉시 감독, 역사 자료... p.611~658

논의되었다. 회의가 1879년 10월 7일에 개최되었다. 동시에 지역 교회는 최종 결정권을 가지고 있었다. 공동체는 회원 회의보다 상위 기관이므로 결정을 수락할지 여부는 공동체에 달려 있었다. 다음 사실이 형제회와 친근한 분파에 관한 관계를 증명한다.

1882년에 티플리스 공동체는 서유럽 출신의 에밀리오 자코를 회원으로 받아들였다. 자코는 다르비스트[135] 공동체에 속했고 믿음으로 침례를 받았다. 캅카스 형제들 또한 1882년 류케나우 정착지에서 열린, 메노파와 침례교 연합집회에 참가했다. 티플리스 공동체에서는 마자에프가 참석했고, 블라디캅카스에서는 대표로 보그다노프와 스코로호도프가 참석했다.

상트페테르부르크의 부흥

페테르부르크의 부흥은 상류사회 환경에서 시작되었다. 많은 페테르부르크의 귀족 가운데, 회의주의와 불신이 아닌, 자신들의 깊은 종교적 추구를 억제하지 않은 사람들이 있었다. 그들은 자기 영혼의 욕구를 충족시키려 노력했다. 영적인 삶에 관한 추구는 어떤 사람에게는 온전한 의식이었으나, 다른 이에게는 내적인 고통이었다. 일부 연구자들은 페테르부르크 복음주의 부흥의 기초 역사는 천주교 사제들과 고스너의 1820년대의 선교 활동과 연결한다.[136] 그런데 칼레는 그것에 대해 매우 합리적으로 거부했다.[137]

페테르부르크의 부흥은 영국인 설교자 레드스톡과 그의 첫 추종자들인 파시코프 근위대 대령, 보브린스키 공작, 코르프 공작, 체르트코바, 리벤 공작부인, 가가리

---

135. Darbisty, ili plimutskiye brat'ya, poyavilis' v Anglii v 1825 godu. Veroucheniye odnoy iz vetvey etogo dvizheniya, tak nazyvayemykh okrytykh brat'yev, ili svobodnoy otkrytoy tserkvi, ochen' skhodno s veroucheniyem baptistov, 다르비스트 또는 플리머스 형제회는 1825 년에 영국에서 발생했다. 이 운동의 분파들 중 하나의 교리는 개방형 형제회 혹은 자유 개방형 교회라 하는데 침례교 교리와 매우 유사하다.
136. Gutsche W. *Westliche Quellen des Russischen Stundismus* S. 22~27. [구체 뷔, 러시아 시계파의 서쪽 근원 pp. 22~27.]
137. Kahle W. *Evangelische Christen in Russland und der Sowietunion. Kassel*, 1978, S. 78~79. [칼레 뷔., 러시아와 소련의 복음주의 기독교인~카셀, 1978, pp. 78~79.]

나 등의 복음 전도의 결과로 일어났다.

레드스톡 경의 회심과 유럽 선교

레드스톡(1833~1913년) 경은 그의 아버지의 죽음 전까지 이름이 그렌빌 아우구스투스 윌리엄이었다. 그는 영국 귀족가정의 외아들이었고 훌륭한 교육을 받았다. 그의 아버지는 함대 사령관이었다. 1855~1856년 레드스톡은 군사 작전에 참여하기 위해 크림으로 보내졌다. 그러나 그가 도착할 무렵, 군사 작전은 이미 끝났다. 레드스톡은 총소리가 멈춘 전쟁터를 돌아다니다가, 심한 열병으로 거의 죽을 뻔했다. 오랫동안 병으로 앓으면서 다음과 같은 질문을 여러 번 던졌다. '나는 진리의 길을 걸어갔는가? 죽음 이후 내 영혼은 어떤 운명인가?' 전에 인도에서 선교했던 그와 가까운 믿음의 사람이 문제 해결에 도움을 주었다.

레드스톡은 그와 함께 복음서를 읽으면서, 그리스도를 구세주로 믿었다. 고향으로 돌아온 레드스톡은 자유개방교회의 예배에 참석하기 시작했다. 그는 국가경력을 거부하고, 대령으로 은퇴한 후 주님을 섬기는 데 헌신했다.[138] 레드스톡은 웨스턴 슈퍼메어 리조트에서 복음전파를 시작했다. 그는 베데커 박사를 포함하여 약 400명에게 주님을 소개하기 위해 1862년에 일어났다.[139] 레드스톡은 그 목적을 위해 극장, 학교, 경기장의 홀을 사용하여 영국의 다른 도시에서 설교했다. 거리의 공원에서도 자주 설교했다. 하나님의 사랑에 관한 간증했고, 심지어 행인에게도 전파했다. 1868년에 레드스톡은 파리에서 설교했다. 1872년에 그는 스위스에서 전도 집회를 열었다. 상트페테르부르크에서 도착한 매우 종교심이 깊은 상류층 여성이 치료와 요양을 위해 왔다가 집회에 참석했다. 몇 사람은 영적 가치를 찾고자 여행을 했다. 일행 가운데 체르트코바, 리벤, 코즐야니노바 자매가 있었다. 그들은 그리스도 안에서 평화와 구원을 얻었고 하나님의 자녀가 되어 귀국했다.

---

138. Trotter . Lord Redstock, an Interpretation and a Record. London, N. D. [트로터 이, 레드스톡 경, 통역과 기록, 런던, 엔.디.]
139. Latimer P.O. Zhizn' i trudy doktora F. V. Bedekera. Gal'bshtadt. SPb., 1913, [라티머 피.오., 베데커 박사의 삶과 작품. 할스타드, 1913년, 상트페테르부르크]

체르트코바와 리벤의 회심

체르트코바가 하나님께 위로를 찾은 동기는 2명의 젊은 아들과 사랑하는 남편의 죽음이었다. 막내아들은 미샤였다. 미샤의 양육자는 신앙심 깊은 개신교인으로 알려졌다. 덕분에 미샤는 주님과 가까워졌다. 죽어 가면서, 그는 주님께 더 나은 세상으로 나아갈 것이라고 믿었다. 그는 어머니를 위로하고 그들이 영원한 처소에서 만날 수 있도록, 그리스도를 믿으라고 촉구했다. 미샤의 죽음은 체르트코바에게 죄인들의 구세주 살아계신 하나님을 찾는 간절함으로 작용했다. 그녀는 마음을 진정시키기 위해 해외로 떠났다. 여행 중 그녀는 영국, 프랑스, 스위스를 방문했다.

그녀는 유명한 가톨릭 사제를 만났지만, 가톨릭은 그녀에게 다른 세계였다. 그녀는 개신교 사역자들에게 호소했으나 그녀의 관심사를 만족시킬 수 없었다. 마침내 그녀는 레드스톡의 설교를 듣게 되었다. 그의 설교는 복음서에 기초를 두고 갈보리 십자가에서 그리스도께서 완성하신 구원에 관한 평범하고 꾸밈없는 대화였다. 설교는 체르트코바의 마음을 사로잡았다. 그녀는 회개했고 구세주 예수 그리스도 안에서 하나님의 위로와 평화를 찾았다. 그때 그녀에게 생각이 떠올랐다. 이 사람은 러시아에 필요한 사람이다. 그녀는 레드스톡을 페테르부르크로 초대했다.

마음이 새로워져서 고향으로 돌아온 체르트코바는 사랑과 자비의 일을 실천하기 시작했고 그것을 위해 많은 돈을 기부했다. 그녀는 어려움에 처한 사람들을 섬길 뿐만 아니라 그리스도의 복음을 전했다. 체르트코바가 회심하기 전에 영국에 머물렀던 젊은 리벤 공작부인은, 어느 날 블랙우드 전 장관 집에서 모이는 기도회 초청장을 받았다. 하나님의 말씀이 그녀의 마음을 움직였고, 그녀는 믿음으로 그리스도를 받아들였고, 죄용서와 구원의 기쁨을 얻었다. 코르프 백작(1843~1937)이 믿음을 가진 것에 대해 다음과 같이 기록했다.[140] "여덟 살에 나는 생도 복장을 하고 장교들에게 경의를 표했다. 18세에 공무원이 되었고, 19세에 시종보가 되었고, 마침내 의전관이 되었다. 이 세상에서 내가 지녔던 장점들은 나를 매우 응석쟁이로 만

---

140. Korf M. M. *Moi vospominaniya.~ Teekyayya*, 1923, 2~13. Peren. s estonskogo L. Raski i A. Ardera, 1973, Arkhiv VSEKHB. [코르프 엠.,엠., 회고록~테캬이야, 1923, No. 2~13. 페렌., 에스토니아 엘. 라스카, 아., 아르데르, 1973년, 침례교총회 기록보관소]

들었지만, 내가 하나님을 사랑했기 때문에 내 마음에는 평화가 있었다. 또한, 청년으로서 나는 존경받는 사람이 되고 싶었다. 자주 교회에 출석했고, 대주교와 우호적인 관계를 유지했고, 성직자들과 많이 기도했지만, 누가 내 죄를 용서하는지 몰랐다. 나는 그리스도가 십자가에서 돌아가셨다고 믿었다. 그런데 성직자 중 어느 누구도 예수 그리스도의 피로 내가 죄 사함을 얻는다고 말하지 않았다. 그렇게 몇 년이 지나갔다."

1867년에 코르프의 생애에서 중요한 계기가 된 사건이 발생했다. 그는 파리 박람회에서 처음으로 성서를 보았다. 코르프는 그 날의 사건을 기록했다.

"어느 날 홍보 부스 앞에서 멈춰 섰다. 성서라고 쓰인 단 하나의 깃발이 휘날렸다. 그때 나는 사복음서를 제외하고는 아무것도 모르는 완전히 세상 사람이었다. 부끄러움 때문에 나는 성서라는 단어가 어떤 새로운 발명품이라 생각했다. 그 상황이 나의 호기심을 불러일으켰다. 홍보 부스에는 작은 창문이 있었고 그 위에 여러 나라의 이름이 적혀있었다. 창문 중 하나에 '러시아'라는 푯말이 붙었다. 나는 창문으로 다가가서, 성서 깃발 아래 있는 '러시아' 단어가 무엇을 의미하는지 물었다.

젊은 영국인은 친절히 영국성서공회가 무료로 성서를 배포하고 있고, 내가 러시아어 복음서를 받을 수 있다고 설명했다. 나에게는 완전히 새로웠다. 우리는 대화를 나눴다. 대화는 끝났다. 공회는 나에게 배포용 러시아어 복음서를 무료로 보내달라는 요청을 기꺼이 허락했다. 페테르부르크에 돌아가자, 내 이름으로 요한복음 3천 부가 왔다는 통보를 받았다. 그 책들을 통해, 나는 그때까지 전혀 몰랐던 복음주의 신자들과 처음 접촉했다.

1874년 페테르부르크에서 최초의 전 러시아 산업박람회가 열렸었는데, 성서 배포 과제는 코르프에게 위임되었다. 성서 배포용 홍보 부스는 완전히 러시아식으로 만들어졌고, 배포용 창문 위에는 '그리스도의 빛이 모든 것을 밝혀 준다'라고 쓰였다. 배포된 책의 표지에는 '주 예수 그리스도를 믿으시오. 그리하면 너와 네 집이 구원을 얻으리라!'라고 쓰여 있었다(행 16:31). 박람회 기간 동안 62,000부의 성서가 배포되었다. 성령께서 페테르부르크에 다가오는 커다란 부흥을 위한 기반을 준비하셨다.

부흥의 시작

레드스톡 경의 설교

레드스톡은 10년 동안 러시아 국민들에게 하나님 나라의 일로 섬기고자 하는 소원을 이룰 수 있도록 기도했다. 기도 응답은 체르트코바가 그를 페테르부르크에 방문하도록 친절하게 초대한 것으로 나타났다. 1874년에 심각한 폐질환의 고통에도 불구하고 그는 러시아에 왔다. 그런데 국경을 지나면서, 하나님의 은혜로 기분이 좋아졌고, 곧 건강이 완전히 회복되었다. 이것은 위로부터의 지도력에 관한 그의 신앙을 강화했다. 고난 주간에 레드스톡 경은 페테르부르그의 포츠담스카야 거리에 있는 작은 영미 교회에서 복음 대화 형식으로 설교를 시작했다. 그는 영어와 불어로 설교했고, 청중은 상류층 사람들이었다. 페테르부르그 귀족들 가운데서는 그를 사도로 부르기 시작했다. 한 부류는 그를 환호했고, 다른 부류는 조롱하며 비판했다. 그는 교리적인 질문은 조금 다루고, 정교회의 기본은 결코 건드리지 않았지만, 자기 친구의 편지처럼 성서를 알고 사랑했다. 코르프는 레드스톡 경의 설교에 대해 그의 모든 초점은 하나님을 완전히 신뢰하는 것이었다고 회상했다. 레드스톡 경은 귀족들의 집에서 면담 초청을 받았다. 이른바 레드스톡 경의 살롱 선교가 시작되었다.

사람들이 설교를 듣기 위해 홀에 들어오자, 그는 평소대로 무릎을 꿇고 짧게 기도한 후 일어나면서 참석자 모두에게도 기도하기를 제안했다. 기도 후 그는 편한 의자에 앉아 잠시 조용히 성서를 살펴보고, 적절한 내용을 찾으면, 천천히 읽고 순서대로 설명했다. 그는 달변가의 재능은 없었다. 레스코프는 레드스톡에 대해 기록했다, "그는 가장 매력 없는 설교자의 자질을 모두 갖추고 있었다. 굼뜨고 말이 느렸다."[141]

청중들은 그의 간단한 설명에 감탄했다. '얼마나 단순한가!', '얼마나 쉬운가!' 자

---

141. Leskov N. S. *Velikosvetskiy raskol*(lord Redstok, yego ucheniye i propoved'). M.,1877, s.40~41. [레스코프 엔.,에스., 귀족의 분열(레드스톡의 가르침과 설교).M.,1877, p.40~41.]

주 환호성이 들렸다. 모든 것은 많은 사람이 전에 읽었던 복음서에 기록된 내용이었다.[142] 그의 대화체 설교는 청중들이 단순미에 빠지게 했다. 레드스톡의 청중 가운데 한 여성은 '그는 지옥에서의 고통을 결코 위협하지 않았으나, 사람들의 무관심과 잔인함에 관한 하나님의 헤아릴 수 없는 사랑은 설명한다.'라고 기록했다. 그는 우리 안에 얼마나 심각하게 은혜를 모르는 것이 있는지 내적으로 깨닫게 했다. 그래서 청중의 둔한 감정을 건드렸다.[143]

집회가 끝난 후, 레드스톡은 보통 손님들에게 대화를 계속하자고 제안했다. 그는 또한 하나님의 말씀에 감동받은 청중들과 별도의 모임을 가졌다. 그런 모임에서 모데스트 모데스토비치 코르프가 반응했다. 그는 다음과 같이 기억했다.

레드스톡이 내게 질문한 첫 번째 질문 중 하나는 '당신은 구원 받은 것을 확신합니까?' 나는 부정적으로 대답했다. '여기 지구상에서 아무도 그것을 알 수 없고, 우리는 영원에서 알 것입니다.' '그러자 여기에 기록된 하나님의 말씀은 누구를 위한 것입니까?' 드스톡이 물었다. '땅에 있는 사람들을 위해 아니면 영원에 있는 사람들을 위해?' '땅에 있는 사람들을 위해'라고 나는 대답했다. 레드스톡은 복음서에서 명확하게 설명한 몇 구절을 읽었다. "예수 그리스도를 믿는 사람은, 그리스도께서 우리의 모든 죄를 십자가에 지셨고, 사람은 행위로 구원받지 못하고, 오직 골고다에서 우리를 위해 드린 희생을 통해서만 구원을 받는다는 것을 압니다."

그 날 저녁 코르프는 주님께 회심했고 중생을 경험했다.

파시코프의 회심

근위대 대령 바실리 알렉산드로비치 파시코프(1834~1902, 다른 출처에는 1832~

---

142. Prugavin A. S. *Raskol vverkhu*. Ocherki religioznykh iskaniy v privilegirovannoy srede. SPb., 1909. [프루가빈 아., 에스., 상류층의 분열. 특권층의 종교추구 개요, 상트페테르부르크, 1909년]
143. Leskov N. S. *Velikosvetskiy raskol*, [레스코프 엔.,에스., 귀족들의 분열]

1901)는 상당한 부자였다. 그는 멋있는 갈색 머리, 평균보다 큰 키, 예절 바르고 깨끗한 귀족풍의 모습, 부드럽고 고운 테너 목소리, 표현력 있는 큰 눈을 가졌다. 신앙, 교회 및 종교 문제에 있어서, 파시코프는 완전히 무관심했고, 교회법에 관해서는 유치한 수준이었다. 사냥, 춤, 카드 게임, 승마를 좋아했던 파시코프의 머릿속에는 경건에 관한 생각이 절대 일어나지 않았다.[144] 방문객과 함께 온 레드스톡(파시코프의 아내 알렉산드라 이바노브나는 그 당시 이미 신자였고, 모임은 때로 그의 집에서 열렸다)을 처음 만난 후, 그는 아무렇게나 다음과 같이 언급했다. "얼마나 답답한가! 사람들이 무의미한 잡담을 즐겁게 듣고 있다니!" 그는 심지어 신자 모임에 참여하지 않으려고 모스크바로 떠났고, 레드스톡이 떠났다고 추측되는 오랜 시간이 지난 후에, 페테르부르크로 돌아왔다.

그런데 레드스톡과 만남이 여전히 이루어지고 있었다. 하나님 사역자의 기도는 파시코프에게 강력한 감동으로 작용했다. 기도 중에 파시코프는 하나님 앞에 있는 그의 상태를 발견했다. 그는 자신을 짓누르는 죄를 깨닫고 구원자께 회개로 반응했다. 파시코프는 나중에 파리에 있는 러시아 대사에게 보낸 서신에서 "내 인생에 하루가 있었다. 죄를 싫어하시는 거룩하신 하나님의 보좌 앞에서 정죄당한 나를 보았다. 성령의 감동으로 그의 말씀이 내게 다가왔고 나의 양심을 깨웠다. 이제 나는 예수 그리스도에 대해 간증할 수 있다. 하나님 말씀의 빛과 그의 거룩한 율법은 내 마음의 모든 숨겨진 구석을 비추고 내가 의심하지 않았던 상태가 심한 악을 보여주었다. 주님은 아주 다양한 방법으로 나를 묶은 죄로부터 해방되도록 나에게 소원을 주셨다. 하나님의 말씀 곧 주께서 나와 함께 언약을 맺기 원하시고, 더는 내 죄와 범죄를 기억하지 않으시겠다는 약속과 성령으로 주님의 율법을 내 마음에 기록하시겠다는 것을 발견했을 때, 나는 거룩하신 하나님으로부터 용서받기를 원했다"고 죄의 권세에서 해방된 개인적인 체험이었다고 썼다.[145]

파시코프는 회심 순간부터 그가 깨달은 하나님의 은혜를 사람들에게 선포하고자

---

144. Zhivotov N. N. *Tserkovnyy raskol Peterburga*. SPb., 1891, s. 23~24. [지보토프 엔. 엔. 페테르부르크 교회 분열. St. Petersburg., 1891, p.23~24]
145. Liven S. P. *Dukhovnoye probuzhdeniye v Rossii*, s.61 [리벤 에스., 페., 러시아의 영적 부흥, p.61.]

했다. 그는 하나님의 손과 같은 강력한 도구가 되었고, 주님을 위해서 자신뿐만 아니라 자신의 재산도 봉사했다. 프랑스 강변로에 있는 그의 집은 페테르부르크에서 복음주의 예배의 모임 장소가 되었다. 파시코프의 가장 가까운 동료는 코르프였다.

보브린스키의 회심

보브린스키는 공무에서 눈부신 성공을 이루었다. 이미 40세에 장관이 되었다.[146] 어느 날 친구들 모임에서 그는 일부 사람들이 회의적으로 바뀌었음을 알았다. 보브린스키가 레드스톡 경을 만났을 때 레드스톡은 평소와 같이 "구원을 받았나요?"라고 물었다. 보브린스키는 예의상 그렇다고 했으나 실제는 믿지 않았다. 며칠 후 다시 만났다. 모임에서 보브린스키는 다음과 같이 말했다. "나는 성서에 많은 모순이 있다"고 생각한다. 다음 모임에서 반박할 목록을 준비했다. 보브린스키는 모임에서 말했던 납득할 수 없는 내용을 다음과 같이 기록했다. "나의 주장이 옳다는 것을 입증할 성서의 구절을 읽을 때마다, 나를 반대하는 화살처럼 반응했다. 나는 성령의 능력을 느꼈고, 어떻게 설명해야 할지 알 수 없었으나, 내가 다시 태어났다는 것을 알았다." 실제로, 그 날부터 보브린스키는 새로운 사람이 되었다.

헌신된 새신자들의 활동

레드스톡의 설교를 통해 신자가 된 사람들은 곧바로 그리스도의 포도원에서 일하는 것을 발견했다. 체르트코바는 여성 교도소 방문위원회 회원이 되었다. 체르트코바와 그녀의 자매 파시코바와 가가리나는 가난한 여성들을 위한 옷 수선소와 세탁소를 만들었다. 옷 수선소의 모든 수익금은 자선 목적으로 사용되었다. 파시코프는 비보르크 쪽에 학생과 가난한 노동자를 위한 식당을 열었다. 식당에서는 아주 적은 비용으로 점심을 먹을 수 있었다. 믿는 자매들이 식당에서 봉사했다.

저녁에는 상점에서 파시코프가 주도하는 집회와 대담이 이루어졌다. 신자 중에는 율리야 데니소브나 자세츠카야가 있었는데, 그녀는 1812년 애국전쟁의 유명한

---

146. Dal'ton G. *Otkrytoye poslaniye ober~ prokuroru pravitel'stvuyushchego Sinoda* K. P. Pobedonostsevu… Leyptsig,1890,[달톤 게., 종무원 검찰총장 포베도노스체프에게 펼쳐진 서신서..,라이프치히, 1890]

애국자 데니스 다비도프의 딸이었다.¹⁴⁷ 레스코프는 일용노동자들의 가난에 관한 그녀의 공감은, 그녀에게 모든 사람을 도울 준비가 되어 있었고 실제로 많은 도움을 주었다. 그녀는 많은 헌금을 하여 페테르부르크에 첫 번째 보호시설을 만들었고 직접 거기서 일했다. 많은 불쾌한 일들을 견뎌내면서, 그녀는 모든 것을 다른 사람들을 위해 헌신했다. 그녀가 행한 일은 매우 섬세했다. 한마디로 그녀는 매우 친절하고 교육을 잘 받은 경건한 그리스도인이었다. 그렇지만 정교회인은 아니었다.

레스코프는 체르트코바에 대해 다음과 같이 썼다. "이제는 조롱이 아닌 농담으로 '레드스톡 여성팬'이라 불리는 매우 고귀하고 존경받는 여성이자 가장 중요한 여성에 대해 몇 마디 할 것이다. 모든 솔직함과 예민한 활동에도 불구하고, 그것은 모든 종류의 불만에서 완전히 깨끗하게 남아 있다. 심지어 험담도 검게 되지 않았다. 그녀는 항상 엄한 정직의 모범으로 여겨졌고, 케사르의 아내처럼 결코 의심할 여지가 없었다."

리벤 공작부인은 복음집회를 위해 그녀의 집에서 최고의 홀을 제공했다. 같은 목적으로 파시코프, 가가리나, 체르트코바가 자신들의 집을 제공했다.¹⁴⁸ 1867년에 마리아 그리고리에브나 페이케르와 그의 딸 알렉산드라 이바노브나가 디엘 무디의 설교를 통해 회심했다. 그녀는 종교도덕 잡지 [러시아 노동자]를 창간했다. 잡지에는 종교 논쟁, 교훈적 이야기, 소설, 짧은 영적 훈계 등이 실렸다. 잡지는 1885년까지 출판되었다.¹⁴⁹

영적도덕적 독서장려회

1876년 파시코프, 가가리나, 코르프, 체르트코바는 영적도덕적 독서장려회 설립을 위한 탄원을 시작했다.¹⁵⁰ 1876년 12월 4일 창립자가 제출한 장려회 정관이 승인

---

147. Svedeniya o sekte pashkovtsev. Arkhiv Leningradskoy pravoslavnoy dukhovnoy akademii (LPDA), 92683, razdel 1. [파시코프 분파 정보, 레닌그라드 정교회 신학원 (舊컥) 기록 보관소, 번호 92683, 항목 1,
148. Leskov N.S. *Velikosvetskiy raskol*. [레스코프, 귀족의 분열]
149. Terletskiy G. Sekta pashkovtsev. SPb., 1891, s. 58~59. [테를레츠키 게., 파시코프 분파, 상트페테르부르크, 1891, p.58~59.]
150. Zapiska iz del kantselyarii ober~prokurora svyateyshego Sinoda K. P. Pobedonostseva ot 1884 g. Svedeniya o sekte pashkovtsev, arkhiv LPDA, 92683, razdel 3.[1884년 이후 포베도노스체프 최고종무원 검찰 총장의 업무에 관한 노트. 파시코프 분파에 관한 정보, 레닌그라드 정교회 신학원 기록보관소, 번호 92683, 항목3.]

되었다. 장려회에 리벤의 아버지도 참여했는데, 그는 궁전에서 의전담당관으로 일했다. 장려회 활동은 러시아어로 영적도덕적 문서인 서적, 팜플렛, 소책자, 전단지 등의 출판과 출판물을 러시아 전역에 보급시키는 것이었다. 장려회가 존재한 1884년까지, 200권의 서적과 팜플렛이 출판되었고, 그중 일부는 12판까지 출판되었다. 우리는 장려회에 빚이 있다. 장려회가 존 번연의 [순례자의 여행]과 [영적전투]를 러시아어로 처음 번역했다([영적전투]는 자세츠카야가 번역했다). 스펄전과 다른 복음주의 침례교 설교자들의 설교도 출판되었다. [러시아 노동자 잡지]의 이야기 란에, 애송시과 시온의 송가뿐만 아니라 보로네시의 티혼, 대주교 미하일 등 일부 정교회 저자의 종교 교훈적 작품도 실려서 출판되었다.[151] 1882년 영국성서공회는 파시코프의 재정으로 엄격히 검증된 정경 텍스트로 구성된 러시아어 성경을 출판했다. 일부 책에는 메모용 넓은 여백이 있었다.

파시코프에 의해 주문 출판된 성서는 러시아어 정경 성서의 모든 후속 출판의 모형으로 사용되었다. 또한, 파시코프는 시편과 신약을 묶어 별도로 출판했다. 장려회 출판물은 서적 배포원을 통해 보급되었고 우편으로 발송되기도 했다. 앞서 첨부한 포베도노체프 검찰총장의 목록에 보면 타우리드 지방의 신우유파 윌러에게 서적 13푸드[152]가 들어갔고, 볼가 지역의 프리십 마을 복음주의 공동체 목회자(생각건대, 자하로프계 신우유파 공동체)에게 20푸드 책과 팜플렛이 보내졌다. 낮은 볼가 지역(프리십, 자플라프노에, 두보프카 마을)은 배포원 짓코프와 델랴코프가 경건 서적을 배포했다. 델랴코프는 짓코프의 계부였다.

부흥의 발전

레드스톡의 러시아 출국

정교회의 영향력 있는 지지자들 사이에서 1876년부터 레드스톡 경에 관한 분노의 목소리가 나오기 시작했다. 정교회 자녀들을 유혹했다는 비난이었다. 메세르스

---

151. Terletskiy G. *Sekta pashkovtsev*. s. 31~32,37~40. [테를레츠키 게., 파시코프 분파,p.31~32,37~40]
152. 푸드는 무게 단위로 1푸드는 16.38kg이다, 역자 주.

키 공의 4권짜리 소설이 출판되었다.153 저자는 추종자들이 그에게서 등을 돌릴 것이라는 기대로 레드스톡 경을 비방했다. 그런데 소설은 그 목표를 이루지 못했다. 그때 메세르스키는 레드스톡 경에게 편지를 썼다. 정교회를 존경하지 않았고, 정교회 교인을 유혹하고 가르쳤다고 비난하면서, 애매한 상황 표현으로, 레드스톡 경이 러시아를 떠나야 한다고 했다.154 1878년까지 레드스톡 경은 두 번 페테르부르크를 방문했고, 모스크바에 체류했다. 그 후 그는 러시아를 영원히 떠났다. 그런데 새싹을 위한 그의 씨 뿌림은 이미 충분히 자랐다. 파시코프, 코르프, 체르트코바, 리벤, 보브린스키 등 많은 사람들이 레드스톡 경에 의해 시작된 사역을 충분히 수행할 계승자가 되었다. 레드스톡이 떠난 후 신자들은 레드스톡파가 아니라 파시코프파로 불리기 시작했다.

상트페테르부르크 주변의 복음전파

신자들의 주요 활동은 자선과 직접 및 문서를 통한 전도였다. 파시코프와 보브린스키는 회심 후 2년이 지나자 설교를 시작했다. 최초의 청중은 그들의 영지 주민들이었다. 당시 니제고로드스키 지방 총독은 내무부 장관에게 세르가치스키 지구의 베스토시킨 마을에 영토 소유주 파시코프 대령이, 여름에 3~4개월 동안 자신의 영지를 방문하여, 1876년 이래 사람들에 복음서 읽기를 하고 있다. 독서가 끝날 때마다, 베토시카 마을에서, 사람들에게 복음서와 다양한 브로셔와 그림들이 무료로 배포되었고, 사람들은 독서회에 많이 모였다.155고 보고했다. 보브린스키는 툴라 지방의 그의 영지에서 설교했다.156 1875년 코르프는 차츠린크와 코샤코프카의 시계파와 연락망을 세우고 재정적 도움을 제공하기 위해 키예프 지방을 방문했다. 시계파 대표 야콥 코발은 자주 파시코프로부터 편지와 재정지원을 받았

---

153. Meshchersky V. Lord~apostol v bol'shom peterburgskom svete. SPb.,~ M., 1876, [메세르스키 베., 위대한 페테르부르크의 사도, 상트페테르부르크, M., 1876]
154. Meshchersky V. Pis'mo k lordu Redstoku, SPb.,1876, [메세르스키 베., 레드스톡 경에게 보내는 편지, 상트페테르부르크, 1876]
155. Svedeniya o sekte pashkovtsev. Arkhiv LPDA, 92683, razdel 3.[파시코프 분파 정보, 레닌그라드 정교회 신학교, 문서보관소, 번호. 92683, 항목 3]
156. Tam zhye, razdel 1, [위의 책, 항목 1]

다.¹⁵⁷

페테르부르크 공동체의 생활

1878년 무렵 페테르부르크의 여러 지역의 여러 집에서 이미 대규모 집회가 열리고 있었다. 기본적으로 파시코프가 설교했다. 하나님의 말씀은 러시아어로 선포되었다. 설교는 보통 애송시와 시온의 송가 모음집에 있는 찬송가를 풍금 반주에 맞춰 진행되었다. 리벤은 다음과 같이 기억한다. 여자 청년 그룹이 풍금 주변에 서 있었다. 그들은 영어에서 새로 번역된 복음송을 깨끗한 목소리로 그리스도를 향해 찬양했다. 그들의 찬양은 재능있는 음악인들과 하나님께 헌신한 알렉산드라 이바노브나 페이커가 함께했다. 그들 가운데 3명은 집주인 파시코프의 딸이었고, 3명은 법무장관 팔렌 백작의 딸이었고, 2명은 골리치나 공작 부인의 딸이었다.¹⁵⁸

집회에 보통 사람들, 하급 관리, 학생, 노동자들이 참석하기 시작했다. 건물이 혼잡하여 사람들이 밖에 서 있기까지 했다. 집회 중 한 번은 정교회 종무원장 포베도노스체프가 참석했다. 그는 1880년 5월 충신 메모에서 '집회에 참석한 사람들로 홀은 이미 비좁았다'고 기록했다.¹⁵⁹ 지난주 일요일에는 다양한 사람들이 최소 1,500명이었다. 많은 사람들이 호기심에서 왔다. 다른 사람들은 거룩함에 대해 듣고 싶은 대부분 일반인이었다. 많은 사람, 특히 상류층 사람들은, 그 모임에 광신적으로 연결되어 신앙에 관한 새로운 계시를 찾고자 한다.

리벤은 바실리 알렉산드르 파시코프의 깊은 확신에 대해 기록했다. 성령의 역사와 하나님의 능력으로 중생한 경험에 관한 그의 개인적인 간증이 기적을 일으켰다. 청중들은 깊이 회개하고 주님의 발 앞에 엎드렸다. 구세주의 피로 씻겨, 하나님의 중생한 자녀가 되어 새로운 사람들로 일어섰다. 이렇게 하나님은 구원받은 자를 교회에 붙이셨고 교회는 기쁨으로 가득했다. 당시 1874년에 생겨난 페테르부르크 신

---

157. Shtundizm ili pashkovshchina…~ Vera i razum, 1884, kn. 2, s. 164; Dyebyedintsyev P. Baptizm ili shtunda…~Kiyevskaya starina. 1885, s. 516~518. [시계파와 파시코프파…~신앙과 이성, 1884년, 2권, p.164; 데베딘체프 페., 침례교 혹은 시계파…~ 키예프 고전. 1885, p.516~518.]
158. Liven SP. Dukhovnoye probuzhdeniye v Rossii, s. 18. [리벤 에스.페., 러시아의 영적 부흥, p.18.]
159. Svedeniya o sekte pashkovtsev. razdel 1.[파시코프 분파 정보, 항목 1]

자 공동체는 완전히 조직되지 않았다. 코르프는 회고록에 다음과 같이 기록했다.

"파시코프와 저는 이것에 대해 여러 번 생각했다. 그런데 주님께서 그것을 시작하는 법을 말씀하시지 않았다. 우리는 신자들을 돌보면서 누가 집회에 방문하는지 주목했고, 그들은 아픈 사람들이었다. 그들을 믿음 안에 있도록 격려하고 굳게 하였다. 파시코프는 대표였고 나는 그의 협력자였다. 보브린스키는 툴라 지방의 영지에 살았지만 페테르부르크 오면 함께 모였다. 정기적으로 레드스톡 경의 인도로 성찬식이 행해졌다. 성찬식은 다비스트처럼 열려 있었다. 믿음에 의한 침수침례에 관한 일치된 이해가 없었다. 파시코프를 포함한 신자 대부분은 교회 소속은 구원받기 위한 회개와 중생으로 충분하다고 여겨, 유아기에 그들에게 베풀어진 침례의 타당성을 여전히 인정하고 있었다."[160]

공동체에서는 은혜와 성화의 중요성이 특히 강조했다.

코르프는 다음과 같이 회상한다. "우리는 그리스도에 관한 첫사랑을 두려움 없이 간증했다. 그러나 우리는 말씀에 대해서는 어린아이였다." 그것은 스위스의 유명한 스토크마이어(1838~1917) 목사를 페테르부르크로 초청하게 하는 요인이 되었다. 몇 주 동안 그는 성화에 관한 복된 대담을 했다. 스토크 마이어 이후 그들은 1882~1883년에 이어서 신학자 조지 뮬러(1805~1898)를 초청했다. 뮬러는 침례를 각 신자가 믿음의 행위에 따라 개인적으로 인정하는 것이라고 했고, 그는 이미 침례를 받았다. 뮬러가 1882년에 페테르부르크에서 머무는 동안 파시코프와 리벤을 포함하여 페테르부르크 공동체 회원 4명에게 침례를 거행했다.[161] 공동체는 성장하면서 자유로운 교회로 발전했다. 새로운 영혼들은 주님께 회심하고, 중생을 체험하고 성찬식에 참여했다. 신자들은 형제의 교제로 서로 기뻐했다. 침수침례 문제는

---

160. Yermakov P. Ye. Biografiya brata L. D. Priymachenko. ~ Baptist, 1927, 3; Liven S. P., tam zhe ; Yepiskop Aleksiy. Materialy dlya istorii... s. 567.[예르마코프 페.,예., 프리마첸코 전기.~침례교도, 1927년, 3호; 리벤 에스.,페., 위의 책; 알렉시 주교. 역사 자료 ... p.567.]
161. Gutsche W. Westliche Quellen des Russischen Stundismus S, 60. so ssylkoy: Pierson A. T. George Mueller of Bristol. London, 1901, p. 65~71. [구체 뷔, 러시아 시계파의 서쪽 근원 p.60, 인용: 피어슨 에이.,티., 브리스톨의 조지 뮬러, 런던, p.65~71.]

모든 그리스도인에게 신앙의 과제로 고려되었으나, 그 결정으로 신자들을 분리시키지 않아야 했다. 그 공동체는 부흥과 거룩의 공동체였다.

상트페테르부르크의 중생한 그리스도인의 교리

페테르부르크의 부흥을 체험한 그리스도인들은 정리된 교리나 믿음의 상징이 없었다. 예배의 기본 사항은 파시코프가 1880년 4월 9일 상트페테르부르크 신학대학원의 사제장 겸 원장인 야니세프에게 보낸 편지에서 처음으로 기술되었다. 파시코프의 요청에 따라 그의 편지는 출판된 아카데미 저널에 게재되었다.[162] 파시코프는 신앙고백을 기술한 편지의 첫 줄부터, 신학적 지식이 부족하고, 실수의 위험을 감안하여, 신학적 질문을 해석하는 용기는 결코, 취하지 않았고 계속 유지할 것이라고 했다. 이것이 상세한 교리가 결여된 이유이다. 의로우신 하나님의 율법을 통해 사람은 하나님의 뜻대로 사는 것이 어렵다는 것을 발견하고 자신을 하나님의 원수로 본다. "죄를 범한 내 앞에 율법이 있다. 하나님은 그리스도께 인도하는 교사로 나타나셨다(갈 3:24), 의인을 부르는 것이 아니라, 죄인을 불러 회개하도록 부르는 것이다(마 9:13), 죽어가는 사람을 찾아 구원하라(눅 19:10). 나는 힘과 소망을 잃은 채, 죄와 부패한 마음의 절망으로 주님 앞에서 회개했고, 그분께 돌아섰다. 주님께서는 모든 다가오는 사람들을 받아 주신 것처럼, 나를 받아 주셨다." 파시코프가 기술한 모든 믿음의 방향은 전 세계인의 죄와 개인적인 죄를 대신하여 죽으시고 갈보리 고통을 당하신 분의 헌신으로 비추어졌다. 예수는 우리의 범죄 때문에 죽임을 당하셨고, 우리를 의롭게 하시려고 살아나셨다(롬 4:25). 나는 유일한 중보자처럼(딤전 2:5), 변호하면서(요일 2:1), 영혼을 지키는 자처럼(벧전 2:25), 믿음의 창시자요 완성자(히 12:2)로서 가능하지 않고 바라볼 수 없다. 나는 모든 이에게 "다른 구원은 없다(행 4:11)"라고 반복한다.

상트페테르부르크의 신자들은 사람은 "율법의 행위와 관계없이 믿음으로 의롭

---

162. Terletskiy G. *Sekta pashkovtsev.* s. 68~73. [테를레츠키 게., 파시코프 분파, pp.68~73]

다 함을 얻는다"는 복음적인 교리를 따랐다(롬 3:28). 그것이 신앙 행위의 중요성을 약화하지 않았다. 파시코프는 모든 사람에게 선포하는 것을 계속했다. 하나님 앞에서 우리의 행위로 의롭게 되는 것이 아니라, 예수 그리스도를 믿는 믿음으로 의롭게 된다. 그런데, 당연히 참된 믿음은 행위로 나타나지 않을 수 없다. 모든 기독교의 덕목은 성령의 열매이고, 하나님께서 신자에게 주신 것이다.

파시코프는 성찬식에 대해 다음과 같이 기록했다. 모든 성찬식은 신자들을 위해서만 만들어졌다. 그들은 은혜로운 행동을 하고, 합당하지 못한 행동을 하는 사람, 곧 믿음이 없는 모든 사람을 반대하며 정죄한다(고전 11:19). 그분을 이해하는 교회는 그리스도의 몸이다(고전 1:12, 27). 교회의 회원은 그리스도를 믿는 자이고, 그에게 구원받아, 그에게 소속되고, 그를 사랑하는 사람으로 구성된다. 그리스도 안에서 과거에 사망한 사람과 현재 살아있는 사람, 모두를 주님께서 장래에 그의 몸과 연결할 것이다.

1884년에 파시코프는 파리 주재 러시아 대사에게 보내는 편지에 자신의 신앙 원칙을 설명했다.163 그는 모든 신자를 대신하여 다음과 같이 언급했다. "우리는 설교를 죄인들의 신앙과 사랑을 대신하여 자신의 생명을 던지시고 유일하게 합당하신 하나님과 구세주로서 예수 그리스도에 관한 고백으로 제한한다. 죄인들을 대신하여 죄의 형벌을 받으시고, 죄를 씻어주셨다. 공의와 사랑의 하나님 덕분에, 의로움을 유지하면서, 모든 죄인이 의롭게 될 수 있다. 죄를 알지 못한 하나님의 독생자는, 사람의 본성을 받아들였고, 사람들의 죄 대신 스스로 희생 제물이 되셨고, 그렇게 아버지의 뜻을 성취했다. 그는 스스로 하나님으로부터 멀어져, 범죄한 인간을 향하여, 무한하고 인간의 이해를 뛰어넘는 하나님의 사랑을 보여주셨다."

90년대 중반에 상트페테르부르크 신자들은 12개 항목으로 구성된 복음주의 신앙의 상징이 있었다. 상징은 신자들에게 필사본으로 전파되었다. 상징은 1895~1897년에 나타났으며 그 내용은 1897년에 제3차 선교대회의 소위 반종교위원회 회의에서 보고되었다.164 그 문서는 정교회에서 거부된 그리스도인들의 신앙에 관한

---

163. Liven S. P. Dukhovnoye probuzhdeniye v Rossii, s. 58~61, [리벤 에스., 페., 러시아의 영적 부흥, p.58~61.]
164. Missionerskoye obozreniye. SPb., 1899, s. 169~170. [선교적 평론, St. Petersburg, 1899, p.169~170.]

매우 중요한 것으로 평가되었다. 상징의 작성자는 알 수 없다.

침례교 공인 입법기관의 법령

1879년 3월 27일에 침례교의 영적 문제 관련 국가회의 견해가 공포되었다. 그 내용은 다음과 같다. 법무부내 국가회의 총회에서 내무부가 침례교의 영적 문제에 관해 제출한 것을 심사한 후 다음과 같이 결정했다. 법규집 조항 관련 추가로 결정한다.

1. 침례교도는 국가기본법 제44조에 근거하여 자유로이 그들의 교리를 고백하고 그들의 관습에 따라 신앙의례를 집행한다. 공중예배는 총독의 허가를 받아 그들이 세우고 인도하는 것을 이행한다.
2. 선출된 침례교의 영적 교육자인 장로, 교사, 설교자는 총독 승인 후 의례와 설교를 실행할 수 있다. 외국인 영적 교육자는 러시아 체류기간 동안 충성 봉사에 관한 서약 의무가 있다.
3. 침례교인의 결혼, 출생, 사망에 관한 통계는 지방 행정부에 의해 주도된다.[165]

1879년 8월 15일에 법무부 합의에 따라 이 문서는 황제의 승인을 받았고 마코프 내무부장관 (그는 마코프스키로 불렸다)이 서명했다. 공문은 1879년 9월 12일에 공포되었고, 신메노파와 독일계 및 러시아계 침례교에서 수차례 청원한 것에 관한 응답이었다. 공문은 러시아계 침례교인을 제외하고는 모든 국적의 침례교가 사용했던 기본법에서 이미 누린 특권을 되풀이했다. 러시아계 침례교도는 자유롭게 믿고 생각할 수 없었다. 왜냐하면, 러시아인은 침례교도가 될 수 없다는 의견이 있었기 때문이다. 문서는 러시아 침례교에 희망을 주었다.

공문의 세 번째 요점은 러시아와 우크라이나 침례교인들에게 특별한 의미가 있었

---

165. Bonch~Bruyevich V. D. Presledovaniye baptistov... s. 68~69, [본치~브루예비치 베.,데., 침례교 박해 ... p.68~69]

다. 사실 결혼, 자녀의 출생, 신자들의 죽음과 장례는 모든 결과와 함께 유효한 것으로 인정되지 않았다. 그러한 결혼을 한 자녀들은 혼외자녀로 간주 되었으며 상속권은 인정지 않았다. 공동묘지에 신자를 매장하는 것이 허용되지 않았다. 장례식은 행정부로부터 모든 종류의 장애물이 자주 나타났고 마을 사람들의 모욕과 폭력도 함께했다. 공문의 규정은 전면적으로 시행되지 않았다. 예를 들어 티플리스 지방 행정부는 지침에 따라 엄격하게 시행했다. 1880년에 선출된 교회의 장로인 파블로프는 총독의 승인을 받았다. 신자들은 1886년까지 자유로운 신앙고백의 권리를 부여받았다. 다른 상황이 우크라이나의 남쪽에 있었다. 거기서 교회 지도자들이 공문의 내용을 알았지만, 선출된 영적지도자의 승인을 위한 청원과 기도의 집(교회) 설립 허가 과정을 시작하자, 여러 장애물이 나타났다. 1880년 3월 6일, 아인락에서 마코프스키 공문 내용을 숙지한 러시아 공동체 침례교회는 선출된 두플렌코, 장로와 체르노이 집사의 승인을 신청했다. 그런데 교회의 회원 수가 부족하다는 이유로 승인이 거부되었다.

그 무렵 키츠카스 지역의 드네프르 강변에 작은 규모의 교회가 건축되었고 새신자 일부가 침례를 받았다.[166] 그 후 총독을 통하여 내무부 앞으로 탄원서를 보냈으나 긍정적인 결과는 받지 못했다. 현장에서 그들은 공문 집행을 서두르지 않고, 정교회 총회와 상원과 오랫동안 서신 교환을 했고, 그동안 추가 설명이 필요했다.

1882년에 내무부의 첫 번째 부분적인 답변이 나왔다. 법률은 러시아인 침례교도에게는 해당되지 않고, 러시아에 거주하는 외국 국적자와 러시아 국적 취득자, 곧 침례교도이면서 러시아 국적자, 정교회 신앙을 고백하지 않고 그 신앙을 가진 사람들에게 해당된다.[167]

따라서 오스노바, 류보미르카, 카를로프카, 폴타프카의 교회의 청원서는 만족스런 결과를 얻지 못했다. 결론적으로, 마코프스키 공문이 복음주의 침례교 신자들의 신앙고백에 어떤 영향을 주었는지 살펴본다. 야세비치 보로다예프스카야에 따르면, 관리들은 침례교 그룹이 더는 숨지 않고, 합법적 권리를 요구하는 개별 공동체로 행

---

166. Yasevich~Borodayevskaya V. I. *Bor'ba za veru*. SPb., 1912, s. 287~288. [야세비치~보로다예프스카야, 믿음을 위한 투쟁. 상트페테르부르크, 1912, p.287~288.]
167. Yepiskop Aleksiy. *Materialy dlya istorii...* s.689. [알렉시 주교, 역사 자료... p.689]

동하며, 국가 교회(정교회)로부터 분리되었다는 것을 확실히 알게 되었다. 그들의 기대를 저버린 침례교도에 관한 불의와 분개로 인해 극심한 절망감만 남았다.[168] 우울한 박해의 시대가 정교회 종무원장 포베도노스체프의 주도로 진행되었다.

메노파와 침례교의 공동회의

1882년 무렵 러시아의 특정 지역에서 발생한 복음부흥은 거스릴 수 없는 흐름처럼 강력한 운동으로 발전했다. 신자 그룹은 더 성숙한 공동체 주변으로 연합하였다. 그룹 간에는 편지 교환 및 개인 접촉이 이루어졌다. 이런 상황에서 복음 전도 현장의 상태를 살펴보고, 토론하고, 전도 현장에서의 연합 활동에 대하여 공동으로 결정할 필요성이 무르익었다. 타우리드 지방의 류케나우 정착지에서 1882년 5월 20~22일에, 메노파 윌러와 프리젠의 제안으로 소집된 공동회의가 개최되었다. 거의 모든 신메노파와 침례교 공동체의 대표 50명이 참석했다. 19명은 러시아와 우크라이나 공동체의 대표였다. 오데사, 구단치그, 상트페테르부르크의 대표들은 오지 않았다. 상트페테르부르크 신자 그룹은 파시코프가 편지를 보냈다. 따라서, 대표들로 구성된 회의는 전 러시아적 성격이라 할 수 있다. 메노파 형제회는 지난 10년 동안 회의를 개최해 왔으나 러시아·우크라이나 형제회는 첫 번째 회의였다.

회의에서 처음으로 전도회, 공동체 영적생활의 실제적인 측면을 포함하여 교회 형제회내 중요한 쟁점들이 폭넓게 논의되었고 파시코프의 편지도 낭독되었다. 거의 모든 발표자가 하나님의 말씀을 듣기 원하는 일반인들의 큰 갈증을 언급했다. 그래서 회의의 주된 초점은 전도로 모아졌다. 복음전파를 위해 사역자들을 선출하고 두 달 반, 6개월(혹은 4개월), 1년(혹은 8개월) 동안 75루블, 175루블 및 450루블을 상황에 맞게 지원하기로 했다. 전도자들은 독일계 형제뿐만 아니라 랴보샤프카, 라투시니, 쿠시네렌코, 파블로프가 포함되었다. 독일계 사역자들은 2개월과 4개월 동

---

168. Yasevich~Borodayevskaya V. I. *Bor'ba za veru*. SPb., 1912, s. 289~290. [야세비치~보로다예프스카야, 믿음을 위한 투쟁. 상트페테르부르크, 1912, p.289~290.]

안, 러시아인과 우크라이나인들은 4개월 동안 상호 방문의 의무를 포함하여 임명되었다. 파블로프는 완전한 지원이 포함된 1년 기간의 전도자로 임명되었다. 처음 6개월은 남캅카스에서 사역하고 그 후에 타우리드 지방에서 사역했다. 복음 전도 활동을 주관하기 위한 위원회에서 위원장으로 윌러를 선출했다. 위원회는 2명의 메노파 형제를 포함하여 11명의 형제로 구성되었다.

공동체의 실제적인 영적 생활에 관한 부분에서 기도와 기름 바름(약 5:14~15)을 통한 치유의 은사에 관한 질문이 논의되었다. 토론 후에, 형제들은 야고보 사도가 신자들에게 계명이 아니라 조언을 주었다는 결론에 도달했다. 만약 환자가, 사역자에게 성경에 따라 기도해 주기를 요청한다면, 그의 바람이 만족되어야 하지만, 살아 있는 믿음과 뜨거운 기도로 이루어져야 할 것이다. 기도할 때, 하나님의 뜻에 순종하겠다는 표현이 필요하다. 윌러는 파시코프의 편지에서 상트페테르부르크 공동체의 신자들이 성찬식 허락과 유아세례의 효력을 남겨달라는 요청을 읽었다. 오랜 토론 끝에 얀사의 제안이 수용되었다. 그 문제는 개방적으로 남겨두고, 서둘러 반대 의사를 표현하지 않기 위해, 다른 시간에 해결해야 한다. 회의 참석자들의 결정에 따라 아인락 러시아 공동체의 교회 구입 재원을 총회 재정에서 책정하기로 했다.

회의 후, 참석자들을 위한 주의 만찬이 행해졌고 두 번의 예배가 있었다. 한 번은 독일계 형제들을 위해 다른 한 번은 러시아인 형제들을 위한 예배였다. 예배에서 전도 헌금이 모아졌다. 약 삼백 루블이 헌금되었다. 회의에 참석한 회원들은, 진정한 평화와 형제회를 보존하기 위한 신중하고 조심스러운 조언과 의견을 나누었다.

그들은 마지막에 하나님께 감사드리고 '나라가 임하시오며 뜻이 하늘에서 이루어진 것 같이 땅에서도 이루어지이다'(마 6:10)는 주의 기도에서 요청한대로 러시아 백성들과 전세계에 축복받은 하나님 나라의 설립과 질서와 확산을 위해 총회에서 조언과 결정으로 승인한 모든 것에 대하여 아버지 하나님의 축복을 간구했다.[169]

---

169. Polnyy tekst protokola konferentsii v knige: Yepiskop Aleksiy. Materialy dlya istorii... s. 557~568, [연합회의 전체 기록은 알렉시 감독의 책, 역사 자료 p.557~568에 있다.]

러시아·우크라이나 복음주의 침례교 형제회 발생 요인

주님은 하늘과 땅, 보이는 것과 보이지 않는 모든 것을 창조하셨다. "인류의 모든 족속을 한 혈통으로 만드사 온 땅에 살게 하시고 그들의 연대를 정하시며 거주의 경계를 한정하셨으니, 이는 사람으로 혹 하나님을 더듬어 찾아 발견하게 하려 하심이로다(행 17:26~27)." 인용된 복음서 말씀을 보면, 하나님을 찾고 그분과 화해하는 것은 민족의 역사를 결정하는 요인이 된다. 국내의 복음 부흥 운동사 또한 역사적인 요소를 고려해야 한다. 지난 세기에 이미 러시아·우크라이나 복음주의 침례교 형제회 출현의 주된 이유는 요한 온켄이 주도한 외국인(독일인) 침례교의 활동이라는 것이 전통적인 의견이었다. 앞서 침례교의 기초를 놓은 사람은 정교회에 소속된 시계파의 목사 본켐퍼였다. 이와 같은 전통적인 의견은 정교회 이탈은 어느 경우나 '교활한 외국 선전'의 결과물이었다고 주장한 정교회 소속 연구원들이 수용했다.[170] 보로노프, 로즈데스트벤스키, 네드젤린스키, 알렉시 주교(도로드니친)와 같은 진지하고 양식있는 연구자조차 그런 분석 결론을 내렸고, 레베진체프, 벨리친, 칼네프, 스트렐비츠키 등은 달리 말했다. 우크라이나의 농민, 캅카스와 타우리드의 우유파, 상트페테르부르크의 상류층 사이에서 발생한 복음주의 기독교침례회가 탄생한 역사적 주요 출처에 관한 연구는 복음부흥운동의 출현에 영향을 준 다섯 가지 주요 요인으로 설명할 수 있다. 차례대로 살펴본다.

성령의 역사

두말할 필요 없이, 우리 형제회의 부흥과 출현의 결정적인 요소였다. 성령의 은혜로운 역사가 나타난 것은 이미 첫 번째 공동체가 출현하기 훨씬 전부터 드러났다. 먼저, 그들은 1812년 애국전쟁 시기와 전쟁이 끝난 후 상트페테르부르크 상류사회에서 건전하고 종교적이며 신비적인 정서를 깨우는 것으로 기술했다. 그것은

---

170. Klibanov A. I. Istoriya religioznogo sektantstva v Rossii (60~ye gody XIX v. ~ 1917g.). M., 1965. [클리바노프 아.,이., 러시아(19 세기 60년대~1917 년)의 종교 분파 역사. 모스크바, 1965 년]

러시아성서공회의 설립, 최초의 러시아어 신약성서의 출현, 일반인에게 성서보급으로 이어졌다. 성령은 성서보급을 통한 복음전파의 신실한 사역을 위해 자신의 생애 동안 그 일에 헌신한 멜빌, 델랴코프 등과 같은 사람들을 부르셨다.

주님께서는 모스크바 대주교 필라렛, 수도원장 마카리우스 및 다른 정교회 성직자들에게 성서번역이 중단되고 40년이 지난 후 실용 러시아어로 번역하라는 마음을 주셨다. 겸손하며 세상에서 알아주지 않지만 강한 영성을 가진 성서 배포원들이 신약성서를 보급하는 어려운 일에 헌신했다. 러시아에서 다양한 출신과 종교에서 8명이 설립자로 참여하여 성서공회가 출발한 사실은 주목할 만하다.

뷔스트가 미국 남부에서 설교를 준비하다가, 뜻하지 않은 결정으로 우크라이나 남부에 온 것은 위로부터의 각성이라고 설명할 수 있다. 하나님의 뜻에 의해 상트페테르부르크 귀족의 가정에 레드스톡이 나타났다. 하나님의 말씀에 관한 그의 매우 단순한 복음적 대화는 교육받은 사람이나 그렇지 못한 사람들 모두에게 이해되었다. 남캅카스의 우유파들 사이에서 독특한 복음부흥 운동과 물우유파의 출현은 역사적인 관점에서 설명할 수 없고, 뷔스트와 함께한 독일인 정착민 사이에 시작된 부흥과 동시에 일어났다.

모든 사건을 성령의 역사로 설명할 수 있다. 시계파 운동에 반영된 러시아 민족의 종교의식의 각성은, 의심할 여지없이 주님께서 사람들의 마음과 생각을 움직인 것으로 설명된다. 우신스키 사제는 소러시아 시계파를 만나면서 당황하여 다음과 같은 결론을 내렸다. 유혹에 빠진 생활의 측면에서나 돌변한 생활태도 면에서나 나에게는 모든 것이 수수께끼처럼 보였다. 농부들이, 그들의 살과 피에 들어가는 것처럼 보였던 음주와 같은 일상 습관을 갑자기 버리고, 짧은 시간에 새로운 신앙고백, 지금까지와는 전혀 다른 관습, 개념 및 생활의 규칙을 새롭게 습득했다.[171]

그때가 왔다는 것과 사람들의 정신이 성령에 의해 깨어났음을 어렵지 않게 알 수 있다. 복음운동은 평범한 농부, 수공업자, 관리에서 시작하여 상류층인 귀족까지 포함한 러시아의 전 계층을 휩쓸었다. 이것은 민족정신의 부흥이라 할 수 있다.

---

171. Ushinskiy A. D. O prichinakh poyavleniya ratsionalisticheskikh ucheniy shtundy...[우신스키 아.,데., 시계파의 합리적 교리 출현의 원인...]

그러한 현상의 본질은 주님에 의해 결정된다. 영혼은 원하는 곳에서 숨을 쉬고, 그의 목소리를 듣지만, 어디에서 오는 것이며 어디로 가는지 알지 못한다(요 3:8).[172] 19세기 후반에 러시아의 잠자는 사람들을 뒤흔든 복음부흥운동은 테르비스에 의하면 많은 유럽 국가와 미국 대륙까지 도달했고 거의 세계적인 성격을 띤 것으로 간주되었다.

성서

러시아에서 복음부흥운동 출현에 이바지한 두 번째 중요한 요소는 신약성서가 러시아어로 출판된 것이다. 1816년에 성서가 슬라브어로 형태로 출판된, 19세기 초에 사람들은 하나님의 말씀에 관한 관심을 가지게 되었다. 1862년에 신약성서의 시노드 번역본이 나오면서 하나님의 말씀을 듣고 복음의 진리를 아는 것에 관한 갈증이 더욱 커졌다. 책 배포원들은 수십만 권의 복음서를 배포했다.

성서연구, 기도묵상, 그리스도의 가르침과 삶을 조화시키려는 열망은 구원을 찾는 구도자들에게 행위에 관계없이, 예수 그리스도의 속죄 희생에 관한 믿음을 통해 용서와 칭의가 성취되었다는 확신을 갖게 했다. 믿고 침례를 받는 사람만이 구원받을 것이다(막16:16). 진리의 계시는 삶에서 진리를 추구하는 많은 사람에게 전환점이 되었다. 그것은 보로닌, 아리신, 랴투시니, 랴보샤프 카, 파블로프, 스톨야로프, 델랴코프 등 다른 신자들과 함께 발생했다. 그들은 하나님의 말씀을 읽고 직접 믿음을 가졌고, 오랜 세월 동안 진리에 관한 지식을 추구했다. 각 사람은 특별한 길을 갔지만, 결과적으로 모든 사람이 복음의 진리에 대해 공통된 이해를 갖게 되었다.

외부 영향

1861년의 농민개혁 또한 복음주의 침례교 운동의 출현에 약간의 영향을 미쳤다. 농민개혁은 무엇보다도 농부들이 스스로를 인식하도록 촉구하였다. 우크라이나에

---

172. Kushnerov I. P. *Kratkaya zapiska*...[쿠시네로프 이.,페., 요약 메모..]

서 최초 시계파의 출현과 이전 정교회인 농노들의 이동 현상은 이른바 개혁 이후의 시기에 시작된다. 개혁은 또한 대중적인 영적 필요, 자기 인식을 불러일으켰다. 이 요인의 영향은 19세기의 80년대와 90년대와 복음주의 운동이 러시아 인구의 모든 부문을 휩쓸었던, 20세기 초반에 특히 강력했다. 농민과 노동자들 대부분은 농노 출신이었다. 사실, 농노제가 해방을 추구했던 모든 농민에게 장애가 된 것은 아니었음을 알 필요가 있다. 예를 들어 오니센코와 라투시니는 농민개혁 직전에 믿었다. 라트비아에서 하나님을 찾는 사람들 또한 이른 아침부터 늦은 밤까지 강제 노동의 무거운 멍에를 져야 했다. 주인의 일을 마친 후에, 그들은 촛불을 비추면서 하나님의 책을 읽고, 그것에 관한 감동의 눈물을 흘렸다.[173]

내부적인 동기 부여와 죄의식

각성의 원인에서 공통적이고 중요한 요인은 영적인 공허함, 무관심, 도덕적 쇠퇴 등의 느낌이었다. 정교회에서 나온 신자들은 음주, 폭력, 도둑질, 게으름 같은 부패한 악이 번성한 그들이 살았던 사회로부터 떨어지려는 욕구로 설명되었다. 그들은 오래된 사회와의 모든 관계를 끊고 새로운 삶을 시작했다. 도덕적 쇠퇴에 직면한 국민들의 삶은, 언제나 각성하게 하는 이런저런 흐름이 나타나는데, 지혜는 도덕적 어둠으로부터 출구를 찾도록 촉구했다.

독일 이주민들인 메노파교인, 루터교인, 개혁교인은 깊고 거룩한 삶을 추구하는 영적인 공통성이 있었다. 카레프의 견해에 의하면 여러 종류의 다른 사람들도 있었다. 완고하고 형식적인 그리스도인은, 국가교회 교인들과 영적인 면에서 전혀 구별되지 않았다. 로르바흐와 보름스의 본캠퍼, 노이코프눙의 루터교인 뷔스트에게서 알 수 있는 낮은 수준의 개혁파 신자를 생각해 보면 충분하다. 신메노파가 메노파 교회를 떠난 주된 이유는 다음과 같은 그들의 고백에서 입증된다. "우리 국민의 일상생활에서 일과 행위가 기존의 교리 규칙과는 동떨어져 있어서, 우리가 영적으로 죽은 자임을 인정한다. 그와 같은 땅에 살아있는 복음의 씨가 떨어졌다."

---

173. Tervits YA. E. Istoriya baptistskoy tserkvi Latvii. Spravka, 1972. Arkhiv VSEKHB.[테르비스 야., 예., 라트비아 침례 교회 역사. 참조, 1972. 침례교총회 문서보관소]

복음주의 침례교 형제회 발전에 있어 외국 및 지역 독일인 설교자들의 역할

러시아·우크라이나 복음주의 침례교 형제회를 돌아보면 러시아인과 우크라이나인에게는 축복받은 다음과 같은 복음 사역자들이 있었다. 본켐퍼와 그의 아들, 뷔스트, 레드스톡 경, 온켄, 칼나이트, 윌러, 웅거, 프리츠카우, 베데커 박사 등이다. 형제회 형성에 있어서 그들의 노력과 역할은 무시될 수 없다. 동시에 우리는 알렉시 주교와 다른 연구자들의 활동 평가에 동의할 수 없다. 알렉시 주교는 공식 문서의 사실을 근거로 러시아의 시계파와 침례교 출현에서 중요한 역할의 주요 요인은 온켄이 주도한 외국인(방문) 선교사들의 활동이라고 결론지었다. 그러므로 남러시아 시계파의 등장이, 깊은 민족정신에서 나온 자주적 현상이고 독자적인 산물이라면, 그에 관한 투쟁은 높은 수준과 심각하고 어려운 작업이 될 것이다. 여러분도 알다시피, 선교사 추방, 신자 박해, 지도자 유배 등으로 그들이 원하는 결과를 얻지 못했다. 러시아를 향한 복음전도의 문은 하나님 자신에 의해서 열렸고, 아무도 그 문을 닫을 수 없었다(계 3:8, 고전 16:9).

반세기의 역사(1867~1917)는 알렉시 주교가 던진 질문에 관한 확실한 답을 주었다. 60년대에 시작된 복음주의 운동은, 하나의 강줄기(공동체)에서, 1917년 무렵 강한 급류로 바뀌어, 총 15,000명의 신자가 있는 약 2천 개의 지역 공동체가 되었다. 본켐퍼는 우신스키 사제와 인터뷰에서 다음을 지적했다. 독일계 시계파는 정교인들이 개신교로 바뀌는 것에 전혀 개인적인 관심을 가지지 않았고 가질 수도 없었다. 그것에 대해서는 의심할 필요가 없다. 성서와 기독교적 생활방식을 가르쳐 달라고 요청한 러시아의 일반인들을 멀리하지 않았다고, 독일계 시계파를 비판할 수 있는가? 당시 남부 우크라이나 내 독일 정착지의 영적 생활은 수천 킬로미터 떨어진 고향에서 분리되어 언어 장벽에 의해 외부 세계로부터 보호받는 사람들의 닫힌 작은 세계였다. 그 장벽이 이제 막 극복되었다.

파블로프는 독일인 정착민에 대해 다음과 같이 기록했다. 그들은 특별한 종교 전파를 하지 않았지만, 깨달은 사람들로서 자신들의 종교적 견해의 본질을 일하는 사람들에게 알리려 했다. 파블로프와 이바노프는 독자적인 침례교 운동 형성에 관한 그들의 이바지도를 평가했다. 그들은 외부적인 자극을 주었고 조직 문제에 있어서 러시아 침례교에 큰 봉사를 했다. 영국에서 체르트코바의 초대로 도착한 레드스톡 경은 예외이다. 상류층 응접실에서 진행된 영어와 불어 설교는 처음에 큰 부흥을 이루었고, 나중에는 독립적으로 모든 계층으로 퍼져 나갔다.

또 하나의 측면을 주목할 필요가 있다. 러시아 복음부흥운동의 참여자들은 서로 다른 교리와 다양한 민족에 속한 신자들로서, 그리스도인의 교제와 신실한 형제애와 그리스도 안에서의 연합을 위해 새로운 가능성을 열었다. 다른 복음주의 사역자들로부터 받은 영향은 러시아 · 우크라이나 복음주의 침례교 운동을 풍성하게 했다.

제3장
1882~1905년의 복음주의 침례교 형제회

역사적 상황

19세기의 80년대는 젊은 러시아・우크라이나 형제회 생활에서 새로운 시기가 시작되었다. 이 기간은 형제회 신자들의 생애에서 고통과 상실과 슬픔의 시대로 구성된다. 이 시대의 구별되는 특징은 신자들의 신실함을 갑자기 시험하게 된 것이다. 신자들의 박해를 주도한 대표적인 사람은 콘스탄틴 페트로비치 포베도 노스체프(1827~1907) 종무원장이었다. 가끔 그때를 포베도 노스체프스키 시기라 부른다. 기간은 25년 동안 지속되었고, 3기로 나눌 수 있다. 1880~1893년은 신자별 박해기, 1894~1896년은 혹독한 박해기, 1897~1905년은 약화된 박해기이다.

종무원

가장 거룩한 행정부의 종무원은 1721년 1월 표트르 1세에 의해 총대주교의 영적 권위와 정교회의 뜻에 반하는 지방회의를 대체하면서 러시아에서 설립되었다. 종무원은 고등교육 기관을 대표하고, 교회 업무를 책임지며, 왕에게 복종했다. 종무원은 정교회 신앙의 보호와 전파와 관련 문제에 관한 입법권 및 법적 권리를 누렸다. 종무원 회원들은 국가적 성격을 띠었고 간접적으로 교회에 관련된 입법 계획의 초안 작성에 참여했다. 영적인 문제와 관련있는 총회의 입법 업무는 왕의 승인을 받아야 했다.

종무원의 감찰 행위는 위원회와 장관협의회에서 교회를 대표하는 종무원 국무서기가 맡았다. 표트르 1세에 의해 출판된 법령에 따르면 종무원 국무서기는 왕의 눈과 국가업무의 변호인이었다. 종무원 활동에 관한 국무서기의 권력은 확장과 제한의 시기가 있었다. 종무원은 항상 권력에게 독립과 제한을 추구했다. 시간이 지남에 따라 종무원장의 부서별 권한이 종무원 아래 일부 기관으로 확산되었고, 그의 명성이 높아졌다. 1835년부터 영성부서 대표를 맡은 국무서기는 국무회의와 종교담당 각료위원회에 초청되었고 결과적으로 성직자 대표를 대신했다. 1803년에서 1817년까지 국무서기는 비밀위원 골리친 백작이었다. 복음부흥 기간은 톨스토이(1856~1862) 백작, 그후는 아흐마토프(1862~1865) 총독과 톨스토이(1865~1880) 백작이었다. 1880년에는 전문 비밀자문관이자 모스크바 대학교 민법교수인 포베도노스체프가 재임한다. 알렉산더 2세의 통치 기간 중 1880년까지 그는 사회주의 정치개혁을 강하게 반대하면서 전제 정권의 지지자 역할을 수행했다. 그는 알렉산더 3세 황제의 가신으로, 황제에게 법을 가르쳤고, 황제와 행정부에 상당한 영향력을 끼쳤다. 그의 영향력은 부정적이었다. 까닭없이 그를 로마노프 왕가 마지막 두 황제의 악의 천재라고 말한 것이 아니었다. 25년 동안 재직하면서, 포베도노스체프는 사회적이고 종교적인 자유로운 의사 표현에 대해 완강한 투쟁을 했다. 러시아 교회 개혁회의 자문관인 헤르만 달톤은 포베도노스체프에 대해 다음과 같이 말했다. 러시아인 특유의, 타인을 향한 은혜로운 성격(자비)으로, 사람들에게 고통스런 광경을 보여주었다.[174] 취임 직후 포베도 노스체프는 러시아 침례교, 시계파, 레드스톡파(파시코프파)의 산맥을 깨뜨리는 임무를 스스로 설정했다.

1883년 5월 3일자 법령

1880년 5월 포베도노스체프는 파시코프와 협력자들의 설교활동을 제한하는 제

---

174. Dal'ton G. Otkrytoye pis'mo ober~prokuroru... K. P. Pobedonostsevu, s. 13. [달톤 지., 종무원장 포베도노체프에게 보내는 공개 편지 ... K. P. Pobedonostsev, p.13.]

안을 기록한 충성 메모를 제출했다. 수도의 북부에서 시작된 상류층과 정부 관료의 새로운 분열이 농민 속에서 등장한 남서부 시계파(침례교~저자 주)와 만남은 더욱 위험하다. 아직 시간은 있다. 파시코프파와 유사한 모임을 억제하고 더 이상의 새로운 분파와 분열의 확산을 예방하고, 러시아에서 교회와 국가의 불가분의 관계에 대해, 지금부터 무관심하지 않도록 하는 조치를 지체없이 취해야 한다. 구체적으로, 그는 다음과 같이 제안했다.

스스로 조직된 기도회와 파시코프의 설교를 금지한다. 파시코프를 러시아 영토로부터 잠시 완전히 격리시킨다. 상트페테르부르크와 러시아 국내에서 나타날 다른 비슷한 모임과 설교에 대해 반대하는 주의 조치를 취한다. 레드스톡의 러시아 입국을 금지한다.

1882년 4월 포베도노스체프는 내무장관에게 보낸 보고서에 상트페테르부르크와 주변 지역에서 파시코프와 보브린스키가 행한 광범위한 전도 활동에 관한 언급을 했고 그들의 해외 추방을 주장했다.[175]

내무부는 1882년에 포베도노스체프가 참여하여 마코프스키 공문의 해설서를 준비했는데, 침례교 공인에 관한 법령은 정교회에서 나온 사람들에게는 적용되지 않는다고 명시했다. 당시 러시아인 시계파와 침례교도들은 다른 법의 적용을 받았다. 1883년 5월 3일, 모든 종파의 분열주의자들에게 예배할 권리를 부여하는 것에 관한 국무위원회의 견해가 공표되었다.[176] 신법 5조의 내용은 다음과 같았다. 분파주의들은 개인 주택 및 특정 건물에서의 그들의 의식에 따라, 공적 기도를 하고, 영적 요구를 수행하고, 예배를 수행할 수 있는데, 그것을 위한 필수 조건은 교구의 공공질서와 일반 규칙을 위반하지 않아야 한다.

마지막 조항은 이단에 연루된 시계파, 침례교, 파시코프파에 관한 거의 무제한의 의 추적 가능성을 주었다. 한 손에는 자유를 대표하고, 다른 한 손에는 자유의 박탈

---

175. *Svedeniya o sekte pashkovtsev.* [파시코프 분파에 관한 정보. 항목 1]
176. Yepiskop Aleksiy. *Materialy dlya istorii...* s.312. [알렉시 주교, 역사 자료... p.312]

이 발표되었다. 조항은 세속적인 권력과 교회 권력 모두가 이용했다. 신법은 바로 상트페테르부르크 복음주의 지도자들에게 적용되었다. 파시코프와 협력자에 관한 경찰의 감찰이 시작되었고, 미행과 도청까지 이루어졌다. 많은 신자는 다양한 심문과 회유를 당했고, 일부는 도시를 떠나지 않겠다는 서약서 제출의 의무가 있었다.[177]

제1차 총회

상트페테르부르크 총회

1884년에 코르프는 다음과 같이 회상한다. 주님께서, 러시아의 모든 신자가 연합하여 서로를 알고 협력할 수 있도록, 파시코프의 마음을 움직였다.[178] "그 첫 번째 시도는 복음주의 기독교인들인 파시코프파, 시계파, 침례교, 메노파 형제회, 복음주의 기독교 자하로프파 등을 친교를 위해 모으려는 것이었다. 1884년 3월 24일 다음과 같은 초안을 작성하여 총회에 초청장을 보냈다.[179]

> 상트페테르부르크, 1884년 3월 24일
> 친애하는 형제들! 우리 주 예수 그리스도는, 그의 교회를 위해, 자신을 헌신하고, 죽음의 십자가에 나아갈 준비를 하고, 한 알의 겨자씨처럼, 땅에 떨어져 죽고, 혼자 남아 있지 않고, 많은 열매를 맺기 위해, 그의 소중한 소망을 표현한 죽음 직전의 기도로 아버지께 간구했다.
> 주님은 처음에 주님을 따랐던 사람들뿐만 아니라, 주님의 말씀에 따라 주님을 믿는 자들을 위해 모두 하나가 되라. 그러면 완전히 한몸이 될 것이라고 말씀하면서 기도하고 계신다. 1800년 전 그의 교회에 전해진 그리스도의 유언은, 아직도 성취되지 않았다.

---

177. Prugavin A. S. *Raskol vverkhu*, s. 201~204.[프루가빈 아.에스., 상류층 분열, p.201~204]
178. Korf M. M. *Moi vospominaniya*. [코르프 엠., 엠., 회고록]
179. *Svedeniya o sekte pashkovtsev.* Arkhiv LPDA, 92683, razdel 5.[파시코프 분파 정보, 레닌그라드 정교회 신학교, 문서보관소, 번호. 92683, 항목 5]

주님은 여전히 주님의 뜻을 성취하시기를 아주 분명히 기다리고 계시고, 주님의 지상 생활에서 마지막 보살핌의 주제였던 의지를 강하게 표현하고 계신다. 사랑하는 형제 여러분, 그리스도의 몸인 여러분, 한 성령으로 충만하여, 그분과 한 몸을 이루는 우리, 곧 아버지와 아들과 대화하기 위해 부름받은 우리는 그리스도께서 그의 몸이 하나로 완성되는 것을 갈망하고 계심을 기억하시라. 교회의 머리되신 분의 유언을 가져와 이행할 때라고 생각하지 않는가?

만약 모든 지상 교회 연합의 성취가 우리에게 달려있지 않다면, 최소한 우리는 주님께서 우리를 세우신, 그리스도 교회의 연합을 증진할 의무가 있다. 우리는 형제 여러분에게 제안한다. 그리스도 교회의 하나 됨의 완성을 위해 주님께서 제시하신 방법으로, 주님 앞에서 함께 기도하는 마음으로, 주님의 보호자들에 의해 성령께서 주신 사람들 가운데 한 사람을, 여러분의 교회에서 보내 주시라.

형제들이여, 그리스도께서 하나님의 흩어진 자녀들을 하나로 모으고, 한 목자가 있고 그들 가운데 한 무리를 구성하도록 죽으셨다는 것을 기억하시라. 주님은 세상에서 하나님의 영의 일치를 지키도록, 우리를 가르치기 위해 자신을 중심으로 우리를 모으신다.

우리는 다음 달 1일까지 약 8일간 상트페테르부르크에서 모일 예정이다. 방문객은 첨부된 주소지에서 건물을 찾을 수 있다. 교회에서 파송한 형제들의 수도 체류 비용은 제공하지 못하지만, 개인 비용이 없는 사람들을 위한 무료 숙소를 찾을 것이고, 숙소 가까운 곳에서 식사를 제공할 것이다. 가능한 신속하게 등기우편으로 파송할 형제의 이름을 다음 주소로 알려주기 바란다. 마리야 이바노브나 이그나티에바, 비보르스카야, 로마나야 골목길 파시코프 집 3번지 교회에 남은 형제들에게, 주님께서 상트페테르부르크 기도회를 지원하고 참석자들과 다른 이에게도 동일한 주님의 축복이 임하도록 성령께서 도와주실 것이다.

서명 : 코르프 백작, 파시코프

4월 1일까지 70명이 넘는 대표단이 상트페테르부르크에 도착했다. 전체적으로 약 100명이 총회에 참여했다. 총회는 러시아 복음주의 운동사에 특별한 자리를 차지한다. 참가자 대부분의 마음에 대회는 매우 희망적인 기억을 남겼다. 파블로프는 하나님 자녀들의 모임에 관한 특별한 따뜻함으로 반응했다. 나는 파시코프 형제 집에서 모인 첫 번째 총회를 기억한다. 총회를 생각보다 빨리 끝내야 했지만, 의미가 있었다. 연합에 관한 개념은, 의심할 여지없이, 러시아 신자들의 마음에 더 가깝게 되었고, 형식적이 아닌 영적인 관계는, 총회 내내 계속되었으며 멈추지 않았다.[180]

총회 회의록은 보존되지 않았고, 내용은 시행되지 않았다. 그런데 참가자들의 회고록과 기록에 의해 총회의 진행 과정을 복원할 수 있었다. 파블로프의 수첩[181] 기록과 그 뒤의 기억이 보존되어 있다.[182] 그는 총회 첫날을 이렇게 묘사한다. "우리는 4월 1일 오전 10시에 상트페테르부르크에 안전하게 도착했다. 그날 우리는 집회 장소를 찾아 출발하여, 집회 장소인 공작부인의 집을 찾았다. 그곳에 도착하니 성찬식에 참여하는 100여 명이 모여 있었다. 참석자 대부분이 믿음으로 침례를 받지 않았기 때문에 우리는 참석하지 않았다."

침례교도는 우리를 제외하고, 타우리드 현의 콜로디, 발리힌, 헤르손 지방의 라투시니와 랴보샤프카, 오데사의 독일인 설교자 리비히와 불가리아의 카르겔, 아제르바이잔 타브리즈 이스테이 도시의 미국 선교사 베데커와 래드클리프가 참석했다.[183] 저녁식사 후 같은 장소에서 집회가 있었다. 누구도 제안하지 않았고 필요를 느낀 사람들이 말하고 기도했다. 집회의 목적이 연합이었기 때문에, 나도 주제에 대해, 사도행전 2장 24절에 기초하여 말했다. 당시 그

---

180. *Bratskiy listok*, 1907, 1, s. 23. [형제들 신문, 1907, No. 1, p.23.]
181. *Svedeniya o sekte pashkovtsev*. Arkhiv LPDA, 92683, razdel 4.[파시코프 분파 정보, 레닌그라드 정교회 신학교, 문서보관소, 번호. 92683, 항목 4
182. Pavlov V. G. Vospominaniya ssyl'nogo; Pavlov V. G. Pravda o baptistakh. ~ Baptist, 1911, 41~47. Sobraniye rukopisey po sektantstvu V. D. Bonch~Bruyevich, ROMIRA(近京隙, 愛惟婭卻渾 較鴨 驚銳 희桎 烏 給泣爐 쟌堰傲絲 종교무신론 역사박물관 수기자료부 현재는 국립종교사박물관(GMIR), 이하 GMIR국립종교사박물관으로 줄임. 역자 주), [파블로프 베.,게., 유배자의 회고록; 파블로프 베.,게., 침례교의 진실.~ 침례교도, 1911년, p.41~47. 종파별 집회 수기자료, 본치~브루예비치, 국립종교사박물관]
183. Na s"yezde byli takzhe I. Viler, K. Bogdanov, YA. Delyakov. [대회에 윌러 이., 보그다노프 카., 델야코프 야.,도 참석했다.]

리스도인의 연합은 성령이 만들었고, 기초는 사도들의 교리였다. 우리도 다른 방법이 아니라, 그렇게 성령의 부어 주심을 구하고 사도들의 교리로 돌아가면 연합을 달성할 수 있을 것이다.

총회 회의 중 한 번은 리벤 백작부인의 궁에서 진행되었고, 다른 한 번은 코르프 백작의 집에서 진행되었다. 우리는 파시코프 집에 모였다. 회의에는 다양한 배경의 사람들이 참석했다. 회의를 마친 후, 일반적인 저녁 식사가 준비되었다. 5일 동안 형제들의 교제는 자연스러운 환경에서 복음 진리와 쟁점에 관한 이해를 표현할 기회를 가졌다. 참석자들은 상호 이해와 존중으로 표현된 성령의 바람을 느꼈다. 어떤 문제에 관한 큰 의견차가 나타났을 때조차도, 형제애 정신은 친근하고 즐거운 한 가족으로 연합되는 것을 예고하는 것으로 보존되었다. 형제들은 개인 주장으로 인해 서로가 마음이 상하지 않도록 노력했다. 셋째 날에 침수침례에 관한 문제가 논의되었다. 파시코프, 베데커, 래드클리프 형제들 사이에서 의견 차이가 나왔을 때 그것에 대해 더 논의하는 것은 상호 불만을 가져올 수 있다는 것을 깨닫고, 아직 익숙하지 않은 문제는 의제에서 뺐다. 대회에서 복음 전도와 관련된 실제적인 질문, 하나님의 나라에 관한 메시지의 일반적인 전파 방법, 설교자에 관한 재정지원, 자매들의 설교 사역 등을 다루었다. 이와 관련하여 설교자에게 재정적 지원이 필요하고 재능있는 자매에 관한 설교를 허용한다.는 결정이 만장일치로 받아들여졌다. 그런데 참가자들은 계획된 총회 프로그램을 완수할 수 없었다.

총회에 참석한 대표들은 4월 6일 체포되어 페트로파블로프스키 요새로 보내졌다. 그들은 허무주의 조장과 수색 중에 호텔에서 발견된, 비밀조직의 편지와 인쇄된 문서를 보관했다는 죄목으로 심문을 당하고 서둘러 재판을 받았다. 수사와 재판은 대회 참석자들에 대해 제기된 혐의를 입증할 수 없었지만, 그들이 상트페테르부르크에서 법적인 문제가 없었기 때문에, 즉시 수도에서 추방되었다. 헌병들이 동행하여 그들을 기차역으로 이동시켰고, 기차표를 구입하여 각자 집으로 출발시켰고, 수도에서 다시 발견되면 체포되어 처벌될 것이라고 경고했다.

캅카스에서 총회에 참석한 사람이 이 사건에 관해 말했다. 그는 리가행 기차표를 구했지만, 첫 번째 역에 도착하여 기차에서 내렸고, 상트페테르부르크로 돌아와 당황하고 긴장한 파시코프와 코르프 형제에게 다음 회의에 타 지역 형제들이 불참한다는 이유를 말했다. 이렇게 총회가 끝나고 러시아에서 복음적 고백에 관한 그리스도인의 연합에 관한 질문이 처음으로 널리 논의되고 해결되었다.

노보바시릴리예프카 총회

1884년 4월 30일부터 5월 1일까지 타우리드 지방 베르단스크 지구 노보 바시릴리예프카 마을에서 러시아 침례교 단독 첫 번째 총회가 열렸다. 총회에는 12개 공동체에서 33명이 대표가 참석했고, 6명의 손님과 노보바시릴리예프카 회원도 있었다. 공동체 대표의 명단은 노보바시릴리예프카, 아스트라한카, 노보~스파스키, 크림의 테미르하지, 몰로찬스크의 독일계, 아인락의 러시아계, 노보 소피예프스코이, 류보미르카, 카를로프카, 오스노바, 상트페테르부르크이다. 총회에 캅카스 지역 공동체의 대표가 불참했으나, 전도에 관한 의미있는 제안이 포함된 편지를 총회 주소로 보냈다. 총회에는 자하로프가 이끄는 복음주의 기독교 자하로프 파 신도들이 손님으로 참석했다.

복음전파의 문제가 주로 논의되었고, 지역 공동체의 구조와 활동에 대해서도 질문이 제기되었다. 4월 28일 대표단 예비회의에서 윌러가 총회 의장으로 선출되었고, 카르겔이 총무로 후포하닌과 콜로스코프가 서기로 선출되었다. 총회 의제는 24개의 제목이 있었다. 중요한 것은 복음전파에 관련된 것이었다. 문제에 대하여 논의를 시작하기 전에 의장은 총회 참가자들에게 평화와 질서를 유지할 필요성을 강조하고 논란을 피하도록 촉구했다. 모든 모임은 찬송가를 부르고, 하나님의 말씀을 읽고, 기도로 시작되고 끝났다.[184]

복음전도의 질서를 정하기 위해 총회는 복음 전도자의 활동 권역을 정하고 해당 위원회를 만들었다. 위원은 위원장 윌러, 회계 이삭과 일부 회원으로 구성되었다. 결정된 활동 권역은 다음과 같다. 헤르손 권역은 오데사, 아나예프스키, 헤르손, 엘

---

184. Polnyy tekst protokola sm.: Yepiskop Aleksiy. Materialy dlya istorii... s. 569~584.[서기록 전문은 알렉시 주교의 역사 자료를 참고하라. ... p.569~584.]

리자벳그라드이었다. 키예프 권역은 타라샤, 즈베니고로드군, 체르니 히우, 노브고로드~세베르스키, 예카테리노슬라프군, 알렉산드로프스키, 예카테리 노슬라프, 타우리드현이었다. 캅카스 권역은 블라디캅카스와 인근 지역, 티플 리스와 남캅카스, 쿠반, 흑해 연안이었다.

임명된 권역별 사역자들은 라투시니, 홀스턴, 랴보샤프카, 콜로딘, 스토얄로프, 쿠시네렌코, 이바노프, 파블로프였고 쿠시네렌코는 특별한 사명을 맡았는데 스타브로폴에 거주하는 채찍파에게 전도하는 것이었다. 복음전파를 위한 새로운 지역은 스타브로폴 지역이었다. 1882년에 쿠시네렌코 장로가 인도하는 큰 그룹의 신자들이 헤르손 지방에서 스타브로폴로 이주했다. 지역의 복음을 전파를 위해 총회는 8명의 형제를 보냈는데, 그 중 한 사람이 스타브로폴의 채찍파 속에서 일하기 시작했다.

총회 참석자들은 신자의 내적인 영적 생활의 중요한 측정수단으로서 자발적인 헌금의 중요성에 대해 깊은 관심을 가졌다. 선한 일을 지원하기 위해서 모든 형제 회원들에게 그런 마음을 일으키도록 하는 것이 필요하다고 회의록에 기록되었다. 총회는 또한 공중부양파의 정신, 장로 임직, 세족식, 침례 문제에 대해 동의하지 않은 사람들과의 공동 성찬식에 대해서도 논의했다.

공중부양파 행동은 잘못된 것으로 판단했다. 안수받지 않은 장로는 안수를 권고했고, 성찬식 때의 세족식은 각 공동체에게 재량권을 주기로 했다. 상트페테르부르크 총회에서와 같이, 총회는 만장일치로 유아 세례자와 일반적 침례자의 공동 성찬식에 관한 질문은 주님으로부터 아직 명확히 이해하지 못한 사람들을 위해 남겨두기로 했다. 그러나 그리스도의 몸의 일치를 더 분명하려면, 특별 기도의 대상으로 삼고 주님께 간구하라고 권고했다.

지방 교회들이 결정방법에 대해서도 주의를 환기시켰다. 총회에서 결성된 러시아 남부와 캅카스 침례교 연합회장으로 선출된 윌러의 제안에 따라 다음과 같은 결정이 채택되었다. 연합회의 주요 목적이 복음전파에 있기 때문에 모든 공동체는 필수적인 복음 전파와 관련된 문제를 고려해야 한다. 교리와 관련된 문제에서 만장일치를 갖는 것이 바람직하다. 교리에 명시되지 않은, 지역 교회와 관련된 질문은, 교회의 재량에 맡긴다.

마지막 회의에서 주님께 깊은 감사의 마음을 전한 총회 참석자들은, 상트페테르부르크 신자 공동체 대표인 카르겔에게, 연합회의 재정부에 보낸 상당한 헌금에 대해, 진심 어린 감사를 표했다. 총회 참석자들은 독일인 공동체의 형제들에게 전도 활동을 위한 후한 헌금에 특별한 감사를 표했다. 이렇게 러시아 침례교회의 첫 번째 총회가 축복을 받았다. 총회의 결정은 다가오는 기간 동안 러시아·우크라이나 복음주의 침례교 형제회의 발전 방향을 결정했다.

사역 과정의 고난

파시코프와 코르프의 국외 추방

1884년부터 포베도노스체프는 강한 소망을 가지고 침례교, 시계파, 파시코프파 퇴치를 위해 계획된 프로그램을 시행하기 시작했다. 황제는 1884년 5월 24일에 영적도덕적 독서장려회 협약 폐지와 제국 전역에 확산되는 파시코프 가르침의 중지 조치에 관한 포고령을 내렸다.[185] 일반인에게 복음을 전하기 위해 노력을 많이 했던 장려회는 폐쇄되었고, 출판된 브로셔와 책은 금지되고 몰수되었다. 파시코프와 코르프에게 복음서 배포, 종교도덕적 소책자와 모든 형태의 전도를 중단하라고 요구했다. 요구에 대해 파시코프가 이렇게 대답했다. 나는 브로셔 배포하는 것은 중단할 수 있다. 왜냐하면, 그것은 대체로 죽어야 할 사람들이 만들어 낸 결과이기 때문이다. 그들의 유용성은 개별적인 경우에 반박될 수 있다. 복음전파와 거룩한 복음을 포기하는 것은 나의 힘을 초월한다. 내 의견으로는, 그러한 요구는 그리스도교와의 모든 관계가 어떤 이유에서 끊어진 사람들에 의해서만 나타날 수 있다. 왜냐하면 복음은 알다시피, 우리 모두가 따라야 할 의무가 있는 그리스도의 진실된 가르침이 담겨있기 때문이다.[186]

발표 후에 파시코프는 즉시 그리고 영원히 러시아를 떠날 것을 명령받았다. 당

---

185. Terletskiy G. *Sekta pashkovtsev*, s. 78. [테를레츠키, 파시코프 분파, p.78.]
186. Prugavin A. S., *Raskol vverkhu*, s. 201~214.[프루가빈 아., 에스., 상류층의 분열, p. 201~214]

시 황제 마을에서 가족과 함께 살았던 코르프도 추방을 당했다. 그들은 출국 준비 기간을 14일 동안만 허락받았다. 1884년 6월 27일 코르프는 그의 가족과 함께 황제 마을을 떠났고, 그 후 출국했다. 그는 파시코프와 그의 가족이 일시 체류하고 있던 파리에 정착했다. 파시코프는 1892년(다른 출처는 1893년)에, 상트페테르부르크를 다시 방문할 수 있었는데, 그의 아들이 아파서 특별 허락을 받았다. 파시코프의 방문은 신자들에게 커다란 기쁨과 격려가 되었다. 리벤은 다음과 같이 회상한다. "저녁 집회였다. 갑자기 문이 열리고 키 큰 사람이 들어왔다. 나는 노인이라 생각했는데, 바로 모든 사람의 눈길을 끌었고 존경을 받았던 파시코프였다. 참석자 모두가 일제히 일어섰다. 나는 그의 경건한 기도가 나와 다른 사람들에게 감동을 주었던 것을 결코 잊을 수 없다. 마치 그는 그때 가장 가깝고 놀라운 사람이었으며 개인적으로 하나님과 이야기하는 것처럼 보였다. 마치 보이지 않는 분을 보듯이, 그는 말했다. '주님! 당신에게 완전히 맡긴 소수의 사람을 통해 러시아에서 할 수 있는 것을 보여주십시오.'"[187] 파시코프의 집에서 있었던 기도 모임의 소문이 퍼지자, 황제는 그를 불러서 이제는 떠나가서 러시아 땅에 다시는 들어오지 말라!고 강하게 불만을 표명했다.[188] 파시코프는 1902년에 고국으로부터 멀리 떨어져 사망했다. 파시코프와 코르프를 추방한 후 복음 활동을 중단하라는 요구가 리벤에게 전달되었다. 리벤의 딸은 다음과 같이 회상한다. "그 일이 얼마 지나지 않아 황제의 부관참모가 어머니께 와서, 어머니 집에서 진행되는 집회가 중단되기 원한다는 황제의 의지를 전달했다. 항상 이웃 사람들의 영혼 구원을 위해 돌보시는, 나의 어머니는 부관에게 처음에 그의 영혼에 관해 이야기하고, 하나님과 화해의 필요성을 설명한 다음, 복음서를 선물했다. 그 후 황제의 지시에 대해 대답했다. '황제에게 물어보시오. 내가 누구의 말을 더 순종해야 하는지, 하나님인지 황제인지?' 독특하고 매우 용감한 질문에 대해 어떤 대답도 없었다. 우리 집에서 행해졌던 집회는 예전처럼 계속되었다. 나중에 황제가 어머니께 대답을 전달했다. 그녀는 과부이니, 그녀를 그냥 두라. 그런데, 나중에 알게 되었는데, 리벤과 체르트코바의 추방 계획이 있었다. 그러나

---

187. Liven S.P., *Dukhovnoye probuzhdeniye v Rossii*. [리벤 에스.,페., 러시아의 영적 부흥]
188. Tam zhe, s. 61. [위의 책, p.61]

주님께서는 무방비 상태의 약한 두 명의 과부에 관한 그의 관심을 보여 주셨다." 상트페테르부르크 신자 모임은 수년간 지속되었다.

상트페테르부르크 공동체의 생활

파시코프와 코르프가 추방된 후, 신자들은 리벤의 집에 계속 모여들었다. 하나님의 말씀을 아는 형제들은 얼마 되지 않았다. 당시 보브린스키는 툴라 지방의 영지에서 주님을 위해 살면서 생활했다. 상트페테르부르크에는 매우 드물게 나타났다. 모임은 리벤 자매와 체르트코바 자매가 가장 많이 주도했다. 설교는 서투른 공장 노동자들에 의해서 행해졌지만, 주님을 향한 뜨거운 사랑으로 움직였고, 그들은 청중을 격려했다. 때때로 핀란드에 거주하는 카르겔이 왔다. 그의 방문에는 특별한 축복이 동반되었다. 그는 상트페테르부르크에 영구적으로 살도록 초청되었다. 카르겔과 그의 가족은 리벤의 집에 정착했고, 그는 터키 시민권을 가지고 있어서, 어려움 없이 공동체에서 일할 수 있었다. 1877년 영국에서 도착한 베데커 박사가 상트페테르부르크에서 많은 일을 했다. 신자들은 그를 사랑스럽게 '할아버지'라고 불렀다. 카르겔과 베데커의 대화와 설교는 기본적으로 교훈적 성격이었고, 그들은 주님에 관한 지식을 깊게 했으며 성화를 권했다.

나중에 소규모 집회가 도시의 다른 지역에서 개최되었다. 신자들의 모임 장소가 자주 바뀌었다.[189] 집회 장소 중 한 곳은 헌병대장 슈발로프(슈발로프의 아내와 마부와 하인들은 신자였다) 마부의 지하실이었다. 지하에 있던 군대 학교의 식당봉사자의 방은 한 때 신자들을 위한 피난처 역할도 했다. 거기서 서로를 잘 아는 신자들이 25명까지 모였다. 이 작은 공동체에 20세의 프로하노프(1869~1935)가 자주 방문했다. 당시 그는 공과대학교 학생이었다. 보통 집회에서는 2~3명의 형제가 짧은 설교를 했고, 그 후 신자들은 기도하고, 성경을 읽었는데, 무엇보다도 공동체는 찬송없이 진행했다. 집회에서 성찬식이 실시되었다. 상트페테르부르크를 떠나야만 했던 신자들 또한 계속되었다. 보브린스키에 대해서는 이미 앞서 언급했다. 그와 함께 열

---

189. Liven SP. Dukhovnoye probuzhdeniye v Rossii.; Prokhanov I. S. Avtobiografiya. Yevangel'skaya vera, 1934. [리벤 에스.,페., 러시아의 영적 부흥; 프로하노프 이.,에스., 자서전. 복음주의 신앙, 1934년

정적으로 그의 아내도 일했다. 툴라주 크로피 브니츠코예 지구의 세르기예프스키 마을에서 가가리나 자매가 복음을 전했다. 체르트코바의 노력으로 그녀를 통해 회심한 여자 농민 예셴코는 보로네시 지방의 오스트로고즈스키 지역에 있는 페를리 마을에 복음주의 기독교 공동체를 조직했다.

비시니 볼로츠크에서는 구원의 복음이 은퇴한 단과대학장인 우시코프에 의해 전파되었다. 파시코프가 시작한 복음전파는 니즈니노브고로드, 오렌부르크 및 트베리 영지에 울려 퍼졌다. 니즈니노브고로드 지방의 베토시키노 마을에서 파시코프의 일은 펠톤 영지의 관리자가 계속했다. 그러나 1887년 그는 러시아를 떠나야 했다. 파시코프의 니즈니노브고로드 영지에서 복음을 열정적으로 전파한 사람은 페테르부르크의 노동자 키르피츠니코프였다. 그에 관한 특별한 내용이 있다. 과거에 키르피츠니코프는 지독한 술중독자였다. 기적적으로 그의 아내가 믿음으로 병이 낫자 그도 믿음을 가졌다. 1887년에 복음전파의 죄목으로 키르피츠니코프의 부인이 미누신스크로 추방되었다.[190]

상트페테르부르크 형제들은 방문과 서신을 통해 지방 신자들과 관계를 유지했다. 신자들이 흩어져 있는 조건에서 이러한 접촉은 중요한 역할을 했다. 인쇄기관을 만들 필요가 생겼을 때 프로하노프가 주도했다. 1889년 그는 소규모 대담 잡지를 등사판으로 출판하기 시작했다. 잡지는 등기우편으로 주소가 확보된 신자 집단과 공동체와 시베리아 및 남캅카스로 추방된 형제들에게 보내졌다. 잡지는 신자들에게 격려와 기쁨을 가져왔다. 잡지 기고는 이바노프, 키르흐너 등이다. 원칙적으로 기고자는 가명으로 서명했다. 예를 들어, 프로하노프는 삭개오라는 필명을 사용했다. 잡지 출판에 적극 참여한 사람은 당시 상트페테르부르크에 살았던 메노파 파스트였다. 그의 집에 출판사가 있었다.[191]

---

190. Terletskiy G. Sekta pashkovtsev, s. 75~84. Pis'mo V. A. Pashkova grafu Dmitriyu Andreyevichu ot 3 avgusta 1887 g. Kopiya s rukopisi, Arkhiv VSEKHB. Liven SP. Dukhovnoye probuzhdeniye v Rossii, s. 19~23. Latimer R. S. Zhizn' i trudy doktora F. V. Bedekera[테를레츠키 게., 파시코프 분파, p.75~84. 파시코프가 1887년 8월 3일부터 드미트리 안드레예비치 백작에게 보낸 편지. 필사본 사본, 침례교 총회 문서보관소. 리벤 에스.페., 러시아의 영적부흥, p.19~23. 라티메르 엘.,에스., 베데커 박사의 삶과 사역]
191. Prokhanov I. S. Avtobiografiya; Kal'nev M. A. Nemtsy i shtundobaptizm. M., 1897, s. 11. [프로하노프 이., 에스., 자서전; 칼네프 엠.,아., 독일인과 시계파계 침례교. 모스크바, 1897, p.11]

우크라이나에서 신자의 생활

마코프스키 공문 설명이 인쇄된 후, 키예프 지방, 예카테리노슬라프 지방, 헤르손 지방의 침례교와 시계파에 관한 박해가 심해졌다. 헤르손 지방 출신의 형제 중 일부는 가족과 함께 스타브로폴 지역으로 이주했다. 그래서 폴타카 마을 공동체 목회자 쿠시네렌코와 공동체 회원인 부랴노프와 함께 보론춥스키 마을 근처의 땅을 구입했다. 얼마후 160가정이 그곳으로 이주했다. 그 결과 니콜스코예 마을이 만들어졌다.[192]

1882년에 포베도노스체프는 키예프 지방 주민 속에서 시계파 확산 보고서에서 다음과 같이 기록했다. "러시아 남부에 확산된 시계파는, 최근 완전히 새로운 의미를 부여했다. 남서부지역 주민에 큰 악영향을 끼치고 있고, 추종자에 관한 실제적이고 긴급한 조치를 취하는 데 반대하고 너무나 지연시켜서, 일반 국민의 종교적 관점을 흐리게 할 뿐 아니라 정부에 관한 불신과 불만을 주민 속에 심을 수 있다"고 강조했다. 황제용 결재 보고서에 다음과 같이 기록했다. '우리는 분명히 시계파와 침례교에 대해 아주 심각한 주의를 기울여야 합니다.'[193]

이와 관련하여, 지방 행정부는 시계파와 침례교(이 경우 침례교와 시계파의 차이 없음)에 관한 정보를 수집하기 시작했다. 시계파와 침례교의 주요 전파자 명단을 작성했다. 반면에, 많은 관리는 시계파와 침례교에 관한 혐의가 근거 없다는 비판을 지적했다. 티라스폴과 오데사 지구의 경찰서장은 1883년에 그의 보고서에 다음과 같이 기록했다. 모두 평등하고 영적 형제로 자신을 인식하고, 동시에 그들은 모든 당국자와 기관뿐만 아니라 지역 경찰과 마을 당국의 모든 지시와 명령을 확실히 이행한다. 심지어 많은 마을의 어른들, 백부장, 십부장을 시계파 가운데 선출했다.

경찰 지시의 유일한 후퇴(양보)는, 신자들이 복음서를 읽고, 기도하고, 찬양한다는 것이었다. 유사한 위반은 신자들이 공공사업의 의무를 지고 벌금이 부과된 것을

---

192. Zapis' so slov starozhilov sela Nikol'skogo Stavropol'skogo kraya; Yepiskop Aleksiy. Materialy dlya istorii... s. 326~28.[스타브로폴 지역의 니콜스키 마을 옛 거주자들 말 녹취; 알렉시 주교. 역사 자료... p.326~328.]
193. Zapis' so slov starozhilov sela Nikol'skogo Stavropol'skogo kraya; Yepiskop Aleksiy. Materialy dlya istorii...s.280~281. [스타브로폴 지역의 니콜스키 마을 옛 거주자들 말 녹취; 알렉시 주교. 역사 자료... p.280~281]

토대로, 경찰의 조서에 적시되었다.[194] 엘리자벳그라드 침례교도는 유해하거나, 위험할 수 없고, 그들은 의심할 필요없이, 종교 집단이고, 정직하고, 냉정하고, 근면하고, 검소하고, 합법적인 행정당국에 대해 존중하고 순종적이라는 증거가 보존되었다.[195]

그런데, 그런 증거에도 불구하고, 1884년부터 지역 위원회는 성직자의 영향을 받아 지역에서 모든 시계파와 침례교를 추방하는 요구 사항을 수행하기 시작했다. 요구 사항을 실행하기 앞서, 지방 당국자 대표는 헤르손 지방과 오데사 지방의 주교인 니카노르의 의견을 확인하기로 결정했다. 니카르노는 조치를 받아들이지 않았다. 그는 오류를 견딜 수 있는 설교와 설득, 사람들과 목회적 대화를 실시하는 것이 필요하다고 강조했다. 니카노르 주교가 관심을 기울인 중요한 것은 개인 생활의 모범으로 목회를 하는 필요성이다. 그것은 진실로 대부분의 목회자에게 부족한 부분이었다.

니카노르 주교는, 추방이 필요한 사람은 주요 유혹자로 헤르손 지방에 약 20명이 해당된다고 말했다. 포베도노스체프는 그들 가운데 라투시니, 랴보샤프카, 카푸스틴, 흘스툰, 발라반, 스트리군 등 11명을 추방하자고 제안했다.[196] 1886년부터 신자들의 집회는 수차례 백부장과 마을 어른들의 주도로 동네 주민들에 의해 거칠게 공격을 받았다. 예배자들은 예배를 위해 모인 집에서 쫓겨났다. 말뚝과 돌로 맞았고, 혹한에 옷이 반쯤 벗겨진 채 끌려 나왔다.

당국에 관한 불만은 원칙적으로 답변을 받지 못했다. 무법자들은 결코 처벌을 받지 않았기 때문에 과격한 행위를 하도록 조장했다.[197] 그러나 주님께서는 고난 속에서도 믿음이 강건해진 그의 자녀들을 버리지 않으셨다. 공동체는 성장했고, 새로운 공동체와 신자 그룹이 생겼다. 1884~1893년에 우크라이나의 기독교침례교인의 수가 2,006명에서 4,670명으로 두 배 이상 증가했다. 랴보샤프카, 라투시니, 랴

---

194. Tam zhe, s. 281~292. [위의 책, p.281~292]
195. Tam zhe, s. 288. [위의 책, p.288]
196. Tam zhe, s. 325. Chast' brat'yev byla soslana v 1889 ~ 1891 gody, [위의 책, p.325, 일부 형제들은 1889~1891년 기간에 유배되었다]
197. Tam zhe, s. 335,350,356,358,373.[위의 책, p.335,350,356,358,373]

소츠키와 다른 형제들이 전도 여행을 하면서 볼린, 체르니고프, 폴타바주와 다른 지역에 공동체가 생겨났다.[198]

제1차 반종파 선교사 총회

1887년 모스크바에서 종무원 지시로 제1차 반종파(반이단) 선교사 총회가 열렸다. 총회는 분열 방지에 관한 조치를 논의했다. 포베도노스체프가 총회 의견을 주도적으로 이끌었다. 총회 이후 복음주의 기독교침례회에 관한 박해가 심해졌다. 1889~1891년에 행정적인 추방지는 기류시, 남캅카스였고, 열정적인 전도자 랴소츠키, 카푸스틴스키, 흘스툰, 모로조프, 아이안축, 보툭, 본치-브루 예비치 등이 추방당했다. 수용소를 다음과 같이 묘사했다.[199] 남캅카스의 산들 중에는 기류시라고 불리는 가난한 마을이 있다. 가여운 타타르·아르메니아(아제르바이잔·아르메니아, 저자 주) 마을에는 아무것도 없었다. 러시아 행정부가 지정한 장소는 기독교인에게 괜찮은 결과가 되었다. 마을은 수시 지구 마을에서 100베르스타(약 100km) 거리에 위치해 있다. 도로는 위험한 암석과 가파른 경사면을 통과한다. 기류시에 도착하면 우편물 도로가 끝나고 더는 어디에도 연결되지 않는다. 주변에는 높은 불모의 산이 있고, 산 뒤에는 절벽과 협곡이 있어, 위로만 올라갈 수 있다. 마을 주민들은 매우 가난하여 입에 풀칠하고 산다. 왜냐하면, 토양이 돌로 된 불모지이고, 주민들은 곡물을 거의 심지 않는다. 곡물을 심었다고 해도 수확할 때, 산이 많은 지형이기에 수레나 짐마차로 곡물단을 운반할 수 없고, 당나귀에 짐받이를 설치하여 운반한다. . .

밀은 일반적으로 열악한 품질로 자란다. 토지가 농부의 일을 보상할 수 없기에, 주민들은 여름에 일하러 떠난다. 협소한 장소이기에, 일감이 부족한 것이 분명하다. 기류시에 소수의 관리가 있는데, 그들은 거의 가족을 부양하기에는 부족하고

---

198. Dragomanov M. Pro bratstvo khrestiteliv, abo baptistiv na Ukraini. Kolomiya, 1893; Nachalo yevangel'skogo dvizheniya na obshirnoy (togda) Volyni. Rukopis'. Arkhiv VSEKHB; Geroy very. Sazont Yevtikhiyevich Kapustinskiy. Rukopis'. Arkhiv VSEKHB. [드라고마노프 엠., 침례교 형제회 또는 우크라이나의 침례교. 콜로미아, 1893; 광관한(당시) 볼루니아에서 복음주의 운동의 시작. 필사본, 침례교총회 문서보관소. 믿음의 영웅, 사존트 예브티히예비치 카푸스틴스, 필사본, 침례교총회. 문서본관소]
199. Bonch~Bruevych V. D. Presledovanye baptystov... s. 15~20.[본치~브루예비치 베.,데., 침례교인의 박해..p.15~20]

자신만 겨우 풀칠할 수 있는 얼마 안 되는 수입으로 우리 형제들을 살피고 있다. 그들은 형제들이 돈벌이와 이동하는 것을 모두 허락하지 않고, 한 달에 3루블 60코페엑의 보조금을 주는데 너무 적다. 모든 것을 보면 정부의 목적은 형제들의 굳건한 신앙을 육체적, 도덕적 고통으로 흔들어서 정교회로 되돌아가도록 조장하는 것임이 분명하다.

프로하노프가 아버지 스테판 안토노비치의 유배지를 1899년에 방문하고, 유배지를 다음과 같이 묘사했다. '기류시는 정말로 러시아 전체의 축소판 사진이다. 국가 전체가 자유와 정의를 사랑하는 사람들을 위한 감옥으로 바뀌었다.'

남캅카스

1886년까지 캅카스의 신자들은 자유롭게 자신의 신앙을 고백할 수 있었다. 티플리스 공동체는 자유롭게 공동 회원 회의를 진행했다. 한때는 교회가 두 개, 장로는 파블로프와 보로닌 2명이 있었다. 1882년에 보로닌은 트레스코프스키의 적극적인 도움으로, 티플리스 신문 중 하나의 편집자로 근무했고, 찬송가 모음집 믿음의 소리를 출판했다. 찬송가에는 207곡의 찬송곡이 실려 있다. 파블로프는 공식적으로 영적 교사(설교자)로 승인받아 1883년부터 1884년까지 복음전파를 위해 남캅카스를 자유롭게 여행했다. 1883년 가을에 그는 사마라 지방에 있는 우유파를 방문하고 노비우젠 마을에서 16명의 개종자에게 침례를 주었다. 1885년에 파블로프는 다시 사마라 지방을 방문한 후 키예프, 모힐료우 및 헤르손 지역의 공동체를 방문했다.[200]

이바노프는 남캅카스의 우유파 마을, 탐보프현 및 돈 병영 지역에서 구원의 복음을 전파했다. 북캅카스에서는 보그다노프, 스코로호도프, 파블로프가 사역했다. 그들의 사역 결과 새로운 공동체가 형성되었다. 1884년에 이바노비치 마자예프(1855~1922)와 그의 형제 가브리일 이바노비치 마자예프(1858~1937)가 침례를 받았다. 그들은 그 후 기독교침례교 형제회의 주요 인물이 되었다. 여기에서 그는 복

---

200. Pavlov V. G. Vospominaniya ssyl'nogo; Yepiskop Aleksiy. Materialy dlya istorii... s. 590. [파블로프 베. 게., 수용소 회고록; 알렉시 주교. 역사 자료... p.590]

음 사역에서 축복받은 일꾼인 야코프 델랴코비치 델랴코프는 믿음에 의한 침수침례의 필요성을 확신하게 되었다. 그는 1886년에 침례를 받았다. 그런데 1887년부터 이 마을 신자들의 환경이 바뀌었다. 파블로프가 기록한 것처럼, 티플리스에 조지아의 주교 파벨이 도착하면서, 남캅카스에서 침례교의 박해가 시작되었다. 주교는 침례교가 어떤 근거로 자유롭게 예배를 하고 있는지 관심을 갖게 되었다. 이후에 그는 목회자의 교육(설교자) 승인서를 무효화시켰고 공동체의 직인을 몰수했다. 1885년에 주교는 남캅카스 침례교도들에 관한 공론을 모아 대책을 세웠다. 먼저 티플리스 공동체의 불법적 존재에 관해 언급했다. 파블로프는 마코프스키 공문 해설서 3항에 기초한다 해도, 분명히 침례교는 우유파와 관계되어 있다고 설명했다.

그러나 주교는 티플리스 침례교를 다음과 같이 비난했다. 그들은 정교회인 가운데에서, 특히 군인들 사이에서 활발한 선전을 하고 있다. 그들의 예배 참석을 정교회인에게 허락할 뿐 아니라 끌어들이고 있다. 보로닌을 통해 남러시아의 시계파에게 인도한다. 불법적 존재로 인한 티플리스 침례교회의 그런 범죄 행위는 행정당국에 법적인 권리를 부여한다. 결론은 침례교 공동체를 인정하는 그럴듯한 변명은 교회와 국가에 완전히 해로우므로 집회를 폐쇄한다.

그 결정으로 캅카스 침례교 지도자들은 1883년 5월 3일에 공포된 법 10항에 해당되었다. 주교는 제안했다. 가장 위험한(사람) 보로닌은, 캅카스에 침례교를 전파할 뿐 아니라, 불법적인 관계인 남러시아의 시계파에 소속되어 [믿음의 소리] 책을 출판하고, 침례교 신앙 고백서 번역을 확산시키고, 티플리스에서 캅카스 전역과 무슬림 지역 및 아르메니아의 변방 사람들까지 배포하려 한다. 남부 러시아의 시계파와 캅카스의 침례교를 불허한다. 파블로프는 복음전파 활동을 떠나야 했고 시민 활동에만 전념해야 했다. 지금부터 그는 침례교의 목회자로 인정받지 못하며, 법을 어길 경우, 형벌을 받게 될 것이다. 파블로프가 의무를 정확히 이행하도록 경찰의 엄격한 감시를 요청하고, 경찰에 통보해야 한다. 이 요구 사항을 위반할 경우, 보로닌과 같은 방식으로 처리한다.

주교의 명령은 소기의 성과를 얻었다. 1887년 3월에 파블로프, 보로닌, 아르메니아·루터교회 설교자 아미르하냔츠가 티플리스 교도소에 수감되었다. 1887년 4

월에 그들은 가족과 함께 경찰이 감시하는 조건으로 오렌부르크 지역에 4년간 추방되었다. 추방 생활 동안, 파블로프는 농사를 지었고, 보로닌은 작은 방앗간을 했다.201 여가시간에 형제들은 현지 우유파들과 대화를 나누고 소규모 모임을 가졌다. 아미르하냔츠는 추방되기 전까지 그가 시작한 터키·아제르바이잔어 성서 번역을 계속했다. 그는 또한 회교도 율법사와 그리스도에 관해 몇 차례 대화했다.

스타브로폴과 북캅카스

스타브로폴에 있는 니콜스키 침례교 공동체는 1886년까지 자유롭게 활동했다. 목격자가 보고한대로, 주지사가 정교회 성직자 일행과 함께 1884년 5월에 니콜스코예 마을에 도착했다. 총독은 마을을 살펴보고, 기도 모임에 참석하여, 노인들과 많은 이야기를 나눴고, 성서를 살펴보고, 성직자 대표와 지방 관리들에게 그들이 신자들의 내정을 간섭하거나 박해해서는 안 된다고 말했다. 당시 마을에 있는 기도의 집(교회)은 400명의 회원이 있었다. 그것은 이주민들이 건축했다. 그 건물에는 교육부 소속의 학교가 있었다.

1886년에 기도의 집은 폐쇄되었지만, 신자들은 아브라멘코 형제의 곡물 창고에서 계속 모였다. 1891년부터 그의 형제 콜레스니텐코의 창고 건물에서 집회를 했다. 지방 행정부가 종종 신자들을 분산시키고 모든 면에서 그들을 억압하도록 강요했음에도 불구하고, 영적 생활은 얼어붙지 않았고, 공동체는 수적으로 증가했다.

블라디캅카스, 파블로돌스카야, 로스토프나도누 마을에서도 같은 상황이 발생했고, 1892년에 공동체가 생겼다. 1884년 한해 만에 블라디캅카스 공동체는 53명으로 늘어났다.202 차분한 분위기의 블라디캅카스에서 1885년에 러시아와 우크라이나 연례 침례교 총회가 있었다. 1886년에는 쿠반에서, 1889년에 니콜스키 마을에서 총회가 열렸다. 1886년 사빈의 초청으로 파블로프는 지역의 정교회 사제 루드냅네프와 로스토프나도누 신학교 교수 쿠테포프와의 논쟁에 참가했다. 1891년에 일부

---

201. Pis'mo Voronina N. I. Pashkovu V. A. ot 9 noyabrya 1887 g. Orenburg. Rukopis'. Arkhiv VSEKHB. [1887년 11월 9일자 파블로프에게 쓴 보로닌의 편지, Orenburg. 수기, 침례교총회 문서보관서]
202. Yepiskop Aleksiy. *Materialy dlya istorii...* s. 584~608. [알렉시 주교. 역사 자료... p.584~608]

형제들은 기류시와 타지역으로 행정적 추방을 당했다. 그중에는 세르게이 프로하노프(이반 프로하노프의 아버지)와 게오르기예프스크 출신의 크리벤코와 그의 가족이 있었다.

타우리드현

1882년부터 돈 지방 우유파인 살라만틴계와 우클레인계 사이에서 큰 복음부흥운동이 시작되었다. 부흥을 체험한 사람들은 침례교 공동체에 합류했다. 이와 관련하여 우유파는 침례교를 정교회 교구 지도부에 고소장을 보냈다.[203] 1882년과 1884년에 두 지역의 공동체 대표자 총회가 은혜 가운데 치러졌다. 1886년에 아스트라한 마을의 발리힌은 마을의 목회자로 안수받았다. 그는 러시아·우크라이나 형제회 활동적인 소수의 사역자 가운데 한 명이었으나, 포베도노스체프의 혹독한 시대에 박해를 당하지 않았다. 노보·바실리예프스키 공동체의 첫 번째 목회자 스토얄로프는 많은 일을 했다. 그런데 새로운 개종자들에게 침례를 베풀었다는 죄목으로 죄수집단에서 형기를 보내는 벌을 선고받았다. 그는 집으로 돌아와서 심하게 아팠다. 1890년 56세에 사망했다.[204] 1886년 타우리드 지방의 여러 메노파 정착촌에서 살았던, 러시아 침례교 초대 총회장 윌러가 세상을 떠났다.[205]

제2차 반종파 선교사 총회

1891년에 제2회 반종파 선교사 총회가 모스크바에서 개최되었다. 총회에서 논의된 제목은 다음과 같다. 시계파 교회 건축에 관한 합법적인 금지, 시계파 집회 금지, 신앙 반대 행위 및 민사 관련 시계파 사건 처리 단순화, 시계파에 관한 판결의 신속 정확한 이행 등이다.[206] 총회 논의 결과는 알려지지 않았다.

그런데 기독교침례회에 관한 조치는, 총회가 끝난 즉시, 대부분 지방 행정부와

---

203. *Missionerskoye obozreniye*, 1899, sentyabr', s. 167~168. [선교사 평론, 1899년 9월, p.167~168.]
204. Yubileynyye torzhestva v Novo~Vasil'yevke (1878~1978). Rukopis', Arkhiv VSEKHB. [노보~바실리옙카 (1878~1978)의 기념 축제, 필사본, 침례교총회 문서보관소]
205. Tam zhe; Yepiskop Aleksiy. Materialy dlya istorii... s. 597. [위의 책; 알렉시 주교. 역사 자료... p.597]
206. Bonch~Bruyevich V. D. Presledovaniye baptistov. Predisloviye ot izdatel'stva so ssylkoy na Novoye vremya, 5489.[본치~브루에비치 베.,데., 침례교의 박해. "새시대"No.5489를 인용한 출판사의 머리말]

정교회 지도부의 결정에 근거하여, 재판 없이 행정적 추방이 결정되었다. 당시 침례교도들은 우신스키, 로즈데스트벤스키, 도로드니친, 레베진체프와 같은 많은 정교회 학자들이, 분명히 구별했음에도 불구하고 시계파로 취급되었다. 티플리스 형제들은 기도회 인도와 복음전파를 거부하는 것에 서명하도록 요청받았다. 교회는 폐쇄되었다. 신자들은 도시의 다른 지역에서 집에서 모이거나 도시 외곽, 또는 야외에서 모였다. 행정부 관리들은 보고 체계를 통해 이에 관한 지속적인 관심을 기울였다.

과학과 문화계의 저명한 인사들의 반대 또한 신자들의 상태를 변경할 수 없었다. 1892년에 포베도노스체프는 철학자 솔로비예프에게 도움을 요청했다. 종교적 박해와 공식적인 정교회의 강제적 확산 정책은, 생각해 보면, 하늘의 인내심을 소진하고, 우리 땅에 이집트의 재앙을 불러오기 시작했다. 한편, 동부 시베리아 전역부터 러시아 서부 유럽 지역까지 소식이 전해졌고, 정책은 약화되지 않았을 뿐 아니라, 훨씬 더 어려워지고 있다. 전례 없는 냉소주의 아래서 모스크바 선교사 대회는 분열주의자와 파벌주의자를 타파하는데 무기력한 영적 수단에 대해 세속적인 검이 필요함을 선포했다.[207]

목회자의 상황

4년간의 유배를 마치고 파블로프와 보로닌은 티플리스로 돌아왔다.[208] 그러나 1891년에 파블로프는 다시 체포되어 오렌부르크로 보내졌다. 1892년에 5명의 자녀와 함께 그의 아내가 왔다. 파블로프 외에도, 같은 해에 티플리스에서 칼베이트는 기류시 마을로, 마자예프는 쿠바 마을로, 레우시킨은 게악차이 마을로 5년 동안 추방되었다. 코니긴은 자칸~유르타에서 기류시로 추방되었다. 코스트로민은 돈 군대 지역의 니콜라예프스카야 마을에서 추방되었다. 추방 생활에서 형제와 가족이 겪은 모든 공포와 어려움을 묘사하는 것은 불가능하다. 파블로프는 1892년에 아내

---

207. Pobedonostsev K. Pis'ma i zapiski 1884~1894 gg. Polutom II~y M., 1925~1926, s. 969~970. [포베도노스체프 카., 1884~1894년 편지 및 메모. 2권. 모스크바, 1925~1926, p.969~970.]
208. Pavlov V. G. *Vospominaniya ssyl'nogo*. [파블로프 베.,게., 유배지 회상]

와 4명의 자녀를 잃었고 9살 된 아들 파벨과 함께 있었다. 12세의 딸은 익사했고, 부인과 두 딸, 더 어린 아들은 콜레라로 사망했다. 발진티푸스 발병 당시 기류시에서 카푸스틴스키 또한 부인을 잃었다. 아들과 홀로 남아서, 몸이 마비되는 중병에 걸렸다.[209] 구젠코의 부인도 사망했고, 아이들을 고향으로 돌려보내야 했고 연락이 끊겼다. 추방된 사람들이 겪은 물질적 어려움은 한 달에 3루블 60코페에크의 보조금 곧 1인당 1/4에 불과했고, 모든 종류의 돈벌이와 농사는 금지되었다. 따라서 그들은 불가피하게 죽음에 처해졌다. 기류시에는 약 30명의 형제가 있었다. 기도 모임은 금지되었다.

금지 조항을 위반한 사람들은 남캅카스의 더 먼 곳으로 추방되는 처벌을 받았다. 오렌부르크에 있던 파블로프는 첫 추방지에서 생활하는 동안 믿음을 가진, 소수의 개종자에게 침례를 주었다. 1895년까지 10명 정도의 소규모 집회를 했다. 또한, 지방 정교회 지도부의 주도로 파블로프는 3년 동안, 규정에 따라 겨울에 정교회 선교사들과 신학생들과 종교 논쟁을 했다.[210]

베데커 박사의 사역

프리드리히 빌헬름 베데커(1823~1906) 철학 박사는 18년 동안 러시아에서 복음 전파에 헌신했다. 그는 1866년에 영국에서 레드스톡 경의 설교를 통해 주님께 돌아섰다. 1877년에 베데커는 레드스톡의 사역을 계속할 목적으로 상트페테르부르크에 도착했다. 그가 체류 기간에 머물렀던 리벤 공작부인의 거실, 가가리나 공작부인 집, 수도의 다른 귀족들의 집에서도 설교했다. 상트페테르부르크의 일부 신자들과 함께 베데커는 상트페테르부르크 교도소를 방문하여 죄수에게 복음을 전파했다. 코르프는 상트페테르부르크 교도소 위원회의 위원이었고, 체르트코바는 교도소 방문자 여성위원회의 위원이었다. 교도소 방문은 베데커의 마음을 움직였고 죄수들에 관한 깊은 동정과 그들에게 하나님의 사랑을 전하고자 하는 소망이 생겼

---

209. Pis'mo F. P. Kostromina V. D. Bonch~Bruyevichu ot 9 avgusta 1901 goda. ROMIRA(GMIR), fond 2, opis' 16, delo 27. [1901년 8월 9일자 코스트로민이 본치~브루예비치에게 보낸 편지. 국립종교사박물관, 기금 2, 세부기록 16건, 문건 27]
210. Pavlov V. G. *Vospominaniya ssyl'nogo*. [파블로프 베.,게., 유배지 회상]

다.[211] 베데커는 교도소 방문과 죄수들과의 면담에 관한 교도소장의 허가증를 받았다. 교도소장은 동부 시베리아의 교도소를 방문하도록 베데커에게 제안했다.

허가증에 보면, 베데커는 러시아 교도소를 방문하고 체포된 사람들에게 성서를 배포하도록 특별한 위임을 받았다.[212] 그로 인해 전도자는 1894년까지 거의 방해를 받지 않고 일할 수 있었다. 1889년 카르겔과 동행한 베데커는 러시아의 유럽 및 아시아 지역을 거쳐 사할린으로 긴 여행을 떠났다. 그들은 가는 도중에 어느 한 곳의 교도소와 수용소와 죄수 수송차를 빠지지 않고 방문했다. 가는 곳마다 형제들은 복음을 전파했다. 죄수 4만명이 죄인들을 향한 하나님의 말씀을 들을 수 있었다. 그들 가운데 12,000명이 귀중한 복음을 받아들였다.

오직 영원한 세상에서 우리는 헌신적인 사역의 열매 전부를 볼 수 있을 것이다. 1892년에 86세의 죠지 밀러가 68세의 베데커를 안수했고 수용소에 있는 형제들을 방문하는 그를 축복했다. 1893년에 베데커는 핀란드 교도소로 이동했다. 1894년에 파트바칸과 타라얀츠와 함께 두 번째 여행을 떠났는데 교도소와 수용소였다. 그들에게 하나님의 말씀으로 위로와 격려를 했다. 베데커는 어두운 수용소와 교도소에 있는 불행하고 사슬에 매여 있는 사람들이, 교제의 향유와 상처를 치유할 수 있도록 찾아다녔다.[213] 이런 방법으로, 복음전파를 위한 문 하나가 닫혔을 때, 주님은 다른 문들을 여셨다.

교회성장의 추세

모스크바 복음부흥운동

시간적인 면에서 모스크바 부흥은 우크라이나 남부, 남캅카스, 북캅카스, 상트페테르부르크에서 벌써 진전되고 심화된 부흥보다 조금 늦었다. 모스크바의 영적 부흥에 앞서 신약성서의 러시아 번역본의 배포가 이루어졌다. 1875~1878년에 서적

---

211. Latimer R. S. Zhizn' i trudy doktora F. V. Bedekera, s. 44.V. [라티머 알.,엣스., 베데커 박사의 삶과 사역, p.44]
212. Tam zhe, s. 43~46. [위의 책, p.43~46]
213. Tam zhe, s. 199. [위의 책, p.199]

상 바실리예프는 모스크바에 약 만천 권의 성서를 배포했고, 서적상 시니친은 1878~1880년에 약 만 권을 배포했다. 1878년부터 바실리예프를 중심으로 신자 그룹이 조직되어, 부지런히 기도하고 하나님의 말씀을 공부했다.

1878년 레드스톡 경이 두 번째 러시아 방문을 하면서 모스크바를 방문했는데, 1879~1880년에 모스크바에서 레드스톡 경을 따르는 그룹이 조직되었다. 그룹은 파시코프와 긴밀한 관계를 유지하여 신자들은 파시코프파로 불렸다. 그룹의 지도자는 슈발로바 백작 부인이었다. 1882년에 바실리예프와 슈발로바 그룹이 연합되어 모스크바 공동체가 조직되었다. 파시코프, 카르겔, 베데커 박사가 수차례 공동체를 방문했다. 1886년까지, 신자들의 모임은 소수였으나, 군대 상위 계급까지 다양한 계층의 사람들이 참석했다. 때때로 델랴코프가 예배에서 설교했다. 그런데 1886년부터 신자들은 박해를 받기 시작했다.[214]

볼가 지역

복음부흥운동 결과인 19세기 80년대 후반에, 침례교도들이 볼가 지역의 우유파에 나타났다. 복음 수용을 위한 기초는 60년대 후반부터 70년대 초반까지 이 지역에서 사역한 책 배포원 폴켐머가 닦아 놓았다. 볼가 지역의 첫 번째 공동체는 1883~1885년에 파블로프가 방문했던 노비우젠에서 나타났다. 그는 16명의 개종자에게 침례를 주었다. 1886년에 델랴코프가 사라토프를 처음 방문했다.[215] 전도의 결과 무힌이 회심했다. 오딘초프(1870~1938)은 1889년에 회심하고, 1891년 침례를 받았다.

무힌은 회심 후 바쿠로 떠났고, 거기서 침례를 받고 이바노프와 함께 얼마 동안 사역했다. 1892년에 그는 사라토프로 돌아와서, 소수가 모인 집회를 인도하기 시작했다. 훌륭한 교육을 받은 키르흐너 자매가 대규모 복음전도 활동을 했다. 또한, 그녀는 1889년부터 상트페테르부르크에서 프로하노프가 출간한 잡지 대담에 원고를

---

214. Prugavin A. S. *Raskol vverkhu...* [프루가빈 아.,에스., 상류층 분열]
215. Morokov G. S. Iz zhizni Saratovskoy obshchiny baptistov. ~ Baptist, 1927, 1. [모로코프 게.,에스., 사라토프 침례교 공동체 생활~ 침례교인, 1927년, 1호]

썼다. 사라토프 공동체 조직에 많은 도움을 준 것은 돈 지역의 우스치~메드베디츠키 지역에 있는 골루비니유르트 마을에 살았던, 독일침례교회 설교자 웨버였다.

1888년에 블라디캅카스의 전도자 보그다노프의 은혜로운 사역 결과 복음주의 침례교 공동체가 아흐투빈스크 변경에 나타났다.[216] 이전에 거기서 우유파에게 복음을 전했던 사람은 피노게노프였다. 그는 물우유파 출신이었다. 70년대 중반에 델랴코프가 복음을 전했다. 그의 설교 영향으로 물우유파는 점차적으로 칭의에 관한 진리를 습득했다. 델랴코프가 배포한 파시코프의 영적 도서들 또한 예수 그리스도에 관한 신자들의 지식을 깊게 하는데 이바지했다.

1893년에 최초 신자 그룹이 알렉산드로프가이와 오를로프가이 지역의 우유파에서 나타났다. 오를로프가이 마을에서 공개적으로 모임이 진행되었고, 장로와 집사가 사역했다. 또한 복음 대담 프로그램이 만들어졌다. 프로그램에는 정교회를 포함하여 모든 사람에게 허용되었다.[217]

탐보프공동체

1890년 탐보프 지방 페스키 마을에 침례교 공동체가 생겨났다.[218] 80년대에 델랴코프가 복음 전도를 위해 이 지역을 방문했다. 일부 우유파는 칭의에 관한 진실에 마음이 움직였다. 페스키 마을에 공동체가 시작된 해에 모즈독의 침례교 전도자 데마킨이 방문했다. 우유파 집회에서 그는 잃어버린 드라크마에 관해 설교했다. 설교는 스테파노프(약 1872~1916)에게 감동을 주었고, 그는 회심했다. 같은 해에 스테파노프는 골랴예프와 데마킨과 함께 발라쇼프에서 침례를 받았다. 이렇게 페스키와 발라쇼프 공동체의 기초가 되는 첫 돌이 놓여졌다. 스테파노프의 간증을 통해 곧 동생 스테파노프(1874~1938), 아버지 표트르 스테파노프, 친척과 친구들이 회심했다. 페스키 공동체는 외부의 특별한 장애물을 만나지 않고 빠르게 성장했다.

---

216. Poyavleniye baptizma v Akhtubinskom kraye.~ Baptist, 1908 [아흐투빈스크 변경 지역에서 침례교의 출현 침례교, 1908년]
217. Yudin P. Baptisty novouzenskiye.~Russkiy arkhiv. M., 1913. 1.[유딘 페., 노보우젠스키에의 침례교 러시아 기록 보관소. 모스크바, 1913. 1]
218. 35~letniy yubiley Peskovskoy obshchiny baptistov.~Baptist, 1926, 3~4, [페스키 침례교회 35주년.~ 침례교인, 1926 년, 3~4호]

하르키우

하르키우의 복음부흥운동은 1880년에 시작되었다. 이바노프가 티플리스에 도착한 해에, 영국성서공회의 상점을 열었다.[219] 진리를 갈망하는 사람들이 이바노프의 아파트에 모여 하나님과 말씀을 읽고 대화했다. 1883년 초 자하로프계 우유파 속에서 믿음을 가진 이바노프가 이곳에 오게 되었다.[220] 그는 성서공회의 서적상으로 일하며 열정적으로 배포했을 뿐 아니라 하르키우 부근에서 복음을 전파했다. 이바노프는 또한 박해당한 성도들을 도왔다. 델랴코프가 하르키우를 방문했다. 1884년에 이바노프와 다른 개종자들은 침수침례를 받았다. 이바노프는 그의 확신을 친형제인 아나톨리 이바노프와 레자페코프, 피로시코프에게도 전했다. 당시 기도회는 이바노프의 아파트에서 있었다. 성서공회에서 그를 티플리스로 전근시키자, 그의 자리에 짓코프(1858~1928)가 왔다. 신자들은 주로 짓코프의 아파트에 모였다.

델랴코프를 통해 그들은 곧 파시코프와 관계를 수립했다. 그런데 1884년 12월 그들은 첫 번째 시련을 겪는다. 이바노프는 재산을 빼앗기고 남캅카스로 추방되었다. 1891년 여름에 로스토프 출신 보이첸코의 설교로 샤블리와 스멜리코프가 믿었다. 스멜리코프의 간증을 통해 그의 직장 동료 중 일부가 관심을 가졌다. 그들은 아파트를 방문하며 기도회로 모였고, 샤블리의 식당에서 자주 모였다. 모임에 짓코프 그룹의 신자들이 방문하기 시작했다. 1891~1892년에, 아스트라한에 있는 침례교 공동체의 목회자인 발리힌이 두 차례 하르키우를 방문했다. 그는 총 11명의 사람에게 침례를 주었고 공동체를 조직했다. 지도자는 짓코프가 임명되었다.

그런데 짓코프는, 경찰의 감독을 받았으므로, 공동체의 지도력을 리트비노프에게 넘겨야 했다. 1893년 가을에 바쿠 공동체 이바노프 목회자가 하르키우를 방문하여 7명의 새로운 개종자에게 침례를 주었다.

---

219. Alekhin A., Yevangel'skoye dvizheniye v Khar'kove.~Baptist Ukrainy, 1927, 11.[알레힌 아., 하리코프의 복음주의 운동,~우크라이나 침례교인, 1927년, 11호]
220. Ivanov Ye. N., V tyur'me i ssylke. ROMIRA(GMIR), fond 2, opis' 16, delo 189.[이바노프 예., 엔., 감옥과 유배지. 국립종교사박물관, 폰드2, 세부기록16번, 사건번호189]

벨로루시

최초의 벨로루시 복음주의 침례교 공동체는 고멜 지역에서 나타났다. 1879년에 복음의 빛은 마힐료우 지방의 고멜과 우소히 마을에 도달했다. 오데사에서 신앙생활을 하고 침례를 받은 니콜라이예프카 마을의 농부 세멘초프가 복음을 가지고 왔다.[221] 최초의 회심자는 예핌 랴시코프였고, 그 후 마을 이장이었던 친형 예브세이가 믿었다. 예브세이 랴시코프는 다음과 같이 말했다.

"우리 가정에서, 비밀리에 진심으로 회심한, 그는(예핌 저자 주) 상트페테르부르크의 파시코프에게 성서와 복음서를 보내달라고 편지를 보냈다. 최단 시간에 파시코프는 4권의 복음서와 3푸드(1푸드는 16.38kg)의 팜플렛을 보냈다. 소포와 파시코프의 편지에 관한 통지서가 시골 행정부를 통해 나에게 전달되어, 나는 놀랐다. 그것이 무엇인지 궁금했다? 누가 상트페테르부르크에서 소포를 예핌에게 보냈을까? 나는 편지를 열어보고 아하!라고 했다. 파시코프 대령이 그를 사랑하는 형제라고 부른다 .바로 그거야! 나는 예핌을 잔꾀부리는 남자 정도로 생각했는데, 파시코프의 사랑하는 형제라니! 집에서, 위협적으로, 나는 원래대로, 위협적으로 물어본다. 편지를 어디로 썼지? 그는 두려웠다. 아무데도…라고 말한다. 나는 그 편지를 여기에 보냈다. 나는 그것을 깨달았다. 나는 주님에 대해서 말하기 시작했다. 진리의 말씀이 뿌려졌다. 1879년 6월에 나는 주님께 고백했다."

신앙고백 후 첫날 랴시코프는 많은 시련을 겪었다. 그들은 체포되어 정교회 교인 유혹의 이유로 7개월 동안 수감되었다. 1882년에 우소히 마을에서 29명으로 구성된 공동체가 조직되었다. 1885년에는 이미 95명이 되었다.[222] 22세의 열성적인

---

221. Kratkaya istoriya vozniknoveniya yevangel'sko~baptistskogo dvizheniya v Belorussii, 1981. Arkhiv VSEKHB,[벨로루시 복음주의 침례교 운동의 출현 요약사, 1981. 침례교총회 문서보관소]
222. Filadel'fiyskiy I. Sibirskiye startsy.~ Baptist Ukrainy, 1927, 9. [필라델피스키 이., 시베리아 장로.~ 밥티스트(우크라이나), 1927년, 9호]

정교회 신자 프리마첸코[223]는 새로운 신앙을 듣고, 복음서를 얻어서, 기도하며 묵상하면서 복음서를 읽었다. 자신의 깨달음을 그의 가족과 나누었다. 곧 그의 조카도 믿었다. 이 사실이 마을 사제에게 알려졌고, 그는 프리마첸코와 대화를 시작했다. 사제는 단둘이 대화를 시작했으나, 나중에는 정교회 선교사와 많은 마을 사람들이 참여했다. 1878~1879년에 프리마첸코의 아버지와 아내가 믿었다.

그들의 집은 복음서를 읽는 모임 장소가 되었다. 활기찬 여러 사람들과의 대화는 종종 자정이 지나서까지 계속되었다. 오해와 적개심은 없었다. 프리마첸코는 여러 번 체포되어 고멜로 보내졌다. 경찰 간부가 믿은 후, 그는 모든 경우에 프리마첸코를 석방하려 했다. 프리마첸코는 이웃 마을을 돌며 기쁨으로 복음전파를 계속했다. 곧 그의 활동은 주지사와 주교의 관심을 끌었다. 그러나 설득이나 협박은 그에게 어떤 영향도 주지 못했다. 그러자 마을 사제는 동네 사람들을 모아 스스로 재판을 했다. 1882년에 프리마첸코는 다시 체포되었지만, 주교와 면담 후 경찰 감독 조건으로 석방되었다.

당시 그는 믿음에 의한 침례 문제에 대해 깊은 관심을 가졌다. 프리마첸코가 주교로부터 상트페테르부르크에 거주하는 파시코프가, 같은 신념을 갖고 있다는 것을 알았을 때, 그는 상트페테르부르크로 출발했다. 파시코프와 만남이 이루어졌으나, 그가 궁금해 왔던 질문이 해결되지 않았다. 프리마첸코는 캅카스로 갔고 1884년 2월에 블라디캅카스에서 보그다노프에 의해 침례를 받았다. 당시 고향에서는 많은 개종자가 이미 침례 받을 준비가 되어 있었다. 1885년 프리마첸코의 초청으로 파블로프가 고멜리친에 도착하여 처음으로 믿음에 근거한 침례를 시행했다. 같은 해에 프리마첸코는 다시 체포되어 오르스크로 추방되었다. 그러나 경찰의 감독 아래 그는 우유파 모임에 참석하며 그들에게 설교할 기회를 가졌다. 그는 주님께 8명의 사람을 인도했고, 그들에게 침례를 주었다.

---

223. Yermakov P. Ye. Biografiya L. D. Priymachenko. Baptist, 1927, 3 [예르마코프 페.,예., 프리마첸코 전기침례교인, 1927년, 3호]

극동

1889년에 러시아 침례교 총회의 승인을 얻은 델랴코프와 체체트킨은 전도할 목적으로 아무르에 갔다.[224] 블라고베셴스크의 우유파에게 전도하기 시작했고, 복음을 듣기 위해 옥토와 같이 준비된 사람들을 찾았다. 1889년에 블라고 베셴스크에서 극동 최초의 복음주의 침례교 공동체가 생겼다. 1890년에 알렉산 드로프스크 지역에서 공동체가 조직되었고, 수년 후 블라고베셴스크 마을의 길친, 탐보프카, 톨스토프카, 노보알렉산드로프카, 자리코바, 보스크레세노프카에 공동체와 그룹이 생겼다. 그 후 체체트킨은 돌아갔고, 델랴코프는 계속 사역했다. 그는 200명 이상의 개종자에게 침례를 주었다. 델랴코프는 1898년 2월 28일 블라고베셴스크에서 70km에 떨어진, 길친 마을에서 사망했다.[225] 주님은 충실한 사역자를 천국으로 데려가셨다.

캅카스

1890~1891년에 나고르노카라바흐의 도시 슈샤에서 최초의 아르메니아인 침례교 공동체가 조직되었다.[226] 아르메니아인 복음부흥 운동을 위한 토양은 바젤선교회 선교사 자렘바와 디트리히가 1820~1830년에 복음전파로 준비해 놓았다. 신약성서는 러시아 성서공회에 의해 아르메니아어로 번역되었고 슈샤에 있는 자렘바와 디트리히의 인쇄소에서 인쇄되었다. 70년대에 바젤신학교 졸업생들이 여기서 사역을 했고, 그중에는 열정적인 설교자 아브라함 아미르 하냔츠가 있었다. 80년대에 티플리스에서 침례교 설교자들이 이곳에 왔다. 1920~30년대에 시작된 아르메니아인들 가운데 복음 부흥의 결과로, 최초의 침례교 공동체가 조직되었다. 마자예프는 추방 전까지 캅카스 복음 현장에서 많은 사역을 했다. 슈샤와 티플리스 아르메니아 공동체 회원들은 그의 사역에 대해 특별한 따뜻함을 기억한다. 마자예프는

---

224. Yepiskop Aleksiy. *Materialy dlya istorii…* s.607. [알렉시 주교. 역사 자료…607]
225. *Istoriya nasazhdeniya i zhizn' tserkvey YEKHB na Dal'nem Vostoke.* 1889~1981 gg. Rukopis', 1981. Arkhiv VSEKHV. ~ Bratskiy vestnik, 1947, No 6, s. 47.[극동 복음주의 기독교침례회 초기역사와 교회 생활.1889~1981, 수기 원고, 1981. 침례교총회 기록 보관소 형제들 소식, 1947, 6호, p.47]
226. Kratkaya istoriya proniknoveniya Bozh'yego sveta v sredu armyanskogo naroda v 1870~1875 gody. Iz zapisey vospominaniy Konsulyana, 1980. Arkhiv VSEKHB. [1870~1875년 기간에 하나님의 빛이 아르메니아 사람들에게 임한 요약 역사. 콘술얀의 수기 회고록에서 발췌, 1980년, 침례교총회 문서보관소]

1891년에 공동체 조직을 위해 슈샤에 왔다. 그가 참석하여 아람 세르게비치 다비도프를 장로로, 아라켈 아이라네 토비치 아가루노프를 집사로 선출했다. 여기서부터 아르메니아 복음 부흥이 시작되었고, 한켄드(현재 스테파나케르트)와 다른 곳에서 공동체가 생겨났다.

고난의 시련

1894년 9월 3일 자 공문

마지막 황제 니콜라이 2세가 러시아 왕위에 올랐을 때, 시계파와 침례교에 관한 내무부의 공문이 나왔다. 문서에 따르면, 시계파와 침례교는 특히 해로운 분파를 따르는 사람들로 기록되었다. 어떤 신자들의 모임도 심하게 처벌되었다. 박멸법에서, 특히 다음과 같이 말했다.[227]

> 각료위원회는 첫째, 1883년 5월 3일 법은 이단의 유해성에 관한 크기는 구분하지 않고, 결과적으로 시계파 추종자들은, 특히 종무원에 해롭고, 행정부도 동일하다. 둘째 일반 분열주의자의 종교적 신념을 강화하는 데 이바지할 뿐 아니라 정교회 교인에게 시계파의 거짓 가르침을 전파하는 가장 편리한 방법으로 제공된 권리와 혜택을 재고해야 한다. 셋째 최근에 채택된 특별 조치는 무엇보다도, 시계파 추종자들의 기도회 금지이다. 매우 유리한 결과가 성취되었다. 각료위원회는 종무원 총무와 합의로 해로운 시계파의 공개 기도회를 금지하고 내무부에게 그 결정을 위임했다. 올해 7월 4일에 임명된 각료위원회 직책은 최고의 승인을 받았다.
>
> 이러한 근거로, 국무회의는 1883년 5월 3일 자 법안 초안을 논의함에 있어 다음과 사항을 고려해야 한다. 이단 추종자들에게 어떤 법을 적용할 것인지, 내

---

227. Bonch~Bruyevich V. D. Presledovaniye baptistov... s. 69. Yasevich ~ Borodayevskaya V. I. Bor'ba za veru. s. 559~560.[본치~브루예비치, 침례교의 박해 ... p.69. 야세비치~보로다예프스카야 베.,이., 신앙의 투쟁. p.559~560]

무부에 무엇을 제공할 것인지, 사전에 정교회 총회와 협의하고, 담당 행정부와 성직자 부서에 확보된 정보를 공유, 시계파 추종자들은 정교회의 모든 종교의식과 성례를 거부하고, 어떠한 권력도 인정하지 않을 뿐만 아니라, 맹세와 병역을 반대하고, 강도로부터 보호와 조국을 지키는 충실한 수호자로 비유하면서, 또한 보편적 평등, 재산 분배 등과 같은 사회주의 원칙을 설교한다. 그들의 교리는 정교회 신앙과 러시아 국민성의 기본 원칙을 훼손시킨다. 오늘 종무원 회의 결정을, 포베도노스체프 국무서기가 나에게 보고한 바에 의하면, 개인적으로 나도 인정하는 시계파는 교회와 국가 관계에서 가장 위험한 하나이다. 나는 덜 유해한 이단 분열주의자에게 적용되는 1883년 5월 3일 자 법령의 권리와 혜택들이, 시계파에게는 해당되지 않음을 확실히 해 둔다. 그들의 공중기도회는 이처럼 엄격한 사법적 책임이 있고 범죄자들이 많아질 수 있는 위험의 우려가 있으므로 더는 허용되지 않아야 한다.

내무부 국무서기 두르노보가 친필 서명했다.

기독교침례회를 의도적으로 시계파와 구별하지 않으려 했다. 시계파 이름은 성직자부서 저널에 공문이 나오기 20년 전에 나타났다. 시간이 지남에 따라 침례교를 시계파·침례교로 개명했다가, 후에 다시 시계파로 불렀다. 처음에는 그 이름이 문제가 되지 않았으나, 90년대에 기독교침례회와 싸우는 강력하고 일반적인 수단으로 변했다. 지방 행정부와 성직자 지도부는 반침례교 박멸법 실행을 주저하지 않았다. 보로닌은 1894년에 그 법에 적용되어 4년간 경찰 감시 조건에 볼로고드 현으로 추방되었다.

같은 해에, 랴보샤프카는 5년 기한의 예레반으로 추방되었다.[228] 키예프 공동체의 티모셴코 목회자는 도시를 떠났으나, 곧 폴란드로 추방되었다.[229] 1894년에 스타브로폴의 목회자 스토로제프도 추방되었다. 복음전도 여행을 다니던 이바노프는 수

---

228. Pavlov V.G., *Pravda o baptistakh*. [파블로프 베.,게., 침례교의 진실]
229. Timoshenko M. D. *Sredi kiyevskikh veruyushchikh*. Baptist, 1927, 3. [티모셴코 엠.,데., 키예프 신자~ 침례교, 1927년, 3호]

차례 체포되었다. 1895년 1월에 그는 엘리자벳폴 교도소에 수감되었고, 죄수 무리의 옷을 입고, 범죄자들 사이에서, 수갑이 채워진 채 슬루츠크로 5년 기한의 추방을 당했다.230 박해를 피해 신자들은 고향을 등지고 시베리아와 중앙아시아로 떠났다. 1885년에 마을 주민들로부터 고통을 당했던 예프수코프는 1895년에 고향 데발체보를 떠나 북캅카스로 갔다. 그는 하삽 유르트와 그로즈니에 살면서 1897년까지 열심히 복음을 전파했다. 나중에, 예프수코프는 데발체보로 다시 돌아왔다.231 1894년도 법에 의하면 집에서 그룹으로 복음서를 읽고 공부하는 것이 허용되지 않았다. 1895년에 새신자 트보로즈니코프가 재판을 받았다. 그는 상트페테르부르크의 직장에서 믿음을 가졌다. 그는 트베르 지방의 카신스키 마을로 돌아와서, 정교회 교회 방문과 이콘 경배를 중단하고, 집에서 복음서를 읽고 해석하기 시작했다. 곧 그의 아내와 어머니가 믿게 되었다. 가족 중에 태어난 신생아는 침례를 받지 않은 채 남아있었다. 이 같은 그의 행동으로 트보로즈니코프는 법정에 나갔고 감옥형을 선고받았다. 그는 자신의 잘못이 무엇인지 이해할 수 없었고, 재판에서 당혹스러움을 다음과 같이 표현했다. 그들은 성서에 기초하여 그가 틀렸다는 것을 왜 설명하지 않는가?232

행정 추방의 대상자들은 대부분 기독교 지도자들이었고, 그들의 행동은 정교회 지도부에 의해 지시되었다. 1894년 8월에 예카테리노슬라프 지방의 파블로그라드 지역에 있는 바실코프카 마을 교구의 아르세니 사제는 바실코프스키 공동체가 침례교인 말야렌코 추방에 관한 판결을 내리도록 설득하라는 예카테리노슬라프 지도부의 명령을 받았다.233

포베도노스체프 일행의 시계파와 싸움에 관한 열정은, 끝이 없는 것처럼 보였다. 1894년, 남서부 지역의 일부 지방에서는 영국성서공회 소속 서적상의 성서 보급을 금지했다.234

---

230. Odintsov N. V. *Obrazets dlya vernykh*.~Baptist, 1929. [오딘초프 엔.,베., 충성된 자의 모본~침례교, 1929.]
231. Filadel'fiyskiy I. *Odin iz nemnogikh*.~Baptist Ukrainy, 1927, 10.[필라델피스키 이., 소수의 한 사람. ~ 1927년, 10호, 우크라이나 침례교]
232. *Sudebnyye protsessy*.~Nedelya, 1895, 26 ot 25 iyunya [소송~ 주간, 1895년 6월 25일, 26호]
233. Yepiskop Aleksiy. *Materialy dlya istorii*... s.450. [알렉시 주교. 역사 자료...450]
234. *Raznyye izvestiya*~Nedelya, 1894, 50 ot 11 dekabrya; Astaf'yev N. A. *Obshchestvo dlya rasprostraneniya Svyashchennogo Pisaniya*...[다양한 뉴스 ~ 주간, 1894년, 12월 11일, 50 호; 아스타피예프 엔.아.,성서보급공회..].

러시아성서보급회는 폐쇄되었다. 침례교에 소속된 것으로 의심되는 사람들은 영국성서공회에서 해고되었다. 그런 이유로 1896년에 짓코프는 하르키우 성서공회에서 해고되었다. 그는 고향인 두보프카로 떠났다.

기적적으로 추방을 피한 아스트라한카의 목회자 발리힌은 러시아 남부의 많은 곳에서 복음을 전했다. 마자예프 형제들은 박해를 받지 않았다. 아마도, 러시아의 중요한 양 사육사로서 국가에 의해 보호를 받은 것 같다. 그들은 마자예프 상표의 품질이 우수한 종류의 양을 키웠다. 영적 인사와 지방 행정부 대표들은 러시아 제국의 입법안에 관한 다음의 지시 사항에 따라 행동을 조정할 생각을 하지 않았다. 국가교회는 다른 신앙고백과 믿음의 추종자들을 정교회로 개종시킬 때, 사소한 강압적 수단을 허용하지 않고, 개종을 원치 않는 사람들에게, 사도적 설교의 형태에 따라 어떤 방식으로도 결코 위협하지 않는다.[235]

지역 사제와 지역 관리, 선교사 지도부는 침례교도 자녀들에게 폭력을 행사하고, 학교에서 십자 성호를 긋고, 십자가와 이콘(성화)과 복음서에 입을 맞추도록 강요했다. 1893년 11월 19일 자 20669번호 교육부 공문 지시에 있고, 공립 학교의 감찰관조차 이것을 요구했다는 것이 분명하다. 거절의 경우 어긴 사람은 학교에서 퇴학당했다. 초중등 학생들과 취학 전 연령대 아이들에게 폭력적인 침례가 있었다.

1896년에 파블로프는 동생의 아이들이 정교회에서 강제로 침례를 받았다는 사실을 기록했다. 사제는 2월 4일 자 법령에 따라 지역 경찰, 사제 및 정교회 선교사는 이탈자들을 정교회에 데려오는 모든 조치를 해야 한다. 마을 이장은 동생을 마을 회관으로 소환했고 마을 경찰관과 사제 참석하에, 정교회 선교사가 침례를 줄 수 있도록 아이들을 정교회에 데려오도록 요구했다. 우리는 당신과 여러분 모두에게 권고한다. 폭력을 사용하지 않도록 아이들을 데려오라. 우리 마을 전체와 당신 마을 전체가 이 사실을 알고 있다. 그래서 내일 아침까지 당신은 어디에도 갈 수 없고, 거부하는 것도 이번에는 도움이 되지 않을 것 이다.

---

235. Bonch~Bruyevich V. D. Presledovaniye baptistov…s.46~49. [본치~브루예비치, 침례교 박해…p.46~49]

위에서 언급했듯이 폭력적인 침례에 관한 시도가 일찍부터 있었지만, 실패했다고 한다. 7명의 자녀들-문제의 형제 가족 중 3명과 다른 2명의 침례교 가정 중 4명-이 침례를 받았다. 정교회 선교사의 손에서 벗어난 7살 소년이 흥분하여 이렇게 말했다. 나를 익사시키려 했지만, 벗어나 달아났다. 세 번이나 나를 물에 집어넣었다. 사제는 이에 대해 변명했다. 형제들, 우리가 자발적으로 폭력을 행사한다고 생각하지 말라고 하며, 황제가 명령하고 법이 이것을 요구한다고 했다.

수용소 생활자에게 박해가 계속되었다. 그들은 함께 모여 기도하는 것이 금지되었다. 기류시에 있는 형제들이 파블로프에게 편지를 썼다. 경찰이 형제들에게 기도할 것인지 물었다. 그들은 그렇다고 대답했다. 그러면 오늘 어디서 모이는지 물었다. 그들은 카푸스틴스키의 아파트라고 대답했다. 경찰관이 온다고 약속했지만 오지 않았다. 그런데 그는 카푸스틴스키에게, 기류시에서 주거 환경이 더 나쁜, 우편역인 테르테르로 옮긴다고 통지했다.[236] 그때에 카푸스틴스키는 이미 아내를 잃어버렸다. 아내는 발진티푸스로 사망했고, 그는 중증의 신경 쇠약을 앓았다. 이것은 코스트로민이 기록했다.

독일인 형제들이 카푸스틴스키의 아이들을 그들에게 보내도록 기류시에 편지를 썼다. 어느 날 나는 슈샤에 있는 동안, 나의 방에서 일을 하고 있었는데, 카푸스틴 스키의 두 아들 사샤와 바샤가 들어와서 말했다. 안녕, 삼촌! 하면서 나에게 달려와 껴안겼다. 나는 그들에게 인사하고, 울며, 그들과 어머니 잃음을 슬퍼했고, 아버지와 남아있는 아이들에 대해 물었다. 그들은 우리에게 할 수 있는 말을 했다. 우리 중, 작은 바냐는, 다른 여자가 데려가서 자랄 것이고, 둘은 아빠와, 우리는 독일인 형제들에게 갑니다. 여기 편지가 있어요. 그들은 나와 함께 밤을 보내고, 다음 날 아침에 목적지로 떠났다. 며칠 후 도착해서 직접 와서 말했다. 안녕, 형제. 내가 그를 만났을 때, 나는 놀랐다. 세상에! 나는 그에게 물었다. 건강은 어때? 그는 어딘지 모르게 일관성이 없이 설명했

---

236. Bonch~Bruyevich V. D. Presledovaniye baptistov...s.26. [본치~브루예비치, 침례교 박해...p.26]

다. 응, 나야 뭐, 형제, 괜찮아, 그런데 아내가 아파(그 당시의 그의 아내는 이미 사망한 상태였다). 나는 그에게 물었다. 무슨 일로 여기 왔어? 그는 나에게 종이를 보여 주었는데, 거기에는 그가 엘리자벳폴 총독의 지시에 따라, 경찰의 감시 아래 테르테르 마을로 간다는 내용이었다. 오 하나님! 이것이 무슨 일입니까? 완전히 이성을 잃어버리고, 질병에서 회복되지 않은, 이 사람을 두 아이와 같이 러시아 사람이 한 명도 없는 그런 장소인, 기류시에서 테르테르로 보내는 것이, 소위 기독교 정부의 일이란 말인가!

코스트로민은, 믿기 전에는 돈 지역의 니콜라예프 지역 시골에서 경찰로 일했고, 처음에는 기류시에서 슈샤로 보내졌고, 그 후 1894년에 아주 먼 곳인 쿠타이시 지방의 아르트빈으로 옮겨졌다. 그는 내무부에 신청한, 반복된 청원에도 불구하고, 가족에게 연락할 수 없었다. 결국, 코스트로민은 고향으로 돌아갈 권리가 없는 불가리아로 가족과 함께 떠나는 것을 동의해야 했다.

새로운 왕이 재위하면서, 감옥에 있던 형제들은, 사면 선언서를 기다렸다. 그러나 사면 대신에 거의 모든 사람에게 3년에서 5년의 징역형을 선고받았다. 수감자 중 일부는 더 심한 곳으로 옮겨졌다. 코스트로민, 랴보샤프카, 바그다 사랸츠는 고향으로 돌아갈 권리가 없는 해외로 나가는 허가를 받았다. 일부 형제들은, 허락을 기다리지 않고, 비밀리에 고향을 떠나 터키를 경유하여 루마니아와 불가리아로 출국했다."[237]

풀려난 사역자들은, 비록 안전하지는 않았지만, 추방된 형제와 그 가족들의 운명에 적극적으로 참여했다. 그들 모두는 기류시와 남캅카스의 다른 지역에 있는 형제들에게 필요한 물질적 도움과 영적 지원을 반복적으로 제공했다. 상트페테르부르크 형제들은 2천 루블을 모았고 돌고폴로프를 기류시에 보냈다. 많은 강도들이 그 지역에서 활동하고 있었기 때문에 여행은 위험했다. 그러나 주께서 지켜주심으로 재정은 순조롭게 목적대로 전달되었다. 도움이 때마침 제공되었다. 다음은 그에

---

237. *Geroy very Sazom Yevtikhiyevich Kapustinskiy*. Rukopis'. Arkhiv VSEKHB. [믿음의 영웅 사즈 예브티히예비치 카푸스틴스키, 필사본. 침례교총회 문서보관소]

관한 기록이다.

그는(돌고폴로프) 마지막 기차역까지 도착했고, 마차를 빌려서 출발했다. 도로는 위험했고, 도적의 무리가 무자비하게 약탈하고 살해했다. 많은 여행자가 목숨을 잃었다. 갑자기 시끄러워졌고 말 발자국이 가까이 다가왔다. 기분 나쁜 불안감과 불길한 예감이 형제의 마음을 가득 채웠다. 갑자기 모퉁이 길에서 소총과 총알을 가슴에 두른 소수의 사람이 뛰어 내렸다. 그들은 허리에 은색으로 장식된 긴 양날 검과 기병대 검을 차고 있었다. 형제에게 내리라고 명령하고 그들을 따라오라고 했다. 마부는 되돌려 보내졌고 형제를 산으로 끌고 갔다. 협곡을 지나자, 그들은 컴컴한 동굴로 들어갔고, 거기에는 횃불이 비추고 있었다. 강도의 우두머리는 중앙아시아 출신으로 완전 무장을 했고 머리에 캅카스풍 큰 털모자를 썼고 값비싼 무기를 쩔렁거리면서, 아름답고 화려하게 장식된 궤짝에 앉아 있었다. 형제는 조금 멀찍이 멈췄다. 그의 관자놀이가 욱신거렸고, 혈관의 피는 차가워졌다. 생각들이 번개보다 빠르게 하나씩 떠올랐다.

기아에 허덕이며 절박한 죽음과 그들의 필요성을 묘사한, 유배지 사람들이 보낸 편지를 기억해 냈다. 박해당한 사람들을 돕기 위해, 신자들이 돈을 기부한 방법을 기억해 냈다. 그가 목적 완수에 거의 다다랐을 때 그는 자신의 죽음에 직면했다. 세상에! 어떻게 이런 일이 일어났습니까? 저의 뜻이 아니라, 주님의 뜻대로 되기를 바랍니다. 돌고폴로프 이렇게 생각하며 기도했다. 우두머리 얼굴이 숨을 내뿜었다. 악독과 탐욕이었다.

그의 얼굴 전체, 특히 검은 불같은 눈은, 그가 동정이나 자비를 알지 못한다는 사실에 대해 말했다. 그런데 몇 가지 질문을 한 후, 잡힌 사람은 상인이 아니라, 먼 곳에서 이 지역의 고통 받는 형제들을 도와주러 온 사람이었음이 밝혀졌다. 그리고 당신의 형제는 누구냐? 하면서 강도가 끼어들었다. 카푸스틴스키! 아~아~아, 카푸스틴스키, 나는 그를 잘 안다. 그는 좋은 사람이다. 그래, 알았다. 그리고 오, 기적이 일어났다! 분명히 그 사람은 자비를 모르는 사람으로 보였는데, 그가 돈을 운반하는데 도움을 주고 카푸스틴스키에게 전달해 주겠다는 제안을 했다. 왜냐하면, 그는 돌고포로프가 운반하는 돈이 기류시로 이어지는 모든 도로와 산길을 지키고 있는 코사크인들에게 강탈될 수 있다는 것을 알고 있었기 때문이다. 강도들은 다른 산길을 알고 있었다.

잠깐 생각을 한 다음, 돌고포로프는 다음의 말을 하면서 돈을 전달했다. 당신이 할 수만 있다면, 그렇게 해 주시오. 형제와 그의 아이들이 배고픔으로 죽어가고 있소. 그는 남아서 그들이 돌아오기를 기다렸습니다. 그날 저녁 카푸스틴스키는 아이들과 무릎을 꿇고 하나님께 도움을 청했다. 정적이 흘렀고, 우리는 무릎을 펴고 일어났다. 그리고 그와 아이들은 슬픈 생각에 빠져들었다. 배고픔은 더 심하게 느껴졌다. 갑자기 문 두드리는 소리가 들렸다. 그 이상의 장면은 말로 표현하기 어렵다. 강도는 몇 가지 질문을 한 후, 큰 묶음과 편지를 꺼내서 카푸스틴스키에게 말했다. 받으라, 알라가 너와 네 형제들을 보냈다. 앉아서 답장을 쓰라. 그는 너무나 감격한 나머지 답장을 써야 할지, 강도에게 감사를 표해야 할지, 어쩔 줄 몰랐다. 동정을 모르는 강도들조차도 자비를 베풀었는데, 박해자들은 어떤 마음을 가졌는가?

1896년에 볼쇼이 골루보이(볼가 지역)의 독일침례교 공동체에서 보낸 웨버가 기류시를 방문했다. 그의 여행은 많은 위험이 도사렸지만, 지글러와 일부 러시아 형제들과의 개인적인 만남을 통해 보상이 되었고, 그들에게 모아진 헌금을 전달했다.[238] 가난한 형제들에 관한 실질적인 물질적 지원은 해외에 거주하고 있었던 파시코프와 체르트코바에 의해 제공되었다. 남캅카스에 있는 형제들과, 그 가족들을 위한 도움은 영국과 스웨덴 침례교회와 서구의 개신교회를 통해 이루어졌다.

1895년 베데커 박사가 카르겔과 함께 엘리자벳폴 지방과 기류시에 거주하는 형제들을 방문했다.[239] 그들과 만나기 위해 베데커는 황제가 서명한, 특별 허가증을

---

238. Bonch~Bruyevich V. D. *Presledovaniye baptistov*...s.36. [본치~브루예비치, 침례교 박해...p.36]
239. Kopiya tsirkulyara kutaisskogo voyennogo gubernatora ot 18 sent. 1895 goda, 940, ROMIRA(GMIR), fond 2, opis' 16, delo 31; Latimer R. S. *Zhizn' i trudy doktora F. V. Bedekera*, s. 198~202.[1895년 9월 18일자 쿠타이시 병영 총독 공문 사본, 1895년, 940호, 국립종교사박문관, 펀드 2번, 항목 16번, 사건 31번; 라티메르

받았다. 지방 행정관리들의 방해에도 불구하고, 도착한 형제들은 침례교뿐만 아니라, 시계파, 우유파, 영적전사 파들과 만날 수 있었다. 베데커와 카르겔은 영적 지원과 해외 신자들로부터 공급받은 구호금을 나누어 주었다.

쿠시네로프의 활동

포베도노스체프 시대 초반부터, 책임감 있고, 감사하며 동시에 위험하지 않은 일이 러시아·우크라이나 복음주의 침례교 형제회에서 규정되었다. 형제회는 부당하게 기소된 신자들을 최고 당국 앞에서 보호하고, 그들에 관한 불법적인 행동에 항소하는 것으로 구성되었다. 1886년에 쿠반 총회에서 이 일에 관한 변호사 관련 문제를 검토하고 긍정적으로 해결했다. 모든 관련 비용을 지불하기 위해 총회 재정에서 별도의 소득 지출 항목을 할당했다.

같은 믿음을 가진 신자들 사이에서 법적인 훈련을 받은 변호사가 없다면, 형제들은 신앙고백의 구별 없이 변호인 제공을 허용하는 것이 타당하다고 생각했다. 법원에서 자주 증장하는 고소인과 전문가들은 침례교와 복음주의 기독교(파시코프파)를, 법정에서 시계파로 주장하기 위해 관심을 가진, 정교회 반분열주의 선교사들이었다. 피고인은 대부분 교육을 받지 못했고, 겨우 읽고 쓸 줄 알고 소송 절차에 대해서는 불투명한 생각을 하고 있었다. 그들은 시계파 신자와 침례교 신자라는 이름의 차이점을 별로 중요시하지 않았다. 시계파라는 별칭을 피고는 순종했고 그러한 인정의 운명적 결과를 알지 못해 재판에서 이의를 제기하지 않았다.

이것은 전문가의 견해에 관한 필요성이 더는 필요하지 않은 검찰에 의해서만 예상되었다. 주교 지도부의 눈 밖에 나고 싶지 않은 변호인은 피고인이 사실상 시계파가 아니고 침례교인 혹은 복음주의 기독교인임을 증명하려고 일부러 애쓰지 않았다. 문제는 피고인을, 시계파로 간주하고 가장 엄한 법률을 적용하여 끝낸다는 것이다.

피고가 시계파에 소속되었다는 고소에 반대했을 경우, 시계파의 개념을 잘 몰랐

에르.에스., 베데커 삶과 사역, p.198~202.]

다는 것으로 인하여, 그가 법원에 제시된 사람이 아니라는 것을, 기본법에 따라 증명하는 것은 어려웠다. 신자들은, 소송 절차에서 요구되는 사항은, 법 앞에서 자신의 행동에 대해서만 책임을 지므로, 고소 사실이 필요하다는 것을 알지 못했다. 그리고 비밀문서인 1894년 9월 3일자 공람에, 그러한 개념이 있다는 것을 아는 사람은 거의 없었다.

모든 종교 의식과 성례를 거부하는 시계파 추종자들은 어떤 권위도 인정하지 않을 뿐만 아니라, 보편적 평등, 재산 분배 등 사회주의 원칙을 설교한다. 그들의 가르침은 근본적으로 러시아 국민의 기본 원칙을 저해한다. 전문가와 변호사가 불공정하게 일하는 상황에서 피고인이 제시한 교리는 그들의 정당화를 위한 수단으로 이바지하지 못했다. 신자들에 관한 재판은 기본적인 소송 절차를 위반했다. 그들의 결정에 대해 누구도 최고감독기관인 대법원에 이의를 제기할 수 없었다. 이를 위해 교육받은 신자 변호사가 필요했다.

변호사의 일은 키예프 침례교 공동체 회원인 이반 페트로비치 쿠시네로프가 담당했다. 프로하노프는 그에 대해 이렇게 말했다. 그는 진정으로 지칠 줄 모르는 일꾼이었다. 이른바 시계파를 겨냥한 폭력적 박해(1894년) 시기부터 그는 사역을 시작했다. 시계파 사건에서 변호하려고 출두할 때마다 시계파에게 동일한 박해가 있었고, 추방을 당하지 않는 경우는 벌을 받았고, 행정부와 사제들로부터 많은 제약이 있었다.[240]

쿠시네로프는 중재재판소에서 시작하여 하급 행정부와 주행정부와 원로원까지 모든 사법 기관을 공개적으로 방문했다. 당시 변호사들은 보통 상급 법률 행정기관의 동의를 받은 후, 신자 피고인들을 변호했다. 그 일을 위해 주님께 부름받은 쿠시네로프는 위로부터 그에게 주어진 담대함으로 핍박받은 사람들을 방어하면서 사법 및 행정기관에 출두했다. 그는 해명서를 쓰고, 주장하고, 박해자들의 불법적 행동을 폭로했다. 그는 또한 러시아의 여러 지역에 있는 가난한 신자들을 방문하고 그들을 위로하고 격려하였다. 그가 사건을 고등법원에 항소한 덕분에 대법원의 상고

---

240. *Ob Ivane Petroviche Kushnerove.~* Bratskiy listok, 1908, 2. [이반 페트로비치 쿠시네로프~형제들 신문, 1908년, 2호]

심 부서는 많은 판결을 취소해야 했다.

파블로프와 프로하노프의 불가피한 출국

오렌부르크에서의 두 번째 추방 생활을 마칠 무렵에 파블로프는 루마니아의 툴체아에 있는 러시아~독일 침례교 공동체로부터 설교자로 초청을 받았다. 후에 파블로프는 다음과 같이 기록했다. "나는 초청장을 보았고 내가 러시아에 남을 경우, 다시 수용소로 추방될 것이다. 그러므로 나는 그 초청을 다른 곳에서 복음을 전하라고, 나를 부르시는 하나님의 음성으로 받아 들였다.241 1895년 7월 10일에 오렌부르크와 이웃 마을에서 온 형제들과 작별 인사를 하고 가족과 함께 티플리스로 이동한 후 거기서 해외로 떠났다."

파블로프의 오렌부르크 추방 기간에 10명으로 구성된 공동체가 조직되었다. 도시 근교에는 총 신자 수 140명인 여러 그룹이 있었다. 파블로프는 티플리스로 가는 길에, 그가 진리의 씨앗을 심었던 볼가 지역을 방문했다. 그는 블라디캅카스와 바쿠를 방문했다. 또한 게악차이에 있는 형제들을 만났다. 티플리스 형제인 레우시킨과 엘리자벳폴에 살았던 형제들도 만났다.

툴체아 도시에서 파블로프는 1901년 말까지 러시아어와 독일어로 복음을 전파했다. 파블로프는 특별한 사랑으로 공동체의 목사로 받아들여졌다. 전임 목사는 윌러였다. 신자들은 윌러가 사망한 후 고아처럼 느꼈다. 파블로프와 함께 이 공동체는 60명으로 성장했다. 파블로프는 루마니아에서 이곳 사람들은 러시아보다 신앙에 덜 민감하지만, 매우 냉담하고 무관심하다라고 기록했다.242 이민기간 동안 파블로프는 러시아에서 신앙 때문에 박해를 받았던 복음주의 기독교침례교에 관한 보고서를 발표했다. 그는 생각의 자유 잡지의 정기 통신원이었다. 잡지의 편집자는 런던에서 이중이던 본치-브루예비치243였고, 발행인은 체르트코바의 아들인 블라

---

241. Pavlov V.G., *Vospominaniya ssyl'nogo*.[파블로프 베.,게., 유배지 회고]
242. Tam zhe [위의 책]
243. *Pis'ma V. G. Pavlova V. D. Bonch~ Bruyevichu* khranyatsya v arkhive ROMIRA(GMIR), fond 2, opis' 16, delo 2 i drugiye; Bonch~Bruyevich V. D. *Presledovaniya baptistov...* s. 25, 36, 53, 64. [파블로프(베.,게.,)가 본치~브루예비치(베.,데.,)에게 보낸 편지, 국립종교사박물관 기록보관소, 기금 2, 목록 16, 사례 2 및 기타; 본치~브루예비치 베.,데.,침례교 박해 ... p.25, 36, 53, 64.]

지미르와 알렉산드르였다. 첫 번째는 톨스토이 추종자였고, 두 번째는 파시코프 그룹에 속한 사람이었다. 이러한 출판물 및 기타 출판물 덕분에 러시아 신자에 관한 자발적인 사실이 세계 여론의 자산이 되었다. 영국 신문은 평화로운 이단자들의 충격적인 출판 정보로 가득찼다. 그리고 영국성서공회는 포베도노스체프와 그의 동료들이 만들고 있는 행악에 대해 매우 분개했다고 스테프냑의 아내 스테프냐카~크라프친스키가 기록했다.[244]

1894년 무렵 프로하노프는 이미 복음주의 침례교 형제회에서 두드러진 인물이 되었다. 그는 1889년 말부터 상트페테르부르크에 비인가 잡지 [대담]을 출간하고 러시아의 많은 박해받은 목회자들과 활발한 서신을 나누었다. 전공에 따라 공무원으로 일할 기회가 없던 프로하노프는 1894년 사도적 모델인 사도행전 4장 32절에 기초하여 심페로폴 근처에 농촌 공동체 코뮌 베르토그라드 창설을 주도했다. 소수의 메노파 출신 형제들과 시인 네크라소프의 미망인이 포함되었다. 네크라소바와 두 명의 조카딸, 시로먀트니코프 등도 포함되었다. 코뮌 구성원들은 모두 신자들이었다. 그러나 코뮌은 오래 지속되지 못했다.

그때, 프로하노프는 이미 많은 시와 찬송가와 서사시를 썼고, 나중에 찬송가 모음집에 포함되었다. 1894년 감옥에서 많은 고통을 겪은, 한 형제의 감동적인 편지에 기초하여, 프로하노프는 신자들이 감동적으로 노래한 곡에 작시한 서사시 '땅 위의 깊은 밤'을 썼다. 같은 해에, 아버지의 슬픈 추방 생활에 대해 '오, 우주 전체에 아무도 없다'라는 찬송가를 썼다. 프로하노프의 다방면 활동은, 의심할 여지없이 주목을 끌었다. 프로하노프는 다음과 같이 썼다. "상트페테르부르크 형제들은, 내가 해외에 나가 러시아에 관한 박해에 관한 모든 자료를 발표하고 형제들에게 영적 및 재정적 지원을 조직하고, 신자들의 도덕적 지원을 위해, 그곳에서 도서를 보내라고 권고하면서 재촉했다. 형제들의 권고를 따르기 위해 준비하면서, 상트페테르부르크에 머무는 동안, 비밀경찰은 나를 잡으려고 미행했다. 어느 날 나는 베르드니코

---

244. Stepnyak~Kravchinskiy S.M., Sobraniye sochineniy, v 2~kh tomakh, t. 2. M., 1958; Shtundist Pavel Rudenko, s. 571. [스테프냑~크라프친스키. 작문집, 2권중 2번째 책,모스크바, 1958; 시계파, 파벨 루덴코 p. 571]

프(상트페테르부르크의 작은 공동체 지도자 저자 주)에게 갔다. 내가 그 집에서 떠나자, 몇 분 후에 경찰이 그 형제에게 와서, 나에 대해 물었다."[245] 상트페테르부르크에 더는 머무를 수 없다는 것이 분명해졌다. 1895년 2월 핀란드를 경유하여 프로하노프는 해외로 나갔다. 출국하면서 프로하노프는 내게 보인 신비한 나라의 길이라는 다음과 같은 유명한 시를 썼다.

내게 보인 신비한 나라의 길,
모든 것을 앞으로 이끈다.
길에 꽃은 자라지 않고,
온통 가시덤불만 보인다.
새벽의 꾀꼬리는 노래하지 않고,
주위에는 자칼의 울부짖음만 들린다.

처음에 프로하노프는 스톡홀름에 체류했고, 그 후 함부르크, 파리를 거쳐 영국에 정착했다. 박해를 당하는 러시아 내 신자들에 관한 자료 중 일부는 파리에서 출판을 위해 넘겨졌고, 일부는 이미 해외에 있는 대담 잡지에 계속 실렸다. 잡지 출판사는 사라토프에서 스웨덴으로 갔다가 루마니아로 떠났던, 크리흐너 자매가 인수했다. 영국에 있는 동안, 프로하노프는 브리스톨에 있는 침례교 신학대학에서 연례 신학 강좌를 들었다. 1896년에 그는 베를린 대학교와 파리 대학교에 있는 독일 및 프랑스 신학교와 친분을 맺었다.

러시아 침례교 공인

원로원이 밝힌, 지방 법원 및 자치 회의의 반침례교 위법행위 사실에 대해 제국 정부는, 침례교를 러시아에서 불가피하게 공인하도록 선언했다. 1896년 원로원은

---

245. Prokhanov I. S. *Avtobiografiya* [프로하노프 이.,에스., 자서전]

다음과 같은 해명서를 발표했다. 1894년 7월 4일 황제로부터 승인된 각료위원회(1894년 9월 3일 자 내무부 공문 저자 주)는 시계파 분파에 예외적으로 관련되어 있으며 행정 당국에 의해 적용될 수 없고 다른 신앙고백을 하는 침례교를 시계파로 동일시할 수 없다.[246]

1896년 말부터 지방 법원의 판결을 원로원의 상고심 부서가 취소한 경우가 잦아졌고, 침례교는 시계파와 동일시 될 수 없고, 신자들은 하나 또는 다른 분파에 속한 것이 아니라, 실제로 저지른 범죄에 대해 처벌받을 수 있다는 것을 반복적으로 강조한 수 많은 법령들이 발표되었다.[247] 이 법령으로 러시아·우크라이나 침례교의 존재 사실이 공인되었다.

제3차 반종파 선교사 총회

러시아 침례교에 관한 공인 사실에도 불구하고, 포베다노스체프는 그가 근절을 위해 예정한 계획을 계속 이행했다. 1897년 여름 카잔에서 약 200명의 사람이 참석한 가운데 반종파 선교사 총회가 개최되었다. 종무원 국무서기가 총회에 적극적으로 참여했다.[248] 총회 특별위원회는 침례교, 복음주의 기독교, 구교도파, 청년시계파를 모두 영적시계파로 부르기로 결정했다.[249] 침례교와 시계파를 구분한, 위에서 언급된 1897년의 법령이 발표되자, 정교회 선교사들은 융통성을 보이면서, 침례교를 독일인의 선전 결과라고 하면서, 이제는 반대로 증명하기 시작했다.

제3차 반종파 선교사 총회는 또한 다음의 결정을 내렸다. 일부 신앙에 소속됨은 사회가 추종자들을 시베리아로 추방할 수 있는 권리를 제공하는, 비방하는 환경

---

246. Yasevich ~ Borodayevskaya V. I. Bor'ba za veru. s. 52; Bonch~Bruyevich V. D. *Presledovaniye baptistov…*s.74. [야세비치~보로다예프스카야 베.,이., 신앙의 투쟁. p.52 본치~브루예비치, 침례교 박해…p.74]
247. Ukazy 5036 ot 24 maya 1897 g., 6797 ot 27 sent. 1897 g., 2860 ot 3 okt. 1897 g., 2555 ot 20 marta 1900 g.; Bonch~Bruyevich V. D. Presledovaniye baptistov… s. 74~77; Mel' gunov S. *Shtundisty ili baptisty?~Russkaya mysl'*, 1904. 2 [1897년 5월 24일자 5036번 법령, 1897년 9월 27일자 6797번 법령, 1897년 10월 3일 자 2860번 법령, 1900년 3월 20일자 2555번 법령; Bonch~Bruevich VD 침례교 박해…p.74~77; 멜구노프 에스., 시계파 혹은 침례교?~러시아적 사고, 1904년]
248. Nedelya, 1897, 30 i 33, [주간, 1897년, 30호 31호]
249. *Pashkovshchina i shtundizm.~ Missionerskoye obozreniye,* 1897, s. 797~806. [파시코프파와 시계파~선교적 평론, 1897년, p.797~806]

을 인정하는 것이다. 이 결정은 원로원에 의해 통제되는, 법원을 통하지 않고, 지방의 자치 회의의 선고에 따라 유혹자들을 시베리아로 추방하는 근거를 제공했다. 랴잔지방의 대주교는, 또한 선교 사업을 위한 유용한 아이디어로 재산 몰수를 제안했다.[250]

그 후, 그 결정은 정당하고 러시아 내 침례교 존재 사실을 반박하는 시도가 있었다는 글이 선교사 평론에 실렸다. 침례교와 시계파가 동일하다는 것은 독일인의 선전 결과라고 설명했다. 1897년 법령에 반대하는 주장이 나타난 것이다. 1900년 선교사 평론 2월호와 11월호에서 키예프주 주교 벨고로드스키는 "왜 남러시아 시계파를 침례교로 인정하지 않는가? 그리고 코지츠키는 시계파를 침례교와 동일시할 수 있는가?"라고 썼다. 후자는 3차 총회에서 다음과 같은 결론을 인용했다. "시계파와 침례교를 분리하는 것은 그 의미를 상실하는 것"이다.

타우리드 목회자 발리힌은 불합리하게 침례교를 시계파로 부른다고, 정교회 지도자들을 비난했다. 1900년에 그는 알렉시 주교에게 편지를 썼고, 1897~1899년 타우리드 성직자 선교총회에서 그에게 타우리드 침례교와 자하로프 복음주의 기독교와 시계파의 차이를 설명하기 위해 여러 번 만났다.[251]

> 나는 당신이 왜 우리를 꼭 시계파~침례교라고 부르고 싶은지 궁금하다. 그것이 당신에게 그렇게 중요한가? 당신은, 스크보로초프(국무서기 밑의 특별 보좌관으로 3차 총회를 주도함. 저자 주)처럼 훌륭한 교육을 받았다. 당신은 우리가 정부를 인정하고, 성직자와 목회자 소유의 재산 분할을 인정하지 않는다는 것을 잘 알고 있다. 그런데도 당신은 우리를 시계파로 간주하는가? 그것 때문에 당신은 하나님께 죄를 범했다. 모든 불의는 죄이다. 우리도 당신과 마찬가지로 정부는 로마서 13장 1절에 있듯이 하나님이 세우신 것으로 인정한다. 그런데 당신은 우리를 시계파라고 어디서나 책망하기를 주저하지 않는다. 이것은

---

250. *Nedelya*, 1897, 33 ot 17 avgusta. [주간, 1897년, 33호, 8월 17일자]
251. Rezul'taty poslednego issledovaniya shtundy i novomolokanskikh tolkov v tavricheskom sektantstve. ~ *Missionerskoye obozreniye*. SPb., 1899, s. 166~193. [타우리드 종파내 시계파와 신우유파 최종연구 결과 ~ 선교사 평론, 상트페테르부르크, 1899년, p.166~193.]

우리를 직접적으로 화나게 하는 것이다. 당신이 그렇게 하는 것은, 당신에게 하나님께 용납할 수 없는 숨겨진 목적이 있음을 뜻한다. 이 주장은 개인적으로 당신에게 하는 것이 아니라, 일반적인 모든 성직자에게, 특히 스크보로초프에게 하는 말이다.[252]

러시아 내 복음주의 기독교침례회 관련하여 잘못된 비난은, 침례교가 국가 교회인 정교회의 복음 전파 방식이 아니라, 자신들의 방식대로 한다는 것이었는데, 이것은 유럽 국가에 공개적인 분노의 물결을 일으켰다. 자유사상(자유 언론), 대담 등 러시아 출신 잡지의 활동과 광고에 의해 반응이 강하게 알려졌다. 1894년에 영국에서 스테프냑~크라프친스키는 어려운 포베도 노스체프 시대의 침례교인의 생활에 관한 새로운 소설 시계파 파벨 루덴코를 영어로 출간했다. 1900년에 이 소설은 제네바에서 저자인 스테프냑의 아내에 의해 러시아어 출판되었고 인가를 받지 않고 러시아로 보내졌다. 1906년 국내에서 처음으로 출판되었다.[253] 러시아에서도 복음주의 신앙고백 신자들을 보호하기 위한 목소리가 점차 커지기 시작했다. 아래는 바실리 구리예비치 파블로프와 기독교침례회에 관한 동시대 사람인 정교회 사제 이온 브리르니체프의 특별한 견해이다.

나는 침례교도가 아니다. 나의 책 '불타는 파종자'를 보면 나의 신앙고백을 알 수 있다. 그러나 '입에서 선포되는 풍요로운 마음에서', 나는 많은 침례교와 복음주의 공동체에서 하나님의 영의 민감한 숨결까지 느꼈음을 증명한다. 주님께서 그의 제자 요한에게 질문했을 때 대답했던 것을 당신은 기억할 것이다. "오실 그분이 당신이십니까? 그렇지 않으면, 우리가 다른 분을 기다려야 합니까?~가서, 너희가 듣고 본 것을 요한에게 알려라. 눈먼 사람이 보고, 다리 저는 사람이 걸으며, 나병 환자가 깨끗하게 되며, 듣지 못하는 사람이 들으며,

---

252. Yepiskop Aleksiy. *Materialy dlya istorii*... s.542~543. [알렉시 주교. 역사 자료...542~543]
253. Stepnyak ~ Kravchinskiy S. M. Shtundist Pavel Rudenko. M., 1958. (Sobr. soch., t. 1). [스테프냑~크라프친스키 에스.,엠., 시계파 파벨 루덴코, 모스크바, 1958년, (작문집, 1권)]

죽은 사람이 살아나며, 가난한 사람이 복음을 듣는다(마 11:4~5). 당신은 이 모든 것을 침례교에서 보지 않습니까? 그들의 삶이 우리 정교회와 비정교회에서 얼마나 멀리 떨어져 있는지 보지 마시오." 그들의 초상은 벽에서 나를 원망하듯 바라본다. 그들은 우리 모두에게 살아있는 원망으로 서서 세상의 모든 구석에서 우리의 눈을 부드럽게 바라본다. 침례교도 또는 모든 동일한 복음주의 기독교인은 모든 민족의 재산이 되었다. 당신은 그들을 "손님 배우"라고 무시하고 있다. 그러나 이들 소위 손님 배우들은 대부분 가난하고 단순하며, 그리스도의 복음의 빛을 사람들에게 전하고, 사도 중에서 가장 위대한 사람들만이 할 수 있는 일들을 완수한다. 당신은 오데사 침례교회 목회자 바실리 구리예비치 파블로프를 알고 있는가? 사춘기와 청소년기를 모두 돈벌이와 공부에 사용했던 소년이자 가게의 점원이었던 우유파 마부의 아들이었다.

파블로프는 누구인가? 복음의 사도로 자유로운 상태와 갇힌 상태에서, 러시아 전체를 지나 끝에서 끝까지 복음 설교를 하고, 루마니아로 그의 활동을 옮겼다. 그는 하나님의 말씀에 관한 충실한 증인이다. 그는 우리 루스에서, 자신의 신앙 때문에, 셀 수도 없이 체포되어, 단계별로 많은 교도소를 거쳐 간, 영원히 감찰대상인 도둑이자 살인자처럼 취급받았다. 8년의 유배 생활에서 그가 가진 모든 것과 가장 소중한 그의 아내와 자녀들을 5일 동안에 잃어버렸다. 그러나 지금까지 그는 젊음의 생기를 잃지 않았고 누구에게도 원한을 품지 않았다. 이 파블로프는 누구입니까? 러시아 시민으로, 그의 고국에서 무시받고, 박해받았지만, 동일한 신앙고백을 하는 문화 국가들에서는 수차례 환영의 만남을 가졌다. 이 파블로프는, 누구인가? 우리가 알지 못하는 사이에 가난한 사람을, 강한 영혼을 소유한 위대한 믿음의 부자로 성장시키는 복음 전도자의 한 사람이다.

당신은 알고 있는가? 사랑하는 형제, 이 파블로프는, 아직 청소년이었을 때, 유대인, 안식교인, 우유파, 사람들에게 하나님의 말씀을 전파할 수 있도록, 어디에서도 가르치지 않는, 헤데르 유대인 학교에 입학해서 히브리어를 배웠다. 파블로프는 섭리 가운데 연결되는 나라들에서 언어 소통을 위해, 다른 한편으로는 하나님의 말씀을 잘 전하려고 히브리어를 제외한, 시리아~갈대아어, 앗시리아~바빌로니아어, 아랍어, 오세티야어, 조지아어, 아르메니아어, 페르시아어, 타타르어, 터키어, 스웨덴어, 프랑스어, 독일어, 영어, 에스페란토어, 루마니아어, 라틴어 공부, 그리스어, 체코어, 폴란드어, 불가리아어, 세르비아어, 핀란드어와 사마리아어를 공부했다. 엄청난 전도 활동 외에, 극히 소수의 언어학자들만이 접근할 수 있는, 그 엄청난 일을 시도하도록, 그를 재촉한 것은 무엇인가? 그리스도를 진정으로 사랑하지 않고서야, 그 무엇이란 말인가? 그리고 당신은 이 사람들을 무시로 대하고, 그들의 신앙을 얼음 산이라고 부른다. 솔직히 말하라. 이런 손님 출연자들이 우리 가난한 러시아뿐만 아니라 전 세계에 얼마나 많은가? 그러나 침례교에는 파블로프 한 명뿐 아니라, 강한 영혼과 믿음의 사람들이 많다. 젊은 설교자조차도, 그들이 하나님의 자비의 설교자라고 생각한다.

자유주의 신문과 잡지에서 기사들은 점점 더 그들의 신앙에 관한 박해를 비난했다. 주간소식 신문은 1897년부터 소송 절차 칼럼에 복음주의 신앙고백 신자들의 절차에 관한 알림을 정기적으로 실었다. 신문 [새로운 시대]는 1900년부터 신앙고백의 자유에 관한 기사를 발표하기 시작했다. 오룔 지방의 귀족 지도자 스타호비치[254]는 다음과 같이 썼다.

누가 러시아에서 양심의 자유를 금지했으며 누가 심판하는가? 법을 이해했다는 것은, 시민 권력은 영적 권력과 함께 처벌한다. 그러한 경우 그들은 연합되었을 뿐만 아니라, 양립할 수 없는 영역을 혼동했다. 영적 지도부의 이름도 아니고, 성직자의 이름도 아니고, 교회의 이름으로 양심에 관한 폭력이, 뻔뻔스럽게, 그리고 자유가 없는 곳에는, 진실함도 없고, 옳고 그름의 신앙도 없다는, 것을 진술해야 한다. 기억합니까? 의심스런 시계파의 동의와 통보 후 사제와

---

254. Novoye vremya, 1901, 254 ot 25 sentyabrya. [새로운 시간, 1901년, 254호, 9월 25일자]

지도부는 교회 문을 닫고, 탁자를 가져와서, 깨끗한 천을 깔고, 이콘을 세운 다음 한 사람씩 부른다. 이콘에 얼굴을 가까이 대라! 명령했다. 나는 우상에 대고 싶지 않다고 대답한다. 그들은 즉시 매질을 시작했다. 믿음이 약한 사람들은, 첫 번째가 끝난 후 정교회로 돌아왔다. 그런데, 네 번째까지 버티는 사람들은 당신은 사제에게, 처음에는 40가정이었는데 지금은 4가정이 남았다고 말한다. 나머지는 어디에 있는가? 하나님의 자비로 그들은 남캅카스와 시베리아로 추방당했다. 그 당시 신앙과 관련하여 국가 교회의 특별한 권리를 옹호하는 목소리가 나왔다. 기독교적 관용은 개인의 진리와 개인의 종교적 오해에 대해 무관심하지 않다. 개인적인 신앙고백의 자유는 종교적 결합의 자유와 구별되어야 한다. 사적인 믿음의 표현이다.[255]

그 제목은 폴론스키의 잘 알려진 답변을 따른다. 그런데 어떤 경우에 '개인적인 신앙고백의 자유'가 성취될 수 있을까? 사실, 모든 사람이 자신의 신념을 "만들지" 않고 자신이 원한 것을 자유롭게 믿을 수 있을까? 이 자유에 관해서는 말할 것이 아무것도 없고, 아무도 그것에 관해 이야기하지 않는다. 왜냐하면, 법은 알 수 없는 것을 처벌할 수 없기 때문이다. 비밀리에 원하는 것을 믿는 자유는 전혀 제한될 수 없다. 1902년부터 보브리쉐프-푸시킨, 프루가빈, 멜구노프 등의 여러 기사가 러시아 사상과 다른 잡지에 실렸고, 이들은 공개적으로 신앙에 관한 박해를 비난했다.

전도를 위한 새로운 분야

복음의 진리를 뿌리기 위한 전혀 손대지 않은 처녀지로 여전히 시베리아와 중앙아시아가 남아있었다. 1880년대 후반에서 1890년대 초반에 추방된 신자들과 자발적으로 이주한 신자들이 우크라이나, 벨로루시, 러시아 중부에서 가족들과 함께 이곳으로 도착하기 시작했다.

시베리아의 첫 번째 복음주의적 침례교 공동체가 미누신스크 지역에 발생했다.

---

[255]. Krasnozhenov. K voprosu o svobode sovesti i o veroterpimosti.~Novoye vremya, 1901, 21 oktyabrya [크라스노제노프, 양심의 자유와 종교적 관용 문제~ 새로운 시대, 1901년, 10월 21일]

1887년에 키르피츠니코프는 파시코프가 있을 때 회심한 아내와 함께 그곳으로 추방되었다. 1889년에 카르겔은 베데커와 함께 방문했을 때, 미누신스크에서 그들을 찾으려 했다. 그는 신자들이 모범적인 기독교적 생활을 하고 있고, 시베리아 원주민을 구원하기 위해, 깨어 기쁨으로 복음을 전하고 있음을 발견했다. 1892년에 베르비츠키와 그의 가족이 카멘에츠~포돌스키 지방의 미누신스크 지구의 오추리 마을에 도착했다. 재산을 빼앗겨서 그는 난로 기술자로 일했다. 1893년에 그의 간증을 통해, 절도 이유로 추방된 표트르 코코린과 그의 아내가 회심했다. 첫 번째 기도 모임이 시작되었고, 원주민들의 관심을 끌었다. 1890년에 카메네츠-포돌스키 지방에서 추방당한, 코르니츠키는 가족 일부와 함께 1894년에 여기에 왔다. 그는 1894년까지 레나 강 옆의 수용소, 시베리아 철도 선로 공사장에 있다가, 나중에 3명의 아들을 장사 지낸 크라스노야르스크에 머물렀다. 1년 후, 야코프 트카첸코와 그레고리 파트코 프스키는 헤르손 지방에서 가족들과 함께 이주했다. 후에 두 가정이 더 도착했다. 그 결과, 미누신스크 지역과 동시베리아 전 지역을 통틀어 최초의 작은 복음주의 침례교 공동체가 나타났다. 공동체의 목회자로 질린스키가 선출되었다. [256]

1896년 벨랴예프와 불가코프는 쿠반 지방의 티호레 츠카야 마을에서 그들의 가족과 데예바 자매와 함께 옴스크로 이주했다. 1897년 1월 6일의 연합 기도회에서 그들은 "주님, 여기에 당신의 교회를 세워주십시오!"라고 부르짖었다. 기도 응답은 즉시 왔다. 같은 해 여름에 쿠반 에서 예프스트라텐코가 도착했다. 그는 이르티시 강에서 처음으로 개종자에게 침례를 주었다. 주님은 교회에 구원 얻은 자를 더하셨고, 큰 회개가 시작되었다. 이렇게 서부 시베리아에서 첫 번째 공동체가 시작되었다. [257]

1897년에 복음은 중앙아시아까지 확장되었다. 다음과 같이 진행되었다. 시르다리야 지방의 베르흐네~볼린스크 농촌에 살던 우유파에게, 며칠 전에 아무르 강을

---

256. *Nashi startsy.* ~ Baptist, 1927, 8. [우리 목회자~침례교, 1927년, 8호]
257. Filadel'fiyskiy I. *Yevangel'skaya vest' v Sibiri.* ~ Baptist Ukrainy, 1928, 2. [필라델피스키 이., 시베리아 복음주의 소식 ~ 우크라이나 침례교, 1928년, 2호]

따라 여행하다가 돌아온, 전도자 체체트킨이 왔다. 베르흐네~볼린스크에서 첫 번째 회심자는 우유파 스코로두모프였다. 체체트킨이 그에게 침례를 주고 곧 사역을 위해 안수했다.[258] 스코로두모프는 이웃 러시아인 마을을 다니면서, 전에 믿음을 가졌던 사람들에게 열심히 전도하기 시작했다. 이렇게 중앙아시아에서 구원의 복음 전파가 확산되기 시작했다.

그 무렵 지역 교회가 사마라에 생겼다. 90년대 후반에 사라토프에서 키르시와 페르크가 성서보급을 위한 성서공회의 사업을 개시할 목적으로 도착했다. 페르크는 곡이 있는 찬송가 배우기를 원하는 젊은 우유파들을 발견했다. 보통 합창연습은 기도와 성서 읽기로 시작되었다. 점차 합창연습이 확대되어 집회로 바뀌었고, 페르크가 설교했다. 1899년에 소규모 합창연습에서 16세의 청년 체크마레프가 회심했다. 얼마 후 마자예프, 카르겔, 오딘초프가 사마라를 방문했다. 거듭난 영혼들의 회심과 침례가 시작되었다.[259]

포베도노스체프 시기 말엽에, 러시아 · 우크라이나 형제회는 많은 주목할만한 목회자들을 집계에서 빠트렸다. 블라디캅카스 형제들이 추방되기 직전에 여러 침례교 총회에 대표로 참석했던 스코로호도프가 사망했다. 1898년 극동에서 하나님의 밭에서 일한 은혜로운 사역자 델랴코프가 세상을 떠났다. 그 무렵 남캅카스 수용소에서 카푸스틴스키가 사망했다. 1900년에 랴보샤프카는 루마니아에서 주님의 부르심을 받았다. 1902년에 파시코프가 로마에서 생을 마감했다. 1894년에 프랑스의 칸에서 보브린스키가 사망했다.[260]

1900년에 형제들이 수용소에서 가정으로 계속 돌아왔다. 마자예프, 칼베이트, 레우시킨, 홀스툰, 보로닌, 프리마첸코, 이바노프, 랴소츠키 등이다. 1898년에 프로하노프가 해외에서 귀국했다. 1901년에 파블로프가 돌아왔다.

1897년부터 박해가 어느 정도 약해졌지만, 자유롭게 예배할 수 있는 장소가 아

---

258. Timoshenko M. *Nashi rabotniki.* ~ Baptist, 1926, 9~10. [티모셴코 엠., 우리의 일꾼.~ 침례교도, 1926 년, 9~10호]
259. Iz zapisey YU. S. *Gracheva, po vospominaniyam stareyshego chlena Kuybyshevskoy obshchiny A. I. Grachevoy.* [그라체프 기록 발췌, 쿠이비쉐프 공동체의 최장기 회원 그라체바(아.,이.,)의 회고]
260. Nekrolog grafa A. P. Bobrinskogo v gazete Nedelya. 1894, 42 ot 16 oktyabrya. ['주간' 신문에 실린 보브린스키 백작 사망기사. 1894년 10월 16일 42호]

직 없었다. 신자들은 매번 모임 장소를 바꾸면서, 비밀리에 아파트에서 모였다. 프로하노프는 귀국길에 박해를 피해, 캐나다 이민을 결정한, 영적전사파를 돕기 위해, 키프로스에서 몇 달을 보냈다. 오데사에 도착하자 그는 경찰 입회하에 블라디캅카스에서 동봉된 서류와 함께 슈발로프 시장에게 보내졌다. 그가 기대할 수 있었던 가장 좋은 결과였다. 프로하노프는 아버지 집에 살면서 기류시 추방지에 있는 아버지를 방문할 수 있는 허가를 받았다. 1899년 기술자협회 회원이었던, 프로하노프는 전문분야의 일자리를 얻어 리가~오룔 구간 철도관리자 조수로 몇 달 동안 일한 후, 리가공과 대학교에서 조교수로 초빙되었다. 프로하노프는 당시 영적 분야에서 지도력을 발휘하지 않았고, 주로 찬양집 [구슬리] 출판 준비에 집중했음에도, 1901년에 시계파 지도자로 간주되어 퇴직시키라는 내무부의 특별 지시가 도착했다. 프로하노프는 오랫동안 꿈꿔 왔던, 리가에서 상트페테르부르크로 이사했고, 웨스팅하우스 전기 회사에 취직했다. 그는 2천 부가 발행된 [구슬리]에 관한 작업을 계속했다.

이민 생활에서 돌아온 파블로프는 티플리스에서 가족과 함께 6년간 거주했다. 1907년부터 그는 오데사에서 살았는데, 거기서 러시아 전역에 흩어져 있는 공동체를 방문했다. 추방지와 해외에서 돌아온 형제들은 지역 교회들의 영적 생활을 회복하기 시작했다. 그리스도에 관한 증거가 러시아 전역에서 복구되었다. 프리마첸코는 1905년에 엘리자벳폴 신자들을 위해 사역했고, 레우시킨과 칼바이트는 티플리스에서 사역했다. 이바노프는 1900년부터 바쿠에서 거주하기 시작했다. 교회의 목회자로 선출되어 남캅카스와 우크라이나 남부의 복음 전파를 위해 계속 여행을 했다.

홀스턴은 1898년에 고향 카를로프카로 돌아와서 몇 년 동안 하나님의 사역을 하면서 주변 마을에 복음을 전파했다. 볼로그다에서 오랫동안 머물렀던 보로닌은 티플리스에 왔다. 1899년에 예전처럼 깨달은 마자예프는 그의 가족과 함께 티플리스로 돌아와, 하나님의 말씀을 설교와 찬양으로 전파했다. 그는 우리의 칼은 빛나는 강철로 만들어지지 않았다.라는 찬송을 좋아했다. 그는 자카스피 지역과 쿠반 지방에서 하나님의 사역을 감당했다. 마자예프는 마이코프 공동체가 시작할 즈음에,

마이코프에서 7명의 개종자에게 침례를 주었다. 하나님의 사역 가운데 악한 날(엡 6:13), 모든 고난과 폭염(마 20:114)을 통과한 많은 목회자의 이름이 알려지지 않았다. 그들은 겸손히 일하며, 하나님의 성전을 지었지만, 그 이름을 주님께서 잊지 않으실 것이다.

첫 번째 복음주의 기독교 공동체

러시아 · 우크라이나 복음주의 침례교 형제회가 처음으로 등장한 신자들 모임의 공식 문서에서는 모임의 이름이 여러 개 있음을 주목할 필요가 있다. 엘리자벳그라드와 헤르손 지역에서는 기독교침례회 침례교인 공동체라는 이름을 사용했다. 오스노바와 랴스노폴에서는 기독교침례회 공동체, 또는 러시아 국적의 기독교 침례회라 했다. 70년대 후반과 80년대 초에 랴보샤프카는 간략한 교리 문답 또는 러시아 침례교 신앙고백서에서 침례받은 기독교인이라 불렀다.

아인락 마을의 신자들은, 정교회에서 개종한 사람을, 침례교도로 불렀다. 1884년 러시아 침례교의 첫 번째 총회는 신자연합회, 침례 받은 그리스도인들, 또는 러시아 남부와 캅카스 침례교라 불렀다. 1879년부터 티플리스 교회는 '첫 번째 티플리스 침례교 공동체' 이름으로 직인을 만들었다. 상트페테르부르크 부흥을 경험한 신자들은, 레드스톡파라는 환경에 있다가, 나중에 파시코프파가 되었고, 그들 자신을 형제, 자매 또는 단순하게 신자라고 했다. 따라서 리벤 공작부인이 베를린 체류시 루터교 감독에게 종교 교육자를 찾도록 도와달라고 요청했을 때, 그녀는 자신이 말하는 신자가 누구를 의미하는지 이해하지 못했다. 그런데 시간이 지나면서, 90년대 중반 이후부터, 그들은 복음주의 신앙을 따르는 신자로 불리게 되었다.[261] 침례와 성찬 거부자(청년시계파)들로 구성되고 발라반이 주도하여 만든 차플린크 시계파는 자신들을 복음주의 형제회라 했다. 보고서에 따르면, 복음주의 기독교인이라

---

261. *Pashkovshchina i shtundizm.* Missionerskoye obozreniye, 1897, sent., okt., kn. 1, s. 797. O rukopisnoy tetradi peterburgskikh veruyushchikh, v kotoroy nakhodilsya Simvol yevangel'skoy very. [파시코프파와 시계파, 선교적 평론, 1897년, 9월호, 10월호, 1권, p.797. 복음주의 신앙의 상징에 있는 상트페테르부르크 신자들의 필사본]

불리는, 첫 번째 공동체의 회원은 세바스토폴 공동체였다.[262] 세바스토폴에서 처음으로 복음을 전했던 골루비에프는 파시코프 집에서 모였던 상트페테르부르크 집회에서 주님께 회심했다. 1892년에 소수의 항구 노동자들이 믿음을 가졌고, 그들은 모임과 대화 교제를 집에서 시작했다. 주님은 새로운 영혼들을 깨우셨다. 새로 개종한 선원 출신 본다렌코는 1899년에 자카스피 지역으로 2년간 추방되었다.

1903년에, 수용소에서 돌아온 그는 예카테리노슬라프에 정착하여, 곧 공동체를 조직했다. 그 이후, 교회는 복음주의 기독교 공동체로 이름을 채택했다. 세바스토폴의 형제 키슬로프와 유딘의 사역을 통해 복음은, 1898년에 처음으로 세네만 부부가 믿었던 심페로폴까지 도달했다. 1900년 얄타에 공동체가 생겼다. 키예프 형제 코스투코프와 스니체렌코의 전도 결과로 15명이 주님께 돌아왔다. 포베도노스체프의 극심한 박해로 인해 러시아 침례교 연맹의 활동은 1890년부터 1898년까지 거의 마비되었다. 이러한 조건에서 등장한 새로운 공동체는, 아무런 관계없이 별도로 지냈다. 신자들은 명칭에 관한 생각은 최소로 했다. 그들은 진리와 신앙의 깨달음에 비례한 영적인 생활을 살았고 다른 사람들을 그리스도께 인도했다. 그 후 침례교 연맹 활동의 부활과 함께, 일부 신자들이 침례교에 연합했고, 다른 사람들은 더 늦게 복음주의 기독교연맹에 합류했다.

형제회 총회

총회는 1885년 4월 3일부터 6일까지 블라디캅카스에서 개최되었다. 9개 공동체에서 20명의 대표가 총회 업무에 참석했다. 델랴코프가 손님으로 참석했다. 총회 첫날은 윌러가 의장을 맡았다. 이번 총회와 직전 총회의 첫 번째 주요 토의 주제는 전도였다. 17명의 사역자들이 설교자로 지명되었다. 첫 번째 회의가 새벽 1시에 끝난 후, 윌러와 랴보샤프카는 형제들에게 작별 인사하고 떠났다. 다음 회의에서 파블로프가 의장을 맡았고, 보그다노프가 부의장을 맡았다.

---

262. *Khristianin*, 1928, 2. [기독교인, 1928년, 2호]

또한, 총회는 다음과 같은 쟁점들을 논의했다.

- 지역 공동체의 통계 정보 준비-다음 총회 시기까지 그것을 제출하도록 발의되었다.
- 금지된 공개적인 성찬식 도입과 이전에 실시 되지 않은 공동체의 세족식
- 자하로프파 복음주의 기독교의 침례교와 공동 총회 제안
 이 문제에 관한 결정은 만장일치로 거절되었다.
- 믿기 전에 첫 번째 부인 생존 시 재혼한 사람에 관한 공동체에서의 수용여부

위의 안건에 관한 총회의 결정은 다음과 같다. 무지로 행한, 모든 죄는 용서 받지만, 첫 번째 결혼의 회복 가능성은 예견할 수 없으므로 주의 깊게 수용한다. 공동체가 그들을 신자로 인정하는 조건 아래 비슷한 사람들은 수용 하기로 결정했다(출회된 사람이 믿기 전에 불신자와 결혼한 것에 관한 수용여부).

이것에 대해서는 의견이 나뉘었고, 투표에 의한 결정은 분열로 이어질 수 있는 관계로, 공개적으로 남겨두었다.

총회 참석자들은 결론으로 전도를 위해 헌금한 모든 신자에게 일어서서 감사를 표했다. 1886년 총회는 12월 26일부터 30일까지 쿠반 지역에서 열렸다. 10개 공동체에서 16명의 대표단과 준회원 자격으로 2명의 손님이 참석했다. 이번 총회에, 러시아를 떠난 윌러와 파블로프는 참석하지 않았다. 헤르손 공동체의 대표도 불참했다. 총회 의장은 데이 마자예프가 맡았고, 조력자는 안드레이 마자예프였다. 새로운 위원회를 구성하는 것이 최우선 과제였다. 의장인 윌러와 회계가 러시아에 돌아오지 않을 것으로 예상되었다. 오랜 토론 끝에 의장은 선출하고, 조력자는 선출하지 않기로 결정했다. 데이 마자예프(1855~1922)를 의장으로 선출했다. 총회 재정부의 회계는 말로찬스크 메노파 공동체의 이삭 형제가 계속하기로 맡기로 했다. 총회 의제의 주요 쟁점은 여전히 전도였다. 박해가 아주 심해서 어려움이 나타났기 때문이었다. 당시 랴보샤프카, 라투시니, 홀스턴은 정착지에서 떠날 권리가 없었고 엄격한 감시를 받고 있었다. 그들 대신 새로운 전도자들이 임명되었고, 특히 키예프

지방의 카푸스틴스키가 지명되었다. 사라토프 지방 전도를 위해 흐니킨을 선출했는데, 그에게는 침례 베풀 권한은 없었다. 총회는 다음과 같이 결의했다. 모든 교회 회원은 전도의 실천을 약속해야 한다. 만약 나중에 자신의 약속이행을 거부한다면, 교회 회원의 자격을 정지하고 출회해야 한다.

전도자를 아무르로 보내는 문제도 고려되었다. 총회 참석자들은 예상 지출 금액에 관한 정보를 수집하고 이 목적을 위해 러시아와 독일 신자들에게 특별 헌금 약정을 시작하자고 제안했다. 소송중인 형제들을 보호하기 위해, 고용한 변호사 비용을 지불하기 위한 헌금을 별도로 모금하자고 제안했다.

1887~1888년 총회

1887년 12월 29일부터 1888년 1월 1일까지 연차 총회가 개최되었다. 그러나 당시의 조건에서는 총회가 아니라 기독교 형제들의 연례회의라 했다. 10명의 지방 교회 형제들과 그룹을 대표하는 16명의 형제들이 참석했다. 총회 의장은 마자예프가 맡았고, 조력자는 안드레이 마자예프였다. 총회에서 논의된 주요 쟁점은, 이바노프, 발리힌, 카푸스틴스키 전도자의 보고와 구호금 재정 상태, 형제회의 공동 지도력 설립 포함 9개의 보고였다.

새로운 지도력의 승인 과정에서 총회의 업무를 하려면 고도로 숙련되고 열정적인 지도자가 필요하다는 긴급한 요청이 공감을 받았고, 윌러는 총회 의장 사역을 내려놓았다. 참가자들은 그를 대신하여 마자예프를 선출했고, 그를 돕기 위해 다섯 명의 형제를 선출했다. 연례회의는 추후 목회자, 설교자 및 집사의 안수가 필요하다는 것을 발견했다. 또한 연례회의 및 이웃 형제회의 동의를 얻어 목회자의 안수식을 거행하는 것이 매우 바람직하다는 것이 인정되었다.

1889년 총회

1889년 총회는 스타브로폴 지역의 니콜스코예 마을에서 1월 6일부터 12일까지 열렸다. 19명이 참석했다. 랴보샤프카, 라투시니, 흘스턴, 마자예프는 총회에 참석할 수 없었다. 회의는 보그다노프가 이끌었고, 조력자는 가브리일 마자예프였다.

의제는 네 가지로 전도 사업, 총회 재정 상태, 연합회 지도력, 핍박받는 사람 지원이었다. 다시 한 번, 그리스도의 말씀을 성취하기 위한 전도에 관한 긴급한 소명이 들렸다(막 16:15~16) 총회에 참석한 전도자들은 그들의 보고서에 복음 전도를 실시한 사역 일수, 실시된 집회, 침례 받은 사람의 숫자 등을 기록했다. 이바노프, 데마킨, 체체트킨은 캅카스와 러시아에서 135명의 개종자에게 침례를 주었다. 카푸스틴스키는 키예프, 폴타바, 마힐료우 지방에서 31명에게 침례를 주었다. 형제들은 자발적인 전도자들에 의해 도움을 받았으며, 그중에는 오드놀코(체르니고프스크, 폴타바 및 키예프 지방), 가브리일 마자예프(탐보프 지방 및 트베르 지역), 델랴코프(볼가 지역) 및 다른 사람들이 있었다. 새로운 형제들이 전도 사역에 투입되었다. 프리마첸코, 델랴코프, 체체트킨은 아무르에 복음을 전하고자 하는 의견을 표시했다. 총회의 재정 상태는 충분했다. 총회사업부 책임자는 마자예프였는데 그에게는 이전에 임명된 사람들은 제외하고, 임시 전도자를 지명할 권한이 주어졌다. 총회에서 고려된 다른 사안 가운데, 지방 교회에서 신입 회원의 수용 절차는 주의를 기울여야 한다는 것이었다. 총회의 결정에 따라 교회에서 신자들을 받아들이는 일은 그들이 떠난 공동체에서 이전에 침례를 받았음에도 불구하고, 그들이 주의 만찬에 참여하지 않고 계속해서 그 연합회에 속해 있어서, 그들이 먼저 약속을 할 수 있도록, 다른 방법이 아닌, 침례를 통해서 이루어져야 한다.

1890년 총회

키르흐너가 티플리스의 카자코프 형제에게 보낸 편지에 1890년 3월 27일 침례교 연맹의 또 다른 총회가 개최된 것이 알려졌다. 키르흐너는 회의록에서 다음의 정보를 인용했다. 재정 상태, 전도자 관련 전도 사업, 구제금 등이었다. 윌러에게는 2백 루블의 보조금이 지정되었다. 아마도, 그 당시 지원은 부양자를 잃은, 그의 가족을 위한 것이었다. 보조금은 또한 형제회에서 열심히 일한, 키르흐너 자매에게도 지정되었다.

1891년 총회

고리카야 발카에서 개최되었다. 총회에 관한 언급은 프로하노프와 데마킨[263]의 편지에 포함되어 있다. 총회는 1월 10일 이후에 시작되어 18일에 끝났다. 처음에 총회 장소가 블라디캅카스로 정해졌다. 그런데 그 당시 총회라 불렸던 연례회의의 장소가 불가피하게 바뀌었다. 총회 참가자 명단은 마자예프, 발리힌, 데마킨, 체체트킨, 마몬토프, 프랴니시니코프, 스테파노프, 체트베르닌, 사벨예프 였다. 이바노프는 총회에 불참했다.

많은 질문 가운데 잡지 [대담] 출판문제가 논의되었다. 형제들은 다음과 같이 결정했다. 대담은 주님께 도움이 되고, 의문의 여지없이 주님의 사업에 유용하다. 그러므로 회의는, 출판을 기쁘게 환영하고, 담당자들이 원만하게 완수하기를 바란다. 회의는 대담 지면에 대표자들과 다른 이웃 교회의 글을 올릴 수 있는 자유를 수용하며 그것은 매우 바람직하다고 생각한다. 대담 매체를 통해 그들의 방향을 더 명확하게 밝힐 수 있을 뿐만 아니라, 그들의 실상을 분석할 기회도 되기 때문이다. 회의는 대담 출판을 출판위원회 권한에 맡겼다. 이바노프와 발리힌은 전임 전도자로 선정되었다. 다른 일곱 형제는 그 일을 두 달 동안 수행하도록 위임받았다.

1898년 총회

8년간 러시아 침례교 연맹은 총회를 소집할 수 없었다. 마자예프는 명목상 그 기간 동안 연맹 의장이었다. 그러나 그는 혼자서 러시아의 복음주의 침례교 운동을 이끌 수 없었다. 억압의 완화와 형제 중 일부가 유배지에서 돌아오자 마자예프는 1898년 차리친(현재 볼고그라드시) 에서 총회를 소집했다. 복음주의 기독교(파시코프파) 그룹도 총회에 초대 되었다. 총회 사업에서 참가자들은 하나님 왕국을 위한 공동사업에 관한 합의에 도달했다. 그 당시 해외에 있던, 프로하노프는, 형제회 이름에 관한 문제를 제기한 글을 실었다. 침례교인라는 이름이 형제회에게 용납될 수

---

263. Pis'mo A. S. Prokhanova I. S. Prokhanovu ot 22 yanvarya 1891 goda. Arkhiv VSEKHB; Pis'mo P. G. Demakina ot 4 fevralya 1891 goda. Arkhiv VSEKHB [1891년 1월 22일자 프로하노프가 그의 아버지에게 보낸 편지. 총회문서보관소; 1891년 2월 4일자 데마킨의 편지, 총회문서보관소]

없다는 것을 고려하고, 또한 복음주의 기독교인의 이름에 동의하지 않았고, 성서적 기독교인의 이름을 제안했다.[264]

1902년 총회

1902년 총회는 로스토프나도누에서 개최되었고 마자예프가 의장을 맡았다. 상트페테르부르크 복음주의 기독교 공동체 대표로 돌고폴로프와 마트베예프가 참석했다.[265] 화합과 전도에 관한 모든 질문을 회의에서 논의했다.

1903년 총회

이 총회는 비공식적이었으나 많은 대표자가 참석했고, 훨씬 평안한 분위기 가운데 차리친에서 개최되었다. 상트페테르부르크와 키예프의 복음주의 기독교 교회 형제들이 참석했다. 키예프 형제회는 교제에 손을 내밀어, 세계 형제회의 인사를 받았고, 복음주의 기독교 이름으로 남아서[266] 침례교 형제들과 공동으로 일하기 시작했다. 이번 총회에서 처음으로 복음주의 기독교침례회 이름을 채택하기로 결정했다. 총회의 업무 과정에서 지역 교회 신자들이 반국가적 성향을 가진 전단지 배포를 허용하지 말자는 제안이 제출되었다.

1904년 총회

이 총회는 로스토프나도누에서 개최되었다. 상트페테르부르크, 키예프, 코노토프, 세바스토폴의 복음주의 기독교인 대표들이 총회에 도착했다. 그들은 이전 이름을 보존한 채 침례교 연맹 가입을 신청했다. 총회 업무 중 상트페테르부르크 복음주의 기독교 형제들은 복음 전도 명목으로 500루블을 헌금했다.[267]

---

264. *Istoricheskaya spravka.*~Baptist, 1925, 1 so ssylkoy na: Prokhanov I. S. Kto my.~Beseda, 1895, avgust. [역사적인 자료.~침례교, 1925년, 1호, 프로하노프 이.에스, 우리가 누구인가.~대담, 1895년 8월호 인용].
265. *Pis'ma k brat'yam yevangel'skikh khristian~ baptistov.* Tiflis, 1916, s. 19. [복음주의 기독인 형제들에게 보내는 편지 침례교. 티플리스, 1916년, p.19]
266. Mazayev D. I. *Ne ta doroga.*~ Baptist, 1911, 34. [마자예프 데.이., 그 길 아니라..~ 침례교, 1911년, 34호]
267. *Pervyy nazidatel'nyy s"yezd v Omske.*~ Baptist, 1925, 6~7.[제1회 옴스크 교육 총회.~침례교, 1925년, 6~7호].

제4장
1905~1917년 기간의 복음주의 확산과 형제회 생활

20세기 초반은 노동자와 농민 운동이 러시아에서 급격히 증가한 것이 특징이다. 언론, 집회, 출판, 종교 및 기타 개혁의 자유에 관한 요구가 제기되었다. 일본과의 전쟁에서 러시아가 패배하자 제국 정부는 약화되었고, 국민들의 진보적인 운동이 강화되었다. 다양한 인구 계층의 대표자들은 경제 및 다른 삶의 영역에서 러시아의 약점에 관한 이유는 독재정치라고 이해했다. 노동자와 학생의 만남은 군주제의 전복과 민주공화국의 설립에 관한 표어를 걸었다.

국가 내부의 긴장이 고조되면서 1903년 2월 26일 자 선언문이 발표되었고, 1904년 12월 12일에 국가 상황을 완화시키는 방향의 법령이 원로원에 보내졌다. 특별히 선언문은 다음을 밝혔다. 권력의 확고한 보호를 강화한다, 인접한 믿음의 행위와 함께 종교 관용의 약속, 러시아 제국의 기술된 기본법에서, 정교회를 가장 중요하고 국가적인 종교로 존중하고, 러시아 국민인 모든 비슬라브인과 다른 신앙고백자가 그들의 의식에 따라 신앙과 예배의 자유로운 실시를 제공한다.[268]

원로원에 지시한 여섯 번째 법령의 요점은 다음과 같다.

1903년 2월 26일 자 선언문의 내용을 강화하기 위해 제국의 기본법으로 깨끗한

---
268. Pravitel'stvennyy vestnik, 1903, 46, 27 fevralya.[행정부 소식, 1903년, 46호, 2월 27일자]

신앙문제의 관용을 지키려는 확고하고 충심 어린 원함은, 이교도 권리의 합법화와 동일하게, 비슬라브적이고 다른 믿음의 교리에 속한 사람들을 재검토하도록 할 것이다, 그와 상관없이 지금부터는 법률에서 직접 허용하지 않는 모든 제한적인 종교생활은 행정 질서에 따라 적절한 조치가 필요하다.[269]

그러나 그 법은 신앙문제에 가시적인 변화를 가져오지 않았다. 현장에서의 불법은 멈추지 않았다. 종무원의 지도부에 포베도노스체프가 여전히 남아있었다. 1894년 7월 4일 자 시계파와 침례교에 관한 법은 아직도 폐기되지 않았다. 새로운 법은 복음주의 침례교 지도자들이 보다 대담하게 행동하도록 근거를 제공했다. 여전히 러시아 침례교 총회는 불법적이었으나, 1903~1904년에 두 번의 확대회의가 개최되었다. 1903년에 러시아의 침례교를 대표하여 발리힌은 블란켄부르그 복음주의 연맹, 베를린 유럽 침례교 회의, 더비 침례교 회의를 참석하기 위해 출국했다.[270]

보다 결정적인 단계는 러시아 내 복음주의 운동의 기원, 발달 및 현재 상황과 파시코프파, 침례교, 신메노파, 등의 다양한 별칭으로 알려진 복음주의 기독교인의 요구에 관한 요약서를 프로하노프, 돌고폴로프, 이바노프가 참여하고 쿠시네로프가 작성하여 러시아 당국에 제출했다. 문서와 함께 법 개정에 관한 제안이 1905년 1월 8일 프로하노프에 의해 내무부에 제출되었다. 요약서에는 22개의 문서가 첨부되었는데 내용은 다음과 같다. 기도회 실시와 사망자 매장에 관한 고소와 소송; 구타, 고문, 살인, 체포, 벌금에 관한 편지; 신자 자녀의 학교 입학 불가 정보; 최근에 허용된 결혼, 출생, 사망 및 기타 신자 관련 위법적인 정보의 등록 거부이다.

각료위원회는 1904년 2월 12일 자 6번째 법령의 시행에 집중하여, 1905년 1월 25일부터 3월 1일까지 6번의 회의를 했다.[271] 회의에는 상트페테르부르크와 라도스키의 대주교 안토니가 적극 참여했다.

위원회는 다음과 같이 결정했다.

---

269. Tam zhe, 1904, 283, 14 dekabrya [위의 책, 1904년, 283호, 12월 14일자].
270. Balikhin F. P. Moya poyezdka za granitsu. Baptist, 1907, 1. [나의 해외여행 ~ 침례교, 1907년, 1호]
271. Pravitel'stvennyy vestnik, 1906, 87, 21 aprelya. [행정부 소식, 1906년, 87호, 4월 21일자]

- 정교회에서 다른 기독교 신앙고백이나 교리로 이탈은 개인 또는 시민의 권리와 관련하여 불이익이 따르지 않고 기소할 수 없다는 것을 인정한다.
- 행정 절차와 법원의 결정에 따라 폐쇄된 모든 기도의 집(교회)을 개방할 수 있는 가장 높은 권한을 요청하고 1894년 7월 4일에 승인된 각료위원회의 규정. 시계파 추종자들의 기도회 금지 취소를 요청한다.
- 각료와 행정부 책임자에게 제시한다. 구교파와 이단자의 국가 및 공공 업무 수행권리를 제한한 행정 명령을 부분적으로 폐지 조치한다.
- 법무부 행정관에게 지시한다.
  범죄자의 변화를 고려하여 유죄 판결을 받은 사람들의 운명을, 완화하기 위한 때에 맞는 조치를 취하고, 앞으로는 죄로 간주 되지 않은 행위에 대해 소송 중인 사건의 중지하고, 신앙 법률 침해에 대해 그들에게 부과된 처벌의 완화 또는 완전한 취소하라.

규정 내용으로 판단할 때, 규정 작업에는 형제들이 제안한 일부가 요약서에 고려되었다. 때마침 요약서와 함께 부록이 내무부 인쇄소에서 소량으로 발간되었음을 언급한다.

종교 자유 선언

종교 자유와 포용 가능성에 관한 희망은 신자들의 마음을 기쁨으로 채웠다. 리벤은 법령 공포의 날 자신의 감동을 다음과 같이 기록했다. "1905년 4월 부활절의 빛나는 아침을 기억한다. 볼샤야 모르스카야 거리 43번지에 있는 우리 집 빨간색 거실에서 예배를 위해 모여 있는 많은 사람 앞에서, 나의 어머니는 환한 얼굴로 나오셔서 모든 형제와 자매들에게 전할 큰 기쁨의 소식을 오딘초프 형제가 읽어 줄 것이라고 말씀하셨다. 모든 사람은 양심에 따라, 종교의 자유를 가진다는 세부 사항을 기록한, 황제의 법령을 형제는 크고 분명하게 읽었다. 참석자들은 기쁨의 눈물로 무릎을 꿇고, 너무나 값진 선물을 허락하신 주님께 감사했다." [272]

---

272. Liven SP. *Dukhovnoye probuzhdeniye v Rossii*, s. 103. [리벤 에스,,페., 러시아의 영적 부흥, p.103.]

법령발표와 관련하여 기도회가 열렸다. 청중 앞에 프로하노프가 등장했다. 그는 신자들에게 부여된 자유는 교도소와 수용소에서 당한 사람들의 고통과 수년 동안의 기도한 결과라고 말했다. 우리는 오랜 세월 동안 눈물로 뿌린 것을, 기쁨으로 얻었다.[273] 감동은 놀라웠다고, 야세비치~보르다옙스카야는 회고했다. 축제 중에 가장 큰 축제였다. 모든 형제는 하나가 되어, 투쟁을 잊고 넘치는 기쁨으로 서로를 축하했다. 그리스도 안에서 새로운 삶의 소망과 꿈이 얼마나 많은가![274]

더 큰 기쁨은 추방된 형제들이 가족과 고향 교회로 돌아왔다. 그러나 고난 중에 있는 많은 사람이 아직도 교도소와 추방지에 남아있었다. 종교의 자유는 어디에도 없었고 바로 보장되지 않았다. 행정부는 특별 명령을 기다리면서 법령의 집행을 연기했으며, 일부는 신자를 전처럼 계속 방해했다. 1905년 10월 17일, 개인의 불가침성, 양심, 발언, 집회 및 동맹의 자유에 기초하여 시민 자유의 확고한 기반을 주민들에게 부여함이라는 선언문이 공포되었다. 1906년 10월 17일 구교파 신자와 다른 공동체의 교육과 활동의 질서, 정교 회와 분리된 구교파 교리 추종자들의 공동체에 속한 권리와 의무에 관한 법령이 공포되었다.

법령은 복음주의 침례교가 정해진 조건에서 합법화할 수 있도록 기회를 제공했다. 공동체 등록을 위한 필수 조건은 지도 목회자의 선출과 그를 지방 행정부가 승인하는 것이었다. 공동체 조직을 원하는 신자들은, 적어도 50명의 창립 회원이 서명한 신청서를 주 또는 지방 행정부에 제출해야 했다. 공동체가 취득한 부동산 비용은 5천 루블을 넘지 않아야 했다. 25세 이상의 공동체 구성원만, 일반(업무) 회의에서 투표권을 갖는다고, 규정되었다. 지도 목회자는 또한 출생, 결혼, 사망, 즉 정신적 활동과 직접적으로 관련이 없는, 순수한 민원 사항에 관한 기록 장부를 유지할 책임이 있다.

---

273. Prokhanov I. S. *Avtobiografiya*. [프로하노프 이.,에스., 자서전]
274. Yasevich~Borodayevskaya V. I. *Bor'ba za veru*, s. 375.[야세비치~보르다옙스카야 베.,이.,신앙을 위한 투쟁, p.375]

교회 등록

언급한 제한에도 불구하고, 많은 교회는 공개적으로 복음 사업을 이행할 권리를 사용하기 위해 서둘렀다. 1907년에 처음으로 믿음에 따라 침례 받은 복음적인 신앙고백 그리스도인 이름으로 키예프 공동체가 등록되었다. 1908년에 프로하노프가 이끄는 복음주의 기독교 상트페테르부르크 공동체가 등록되었다. 이어서 카르겔이 이끄는 공동체, 그 후 페틀러가 조직한 러시아 침례교 공동체가 등록되었다. 합법적 조건에서 짧은 기간에 등록이 되었고, 많은 도시와 시골에서 복음주의 침례교 공동체의 활동들이 다시 시작되었다.

동시에 일부 형제들이 합법화 법률은, 국가 교회 성직자에 종속되었듯이, 공동체 지도자를 당국에 종속시키는 것을 목표로 하고 있어, 등록된 공동체의 권리를 박탈당할 수 있고 당국이 필요한 경우 승인된 목회자를 지도력에서 해임 시킬 수 있다는 우려를 표명했다.[275] 이러한 이유로 많은 공동체가 등록을 거부하고 미등록 상태로 남았다. 행정부는 기도의 집(교회) 및 학교의 창립, 교회 회원명부의 등록을 거부했다.

이러한 모든 어려움은 전도 활동을 억제했다. 주어진 상황을 감안하여, 복음주의 침례교 지도자들인 마자예프, 프로하노프, 파블로프, 페틀러, 발리힌, 이바노프는 총회와 잡지를 통해 형제들에게 교회의 조기 등록에 관해 제안했다. 일상생활은 1905년의 개혁이 양심의 자유를 주는 것과는 거리가 멀다는 것을 보여주었다. 국가 행정구조는 양심의 자유를 보장할 수 없었다. 그것은 러시아 국가 이념의 3가지 기초 요소의 공식인 "정교회, 전제정치, 민족성"은 여전히 확고하다는 사실로 증명된다. 1902년 정교회 잡지 [선교적 지평] 편집장은 정교회~전제정치의 러시아에서, 하나를 거부하기 위해서 다른 하나를 건드리지 않기에는 국가와 교회의 결속력이 너무 크다라고 솔직하게 밝혔다.[276]

---

275. Ivanov V. V. *Petr stoit u vorot.* Baptist, 1911, 3. O s"yezde yevangel'skikh khristian i baptistov. Baptist, 1907, 2.[이바노프, 베.,베., 문 옆에 서 있는 베드로 ~ 침례교도, 1911년, 3호, 복음주의 기독교침례교 총회란 ~ 침례교도, 1907년, 2호.]

276. Tsit. po: Mel'gunov S. *Tserkov' i gosudarstvo v Rossii.* M., 1907, s. 143. [인용: 멜구노프 에스., 러시아의 교회와 국가. 모스크바, 1907년, p. 143]

1901년에 오룔 지방의 귀족 지도자 스타호비치는 다음과 같이 말했다. 누가 러시아에서 양심의 자유를 금지하고 처벌하나?. 시민 권력이 영적인 사람들과 함께 처벌한다. 그들은 통합되었을 뿐 아니라, 공존할 수 없는 영역에서도 뒤섞여 있다. 이른바 러시아의 진보 인사들이 양심의 자유를 실행할 수 없는 원인을 발견한 것은 국가와 교회의 합병이었다. 1902년에 보브리 셰프~푸시킨은 건드릴 수 없는 양심의 자유를 보장하기 위해서 교회와 국가는 완전한 분리되어야만 가능하다고 했다.[277]

그런데 그것을 인식하는 것만으로는 부족했고, 양심의 자유를 실행하는 방향으로 행동할 필요가 있었다. 러시아에서 국가와 종교의 분리에 관한 요구는 1903년에 러시아 사회민주노동당의 2차 총회에서 채택된 프로그램에 포함되었다. 첫 번째 과제는 국가에서 교회를 분리시키고 교회에서 학교를 분리시키는 것이었다.[278] 종교관용법의 시행 상황이 어떻게 진행되었는지 살펴 본다. 1906~1911년 관련 공식 문서에는, 양심의 자유와 종교관용 위반에 관한 사실적 증언들이 풍부하다.

1906년에 시골 행정부가 지노베츠 마을에서 기도회를 불허한다는 민원이 포돌스키 주지사에게 제기되었다. 민원 이후, 지방 행정부는 신자들을 더 심하게 박해했다.[279] 쿠시네로프는 그때의 상황을 다음과 같이 기록했다. "보댜니즈베니고로드와 치기린스키 현 로모바토예 마을과 다른 장소에서 침례교도에게 정교회 건물의 건축과 수리를 위한 세금을 부과한다는 마을 공동의 판결이 있을 것이다. 교회 문서에 기록된 공동체에서 이루어진 결혼, 출생 및 사망 등록을 위해 아직까지 아무 것도 하지 않았고, 시골 관리는 가족 사항에 대해서 그렇다. 모든 것이 이전과 같다. 지금 태어난 아이들을 30~40년 전에 태어난 사생아로 취급했다. 우리 형제들 가족의 토지 분배, 상속 시 어떤 배제를 당했는지 기록할 말도 없고 시간도 없다. 우리 형제들의 아이들은 학교에서 받아 주지 않았다. 내게는 여덟 명의 아이들이 있었는데, 한 아이도 학교에 갈 수 없었고, 모두 교육을 받지 못했다."[280] 1907년 1월

---

277. Bobrishchev~Pushkin A. M. *Sud i raskol'niki...* SPb., 1902. [보브리셰프~푸시킨 아.,엠., 분파주의자와 재판... 상트페테르부르크, 1902년]
278. KPSS v rezolyutsiyakh i resheniyakh s"yezdov, konferentsiy i plenumov TSK, t. 1. M., 1970, s. 63. [소련공산당 중앙위원회의 총회, 회의 및 총회 의결 사항, 제 1 권, M., 1970, p.63]
279. *Iz pis'ma I. P. Kushnerova.* ~ Bratskiy listok, 1907, 2 [쿠시네로프의 편지.~ 형제들 신문, 1907 년, 2호]
280. *Iz pis'ma I. P. Kushnerova.*~Bratskiy listok, 1907, 2. [쿠시네로프의 편지~형제들 신문, 1907년, 2 호]

18일 프로하노프는 보댜노예 마을 그루셴코 정교회 사제가 세메룩의 사망한 자녀를 위한 매장을 금지한다는 전보를 받았다. 사망자의 시체를 옮길 때, 마을 유지들과 농민들이 공동묘지 가는 길을 막았다. 그들은 형제들을 바라보는 사제에게 눈길을 돌려 소리치기 시작했다. "적그리스도인을 죽여라. 경찰과 총독은 문제없다!" 그 때 사제의 명령에 따라 군중들은 행렬 참가자들을 공격하고 구타했다. 형제들은 거리에 관을 남겨놓고 떠났고, 동네 어른들의 명령으로 관은 다시 세메룩의 집으로 옮겨졌다.[281] 그러한 경우가 한 번이 아니었다. 엘리자벳그라드 복음주의 기독교침례교 공동체는 1906년 10월 17일에 법령의 모든 조항을 이행했음에도, 1908년 10월 4일 자로 등록을 거부당했다.[282]

많은 자료는 지방 행정부와 신자의 체벌에 대해 증언한다. 1908년 1월 8일 멜리토폴 지구 티모세프코 마을에서 기도회로 모였는데 마슬로프, 클리멘코, 오스트로글야드는 반죽음의 구타를 당했다.[283]

의심할 필요 없이 현장의 사태는, 제국 행정부에 잘 알려졌다. 1909년, 국회 의장 호먀코프는 회의에서 다음과 같이 공지했다. "시골 마을로부터 심지어 완전히 광신적인 폭력의 소식이 들린다. 그들이 내게 말했을 때, 나는 내 귀를 믿을 수 없었다. 성직자의 열정적인 설교를 듣고, 침례교에 빠진 두 명의 농부들이, 마을 지도부에 끌려갔고, 자두나무에서 가시가 있는 가지를 부러트려 죽인다고 위협하고, 늙은 아버지에게 자기 자식을 때리라고 강요했다. 그리고 나는, 우리가 지금 국회에서 만들고 있는 신앙의 자유에 관한 법률이, 그런 야만성이 일어날 경우, 생활 속에서 효력을 발휘할 수 있을지 모르겠다. 하지만 법은 법이고, 사람들은 사람들이다. 사람들은 달라져야 한다. 그들의 마음과 양심은 변화되고 깨끗해져야 한다."[284] 일부 정교회 사제들이 신자들의 호소와 비슷하게 비난했다는 점을 주목해야 한다. 대주

---

281. *Bratskiy listok*, 1907, 2 [형제들 신문, 1907 년, 2호]
282. *Zhurnal prisutstviya khersonskogo gubernskogo pravleniya*. Oktyabrya, 4 dnya, 1908 g. Delo 99, 1 otd. 1 stola, 1908 g. Tsit. po: Yasevich~Borodayevskaya V. I. *Bor'ba za veru*, prilozheniye 19, s. 622~624.[헤르손 지방 문서록. 1908년 10월 4일 낮, 4 일, 사건99번, 1번 분؛ 1번 테이블, 야세비치~보로다예프스카야 베., 이., 신앙을 위한 투쟁, 부록 19, 1908년, p.622~624에서 인용]
283. *Iz pisma I. P. Kushnerova*.~Bratskiy listok, 1908, 3. [쿠시네로프의 편지~형제들 신문, 1908년, 3 호]
284. Tsit. po: Teneromo I. *Religioznyye iskaniya nashikh dney*.~ Mir, 1909. [테네로모 이., 우리 시대의 종교적 열망 세계, 1909년에서 인용]

교 안토니는 반이단 활동에서, 최근까지 정교회 목회자와 선교사들이 사실 경찰관의 도움을 의지했고, 그들이 공무원 같이 일했음을 인정하면서 회의에서 발언했다. 나는 신앙의 일에 강압을 의지하는 것은 부끄러운 일이며 무능력의 증거라 생각한다.[285]

이런 상황에서 일부 목회자들은 유일한 탈출구로 이민을 고려했다. 1910년에 쿠시네로프는 파블로프에게 다음과 같이 썼다. 언론의 자유와 종교의 자유 선언 이후의 모든 박해와 고난은 예측할 수 없다. 우리 공동체의 일부와 별도의 개인 가족이 해외 이주를 결정했다. 조국을 포기하고 고향 주민과 러시아 기독교 형제들을 떠나는 것을 생각하는 것은 무섭다. 그것은 끔찍한 일이다! 그것은 소위 혹독한 박해가 일어난 때에도 없었다.[286]

프루가빈은 이단들이 러시아에서 떠나는 이유에서 농부 엠(임의의 사람, 역자 주)의 슬픈 이야기를 예로 들었다. 분명히 정직하고, 진실한 사람, 좋은 직원, 평화롭고, 충실한 시민이었다. 그의 모든 잘못은 자신의 양심과 마음에 의해 결정된 복음과 그리스도의 교리를 이해하기 위해 열심히 노력했으나, 자신의 종교적 신념에 관한 주장의 비밀은 하지 않았다. 이것이 현대 러시아 헌법 속에서 복음주의 그리스도인이 삶을 구성하는 요소들이다. 엠은 4년 동안(1908년부터~저자 주) 자신의 종교적 신념으로 인해 일터를 박탈당했고 얼마나 추적당했고, 체포되었고, 심문당했고, 수감되었고, 재판받았고, 단계별로 유배당했는가! 종교 문제에 용기를 냈던 (그는) 선교사의 권위 있고 계속적인 제안을 고려하지 않았다. 그리고 이것은, 결코, 예외가 아니고, 유일한 경우가 아니다.

멜구노프 다음과 같이 썼다. "이제, 아마도, 우리는 러시아 출신의 많은 시민이 이주하기 직전이다. 나는 본능적으로 이 사람들이 누구인가? 물어보고 싶다. 그리고, 의심할 여지 없이, 우리 민족 가운데 가장 의식이 깨어있고 앞에서 인도하는 구성원들이라고 대답해야될 때, 우리는 고통스러울 것이다."

---

285. Tsit. po: Tregubov I. *Mitropolit Antoniy o bor'be s sektantami.*~Baptist, 1910, 32. [트레구보프 이., 안토니 대주교의 이단과 투쟁~침례교도, 1910년, 32호.]
286. *Pismo I. P. Kushnerova.*~Baptist, 1910, 32.[쿠시네로프의 편지~침례교도, 1910년, 32호]

1905~1911년의 침례교 연합회

지역 교회의 활발한 활동

전도 활동

종교 자유에 관한 제약에도 불구하고, 지역 교회의 신자들은, 새로운 장소에서 어려움과 방해를 극복하고 계속해서 러시아 전역에서 복음을 전파했다. 예상할 수 없는 미래가 매우 암울했지만, 그들은 미래를 하나님의 손에 맡기고, 힘을 다하여 기도하여 얻을 수 있는 기회로 사용했다. 러시아의 추수지역에는 성령에 의해 준비되고, 하나님 말씀을 땅에 뿌리기 위한 씨앗을 가진 축복받은 씨뿌리는 사람들이 등장했다.

연합회는 전도자들로부터 그들의 성공적인 사역에 관한 정보를 받았다. 1905년에 이바노프, 마자예프, 구스토먀토프는 퍄티고르스크에서 첫 번째 집회를 개최했고 퍄티고르스크 공동체의 활동을 시작했다.[287] 1902~1907년에 프리마 첸코는 블라디미르 지방과 란코란 지구에서 전도했다. 노비코프는 펜자와 심비르스크 지방에서 전도했다.

야센코는 우크라이나에서 활동했다. 1908년 지루예프와 데마킨은 중앙아시아를 방문하여 타슈켄트, 사마르칸트, 아시가바트, 크라스노보츠크, 쿠로파트킨스키, 볼린 마을을 방문했다. 형제들은 축복받은 복음 전도 집회와 침례식을 거행했다.

새로운 공동체가 여러 장소에서 발생했다. 1907년 시베리아에서 고르바초프와 페친이 30명의 회심자에게 침례를 주었다는 보고가 있었다. 같은 해 말경에 발리힌은 목회자와 집사의 안수를 목적으로 헤르손 지방과 키예프 지방의 교회들을 방문했다. 모두 10개의 새로운 공동체가 조직되었다. 1907~1908년에 자벨린과 예프스트라텐코는 극동지역 블라고베셴스크뿐만 아니라 파블로다르와 바르나울 마을을 방문했다. 블라고베셴스크에서는 몇 사람이 회심했다. 1909년에 이바노프, 마자

---

287. Alekseev A. *Nachalo rasprostraneniya Slova Bozhiya v g. Pyatigorske*. Baptist, 1908, 7. [퍄티고르스크 복음전파의 시작~ 침례교도, 1908, 7호.]

예프, 프라보베로프는 사역자 선출의 목적으로 코노토프에 왔다. 선출된 사역자 명단은 다음과 같다. 목회자 호멘코, 교사 바비치, 집사 콜로미츠, 두보빅, 리셴코, 로시, 체체트킨은 아시가바트에 전도를 위해 도착했다. 7명의 개종자가 침례를 받았다. 도착하기 전에 마자예프는 이미 그 도시에서 일했다. 댜치코프는 하르키우 지방의 페트로프카 마을을 방문했고 밤중에 30명에게 침례를 주었다.[288] 제공된 정보는 1905년부터 1911년까지 러시아의 드넓은 지역에서 실시된 교회 개척에 관한 광범위한 연구의 결과이다.

1907년 6월 발라쇼프에서 침례교 선교회의 첫 번째 회의를 개최했다. 선교회 회장으로 파블로프를 선출하고, 마자예프가 부회장이 되었다. 처음에 선교회는 19명의 전도자들의 사역을 지원했고, 정기적으로 사업 보고를 받았다.

다음은 어느 전도자의 보고 내용이다. 스타브로폴 지역 캅카스에서 1년이 지났는데 모임을 갖지 못했다. 선교회는 스타브로폴에 사벨레프와 마트베이 바르폴로메비치 댜치코프를 보냈는데, 전에 안식일 교회에 다니던 11명을 받아들였고 스타브로폴에 최초의 침례교 공동체를 창립했다. 그 후 사벨레프는 9월 1일 블라디캅카스를 떠나 예배 장소인 게오르기예프스, 퍄티고르스크, 보고슬로 프스코예, 벨리코크냐제스코에 등을 방문했다.

10월 2일에 자플라브노예 마을에서 기도의 집(교회) 헌당식이 있었다. 그 축하 행사에 회중이 너무 많이 와서, 교회로 모든 사람이 들어 올 수 없었고, 밖에도 안으로 들어간 숫자만큼 있었다. 회중의 요청에 따라 창문을 열어야 했고, 많은 사람은 복음을 주의 깊게 들었다. 확실히, 많은 사람이 강한 감동을 받았다, 왜냐하면 많은 이들이 눈물을 흘렸다. 그다음 사벨레프 형제는 식사를 적당히 하라고 광고했다. 다음 날인 10월 3일에 두 차례 모임이 있었고, 풍성한 하나님의 축복이 임했다.

자플라브노예에서 6번의 집회가 있었고, 성찬식과 두 번의 찬양대 연습에서 찬양 교육이 있었다. 사벨레프는 1907년 12월 10일 3번째로 집을 떠나 300명의 교회 회원이 살고 있는 코사크 마을 파블로돌스카야를 방문했다. 거기서 7번의 대규모

---

288. *Pisma~ otchety.* ~ Baptist, 1907~1909 gg. [편지보고.~ 침례교도, 1907~1909년]

집회와 면담을 가졌다. 그 후 쿠르스코예를 방문했고, 다음은 야마 마을을 방문했다. 연초에 형제들이 쿠르스코예와 자이체프에서 이곳으로 왔다. 주님은 사벨레프 형제의 설교를 풍성하게 축복하셨는데, 새해 두 차례의 집회는 오순절과 같았다. 여기서 일어난 부흥은 말로만 표현된 것이 아니라, 많은 형제들이 선교 헌금을 약정했고, 그대로 실행했다.

톨스토프 마을 공동체가 쇠퇴되기 시작했다. 현지 형제들은 회원들 간의 오해를 조정하고, 교회 질서를 회복하고, 5명의 회원을 음주로 인하여 출회한 것 등의 문제로 사벨레프에게 도움을 요청했고 해결하기 위해 많은 노력을 했다. 사벨레프는 코사크 마을을 떠나 차리친에 도착했다. 3월 2일 일요일에 주지사가 승인한 공개 초청 포스터와 함께 기도실 시작 행사가 열렸다. 그때까지 형제들은 스테파노프가 임대해 준 방앗간에서 집회를 했다. 일요일에 넓은 기도실이 하나님의 말씀을 기쁘게 경청하는 청중들로 가득 찼다. 사벨레프의 도착과 기도실 시작 행사 날이 일치하였고, 그는 이것을 하나님의 도우심으로 보았다. 연례보고 동안 그는 205회의 설교와 철도로 7,097km, 해상으로 334km, 다른 교통수단으로 1,452km를 다녔다. 형제는 7개월에서 열흘이 모자란 기간에 집 밖에서 사역했다.[289]

침례교 선교회의 연례 모임은 새로운 전도자를 임명했다. 그런데 총회 재정부의 자금이 부족했기 때문에 전도자 인원 확대의 필요성을 충족시키지 못했다. 발라쇼프에서 열린 선교회의 첫 회의에서, 연합회는 전도자들에게 2,500루블의 채무가 있음이 보고되었다. 이와 관련하여 연합회 지도부는 신자들에게, 특히 세상에서 넉넉한 사람들에게 하나님의 사업에 관한 헌금을 호소했다. 커다란 슬픔으로 요청서를 보낸 120명의 부자, 가운데 단지 34명만 응답했다. 나머지는 아마도 인생의 기차를 오랫동안 타야 한다고 생각한다.[290]

---

289. *Otchet Baptistskogo missionerskogo obshchestva za 1907~ 1908 gody.* Odessa, 1909, s.3~7, [1907 ~ 1908년 침례교 선교회 보고서, 오데사, 1909년, pp 3~7.]
290. *Nashi sobraniya i torzhestva.* Baptist, 1907, 2; Timoshenko M. D. *S"yezd baptistov v Moskve.* Baptist, 1911, 47. [우리의 만남과 기념식.~ 침례교도, 1907년, 2 호; 티모센코 엠.,데., 모스크바 침례교 연합회.~ 침례교, 1911년, 47호.]

페틀러의 활동(1883~1957)

마자예프는 훌륭한 전도자 빌헬름 안드레비치 페틀러의 생애와 활동은 밝게 타올랐다가 러시아 하늘을 질주했던 이집트인 모세와 같은 별이라고 했다. 페틀러는 1907년 23세의 청년으로 런던의 스펄전 신학대학교 졸업 후 상트페테르부르크에 왔다. 거기서 칼게르가 이끄는, 신자 공동체에 합류했다. 페틀러는 첫 설교부터 신자들의 따뜻한 환영과 지지를 받았다. 러시아어를 잘 구사하는 라트비아인이, 리벤과 체르트코바의 거실에서, 종종 집회를 했고, 수많은 청중에게 하나님의 사랑에 관한 뜨거운 설교를 했다. 얼마 후 페틀러는 집회를 위해 두 개의 극장, 두 개의 콘서트 홀, 국회의 홀과 도시의 다른 공간들을 임대해야 했다. 매일 약 3천 명의 청중이 모였다. 주요 집회는 최대 700명까지 수용 가능한, 테니셰프 콘서트 홀에서 진행되었다.[291] 그 후 공동체를 위한 별도의 기도의 집을 가질 필요성에 대해 질문이 나왔다. 페틀러의 동기부여와 그의 역동적인 활동, 침례교 연합회의 지원에 힘입어 1910년에 복음의 집이라 불린 가장 큰 교회 건축을 착수했다. 건물의 프로젝트는 건축가 칼리베르다가 만들었다. 메인 홀은 2천 명을 위해 설계되었지만 3천 명까지 수용 가능했다. 또한, 4백석, 6백석 규모의 2개의 홀이 있었다. 복음의 집은 약 2년에 걸쳐 건축되었다.

1909년 페틀러는 16세에 주님께 돌아온, 야스노프스카야 남작 부인의 지원을 받아, 매주 영적이고 도덕적인 삽화 잡지 [베라](믿음)를 출간하기 시작했다. 1년 후 이 잡지 대신 잡지 손님이 출간되기 시작했다. 1909년에 영적 도서를 출판소가 조직되어 책자와 팜플렛 90~188권을 매년 출판했다. 페틀러의 도움으로 상트페테르부르크 침례교 공동체에 청소년 클럽이 만들어지고 주일 학교가 조직되었다. 동시에 상트페테르부르크에서의 그의 제안으로 도시 생활의 최하층에 내려간 사람들을 위한 초청 모임이 개최되었다. 모임으로 인해 많은 죄인이 하나님께 가는 길을 발견했다.

페틀러의 활동에서 중요한 역할은 고위 권력자 앞에 종교 문제에 따라 가능한

---

291. Fetler V. A. *Molitvennyy dom v S.~Peterburge.* ~Gost', 1911, 3.[페틀러 베.,아., 상트페테르부르크 기도의 집. ~ 손님, 1911년, 3호.]

청원으로 가득했다는 것이다. 그는 그 일에 대해 끈기와 결심을 보여주었다. 페틀러는 청원에 관한 답변이 도착하지 않는 동안, 종교담당 부서, 국회 종교위원회, 내무부, 국무회의의 접수 창구를 다녔다. 청원의 결과는 보통 베라와 손님 잡지에 실렸다. 이런 점에서 페틀러는 다방면으로 쿠시네로프의 일을 보완했다.

청년 활동

프로하노프가 이끄는, 복음주의 기독교 공동체의 주관으로, 1908년 4월 13일 모스크바에서 복음주의 기독교인들과 침례교 청년총회가 처음으로 열렸다. 총회가 끝난 후 청년들의 동아리가 교회에서 조직되기 시작했고, 청년 집회가 진행되었다. 침례교 총회아래 청년특별위원회가 구성되었고 위원으로는 페틀러, 오딘초프, 티모셴코, 스테파노프가 포함되었다. 1909년 10월 로스토프나도누에서 청년 동아리 대표와 주일 학교 교사들이 총회가 개최되었다.[292]

총회 부서사업과 지방회

1907년부터 총회의 지역별 부서가 조직되었다. 부서 작업은 예프스트라텐코와 가브리일 마자예프가 맡았다. 그들은 옴스크에 러시아 침례교 시베리아 지부를 만들자고 제안했다. 총회의 시베리아 지부 모델에 따라 블라고베셴스크에 극동 지부를 만들자는 제안이 나왔다.[293] 1909년 러시아 침례교 총회의 캅카스 지부가 줄린이 주도하여 조직되었다. 지역 부서는 그들이 지원하는 선교부와 전도자가 소속되었다. 예를 들어, 캅카스 지부는 12명의 전도자들에게 여행 경비가 지원되었고, 10명에게는 전액 지원이 이루어졌다.[294]

1907년에서 1910년까지 지방회 대표자들에 관한 지방회가 곳곳에서 개최되었다. 그런 회의는 1907년에 옴스크, 노보우젠스크, 하리코프, 오데사, 키예프, 로스토

---

292. Timoshenko M. D. *O pervom s"yezde yunoshey i devits v Moskve.*~Baptist, 1908, 10; 1909, 10. [티모셴코 엠., 데., 모스크바 청년총회~침례교, 1908년, 10호; 1909년, 10호.]
293. *Protokol zasedaniya Sibirskogo otdela baptistov v iyule 1907 goda v gorode Omske.*~ *Baptist*, 1907, 4. *Protokol zasedaniy konferentsii... v Rostove~ na~ Donu.*~Baptist, 1907, 2. [1907년 7월 옴스크 침례교 시베리아 부서 회의록, 침례교도, 1907년, 4호. 연합대회 회의록...로스토프나도누.~ 침례교,1907년, 2호]
294. Baptist, 1909, 12. [침례교, 1909년, 12호]

프나도누에서 개최되었다. 1909년에는 사마라에서, 1910년에는 옴스크에서 있었다. 1907년 7월 옴스크에서 열린 총회에서 옴스크에 선교부를 만들고, 가브리일 마자예프를 안수하고, 그에게 선교부 사역을 맡기고 기도의 집을 건축하기로 했다.

통계 자료

1905년부터 1911년까지 6년 동안, 러시아의 침례교인 수가 2만 명에서 5만 명으로 2배 이상 증가했다. 종교부의 공식 자료에 따르면 1905~1911년에 침례교인의 수가 28,144명으로 증가했다.[295] 1911년까지 기독교침례교인의 20%가 시베리아에 살았는데 약 7,500명이었다.[296] 극동에는 2천 명의 신자가 있었다. 천 명의 신자. 페틀러가 출판한 1909~1910[297]년 기간의, 침례교 총회 통계 자료집에 형제회 교회의 생활에 관한 정보가 보다 자세히 나와 있다. 형제애 교회들의 삶에 대해서. 침례교 총회의 미완료 자료에 따르면, 1909년 1월 1일 침례교 교인 수는 9,033명이었다.

1909년에 1,839명의 새로운 개종자가 침례를 받았고, 468명의 교회 회원이 출회했다. 1910년 1월 1일 자 통계로 149명의 공동체에 10,935명의 회원이 등록되었다. 형제회 소속된 58개의 오래되지 않은 공동체가 있었고 가운데 44%가 1900년 이후에 창립되었다. 그 당시 가장 많은 회원을 가진 공동체는, 423명의 회원을 가진 아스트라한 지방의 프리십 마을에 있는 공동체였다. 공동체의 거의 반이 50명 이하였다. 5개 중 1개 공동체는 자체적인 교회 건물이 있었다. 4개 중 1개 이상의 공동체가 복음을 전파하였다. 전체 공동체에서 합계 188개의 지부가 있었다. 1909년에 침례자 수가 많았던 공동체는 로스토프나도누 116명이었고, 아스트라한 지방의 프리시프 93명, 상트페테르부르크 84명, 사마라 78명이었다. 3개 중 1개의 공동체에 찬양대가 있었고, 10명 중 1명은 찬양대원이었다. 규모 큰 찬양대는 사마라 공동체로 65명이었고, 로스토프 47명, 페스콥스카야 40명이었고, 상트페테르부르크는 두 개

---

295. Ivanov V. V. *O Soyuze.*~Baptist, 1911, 40; *Sektanty i staroobryadtsy.*~Slovo Istiny, 1914, 48. [이바노프 베., 베., 총회.~침례교, 1911년, 40호; 이단과 구교도~진리의 말씀, 1914년, 48호]
296. Lyubimov P. P. *Religiya i ispovednyy sostav naseleniya.* V sb.: Aziatskaya Rossiya, t. 1, s. 236. [류비모프 페., 페., 종교와 신앙고백 인구 구성. 러시아의 아시아권역 통계, 1권, p.236.]
297. *Statystyka baptystov.* SPb., 1910.[침례교 통계.상트페테르부르크, 1910년]

의 찬양대가 있었다.

당시 저명한 일부 정치가들이 복음주의 침례교 운동에 대해 어떻게 이야기했는지 주목하는 것은 흥미롭다. 국회의장 호먀코프는 말할 수 없는 기쁨으로 러시아 사회에 종교 갱신의 첫 신호였으면 한다는 첫인사를 했다. 우리 사회의 의식이 만약 사람들이 말로만이 아니라, 생활에서 행동으로 실천한다면 명예, 순결, 인내의 요구를 만족한다면, 사람들의 복지를 고려한 생활의 기본법은 강력하고 효과적일 것이다. 복음의 놀라운 말씀은, 먼저 하나님의 나라를 구하고, 다음에 나머지를 하라고 했는데, 오늘날 위대한 진리로 남겨진 것이다.[298]

국무위원인 올수피예프 백작은 다음과 같이 말했다. "강한 돌풍을 가져온 사건으로 충격받은 사람들의 정신은, 다른 사람들이 갖지 못한 것, 곧 종교를 그들에게 전달하기 위해 긴장을 한다. 생활에서 높은 원칙에 따라 주도적인 종교인만이, 확고하고, 자유롭고 행복한 생활의 창조자가 될 수 있다, 개혁은 변화를 앞서야 한다. 그것은 유명한 조각가인 아나톨스키의 제자 긴츠부르크를 되풀이하는 것 같다. 이것이 이단의 역할이다. 그것이 없었다면 국민들의 정신은 오래전에 사라졌을 것이다. 그리고 지금, 우리가 그의 특별한 떠오름을 목격한 사실은 우리 시대 최고의 상승이다."

국무위원이자 성직자 대표인 고르차코프는 다음과 같이 언급했다. 상트페테르부르크에서의 복음주의 운동은 정교회를 전혀 위협하지 않는다. 영향력 면에서 침례교도에 관해서 이야기할 수 있는데, 자신들의 교육적 성공을 위해 단합을 잘하고, 조직적이고 매우 우호적으로 일하고 있다.

전 러시아 형제회 총회와 제1차 세계침례교대회

1905년 침례교와 복음주의 기독교 연합총회

20년 동안 존재해 온 러시아 침례교 연합회 후원 아래 침례교와 복음주의 기독교의 공동 사업에 관한 1898~1904년 총회에서 합의된 협약은 형제회의 이름을 하

---

298. Teneromo I. *Religioznyye iskaniya nashikh dney.*~ Mir, 1909. [테네로모 이., 우리시대의 종교 연구.~ 세계, 1909년]

나로 정하도록 촉구했다.

1905년 5월 종교자유에 관한 법령이 공포된 지 1개월 지난 후 로스토프 나도누에서 침례교와 복음주의 기독교의 확대 총회가 개최되었다. 총회는 마자예프 의장 주도하에 진행되었다. 총회에 상트페테르부르크의 첫 번째 공동체를 비롯하여 러시아 여러 곳에서 복음주의 기독교인 대표들이 참석했다. 침례교도들은 기쁨으로 복음주의 기독교인들을 맞이했고, 그들 모두는 연합을 간절히 원했다. 총회에서 모든 신자는 복음주의 기독교침례교라는 명칭을 일반적으로 받아들였다. 모든 참석자는 이해와 단결의 영을 주신 하나님께 기뻐하고 감사했다. 마자예프는 다음과 같이 나중에 말했다. "그 역사적인 순간부터, 우리는 침례교도인 것을 그만둔 것 같았고, 우리는 거의 침례교도라는 사실을 잊기 시작했다. 우리의 마음은 기쁨으로 가득 찼고 우리의 입술은 유쾌했으며, 큰 결과를 기대했다." [299] 총회에서 제1차 세계대회 사절단도 선출되었다. 그런데 총회의 기쁨은 총회에 도착한 러시아 복음주의 침례교 형제회의 개척자인 보로닌이 갑작스럽게 사망하여 희미해졌다.

제1차 침례교세계대회

1905년 11월 1일부터 19일까지 런던에서 열렸다. 러시아 대표로 마자예프, 이바노프, 파블로프가 대회에 참석했다. 대회 4일째에 마자예프와 파블로프에게 발언권이 생겼다. 마자예프는 자신의 발언 차례에서 신자들의 상황에 대해 언급했다. 현재 러시아의 침례교 상황에 관해서는 아무도 말할 수 없다. 왜냐하면 현재 우리 가운데 그 상황을 아는 사람이 없기 때문이다. 우리에게는 현재는 없고, 과거와 미래를 기다리고 있다. 우리가 하나님께 기도하는 것은 앞으로가 실제로 최고가 되기를 바란다. 형제들은 비교적 짧은 기간에 초대교회가 처음 존재했을 때 시험당한, 모든 것을 경험했다. "전날에 너희가 빛을 받은 후에 고난의 큰 싸움을 견디어 낸 것을 생각하라. 혹은 비방과 환난으로써 사람에게 구경거리가 되고 혹은 이런 형편에 있는 자들과 사귀는 자가 되었으니 너희가 갇힌 자를 동정하고 너희 소유

---

299. Mazayev D. I. *Ne ta doroga*. Baptist, 1911, 34. [마자예프 데.,이., 그 길이 아니다. ~ 침례교도, 1911년, 제34호]

를 빼앗기는 것도 기쁘게 당한 것은 더 낫고 영구한 소유가 있는 줄 앎이라(히 10:32~34)." 형제는 또한 러시아 · 우크라이나 침례교회의 회원 수는 약 2만 명이라고 밝혔다.[300] 대회에서 러시아 내 23,000명의 독일, 라트비아 및 에스토니아 침례교인을 대표하여 익스큘이 발언했다. 대회에서 세워진, 침례교 세계연맹의 총회장은 존 클리포드가 선출되었다. 24명의 침례교 세계연맹 부회장 가운데 익스큘 형제가 포함되었다.

1906년 총회는 12월 3일부터 6일까지 키예프에서 합법적으로 개최되었고 지방회 성격의 총회였다. 침례교 대표자들과 복음주의 교회 대표자들이 참석했다. 총회가 진행되는 동안, 1906년 10월 17일 자 법령의 개정에 관한 상트페테르부르크에서의 향후 연합총회를 위한 제안이 준비되었다.[301]

연합총회

상트페테르부르크에서 1907년 1월 15일~2월 1일에 개최되었다. 총회는 초청된 쿠시네로프의 발의로 러시아에서 복음주의 교회의 법적 지위를 조사했다. 총회에는 침례교, 복음주의 기독교, 자하로프계 신우유파에서 모두 70명의 대표가 참석했다.

침례교는 마자예프, 파블로프, 이바노프, 발리힌, 스테파노프가 참석했고, 복음주의 기독교는 카르겔, 프로하노프, 돌고폴로프, 보그다노프가 참석했고, 신우유파에서는 자하로프, 자크, 코로빈이었다. 총회 의장은 카르겔, 부의장은 마자예프였다.

총회에서 많은 제안과 민원들이 제시되었다.
- 교회통계 책자는 목회자(장로)가 아니라, 그 일을 전담할 선출된 책임자가 맡는다.
- 공동체는 액수에 제한을 두지 않는, 관리들의 허가가 필요 없는 부동산을 취

---

300. Ivanov V. V., Mazayev D. I. *Vsemirnyy kongress baptistov v Londone v 1905 godu.* Rostov~na~Donu, 1908. [마자예프 데.,이., 1905년 런던세계침례교대회. 로스토프~나~돈, 1908]
301. *Protokol predvaritel'nykh soveshchatel'nykh zasedaniy.*~Bratskiy listok, 1907, 2. [예비회의 회의록 형제들 신문, 1907년, 2호]

득할 권리가 있어야 한다.
- 공동체 조직을 위한 서명은 50개가 아니라 25개로 충분하다.
- 총독이 공동체 활동을 정지한 경우, 지방 법원에 항소할 필요가 있다.
- 목회자(장로)는 총독의 승인을 받지 않고, 그의 선출에 관한 정보를 통지한다.
- 목회자에게 요구되는 도덕적 요건에 관한 평가는 공동체 자체에서 제공되어야 한다.

총회 회의록에는 다음 사항이 언급되었다. 가까운 시일 내에 새로운 법안을 얻지 못한다면, 현재의 것을 사용해야 하고, 개정안과 더 나은 방향으로 변화하는 것에 관한 청원을 계속해야 한다.

마자예프 Mazaev D.I.는 자신의 순서에서 다음과 같이 발언했다. "교회 건축의 주된 장애물은 법적 권리가 결여되어, 공공 재산이 불편하고 안전하지 않기 때문에 개인 이름으로 확보되어 있다. 그러므로 교회 건설을 지연시키는 장애물을 제거하기 위해, 공동체의 신속한 합법화가 바람직하다." [302]

전 러시아 침례교 총회는 1907년 5월 25일부터 30일까지 로스토프나도누에서 개최되었다. 41명의 대의원과 66명의 손님이 총회에 참석했다. 마자예프가 총회 의장으로, 부의장은 사벨리예프, 서기는 쿠시네로프, 티모셴코, 아르테멘코가 선출되었다. 총회에서 논의된 주요 쟁점은 다음과 같다.
- 러시아 복음주의 기독교침례회 선교회 회칙이 검토 및 승인되었다.
- 침례교 총회의 월간지 침례교인 출판기관 설립이 결정되었고, 편집인은 마자예프가 선출되었다.
- 극동지역에서 사역하는 형제들에게, 블라고베셴스크에 옴스크에서 만든 예를 따라 총회선교회 지부를 설립하는 것이 제안되었다.
- 복음 전도자의 사역기금 부족을 채우기 위해 삼위일체 기념일에 특별헌금을 시행하자는 제안이 제출되었다.

---

302. *O s"yezde yevangel'skikh khristian i baptistov.*~ Baptist, 1907, 2 ; Bratskiy listok, 1907, 2. [복음주의 기독교침례회 총회.~ 침례교도, 1907년, 2호; 형제들 신문, 1907년, 2호]

오데사 공동체 대표는 오데사에서 지방회 회의를 개최하자고 제안했다. 총회는 지방회 회의와 방향과 결정이 총회의 합의에 일치한다면, 그러한 지방회 회의는 지역의 오해를 제거하고 지역의 필요를 충족시키는데 아주 바람직하다고 보았다.[303] 이와같이 1907년 총회에서는 국내 전도 활동이 상당히 회복되었다.

전 러시아 침례교 총회가 1908년에 키예프시에서 개최하다

50명의 대의원과 6명의 손님이 참석했다. 총회의 의장은 사벨리예프였고, 회의록 서기는 쿠시네로프와 티모센코였다. 마자예프는 총회에 참석할 수 없었다. 다음 문제가 고려되었다.

- 로지 신학대학원에 청년 형제들을 보내는 것. 그들을 지원하기 위해 공동체가 기금 마련을 결정했다.
- 국내의 신학교 조직을 위한 기금 모금.
- 상트페테르부르크에 있는 침례교 공동체 복음의 집 건축 건(제안은 페틀러가 했다).
- 침례교 잡지를 주간으로 발간하기로 결정했다.
- 고령 전도자, 과부, 고아들을 위한 총회 재정의 증대.
- 베를린 유럽침례교대회 대의원으로 마자예프 선출.

총회 운영을 위한 확대 운영위원회 구성 선거를 했다. 운영위원장에 마자예프, 부위원장에 파블로프, 운영위원회 회원은 오딘초프, 이바노프, 페페로프가 포함되었고, 예비 위원으로 페틀러, 사벨리예프, 골랴예프를 선출했다.[304] 총회에서는 전도 문제가 주요 안건이었다. 다음 총회는 1909년 5월 16일에 오데사에서 개최하기로 예정되었다. 1909년 4월에 날짜가 정해졌고 교회에 발표되었으나, 오데사에 있는 교회가 등록되어 있지 않았다는 사실 때문에, 지방 행정부는 오데사에서 총회

---

303. *Protokol zasedaniy konferentsii... v Rostove~ na~ Donu.* ~ Baptist, 1907, 2. [로스토프나도누 회의록. ~침례교, 1907년, 2호]
304. *Nashi missionerskiye sobraniya v Kiyeve.* Baptist, 1908, 7. [키예프 선교사 회의. ~ 침례교도, 1908년, 7호.]

를 허용하지 않았다. 그 후 페틀러가 내무부에 계속 청원한 결과 총회 개최를 허락받았다. 총회는 5월 5일 시작되었다. 그러나 지역 정교회 선교사인 칼네프는 총회를 중단하도록, 모든 조치를 했다. 총회가 중단되었는데 5월 7일 예수 승천 기념일에 참석자들이 지바호바 언덕에 있는 나자렌코 집에서 대규모 기도회를 위해 행진한 것이 빌미로 작용했다. 갑자기 들이닥친 정교회 사제와 경찰에 의해 206명이 구금되었다. 일부 신자는 재판을 받았다. 파블로프는 징역 2개월, 나자렌코는 1개월을 받았다.[305] 총회 참가자들은 업무를 중단해야 했다. 페틀러와 발리힌과 다른 일부 대표들은 총회 장소에서, 기도회를 요청하여 인도했다. 새로운 개종자들에게 호수에서 침례를 실시했다. 많은 형제가 침례식에서 체포되었다. 크라프첸코는 2개월 징역형을 선고받았고 25명은 7일간 구류 당했다. 그런데 페틀러가 여러 차례 청원한 결과 5월 15일까지 총회를 계속할 수 있도록 허가를 받았다. 총회의 폐회 시간을 변경해야 했다.

전 러시아 침례교 총회가 1909년 9월 27일

로스토프나도누에서 열렸다. 총회에 112명의 대의원과 134명의 손님이 참석했다. 회의 의장은 마자예프, 부의장은 파블로프, 총회 서기는 모조로프, 티모셴코, 댜치코프였고 쿠시네로프는 대표 서기였다. 총회 업무 서두에 7명으로 구성된 대표단이 선출되었다. 명단은 마자예프, 페틀러, 이바노프, 쿠시네로프였다. 대표단에게 러시아 침례교인을 대신하여 행정부에 종교 관용법 승인에 감사를 표하고 내무부에 국내 신자들의 상황 보고서를 준비하도록 위임하였다.

총회에서는 교회의 승인(등록)과 관련하여 쟁점인 영적교사 유무에 대해 논의했다. 투표 후 교회의 승인은 영적교사~목회자가 있어야 하는 것으로 결정되었다. 총회 참석자들의 큰 걱정은, 로지신학대학원에서 공부하고 11명 러시아 형제들의 상황이, 학업 성취도는 좋았지만, 형제들에 관한 재정적 지원이 부족했다. 학생들을 위한 특별 기금을 해마다 모금하기로 했다.

---

305. *Baptist*, 1925, 1~2; *Missionerskoye obozreniye*, 1909, 7; *Svoboda sovesti.~ Vera*, 1909, 20 [침례교도, 1925년, 1~2 호; 선교적 지평, 1909년, 7호; 양심의 자유.~ 믿음, 1909년, 20호]

독일 형제들과 공동으로 설교자 혹은 신학생을 준비하는 국내 신학교 설립 가능성에 관한 문제를 논의했다. 신학교는 모스크바에서 시작하기로 결정되었다. 프리젠은 일반 학교를 조직하고 합법화할 것을 제안했다. 학교 설립위원회 구성에 18명의 형제와 베클레멘세바와 야스노프스카야 자매들이 포함되었다. 초등 및 중등 교육기관의 소유 권리가 있는 러시아 침례회 학교설립위원회를 청원하기로 했다. 그외에, 침례교 총회의 새로운 구성원이 선출되었다. 마자예프가 그의 후보 지명을 거부하자 총회는 파블로프를 의장으로, 사벨리 예프, 발리힌, 빈스를 후보자로 선출했다. 총회 참가자들은 형제회에 속한 교회의 통계를 유지할 필요성을 인지했고, 파블로프가 시작한 작업을 계속하기로 했다. 통계 자료 관리는 페틀러와 빈스에게 맡겼다.[306]

전 러시아 침례회 총회가 1910년

9월 1일부터 9일까지 상트페테르부르크에서 열렸다. 113명의 대의원과 100여 명의 손님이 참석했다. 손님 가운데 영국의 바이포드와 호주의 파커가 포함되었다. 마자예프가 총회에 초청되었다. 총회 참가자들은 가장 중요한 문제에 대해 다음과 같은 결정을 했다.

- 기독교침례교인 박해에 관한 내무부 제출용 보고서 작성
- 베클레메셰바가 스타브로폴 지방의 안드레예프스키 마을에서 주관하는 초등 교사 연수를 위해 학교에 재정을 지원한다.
- 발라쇼프에 고령자와 고아를 위한 요양시설 설립. 담당자는 골랴예프, 오딘초프, 체트베르닌이 임명되었다.
- 전도자 준비를 위한 3년 과정 신학교 개교 청원.
- 장애인 보살핌을 위한 위원회를 구성하고 위원으로 마자예프, 스테파노프, 골랴예프가 포함되었다.

---

306. Pavlov V. G. *Statistika Soyuza russkikh baptistskikh obshchin za 1907 g.*~ Baptist, 1909, 8, s. 17; *Protokol s'yezda* sm. Baptist, 1909, 22 [파블로프 베.,게., 1907년 러시아 침례교 공동체 통계 침례교도, 1909년, 8호, p.17 ; 회의록 참조, 침례교,1909년, p.22]

- 침례교 잡지 출판사에 관한 재정적 지원, 부족 금액 1,000루블 충당.
- 찬송가집 출판을 위한 위원회가 구성되었고, 선출된 구성원은 사벨리예프, 비네, 파벨 파블로프, 오딘초프, 필브란트, 라예프스키, 뱌조프스키가 포함되었다.
- 총회 규약의 초안이 만들어졌고, 로스토프나도누에서 출판된 러시아 복음주의 기독교침례회 신앙고백이 승인되었다.
- 총회는 다음의 결정을 채택했다. 새로운 공동체에서 목회자를 선출할 때, 가장 가까운 공동체의 목회자가 참석하여 실시해야 한다.
- 공동체로부터 독립된 청년 동아리는 수용불가. 침례교 잡지에 청년용 지면이 필요하다. 청년부서에 스테파노프, 빈스, 골랴예프, 벨로우소프, 그루셴코프, 젠코바가 포함되었다. 총회 운영위원으로는 위원장 골랴예프, 부위원장 페틀러, 서기 스테파노프, 회계 스미르노프를 선출했다. 운영위원은 이바노프, 스테파 노프, 발리힌, 사벨리예프, 빈스 등이 포함되었다. 1911년에 필라델피아에서 개최되는 제2회 세계침례교대회에 보낼 32명의 대표단을 선출했다. 정기총회 에서 처음으로 총회장용 예산으로 1년에 600루블의 지원금이 책정되었다.

전 러시아 침례교총회가 1911년

9월 25일부터 10월 1일까지 모스크바에서 열렸다. 혁명 전에 이루어진 마지막 총회였다. 마자예프가 회의를 주재했고, 부의장은 골랴예프와 스테파노프였고, 서기는 알레힌, 뱌조프스키, 티모셴코였다. 총회에 81명의 대의원과 30명 이상의 손님이 참석했다. 영성사업부는 본다르와 콜로그리보프가 맡았고 해당 경찰관은 포드빈스키였다. 회의 중 신문 기자가 한 번 참석했다. 총회 회의 가운데 한 번은 참석자들의 억울함에 관한, 정교회 지지자들이 저지른 폭력으로 인해 중단되었다. 사건과 관련하여 골랴예프, 마자예프, 스테파노프 지도부는, 총회를 즉시 종료하도록 요구한, 모스크바 시장에게 소환되었다. 요구 사항으로 인해 형제들은 총회 순서를 단축해야 했다.

총회 업무는 침례교 잡지 출판 문제에 관한 논의로 시작되었다. 사실, 출판사는 300루블의 벌금을 부과받았고 발행된 잡지를 두 번 몰수당했다. 파블로프가 잡지 편집장을 거절하여 이로 인해 편집부가 새로 선출되었다. 총회는 또한 인쇄소 구입과 잡지 발행을 위한 자금 모색을 결정했다. 그다음에 내무부 미처 보내지 못한 보고서에 관해 다루었다. 마자예프와 골랴예프는 행정부를 괴롭히지 않아도 된다는 의견을 표명했다. 총회는 지역에 있는 신자들의 박해에 관한 자료를 포함하는 새로운 보고서 초안을 제안했다. 그것을 준비하고 제출하기 위해 마자예프, 골랴예프, 스테파노프를 선출했다.

이전 총회의 일부 결정은 내무부의 승인이 지연되거나 거절로 인해 실행되지 않았다. 발라쇼프 요양시설 설립 청원서에 관한 답변은 없었고, 총회 규약 승인에 대해서는 거부되었다. 단지 소수의 교회만 초등학교를 개교할 권리를 제공받았다. 통계 기록 관리는 지역 형제들의 이해 부족으로 실행되지 못했다.

복음주의 침례교 형제회의 총회 역사에서 처음으로 골랴예프는 지역별로 교회연합과 운영을 위한 선임목회자 임명제를 발의했다. 지방회장의 임무는 교회 체제를 감독하고, 정부 명령에 관한 올바른 이해, 복음 전파와 총회 운영을 위한 재원 동참을 위해 지구 교회를 방문하는 것이 포함되었다. 지방회장은 공동체 활동에 관한 통보와 다음 총회에 보고할 의무가 있었다. 지방회장 선거를 하는 지구 설립과 관련하여, 특히 마자예프의 반대가 있었다. 그러나 골랴예프의 제안은 다수의 총회 참가자들에 의해 승인되었고 채택되었다.[307]

총회는 1911년 11월 23일 자 복음주의 기독교의 편지에서 공동 사업과 두 총회의 공동위원회 창설을 위한 친교와 연합의 제안을 살펴보았다. 복음주의 기독교인들을 침례교인이라는 이름을 사용하지 않고, 형제로서 대우하기로 했다. 공동위원회의 제안은 많은 지지자가 있었지만, 총회 참석자 대부분은 거부했다. 총회운영위원 선출에서 마자예프가 의장직을 사퇴했기 때문에, 골랴예프가 의장이 되었다. 운영위원은 이바노프, 스테파노프, 파블로프로 구성되었다. 총회 운영위원회 서기의

---

307. Anan'in A. S: *Ob"yedineniye obshchin baptistov.*~Baptist, 1927, 11~12. [아나닌 아.,에스.,: 침례교 공동체의 연합.~ 침례교, 1927년, 11~12호.]

선출은 골랴예프가 진행했다.[308]

복음주의 기독교 연합회 설립

프로하노프의 상트페테르부르크 활동

프로하노프의 관점 형성

러시아·우크라이나 복음주의 침례교 운동의 일부로서 프로하노프[309]가 이끄는 복음주의 기독교의 역사를 이해하기 위해서는, 그의 견해가 어떻게 형성되었고 그가 초기 그리스도인의 실제를 어떻게 이해했는지 알아야 한다.

알려진 바와 같이, 1890년대는 진보적인 지식인들과 학생들의 반응을 불러일으킨, 전제군주의 전횡이 지적되었다. 결과로 국가의 정치 변혁을 목표로 삼은, 다양한 집단이 등장했다. 프로하노프가 공부한 상트페테르부르크 공과 대학교에도 그런 그룹들이 있었다. 당시 지식인들 가운데, 80년대에 발생한 민중 속으로 걷기 아이디어는 쓸모가 없게 되었다. 어떤 사람들은 그 아이디어를 문자 그대로 이해하여, 학생은 연구소나 대학에서의 학업을 그만두고, 농민과 노동자들에게 가서 자유를 사랑하는 견해를 그들에게 전파해야 한다고 생각했다. 많은 민중 속으로 걷기 운동가들은 슬픈 운명을 이해했다.

프로하노프는 학생이었고, 자기희생을 하기 전에 자기 백성을 사랑한 젊은이들에게 공감을 나타냈지만, 그들의 반종교적 견해 때문에 그들에게 합류하지 않았다.

---

308. Timoshenko M. D. *S"yezd baptistov v Moskve.*∼Baptist, 1911, 42∼47. [티모셴코 엠., 데., 모스크바 침례교총회.∼ 침례교, 1911 년, 42∼47호.]
309. Yevangel'skimi khristianami zadolgo do etogo nazyvali sebya novomolokane ∼ molokane vtorogo donskogo tolka (zakharovtsy), a takzhe byvshiye pashkovtsy, to yest' veruyushchiye peterburgskogo probuzhdeniya, chast' kotorykh stala yevangel'skimi khristianami v sobstvennom smysle etikh slov (Sm. I. P. Kushnerov. Kratkaya zapiska… S. P. Liven. Dukhovnoye probuzhdeniye v Rossii).[복음주의 기독교인들은 오래 전까지 자신들을 신우유파 곧 두 번째 돈지방의 우유파(자하로프 계열), 또는 파시코프파, 즉 "상트페테스부르크 부흥"을 따른 신자들이었고, 그 사람들의 일부가 복음주의 기독교인이 되었다.(쿠시네로프 이.,페.,의 간단한 기록.., 리벤 에스.,페., 러시아의 영적 부흥을 참조).

"그가 기록했듯이, 시간이 지나 회심한 이후로, 예수 그리스도를 믿는 신앙은 모든 영역에서 전부가 되었다. 내 마음이 복음의 빛으로 맑아졌을 때만, 나는 내 삶을 이해할 수 있었다. 나에게 있어 예수 그리스도의 가르침은 개인, 사회, 민족 및 모든 인류의 영적 형성을 위한 유일한 길이었다." [310] 프로하노프는 민중 속으로 걷기 아이디어를 복음의 내용으로 채우는 시도를 시작했다. 1894년에 새로운 형태의 실용적인 기독교를 찾아 경제공동체 '베르토그라트'의 조직을 시작했고 초대교회의 공동체 모델을 세워보려고 의도했다. 이 공동체에서 그는 새로운 삶에 관한 모델을 사회에 보여주기 원했다. 그런데 프로하노프가 시작된 사업은 단명했다. 독일 이주민 사이에서 조직된, 베사라비아 분리주의자들처럼 베르토그라트 공동체는 얼마 가지 못했다. 개신교회의 실용적인 생활과 1895~1898년에 해외에 머무르는 동안 유럽 국가의 사회정치 체제와 함께, 다양한 신학 사상과의 만남은 프로하노프의 초기 기독교 실천에 관한 특별한 이해의 형성에 이바지했다.

이와 관련하여 그는 다음과 같이 썼다. 의심할 여지없이, 나의 경험은 많은 삶의 문제로 인해 내 자신을 직면하게 했다. 개신교의 영적 가치와 관련된 주요 질문 중 하나는 개신교 신앙 사이에 뚜렷한 불일치와 차이가 있었다. 그러나 기본 원칙은 성경에 관한 믿음, 모든 사람의 아버지인 하나님에 관한 교리, 그리스도의 사명, 구속, 구원 등 일반적이었다. 모든 교리가 사도적인 신앙의 기본을 수용했다. 불일치(고전 11:19)와 복음전파의 다양한 방법(빌 1:18)에 관한 사도 바울의 말을 연구한 후, 프로하노프는 다양한 이해에서 뭔가 좋은 것을 발견했다. 그는 다음과 같이 썼다. "나에게 그것은 분명했다. 모든 개신교 신앙의 기초가 되는 일반 원칙은, 초대 기독교의 실천에 상응하거나 근접하려고 노력했다는 것이다. 나는 개신교 신앙에서 다양한 기초가 양심의 자유, 개인의 자유로운 성경 읽기와 해석, 개인의 견해에 합당한 자유로운 종교 활동의 결과라는 것을 깨달았다. 종교 자유의 이러한 원칙들은 개신교인들의 삶에 영

---

310. Prokhanov I. S. *Avtobiografiya*. [프로하노프 이.,에스., 자서전]

향을 주었고 정치적, 과학적 자유를 위한 토대가 되었다. 나는 개신교 국가들이, 다른 나라들보다 도덕적으로 더 낫고, 개신교 영향 아래 있는 세계의 일부 도덕법이, 도덕적 원칙에 더 충실하다는, 결론을 내리게 되었다. 사람들을 도덕적, 영적으로 교육하는 첫 번째 방법은 가톨릭교회와 정교회가 거의 공간을 제공하지 않는 집회와 가정에서 성경을 읽고 설교하는 것이다. 해외에서 개신교와의 접촉을 통해, 나는 성경과 복음이, 자유롭게 선포되고 자유롭게 인식될 때만, 내 고향에서 최고를 창조해 낼 수 있다는, 확고한 결론을 이끌어냈다.[311]

프로하노프는 반복적으로 그가 환영한 러시아 복음주의 기독교의 기초는 초대교회에 가장 가까운 형태였다고 밝혔다.[312] 이와 관련하여 그는 구원의 복음에 관한 초대 기독교의 이해가 러시아 복음주의~침례교 운동에서 가장 확실한 표현이었다고 말했다.

그 후 프로하노프는 그가 영적 개혁이라고 불렀던, 러시아 국민의 종교 생활의 포괄적인 갱신의 필요성에 관한 생각에 도달했다. 그는 근본적인 정치 및 경제 개혁에 관한 모든 바람직함과 필요성을 가지고 진정한 러시아의 갱신은 오직 개인의 영적 부흥과 자기 개선의 조건에서만 가능하다는 깊은 신념을 지녔다. 프로하노프는 그런 관점에 대해 러시아 침례교 지도자들과의 첫 만남부터 오해를 받았다. 후자들은 하나님의 추수 현장에서 주된 사역은 영혼 구원이며, 다른 모든 것은 뒤따를 것이라고 말했다.

러시아 국민의 개혁이나 종교 개혁은 서구적 이해가 아니라, 러시아 국민의 개성과 자유로운 영적 창의력이 결합될 것인데 그것이 바로 프로하노프가 자신을 위해 준비한 과제였다. 그 당시에 일어났던 사건의 회오리바람 속에서, 자국민의 운명에 무관심하지 않은 많은 사람이 도덕적, 경제적, 국가적인 영역에서, 국가 회복에 이바지 하고자 했다. 여기서 비난할만한 것은 없었으며, 그래서 진보주의자들은

---

311. Prokhanov I. S. *Avtobiografiya*. [프로하노프 이.,에스., 자서전]
312. Tam zhe. [위의 책]

항상 행동했다. 인생은, 그들이 제안한 아이디어가 얼마나 받아들여지고, 스스로 조정했는지 확인했다. 프로하노프가 제안한, 종교적 갱신은, 사회 변화를 먼저하고 함께 가야 했다. 그는 자유롭게 전파된, 성경과 복음만이, 보다 개선되고, 더 좋은 것을 만들 수 있다고 강하게 확신했다. 위에서 언급한 것처럼 급진적인 정치 및 경제 개혁의 모든 적합성과 필요성과 함께 진정한 러시아의 갱신은 오직 영적 부흥과 각 사람의 자기 개선의 조건에서만 가능하다. 비슷한 견해는 호먀코프, 올수피에프와 같은 저명한 정치가들에 의해서도, 그 당시에 언급되었다. 당연히, 사람들은 아이디어에 동의하지 않을 수 있고, 종교적인 관점에서 비판을 받을 수 있다. 그런데 아이디어에 대해 비난하는 것을 너무 성급히 할 필요는 없다. 그러나 1906~1911년 기간에 침례교 연합회의 지도부는 프로하노프에 대해 그런 태도를 지녔다. 프로하노프는 사역 초기부터 다른 분파의 신자들과도 유용한 접촉과 좋은 협력관계를 세우려고 노력했다. 그런 실마리는 복음주의 기독교 기관 잡지 성격인 대담 잡지 출판과 같은 그의 첫 시도에서 이미 나타났다. 잡지사 직원들은 여러 종파의 대표들로 구성되었다.[313]

복음 사역에 관한 광범위한 접근은 1896년에 런던에서 있었던, 복음주의 동맹의 기념집회에서 프로하노프가 연설한 내용에 반영되었다. 집회 결과는 1896년도 대담 잡지의 한 권에 실렸다. 프로하노프의 짧은 연설에는, 그의 견해를 이해하는 데 중요한 순간이, 하나 더 있는데, 그는 비종교계의 목소리에 귀 기울일 필요가 있음을 지적했다.[314]

1905년 2년 기간의 해외여행에서 돌아온 프로하노프는 상트페테르부르크에서 활발한 활동을 시작했다. 그 당시에 상트페테르부르크에는 분리해서 사는 몇 개의 작은 공동체가 있었다. 카르겔이 이끄는, 공동체의 신자들은, 리벤의 집에서 모였다. 그들은 침례에 대하여 다른 복음주의 기독교과 견해가 달랐다. 리벤은, 파시코프 출국 전후로, 수년 동안, 상트페테르부르크 부흥에 관련된, 신자들에게, 침례에

---

313. Kale V. *Yevangel'skiye khristiane v Rossii (na nem. yaz.)*, s. 106. [칼레 베., 러시아 복음주의 기독교인(독일어), p.106.]
314. Tam zhe. s.106~107 [위의 책, p.106~107]

관한 견해 차이는 상호 의사소통의 장애물이 되지 않았다고 기억한다. 주요 관심사는 공동체를 받아들이기 위해서는 예수 그리스도를 개인적인 구세주로 진지하게 믿고, 그가 실제로 다시 태어났다는 간증 있으면 된다는 것이었다. 두 가지 요건이 충족되면, 그 사람은 공동체에 들어오는 것이 되고 주의 만찬도 허용되었다. 카르겔의 공동체는 이러한 견해를 고수했다. 다른 공동체에 속한 신자들은 더욱 엄격한 견해를 가지고 있었는데, 믿음에 의해 침례 받은 신자만이 교회의 회원이 되고 주의 만찬에 참여할 수 있다고 했다.

프로하노프가 카르겔이 주도하는 상트페테르부르크 공동체로 돌아올 무렵, 일부 청년들은 하나님의 사업에 관한 신자들의 열정이 부족한 것에 불만을 표시했다. 결정적인 행동을 위한 시간이 왔다고 생각한, 공동체의 젊은이들은, 1903년 후반에 별도로 모이기 시작했다. 동아리는 처음에 6~7명으로 구성되었다.[315] 1904년 상트페테르부르크에 있었던 스테파노프는 청년회를 지도해 달라는 첫 번째 제안을 받았다. 스테파노프는 나중에 이것을 다음과 같이 회상했다. "언젠가 트로스노프가 나에게 와서 제안했다. 우리에게 와 주세요. 우리는 카르겔과 별도로 모일 것입니다. 나는 그것을 동의하지 않았다. 그러자 그들은 비슷한 요청을 프로하노프[316]에게 했다." 마지막으로 다음과 같이 썼다.

> 복음주의 운동을 위해서는 영적으로 교훈을 얻는 것이 얼마나 중요한지 깨달으면서 청년들을, 나의 프로그램의 운명으로 생각하고 이 문제에 특별한 관심을 가졌다. 그 모임의 동참을 받아들이고 마침내 상트페테르부르크 공동체에 연결된 기독청년연합회 첫 번째 집회를 조직하기로 했다. 우리는 청년 형제의 사유지인, 상트페테르부르크 교외에서 조직 회의를 준비했다. 1905년 1월 9일은 슬프고 중요한 날이었다. 나는 진행되는 사건에 따르면 러시아에서 큰

---

315. *Vecher lyubvi po sluchayu desyatiletiya sushchestvovaniya SPb. yunosheskogo kruzhka yevangel'skikh khristian.*~Molodoy vinogradnik, 1913, noyabr'. [상트페테르부르크에 10년간 존재한 사랑의 저녁. 복음주의 기독교 청년회~ 청년 포도밭, 1913년 11월.]
316. *Pervyy nazidatel'nyy s"yezd baptistov v Omske.*~Baptist, 1925, 6~7. [옴스크 침례교 교육총회.~ 침례교, 1925년, 6~7호]

변화가 있을 것이며 가까운 장래에 종교의 자유가 발표될 것이라고 말했다. 우리는 복음주의 교회 연합회를 가질 것이다.

청년 기독교인 활동이, 어떻게 발전해 갔는지 간략히 밝힌다. 1906년 형제들 신문 3호에 러시아 청년 신자들이 러시아 사람들에게 하나님의 왕국을 확산시키는 공동목표를 실현하기 위해 그룹, 동아리, 공동체가 연합하자는 호소가 실렸다. 1907년 12월 31일에 상트페테르부르크에서 새해를 맞이할 겸 모스크바 청년 대표인 브라트체프, 페도세예프, 안드레예프가 참석한, 청년회 회원 모임이 소집되었다. 모임에서 수도권의 청년 남녀뿐만 아니라, 전국적인 청년들의 영향력과 동아리 연합에 관한 확고한 의지를 재확인했다. 상트페테르부르크에서 청년 활동을 열정적으로 하고 있던 트로스노프가 제안을 발표했다.

1908년 4월 13일부터 16일까지 모스크바에서 복음주의 기독교 및 침례교의 청년회 대표들이 모인 첫 번째 대회가 개최되었는데, 상트페테르부르크, 모스크바, 키예프, 차리친, 코노토프, 탐보프, 하리코프, 베지츠 등에서 18명 (다른 통계에는 20명)[317]이 참석했다. 침례교 청년회는 티모셴코, 다츠코, 말린이 지도부가 되었다. 총회 아래 기독교인 청년의 연합을 위해 총회위원회가 만들었고, 위원회장 프로하노프, 부회장 트로스노프, 서기 예고로프와 짓코프가 선출되었다.[318] 티모셴코는 그 대회가 신자들 모두에게 기쁨이 가득했다고 언급했다.[319]

1909년 5월 17일~19일에 상트페테르부르크에서 기독교청년연합의 두 번째 대회가 열렸다. 대회는 특히 지난 1년 동안 복음주의 기독교와 침례교에 속한 많은 교회에서 청년회가 조직되었음을 밝혔다. 대회에는 침례교 공동체 출신 12명을 포함한 28명의 청년회 대표가 참석했다. 대회에서는 기독교 청년회 규약과 연합회 규약에 대해 검토했다. 대회 참가자들은 기독청년연합회라는 이름으로 연합회를 합법

---

317. *Bratskiy vestnik*, 1957, 3, s.62. [형제들 소식, 1957년, 3호, p.62]
318. *Otchet pervogo s"yezda predstaviteley kruzhkov yunoshey i devits.*~Bratskiy listok, 1908, 5. [제1회 청년대표대회의 결과 형제들 신문, 1908년, 5호]
319. Timoshenko M. D. *O pervom s"yezde yunoshey i devits v Moskve.*~Baptist, 1908, 10. [제1회 모스크바 청년대회 ~ 침례교도, 1908년, 10호]

화하기로 했다. 연합회는 프로하노프 회장과 짓코프 서기를 선출했다.³²⁰

상트페테르부르크 첫 번째 공동체의 토대

청년연합회는 복음주의 기독교 내 또 하나의 교회를 조직하는 첫걸음이 되었다. 그 단체는 상트페테르부르크 신자들의 이질적인 그룹들, 특히 카르겔이 이끄는 공동체에서 분리된 청년 신자 그룹들로 만들어졌다. 시간이 지나자 신자들은, 카르겔 목회자에 사역이 진행되는 두 번째 공동체와 구분하여 첫 번째 공동체라고 부르기 시작했다.

리벤은 다음과 같이 회상한다. "우리 집에서 예배 모임의 지도력은, 카르겔에게 모두 넘어갔다. 카르겔 형제는 신자들에게 주님을 알아가고 말씀을 깊게 하는 방법을 주로 추구했고, 프로하노프는 교회 회원들에게 사회생활에 적극적으로 참여하라고 촉구했다."³²¹

두 공동체는 계속해서 가까이 존재했고 활동했으나, 이미 서로 독립적이었다. 프로하노프는 견고한 신자의 연합인 복음주의교회 연합의 기반을 만들기 위해서, 공동체 내부의 엄격한 규율이 필요했고, 그것을 청년들에게 우연히 말하게 되었다. 프로하노프의 생각에 따르면, 연합회는 러시아 국민의 영적 각성 활동에서 중요한 지렛대로서 역할을 해야 한다는 것이었다. 그 공동체는 1908년 8월에 상트페테르부르크 복음주의 기독교 공동체의 이름으로 1906년 10월 17일 자 법령에 근거하여 등록 청원서를 제출했다. 그 당시 교회에는 이미 140명의 회원이 있었다. 1908년 11월 26일 상트페테르부르크 행정부에 공동체가 등록되었고, 며칠 후 특별 법령에 의해 승인되었다. 1909년 1월 6일, 40명의 활동 회원과 10명의 후보자로 구성된 공동체 협의회가 선출되었다. 그들 가운데 세메노프, 티토프, 야이초프 3명은 아직 25세가 되지 않았다. 그러나 공동체는 회의록에서, 다음과 같이 자신들이 선출했고, 협의회 업무에 유용하다고 결정하고 승인 요청을 했다. 공동체 의장은 프로하노프,

---

320. Otchet o vtorom s"yezde predstaviteley kruzhkov khristianskoy molodezhi.~Molodoy vinogradnik, 1909, No 7. [기독교 청년 대표들의 두 번째 대회 결과 청년 포도밭, 1909년, 7호]

321. Livyen SP. *Dukhovnoye probuzhdeniye v Rossii*. [리벤 에스.페., 러시아의 영적 부흥]

부회장은 마트베예프와 돌고폴로프를 선출했다.

첫 번째 공동체는 기독교침례교 공동체의 모델로 조직되었고 구조는 조금 달랐다. 침례교 총회의 지도력에 의존하지 않으려는 프로하노프는 자유롭고 균형 잡힌 국가 생활을 만들기 위한 러시아 국민 생활의 종교적 갱신이라는 소중한 목표를 달성하기 위하여 행동의 자유를 원했다. 얼마 후 그런 목적으로 러시아 복음주의 연합회가 조직되었다.

러시아 복음주의 연합회

1906년 8월 프로하노프는 상트페테르부르크의 기독교 지도자들에게 러시아 복음주의 연합회 창설에 관한 자신의 의도를 밝힌 편지를 보냈다. 그 서신에서 그는 다시 국민의 삶을 종교적으로 새롭게 하는 것이, 최우선임을 언급했다. 서신에는 연합회의 과제, 연합회의 기초, 연합회 활동을 지원하는 수단, 조직 구조 및 일반적인 성격이 설명되었다.

러시아 복음주의 연합회의 과제는 다음과 같다.
- 러시아 정교회 환경에서 모든 정신적인 각성 협력, 모든 영적 삶의 현상과 연결된 건설, 복음적인 기초에서 종교적 갱신의 아이디어 확산.
- 러시아 국민과 전체 주민 속에서 복음의 진리 전파.
- 삶에서 복음적 교리를 실천.
- 모든 복음주의 신자들과 영성, 말, 행동, 기도회와 총회 조직으로 협력, 영적 경험 교류 등.
- 진리를 찾는 모든 사람을 강하게 끌어당길 수 있는 연합회. 연합회 회원 모두는, 목적과 임무를 공감하고 기본적인 복음주의 교리를 고백한다. 기독교 신앙의 다른 모든 문제, 특히 신앙과 교회 구조의 외부적 표현에 관해서는 연합회 회원들에게 자유를 제공한다.

본질적으로, 러시아 복음주의 연합회는 일반적인 교회 구조에 의해 연합된 교회들의 단체는 아니었지만, 특정한 목표를 성취하기 위한 신앙과 활동의 주요 쟁점에 관한 공통이해를 바탕으로, 개별 신자들이 연합한 단체였다. 그래서 연합회 회원은, 다양한 교회와 교회 조직에 소속된 사람들이 가능했다. 이런 점에서 연합회는 1846년에 조직된 세계복음주의연맹(WEA)과 닮았다.

곧 상트페테르부르크에 연합회 설립에 관심이 있는 인물들이 모였다. 핵심 회원들의 한 회의에서 1906년 12월 4일에 공포되고 카르겔, 니콜라이, 막시 모프스키, 오펜베르크, 프로하노프 및 고이예르에 의해 서명된, 신자들을 향한 호소문이 채택되었다. 프로하노프는 1907년 6월에 러시아 복음주의 연합회의 규약 초안을 작성했다. 규약은 장군과 고문, 소지주와 농민, 다양한 교파의 기독교인에 이르기까지 여러 계층을 대표하는 27명의 신자에 의해 승인되고 서명되었다. 1908년 5월 16일 규약은 내무부의 승인을 받았다. 1909년 1월 13일 연합회 창립자들의 첫 회의가 열렸는데, 회의에서 리벤(리벤 백작부인의 아들 아들) 의장의 주도로, 24명의 연합회 위원이 선출되었다. 니콜라이는 의장 보좌관으로 선출되었다. 회의는 기도로 시작하여 요한복음 15장 8~17절, 17장 20~23절을 읽었다. 니콜라이는 다음과 같이 말했다. 우리에게 중요한 것은 외형적 다양성이 아니라, 내면적 일치다. 그러므로 복음주의 연합회의 첫 번째 임무는 개인 회원이 평화를 만드는 사람이 되어야 한다. 루터교도, 침례교도, 복음주의 기독교인, 정교회 신자 및 다른 신자들이 좁은 시각을 가진다면, 복음주의 연합회 회원이 될 수 없다.

러시아 복음주의 연합회의 형성은 신자마다 다양한 복음주의 성향을 인정했다. 이에 대해 호의적인 반응을 보인 복음주의 기독교 대표들은 다음과 같다. 자하로프 복음주의 기독교의 자하로프, 퍄티고르스크 침례교 공동체 목회자, 코르프, 바쿠의 기쁜 소식 발행인 타라얀츠, 메노파 형제회 프리젠과 페틀러이다. 페틀러는 새롭게 구성된 복음주의 연합회가 커다란 성공과 영적 축복이 임하길 원했고 러시아의 모든 지역에서 연합회와 지도자들을 위해 기도해 달라고 신자들에게 요청했다.[322] 침례교 연합회(총회) 지도부 파블로프와 이바노프는 비교적 관용적으로 수용했다. 부정적인 태도는 러시아 복음주의 연합회 내 가장 오래된 소수의 러시아 침례교인이

---

322. Pervoye sobraniye chlenov uchrediteley Russkogo yevangel'skogo soyuza.~Vera, 1909, No 3. [러시아 복음주의 연합회 창립회원 최초 모임.~믿음, 1909년, 3호.]

었다. 안드레이 마자예프는 사건과 관련하여 다음과 같이 썼다.[323] 이것은 완전히 이해할 수 없다. 마음이 이해하기를 거부한다. 연합회, 침례교회 회원 혹은 정교회 회원으로 구성되고 동시에 복음주의 연합회 회원이다. 1903년 독일 블란켄부르크에서 열린 복음주의동맹 회의에 참석한, 발리힌은 동맹은 모든 그리스도인을 예수 그리스도의 가르침이 아니라 그리스도 자신에 일치를 목표로 한다. 그 생각과 활동은 나에게 신약성서에 나오는 무질서처럼 보였다.[324] 연합회 창설자인 마자예프도 연합회에 대해 비슷한 태도였다. 지노비예프는 가장 오래된 형제들과의 연합회에 관한 태도는 부정적이었으나, 복음주의 기독교와 침례교 관계에 대해서 중립적 입장을 취했다. 그는 인간의 손으로 세워진 연합은, 가장 이상적인 목표를 가졌다 하더라도 하나님의 아들이 '우리 가운데 하나가 되자'라는 기도가 아니라, 인간적인 연결이 될 것이라고 썼다. 러시아 복음주의 연합회 규약은 아름답지만 하나님 나라의 목표를 달성할 수 없다.[325]

복음주의 기독교 교회 연합회

기본자료의 확인된 정보에 따르면, 1903년 지역 러시아·우크라이나 복음주의 기독교 교회와 복음주의 기독교인들의 공동체라고 불리는 침례교인은, 상트페테르부르크, 세바스토폴, 얄타, 예카테리노슬라프, 콘토토프, 키예프에 이미 존재했다. 1906년에 복음주의 기독교 공동체가 멜리토폴에서 발생했다. 이후에 복음주의 기독교인들의 첫 번째 총회 무렵, 작은 공동체와 집단이 침례교 공동체가 있던 오데사, 알렉산드로프스크, 하르키우, 마리우폴, 니콜라예프, 사마라 등의 도시에서 형성되었다. 또한, 복음주의 기독교의 작은 그룹은 크론시타트, 가치나, 페오도시야,

---

323. Mazayev A. M. *O Peterburgskoy svobode*.~Baptist, 1909, 11. [마자예프 아.,엠., 상트페테르부르크의 자유.~침례교도, 1909년, 11호]
324. Balikhin F. P. *Moya poyezdka za granitsu*.~ Baptist, 1907, 1. [발리힌 페.,페., 나의 해외여행~ 침례교도, 1907, 1호.]
325. Zinov'yev N. P. O Russkom yevangel'skom soyuze i voobshche o soyuzakh v tselyakh Tsarstviya Bozhiya. ~Bratskiy listok, 1909, No 3.[러시아 복음주의 연합회와 일반적인 하나님 왕국 목적의 연합회~형제들 신문, 1909년, 3호]

일부 우크라이나 지역인 골탄스카야, 노보니콜라예프스카야, 스뱌토-루치스카야, 볼린의 코벨 등에 나타났다.

모스크바 복음주의 기독교 공동체

1909년에 모스크바 신자 공동체는 복음주의 기독교 공동체라 불리기 시작했다. 그 이름으로 1908년에 상트페테르부르크 복음주의 기독교 공동체가 등록 되었다. 공동체의 일반적인 이름은 처음에 교회 회원들을 만족시켰다. 교회 위원회 구성은 파시코프파 고리노비치, 유아세례 지지파 베르비츠키, 침례교 야코블레프, 소속을 밝히지 않은 목회자 불리닌 등이 포함되었다. 1909년 6월 28일에 복음주의 기독교 공동체는 사벨리예프를 대표로 하는 토크마코프스키 골목에 있는 건물로 공식 등록이 되었다. 위원회 구성은 베르비츠키, 불리닌, 트카첸코가 포함되었다. 같은 해에 모스크바 침례교 공동체가 조직되었다. 교회 목회자는 이전에 차리친에서 목회자로 사역했던 스테파노프가 선출되었다. 포크로프카 거리 12번지에 있는 이층집에 정착한 침례교인들의 공동체로 평화롭게 가게 해 달라는 10장의 신청서가 추가로 접수되었다. 형제들은 회원들의 요청을 들어주었고 평화롭게 가도록 허락했다. 두 공동체의 지도자는 지혜로운 형제들이었고 공동체 상호관계가 좋았기 때문에, 교회는 어떠한 걱정도 없었다.[326]

교회 대표자 지방회

공동체의 연합은 지방회에 도움이 되었다. 1908년에 오데사에서 복음주의 기독교 지방회가 개최되었다.[327] 오데사, 골탄스크, 마리우폴, 하르키우, 키예프, 예카테리노슬라프, 심페로폴, 세바스토폴, 얄타 등 9개 공동체에서 14명의 대표가 참석했다. 지방회는 복음주의 기독교 교리 토론에 시간을 많이 사용하였다.[328] 교리 질문

---

326. Koval'kov V. M. Prodolzheniye raboty odnoy iz Moskovskikh obshchin i yeye kharakternyye osobennosti s 1906 po 1915 g. Rukopis', 1977. Arkhiv VSEKHB. [코발코프 베.엠., 어느 모스크바 공동체의 1906~1915년 활동과 특징, 수기 원고, 1977년. 침례교총회 문서보관소]
327. S"yezd yevangel'skikh khristian (yevangelistov) v gorode Odesse. ~ Bratskiy listok, 1908, No 4. [오데사 복음주의 기독교 지방회. ~ 형제 신문, 1908년, 4호.]
328. Kratkoye veroucheniye dlya khristian yevangel'skogo ispovedaniya, priyemlyushchikh vodnoye

은 다음 사항이 고려되었다.

교회

선택된 신약 교회는 믿음으로 의롭게 되어 그분의 계명을 성취하는, 모든 사람의 모임이다. 교회의 큰 임무는 죄인들을 사탄의 권세에서 하나님께로, 어둠에서 빛으로 불러내는 것이다. 주님께서는 전도자, 사도, 장로와 감독, 집사, 목자, 교사, 말씀 사역자, 선지자, 해석자 등 여러 사역으로 표현되는, 다양한 은혜를 주신다. 그 모든 사역은 교회에서 올바른 질서를 유지하기 위한 것이다.

그리스도 교회의 사역자와 그들의 선출

구주께서 베드로 사도와 모든 제자에게 복음을 전파하라. 즉 성령님이 세우는 사역자를 통해 교회를 세우라고 유언하셨다. 성령을 통한 사역자 선출의 증거는 그들의 행동에서 나타난다. 하나님의 일에 충성, 겸손, 선출된 사람들의 성격과 영적 자질에 관한 많은 선한 증거 등이다.

교회에 관한 사역자들의 태도와 사역자에 관한 교회의 태도 교회가 금식과 기도로 형제들을 사역으로 선택한 다음, 그들은 하나님의 유산을 마음대로 사용하지 않고, 교회의 모본을 보여주는 권리를 얻는다. 교회에 알림과 동의 없이 임의로 어떤 중요한 일도 하지 않는다. 교회는 자신들의 사역자들을 존경으로 대하고, 끊임없이 그들을 위해 기도하고, 그래서 주님께서 그들에게 기쁨으로 일할 힘을 주시고, 신뢰와 존경과 사랑으로 가득한 자신을 보게 될 것이다.

복음주의 기독교 교회 새 언약의 말씀을 지키고 그것을 온전한 것으로 인식하고, 또한 죄인들을 하나님께 부르는, 하나님 아버지와 아들과 성령을 믿는 사람들의 공동체이다. 그들은 영원으로 가는 길을 향하여 믿음을 지키고 개인, 교회 및 시민 생활에서 하나님의 뜻에 관한 명확하고 완전한 설명을 추구한다.

교회 모임 순서 복음주의 교회의 집회는 초청, 기도, 형제협의회, 공동 성찬식이

---

kreshcheniye po vere (sostavleno P. M. Frizenom).~Molodoy vinogradnik, 1909, No 5, s. 11. [믿음으로 침수침례를 수용하는 복음주의 기독교 교리요약(프리젠 페.엠., 정리).~청년 포도밭, 1909년, 5호, p.11.]

진행된다. 교회 회원의 사역 교회 안에는 권고, 병자와 노약자 방문, 대담, 위임받은 다른 교회 방문 등 교회 결정을 실행하도록 위임받은 유능하고 부지런한 형제자매들이 있다. 다른 교회에 관한 복음주의 교회의 태도는 사랑에 의해 결정된다. 복음의 진리에서 멀어지는 교회들과는 완전한 친교를 가질 수는 없지만, 모든 인내로 신약성서의 진정한 의미를 보여주고 설명하는 것은 필요하다.

회의에서 목사 안수식과 세족식에 관한 질문도 다뤄졌다. 안수식이란 우리에게 교회의 신뢰와 축복을 의미한다. 성경은, 자기 공동체 혹은 다른 공동체 목회자들이 사역을 위해 교회가 선택한 사람들을, 안수하고 기도할 때, 그들의 직분에 따라 주님을 위해 일하도록 구별되었다는 것을 가르친다. 세족식 문제는 신자들의 양심에 따른 결정에 맡기기로 했다. 회의에서 페르시아노프를 복음주의 기독교 교회 사역을 위한 전도자로 선출하였다. 1909년 3월 30일부터 4월 1일까지 예카테리노슬라프 시에서 네 번째 지방회라 불리는, 복음주의 기독교의 연례 지방회가 개최되었다.[329] 상트페테르부르크의 알렉세예프, 모스크바의 불리닌을 포함한 10개 공동체에서 15명의 대표가 참석했다. 아래는 회의에서 고려된 주요 쟁점들이다. 회의록에 지방회의 목적이 다음과 같이 쓰여 있다. 첫째, 하나님의 사역 구상에 관한 교회 의견 나눔, 둘째, 하나님의 밭에서 폭넓은 활동, 지방회는, 공동체가 지방회의 결정을 절대 권위의 구실로 삼으려는 것과 그 결정을 개인적으로 남용하는 것도 반대한다. 모든 교회와 관련된, 선교와 자선 사업에 관한 문제는, 지방회가 결정권을 가진다.

- 안수의 문제는 최종적으로 해결되지 않았다. 지방회 참석자들은 전도 활동을 계속하는 것은, 만장일치로 결정했고 페르시아노프 전도자를 지원하기로 동의했다.
- 지방회는 프리젠이 정리한 교리를 받아들일 수 있다고 인정했다.
- 실족한 신자 회원을 다시 받아들이고 그들의 봉사에 관한 결정을 할 때 마태

---

329. *Protokol chetvertogo s"yezda yevangel'skikh khristian, sostoyavshegosya v g. Yekaterinoslave*. Molodoy vinogradnik, 1909, No 5. [예카테리노슬로프 제4회 복음주의 기독교 지방회 회의록.~ 청년 포도밭, 1909년 5회]

복음 18장 15~20절 및 기타 본문에 근거하여 하나님의 말씀으로 지도하는 것이 제안되었다. 침례 문제를 논의하는 과정에서 지방회는 성인의 머리에 물을 뿌리는 방식의 침례는 유효하지 않다고 인정했다. 지방회 참가자들은 1909년 9월 예정된, 전 러시아 복음주의 기독교 총회에, 모든 공동체 연합회가 참여할 수 있다는 의견을 만장일치로 결정했다.

전 러시아 복음주의 기독교 총회

제1차 전 러시아 복음주의 기독교 총회가 1909년 9월 14일~19일에 상트페테르부르크에서 열렸다.[330] 총회에 18개 교회를 대표하는 대의원 24명, 30명 이상의 손님이 참석했다. 총회 의장은 프로하노프, 부의장은 고르츠키, 서기는 예피모프와 벨로우소프가 선출되었다. 조직 및 실무 문제에 관한 총회의 결정은 간단한 다수결로 결정하고, 교리적 질문은 참석자의 2/3 표결이 요구되었다. 총회의 권한은 단지 자문 성격의 상대적인 것으로 정해졌다. 따라서 모든 결정은 교회에서 이행 책임이 있는 결정서가 아니라, 형제협의회가 중요성을 지녔다. 총회에서 논의된 주요 쟁점은 다음과 같다.

- 신자 연합 목적의 금식과 기도를 위해 일 년 중 하루를 정한다. 고난주간의 금요일이 선택되었다.
- 상트페테르부르크에 성서연구소 설립과 설교자를 위한 6주 과정 신설. 차기 총회에서 연구소 회칙 초안을 작성하고 1909년 12월 1일부터 설교자 과정을 재개한다.
- 기독교 청년의 연합. 총회 참석자들은 기독교 청소년 연합회의 설립을 환영했다.
- 총회는 침례교 형제들이 '참석한 경우' 기도의 날, 성서 강좌, 인쇄 기관 및 기

---

330. *Protokol pervogo vserossiyskogo s"yezda yevangel'skikh khristian.* Bratskiy listok, 1909, No 11 [제1회 전러시아 복음주의 기독교 총회 회의록~ 형제들 신문, 1909년, 11호].

독청년연합 등 그들에게 관련된 질문들에 연합하도록 제안했다.
- 공동체를 방문하는 형제 및 자매 총회는 모든 사람을 위한 공동체 소속증명서 뿐만 아니라, 신자가 다른 곳으로 떠날 경우, 임시증명서를 발급해야 한다고 결정했다. 출회에 관한 결정은 침례교 형제들과 메노파 회원들에게 적용되며, 모든 출회는 그들이 어떤 이유에서든 이행하지 않았으므로 올바른 것으로 인정된다.
- 다른 이름의 공동체로 이전. 공동체의 모든 회원은 자신이 떠나는 공동체의 증명서를 제출하고, 공동체가 회원의 이동에 대해 아무것도 반대하지 않는다는 것을 조건 하에, 한 공동체에서 다른 공동체로 완전히 자유롭게 이동할 수 있다.

찬양 사역, 악보 찬양, 찬양대 조직, 주일 어린이 모임 인도 체계에 관련된 질문들도 다루어졌다. 총회는 독일, 에스토니아, 라트비아 침례교회의 편지와 연합 문제에 관한 메노파 형제들의 편지를 받아들였다.

총회의 사무 처리 시간이 끝나자, 침례교에서 페틀러와 그린펠트, 감리교에서 브라운과 삼손 박사 등이 등장하여 격려사를 전하는 경건의 시간이 있었다. 설교의 주제는 기도, 그리스도인의 삶과 관련된 하나님 말씀의 의미, 자신에 관한 지식, 믿음의 행위, 교회의 각성, 그리스도의 재림에 관한 것이었다.

제2차 전 러시아 복음주의 기독교 총회는 1910년 12월 28일부터 1911년 1월 4일까지 상트페테르부르크에서 개최되었다.[331] 총회에 지역 공동체 대표 47명과 15명의 손님이 참석했다. 총회 의장 프로하노프, 부의장 셰네만, 서기 예피모프, 벨로우소프, 미로시니첸코, 코셰레프였다. 총회에 처음으로 종교부, 내무부, 시경찰고위직 등의 여러 대표가 참석했다. 마자예프와 발리힌의 인사가 포함된 축하 전보가 총회 주소로 도착되었다. "여러분들의 총회를 진심으로 축하 합니다! 사랑과 평화의 주님께서 여러분들과 함께하기를 바랍니다! 그 분의 충만함으로 모든 사람들이

---

331. *Utrennyaya zvezda*, 1911, No 1~4. [새벽 별, 1911년, No. 1~4.]

은혜위에 은혜를 받을 것입니다! 적대감은 정죄당할 것이고 가까운 사람들과 멀리 있는 사람들에게 평화가 전파될 것입니다."

지도부 형제들은 총회 참석자들에게, 성서대학 창립과 지휘자 및 주일학교 교사 대회 소집에 관한 점을 제외하고는, 1차 총회의 모든 결정이 기본적으로 이행되었다고 보고했다. 성서대학 대신에 임시적인 2년 과정의 성서 강좌를 설립해 달라는 요청은 부결되었다.

프로하노프가 작성한, 복음주의 기독교 공동체 연합회 규약 초안이 총회에서 토론을 위해 제출되었다. 규약은 공동체의 자치(독립) 보전을 전제로 했다. 연합회는 복음주의 기독교인 연합회에서 전도자라는 단어를 추가하지 말자고 제안받았다. 공동체를 등록할 때, 복음주의 기독교 공동체라는 이름이 권장되었고, 문서의 신앙고백 항목에는 복음주의로 명시되었다. 토론 후에 규약은 총회 참가자들에 의해 승인되었다. 이전 공동체에서 고려된 복음주의 기독교의 교리 또한 승인되었다.

총회에서 주요 쟁점은 복음주의 기독교의 합법적 지위에 관한 토론이 차지했는데 그것은 박해와 고난을 당했기 때문이다. 총회는 연합회 자문 위원회가 내무부에 복음주의 기독교의 필요에 관한 보고서를 작성하여 보내도록 위임했다. 지도부 형제들은 보고서 내용에 포함되도록 모든 법률 위반 사례를 연합회에 알리도록 요청했다.

총회는 청년회와 어린이 모임에 관해서는, 프로하노프가 이 문제에 관한 자료를 새벽 별 신문과 기독교인 잡지에 게시하도록 위임했다. 총회는 자문위원회가 정경으로 구성된 소형 성서의 출판을 요청하도록 위임했다. 총회는 또한 가까운 복음주의 단체, 침례교와 메노파와 관계에 대하여 논의했다. 그것과 관련된 결의문은 다음과 같다. "총회는 자문위원회가 1909년에 개최된, 제1회 총회에서 제안된 정신이 계속해서 행해지도록 위임한다." 총회 이후 전 러시아 복음주의 기독교 연합회는 침례교세계연맹에 가입했다.[332]

---

332. *Utrennyaya zvezda*, 1911, No 27; Mazayev D. I. *Ne ta doroga*. ~ Baptist, 1911, No 34. [새벽 별, 1911, 27호; 마자예프 데.,이., 그 길이 아니다. ~ 침례교도, 1911년, 34호.]

1911년, 필라델피아(미국)에서 제2차 침례교 세계대회가 개최되었고, 침례교 세계연맹의 부회장 10명 가운데 프로하노프도 선출되었다. 그는 그 자리를 1928년까지 유지했다.

제3차 전 러시아 복음주의 기독교 총회는 1911년 12월 31일부터 1912년 1월 4일까지 상트페테르부르크에서 개최되었다.[333] 91명의 대의원과 76명의 손님이 참석했고, 행정부 대표들도 참석했다. 회장은 프로하노프, 부회장은 카르겔과 셰네멘이 선출되었다. 총회 회의록은 서기 예피모프, 짓코프, 구린, 도브리닌이 담당했다. 총회 대의원 가운데 그 당시 81세로, 우크라이나 복음주의 침례회의 초창기 회원이었던 라투시니와 상트페테르부르크 각성 경험자이자 연장자인 세메노프가 있었다.

총회는 직전 및 현재 총회기간 동안 자문위원회의 활동에 관한 프로하노프의 결과 보고를 들었다. 이전 총회에서 다루어졌던, 2년 기간의 성경 강좌 및 소형 성경 발간을 제외하고, 기본적인 과제들은 실행되었다.

두 번째 쟁점은 교회 찬양에 관한 것이었다. 총회는 신자로 찬양대를 구성 하되, 찬양대의 찬송을 예배에서 허용하지 말고, 찬양대와 회중의 찬송곡이 똑같도록 인도하라.고 권고했다.

어린이 집회와 어린이 양육 문제가 제기되었다. 내무부가 1911년 1월 22일 자로 승인한 상트페테르부르크 공동체용, 주일 어린이 집회 규정을 들었다. 그 규정에 따라 어린이 집회는 어디에서나 허용될 수 있었다. 기독교 청년회에 관한 질문이 논의되었다. 교회의 사역자들은 가능한 모든 방법으로 청년회의 발전에 협력하도록 제안되었다. 총회는 청년회 사역의 조직과 도움을 주기 위해 두 명의 순회 사역자로 트로스노프와 사닌을 임명했다.

모스크바의 일부 김나지움(중등학교)에서는 복음주의 기독교인 자녀들의 교육을 허용하지 않았다는 보고가 되었다. 따라서 총회는 일반중등학교 개교에 장애를 없애기 위한 청원을 자문위원회에 위임했다. 신자들의 합법적 신분에 관한 문제는 여전히 심각했다. 안수, 교회에서 자매들의 사역, 결혼 및 이혼에 관한 교리적 질문들

---

333. *Utrennyaya zvezda*, 1912, No 1~3 [새벽 별, 1912년, 1~3호]

이 다루어졌다. 그들은 이전 총회에서 채택된, 하나님의 말씀과 교리의 기초 위에서 특별한 어려움 없이 해결했다. 총회는 디모데후서 4장 7~8절을 본문으로 프로하노프의 영감있는 설교와, 복음 신앙을 위해 찬송가와 감사 기도로 끝났다.

통합을 위한 추가적 노력

침례교와 복음주의 기독교 교회를 하나의 연합회로 통합하여 주님의 포도원에서 공동사업을 하는 문제는 1905년 이전에도 의제에 포함되었다. 그 방향에서 중요한 다음 단계는 상트페테르부르크에서 1907년 초에 개최된 복음주의적 신앙고백자들의 연합총회에서 이루어졌다. 총회는 침례교, 복음주의 기독교, 자하로프계 신우유파가 참여한 성만찬으로 끝났다. 계속해서 침례회와 복음주의 기독교회의 통합에 관한 문제는 큰 시급성을 가졌다.

실제적인 그리스도인의 생활에서, 두 연합회 신자들의 상호관계는 항상 친절하고 형제적이었다. 마자예프는 1908년 다음과 같이 썼다. "우리는 성만찬에서 상호 교제를 했다. 또한, 복음전파 사역을 위해 복음주의 기독교 공동체의 훌륭한 대표자들이 지금까지 세워졌고, 침례교 복음주의들도 세워질 것이다. 봉사에서 우리와 함께 있었고 여전히 침례교도였다. 알다시피, 상트페테르부르크, 오데사 등에서, 다수이고 유명한 복음주의 기독교 공동체는 침례교 출신 설교자들이 주도하고 있다."[334] 두 연합회 총회 참가자들의 공동체 상호 방문이 이루어졌다. 1910년 페오도시 공동체 복음주의 기독교회는 침례교 연합회에 설교자들을 보내달라고 요청했다.[335]

그런데 영적 변화의 아이디어에서, 영감을 받은 프로하노프는, 침례교 연합회의 지도부가 그를 이해하지 못할 것을 예견했고, 그래서 크림, 우크라이나, 상트페테르부르크에 있는 복음주의 기독교회를 중심으로 복음주의 기독교 연합회 구성을

---

334. *Pismo~ otvet D. I. Mazayeva na vopros brata Ye. I. Sozanskogo.~* Baptist, 1908, No 9. E. [소잔스키의 질문에 관한 마자예프의 회신.~ 침례교도, 1908, No. 9.
335. *Baptist*, 1910, No 22.[침례교도, 1910년, 22호]

진행했다. 1909년 상트페테르부르크에서 개최된 복음주의 기독교 제1차 총회에서, 로스토프나도누 총회에 참석했던 러시아 침례교인들의 다음과 같은 제안에, 관한 요청이 승인되었다.

- 고난주간 금요일에 러시아에서 하나님의 자녀들이 연합할 수 있도록 하루 금식기도의 날을 정한다.
- 설교자 교육 및 양성을 위한 성서대학을 상트페테르부르크에 설립한다.
- 첫 번째 공동인쇄기관("새벽 별" 잡지~신문 발행을 염두)을 포괄적으로 지원한다.
- 복음주의 기독교 및 침례교 청년들을 하나로 묶어주는, 현재의 기독교 청소년 연합회에 모든 가능한 지원을 한다.

총회에서는 두 개의 흐름이 하나의 연합회로 합병되는 것에 대해서는 다루지 않았지만, 네 가지 방향에서 함께 일하기를 원하는 그들의 열망은 강조되었다. 동시에 주목된 사실은, 우리가 그 연합회에 대해 거절할 수 있는, 중요한 차이가 없다는 것이다. 프로하노프는 복음주의 침례교 형제회의 공동합병위원회 창설을 제안했다.[336] 그러나 침례교 형제들은 그 제안에 응답하기를 주저했다. 사실, 그들은 첫 번째와 세 번째 항목의 호소는 채택했다.

1910년 프로하노프가 이끄는 위원회는 침례교 연합회 총회에 다음과 같은, 나머지 항목들에 관한 연합을 이행하라는 제안을 다시 호소했다. 상트페테르부르크에 공동 성서대학과 기독교 청소년 연합회를 설립하자는 것이었다. 모든 믿음에 기초한 침례교인 연합위원회를 구성하자는 제안이 다시 나왔다. 위원회는 복음주의 기독교, 러시아·우크라이나 침례교, 메노파, 독일 및 라트비아 침례교회에서 각각 2명씩 모두 10명의 대표를 포함하는 것으로 예상되었다. 원래 의도에 따라, 위원회는 오직 연합회 상호 간 업무, 특별한 경우 행정부에 대표로 나가고, 연합회 사이의 이동과 제명 등을 규정하는 것을 담당해야 한다고 밝혔다.

하나의 연합회로 통합하는 것에 관해서는, 이전처럼 아직 말이 나오지 않았다.

---

336. *Bratskiy listok*, 1909, No 11 s. 22~23. [형제들 쪽지, 1909년, 11호, p. 22~23.]

그런데 다시 특별하게 강조되었다. 이제는, 어느 때보다, 연합에 대해 생각해야 한다. 복음주의 운동은 러시아 국민의 종교 생활을 새롭게 하는 것을 목표로 한다. 그 임무를 완수하기 위해서는 모든 분파가 연합되어야 한다. 그들이 연합된다면, 그들의 힘은 증가할 것이고, 그들은 러시아 국민의 전체 종교 생활에 개혁의 영향력을 발휘할 수 있을 것이다. 복음주의 운동의 열매는 새로운 종파주의인가 개혁인가? 여기에 그 질문이 있다.[337]

1910년에 침례교 총회는 복음주의 기독교의 제안 연합에 관한 대화 제안을, 차리친과 로스토프나도누에서, 개최되었던 1903~1905년 총회에서 원칙적으로 해결되었다고 주장하면서, 거부로 응답했다. 한 연합회에서 다른 연합회로 옮긴 교회 회원들에게 탈퇴증명서(제안은 전 러시아 복음주의 기독교 위원회에서 나왔다)를 자유롭게 발급하는 결정은, 두 연합회에 권한을 위임했다.

1911년 모스크바에서 열린 혁명 이전 마지막 침례교 총회에서 합동위원회 설립 제안은 거부되었지만, 총회의 결의안에는 다음 내용이 포함되었다. 모든 복음주의 기독교 공동체와 회원에 대해 평화롭고 우호적인 관계를 유지한다. 독립적으로 형성되었고 우리와 완전한 교류를 원하는, 복음주의 기독교 공동체와 완전한 형제적 교제를 한다. 공동체에서 분리하지 않고 침례교라는 이름을 강요하지 않고, 그들과 함께 일한다. 침례교 공동체 회원과 침례교 공동체로 옮기기 원하는 사람들에게, 자기 공동체에 남아서 일하도록 조언한다. 자신의 공동체로 복음주의 기독교에서 출회된 사람을 받아들이지 말라. 세상을 창조하는 것을 제외하고는 복음주의 기독교 공동체의 일에 개입하지 말라. 침례교 공동체에 의해 출회되어 복음주의 기독교로 옮겨간 신자조차도 질책을 삼가라.[338] 그런 관계를 가졌던 러시아·우크라이나 침례교도와 복음주의 기독교인은, 같은 그리스도 군대의 두 부대로, 1912~1917년에 들어서서, 하늘의 지도자인 예수 그리스도에 관한 신앙의 군건함과 충성을 증명하는, 새로운 도전에 직면했다.

---

337. *Baptist*, 1910, No 46. 2. [침례교, 1910 년, 제 46 호.]
338. Timoshenko M. D. S"yezd baptistov v Moskve. ~Baptist, 1911, No 46; Utrennyaya zvezda, 1911, No 44. 티모센코 엠.데., 모스크바 침례교총회 ~ 침례교, 1911년, 제46호; 새벽별, 1911년, 제44호.

1912~1917년의 복음주의 침례교 형제회

신자들에게 종교의 자유를 부여한 1905~1906년 일부 입법 조치가 발표된 후, 복음주의 침례교 형제회는 조직적으로 강화되었으나, 1912년 이후에 포베 도노스체프 시대를 떠오르게 하는, 새로운 핍박의 시대로 들어섰다.

1912년부터, 공문과 해설서가 현장에 보내졌고, 제한된 종교의 자유를 저해했지만, 정부의 공식문서에서는 제한사항이 명확히 반영되지 않았다. 내무부는 1910년 10월 4일 자로 1905년 4월 17일과 1906년 10월 17일의 법령시행을 제한하는 규칙을 발송했다. 규칙들은 종교 집회의 자유를 심각하게 제한했다. 규칙이 적용되어, 1911년부터 많은 지역에서 행정부 대표들이 다양한 구실로 예배 집회를 금지했다. 같은 해에 모스크바에서의 러시아 침례교 총회와 상트페테르부르크에서의 복음주의 기독교 총회가 크게 제한되었다.

1911년부터 분파들에게 극단적인 조치를 취할 것을 요구하는 열성적인 정교회 신자들과 일반인들의 목소리가 커지기 시작했다. 의회 소속 마을 학교의 대표자들은, 복음주의 기독교 및 침례교 교회 산하 청년 단체의 활동을, 우려하여 기독교 청년의 생활에 관한 철저한 조사, 유사한 단체 금지, 학교에서 그런 청소년의 퇴교를 요구했다.[339] 1912년 12월 보도에 따르면, 원로원은 전도자의 활동 영역을 줄이고, 설교와 이동의 자유를 제한하는 초안 작업을 했다. 1913년 7월 중앙 신문은, 내무부가 침례교 신앙을 아주 해로움으로 인식하고 그들에 관한 심각한 박해운동을 전개한다는 소식을 전했다. 페틀러가 해당 기사의 타당성에 관한 해당 상고 부서에 수차례 항의한 후, 내무부는 다음과 같은 설명서를 특별히 밝혀야 했다. 다른 신앙과 이단 선전에 관한 우리 법률을 부정적으로 대하는 침례교 활동의 특별한 조건은 우리에게 신중한 관찰 의무가 있고… 합법적인 행위의 한계에서 활동적인 투쟁의 필요성을 야기한다.[340]

행정부의 그런 결정적인 행동은 신자들을 반대하는 정교회에 소속된 집단을 격

---

339. *Protiv baptistov.*~Utrennyaya zvezda, 1911, No 10. [침례교 반대, 새벽 별, 1911년, 10호]
340. *O sekte baptistov.*~Utrennyaya zvezda, 1913, No 39. [침례교 이단, 새벽 별, 1913년, 39호]

려했다. 1913년 3월에, 복음주의 운동 확산에 관련하여 소집된 포돌스키 교구에서 반분열주의적 선교사 대회가 개최되었다. 성직자 지도부는 대회를 새로운 공격을 앞둔 선교사들의 열병식이라 불렀다.341 야세비치~보로다옙스키는 신자의 상황에 대해 다음과 같이 기록했다. 외국의 침례교로 분류하면서 러시아 침례교를 특히 억압하고, 그들이 1905년 4월 17일 법에 따라 부여된 권리를 누릴 수 있는 기회를 빼앗으려 한다.342

교회와 지도자들의 상황

1912년부터 개종자에 관한 박해가 눈에 띄게 증가했다. 여러 곳에서 기도회가 금지되었다. 임대된 교회 건물 중 상당수는 임대료가 지불되었지만 폐쇄되었다. 예배에 참여한 신자들에게 벌금이 부과되는 경우가 자주 있었다. 일부 교회 지도자들은 재판을 받았다.343 1912년 2월 모스크바 지방 법원에서 거의 3년 시효의 페틀러, 이바노프, 야코블레프의 사건이 들렸다. 형제들은 정교회를 유혹하고 정교회를 반대하는 연설을 한 혐의로 기소되었다.344 1912년 11월 27일 블라디캅카스 지방 법원 산하 하사프유르트에서 랴보코주시노고와 사프축은 2년, 츠미르는 3년 간의 요새 교도소형이 선고되었다.345 그들은 같은 혐의로 기소되었다. 파블로프는 오데사에서 집회중단에 관한 연락을 받았다. 쿠시네 로프는 퍄티고르스크에서 다음과 같이 썼다. "박해가 매일 나타나며, 이어지는 공문은 우리에게 주어진 신앙고백의 자유를 축소하고, 성명서와 규례는 마치 꿈꾼 후 외마디 소리로 남았을 뿐이다."346

공동체 폐쇄와 공동체의 등록 거부가 특히 1913년에 많아졌다. 신문은 당시, 원로원의 첫 번째 부서 회의에서 부처 대표가 등장하여 다수의 주에서 침례교와 복음주의 교회의 폐쇄와 등록 거부에 관한 약 30건의 사례가 있었다고 보도했다. 이유

---

341. *Utrennyaya zvezda,* 1913, .No 14. [새벽 별, 1913년, 14호]
342. Yasevich~Borodayevskaya V. I. ~ *Bor'ba za veru.* SPb., 1912. [야세비치~보로다옙스키 베.,이., 믿음을 지키기 위한 싸움. 상트페테르부르크, 1912년]
343. *Utrennyaya zvezda,* 1913, .No 1. [새벽 별, 1913년, 1호]
344. Sud nad V. Fetlerom. ~ *Gost',* 1912, No 4. [페틀러의 재판~손님, 1912년, 4호]
345. *Utrennyaya zvezda,* 1913, .No 3. [새벽 별, 1913년, 3호]
346. Tam zhe. [위의 책]

를 설명하지 않은 채 모스크바 소재 복음주의 기독교의 예배 집회가 금지되었다. 1913년 9월 중순부터 1914년 1월 중순까지 건설규범 위반을 구실로 상트페테르부르크에 있는 복음의 집 교회가 폐쇄되었다. 3월에 하르키우 복음주의 기독교침례회 공동체 폐쇄가 뒤따랐다. 교회의 설교자 네프라시의 정교회 미혹 사건이 발표되었다.[347] 파블로프는 1907~1912 기간에, 오데사 공동체의 목사와 교사로서, 정교회에서 침례교로 옮기는 것을 선전했다고 기소되었다. 1913년에, 그는 한 달과 이틀 법정에 섰고 합계 1개월 20일 동안 수감되었다. 파블로프와 함께 크라프첸코와 슈마코프는 유죄 판결을 받았다. 1914년 1월에 파블로프는 블라고 베셴스크에서 다시 기소되었다.[348] 1914년 진리의 말씀 잡지의 발행인 겸 편집장인 티모셴코는 법정에 소환되었다. 같은 해에 또 다른 사건인 페틀러, 이바노프, 야코블레프, 페르크 반대 기소사건은, 1912년까지 다뤄지지 않았다. 그러나 상당한 어려움에도 불구하고, 지역 교회의 영적 삶은 퇴색하지 않았고, 반대로 강화되었다. 기존의 공동체의 수적 증가와 새로운 공동체가 조직되었다. 그 시기에 벨로루시의 마힐료우, 비쳅스크, 흐로드넨스코 등 여러 지방과 중앙아시아의 코칸트와 피시펙, 시베리아와 극동지역에서 교회가 생겨났다. 공식 자료에 따르면, 1913년 1년 동안 3,040명의 사람이 정교회에서 침례교로 옮겼다.[349]

신자들은 또한 많은 기쁜 사건들을 경험했다. 1912년 말에 발라쇼프 침례교회 공동체는 노인과 고아들을 위한 자선 단체를 설립할 수 있는 허가를 받았고 규약도 승인되었다.[350] 같은 해에 바쿠 공동체는 교회 창립 30주년 기념 재건축 행사를 성대하게 축하했다.[351] 1913년 10월 타간로그에서 복음주의 기독교 신축 교회에서 성대한 축하예배를 했고, 1914년 초에 키예프에서 교회 헌당식을 했다.

타우리드현, 아스트라한, 노보~바실리예프카, 샤프카스 마을에 있는 공동체들

---

347. *Vypiska iz zhurnala Khar'kovskogo gubernskogo upravleniya.*~Baptist Ukrainy, 1927, .No 11. [하리코프 지방 행정부 서기록 인용~ 1927년, 우크라이나 침례교, 11호].
348. *Utrennyaya zvezda*, 1913, No 23; *Slovo Istiny*, 1914, No 22 i 28. [새벽 별, 1913년, 23호; 진리의 말씀, 1914년, 22호, 28호].
349. *Utrennyaya zvezda*, 1915, .No26. [새벽 별, 1915년, 26호]
350. *Baptist*, 1914, No 1 4. [침례교도 1914년, 1~4호]
351. *Utrennyaya zvezda*, 1913, .No 19. [새벽 별, 1913년, 19호]

은 비교적 평온하게 지냈다. 복음주의 기독교 멜리토폴 공동체는 1914년에 교회 건축을 완료했다. 시베리아 침례교회 공동체도 1915년까지 평화롭게 지냈다.

1913년 3월, 침례교 연합회 대표인 골랴예프, 마자예프, 스테파노프, 페틀러는 각료회의에 민원을 제기했다. 민원은 코코브체프 각료회의 의장에게 제출되었다. 그 내용은 모스크바, 오데사, 하르키우, 키예프, 보로네시 및 큰 마을(페스키 및 기타 지역)과 같은 중심 도시에서 침례교 및 복음주의 기독교의 집회 폐쇄뿐만 아니라, 행정 공무원의 신앙에 관한 제약과 박해가 있다고 언급했다. 또한 총회가 허용되지 않고, 설교의 자유를 제한하는 조치가 취해졌고, 영적교사와 설교자의 활동은 제한되었고, 목회자의 교회 방문 금지되었다.[352] 지난 3개월 동안에, 1906년 10월 17일 법령이 폐지된 이후 7년 동안보다 더 많은 공동체가 폐쇄되었다고 지적했다.

같은 해에 복음주의 기독교 연합회 제3차 전 러시아 총회 결정에 따라 프로하노프는 카르겔, 마트베예프, 돌고이로프와 함께 행정부, 국무회의 및 국회에 복음주의 기독교인의 법적 지위에 관한 요약서를 제출했다.[353] 그들은 양심의 자유에 관한 법규와 그것이 신자들의 생활에서 실제 어떻게 실행되고 있는지에 관한 주의를 기울였다. 부여된 종교 자유는 대략 위반되었음이 지적되었다. 요약서에는 정확한 위반 사실과 그것을 확증하는 공식문서를 제공했고, 러시아에서 진정한 종교 자유를 실천하기 위한 제안도 나왔다. 제안에는 1905년 4월 17일과 1906년 10월 17일의 다음과 같은 법 개정이 포함되었다. 1910년 10월 4일의 규칙 폐지, 원칙적으로 복음주의 기독교인과 침례교인의 재판회부, 신앙을 가졌다는 이유로 임의적인 체포와 행정적인 추방을 금지하는 형법 73, 74, 90조항의 폐지이다. 행정부에 보낸 두 연합회의 청원은 의미있는 성과를 거두었다. 상트페테르부르크, 모스크바, 오데사, 하르키우의 침례교와 복음주의 기독교 교회의 집회가 재개되었다.

---

352. *Gost'*, 1913, No 10. [손님, 1913년, 10호]
353. Prokhanov I. S. Zapiska o pravovom polozhenii yevangel'skikh khristian, a takzhe baptistov i srodnykh im khristian v Rossii. SPb., 1913. Izdaniye VSEKH. [프로하노프 이.,에스., Prokhanov는 복음주의 기독교인의 합법적 지위에 관한 기록이며, 러시아 침례교도와 비슷한 기독교인들. 상트페테르부르크, 1913년, 복음주의 기독교연합회 출판부]

1913년 5월 4차 국회 회의에서 신앙 박해자들을 보호하기 위해 볼셰비키당 의원 페트로프스키가 등단했다. 우리 당은, 이미 잘 알려진 교파 박해의 문제를 내무부에게 신속하게 제출했다. 그 일은 몹시 시급하다. 어떤 수단이든 주저하지 않고, 기독교 공동체를 억압하기 위해 동물적인 학대를 가하는 호전적인 선교사들의 폭력을 방지할 수 있는 어떤 조치를 취할 것인가를 행정부는 대답해야 된다고 나는 촉구한다.

그러한 모든 청원은 약간의 완화를 가져왔다. 그러나 곧이어 신자들의 상황은 더욱 악화되었다.

제1차 세계대전 시기의 복음주의 침례교 형제회

1914년 7월 독일 카이저는 러시아와의 전쟁을 선포했다. 전쟁은 전 국민에게 눈물과 슬픔, 수많은 고통, 사랑하는 사람의 희생, 여러 고난 등의 피해를 주었다. 복음주의 기독교인과 침례교도들은, 천국 시민의 영적인 소명을 받았지만, 자신들의 지상의 의무를 소홀히 하지 않았다. 그들은 기쁨과 슬픔을 국민과 함께 나누며, 그들의 필요에 참여했다. 전쟁 첫 달에 복음의 집 교회 신자들은 페틀러 주도하에 의무실을 조직했다. 그 목적으로 6개의 아파트와 넓은 홀이 준비되었다. 부상자들의 간호는 지역 침례교회 자매들이 감당했다. 침례교와 복음주의 기독교 공동체에서 선한 사마리아인 기금 모금이 발표되었다. 기금은 페트로그라트와 모스크바의 부상자 의무실 조직과 간호, 사망자 및 부상자 가족 지원, 성서 무료 배포와 전선으로 가는 사람들에게 유용한 도서 제공 등을 위한 목적이었다.[354] 전쟁 첫 4개월 동안 14,978루블이 모금되었다.[355]

복음주의 기독교 페트로그라드 공동체는 프로하노프의 주도로 고통받는 조국의 필요에 관한 세 가지 지속적인 모금을 시작했다. 그와 관련하여 호소문에 쓰인 내용은 다음과 같다. "필요는 증가하고 있고, 진행되고 있는 군대로 공동체 회원이 떠나므로 자금 유입은 줄어들고 있다. 아직까지 지쳐 있지 않은 사람은 누구인가?

---

354. *Gost'*, 1914, No 9. [손님, 1914년, 9호]
355. Tam zhe, No 12 [위의 책, 12호]

얼마라도 헌금할 수 있는 사람은 누구인가?"

라트비아 침례교는 프레이, 인키스, 두벨자르의 제안에 따라 뜨개질 모임을 조직하여 따뜻한 옷을 만들어 전방으로 보냈다. 청년 두 명을 전쟁터에 있는 부상자들을 옮기기 위해 위생병으로 보냈다. 발라쇼프 침례교 회중은 교회에 15개 침상을 갖춘 의무실을 조직했다. 모스크바 공동체는 건물을 빌려서 의무실을 준비했다. 타우리드 지방의 아스트라한카 마을 침례교 공동체는 발리힌 주도하에 32명의 부상병을 공동체 부담으로 수용했고 적십자 기금을 모금했다.

그 당시에 특정 집단이 복음주의 운동에 맞서기 위해, 러시아 군대가 겪은 패배를 사용하려 했다. 사람들은 침례교도들이 독일 협력자라는, 불합리한 소문을 퍼트리기 시작했고, 사람들은 그것을 믿었다. 결과적으로, 침례교 설교자들의 박해가 심해졌다. 많은 형제가 행정 명령으로 시베리아의 외딴곳으로 유배되었다. 그 당시 그들의 아들들과 손자들이 활동중인 군대의 병사로 있었다는 사실조차도, 고려되지 않았다.

1914년 12월 티모셴코는 나림 변방 지역의 알로타예보 마을로 추방되었다. 또한, 복음주의 기독교인들도 이곳으로 추방되었는데 명단은 다음과 같다. 심페로폴의 벨로우소프와 셰네만, 케르치의 타라셴코 등이다. 침례교인은 필립 포비치, 알불로프와 오데사의 나자렌코, 타우리드 지방의 베트로프, 보야린 체프, 발리힌 등이다. 발리힌은 알다시피, 혹독한 포베도노스체프 시대의 박해를 피했다.

1915년 1월에 러시아 정부는 페트로그라드 침례교회 공동체의 영적 교사직에서 네프라시와 페틀러를 제명했다. 페틀러는 시베리아 추방을 위협받았지만, 영향력 있는 인사들의 요청으로 러시아로 돌아올 수 없는 국외 추방 조치를 받았다.

1916년 초에 침례를 통한 부흥 소책자가 발행되었다. 파블로프는 8개월 요새 감옥형을 선고받았다.[356] 같은 해 가을, 로버트 페틀러는 야쿠트 지방의 외딴 지역으로 추방되었다.[357] 1916년, 페트로그라드 법원은 프로하노프에게 신문에서 발표된

---

356. *Delo propovednika Pavlova*. Utrennyaya zvezda, 1916, No 6. [설교자 파블로프 사건~새벽별, 1916년, 6호]
357. Sevast'yanov SV. *Fetler Robert Andreyevich*, Riga, 1973. Rukopis'. Arkhiv VSEKHB. [세바스티야노프 에스.베., 페틀러 로버트 안드레예비치, 리가, 1973년, 수기 원고, 복음주의 기독교침례회총연합회, 문서보관소.]

혁명적 연합회(복음주의 기독교 연합회 의미~저자)를 조직한 것에 대해 기소했다. 프로하노프는 법원의 결정을 기다렸다. 그러나 슬픈 운명이 그를 지나쳤다.[358]

1915년에 박해가 시베리아에도 시작되었다. 보고서에는 독일 군인과 밀접한 관련이 있다고 쓰였다. 마을의 행정관은 침례교도만 살고 있는 곳과 심지어 정교회가 하나도 없는 곳 (우소프, 발란디노, 슬라뱐카 등)까지도 모든 교회를 폐쇄하라고 지시를 받았다. 영적교사 마자예프의 고소 사건은, 후에 옴스크 지방 법원으로 옮겨졌다.[359] 1915년 말에 마치 침례교인이 작성한 것으로 보이는 문제가 있는 기사가 등장했다. 1915년 한 해 동안 러시아의 아침 잡지 248호에 비슷한 기사가 실렸다. 그 기사를 바탕으로, 자바이칼 철도청에서 근무하던 형제들은 베르흐네우딘스크 교도소에 수감되었다.[360]

여러 장소에서 기도회 진행은 심하게 통제되었다. 아스트라한 총독은 지방 경찰과 마을 우두머리에게 다음과 같이 지시했다. 침례교에 관한 가장 철저한 감독을 확립할 필요성에 대해 예배 참석자들과 설교자와의 어떤 대화도 허용하지 말 것. (다음은 금지사항) 국가의 정치적 교회적 생활에 관한 그들의 견해를 표현하고 정교회 성직자와 세속 당국의 행동을 비난하고, 러시아의 종파 주의 상황을 파악하고, 공동체에 관한 행정 명령으로 인한 폐쇄, 침례교인에게 가해진 처벌에 대해 보고하는 것. 모든 공인된 기도회는 지역 정교회 선교사에게 보고해야 되는 통제권 행사의 모든 것에 대하여. 경찰은 정교회 신자들이 침례교회 예배 참석을 방해할 의무가 있다는 것.[361] 이것은 복음주의 침례교 형제회 교회가 전쟁 동안 겪었던 고난의 증거 가운데 일부일 뿐이다.

연합회 활동

1912~1916년 기간에 두 연합회는 행동의 기회를 거의 박탈당했다. 총회, 운영

---

358. Prokhanov I. S. *Avtobiografiya*. [프로하노프 이.,에스., 자서전]
359. Utrennyaya zvezda, 1916, No 13, so ssylkoy na Rech'.[새벽 별, 1916년, 13호, 말에서 인용-]
360. *Tyazhkoye, nespravedlivoye obvineniye*. Utrennyaya zvezda, 1916, No 3 [무겁고 부당한 고소 새벽 별, 1916년 3호]
361. *Vypiska iz tsirkulyara astrakhanskogo gubernatora*. ROMIRA, K~1, opis' 8, delo ,No 2. [아스트라한 총독의 공문 요약. 로미라, K~1, 세부항목 8번, 사건 번호 2 번.]

위원회 및 연합회 협의 진행을 허용하지 않았다. 많은 형제가 당시 군 복무 중이었기 때문에 상황은 더욱 악화되었다. 그러나 침례교 연합회 지도부는 오랜 청원 끝에 1914년부터 연합회 잡지인 [침례교]를 계속 발행할 수 있는 허가를 받았다. 1913년에 잡지는 발행되지 않았다. 1913년 7월 이래, [진리의 말씀]이라는 잡지가 협력 관계를 바탕으로 발행되기 시작했다. 그러나 1914년 12월 편집인 티모셴코의 체포와 추방과 관련하여 잡지 출판은 전쟁기간 동안 중단되었다.[362] 협력관계를 바탕으로 청년의 친구 잡지 발행이 계속되었다. 1914 년에 벽걸이용 달력인 [세상의 소식][363]이 발간되었고 [신앙의 소리] 찬양집이 출판되었다. [새벽별 신문]과 기독교인 잡지가 정기적으로 간행 되었다.

계속되는 통합의 길 모색

어려운 시기에 프로하노프는 복음주의 기독교와 침례교를 연합하여 하나님의 포도원에서 공동으로 일할 방법을 찾도록 촉구했다. 1912년 7월 18일 블라디캅카스 시에서 그의 제안에 따라, 두 공동체의 교회 대표자 회의가 개최되어, 합동위원회 설립에 관한 아이디어가 다시 논의되었다. 회의에는 프로하노프, 다디아노프, 마자예프, 이바노프, 스테파노프, 사벨리예프, 보로비예프, 판킨, 우틴, 카자코프 등이 참석했다. 회무 중 양측의 합의가[364] 이루어졌고, 양측 대표는 연합회 지도부와 자문위원회에서 협력하겠다는 동의를 나타냈고, 또한 총회에서 추후 공동 활동의 조건을 만들기 위해서 통합위원회의 기반에 관한 복음주의 기독교 자문위원회의 제안도 반영하기로 했다. 협약은 복음주의 기독교 연합회 자문위원회와 침례교 연합회 지도부 또는 총회에서 채택되지 않으면 더는 효력이 없었다. 그런데 두 연합회를 하나로 통합하는 문제는 회의 의제에 포함되지 않았다.

통합에 관한 마지막 제안은 레우시킨이 쓴 것처럼, 통합위원회 설립에 관한

---

362. *Pis'mo M. D. Timoshenko I. S. Prokhanovu.* Utrennyaya zvezda, 1915, No 13. [프로하노프에게 보낸 티모셴코의 편지~ 새벽 별, 1915년, 13호]
363. *Baptist*, 1914, No 17~20; *Gost'*, 1914, No 9. [침례교도, 1914년, 17~20호; 손님, 1914년, 9호]
364. Pis'ma k brat'yam yevangel'skim khristianam~baptistam. Tiflis, 1916. [복음주의 기독교침례회 형제들에게 보내는 편지. 티플리스, 1916년]

1913년 상트페테르부르크 회의에서 복음주의 기독교인들이 제기했다. 그러나 그 문제에 관한 지도자들의 합의에 도달하지 못하여, 통합위원회는 설립되지 않았다.

출판 활동

정기 간행물 1905~1911년에 활동적인 출판사업을 펼친 사람은 프로하노프와 페틀러였다. 형제회에서 발행한 대부분 출판물은 그들의 왕성한 활동으로 인한 것이었다. 1905년 10월 17일에 양심, 연설, 집회 및 결사의 자유선언문이 발표된 직후, 프로하노프는 월간 잡지 기독교인을 출판할 수 있는 권한을 얻었다. 첫 번째 시험판은 1905년 11월에 석판 인쇄로 발행되었다. 프로하노프는 러시아 복음주의 교회의 무르익은 질문에 관한 글을 잡지에 실었다. 그 글에서는 기독교 가정의 영적 지적 교육과 교육에 관한 필요성에 특별한 주의를 기울였다.[365] 1906년 1월 이후 잡지 기독교인이 출판되었다. 무료 잡지인 형제들의 쪽지가 나왔고 얼마 후 청년 포도원과 어린이 친구가 출판되었다.

소제목이 말하고 있듯이 기독교 잡지는 진리를 찾고 주님을 사랑하는 모든 사람을 위한 것이었다. 잡지의 모토는 다음과 같은 사도 바울의 고백이다. "우리는 십자가에 못 박힌 그리스도를 전한다(고전 1:23). 한마음으로 서서 한뜻으로 복음의 신앙을 위하여 협력하는 것(빌 1: 27), 뿐만 아니라 중요한 것은 연합이고, 그다음은 자유이고, 모든 사람을 위한 사랑이다." 전 러시아 복음주의 기독교 연합회가 결성되기 전에, 잡지는 러시아 복음주의 연합회의 기관지로 다음과 같은 반응이 나타났다.[366] 1908년에 시작하여 주간 삽화 쪽지 [씨 뿌리는 자가 출판되기 시작했는데, 그 목표는 그리스도께 초청하는 것이다. 1910년에 주간 신문 겸 잡지 [새벽 별]이 출판되었고, 기독교는 전 러시아 복음주의 기독교 연합회 기관이 되었다. 그 잡지는 1922년 출판이 폐쇄될 때까지 [새벽 별]의 부록으로 출판되었다. [새벽 별]은 국가, 사회 및

---

365. *Bratskiy listok*, 1908, No 4, s. 3~9 (Litografirovannyy nomer Khristianina do sikh por ne obnaruzhen avt.). [형제들 쪽지, 1908년, 4호, p.3~9 ("기독교" 잡지 석판인쇄, 현재까지 발견되지 않음~ 저자).
366. *Annotatsii k nomeram Khristianina za 1908 g.* [1908년 동안의 기독교 잡지에 관한 반응]

기타 주제뿐만 아니라 실제적인 기독교 생활의 문제를 다루었다. 기독교 잡지는 주로 영적인 주제를 다루었다.

발행인으로 프로하노프가 [새벽 별] 잡지에 대해 쓴 글이다. "지난 7년 동안 러시아는, 이사야서 21장 12절에 기록된 아침이 오고 있지만, 아직 밤이다라는 상태보다 못한 어려움이 있었다. 빛이 비추었으나, 어둠이 아직 꺾이지 않았다. 그것은 사회, 가족, 교육 분야, 특히 종교 생활 등 다양한 삶의 영역에서 보인다. 신문의 이름 그리스도의 묵시록적 상징과 이상은 러시아인의 생활에서 큰 소명을 의미한다. 사람들을 복음의 가르침에 기초하여 영생과 생명 제공의 급진적인 생활로 바꾸는 것이다. 아침의 섬광은, 의심할 여지없이, 어디서든지 경보가 들리고, 사람들이 새로운 생활을 갈망하고 있고, 정신적이고 사회적인 삶의 흐름이 형성되어, 하나의 흐름으로 합류하려고 노력하고 있다." 1910년까지 형제들 쪽지와 조금 늦은 [새벽 별]에 글을 자주 올린 사람들은 파블로프와 그의 아들, 이바노프, 티모셴코, 페틀러, 스테파노프, 다츠코 등 침례교인이었다.

1907년 6월부터 침례교 연합회는 나히체반나도누에서 월간 잡지 [침례교]를 발행하기 시작했다. 편집자는 마자예프였다. 1909년부터 잡지는 매월 두 번 발행 되었고, 1910년 이후는 매주 발행되었다. 영적 도덕적 잡지의 표어는 '한 주님, 한 믿음, 한 번의 침례였다(엡 4:5). 1910년부터는 침례교 잡지는 파블로프가 편집하여 오데사에서 간행되었다. 거기에는 영적이고 윤리적인 글, 형제회, 교회의 생활 뉴스와 현장의 편지, 논의되고 있는 당면 과제들, 공동체 생활 자료 일부가 실렸다. 잡지 발간을 위해 상당한 자금이 필요했는데, 필요는 총회에서 반복적으로 보고되었다.[367]

1909년, 페틀러는 [베라](믿음) 잡지와 1910년 [손님] 잡지를 발행하기 시작했다. 두 잡지는 개인적인, 즉 연합회 밖의 침례교 출판이었다. 잡지들은 내용이 풍부하고 다양한 것으로 구분되었다. 양심의 자유와 종교적 관용과 관련된 질문들이 널리 다루어졌다. 학생들의 생활에 관한 글이 실렸는데 그 무렵 많은 이들이 진리를 찾

---

367. *Protokoly s"yezdov russkikh baptistov za 1910 i 1911 gody*. ~ Baptist, 1910, No 43. [1910년과 1911 년 러시아 침례교 총회 회의록.~ 침례교도, 1910년, 43호.]

고 있었고, 일반인들도 종교적 탐색을 했다. 잡지는 일반 구독자를 쉽게 찾았고, 발행인은 긴급한 재정적 필요를 느끼지 않았다.

경건 도서와 찬송가 편찬

페틀러가 주도한 경건 도서 출판은 이미 앞에서 언급되었다. 1908년에, 메노파 형제회 협력출판사인 무지개에 프로하노프가 참여하였고, 카르겔의 [장래 행복의 그림자에서 빛]이 출판되었다. 1910년부터 [착한 조언자] 달력이 출판되었다. 같은 해에 새로운 [하프 시집]이 출판되었고 시집에는 200개 이상의 시가 포함되었다. 그 가운데 드문 경우지만 음악으로 작곡되기도 했다. 1908년에 침례교 연합회는 이바노프와 마자예프가 편집한 1905년 런던 침례교 세계 대회를 대량 출판되었다. 책이 교회에 배포되었고, 일부는 국회와 각료회의 회원들에게 발송되었다. 당시 책 출판은 침례교 잡지가 제한적으로 출판되었고, 청소년 잡지인 [청년 친구](1911년에 발라쇼프에서 출판되었다)와 세계침례교대회 책이 출판되었다.

신자의 법적 정의에 관한 질문은 프로하노프가 [양심과 종교의 자유에 관한 법률집~법과 신앙]에 정리했다. 그 책은 180페이지 분량으로 1910년에 출판되었다. 1년 전에 페틀러의 [양심과 종교 관용의 자유] 소책자가 출판되었다.

1909년에 프로하노프는 찬송가 모음집 [구슬리]를 악보가 있는 것과 없는 것으로 출판했고, 507곡의 찬송가가 포함되었다. 찬송가의 음악은 당시 상트페테르부르크 음악원의 학생이었던 인키스(1873~1918)의 작품이나 외국곡을 사용했다. 1910~1911년에는 복음주의 기독교회와 상트페테르부르크 침례교회의 합창단이 노래한 합창곡과 대중 찬송을 녹음한 축음기 레코드판이 나왔다. 레코드판에는 구슬리에서 6곡, 기독교 찬송가에서 8곡, 팀파니와 심벌즈에서 각각 2곡이 녹음되었다. 1913년에 인키스와 프로하노프가 참여하여 찬양저널 [새로운 선율]을 출판하기 시작했고, 저널은 [새벽 별 신문]의 부록으로 나왔다.

사역자 양성

프로하노프는 러시아 · 우크라이나 복음주의 침례교 형제회의 사역자 양성에 관한 체계적인 연구를 시작했다. 1905년 10월에, 상트페테르부르크 복음주의 기독교 공동체는 그의 지도하에 교육과 양육위원회를 설립했다. 위원들은 설교자 양성을 위한 6주 과정을 만들어, 하나님의 말씀을 전하고 모든 국민을 위한 기독인의 경험을 통해 일반교육 지식과 유용한 정보를 받기 원하는 사람들을 대상으로 편지를 작성하고 공동체별로 보냈다.

커리큘럼에는 다음과 같은 신학 훈련이 포함되었다. 성서의 일부 책들에 관한 해석, 다른 나라에서의 기독교 교회의 역사와 복음주의 운동, 하나님의 말씀을 설교하는 방법에 관한 서술. 속죄에 관한 읽기, 다른 중요한 믿음의 문제에 관한 서술 등이다.[368] 일반 커리큘럼은 문법, 문학, 지리, 러시아 일반 역사가 포함되었다. 수강생의 교육비용은 공동체에서 부담하는 것으로 예상되었다. 강좌는 1905년 12월부터 1906년 1월 15일까지 진행되었다. 1906년 12월 1일부터 1907년 1월 15일까지의 강좌는 비슷하지만, 보다 전문화된 프로그램으로 진행되었다.

프로그램에는 다음과 같은 과목이 포함되었다. 죄와 성화에 관한 기독교 교리; 요한계시록 해석(카르겔), 골로새서 해석(니콜라이), 마가복음 해석(막시모프스키), 하나님에 관한 교리, 마태복음과 요한복음 해석 (프로하노프), 국외 복음주의 운동사 (프로하노프), 팔레스타인 일반 지리학(오펜베르크), 뿐만 아니라 문법, 수학 및 기타 일반과목은 원하는 사람들을 대상으로 진행되었다.[369]

1907년 9월 15일에 상트페테르부르크에서 정기 6주 과정이 시작되었고, 프로그램은 다음 강의가 포함되었다: 죄와 성화(카르겔), 성서연구 방법 (오펜베르크), 하나님에 관한 교리, 요한복음 해석, 국외 복음주의 운동사 (프로하노프); 성령론(스탄베르크); 잠언 분석 (니콜라이); 설교학 (카르겔); 거룩한 삶(스트라우트만). 강의는 리벤의 집에서 일주일에 세 번 있었다. 과정을 마친 사람들은 다음과 같다. 레즈초프,

---

368. *Yevangel'skiye kursy.* Bratskiy listok, 1906, No 1. [복음 강좌. ~ 형제들의 쪽지, 1906년, 1호]
369. *Bratskiy listok,* 1906, No 10. [형제들의 쪽지, 1906년, 10호]

니콜라예프와 호먁(차리친), 페트로프 (사마라), 코스큐코프(얄타), 코사린(로스토프 나도누). 또한 1907년 11월 15일부터 12월 31일까지 초보 설교자를 위한 과정이 준비되었다. 강의는 기독교회 역사, 성서와 교리 설명, 그리고 일부 일반과목은 카르겔, 니콜라이, 막시모프스키, 프로하노프가 강의했다.[370]

강좌에는 복음주의 기독교와 침례교의 지역 교회 대표가 참석했다. 1909년까지는 교리적 흐름에 심한 차이가 없었고, 강좌 개설자는 강습생을 교회 소속에 따라 나눌 생각을 하지 못했다. 그들이 생각한 주요 임무는 러시아의 광활한 추수지에서 하나님의 말씀을 뿌리는 사람들에게 필요한 지식을 전하는 것이었다. 1912년에 복음주의 기독교 연합회 자문위원회는 상트페테르부르크에서 격년제 성서강좌를 개설할 수 있는 허가를 받았다.[371] 강좌의 프로그램은 다음과 같은 과목이 포함되었다.[372]

첫 번째 과정

- 구약성서 개론: 구약성서의 정경사, 정경의 증거
- 해석학(성서 해석): 모세 오경과 예언서와 다른 성서 기록들에 관한 역사적, 문학적, 영적 관점에서 상세한 분석
- 교리, 또는 기독교 교리 선언서, 강해: 설교의 향상과 발성법 규칙의 서술
- 기독교 교회사, 비교 종교사, 세계 종교사 요약과 묘사, 기독교의 우월성
- 철학 기초
- 영적 음악과 노래 이론

두 번째 과정

- 신약성서 개론
- 구약성서의 정경사

---

370. *Bratskiy listok*, 1906, No 7 i 9. [형제들의 쪽지, 1906년, 7, 9호]
371. Kopiya svidetel'stva o razreshenii No 20232 ot 13.7.1912. Arkhiv VSEKHB. [허가증 사본(증서 번호.20232, 2003년 12월 13일자). 침례교총회 문서보관소]
372. *O bibleyskikh kursakh*. SPb., 1913, s. 5~6.[성서강좌, 상트페테르부르크, 1913년, p.5~6]

- 정경의 증거와 내용
- 해석학(성서 해석)
- 4복음서와 나머지 신약성서의 영적, 역사적, 문학적 관점에서의 상세한 분석.
- 교리, 또는 기독교 교리 선언서(계속)
- 강해, 또는 설교 교육(계속)
- 기독교 교회의 역사(계속)
- 기독교 도덕 또는 기독교 윤리의 교육
- 기초 철학, 변증학, 또는 기독교 보호

강좌 개강식은 1913년 2월 14일에 있었다. 첫 번째 성서 학교였던 강좌는 복음주의 침례교 형제회의 모든 교회의 대표자들을 참가시키려고 노력했다. 강좌의 강사는 프로하노프, 인키스, 메노파 형제회 소속 라이메르였다. 총 19명의 젊은 형제가 훈련을 받았는데, 러시아인 9명, 라트비아인 5명, 그루지야인 2명, 독일인과 오세티야인과 우크라이나인은 1명씩이었다. 그런데 1차세계대전의 시작된 관계로 강좌는 폐쇄되었다.

침례교 형제회의 사역자 양성은 1909년에 로지 신학교로 11명의 젊은 사역자들을 보내는 것으로 제한되었다.[373] 신학교는 1907년에 라도비츠카(폴란드)에서 개최된 러시아계 독일인 침례교 연합회 대회의 결정에 따라 조직되었다. 신학교 개교식은 1907년 10월 1일(14일)에 로지 독일침례교회에서 있었다. 1911년에 신학대학원은 폐쇄되었고, 교육은 비공식적으로 계속되었다. 형제들 가운데 티모셴코, 다츠코, 호먁, 파블렌코, 크라프첸코, 그리넨코, 페르시아노프 바실리예프 예피모비치, 스코로호도프는 2년을 완전히 공부하지 못했다. 신학교는 끊임없이 재정적인 필요가 있었다, 1909년 전 러시아 침례교 총회에서 트루델룽 학교위원회 위원장은 신학지도부는 젊은 신학생들에게 신학 교육을 위해 모든 것을 할 계획이지만, 러시아 형제들은 헌금으로 학교를 지원해야 한다고 발표했다.[374] 총회에서 모스크바에 러

---

373. *Baptist*, 1910, No 1. [침례교, 1910년, 1호.]
374. *Baptist*, 1909, No 22, s. 17. *Protokol s"yezda* [침례교, 1909년, 22호., p.17. 총회 회의록]

시아 신학교를 설립하는 것에 관한 문제가 논의되었다. 위원회 설립을 결정하고 기금 모금을 발표했다. 신학교 헌금은 1911년 제2차 세계 침례교대회 참가자들에 의해 전해졌다. 그런데 신학교는 1911년까지 자금 부족으로 개교할 수 없었고, 나중에는 새로운 법률이 도입되어 개교는 불가능했다.

형제회 교회의 합창곡

1905년 이후 많은 공동체에서 찬양대의 찬양이 시작했다. 가장 오래된 찬양대 중 하나는 페르크가 인도하는 사마라 공동체의 찬양대였다. 처음에는 우유파 청소년으로 이루어졌고, 대부분은 노래를 통해서 그리스도 안에 있는 새로운 삶의 길을 찾았다. 찬양대가 배운 첫 번째 찬송가 중 하나는 '주님, 저는 불쌍한 아이예요'이었다. 1900년 무렵에 합창단은 이미 '사슴이 생명수의 물줄기를 찾듯이'와 같은 어려운 찬송가를 불렀다. 1903년에 찬양대는 지휘자 페르크의 아들이 작곡한 찬양 '오 죽음, 너의 화살이, 어디에 있는지, 말해다오'를 배웠다. 1905년에 찬양대는 이미 38명의 대원으로 구성되었고, 5년 후에는 65명이 되었다. 당시 형제회에서 가장 큰 찬양대였다.[375]

노보~니콜라예프 교회에서 찬양대의 합창은 25명의 대원들이 노래했다. 테르스크 지역의 프로흘라드노에 마을 교회에서 찬양대가 찬양을 시작했다. 1907년에 퍄티고르스크에 있는 교회에서 러시아인과 독일계 신자 찬양대가 조직되었다. 찬양대 지휘자는 엔겐하르트였다.[376] 독일계 형제들이 사마라 지방의 스트라스부르 마을에서 찬양대를 구성했다. 키예프 지역과 헤르손 지역에의 시골 공동체에도 찬양대가 생겼다. 바쿠와 오데사에서는 교회 찬양대가 일반인을 위한 연주회도 했다.

티플리스에 있는 러시아·우크라이나 형제회에서 가장 오래된 공동체에서 파

---

375. *Statistika baptistov.* SPb., 1910. [침례교 통계. 상트페테르부르크., 1910년]
376. *Pis'mo S. Akimochkina o Pyatigorske.*~Baptist, 1908, No 6 [퍄티고르스크에 관한 아키모츠키나의 편지.~ 침례교도, 1908년, 6호]

벨 파블로프의 지원을 받아 풍금 반주로 찬양하는 찬양대가 조직되었다. 파블로프는 풍금이 예배 가운데 처음 소리를 내던 순간과 찬송가 '주님, 제 영혼이 들을 준비가 되었어요'를 회중들이 노래할 때 느꼈던 따뜻함을 회상했다. 티플리스 시민들은 교회 생활에서 중요한 사건을 어떻게 수용하는가에 대하여 파블로프가 상류사회 극장(현재는 쇼타루스타벨리 극장) 홀에서 '침례교인들은 누구이고 그들은 무엇을 추구하는가?'라는 제목의 강연은 찬양대의 합창을 동반했다. 미리 광고하지 않았는데도, 홀은 가득했다. 다음 날 티플리스 신문 캅카스 언어는 파블로프의 강연과 찬양대의 노래에 관해 긍정적 기사를 실었다. 많은 사람은 그와 같은 모임을 다시 보기 원했지만 허락되지 않았다. 티플리스 교회 찬양대는 1908년에 칼베이트의 사역 50주년 기념일에 아름답게 찬양했다.

1909년에 찬양대는 아무르 강에 있는 블라고베셴스크와 우크라이나 서부의 코벨에 있는 공동체에서 찬양하기 시작했다. 파블로그라드 교회에서는 프라솔 로바의 지도 아래 찬양대가 찬양집에 있는 찬송가를 불렀고 악보 공부에 많은 시간을 사용했다.

1910년 타슈켄트 공동체에 찬양대가 조직되었다. 첫 번째 지휘자는 1912년까지 봉사한 포로크였다. 1911년에 모스크바 공동체는 수준 높은 찬양대가 있었다. 전 러시아 총회에서 침례교 찬양대는 '주여, 기도를 들어주세요'와 찬송가 '복음주의 신앙을 위해,' '구세주를 찬양합니다', '모두 그리스도를 찬양합니다'를 노래했다.

1912년 성탄절에 상트페테르부르크에 있었던 복음의 집 입당식에서 찬양대 축제가 열렸다. 축제에서 회중이 함께 부를 것으로 준비된, 찬송가 12곡이 가사와 함께 초대장에 인쇄되었다. 첫 번째는 찬송가는 '형제 여러분, 모두 기뻐하시오'였고 그 옆에 페틀러가 헌신한 상트페테르부르크 복음의 집 침례교 공동체의 입당을 기념하는 특별한 노래라는 표시가 있었다. 1908년에 키예프 전 러시아 총회에서 페르크의 안건인 메노파 라옙스키를 지역 교회의 찬양대 준비를 위해 파송하고 비용을 감당하자는 것을 채택했다. 1910년, 상트페테르부르크에서 열린 총회에서, 1년 전에 침례교[377] 잡지의 기사에서 꼭 필요한 것은 아니지만, 영적 찬양 모음집을 구성하고 발간하도록 위원회가 만들어졌다. 형제회의 필요를 충족하기 위해, 프로하노프는 찬양집 구슬리에 곡조를 추가하여 출판했다.

---

377. *K voprosu o novom izdanii sbornika pesen.*∼Baptist, 1909, .No 15. [새 노래 모음집 출판 문제 ∼ 침례교도, 1909년, 15호]

제5장
1917년~1929년의 복음주의 침례교 형제회

1917년 2월 말에 부르주아 혁명이 러시아에서 일어났다. 그 사건과 관련하여 잡지 [진리의 말씀]은 "강한 러시아 독수리의 머리 중 하나가 떨어졌다"라고 썼다.[378] 곧 정치적, 종교적 이유로 유죄 판결을 받았던 모든 죄수에게 사면이 선고되었다. 많은 목회자가 감옥에서 그들의 가족에게로 돌아왔고, 지역 교회의 사역 현장에서 활동했다.

모스크바와 페트로그라드에서 침례교와 복음주의 기독교 교회들은 격변기 동안 도시 곳곳에서 초청 집회를 실시했다. 대규모 예배가 사마라, 사라토프, 하르키우, 키예프, 오데사, 랴잔, 스몰렌스크에서 진행되었다. 초청 설교가 도시의 광장과 거리, 거대한 홀, 대학과 연구소의 교실과 주점과 공원에서 들렸다. 은혜의 복음 전파는 성공적이었다. 복음주의~침례교회의 증명서를 소지한 전도자들은, 마을과 시골을 방문하면서 복음을 전파했다. 그들은 지방 당국의 도움을 받아 종종 집회를 열었다.

러시아에서 복음주의 운동의 역사에서 새로운 현상은 자발적으로 나타난 기독

---

378. *Kratkiy obzor yevangel'skogo dvizheniya za 1917 god.* ~ Slovo Istiny, 1918, 3~4.[1917년 복음주의 운동 요약 ~진리의 말씀, 1918년, 3~4회]

군인회였다. 모스크바에 있는 모임이 특히 활동적이었다. 모임 활동의 결과 군인을 위한 정기 집회가 열렸다. 3개월 동안 침례교 및 복음주의 기독교 모스크바 교회와 트루브니에 있는 국민의 집(문화회관)에서 40차례 이상의 집회가 열렸다. 집회에 4천 명이 넘는 청중이 참석했다. 기독군인회를 주도한 사람은 메노파 형제회 딕이었다 (그 후 국내 전쟁 시 우크라이나에서 텐트선교회의 설립자가 되었다). 모금된 헌금으로 보급용 복음서, 성서 및 소책자를 구입했다. 기독학생회 도움으로 모스크바에서 일반인을 위한 강의가 개설되었다.[379] 페트로그라드에서 카레프의 주도로 길거리 전도가 이루어졌다.[380] 키예프에서 키리첸코가 천막 전도를 조직하여, 공원과 거리에서 집회가 열렸다.[381]

1917년 6월 나림스키 변경에서 2년간의 추방 생활에서 돌아온 발리힌은 7월 이미 크림에 있는 여러 교회를 방문해 20명의 개종자에게 침례를 주었다.[382] 나림 변방에서 돌아온 후에 티모셴코는 진리의 말씀 잡지 편집을 복구했다. 6년의 중단 후, 침례교와 복음주의 기독교의 총회가 열렸다. 정부 측의 공식적인 보장이 없는 종교 자유의 제공은 여전히 형제회 활동을 만족시키지 못했다. 1905~1906년에 발표된, 이른바 종교 자유의 결과를 기억하는 것은 너무나 새로웠다. 진정한 종교적 자유의 보장은 국가와 교회가 분리되는 법이 있어야만 가능했다. 임시 정부는 그 법을 받아들이지 않았다. 1917년 4월 파블로프와 티모셴코는 침례교의 정치적 요구 사항을 발표했다.

가장 중요한 사항은 국가로부터 교회의 분리였다. 집회, 결사, 언론 및 언론의 자유, 결혼 등록, 종교 또는 민족성에 상관없이 모든 시민의 평등, 보편적인 도덕성에 위배되지 않고 국가를 부정하지 않는 한 모든 종교적 신념의 대표들에게 예배와 설교의 자유, 종교 범죄를 처벌하는 법률의 폐기, 종교 공동체와 교회 연합회에 관

---

379. Iz dnevnika A. I. Mitskevicha i vospominaniy M. I. Motorinoy.~ Utrennyaya zvezda,1917, 7, s, 7. [미츠케비치의 일기와 모토리나의 회고록~새벽 별, 1917년, 7호, p.7]
380. *Utrennyaya zvezda,* 1917, 17. [새벽 별, 1917년, 17호]
381. Redkaya zhizn' ~ Baptist Ukrainy, 1927, 11; Kmeta~Yefimovich I. A. [드문 삶 우크라이나 침례교, 1927년, 11호; 크메타~예피모비치 이. 아..]
382. *Slovo Istiny,* 1917, No 2~3. [진리의 말씀, 1917년, 2~3호]

한 법인의 권리 등이다.[383] 프로하노프는 1917년 8월 모스크바 국무회의 연설에서 민족의 회복을 위한 빼놓을 수 없는 조건 중 하나는, 교회와 국가의 분리, 국가 교회의 해방과 모든 종교, 교회 및 종교단체의 법 앞에 평등이라고 지적했다.[384] 자본가 임시 정부는 신자들이 제시한 요구를 충족시킬 수 없다는 것을 입증했다.

교회와 국가의 분리에 관한 법령

프롤레타리아 혁명과 소비에트 공화국 선포 이후 3개월 만인 1918년 1월 23일에 레닌이 이끄는 인민위원회 평의회는 첫 번째 인쇄된 법령에 국가로 부터 교회의 분리, 교회로부터 학교의 분리를 포함시켰다.

아래는 법령의 요점이다.

1. 교회는 국가와 분리되어 있다.
3. 모든 시민은 종교를 고백하거나 종교를 고백하지 않을 수 있다. 어떤 종류의 신앙 고백이나 신앙 불신과 관련된 모든 종류의 범죄는 폐지된다.
   해석: 모든 공적인 행위 중 시민들의 종교적 소속과 비소속에 관한 모든 지시는 제거된다.
5. 종교 의식의 자유로운 수행은 공공질서를 위반하지 않고, 소련 공화국 시민의 권리에 관한 침해를 수반하지 않는 한 보장된다.
6. 아무도 자신의 종교적 견해를 언급함으로써, 자신의 시민으로서 의무를 회피할 수 없다.
7. 종교적 서약 혹은 맹세는 취소된다. 필요한 경우 엄숙한 약속만 주어진다.
8. 시민 신분의 행위 곧 결혼과 출생은 시행정부 등록부서에 의해 독점적으로 이루어진다.
9. 학교는 교회와 분리된다.

---

383. Pavlov P. V. *Politicheskiye trebovaniya baptistov.~ Slovo Istiny*, 1917, o 1. [파블로프, 침례교의 정치적 요구 사항~진리의 말씀, 1917년, 1호]
384. *Rech' I. S. Prokhanova na gosudarstvennom soveshchanii v Moskve* ~ Slovo Istiny, 8 [프로하노프의 모스크바 국무회의 연설~진리의 말씀, 8호]

시민들은 개인적으로 종교를 가르치고 배울 수 있다.

12. 교회와 종교단체는 소유할 권리가 없다.[385] 법령에 의하면 종교단체 법인을 인정하지 않는 것을 제외하고는 침례교와 복음주의 기독교의 기본적인 정치적, 종교적 요구 사항을 만족시켰다.

6개월 후, 인민위원회 법무부의 포고된 법령의 시행 절차에 관한 규칙이 나왔다. 1919년 1월 3일, 인민위원회 법무부의 공문이 출판되었고, 1921년 6월 13일 중앙 집행위원회의 법령을 발표했다. 1923년 중반에 법령 집행과 관련된 질문에 따른 지침서가 나왔는데, 교회와 국가의 분리에 관한 법령은 인민위원회 법령의 해석과 함께 출판된 것으로, 지방 당국의 모든 명령과 행동을 근거로 하는 기본법이라고 설명했다. 발표된 정부 문서는 신자의 권리 침해를 근절하기 위한 근거로 사용되기 시작했다. 위반이 일어난 곳에서, 중앙 당국은 즉시 침례교회와 복음주의 기독교회 지도자들의 민원을 토대로 필요한 조치를 취했다.[386]

실례로, 카잔에서 지방 당국의 결정에 따라 복음주의 기독교 소속 기도의 집(교회)이 폐쇄되었고, 프로하노프는 그 사실을 레닌에게 전보로 알렸다. 본치~브루예비치 인민위원회 업무 담당자는, 레닌이 내무부 집행위원에게 즉시 기도의 집(교회)을 열도록 지시했고 법을 위반한 사람은 처벌될 것이라고 밝혔다. 1923년에 뱌지마 침례교회는 교회 건물을 다시 찾았다. 비쳅스크 지방의 집행위원회는 복음주의 기독교~침례회에서 기도회 개최 전에 허가받도록 하는 관행을 폐지하도록 지시했다.[387]

복음주의 침례교 지도자들은 신자의 권리를 침해하는 사례를 무지와 지방 행정부의 권력 남용, 신자들을 소련 정부와 대결하게 하려는 시도와 유사한 것이라

---

385. *O religii i tserkvi*. M., 1981, s. 111~116. Tsit. po: Sobraniye uzakoneniy i rasporyazheniye rabochego i krest'yanskogo pravitel'stva, 1918, 18. . [종교와 교회. 모스크바, 1981년, p.111~116, : 노동자와 농민 정부의 지시와 합법화 회의, 1918년, 18호 인용]
386. Tam zhe, s. 120. [위의 책, p.120]
387. Kalinicheva Z.V. Sotsial'naya sushchnost' baptizma. L., 1972, s. 77. So ssylkoy na TSGA RSFSR, f. 353, on. 5, yed. khr. 238. [칼리니체바. 침례교의 사회적 본질. L.,1972년, p.77, 러시아소련 중앙문서보관소, 폰드번호 353, 목록번호 5, 보관텍스트 단위번호 238 인용]

했다.[388]

1923년 스톡홀름 제3차 세계침례교대회에서 침례교 연합회 파블로프 대표는 연설에서 완전한 종교 자유가 선언되었다. 체계적인 성격으로 발생하는 제한은 없으며 국내 전쟁의 상태를 설명하고 있다. 종교계 제한과 관련된 중앙 당국은 신자들의 방어에 대해 특히 시샘하고 있다.[389] 이렇게 국가에서 교회 분리와 교회에서 학교의 분리에 관한 레닌의 법령은 진정한 종교의 자유를 제공했고 국가의 법 앞에서 모든 종교와 종교단체의 법적 평등을 설립했다.

종교 자유의 보장은 침례교와 복음주의 기독교의 호의적인 반응을 일으켰고, 소련 정부에 관한 적절한 태도를 결정했다.

제3차 침례교 세계대회에서 침례교 대표단은 대회 장소에, 소련의 국기가 걸려 있지 않다는 사실에 주목하고, 대표단을 이끌었던 파블로프는 대회 측에 불평등을 없애라고 촉구하여, 국기가 걸렸다.[390] 1923년에 개최된 제25차 침례교 총회의 결의안에 다음의 내용이 포함되었다. 침례교도의 선동과 선전에 의한 반정부 활동을 불허한다. 침례교도가 이러한 행위에 대해 유죄를 선고받으면, 침례교의 형제 신분에서 제외되며 국가 법률에 따라 개별적으로 책임을 진다.

사회주의로 변화된 국가에 관한 신자들의 태도

사회주의 국가에 관한 신자들의 태도는 정부가 진행하는 사회적 개혁에 참여하는 것으로 나타났다.

일련의 러시아 내 복음주의 부흥의 새벽은 러시아 남부에 있는 시계파와 침례교 공동체에서 복음주의에 기초한 집단농장의 아이디어로 나타났다. 1870년, 랴보샤프카는 사도적 초대 교회의 모본을 따라 볼나야 대초원에 가서 20가정이 별도로 마

---

388. *Svoboda sovesti na mestakh i novyye pravitel'stvennyye rasporyazheniya.~ Slovo Istiny*, 5~6. [양심의 자유와 새 정부의 지시~ 진리의 말씀, 5~6호]
389. Pavlov P. V. *Doklad ot imeni russkoy delegatsii na vsemirnom kongresse baptistov v Stokgol'me 26 iyunya 1923 g.~ Baptist*, 1925, 2. [1923년 6월 26일자 스톡홀름 세계침례교대회에서의 러시아 대표 파블로프의 보고서, 침례교, 1925년, 2호.]
390. *Tretiy vsemirnyy kongress baptistov v Stokgol'me s 21 po 27 iyulya 1923 g.~ Baptist*, 1925, 2. [1923년 7월 21일부터 7월 27일까지 제3차 스톡홀름 침례교 대회침례교, 1925년, 2호.]

을을 이루어 살고 농사지을 수 있도록 노보로시스크 총독 코체부에게 허가를 요청했다.[391]

그의 요청은 허가되지 않았다. 왜냐하면, 그 요청은 공산주의 사상의 실제적인 실현을 볼 수 있었고, 새로운 추종자와 기존 유지를 위해 시계파와 침례교를 끌어들일 수 있기 때문이었다. 1867년 대토지 소유자인 즈나치코~야보르스키가 총독에게 썼다.[392]

그런데 형제들 가운데 코뮌(공동체)의 생각은 없어지지 않았다. 민중의 정권이 세워진 후 다수의 복음주의 침례교회는 농업 코뮌과 소규모 협동조합의 설립에 관한 추구를 다시금 촉구했다. 많은 일반 교회 회원들은 그들의 신념에 따라 새로운 생활을 만드는데 이바지하기를 원했다. 새로운 공동체에서의 신자 관계는 공동재산, 평등, 우애의 복음적인 약속의 성취로 이해했다.

1918년 노브고로드 지방에 최초의 침례교 농민집단 프릴루치예, 예니세이현의 바산 등이 나타났다. 1918년 프로하노프는 노동자 복음주의 공동체에 관해 기고했고, 최초의 보편적 공동체 시고르(소알)[393]의 제도와 규약을 정리했다. 트베리 지방에서는 그의 조언에 따라 겟세마네, 베다니, 새벽 별 공동체가 조직되었다. 브랸스크 지방에는 복음주의 기독교인 가족이 포함된 소알과 연합 공동체가 생겼다. 코뮌의 경제적 관리는 경험이 많은 형제가 맡았다. 모두가 한 가족의 식구처럼 느꼈다. 식사는 하루에 세 끼, 모두에게 같은 식사였다. 하루의 시작은 간단한 예배로 시작하고, 예배 후 모든 코뮌의 유능한 회원들은 일하러 갔다. 하루의 마침은 저녁 예배로 끝났다. 코뮌에서의 생활은 우호적으로 진행되었다. 신자들은 초기 기독교 교회의 이상을 그들 가운데서 구현하기를 열망했다.[394]

침례교 연합회의 지도자들은 그러한 계획을 지지했고 가능한 대로 코뮌과 소규모 협동조합 동맹의 네트워크 확장을 촉진했다.

---

391. Yepiskop Aleksiy. *Materialy...* s. 111~115. [알렉세이 주교. 자료.. p.111~115]
392. Tamzhe, s. 63. [위의 책, p.63]
393. *Utrennyaya zvezda*, 1918, 11, s. 2~4. [새벽 별, 1918년, 11호, p.2~4]
394. *Khristianin*, 1928, 7, s.26~34. Zapis' vospominaniy V. P. Afanas'yevoy i M. I. Selyuch ~ byvshikh chlenov kommuny Utrennyaya zvezda i Sigor. [기독교인, 1928년, 7호, p.26~24, 아파나이예보이와 셀류치의 회상녹음 ~ 새벽 별과 소알 공동체의 전회원]

연방 침례교 연합회 서기 이바노프~클리시니코프는 다음과 같이 기록했다. 국가 권력이 그런 비슷한 생각에 적대적이었던 시기에, 위에서 언급한 최선의 집단주의 특징들이 우리 공동체에서 일찍 발견되고 확립되었다는 것을 잊지 말아야 한다.

이제 건강한 집단주의의 시작이 우리 공동체에서 더 발전될 수 있다. 어쩌면 생활 그 자체가 우리를 더 분명하게 구별하게 하고 서두르게 할 수 있다. 우리 앞에는 사회 경제적 생활의 새로운 형태를 추구하는 빠른 흐름이 있다. 우리는 그 흐름을 피할 수 없고 들어가야만 한다. 우리는 그 속으로 들어가고 질서정연하게 반세기 공동체 연대의 경험과, 집단생활의 특별한 방법으로, 앞으로 상세히 정의되어야 할 것이다. 우리는 그리스도의 깃발 아래, 하나님을 믿는 신앙으로 합류한다![395]

형제회와 다른 기독교 분파들 사이에서 일어나고 시작된, 사업은 소련 정부의 지지를 받았다. 1921년 농업인민위원회는 복음주의 기독교, 침례교, 구교도파 및 다른 신자들에게 국영집단농장, 자유 토지 및 이전 지주 소유지의 재정착을 위한 특별위원회를 설립했다. 위원회 위원으로 침례교, 우유파, 영적전사파, 톨스토이파 및 기타 분파의 공동체 생활과 내부 구조를 잘 알고 있는 본치~브루예비치가 포함되었다. 지명된 위원회는 신자들에게 휴경지에 정착하고 거기서 코뮌을 조직하라는 제안을 했다. 특히 다음과 같은 메시지를 전했다.

농업인민위원회는 현재의 시간이 생산적인 농업 활동을 하는 데 가장 적합하다는 것을 알았다. 일반인들은, 이미 자신들의 공동체에서 조직되어, 서로를 잘 알고, 합병되고 연합되어 그들의 공통적인 추구에서 입증된 탁월한 노동 능력, 정직, 근면, 솔직, 성실 등을 고려할 때, 이전 토지 혹은 국영농장, 자유 토지에 정착을 원하는 모든 사람은 즉시 위원회에 통보하기 바란다. 그것을 위해서는 위임된 대리인에게 개인의 서면 정보를 보내야 한다. 예를 들어 공동체 종류, 동의서, 한 공동체에 참여를 원하는 참가자 수, 이전 직업, 소유 도구, 원하는 일의 종류, 필요한 도움 종류, 땅 돌봄 필요 여부, 또한, 공동체와

---

395. Ivanov~Klishnikov P.V. *Nashi obshchiny kak yestestvennyye kollektivy.*~Baptist, 1925, No 1. [자연 집단과 같은 우리 공동체 .~ 침례교, 1925, 1호]

농업인민위원회간 표준 계약서를 소지해야 한다.³⁹⁶

지방 당국은 이주민들이 모스크바로 자유로운 이동을 촉진하고 새로 조직된 코뮌에 관한 지원을 제공해야 했다. 본치-브루예비치는 우리에게는 일상생활의 건축가들이 정말로 필요하다고 기록했다. 그것을 위해 신자들은 먼저 모든 불법과 크고 작은 트집을 잡는 침해와 인간 존엄성을 모독하는 것으로부터 정부의 권력을 통해 자유와 보호를 느낄 수 있어야 한다.³⁹⁷ 1922년 농업 및 산업 협동조합을 돕기 위해 형제지원단이 결성되었고, 14개의 부서가 있었다. 침례교 연합회 코뮌은 수적으로도 성장하고 번성했다. 1924년까지 이미 25개의 코뮌이 있었다. 보통 코뮌에는 20에서 50가정이 살았다. 새로운 코뮌이 만들어졌다. 사라토프 지방의 타티셉스키 지역에 베들레헴 코뮌이 조직되었다. 또한, 산업 협력체도 있었다. 예를 들면, 고멜에 콘크리트, 모스크바에 정직한 일꾼 건축가 조합이 있었다. 르제프 마을의 제과점 조합 사렙다는 3개의 빵집과 2개의 상점으로 구성되었다; 새벽 조합은 비닐봉지 생산에 종사했고, 그곳에는 구두 수선소도 있었다. 1928년까지 모스크바에는 여러 협동조합 연합회가 있었다.

나중에 음식 생산으로, 이름을 바꾼 형제회 연합은 6개의 식당이 포함되었고, 그 중에 하나는 오호트니랴드 거리의 러시아연방 중앙 집행위원회 건물 아래층에 위치하여 회의 및 의회 참가자들에게 자주 식사를 제공했다. 이 협동조합 위원회에 이바노프와 바닌이 있었다.³⁹⁸ 기독교 농업 코뮌과 생산협동 조합의 대부분은 3~4년 동안 지속되었다. 1920년대 말까지, 그들 중 일부는 나누어졌고, 다른 것은 폐지되었다.

몰락의 원인은 내, 외부적인 어려움이 있었다. 우선, 코뮌과 조합 구성원의 영적

---

396. Tsit. po: Kalinichyeva 3.V. *Sotsial'naya sushchnost' baptizma*. So ssylkoy na: ROMIRA, f. 2, op. 16, yed. khr. 91, l. 18; Gidulyanov P.V. *Otdeleniye tserkvi ot gosudarstva v SSSR*. M., 1926, s. 551~555. [칼리니체바. 침례교의 사회적 본질. 러시아소련 중앙문서보관소, 폰드번호 2, 목록번호 16, 보관텍스트 단위번호 91, p.18 인용; 기둘야노프, 소련시절 국가와 교회의 분리. 모스크바, 1926년, p.551~555.]
397. Tam zhe, s. 116. [위의 책, p. 116]
398. Zapis' vospominaniy I. G. Ivanova, sdelannaya A. I. Mitskevichem v 1980 g. [1980년 미츠케비치가작업한 이바노프의 회상 녹음.]

수준차가 있었다. 대부분 사람은 공동선을 위해 모든 것을 기꺼이 희생했지만, 개인의 이익을 추구한 사람도 있었다. 코뮌의 지도력에 크게 의존했다. 믿음과 성령으로 충만한(행 6:5) 형제가 지도력에 서 있던 곳에서는, 불일치가 성공적으로 해결되어 코뮌 회원 간의 관계가 악화하지 않았다.

1924년 프라우다 신문은 기독교 코뮌과 조합에 관한 토론을 기사에 실었다. 본치-브루예비치와 함께 칼리닌은[399], 공익을 위해 신자들이 많은 경제적 문화적 자원을 보내려 했던 코뮌 발전을 위한 과정을 옹호했고, 주장의 근거로 삼았다. 그와 함께 다른 부정적인 요인들이, 코뮌의 붕괴로 이끄는 역할을 했다.

군대 문제의 해결책

복음주의 기독교도는 군복무와 병역의무 문제에서 많은 논란이 있었으나, 침례교도는 어떤 질문도 나오지 않았다. 러시아 소비에트공화국 인민위원회의 종교적 신앙에 따른 병역의무 면제에 관한 법령이 1월에 발표된 후 1919년 중반에는, 폭넓은 논의의 대상이 되었다.

초기 침례교와 복음주의 기독교 신자들은 드문 경우를[400] 제외하고 병역의무를 거부하지 않았고 제1차 세계 대전 중에 군복무와 전투에 참여했다. 그것으로 구교도들에 의해 비난받지 않았다. 1905년 전 러시아 침례교 총회에서 채택된 교리의 13번째 조항은 우리는 당국이 병역의무를 지라고, 그렇게 요구할 때, 우리에게 의무가 있다고 생각한다. 1910년에 출판된, 복음주의 기독교 교리, 제15장은 다음과 같이 쓰여 있다. '우리는 병역의무를 소작료처럼 인정하지만, 이 질문에 대해 달리 생각하는 사람들과도 친교를 가진다.'[401]

그런데 제1차 세계대전의 공포와 전 국민에게 영향을 미친 내전의 시작은 사람

---

399. Kalinin M. I. *O rabote v derevne*, KPSS v rezolyutsiyakh... M.. 1954. [칼리닌, 시골 일, 소련공산당결의안... 모스크바.. 1954년]
400. Po dannym MVD Vremennogo pravitel'stva, za tri s polovinoy goda pervoy mirovoy voyny naschityvalos' vsego 114 sluchayev otkaza baptistov voyevat' ili nesti voinskuyu povinnost'. (Svedeniya vzyaty u 3. V. Kalinichevoy po TSGIA SSSR, f. 821, op. 133, yed. khr. 198, l. 102.) [임시정부 내무부 자료에 따르면, 3년 반 동안 제1차 세계대전에서 침례교인이 군대에서 전투를 거부하거나 병역거부한 114가지 사례.(정보는 칼리니체바의 소련 중앙문서보관소, 폰드 821번, 항목 133번, 보관문서번호198, 102면)
401. Vmesto *Bratskogo listka* 1910, 2 [형제 신문 대신. 1910년 2회]

들의 마음에 전쟁에 관한 혐오감을 불러일으켰고 결과적으로 많은 신자는 군복무에 관한 부정적인 자세를 취하게 되었다.

형제들이 전쟁에 참여하는 것을 거부했지만, 종교적 신념은 일부 지역에서 일반적인 성격으로 증가되고 유지되었다. 영적전사파, 톨스토이파, 정교회구교파, 메노파는 병역의무를 거부했다. 병역거부로 인해 제정시대에 영적전사파는 박해를 받았다.

신자들의 종교적 감정을 고려하여, 소련 정부는 국내 전쟁의 혹독한 시기에도 불구하고, 메노파, 영적전사파, 톨스토이파를 군복무에서 면제하는 특별 법령을 발표했다. 법령은 거명된 분파들과 함께 침례교도와 복음주의 기독교도들에게도 적용되었다. 이바노프~크리시니코프는 새로운 법령의 취지에 맞게 침례교단 소속 신자들은 병역의무를 합법적으로 벗어버리는 길이 열렸다고 기록했다.[402] 형제들은 법령을 고린도전서 7장 21절(네가 종으로 있을 때에 부르심을 받았느냐 염려하지 말라 그러나 네가 자유롭게 될 수 있거든 그것을 이용하라)과 같이 더 낫게 사용하는 가능성을 발견했다. 모스크바에서 메노파, 영적전사파, 톨스토이파, 구교도, 금주단체, 침례교, 복음주의 기독교 등의 종교단체와 그룹의 대표 2~3명씩을 포함하는 공동위원회를 조직했다. 위원장은 톨스토이파 체르트코프가 선출되었고, 부의장은 파블로프였다. 법령에 따라, 종교적 신념에 따라 병역의무를 이행할 수 없는 신자들은 일부는 의무병으로 근무하거나 완전히 면제되었다. 면제 판결은 공동위원회의 요청에 따라 인민법원의 결정에 근거하여 이루어졌다. 위원회에는 목적에 맞는 전문가가 포함되었다. 침례교와 복음주의 기독교의 전문가는 쿠시네로프였다. 당시 전쟁 중인 붉은 군대의 징병을 거부하자, 혁명재판소는 사형선고를 내렸는데 때마침 전 러시아 중앙집행위원회에 신자들을 위한 탄원서를 보내 사형선고가 취소되었다. 실례로, 퍄티고르스크 침례교인 보롭스키는 병역의무에서 완전히 면제되었다.[403]

---

402. Ivanov~Klyshnikov P. V. Doklad na 26~m vsesoyuznom s"yezde baptistov SSSR. 26~y vsesoyuznyy s"yezd baptistov SSSR, M., 1927, s. 104. [이바노프~클리시니코프. 소련시절 26차 침례교총회 보고서, 모스크바, 1927년, p.104.]
403. ROMIRA(GMIR), k~1, opis' 8, delo 2 i gr. d. 534. N. YA. Borovskikh do poslednego vremeni prozhival v

제3차 세계침례교대회에서 파벨 파블로프는 연설에서 종교적 신념에 의한 군복무 면제에 관한 소비에트 연방정부의 법령은 종교 자유 분야에서 중요성이 매우 뛰어났고 다른 나라의 입법에서 선례가 없었다고 밝혔다.[404]

의심할 것 없이, 신자들은 활용할 기회를 사용했다. 그런데 종교적 평화주의와 상관없이, 군대에 가지 않으려고, 공동체에 가입한 사람들이 병역의무를 피하는 방법으로 사용된 때도 있었다. 이것에 대해 1923년의 제25~26차 침례교 총회와 1926년의 제9~10차 복음주의 기독교총회에서 언급되었다. 영적으로 거듭나지 않은 사람들이 교단 내 교회로 유입되고 외부 규칙에 관한 그들의 동화는, 영적이고 도덕적인 복음주의 침례교의 모습을 왜곡시켰다. 지도자들은 총회에서 영적 성장이 멈추고, 외부 통치에 동화되는 광신적 장소로 전락했다.고 우려를 표시했다.

신자들의 병역면제에 관련한 권리 남용 문제에 정부가 개입했다. 징집 나이 대상자가 교회에 가입하는 경우 1년 이상의 유예 기간을 마련하도록 제안되었다. 침례교 연합회가 교단 내 교회에 보내는 편지에서 다음을 인정했다. 정부는 올바르게 일을 처리하고 있다. 공화국의 현행법과 현존하는 명령에 근거하여, 양심에 따라 병역의무 면제를 제공하면서, 법률에 따라 침례교도라 칭하는 자들을 확인하고 있다.[405]

1923년 8월에 전국 복음주의 기독교연합회 자문위원회는 병역문제와 관련하여 준비된 메시지로 신자들에게 호소했다.[406] 한 달이 지나서 안건은 제9차 복음주의 기독교 총회에서 다루어졌다. 병역문제에 관한 의견 차이로, 교회 내 신자들의 관계가 복잡해졌다. 군복무 반대자들은 군복무 인정자를 배교자 또는, 잘못된 해석자로 여겼다. 모스크바 복음주의 기독교는 그런 이유로 분열되었다. 병역문제에 관한 결정에 동의하지 않는 형제들은, 제9차 대회에서 돌아온 후 교회를 떠났다. 약 4백

Ordzhonikidze; umer v 1981 godu. [국립종교사박물관, k~1, 항목번호 8, 사건번호 2, 국민 사건번호 534. 보롭스키 마지막까지 오르조니키제에서 살았다; 1981년 사망.]
404. Pavlov P. V. Doklad... v Stokgol'me 26 iyunya 1923 goda. ~ Baptist, 1925, 2. [파블로프. 1923년 6월 26일 스톡홀름 보고서~침례교, 1925년, 2호.]
405. *Poslaniye Soveta VSE ko vsemu baptistskomu bratstvu v USSR.* ~ Baptist, 1925, No 1. [소련시절 전침례교연합회가 침례교 형제회에 보내는 메시지~ 침례교, 1925년 1호.]
406. Izvestiya, 1923, No 180 ot 12 avgusta, *Poslaniye Vysshego soveta....* [이즈베스티야(뉴스) 신문, 1923년 8월 12일자, 180호, 최고위원회의 메시지...]

명이 뒤따랐다. 그들은 빨간 문 거리와 바트코프스키 골목 거리에서 모이기 시작했고, 여기서 빨간문파라는 이름이 나왔다.[407]

1926년 제26차 침례교 총회는 다음과 같은 결정을 채택했다. 우리는 정부가 군복무를 우리에게 요구할 때, 의무를 이행해야 한다고 생각한다(행10:1~2; 23:12~23,24; 눅 3: 14). 이렇게 형제들은 1905년에 총회에서 채택된 침례교 교리 제13조의 공식화로 돌아갔다.[408] 소련 중앙 집행위원회에서 1925년 9월 18일에 발표한 병역의무에 관한 새로운 법률은 종교적 신념이 깊은 경우에 병역면제로 규정했다. 따라서 216조에 따르면 병역의무의 면제는 법원 명령에 근거하여 이루어져야 하며, 종교적 신념에 따라 병역의무를 반대하는 가정에서 태어나 자랐던 사람들에게, 주로 적용되어야 한다고 특정했다. 불신자 가정이나 불신자 양육자 가정 출신은 그 조항에 해당되지 않았다.[409]

교회 등록

1923년부터 지방 당국이, 모든 비영리 단체 등록에 관한 중앙 집행위원회의 결정문을 인용하자, 종교 단체의 등록이 시작되었다. 등록 절차는, 교회의 규약을 지방 의회에 제출하고, 그 후에 공동체(단체) 활동의 합법성을 확립한 후 등록에 관한 직인을 받았다.

러시아·우크라이나 침례교는 처음에 그런 형태의 등록은 양심의 자유를 침해한 것으로 받아들였다. 침례교 지도부는 중앙 정부 당국자와 긴 대화 후 그 문제에 관한 몇 가지 해명을 들었고, 등록할 때 교리적 근거에서 벗어나지 않음을 보고, 제안된 양식에 따라 등록하는 것을 동의하여 지방 당국에서 교회 등록을 하도록 사역자들에게 권고했다. 종교단체의 등록은 1929년 4월 8일 자로 러시아 중앙 집행위원회와 인민위원회 협의회 결정으로 합법화되었다.

---

407. Koval'kov V. M. *Istoriya moskovskogo bratstva*. Rukopis', 1976. Arkhiv VSEKHB. [코발코프, 베.,엠., 모스크바 형제회의 역사. 수기원고, 1976년 침례교총회 문서보관소.]
408. 26~y vsesoyuznyy s"yezd baptistov v USSR, s. 14, [제26차 소련 침례교총회, p.14]
409. K svedeniyu brat'yev.~Baptist Ukrainy, 1926, No 2, s. 56. [형제들 자료.~1926년 2월 우크라이나 침례교, p.56.]

종교 교육

교회가 국가에서 그리고 학교가 교회에서 분리된다는 법령이 발효된 직후, 복음주의 기독교와 침례교에 소속된 자녀들은 정교회 정신으로 종교 교육을 받았던 이전 학교에서 경험했던 강압에서 벗어났다. 부모가 주님의 가르침과 교훈으로(엡 5:4, 시 77:3) 자녀를 양육한다는 하나님의 말씀에 기초하여, 거의 모든 교회의 주일학교가 이미 15년 동안 교단 내에서 정착된 전통에 따라 만들어져 있었다. 주일학교는 대부분의 교회에 1920년대까지 존재했다. 신자들의 자녀는 주일학교에서 신앙의 기초 지식과 교육을 받았다.

소비에트 정부는 이것을 법령의 위반으로 간주했다. 1921년 1월 21일에 내무인민위원회의 특별 지도안이 발표되었고, 법무인민위원회의 5번 부서에서 설명했다. 설명에 의하면 18세 미만의 자녀에 관한 신앙 교육은 자녀들이 같은 가족에 속해 있든 여러 가족에 속해 있든 상관없이 3명 이상의 그룹 형태로 수업이 진행되지 않으면, 가정이나 부모에게서 위임받은 타인에게 허용된다.

두 연합회 지도부가 문제에 대해 오랜 협의 후, 특히 우크라이나 침례교단이 특별히 활동적이었는데, 정부기관의 측면에서 주일학교 문제를 주의 깊게 살펴보았고, 위의 설명이 독단적이지 않고 법령은 개인적인 자녀의 신앙교육은 허용하고 있어서 그 문제는 토론에서 제외되었다. 지역 교회들은 앞으로, 결정된 입법 절차가 바뀌기 전까지 이 문제에 대해서는 하나님의 말씀에 따라 지도를 받아야 한다는 조언을 받았다.

1917~1922년의 복음주의 침례교 형제회의 생활

1917~1922년의 전 러시아 총회와 침례교 연합회 임시 지도부

1917년의 전 러시아 침례교 총회

교도소와 추방지에서 지도자 가운데 일부가 돌아오고 6년이 지나, 처음으로 자유(회복) 총회가 열렸다. 총회 소집에 관한 허가조건이 없어졌기 때문에, 자유 총회라 했고, 회의에는 법 집행관이 출석하지 않았으며, 그것은 이전 총회에서도 그랬다. 지역 교회의 생활과 필요에 대해 말하고자 하는 모든 참가자는 총회에서 자유롭게 발언할 기회가 있었다. 총회는 1917년 4월 20~27일에 블라디캅카스에서 개최되었다. 극심한 박해를 겪은 기간 동안 연합회 생활과 활동은 거의 마비되었다. 총회는 가족 모임과 같은 성격을 가졌고, 대가족의 일원들은 폭풍 같은 박해 속에서 걱정했던 일에 대해 안타깝게 생각했고 친구처럼 일할 준비가 되었다라고 그때에 복원된 형제회 출판물 [진리의 말씀]에 소개되었다.[410] 그래서 복원 총회라 불렸고, 형제회 업무는 합리적으로 하도록 요청되었다.

총회에는 러시아 중부, 캅카스, 시베리아에서 온 약 90명의 대의원들과 약 50명의 손님들이 참여했고, 복음주의 기독교연합회에서 트로스노프, 사닌, 보듀가 포함되었다. 총회 의장은 마자예프(옴스크), 부의장은 네프라시(페트로그라드), 서기는 티모셴코(모스크바)와 벨로우소프(티플리스)가 선출되었다.

첫 번째 의제는 1912년에 해결되지 않은, 공동위원회의 문제였다(자세한 내용은 아래에 설명한다). 총회에서 두 번째로 중요한 쟁점은 전도 조직의 문제였다. 마자예프의 강청에 따라 지역을 연합회의 분산된 활동으로 폐지하고 전도의 모든 힘을 하나의 센터로 통합하기로 결정했다. 시베리아, 극동 및 투르케스탄 세 부서는 중심지에서 너무 멀리 떨어져 있었기 때문에 독립적으로 간주했다.

전도의 필요성 때문에 1917년 5월 21일 1일 기금 모금 행사를 정하고 모든 공동체에서 하루분의 소득을 공제하기로 했다(모스크바와 페트로그라트 교회는 각각 천루블씩 모았다). 같은 목적을 위해 1년 중 하루를 일반적인 모금의 날로 정했다(10월 1일로 전국적으로). 총회는 1년에 1,200~1,500루블을 지원하는 상시 복음전도자를 모집하기로 했다. 12월 25일을 실종된 설교자, 과부와 고아들을 지원하기 위한 모금 행사의 날로 결정했다. 성서신학교 설립과 유지를 위한 기금이 조직되었다. 월간잡지 [침례교] 발행 문제는 다시 마자예프에게 넘겨졌다.

---

410. *Pervyy svobodnyy s"yezd baptistov.*~Slovo Istiny, 1917, No1(may). [첫 번째 침례교 자유 총회.~ 진리의 말씀, 1917년, 1호(5월).]

총회 참가자들은 교회 회원들의 영적인 삶을 강화하기 하도록 교훈적 대회를 조직 하자는 열망을 표현했다. 총회 결정에 따른 교회분쟁 사건의 분석은, 연합회 지도부(소위 중재 법원)가 지명한, 대표자의 인도로, 분쟁 당사자가 선출해야 하는, 형제에게 위임되었다. 연합회 지도부 임원은 무기명 투표로 다음의 형제들을 선출했다. 의장 마자예프, 지도부 임원은 네프라스, 알레힌, 프라보베로프, 파블로프, 티모센코, 뱌조프스키, 스코로호도프, 사벨리예프, 줄린, 회계는 폴락이었다. 총회는 형제들의 교제와 성찬식으로 끝났다.

침례교 연합회 임시지도부

국내 전쟁이 시작된 관계로 전선에 의해 커다란 영토가 중앙에서 나누어졌고 연합회 지도부의 정상적인 활동이 불가능했다. 연합회 총회장 마자예프는 건강 문제로 더는 자신의 직임을 수행할 수 없었다. 또한, 그는 1917년 10월 무장 강도들이 개인적으로 그의 재산을 노리고 공격했을 때 큰 충격을 받았다. 연합회 지도부 임원들은 전국 각지에 있었고, 파블로프와와 티모센코만 모스크바에 살고 있었다. 1919년에 그들은 러시아 중앙에서 형제회 교회들을 연락하기 위한 역할로 임시지도부를 결성했다. 임시지도부 업무를 위해 경험이 많은 바실리 파블로프(모스크바)와 실로프(페트로그라드)가 참여했다.[411]

나라 안의 국가적이고 사회적인 급격한 변화, 내전과 기근으로 인한 재난이 사람들에게 닥쳤을 때 복음주의 침례회 교단뿐만 아니라, 모든 국민 앞에는 빠른 해결을 요구하는 새로운 과제가 세워졌다.

회원들을 만날 수 있는 없는 특별한 상황에서 연합회 지도부는 연차총회 기간 동안 연합회 업무를 관리하는 어려운 임무를 맡았다. 연합회 임시지도부는 다음과 같은 중요하고 책임 있는 쟁점들을 해결해야 했다. 사회주의 국가에 관한 태도, 국가에서 일어나는 변화, 교회와 국가의 분리에 관한 법령, 군복무 등이었다. 또한, 복

---

411. Protokol vserossiyskogo s"yezda yevangel'skikh khristian~baptistov, sostoyavshegosya v Moskve s 27 maya po 6 iyunya 1920 g. M., 1920. [1920년 5월 27일부터 6월 6일까지 모스크바에서 개최된 복음주의 기독교침례교의 전 러시아 총회 회의록.]

음주의 기독교와 침례교 연합회의 통합, 새로운 사회적 환경 속에서 복음전파, 기금모금과 기금분배 등 추가 작업의 수행이었다. 파블로프와 티모셴코와 다른 지도자들은 당시 주어진 사건 속에서 자신들의 사명을 최선을 다해 감당했다. 1920년 총회는 그들의 사업을 승인했다.

1920년 전 러시아 침례교 총회는 5월 27일부터 6월 6일까지 모스크바 근교에서 개최되었다.[412] 27개 지방에서 71명의 대의원이 총회에 참석했다. 전시 상황에서 이동의 어려움 때문에 극동, 중앙아시아, 캅카스, 크림과 우크라이나 대부분에서 불참했다. 무기명 투표로 총회 상임위원회가 선출되었고, 위원장은 실로프, 부위원장은 파블로프와 티모셴코, 서기는 겸임의 티모셴코와 레빈단토 와 드랴민을 공개투표로 선출했다. 총회 대의원들은 일어서서 사망한 형제들을 추모했다. 이바노프, 발리힌, 골랴예프, 디덴코, 침발, 스코로호도프, 라자레프, 프로호로프, 댜치코프(M.S.), 댜치코프(M.E.), 지노비예프, 텐트선교회 딕, 유시케 비치 등이다. 총회 회의에서 침례교 시베리아 지방회 소속이 아닌 옴스크의 두 교회 대표자가 손님으로 입회했다. 그 가운데 한 명은 상임위원회 모욕으로 제외되었지만, 지역 교회가 아니라, 시베리아 지방회에서 제외된 것으로 간주 되었다. 전 러시아 총회는 그의 제외를 무효로 인정했다. 오직 교회만이 출회할 자격이 있기 때문이다.

총회 프로그램의 첫 번째는 두 연합회의 통합 문제였다. 통합이 가장 중요하여, 많은 시간이 사용되었다. 동시에 개최된 침례교 회의와 복음주의 기독교 회의의 공동 회의에 이틀이 사용되었다(통합 문제와 관련된 모든 결정은 추후 특별항목에서 다루겠다).

두 번째 중요한 문제는 전도였다. 형제들의 연설을 들으면서, 총회는 다음과 같이 언급했다. 영적 의미에서 공동체의 상태는 만족스럽다고 인정할 수 있다. 널리 확산된 영적 각성이 언급되었고, 성서와 경건 도서의 필요가 있고, 전도자를 보내 달라는 요구가 있다. 총회는 작은 규모의 지역에 지나친 분산을 하지 않고 추가 작

---

412. Protokol vserossiyskogo s"yezda yevangel'skikh khristian~baptistov, sostoyavshegosya v g. Moskve s 27 maya po 6 iyunya 1920 goda. [전러시아 복음주의 기독교침례회 총회 회의록, 1920년 5월 27일부터 6월 6일까지 모스크바에서 개최되었다.]

업의 필요성이 있다는 것을 알았다. 지역의 분리는 연합회 통제하에 진행하기로 결정되었다.

다음과 같은 문제가 다뤄졌다.

- 정당에 관한 태도-총회는 중립성을 유지할 필요성을 알았다. 정치에 관한 반발이 특정 정당에 관한 적대적인 태도를 이끌어 낼 수 있기 때문이다.
- 신세대 신자들 사이에서 활발한 사역의 필요성.
- 고아, 미망인 및 은퇴사역자 돌보기.
- 은퇴 사역자와 사역자의 미망인은 지역 교회에서 총회 재정으로 돌보아야 하고, 고아들은 교회 회원 가운데 부유한 가정에서 수용한다.

총회는 연합회 운영에 관한 문제를 살핀 다음 공동지도부 운영을 결론으로 내렸다. 연합회의 공동지도부는 파블로프, 티모센코, 실로프를 선출했고, 5명의 후보자로 스테핀, 파블로프, 멜리스, 시로틴, 레딘을 선출했다. 공동지도부와 함께 지구의 대표자들을 포함하여 20명에 이르는 확대 지도부가 선출되었다.

1921년 전 러시아 침례교 총회가 10월 30일부터 11월 8일까지 모스크바에서 개최되었다.[413] 98개 지방 교회의 대의원이 총회에 참석하여 나라의 거의 모든 지역에서 온 셈이었다. 극동과 중앙아시아의 대표자들만이 복잡한 철도 교통 문제로 불참했다. 총회 참석자는 레빈단토, 파블로프, 티모센코, 옴스크 에프스 트라텐코, 우크라이나 대표 알레힌, 코스튜코프, 팀첸코, 북캅카스 줄린, 중부 지방 모로코프, 스테파노프, 말린, 실로프, 사마라 콜레스니코프, 남캅카스 벨로우소프 등이다. 1920년에 침례교단에서 20명 이상의 이름있는 사역자들이 세상을 떠났다. 그들은 영원한 거처에서 그들의 사역으로부터 자유롭게 되었다.

---

413. Kratkiy otchet o vserossiyskom s"yezde baptistov, sostoyavshemsya v Moskve s 30 oktyabrya po 8 noyabrya 1921 g. ~ Slovo Istiny, 1921, No 5~6. [1921.10.30.~11.8. 모스크바에서 개최된 침례교 총회 요약 보고서. ~ 진리의 말씀, 1921년, 5~6호]

무엇보다 연합회 협의체는 총회 기간에 굶주린 사람들을 돕기 위해 최선의 결정적 조치를 승인했다고 총회에 보고했다. 주요 연사들의 결론은 다음과 같다. 전도 문제는 우리의 영적 생활에서 가장 중요한 것으로 간주한다. 우리는 모든 형태의 우리 조직이 복음전파의 성공에 이바지하는 한, 가치 있는 것으로 인정해야 한다. 두 단체의 통합 문제는, 모인 사람들의 마음에 큰 부담이 되었다. 1920년 총회를 전 러시아적 성격으로 인정할 것인가 아닌가의 문제가 있었고, 1917년 소집된 지도부 위원 3인이 지역 교회로 보낸 회람 서신과 관련된 질문은, 임시지도부와 주도권에 관한 부정적 태도가 날카로운 방식으로 표현되었기 때문이다. 총회는 1920년 총회를 전 러시아적 성격으로 승인했다. 작성된 회람 서신은, 기독교 정신이 아니라는 만장일치의 의견에 따라, 총회 장소에서 승인되지 않았고 총회에 의해 비판받았다. 교단 통합에 관한 심각한 고통스러운 태도가 신자들 사이에서 사라졌다는 사실이 인정되었다. 우리는 복음주의 기독교 형제회를 지도자들의 부분적 행동이 아니라, 전체적으로 보는 것에 익숙해지고 있다. 우리 형제들이 서로 소통하려는 갈망의 길에서 그들로부터 혹은 우리로부터 던져진 돌은, 오늘이 아니면, 내일은 없어질 것이고, 일부는 이미 없어졌다고 총회에서 말했다.

총회 참석자들은 또한 지역 교회의 쟁점인 관리자의 문제, 곧 사역자 혹은 위원회 그들 중 누가 교회를 관리하는가의 문제를 다루었다. 위원회의 승인 없이 사역자가 독립적으로 결정하는 것은 받아 들을 수 없는 것으로 인정되었다.

총회는 파블로프, 티모셴코, 실로프, 스테파노프, 샬리예로 구성된 연합회 공동 지도부를 선출했다. 후보 위원은 벨로우소프, 파블로프, 줄린이 지명되었다. 확대 지도부는 28명이 되었다.

지역 교회의 생활과 사역

러시아 중부

소련 정부가 통치하는 지역에서, 내전 동안 지역 교회의 운영과 전도 활동은 어려움 없이 진행되었다. 사실 박해와 일시적인 갈등의 사례가 일부 장소에서 있었다. 기본적으로 그런 사례들은 지방 당국의 종교 문제에 관한 국가 정부의 정책에 관한 이해 부족과 당국의 특정 대표자가 새로운 질서에 불만을 제기하려는 시도에 기인했다. 1921년에 4명의 설교자가 시즈란에서 수용됐고, 펜자에서는 13명의 신자와 설교자가 자유를 박탈당했다. 아스트라한에서는 교회의 모든 회원이 체포되는 오해가 발생하기도 했다.[414] 중앙 당국은 그 결정을 즉각 취소했다.

1921년 소련 정부는 양심과 종교의 진정한 자유를 보장하기 위한 일련의 규정과 명령을 발표했다. ~ 교회 지도자는 다른 직무로 대체되지 않고 완전한 병역면제, 종교적 신념과 기타 이유로 병역을 회피한 모든 유죄 판결 사건을 재검토한다. 1918~1920년에 형제회 교회 안에서 전 지역적으로 광범위한 복음 부흥의 표지가 나타났다. 러시아 전국에서 영적 부흥의 기쁜 소식이 들려왔다. [진리의 말씀] 잡지는 단기간에 완전히 새로운 곳에서 많은 공동체가 생겨났다고 전했다.[415]

부크레예프는 돈에서 설교했는데 최대 2천 명의 청중이 전도 집회에 모였다. 1920년에 발라쇼프 마을의 다닐로프 설교자는 2명의 형제와 함께 사라토프 현의 50개가 넘는 마을에서 약 100회의 집회를 인도했다. 1918~1919년 동안 사라토프 교인은 100명에서 220명으로 두 배 이상 증가했다.[416]

극동으로 떠난 네프라시 대신에 선출된 호흘로프가 지도하는 페트로그라드에 있는 침례교회 복음의 집에서의 정기 집회는 중단되지 않았다. 이전에는 잘 알려지지 않았고, 세련되지 않은 공장 노동자였던 호흘로프는 열정적인 설교자가 되었다. 1920년 여름에 복음의 집 교회는 12명의 설교자를 시골로 보냈다. 모스크바와 주변 도시의 침례교회가 성장했다. 지역의 복음 전도 조직을 개선하기 위해 지방회가 열렸다. 1919년 체크마레프의 제안으로, 중앙 볼가 침례교 연합회가 결성되어 지방회가 열렸다. 얼마 전에 아트카르스키, 페트로프스키, 볼스키, 세르도프스키, 쿠즈 네츠스키 군의 대표들이 참석 의사를 표시한 사라토프와 볼가주변 지역에서 지방회

---

414. Pavlov P. V. *Svoboda sovesti na mestakh...*~ Slovo Istiny, 1921, No 5~6. [양심의 자유 현장... 진리의 말씀, 1921년, 5~6호.]
415. *Slovo Istiny*, 1921, No 1~2, s. 9 i 13. [진리의 말씀, 1921년, 1~2호, p.9,13.]
416. Morokov G. S. *Iz zhizni Saratovskoy obshchiny baptistov.*~Baptist, 1927, No 1. [모로코프. 사라토프 침례교 공동체의 생활 ~ 침례교, 1927년, 1호.]

가 열렸다.

1920년에, 스테파노프, 의장 주도로 페스키 지역에서 지방회가 개최되었고, 40개 교회가 참석했다. 1920년 5월 예카테리노슬라프에서 34개 교회 대표자의 확대 지방회가 총회가 열렸고 마침내 쿠반, 흑해 및 중남부 지역이 참여했다.

1920년에 볼가 지역과 인접한 지역에서 끔찍한 기근 재해가 발생했다. 1921년, 중앙 기아 구호위원회 자료에 따르면, 기근은 17개 현, 주, 자치 공화국을 덮쳤다. 굶주림에 처한 사람이 약 1,400만 명에 달했고, 그중 500만 명은 어린이였다.[417] 연합회와 지역 교회는 기근자 구호를 위해 많은 노력을 기울였다. 전 러시아 침례교회 지도부는 각 나라의 모든 정치적 의견을 내려놓고 선으로 악을 이길 수 있다는 깊은 신념에 따라, 소련을 도와 달라[418]는 요청으로 외국 침례교 단체에 호소했다. 호소에 미국구호 관리부, 난센 영국선교회, 침례교, 메노파, 퀘이커교도, 스웨덴 적십자사 등의 사회단체가 반응했다.

지역 교회는 가난한 사람을 위한 특별 기금과 국내 구호위원회를 조직했다. 구호의 경우 교인뿐만 아니라 다른 사람에게도 제공되었다. 볼가 지역에서 외국의 원조가 시작되자, 사라토프 침례교회와 지역 기아 구호위원회는 사라토프와 인접한 현 지역의 굶주린 사람들에게 식량과 의류를 전달하고 분배하는 장소로 변했다. 사라토프 교회를 통해 받은 식료품의 상당량이 구호위원회에 전달되었고 분배는 그들의 재량에 맡겼다.[419]

전국적인 재난에도 불구하고, 지역 교회의 전도 활동은 멈추지 않았다. 1921년 4월 4일부터 30일까지는 전 러시아 1개월 전도 행사가 진행되었다.

우크라이나 침례교 형제회

우크라이나에 사는 대부분의 신자는 국가의 중심에서 완전히 고립되어 있었다.

---

417. *Obrechennyye na smert'*. ~ Slovo Istiny, 1922, No 1~2. [피할 수 없는 죽음.~ 진리의 말씀, 1922년, 1~2호.]
418. Privetstvennoye slovo, skazannoye I. V. Pavlovym ot imeni russkoy delegatsii na vsemirnom kongresse baptistov 21 iyulya 1923 g. v Stokgol'me. ~ Baptist, 1925, No. 3. [1923년 7월 21일 스톡홀름 침례교 세계대회에서 러시아 대표단을 대표하여 파블로프가 환영사를 했다.~ 침례교, 1925년 3호.]
419. Morokov G. S. *Iz zhizni Saratovskoy obshchiny baptistov.* ~ Baptist, 1927, No 1. [침례교 공동체의 생활~ 침례교, 1927년, 1호.]

우크라이나 형제회는 종교적 신념을 지키기 위해 체계적인 방법으로 조직하고 우크라이나에서의 사명을 계속 수행할 수 있도록 전 우크라이나 교회 대표자 회의를 소집하기로 했다.[420]

1918년 10월 1일에서 8일까지 전 우크라이나 침례교회를 대표하는 110명의 대표단이 참석한 가운데 키예프에서 최초의 전 우크라이나 침례교 총회가 개최되었다. 총회는 교회 조직, 내외부 질서에 관한 중요한 결정을 채택했다. 교회 규약이 작성되었고 신앙고백 계획이 잡혔다. 잡지 [우크라이나 침례교를 출간하기로 했다. 그런데 국내 전쟁으로 권력이 바뀌었기 때문에 결정이 현실로 실현되는 것은 불가능했다. 그뿐만 아니라 기본적인 인권과 규범을 무시하는, 온갖 종류의 악행자들이 날뛰어 국민들의 상황은 극단적으로 어려웠다. 그래서 우크라이나에서 소비에트 권력 회복 이전에 지역 교회의 조직화된 합법적 복음주의 사역에 대해서는 말할 수 없었다. 불안한 시대에 교회가 불법적으로 존재했으며, 신자들은 할 수 있는 대로 구원의 복음을 전했다. 어려움에도 불구하고, 교회는 수적으로 성장했고 영적으로 강화되었다. 실례로, 폴탑스크 교회는 1920년에 두 배가 되었고, 주변에는 새로운 교회가 생겼고, 신자는 300명에 이르렀다.[421]

그 시기에 우크라이나에서 복음전파 활동은, 키리첸코, 딕, 살로프~아스타호프, 미하일로프와 일부 열정적인 전도자들이 포함된 형제들의 텐트선교가 효과적인 활동을 했다. 키리첸코는 키예프의 공원과 거리에서 초청 집회를 인도했다. 특히 은혜로운 활동이었다. 일부 심각하게 타락한 죄인들이 그리스도께로 돌아섰다.고 후에 크메타 예피모비치가 기록했다.[422]

우크라이나 남부에서 광범위한 전도 활동은 딕과 살로프~아스타호프가 진행했다. 딕과 그의 그룹은 7명(다른 출처 5명)이었는데, 딕은 1919년 가을에 마흐노가 이끄는 무정부주의자에 의해 희생되었다. 그가 무릎을 꿇고 기도할 때, 그들에 의

---

420. *Doklad Pravleniya Vseukrainskogo soyuza baptistov*.~Baptist Ukrainy, 1927, M. 2. [전우크라이나 침례교회 총회 보고서 ~ 우크라이나 침례교, 1927년, 모스크바, 2호.]
421. Khomyak R. D. *Desyatiletniy yubiley*. ~ Baptist Ukrainy, 1928, No1. [호먁. 창립 10주년. ~ 1928년 우크라이나 침례교, 1호]
422. Kmeta ~Yefimovich I. A. Redkaya zhizn' ~ Baptist Ukrainy, 1927, No 11. [크메타 예피모비치. 드문 삶 ~ 우크라이나 침례교, 1927년, 11호]

해 목이 잘렸다.[423]

살로프-아스타호프가, 텐트선교회의 책임자로 임무를 맡았고, 수차례 마흐노의 무정부주의자와 백군의 총에 맞을 위험에 노출되었다. 1920년에 멜리토폴 지역에서 유대인 복음 전도자 샤프란이 백군의 손에 사망했다.[424]

위의 예들은 내전 중 우크라이나 전도자들의 삶과 관련된 위험성을 보여준다. 그런데 그런 어려움을 무릅쓰고 복음전파는 중단되지 않았다. 우크라이나에서 백군들이 점령한 지역의 교회 생활은, 완전히 마비되었다. 예배는 금지되었다. 예배 드리는 경우 신자들은 심한 박해를 당했다.

백군은 자신들이 지지하는 정교회가 주도하는 이전 제국주의 체제를 복구했다. 복음전도자들은, 임시 권력의 자의적인 횡포의 잔인함뿐만 아니라, 권력(백군)에 의해 지원받은 정교회로부터 다시 고통을 당하기 시작했다고 살로프~아스타호프는 당시의 사건에 관한 직접 증언을 기록했다.[425]

우크라이나에서 소비에트 권력이 회복된 이후 1921년 5월 엘리자벳그라드에서 제2차 우크라이나 침례교 총회가 소집될 수 있었다. 총회에 교회 대표자 120명이 참석했다. 총회는 만장일치로 키예프 시내에 우크라이나 침례교 연합회를 설립했다. 프라보베로프가 연합회 의장으로 선출되었다.[426]

시베리아 1918~1920년은 이 지역에서 특별한 영적 성장의 시기였다. 시베리아 침례교회 형제회는 수년간의 혹독한 콜차크 정권 시대에도 복음사역을 멈추지 않았다. 옴스크에 있는 콜차크 본부 사람들이 신자들의 감정을 모독하고 넓은 교회 건물을 몰수하고 마구간으로 사용했지만, 1919년 6월에 형제들은 노보~옴스크에서 60개 지역 교회 대표자들이 참석한 가운데 세 번째 지방회로 모였다. 지방회는

---

423. Svidetel'stvo predstavitelya palatochnoy missii D. I Mikhaylova na vserossiyskom s"yezde baptistov 1920 g. (Po vospominaniyam M. I. Motorinoy); Salov~Astakhov N.I. Sekret i sila molitvy. [1920년 전러시아 침례교총회에서 천막선교회 대표 미하일로프의 증언(모토리나의 회고에 따름); 살로프~ 아스타호프. 기도의 능력과 비밀]

424. Galich M. Grustnaya stranitsa iz proshlogo.~Baptist Ukrainy, 1927, No 3. alich M. [과거의 슬픈 페이지 ~ 우크라이나 침례교, 1927년 3월 3호.]

425. Salov~Astakhov N.I. *Sekret i sila molitvy.* [살로프~ 아스타호프. 기도의 능력과 비밀]

426. *Doklad Pravleniya Vseukrainskogo soyuza baptistov.* Baptist Ukrainy, 1926, No 2. [1968년 제 2차 우크라이나 침례교 연합회 총회 지도부 보고서.~ 우리크라이나 침례교, 1926년, 2호]

추후 복음전파 사업을 더욱 확대하기로 했다. 당시 콜차크 군부 독재 정권은, 붉은 군대의 성공적인 작전으로 정신이 혼란해져 민원 업무를 수행하지 못했다고 말할 필요가 있다. 1919년 6월~7월 콜차크의 지배로부터 우랄 근교와 우랄이 해방되었고, 후에 시베리아 전체가 해방되었다. 해방 후, 많은 새로운 교회와 신자 집단이 출현했고, 목회자 선출과 안수식이 있었다. 1919년 페틀러는 [전도자] 잡지 발행을 착수했다. 아나닌과 그의 아내는 [믿음의 소리] 찬양집을 5천 부 발행했고, 체르만은 [찬양의 노래] 찬양집을 발간했다.[427]

극동 지방에도 부흥이 일어났다. 지역 교회들은 블라고베셴스크에 있는, 침례교 연합회 극동지방회로 연합했다. 1920년 7월 블라디보스토크에서 극동지역 교회 대표자들의 지방회가 개최되었다.[428] 17명의 전도자는 특정 지역에서 광범위한 전도 활동을 했다. 1918~1920년 동안 블라고베셴스크 교회의 신자가 매우 증가하여 600명에 이르렀고, 알렉산드롭스크와 하바롭스크 교회에는 250~300명의 신자가 있었다. 1920년 무렵에 페름스크(현재 콤소몰스크 나아무르) 마을의 교회 회원은 85명이었고, 블라소보(현재 니콜라옙스크 나아무르) 마을에 있는 교회는 70명의 사람으로 구성되었다. 15명의 신자들을 포함한 크라스노예 마을에도 새로운 교회가 생겨났다. 같은 해에 수청(현재 파르티잔스크시)과 스파스크에서도 커다란 부흥운동이 있었는데, 새로운 개종자의 절반이 한국인이었다. 극동 공화국이 조직된 후 1921년 6월 29일부터 7월 4일까지 블라고베셴스크에서 빈스 의장의 주도하에 정기 지방회가 개최되었고, 80명의 대표단이 참석했다. 지난해 결산 자료에 따르면 약 4,000명의 신입 회원이 교회에 등록했다. 일부 조직체계의 변화가 있었다. 극동 지방회는 독립된 연합회가 되었다.[429]

---

427. Sibirskiy otdel Soyuza baptistov i yevangelizatsiya Kazakhstana. Rukopis'. Arkhiv VSEKHB. [침례교 연합회 시베리아 지부와 카자흐스탄 복음화. 수기원고. 침례교총연합회 문서보관소.]
428. *Dela Soyuza baptistov*.~Blagovestnik, 1920, No 10 i 11; *26~y vsesoyuznyy s"yezd baptistov SSSR*, M., 1926, s. 75~78. [침례교 연합회의 사업 ~ 전도자, 1920년, 10, 11호; 제26차 소련시절 침례교 총회, 모스크바, 1926년, p.75~78.]
429. Istoriya nasazhdeniya i zhizn' tserkvey YEKHB na Dal'nem Vostoke. Rukopis'. Arkhiv VSEKHB; 26~y s"yezd baptistov... s. 78.~ Slovo Istiny, 1921, No 5~6. [극동 침례교회의 시작과 생활 역사. 필사본. 침례교총연합회 문서보관소; 제26차 침례교 총회...p.78.~ 진리의 말씀, 1921년, 5~6호]

중앙아시아와 투르케스탄 또한 1918~1921년에 많은 사람이 주님께로 돌아오는 시간이었다. 타슈켄트, 침켄트, 베르니(알마아타), 피시펙(프룬제), 아울리~아타(잠불)의 교회에서 설교자와 함께 작은 찬양대 그룹이, 코칸트와 인근 마을을 방문하여, 뜨거운 불을 던지면서 그리스도의 사랑과 구원의 복음을 전파 했다. 결과적으로 많은 사람이 개종하였고 새로운 교회가 생겼다. 1917년 투르케스탄 신자들이 침례교 연합회의 중앙아시아 지부로 연합했고, 이미 일부 메노파 공동체 형제회 지도자들은 협력하고 있었다.[430]

남캅카스의 복음주의 침례교 형제회는 조지아인들 사이에서 복음전파가 시작되었다는 것이 특징적이다. 1919년에 캅카스 침례교 지방회에서 남캅카스 연합회를 결성했는데, 조지아, 아제르바이잔, 아르메니아의 신자들이 연합하였다. 의장은 벨라우소프를 선출했다. 지방회에서 조지아인 사이에서 계속 복음을 전파하기로 했다. 1919년 3월 12일, 조지아인을 위한 첫 번째 모임이 티플리스 침례교회 홀에서 열렸다. 그 후부터 정기적으로 주 1회, 매주 토요일에, 조지아어로 집회가 열리고 있다.고 칸델라키가 전했다.[431] 벨로루시에서 내전의 물결은 상당히 빨리 지나갔다. 소비에트 권력의 회복과 함께 일부 침례교회 생활이 정상화되었다. 그 당시 벨로루시에는 주로 복음주의 기독교 교회가 있었다.[432]

---

430. Sizov N. N. Istoriya vozniknoveniya khristianstva v Kirgizii i sluzheniye veruyushchikh v nashe vremya, 1981. Arkhiv VSEKHB. Vos'midesyatiletiye Tashkentskoy tserkvi YEKHB(1902~1982). Arkhiv VSEKHB. [시조프. 키르기즈스탄에서 기독교가 출현한 역사와 현재 신자들의 사역. 1981년 침례교총연합회 문서보관소. 타슈켄트 ??침례교회 80주년(1902~1982). 침례교총연합회 문서보관소.]
431. 26~y s"yezd baptistov... s. 68, 51.[제26차 침례교 총회, p.68,51]
432. Tam zhe, s. 87; *Kratkaya istoriya vozniknoveniya yevangel'sko~ baptistskogo dvizheniya v Belorussii*. Rukopis'. 1981. Arkhiv VSEKHB. [위의 책, p. 87; 벨로루시 복음주의 침례교 운동 발생 요약사, 필사본, 1981, 침례교총연합회 문서보관소]

1917~1922년의 복음주의 기독교 형제회

영적 사역의 활성화와 전 러시아 총회

혁명 이후 시대에 페트로그라드, 모스크바 및 기타 여러 장소에서 복음주의 기독교 교회에서 영적 사역이 활기를 띠게 된다. 오랜 휴식 시간이 지나고 페트로그라드의 테니셰프스키 홀에서 초청 집회가 재개되었다. 알려진 대로, 그 홀에서 1915년까지 자주 설교를 하고, 강의와 강좌를 했던 사람은 프로하노프였다. 1917년 3월 12일 아침 2번의 기념 예배가 열렸고, 거기서 성찬식이 거행되었다. 1917년 3월 18일 모스크바에서 기념 예배가 있었다.

1917년 봄부터 모스크바 복음주의 기독교 교회는 이전에 개혁교회 건물이었던 말리 부좁스키 골목 3번지 거리에서 예배를 드리기 시작했다. 교회의 첫 번째 집회는 1917년 4월 23일에 열렸다. 기도의 집 입당 기념식은 4월 30일에 있었다. 기도의 집 입당 기념일에, 사역자들과 합창단은 현악 합주단과 함께 포크롭스키 불바르 거리에서 말리 부좁스키 골목 거리까지 행진했다. 가는 길에 신자들은 모임 주소가 있는 예배 초대장과 소책자를 나눠주었다. 교회는 사람들로 가득 찼다. 그 날 많은 사람이 그리스도를 그들의 구세주로 영접했다.[433]

그 당시 전도자들의 구성은 신자들에 의해 크게 확대되었는데, 그들은 독일군 포로 시절에 주님께 회심하고 고향으로 돌아온 사람들이었다. 포로 가운데 첫 번째 설교자들은 포로 출신의 복음주의 기독교인들과 침례교도였다. 그들은 수용소에서 함께 기도하고 성경을 읽기 위해 모였다.

마르친코프스키는 신자의 메모에서 다음과 같은 정보를 인용했다. 전쟁이 끝나고 2 천여 명의 개종자가 포로에서 풀려나 러시아로 돌아왔다. 고향에서 그들은 영생하도록 솟아나는 샘물을 받는 축복의 그릇이 되었다. 아무도 그리스도에 대해 들어 본 적이 없는 곳에 신자 그룹과 교회가 생겼다. 1915년 러시아 차르 정부에 의해

---

433. *Utrennyaya zvezda*, 1917, No 1, s. 5. [새벽 별, 1917년, 1호, p.5]

추방된 페틀러는 러시아 전쟁 포로의 복음화에 크게 이바지했다. 1916년 초에 그는 유럽에서 러시아 수감자들 사이에서 일하기 위해 소위 복음주의위원회를 조직했다. 위원회의 의장은 유명한 기독교 감리교인 존 모토(1865~1955)로, 세계기독학생회의 설립자이자 에큐메니칼 운동의 선구자 중 한 사람이었다.

제4차 전 러시아 복음주의 교회 총회가 1917년 5월 17~25일에 페트로그라드에서 개최되었다. 100명 이상의 대의원이 참석했고 의장은 프로하노프였다. 일부가 늦기는 했지만, 침례교 연합회 대표단인 파블로프, 티모셴코, 스코로호도프, 알레힌, 줄린 등이 총회에 도착했다.

총회가 진행되는 동안 종교 문제에 관한 임시 정부의 법안 초안을 살펴보고, 교회가 국가와 분리되고 진정한 종교 자유가 제공될 것으로 예상하였다. 문서에는 여러 제안 사항이 있었다.

프로하노프는 총회 참석자들과 토론을 위해 기독교민주당 부활 조직에 관한 안건을 제기했다. 그러나 총회는 공동체가 정치에 열중하는 것은 바람직하지 않다고 밝히고, 지방 교회 회원들로부터 기독교민주당을 조직하려는 제안은 부결되었다. 프로하노프의 제안은 기독교적인 최상의 이상에 따라 국민에 의한 국가 생활의 모든 조직을 설정하는 것을 목표로 하는 연합의 일부 회원들의 개인적 제안으로 인정되었다.[434] 총회는 연합위원회 준비와 조직에 참여할 5명의 형제를 선출했다.

제5차 전 러시아 복음주의 교회 총회는 1917년 12월 25일 성탄절부터 1918년 1월 1일까지 모스크바에 있는 사벨리예프 제과 공장 홀에서 열렸다.[435] 94명의 대표단과 14명의 손님이 총회에 참석했다. 공식적으로 초청된 침례교 대표들은 지도부 회원들 간의 합의가 이루어지지 않아 총회에서 대표성을 보장할 수 없어서 회의에 참여하지 않았다.

---

434. Mysl' o sozdanii takoy partii vpervyye obsuzhdalas' v krugu yedinomyshlennikov iz dvadtsati dvukh chelovek 17 marta 1917 goda v Petrograde. Byl izbran komitet v sostave predsedatelya, yego tovarishchey, kaznacheya, dvukh sekretarey i pyati chlenov i razrabotana programma (opublikovana v *Utrenney zvezde*, 1917, No 1, s. 7). [그런 정당을 만들자는 생각에 동의하는 22명의 사람들은 1917년 3월 17일 페트로그라드에서 처음으로 모여 논의했다. 의장, 부의장, 재무, 서기 2명, 위원 5명으로 구성된 위원회가 선출되었고 프로그램이 개발되었다.(새벽 별, 1917년 1월호, 7페이지에 실림)]

435. *Utrenney zvezde*, 1918, No 1, s.1~2. [새벽 별, 1918년 1월호, p.1~2]

총회는 "우리가 잠에서 깨어날 때가 되었다"라는 표어 아래 열렸다(롬 13:11). 총회 의제는 전도, 공동체의 영적 수준의 향상, 일반적인 양육과 교육, 자선 사업, 페트로그라드 기도의 집, 설교자 준비와 여성 사역 및 성서대학의 설립과 합의를 특별히 살폈고, 지역 연합회와 출판 및 거리 선교 활동 등에 관심을 기울였다.

총회의 회의 중간 휴식 시간에 도시의 여러 장소, 샤냐프스키(현 러시아국립대학 위치, 역자 주)대학교, 상업대학교, 시의회, 포럼 영화관 등에서 대규모 예배 집회가 개최되었다. 프로하노프와 카르젤의 주도하에 종합기술박물관의 강의실에서 기도회가 열렸고 성찬식이 거행되었다. 그 후 총회의 표어 아래 초청 집회가 있었다. 종합기술박물관과 포럼 영화관에서의 집회 기획에 모스크바 기독교 복음주의 교회 청년들과 기독군인회 회원들이 상당한 이바지했다. 그들은 사람들을 집회에 초대하고 주소가 적힌 초대장을 나누어 주었다.[436]

제5차 전 러시아 복음주의 기독교의 총회는 참석자들뿐만 아니라, 전국의 신자들에게도 큰 영향을 미쳤다. 청장년 신자들이 그리스도의 복음을 전하려는 열망으로 불타올랐다. 사방에서 죄인들이 그리스도께 회심했다는 반가운 소식이 들렸다. 내전 상황에서 복음주의 형제회가 분산되어 있어서 지방에서의 전도 활동은, 복음주의 기독교의 현, 주, 지역, 지구별 교회들이 진행했다.

제6차 전 러시아 복음주의 기독교 총회가 1919년 10월 12~18일에 페트로그라드에서 열렸다. 그 당시 국가의 중심부는 내전으로 인한 전선의 긴장감이 심했고, 철도 운송은 기능하지 못했고, 식량 부족은 극심했다. 이러한 상황에서 약 90명의 복음주의 기독교 교회 대표자들이 총회에 모였다. 러시아 침례교 연합회의 임시지도부에서 파블로프와 실로프가 참석했다. 총회 의장은 프로하노프, 서기는 카레프와 미츠케비치였다. 총회에서 논의된 주요 의제는 다음과 같다.

전도-지역 교회 대표로부터 현장에서 하나님의 사업 상태에 관한 소식이 전해졌고 50명의 전도자를 선출했다. 그들의 보조를 위해 6십만 루블 이상의 기금(식량과

---

436. Iz dnevnika A. I. Mitskevicha. [미츠케비치 일기]

돈)을 모으기로 계획했다. 출판의 확대 - 1919년에 종이 가격이 올라서 새벽별은 8호만 발행되었다(1919년 마지막 호가 8월에 발행되는데, 한 페이지에 6~8루블 하던 것이 18루블까지 올랐다).[437] 잡지 기독교인은 발행되지 않았다. 통합 ~ 복음주의 기독교와 침례교가 하나의 교단으로 통합되는 일에 특별한 관심이 쏠렸다. 파블로프와 실로프가 토론에서 적극적으로 참여했다. 총회는 임시 전 러시아 공동위원회에 관한 규정의 초안을 작성하고 복음주의 기독교인 10명을 포함했다. 침례교 대표들도 위원회를 위한 그들의 대표를 지명하겠다고 약속했다. 총회의 기쁨은 프로하노프 아내의 슬픈 사망 소식이 전해져 프로하노프가 겪은 상실로 인해 어두워졌다. 총회 참가자들은 형제의 슬픔을 함께 나누었다.

제7차 전 러시아 복음주의 기독교총회는 1920년 5월 27일부터 1920년 6월 7일까지 모스크바에서 침례교 연합회 총회와 동시에 개최되었다. 총회에 150개 지역 교회 대표들이 참석했다.[438] 총회 의장은 프로하노프, 부의장은 펠레빈이었다.

총회는 최우선 순위로 전도 활동에 관심을 기울였다. 전도자를 2명씩 중국과 인도로 파송하고, 러시아 국내에 아직 구원의 복음이 전해지지 않은 네네츠, 코미, 키르기즈, 카자흐, 칼미크 및 다른 민족들에도 보내기로 했다. 1920년 10월 1일부터 페트로그라드에서 6개월간 성경 강좌를 개설하기로 예정했다. 또한, 지역 교회 목회자 안수 문제와 목회자 선출 문제를 다루었다. 총회의 일정에서 연합회를 하나로 합병하는 문제가 토론의 특별한 부분을 차지했다. 총회는 전 러시아 복음주의 기독교 상임위원회 위원 7명과 3년 임기의 자문 위원회 26명을 선출했다. 연합회 회장 프로하노프, 회계 마트베예프, 상임위원 카팔긴, 유딘, 예르마첸코, 네이만, 알렉세예프였다.

제8차 전 러시아 복음주의 기독교총회는 1921년 12월 1~10일에 페트로그라드에서 개최되었다.[439] 지역 교회에서 142명의 대의원이 참석했다. 다음과 같은 중요

---

437. *Utrenney zvezde*, 1920, No 1, (yanvar'). [새벽 별, 1920년 1호, 1(월)]
438. *Utrenney zvezde*, 1920, No 2~3. [새벽 별, 1920년, 2~3호]
439. Tam zhe, 1922, No 1~2, s 3~4 [위의 책, 1922년, 1~2호, p.3~4]

한 문제가 결정되었다.

전도 : 전도 사업을 확대하고 전도자의 수를 50명에서 100명으로 두 배로 늘리기로 했다. 그 당시에 전도자 한 명을 유급으로 유지하는 데, 한 달에 2백만 루블이 필요했다. 총회 자문 위원회의 직원을 늘리자는 결정을 채택했다.

기아 구호 : 배고픈 사람들을 돕자는 의사를 밝힌 7 교회의 모범을 따르겠다는 제안이 나왔다.

침례교와 연합 : 이 질문은 두 노조의 지도력에 관한 우려로 인해 그대로 남았다.

성서대학 : 1922년 5월 1일까지 대학에 입학할 예비 학생의 이름을 알려 달라는 제안이 교회에 있었다. 종교의 자유에 관한 위반 사항은 모스크바는 안드레예프와 사벨리 예프에게, 키예프는 셴데롭스키에게 전해 달라고 했다.

안수식 : 총회는 지역 교회 목회자 선출에 대해 선임된 사람에 관한 안수를 위해 총회 자문 위원회에 알려 달라고 권고했다.

복음주의 기독교 지방회

제5차 전 러시아 총회 이후, 복음주의 기독교 소속 주, 지역, 지구 대회가 여기저기서 소집되어 영적 문제와 조직 문제가 논의되었다. 1918년에 페트로그라드 주, 니즈니노브고르드 인근, 트베리 현, 볼가 강 변 지역에서 지방회가 처음으로 각각 개최되었다. 우랄 근교 이제프스크에서 두 번째 지방회가 열렸고, 뱌트카(현재는 키로프), 페름, 우파, 카잔 현의 교회 대표자들이 참가했다.[440] 다음 해에는 스몰렌스크 지구, 트베리 현, 오렌부르크 지구 및 사마라 지구의 지방회가 있었다. 지방회에서는 전도, 교회 회원 교육, 교회 건물 구입, 주일 학교, 교회 이름, 기독교 코뮌 생활에 대해 논의했다. 오룔 현 코뮌에 관해 지방회는 프로하노프 형제가 정리한 규약에 기초하여, 농업 조합과 형제적 노동공동체의 자유로운 조직을 인정하는 것이 바람직하다고 말했다.[441] 오렌부르크 지구 및 사마라 인근 지방회는 다른 지방회와 달

---

440. *Utrenney zvezde*, 1918, No12,13,15,16,17. [새벽 별, 1918년 12,13,15,16,17호.]
441. Tam zhe, 1920, No 1 [위의 책, 1920년, 1호]

리 연합되어 있었다. 침례교도, 복음주의 기독교인, 메노파 형제회 대표자들이 모여 공동전도 사업을 위한 신자들의 연합 문제를 논의했다.[442] 1920년에 개최된 지방회 가운데, 키예프와 뱌트카 지방회에 주목할 필요가 있다.

9월 11~14일 키예프에서 지방회가 열렸고, 103명의 대의원이 참가했다. 의제는 17가지 항목이 포함되었다. 가장 중요한 질문은 전도자의 물질적 지원, 설교자를 위한 2개월 과정 기획, 교회 내 문맹 퇴치용 초등학교 설립, 국가 및 병역에 관한 태도 등이었다. 지방회는 9명의 복음전도자를 선출했고, 그중 4명은 무보수로 일하기를 원했다. 지방회는 행정업무에서 권력에게 무조건 복종에 관한 조항을 확인했다. 군복무와 관련하여 모든 전쟁에 방관한다는 태도를 고수하자는 제안이 나왔다. 지방회는 지역연합위원회를 선출했고, 회장 예고로프, 부회장 수다레프, 센데롭스키, 회계 트카첸코, 서기 오를로프, 위원 7명을 선출했다.

3월 29일부터 4월 7일까지 뱌트카(현재 키로프)에서 뱌트카 현 복음주의 기독교인들의 영적이며 일반적인 지방회가 개최되었다. 지방회는 미츠케비치, 이체토프킨, 쿠흐만이 이끌었다. 지방회 의제 중 영적 부분은 그리스도의 재림, 성령 침례와 성취, 성령을 반대하는 죄 등의 교리에 관한 연구가 검토되었다. 지방회의 일반적 부분은 복음전도, 자선, 고아와 노인을 돌봄 등이 논의되었다. 페름현의 랍키 마을에 고아원을 설립하기로 결정했다.[443]

청년 포도원 사업

1918년 초, 5차 기독교 청년 대회가 페트로그라드에서 개최되었다.[444] 불행하게도 우리는 3~4차 대회에 관한 정보를 가지고 있지 않다. 알려진 것은, 3차 대회가 1910년 부활절에 키예프에서 개최될 예정이었다는 정도이다. 그것의 실행 여부에 관한 자료는 보존되지 않았다. 5차 대회가 가장 알찬 대회로 여겨졌다. 대회에서는 개발된 프로그램에 맞게 기독교 청년이 주도하는 전도 사업을 확장하기로 했다. 계

---

442. Tam zhe. [위의 책.]
443. Iz dnevnika A. I. Mitskevicha. [미츠케비치 일기]
444. *Poslaniye ot Soveta soyuza khristianskoy molodezhi.* ~ Utrennyaya zvezda, 1921, No 1 [기독교 청소년 연합위원회의 메시지.~ 새벽 별, 1921년, 1호]

획을 실행하기 위해 상당한 기금을 준비하려고 했다. 그러나 국내 전쟁으로, 프로그램 시행은 전혀 허용되지 않았다. 기독교 청년연합회 규약은 검토와 개정 및 보완이 되었다. 6차 청년 대회는 1919년 10월에 개최될 예정이었다. 그런데 그것은 개최되지 않았고, 대회 대신에 1919년 10월에 열린, 제6차 러시아 복음주의 기독교 총회에 참석했던 청년 노동자 회의가 진행되었다. 젊은 목회자들 모임에서 기독인 청년 사역의 다양한 측면들이 검토되었고, 교회에서 기독청년회를 결성하자는 결정이 내려졌다. 프로하노프의 제안으로 청년연합회 전도자이자 뱌트카시 복음주의 기독교회 청년회장이었던 미츠케비치가 청년 지도자로 지명되었다.[445]

마지막 기독청년대회는 1921년에 트베리(현재는 칼리닌)에서 있었다. 대회 참가자들은 계획된 프로그램을 실행하기 시작했다. 그런데 5월 5일 지역 정교회 사제 비노그라도프의 보고서에 따르면 참가자 42명이 체포되었다. 5월 10일에 30명이 석방되었다. 프로하노프를 포함한 12명의 형제는 1~3년 기한의 트베리 강제노동 수용소로 이송되었다. 죄수들 중에는 유명한 지휘가 겸 작곡자인 비소츠키가 있었다. 구금된 형제들의 체류는 오래가지 못했다. 중앙 당국은 솅데롭스키와 모토린의 탄원서를 통해 사건을 검토한 후, 곧 모든 수감자를 석방했다. 그들은 약 3개월 동안 구금 상태로 있었다. 불합리하게 체포한 범행자는 법의 심판을 받았다.

1917~1923년의 연합회 활동

연합회 지도부의 대화 재개

1917년 이후, 침례교와 복음주의 기독교 연합회에 소속된 신자들을 연합시키는 일은, 새로운 단계에 접어들었다. 알려진 바와 같이, 지금까지 프로하노프는 연합회가 분리된 채로 공동 전도사업을 위한 특정 시점에만 침례교와 복음주의 기독교가

---

445. Iz dnevnika A. I. Mitskevicha. [미츠케비치 일기]

연합할 것을 제안했다. 이제는 형제회를 하나의 연합회로 합병하자는 말이 나왔다.

발리힌은 1917년에 티모셴코와 나림스키 변방에서 2년간의 추방 생활을 함께했던 복음주의 기독교 형제들과 사역을 시작했다. 극심한 시험 기간 발리 힌은 복음주의 기독교인들과 가까워졌다. 그는 신자들에게 진실의 말씀이라는 잡지를 통해 다음과 같이 말하면서 뜨거운 어조로 호소했다. 예언하지 말았을 것을(겔 37:15~22), 현재 신자들과 공동체에게 연합에 대해 설교하면서, "두 개의 연합회로 계속 나뉘어 있어요? 그것이 좋아요? 주여, 이 두 개의 지팡이를 합쳐서 우리가 마침내 한 민족이 되게 해 주세요. 어쨌든 시간은 기다려 주지 않아요."[446]

그렇게 5년의 휴식을 취한 후, 그 뜨거운 문제에 관한 대화가 새로운 차원으로 재개되었다. 그 결과 1917년 4월 복음주의 기독교 연합회의 대표단이 블라디캅카스에서의 러시아 침례교 총회에 참석했다. 대표단 구성에서 트로스노프, 사닌, 보듀가 포함되었다. 형제들은 1912년에 블라디캅카스 회의에서 제안되었던 공동위원회 구성이라는 제안을 되풀이했다. 침례교 대표는 제안에 대해, 한 연합회에서 다른 연합회로 잘못 허입된 회원들을 공동 연합회에서 제거하는 조건에 관한 동의를 얻어 응답했다. (이것은 신자들을 의미했는데, 한 교회에서 죄로 인해 출회 되었는데 다른 교회에서 그 사람을 허입한 경우) 침례교 연합회에서도 지도부 대표단을 복음주의 기독교총회로 보냈다. 대표단은 파블로프, 티모셴코, 알레힌, 스코로호도프, 줄린이 포함되었다.[447]

한 달 후, 복음주의 기독교 연합회 총회가 페트로그라드[448]에서 열렸고, 즉각적인 공동위원회 구성에 관한 결의안이 채택되었다. 위원회를 준비하기 위해 5명이 선출되었다. 총회는 침례교회에서 출회 된 회원에 관한 침례교의 조건을 수용했다. 그들을 다루는 방법은, 교회의 재량에 맡기기로 했고, 총회는 합의된 조건의 정신으로 조언과 권고만 했다. 1917년 성탄절까지 공동총회가 소집되어야 한다는 상호

---

446. Balikhin F. P. *O yedinstve veruyushchikh.* ~Slovo Istiny, 1917, No 1 (may). [신자의 연합.~ 진리의 말씀, 1917년, 1호 (5월).]
447. *Pervyy svobodnyy s"yezd baptistov.*~Slovo Istiny, 1917, No 1 (may). [침례교의 첫 번째 자유 총회.~ 진리의 말씀, 1917년, 1호 (5월).]
448. *Vserossiyskiy s"yezd yevangel'skikh khristian.*~Slovo Istiny, 1917, No 1. [전러시아 복음주의 기독교 총회~진리의 말씀. 1917년, 1호.]

희망이 표명되었다. 탐보프 현의 페스키 마을에서 1917년 8월(또는 9월) 침례교 스테파노프, 골랴예프와 복음주의 기독교 아베리 야노프는 지방회 소집을 노력했다. 형제들은 발라쇼프에서 침례교와 복음주의 기독교가 공동지방회를 열겠다는 진지한 열망을 전달했다. 그러나 마자예프는 지방회에 대해 단호하게 반대했다.[449] 공동총회는 이뤄지지 않았고, 모스크바에서 1917년 크리스마스 때 개최되었던 제5차 복음주의 기독교 연합회 총회에 침례교 연합회의 대표단을 파견하지 않았다. 파블로프와 티모셴코로 구성된 침례교 연합회 임시지도부가 결성된 후에야 통합과정에 약간의 진보가 시작되었다. 1919년 10월, 파블로프와 실로프는 제6차 복음주의 기독교 총회의 통합 논의에 적극적으로 참여했다. 총회에서 형제들은 다음의 협약을 맺었다(복음주의 기독교와 침례교의 임시적인 전 러시아 공동 협의회를 창설한다). 임시협의회에 관한 초안 규정이 만들어졌다.[450] 이렇게 해서, 긴 겨울과 지연되는 추운 봄이 지난 후에, 연합 작업은 마침내 따뜻함이 시작되었고, 두 연합회의 지도부 형제들은 서로 만났다.

침례교와 복음주의 기독교의 친교

1918년 후반부터 1919년 초에 페트로그라드에 있는 침례교회와 복음주의 기독교회는 친교에 관한 첫 번째 공동 결의안을 채택했다.[451] 복음주의 기독교 측은 프로하노프, 카레프, 보그다노프가 침례교 측에서는 실로프, 크루시코프, 예피모프가 서명했다. 1919년 9월, 앞에서 서명한 형제들이 두 번째 공동 결의안에 서명했다. 특히 후자는 다음과 같이 밝혀졌다.

복음주의 기독교인들과 침례교 공동체는, 서로 독립적이고 자립적으로 남아 있지만, 두 공동체가 작업한 결의문에 관한 통합은 함께 실행하도록 노력한다(첫 번째 결의안 의미~저자 주).

---

449. Mazayev D. I. *Peskovskiy s"yezd.* ~Baptist, 1917, No 3 (sentyabr'). [마자예프, 페스키 지방회~침례교, 1917년, 3호(9 월).]
450. *Bratskiy soyuz*, 1920, No 1 (mart); Slovo Istiny, 1917, No 1. [형제 연합, 1920년, 1호(3월); 진리의 말씀, 1917년, 1호]
451. *Bratskiy soyuz*, 1920, No 1 (mart) [형제 연합, 1920년, 1호]

결의문과 관련하여, 각 공동체의 3명의 위원을 대표하여 공동체 간의 상시 연합 협의회 또는 공동협의회를 설립한다. 연합협의회의 결정은 자문위원회 승인 또는 두 공동체 총회의 승인을 거쳐야 유효하다. 두 공동체 모두 가능한 한 빠른 시일 내에 총회나 연합협의회가 설립되기를 희망한다. 연합협의회 또는 총회의 창설에 관한 모든 이의 제기는 완전히 근거가 없는 것으로 간주한다.

- 우리의 통일성을 토대로 우리는 사도 바울이 히브리서 6장 1~2절에서 말한 진리를 믿는다. 본질에서 우리는 침례와 안수 문제에 관한 해결책에 동의한다(이러한 신성한 행위에 관한). 방법과 구원의 원인과 관련이 없는, 모든 종류의 의견은 일치에 관한 걸림돌이 되어서는 안 된다.
두 번째 결의안의 주요 조항은 러시아의 복음주의 기독교와 침례교의 모든 교회에 통합을 위한 호소 형식으로 발송되었으며, 신앙의 일반 원칙과 그들 사이의 기도하는 의사소통 외에 그들은(교회) 다음과 같이 결정했다.
- 집회에서 설교자와 광고를 교환한다.
- 신입 회원 입회 및 출회에 대해 서로에게 알린다.
- 성찬식을 포함한 공동회의 준비.

이 연합에 우리는 러시아의 복음주의 기독교와 침례교의 모든 공동체를 초청한다. 이러한 좋은 시작은 지역 교회와 지구(인근) 연합회의 통합을 위한 원동력으로 작용했다.

복음주의 기독교와 침례교의 첫 번째 임시 전 러시아 공동협의 회의

1920년 1월 19~24일에 임시 러시아 총회 1차 회의가 열렸다.[452] 프로하노프, 마트베예프, 페트로프, 카팔긴, 오를로프. 등 10명의 복음주의 기독교 대표들이 참석했다. 침례교는 파블로프, 실로프, 시로틴, 야우히아이넨, 멜리스가 대표로 참석했

---

452. *Bratskiy soyuz*, 1920, No 1 (mart) [형제 연합, 1920년, 1호]

다. 기도회에 참석한 사람들은 러시아 내 복음주의・침례교 형제회의 일치에 관한 문제를 논의했다.

회의 결과 참석자들은 다음과 같은 결의안을 채택했다.

> 세상의 구세주께서 하나님 자녀들의 일치와 선한 것에 대해 바라는 바를 이루시기 위해…. 모든 복음주의 기독교인들과 침례교인들을 부르시는 러시아에서 하나님의 사업은 미래에 두 가지 흐름이 하나로 모이고 두 개의 연합회가 하나로 될 수 있도록 전심을 다 해 영적 노력을 기울이신다.

1920년 1월 19일에 위에서 언급한 사람과 기존의 복음주의 기독교와 침례교가 앞서 기술한 임시 전 러시아 공동 협의회를 고려하기로 한 것은 위에서 언급된 협약에 따라 제6차 복음주의 기독교총회에서 채택되었다. 공동 협의회의 주요 임무는 1920년 5월 27일부터 6월 6일까지 모스크바에서 개최될 전 러시아 총회를 소집하는 것이었다. 공동 협의회는 지역 교회가 총회에 보낼 대표를 선출하되 대의원 수는 교회 회원 50명당 1명을 계산하도록 제안했다. 형제들은 임시 전 러시아 공동 협의회의 규정을 작업하고 출판했다. 공동 협의회 의장은 제비뽑기로 파블로프가 의장이 되었고, 부의장은 프로하노프가 되었다. 그런데 파블로프는 협의회의 업무를 공동지도부로 수행할 것을 제안했다.

공동 협의회의 인쇄 기관인 월간 잡지는 형제 연합의 표어는 다음과 같다. "그 막대기들을 서로 합하여 하나가 되게 하라 네 손에서 둘이 하나가 되리라"(겔 37:17). 형제 연합 잡지의 상징물로는 한 손에 있는 두 개의 지팡이였다.

잡지는 연합 문제와 직접 관련된 문제 외에도, 페트로그라드와 모스크바의 교인들에게 도움을 청하는 호소문을 발간했으며, 지역 사회 및 다른 사람들의 법적 문제를 다루었다. 현장에서 신자들은 가까워졌다.

통합 작업에 관한 환영의 반응은 1919~1920년에 복음주의 기독교와 침례교 지역 교회들의 친교로 나타났다. 일부 지역에서는 친교의 과정이 메노파 형제회도 움직였다. 1919 년 오렌부르그와 사마라에서 지방회가 개최되었다. 침례교, 복음주의 기독교, 메노파 형제회가 연합과 협력 사업 문제를 생생하게 의논했다.[453] 1920년 1월에 펜자시에서 복음주의 기독교와 침례교의 지방회가 열렸다. 종료 후, 특별 협의회가 활동을 시작했다. 1920년 2월 하르키우현의 보고두호프스키군 지방회는 다음 결의안을 채택했다. 군내의 모든 교회는 하나님의 추수지에서 더 유익한 사업을 위해 지방회에 가입할 것이다. 50개 교회가 연합된, 캅카스지역 교회연합회 지도부는 복음주의 기독교연합회 지도부와 하나의 지방회로 통합하는 협의에 이르렀다.[454]

크림에서 복음주의 기독교와 침례교의 지방회가 열렸다. 지역 교회에서 공동 예배가 진행되었다. 특히, 오데사에서는 공동 성찬 예배가 거행되었고, 러시아계와 독일계 침례교인, 러시아 복음주의 기독교인과 복음주의 유대인이 참여했다. 새롭게 형성된 교회들은 이전에 두 흐름 사이의 관계에서 나타났던, 배타적 정신과는 달랐다.[455]

침례교와 복음주의 기독교의 공동 총회

1920년 5월 27일부터 6월 6일까지, 임시 러시아 공동 협의회에서 합의한 예비 합의에 따라, 1920년에 침례교와 복음주의자들의 총회가 모스크바시에서 동시에 개최되었다. 회의의 대부분은 공동으로 진행되었다. 그들은 형제애의 분위기, 솔직함, 상호이해, 공익을 위한 양보의 준비로 가득했다.

5월 29일 총회에 참석한 침례교 측은 교리 문제에서, 침례교인과 복음주의 기독교인의 생활과 행동의 방식이 크게 다르지 않으며, 1917년 복음주의 기독교 4차 총회 시 교회에서 잘못 허입한 회원에 관한 침례교의 조건을 수용한다고 밝혔다. 총회 참가자들은 두 연합회가 완전히 합쳐져 하나의 연합회가 된 것을 선언했고, 전 러시아 복음주의 기독교침례회 연맹이라는 명칭이 제안되었다. 그뿐만 아니라 연합회에 속한 교회들도, 공통의 이름을 수용하자는 제안이 선언되었다. 목회자, 침

---

453. *Utrenney zvezde*, 1920, No 1. [새벽 별, 1920년, 1호]
454. Otchet vserossiyskogo s"yezda yevangel'skikh khristian~baptistov, sostoyavshegosya v Moskve s 27 maya po 6 iyunya 1920 goda. [1920.5.27.~6.6. 모스크바 전러시아 복음주의 기독교침례회 총회 보고서]
455. Tam zhe. [위의 책.]

레, 성찬식 절차와 관련된 문제는 복음주의 기독교가 제출한 제안을 기본으로 받아들여졌다. 우리를 분열시키는 모든 이유는 사라져야 한다.'는 총회에서의 침례교 연합회 선언이 있었다.

총회에 참석한 복음주의 기독교연합회는 침례교가 제안한 연맹의 이름에 동의하지 않았다. 그 문제에 관한 논의는 6월 3일까지 지속했다. 마지막으로 전 러시아 복음주의 기독교 및 침례교 연맹 명칭을 수락하기로 했다. 6월 3일 공동의 저녁 회의에서, 의장은 두 연합회의 합병이 일어났음을 엄숙히 발표했고, 참석자들 모두에게 기도하도록 초청했다. 참석자들은 기쁨의 눈물로 서로 인사했다. 최고령자인 파블로프는 주님께서 그에게 오랫동안 기다려온 연합회의 합병을 보여 주셨다고 감사를 표했다. 같은 영으로 복음주의 기독교 페트로그라드 교회의 최고령 회원인 라코프도 지지했다. 폐회에서, 참석한 모든 사람은 손을 잡고 '복음의 신앙을 위해'라는 찬송가를 불렀다.

그런데, 지도부가 연맹의 조직적 측면에 관한 합병으로 옮기자, 심각한 의견 차이가 발생하여 슬픈 결과를 낳았다. 어려움은 명칭이 아니라, 누가 연맹을 이끌 것이며 연맹 지도부를 어디에 둘 것인가의 문제였다. 파블로프는 두 연합회의 확대 상임위원회 공동 회의에서 어느 한쪽이 다른 쪽을 비판하는 모든 것을 방지하기 위해, 의장 없이 연맹 업무를 협의체 운영으로 실행하자고 제안했다. 양쪽이 같은 수의 위원을 선출하고 페트로그라드와 모스크바에 혼합 협의체를 구성하자는 것이었다. 복음주의 기독교 확대 상임위원회 대표인 펠레빈은 연맹은 반드시 프로하노프가 의장이 되어야 하고, 부의장은 침례교 대표자로 하자는 제안을 발표했다. 프로하노프는 자신의 견해에서, 1년 동안의 협의체 운영에 동의했으나, 그런데도 연맹 지도부의 장소는 페트로그라드가 되고, 모스크바에는 2개의 위임된 지도부를 두자고 고집했다. 프로하노프는 사실 페트로그라드에 만든 센터를 국민의 영적 생활을 부활시키는 아이디어를 실현할 가능성을 염두에 두었기 때문에, 그것이 분리된다는 것에 동의할 수 없었다. 그 목표를 위해 그는 이미 열심히 일했으며 복음주의 기독교인들과 러시아 복음주의 연합, 그리고 복음주의 기독교 연합의 첫 번째 공동체를 조직했다. 그는 분명한 목표를 위해 그때까지 많은 일을 해 왔다. 첫 번째 복음주의 기독교 공동체를 조직했고, 그 후 러시아 복음주의 연합회를 조직했고, 마침내 복음주의 기독교연맹을 조직한 것이었다.

상임위원회 수준의 이틀 연속 회담에도 합의에 이르지 못했다. 총회 참가자들은 슬픔으로 각자 교회에 돌아갔다. 이런 결과에 대해 그 시기에 이미 모즈독(북오세티야 공화국 도시, 역자)에 살고 있었던 마자예프는 만족감을 숨기지 않았다. 이것이 희망찬 첫 번째 총회의 결과였다.

그런 상태는 다음 해까지 계속되었다. 그런데도 침례교 연합회의 대표자들은, 두 연합회의 영적 통합이 정말로 일어났기 때문에, 미래의 대화 재개를 소망할 수 있었다.

1922년 10월 침례교 연합회의 지도부는 복음주의 기독교 연합회의 지도부에게 대화 재개에 관한 제안을 요청했다. 협동 사업은 구호 사업, 페트로그라드에 성서 강좌 개설, 정부에 영적 도서 발간[456] 등이 포함되었다. 복음주의 기독교연합회는 돌아오는 복음주의 기독교총회에서 최종 결정이 승인되는 조건으로 그 제안을 받아들였다. 실제로는 그런 특별한 필요가 없었다. 왜냐하면, 지역 교회와 복음주의 교회와 침례교회의 지역 연합회는 이미 여러 장소에서 공동으로 일하고 있었기 때문이다.

그 문제에 관한 짧은 서신 후, 프로하노프는 1922년 10월 23일에 예정된 침례교 연합회 지도부와 만남에 동의했다. 그러나 만남을 하루 앞두고 바쁘다는 이유로 다른 날로 연기할 것을 요청했다. 새로운 만남의 날짜가 정해졌다. 파블로프가 협상하기 위해 모스크바에서 페트로그라드에 왔다. 그는 프로하노프를 만났지만 프로하노프의 말에 의하면 다른 문제를 해결하는 데에 바쁘다고 하여 형제회의 일치에 관한 자세한 논의를 할 기회가 없었다. 페트로그라드에서 이틀을 보낸 후, 파블로프는 프로하노프와 협상을 하지 못한 채 모스크바로 돌아갔다.[457] 당시 프로하노프

---

456. Zapis' No 50 protokola zasedaniya Kollegii Soyuza baptistov ot 13 oktyabrya 1922 goda. Istoricheskiye dokumenty g~zhi Neprash otnositel'no religii v Rossii. Ashford, SSHA. [1922년 10월 13일자 침례교 지도부 회의록 50번. 네프라시 여사의 러시아 종교 관련 역사적 문서. 애슈퍼드, 미국.]

457. Zapis' No 52 protokola zasedaniya Kollegii Soyuza baptistov ot 24 noyabrya 1922 goda. Istoricheskiye dokumenty g~zhi Neprash otnositel'no religii v Rossii. Ashford, SSHA.[1922년 11월 24일자 침례교 지도부 회의록 52번. 네프라시 여사의 러시아 종교 관련 역사적 문서. 애슈퍼드, 미국.]

는 정교회로부터 발생한, 생명의 교회와의 관계를 시작했다. 1922년 9월 복음주의 기독교연합회 지도부를 대표하여, 그 교회를 복음의 외침으로 선언하고 자유민족 복음 교회협의회로 보냈다.

침례교 연합회의 지도부는 새로운 고민에 빠졌다. 형제들은 프로하노프가 생명의 교회와 연합을 선호하고, 복음주의 기독교와 영적으로 가까운 침례교를 모욕한 것으로 여겼다. 침례교 연합회의 지도부는 복음주의 기독교[458]가 거명된 교회와 친교 하는 것은, 순수한 복음주의 가르침과 불투명한 근원이 섞일 수 있다는 점을, 지적해야 한다는 결의안을 채택했다. 나중에 침례교 잡지에 그 결과에 대해 다음과 같이 실렸다. "16세기 종교 개혁 경험과 교훈을 통해, 우리는 종교 운동의 범람하는 강이 우리의 해안까지 미치지 않는다고, 걱정하는 대중 종교 운동에 끌려가지 않을 것이다."[459]

복잡한 상황에도 불구하고 전도의 중요성을 인식하여, 두 연합회는 연합 성서과정에 개설할 설교자 교육 사업에 연합하기로 했다. 1923년 초에 페트로그라드에서 가까운 시일에 문을 열기로 한 성서강좌를 만드는 것에 합의했다. 세계침례교연맹은 강좌 구성을 위한 재정을 지원했다.

세계침례교연맹은 두 연합회의 통합에 이바지했다. 제3차 세계침례교대회 폐회식에서 세계침례교연맹의 새로운 상임위원회가 선출되었고, 그들은 다음 사람들을 초청하여 특별한 회의를 주선했다. 복음주의 기독교의 프로하노프, 알레힌, 안드레예프, 비코프, 콜로스코프, 침례교의 파블로프, 티모셴코, 실로프, 벨로우소프, 코스튜코프, 모로도빈이다. 신중하게 양쪽을 경청한 후, 세계침례교 연맹 지도자들은 연합회 통합을 서두르지 말고, 변화가 필요하지 않은 수준에서 연합을 노력하고, 병적인 분해는 초래하지 말라고 권고했다. 그렇게 신자들을 가깝게 하고 두 연합회를 하나로 통합하고자 했던 방법의 탐색은 그 단계에서 끝났다.

---

458. Tam zhe. [위의 책.]
459. Baptist, 1925, No 1. [침례교, 1925년 1호.]

1922~1927년의 침례교연합회

전 러시아 침례교총회 지도부 재구성

우리는 코스튜코프가[460] 제26차 대회에서 보고한, 1922년 총회에 관한 신뢰할 만한 정보가 없다. 그것이 총회였는지 혹은 상임위원회였는지, 알려지지 않았다. 사실 1922~1923년에 어떤 연합회도 잡지를 출판할 기회가 없었기 때문에, 그래서 그 기간 형제회 생활에 관한 필요한 자료를 어디서도 찾을 수 없었다. 어떤 경우든지 네프라시의 기록보관소에서 발췌한 침례교연합회 지도부 회의록에는 알려진 1922년 총회에 관해서는 아무것도 언급되지 않았다.

제25차 전 러시아 침례교연합회 총회가 1923년 12월 모스크바에서 개최되었다. 극동의 교회 대표자들을 제외하고 전국에서 193명의 대의원이 도착했다. 지난 한 해 동안의 지도부가 완수한 활동에 관한 보고가 있었다. 특히, 14개 지부가 있는 형제적 지원 조합 설립에 관해 보고되었다. 목표는 농업공동체와 생산협동조합 조직에 실질적인 도움을 제공하는 것이었다. 총회에서 주요 쟁점 중 하나는 이전에 언급했던 것처럼 소비에트 국가와 군복무에 관한 태도였다.[461]

총회 대의원들은 제3차 세계침례교대회의 소식과 우리 대표단의 활동과 참여에 관한 상세한 정보를 특별한 관심으로 들었다. 두 차례 전쟁의 공포에서 살아남은 러시아 신자들의 마음에 흥미롭고 가까운 것은 대회가 국제 평화에 관해 채택한 결의문이었다. 모든 국가와 국민의 유익과 모든 인류의 행복과 평안을 위해 각기 다른 나라의 수백만 시민을 대표하는 대회는 국민 간의 평화를 유지하는 첫 번째 임무를 스스로 정하도록 전 세계 정부에 호소한다.[462]

총회는 지도부 구성하고 의장 파블로프, 위원 티모센코와 이바노프~클리시니

---

460. 26~y vsesoyuznyy s"yezd baptistov SSSR. M., 1927, s. 61. [소련시대 제26회 침례교연합총회. 모스크바, 1927년, p.61.]
461. Baptist, 1925, No 2. [침례교, 1925년 2호.]
462. Tam zhe, No 3. [위의 책. 3호.]

코프를 선출했다. 전 러시아 침례교연합회 협의회를 구성하고 위원으로 파블로프, 프라보베로프, 스테파노프, 줄린, 스칼딘, 뱌조프스키, 코스튜코프, 골랴예프(I.A.), 골랴예프(M.I.), 페댜시, 모르도빈, 스테핀, 카프리엔코를 선출했다. 서기는 고르니크를 선출했다.

연합회 업무 운영

1919년에서 1924년까지 침례교 연합회는 협의체 지도부로 운영되었다. 이러한 형태의 지도력은 그 자체를 정당화했다. 그런데 상황의 변화는 운영 구조와 조정을 요구했다. 1924년 12월 모스크바에서 개최된 침례교 총회 지도부 회의에(확대 상임위원회)에 40명이 참석했다. 다수결로(찬성28, 반대5) 연합회의 집단지도부를 중단하고 의장과 2명의 부의장을 두는 단일지도부로 복귀하는 결의안이 채택되었다. 결의안은 다음과 같이 말했다. 환경 변화를 고려하고 영적 활동의 효율을 보장하기 위해 상임위원회는 지속하되 이전의 지도부 체제인 단일지도부 즉 회장 1인과 그를 보좌하는 2명의 부의장 체제로 복귀한다.[463] 이러한 조직 개편 발의자는 연합회 업무를 위해 초대받은 최연장자 오딘초프였다. 자치공화국 내 연합회 조직과 관련해서는 소비에트 연방 공화국의 명칭을 침례교 연합회에 사용하기로 결정되었다. 상임위원회는 선출을 통해 회장 골랴 예프, 부의장 파블로프와 오딘초프, 관리위원회 위원후보 스테파노프와 스칼딘으로 구성되었다.

1926년의 침례교 총회[464]

1917년과 1929년 사이에 열린 전 러시아 총회에서 제26차 총회는 총회 대표와 대의원 수 및 해결된 쟁점의 중요성 면에서 특별한 위치를 차지한다. 총회는 1926년 12월 14일부터 18일까지 모스크바에서 개최되었다. 전국의 지부와 지역의 교회를 대표하는 300명 이상의 대의원이 참석했다. 그 가운데 299명이 투표권을 가졌

---

463. Baptist, 1925, No 2; 26~y vsesoyuznyy s"yezd baptistov SSSR. M., 1927. [침례교, 1925 년, 2호; 소련시대 침례교 제26회 총회. 모스크바, 1927년]
464. 26~y vsesoyuznyy s"yezd baptistov SSSR. M., 1927. [소련시대 침례교 제26차 총회. 모스크바, 1927년]

다. 주목할 만한 가치가 있는 사실은 그루지야인, 아르메니아인, 추바시인과 다른 민족 출신의 침례교 대표자들이 처음으로 총회에 참여했다는 것이다. 총회 회의는 전에 복음주의 개혁교회였던 말리 부좁스키 골목 3번지에서 진행되었다. 총회에 모스크바 석간신문 기자 2명이 참석했다.

제26차 총회 참가자들의 몫인 국가와 병역의무에 관련된 매우 중요한 두 가지 문제를 해결하는 임무가 완수되었다. 쟁점을 따라 작업 된 결의안 채택을 위해 표결한 결과 230명 중 221명이 찬성했다.

대의원들은 큰 관심을 가지고 1923~1926년 총회 기간 중 진행된 연합회의 활동 보고를 들었다. 오딘초프와 이바노프~칼리시코프가 전도 활동을 보고했다.

다음은 조직 개선과 연합회 활동의 확장에 관한 문제였다. 형제회는 양적으로 성장하여 전국에 퍼져 나갔기 때문에 이전의 방법으로는 더는 운영할 수 없었다. 생활 자체가 신자들의 영적 필요를 충족시킬 수 있는 지역 부서, 지방회 조직이라는 아이디어를 생각해냈다. 그런데, 총회 센터와 지부의 상호관계는 여전히 불확실한 채로 남아 있었고, 대규모 형제회 행사와 전도 활동에 어렵게 진행되었다. 총회는 새로운 규약을 승인하고 새로운 이름인 소련침례교연맹을 채택했다. 이렇게 우리나라 영토에 있는 모든 지역 연합회는 어느 정도의 독립성을 유지하면서 하나의 연맹으로 통합되었다. 규약에 총회는 3년에 1회 진행이 예상되었다. 총회는 실행 기관인 연방침례교연맹 지도부 구성으로 의장 오딘 초프, 부의장 이바노프-크리시니코프, 서기 겸 회계 다츠코를 선출하였고, 관리위원회 후보는 스테파노프와 밀러가 지명되었다. 연맹회의 위원은 부크레예프, 프라보베로프, 카프리엔코, 파트코프스키, 골랴예프, 줄린, 테르-아바네소프가 선출되었다. 또한, 지도부 회원은 현장에서 선출 후 지방회 대표를 포함했다. 감사위원회에는 코솔라포프, 사블린, 팀첸코, 일린스키, 메셰랴코프가 포함했다.

연방침례교연맹에 극동, 시베리아, 중앙아시아, 북캅카스, 남캅카스, 전 우크라이나, 독일계 지역, 크림과 라트비아 권역을 포함하여 러시아 북부 침례회 등 연합회들이 합류했다. 위의 명단에 없는 교회들은, 독립적인 동맹 관계로 연합과 다음 회기에서 연방침례교연맹에 접수해야 했다.

복음전파와 지방회

새로운 교회들

내전과 기근 동안 국민의 걱정과 불행에도 전도 활동은 약화하지 않았다. 오히려 사람들은 복음전파에 대해 더욱 수용적이었다. 그것은 통계가 말해준다. 사라토프 교회는 1922~1923년에 거의 두 배가 되었다. 1922년에 23명의 개종자가 침례를 받았으며 1924년에 교회에 54명이 등록했다. 사마라 교회에 부흥이 일어났다. 탐보프 현의 페스키 교회는 1922년에 15명이 증가했다. 현에 새로운 교회와 그룹이 나타났다. 1923년 80명의 교인이 랴잔현의 카닌 마을에 생겨났다. 사라토프현에 소수의 그룹이 생겼으나 생명력 있는 신자들 그룹이었다. 1925년까지 약 60명이 있었다.[465]

1921~1922년에 발생한 기근으로 인해 많은 신자는 러시아의 유럽 지역에서 카자흐스탄과 중앙아시아로 이주해야 했다. 그곳에서는 새로운 교회가 형성되기 시작했다. 정부로부터 허가받은 해외에서 받은 5만여 권의 성서와 신약성서의 배포가 복음화의 목적에 이바지했다. 효과적인 복음 사역을 진행한 1925년 이후 형제들은 지역 교회 회원들 사이에서 영적 교육활동에 관심을 기울이기 시작했다. 총회(상임위원회) 침례교연맹회의는 체계적인 말씀 연구, 기도, 올바른 교회의 설립 등을 목표로 회원 모임 설립을 권고했다.[466] 전도사업의 확대와 관련하여 훈련된 설교자가 부족하다는 것이 파악되었다. 1922~1923년에 침례교 연맹에서는 6명의 전도자만 일했다. 그와 관련하여 1922년에 연맹 지도부는 1년 성서 과정을 목표로 준비하기 시작했다. 처음에는 노브고로드에 조직된 라트비아 침례교 연맹의 성서신학교와 협력을 계획했다. 그런데 계획을 실현하는 과정에서 큰 장애물이 나타났다. 신학 교육을 위해서 신학생은 영어와 독일어 지식이 필요했다. 실제적인 방법으로 페트로그라드 복음의 집에 성서강좌가 열렸다. 필라델피아에 있는 러시아 성경 연구

---

465. Baptist, 1926~1927 gg. [침례교, 1926~1927년]
466. S"yezd~plenum Soveta Vserossiyskogo soyuza baptistov, 1015 dekabrya 1924 goda. Baptist, 1925, No 2. [1924.12.10.~15 전러시아침례교총회 상임위원회~침례교, 1925년, 2호.]

소에서 교육하는 네프라시를 초청하기로 제안되었다. 그러나 재원이 부족했다. 70세의 파블로프가 설교자 양성의 긴급성을 채우려고 왔다. 그는 1923년에 효과적인 설교자 양성을 위해 모스크바와 사마라에서 1개월 과정을 개설했다. 1925년까지 복음전도자의 수가 35명으로 증가했다.[467] 1925~1926년에 러시아 중부에서 복음 부흥의 새로운 상승이 관찰되었다. 페스키 교회와 인접한 네이라이온에서 1925년 12월, 107명의 사람들이 회개했다. 가장 가까운 마을에서 64명이 회심했다. 2년 동안 사라토프 교회는 53명의 회원이 증가했고, 모르도비아 주민들이 사는 필코보 마을까지 활동이 확산되었고, 르티셰보에 있는 우포로프카에서는 72명의 개종자가 침례를 받고 교회에 등록했다. 겸손한 사역자 고름이 전도지에서 수년간 사역하고 열심히 기도한 결과 복음 부흥운동이 스타브로폴현 에스토니아 마을 포드고르노예에 영향을 미쳤다. 1925년에 50명의 신자로 구성된 공동체가 마을에 생겨났다.[468] 동시에, 우크라이나 남부 지역 교회, 오데사, 헤르손, 도네츠크, 예카테리노 슬라프 등의 현에서는 약간의 쇠퇴가 관찰되었다. 보로나예프가 도착한 곳에서 오순절 주의가 확산되기 시작했다.[469] 볼린에 있는 기존 교회는 성장했고 새로운 교회가 조직되었다. 1922~1923년에 세레브로-슬로보스카야(41명), 콜로데잔스카야 (125명), 고르데예프스카야(42명, 그중 25명이 동시에 회심했다) 지역에서도 조직되었다.

시베리아의 복음 부흥은 1924년에 특별했다. 시베리아 침례교 연합회가 제공한 자료에 의하면, 1년 동안 침례를 통해 1,039명이 교회에 허입되었다.[470] 1926년의 매우 비슷한 통계에 따르면, 전 러시아 침례교 연맹은 3,028개의 교회가 포함되었고, 평균수는 100명에 이르렀다. 많은 교회는 주요 교통수단으로부터 멀리 떨어져 있어서 연맹의 지부와 구분에 편입되지 않고 자율적으로 존재했다. 그들을 고려하면, 합계 총 4,000개의 교회에 40만 명의 신자가 있었다.[471] 이전과 마찬가지로 전도

---

467. 6~y vsesoyuznyy s"yezd baptistov SSSR, s. 33~38. [제 6 차 소련 침례교 총회, p.33~38)
468. *Baptist*, 1927, No 4. Gorm YA. YA. ,v svoye vremya byl predstavitelem knigoizdatel'stva Poleznaya literatura pri Fetlere V. A., [침례교, 1927년, 4호. 고름은 페틀러가 이끈 유용한 문학 출판사의 대표자로 일했다.]
469. *Baptist Ukrainy*, 1927, No 3; 26~y vsesoyuznyy s"yezd... [우크라이나 침례교, 1927년 3호; 제 26 차 총회...]
470. *Baptist*, 1926, No 7~8; Yavnyy otvet ot Gospoda. [침례교, 1926년, 7~8호; 주님의 분명한 응답]
471. Ivanov-Klyshnikov P. V. *Zadachi baptistov SSSR na 1926 god*. ~Baptist, 1926, No 1~2. [이바노프~클시니코프, 1926년 소련 침례교의 과제~침례교, 1926년, 1~2 호.]

문제에서 가장 중요한 점은 지방회, 지역별 및 지구별 총회가 있었고, 일반적으로 매년 개최되었다. 지방 총회에서는 현장 전도사역의 필요가 확인되었고, 교회의 내부 조직에 관한 질문이 토론되었고, 해결방법이 결정되었다. 1922~1927년 시베리아, 중앙아시아, 북캅카스, 남캅카스 지부 및 연합회, 중남부 및 코노토프 지구는 정기적으로 연례 지방회 총회를 개최했다. 1925년 6월에 옴스크시에서 지역 교회 회원들이 시베리아 전도를 위해 유익한 교육 목적의 지방회가 열렸다. 1926년 1월, 기독교침례회 크림 연합회의 첫 번째 지방회가 열렸다. 1927년 시베리아 형제회 연합회의는 노보시비르스크에 교회 건축을 하고 월간 잡지 [진리의 빛] 발행을 허가받도록 결정했다. 같은 해 1월에 옴스크에서 지방회가 개최되었다. 1927년 3월에 지구 지방회가 우랄스크에서 열렸다. 같은 해 6월에 레닌그라드의 복음의 집에서 제3차 북부침례교회 지방회 총회가 열렸다. 같은 해에 비슷한 볼가~카마 지방회가 사마라에서 열렸다. 1927년 민스크에서 처음으로 전 벨로루시 침례교 총회가 개최되었고, 1928년 두 번째 전 벨로루시 총회도 같은 장소에서 개최되었다. 1926~1927년에 오딘초프 총회장 주재하에 북캅카스, 중앙아시아, 시베리아 및 볼가~캄스키 지방회 총회가 있었다.

우크라이나 침례교총회[472]

1922년 키예프에서 열린 세 번째 전 우크라이나 침례교총회에서 전 우크라이나 침례교연맹을 전 러시아침례교연맹에 가입하기로 했다. 그런데 협의회 경험은 그 자체를 정당화하지 못했다. 사실 당시 전 러시아연맹은 우크라이나 형제회의 요구를 충족시킬 만큼 강력하지 않았고, 특히 우크라이나 공화국 법의 특성과 관련된 문제가 있었기 때문이었다. 1925년 볼린에서 가장 오래된 교회인, 지토미르 근처의 다셴코 마을 침례교회는 코솔라포프가 지도력을 발휘하여 첫 번째 볼린 현 교회 대표들의 지방회가 열렸다. 1925년 5월 12일부터 17일까지, 제4차 전 우크라이나 침

---

472. Zapis' zasedaniya 4~go vseukrainskogo s"yezda baptistov. Khar'kov, 1925; Baptist, 1925, No 4~5; Doklad A.P. Kostyukova na 26~m vsesoyuznom s"yezde baptistov. [제4차 전우크라이나 침례교 총회회의록. 하르키우, 1925년; 침례교, 1925년, 4~5호; 제 26 차 침례교 총회 코스튜코프 보고서]

례교 총회가 하르키우에서 개최되었다. 전 러시아 연맹회의 위원을 포함하여 333명의 대표단이 참석했다. 전우크라이나 연맹 내 우크라이나 침례교 연합회 개편을 논의하면서, 전국 침례교 형제회와 평화의 연합으로 완전한 영의 일치를 유지하면서 전 우크라이나 침례교 연맹을 설립하기로 했다. 전 우크라이나 연맹의 설립은 의심할 여지없이, 우크라이나 침례교의 필요로 발생했다. 지역 교회는 영적 활동의 방향과 교회의 내부 구조에 관한 필요가 있었고, 신자들을 위한 영적 교육과, 행정부 당국에 관한 대표로서의 필요가 있었다.

총회에서 선출된 지도부 코스튜코프의 주도로 중앙 정부의 방해 없이 연맹의 조기 합법화에 관한 모든 것을 진행했다. 연맹의 지도부는 하르키우로 정해졌다. 지도부는 전도자와 지휘자 준비, 조직 및 통계 부서 등을 포함하여 6개의 부서로 구성되었다. 지도부는 무엇보다도 재정 부족의 어려움에도 불구하고 순차적으로 부서별 업무를 설정했다. 1년 후 지도부의 부서들은 이미 어려움 없이 활동했다. 전도부와 출판부가 순조롭게 활동했다. 교회의 내부 구조, 사역자 안수, 신자들의 영적 교육 등의 도움을 주기 위해 12명의 목회자들이 임명되었다. 1926년 2월에 신자들은 잡지 우크라이나 침례교를 읽을 수 있었고, 연말에는 찬양집 고향의 멜로디가 발행되었다.[473]

1928년 5월 10~13일까지 제5차 전 우크라이나 침례교총회[474]가 하르키우에서 개최되었고, 476명의 교회 대표들이 참석했고, 그중 390명이 투표권을 가졌다. 연방 연맹의 참석자는 오딘초프, 이반노프~클리시니코프, 티모센코였다. 총회 회의에서 교회 건물의 필요성에 관해 많은 이야기가 있었다. 발표자들은 찬송가의 악보 사용의 이점을 언급했고, 찬양대와 경험 있는 지휘자 부족에 대해 아쉬워했다. 전도자의 물질적 지원이 부족하다는 점에 주의를 기울였다. 총회가 채택한 결의안은, 러시아 · 우크라이나 형제회 연방 구조의 활력과 합리성을 언급했고, 우크라이나 지방회에서 전도의 중요성을 강조했다. 앞으로 지역 총회는 영적 교육적 성격이 될 것이라는 상황도 알려졌다. 교회 건축은 다른 공동체에 호소하는 부담을 주

---

473. *Baptist Ukrainy*, 1927, No 5 i No 10. [우크라이나 침례교, 1927년, 5호, 10호]
474. Tam zhe, 1928, No 7. [위의 책, 1928년, 7호]

지 않고, 계획을 세워서 스스로 힘으로 건축하고, 가까운 시일에 하르키우에 연맹 건물의 건축을 시작하기로 했다. 총회는 선거로 전 우크라이나 지도부를 다음과 같이 구성했다. 회장 코스튜코프, 부회장 겸 서기 부크레예프, 회계 코솔라포에, 지도부 관리위원회 위원 후보로 카프리예코와 크메타-예피모비치가 지명되었다. 12명의 사람들이 지역 협의회 회장과 함께 자문위원회에 선출되었다. 차기 총회는 3년 후에 소집될 예정이었다.

복음주의 침례교 원칙의 추가적 인준

지난 10년 동안 1차 세계대전을 시작으로 일부 복음주의 침례교 원칙은 잊혀지기 시작했다. 신자들의 기억 속에서 반복과 갱신의 필요했다. 또한, 지역 교회와 지방회와 연맹의 전체 지도부에 신세대 사역자들이 등장했다. 연맹 잡지 침례교의 재발간 문제와 신세대 지도자에 관한 글이 실렸다. 무엇보다 복음주의 침례교 연맹과 연합회의 독립성과 관련된 원칙들이 강조되었다. 그리스도인의 일치에 관한 이해, 총회와 회의의 결정에 관한 태도, 침례교회의 조직, 교회에서의 사역과 계승의 문제, 종교적 자유와 국가에 관한 태도 등이 다루어졌다. 러시아 침례교인도 받아들인 1923년 제3차 세계대회 침례교 세계연맹의 선언문에서 모든 침례교 조직(연맹, 연합회)은 자발적인 시작으로 설립되었다고 발표되었다. 그들 중 누구도(조직) 다른 조직보다 권한을 갖지 않고, 모두 설정한 목표 내에서 권리와 자치권을 사용한다.

복음주의 기독교 침례교도들은 유일한 중보자 예수 그리스도를 통해 하나님과 교제하는 모든 신자는 그들이 가톨릭, 개신교 또는 다른 교회에 속해 있든 또는 그 교회들에 속하지 않든 상관없이, 주님의 사업과 영원한 생명의 공동 상속자와 자기 형제들로 항상 간주해 왔다. 영적 일치는 조직, 형식, 의식에 소속되는 것에 의존하지 않는다. 그것은 어떤 외부 형태보다 더 깊고, 높고, 넓고, 더 안정적이다. 기독교적 일치는, 자발성의 원칙에 따라 인도되어야 하고, 신자들의 만인제사장 이론에 기초한다. 동시에, 침례교인들과 복음주의 기독교인들은 권력을 인간의 양심에까지 확장하는 중앙집권적 교회 조직에서 다른 기독교인들과 연합할 수 없다. 성직자들에게 은혜를 전할 수 있는 특별한 권한을 부여한 교회에서 성직을 봉사하는 것은 용납되지 않는다.[475]

신자들의 총회와 대회는 자문의 성격만 있다. 그들에게는 교회의 권위가 없으며 가질 수도 없다. 그들은 자발적으로 조언에 복종하는 개인과 교회에 비례하여 그만큼 의무적일 수 있다. 그들의 결정에는 일반적인 조언의 효력을 가지고 있다. 그들의 존재는 소집하는 사람들에 달려있다. 그들과 그들의 행동의 권리는 같은 출처에서 유래한다. 복음주의 기독교침례회의 목회자 회의란 안수식에 도움을 주거나 교회의 특정한 일에 조언하기 위해 초대된 설교자 모임으로 이해된다.[476]

목회자의 임명을 포함하여 교회 조직과 운영의 특별한 중요성이 주어졌다. 파블로프는 침례교인은 국가 교회를 인정하지 않는다고 1911년까지 거슬러 올라갔다. 한 국가에서 한 사람 혹은 한 협의체의 지시 아래 연합된 교회는 존재할 수 없다. 신약성서에서 국가적인 교회는 하나만 존재하지 않았다. 한 교회가 아니라 갈라디아의 교회들, 마케도니아의 교회들이었다. 사도 요한은 주님의 명령으로 아시아에 있는 한 교회가 아니라 아시아에 있는 교회들(계 1:11)에게 메시지를 썼다.[477] 국가 교회에 관한 인정은 역사적으로 일부 개신교 교회들과 마찬가지로, 영적 계급에 관한 인식을 의미한다. 지역 교회는 국가 교회에 소속되고, 해당 지역 교회의 목사는 국가 교회의 성직자에게 종속되는 위치에 놓인다. 원칙은 연합회 문서에서 반복적으로 다루어졌다.

사도들은 주님의 명령에 따라 교회를 설립할 때 교회(집회), 장로(감독), 집사, 교사, 때로는 여성 집사를 선택하여 세웠다.[478] 신약성서에는 다른 사역자들은 언급되지 않았다. 여성 집사 외에는 모든 안수를 받았다. 만인제사장 원리에 따라 교회의

---

475. Manifest Vsemirnogo soyuza baptistov. ~Baptist, 1925, No 3. [세계침례교연맹 선언문. ~ 침례교, 1925 년, 3호.]

476. *Baptist,* 1926, No 6~7. *O baptistskikh soborakh* (perevod s angliyskogo V. G. Pavlova). [침례교, 1926 년, 6~7호. 형제 회의(파블로프의 영어 번역본)]

477. Pavlov V. G. *Pravda o baptistakh.* ~Baptist, 1911, No 42~47. [파블로프. 침례교의 진실. ~ 침례교, 1911 년, 42~47호.]

478. Sapozhnikov F. *Sluzhiteli tserkvi i ikh rukopolozheniye.* ~Baptist, 1927, No 2. [교회 사역자와 안수~침례 교, 1927 년, 2호]

모든 구성원 사이에 은사의 정도에 따라 다른 유형의 사역이 정해졌다. "너희는 택하신 족속이요 왕 같은 제사장들이요(벧전 2:9; 롬 12:6~8)."

침례교인은 역사적인 교회와 마찬가지로, 교회의 지속적인 연속성을 증명할 수 있음을, 확인하거나 확증하지 않았다. 유명한 형제인 파블로프와 십코프는 교회는 안수식이 사도들과 연속성이 있는지, 여부를 중요하게 생각하지 않지만, 교회가 사도들의 영과 가르침과 생활 방식을 계승해야 한다고 강조했다.[479]

그런 계승이 아니라 영적 은혜의 소유가 중요하다. 사람들이 새로운 삶으로 태어나는, 살아있는 교회가, 사도들의 영과 가르침과 삶의 연속성에 관한 가장 확실한 표지이다. 진실한 믿음의 연속성은 확립될 수 있고, 때로 그것이 희미한 외형에 나타날 수 있지만, 절대 사라지지 않는다. 그러나 우리와 같은 가르침과 구조를 지닌 기독교 교회의 연속성은 연구자를 실수의 수렁과 비과학적인 사실 왜곡에 관여할 수 있는 오해의 불빛을 제공할 수 있다.고 관련 주제를 연구한 영국인 베더가 기록했다.[480] 연속성의 증거는 우리에게 필요한 것이 아니다. 왜냐하면, 우리는 성령으로 하나님께 섬기고 그리스도 예수를 자랑하고, 육신에 소망을 두지 않는다(빌 3:3). 그것은 만인제사장과 사도 계승의 은혜처럼 다른 이에게 자랑할 것 없는 사람에게 필요하다. 기독교 침례교도는 다른 개신교도와 달리 주로 교회의 일과 국가의 불간섭을 인정함으로써 구별되었다. 종교생활을 다스릴 권리는 그리스도에게 있다. 그리스도인 양심의 보좌에서 그리스도만이 다스린다.[481] 모든 사람을 위한 완전한 양심의 자유, 신앙고백, 예배의 원리는 기독교침례교 신자에게 가장 중요한 것이다. 1551년 영국 성공회 감독 구퍼는 '이것이 침례교의 가장 해로운 원리 중 하나이다. 그들은 철회를 원하지 않는 것'이라고 강하게 말했다.[482] 겉으로

---

479. Pavlov V. G. *Pravda o baptistakh* ; Shipkov G. I. *Osnovaniye i sozidaniye Tserkvi.*~ Baptist, 1927, No 9, 10. [파블로프. 침례교의 진실; 십코프. 교회의 기초와 창립 .~ 침례교, 1927년, 9~10호.]
480. Baptist, 1929, No 3. *Dogmaticheskiye vozzreniya baptistov v ikh istoricheskom osveshchenii* (G. Vedder v perevode P. V. Ivanova~Klyshnikova). [침례교, 1929년, 3 호. 역사적인 해석에서 침례교 교리의 견해 (베더, 이바노프~클리시니코프 번역)].
481. Rashbruk Dzh. X. *Ob otnoshenii k gosudarstvu.*~Baptist, 1927, No 1. [래시브룩. 국가에 관한 태도 대해.~ 침례교, 1927년, 1호.]
482. Ivanov V. V., Mazayev D. I. *Vsemirnyy kongress baptistov v Londone v 1905 godu.* [이바노프, 마자에프, 1905년 런던 세계침례교대회]

보기에는 가장 이해하기 쉽지만, 일부 신자들에게 고통스럽게 감지된 것은 국가에 관한 태도의 문제였다. 가장 단순해 보이지만, 일부 신자에게는 민감한 관계의 문제였다. 그런데 복음주의 침례교 형제회 출현 초기 곧 지난 세기 70년대의 러시아·우크라이나 침례교 교리에 이와 관련하여 다음과 같이 쓰여졌다. 우리는 우리 몸과 관련된, 모든 국가의 법을 준수할 의무가 있다고 생각한다. 그러나 영혼에 관해서는 당국이 하나님의 율법을 거스르면, 우리는 성서에 기록된 대로 순종할 수 없다(마 22:21, 행 4:19~20, 랴보샤프카에 의해 작성된 교리). 이것은 남캅카스 신자들에 의해 동시에 채택된 교리와 일치하며, 1905년에 러시아의 모든 침례교도에 의해 채택되었다.

1926년 유럽 침례교 지역 총회에서 세계침례교연맹 총무 래시브룩은 이 문제에 관한 보고서를 작성했다. 그는 다음과 같이 말했다. 헌법상 권력과 국가 행정부에 관한 침례교의 일반적인 관계는 그것들을 존중하고 순종과 협력으로 나타난다. 침례교 신자는 무정부주의자가 아니고, 그들은 땅에서 연합과 확고한 질서로 살아야 한다는 하나님의 뜻을 알고 있으며, 질서는 공동의 복지에 피해를 줄 수 있는, 모든 종류의 전횡 억제를 요구한다. 권력은 하나님에 의해 세워졌다. 기독교인은 권력을 반대하지 않고, 권력을 위하며 하나님이 위임한 높은 기능을 수행하는 데 국가에 도움을 줄 것이다.[483]

국가에 관한 관계의 질문에 관한 포괄적인 설명은 제26차 전 러시아 침례교총회에서 이바노프-클리쉬니코프 보고서에 서술되었다. 그는 우리는 국가를 인정하고 당국에 순종하며, 국가를 지지하고 협력한다고 말했다. 나열된 원칙은 소련침례교연맹[484]이 채택한 규약, 지방회 규약과 소련 기독교침례교의 교리에 반영되어 있다.

---

483. *Baptist*, 1927, No 1. [침례교, 1927년, 1호]
484. 26~y vsesoyuznyy s"yezd baptistov v SSSR, s. 93~97. [제 26 차 소련 침례교총회, p.93~97.]

1922~1927년의 복음주의 기독교

전 러시아 총회

제9차 복음주의 기독교총회

1923년 9월 1일부터 9월 10일까지 페트로그라드에서 복음주의 기독교 연합회 정기 총회가 열렸고 303명의 대의원이 참석했다. 총회 상임위원회는 회장 프로하노프, 명예회장 카르겔 부회장 스베틀리치니와 비코프였다.

총회 회의에서 복음주의 기독교연합회 자문위원회의 보고가 있었고, 특히 전도활동에 관한 현황이었다. 페트로그라드에서 9개월 성서강좌가 재정적 어려움이 많았지만 50명의 수강생이 훈련을 받았다고 언급했다. 성서, 복음서, 찬양집 배포가 있었고, 기독교 잡지의 출판 재개가 예상되었다. 또한, 벽걸이용 기독교 달력, 다윗의 피리 찬양집, 경건 도서 및 기타 도서출판이 예정되었다.

총회에서 중요 쟁점은 소련 권력과 군복무에 관한 복음주의 기독교의 태도에 관한 질문이 차지했다. 그것에 대해서는 이즈베스티아 신문에 총회 한 달 전에 게재된 복음주의 기독교 자문위원회의 메시지가 모든 교회와 개별 목회자들에게 미리 보내졌다.[485] 이에 관한 자세한 내용은 전에 언급되었다. 그 문제에 관한 채택된 결의안을 227명의 대의원이 표결했음을 주목해야 한다. 침례교와의 연합 문제가 논의되었다. 공동의 결정을 내리기 위해 총회는 프로하노프, 마트베예프, 비코프, 펠레빈, 안드레예프로 구성된 5인 위원회에 위임했다.

전도확대 문제에 관해 총회에서는 적절한 결정이 내려졌다. 제3차 스톡홀름 침례교세계대회에서 프로하노프가 부회장으로 재선출된 것을 포함한 포괄적인 보고가 있었다(프로하노프는 1911년 필라델피아에서 개최된 대회에서 침례교세계연맹의 부회장으로 선출되었다). 국제 평화에 관한 세계대회 결의문과 전세계교회 회원들에게 세계평화를 위한 기도를 요청하는 결정문이 낭독되었다.

---

485. *Izvestiya*, 1923, No 180 ot 12 avgusta. [이즈베스티야, 1923년, 180호, 8월 12일자]

총회는 침례교세계연맹의 결의안을 승인했다. 총회 지도위원회는 회장 프로하노프, 부회장 마트베예프와 비코프와 펠레빈, 서기 카팔긴이 선출되었다. 자문 위원으로는 복음주의 기독교 지방회장 등 총 28명의 형제가 선출되었다.

제10회 전국 복음주의 기독교총회[486]

1926년 11월 30일부터 12월 6일까지 제10차 전국 복음주의 기독교총회가 레닌그라드의 구원의 집 교회에서 열렸다. 총회에 503명의 참가자가 도착했고, 그중 350명이 지역 교회를 대표자로 의결권을 가졌다. 총회 프로그램은 총 14개 항목이 포함되었다. 총회 지도부 보고서, 국가적 의무 수행의 문제, 다른 기독교 교단과의 관계, 사역 협의체의 상황에 관한 검토, 신자의 영적 및 일상적 교육, 타민족 전도와 선교, 교회건축, 교회 건물, 복음주의 기독교연합회 소속 은퇴사역자 지원, 성서 과정의 활동, 음악과 노래의 상태, 연합회 출판. 이전 총회에서와 마찬가지로, 쟁점은 군복무에 관한 토론이 중요한 자리를 차지했다. 문제에 관해서 프로하노프와 카르겔은 적합한 성서의 구절과 함께 설명했다. 채택된 결의안은 본 장에서 이미 설명했다. 여기서 우리는 채택된 결의안에 대해 350표 중 찬성 224표, 반대 37표의 결과가 나왔음을 밝힌다.

총회 참가자들은 큰 관심을 가지고 프로하노프가 1924년 1월~5월과 9월~11월에 체코슬로바키아와 독일을 여행한 소식을 들었다. 마지막 여행에서 성서 2만5천 권과 신약성서 2만 권과 찬양집 발간에 필요한 자발적인 헌금이 모였다. 시카고에서 열린 복음주의 기독교 미국대표 위원회 설립과 관련하여 세계 복음주의 기독교연맹으로 전환하는 가능성에 관한 문제가 검토되었다.

총회 참가자들은 침례교에 대하여 그리스도 안에 있는 자기 형제들처럼 진지한 태도를 확인했고 전 러시아 복음주의 기독교연맹의 후임 상임위원회에 러시아 침례교와 더 가까운 형제 관계를 수립하는 데 필요한 모든 조치를 실행하도록 했다. 침례교 세계연맹과 관련하여 총회는 프로하노프가 소책자를 출판하여, 순수한 기

---

486. *Zapisi zasedaniy 10~ go vsesoyuznogo s"yezda yevangel'skikh khristian.* L., 1927. [제 10 차 전국복음주의 기독교 총회 회의록.L., 1927년]

독교 신앙의 많은 기본을 부인한 모더니즘 운동과 관련된 해외침례교의 영적 상태를 알려 달라고 요청했다.

총회는 복음주의 기독교연맹 소속으로 노동조합에서 위임받은 농업 및 생산 협력 부서를 조직하기로 했다. 총회 회의에서 신자들의 영적 교육 문제가 중점적으로 다루어졌다. 사닌, 카레프, 골루치와 다른 형제들의 관련 보고가 있었다. 사업의 단점도 지적되었다. 그와 관련하여 자매 교육은 별도로 하고 기독청년교육과 예비 신자들을 위한 기도 교육과 성서 교육 모임을 교회에서 진행하는 계획을 세웠다.

프로하노프는 교회 회원들의 일상적인 교육에 관해 설명했다. 그는 복음주의 생활 방식은 광선처럼 외부의 생명을 비춰야 한다고 말했다. 자신의 일상생활을 개선하는 데 부주의한 신자들을 훈계하는 내용이 채택되었다. 또한, 교회 건축, 노인 돌봄, 음악 및 노래 사역 개선, 성서 과정 등에 관련된 적절한 결정이 내려졌다. 연맹의 지도부가 선출되었다. 회장 프로하노프, 부회장 짓코프와 비코프, 서기 카팔긴, 복음주의 기독교연맹 지도부 회원 안드레예프 외 89명이었다.

지도부 회원 중 해외 지도자는 보단체프(하얼빈), 셴데로프스키(바르샤바), 세도프(리가), 모셰레녹(레벨~현재는 탈린) 및 존슨(시카고) 등이다. 프로하노프는 총회 참가자들에게 폐회 메시지를 전했다. 총회는 복음주의 믿음을 위해 찬송가와 감사의 기도로 끝났다.

복음주의 기독교 교회의 생활

복음전파

프로하노프는 탁월한 조직능력과 지칠 줄 모르는 에너지의 소유자로 분류된다. 그런 자질들은 복음 전도에서 탁월하게 나타났다. 그는 반복적으로 초청하면서 복음을 전하고 죄인 구원을 위해 모든 것을 했다.

초청은 모든 장소에서 신자들의 마음에 반응을 일으켰다. 모스크바 교회는 1919년 트베리현 전도사역을 위해 이바노프와 총회에서 선발한 전도자 미츠케비치를 보냈다. 1921년 2개월 동안 그들은 기독교 코뮌 새벽 별, 베다니, 겟세마네를 방문했고 그들과 은혜로운 교제를 했다. 대부분 도보여행이었고, 형제들은 그리스도의 복음을 전파하면서, 농촌과 도시에 머물렀다. 그들은 르제프에서는 시장 근처에 있는 식당을 빌렸다. 집회에 참석하기 원하는 사람들은 충분했다. 홀은 복음을 주의 깊게 듣는 청중으로 가득했다.

1926년 무렵, 러시아 국내에 많은 그룹과 교회가 포함된 52개 지역 및 지방부서가 조직되었다. 각 부서에는 자체 협의회와 전도자가 있었다. 부서들과 전 러시아 연맹의 활동을 통합하여 연례 총회가 개최되었다. 1928년 무렵 모든 부서에서 10명의 전도자가 일했다. 또한, 연합회에는 약 100명의 전도자가 있었다.

1923~1925년에 복음주의 기독교연맹 지도부는 전국 각지를 여러 번 방문했다. 두브로프스키는 아르메니아, 조지아, 북캅카스를 방문하여 복음을 전했다. 카레프는 보로네시와 오데사에서 전도했다. 카자코프는 드네프로페트로우스크, 보로네시에서 전도했고, 오데사를 2회 방문했다. 전도비를 모금하기 위해 카자코프는 하르키우, 로스토프나도누, 블라디캅카스, 트빌리시, 바투미, 세바스토폴, 오데사, 키예프 방문을 완수했다. 1926년 1월 복음주의 기독교연맹 상임위원회는 다음과 같이 보고했다. 주님은 복음주의 기독교연맹 전도자들이 상트페테르부르크에서 파견되어 현장에서 일하며 많은 사람을 방문하도록 도우셨다. 북쪽 끝의 교회들과 신자 그룹, 먼 남쪽과 극동 지역에서 교회 생활을 활성화하고, 신자들을 강화하고, 현장에서 영적 활동의 공동 방향을 만들었다.[487]

1922~1924년에 복음 부흥의 물결이 북오세티야 마을을 휩쓸었다. 1922년에 블라디미르 마을에서 재능있는 사람으로 불렸던 18명의 신자로 구성된 최초의 오세티야 공동체가 생겼다. 2년 안에 오세티야 신자 그룹이 일부 조직되었고 최대 200명에 달했다. 1924년에 오세티야인들 사이에서 열린 감동적인 집회가 있었는데 그것은 성찬식을 시행하던 날이었다. 러시아인 신자들이 손님 자격으로 참석했다.[488] 1925년에 여러 곳에서 소위 주간 부흥회와 전도 집회가 있었는데 의미 있는 결과가 있었다. 실례로 포돌스키 현 안토노프 교회에서는 1주일 만에 49명의 개종자가 침

---

487. 驢尿震陝妖, 1926, No 1. [기독교인, 1926년, 1호]
488. Tam zhe, 1926, No 3. [위의 책, 1926년, 3호]

례를 받아 교회 신자로 허입되었다.⁴⁸⁹

　1925년 12명의 기독교인으로 구성된 최초의 추바시 교회와 5명의 개종자가 포함된 타타르 교회가 출현하여 추바시인과 타타르인들 사이에서 부흥이 시작되었다. 죄인들에 관한 불타는 사랑을 가진 전도자들이 북쪽 지역으로 보내졌고 야쿠트, 네네츠, 한티(오스탸크인) 원주민에게 복음을 전했다. 그중에는 상트페테르부르크 성서강좌를 공부했던 안토넨코 자매가 있었다. 그녀는 수호투예바 자매와 함께 야쿠츠크에서 사역했다. 그 결과 10명으로 구성된 복음주의 기독교 그룹이 조직되었다.⁴⁹⁰ 1924~1926년에 여성 사역이 되살아났다. 이르쿠츠크 복음주의 기독교 교회에서는 경건 서적을 읽고 교제하는 여성 독서회가 조직되었다.

　특히 모임에서 교회에서 여성의 역할과 중요성, 어머니의 영향, 어린이의 영적 양육 등에 관한 자매들의 사역 보고가 있었다. 1923년 가을에 예카테리 노슬라프 현의 노보모스크바 교회에서 소규모 여성 일터가 조직되었다. 자신들의 비용으로 바느질 모임을 조직하여 손으로 옷을 만들었다. 자매들은 손으로 만든 옷 일부를 가난한 사람들에게 나누어 주었다. 수익금으로 필요한 재료를 구매했다. 1926년 1월 첫 번째 여성대회가 키예프에서 열렸는데 충만한 영적 축제였다. 48명의 참가자는 환자와 구제 사역을 포함하여 자매 사역과 관련된 문제를 논의했다.⁴⁹¹

복음주의 기독교와 정교회의 접촉

　1917년의 사건은 정교회의 생활에 영향을 미쳤다. 1917년에 총대주교제가 복원되었다. 1922년에 교회 혁신파가 정교회 최고지도부를 결성한 후에 교회는 분열되었다. 정교회는 총대주교 티혼을 지지하는 티혼파, 생명의 교회, 부흥연맹, 고대사도교회 연맹 등으로 분리되었다.

　프로하노프는 그 사건을 정교회 최고지도부, 특히 생명의 교회 지도자의 참여로 러시아 국민 속에서 부흥에 관한 아이디어가 실현되는 신호로 보았다. 그는 생명의

---

489. Tam zhe, 1925, No 4. [위의 책, 1925년, 4호]
490. Tam zhe, 1927, No 10, s.24. [위의 책, 1927년, 10호, p.24]
491. Tam zhe, 1925, No 2~3; 1926, No7. [위의 책, 1925년, 2~3호; 1926년, 7호]

교회 지도자들을 러시아 정교회 내에서 살아있는 부흥의 요소를 기다리는 선구자로 간주하였고 그들을 힘써 도우려 했다. 프로하노프는 그 목적으로 1922년 9월 자유국민 복음주의 교회 조언이라는 이름으로 복음주의 기독교 총연합회가 서명한 '복음의 외침'이라는 편지를 작성하여 배포하였다. 프로하노프가 1917년부터 출간한 [새벽별 신문]은 국민 복음주의 교회 소리로 불리기 시작했다. 무엇보다도 복음주의 교회는 죽은 정교회가 살아있어 기쁘게 생각하고, 그 방향으로 나아가는 시도는 매우 귀중한 것으로 간주했다. 복음의 외침은 아직 진정한 삶을 드러내지 못한, 생명의 교회 지도자들의 시선을 끌었다(계 3:1).

생명의 교회 지도자들은, 회원들이 살아있는 복음의 돌들로 이루어진, 생명의 교회 요구사항을 충족시킬 수 있는지 설명해야 한다. 생명의 교회가 생존을 유지 하려면 일부 복음주의 구조와 주님의 가르침을 엄중히 준수해야 하고, 의식적 믿음, 회개, 개종, 중생, 믿음에 의한 침례, 주의 만찬, 교회의 내부 규칙, 목회자의 지도 등의 교리를 따르도록 해야 한다. 구원 문제에서 전통의 우선권과 하나님의 말씀에 기초하지 않은 모든 것을 거부하고, 복잡한 영적 계급을 거부하고 신약성서에 나타난 교회 때문에 선출된 장로, 교사, 집사 등 교회의 사역자만 수용하며, 성직자의 중재와 그들 앞에서 자백하는 것과 기타 정교회의 규정을 철회해야 한다. 안타깝게도 생명의 교회가 추구하고자 했던 개혁은 위에서 언급한 그리스도의 가르침에 관한 요구사항을 충족하지 못했다고 지적했다. 개혁은 주로 작은 외부변화로 축소되었다. 서신에서 16세기의 종교개혁은 작은 유익이 있었다.고 말하면서, 만약 생명의 교회가 반만 개혁하는 것으로 제한하고 가장 중요한 살아있는 사람들로부터 교회의 준비를 잊어버린다면, 같은 결과를 맞이할 것이다.고 했다. 결론적으로 초청 편지의 내용은 사람들의 영적 부흥의 성공을 기원하며, 인생을 위해 노력하는 운동, 주님은 정말로 살아 계셨고, 살아 계시며 절대 죽지 않으시는 분이다고 했다.

정교회 대표자 중 복음의 외침은 긍정적인 만남이 있었다. 프로하노프는 모스크바에 초대되어 정교회에서 설교했다. 복음주의 기독교의 대규모 모임에서, 부흥연맹의 지도자 안토니 대주교가 설교했다. 1923년 3월 15일 고대사도교회 연맹 총회에서 주교의 초청으로 프로하노프가 성직자들 앞에서 설교했다. 분명히, 정교회 성직자들이 복음주의 개혁을 원했고 가까이 갔으나, 반대자들이 정치적 위험성을 고려하여 복음주의 기독교인들과 어떤 연합도 거부하는 결의안 채택을 주장했다.⁴⁹²

프로하노프의 안수

프로하노프는 1909년 복음주의 그리스도 연맹 설립 이후 회장으로 있었지만, 안수를 받지 않았는데 그것은 침례교 측에서 제기하는 질책의 구실이 되었다. 프로하노프는 수년 동안 헬치츠키 형제회, 얀 후스⁴⁹³의 후계자로 안수받으려는 생각을 가져왔다. 그들은 15세기부터 믿음에 의한 침례 원리를 지지했고, 침례교 세계연맹에 속해있었다.⁴⁹⁴ 프로하노프의 안수에 관한 필요성은 전 러시아 총회에서 논의되었고, 예고로프, 짓코프, 수다레프, 오를로프로 구성된 지도 위원회에서 재촉했다. 1924년 2월 프로하노프가 체코슬로바키아로 떠나기 전에, 그의 안수 문제는 레닌그라드 복음주의 기독교 교회와 전 러시아 복음주의 기독교 협의회에서 다시 논의되었다.⁴⁹⁵

1924년 3월에 프로하노프는 프라하에 도착했다. 그는 교회 목사로서 안수받기를 간절히 원했다. 프로하노프는 1924년 4월 1일 프라하에 있는 체코 침례교회에서 안수를 받았다.⁴⁹⁶ 안수식 참석자는 체코 보헤미아(모라비아) 형제 연합회 회원들과

---

492. Gutshe V. *Zapadnyye istochniki russkogo shtundizma* (na nem. yaz) [구트세, 러시아 시계파의 서부 근원지 (독일어)]
493. Zayavleniye komissii presviterov vo VSEKH ot 13.12.1923. Arkhiv VSEKHB. [1923년 12월 13일자 전 러시아 복음주의 기독교 지도 위원회 신청서. 침례교총연합회 문서보관소]
494. *Khristianin*, 1924, 5. [기독교인, 1924년, 5호]
495. Udostovereniye, vydannoye Leningradskoy obshchinoy yevangel'skikh khristian 4.12.1924. Arkhiv VSEKHB. Udostovereniye, vydannoye VSEKH 5.2.1924. Arkhiv VSEKHB. [1924.12.4.일자 레닌그라드 복음주의 기독교 공동체 발행 증명서. 침례교총연합회 문서보관소. 증명서 발행일 1924.2.5.침례교총연합회 문서보관소.]
496. Svidetel'stvo o rukopolozhenii I. S. Prokhanov. Arkhiv VSEKHB. [프로하노프의 목사 안수 증명서. 침례교총연합회 문서보관소]

설교자였다.

프로하노프가 고향으로 돌아온 후, 레닌그라드 복음주의 교회에서 성대한 예식을 통해 그의 안수를 승인했다. 그 후 복음주의 기독교 교회 내 안수받지 않은 목회자들에게 안수가 시작되었다. 당시 안수받은 목회자들은 이전에 침례교회에 있었던 사람들만 해당하였다. 1925년에 복음주의 기독교 두보프스카야 교회의 신실한 목회자이자 최고령인 짓코프가 안수받았다. 같은 해 알렉세예프와 모르구노프는 복음주의 기독교연맹의 남서부 지역 전도자와 목사로 안수받았다.

복음적 생활

프로하노프는 여전히 복음에 기초하여 사람들의 생활을 종교적으로 갱신해야 한다는 생각을 버리지 않았고, 사람들 속에서 자유롭게 선포되고 자유롭게 수용될 수 있는 하나님의 말씀만이 최고의 것을 만들 수 있다는 확신에 다가섰다.[497] 그 생각은 1908년에 조직된 러시아 복음주의 연맹의 기초에 담겨있다. 프로하노프는 1917년에 모스크바에서 개최된, 국가준비에 관한 아이디어뿐만 아니라, 1918년에 [498] 복음주의 노동 공동체에 관한 글과 1922년에 복음주의 외침에 관한 글에서도 밝혔다. 1925년 1월 프로하노프는 기독교인 잡지 지면에 새로운 혹은 복음적 생활[499] 제목으로 글을 실었다. 개인의 생활을 새롭게 하지 않으면 새로운 생활은 불가능하다고 했다. 새 생명은 하나님의 말씀과 성령을 통해 사람이 거듭남으로써 창조되고 나타난다. 그리스도인의 새로운 생활의 표지와 속성은 지혜, 일, 금주, 순결, 기쁨이며, 그로 인해 행복하고 아름다운 생활의 완성에 가까이간다. 그런 생활을 만드는 기초는 새로운 삶을 사는 사람들이다. 그 사람들이 사회에 더 많이 있을수록 새로운 사회생활이 조속히 건설될 것이다. 목표 달성을 위해 복음으로 거듭난 모든 신자가 부름을 받았다. 사회에 살면서, 모두가 새롭게 세워진 생활 가치의 모범에 합당한 사람이 되어야 한다. 복음서의 가르침을 적용하고 생활의 모든 면

---

497. Prokhanov I. S. *Avtobiografiya*. [프로하노프, 자서전]
498. *Utrennyaya zvezda*, 1918, 11, s. 2~4. [새벽 별, 1918년, 11호, p.2~4]
499. *Khristianin*, 1925, 1. [기독교인, 1925년, 1호]

을 개선하고, 직접 행동하고 주님께서 우리 모두에게 새로운 생활을 주셨고, 새로운 생활은 많은 사람에게 전파되고, 그 삶은 개인, 가족, 사회, 개인 삶을 변화시킬 수 있다. 프로하노프는 그 글에서 다음과 같이 썼다.-모든 주변 사람들이 우리의 개인 및 가정생활에서 새로운 복음적 생활을 볼 수 있어야 한다. 사람들은 우리가 새로운 사회생활을 건설하는 데 참여하고 있음을 알 필요가 있다. 자신에게 질문해 보라. 그렇게 될 수 있을까? 가까운 장래에 복음 운동이 우리 국민을 깨우치는 역사적인 임무를 수행할 수 있어야 한다. 그것은 진리의 밝은 빛으로 국민의 생활을 비추어야 한다.

프로하노프의 글을 모든 신자가 다 받아들이지 않았다. 일부는 성서를 말하면서 우리는 땅에서는 외국인과 나그네와 같다. 땅의 것을 생각하지 않고, 하늘에 있는 보물을 찾아야 한다(골 3:1~2)는 의견을 지지했다. 이 세상은 멸망할 운명에 처해 있다. 그러므로 그것을 개선하려고 노력할 필요가 없다. 그리스도인의 의무는 사람들이 사는 생활과 조건을 악화시키지 않고, 그들을 향상하며, 우리가 사는 도시의 복지를 지키고, 도시를 위해 주님께 기도한다는 것을 잊었다(렘 29:7) 하늘의 시민인, 우리 신자들은, 우리가 사는 사람들의 필요를 멀리할 수 없다. 제기된 오해에 대하여 프로하노프는 기독교인 잡지 내 같은 지면을 통해 독자들에게 적절한 설명을 했다.

복음주의 기독교의 교리

복음주의 기독교와 침례교의 교리적 주요 쟁점들에 관한 독특한 차이점은 결코 없었다. 그것은 복음주의 기독교와 침례교에 의해 반복적으로 강조되었고, 따라서 그들은 연합을 위한 가능한 모든 방법을 모색했다.

시간이 지나면서 1924년에 기고했던 프로하노프의 신념이 반영된 복음주의 기독교연맹 조직 내부의 교회 생활의 실제, 복음주의 기독교의 예배 진행과 교회 규정시행에서 약간의 차이가 나타난 것은 사실이다.[500] 주된 차이점은 목사 안수, 침

---

500. *Khristianin*, 1924, No 6. [기독교인, 1924년, 6호]

례식과 결혼식과 성만찬에서의 안수례에 관한 것이었다. 또한, 이혼과 재혼 처리에 관한 접근 방식에서도 약간의 차이점이 있었다.

복음주의 기독교가 독립적 형제회로 구성되는 초기에 목사 안수와 같은 중요한 문제는 의견 차이가 없었다. 다른 문제에 대해서도 오해가 없었다. 1908년에 복음주의 기독교 오데사 지방회의 회의록에는 안수례에 관해 다음과 같이 기록되었다. 성서는, 교회에 의해 사역자로 선출된 사람들에게 해당 공동체나 다른 공동체의 목회자들이 손을 얹고 기도할 때 그들의 직임에 초점을 맞춘다고 가르친다.[501] 이듬해에 예카테리노슬라프 지방회에서 다시 안수 문제가 제기되었지만 최종 결론은 내리지 못했다. 분명히, 그때 교회 설립 규정에 관한 몇 가지 의견 불일치가 이미 드러났다.

복음주의 기독교의 안수 형태는 확립되지 못했다. 형제회 원로인 미츠케비치의 말에 따르면, 복음주의 기독교는 목회자 안수를 사역자가 아니라 최고령 형제에게 실시했다. 그들은 안수받을 사람에게 손을 얹었고, 교회 회원들은 팔을 들고 기도했다. 안수에 관한 교리는 안수받는 사람을 선출한 사람들은 사역자들에게 손을 얹어야 한다고 쓰여 있었다. 실제로 복음주의 기독교인은 안수 필요성에 대해 태도가 엄격하지 않았다. 그래서 1944년 통합 이후에야 많은 책임 있는 사역자들이 안수를 받았다고 미츠케비치는 증언한다. 이혼과 재혼에 있어서 복음주의 기독교가 침례교보다 엄격했다. 비신자와 결혼 생활이 끝났을 때 신자는 비신자 배우자가 다시 돌아올 가능성이 있으므로 재혼을 서두르지 말라는 권고를 받았다. 차이는 교리적인 것은 아니었지만, 오랜 기간 두 교단의 연합에 장애가 되었다.

---

501. *S"yezd yevangel'skikh khristian (yevangelistov) v g. Odesse.*~Bratskiy listok, 1908, No4. [오데사 복음주의 기독교 지방회(전도자) ~ 형제 쪽지, 1908년, 4호]

1927~1929년의 복음주의 침례교 형제회

지역 교회의 사역

1927~1928년에는 교회 대표들의 지방회가 개최되었다. 남캅카스, 중남부, 니콜라예프스키(시베리아) 지방에서 연합회와 지방회가 열렸다. 지방회는 또한 볼린(현재 볼히니아), 크레멘축, 지토미르에서 있었다. 타슈켄트에서는 제15차 중앙아시아 총회가 있었다. 총회에서는 러시아 중부 지방 신자들이 연합하여 중앙침례교연합회를 재조직했다. 총회는 여느 때처럼 합창단이 함께 참석한 축복받은 모임이었다. 특히 흥미로운 것은 1928년 3월에 카잔에서 개최된 제6차 지방회(이른바 타타르)였다. 총회에 추바시, 마리, 타타르, 우드무르트(보탸키), 모르도바, 마리(체레미소프) 민족의 복음주의 기독교 대표들이 참석했다. 총회 참석자들은 민족들에게 구원의 좋은 메시지를 전파한 주님과 전도자들에게 깊은 감사를 표했다.[502]

1926년 두 연맹의 총회에서 채택된 결정들은, 구원의 좋은 소식을 전하는 전도자들에게 더 열심히 일하도록 격려했다. 침례교단은 사역자들을 조지아와 남캅카스의 아르메니아로 보냈다. 칸델라키는 동족인 조지아인에게 기쁨으로 복음을 전했다. 하나님 사역자의 생애는 1927년에 비극적으로 중단되었다. 연맹소속 전도자 바라토프는 중앙아시아에 사는 아르메니아인을 대상으로 사역했다. 테르아반네소프는 남캅카스에서 전도했다. 카작인과 키르기즈인 대상의 전도는 안수받은 전도자 셈첸코가 담당했다.[503]

1927년에 형제회에 소속된 교회들이 계속 성장했다. 스테파노프는 3월에 바쿠 교회의 초청으로 1주일 전도를 실시했다. 하나님의 말씀이 146명을 감동시켰고, 그 중 51명이 침례를 받았다.[504] 1주일 동안 블라디캅카스에서 100명 이상이 회심했다. 삼위일체 기념일에 우크라이나 교회들에서 대규모 침례식이 있었다. 전 우크라이나 연맹 소속 56명의 전도자들이 활동했다. 하르키우 교회에서는 하루 46명이 침

---

502. *Khristianin*, 1928, No 2. [기독교인, 1928년, 2호]
503. *Baptist*, 1927, No 8. [침례교, 1927년, 8호]
504. *Baptist Ukrainy*, 1927, No 7. [우크라이나 침례교, 1927년, 7호]

례를 받았다.505 제22회 시베리아 침례교 지방회에서는 전도자 53명의 활동 보고가 있었다. 1년 동안 니콜라예프시 인근에서 118명을 포함한 많은 회심자가 침례를 받았다. 1927년에 블라고베셴스크에서 51명이 침례를 받았고, 가까운 마을인 탐보프카와 보즈네세 노프카에서 70명의 회심자가 침례를 받았다.

1928년에 교회 창립 40주년에 맞춰 크라스노다르 변경의 라빈스크에서 신축 교회의 봉헌식이 있었다. 기념식에 이웃 마을에서 주민들이 200명 이상 참석했고, 예배실에는 400명 이상이 참석하여, 사람들로 가득 찼다.506 같은 해 우크라이나의 여러 교회에서 수많은 축제가 있었다. 행사에서 성대한 예배를 했다. 폴타바와 스네즈코프스코예 마을은 교회 기념행사를 했고 슬라트카야 발카 마을에서는 추수감사절 예배를 했다. 시베리아의 옴스크 교회와 레닌스크 교회에서도 기념행사가 있었다. 투압세 교회는 20주년을 기념했다. 레닌그라드 복음의 집 교회에서는 음악 및 찬양 행사가 은혜롭게 진행되었다. 모든 축하예배는 구원을 찾는 사람들에게 복음에 관한 관심을 갖고 각성하도록 이바지했다. 그 기간에 복음주의 기독교 교회는 은혜롭게 사역했다. 장소마다 교회 기념일은 축하 찬양대와 음악과 더불어 진행되었다. 신축 교회가 생겨났고, 교회는 방문객으로 가득 찼다.507

특히 기쁘고 축복된 축하예배의 진행에 연맹의 사역자들이 참여했다. 1927~1928년에 지도부 사역자들이 중앙에서 지리적으로 멀리 떨어져 있는 타슈켄트, 퍄티고르스크, 바쿠 등에 있는 교회들을 방문했다. 1928년에 시베리아에서 쿠즈네츠카, 타이가, 칸스크 지역, 노보시비르스크 지역, 톰스크 지역, 나림 지역 등에서 부흥의 기쁜 소식들이 들렸다. 거기서 상시 전도자 18명과 일시 전도자 8명이 사역했다. 많은 장소에서, 교회를 새로 짓고, 기존 건물을 재건축하고 확장했다.

1927년 여름에 프로하노프가 방문한 하르키우와 키예프 신자들에게 충만한 은혜가 전해졌고 북캅카스 도시 크로포트킨, 퍄티고르스크, 블라디캅카스와 1928년 보로네시에서도 같은 은혜로움이 있었다. 1927년에 프로하노프는 특별한 목적

---

505. *Baptist Ukrainy*, 1927, No 9. [우크라이나 침례교, 1927년, 9호]
506. Tam zhe, 1928, No 6 [위의 책, 1928년, 6호]
507. *Khristianin*, 1928, No 7, 9, 10. [기독교인, 1928년, 7,9,10호]

을 가지고 시베리아 교회를 방문했다. 모범적이고 다양한 농촌 마을(손차 도시~태양의 도시, 유토피아 소설에 나오는 도시 이름, 역자 주) 건설을 목적으로 토지를 마련하기 위해, 소련인민위원회 추천서를 가지고 도착했다. 전국의 많은 장소에서 새로운 도시로 신자들의 이주가 제안되었다. 지역은 비야강과 카툰강의 합류 지점에서 멀지 않은 곳으로 선정되었다. 프로하노프와 동행한 형제들은 지역에 전나무 36그루와 다년생 미국 단풍나무 3그루를 심었다.[508] 그런데 프로젝트는 이루어지지 못했다.

1928년 여름 토론토(캐나다)에서 제4차 침례교세계대회가 개최되었다. 침례교연맹의 대표단은 오딘초프, 이바노프~클리시니코프, 코스튜코프, 부크레예프, 콜레스니코프, 노보셀스키, 사포지니코프, 아나닌, 파트코프스키, 비네, 십코프였다. 복음주의 기독교연맹 대표로 참석한 프로하노프는 17년 동안 침례교 세계연맹의 부회장을 역임했다. 이바노프~클리시니코프는 침례교 집행위원회 위원으로 선출되었다. 1926년에 개최된 두 연맹의 마지막 회의에서, 신자용 심화 교육의 필요성과 지역 교회 회원들의 영적 수준이 낮아지는 현상이 관심을 끌었다.[509] 같은 해에 침례교연맹은 신자용 연속적인 영적 양육 활동에 관한 강한 제안이 있었기 때문에 영적 성장[510] 문제에만 전적으로 시간을 사용하는 교육 총회를 시행했다.

사실, 총회 이후 첫해에 두 연맹이 시행한, 광범위한 전도 활동은, 지역 교회의 목회자가 신자들의 영적 상태에 영향을 미쳤던, 복음의 정신으로 육성하는 것을 방해했다. 과거에 겪었던 재난, 전쟁, 기근 뒤에 따라온 물질적 상황의 개선은, 일부 신자들을 유혹의 그물에 빠뜨렸다. 복음의 진리를 잊어버린 자들은 "돈을 사랑함이 일만 악의 뿌리가 되나니, 돈을 모으는데 굴복하면서, 믿음에서 떠나 많은 근심으로써 자기를 찔렀도다"(딤전 6:9~10). 1926~1928년에 형제회 잡지에서는 헌금의

---

508. Tam zhe, No 2 [위의 책, 2호]
509. *Zapis' zasedaniy 10~ go vsesoyuznogo s"yezda yevangel'skikh khristian.* L., 1927. [제 10 차 전국 복음주의 기독교 총회 회의록. L., 1927년]
510. *26~ y vsesoyuznyy s"yezd baptistov SSSR.* M., 1927; Ivanov~Klyshnikov P. V. *Zadachi baptistov v SSSR v 1926 g.* Baptist, 1926, No 1~2. [제 26 차 소련 침례교총회. 모스크바, 1927년; 이바노프~클리시니코프. 1926년 소련 침례교의 임무~ 침례교, 1926년, 1~2 호.]

중요성과 하나님의 사업에 더 많은 헌금의 필요성을 되풀이하여 상기시켰다.[511] 신자들은 형제회에서 일어난 문제들에 대해 적절히 반응하지 않았기 때문에 성서 과정의 유지비용, 경건 도서출판, 교회 임대료 지급 등을 감당할 수 없었다. 지도부 형제들은 세계침례교 연맹에 도움을 청해야 했다. 그것은 외부로부터의 비판에 관한 구실로 작용하였다. 그 해에 침례교와 복음주의 기독교 교단의 관계는 훨씬 더 복잡해졌다. 그 시대 사람들의 증언에 따르면, 침례교단과 복음주의 기독교단의 통합이 이루어졌지만, 이후에 종종 결과적으로 두 교단의 방문 사역자들의 간섭으로 규칙이 지켜지지 않았다.[512]

출판 활동

1917년에서 1921년까지 내전과 물질적 지원의 어려움(종이와 장비의 부족)으로 출판활동이 매우 감소했다. 침례교, 손님, 청년 친구, 반석의 근원, 전도자 잡지들이 발간되지 않았다. 1923~1924년 정기 간행물은 출판되지 않았다. 1925년 1월에 7년간의 정간 이후 월간지 침례교의 첫 호가 출간되었다. 잡지의 발행 부수는 1만 부였는데, 평균적으로 교인 100명 기준으로 교회당 2부로 계산되었다. 잡지는 1929년 말까지 출판되었다. 우크라이나 침례교 연맹은 1926년에 1928년 말까지 출판할 5천부 발행 부수의 우크라이나 침례교 잡지 발행을 착수했다. 1928년에 정기 간행물 외에, 성서신학 사전, 소책자 설교자 성격의 진주, 율법과 안식일과 안식일교회, 탁상용 달력 기독교인의 동반자를 발행했다. 모든 경건 도서는 우크라이나 침례교 연맹에 의해 출판되었다. 1917~1919년에 몇 권의 영적 찬양집이 출판되었다. 아나닌의 도움을 받아 신앙의 소리 찬양집이 5천 부 발행되었고, 체르만은 경배 찬양 모음집을 출판할 준비를 했다.

1921년에 아담의 주도로 페트로그라드 복음의 집 교회에서 악보가 포함된 새로

---

511. *Baptist*, 1927, No 6, s. 2~7; No 7, s. 17 i No 8, s.1. Iz vospominaniy stareyshego brata G. K. Amelina (1895 god rozhdeniya). [침례교, 1927년, 6호, p.2~7; 7호, p.17, 8호, p.1. 최고령자 아멜린의 회상(1895년생).]
512. Iz vospominaniy stareyshikh brat'yev G. K. Amelina (1895 god rozhdeniya) i N.I.Vysotskogo (1898 god rozhdeniya). [최고령 형제 아멜린(1895년생)과 비소츠키(1989년생)의 회상.]

운 복음 찬양과 부흥 찬송가가 발간되었다. 1924년에 러시아어 찬양집 하프가 크메타~예피모비치에 의해 우크라이나어로 편집되어 발행되었다. 1928년에 두 번째 판이 나왔다. 1926년 찬양집 [본향의 노래](자하르축) 와 새 찬양집 [믿음의 소리](파블로프)가 이전 출판본([구슬리]와 기타)에서 일부 변경된 노래의 복원된 본문으로 출판되었다. 같은 해에 트빌리시에서 칸델라키의 주도로 첫 번째 그루지야어 작은 찬양집 [르츠메니스흐마](믿음의 소리)가 나왔다.

1917년에서 1921년 사이에 복음주의 기독교단의 출판활동은 최소한으로 줄어들었다. 새벽별 신문만, 불규칙적으로 발행되었다. 1922년 중반부터는 그마저도 출판이 중단되었다. 1920년에 프로하노프는 형제들 연합 잡지에 두 교단의 통합 작업에 대해 3회에 걸쳐 집중적으로 글을 실었다. 중단 이후 8년이 지난 1924년부터 정기 간행물 기독교인 잡지의 출판이 재개되었다. 1925~1926년에 잡지에 형제들 쪽지를 부록으로 하여 15,000부를 발행했다.

복음주의 기독교연합회와 프로하노프의 개인적인 이바지로 1925~1927년에 성서 25,000권, 신약성서 20,000권, 사복음서 대조주석서 15,000권이 출판되었다. 소중한 러시아·우크라이나 복음주의 침례교단이 1925~1928년에 주머니에 들어갈 수 있는 소형 찬양집(악보 없는 10곡 찬양)과 1,250곡의 찬송곡을 실은 3권짜리 찬양집을 발간했다.

설교자 양성

1924년까지 목회자 양성 과정은 일부 큰 교회와 연합회에서 이루어졌다. 보통 지역과 구역의 단기 코스로 개설되어 해석학과 지휘를 주로 가르쳤다. 1918년 사마라에서 파블로프에 의해 목회자 양성 과정이 시행되었다. 로지 신학교 졸업생 가브릴렌코는 1922년에 헤르손현의 엘리자벳그랏스키군의 페트로오스트로프 마을에서 코스를 개설했다. 파블로프와 티모셴코는 1923년에 모스크바에서 과정을 이끌었다. 1922~1923년 페스키 교회에서는 스테파노프의 인도로 3개월 과정 몇 개가 개설되었다. 1923~1928년에 오룔에서 오를로프 주도로 교육 기간이 다른 몇 개의 강좌가 개설되었다. 1919~1923년에 복음주의 기독교 남서부 지방이 주도하는 강좌들이 개설되었다. 1920년에 오데사에서 복음주의 학생회를 위한 강좌가 운영되었다. 1920년에 니콜라예프코(현재는 수미주) 마을에서 카르겔은 1개월 반 과정을 운영했고, 1923년에는 2개월 과정을 운영했다. 교수 과목은 교리학, 설교학, 요한계시록 해석, 예수 그리스도의 재림 등이었다. 55명이 참석하여 강의를 들었다.

1923~1924년 페트로그라드에 있는 복음주의 기독교 구원의 집 중앙교회에서 침례교와 복음주의 기독교인을 위한 9개월 과정의 성서강좌가 개설되었다. 각 교단에서 50명의 수강생들이 훈련을 받았다. 강사는 카르겔, 프로하노프, 비코프, 카자코프였다. 1925년 1월 19일에 레닌그라드에서 복음주의 기독교단의 정규 연례 성서 과정이 개설되었고, 이 과정은 1929년 중순까지 지속되었다. 그 기간에 약 400명의 복음전도자가 배출되었다. 카르겔은 교리학, 요한계시록 주석, 예수 그리스도의 재림을, 프로하노프는 신구약개론과 설교학을, 비코프는 해석학을, 카자코프는 변증학, 음악이론, 교회 음악을, 프로하노프의 아들은 기독교 역사를 가르쳤다. 후에 보강된 강사로 카레프는 목회학을, 케셰는 복음주의 기독교단의 노래와 음악을 가르쳤다. 오랫동안 침례교단은 성서강좌에 전도자 양성용 신학 과정을 개설할 수 없었다. 그 사업과 약속된 복음주의 기독교단과의 협력이 1924년에 중단되었다. 1927년 12월 1일부터 모스크바에서 개설된 정규 성서교육 과정은 1년 반 동안 운영되었다. 프로그램은 3년 과정으로 운영되었다. 모두 50명의 수강생이 첫 번째 모집되었는데 그 가운데 우크라이나에서 12명, 시베리아에서 8명, 북캅카스에서 5명, 극동에서 5명이 등록했다. 5자리는 소수민족 사역자를 위해, 15자리를 나머지 지역 사역자를 위해 남겨놓았다. 교육 과정에 6명의 자매들이 공부했다. 교육 과정의 개강식은 러시아 복음주의 침례교 형제회 60주년에 맞춰져서 이루어졌다. 교육 과정의 책임자는 이바노프~클리시니코프가 임명되었다. 시니친은 기독교 교회사, 이바노프~클리시니코프는 전도 방법과 양육, 밀러는 신구약개론, 오딘초프는 해석학과 설교학, 다츠코는 사도들의 생활과 사역을 강의했다.

형제회 교회의 찬양과 음악

1917~1929년에 교회의 음악 사역은 계속해서 발전되고 향상되었다. 놀라운 성장은, 지난 몇 년 동안 만들어진 찬양대 사역을 통해서 이루어졌다. 그 기간에 찬양대의 수가 눈에 띄게 증가했다. 정교회에서 지휘자와 찬양대원으로 활동했던 사람들이 침례교단의 여러 교회에서 사역했다. 그들의 사역은 특히 벨로루시 교회에서 좋은 흔적을 남겼다. 브레스트 지역의 프루자니 교회 찬양대는 전에 시낭송 사제였던 보로세비치가 조직했고, 1927년에 오데사 교회 찬양대는 전직 대성당의 지휘자였던 프레지데츠키가 지휘했다.

혁명 이후 페트로그라드에서 찬양대가 복원되었다. 알베르트 이바노비치 케셰가 이끄는 구원의 교회 찬양대는, 셰베의 오라토리오 '주 예수 그리스도의 죽음과 부활', 케루비니의 '레퀴엠', 구노의 오라토리오 '속죄와 죽음과 삶'을 찬양했다. 찬양대의 음악 반주를 위해 필하모니 심포니 오케스트라가 초청되었다. 케셰는 아직 소년이었지만 페트로그라드에 있는 독일 침례교 공동체의 찬양대 지휘자인 그의 아버지를 도와 찬양 연습 시 풍금을 연주했다. 케셰는 회심하여 침례를 받았고, 복음주의 기독교회의 지휘자가 되었고 사역에서 큰 성공을 거두었다. 형제는 작곡가로 널리 알려졌다. 케셰는 1927년에 출판된 3권의 찬양집 편집 작업에 많은 노력을 기울였다. 그는 '연습에서 연습으로' [513] 라는 글에서 지휘자로 사역했던 다양한 경험을 나누었다. 1921년부터 레닌그라드에서 재능있는 카자코프가 케셰와 함께 사역하기 시작했다.

모스크바 교회의 수준 높은 찬양대 문화가 구별되었다. 1918년에 아베르부흐는 도시의 여러 교회에서 지휘자로 사역했다. 1919~1927년에 음악원을 졸업하고 동시에 찬양대의 독창자 겸 지휘자였던 아시예프가 사역했다. 모스크바에서는 프세흐스밧스키, 트라이만의 부인, 트카첸코, 막시미체프 등이 사역했다. 어려운 곡도 지휘자 막시미체프의 지휘 아래 노보시비르스크 교회에서 찬양대가 성공적으

---

513. *Khristianin*, 1928, No 1,2,3,5. [기독교인, 1928년, 1,2,3,5호]

로 공연했다. 오데사에서는 이솅코와 비소츠키가 찬양대를 이끌었다. 경험 많은 지휘자는 교회에서 성장했다. 뱌조프스키는 키예프, 모스크바, 로스토프의 교회에서 사역했다. '오직 하나님 안에서만 영혼이 진정된다'와 '구원의 선물' 작품을 통해 그의 이름이 널리 알려졌다. 1924년 그는 침례교단의 음악부서를 담당했다. 하르키우 찬양대는 38년 경력의 플레흐네비치가 담당했다. 지휘자 티호노프는 카자흐스탄에 있는 여러 교회에서 사역했다. 찬송가 모음집, 특히 악보가 있는 3권짜리 10모음집 등의 출판물에 의해 교회의 회중 찬양과 찬양대 찬양의 발전이 촉진되었다. 전에는 찬양 모음집이 악보 없이 출판되었다. 1928년에 발간된 새로운 3권짜리 책에는 1,250곡의 찬송이 수록되었고, 이전에 출판된 러시아 및 외국 모음집에서 선곡되었다. 서문에서 볼 수 있듯이, 음악적인 특성과 내용의 깊이에서 영적인 사람들의 정서가 포함되어 있다. 선곡에는 작곡가와 시인들이 참여했는데 카자코프, 게펠핀게르, 고린, 드라넨 코, 카시킨 등이었다. 신자들은 아름다운 음악과 시적인 가사 내용이, 19개의 항목의 다양한 주제로 분류된, 3권으로 된 찬송가를 높이 평가했다.

지휘자와 찬양대원에게 큰 도움이 된 것은 정기 간행물에 특별한 발표가 포함되었기 때문이다. 잡지 [침례교]와 [우크라이나 침례교]에 자하르축의 합창곡에 관한 글뿐만 아니라, 펠추코프, 엘긴, 케셰 및 다른 목회자들의 같은 주제의 글이 게재되었다. 그런데 훈련된 찬양대 지도자의 부족으로 인해 실제적인 찬양의 질을 개선하기에는 어려움이 있었다. 그 필요는 지역 지휘자 교육 과정을 통해 어느 정도 채워졌다. 그러나 지휘자 교육 수준이 항상 최고는 아니었다. 수강생들은 지휘자와 관련된 일부 주제와 발성 방법과 지휘의 기본은 잘 알고 있었다. 자격 있는 강사가 수업을 진행할 때, 음악 수준은 많이 증가했다. 지역 지휘자 강좌 가운데 우크라이나의 여러 도시에서 1922~1927년에 개최된 자하르축과 티르리기 주도의 강좌를 특히 주목할 필요가 있고, 20년대 브레스트 지역에서 카지미르스키 강좌와 시베리아의 체르만 강좌, 오데사에서 개최된 1919년, 1921년, 1926년의 강좌들도 그렇다. 그 기간에 러시아어, 우크라이나어, 독일어, 라트비아어, 에스토니아어, 아르메니아어 등 120개 이상의 다양한 찬양집이 발행되었다. 97곡의 찬송가로 된 최초의 러시아어 찬양집이 1864년에 출판되었고, 두 번째 찬양집은 [정교회 신자의 헌물]이라는 이름으로 출판되었다. 바로닌의 [믿음의 소리] 찬양집이 1882년에 출판되었다. 복음찬양집은 지역 교회에서 기독교 음악과 찬양 문화를 전파하는 기초가 되었다.

제6장
1929~1942년의 형제회 생활

혁명 이후 기간에 교회와 국가의 관계는 새로운 국가의 법률로 결정되었다. 1918년 1월 23일 인민위원회 공의회가 국가에서 교회를 분리하고 교회에서 학교를 분리하는, 법령은 우리 민족의 종교 자유 분야에서 중요한 기본 문서였다. 그 법령은 소련에서의 진정한 종교 자유를 부여했고, 법 앞에서 모든 종교와 종교단체의 법적 평등을 확립했다. 법령의 주요 신조는 다음과 같다. 국가 내에서, 양심의 자유를 구속하거나 제한하고, 시민들의 종교적인 소속에 따라 어떤 이점이나 특권을 주는, 지역의 법이나 규정을 세우는 것은 금지되어 있다. 1918년 7월 제5차 소련 총회는 소련 헌법을 채택했는데, 4조의 종교적 자유와 반종교적 선전의 자유를 확정했다. 제13차 볼셰비키당 총회에서 반종교 선전에 관한 다음 결의안[514]이 채택되었다. 교회, 회교 사원, 회당, 기도의 집, 성당 등의 폐쇄와 같은 행정 조치로 종교적 편견을 극복하려는 시도를 단호하게 제거할 필요가 있다. 시골에서 반종교적 선전은 특성상 농부에게 직결되는 자연과 공공생활의 영향에 관한 전적인 유물론적 설명이어야 한다.

특히 러시아 황제에 의해 잔인한 박해를 당했고 많은 활동을 했던 신자들에게

---

514. *Rezolyutsiya XIII s'yezda RKP(b)*, Izvestiya VTSIK, No 725 ot 3 iyunya 1924 goda. [제13차 소련공산당 총회 결의안(B), 전러시아중앙집행위원회 이즈베스티야 725호, 1924년 6월 3일자]

세심한 태도가 필요하다. 소비에트 노동의 방향에서 중요한 경제, 문화적 요소를 다루기 위해서는 합리적인 접근이 이루어져야 한다. 그들의 다양성을 고려할 때 작업은 매우 중요한 의미가 있다. 과제는 지역 상황에 따라 해결되어야 한다.

결정은 신자들에 관한 종교적 감정을 모욕하는 것뿐만 아니라, 종교단체에 관한 행정 조치 적용의 불허를 인정했고 국가 경제생활의 다양한 분야에서 신자들의 참여를 촉진했다. 종교 법안은 침례교와 복음주의 기독교의 전도 사업 확장에 이바지했다. 1917~1926년 기간에 침례교연맹은 총회를 6번 개최했고 복음주의 기독교연맹은 7번 개최했다. 종교 선전의 자유와 함께, 반종교 선전의 자유도 실행되었다. 1925년에 반종교 선전의 자유를 확대하기 위해 호전적인 무신론자 연맹이 설립되었다. 1926년 이후에 관찰된 침례교단과 복음주의 기독교단의 복음화 운동의 부흥은, 무신론자들의 관심을 끌 수 없었다. 새로운 경제 정책에 기초한 회복기를 마친 후, 국가는 사회주의 기반으로 국가경제발전을 위한 최초의 5개년 계획을 채택했다. 공업의 집약적인 산업화와 농민 경제의 광범위한 집단화를 위한 과정이 채택되었다. 이러한 과정에서 많은 주민이 황무지로 이주했다. 정착이 일부는 자발적으로 진행 되었으나 강압적인 이주도 있었다. 많은 사람이 광업, 야금 및 기계 산업이 발전 중이거나 재설립된 지역으로 이주했고, 일손이 부족한 우랄, 돈바스, 쿠즈바스, 카자흐스탄 남부와 중부, 키르기스스탄으로 이주했다. 문화 경제적 변화가 신자에게 영향을 미쳤다. 1930년까지 많은 신자가 마그니토고르스크 도시 건설, 돈바스와 쿠즈바스 광산, 카자흐스탄의 리데르, 침켄트, 카라간다, 프룬제, 알마아타로 이주했고, 투르크시브 건설을 위해 타지키스탄으로 갔다.

집단화 과정에서 국가의 천연자원 개발지역으로 행정적 퇴거 조치를 통해 부농 계급의 청산이 시행되었다. 이주 지역은 다음과 같다. 우즈베키스탄, 카자흐스탄, 키르기스스탄, 한티만시스크, 극동이다. 추방된 사람들 가운데, 자발적으로 이주한 사람들을 제외하고, 집단화에 반대하는 것으로 의심되는, 복음주의 기독교와 침례교의 많은 가족이 포함되었다.[515] 당연히, 이전 거주지에 있는 교회는 신자의 수가

---

515. Lyalina G. S. *Baptizm: illyuzii i real'nost'* M., 1977, s.107~109. [리아리나. 침례교: 착각과 현실. 모스크바, 1977년, p.107~109.]

급격히 줄었고, 반면에 새로운 곳에서는 교회가 늘어나고 신자 집단이 나타났다.[516]

국가의 사회 개혁 프로그램의 핵심 부분은 문화혁명이었다. 문화혁명의 과제 중 하나는 과거의 문화유산에서 과학, 기술, 예술, 지식의 변함없는 가치를 선택하고, 모든 불필요한 것들을 차단하는 것이었다.[517] 후자는 종교와 관련이 있었다.

1926년 3월부터 시작되어, 침례교와 복음주의 기독교의 강한 활동이 주목을 받았고 반신자 대책 강화를 위한 초청의 내용이 중앙신문에 기사에 실렸다. 더욱이, 종교단체가 이전 지배 계급의 잔재에서 온 노동자 대중을 위한 정치적 영향력의 도구라는 견해가 강해졌다.[518]

1929년 3월 1일에 전국노동자연맹 중앙위원회의 반종교 선전 강화에 관한 53번 공문이 기초노동연맹조직에 보내졌다.[519] 제8차 노동자연맹총회에서는 종교 세계관과의 이데올로기적 투쟁, 특히 침례교의 확산, 복음주의자들의 교육 등에 대해 특별한 주의를 요구했다. 현재 교회와 여러 종교 종파가 나라 안의 부자 농민과 자본주의적 요소에 관한 반소련 활동과 국제 부르주아를 위한 방어 역할을 하고 있다. 1929년 4월 제2차 전연맹 총회에서 무신론 투쟁자들은 다음과 같은 결정서를 채택했다. 종교단체의 지도자, 설교자, 활동가들은 국제 부르주아 군사간첩 조직의 정치적 대리인이다. 그중에는 침례교도, 복음주의교도, 안식교도, 감리교도가 포함되었다.[520]

10년간의 영적 안정기를 지나, 신자들은 그들을 반대하고 선동하는 여론의 긴장된 분위기 속에서 살아야 했다. 결의안에 따라 1929년 4월 8일 전 러시아 중앙집행

---

516. Istoriya vozniknoveniya khristianstva v Kirgizii i sluzheniye veruyushchikh v nashe vremya. Istoriya nasazhdeniya i zhizn' pervykh tserkvey YEKHB na Dal'nem Vostoke. Pyatidesyatiletiye Dushanbinskoy tserkvi. Yubileynyy doklad Ferganskoy tserkvi YEKHB. Rukopisi 1981 goda. Arkhiv VSEKHB. [키르기스스탄의 기독교 발생사와 현대 신자들의 사역, 극동의 침례교 최초 교회 생활과 초기역사 두샨베 교회 50주년, 페르가나 침례교회 기념보고서. 1981년 필사본. 침례교총연합회 문서보관소]
517. *Osnovy marksizma~leninizma.* M., 1959, s. 642.[마르크스~레닌주의 기초. 모스크바, 1959년, p.642.]
518. *Komsomol'skaya pravda*, 1928, 30 marta, s.2. [콤소몰스카야 프라우다, 1928년 3월 30일자, p.2]
519. Orleanskiy N. *Zakon o religioznykh ob"yedineniyakh RSFSR*, M., 1930. [오를레안스키. 소련의 종교 단체 법률, 모스크바, 1930년]
520. *Materialy 2~go vsesoyuznogo s"yezda voinstvuyushchikh bezbozhnikov*, 1929 [호전적 무신론자들의 2번째 전국연맹총회 자료, 1929년]

위원회의 종교단체에 관한 법령이 나왔다.[521]

결정문은 종교 단체에 관한 의무적인 등록이 요구되었다. 결과적으로 교회 안에서 신자들의 종교적 필요 활동과 선교사업과 종교전파는 금지되었다. 설교자와 교육자(목사)의 활동 범위는 소속 교인과 주소지 교회로 제한되었다. 교회 회원들에게 물질적 지원을 제공하고, 상호 지원 기금, 협동조합, 생산 협동조합 창설, 어린이 청소년 여성을 위한 주제별 모임 실시, 성경과 문학과 수공예품과 노동별 부서와 동아리 및 그룹 소유 등을 금지했다. 그런 제한은 1918년 7월 제5차 소련 총회에서 채택된 러시아 소련 헌법 제4조의 변경에 따라 수정되었다. 1929년 5월 18일 제14차 전 러시아 총회에서 채택된 제4조의 새로운 개정판은 다음과 같이 발표되었다. 진정한 양심의 자유를 노동자들에게 제공하기 위해 교회는 국가로부터 분리되고 학교는 교회로부터 분리되며, 종교적 신앙 고백 및 반종교 선전의 자유는 모든 시민에게 인정된다. 1930년에 무신론 투쟁연맹 중앙위원회는 소련 헌법 제4조의 변화를 해석하는 자세한 설명을 했다.[522]

오를레안스키는 다음과 같이 기록했다. 개정 조항은, 지금까지 다양한 의미의 종교와 교회 신자들에 의해 반 소비에트 선동과 소비에트 권력에 대항하는 활동을 시행하는 종교 선전에 맞는 권리로 해석되는 범위와 특징적 활동을 규정 한다. 개정된 법에서 종교 선전의 자유 대신 종교적 신앙 고백의 자유라는 의미는, 개별 종교적 교리의 신앙 고백에 따른 신자들의 활동은 신자들의 환경에 의해 제한되고 국내 종교에서 허용되는 이런저런 아름다운 종교적 숭배와 밀접하게 관련되어 있음을 고려한다. 새로운 노동자 인재들, 특히 어린이를, 종교 지지자 숫자에 끌어들이는 것은 어떤 활동이든지, 의심할 여지 없이, 노동자 계급 이해 관점에서 해롭다. 물론 의식이 있는 농민들을 결코 법으로 보호할 수 없고 종교적 고백의 자유라는 개념으로 이해할 수 없다. 성직자와 종교인의 선동적이고 실제적이며 홍보적인 모든

---

521. *Religii i tserkvi* M., 1981, s. 126~130; *Sobraniye uzakoneniy i rasporyazheniy rabochego i krest'yanskogo pravitel'stva RSFSR*, 1929, 35. [종교와 교회. 모스크바, 1981년, p.126~130; 노동자 농민 소련정부의 규정과 합법화 집회, 1929년, 35호.]
522. Orleanskiy N. *Zakon o religioznykh ob"yedineniyakh RSFSR*, s. 46~48. [오를레안스키. 소련의 종교 단체 법률, p.46~48.]

활동 특히 선교 활동은, 종교단체에 허용된 활동으로 취급될 수 없지만, 반대로 보호받는 종교 자유의 한계를 뛰어넘으면, 서로 모순되기 때문에 민형사상 범위에 해당하는 것으로 간주한다. 이렇게, 1929년에 채택된 소련의 전 러시아 중앙집행위원회와 인민위원회의 규정 설명과 1918년 소련 헌법 제4조의 개정은 신자 주변인을 포함하여 개종자를 끌어들이는 활동과 복음 전파를 국법을 어기는 범죄로 간주하였다.

그러한 설명은 헌법 수정 조항에도 포함된, 종교 고백의 자유에 관한 조항의 의미를 왜곡했다. 지방 당국이 채택한 4번째 조항의 잘못된 해석의 무기는 신자들에 대한 비난과 탄압의 근거로 사용되었다.

복음주의 기독교단과 침례교단의 신자들은 소련 당국이 실시한 행사에 반대한 적이 결코 없었다. 기억해야 하는 것은 혁명 후 첫해에 이미 침례교와 복음주의 기독교의 주도로 개별적 농업경제를 기독교 농촌공동체로 개편하고 수공업자와 직능별 협동조합을 시작했다는 사실이다. 내전의 혹독한 시기와 극심한 기근 속에서 침례교단과 복음주의 기독교단은 소련 러시아를 돕기 위해 해외의 교회 단체에 호소했다.

복음 설교자들은 사역의 제한을 받아들일 수 없었다. 구원의 기쁜 소식을 전파하는 것을 거부하는 것은 그리스도의 명령을 성취하지 못하는 것을 의미했다. 너희는 온 천하에 다니며 만민에게 복음을 전파하라(막 16:15) 또한, 회심의 순간부터 모든 그리스도인에게 그리스도에 관한 증거는 그의 고백의 핵심 내용이 되며, 그의 삶에서 필수적인 부분이었다. 믿음의 간증은 많은 신자를 민형사상 행위로 이끌었다. 그들은 무엇이 기다리고 있는지 잘 알고 있었고, 강한 믿음으로 고통을 받아들였다.

믿음의 시련

1928~1935년의 시험은 먼저 두 연맹의 지도부, 지역지도부, 일부 유명 설교자들에게 해당되었다. 1928년 말에, 간첩 혐의로 우크라이나 침례교연맹 부크레예프 사무총장이 체포되었다. 그 원인은, 아마도, 1925~1926년에 일부 형제들이 브라질에 가려고 그에게 요청한 것이 작용했을 것이다. 이와 관련하여 1926년에 부크레예

프는 [침례교] ⁵²³ 잡지에서 브라질 이민 건은 자신이 관여하지 않았다고 해명해야 했다. 그런데도 그것은 의심의 여지가 있었고, 그는 거부권의 희생자가 되었다.

1929년 3월 3일, 이바노프-클리시니코프는 탄압을 당했다. 그는 알마티로 3년 동안 추방되었다. 그의 수감 이유는 1928년 토론토에서 열린 제4차 세계침례교 대회에서 소련 침례교의 사역과 과제라는 제목의 연설이 문제가 되었다. 그 연설에서 그는 전도의 필요를 위해 교회에 물질적 도움을 요청했다. 1933년에 이바노프-클리시니코프는 다시 체포되어 재판 후 카라간다 수용소로 보내졌다.⁵²⁴

레닌그라드⁵²⁵에 있는 일부 침례교회 설교자들이 격리되었다. 복음의 집 교회를 제외하고는 모든 교회가 폐쇄되었다. 1930년 2월 5일에 복음의 집 교회에서 마지막 예배가 있었다. 인민 법원의 결정으로 교회가 폐쇄되었고 전기기계 공장의 클럽에 넘겨졌다. 세입자들은 도시의 공동 아파트로 이사했다.⁵²⁶ 그 당시 모스크바에서는 6개의 교회 중 5개가 폐쇄되었다. 침례교 집회는 페트로프카에 있는 중앙교회에서 진행되었다. 1933년까지 목사는 파블로프였다.⁵²⁷

1929년 지토미르에서 우크라이나 침례교연맹 재무 코솔라포예가 체포되었다. 그는 하르키우 교도소에서 오랜 시간을 보냈다. 심한 질병으로 아내 아나스타샤 드미트리예브나에게 보내졌으나, 집에서 사망했다. 그는 주님을 바라보며 믿음을 지켰다.⁵²⁸ 1929년 말에 시베리아, 극동, 러시아 북부, 북캅카스, 중앙아시아 연합회 지도부가 격리되었다. 시베리아 침례교 연합회 지도부위원 파트코프스키는 4년형을 선고받았다. 또한, 1929년 북캅카스 복음의 집 교회에서 설교자로 사역했던 고름은 코미 공화국으로 추방되었다.

같은 해에 복음주의 기독교연맹 상임위원장 두브로프스키는 북쪽으로 추방되

---

523. Baptist, 1926, No7~8, s.9. *Neobkhodimoye raz"yasneniye*. [침례교, 1926년, 7~8호, p.9. 필요한 해명.]
524. Pis'mo Ivanova~Klyshnikova P.V. ot 3.5.1933 g. Iz vospominaniy A.P. Ivanovoy~Klyshnikovoy~zheny P. V. [1933년 5월 3일자 이바노프~클리시니코프의 편지, 이바노프~클리시니코프의 아내의 회상]
525. Iz vospominaniy mnogikh sovremennikov sobytiy v bratstve. [형제회 사건 당시 목격자들의 회상]
526. Sevast'yanov S. V., Urlaub I. YA. K 125~letiyu so dnya rozhdeniya (1854~1979). Rukopis'. Arkhiv VSEKHB. [세바스티야노프, 우를라웁. 출생 125주년(1854~1979). 필사본. 침례교총연합회 문서보관소]
527. Iz vospominaniy V. V. Pavlovoy ~ vdovy P. V. Pavlova. [파블로프에 관한 기억~파블로프 미망인]
528. Istoriya vozniknoveniya yevangel'skikh khristian~baptistov v Zhitomirskoy oblasti. Rukopis', 1981 god. Arkhiv VSEKHB. [지토미르 지역 복음주의 기독교침례회 출현의 역사. 필사본, 1981년, 침례교총연합회 문서보관소]

었다. 1930년 블라고베셴스키 교회의 목사 비네는 수용소 3년 형을 선고받았고, 1932년에 복음주의 기독교단 북캅카스 지방회장 사닌은 아르한겔스크로 추방되었다. 수용소에 있는 동안, 사닌은 이주 권리가 없는 10년 형을 선고받았다.[529]

연맹의 상태와 활동

침례교연맹

사역자 부재와 재정 부족과 관련하여 지역 침례교 연합회의 존립이 중단되었다. 1929년 12월 오딘초프는 다음과 같이 썼다. 우리는 이전에 지방에서 보내졌던 재정이 끊어진 이유로 연합회 활동을 중단해야만 했다[530] 이런 방법으로, 소련 연방침례교 연맹은 3년 동안만 존재했다.

2개의 침례교 출판사도 폐간되었다. [우크라이나 침례교는 1928년 말에 출판을 중단했다. 11호가 마지막이었다. [침례교] 잡지는 1929년 중반까지 출판되었다. 7호가 마지막이었다. 이반노프~클리시니코프가 체포된 후 성서 교육 강좌가 중단되었다. 1927년에 임차한 연맹 건물이 1930년 5월에 몰수되었고, 인쇄는 되었으나 제본이 되지 않은 1만 권의 성경이 압수되었다.[531]

1930년에 침례교연맹의 나머지 회원들은 출판을 복구할 수 있는 허락을 받았다. 연맹의 상임위원회에서 새로운 지도부를 구성했는데, 회장 오딘초프, 공동부회장 다츠코와 티모셴코였다. 연맹 지도부 위원은 본다렌코와 콜레스니코프가 되었다. 그러나 연맹의 활동은 크게 제한되었다. 기본적으로 지방 교회의 등록과 그들의 내적 생활을 관리하는 것으로 이루어졌다. 지역 교회 연합회의 활동 중단과 관련하여, 침례교연맹은 골랴예프의 주장에 따라 1911~1916년에 도입된 선임목회자를 통한 지도체제로 복귀했다.

---

529. Iz vospominaniy N. V. Saninoy vdovy F. I. Sanina. [사난나의 기억 사닌의 미망인.]
530. Tsitirovano u P. A. *Yefimova v Yezhegodnike Mira*, VI (1962), s. 167. [예피모프의 세계 연감에서 인용, 4권, 1962년, p.167.]
531. Iz vospominaniy V. V. Pavlovoy. Svidetel'stvo vdovy S. P. Stepanova, peredannoye v 1935 godu V. Gutshe, priyezzhavshemu v Moskvu.[파블로바의 기억, 1935년 모스크바를 방문한 구트셰에게 전달한 스테파노바 미망인의 증언]

1930년 즈음에 티모셴코가 체포되었고, 6개월 후 우크라이나 연맹위원회 위원이자 키예프 교회 목회자였던 프라보베로프도 체포되었다. 9개월 동안 감옥에 있었고, 마지막 달에 석방되었으며 교회에서 계속 사역했다. 그는 1932년 사망했다. 그 후 교회 목회자는 하르키우에서 온 우크라이나연맹 증경 총회장이었던 코스튜코프가 취임했다. 그러나 1933년에 그는 유죄 판결을 받아 3년 동안 시베리아 지역의 마린스크 노동 수용소로 보내졌다.[532]

1933년 11월 오딘초프는 3년의 징역형을 선고받았고 야로슬라블 교도소에 수감되었다. 파블로프는 1933년 체포되어 노동 수용소 5년 형을 선고받았다. 침례교연맹 사무직원 모즈고바는 오딘초프와 거의 비슷한 시기에 3년 형을 선고받았다. 그녀는 백해~발틱 운하 건설에서 형기를 보냈다. 시베리아 연합회 회장 아나닌도 같은 수용소에서 1930년부터 10년형의 유죄 판결을 받았다.[533] 1934년 초 다츠코와 스테파노프는 4년 동안 수용소로 보내졌다. 스테파노프는 건강 문제로 이동하여 수술 후 1936년에 풀려나 페스키로 돌아왔으나 1938년 9월 그는 보로네시 병원에서 사망했다.[534]

오딘초프 대신 발라쇼프 교회의 목사였던 골랴예프가 (이미 3번째) 연맹을 이끌었다. 본다렌코와 콜레스니코프가 그를 도와 연맹 일을 했다. 그런데 1935년 초에 콜랴에프는 모스크바를 떠나, 나중에 그가 밝혔듯이 키예프로 갔다. 그는 대조국전쟁 동안 타슈켄트에 살았다. 본다렌코와 콜레스니코프가 연맹의 지도력을 이어갔다. 1935년 3월에 그들이 체포된 후 연맹은 중단되었다.[535]

복음주의 기독교연맹

기독교인 잡지 출판이 1928년 말에 중단되었다. 미츠케비치가 증언했듯이, 1930년 5월 복음주의 기독교연맹의 활동은 확대 상임위원회의 결의로 중지되었

---

532. Iz vospominaniy docheri A. P. Kostyukova Ye. A. Kostyukovoy. [코스튜코프 딸의 기억]
533. Iz vospominaniy A. I. Mozgovoy i S. P. Fadyukhina. [모즈고바와 파듀힌에 관한 기억]
534. Svidetel'stvo docheri V. P. Stepanova ~ Marii Vasil'yevny. (Imeyetsya fotografiya pokhoron V. P. Stepanova v gorode Voronezhe.) [스테파노프의 딸 마리야 바실리예브나의 증언(스테파노프의 보로네시 장례식 사진 있음)]
535. Iz vospominaniy vdovy S. P. Stepanova. [스테파노프 부인의 기억]

다.[536] 복음주의 기독교연맹 위원들은 연맹의 일을 남겨둔 채 시민의 일로 옮겨 가야 했다.

비코프와 카자코프는 전문 분야에 따라 일을 시작했다. 짓코프, 카팔긴, 카레프, 안드레예프는 레닌그라드에서 교회 사역으로 옮겨왔다. 그들의 요청에 따라 연맹 지도부를 선출하고 업무 재개를 위한 회의 소집 허가를 받았다.

1931년 8월 23일 모스크바에서 40명의 대표가 참석한 회의가 개최되었다.[537] 짓코프는 포괄적인 보고서를 작성했고 1929년 4월 8일 전 러시아 중앙집행 위원회와 인민위원회의 유효한 명령인 종교단체조항에 따라 복음주의 기독교연맹에 관한 새로운 규정을 고려할 것을 제안했다.

복음주의 기독교연맹의 새로운 제시된 규정은 다음과 같다. 연맹의 영적 조직적 목표와 달성 수단, 연맹의 회원 자격, 재정문제 포함한 연맹의 관리 활동, 총회 소집, 교회에 성서와 기타 경건도서 발행과 제공, 정기 간행물 발행과 악보 포함된 찬송가 발행, 성서 교육 및 지휘자 교육 과정을 통한 사역자 양성, 교회에서 사역자 선정 협력, 교회 현안문제와 오해의 해결, 소련 밖 복음주의교회연합회와 영적 관계 실행, 현행법 내에서 기존 통계 등을 다루었다. 해외에서 연맹의 활동비로 전달되는 재정을 거절하기로 했다. 그런데 그 당시 규정으로 예상된 것 가운데 상당 부분이 실행 불가능한 것으로 판명되었다는 것을 반드시 언급해야 한다. 연맹의 규정은 회의 참가자에 의해 승인되고 채택되었다.

연맹 지도부는 회장 짓코프, 부회장 안드레예프, 재무 카레프, 서기 카플긴, 자문위원 오를로프, 자문위원 후보 우르시테인, 벨로우소프, 모르구노프 등이 선출되었다. 감사위원회는 자르키흐, 수다레프, 쿠흐만이 포함되었다. 복음주의 운동에 관한 프로하노프의 이바지와 계속적인 사역이 인정되어 복음주의 기독교연맹의 명예회장으로 선출되었다.[538] 20년대, 더 정확하게 1922~1932년에, 핀란드 신자 연합회

---

536. Po zapisi vsesoyuznogo soveshchaniya ot 23 avgusta 1931 goda. Arkhiv VSEKHB. [1931.8.23.일자 연맹회의 회의록. 침례교총연합회 문서보관소]
537. *Bratskiy vestnik*, 1947, No 5, s. 68. [형제들 소식, 1947년, 5호, p.68]
538. Iz zapisi vsesoyuznogo soveshchaniya ot 23 avgusta 1931 goda. Arkhiv VSEKHB. [1931.8.23.일자 연맹회의 회의록. 침례교총연합회 문서보관소]

는, 복음주의 기독교침례회 인케르만 연합회로 존재했다. 연합회는 복음주의 기독교연맹의 지부에 포함되었다. 지부는 레닌그라드 주에 포함된 시베르스카야 역, 갓치나, 두데르호프, 리고보, 볼로소보, 니스코비치, 파블로프스크, 토스노, 쿠바니치, 킨기셉 등의 여러 마을과 도시에 독립적으로 등록된 14개 교회로 구성되었다. 어떤 교회는 최대 200명의 회원이 있었다. 정기적인 예배가 시행되었다.

1933년에 연합회 소속 대부분의 교회는 폐쇄되었다. 연합회장인 겐리 마트베예비치 피파리넨은 핀란드로 추방되었다.

1931년 복음주의 기독교연맹의 사무실은 레닌그라드에서 모스크바로 옮겼다. 오를로프는 연맹의 서기가 되었고, 1938년부터 지도부를 이끌었다. 새로 구성된 연맹의 자문위원 가운데 카레프가 첫 번째로 고난을 받았다. 1935년에 그는 5년 형을 선고받았다.[539]

지역 교회의 생활

이 기간에 침례교단과 복음주의 기독교단의 지역 교회 상황은 주로 생존자의 기억과 전직 교회 사역자들의 보존된 기록에 의해 판단될 수 있다. 1931년 무렵 대부분의 교회는 공식적으로 활동을 중단했다.

1927년에 우크라이나에서는 목사, 집사, 교사 등 사역자들의 예배 금지 규정이 효력을 발휘했고 일부 설교자는 인권이 박탈당했다.[540] 시골 지역에 거주하던 투표권이 없는(박탈당한) 목회자들은, 특별 세금이 부과되었다. 교회의 뒷받침이 없는 도시 목회자조차도 병가 보조금 거부, 저임금 노동허가 거부, 기타 제한 사항 등 모든 후속 조치와 함께 공장에서 일하고, 노동연맹의 회원이 되는 권리를 박탈당했다. 그런 환경 속에서 많은 목회자는 교회 일을 그만두었다. 목회자가 없는 교회들은 등록을 취소했고 활동을 중단했다. 결과로 1929년부터 우크라이나 내 활동 교회 수가 급격히 감소했다. 교회를 방문할 때 당국으로부터 특별 허가를 받아야 했기

---

539. Iz vospominaniy A. I. Mitskevicha. Arkhiv VSEKHB. [미치케비치의 회상, 침례교총연합회]
540. Gidulyanov I. V. *Otdeleniye tserkvi ot gosudarstva v SSSR*, s. 282, 288~289 [기둘야노프, 소련의 국가로부터 교회의 분리, p. 282, 288~289]

때문에, 목회자들이 교회에서 봉사하는 것은 사실상 불가능했다. 허가를 받는 것이 일반적으로 어려움이 많았고, 자발적인 방문은 심한 행정조치로 처벌되었다. 당연히 1931년에 우크라이나에서 공식적으로 기능하는 교회는 10개 이하였다.

장소에서 보여 주는 사실은, 침례교회와 복음주의 그리스도 교회가 지역에서 유지되었던 장소는 시간이 지나자 합동 예배를 드렸고, 1936년과 1937년까지 계속되었다.

빈니차 침례교회 목사는 자트케비치였고, 복음주의 기독교회는 샤포발로프 지도 하에 1936년까지 계속되었다. 드니프로페트로우스크주 여러 교회는 (주바노프와 호듀시가 장로교회 예배를 인도했다) 1937년까지 예배를 중단하지 않았다. 하르키우 교회는 알레힌 목사가 재직하는 침례교회가 있었고 1940년에 한 교회로 연합했다. 1935년까지 오데사와 키예프에 교회가 있었다. 러시아 연방 외곽과 일부 중앙의 도시에서는 지역 교회가 1935~1937년까지 존재했다. 모스크바 제일침례교회는 공식적으로 제한된 조건이기는 했지만 1935년까지 유지되었고, 말리 부좁스키 골목 3번지에 있는 복음주의 기독교회는, 활동을 멈추지 않았다. 침례교회의 많은 신자들가 점차 교회에 합류했다. 옴스크와 블라고베셴스크 침례교회는 1936년 말까지 예배를 계속했다.

칼리닌과 르제프 복음주의 기독교회의 집회는 1935년까지 정기적으로 진행되었다. 멜리토폴에서 공식적으로 1932년까지 침례교회의 예배가 진행되었고, 복음주의 기독교 교회는 1937년까지 계속되었다.[541] 공식적으로 활동 중인 교회들은 예배가 진행되었고, 어려움이 많았지만, 진리에 관한 확고한 간증과 그리스도의 이름이 공개적으로 전파되었다. 십코프는 블라고베셴스크에서 다음과 같이 편지에 썼다. 우리가 집회를 포기했다면, 우리 공동체는 자신의 얼굴을 잊어버렸을 것이고, 분열되었을 것이다. 하지만 그는(주님) 위협적인 위험에 관한 깨달음으로 우리에게 영감을 주셨다. 집으로 흩어지면서 반드시 주님의 사업을 후원하려는 소망을 지녔

---

541. Istoriya vozniknoveniya Melitopol'skoy obshchiny yevangel'skikh khristian i baptistov. Rukopis'. Arkhiv VSEKHB. [멜리토폴 공동체에서 복음주의 기독교 및 침례교의 출현 역사, 수기원고, 침례교총연합회 문서보관소]

다. 그 후, 우리는 기금 마련을 위해 특별한 노력을 해야 했고, 우리는 어려운 상황에서 벗어났다.[542]

당시에 복음주의적이고 침례교적인 신앙고백을 하는 신자의 입장은 합법적이었다. 교회가 닫히자, 교회의 수가 계속 줄어들었다. 이미 위에서 언급한 것처럼 많은 신자는 새로운 지역으로 떠났고, 어떤 사람들은 영적으로 차가워져서 교회를 떠났지만, 대부분 지역 교회들은 여전히 내부적인 생활을 계속 유지했다. 하나님의 자녀들은 소그룹으로 집에서 모였다. 다양한 이유로 같은 교회를 다니는 교우가 없는 곳에서는, 가정 교회에서 영적 생활을 지원하고, 가족기도. 교제 모임을 진행하고, 성서를 읽고, 찬양을 부르면서, 믿음을 지키고 주님께 소망을 두었다. 신자들 대부분은 사도 바울의 메시지 "그리스도를 위하여 다만 그를 믿을 뿐 아니라 또한 그를 위하여 고난도 받게 하려 하심이라"(빌 1:29)을 기억하면서, 고난은 당연한 것으로 받아들였고 사도 베드로의 메시지 "너희 믿음의 확실함은 불로 연단하여도 없어질 금보다 더 귀하여"(벧전 1:7)를 기억했다. 그들은 죄인들을 위해 인내하셨던, 그리스도의 고난을 깨달았고, 그분의 제자들은 고난의 시기와 평안의 시기에 감사하도록 격려해야 함을 깨달았다(롬 8:17~18, 벧전 4:18).

많은 신자는 시험을 다니엘이 예언한 '많은 사람이 연단을 받아 스스로 정결하게 하며(단 12:10)'와 연관하였다. 진리를 깨닫지 못하고, 유혹을 받고, 다른 사람을 비난하려는 사람들이 있었는데 그들은 믿음에서 난파당했다.

그 기간에 신자들은 특히 스테파노프가 작사한 찬송가 '언제 당신의 시험을 이겨 내는가(복음성가 389번)'를 좋아했다. 찬송은 하나님의 자녀들을 위로하고 그들을 믿음으로 강건하게 했다. '인내하지 않고, 힘이 약해질 것인가? 의심의 안갯속에서 영혼이 물에 빠진다. 무덤까지 표어를 가지고 가라, 삶과 고통은 항상 좋기 때문이다. 그 안에 행복은 더는 없다. 소망하고, 믿고, 사랑하라.'

시험을 통과하면서, 믿음을 지킨, 하나님의 자녀들은, 불평의 말을 퍼트리지 않았고, 더욱이 다른 사람들에게 분노하거나 비난하지 않았다. 그들은 모든 일어난

---

542. Pis'mo G.I. Shipkova ot 7 yanvarya 1934 goda. [시프코프의 1934년 1월 7일자 편지]

일을 하나님의 손에서 된 것으로 받아들였다. 성경 말씀 "무슨 일을 하든지 마음을 다하여 주께 하듯하고"(골 3:23)을 기억하면서 공장과 건설현장과 농업 현장의 모든 환경 속에서 신자들은 충실하게 일했다. 그리스도인 중에는 사람들의 복지를 증진하는 일에 큰 이바지 했던 합리주의자와 발명가들이 적지 않았다. 교정 수용소와 노동 수용소에 있었던 신자들은, 자신에게 부여된 업무 수행을 할 때 모범적이고 양심적인 행동으로 구분되었고, 그중 일부는 일정보다 앞당겨 자유의 몸이 되었다.

특히 주목해야 할 것은, 당시 중앙 당국은, 20년대와 마찬가지로, 현장에 있는 신자들과 관련하여 일부 행정적인 탄압을 위한 대책을 세웠다. 당시 중앙 당국은 20년대 때처럼 중앙 정부가 대책을 세웠다. 지상에서 신자들과 관련하여 관리의 일부는 1936년 2월에 예배에 관한 법 집행의 요구 사항을 더욱 확고하게 규정한, 러시아 중앙집행위원회 상임위원장 칼리닌이 서명한 공문이 발송되었다. 공문이 발표된 직후, 예배 문제와 관련된 상임위원회에 관한 규정이 소련 중앙 집행위원회의 상임위원회에 보내졌다.[543] 문서가 발행된 직후, 소련 중앙집행위원회 상임위원회 산하 예배 문제에 관한 상시 규칙에 관한 규정이 발송되었다. 언급된 문서에서 법률 위반으로 이어지는 행정 관행은, 사람들 사이에서 신앙심을 없애는 데 성공하지 못했고, 그와 반대로, 때로는 지방 당국의 조치에 불만을 일으켰다는 사실에 심각한 주의를 기울였다. 삶은, 무신론 투쟁자들이 종교와 싸우는 방법이 종교단체와 관련된 정부 법령의 내용과 일치하지 않고, 해를 입혔다는 것을 보여 주었다.

알려진 대로 30년대 후반에는 스탈린의 개인숭배가 이루어졌다. 사회주의 적법성에 관한 심각한 위반이 행해졌다. 국가 안보기구의 지도부에 있던 예조프와 베리야와 그 부하들은 종교 지도자들뿐만 아니라, 국가와 정부의 저명한 인사들에 대해서도 거짓 고소를 했다. 당시 많은 사람이 탄압을 받았다.[544]

박해받는 사람들 중에는 복음주의 기독교와 침례교 연맹의 책임있는 사역자들

---

543. Lyalina G. S. *Baptizm*··· s 118, so ssylkoy na arkhivnyye materialy TSGAOR [랴리나, 침례교···p.118 시월혁명 소련중앙문서보관소 자료 인용]
544. Bredikhin I. B., Fedosov I. A. *Istoriya SSSR*, uchebnik. M., 1976, s. 345; *Istoriya* KPSS, izd. 6~ye. M., 1982. s. 426~427 [브레디힌, 패도소프. 소련의 역사, 교과서, 모스크바, 1976년, p.345 ; 소련공산당 역사, 6판, 모스크바, 1982년. p.426~427.]

과 일반 신자들이 있었다. 오딘초프는 3년의 수형 기간을 마친 후 크라 스노야르스키 변방의 마콥스코예 마을로 추방되었다. 1937년 타슈켄트 침례 교회의 목사와 일반 신자들, 바라토프, 페오파노프, 두비닌, 코로트코예 등은 극동 지역과 마가단 지역의 수용소로 추방되고 유죄 선고를 받았다. 전에 북쪽에서 형을 선고받았던 사라토프 교회의 전임 목사 모로코프도 있었다. 같은 해에 북캅카스 침례교 연합 회의 설교자인 마물린과 고름이 탄압을 받았다. 고름은 1년 전 추방지에서 돌아왔다. 우크라이나에 있는 많은 침례교회와 복음주의 기독교회는 목회자 없이 남았다. 복음주의 기독교단의 대리자인 모르구노프는 키예프에서 자유를 박탈당했다. 극동 지역 침례교 연합회에서 활동하던 페르체프, 비네, 마르티넨코는 옴스크에서 유죄 판결을 받았다. 노보시 비르스크에서는 복음주의 기독교연합회 회장 쿠흐만이 유죄 판결을 받았다. 1937년 1월 브랸스크주 크라스노고르스키지구에서 복음주의 기독교회 회원 11명이 10년 추방형이 결정되었다. 그들 중 2명만 목회자였고 나머지는 교회의 보통 회원이었다.[545] 1932년에 모스크바 페트로프카 거리에 있는 교회에서 사역했던 재능있는 음악가이자 전도자인 슬레사레프가 체포되어 추방되었다. 1937년 11월 23일 코스튜코프는 두 번째 체포되었다. 쿠흐만, 모르구노프, 코스튜코프의 그 후 결과는 알려지지 않았다. 그들 모두가 서신 교환의 권리를 박탈당했다.

1938년 1월 4일에 짓코프는 8년 형을 선고받았고, 마가단 지역 국영농장으로 추방되었다. 오를로프는 복음주의 기독교연맹의 회장직을 수용했다. 보르쿠타 지구에 있는 두브로프스키의 추방 기간은 연장되었다. 카자코프는 레닌그라드에서 우파로 추방되었다. 1939년에 북캅카스 침례교 연합회에서 일했던 사포지니코프, 노보셀스키, 바브코프가 체포되었다. 노보시비르스크에서는 전에 시베리아 연합회에서 일했던 쿡센코가 유죄 판결을 받았다. 다츠코는 그의 아내 베라 이바노브나가 살았던 베르단스크 교도소에서 1938년에 돌아온 후, 러시아·우크라이나 복음주의 침례교 형제회 역사를 기록하려고 계획을 세웠다. 그러나 그의 꿈은 실현되지 않았다. 1년 후 그는 다시 10년 기한의 유죄 판결을 받고 교도소에서 돌아올 수

---

545. Iz zapisey vospominaniy M. I. Selyucha ~ byvshego chlena seyatel'skoy obshchiny. [세야텔스키 공동체 회원이었던 셀류치의 회고 기록]

없었다.[546]

일부 목회자의 아내들이 탄압을 받았다. 1935년에 사닌의 아내는 잠불 지역으로 추방되었다. 1941년에 아나니, 이바노바~클리시니코바와 여성 신자들이 유죄판결을 받고 수용소에 있었다. 심지어 일부 종교인사의 미성년자에게도 핍박이 영향을 미쳤다. 그러나 전체 복음주의 침례교 신자들의 핍박이 어느 정도인지는 알지 못한다.

고난을 겪으면서 침례교인과 복음주의 기독교인 사이의 분열은 조용해졌다. 속박 속에서, 신자들은 만날 때 회한의 눈물로 서로 인사했다. 그들은 함께 기도했고 과거의 불합리한 행위를 허용한 것을 회개하면서, 주님께 자비를 부르짖었고, 하나님의 사역 필요에 관한 매우 작은 헌신과 과거의 근거 없는 불화와 증오를 깨달았다.

1956년 스탈린[547] 개인숭배가 드러나고 유죄가 입증된 후에 베리야가 제거되었고, 탄압된 사례가 재검토되었다. 불행히도 희생자들 대부분은 사후에 복권되었다. 탄압의 기간과 탄압된 사람의 운명은 별도의 조사가 필요하다. 한 분 주님은, 주님께 충실하게 남아서, 자신의 삶의 여정을 마친 사람들을 알고 계신다.

복음주의 침례교 형제회의 유명인사 가운데 소수만 시험의 잔을 피했다. 카르겔은 1930년에 81세였고, 골랴예프 또한 이미 고령이었다. 오를로프, 안드 레예프, 테르~아반네소프, 비코프, 골랴예프는 탄압을 피했다.

전국적인 시련 복음주의 기독교침례회 교회 생활의 부활

1941년 6월 22일 독일이 갑자기 러시아를 공격했다. 위대한 애국 전쟁이 시작되었다. 침략자를 막기 위해 모든 인적 물적 자원이 동원되었다. 전체 국민과 더불어 많은 형제는 전선으로 나갔다. 또한, 신자들은 후방의 크고 작은 공장에서 희생적

---

546. Svidetel'stvo vdovy P. YA. Datsko ~ Very Ivanovny, umershey v Moskve v 1967 godu. [1967년 모스크바에서 사망한 다츠코의 아내 베라 이바노브나의 증언.]
547. Bredikhin I. B., Fedosov I. A. *Istoriya SSSR*, uchebnik. M., 1976, s. 345; *Istoriya* KPSS, izd. 6~ye. M., 1982. s. 426~427 [브레디힌, 페도소프. 소련의 역사, 교과서, 모스크바, 1976년, p.345 ; 소련공산당 역사, 6번째 판, 모스크바, 1982년. p.426~427.]

으로 일했다. 전쟁은 국민에게 헤아릴 수 없는 고통을 가져왔다. 슬픔은 어느 한 가족도 피해가지 못했다. 모든 사람의 운명이 결정되는 상황에서, 사람들은, 이전에 그들을 갈라놓았던 것을 잊어버리고, 서로 더 친절하고 너그럽게 되었다.

마음 깊이 간직한 믿음으로 살았던, 하나님의 자녀들은, 시련의 도가니에서, 다시 녹아내렸고, 가족 안에서 하나 되어 주님께 힘써 기도했다. 믿음이 약해져서 거의 기도를 중단한 사람들이, 그리스도를 향했던 첫사랑을 기억하면서 하늘을 향해 기도했다. 신자들은 주님께서 그들을 용서해 주시고 자비를 베풀어 달라고 함께 기도했고, 끔찍한 유혈 사태를 멈추게 해 달라고 간구했다. 노인 여자들과 중년 여자들이 기도회에 모였다. 주님은 그분의 영과 함께 매우 특별한 방법으로 행동하셨다. 전에 교회를 다니다 믿음이 식은 사람과 외로운 사람들이 평범한 식탁 교제를 하다가, 그들이 우연히 던진 말과 찬송가를 부르자는 제안을 통해 신자임을 알게 되는 일이 생겼다. 만남은 곰곰이 생각하도록 했고, 얼마의 시간이 지나자 그들은 이제 다른 교제를 진행하기로 했고, 진정한 참회의 기도를 했다. 이런 방법으로 주님은 상심한 사람들의 마음속에 계셨고, 그들의 마음을 움직이셨다.[548]

선지자 에스겔이 보았던 것과 비슷한 일이 일어난 것이다. "소리가 나고 움직이며, 이 뼈, 저 뼈가 들어맞아, 뼈들이 서로 연결되더라, 내가 또 보니 그 뼈에 힘줄이 생기고 살이 오르며 그 위에 가죽이 덮이나 그 속에 생기는 없더라"(겔 37:7~8). 전쟁으로 인한 일정한 삶의 고통은, 각성을 불러왔고, 확대되기 시작했다. 작은 그룹의 기도회들이 생겼고, 여기저기 부흥이 느껴지기 시작했고, 신자들은 그리스도를 전하기 위해 위로부터의 능력으로 가득 찼다. 사람들은 복음을 듣고 진리를 갈망했다.

전쟁의 불빛이 활활 타고 있었다. 많은 사람은 사망한 아버지, 남편, 딸, 아들들을 슬퍼했다. 형제와 자매들은, 그리스도께서 우리 죄인들을 위하여, 십자가의 고난과 죽음을 당하셨고, 부활과 하나님 앞에서 신자들을 위해 중보하심을 전파했다. 애통하는 사람들은 눈을 들어 하늘을 바라보기 시작했고, 많은 사람이 봉헌 생활을 하면서 하나님과 평화를 찾았다.

---

548. Svidetel'stvo o vozniknovenii odnoy iz pomestnykh tserkvey na rudnom Altaye.[루드니 알타이에서 발생한 지역교회에 관한 간증]

침례교와 복음주의 기독교의 접근

현장에서 복음주의 기독교회와 침례교회의 합병을 위한 시도는 전쟁 이전에 시작되었고, 고난의 시기에도 있었다. 어려운 전쟁 기간에 그 열망은 더욱 강해졌다. 복음주의적이고 침례교적 신앙고백을 하는 기독교인들은, 하나 또는 다른 연맹에 속하는 것에 의해 생성된 과거의 차이를 잊고, 한 주님의 이름 안에서 교제를 위해 그리고 공동기도와 기독교 사역을 위해 서로의 손을 뻗었다(엡 4:4~6). 주님은 의로운 재판관이라는 깊은 믿음으로, 신자들은 전쟁의 가장 빠른 출구가 열리도록 뜨거운 기도를 했다. 하나님의 자녀들은 성경에서 믿음은 바라는 것들의 실상이요(히 11:1, 33). 말하는 것처럼 산 믿음을 가지고 미래를 바라보았다.

침례교와 복음주의 기독교인들의 공동 작업의 시작은, 침례교 대표 레빈단토와 골랴예프가 복음주의 기독교 대표 오를로프와 안드레예프에게, 모든 신자는 침략자의 공격으로부터 조국의 해방과 승리를 위해서 국가적인 일에 적극적으로 참여할 수 있는 공동의 호소문을 채택하자는 제안이 역할을 했다.[549] 침례교와 복음주의 기독교연맹의 대표자가 서명하고 작성된 호소문은 1942년 5월에 모든 신자에게 발송되었다.[550] 편지의 발췌 내용은 다음과 같다.

> 사랑하는 형제자매 여러분! 우리는 주님과 구세주 예수 그리스도의 이름으로 여러분에게 인사합니다! 그분께서 폭풍우와 폭풍의 날에 사랑하는 우리나라의 여러분 모두에게 요새와 힘과 용기를 주시기를 바랍니다!
>
> 지금 유럽은 히틀러의 독일 군대 아래에 떨고 있습니다. 히틀러주의 깃발에는 다음과 같이 쓰여 있습니다. 세계 정복! 인류의 노예화! 지상에 새로운 나치즘 숭배의 확립!

---

549. Svedeniya, privodimyye V. M. Koval'kovym iz memuarov N. A. Levindanto. Arkhiv VSEKHB. [코발코프가 레빈단토의 회고록에서 제공한 정보. 침례교총연합회 문서보관소]
550. Pis'mo~vozzvaniye ko vsem baptistam i yevangel'skim khristianam v SSSR, may 1942 goda. Arkhiv VSEKHB. [1942년 5월 소련의 모든 침례교도들과 복음주의 기독교도에게 보내는 호소 편지, 침례교총연합회 문서보관소]

복음 사업에 관한 큰 위험입니다. 존귀한 그리스도의 이름을 가진 모든 그리스도인이 독일의 유혈 총통의 이름을 대적하기를 원합니다. 하나님 인류를 보호해 주십시오. 위대한 3국 동맹인 조국 러시아와 영국과 미국이 연합하여 자신들의 무기로 무서운 세력의 침략을 반격하고 다가오는 노예화의 위험에서 유럽을 구해줄 것입니다.

모든 형제와 모든 자매는 우리가 겪고 있는 혹독한 시대에 하나님과 조국에 관한 의무를 다하기 바랍니다. 신자인 우리는 전방에서는 최고의 전사가 될 것이며 후방에서는 최고의 노동자가 될 것입니다. ! 사랑하는 조국은 자유롭게 남아 있어야 합니다. 우리 형제 사랑의 문안을 받아주시오.

그리스도 안에 있는 당신의 형제들, 복음주의 기독교와 침례교 임시총회 협의회 회원 일동. 짓코프, 안드레예프, 오를로프, 골랴예프, 카레프, 말린, 레빈단토, 파트코프스키, 우르시테인.

신자들이 흩어졌고 거의 알려지지 않았음에도 불구하고, 호소 편지가 전해졌고, 호소에 많은 사람이 반응했다. 대부분의 형제는 전쟁 중에 전방이나 후방에서 일했다. 자매 그룹은 군인들과 전사자 가족을 위한 봉제와 수리, 옷과 기타 물건 수집 등을 조직했고, 고아원에서 고아를 돌보고, 병원에서 부상병을 돌보며 도움을 주었다. 중상 병사를 후송하기 위한 환자용 비행기 선한 사마리아인 기금모금이 실행되었다. 공동의 자선 사업은 신자들에게 훨씬 더 익숙해졌다.

두 연맹의 알려진 지도자 사이의 친근한 관계는 1942년 모스크바에서 복음주의 기독교와 침례교의 임시협의회 결성을 이끌었다. 협의회 구성은 복음주의 기독교 대표는 오를로프, 짓코프, 안드레예프, 카레프였고, 침례교 대표는 골랴예프, 레빈단토, 말린, 파트코프스키였다.

이렇게 20년 후, 시련의 어려움을 지나, 두 개의 비슷한 복음적 교단의 대표자들은 복음주의~침례교 형제회 교단으로 통합을 결정하였다. 1920년 6월 모스크바에서 침례교와 복음주의 기독교의 총회 기간 중 공동회의에서 통합의 시작이 주어졌음을 결론으로 기억한다.

제7장
1942~1985년의 복음주의 침례교 형제회의 생활

복음주의 기독교침례회 총연합회 내 복음주의 계열 교회연합회

복음주의 기독교 교단과 침례교 교단의 통합

1920년과 같은 방법으로 1944년 두 형제회 교단의 통합 작업은, 복음주의 기독교와 침례교의 임시협의회 결성이 선행되었다. 1920년 임시협의회의 상징은 한 손에는 있는 두 개의 막대기였다. 표어는 에스겔서 37장 17~19절에서 인용되었다.

"그 막대기들을 서로 합하여 하나가 되게 하라, 네 손에서 둘이 하나가 되리라 한 막대기가 되게 한즉, 내 손에서 하나가 되리라"

1942년 임시지도부 구성은 충분히 대표성이 있었다. 복음주의와 침례교 형제회의 경험있는 지도자들이 포함되었다.

짓코프는 1929년까지 복음주의 기독교연맹의 부회장이었고, 1931~1938년에는 연맹 회장이었다. 카레프는 1930년까지 복음주의 기독교연맹의 지도부에 포함되었고, 1931~1935년에는 서기였다. 오를로프는 1931년까지 복음주의 기독교연맹 지도부 위원 겸 시베리아 지부의 대표였고 1938년까지 서기를 했고, 그 후 연맹 회장이었다. 안드레예프는 1926년부터 모스크바의 복음주의 기독교연맹의 대표였고, 1931년부터 연맹의 부회장이었다. 골랴예프(I.A.)는 1911~1912년, 1924~1926년, 1933~1935년에 침례교연맹의 회장을 역임했다. 팟콥스키는 1927년부터 시베리아 침례교 연합회 부회장 겸 회계였고 1926~1929년에는 침례교연맹 자문위원이었다. 말린과 골랴예프는 침례교의 최고령 지도자였다. 골랴예프는 1917년에 페스키에서 개최된 지방회에서, 통합 문제의 주도자로 활동 했다는 것을 기억할 필요가 있다. 레빈단토 또한 침례교연맹의 오래된 지도자로 1923년 제25차 침례교총회에서 서기였다.

2년 동안의 가혹한 전시 상황에서 임시협의회는 모스크바에서 복음주의 기독교연맹과 침례교연맹의 회의를 준비했다. 결정에 관한 채택과 중요성 측면에서 회의는 총회 성격을 띠었다. 정부의 승인을 받은 후 1944년 10월 26일부터 29일까지 회의가 개최되었다. 회의에 45명의 대표단이 참석했고, 그중에는 복음주의 기독교단과 침례교단의 경험 있는 목회자들이 있었고 30명은 안수를 받은 목사였다. 모스크바와 모스크바 근교 지역의 최고령 교회 회원들이 일부 참석했다. 회의에서 의장은 오를로프, 부의장은 짓코프와 골랴예프, 서기는 카레프와 레빈단토였다. 오를로프가 1931~1944년 기간의 복음주의 기독교단의 활동에 관한 보고를 했다. 그 후 짓코프와 레빈단토가 통합 문제에 대해 보고했다. 카레프는 보고 후 하나의 형제회와 하나의 연맹으로 교회를 합병하는 문제에 관한 복음주의 기독교단과 침례교단의 공동 결의안의 초안을 읽었다.

아래는 공동 결의안 초안의 전체 내용이다.

하늘의 선생이신 예수 그리스도의 뜻이 땅에 있는 그의 제자들에게 무엇보다 중요 하다는 것을 인정하고, 하나님 자녀들의 상호관계에 관한 질문에 관한 뜻은, 대제사장의 기도 에서 나타난 그리스도의 말씀 그들도 다 하나가 되어(요 17:21)에 분명하고 결정적으로 표현되었다. 회의에서 가장 중요하게 생각하는 것은, 예수 그리스도께서 지시한 말씀이 국내의 복음주의 기독교인과 침례교인의 생활에서 마침내 실현되는 것이다.

복음주의 기독교회와 침례교회의 연합에 관한 질문이, 두 연맹의 역사에서 언제나 두드러졌고 많은 총회와 회의에서 논의되었다는 사실에 관심을 가지면서, 회의는 과거 복음주의 기독교와 침례교의 연합에 관한 수차례의 시도가 실시되었던 것을 기억한다. 특별히 기억에 남을만한 신자들의 연합시도가 1920년 총회에서 있었다, 비록 두 연맹이 하나로 통합되지는 않았지만, 현재의 소련에서 복음주의 기독교회와 침례교회가 위대한 역사적인 사건의 최종적인 실현을 위한 토양을 준비했다.

통합과 관련하여 주 예수 그리스도의 뜻을 이루려는 제자들의 노력은 특히 복음주의 기독교와 침례교의 연합활동으로 마무리되었고, 복음주의 교회와 침례교회의 모든 신실한 형제 자매들, 회원들, 두 연맹의 지도자들이 여러 해 동안 진행한 회의를 통해 다음과 같이 결정했다. 복음주의 기독교연맹과 침례교연맹이라는 두 개의 체제에서, 복음주의 기독교와 침례교가 통합된 하나의 지도기구인 복음주의 기독교인과 침례교인의 총연합회의 All~Union Council of Evangelical Christians and Baptists를 모스크바에서 체류하면서 창설하여 과거의 모든 불화와 망각을 청산했다.

복음주의 기독교와 침례교의 총연합회 지도부는 총회장 짓코프, 부총회장 골랴예프와 오를로프, 회계 말린, 서기 카레프, 지도위원 안드레예프, 파트코프스키, 레빈단토로 구성되었다.

또한, 복음주의 기독교와 침례교의 통합에 관한 규정이 만들어졌고 지역별 위원장(선임 목사) 제도가 채택되었다. 우크라이나 교회 대표는 안드레예프, 벨로루시는 체즈네프, 북캅카스는 카르나우호프가 임명되었다. 모든 복음주의 기독교회와 침례교회 회의와 결과에 대해서는 서면으로 통보되었다. 편지에는 복음주의 기독교단과 침례교단이 총연합회로 통합되어 기독교형제회의 단결과 긴밀한 협력과 복음전파와 지역 교회의 활동 회복과 확장을 촉구하는 내용이 또한 포함되었다. 전에 신자들은 침례식, 성찬식, 결혼식을 누가 실행하는지에 관한 의견이 나뉘었고, 침례자들과 사역자 안수에 대해서도 동일했는데 복음주의 기독교와 침례교의 주장을 서로 존중하여 해결되었다. 통합 과정에서 진정한 만장일치, 사랑과 평화와 상호이해의 정신이 나타났다.

연맹에 관한 기쁜 소식은 국내에 전해졌을 뿐만 아니라 침례교 세계연맹에도 알려졌다. 1944년 10월에 복음주의 기독교와 침례교의 총연합회는 침례교 세계연맹의 회장인 루시브룩 박사가 서명한 축하 전보를 받았다. 복음주의 기독교와 침례교의 통합 조직에 대해, 타스통신이 보도했다.[551]

1945년에, 복음주의 기독교와 침례교 상임위원회는 1946년 1월 1일에 결정을 채택했다. 연맹의 이름에서 접속사 와(러시아어로 '이')를 빼고 하이픈 +을 넣었다. 명칭이 연맹에 속한 회원 교회들에게 주어졌다. 이렇게 1905년에 채택된 복음주의 기독교침례회 명칭이 다시 사용되었다. 행사는 두 형제회를 하나로 통합하는 영광스런 일을 완성했다. 표어는 사도 바울의 메시지인 "주도 한 분이시오, 믿음도 하나요, 침례도 하나요"(엡 4:5)였다.

그 후 통합의 과정에서, 다른 복음주의 계열의 신자들이 합류하면서, 통합 형제회는 더 깊은 내용의 이름을 더했다. 형제회 소식 잡지는 그 결과를 이렇게 썼다.[552] 그 이름은 국내의 모든 교회와 신자들을 만족해야 한다. 그 안에 있는 단어 그리스도인은 기본이고, 사랑하는 구세주 예수 그리스도의 이름과 관련되어 있다. 단어 복음주의적 이란, 신자들이 하나님께 사역할 때 인간의 전승이 아닌, 예수 그리스도의 복음에 기초한다고 말한다. 단어 침례교인은, 그리스도인들이 어린 나이가 아니라, 믿음에 의해서만 침례 받을 수 있다고 말한다.

기독교 복음주의 신앙(오순절) 교단 및
다른 복음주의 분파와 복음주의 기독교침례회로의 연합

1945년 8월 기독교 복음주의 신앙 교단의 유명한 지도자들인 벨라루스의 판코, 바시케비치와 우크라이나의 비다시, 포노마르축은 자신들의 교단이 통합 교단에 합류할 조건과 가능성의 토론을 위해 복음주의 기독교침례회 총연합협의회에 관심을 표현했다. 1945년 8월 19일부터 29일까지 뜨거운 기도와 함께 집중적인 사무적인 만남과 회의가 진행되었다. 이바노프는 처음에는 많은 편견이 있어서 양측을 만족할 수 있는 그런 단일한 문서에 동의하는 것이 어려웠다고 회상했다. 오순절 교

---

551. *Izvestia*, 1944, No 266 of November 11. [이즈베스티아, 1944년 11월 11일자, 266호]
552. *Bratskiy vestnik*, 1946, No 4, s. 16. [형제회 소식, 1946년, 4호, p. 16]

회 서부 지역 대표자인, 판코와 바시케비치와 회의는 상호이해가 훨씬 쉬웠다. 그들은 예배에서 세족식을 실시하지 않았기 때문이었다. 우크라이나의 오순절 대표들은 세족식을 고집했기 때문에 문제가 더 복잡해졌다. 계속되는 대화와 기도 가운데 8월 합의로 알려진 문서 초안이 작성되었다.[553] 합의서에서 다뤄진 주요 문제들은, 다른 언어나 모르는 언어로 말하는 것(방언), 세족식, 그들의 하나님의 말씀에 관한 기초 이해 등이었다. 양측은 위로부터 임하는 능력이 방언과 같은 표지로 나타나기도 하고 그렇지 않기도 하고, 다른 언어는 성령의 은사 중 하나이며, 모든 신자에게 주어지는 것이 아니라 개별적임을 인정했다(고전 12:4~11). 해석이 없는 익숙하지 않은 언어는 성서에 쓰여있듯이 무익한 은사이다. 따라서 해석자가 없는 경우 공개 집회에서 알 수 없는 언어로 말하는 것은 삼가야 한다. 합의서는 세족식에 대해서 복음주의 기독교와 침례교의 공통이해에 도달하기 위해 기독교 복음주의 신앙 교단이 교육활동을 이끌도록 권고했다. 합의에 기초하여 복음주의 기독교신앙의 대표자들은 복음주의 기독교침례회 총연합협의회 구성에 포함되었다. 동시에 목회자들의 직임은 통합되기 전에 가졌던 대로 따른다.

8월 협정은 기독교 복음주의 신앙 대표자 판코, 바시케비치, 포노마르축, 비다시와 복음주의 기독교침례회 총연합회 대표자 짓코프, 안드레예프, 골랴에프, 오를로프, 카레프, 이바노프에 의해 서명되었다. 합의서가 채택된 후 두 교단 목회자들은 통합 작업에 착수했다. 1946년 4월 17일 우크라이나 기독교 복음주의 신앙 교회 200개 가운데 116개의 교회와 총 7,300명이 합류했다.

1945년에 복음주의·침례교 형제회 구성에 발트 연안 형제회가 포함되었다. 카레프와 레빈단토는 1945년 4월 21일에 라트비아 교회 대표자 회의에 참석했고, 라트비아 침례교회와 침례교연맹과의 통합 결정이 채택되었다. 1945년 5월에 에스토니아 형제회의 지도부 목회자들이 같은 결정을 채택했다. 에스토니아에서 침례교회와 함께, 중생과 믿음으로 의롭게 됨을 전파하는 다른 계열의 교회들이 연맹에 합류했다. 합류한 교회는 에스토니아 복음주의 기독교, 기독교 절제회 푸른 십자

---

553. *Soglasheniye ob ob"yedinenii KHVE i YEKhiB v odin soyuz*, 1945. Arkhiv VSEKHB. [복음주의 기독교신앙 교단과 복음주의 기독교침례회 총연합협의회 교단의 1945년 통합합의서. 침례교총연합회 문서보관소]

가, 구세군, 기쁨의 형제들, 오순절 등이다. 1945년 10월에 발트해 연안 국가의 기독교침례회 대표로 레빈단토(1896~1966)가 임명되었다.

카레프와 안드레예프가 1946년 3월에 우즈고로드(자카르파탸)에서 개최된 형제회의에 참여했는데, 25개 교회와 자유기독교(다비파, 플리머스 형제회) 그룹이 우리 형제회에 합류했다. 자유 기독교(다비파)는 그들의 교리가 복음주의 기독교침례회와 비슷했기 때문에, 1개월 전 자카르파탸주 무카체보 대회에서, 기독교침례회 교회에 연합했다.

1947년에 사도복음주의 기독교 혹은 단일파가 복음주의 기독교침례회로 통합되었다. 복음주의 기독교침례회 연맹 사무실에서 4월 2일에 이루어진 사도복음주의 기독교 대표자 일행 스모로딘, 시시코프, 프루드니코프와 면담에서,[554] 1945년 8월 합의서에 관한 완전한 동의를 표현했다. 면담 회의록에는 다음과 같이 기록되었다.

> 믿음에 의한 침례를 거행할 때, 선포되는 메시지 아버지와 아들과 성령의 이름으로 혹은 예수 그리스도의 이름 으로(주 예수 이름으로)는, 똑같은 효력이 있음을 인정하며, 신자의 재침례는 실시하지 않는다.

그런데 후에 성부와 성자와 성령의 이름으로라는 일치된 침례시 선언이 적절하다고 조정되었다. 1947년에 복음주의 기독교침례회 연맹에 교리가 기독교 복음주의 신앙과 가까웠던 절제파라 불리는 복음주의 기독교가 연합되었다. 전쟁이 끝난 후 복음주의 기독교침례회 연맹 안에 소련시대에 포함되었던, 서부 벨라루스와 우크라이나 지역에 있는 기독교회 연합회 소속 70개 교회가 연합되었다. 연합회장은 야로셰비치, 부회장은 부코비치 서기는 야로셰비치였다.

이렇게 1947년 초까지 복음주의 기독교침례회 연맹 내에는 다양한 복음주의 분파가 포함되었다. 복음주의 기독교신앙 교단과 여러 복음주의들이 연합된 복음주

---

554. Zapis' sobesedovaniya VSEKHB s predstavitelyami khristian v dukhe apostolov… 2 aprelya 1947 goda. Arkhiv VSEKHB. [1947년 4월 2일자 사도기독교 대표자와 복음주의 기독교침례회의 면담 회의록. 침례교총연합회 문서보관소]

의 기독교침례회와 합병 관련하여 흩어져있는, 러시아 · 우크라이나 형제 회 대표들로부터 긍정적인 반응이 전달되었다.[555]

러시아동유럽선교회 선교사인 페이스티는 뉴욕에서 다음과 같이 썼다. 러시아의 복음주의 기독교, 침례교, 오순절 교회의 세 흐름의 통합에 관한 소식을 받았을 때 얼마나 기뻤는지 상상할 수 없었다. 또한, 익숙하지 않은 언어 또는 방언 문제에 관한 총연합협의회 접근 방식의 성격에 매우 만족했다. 여러분의 접근 방식은 영적이고 동시에 신학적~과학적이었다. 나의 견해와 앞에서 언급한 선교회에서 나와 교제한 사람들의 견해는, 익숙하지 않은 언어로 말하는 것이 성령의 은사 중 하나이지만, 성령침례의 필수적인 표시는 아니다. 그러한 성서적 접근은 토레이, 앤드류 머레이 등의 탁월한 설교자들이 지지했다.

크메타-예피모비치는 다음과 같이 썼다. 기도와 큰 관심으로 미국 언론에서 사랑하는 고국의 반가운 사건 ~ 하나님의 영광과 거룩 한 복음을 위한 신자들이 하나로 연합됨을 지켜봤다.

기독교복음주의신앙 전 남미연맹의 서기 빈니첵은 부에노스아이레스에서 다음과 같이 썼다. 기독교복음주의신앙 전 남미연맹을 대표하여 최근 3개의 연합회 곧 복음주의 기독교, 침례교, 기독교 복음주의 신앙이 하나의 연합회로 통합되었다는 최고의 반가운 소식이 고향에서 전달되어, 여러분에게 알린다. 우리는 주님께서 사랑과 이해와 일치의 관계를 견고히 해 주시도록, 사랑하는 주님께 강력히 기도하고, 모든 신자 특히 슬라브인 디아스포라의 연합을 간절히 원한다. 우리는 세계에서 가장 큰 기적이 축복의 사건과 함께 일어난, 소련의 모든 형제회를 환호와 함께 축하한다.

조직 작업 두 연합회의 통합 후 복음주의 기독교와 침례교 연합회의 구조 설립과 조직 작업이 가장 중요한 질문이었다. 과거에는 복음주의~침례교 형제회의 중요한 문제는 보통 형제회의 최고 기관인 교회 대표자 총회에서 해결되었다. 그러나 1944년 회의에서 작성된 규정에 따르면, 총회는 계획되지 않았다. 정기적인 총회가 없었기 때문에, 그 기능은 복음주의 기독교침례회 총연합회에 넘겨졌다. 연합회 활

---

555. Bychkov A. M., Savchenko P. D. *Tridtsatiletiye yedinstva nashego bratstva*. ~Bratskiy vestnik, 1974, No6 [부치코프, 사브첸코. 우리 형제회의 30년 연합.~형제들 소식, 1974년, 6호.]

동에서 복음주의 기독교침례회 총연합회 결정에 따라 선임목회자 제도가 채택되었다. 1911년 총회에서 결정된 지위에 따라, 선임목회자의 임무는 교회 발전을 관찰하기 위한 주지역 공동체 방문, 종교 단체의 활동과 관련된 정부 명령의 정확한 이해, 전도 사업 및 연합회 지도부 유지를 위한 지역 공동체의 모금 참여 등이었다. 전쟁이 끝난 시기에 선임목회자의 기능은 관리형 지도력의 의미를 지녔는데, 시간이 지남에 따라 상황이 더욱 악화되었다.

선임목회자들은 국내의 일부 지역 즉 자치공화국, 변방, 주에 세워졌다. 이미 대표자가 위임되어 활동하는 곳을 제외하고 1945년 5명의 형제가 남캅카스, 시베리아 서부, 크림, 발트 연안, 카자흐스탄 업무를 위해 임명되었다. 해당자는 테르-아반네소프, 파트코프스키, 아우구스티노비치, 레빈단토, 페트로프이다. 우크라이나, 러시아 중부, 발트 연안, 자카르퍄탸, 벨로루시, 키르기스스탄 교회를 위해 40명의 선임목회자가 세워졌다. 그들은 지역 교회의 등록과 목회자 승인 업무를 진행했다. 쿠르스크주, 오룔주, 칼리닌주 등의 지방에서 목회자 회의가 개최되었다. 1947년 2월~4월에 총연합협의회 그룹별 선임목회자 회의가 개최되었다. 회의에서, 목회자들은 형제회의 영적 및 조직 업무 경험을 교환했고,[556] 교회건축의 시급한 문제를 논의했다. 같은 해 짓코프는 키예프를, 카레프는 레닌그라드를 방문했다. 1948년 10월에 총연합협의회 확대회의에서 목회자들은 지역 교회의 합법화에 따른 4년 간의 성공적인 완료를 보고했다.[557]

형제회 교회의 영적 부흥과 활발한 생활

1945~1949년에 실시된 영적 및 조직적 업무는 복음주의-기독교침례회 지역 교회의 활성화에 이바지했다. 전국적으로 교회의 합법화가 진행되었다. 침례를 통해 새로운 사람들이 교회에 합류하는 기쁜 소식이 있었다. 부활절, 삼위일체 기념일, 성탄절의 교회 절기가 성대하게 진행되었다. 1946~1947년 형제들 소식 잡지에

---

556. *Bratskiy vestnik*, 1947, No 1, s. 24. [형제들 소식, 1947년, 1호, p.24]
557. *Bratskiy vestnik*, 1948, No 5, s. 32. [형제들 소식, 1948년, 5호, p.32]

기고된 바와 같이, 노보시비르스크 교회는 195명의 개종자를 허입했고, 프룬제 교회는 30명이 침례를 통해 합류되었고, 브랸스크 지역의 베지츠 교회는 40명의 신자가 합류되었다. 중앙아시아와 우크라이나에서 큰 부흥이 일어났다. 타슈켄트, 두샨베, 침켄트, 잠불에서 많은 사람이 그리스도께 회심했고, 새로운 개종자들이 침례를 받았다.

지역 교회가 수적으로 많아지면서 새로운 교회들이 생겼다. 우크라이나에서 1946년 말까지 복음주의 기독교회와 침례교회 소속 지역 교회가 다시 시작되었다. 멜리니코프에 의해 수집된 불확실한 자료에 따르면, 그즈음 82,600명의 회원을 가진 1,165개의 복음주의 기독교침례회가 등록되었다.558 1945~1949년에, 믿음이 식고, 수년간 영적으로 잠든 교회의 실족한 회원들 가운데 부흥이 여기저기서 일어났다. 모든 지역 교회에서 새로운 개종자의 침례가 있었다. 시련과 슬픔이 지난 후에 주님은 기쁨의 시간, 신자의 영적 갱신, 교회의 회복과 탄생을 보여 주셨다.

다음 50년은 그렇게 대규모 새로운 회심자는 나타나지 않았다. 그러나 주님은 구원받는 사람들을 계속해서 교회로 인도하셨다. 불확실한 자료에 따르면, 1956년에 침례를 통해 7,245명의 신자가 교회의 형제회에 허입되었고, 1957년에 7,687명이 합류되었다.

심화된 연합 노력

복음주의 기독교와 침례교가 하나의 연맹으로 통합되고 기독교 복음주의 신앙과 다른 계열이 합류하면서 선임목회자들은 지역 교회에서 연합 문제에 관한 폭넓은 설명을 계속 진행했다. 전체적으로 복음주의 기독교와 침례교의 통합은 현장에서 영적으로 가깝게 되는 것이 먼저 진행되어 매우 축복 받았음을 주목해야 한다. 그러나 50년대 초에 복음주의 기독교침례회 가운데 연합에 대해 불만을 표현한 형제들이 나타났다. 그들은 교회에서 분리되었고, 뭔가 불만족한 신자들을 주변에 모

---

558. Mel'nikov N. N. *Kratkaya istoriya yevangel'skikh khristian☒baptistov na Ukraine s 1941 po 1946 god. Rukopis'.* Arkhiv VSEKHB. [멜리니코프. 1941~1946년까지 우크라이나 복음주의 기독교침례회의 역사. 필사본. 침례교총연합회 문서보관소]

왔고, 자신들을 순수한 침례교인이라고 불렀다.

1953~1957년 주바노프는 돈바스에 있는 교회들의 연합에 반대했다. 그는 안수 받은 않은 목회자와 교회 지도자들의 침례식과 성찬식과 다른 의식 거행에 관한 조항을 다투었다. 그런데 주바노프는 자신의 활동이 의미 없음이 확인되자, 자신의 실수를 인정하고, 자신의 죄를 형제들 앞에서 고백하고 연맹에 합류했다. 흐멜니츠키주에서는 소위 복음주의 기독교인 그룹이 더 완벽하게 나타났다.

연맹의 세계에서 연합의 정신을 성취하려는 일에 더욱 일관된 사람들은 벨로루시와 우크라이나 서부에 있는 기독교복음주의신앙의 신자들이었다. 그들은 8월 합의 조항을 준수했다. 우크라이나 남부의 기독교 복음주의 신앙 신자들의 상황은 더욱 복잡했다.

1946년 중반까지, 기독교복음주의신앙 신자들이 합류한 다수의 지역 교회에서, 일어났던 바람직하지 못한 현상에 관한 보고가 시작되었다. 8월 합의가 위반되었고, 통역 없이 모르는 언어로 말하는 것을 실시하고, 세족식 관행은 교인들 사이에서 여전히 집중적으로 행해졌다.

복음주의 기독교침례회 통합 연맹협의회는 1946년 7월 1일까지 복음주의 기독교신앙과 복음주의 기독교침례회와의 기본적인 통합은 8월 합의서의 완전한 준수를 토대로 완료되었다는 결정을 채택했다. 하나님의 백성을 나누는, 신자들이 위반한 경우 엄격한 권고가 내려졌고, 반복적으로 합의를 위반할 때는 교회 회원에서 배제될 것이라고 말했다. 복음주의 기독교침례회 총연합협의회가 보낸, 결론적인 편지는 다음과 같이 말했다. 세상에서 살기 원하며 한마음으로 주님의 영광스런 왕국을 창조하기 원하는 모든 사람을 우리는 수용한다. 그러나 불화를 뿌린 사람들과 우리들 가운데 분열을 일으키는 사람들은 형제 회에서 제외될 것이다.[559] 편지는 50년대 복음주의 기독교침례회와 기독교신앙 복음주의 상호관계가 어려운 시기에 시작되었다.

1946년 6월 11일, 복음주의 기독교침례회 총연합회에 소속된 기독교신앙 복음

---

559. Pis'mo VSEKHB ot 17.4.1946, No 3828. Arkhiv VSEKHB. [1946.4.17.일자 복음주의 기독교침례회 총연합협의회 편지, 3828번, 침례교총회 문서보관소]

주의 대표 포노마르축과 판코는 기독교신앙복음주의 신자들에게 호소했다. 그들은 자신들의 호소에서 익숙하지 않은 언어로 말하고, 일반 집회에서의 세족식, 주님의 이름을 욕되게 하는 미래를 예언하는 예언 선포에 관하여 8월 합의 조항을 엄격하게 지킬 것을 강조했다. 예언자 관련하여, 일반 형제들은 제외되어야 한다고 말했다.560 1948년 10월에 열린 복음주의 기독교침례회 확대회의에서, 복음주의 기독교침례회 교단과 오순절 교단의 완전한 통합이 벨로루시에서 이루어졌다고 발표되었다. 우크라이나의 통합은 완결되지 않았다. 당시 477개의 교회에 22,351명의 회원이 연맹에 소속되었다. 동시에, 벨로루시 담당 선임 목사 체츠네프가 지적한 것처럼, 합의를 수락한 많은 사람은, 집회를 이전처럼 인도했다. 우크라이나 담당 부선임 목사 포노마르축은 모든 합리적인 사람들은 합류했고, 영적전사파에 열중한 사람들만 남았다.고 밝혔다. 그와 관련하여 판코는, 주장은 어떤 변화도 일어나지 않았다고 밝혔다. 모든 부정적인 현상은 오순절 교회들의 올바른 이해가 없었음을 증명한다. 그들은 연합을 원하지 않았고 하나님의 말씀을 극단적으로 이해하는 것을 고수했다. 1954년 2월~3월에 복음주의 기독교침례회 통합연맹협의회 상임위원회에서는, 벨로루시에서 오순절교회의 극단적인 중단 현상이 주목되었다. 우크라이나에서는 여전히 많은 수의 오순절 교회가 연합하지 않고 남아 있었다(328개 그룹, 6,537명 신자). 1955~1956년에 우크라이나에서 비 연합된 오순절 교회의 연합을 비다시가 이끌었다. 그는 교리적 차이에 근거하여 복음주의 기독교침례회 총연합회로부터 모든 오순절 교회의 탈퇴 문제를 제기했다. 이를 위해 그는 오순절 교회에 기독교신앙 복음주의의 교리561를 정리하여 배포했다. 그러나 비다시의 제안은 오순절 교회에서 권위를 가졌던, 전임 기독교신앙복음주의 연맹 회장 포누르코와 연맹 회원이었던 부트에 의해 지지를 받지 못했다. 분열은 일어나지 않았으나, 그 당시 많은 오순절 교회가 있었던, 우크라이나 지역 교회는 오해와 혼란이 멈추지 않았다. 특히 오데사와 돈바스 지역 교회 상황은 긴장되었다.

---

560. Pis'mo~obrashcheniye khranitsya v arkhive VSEKHB za 1946 god. [호소편지는 1946년 복음주의 기독교침례회 총연합회 문서보관소에 보관됨]
561. Pis'mo~obrashcheniya A. I. Bidasha za 1955~1956 gody. Arkhiv VSEKHB [1955~1956년의 비다시 청원서. 복음주의 기독교침례회 총연합회 문서보관소]

1958년에 우크라이나 담당 선임 목사 안드레예프는 기독교신앙복음주의 대표들과 회의를 진행했고 연합하지 않은 모든 형제자매에게 메시지를 보냈다. 1959년에 복음주의 기독교침례회 총연합협의회 상임위원회에서 기독교신앙복음주의 대표들이 참석한 가운데 그들의 관점에서 다음의 교리를 성서와 비교하여 설명을 요구하는 결정이 채택되었다. 언급된 교리는 성령과 성령의 은사, 방언, 예언, 세족식, 금식, 주님의 만찬 시 누룩을 넣지 않은 빵의 사용 등이다.

출판 활동

복음주의 기독교침례회로 통합된 이후 복음주의~침례교 형제회는 자체 인쇄 기관을 가질 기회를 얻었다. 1945년 1월부터 격월로 영적 교훈 성격의 잡지 형제들 소식이 발행되기 시작했다. 처음에 잡지의 발행 부수는 3천 부 였다. 1957년부터 발행 부수가 5천 부로 증가했다. 1949년 말부터 1952년까지 잡지가 발행되지 않았다. 1956년 전쟁이 끝난 후 처음으로 15,000부의 찬송가 모음집이 출판되었고, 1957년 성서공회에서 통합교단에 선물로 전달된 1만 부의 표준 성경이 활판 인쇄되었다. 또한, 1956~1957년에 사복음대조서 100권이 배포되었다.

60년대 형제회 교회의 생활

형제회 분열

1960년대에 복음주의 기독교침례회 교회는 심각한 충격을 견뎌냈다. 형제회가 분열되었는데 매우 심각했고 계속되었다. 1961년 11월 복음주의 기독교침례회 총연합회 상임위원회에서 카레프는 다음과 같이 말했다. 1961년 8월에 시작된 폭풍우는, 이전의 모든 불안을 능가했다.

어려운 시기에 복음주의 기독교침례회 총연합협의회 소속 지역 교회는 지혜롭고 책임감 있는 목사가 절실히 필요했다. 선임 목사 자리에 많은 경우, 신학 훈련과 영적 경험이 없는 사역자들이 지명되어, 많은 어려움을 가져왔다.

　교회 부흥의 시기에 새로운 개종자들이 합류했는데, 그 가운데 청년들이 많았다. 그들과 함께 진지한 영적 사업을 수행할 필요가 있었고, 교회에서 교육과 조직적인 일이 필요함을 느꼈다. 많은 교회에는 교회 건물이 없었고, 경건 서적이 부족했고, 본받을 만한 목회자가 부족했다. 40년대 교회에서 일어났던 영적 부흥이, 50년대 중반까지 여러 곳에서 현저히 줄어들었다. 일부 지역 교회는 복음 진리의 이해에 이견이 생겼고, 다른 혼란이 나타났다.

　여러 교회에서 타슈켄트에서 그랬듯이, 목사들이 선출되지 않은 채 세워졌다. 그 교회의 목회자는 중앙아시아 관할 선임 목사 업무를 수행하고 있었다. 카레프의 말에 따르면, 굳게 앉은 목사의 한 사람이었다. 타슈켄트 교회에서 여러 해 동안 지속된 병적인 현상으로 인해, 1958년에 대다수 신자가 분리되었다. 그들은 카라스 지역에 독립적인 교회를 조직했다. 침켄트 교회에서는 카자흐스탄 관할 선임 목사의 승인을 받아 교회 목사의 훈계에 반대하는 청년 그룹을 출회하였다. 출회는 교회 내부의 불안과 목사의 불신임에 관한 요구를 초래했다. 선임 목사에 의해 이루어진 조치로 상황은 더 악화하였다. 남캅카스 관할 선임 목사의 활동에 대한 불만이 트빌리시 교회에서 나타났다. 동부 시베리아, 극동 및 우크라이나 교회에서도 비슷한 어려움이 발생했다. 지역 교회에서의 선임 목사와 복잡한 관계를 해결하고 선임 목사의 공정성을 옹호하려는 복음주의 기독교침례회 지도부 위원들의 참여는 지도부에 관한 불신과 비판을 가져왔다. 신자들의 참여가 없는 목회자의 선거는 상호 선거로 인식되었다. 결과적으로 현장에서 복음주의 기독교침례회 총연합회의 권위가 떨어졌다. 그런 상황에서 다른 곳에서 분열이 나타났다. 기독교 신앙복음주의와 복음주의 기독교침례회 상호 간의 어려운 관계가 돈바스 교회와 북캅카스의 오르조니키드제 교회들에서 있었다. 앞에서 전에 언급했던 순수 침례교 운동이 나타났다. 또한, 복음주의 기독교로부터 침례교의 분리에 관한 전제 조건이 나왔는데, 그것은 1944년 10월 값비싼 대가를 치루고 이룩한, 통합이 깨진 것을 의미한다.

　복음주의 기독교침례회 총연합회 활동의 중요한 공백은, 분열에 이바지했는데, 통합된 연맹이 적시에 대응하지 않아, 상당수의 교회가 등록 거부, 또는 지방 당국의 취소로 연맹 밖에 남아있게 되었다는 것이다.

형제회 교리에 명시된 지역 교회 목사를 선출하는 원칙이 지켜지지 않았다. 모든 것이 슬픈 결과를 낳았다. 교회에서는 베드로전서 1장 2~3절의 하나님의 양 무리를 치되 억지로 하지 말고, 하나님의 뜻을 따라 자원함으로 하며 더러운 이득을 위하여 하지 말고, 기꺼이 하며 맡은 자들에게 주장하는 자세를 하지 말고 양 무리의 본이 되라는 양을 치는 자신의 책임을 잊어버린, 개별 목사들의 불성실한 행동으로 불만이 많아졌다.

불만족한 형제와 자매들은 교회의 징계를 받았다. 많은 경우 선임 목사들에 의해 결정되었는데, 그들의 결정은 처벌을 강제할 수 없었기 때문에, 카레프가 말했듯이, 끔찍한 사람이 되었다. 자신이 옳다는 것을 증명하지 못한 목사들이 합당한 목회자로 교체되지 않아서, 상황은 더 나빠졌다. 그런데 지역 교회와 형제회에서 발생한 상황이 복음주의 기독교침례회 목회자의 위아래로부터의 태만으로만 설명될 수 없다. 갑자기 그 모든 목회자가 동시에 가치 없는 사역자로 변했다는 것은, 믿기 어렵다. 발생 된 병적 증상의 지리적 규모와 동시성에 주의를 기울일 필요가 있다. 이것에 대해 외부의 일치된 지침을 살펴보기는 쉽다. 당국의 임시 규칙으로, 1985년 이후 언론에 공개적으로 보도되었다. 50년대와 60년대 전환기에서 시작된 교회에 관한 행정 공세는 관료기구가 주민의 중요한 부분에 관한 이익을 고려하여 결정을 내리지 않는 것을 다시 한 번 보여 주었다.562(신자~저자 주).

하르체프는563 50년대와 60년대의 전환기에서 신자들의 상황이 어떠했는지 더 명확하게 말했다. 공산주의 체제에서는 교회도 없고, 신자도 없어야 하기에 최단시간에 종교로부터 멀어지도록 노력하고 극복의 속도가 위에서 계획한 것과 충돌이 되면 그때 행정관료기구가 가동되었다.

그래서, 연맹지도부와 선임 목사들은 권력 계급 쪽에서 오는 압력의 피해자가 되

---

562. Nezhnyy A. *Obshchaya istoriya, odno otechestvo.*~Moskovskiye novosti, 1988, 8 maya. [네지니. 일반 역사, 하나의 조국.~모스크바 뉴스, 1988년, 5월 8일]
563. *Sovest' svobodna.* Predsedatel' Soveta po delam religiy pri Sovete Ministrov SSSR K. M, Kharchev beseduyet s pisatelem Aleksandrom Nezhnym. Ogonek, 1988, may. [자유로운 양심. 소련각료회의 산하 종교분과위원장 하르체프와 작가 알렉산더 네지니와 면담.~불(오고뇩), 1988년 5월]

었고, 교회 활동 선의 축소가 요구되었다. 50년대의 이러한 모든 현상은 여러 교회의 분열을 일으켰다. 카자흐스탄의 여러 교회, 남캅카스, 벨로루시, 우크라이나, 동시베리아, 극동, 타슈켄트, 로스토프, 트빌리시, 카잔 교회에서 분열이 이루어졌다.

복음주의·침례회 형제회의 최고 기관인 지역 교회 대표자 총회가 생겨난 긴장을 제거할 수 있었지만, 그 기간에 총회는 소집되지 않았다. 총회의 기능은 1944년에 선출된 통합연맹 협의회에 의해 수행되었다. 그러나 협의회의 구성은 오랫동안 갱신되지 않았고, 협의회의 임원만 역임자들이 교체되어 재선되었다. 이와 관련, 연맹 지도부회의에서 안드레예프는 현장에서 우리끼리 선출하는 인상을 받았다고 언급했다. 복음주의 기독교침례회 총연합회는 지역 교회들과 접촉을 하여 교회의 형편과 성도들의 생활에 관한 소식을 선임 목사들을 통해 받았다. 형제회의 생활에 관한 불충분한 인식, 기존의 어려움, 원인에 대해 이해부족으로, 복음주의 기독교침례회 총연합회 지도부는 잘못된 결정을 내렸다.

1959년 12월 복음주의 기독교침례회 총연합회 상임위원회는 외부적인 압력을 받는 상황에서 소련 복음주의 기독교침례회 규정과 복음주의 기독교침례회 총연합회 선임 목사용 지침 편지를 불가피하게 받아야 했다. 50년대와 60년대 초반에 나타난, 이 문서들과 현상들은, 형제회에서 폭풍과 같은 분열을 일으킨 변명으로 작용했다.

1959년 복음주의 기독교침례회 총연합회 상임위원회의에 회장, 짓코프, 사무총장 카레프, 회계 이바노프, 협의회원 레빈단토, 안드레예프, 오를로프, 벨리세이칙, 모토린, 멜리니코프, 아스타호프, 감사위원장 미치케비치 등이 참석했다.

짓코프는 거명된 문서를 채택하기 전에 위원들에게 검토할 문제는, 우리를 당황하게 할 것이라고 예고했다. 그는 최근 몇 년 동안 지역 교회에서 다른 사상을 가진 사람들 사이에 걱정이 많아지고 있다고 말했다. 종교숭배협의회는, 우리가 해안에 들어가려고 한다고 이해한다. 그 후 카레프는 두 가지 서류를 낭독했다. 토론은 이틀 동안 계속되었고, 그 후에 문서는 회의 참가자들에 의해 채택되었고 교회별로 발송되었다.

다음 사항이 가장 큰 혼란을 가져왔다.

- 복음주의 기독교침례회 총연합회의 구성은 항구적으로 유지된다. 지역 교회 대표들의 지방회 총회는 계획되지 않았다(규정 18 조).
- 교회 집회에 참석할 때 선임 목사는 복음주의 기독교침례회 총연합회의 세워진 규정의 절차에 따라 감독하는 것으로 제한되고, 예배는 불참한다.
- 젊은 신자의 침례 나이는 최관한 18세~30세로 제한하는 것을 제안한다.
- 예배 모임에서 설교는 오직 목사와 기관의 실행 위원과 드물게 감사위원회 위원만이 할 수 있다. 예배의 주된 과제는 지침서 제3항에 쓰여 있듯이, 신입 회원의 유입이 아니라, 신자들의 중요한 영적 필요에 관한 만족이다.
- 지역 교회 목사들에게 예배 도중 회개 초청을 피하라고 지시했다. 오케스트라와 낭독을 함께하는 찬양대 공연도 금지되었다.
- 교회 회원은 등록된 교회 내에서만 영적 필요가 충족될 수 있으므로, 교회 밖에서 조직된 다른 예배에 참여해서는 안 된다는 설명을 따라야 한다.
- 알려지지 않은 주례자에 의해 침례를 받은 신자들을 교회에 허입되지 않는다. 예외적인 사항은 본 규정과 완전히 일치하는 조건에서 받아들인다.

이 문서들은 그리스도의 계명과 사도들의 가르침에서 벗어난 것처럼 보였다. 규정 및 서신이 발송된 지 1년 후, 지역 교회의 목사와 선임 목사들의 반응에 관한 정보를 수집했을 때, 등록된 소수의 교회만이 규정에 동의한 것으로 나타났고, 대부분의 교회는 대답 하지 않았거나 거부와 분노를 표현했다.

그 문서를 채택한 실수에 대해서는 당시의 연맹지도부가 인정했다. 지도부는 1963년의 총회를 취소했고, 1966년 총회에서 공개적인 회개를 했다.

복음주의 기독교침례회 총연합회 회장인 로그비넨코는 모스크바 뉴스 신문 기자와의 인터뷰에서 분열의 이유에 대해 말했다. 그 해에, 현장에서 합법성이 종종 위반되었다. 여러 지방 당국의 지시에 따라, 어린이들은 예배 참석이 금지되었고, 때로는 교회에서 끌려 나오기도 했다. 사실 소련법에는 그러한 요구가 없었다. 지방 당국이 임의적인 행정력을 행사할 경우, 교회 지도력이 언제나 신자의 권리를 적절한 방법으로 방어하지 못했다. 1959년 교회 지도자들이 채택한 "소련 복음주의 기독교침례회 연맹 규정"과 "통합연맹 협의회 선임 목사용 지침 편지"는 부정적인 역할을 했다. 그 문서들은 교회의 표준적이고 영적인 삶을 제한했다. 신자들이 그 것을 알게 되었을 때, 수천 명이 우리 형제회 밖에 있었다. 불법적인 상황을 선호하고, 교회 등록을 피하기 시작했다. 그것은 여러 경우에 법을 지키는 신자들과 충돌로 이어졌고, 그 기초 위에 복음주의 기독교침례교회연맹이 우리와 분리되었다. 나는 소비에트 사회의 민주화와 법적 토대의 강화가 우리 교회의 상황 정상화에 이바지한다고 생각한다.[564]

기독교 복음주의~침례회에 반대하는 선도 그룹의 활동

1961년 중반, 위에서 언급된 문서에 반대하는 신자들로부터, 총연합 복음주의 기독교침례회 총회 소집을 목표로 하는 선도단체가 조직되었다. 그룹은 11명으로 구성되었고, 크류치코프와 프로코피에프가 이끌었다. 그룹 구성원들은 1961년 8월 13일과 23일 두 번, 오류 수습의 결정을 채택하고 형제회 교회 안에 만들어진 위기 상황의 정상화 달성을 위해, 복음주의 기독교침례회 지도부에게 모든 연맹의 대표들이 참석하는 특별 회의를 소집하자는 제안과 함께 호소했다. 그런데 제안은 채택되지 않았고, 선도 그룹은 독립적으로 행동할 수 있는 권리로 간주했다. 그들은 위기 내용의 메시지를 교회 전체에 전파하기 시작했다.

3개월 후에, 복음주의 기독교침례회 총연합회 상임위원회의 제안으로 카레프와 크류치코프의 면담이 이뤄졌다. 그런데 면담에서 그들은 의견 일치가 되지 않았다.

1961년 11월 29일부터 12월 3일까지 30명의 목회자가 참석한 복음주의 기독교침례회 총연합회 지도부 확대회의가 개최되었다. 카레프는 형제회가 처한 매우 심각한 상황에 관해 설명했다. 그가 발표에서 강조한 그들(선도자)이 전파하는 활동의

---

564. Smirnov V. A. *Baptisty v poiskakh soglasiya*. Moskovskiye novosti, 1988, 3 aprelya. [스미르노프., 침례교의 일치 추구. ~ 모스크바 뉴스, 1988년 4월 3일자]

토대는, 이제 호의적인 시간이다. 발표자들에 의해 보고된 바와 같이, 등록된 교회들은 선도 그룹에게서 받은 메시지들로 넘쳐났다. 상임위원회에서 발표한 레빈단토와 파듀힌 등을 포함한 일부 형제들은, 총회를 소집하거나, 최소한, 주요 교회의 목사들이 참여하는 확대회의 개최의 필요성을 제기했다. 복음주의 기독교침례회 총연합회의 활동에 관한 보고를 듣고 15년 동안 재선되지 않은 회원으로 지도부를 구성하자는 재선거 안이 상정되었다. 또한, 종교업무 담당위원회에 총회 허락을 청원하자는 제안이 있었다.

상임위원회 업무 중 하루는 선도 그룹이 복음주의 기독교침례회연맹 규약의 새로운 초안을 카레프에게 위임했다.

선도 그룹은 복음주의 기독교침례회 총연합회 지도부 회원들과 두 번째 만남 후 조직적인 근거에서 형제회 분리 작업을 설정했다. 선도 그룹은 모든 형제 앞에서 복음주의 기독교침례회 총연합회 지도부가 소심하고, 진리에서 후퇴했으며, 세상과 연결되어 무신론 프로그램을 수행한다고 비난했다. 그들은 첫 번째 서신에서 복음주의 기독교침례회 총연합회에서 탈퇴를 제안했다. 서신의 출처는 바울 사도의 고린도후서 6장 14~17절의 말씀을 인용했다.[565]

많은 박해에서 살아남았고 통일성을 지켜온 한 세기를 통해, 그리스도의 약속에 충성의 태도를 가졌던, 복음주의~침례회 형제교회의 분리는, 의심할 여지 없이, 하나님의 뜻을 어기는 것이었다.

제안된 분리의 효과를 높이기 위해, 선도 그룹의 회원들은 복음주의 기독교침례회 총연합회 소속 27명의 회원 및 선임 목사를 먼저 출회시켰고, 얼마 후에 키예프 교회의 형제 7명[566]과 목회자 10명을 출회시켰다. 출회는 그 형제들이 회원으로 있었던, 지역 교회에 통보 없이 이루어졌다. 이런 식으로 복음주의~침례회 형제회의 기본 원칙 중 하나를 위반했다. 더욱 이해할 수 없는 사실은, 일부 경험 있는 형제

---

565. Pervoye poslaniye vsem tserkvam YEKHB. Arkhiv VSEKHB. [복음주의 기독교침례회 총연합회가 모든 교회에 보내는 첫 번째 서신. 복음주의 기독교침례회 총연합회 문서보관소]
566. Protokoly No 7 i 7~a sootvetstvenno ot 23 iyunya i 9 sentyabrya 1962 goda. Arkhiv VSEKHB. [1962년 6월 23일과 9월 9일자 회의록 7번과 7~a번. 복음주의 기독교침례회 총연합회 문서보관소]

들이, 선도 그룹의 측면에서 서서, 그런 출회를 지지했다. 알려진 바와 같이, 심지어 형제회 최고 기관인 지역 교회 대표자들도 교회 회원들을 출회할 권리가 없다. 그 권리는 오직 지역 교회만 가지고 있다.

비슷한 행동이 분리파의 지도력을 행사하는 형제들에게서 나타났는데, 교회 사역을 이행하는 절차에 관한 경험과 지식의 부족이었다.

국가 기관에 등록되고 복음주의 기독교침례회 총연합회와 관계가 있는 지역 교회는 죽어가는 사람들로 선포되었다. 어떤 교회도 복음의 가르침에 해당하지 않아, 어떤 교회라도 누구도 구원할 수 없기에, 분리파 쪽을 지지하는 교회와 그룹은, 구원하는 교회로 불렸다. 그리스도는 골고다에서 시작하여 그의 재림 때까지, 모든 시대에, 믿음으로 그분께 다가오는, 모든 죄인을 구원하셨고, 구원하시고, 구원하실 것이다. 현장에서 분리파들은 등록된 교회의 목회자들뿐만 아니라, 일반 신자들에게도 합당하지 않은 비난을 했다. 형제회에서 일어났던 일을 이해한, 형제와 자매들은, 선도 그룹 지도부의 행위를 따르지 않았고, 하나님의 백성들과 교제하면서 교회에 남아있었다.

총회 요청의 건이 복음주의 기독교침례회 총연합회 지도부의 지지를 받지 못하자, 선도 그룹은 독자적으로 행동하기 시작했다. 1962년 2월 25일 선도 그룹 회원들의 회의에서 복음주의 기독교침례회 총연합회총회 소집을 위한 조직위원회를 구성하기로 한 결정이 채택되었다. 조직위원회 위원들은 정부에 총회 허가를 위해 계속해서 요청했지만 거부당했다.

총회 허가를 위한 청원서 준비의 구체적인 행동은 1961년 11월 복음주의 기독교침례회 총연합회 상임위원회 회의 후 지도부가 착수했다. 1961년 말에 선도 그룹은 1929년 4월 8일 자 종교단체 관련 소련 중앙 집행위원회의 현행 규정과 침례회 교리와 규약, 규정 항목, 지침서를 비교 검토하였다. 비교 결과 규정 항목과 지시서가 교리 사이의 불일치가 발견되었고, 종교 단체법에서도 발견되었다.

1961년 12월부터 시작하여 1962년 12월까지, 복음주의 기독교침례회 총연합회 지도부는 복음주의 기독교침례회연맹의 새 규약 채택을 위한 총회 승인요청과 함께 3가지 문서를 소련국무원 종교위원회에 제출했다. 1963년 1월에 총회 프로그램의 초안이 종교위원회에 제출되었고, 1963년 6월 24일에 복음주의 기독교침례회 교회 대표들의 총회 개최에 관한 허락을 받았다. 총회는 1963년 10월에 개최되기로 정해졌다. 이렇게 조직위원회와 통합연맹협의회가 동시적인 요청을 하고 하나님의 도움에 힘입어 총회 소집을 위한 형제회의 중요한 문제가 해결되었다.

1963년 총연합회 총회와 형제회 통합의 활동 상태

1963년 10월 15일부터 10월 17일까지 오랫동안 기다렸던 형제회 교회의 대표자들의 총회가 모스크바에서 개최되었다. 총회에는 450명이 참석했는데, 210명의 교회 대표, 투표권이 있는 45명의 선임 목사, 투표권이 없는 195명이 포함되었다. 조직위원회에서 3명의 형제가 참관인 자격으로 총회에 왔다. 의제는 복음주의 기독교침례회 총연합회 상임위원회와 감사위원회의 결산 보고, 복음주의 기독교침례회 연맹의 규약 승인, 화합 문제와 새로운 복음주의 기독교침례회 총연합회 임원선거였다.

카레프가 결산보고서를 작성했다. 그는 통합 문제와 관련하여, 8월 합의서에 기초한 기독교신앙복음주의 그룹이 복음주의 기독교침례회 연맹에 합류하는 것이 아직 완료되지 않았음을 밝혔다. 통합되지 않은 채로 약 13,000명의 신자들이 있었고, 그들 중에는 8월 합의서에 반대하는 사람들이 있었다. 총회 대의원들의 검토시간에 1959년 규정 대신 레빈단토가 낭독한, 침례교 규약 초안을 다루자는 제안이 있었다. 새로운 규약의 내용은 규정과 근본적으로 달랐다. 대의원들을 혼란하게 하는 사항은 없었다. 이와 관련하여 카레프는 자신의 보고서에서 다음과 같이 말했다. 복음주의 기독교침례회 총연맹협의회는 새로운 규약이 모든 신자에게 받아들여지기를 소망한다. 주의 깊게 읽고 단락별, 항목별, 소항목별로 상세히 토론한 후 총회에서 규약이 채택되고 승인되었다.

미츠케비치가 화합 문제에 대해서 발표했다. 그는 복음주의 기독교침례회, 기독교신앙복음주의, 메노파 모두에게 형제적인 메시지를 낭독했는데, 특히 다음과 같이 말했다. 우리는 주님의 사역을 하려는 우리 형제회를 국가행정부 및 통치자들과 예민한 관계로 만들려는 위험한 내용의 시도들이 있는, 여러 종류의 서신들을 형제 자매들에게 경고한다. 그것은 전체 공동체에 해로울 뿐 아니라, 복음과 주 예수 그리스도 가르침의 정신에도 어긋난다. 서신에서는 러시아·우크라이나와 세계침례교 형제회의 기본 원칙과 일치되며 하나님의 말씀에 근거한, 기본적인 복음주의적~침례회 원칙을 열거했다. 이번 총회에서 카라간다에서 온 메노파 형제 알르트는 메노파 참석자들을 대신하여 메노파 형제회 교회가 복음주의 기독교침례회 연맹에 가입하는 안건을 냈다.

총회는 복음주의 기독교침례회 총연맹 협의회 구성으로 새로운 임원을 선출 했고, 이전에 10명이었던 것을, 15명으로 대신했고, 감사위원회를 포함시켰다. 첫 번째 전체 통합연맹협의회 상임위원회 회의에서 상임위원들을 선출했다. 회장 짓코프, 부회장 레빈단토와 안드레예프, 회계 이바노프, 사무총장 카레프, 감사위원장 미즈케비치, 감사위원 멜리니코프와 아스타호프, 사무 부총장은 미즈케비치가 지명되었다.

조직위원회는 복음주의 기독교침례회 총회를 부정적으로 판단했다. 총회 둘째 날에 조직위원회 대표 비네, 샬라쇼프, 마이보로다는 총회에 관심을 표명한 서신을 제출했다. 그들과 사전에 면담한 형제는, 그들은 총회를 인정하지 않기 때문에, 총회에 참석하지 않을 것이고, 편지만 낭독할 것이라고 알렸다. 면담에서 그들은 복음주의 기독교침례회 총연합회 회원들은 겁쟁이라고 했고, 총회는 조직위원회가 이끌어야 해야 한다는 결론을 밝혔다. 복음주의 기독교침례회 총연합회 지도부는 자신들 관점에서 총회 업무에 참여를 위해 3~5명을 선출하자고 제안했으나, 조직위원회 대표는 거부했다. 크류치코프, 빈스, 샬라쇼프가 서명한 총회에 보낸 서신에서 복음주의 기독교침례회 총연합회를 세상과 관계로 비난했고, 조직위원회는 총회를 지지하지 않으며 복음주의 기독교침례회 총연합회에서 주관하는 회의 및 총회에 참가하지 않을 것이라는 의사를 표시했다. 총회에서 채택된 복음주의 기독교침례회 연맹의 새 헌법에서, 조직위원회는 형제회에 대해서 보다 촘촘한 네트워크를 살펴보았다.

조직위원회는 메시지와 형제 쪽지와 서신에 포함시킨 항의로 교회를 범람시켰고, 교회들과 통합연맹협의회와의 관계를 끊는 것을 목표로 삼았다. 따라서, 지역 교회들은 이와 같은 복잡한 상황에서 화합을 유지해야 하는 심각한 시험에 직면했다.

화합 회복을 위한 노력총회 후, 복음주의 기독교침례회 총연합회 상임위원회는 등록되지 않은 교회 및 단체들과 연락을 취할 수 있었고 등록을 도왔다. 1964년 9월에 열린 복음주의 기독교침례회 총연합회 확대상임위원회는 연맹 밖에 약 4,000명의 분리파 형제자매들과, 기독교신앙복음주의와 메노파 15,000명을 포함한 많은 교회가 여전히 존재한다고 지적했다. 1965년 1월 1일 등록되지 않은 61개 교회의 메노파 형제 10,000명은 복음주의 기독교침례회 연맹에 가입 의사를 표시했다. 복음에 반대되는 복음주의 기독교침례회연맹의 규약을 인정하라는 조직 위원회의 항의에도 불구하고 그것은 다시 복음주의 기독교침례회 총연합회로 돌려보냈고, 지역 교회는 그것을 받아들였고 그것에 기초하여 복음주의 활동을 발전시키기 시작했다.

교회 지도자와 선임 목사들의 잘못된 행동으로 인해, 이전에 긴장 상황에 있었던, 많은 지역 교회들에, 통합연맹협의회 임원들의 방문 이후, 내부 생활이 안정되기 시작했다. 로스토프교회에서 22명의 교회 회원을 제명한 결과, 큰 그룹이 선도 그룹 편에 이루어졌다. 1964년에 미츠케비치는 교회를 두 번 방문했다. 교회 지도부의 행동을 자세히 살펴보는 과정에서 그들의 오류가 발견되어서 지도부를 사역에서 분리시켰다. 그 결과 44명이 교회로 돌아왔다. 카레프는 여러 교회가 복음주의 기독교침례회연맹을 완전히 떠나 조직위원회에 합류한 지토 미르주를 방문했다. 그곳의 연합활동을 강화하기 위해 카레프의 조언에 따라 알려진 사역자인 쥬바이오프를 보냈다. 1964년 12월에 조직위원회의 거점 도시인 툴라에 미츠케비치와 코발코프를 보냈다. 크류치코프의 영향으로 툴라시의 거의 전체 교회가 연맹을 떠나 조직위원회에 합류했다. 미츠케비치와 코발코프는 복음주의 기독교침례회 총연합회를 지지하는 작은 그룹을 방문하여 회원 회의를 했고 거기서 체르노퍄토프를 목사로 선출했다. 그 후 교회 등록이 되었다. 지역 교회의 생활은 점차적으로 회복되었고, 회원 수가 300명이 넘었다.

그런데도 1965년 1월 1일까지 복음주의 기독교침례회 총연합회에서 조직위원회로 283개 교회와 그룹에서 총 8,686명의 신자들이 떠났다. 1965년에 1,329명의 신자를 포함한 20개의 그룹이 추가로 분리되었다.[567]

1964년 12월 복음주의 기독교침례회 총연합회는 성서 1만 권 및 찬송가 1만오천 권 인쇄와 형제들 소식 부수 증대 그리고 성서통신과정 개설을 요청했다.

1965년 2월 복음주의 기독교침례회 총연합회는 조직위원회 사무총장 빈스에게 면담을 위한 만남을 제안했다. 제안에 대하여 편지를 받았고 논의 중이라는 답변이 왔다. 그런데 1965년 3월 회동와 협상이 거부되었다는 통보를 받았다.[568]

복음주의 기독교침례회 총연합회의 정기 상임위원회에서 러시아·우크라이나 복음주의 침례교 형제회 100주년 기념식 준비에 관한 결정이 내려졌다. 그와 관련하여 러시아 내 복음주의 기독교침례회의 역사를 편집하는 위원회가 처음 설립되었다. 위원으로 짓코프, 카레프, 레빈단토, 모토린, 멜리니코프, 미츠케비치가 포함되었다.[569]

1965년 8월 2일 상임위원회 회의에서, 신구약 개론, 교리, 기독교 역사, 종교 역사, 숭배에 관한 입법 등의 성서교육과정 과목 개설을 준비하기로 결정되었. 1966년 4월 상임위원회 회의에서 같은 해 10월에 정기총회를 개최하기로 결정했다. 다가오는 총회를 준비하기 위해 총회준비회의가 구성되었고, 회의에서 478명의 지역 교회 대표자가 선출되었다.

1966년 총연합회 정기총회

1966년 10월 4일부터 7일까지 제39차 복음주의 기독교침례회 총회가 열렸다. 총회에는 결정적인 투표권이 있는 478명의 대의원, 협의 투표 가능한 233명의 대

---

567. Protokol No 40 soveshchaniya VSEKHB ot 14 sentyabrya 1965 goda. Arkhiv VSEKHB. [1965년 9월 14일자 복음주의 기독교침례회 총연합회 회의록 40번. 복음주의 기독교침례회 총연합회 문서보관소]
568. Protokol No 15 ot 29 marta 1965 goda. Arkhiv VSEKHB. [1965년 3월 29일자 회의록 15번. 복음주의 기독교침례회 총연합회 문서보관소]
569. Protokol No 14 zasedaniya Prezidiuma VSEKHB ot 1618 marta 1965 goda. Arkhiv VSEKHB.[1965년 3월 16~18일 복음주의 기독교침례회 총연합회 상임위원회 회의록 14번. 복음주의 기독교침례회 총연합회 문서보관소]

의원, 315명의 손님, 참석자 중 74명의 메노파 형제들이 참석했다. 총회 회의에 교회협의회 지지자들(이전 조직위원회) 가운데 연합을 원하는 모든 사람은 일반적으로 참여할 권리를 가졌다. 총회에 마이보로다와 코바렌코가 참석했다. 의제는 다음 항목이 포함되었다. 통합연맹협의회 상임위원회 결산 보고와 감사위원회 보고, 침례교회 교리 채택, 규약의 변경 및 추가 사항, 영적 발제 경청, 통합연맹협의회 새로운 지도부 선거.

이전과 마찬가지로, 주요 쟁점은 연맹을 떠난 형제자매들과의 연합을 회복시키는 문제였다. 연합 활동에 관한 우려는 카레프의 결산 보고 시 낭독되었고, 총회가 채택한 발제와 문서들의 결정서와 모든 신자를 위한 호소문에도 있었다. 지도부 형제들은, 한편으로, 교회의 관리에 있어서 복음주의 기독교침례회 총연합회가 놓친 실수를 인정했고, 다른 한 편으로 교회협의회의 잘못된 행동도 언급했다. 보고서에 관한 토론에서 주님의 보좌 아래서, 연합을 이루기 위해, 화합의 길로 나아가고, 양쪽 모두의 실수와 단점을 논의하기 위한 만남을 노력한다.는 열망이 표현되었다. 총회에서도 밝혔듯이 분리파가 자신들의 실수를 깨닫는 시간이 왔다고 믿고 싶다. 채택된 문서에서, 총회는 연합하지 않고 총회에 밖에 있는 신자들에게 우리는 모두 한 아버지의 자녀이며 하나님의 백성으로 한 가정 안에서 살도록 노력해야 한다는 것을 깊이 인식한다고 호소했다. 교회협의회의 마이보로다와 코발렌코 형제들은 교회협의회 성명서와 호소 문을 총회에서 낭독했다. 문서에는 복음주의 기독교침례회 총연합회가 주관하여 진행하는 어떠한 회의와 대회와 총회에도 교회협의회는 이전에 채택된 결의안에 따라 참가하지 않으며, 누구에게도 대표권을 부여하지 않는다고 명시했다. 교회협의회는 복음주의 기독교침례회 총연합회가 주관하여 진행하는 모든 행사, 결정, 회의문서, 대회, 총회를 효력없음으로 간주한다.

코발코프는 통합위원회를 만들자고 제안했다. 총회는 제안을 채택했다. 위원회는 12명의 형제가 포함되었고, 코발코프가 위원장으로 선출되었다. 또한, 모두가 하나가 될 것이다(바스케)와 기독교 교육 활동(올빅) 발제가 있었다. 총회는 1913년에 카르겔이 작성한 교리를 채택했다. 주로 선임 목사의 활동에 관련된, 이전 총회에서 채택된 규약의 변경 및 추가는 유지되었다. 지역 교회의 독립성이 강조되었다. 복음주의 기독교침례회 총연합회과 그 대표자들은 오해를 제거하고 교회 활동을 인도하는 데 도움을 줄 수 있지만, 교회에서 지도력을 발휘해서는 안 된다. 선임목사는 복음주의 기독교침례회 총연합회뿐만 아니라, 교회 대표, 그를 선출한 관할 지역 회의에서 책임이 있고 보고해야 한다.

이번 총회에서 주목할 만한 사건은 연합사역을 위해 메노파가 복음주의 기독교침례회 연맹에 합류를 선언한 것이다. 총회에 참여한 메노파 형제들은, 우리와 당신들은 형제들이고, 우리는 하나의 목적, 하나의 목표, 하나의 과제를 가지고 있다. 우리는 주도 한 분이시요 믿음도 하나요 침례도 하나요(엡 4:5) 성명을 근거로, 메노파 형제들과 복음주의 기독교침례회 총연합회는 공식적으로 통합이 완료되었다. 1964년 9월 2일 카레프는 메노파 교회 관련 복음주의 기독교침례회 총연합회 상임위원회의 결정을 승인했다. 부흥과 기독교 생활에 따라 그들에게 찬양대의 찬양과 교회에서 설교하도록 허용한다.

총회는 복음주의 기독교침례회 총연합회 지도부를 새롭게 선출했다. 책임 있는 사역자 25명이 복음주의 기독교침례회 총연합회 회원으로, 8명이 후보 회원으로 포함되었고, 감사위원회는 3명으로 구성되었다. 마지막 날 상임위원회 회의에서 복음주의 기독교침례회 총연합회 상임위원회 임원진을 다음과 같이 선출했다. 회장 이바노프, 부회장 멜리니코프, 티모셴코, 사무총장 카레프, 사무부총장 미츠케비치, 회계 모토린, 상임위원은 타라셴코, 키류한체프, 짓코프가 선임되었다. 복음주의 기독교침례회 총연합회 명예회장으로 짓코프가 선출되었다.

제39차 총회 후 복음주의 기독교침례회 총연합회는 연합의 장애물을 더욱 완전히 극복하기 위해 가능한 중요 활동을 실행했다. 1969년 5월에 가입되지 않은 오순절 교회 대표 20명이 참석하여 회의가 열렸다. 연합을 거부하는 이유를 분명히 하고 그것을 제거하기 위한 구체적으로 조처했다. 며칠 후, 비슷한 호의가 메노파 형제회 대표 17명과 함께 열렸다. 참가자들은 메노파 형제들과 연합의 문제에서 어떠한 어려움도 없었으며 주님께 감사했다고 언급했다. 러시아 연방의 여러 주, 우크라이나, 벨라루스, 카자흐스탄과 키르기스스탄에서 선임 목사를 다시 선출했는데,

권위를 훼손시킨 사람도 포함되었다. 복음주의 기독교침례회 총연합회는 많은 지역 교회의 등록을 도왔다. 교회가 수적으로 늘어나면서 영적 생활이 새롭게 되었다. 1968년에 거룩한 침례를 통해 약 5천 명의 신입 회원이 허입되었다.

1967년, 모스크바, 레닌그라드, 키예프, 트빌리시, 하르키우, 오데사, 키로보그라드의 교회에서 러시아·우크라이나 복음주의~침례회 100주년 기념식이 거행되었다. 기념식 참석을 위해 교회협의회 대표들을 초청했다.

1968년 2월에 성서 교육 통신과정이 개설되었다. 연합에 관한 작업은 복음주의 기독교침례회 총연합회에 소속된 지역 교회로 많은 형제자매가 돌아오는 조건을 만들었다. 1966년부터 1968년까지 3년 동안, 분리되었던 신자들과 큰 그룹들이 돌아왔는데, 합계 4,500명이었다. 그러나 1969년 초까지 여전히 1만 명이 넘는 신자들이 분리된 채로 있었다. 따라서 복음주의 기독교침례회 총연합회 지도부는 연합활동을 중점적인 과제로 삼았다.

1969년 복음주의 기독교침례회 총연합회 상임위원회의 주도로 교회협의회 대표들과 여러 차례 회의가 열렸다. 1, 2차 만남은 4월 19일과 5월 17일에 있었다. 만남에서 교회협의회 측은 샤프탈라, 호레프, 골레프, 비노그랏스키, 파블로프가 참석했다. 대화는 그리스도인의 영으로 시작되어 하나님의 말씀을 읽고 진정 어린 기도로 끝났다. 그러나 교회협의회는 5개월 동안 두 번째 회의가 끝난 후에도 그런 만남을 계속하는 것을 원하지 않았다. 또한, 공동 합의안 초안에 관한 결정도 내지지 않았다. 초안은 특히, 다음과 같이 알려졌다.

- 교회협의회는 한편으로, 복음주의 기독교침례회 총연합회의 지침서와 규정에 관해서 반대했고, 다른 한편으로, 형제회의 분리에 관한 원인에 관한 것은 양측이 모든 것을 하나님의 판결에 맡기기로 동의했다.
- 양측은 이것이 사랑스런 형제회와 화해 속에서 슬픈 분리를 극복할 수 있는 유일한 방법이라는 데 동의했다.
- 우리는 화해를 위한 첫걸음인 합의에 도달했다. 복음주의 기독교침례회 총연합회와 교회협의회는 서면과 구두로 상호 비난하는 것을 종료하기로 했다(잠 15:1)

- 우리는 비슷한 회의가 계속되어야 한다는 것에 동의한다.
- 우리는 합의서가 반드시 게시되고 우리 형제회에 알려져야 한다는 사실에 동의한다.

1969년 10월 29일의 제3차 만남은 교회협의회에서 크류치코프, 비네, 샤프탈라가 참석했고 복음주의 기독교침례회 총연합회에서는 이바노프, 티모센 코, 카레프, 모토린, 지트코프가 참석했다. 서기 자격으로 레베데프와 비코프가 참석했다. 교회협의회 지도부는 그들이 요구하는 제안을 기록했다. 그러나 복음주의 기독교침례회 총연합회는 그것을 받아들이지 않았다. 1969년 12월 4일 있었던, 제4차 만남에서도 통합을 향한 진전은 없었다. 총회에서 설립된 통합위원회는 매우 어려운 상황이었다. 교회협의회는 통합 작업에 반대하는 것을 유지했고 신자들이 화해와 통합 문제에 관해 회원들과 이야기하는 것을 금지했다.

1969년 제40차 총연합회 총회

1969년 12월 9일부터 12월 11일까지 모스크바에서 제40차 총회[570]가 개최되었는데, 480명의 대의원과 311명의 손님이 도착했다. 총회에는 또한, 교회협의회의 대표와 외국 손님도 참석했다. 총회 주제는 '그들도 다 하나가 되어'(요 17:21)라는 표어였고 의제는 다음과 같았다. 복음주의 기독교침례회 총연맹 상임위원회 보고, 복음주의 기독교침례회 연맹의 규약 개정, 영적 발제 논의, 복음주의 기독교침례회 총연합회 새로운 지도부 선출.

이전처럼 총회의 초점은 분리된 신자와의 화합 문제였다. 카레프의 결산 보고에는 복음주의 기독교침례회 총연맹 상임위원회가 수행한 활동과 공동회동 진행을 포함한 화합 복구 방향의 통합위원회 활동에 관한 내용이었다. 보고에서 밝혔듯이, 1963년부터 1969년까지, 6년 동안, 형제회 교회에서 은혜로운 사역을 한 많은 목사,

---

570. *Bratskiy vestnik*, 1970, No 2. [형제들 소식, 1970년, 2호]

집사, 설교자를 포함하여 지역 교회에 1만 명이 넘는 신자들이 돌아왔다. 화합에 관한 공동발제를 티모셴코가 발표했다. 그는 총회 참석자들에게 다음과 같이 주의를 환기시켰다. 교회협의회 지도부 활동의 특징은 지역 교회의 구성원들 사이에서 미혹되는 것보다, 모든 사람에게 구원되는 은혜를 선포하지 않고 종종 가상의 검증되지 않은, 우리 형제회 소속 목회자 활동의 단점을 밝혀내는 것을 기반으로 한다는 것이다. 교회협의회 측은 복음주의 기독교침례회 총연맹으로부터 탈퇴를 요청했다. 총회가 진행되는 동안 보고서에 관한 의견 교환이 이루어졌고, 그 후 형제회 교회에 초안이 낭독되었다. 총회의 승인을 받은 후, 교회협의회 대표에게 요구서가 전달되었다. 규약에서 제안된 변경 사항은 총회와 감사위원회 구성 사이의 기간과 관련이 있었다. 총회는 3~5년마다 한 번씩, 감사위원회의 구성은 5명으로 증원하는 것으로 제안되었다. 총회 참석자들은 다음의 발제를 들었다. 카레프의 기독교인과 조국, 파듀힌의 복음주의 기독교침례회의 복음적 연합 25년, 미즈케비치의 죄인을 향한 태도와 복음주의 기독교침례회 교회들의 출회 절차.

복음주의 기독교침례회 총연맹 상임위원회의 새로운 임원진을 다음과 같이 선출했다. 회장 이바노프, 사무총장 카레프, 부회장 멜리니코프, 티모셴코, 비치코프, 사무부총장 미즈케비치, 회계 모토린, 상임위원회 회원은 타라셴코, 파듀힌, 짓코프, 샤트로프였다. 또한, 14명의 형제가 복음주의 기독교침례회 총연합회 위원으로 선출되었다. 8명의 형제는 복음주의 기독교침례회 총연합회 후보위원이 되었다. 5명의 형제는 감사위원회에 포함되었는데, 감사위원장 체르 노퍄토프, 감사위원은 라드축, 멜닉, 시조프, 미즈케비치였다.

70~80년대 형제회 교회 생활

연합활동의 상태

70년대에 지역 교회의 내부적 생활이 상대적으로 안정화되면서, 영적 사역이 눈에 띠게 회복되었고, 차세대 목회자 대표들이 일하게 되었다.

복음주의 기독교침례회 총연합회와 교회협의회의 관계

1970년대 전반기에 복음주의 기독교침례회 총연합회는 교회협의회 지도부에 화해 관련 회의와 협상 재개를 반복해서 요청했으나, 제안에 관한 직접적인 대답은 없었다. 형제 전단이라는 교회협의회 인쇄물과 서신들을 통해 복음 주의기독교침례회 총연합회 지도부에 대한 비난이 계속되었다. 교회 협의회는 제41차 총회 전날 정기서신에 4개 항목으로 축소된 제안서를 보냈다.

- 총회 연기.
- 광범위한 대표적 기반에 의한 총회 청원.
- 교회협의회 지지자들을 찬성하는 사람들을 위한 청원.
- 교회협의회의 승인과 합법화에 관한 요구.

복음주의 기독교침례회 총연합회 지도부는 총회 연기를 타당하지 않다고 간주했다. 교회 협의회 주장에 따라 이미 그런 조치가 취해졌다. 1968년 총회는 두 달 연기되었다. 그런데 그것은 화합에 이바지하지 못했다. 분리된 자들로부터 유죄 판결을 받은 자에게 동정 행위를 보여 줄 필요성에 관한 탄원서를 소련 대법원에 두 번 보냈다. 많은 형제와 자매가 석방되었지만, 교회협의회는 사실을 제대로 인식하지 못했다. 교회협의회의 승인과 합법화는 복음주의 기독교침례회 총연합회 권한 내에 있지 않았다. 총회의 대표성과 관련해서는 41차뿐만 아니라, 이전의 39차와 40차에서도, 총회 대의원 선거를 위해 지역 교회의 회원 회의와 총회 전 회의에서도 있었다. 교회협의회의 지지자들에게 총회의 문은 일반적인 근거에 의해 항상 열려있었다.

이것으로 복음주의 기독교침례회 총연합회와 교회협의회의 관계개선 방법 찾기는 끝났다. 1973년 1월 1일 복음주의 기독교침례회 총연합회 자료에 따르면 분리된 사람의 수는 약 15,000명으로 추산된다.

독립 교회

화합의 문제는 형제회에서 다음 몇 년 동안에 중요하게 남았고, 총회의 의제에 포함되었고, 복음주의 기독교침례회 총연합회와 교회협의회 상임위원회와 지도부 회의에서도 재검토되었다.

1972년 11월 30일에 개최된 상임위원회에서, 8월 합의서를 수용하지 않는 오순절파 활동이 증가하고 있다고 지적되었다. 1974년 1월 1일 통계로 오순절파는, 536개 그룹에서 18,497명이 연합되었다. 일부 그룹은 독립적으로 등록되었고 복음주의 기독교침례회 총연합회 구성에 포함되지 않았다. 1969년부터 1974까지 5년 간, 기독교 신앙복음주의에서 침례교단 소속의 지역 교회로 4천 명 이상이 합류했다.

교회협의회에 소속된 지역 교회와 그룹은 연맹에 속한 지역 교회와 교류하지 않았다. 그럼에도 불구하고 70년대 상반기에 2,500명이 넘는 신자들이 교회협의회에서 돌아왔다.

분리파 가운데 교회협의회에서 나왔으나 연맹에 가입하지 않은, 독립적으로 등록한, 교회가 나타나기 시작했다. 그것은 현재 키예프(푸호바 거리), 바쿠, 리가(본다렌코 목사) 등의 다수 지역 교회들이다. 1974년 중반에 전에 교회협의회 지지자였던 50명의 목회자는 대제사장 그리스도의 기도인 그들도 다 하나가 되어(요 17:21)의 말씀을 이행하자는 부름을 모든 분리파 사람들에게 호소했다.

복음주의 기독교침례회 총합회의 지도력 세대교체

60년대로 돌아가서 복음주의 기독교침례회 총연합회 상임위원회 회의와 40차 총회에서 복음주의 기독교침례회 총연합회 구성원의 연령을 낮추는 문제가 제기되었다. 고령의 사역자들은 은퇴가 필요했고, 일부 경험 많은 지도자들이 사망 했다. 60년대에 안드레예프, 레빈단토, 짓코프, 골랴예프가 생애를 마감했다. 티모셴코, 카레프(1971년), 타라첸코(1972년), 모토린(1974년)도 사망했다.

복음주의 기독교침례회 총연합회의 상임위원회는 새롭고 더 젊은 형제들을 추가로 선출했다. 복음주의 기독교침례회 총연합회 위원들과 후보자들이 총회에서 선출되었는데, 많은 수가 전쟁과 전, 후 시기에 형제회 교회에 가입한 젊은 목회자로 선출되었다.

1971년 12월 복음주의 기독교침례회 총연합회 상임위원회에서 비치코프를 사무총장으로 선출했다. 그전에 그는 이미 부회장이었다. 그의 자리는 짓코프가 대신했다.

복음주의 기독교침례회 총연합회 위원 후보는 자포로지 주 목회자 두혼첸코에게 옮겨졌다. 복음주의 기독교침례회 총연합회 미래의 지도력은 그니다, 로그비넨코, 세들레츠키, 테르비스, 콜레스니코프 등 영적이고 젊은 지도자로 교체되었다.

제41차 총연합회 정기총회

1974년 12월 11~13일에 제41차 총회가 모스크바에서 개최되었다.[571] 총회는 '평안의 매는 줄로 성령이 하나 되게 하신 것'이라는 표어 아래 진행되었다(엡 4:3). 총회에서 침례교회와 복음주의 기독교회가 하나의 복음주의~침례교 형제회로 통합된 30주년을 기념했다. 총회에는 487명의 대의원과 130명의 손님이 참석했다. 18명의 손님이 해외에서 도착했다. 총회에서 59개 주, 주 연합, 자치공화국 회의가 먼저 진행되었다.

총회 의제는 이바노프의 복음주의 기독교침례회 교회의 통합 30주년 기념 보고서와 비치코프의 지난 5년의 연맹 활동, 회계 보고, 감사위원회 보고서 등이 포함되었다. 짓코프는 복음주의 기독교침례회 교회가 행한 주님의 계명 성취, 침례와 성찬식을 발제했다. 연맹의 중앙기관 선거도 있었다.

1970~1974년 복음주의 기독교침례회 총연합회의 사업 결산 보고서에는 기독교 세계의 주요 사건의 요약과 교회 생활의 방대한 파노라마가 포함되었다. 통합 활동은 1971년 3월과 1972년 1월에 기독교신앙복음주의 출신 사역자들, 1973년 초에 메노파 형제들, 교회협의회 출신 지지자들과 만남에 시간이 사용되었다.

비치코프는 보고서에 성경 통신과정의 은혜로운 시작을 언급했다. 총회 무렵 두 가지 프로그램이 실행되었다. 1968년 10월 총 95명의 목회자, 1971년 3월 84명의

---

571. *Bratskiy vestnik*, 1975, No 1. [형세들 소식, 1975년, 1호]

목회자가 수강했다. 경건 서적 보급도 성공적이었다. 1974년 찬양대를 위한 악보 있는 찬양집이 처음으로 출판되었다. 1974년 형제들 소식 발행 부수가 1천 부 증가했다. 1979년 말에 시편이 포함된 신약성서 2만 권이 출판되었다. 1970년부터 복음주의 기독교침례회 달력이 출판되었다. 동독에서 독일어 성서가 도착했다.

보고서는 또한 러시아어 성서 출판 100주년 기념행사와 형제회 역사 편찬에 관해서도 언급했다. 보고서의 많은 부분은 지역 교회의 생활과 사역이 차지했다. 1970~1974년 동안 50개가 넘는 교회가 등록되었고, 22개의 농촌 교회가 활동을 중단했다. 여러 장소의 교회가 수적으로 증가했다. 5년 동안 형제회에 3만 명 이상의 회원이 가입했다. 통합되지 않았던 8천 명이 넘는 형제와 자매들이 연맹 소속의 교회로 돌아왔다. 복음주의 기독교침례회 총연합회 자료에 따르면, 1970년 1월 1일에 교회협의회는 458개 교회(약 17,000)였고, 1972년 1월 1일에 452개 그룹(약 18,000명의 신자)이었다.

보고서의 상당 부분은 복음주의 기독교침례회 총연합회의 국제활동, 교회 찬양과 통합 활동이 차지했다. 참여의 중요성이 주목되었다. 평화 유지 활동에 형제회의 참여가 중요하다는 것이 언급되었다. 총회에서 외국인 손님이 인사 메시지를 전했다. 그들은 형제회 생활을 반영하는 총회의 높은 영적 수준을 언급했다.

복음주의 기독교침례회 총연합회 임원 구성에 25명의 위원과 7명의 후보자가 선출되었다. 복음주의 기독교침례회 총연합회 상임위원회에서 지도부를 선출했다. 회장 클리멘코, 사무총장 비치코프, 부회장 짓코프, 두혼첸코, 체르노퍄 토프, 회계 겸 사무차장 미츠케비치, 총연합회 위원 그니다, 샤트로프, 파듀힌, 파스트였다. 감사위원회 위원은 5명으로 구성되었고 위원장은 멜닉이 선출되었다. 이바노프는 연맹의 명예총회장으로 남았다.

제42차 총연합회 정기총회

제42차 연맹 정기총회가 1979년 12월 18일에 모스크바에서 시작되었다.[572] 총회

---

572. *Bratskiy vestnik*, 1980, No 1~2. [형제들 소식, 1980년, 1~2호]

의 표어는 '하나님의 뜻은 이것이니 너희의 거룩함이라'(살전 4:3)였다. 총회에 앞서 64개 지역 회의에서 532명의 대의원을 선출했다. 25명의 외국 손님이 총회에 참석했다. 총회 의제에 비치코프가 읽은 복음주의 기독교침례회 총연합회 결산보고서가 포함되었다. 미츠케비치는 복음주의 기독교침례회 총연합회 재정 업무에 관한 공동 보고서를 작성했다. 복음주의 기독교침례회 총연합회 감사위원회 결산 보고는 멜닉이 발표했다. 또한, 복음주의 기독교침례회 규약 변화와 교리 내용이 낭독되었다. 복음주의 기독교침례회 총연합회 새로운 임원 구성과 감사위원회의 선출이 있었다.

총회에서는 형제적 기쁨의 정신과 복음 전파 활동에 관한 우려, 주님의 교회 관리에 관한 긴급한 문제의 솔직한 토론의 정신, 그리스도로 충만한 성장을 달성하기 위한 복음의 가르침과 신자의 영적 성장의 순도 유지를 다루었다.[573] 결산보고서에 따르면 지난 5년 동안 약 35,000명의 신입 회원이 침례를 통해 지역 교회에 가입했고, 200개가 넘는 새로운 교회가 등록되었고, 약 1만 명의 신자가 집계되었다. 40개의 소그룹이 사역을 중단했다. 형제회 교회들에서 예배는 22개 언어로 이루어졌다. 연합의 주제는 모든 형제회 모임에서 고려되었다. 5년 동안 수십 개의 교회가 건축되거나 전체적인 수리가 있었다. 보고서에 언급된 것처럼, 중앙 및 지방 당국은, 신자의 필요에 큰 관심을 기울였고, 1977년 10월에 채택된, 새로운 소련 헌법의 실제적인 구현으로 입증되었듯이, 신자의 종교고백 및 종교적 필요 실행의 자유 권리를 줬다.

보고서는 또한 국내에서 복음적 신앙고백을 하는 기독인을 위한 공적인 봉사의 원리를 공식화했다. 기독인은 사회의 번영을 위한 개인 책임의 몫을 감당할 것이다(렘 29:7). 중보기도를 상시로 한다(딤전 2:1~5). 우리는 개발도상국 사회가 때로는 매우 심각한 문제를 안고 있음을 알고 있다. 우리의 기독교적 소망은 우리 사회의 결점과 문제를 피하지 않고, 그들을 극복하고 제거하는 데 긍정적인 공헌을 하도록 가르쳐 준다.

---

573. Tam zhe, s.54 [위의 책, p.54]

하나님의 약속으로 주어진 평화, 선의의 모든 사람들과 연합하고 지구상의 평화와 세상에 허락하신 하나님의 자비를 위해 끊임없이 기도하고 일한다. 총회 참석자들은 총회 직전에 복음주의 기독교침례회 총연합회가 외국 출판사로부터 2만권의 성서를 받았다고 통보받았다. 1976년 러시아 정교회로부터 시노드 번역 100년 출판기념으로 5천권의 성서를 선물로 받았다. 라트비아어, 에스토니아어 및 독일어로 된 찬송가 모음집이 발간되었다. 총회는 또한 젊은 교회 목사와 협력하는 데 관련된 사안들을 다루었다. 성서 통신 교육 과정 속에 지휘자 그룹 과정을 개설하는 대해 보고되었다. 지휘자 그룹을 위한 첫 번째 과정은 1979년에 실행되었다.

총회는 연맹의 조직 구조 개선에 관한 복음주의 기독교침례회 총연합회 상임위원회의 제안을 살펴보고 승인했다. 교회의 영적 활동에서 주된 책임의 몫은 목사, 지휘자, 목회자 회의에 관한 안수였다. 1979년 5월 말에 러시아 지역에서 가장 큰 조직이 완료되었는데, 수석 목사들의 참석하에 목회자 회의의 선거가 개최되었다. 선임 목사직에 로그비넨코가 지명되었다. 우크라이나 선임 목사직은 두혼첸코, 벨로루시 부카티, 몰도바 세들레츠키, 남캅카스 크비리 카시빌리, 중앙아시아 크비링, 카자흐스탄 콜레스니코프, 키르기스스탄 시조프, 라트비아 테르비스, 리투아니아 인케나스, 에스토니아 비주였다.

총회에서, 다른 일반적인 것 외에, 복음주의 기독교침례회 연맹의 규약이 개정되었다. 총회 업무의 결론으로 참가자들은 결산보고서에 의한 총회의 결의안을 채택했다. 30명의 형제가 참여한 복음주의 기독교침례회 총연합회의 선거가 있었다. 상임위원회는 다음과 같이 선출되었다. 회장 클리멘코, 사무총장 비치코프, 제1부회장 두혼첸코, 부회장 로그비넨코, 짓코프, 보즈뉴, 사무차장 그니다, 회계 콜레스니코프, 상임위원 파스트, 세들레츠키, 부카티, 비주, 글루홉스키였다.

제43차 총연합회 총회

1985년 3월 21일부터 23일까지 모스크바에서 복음주의 기독교침례회 정기총회가 개최되었다. 총회 표어는 마태복음 5장 16절 '너희 빛이 사람 앞에 비치게 하여'

가 사용되었다. 총회 소집을 위해 지역 교회에서 8천 명 이상의 목회자가 참여한 60개 이상의 지역 회의가 먼저 진행되었다. 총회 업무에 540명이 넘는 대의원, 150명의 지역 교회 손님과 10명의 외국 손님이 참석했다. 총회에서 복음주의 기독교침례회의 결산사업보고, 재무보고, 감사위원회 보고가 이루어졌을 뿐만 아니라, 복음주의 기독교침례회의 신조 초안이 검토되었다.[574] 보고서에서 밝혔듯이, 지난 5년 동안 4만 명이 그리스도께 회심했고, 268개의 새로운 교회가 등록되었고, 200개가 넘는 교회가 건축되고 수리되었다. 형제회교회의 예배는 26개 언어로 이루어진다. 신자들은 12만 권 이상의 성경, 신약성서, 찬송가, 다른 경건 도서를 받았다. 시각 장애인용 성경 작업이 계속되었고, 목회자 핸드북과 영적 기사 모음 등이 출판되었고, 형제들 소식은 발행 부수를 늘렸다. 통신 성서 과정이 성공적으로 진행되었는데, 5년 동안 214명의 목회자가 수강했고, 24명의 연맹 소속이 아닌 교회의 수강생도 포함되었다.

    복음주의 기독교침례회 총연합회 상임위원회는 결산 보고 동안 메노파 형제회, 기독교 신앙복음주의, 젊은 목회자들과 여러 번 면담이 있었다. 교회협의회의 지지자들과 독립적으로 사역하는 형제들과 두 차례 만남이 있었다. 모임들은 하나님 백성의 일치를 강화하는 데 목적이 있었다. 총회에서는 지나간 동안, 하나님의 백성들이 일치에 관한 바람직한 변화가 일어났고, 연합을 이루기까지 아직 할 일이 많이 남아있으며, 무엇보다도 주님께 기도로 간구해야 한다는 필요가 확인되었다. 그 당시 현명한 복음 사역의 길을 선택한 형제와 자매들을 위해, 총연합회는 형제적 협력 성취와 신뢰 구축을 위한 신학적 대담의 실시, 경건 도서출판, 합동 목회자 양성을 포함한, 협력의 문을 지금부터 열어서 유지할 것이다. 총회에서 기독교신앙복음주의 독립교회 대표 루카셰프와 복음주의 기독교침례회 독립교회 대표 쿡센코가 발표했다.

    형제회 생활에서 중요한 사건은 복음주의적 신앙고백을 하는 신자들의 100주년 연합사업을 기념하는, 복음주의 기독교침례회 총연합회의 세미나였다. 세미나는

---

574. *Bratskiy vestnik*, 1985, No 3. [형제들 소식, 1985년, 3호]

1984년 9월 19~21일 모스크바에서 열렸다. 세미나의 한 모임에서 빌리 그레이엄 박사가 강연했다.

총회는 외국의 형제와 자매들과의 접촉 확대에 관해 이야기했다. 형제회의 많은 좋은 반응과 기도에 힘입어 미국의 유명한 복음전도자 빌리 그레이엄 박사가 소련을 방문했다. 1984년 9월 그는 모스크바, 레닌그라드, 탈린, 노보시비르스크 교회에서 설교했다. 빌리 그레이엄은 복음 전도사역뿐만 아니라, 신자들의 평화 사역에도 중요한 공헌을 했다. 국제적 접촉에서 역사상 중요한 사건은 세계에서 가장 큰 지역의 침례교 조직인 미국 남침례회 총회 지도자들이 소련을 방문했다. 총회에는 3만 개 이상의 교회와 약 1,500만 명의 신자가 연합해 있다.

1983년 4월에 형제회 교회를 방문한, 북미침례교회 대표단은 전 세계에 걸쳐 하나님의 백성과 평화의 일치 활동에 선한 공헌을 했다. 총회에 앞서 5년 동안, 복음주의 기독교침례회 총연합회의 초청으로 약 400명의 외국인 손님이 국내 교회를 방문했다. 또한, 복음주의 기독교침례회 총연합회와 모스크바 교회에 30개국 이상의 22개 기독교 교단을 대표하는 4천 명의 외국인 손님이 방문했다. 다수결에 의해 총회는 복음주의 기독교침례회의 신조를 승인했고 교회들이 신자들의 영적 교육에 사용하도록 권고했다. 총회는 복음주의 기독교침례회 총연합회의 보고서에 관한 결의안을 채택하고, 모든 신자에게 보내는 복음주의적 고백과 세계 모든 그리스도인에게 호소하는 메시지를 승인했다.

총회에서 복음주의 기독교침례회 총연합회 위원 33명과 후보위원 9명, 감사위원회 7명으로 구성된 선거가 있었다. 복음주의 기독교침례회 총연합회 상임위원회는 회장 로그비넨코, 사무총장 비치코프, 제1부회장 두혼첸코, 부회장 깃코프, 사무차장 그니다, 회계 콜레스니코프, 상임위원회 위원은 보즈뉴, 파스트, 세들레츠키, 부카티, 테르비스, 글루홉스키, 카르펜코로 구성되었다. 멜닉은 감사위원회 위원장으로 선출되었다. 클리멘코는 복음주의 기독교침례회 총연합회 명예회장으로 선출되었다.

복음주의 기독교침례회 총연합회의 국제평화 활동

복음주의 기독교침례회 연맹의 해외 신자들과의 첫 접촉은 제2차대전 초기에 시작되었다. 당시 미국, 영국, 캐나다, 호주의 많은 신자는 파시즘으로부터 신앙의 자유와 독립을 위한 투쟁에 국내뿐 아니라, 유럽의 다른 나라에게 진지한 지지를 표했다.

그 후 복음주의 기독교침례회 총연합회는 외국의 종교 단체와 개인 신자들과 유대를 계속 강화했다. 1949년에 세계 23개 국가의 종교 단체와 서신 왕래를 했고, 연맹 대표들과의 개인적 만남과 사절단의 교차 방문이 있었다.

1946년 6월 골랴예프, 안드레예프를 포함한 복음주의 기독교침례회 총연합회 대표단은 전쟁이 끝난 후 처음으로 스톡홀름에서 개최된 스웨덴 침례교 90주년 행사에 참석하기 위해 출국했다. 같은 해에 침례교세계연맹의 집행위원이자, 전쟁 시 러시아에 관한 미국 원조 위원회 대표단의 위원이었던 미국 남침례교단 루이 뉴턴 총회장 복음주의 기독교침례회 총연합회를 방문했다.

1953년 7월, 골랴예프, 카레프, 안드레예프, 카르포프로 구성된 복음주의 기독교침례회 총연합회 대표단이 스웨덴, 영국, 미국 퀘이커 회의에 참여했다. 카레프는 회의에서 영국, 스웨덴, 미국의 교회와 종교 단체에게 세계평화 달성을 목표로, 회의를 소집하자는 제안을 발표했다. 회의는 1954년 스웨덴(라트빅)에서 개최되었다. 회의에 짓코프, 레빈단토, 카레프, 카르포프, 아스타호프, 티르토바(필리푹)가 참석했다.

복음주의 기독교침례회 총연합회와 외국 형제회 간 체계적인 대표단의 교차 방문이 1954년에 시작되었다. 복음주의 기독교침례회 총연합회의 초청으로 그해 영국 출신의 침례교세계연맹 총회장 타운리 로드 박사, 사무차장 월터 루이스 박사, 영국과 아일랜드 침례교연맹 사무총장인 어니스트 페인 박사 등이 방문했다. 손님들은 모스크바, 레닌그라드, 스탈린그라드, 로스토프, 보로네시, 하르키우를 방문했다. 국내 방문은 짓코프, 레빈단토, 카레프, 미츠케비치가 동행했다.

방문은 복음주의 기독교침례회 총연합회와 침례교세계연맹과 영국 아일랜드 침례교 연맹 간 교류의 시작으로 간주한다. 1955년 8월에 침례교세계연맹 총회장 테오도르 아담스 박사, 사무총장 아놀드 오른 박사, 미국연방(흑인)침례교 대표 조셉 잭슨 박사, 미국 침례교단(현재 미국 침례교회) 지도자 카니 하그롭스 박사가 형제회 교회를 방문했다. 방문객들은 레닌그라드, 모스크바, 얄타, 심페로폴을 방문했다. 1956년 5월 짓코프, 카레프, 레빈단토, 이바노프, 티토바로 구성된 복음주의 기독교침례회 총연합회 대표단은 미국 교회들을 방문했다.

형제회 교류 확대

50년대에는 다른 외국 기독교연맹 및 단체와 긴밀한 관계를 가졌다. 1958년부터 복음주의 기독교침례회 총연합회는 유럽침례교연맹과 기독교 평화회의에 계속해서 참여하고 있다. 복음주의 기독교침례회 연맹은 1960년부터 유럽 교회협의회 회원이었고 1962년부터 세계교회협의회 회원이 되었다.

1960년 4월에 국제업무를 확대하기 위해 해외신학 교육기관에서 훈련받은 형제를 포함한, 국제부가 복음주의 기독교침례회 총연합회에 창립되었다. 창립 당일부터 부서는 1957년에서 1959년까지 영국에서 공부한 스토얀이 이끌고 있다. 지난 수년 동안 여러 국제적인 침례교연맹과 교류가 이루어지고 있고, 시간이 흐르면서 형제적 관계가 더욱 견고해지고 발전했다.

복음주의 기독교침례회 총연맹의 세계침례교연맹대회 참여

복음주의 기독교침례회 총연맹은 1905년 침례교세계연맹이 창립된 때부터 참여했다. 형제들의 피할 수 없는 이유로 1934년 8월에 베를린 제5차 대회, 1939년 7월에 미국 애틀란타 제6차 대회, 1947년 7월에 덴마크 코펜하겐 제7차 대회, 1950년 6월에 미국 클리브랜드 제8차 대회까지 4번의 대회에 참석하지 못했다. 7~8차 침례교세계대회에 교단 대표단이 불참한 이유는 종교적 상호관계에 반영된 냉전의 정치적 이유 때문이었다.

1955년 6월 제9차 침례교세계대회가 런던에서 개최되었다. 대회 주제는 히브리서 13장 8절이었다. '예수 그리스도는 어제나 오늘이나 영원토록 동일하시니라.' 복음주의 기독교침례회 총연합회의 회장인 짓코프와 사무총장 카레프가 이끄는 9명의 대표단이 대회 업무에 참여했다. 소련 대표단이 몇 년 동안 대회에 참석하지 못하여, 진정 어린 특별한 만남이 이루어졌고, 짓코프, 카레프, 티르토바가 회의에서 발제했을 때 우레와 같은 박수가 있었다. 대표단은 대회에 참석한 많은 형제와 교제를 했는데, 차기 침례교세계연맹 총회장 테오도르 아담스, 주님의 추수지에서 오랜 기간 사역했던 유명한 설교자인 페틀러, 크메타~예피모비치 등 이었다.

대회는 평화와 핵무기, 종교 자유, 인종 차별, 기독인의 연합에 관한 결의안을 채택했다. 교회 안의 그리스도라는 주제로 카레프가 발제했는데 총회 참가자들의 큰 관심을 불러일으켰다. 빌리 그레이엄 박사는 폐회식에서 '하나님의 힘으로 마무리하라'라는 제목으로 설교했다. 짓코프는 침례교 세계연맹 9명의 부총회장 가운데 1명으로 선출되었다. 티토바는 연맹의 청년분과에 합류했다. 침례교세계연맹의 총회장은 미국의 테오도르 아담스 박사, 사무총장은 노르웨이의 아놀드 오른이 선출되었다.

제10차 대회는 1960년 브라질의 리오데자네이로에서 여름에 열렸다. 주제는 '주 예수 그리스도'였다. 대회 참가자는 짓코프(Ya.I.), 미츠케비치, 필리푹, 짓코프(M.Ya.)였다. 대회의 목적은, 이전과 마찬가지로 세계침례교 형제회 국가 연맹들이 서로 깊은 교제를 하는 것이었다. 총회 참석자들은 전 세계 신자들의 일치와 평화에 관한 성명을 채택했다. 리우데자네이루 최초의 침례교회 목사인 조아오 소렌 박사가 침례교세계연맹의 총회장으로 선출되었고, 노르웨이의 조셉 노덴하우그 박사가 사무총장이 되었다. 짓코프는 침례교세계연맹 부총회장으로 다시 선출되었고, 미츠케비치는 실행위원회에, 짓코프는 청년분과에 포함되었다.

제11차 세계침례교대회는 1965년 6월 미국 마이애미 해변에서 '진리가 너희를 자유롭게 하리라'(요 8:32)라는 주제로 개최되었다. 참석자는 모토린, 키류한체프, 짓코프, 트카첸코, 필리푹이었다. 대회에 공식 등록된 참가자는 2만 명이었다. 대회는 전도, 평화, 군축, 인종 차별에 관한 결의안을 채택했다. 라이베리아의 윌리암 톨버트 박사가 총회장으로 선출되었다. 짓코프, 모토린, 키류한체프는 실행위원회에 포함되었고, 트카첸코는 청년분과에 포함되었다. 1970년 7월 제12차 침례교세계연맹의 대회가 도쿄에서 진행되었다. 대표단은 이바노프가 이끌었다. 총회 주제인 '그리스도 안에서 화해'는 대표단의 보고서와 강연에서 공개되었다. 대회는 최종 문서를 채택했다. 교회에 보내는 메시지와 자유와 책임에 관한 선언문이었다. 그들은 교회가 복음에 기초하여 활동하도록 장려할 필요성에 특별한 주의를 기울였다. 왜냐하면, 오직 그리스도를 향한 소명을 통해 인간의 잘못을 성공적으로 대항할 수 있기 때문이다. 대회는 모든 침례교도에게 공식적인 모임의 영향력과 침례교 세계연맹의 구호위원회를 통한 경제정의 프로그램에 협력할 것을 호소했다. 대회는 또한 모든 사람에게 자유와 책임 사이의 적절한 균형 수립을 호소하고 전쟁에 관한 평화적 대안, 평화의 이름으로 일하기, 시민으로서 책임 있는 태도 수용에 대해 신자들에게 요청했다.

대회는 미국의 카니 하그롭스를 총회장으로 선출했다. 사무총장은 로버트 데니였다. 침례교세계연맹의 실행위원회에 이바노프, 멜리니코프, 비치코프가 포함되었다.

1975년 7월 8일부터 13일까지 스웨덴의 스톡홀름에서 제13차 침례교세계연맹의 대회가 있었다. 교단의 형제회에서는 복음주의 기독교침례회 총연맹 총회장 클리멘코가 이끄는 대규모 대표단이 참석했다. 대회 주제는 '예수 그리스도 안에서 새로운 세상을 위한 새로운 사람들'로 정해졌다. 대회는 인권, 세계평화, 공중도덕에 관한 결의안을 채택했다. 평화에 관한 결정은 다음과 같이 선포되었다. 우리 침례교도는, 그리스도의 말씀을 기억하며, 평화의 활동을 위해 일할 책임이 있다. "화평케 하는 자들은 복이 있나니, 이는 그들이 하나님의 아들이라 일컬음을 받을 것이니라." 홍콩의 데이비드 왕이 침례교세계연맹 총회장으로 선출되었고, 사무총장은 로버트 데니가 되었다. 12명의 부총회장 가운데 짓코프가 포함되었다. 침례교세계연맹 지도부에 클리멘코, 비치코프, 두혼첸코가 포함되었다. 1980년 7월 캐나다 토론토에서 '성령 안에서 그리스도를 찬양하라'라는 주제로 제14차 침례교세계연맹 대회가 열렸다. 대회에 클리멘코와 비치코프 등 다수 형제가 참석했다. 침례교세계연맹 창립 75주년을 맞이한 총회에 세계 120개국 이상에서 2만 명이 넘는 대표들이 참석했다. 대회의 첫 번째 회의에서, 대의원들에게 세계의 여러 국가에서 복음주의~침례교 운동의 출현과 발전 역사가 담긴 그림이 전시되었다. 교단의 전임자들이 사역에서 큰 어려움을 극복해야 한다는 사실에도 불구하고, 전 세계적인 형제와 자매 가족이 믿음에서 성장을 계속했다. 1975년 이후 5년 동안, 세계연맹은 3,100~4,000만 명으로 성장했다.

대회는 다음의 결의안을 채택했다. 예수 그리스도의 복음을 선포하고 실행하며 그분을 주님과 구세주로 영접하는 사람들의 교육은 생활과 경건의 기초이다. 우리는 주요 책임이 지역 교회에 놓여 있음을 인식하고, 따라서 교회와 회원들의 믿음을 강화하는데 헌신한다. 결의안은 세계평화, 군축, 종교의 자유와 인권, 가족생활, 기아, 난민, 환경 문제들을 반영했다.

빌리 그레이엄 박사가 '봉사와 증거의 책임'이라는 제목으로 설교했다. 침례교세계연맹 총회장은 미국의 듀크 맥콜 박사, 사무총장은 독일의 게르하르트 클라스 박사가 되었다. 클리멘코, 비치코프, 두혼첸코는 침례교세계연맹 총회 지도부에 다시 포함되었다.

복음주의 기독교침례회 총연맹 회장 로그비넨코가 이끄는 대표단이 1985년 7월 로스엔젤레스에서 '어둠으로부터 그리스도의 빛으로'(벧전 2:9) 주제로 개최된 제15차 침례교세계연맹 대회에 참석했다.

아침 경건회와 기도 순서에서 한 번을 비치코프가 인도했는데, 그는 이사야서 2장 5절 '오라 우리가 여호와의 빛에 행하자'라는 주제로 설교했다.

대회에서 중요한 결의안이 채택되었다. 유엔창립 40주년, 인종차별, 니카라과에 관한 결의안은 중앙아메리카가 동, 서양 간 긴장의 온상이 되었다는 깊은 우려를 나타냈다. 특히 평화와 군축 결의안은 다음과 같이 말했다. 제2차 세계대전 종전 40주년과 관련하여 우리는 세계가 핵무기 경쟁의 암흑으로부터 어떻게 나오는지 증인으로 서고 싶다. 대회 대의원들은 너무 늦기 전에, 세계 각국 정부가 무기 경쟁을 중지하자고 촉구했다. 그들은 또한 미국과 소련 지도자들 간의 다가오는 회담 소식을 환영하고 회담의 성공을 기원했다. 침례교세계연맹 15대 총회장은 호주 벤틀리 신학교 학장 노엘 보아스가 선출되었다. 게르하르트 클라스 박사는 사무총장으로 다시 선출되었다. 로그비넨코, 비치코프, 두혼첸코는 총회지도부에 포함되었다.

대회 업무에서 흥분되는 순간 중 하나는 각국 대표들이 자국 신자들의 활동에 관해 이야기하면서, 민족을 호명하는 때였다.

대회에서 침례교연맹 세계 각국 지도자들이 단상에서 소개되는데, 그들은 설교하고, 성명서를 작성하고, 그 후 형제회 사절들은 자신들의 교회로 간다. 세계 형제회에 속한, 침례교도는, 도움이 필요한 곳을 찾아내고, 또한 세상의 여러 곳에서 종교의 자유와 인권을 침해하는 것에 반대하는 목소리를 높일 기회를 얻는다.

침례교세계연맹의 자체 활동은, 예수 그리스도를 믿는 개인적 신앙은 기독인들이 전 세계에 전도의 의무가 있다는 것을 보여 준다. 그리스도의 통치를 인정하고, 회개가 필요하며, 그리스도의 신앙을 개인적으로 받아들이는 것이다. 전도에 관한 강조는 세상에 존재하는 인종적, 문화적, 지리적, 정치적 장벽을 고려하지 않은, 일치로 이끈다.

그들이 증언하는 세계 분열의 인식과 기독교침례회의 친교 정도에 따라, 신자들은 사회봉사, 전쟁과 평화의 문제, 인종적 견해차에 대해 점점 초점을 맞추고 있다. 연단으로부터 대회에 참석한 대표단은 일반적이고 완전한 군축, 핵군비 경쟁 반대에 자신들의 목소리를 높였다.

복음주의 기독교침례회 총연합회와 유럽침례교연맹

유럽 침례교위원회를 만들자는 제안은 1948년 8월 6일 런던에서 열린 침례교세계연맹에서 나왔다. 1950년 10월 20일 스위스 뤼실리콘 회의에서 소수 참가자가 유럽침례교연맹을 설립했다. 유럽침례교연맹의 임무는 다음을 포함한다.

- 유럽 기독교침례회 사이의 깊은 교류.
- 유럽 복음화의 발전과 조정.
- 도움이 필요한 신자들에게 도움 제공.

유럽침례교연맹의 회원은 침례교세계연맹 소속 회원인 유럽 국가 침례교연맹이면 가능했다. 유럽침례교연맹은 총회협의회 위원 가운데 선출된 회장, 부회장,

사무총장이 이끌고 있다. 유럽침례교연맹은 총회와 실행위원회를 통해 사업을 실행한다.

1952년 여름에 덴마크 코펜하겐에서, 유럽 침례교의 첫 번째 대회가 열렸다. 대회에 복음주의 기독교침례회 총연합회 대표자들을 초청했으나, 참여하지 않았다. 대회는 앞서 언급한 바와 같이 유럽침례교연맹의 주요 임무를 결정했다. 유럽침례교연맹는 5~6년에 한 번의 대회를 개최하기로 했다. 대회는 유럽 여러 나라의 침례교 형제들과 교제를 나누고, 자신들의 역사에 있는 다양한 문화를 소개할 수 있는 좋은 기회이다. 대회 기간 동안 사진 전시회가 열리고, 신자들의 생활에 관한 영화가 상영된다. 1973년 취리히 대회에서 소련의 복음주의 기독교침례회 영화가 상영되었고 복음주의 기독교침례회 총연합회에 관한 사진 전시회가 열렸다. 영화와 사진 전시회는 많은 대표단의 주목을 받았다.

복음주의 기독교침례회 총연합회의 대표는 유럽침례교연맹 활동에 이바지하고, 그 활동과 구조에 영향을 미쳤다. 1973년 취리히에서 개최된 총회까지 유럽침례교연맹은 결의안을 채택하지 않았다. 동유럽 국가 대표단이 지지한 복음주의 기독교침례회 총연합회 대표단의 제안에 따라 유럽의 모든 교회에 관한 호소가 취리히 대회에서 채택되었다. 호소의 내용은 다음과 같다. 우리는 기도로 국가 간 상호관계의 선한 분위기를 조성하고, 현재와 미래의 갈등을 없앨 수 있는 노력을 지지한다. 유럽침례교연맹은 교회의 평화유지 활동에 적극적으로 참여하고, 헬싱키 법 시행에 협력한다. 유럽침례교연맹의 활동에서 이러한 영역이 확립된 것으로 간주될 수 있다. 유럽침례교연맹 회원의 2/3를 차지하는 동유럽 국가 기독교침례회 교회는 복음 전파, 사람들과 긴장 완화의 조절 분야에서 발전하도록 이바지한다. 복음주의 기독교침례회 총연합회 대표는 두 번째 대회부터 시작하여, 유럽침례교연맹의 모든 대회에 참가했다. 1958년 7월에 서베를린에서 '하나님은 강하다'는 주제로 대회가 개최되었다. 총연합회 대표단은 5명으로 구성되었고 짓코프(Ya.I.)가 인도했다. 스웨덴의 에릭 루덴이 유럽침례교연맹의 사무총장이 되었다. 유럽침례교연맹의 회장, 부회장, 사무총장은 원칙적으로, 2년마다 총회에서 선출된다. 유럽침례교연맹 실행위원회 위원 중 한 명이 2년 후 부회장이 되고, 그 후 회장으로 임명되어 2년 동안 업무를 수행한다.

제3차 유럽침례교연맹 대회는 1964년 8월 네덜란드 암스테르담에서 열렸다. 대회는 침례교세계연맹과 유럽침례교연맹 간의 협력강화, 타 복음주의 교단 소속 기독인과의 형제회적 태도, 전 세계 침례교도의 일치 강화에 관한 결의안을 채택했다. 또한, 평화 활동, 사회정의 및 양심의 자유를 촉진하도록 요구하면서 모든 국가의 정부에 호소했다. 유럽침례교연맹의 사무총장은 영국의 로날드 굴딩, 회장은 네덜란드의 제이콥 브로어티예스, 부회장은 짓코프(M.Ya.)가 선출되었다. 1966년에 짓코프는 유럽침례교연맹의 회장이 되었다. 필리푹은 유럽침례교연맹 여성부서에 포함되었다.

제4차 유럽침례교연맹 대회는 1969년 8월 오스트리아 비엔나에서 '불안정한 세상에 있는 하나님의 백성'이라는 주제로 열렸다. 소련 형제회 대표단은 이바노프가 이끌었다. 대회 주제에 따른 기본 발제는 유럽침례교연맹 회장 타웃이 발표했다. 짓코프는 '변화된 사회에서의 자유로운 교회'라는 제목으로 발표했다.

제5차 유럽침례교연맹 대회는 미래의 교회, 교회의 미래를 주제로 1973년 7월 스위스 취리히에서 개최되었다. 복음주의 기독교침례회 총연합회 대표단은 비치코프가 이끌었다. 그는 1973년 부회장으로, 1975년에는 유럽침례교연맹 회장으로 선출되었다. 대회는 대륙 교회들에게 다음과 같은 메시지를 전했다. 주님에 관한 믿음과 감사로 유럽 기독교침례교도는 미래를 바라본다. 예수 그리스도의 이름으로 만난 이러한 모임은 상호격려, 믿음 강화, 예수 그리스도의 계명을 최선을 다하여 수행하고 세상에 그분의 사랑을 보여줄 기회를 제공한다. 유럽 대륙에서 평화와 협력의 문제에 대해 긴장을 완화하고 새로운 환경을 조성해 주신 주님께 감사드린다. 우리는 서로 다른 나라들 사이의 좋은 상호관계 분위기를 조성하기 위해 최선을 다하고 있다.

유럽침례교연맹 사무총장은 독일의 게르하르트 클라스 박사가 되었다. 제6차 유럽침례교연맹 대회는 '내가 약한 그때에 강함이라'(고후 12:10)는 주제로 1979년 여름에 영국의 브라이턴에서 개최되었다. 복음주의 기독교침례회 총연합회 대표단은 클리멘코가 이끌었다. 대회의 본회의 가운데 한 번을 비치코프가 인도했다.

대회의 주제 발제자는 로렌츠였다. 대회의 결의안은 두 번째 전략무기 제한협상 체결에 관한 만족감을 나타냈다. 대회는 유엔의 '국제 어린이 해' 진행을 환영했다. 대회는 자체적으로 신자들에게 복음의 가르침에 비추어 연합의 모범을 보이라고 촉구했다. 대회의 업무가 진행되는 가운데 특별히 결정된 회의가 열렸고, 윌리암 바클리의 신약성서 주석에 관한 러시아어 번역이 시작되었다. 대회에는 영국 침례교연맹 사무총장 러셀, 미국 캐나다 메노파센터의 피터 딕, 월터 자바츠키, 붐펠만, 복음주의 기독교침례회 총연맹 클리멘코, 두혼첸코, 짓코프 등이 참가했다.

회의는 비치코프와 러셀어 주도했다. 장시간의 다양한 도서작업에 관한 토론 후 스코틀랜드 신학자 윌리엄 바클레이의 책이 채택되었고, 1987년에 15권 전체가 번역 완료되어 출판되어 복음주의 기독교침례회 총연합회는 5천 권을 받았다. 제7차 유럽침례교연맹 대회는 '도시 복지를 보호하라'는 표어 아래 1984년 8월에 독일 함부르크에서 개최되었다. 대회는 유럽 최초의 침례교회 설립 150주년을 기념하는 시간을 가졌다. 클리멘코가 이끄는 복음주의 기독교침례회 총연합회 대표단은 연구와 토론 그룹의 활동에 참여했다. 비치코프는 본회의 가운데 한 번 우리 형제회 교회 생활에 대해 발표했다. 대회는 유럽~하나의 내륙, 평화와 군축, 인권 등에 관한 결의안을 채택했다. 평화와 군축 결의안에서는 선지자 예레미야의 말을 인용하여 도시의 선한 상태를 보호하라고 했고, 유럽침례교연맹 대회는 국가 간의 평화를 위해 싸우며, 전쟁을 일으키는 힘을 막고 신뢰 구축을 위해 모든 가능한 수단을 사용하여 기도하겠다는 결심을 선언했다. 우리는 전쟁을 모든 형태로 비난한다. 전쟁은 하나님의 목적에 위배되고 예수 그리스도 안에서 나타난 인류에 관한 그의 뜻을 위반하는 것이다.

> 우리는 현재의 군비 경쟁이 이미 제한적인 세계의 자원을 낭비하고, 수백만 명의 무고한 사람들의 삶과 복지를 위협하고 새로운 전쟁의 가능성을 높일 것이라고 확신한다. 우리는 유럽침례교연맹의 연맹 회원들이 자국의 정부가 핵무기 개발, 시험, 생산, 배치를 더는 하지 않도록 지도 하고, 합의된 핵무기의 동결과 평화와 군축을 위한 노력을 촉구하도록 호소한다. 침례교세계연맹과 유

럽침례교연맹 대회의 회의는 원칙적으로, 침례교 국가 연맹 지도자들에 의해 선택된, 대회 주제와 성서의 본문을 읽는 것으로 시작한다. 세계적 포럼의 참가자들은 우리 주님과 구세주 예수 그리스도의 형상을 드러낸다. 회의는 주님의 구원과 형제자매들이 믿음으로 함께 모일 기회에 관한 감사 기도로 끝난다.

매년 세계침례교연맹과 유럽침례교연맹은 복음주의 기독교침례회 총연합회 대표들이 적극적으로 참여하는 총회와 실행위원회 회의를 진행한다. 모임에서 신학 문제가 토론되고, 초청된 신자들을 성화와 영적 성장과 사회적 책임을 스스로 감당하는 것을 촉구했다. 평화와 협력의 문제는 국제종교회의에서 중요한 자리를 차지한다. 하나님의 말씀은 기독교인 윤리를 다음과 같은 단어로 정의한다. "사람아 주께서 선한 것이 무엇임을 네게 보이셨나니 여호와께서 네게 구하시는 것은 오직 정의를 행하며 인자를 사랑하며 겸손하게 네 하나님 과 함께 행하는 것이 아니냐"(미 6:8)와 마태복음 5~7장의 하나님의 다양한 지혜는 우리를 가까운 사람에게 사랑하고 봉사하는 헌신의 감동을 주고, 전 세계에 평화를 전하는 이들을 강하게 한다. 이사야 52장 7절의 교회의 분리는 기독인에게 '그리스도 안의 연합을 찾으라'고 강하게 촉구한다. "영생은 곧 유일하신 참 하나님과 그가 보내신 자 예수 그리스도를 아는 것이다"(요 17:3), 그리고 주님과 연합이다. "아버지께서 내 안에, 내가 아버지 안에 있는 것 같이 그들도 다 하나가 되어 우리 안에 있게 하사 세상으로 아버지께서 나를 보내신 것을 믿게 하옵소서"(요 17:21).

세계교회협의회와 협력

세계교회협의회 조직은 대화와 협력을 위한 많은 교회의 열망의 결과였다. 그러한 열망은 에큐메니컬 운동의 개척자가 된, 개신교 선교사회의 급속한 발전 시대인, 18세기에 태어났다. 이 문제는 1860년 리버풀, 1878년과 1888년에 런던에서 선교사 대회에서 다루어졌다. 1900년에 뉴욕에서 기독교 선교사연합 회의가 개최되었다. 감리교인 존 모트(1865~1955)가 주도한 에딘버러에서 열린 최초 세계선교사 회의는 에큐메니칼 협력 개발에 큰 영향을 미쳤다. 에딘버러 회의는 1921년에 국제선교사협의회 설립을 이끌었다. 1961년에 국제선교사 협의회는 세계교회협의회와 통합되었다. 국제선교사협의회는 1923년부터 1961년까지 수차례 회의를 했다. 1923년에 영국 옥스퍼드, 1928년에 예루살렘, 1938년에 인도 탐바람 1947년에 캐나다 휘트비, 1952년에 독일 빌린겐, 1958년에 가나 아크라에서 총회가 있었다.

에딘버러에서 다루어진 문제는, 1914년에 지그문드~슐츠(1885~1969)가 주도한 세계교회협의회와 국제화해협의회 상호 간의 협력을 이끌었다. 루터교회의 나탄 셰데르블롬 대주교는 시작 단계에서 적극적으로 참여했다. 1920년에 제네바에서 준비회의를 개최한 5년 후, 스톡홀름에서 실용적인 기독교를 위한 기독교 총회가 개최되었다. 기독교적 양심의 보편적인 목소리는 경제사회적 생활의 주제별 당면 과제에 영향을 미쳤다. 회의에서는 교리적인 문제는 다루어지지 않았다. 다음 회의는 1937년 옥스퍼드에서 개최되었다.

미국 성공회 브렌트 주교는 교회종파 간 협력이라는 교리적 토대를 연구했다. 그때까지 비슷한 질문은 종교회의에서 일부러 지나쳤다. 1927년에 런던에서 처음으로 개최되었던 교회종파 간 운동의 세 번째 방향인 신앙과 직제 세계 회의가 생겨났다. 두 번째 회의는 1937년에 에딘버러에서 개최되었다.

교단적으로 독립적인 청년대학생 단체가 에큐메니칼 운동의 발전에 크게 이바지했다. 1855년에 세계기독교청년회(YMCA)가 창립되었고, 1894년에 세계 기독교 여자청년회(YWCA)가 설립되었다. 1895년에 세계기독학생회(WSCF)가 창설되었다. 20세기 초에 러시아에서는 니콜라이가 그 방면의 일을 주도했다. 복음 전파 활동이 젊은 신자들과 결합하여 기독교적 연합에 관한 열망이 있었고, 비 개신교인과 접촉점으로 활용되었다.

존 모트는 에큐메니칼 운동의 지도자이자 세계기독학생회 설립자였다. 학생회뿐만 아니라, 다른 기독교 협의회도, 기독교 연합에 관한 많은 지지자를 내세웠다. 1937년에 옥스포드와 에딘버러에서 개최되었던 회의에서 에큐메니컬 교회 협의회 창설을 위한 위원회 구성에 합의했다. 그런데 그 일은 제2차 세계대전으로 중단되었다. 세계교회협의회 제1차 대회는 1948년 8월 22일부터 9월 4일까지 암스테르담에서 '인간의 무질서와 하나님의 계획'이라는 표어 아래 진행되었다. 147명의 교회 대표자들은 함께 남겠다는 그들의 의도를 발표했다. 네덜란드 개혁교회 대표 호프트 박사가 세계교회협의회 사무총장으로 선출되었다. 1966년에는 미국 장로교 유진 블레이크 박사로 바뀌었다. 1972년부터 1984년까지는 감리교 필립 포터 박사에 의해 수행되었다. 1985년에 사무총장직은 라틴 아메리카의 감리교인 에밀리오 카스트로 박사가 취임했다. 세계교회협의회 회장이었던 토마스 박사는 다음과 같이 자신의 업무를 정의했다.

세계교회협의회는 하나님과 구세주로서의 예수 그리스도를 믿는 신앙에 기초한 교회들의 연합이며, 그리스도에 기초한 교회 연합의 토대를 연구한다. 현대세계에서 사람들이 자신의 존엄성을 확신하도록 도와주고 세상에 복음의 증거한다. 우리는 또한 현대세계에서 교회의 연합, 사역, 사명 사이에서 올바른 상호관계를 찾고 있다.

70년대 말에 세계교회협의회는 다수의 침례교연맹을 포함한, 82개국에서 280개의 교회가 가입되었다. 1962년 복음주의 기독교침례회 총연합회는 전 세계 기독인의 동참에 관한 세계교회협의회 제안을 수락했고 파리에서 열린 세계교회협의회 중앙위원회 회의에 짓코프와 스토얀을 보냈다. 회의에서 복음주의 기독교침례회 총연합회는 세계교회협의회에 회원 가입 신청서를 제출했다. 1963년 2월 복음주의 기독교침례회 총연합회는 세계교회협의회에 가입했다. 복음주의 기독교침례회 총연합회 대표들은 1968년 여름에 스웨덴 웁살라에서 개최된 제4차 세계교회협의회 총회부터 참석했다. 총회 표어는 '보라, 내가 만물을 새롭게 하노라'는 요한계시록이 사용되었다. 회의에서 벨리세이칙은 세계교회협의회 중앙위원으로 선출되었다. '예수 그리스도는 해방하고 연합한다'라는 표어 아래 제5차 총회가 1975년 케냐의 나이로비에서 진행되었다. 여기서 비치코프는 세계교회협의회 중앙위원회 위원, 교회위원회 국제분과 위원, 사역과 정의 2부 부회장 사회자로 선출되었다. 세계교회협의회 제6차 총회는 1983년 여름에 캐나다 밴쿠버에서 '예수 그리스도는 세상의 생명'이라는 주제로 열렸다. 비치코프는 세계교회협의회 중앙위원회 선출되었고 그는 총회의 예배 중 하나를 주관했다. 즈베레프는 교회위원회 국제분과 위원으로 선출되었다. 세계교회협의회 총회는 평화를 촉구하고, 군비 경쟁, 침략, 인종 차별을 비난하는 결의안을 채택했다. 헬싱키 회의 최종 결정서가 승인되었다. 평화와 정의에 관한 위협이 증대되고 있음을 밝히고 갈등을 평화적으로 해결할 것을 촉구한, 평화와 정의에 관한 성명서가 채택되었다.

복음주의 기독교침례회 총연합회가 세계교회협의회 활동에 참여하면서 형제회 교회는 다양성과 더불어 모순적인 의견들이 나타났다. 복음주의 기독교침례회 총연합회 총회와 상임위원회, 지역별 목회자 회의에서 에큐메니칼 활동의 문제점이 반복적으로 논의되었다. 형제회 소식 잡지에 실린 많은 글에서 그 문제를 다루었다. 에큐메니칼 운동에 관한 복음주의 기독교침례회 총연합회의 입장은 세계교회 협의회 문서 침례, 성찬, 성직의 입장에 따라, 신학자들 사이에 근본적인 불일치를 일으키는, 교리적 질문을 반영한다. 이러한 입장은 1984년 4월 복음주의 기독교침례회 총연합회 상임위원회에서 채택되었다. 특히, 우리는 에큐메니칼적 소통 방법 찾기를 거부하지 않는다. 우리의 주장은, 에큐메니칼적 일치는 교리적인 방향이 아니라, 인간적인 측면에서 가능하다는 것이다. 우리는 기독인들의 일치는 교단의 신학적 이해와 침례의 교회 관행을 거절할 필요가 없고 본질적으로나 형식적으로나 교회의 가시적인 일치를 만들 필요가 없다는 것을 확신한다. 그러나 우리는 예수 그리스도와 성령의 사역은 외부적 표적에 의해 제한되지 않는다는 것을 이해할 필요가 있다. 국내에서도 기독교인들의 에큐메니칼 교류 가능성이 있다. 여러 지역에서 정교회 신자들과 친근한 관계가 형성되었다. 발트해 연안의 교회들은 루터 교회와 감리교회와의 접촉을 지지한다. 카자흐스탄의 카라간다에서 복음주의 기독교침례회와 메노파 교회, 메노파 교회와 루터교 사이의 상호 좋은 관계가 이루어졌다. 쿠스타나이 주 콤소몰레츠에서 언급된 교단의 신자들이 적합한 시기에 통합된 교회를 조직했고, 현재는 복음주의 기독교침례회 연맹 소속이 되었다.

성서공회의 연합 단계

세계성서공회는 일부 국가위원회를 포함한, 미국과 영국성서 공회의 통합으로

1949년에 만들어졌다. 초대 회장은 1957년까지 공회를 주도한 노르웨이 루터교회 주교 베르그렌이었다. 복음주의 기독교침례회 총연합회가 세계성서 공회와 접촉은 성서공회의 유럽지역 위원회 책임자 노르웨이 목사 스모달을 통해서 시작되었다. 1974년 제41차 총회에서 복음주의 기독교침례회 총연합회 지도부가 보고했듯이, 1973년 4월 세계성서공회는 동유럽 국가 대상의 번역, 출판, 성서 보급 문제에 관한 자신들의 의견을 제시했다. 이런 방법으로 첫 번째 협력 사업을 위한 전제 조건이 만들어졌다.

그 후 10년 동안 복음주의 기독교침례회 총연합회의 요청에 따라 성서 공회는 러시아어와 독일어로 된 성서, 신약성서, 경건 서적 등 약 10만 권을 러시아에 보내주었다. 처음으로 시각 장애인을 위한 점자 러시아어 성서를 출판하기 시작했다.

복음주의 기독교침례회 총연합회와 성서공회 사이의 교류는 비치코프와 성서공회 유럽지역 사무총장인, 루터교 스모달 목사가 1974년 8월에 서베를린에서 만난 것에서 시작되었다. 비치코프는 다음과 같이 회상한다.

> 위원회 회의가 끝난 후, 8월의 무더운 저녁에 나는 커피를 마시러 카페로 갔다. 갑자기 키 큰 신사가 내 테이블에 와서 합석을 요청했다. 소개 후, 나는 그가 성서공회 책임자임을 알았다. 대화는 2시간 동안 계속되었다. 대화는 은혜로운 시간이었다. 나는 스모달에게 모스크바 방문초청과 서면 연락을 유지하자고 했다.

1975년 5월 8일 스모달이 모스크바에 도착했다. 복음주의 기독교침례회 총연합회와 종교분과 위원회와 면담이 있었다. 결과로 하나님께서는 우리에게 성서공회와 협력하고 성서와 다른 경건 서적을 받을 수 있는 놀라운 기회를 열어 주셨다. 1980년에 유엔은 '장애인의 해'를 선포했다. 하나님께서는 캘리포니아에서 시각 장애인용 러시아어 성서를 번역에 헌신하고 있는, 루터교 점자협회의 지도자와 예상치 않은 만남을 허락하셨다. 프로젝트는 성서공회와 공동으로 수행되었다. 오랜 시간이 지난 후 1988년 1월 노르웨이에서 만났을 때, 나와 스모달은 서베를린의 작은 추억과 만남을 통해 그리스도의 놀라운 은혜~소련에 수만 권의 성서가 전달된 것을 기억했다.

복음주의 기독교침례회총연합회는 기독교평화회의와 유럽교회협의회 활동에 참여하고 있다.

기독교평화회의

평화를 위한 공동 대처의 목적으로 여러 교회와 교단이 연합되었다. 제1차 대회는 1958년 6월에 체코슬로바키아 프라하에서, 의장 조세프 호로마트카 교수 주재로 열렸다. 대회에는 복음주의 기독교침례회 총연합회 짓코프와 카레프를 포함한, 세계 각국에서 39명의 기독인이 참여했다. 2차 대회에 100명, 3차 대회에 200명이 참석했다. 회의에서 제기된 제안은 '핵 실험 및 핵파괴 시설 만들기 금지와 관련된 것'이었다. 평화유지운동 의장 호로마트카, 사무총장 포스피실이 선출되었다. 기독교평화회의 본부 소재지와 총회 장소는 체코슬로바키아의 수도 프라하였다. 1961년에 '땅위에 평화'라는 주제로 기독교평화총회가 개최되었다. 세계 각국에서 7백 명이 참여했다. 1964년 여름에 제2차 기독교평화총회가 개최되었고, 개발도상국의 많은 기독인을 포함하여, 약 1천 명이 모였다. 1968년 봄에 평화 추구와 노력이라는 주제로 개최된, 제3차 총회는, 많은 평화유지 조직의 주목을 받았다. 총회에서 국제 상황에 관한 중요한 결의와 교회 및 그리스도인들에게 보내는 메시지를 채택했다. 1971년 가을에 '인애와 진리가 같이 만나고 의와 화평이 서로 입 맞추었으며'(시 85:10)라는 표어 아래 개최된 제4차 기독교평화총회는 평화유지운동 역사에서 새로운 장을 열었다. 종교적 혹은 비종교적 조직처럼 비기독교적 평화유지 조직과의 협력 문제가 제기 되었다. 기독교평화회의 입장은 헌장에 명확하게 표명되어 있다. 제5차 기독교 평화 대회가 '연대를 위한 하나님의 부르심~평화, 정의, 해방을 위한 기독교인'이라는 주제로 1978년 6월에 개최되었다. 대회는 여러 가지 국제 문제를 논의했고, 당시의 쟁점에 관한 결의안을 채택했다. 평화를 위한 제6차 기독교 대회가 1985년 7월 '하나님의 부르심, 생명을 선택하라!~시간이 급하다'라는 주제로 개최되었다. 기독교평화회의 부회장 인도의 파벨 맵 그레고리스 내주교가 대회 주제에 따른 기본 발제를 했다. 다음과 같은 3개의 공동보고서가 낭독되었다. 키예프 및 갈리츠 담당 대주교인 필라렛(데니센코)의 인류에 관한 세계적인 위협~평화의 세계적인 전략; 독일 크렉 박사의 기독교 교회의 평화유지 책임, 멕시코 세르지오 멘데스~아르세오 주교의 평화로운 공존과 해방이다. 총회는 정부와 정치인, 교회 및 평화유지 단체로부터 성공과 연대의 소원을 담은 수많은 메시지와 인사를 받았다. 총회는 다음과 같은 최종 문서를 채택했다. 모든 정부의 수반에게 호소, 교회에 보내는 서신, 세계의 모든 기독인에게 전하는 프라하의 호소 시간이 급하다~인류의 핵 자살이 아니라 생명을 선택하라, 소련 그로미코, 미국 레이건의 서신, 유엔 사무총장에게 보내는 서신 등이었다.

스토얀은 15년 이상 기독교평화회의 국제사무국의 위원으로 활동했다. 여러 기독교평화회의 기관 업무에 카레프, 짓코프(I.G.), 이바노프, 비치코프가 참여했다.

유럽교회협의회는 신학적 문제와 국제적 문제를 해결하기 위해 유럽 교회의 노력을 결집하는 노력을 실행하는, 지역별 교회 연합 조직이다. 주요 강조점은 교회 간의 문제와 평화유지 문제를 해결해야 한다는 것이었다. 유럽교회 협의회 사무총장은 1986년까지 스코틀랜드 침례교 출신 윌리엄 박사였다. 1979년 크레타 섬에서 열린, 제8차 총회에서 나토(NATO)에 서유럽에서의 새로운 전략무기체계의 설치에 관련하여 경고하는 내용을 담은, 서신을 채택 했다. 현재 유럽의 26개국에서 112개 교회가 유럽교회협의회에 참여하고 있다. 소련복음주의 기독교침례교단은 협의회 업무에 일정 부분 공헌하고 있다. 미즈케 비치와 페디치킨이 유럽교회협의회 자문위원회에 여러 차례 본 교단의 대표로 참석했고, 현재는 니콜라예프가 회원으로 있다.

본 교단은 국내의 모든 평화를 만드는 종교회의에 참여하고 있다. 18개 종교 단체 대표자들이 모인 첫 번째 회의는 러시아 정교회 주도로 1952년 5월 9일부터 12일까지 자고르스크에서 개최되었다. 본교단 대표단은 5명의 위원으로 구성되어 짓코프가 이끌었다. 그는 본 교단이 실시하는 국내의 평화 유지 활동에 대해 발표했다.

1969년 7월 자고르스크에서 소련의 모든 종교 대표자들이 참여한 정기회의가 개최되었는데, 러시아 정교회가 조직한 민족 간 협력과 평화를 위한 모임이었다. 이바노프가 이끄는 본교단 대표단은 회의에서 두 번째로 큰 단체였다. 하나의 업무그룹에서 본 교단 사무총장 카레프가 베트남 전쟁의 갈등과 동남아시아의 문제에 관해 공동 발제했다. 모스크바에서 평화유지군에 관한 국제포럼이 개최되었다. 1977년 6월 6일부터 10일까지 국제현대종교대표자회의가 '견고한 평화, 민족 간 군축과 공정한 관계'라는 표어 아래 진행되었다. 세계 100개 이상의 국가에서 약 700명의 대표단이 회의에 참석했다. 본 교단에서는 총회장 클리멘코가 이끄는 대규모 대표단이 참석했다. 여러나라 연맹 대표들이 회의에 참석했다. 침례교 세계연맹의 클라스 박사, 하나님의 성회 월크스, 스웨덴, 핀란드, 노르웨이, 덴마크, 포르투갈, 라이베리아, 동독, 루마니아 및 기타 국가의 침례교연맹 대표였다. 회의는 종교지도자들과 전 세계 신자를 향한 호소와 전 세계 국가와 정부를 향한 호소와 같은 중요한 문서를 채택했다. 문서는 세계 운명에 관한 우려를 나타냈으며 세계 보호와 보존을 추구하는 선한 의지를 가진 모든 사람에게 호소하는 내용이었다.

1982년 5월 10일부터 5월 14일까지 모스크바에서 핵 재앙으로부터 생명의 신성한 선물을 구원하기 위한 종교인 세계 대회가 개최되었다. 이전 회의처럼, 러시아 정교회의 주도하에 소집되었다. 세계 90개국의 다양한 종교인 600여 명이 참석했다. 평화 포럼 참가자 가운데 미국의 명예 손님 빌리 그레이엄 박사의 발제 '핵 시대의 기독교신앙과 평화'가 큰 관심을 받았다. 그의 발제에서 다음 내용이 포함되었다.

> 생명을 성스럽게 간주하는 종교인들에게, 현재 존재하는 대량 살상무기의 국제적 금지를 위한 활동에 특별한 책임이 있다. 우리는 국민들과 지도자들에게 회개하고, 평화와 정의에 관한 새로운 급진적 약속을 하고, 평화로 인도할 특별한 조치를 하도록 촉구해야 할 것이다.

회의에서 침례교세계연맹 총재 맥콜은 다음과 같이 발표했다.

> 그는 특히 주님은 우리에게 신성한 선물인 생명을 주셨으므로, 우리는 군비 경쟁의 어떠한 현상에 대해서도 공동으로 대처해야 하며, 모든 칼을 쳐서 보

습을 만들지 않는 이상, 서로 검토하고 수용 가능한 군비 감축 프로그램을 수립해야 한다.

평화를 지키기 위한 기독인의 발제는 대회에서 채택된 최종 문서들인 모든 종교 지도자와 신자들을 향한 호소, 세계의 모든 정부를 향한 호소, 군축에 관한 유엔총회 2차 특별회의의 호소에 개괄적으로 포함되었다.

세계 기독교인들에 의해 침례교세계연맹과 유럽침례교연맹과 유럽교회협의회 서신에서, 선포된 아이디어와 정해진 목표는, 예수 그리스도의 이름을 교회의 기초로 확증함으로써, 신자의 영적 생활을 심화시키고, 일반적인 구원은 그리스도와 함께하고 모든 권력은 하나님에게서 나온다는 사상을 지지하는 신앙으로 연합되는 사람들에게, 사랑의 표현을 요구한다는 것을 지적할 필요가 있다. 1934년 제5차 침례교세계대회에서 총재 트루엣 박사와 사무총장 래시브룩은 침례교도에게 다음과 같이 호소했다.

성령께서 큰 계명인 사랑을 전파할 목적으로 우리를 말과 행동으로 강하게 하셨고, 국제, 인종, 정치, 경제, 사회 분야에서 우리가 해야 할 역할을 보여주시고 깨닫게 하신 것은, 전 세계적으로 우리가 간절히 기도하고 세상의 문제에 이바지해야 한다는 것이다.

각국 대표들은 신자의 영적 생활의 기초를 튼튼히 하고, 국제적 긴장 완화와 민족 간 갈등의 해결 방법을 찾는 목적의 결정서와 결의안과 선언서를 작성하는 일에 참여했다.

본 교단이 평화유지 활동에서 크게 공헌한 것은 국제 상담세미나 개최였다. 1979년 3월 31일부터 4월 3일까지 모스크바에서 '생명을 선택하라'는 주제로 첫 번째 세미나가 개최되었다. 세미나 참가자들의 보고와 강연은, 예수 그리스도를 통한 인간과 하나님과의 화해 그리고 전도 설교들로 이루어졌다. 교회는 세상에서 전파하고 창조하라는 주님의 명령을 받았다(고후 5:19~20). 기독교는 단지 가르침이 아

니라 삶이며, 삶은 현실과 분리할 수 없는 관계이다.[575]

두 번째 세미나는 '신뢰 구축~삶의 선택'이란 주제로 1981년 4월 2일부터 4월 4일까지 모스크바에서 개최되었다. 참가자들은 그리스도는 우리의 평화이다. 하나님 나라의 시민이요 주 예수 그리스도의 제자로서 우리는 이 세상에서 평화를 만드는 사람으로 부름 받았다. 성령님으로 태어난, 하나님의 자녀인, 우리는 하나님의 평화 곧 사람들 사이와 상호 봉사에서 신뢰의 기초 역할을 하는 샬롬을 세상에 전달해야 한다. 기독인들은 평화와 군축과 정의와 관련하여, 확고한 상호신뢰로 국제 권리와 조약과 선언이 세상에서 정의와 평등 의 실현이 이루어지도록, 선한 의지를 가진 사람들과 협력해야 한다.[576]

세 번째 세미나 '생명과 평화'는 1983년 3월 28일부터 3월 31일까지 모스크바에서 개최되었다. 동서양 참가자들에 소개된 신학적 발제의 내용은 성서적 세계 이해, 핵 재앙을 피하기 위한 추구에 동참, 전 인류를 위한 정의와 평화 복지의 노력 등이었다. 모임은 지상에서의 거룩한 선물인 생명을 보존하기 위한 기독인의 헌신은, 성서의 가르침에 기초한 것이며 하나님의 뜻을 성취한다는 것임을, 다시 한 번 확인해 주었다.[577]

본 교단 지도부가 세계평화협의회 대회에 참석했다. 교단 사무총장 카레프와 후임 비치코프가 소련 평화보존위원회 위원, 소련 평화기금 및 기타 공공 기관의 위원으로 선출되었다. 본 교단은 1956년부터 미국 그리스도 교회협의회와 소련 교회들과의 대화에 적극적으로 참여했다.

첫 번째 대표단의 교류는 냉전이 최고조에 이를 때였다. 그것은 대담한 시도였으며, 교회 목회자들은 미국과 소련에 있는 그리스도의 몸의 지체들이, 두 나라 사이의 간격이 커지는 상황에서 상호 교류의 손을 내밀 필요가 있다는 것에 공감했다. 첫 만남이 이루어진 후 큰일이 성사되었다고 말할 필요가 있다. 1979년 정기 만남에서 군비 축소와 관련하여 합의된 입장이 표현된, 공동 문서 '생명을 선택하라'

---

575. *Bratskiy vestnik*, 1979, No3, s.48 [형제들 소식, 1979년, 3호, p.48]
576. *Bratskiy vestnik*, 1981, No3, s.46 [형제들 소식, 1981년, 3호, p.46]
577. Tam zhe, 1983, No 3, s. 50. [위의 책, 1983년, 3호, p.50]

가 채택되었다. 미국과 소련 지도자들이 1986년에 제네바에서, 1987년에 워싱턴에서 그리고 1988년에 모스크바에서 회담할 때, 양국 기독교인들은 회담의 성공을 위해 공동 기도회를 진행했다.

80년대에는 본 교단 대표들이 소련 평화보존위원회, 소비에트 우호협회 및 기타 공공 기관을 통해, 미국 및 다른 국가로 떠나는, 대표단에 정기적으로 초대되기 시작했다.

본 교단의 외국 기독교인들과 접촉에 관해 말하면서, 젊은 형제들을 외국 신학대학에 유학 보낸 것과 같은, 종류의 협력에 대해 언급할 가치가 있다. 그들 중 일부의 이름을 거명하면 다음과 같다. 짓코프(M.Ya.)와 키류한체프가 런던의 스펄전 신학대학에서 1956~1958년에 공부했다. 오를로프와 멜닉은 브리스톨 대학에서 공부했다. 스토얀은 1957~1959년에 스펄전 신학대학에서 공부했다. 짓코프는 1961~1962년 캐나다 해밀턴의 맥매스터 대학교에서 학업을 계속했다. 1973~1975년에 페디치킨, 즈베레프, 니콜라예프는 영국에서 신학예비 교육을 받았다. 1973~1975년에 코멘단트는 독일 함부르크에 있는 침례교 신학대학원에서 공부했다. 1974~1976년에 칼류지니와 부카티는 스웨덴 스톡홀름에서 신학 예비교육을 받았다.

언급된 교육기관에서 다른 형제들 또한 훈련을 받았다. 형제 중 일부는 동독의 부코프 신학교, 스위스의 뤼실리콘, 체코 프라하의 브라티슬라바에 보내졌다. 신학교 졸업생들은 침례교단 내에서 사역할 책임이 있었다. 1984년에 프라하의 얀 에이 코메니우스대학교의 신학과에서 본 교단 사무총장 비치코프에게 명예 신학박사 학위를 수여했다.

40년대부터 본 교단과 모스크바 교회에 저명한 교회 인사와 국가적 인물들이 방문했다. 미국의 해롤드 스타센, 전 미국 민주당 지도자 애들레이 스티븐슨, 미국 대통령 프랭클린 루스벨트의 아내 엘리너 루스벨트, 리차드 닉슨 미국 대통령, 세계적인 전도자 빌리 그레이엄 박사, 미국의 로버트 피어슨, 전임 세계교회협의회 사무총장 필립 포터, 침례교세계연맹 총재 윌리암 톨버트, 세계교회협의회 사무총장 에밀리오 카스트로, 침례교 세계연맹 사무총장 게르하르트 클라스, 침례교세계연맹 노엘 보아즈 등 다수이다.

신학교육

영적 부흥의 발전과 교회의 출현으로 러시아 복음주의 기독교와 침례교는 목회자 양성을 위한 신학적 훈련의 필요성이 첫 번째 과제로 떠올랐다. 상트페테르부르크, 트빌리시와 다른 도시의 큰 교회들은 그들의 사역자들이 신학교육을 받을 수 있도록 외국의 신학교로 보냈다. 그런데 그 가능성은 파블로프, 프로하노프 등 일부 형제들에게만 제공되었다. 그와 더불어 상트페테르부르크와 지역에서 단기 성서강좌가 진행되었다. 혁명 전 러시아·우크라이나 형제회 지도자들은 신학교와 성서 연구소의 개원을 청원했다. 그러나 그 후 세계 대전과 러시아의 혁명이 일어나 계획은 실현될 수 없었다. 20년대는 지역의 단기성서강좌와 연맹 센터의 강좌가 신학 훈련에 활용되었으나 임시적이었다. 대다수의 많은 목회자는 스스로 신학을 연구했고, 독학으로 공부했다. 시급한 필요를 고려하여 형제회는 사역자 양성을 위한 체계적인 기관을 만들고자 계속 노력했다. 50~60년대에 본 교단은 몇 명의 형제를 영국, 독일 등 외국 신학대학원에 유학 보냈다. 그런데 그런 방식의 신학 교육은 사역자들의 큰 필요를 충족시킬 수 없었다. 그뿐만 아니라, 외국에서 공부는 언어 장벽으로 어려움이 있었다. 교육받은 형제들은 외국과 연락을 유지하기 위해 형제회센터에서 주로 일했다. 1969년 총회에서 교단 사무총장 카레프는 다음과 같이 말했다.

> 신학적 지식이 없으면 지상의 그리스도 교회에 해를 끼치는, 다양한 교리 바람에 쉽게 이끌린다. 우리 형제회가 존재해 온 100년 동안 가장 부족했던 것은 신학적 기초였다.[578]

통신성서강좌

통합된 형제회의 생활에서 중요한 사건은 1968년에 통신성서강좌가 시작된 것

---

578. *Bratskiy vestnik*, 1970, No2, s.33 [형제들 소식, 1970년, 2호, p.33]

이다. 강좌 초기에 개설자 카레프가 의미있는 역할을 했다. 그는 1965년에 교단 상임위원회에서 성서강좌 구성의 필요성, 교육 자료 준비, 강사 선발에 관한 문제를 제기했다. 1967년 4월에 교단 상임위원회는 예상되는 성서강좌 강사들을 초대하여 회의를 열었다. 에스토니아 출신 신학석사인 탸륵은 하나님의 말씀과 사역에 관한 부르심에 대해 회의 참가자들과 대화를 나누었고 신학 연구에 관한 몇 가지 조언을 주었다. 사무부총장 미츠케비치는 성서강좌의 책임자로 임명되었고, 강의 자료 준비를 위임 받았다.

스펄전 대학을 졸업한 선임목회자 미즈케비치는 교육 부분을 지도했다. 성서강좌의 비서는 흐룰레바 자매가 임명되었다. 여러 과목이 강의 자료로 선정되었다. 강의 자료는 복음주의 기독교침례회의 신학에 기반을 두었고, 러시아 신학자 카르겔, 프로하노프, 카레프 및 다른 사람들의 저서에서 주로 기술 되었다. 강의 자료는 형제들이 준비했다. 비치코프는 조직신학(무디 신학교의 에반스와 멀린스 박사의 저서에 기초한 성서의 주요 교리 기술), 미츠케비치(V.A.)는 성서개요, 미츠케비치(A.I.)와 사브첸코는 프로하노프와 스펠전 저서를 활용한 설교학, 소모프와 카레프는 일반 기독교 역사, 카레프와 미츠케비치(A.I.)는 성서해석학을 준비했다.

통신과정은 1968년 2월에 시작되었다. 100명의 수강생이 첫 번째 모집에 등록했고, 그들 중 대부분은 선임목회자, 목회자, 집사, 설교자로 봉사하고 있었다. 격년제 프로그램은 조직신학, 성서학(신구약 개론), 설교학, 해석학, 기독교 일반 역사, 복음주의 기독교침례회 역사, 목회학 등의 과목이 포함되었다. 소련 헌법 강좌도 개설되었다. 수강생은 강의, 부교재, 통신교육 방법으로 이루어진 교육을 받았다. 학생들은 일 년에 한 번 2~3일 동안 상담과 기본 자료를 검토하기 위해 왔다.

1968~1971년 기간에 약 200명의 사역자가 성서과정을 수료했다. 1969년에 카레프는 총회 보고서에서 다음과 같이 밝혔다. 자체적인 성서 교육 과정이 있다는 것에 대해 주님께 진심으로 감사한다. 여러분에게 알리는 기쁜 소식은, 우리가 체계적인 신학교육, 특히 복음주의~침례회 형제회의 교리를 배우게 되었다.

성서강좌 강사는 20년대에 성서강좌를 이수한 카레프, 이바노프(전반적 관리), 미츠케비치(A.I.), 체르노퍄토프, 코발코프 등의 연장자 사역자들과 차세대 사역자들인 비치코프, 미츠케비치(V.A.), 사브첸코, 쿨리코프, 페트릭 등이었다.

그런데 이것은 시작에 불과했다. 일상에서 목사와 집사로 봉사하는 영적 사역자뿐만 아니라 음악과 노래 관련 지휘자, 작곡가, 오케스트라 지도자 양성이 필요하다는 것을 보여주었다. 강좌의 확장과 훈련 프로그램의 개선은 1974년 12월에 열린 총회에서 논의되었다. 지휘자 겸 작곡가인 비소츠키, 지휘자 겸 유명한 성악가 파블렌코(1929~1971)는 회의에서 음악 사역 개선을 위한 구체적인 제안을 발표했다. 형제회의 사역자들은 찬양대의 연주목록에서 영적 찬양곡을 미리 정해야 했고 관련 없는 멜로디가 교회에 침투하는 것을 막아야 했다. 총회 참석자들은 복음주의 기독교침례회 규약 9장에 따라, 교단의 신임 임원은, 지휘자와 함께 사업을 조직 하도록 위임한다.고 결정했다.

성서강좌의 새로운 책임자 체르노퍄토프는 강좌 사업의 개선책에 따른 업무를 계속했다. 교육 시스템이 변경되었다. 강좌는 상시 과정이 되었고, 학생들의 연례 모집과 졸업, 시험 기간을 여러 번 이수하도록 했다. 교과과정에 기독교 윤리, 비교 신학, 노래와 음악이라는 새로운 과목이 포함되었다. 프로그램의 확장으로 수업 기간이 2년 반으로 늘어났다. 음악 사역자 교육을 위해 노래와 음악 관련 교보재 제작에는 주제별 작업과 첫 번째 강의를 준비한 비소츠키, 리가 교회 지휘자 하를로프, 민스크 교회 지휘자 예브투호비치 등이 참여했다.

기독교 윤리 강의 준비는 리가 부흥 교회의 목사 체칼로프가 담당했다. 1978년에 교단 상임위원회는 성서강좌를 조직적으로 강화했다. 짓코프(M.Ya.) 가 책임자로 임명되었고, 코진코는 서기, 사브첸코는 강의안 담당자가 되었다. 사브첸코는 비교 신학에 관한 강의를 편집했고 수업을 위한 방법론을 개발했다. 형제들이 목회자 양성 과정에 합류했다.

1979년 복음주의 기독교침례회 총회 즈음에 제1회 지휘자 모집이 있었는데 15명이 학생이 지원하여 음악 교육과 조직신학 및 설교학을 포함한 신학교 교육이 시작되었다. 학생 모집의 일에 옙투호비치와 하를로프가 참여했다. 1979년에 본 교단의 찬양대 지휘자, 작곡가, 시인들이 함께 만나는 몇 차례 모임이 이루어졌다. 그들은 교회의 음악 사역을 개선하기 위한 권고안을 개발했다. 복음주의 기독교침례회 규약 15장, b항에 포함된, 일부 제안은, 1979년 개최된 총회에서 승인을 받았고 형제들 소식 잡지에 게시되기 시작했다. 경험 많은 다른 음악가들도 지휘자 교육에 참여했는데, 에스토니아 출신의 음악가 셈렉, 드니프로페트우스크의 지휘자 포고스트카야, 곤차렌코 등 전문적인 음악 교육을 받은 교회 사역자들이었다. 그들은 지휘자용 교육 프로그램 개발, 교육 자료 준비, 수강생용 기록 등을 관리했다. 지휘자 교육용 방법론 기초는 셈렉이 작업했다. 찬양대 활동에 관한 일부 자료는 포고스 트카야가 담당했다. 지휘자 교육의 지도력은 곤차렌코가 맡았다. 1979년 총회에서 사역자들의 신학적이고 음악적인 훈련을 위한 새로운 과제가 제기되었다. 교단 총회의 결산보고에서 비치코프는 우리는 복음성가의 순수성을 보존하는 일, 곧 형제회 내 국가적 전통이 고려된 합창과 회중 찬송이 사려 깊고 정선된 교회 음악 지도자로부터 나올 것을 기대한다.[579]

총회에서 향후 음악 사역의 발전을 위한 제안이 작곡가 겸 리비우 교회 지휘자인 보에보다에 의해 발표되었다. 총회는 다음과 같은 결정을 채택했다. 본 교단 내 교회 사역자와 음악 및 노래 사역지도자를 양성하고 개선하는 부서를 조직한다. 부서는 1980년에 시작되었다. 부서 책임자는 교단 부총회장인 짓코프(M. Ya.), 교육담당 차장은 사브첸코, 서기는 코진코였다. 1982년부터 서기 업무는 플라토프가 담당했다.

1980년에 성서강좌가 사역자 양성부에 포함되었다. 사역자 양성 관련된, 중요 문제를 다루기 위해 교육위원회가 설립되었다. 위원회에는 교단 상임 위원들과 대표적인 설교자가 포함되었다. 발트 연안의 신학자 탸륵, 체칼로프, 비주, 테르비스 등이 사역자 양성에 큰 도움을 주었다.

20년 동안 계속된 강좌 운영으로 안정의 길로 들어섰다. 강좌는 크게 확장되었고, 통신 교육의 구조와 시스템, 훈련 방법이 개발되었으며, 강의 구성이 다음과 같이 완료되었다. 기독교 윤리(체칼로프), 비교 신학(사브첸코), 음악 사역의 기초(글린스카야), 소련 복음주의 기독교침례회 역사(사빈스키, 딕, 사브첸코).

---

579. *Bratskiy vestnik*, 1980, No 1~2, s.18 [형제들 소식, 1980년, 1~2호, p.18]

현재 성서강좌는 2개의 과정이 있는데 목회자를 위한 3년 과정과 지휘자를 위한 2년 과정이다. 수강생은 지역 교회와 선임목회자의 추천으로 교육을 받게 된다. 목회자 과정의 입학 자격은 40세, 지휘자는 35세이고, 교육 수준은 중등교육 이상이다.

성서강좌에는 러시아인, 우크라이나인, 벨로루시인, 몰도바인, 가가우즈인, 에스토니아인, 라트비아인, 리투아니아인, 독일인, 그루지야인, 아르메니아인 및 다른 국적의 신자들이 공부했다. 교육은 러시아어로 진행되었다. 학생 모집과 졸업은 매년 이루어졌다. 3개의 목회자 과정에 30~35명의 수강생이 있었고 2개의 지휘자 과정에는 15명의 수강생이 있었다. 학생들은 통신교육에 따른 전체 강의와 방법을 모두 받는다. 학생들은 시험 기간에 모이는데, 목회자 과정은 1년에 2회, 지휘자 과정은 1년에 4회였다. 시험 기간은 대개 일주일 정도 지속하였다.

목회자 과정의 교과목은 조직신학(미츠케비치), 성서신학(굴리코프), 설교학(사브첸코),해석학(테르비스), 기독교일반사(페트릭), 목회학(짓코프), 윤리학(체칼로프), 비교신학(사브첸코), 복음주의 기독교침례회 역사[580](사빈스키), 음악 사역의 기초(오를로프, 글린스카야), 소련의 헌법과 역사에 관한 강의 등이었다. 찬양대장 과정의 과목은 다음과 같다. 종교 음악사(하를로프), 지휘자 사역 규정(볼찬스키), 교회 찬양대(시미고르, 교회 오케스트라(볼찬스키), 교회악보분석 (로조바야), 찬양대 시창법(곤차렌코), 찬양대 연습(곤차렌코), 교회지휘 (글린스 카야, 시미고르, 로쿠타), 교회 노래(오를로프), 찬양대 악보읽기(지둘로프) 등이다. 특별 과목은 조직신학(미츠케비치)과 설교학(사브첸코)이다.

그런데 목회자 및 찬양대장 과정의 일은 교육 활동뿐만 아니라 교보재 개발, 합창과 회중 찬양집, 시, 오케스트라 악보 작업, 형제들 소식지에 게재할 자료 등을 준비하는 것까지 포함되었다. 과제는 형제회의 주요 지휘자, 작곡가, 시인을 포함하는 음악 시문학위원회에서 수행했다. 지난 5년 동안 여러 권의 찬양집이 편찬되고 출판되었다. 1980년 악보 찬양집 2호에는 합창, 독창, 이중창 연주용 찬송곡이 94곡 실렸다. 1984년 580곡의 찬송곡이 포함된 회중 찬송가 복음성가집이 출판되었다.

---

580. 1986~1987년에 복음주의 기독교침례회 역사는 수기원고에 기초한 선택 강의가 이루어졌고, 학생들은 1987년 가을에 그것을 공부하기 시작했다.

성가집은 영적, 시적, 음악적으로 연결된 1세기 이상 형제회 교회에서 창의적인 방법으로 사역에 반영된 것이었다. 1987년에 새로운 합창찬송곡과 교회의 고전 작품이 포함된 악보 찬양집 3호 작업이 완료되었다.

시문학위원회는 시적 작품이 300편 이상 포함된 영적 시집을 출판할 준비를 했다. 이 모든 작업은 교회 문화에 중요한 이바지했다. 성서강좌가 유지되는 동안, 15회의 목회자 과정과 9회의 지휘자 과정이 진행되었다. 등록자는 8백 명이 넘었다. 최근 독립교회에서 50여 명의 수강생이 등록했다. 성서강좌 교육 외에 지휘자, 시인, 기타 교회 사역자를 위한 연합회 및 지역 세미나가 열렸다.

과정을 마친 성서강좌 졸업생은 사역에 투입되지 못하고, 그들은 선임목회자와 지역 교회 목회자의 재량에 따라 일한다. 현재 성서 과정 졸업생의 대부분은 선임목회자, 목회자, 지휘자, 집사, 설교자 및 국내의 다양한 분야에서 사역하고 있다. 일부는 멀리 떨어져 있는 교회를 사역 장소로 선택했다. 강좌 졸업생은 복음주의기독교침례회, 메노파, 기독교신앙복음주의 등 여러 분파의 소속이다. 강좌 사업을 시작할 때 카레프는 성서 과정의 학생들이, 가치 있는 영적 지식을 얻을 뿐 아니라, 결과적으로 교회 사역에 지식을 제공하기 바란다.[581]고 말했다. 교단 사무총장 비치코프는 강좌 졸업생 활용에 대해 말하면서, 형제회 교회가 늘어나고 있고, 많은 졸업생이 사역으로 나아갔다고 언급했다. 그것은 형제회의 연합을 강화하고, 목회자와 교인의 양육, 현장에서 전도 활동을 개선하는 데 큰 도움이 되었다. 1988년에 학생 수가 150명으로 증가했다. 교사의 구성은, 부코프(동독) 신학대학원을 졸업한 코진코, 세르기엔코 등 다른 형제들이었다. 그런데 국내에서 강사 양성 문제가 떠올랐다.

국내의 영적 활동이 확대되고 해외 종교인 및 단체와의 접촉은 신학교 프로그램을 통해 신학 지식을 심화시키고 신학을 공부하는 과제로 주어졌다. 상설 신학대학원이 실제로 있는 경우, 사역자 양성과 관련된 문제를 원만하게 해결할 수 있다. 현재 연맹의 지도부는 신학교 개교를 위해 많은 노력을 기울이고 있다.

---

581. *Bratskiy vestnik,* 1970, No 2, s.33 [형제들 소식, 1970년, 2호, p.33]

복음주의 기독교침례회 교회의 찬양

찬양대 사역의 회복 전쟁이 끝난 후 신자들은 지역 교회에서 찬양대 사역을 회복하기 시작했다. 동시에 그들은 큰 어려움을 겪었는데, 지휘자가 부족했고, 악보 찬양집이 충분하지 않았다. 기본적으로 찬양대는 지휘자 도움 없이 전임 찬양대원들에 의해 복구되었다. 심페로폴, 세바스토폴, 마이코프, 두샨베, 크라스노야르스크, 하바롭스크에 있는 교회들도 그런 방식이었다. 전쟁이 끝난 일부 지휘자들 미시킨, 니콜라예프, 프룬제 출신 로스니코프 등이 찬양대와 함께 일하기 시작했다. 루시노프는 볼고그라드에서 찬양대를 성장시켰고, 카나투시는 바브루이스크에서 찬양대와 함께 사역했고, 트로신은 브랸스크에서 사역했다. 빈니차, 체르카시, 자카르파탸 찬양대는 지휘자가 없었다. 케르치, 페오도시야, 옙파토리야, 민스크주 바리사우와 몰로데치노, 나홋카, 키르기스스탄, 비로비잔의 교회들은 예배 시간에 찬양대 없이 찬양했다.

상대적으로 짧은 시간에 많은 찬양대가 돈바스, 드니프로페트로우스크, 멜리토폴, 자포리자, 로브노, 루츠크 , 사란스크, 알마아타, 프룬제, 프르제발스크 교회들에서 다시 만들어졌다. 1951년까지 키예프 시내 포돌에 있는 교회에서 3교회의 신자가 모였다. 오신스키는 여기서 100명이 넘는 찬양대원으로 구성된 찬양대를 만들었다. 찬송곡은 주로 옛 복음성가를 사용했다. 우크라이나에서는 비츠콥스키의 찬양집이 보급되었고, 러시아 연방에서는 프로하노프가 출판한 찬양집이 있었고, 시베리아의 찬양대원은 30년대에 수기로 편집한 찬양집으로 찬양했다.

우크라이나의 키로보그라드에서, 전쟁이 끝난 이후 바시스티는 음악과 찬양 분야에서 보람되게 사역했다. 형제는 키로보그라드, 오데사와 다른 지역의 젊은 지휘자와 작곡가들을 위한 모범이 되었다. 바시스트는 나중에 우크라이나 교회 찬양대의 연주목록으로 포함된 찬양대와 독창자를 위한 크고 작은 작품을 많이 창작했다. 키로보흐라드 교회와 여러 다른 교회의 찬양대가 연주한 복음주의 기독교침례회 형제회 100주년 기념으로 창작된 칸타타 또한 그의 작품이다.

벨로우소프는 찬양대와 함께 트빌리시에서 계속 사역했다. 형제의 하나님 사역에 관한 진정성과 영적이며 개인적인 특성은 찬양대원과 교회의 사랑을 얻게 되었다. 그의 작곡가적인 재능과 포괄적인 지식은, 자체적인 특성을 가진 찬양대 활동의 발전에 이바지했다. 사실 과거 트빌리시 교회는 주로 회심한 우유파로 구성되었다. 따라서 찬양대 지휘자는 세워진 전통을 고려하여, 찬양대 앞에서, 지휘하지 않았다. 벨로우소프는 찬양을 이끌면서 풍금을 함께 사용했다. 형제는 형제회 교회에서 연주된 300곡 이상의 합창곡을 작곡했다. 예를 들어 시편 120편의 '내가 산을 향하여 눈을 들리라', '내가 깊은 곳에서 부르짖었나이다'(129편)를 음악으로 표현했다. 독창과 이중창 찬송곡으로 매우 유명한 곡은 '슬픔과 불안 가운데', '조용히', '밤이 땅을 감쌌다'이다. 수년 동안 벨로우소프는 트빌리시 교회에서 설교했다. 민스크 교회는 문자 그대로 폐허에서 나타났다. 신자들 사이에서 영적 상승은 위대했다. 그 당시 찬양대는 자신들뿐만 아니라, 다른 교회의 찬양대를 위해 악보를 손으로 다시 썼다. 조직 시기에 찬양대원 가운데 라페츠키가 추천되었다. 1948년 찬양대 지도는 음악 대학생 옙투호비치가 했다. 형제는 찬양자와 기도자가 일치하는 분위기를 만드는 복음성가의 중요성을 잘 알고 있었다. 1966년에 두 번째 찬양대가 교회에서 만들어졌고 후에 오케스트라가 나타났다.

빌니우스의 한 교회에서는 침례교인, 복음주의 기독교인, 오순절교인이 포함되었다. 그레트첸코 자매가 찬양대를 지도했다. 일부 목회자들은 여러 찬양대를 복원하는 일에 협조했다. 가브릴로프는 비쳅스크, 마힐료우, 오르샤 교회에서 찬양대를 조직하고 지휘자를 양성하고, 이 교회들에서 사역을 계속했다.

체르카시 교회에서는 찬양대원들의 노력으로 찬양대가 복원되었고, 1948년까지 그들은 지휘자 없이 찬양했다. 그 후 지도부 형제들은 찬양에 풍금을 사용할 수 있도록 굿진스카야를 초청했다. 자매는 초보 지휘자를 도왔다. 50년대에는 재능있는 스키르드가 찬양대를 이끌기 시작했다. 그가 봉사하는 동안 찬양대는 새로운 대원이 보충되었다. 그가 떠난 후 골로프코가 찬양대를 운영했다.

시간이 지남에 따라 다양한 구성의 오케스트라가 여러 교회에 나타났다. 찬양대 활동이 이루어지는 시기에 지도부 형제들이 음악찬양 사역에 관한 관심을 가졌다. 교단 총회장 짓코프(Ya.I.)는 교회의 찬양에 대해 다음과 같이 썼다. 교회의 찬송가는 대개 회중찬송과 합창으로 찬양한다. 영감 받은 영적 시인들이 작사하고, 복음성가에 포함된, 러시아 찬송가를 가지고 찬양한다. 찬송가는 하나님의 말씀에 맞고 형제들에 의해 검증되었다. 그런데, 불행히도, 가끔 신자들 사이에 하나님의 말씀과 교리에 위배 되는 내용을 가진, 알려지지 않은 저자들로 구성된 찬송가를 사용된다. 그 찬송가는 이롭지 못하고 해롭게 할 뿐이므로, 교회에서 사용을 허용해서는 안 된다. 유사한 찬송가는 모스크바로 보내 형제회의 검증을 받아야 한다.

교회연합회의 음악

사역 찬양은 신자들이 기도의 마음 졸임과 주님을 높이는데 항상 하나로 묶는다. 교회의 찬양 사역은 신자들이 한목소리로 주님께 찬양하려는 노력에서 이루어진다. 그러므로 많은 찬송가는 그리스도 안에서 연합하도록 호소한다.

통합되기 전까지 기독교신앙복음주의 교회는 초대교회 정신으로 예배에서 회중 찬송을 사용했다. 통합 후 많은 교회는 복음주의 기독교침례회의 전통적인 합창곡을 받아들였고 현재는 형제회 소유의 악보 있는 자료가 사용되고 있다.

알려진 대로, 1947년에 우리 연맹에 가입한 자카르파탸의 자유로운 기독교들은, 자신의 전통을 가지고 있었다. 교회에서는 힘찬 시편 찬양 합창이 지배적이었는데, 자연스럽게 두세 가지 목소리로 나누어졌다. 그 곡들은 어린 시절부터 불러서, 신자들이 잘 알고 있었다. 러시아~ 우크라이나와 메노파 형제 회는 찬양으로 계속 협력했다. 협력 과정에서 러시아~독일 찬양대와 합주단이 중앙아시아와 시베리아 교회에 창설되었다. 에스토니아와 라트비아에서는 교회 노래가 항상 중요한 자리를 차지했습니다. 장래의 목사들이 신학대학원에서 찬양 사역의 기초를 배웠다. 일부 목사들은 나중에 목회 사역에 찬양대 찬양을 함께했다. 대부분 지휘자는 음악 교육을 받았다. 발트해 찬양대의 연주목록은, 복음주의~침례회의 전통 찬양과 세계의 유명한 고전 합창곡을 포함하여, 다양한 장음계 음악 작품으로 구성되었다. 현재 에스토니아와 라트비아의 큰 교회는, 특별한 준비과정을 가진, 지휘자가 지도하는 훌륭한 합창단과 오케스트라가 있다. 공연자와 찬양대 지도자 훈련에 많은 관심을 기울인다. 벨라루스, 몰도바, 조지아 교회들의 찬양과 오케스트라 사역이 열정적으로 이루어져, 의미 있는 성과를 거둔 것이 특징적이다.

아르메니아 교회 찬양은 매우 오래된 전통을 지니고 있어서, 교회의 회중이 이용하기 위해서는, 찬양대원에게 더 높은 음악적 실력이 필요했다. 독일인 교회의 찬양은 메노파 전통에 기초했다. 교회마다 2~3개의 합창단과 오케스트라가 있었고, 자신들의 능력을 향상시켰다. 독일인 찬양대는 오래된 디지털 체계를 악보로 바꾸었다. 1973년, 1980년, 1984년, 1988년에 여러 종류의 악보찬양집이 출판된 관계로 새로운 자극을 받아, 교회회중 찬양을 완성시키는 과정이 계속되고 있다. 1984년의 찬양집은 주로 회중 찬양 목적이었고 거의 100년 동안의 형제회 작곡가들이 창작한 역사가 충실히 반영되었다. 수년간 악보가 없어서 유명한 찬송가의 멜로디가 단순화되었기 때문에, 원곡을 복원하기 위해 세심한 작업이 계속되었다. 청음에 따른 찬양은 아름다운 선율과 뉘앙스가 점차 단순화되었다. 찬송가의 복원은 모든 교회에 의해 수행되어야 한다.

현대 작곡가의 창의력

60~70년대 형제회 교회에는 이미 훌륭한 합창단과 헌신적인 지휘자가 있었다. 그런데 여전히 악보 있는 자료, 특히 새로운 찬송 가의 부족이 있었다. 당시 나타난 새로운 음악 작품은 지휘자들 사이에서 빠르게 퍼져 나갔다.

재능있는 작곡가 아르테미 표도로비치 카지미르스키(1905~1974년)는 우크라이나 서부의 교회에서 작품 활동을 했다. 그에 관해서 특별히 말할 필요가 있다. 카지미르스키는 리우네 지역에서 태어났다. 그는 어렸을 때 정교회 학교에서 4학년을 마쳤다. 그는 믿음을 가졌고 침례를 받았는데, 정교회 선교사 기틀린은 그의 음악적 재능을 보고, 그를 바르샤바로 보내 2년 동안 음악원의 작곡가와 교수에게 수업을 받도록 후원했다. 고국으로 돌아온 후 카지미르스키는 서부 지역의 다양한 복음주의 연합회 사역자들을 위해 지휘자 강좌를 진행하기 시작했다. 그는 교사로서 엄격하고, 까다롭고 시간을 잘 지키는 사람이었다. 그는 항상 주님의 이름을 온전히 찬양하려는 불타는 열망으로 움직였다. 카지미르스키가 창작한 95개의 작품이 있는데, 그중에 유명한 '축복하노라', '세상이 완전히 고개를 숙인 날', '저녁에 나는 목소리가 들린다' 및 다른 작품들이 있다.

형제회의 다른 재능 있고 성실한 작곡가는 세르게이 안드레예비치 바축(1910~1983)이다. 바축은 카지미르스키가 운영하는 강좌를 수료한 후 시창법, 음악 이론 및 지휘를 공부했다. 바축의 음악적 화성법은 시골 교사 코로트코의 지도로 배웠다. 그의 도움으로 바축은 오랫동안 마음에 속에서 읊조렸던, 첫 번째 곡 '나의 친구, 나의 형제'를 썼다. 공부를 마친 후, 형제는 그의 가장 훌륭한 작품인 '하나님, 저의 마음은 준비되어 있어요'라는 작은 칸타타를 창작했다. 바축은 드네프로제르진스크 교회에서 이미 지휘자로 일하면서, 작곡과 화성학을 통신과정으로 계속 연구했다. 형제가 남긴 작품은 400곡 이상의 찬송곡, 칸타타, 합창 연주회 등이다. 부활절의 기쁨과 부활하신 구세주를 찬양하는 칸타타 '모든 민족이여 기뻐하라'와 '위대하신 하나님께 영광'이 공연되었다. 이 작품들은 30년 이상 우크라이나 찬양대의 연주목록에 포함되었다.

신자들이 특별히 좋아했던 바축의 합창 찬양곡은 '하나님의 말씀을 들으라', '세상의 창조주', '위대하신 하나님 찬양받으소서', '즐거운 일요일' 등이다. 바축의 찬송가 대부분은 [믿음, 소망, 사랑] 찬양집에 포함되었다.

50년대에 찬양대 연주목록은 지휘자 겸 작곡가 니콜라이 이바노비치 비소츠키(1898~1988)의 뛰어난 작품으로 풍성해졌다. 비소치키는 젊었을 때 화성법, 대위법, 음악적 형식을 독학으로 연구했다. 형제는 1918년에 믿음을 가졌고 페트로그라드 아베르부르 목회자의 복음의 집 교회에서 설교자, 지휘자, 바이올린 연주자로 좋은 영향을 끼쳤다. 1921년 비소츠키는 페트로그라드의 교회 사역을 제안받았고, 그는 지휘자 카자코프와 케세를 도왔다. 1954년부터 그는 모스크바 교회의 지휘자로 봉사했다. 비소치키는 1954년에 짓코프(Y.I.) 사역 50주년을 기념하여, '저는 주님을 바라봅니다'라는 찬송곡을 지었다. '주님, 당신의 은혜' 콘서트 역시 그의 작품이다. 지휘자 겸 재능 있는 작곡가 드미트리 이그나티에비치 보에보다가 리비우 교회에서 수년간 약 60편의 작품을 창작 하면서 활동했다. 그의 작품은 멜로디와 음악과 텍스트의 조화로 구분된다. 보에보다는 전통적인 우크라이나 찬양 작품을 이어가면서, '슬픔이 가득한 밤', '얼마나 바라던 당신의 처소인가', '하나님, 당신은 저의 하나님이십니다', '주님 앞에서 죄를 범했습니다', '강하신 하나님', '사람들을 향한 하나님의 사랑', '주님을 축복합니다.' 이 곡들은 형제회의 많은 교회 찬양대에서 찬양되었다. 주님의 기도는 보통 우크라이나어로 남성 찬양대가 찬양했다.

작곡가 베냐민 마르코비치 크레이만은 대담한 화성법의 창작과 새로운 멜로디로 찬양대의 연주목록을 풍부하게 했다. 그의 서사시 '하나님, 찬송가 당신이 정말 모른다고?', '시편 90편', '섬들아 내 앞에서 조용하라', '당신의 지상의 길에서' 등 다른 주요 작품들이 청중에 의해 사랑받았고 찬양되었다. 크레이만의 음악은 고양된 감정과 긴장감을 북돋운다.

형제회에 널리 알려진 이반 미하일로비치 스키르다의 찬송은 '재앙이 심각할 때', '위대하고 전능하신 그리스도께서 쓴 눈물 흘리셨다', '소리, 소리', '승전가', '더 넓게 이고', '하나님, 당신은 저의 하나님이십니다'는 합창과 독창 및 오르간용 칸타타이다. 바실리 이오시포비치 알페로프의 합창찬송곡은 '그리스도, 혼자만 고통을 받으셨다', '파수꾼이여 밤이 어떻게 되었느냐', '오, 내 아들은 어디에', '불을 태우라'이다.

수십 년 동안 모스크바 교회는 찬양대 발달의 중심지였다. 1945년 교회 찬양대는 콘코바 자매가 지도했다. 1947년에 모르도비아로 바뀌었다. 찬양대는 3년 동안 비소츠키의 지도하에 찬양했다. 그가 셰바의 오라토리오 '주 예수 그리스도의 죽음'과 부활 공연을, 오르간 반주에 맞춰 노래하려고 준비했음은 주목할 필요가 있다. 오르간은 흘름이 연주했다.

1955년에 음악전문학교 학생 레오니드 페도로비치 트카첸코가 모스크바 교회 찬양대를 이끌기 시작했다. 그의 아버지는 전쟁 전까지 오데사 합창단을 지도했고, 키예프 합창단을 거쳐, 모스크바 교회에서 일했다. 트카첸코가 합창단과 함께 일하는 것은 악보 자료를 찾기 위해 모스크바 교회를 방문한 많은 지휘자에게 모본이 되었고, 여러 장소에서 합창단의 복원에 관한 형제들의 지원을 받았다. 지휘자를 찾아오는 방문객들에게 모스크바 찬양대 대원들이 도움을 제공했다. 형제와 자매들은 악보를 필사했다. 숙련된 찬양대원들은 교회에서 찬양 사역을 알게 되었고 좋은 충고로 지휘자들을 지원했다.

트카첸코는 작곡가로도 유명하다. 그의 작품은 다음과 같다. '우리의 전능하신 하나님', '시편 62편~하나님, 당신은 나의 하나님', '겟세마네의 밤~나에게 오시오', '십자가의 희생', '마지막 인생길', '숲으로 갈까? 들판으로 갈까?', '땅은 들으라~그리스도께서 부활하셨다!' 등이다.

트카첸코는 형제회 100주년을 맞이하여 짓코프(L.L.), 카자코프, 바시스티, 벨라우소프, 스키드라를 기념하며 오라토리오의 텍스트와 음악을 창작했다. 오라토리오는 기념행사에서 공연되었다.

1973년에 트카첸코는 찬양대를 위한 악보가 실린 복음 성가집 1권의 출판을 준비했다. 성가집은 136곡의 찬송곡이 포함되었고, 젊은 작곡가들이 새로운 음악 작품을 접하게 되어 합창 활동의 새로운 단계가 열렸다.

곤차렌코 지도아래, 1980년에 발간된 합창용 성가집 2권에는 현대 작곡가 벨라우소프, 바축, 스키드라, 곤차렌코(Y.S.), 보에보다, 크레이만, 파블로프 및 트카첸코의 작품들이 처음으로 공개되었다.

1965년에 모스크바 교회에서 또 하나의 찬양대가 조직되었고, 나중에 제2찬양대로 불렸다. 오랜 세월 동안 크로시킨이 지도자였다. 1973년에 그네신 음악교육대학을 졸업한, 예브게니 세메노비치 곤차렌코는 모스크바 찬양대에서 일하도록 초청받았다. 그는 아직 학생이었을 때 정기적인 성악~합창 수업을 인도했고 찬양대에 만들어진 앙상블과 합창 소리를 연결하고 숙달시키는 훈련을 했다. 찬양대와 함께 한 훈련은 성과를 얻었고 많은 지휘자가 찬양대원의 성악 숙달에 세심한 주의를 기울이도록 자극했다. 곤차렌코의 찬양 작품 가운데 유명한 것은 다음과 같다. '그리스도의 편지,' '꺼지지 않는 불', 합창곡 '하늘의 사랑', '당신의 선생을 기억하라', 칸타타 '하나님과 당신', '생명과 평화', '부활절 칸타타' 등이다. 이 가운데 심포니 오케스트라용 작품도 있다. 교회 안의 재능 있는 작곡가는 로조바야, 줄라이, 플로트니코프, 밀레예프 등이다. 형제회 작곡가들은 성서의 텍스트인 시편, 복음서(주의 기도 등)와 일반 시를 음악으로 개작한다.

오케스트라

1960년대와 1970년대의 음악과 노래의 발달은 보컬~악기 그룹의 교회와 다양한 작곡의 오케스트라가 나타나는 계기가 되었다. 안타깝게도, 전쟁 전 교회에서 진행된 오케스트라의 전통은 없어졌다. 일반적으로 새로운 오케스트라는 관리 없이 만들어졌고, 경험있는 연주자와 유능한 지도자가 없어서, 연주자들은 유행하는 그룹을 모방하려 노력했다. 교회 목회자들도 오케스트라를 올바른 방향으로 인도할 수 없었다. 새로운 음악 그룹을 위한 적절한 노래도 나왔으나, 대부분은 모방적이고 영적인 내용이 적었다.

성악~악기 그룹의 사역은 교회 형제회의 폭넓은 토론을 불러일으켰다. 비소치키와 하를로프는 영적인 음악 공연 목적으로 오케스트라 재정비를 위해 교회에 보내졌다. 연맹과 지역별 교회 지도자들은 찬양대와 오케스트라 봉사에 많은 관심을 가졌다.

젊은 신자들이 포함된 새로운 오케스트라가 만들어졌다. 예를 들어, 만돌린, 기타, 어코디언으로 구성된 키시나우 오케스트라는 70명이 넘는 연주자들이 연주하고 있었다. 체르니우치 교회는 작은 교향악단을 만들 수 있었다. 시간이 지남에 따라 많은 오케스트라는 영적인 사역 수준에 도달했다. 이 과정에서 긍정적인 역할은 예배에서 찬양대와 오케스트라가 연합으로 공연하게 된 것이었다.

오케스트라 사역에 관한 추가적인 질문은 통신성서강좌에서 결정되었다. 볼찬스키는 오케스트라 사역을 체계화하는 작업에 참여했다. 그는 성서강좌용 오케스트라 학습안내서를 만들었다. 다양한 오케스트라 구성을 위한 기악 편성법이 개발되었다.

오케스트라 음향의 활용 사례는 카직이 지도하는 탈린에 있는 올레비스테 교회의 실내악단과 실내 협연, 곤차렌코가 지도하는 모스크바 교회의 작은 교향악단, 로마넨코가 활동하는 브랸스크 교회의 민속 악기 오케스트라 등이다.

형제회 기독교 시문학

성서 시대에는 음악과 시적 단어가 하나님과 사람의 교제, 하나님의 영화로운 영광과 다시 오실 구세주에 관한 선포에 유용했다. 선지자들은 그리스도께서 세상에 나타나기 오래전까지 사람들이 하나님과 회개하고 화해하도록 열심히 초청했다. 그것에 관한 확실한 증거의 책은 욥기, 시편, 아가, 이사야, 예레미야, 에스겔, 호세아, 요엘, 아모스 등인데 전체 또는 일부가 시로 기록되었다. 그러나 이 시들은 고대 또는 서유럽 시문학과 유사점이 적다. 그 시들은 거의 시작법을 따르지 않고, 거의 운율이 없다. 성서적 시의 기초는 의미론적 평행의 교체가 사용되었다.[582] 예를 들어, 이사야 2장 7절의 본문을 보면

그 땅에는 은금이 가득하고,
보화가 무한하며,
그 땅에는 마필이 가득하고,
병거가 무수하며

신약 시대의 기독교 시는 기본적으로 음악을 위한 필사 목적이었다. 초대 기독교인의 찬송가는 대부분 그리스어로 기록되었고 영적 상징과 고전적 시작법이 결합하여 표현되었다. 최초의 기독교 시인으로는 아우구스티누스, 밀라노의 암브로스, 일라리아(3~4세기), 시리아 에프렘 및 교황 그레고리오 1세(5~6세기) 등이 있다. 9세기 중반 성서의 사건이 기술된, 시적인 작품이 나타났다. 그런 종류의 가장 유명한 작품은 오트프리트 수도사가 쓴 [자유로운 복음]이다. 13세기에 언급된, 독일 성직자와 유사한 작품은 [성자 조지[, 그리스도와 사마리아인[, 토마스아퀴나스(1225~1274년)의 찬송시가 있다. 아시시의 프란치스코(1182 ~ 1226) 또한 주님을 찬양한 열정적인 시인이었다.

---

582. Svetlov E. *Heralds of God*, 1986. [스베틀로프 에. 천국의 소식, 1986년]

16세기의 개혁 운동은 기독교 교회시의 스타일을 크게 변화시켰다. 교회 역사상 처음으로 개신교 교회의 일반 사람들이, 예배에서 사용될 목적의 시를, 작시한 지은이가 되었다. 그들의 간단하고, 진실하고, 그리스도에 대해 접근할 수 있는 모든 시는 신자들의 마음을 빠르게 얻었다.

유명한 개신교 시인은 훌륭한 연설가, 학자, 인문학자인 존 밀턴(1608~1674년)이었다. 밀턴의 위대한 서사시 [실낙원[은 그리스도의 형상~죄와 죽음으로부터 구세주를 드러낸다.

10세기에서 17세기 루시 러시아에서 모든 서사시는 영적인 시였다. 서사시 작품의 주제는 루시 러시아의 기독교 수용에 관한 하나님의 풍성한 은혜를 찬양한 것이었다. 민족적이고 영적인 작품은 후에 칼리닌, 키르셰 다닐로프, 랴비닌, 시메온 폴로츠키에 의해 기록되었고 러시아 시문학 예술에서 하나님의 영광에 관한 주제가 미리 결정되었다. 러시아에서 영적 서적인 [사도와 시무일과[가 처음으로 출판된 것은 우연이 아니다. 사랑과 구원의 하나님을 찬양한 세계적으로 유명한 [오스트로 성서[(1581)의 서문은 시로 기록되었다.

18세기에 유명한 러시아 시인들이 별 무리처럼 나타났다. 그들의 작품은 새로운 능력과 함께 시는 하나님의 선물이며 하늘에 계신 분의 영광을 지향해야 한다고 확인했다. 칸테미르, 트레디아콥스키, 수마로코프, 로모노소프, 스코보로다, 데르자빈 등 시인들의 작품은 하나님의 말씀을 전파하고 다윗의 시편의 형태, 주님의 위대함과 영광을 찬양하는 시와 노래, 영적 애가와 기도 등을 포함했다. 그 가운데 유명한 자리는 [데르자빈의 하나님[이 차지했는데, 러시아 영적시의 뛰어난 모본으로 남았다.

19세기는 당연히 러시아 시문학의 황금기라고 불리는데, 위대한 러시아 시인들의 이름이 전 세계에 알려졌다.

고전적 유산에서 나온 많은 영적 시들이 기도회에서 사용된다. 그런 작품으로는 푸시킨의 [예언자[, 레르몬토프의 [기도[, 톨스토이, 니키틴, 나드손, 코즐로프 등의 많은 시가 있고, 음악으로도 표현되어 형제회 교회의 청중들에게 은혜를 끼쳤다.

시적인 표현에 관한 러시아 국민의 사랑은 영적인 시의 발전과 복음주의 신자들 사이에 호의적인 조건을 만들었다. 형제회 시인들이 표현한 창작의 주요 주제는 '주님과 구세주 예수 그리스도의 사랑'을 선포하는 것이었다. 70년 이후, 100주년 기념 예배에서 설교와 찬양 외에 기독교 시가 낭송되었다. 그것은 기독교 예배에서 새로운 것이었다. 그런데 그 새로운 시도는 축복으로 넘쳐났다. 설교와 찬양대의 노래와 함께 영적 시는 청중의 마음에 큰 영향을 미쳤다.

전통적인 시외에도, 신자들은 자작시를 예배에서 낭송했다. 단순하고 구세주에 관한 사랑이 스며든 작품들은 청중들의 마음에 생생한 반응을 일으켰고 많은 사람은 회심하도록 했다.

1881년부터 전도자 잡지의 지면에 형제회 시인들의 시가 실리기 시작했다. 1882년과 1883년에 파시코프와 미츠케비치(F.)의 편집하에 최초의 기독교 시집이 출판되었다. 시집에는 주로 루스(러시아) 시인들의 영적인 시와 독일 및 영국 작가들의 번역이 포함되었다.

1893년 시집 영적시가 출판되었다. 20세기 초부터 1928년까지 시집이 계속 발행되었고, 기독교 잡지에서도 시 작품이 출판되었다.

그 당시 많은 시인이 시를 발표했다. 사실, 일부 시는 작가의 이름 없이 게재되었다. 또한, 시를 창작하고 음악으로 만들었지만, 자신의 작품을 절대 인쇄하지 않은 형제회 사역자도 있었다. 다음은 여러 세대에 걸친 형제회의 시인들의 작품에 관한 설명이다.

선배 시인

이반 스테파노비치 프로하노프(1869~1935년)는 형제회 가운데 가장 재능 있고 뛰어난 시인 중 한 사람이다. 1893년 영적 시집에 실린 러시아와 외국의 뛰어난 영적시 가운데 22세의 프로하노프 작품 22개가 포함되었다.

형제회 가운데서 나온 젊은 시인은 창작 활동에 들어서면서, 자신을 뛰어난 시인이라고 말했다. 재능 있고 고학력의 섬세한 사람이었기에, 프로하노프는 신자는 영혼을 위한 시가 필요하며 그 시는 개인적으로 노래할 수 있어야 한다고 이해했다. 그는 모든 화려함, 복잡한 이미지, 시적인 과장을 거절하는 시를 지었다. 상징학파의 전성기에 프로하노프의 독특한 스타일은 러시아 시의 새로운 현상으로 나타났다. 매우 단순하게 구성된 문장, 외래어가 없고, 음악성을 특징으로 하는 프로하노프의 시는 신자와 비신자, 노인과 젊은이, 배운 사람이나 문맹자 할 것 없이 모두에게 친근하게 받아들였다. 프로하노프는 구원자 그리스도의 살아있고, 기쁘고, 모든 편견 없는 믿음을 확신했다. 그는 자신의 구원 확신으로, 다른 사람의 믿음을 격려하고, 고통당한 이에게 승리를 위한 힘의 근원을 알려주었다.

단순함 가운데 사랑의 이야기를 들으라
진실한 이야기를 들으라
하나님은 그리스도 안에서 우리를 영원히 용서하셨다
하나님은 우리를 죽음에서 구원하셨다!

시인은 영감 받은 복음의 기쁨을 밝히지 않은, 영적 주제가 없었던 것처럼 보였다. 그리스도 안에서 새롭고 즐거운 삶에 관한 부름이 그의 입에서 크게 소리 났다.

형제들아, 기뻐하자
실망과 두려움에서 떨어지라!
그리스도는 우리를 품에 안으셨다. 그 분의 손으로 지키신다.

기쁨의 기독교인은 슬프고 멸망하는 영혼을 위한 등대이기 때문에, 프로하노프는 그리스도 안에서 기쁨을 설교했다. 그의 마음은 하나님의 사랑 앞에서 경외의 기쁨으로 가득했다.

오 정말로, 위대하신 왕, 당신을 위해 저는 더 귀중했습니다.
당신의 영원한 아들, 당신의 영광스런 아들보다,
당신은 저를 위해 그를 잊으셨나요?

그는 복음주의 운동의 능력을 굳건히 믿었고 찬송가 복음주의 믿음을 위해에 그 믿음을 표현했다. 우리 중 누가 이 찬송가를 부르는 동안 정신의 영적 비상을 경험하지 못할까? 깊은 감동으로 우리는 찬송의 가사를 찬양한다.

오, 겸손한 왕인 구세주께서는, 사랑과 순결의 완벽한 형상!
당신은~구원자, 겸손의 왕,
나의 영원한 모본이다.

찬송가 '친구들', '빛과 진리와 선하심이 떠올랐다'[583]는 하나님의 추수지에서 기쁜 활동을 촉구한다. 통회하는 마음으로 우리는 시인들의 기도의 언어를 나누었다.

내 영혼의 기도와 숨소리를 들어주세요.
나는 나의 하나님, 당신을, 더 사랑하기 원합니다.
우리는 믿음과 기쁨으로 찬송가의 가사를 반복한다. 그런데 나는, 누구를 믿는지 알고 있다. 어떤 것도 그리스도와 나를 분리시킬 수 없다. 프로하노프의 영적 찬송가에는 그의 영혼이 보이고, 그의 사랑과 믿음, 갈망, 회개와 소망이 표현되었고, 그의 민감한 지혜, 부드러운 마음과 확고한 의지가 나타난다. 마음속의 단 하나의 노래, 기쁨으로 노래가 쏟아졌다.
항상, 살아있는 물결처럼 평화, 평화 ~ 하나님의 사랑의 선물이다!
프로하노프는 우주적 교회를 그리스도로 구속받은 모든 사람의 모임으로 찬양했다. 그리스도의 교회는 성전이 아니고, 황금 건물이 아니고, 선택된 친구들의 동아리가 아니다. 구속받은 사람들의 십자가 모임이다. 그는 또한 신자들에게 하나님의 말씀인 영적 검을 들고 악과 싸우라고 촉구했다.
우리의 칼은 반짝이는 것이 아니고, 사람이 망치로 만든 것이 아니다.
하나님이 우리에게 주신 진리의 뜨거운 불꽃으로 만들어진 것이다.
그는 영혼이 약해지지 않도록, 고난당한 그리스도를 계속 바라보도록 촉구했다.
나의 형제여, 갈보리로 올라가자!
거기서 하나님이 보내신 메시야가 십자가에 못 박혔다.

---

583. 한국 찬송가 어둔 밤 쉬 되리니의 멜로디이고 가사는 비슷하다. 역자 주

그의 시는 하나님의 말씀에 관한 지식과 사랑을 반영했고 성서 연구를 촉구했다. 당신의 말씀과 편지는 나에게 구원의 길을 열었다.

프로하노프는 복음 전파를 통해, 러시아 국민의 영적 부흥과 삶의 갱신을 믿었고, 그 그는 열망을 그의 시에서 표현했다.

국민들이 당신 앞에서 죄를 지었다는
슬픔을 알게 해 주시고. 그들에게 모든 선물, 구원의 선물을…
감사하는 노래를 주시오.

프로하노프는 복음주의 기독교회 안에서 찬양대와 시 낭송자의 발표 목록에 대해 지칠 줄 모르는 관심을 나타냈다. 그는 복음 성가집과 영적 시집을 편집하고 출판했다. 1902년에 그의 주도로 구슬리가 발간되었고, 그 후 [기독교 찬양], [팀파니], [심벌즈], [생명의 새벽], [다윗의 피리], [안나의 찬양], [초대 기독교인의 찬양] 등이 차례로 발간되었다. 시집에는 유명한 러시아 시인들의 시와 자신이 창작한 많은 시가 포함되었다. 복음성가집의 찬송가는 모든 형제회 교회에서 수년 동안 찬양했다. 1904년에 프로하노프는 심금 시집을 출판했고, 1910년에 새로운 하프 찬양집을 출간되었다. 신자들을 교화시키고 그리스도께 영혼을 이끄는 그의 시가 기독교인 잡지에 실려 인쇄되었다.

시인으로서 프로하노프의 활동은 30년 이상 계속되었다. 바쁜 가운데도 불구하고, 그는 계속해서 창작했다. 그의 시의 대부분은 형제회 찬송가의 내용이 되었다. 출판된 복음 성가집에서 1,037곡의 찬송가가 그의 작품이다. 복음주의 운동의 신자들이, 프로하노프의 노력 덕분에 찬양하고 있다는 복음주의 신앙 잡지에 실린 의견에 동의할 수 없는 것은 아니다.

프로하노프의 많은 작품은 지금도 예배 시간에 낭송되고 있다. '어부, 회개, 백성의 인도자, 믿음에서 믿음으로, 기독교인, 평화로운 삶에서 복된 자, 씨 뿌리는 자, 탕자' 등이 대표적이다. 프로하노프는 '나의 믿음'이라는 시에서 영적이고 시적인 신조를 표현했는데 '나는 삼위일체 하나님을 믿는다'고 엄숙하게 선언했다. 그 시는 시적인 형태로 표현한 믿음의 상징이라고 할 수 있다.

프로하노프는 왕성한 창작의 시기에 시만 쓴 것이 아니라, 잡지 편집자로서, 시적인 재능을 지원하고 격려했다. 기독교인 잡지의 매호에 신참 작가를 포함한 여러 작가의 시 10편을 실었다.

프로하노프는 영어, 독일어, 프랑스어를 구사하여 외국 작가의 시 작품을 번역했다. 자신의 서정시처럼, 번역한 영적 노래도 깊은 내용과 풍부한 색채가 특징이다. 복음 성가집을 다시 읽으면서, 우리는 그가 얼마나 많은 찬송가를 쓰고 번역했는지 놀라지 않을 수 없다. 그런데 놀라움뿐만 아니라, 우리의 마음은 그리스도의 복음을 위해 모든 지식, 능력, 힘과 시간을 사용한 하나님의 사역자들로 인해 주님께 큰 감사를 드린다.

니콜라이 알렉산드로비치 카자코프(1899~1973년)는 형제회의 음악적, 시적 독창성을 대표하는 유명한 인물이다. 카자코프는 티플리스의 기독교 가정에서 태어났고 페트로그라드에서 고급의 기술교육을 받았다. 1921년부터 카자코프는 레닌그라드의 복음주의 기독교 연합회에서 일했고 프로하노프와 긴밀히 협력했다. 음악 분야에서 그는 훌륭한 가수, 지휘자, 작곡가로서 증명되었다. 카자코프는 다른 무엇보다도, 훌륭한 설교자였다.

니콜라이 알렉산드로비치 덕분에 형제회의 시는 새로운 장르인 시낭송으로 풍성해졌다. 시에 나타난, 성서적 주제는, 독창과 찬양대의 찬양과 함께하여, 회중들에게 커다란 가르침을 주었다. 카자코프는 '아브라함~믿음의 영웅', '시리아 장군~나아만', '탕자', '다윗', '삭개오' 등의 시낭송 작품을 지었다. 1920년대에 가장 인기 있었던 시낭송 작품은 '탕자'였는데, 저자는 하나님과 교제하지 않는, 영혼의 고통과 탕자에 관한 하나님 아버지의 측량할 수 없는 사랑을 감동적으로 나타냈다.

나의 괴로운 선택은 슬프다.
나는 이제 파멸의 수렁에서 집으로
더 이상 돌아갈 수 없다!

내 아들아, 내 아들아! 너는 집에 다시 왔다.
네가 태어났을 때 피를 기억하라! 내 아들아! 나는 너를 다시 보았다.
여기서 너는, 나와 함께하는, 사랑받는 자이다!

카자코프는 기독교인 잡지에 '복된 말씀', '나는 먹구름과 폭풍이 없는 새로운 하늘', '율법', '주'위를 둘러보라', '더 높은 힘으로 덮인' 등 적지 않은 시를 발표했다.
그의 작품의 독특함은 생각의 명료함, 기독교 내용, 참신함이다.

구주께서 고통 받고 계신, 갈보리에서
율법은 믿을만한 인도자이다. 그리스도의 고통과 상처에서
그는 자신의 성취를 발견했다.
그런데 나는 십자가에서
그 지배로부터 구원을 얻었다.

또한, 카자코프는 번역 작업과 복음성가 가사를 작시하는데, 유익한 많은 노력을 했다. 복음 성가집과 기독교 잡지에 카자코프가 창작한 65편의 음악작품이 실렸다. 바실리 프로코피에비치 스테파노프(1874~1938년)는 놀랄만한 풍부한 재능을 가졌다. 그는 오랫동안 목회자로 사역했고, 불타는 복음 전도자였고, 전도 목적으로 국내 방문을 많이 했으며, 청년 친구 잡지의 편집인 겸 손님, 청년 친구, 침례교, 우크라이나 침례교 등 여러 기독교 잡지와 협력했다. 또한, 스테파노프는 훌륭한 가수이자 서정 시인이었다. 형제회 교회에 널리 알려진 그의 찬송가는 '하나님, 나의 지상 생활에서 고통을 보십니까?', '당신이 시험을 이기는 때', '오 사랑', '내가 어떻게 당신에 대해 모두 말할 수 있을까요?', '당신 앞에 일찍 일어나 기다립니다' 등이다. 바실리 프로코피에비치는 평생, 놀라운 기쁨과 힘겨운 고통으로 가득한 복음성가를 전했다. 고통의 시 '나는 피곤한 여행자'에서 그는 저 높은 세계와 천국에 관한 향수를 다음과 같이 표현했다.

저기는 비열한 중상을 하는 원수가 없고,
저기는 사랑을 거부한, 친구들이 없으며,
저기는, 내 영혼이 사랑했던 분
그리고 날 사랑하는 걸 멈추지 않는 분이 계신다.

파벨 야코블레비치 다츠코(1884~1941년)와 파벨 바실리예비치 이바노프~클리시니코프(1896~1943)와 같은 복음주의~침례교 형제회의 뛰어난 인물들이, 시문학 분야에서 그들의 능력을 보여주었다. 그들의 시는 우크라이나 침례교 잡지에 실렸다.

다츠코의 훌륭한 시의 일부 중에 '당신은 나의 구세주', '예수님은', '영혼의 구세주', '천사의 노래가 하늘에서 울린다' 등은 음악으로 연주되었다.

이바노프~클리시니코프의 영혼을 울리는 다음과 같은 작품이 있다.

나는 당신에게 회개의 노래를 하고,
나의 고통스런 노래를 부르며
주님, 당신 앞에서,
비탄과 고통의 눈물을 쏟겠습니다.

이바노프~클리시니코프는 자신의 삶을 전부 주님께 헌신했고 이웃을 위해 자신의 영혼을 내놓았다. 다음과 같은 그가 작사한 찬송가의 가사에 그 의미가 성취되었다.

오 하나님, 하나님, 이웃 사람을 생각할 수 있도록 힘을 주세요.

마리야 페트로브나 먀소예도바(1872~1962년)는 독일의 바덴바덴에서 태어났고, 파리에서 교육을 받았다. 먀소예도바는 구세군의 간증을 통해 회심했다. 회심 후 그녀는 자기 계층에서 영향을 끼쳤고 유럽의 여러 도시에서 복음을 전파했다. 1913

년에 먀소예도바는 페틀러와 알게 된, 페테르부르크에 왔다. 페틀러는 러시아 국민에게 복음을 전파하기 위해 러시아에 남도록 그녀에게 요청했다.

마리야 페트로바는 페테르부르크의 경건 서적 출판사 편집부에서 일을 시작했다. 그녀는 외국어로 된 자료를 번역하고, 시를 쓰고, 설교했다. 손님 잡지에 그녀의 시 '십광야의 다윗과 삼손', '예언자', '카르타고 순교자'가 실렸다. 먀소예도바의 작품은 신비한 빛으로 영혼을 비춘다.

주님, 당신 앞에서 내 생각이 불타고 있습니다.
당신 자신이 깨끗하고 밝은 불을 붙였습니다.
땅의, 모든 것은, 감히 그것에 닿지 못하고,
당신은 다시 하나님의 호흡으로 그것을 만지십니다.
나의 하나님 나의 왕이여, 당신은 불의 근원이요, 감동입니다.
당신의 빛 가운데서 나는 영원히 반짝이는 빛을 봅니다;
당신의 빛에는 거룩한 환상이 있습니다.
그들의 영혼에 영원한 흔적을 남겨 두십시오.

시인의 삶은 주님께 봉사하는 제단에 놓여졌다. 먀소예도바의 감동적인 시편의 언어 '오, 구원의 세계', '거룩한 사랑'은 가장 좋아하는 찬송가의 하나가 되었다. 기독교 낙관주의, 신실한 사람들을 기다리는 행복한 미래를 향한 소망은, 그녀의 시를 읽는 사람들을 마치 가벼운 날개로 빛나는 영적 정상으로 올라가게 한다. 오직 하늘에서만 우리가 이 땅에서 이해할 수 없는 모든 것의 의미가 열릴 것이다. 그런 의미를 나중에 시로 표현했다.

여기서 나의 이성이 혼란스러워 하는 모든 것,
나의 관심 많은 지혜가 뭔가 이해하지 못했고,
저기서 영원한 태양이 빛날 것이고,
저기서 나는 행복한 순간에 모두 이해할 것이다!

먀소예도바에게 고난의 혹독한 길이 일어났다. 지난 35년 동안 그녀는 크라스노야르스크 지역에서 추방 생활을 해야만 했다. 자매는 명예회복 후 그곳의 요양원에 머물렀다가 90년의 생애가 꺼지지 않는 빛의 나라가 있는 영원으로 옮겨졌다.

엘리자베타 이바노브나 쿠테이니코바~돈스카야는 먀소예도바와 페틀러와 협력했다. 그녀는 자신의 시를 손님 잡지에 게재했다. 그 가운데 많은 시가 음악으로 작품화되었고, '나의 친구여', '당신은 무엇을 심었나요?'도 포함되었다.

당신은 인생의 밭에 무엇을 심었나요?
사랑 혹은 악한 적대감인가요?
당신의 농작물은 자라고 익을 것이며,
당신은 영원히 보상을 받을 것이요.

이반 압크센비치 크메타-예피모피치(1901년 생)가 우크라이나의 영적 시작품으로 중요한 공헌을 했다. 크메타-예피모비치와 다츠코는 우크라이나 침례교 잡지의 편집자였다. 잡지사에는 크메타-예피모비치와 다른 우크라이나 시인들의 시를 정기적으로 게재하는 부서가 있었다. 그뿐만 아니라, 그는 초보 시인을 위한 시 구상에 관한 짧은 조언이라는 지침서를 만들었다. 1925년 이반 압키센비치는 하프 복음성가집을 우크라이나어로 출판했다. 그의 시 작품은 '사람의 아들', '탕자', '페르페투아Perpetua' 등이다. 1928년에 크메타-예피모비치는 북미로 이주했다. 그는 미국의 러시아·우크라이나 기독교복음주의~침례교 연합회에서 많은 일을 했다.

이반 얄로베츠(반델린)은 1920~1930년대에 지은 매우 사실적인 작품의 저자이다. 시인은 독특한 스타일과 억양을 가지고 있었다.

그의 시적 삽화는 우리를 예수 그리스도께서 지상에서 생활하신 곳으로 인도한다. 우리는 나사렛의 교사의 음성과 제자들의 발아래 바스락거리는 풀밭의 소리를 듣고, 동방의 아름다운 자연의 색상을 보고 시인의 모든 작품의 주인공~주 예수 그리스도와 만남을 경험하는 것처럼 느낄 것이다.

숲과 돌, 비, 절벽, 낭떠러지…
나의 길은 내 마음에 흡족하다.
나는 목표가 내게 가깝다는 것을 기뻐한다.
내 목표는 그리스도이다!

죽음에 관한 삶, 어둠에 관한 빛, 악에 관한 선함의 승리는 독특한 시인의 모든 작품에 스며들었다.

표도르 이바노비치 벨로우소프(1880~1932년)는 그리스도에 대해, 그의 고난과 밝은 부활에 대해 감동적인 시를 썼다. 사랑과 자비로운 하나님, 전능하신 분의 형상을 드러내면서, 그는 그리스도 안에서 회개와 새로운 삶으로 초청했다.

친구여, 당신의 재앙을 예수께 열라.
그는 사랑으로 안을 것이다. 영혼이 진정되고, 평화를 줄 것이다.
하늘의 상속자로 당신을 부를 것이다.

시 격려에서 시인은, 인생길에서 부담으로 지친 사람들을 자신의 어깨로 받쳐주듯이 그들을 위로했고, 믿음에 의해 형제자매의 슬픔과 고통을 마음에 품었다. 무엇보다도 벨로우소프의 작품에서 중요한 자리는 구세주의 십자가 행위로 연결된다. '나는 고난 당하신 예수를 찬양한다!' 여기에 그의 시적인 신념이 있다. 그러나 그는 그리스도에 대해서만 노래할 뿐만 아니라 그분만을 위해 살기를 원했다.

원하는 목표를 달성하자.
당신에게 모든 것을 보여주고,
사람들이 우리의 삶과, 말과, 일에서 우리를 볼 수 있도록
우리는 당신의 불로 타오른다!

시인 빅토르 안드레비치 나우멘코는 자신의 시에서 믿음을 촉구하고 죄에 관한

싸움을 촉구했다. 영적인 열정, 깨어 있음에 관한 뜨거운 소명은 그를 1920~1930년대의 기독교적 시의 웅변가로 만들었다. 그의 시는 경종처럼 들렸고, 끈기 있었고 초조했으며, 하나님께 돌아서도록 촉구했다. 깨어 있음에 관한 초청은 그리스도를 아는 사람들에게 주목되었다.

    출입구에 있는 신랑들아!
    밀려오는 잠을 이겨내고, 서둘러 일어서라. 찬양의 노래를 부르고,
    그 앞에서 등불을 들고 서라!

드지갈라는 슬픔과 짐진 영혼의 시인이라 할 수 있다. 그는 그의 시에서 그리스도인의 길에서 겪게 되는 많은 어려움에 대해 말하고, 경험한 주님의 축복을 간증하며, 위로와 격려를 한다. 작은 슬픔과 사랑으로 쓰인, 자연의 그림에서, 민감한 심장의 박동이 들린다.

    꽃들을 봐요~슬픈가요? 꾀꼬리가 봄의 정원에서 노래하지 않아요?
    보고, 격려해요~모두 자연에서 살고 있어요.
    창조주에게 영광을 돌리며, 찬미의 노래를 불러요.

스테판 바실리예비치 세바스티야노프(1901~1984년)의 작품은 기독교적 낙관주의로 구별된다. 세바스티야노프는 섬세한 서정 시인이자, 기쁨과 빛의 시인이었다. 수채화 그림 같은 자연, 하나님의 모든 창조물, 특히 그를 감동하게 한 것은 드넓은 들판과 봄의 향내, 개울의 물소리와 파릇한 봄의 새싹들이었다. 자연과 창조주와의 일치 속에서, 그는 떨리는 기쁨을 경험했다.

    행복한 순간의 환희, 영감, 나는 한량없는 기쁨으로 안겼다!
    내 가슴에 사랑과 생명이 불타고 있다.
    영혼은 노래하고, 감동으로 환호한다!

부활하신 그리스도를 찬양하는 것이 세바스티야노프 시의 중심 메시지이다.

> 그리스도는 부활하셨다! 그리스도는 부활하셨다!
> 시냇물은 졸졸졸, 새들은 짹짹…
> 들과 숲 ~ 모두 기뻐하라 번개는 더 밝게 번쩍거렸다.

시인은 노년기에 지나온 세월에 대해 창조주께 감사했다. 그의 마음은 오랫동안 기다렸던 그분과의 즐거운 만남을 갈구한다.

> 소망은 속이지 않고 생생하고 인도하는 별로 빛난다.
> 마음은 만남의 순간, 기쁜 모임을
> 갈증을 느끼며 떨림으로 기다리고 있다.
> 오, 구세주, 오세요, 오세요!
> 연약한 손들을 받으세요, 모든 이별의 괴로움을 잊을 수 있는
> 빛나는 아버지의 집으로 이끌어주세요,

세바스티야노프는 그의 작품에서 형제회의 연합을 촉구했다.

> 용서하면, 우리는 모든 미워함을 망각에 맡기고,
> 하나님 앞에서 뜨거운 기도로 엎드려서,
> 용서의 기쁨과 화해의 정신으로,
> 우리는 다시 거룩한 일치를 회복할 것이다!
> 사랑으로 마음을 열어 서로를 껴안자.
> 마음과 입에 따뜻한 소금을 치고, 가족은 하나가 아닌가.
> ~ 우리는 그리스도의 피로 구속된 한 자매이고 형제이다.

세바스티야노프는 스몰렌스크 지방의 페체르스크 마을에서 태어났다. 신앙을

가진 후 그는 설교하고 찬양대에서 찬양했던, 복음의 집 교회가 있는 레닌그라드에서 살았다. 1954년부터 스테판 바실리예비치는 리가에서 살았다. 세바스 티야노프는 1941~1945년 전쟁에 참여하고, 상처를 입었다.

세바스티야노프의 시는 [침례교]와 [우크라이나 침례교] 잡지, 후에 형제들 소식에 실렸다. 그의 시 가운데 일부는 음악으로 표현되었다. 발렌티나 알렉세예브나 오젭스카야(1896~1983년)는 키예프의 알렉세이 파블로비치 스테파노프 가족에서 태어났는데, 이 가정은 우크라이나 최초의 침례교인 가정 가운데 하나였다. 자매는 젊은 나이에 주님께 회심했다. 어렸을 때부터 시를 창작하여 14세에 시를 기록하기 시작했다.

오젭스카야는 오룔 지방의 보고로드스코에 마을에서 교사로 일했고, 후에는 오룔 시에서 일했다. 교육 활동뿐만 아니라, 그녀는 친자매 안토니나 알렉세예브나와 함께 주일학교, 유치원, 집 없는 아이들을 위한 기관을 조직했다.

1925~1928년에 오젭스카야는 남편과 다츠코와 크메트~예피모비치와 함께 우크라이나 침례교 출판사에서 일했다.

오젭스카야는 200편 이상의 시를 지었고, 그 가운데 약 30편이 음악으로 표현되었다. 복음 성가집에 그녀의 시 작품이 9편 포함되었다. 합창단의 연주목록에 다음과 같은 찬송가가 포함되었다. '회복된 밝은 축제', '그는 부활하셨다', '주일 아침' '그 바람의 광풍과 소음' '하늘아, 기뻐하라', 형제, 자매여 기뻐하고 환호하라', '영원의 문턱에 서라', '주님, 저의 소리를 들어 주세요', '연합의 찬가' 등이다.

오젭스카야의 시적 작품은 다양하고, 크기와 형태와 내용에 따라 구별된다. 그녀의 유작 가운데 '곡물', '니고데모', '탕자', '어머니의 눈물', '밀밭', '구름과 먹구름'과 같은 시가 있고, 매우 짧은 시도 있다. 그녀의 모든 시에는 생애의 사랑, 불멸의 믿음, 주님과 구주에 관한 감사로 묘사되어 있다.

죽음은 없다!
그리스도는 고통당하여, 십자가 죽음으로 죽음을 무너뜨렸다.
낙원에서 추방된 모든 사람들에게 스스로 생명을 주셨다.

예브게니야 알렉산드로브나 시오라(1901~1988년)는 폴타바의 기독교 가정에서 태어났다. 어린 시절부터 그녀는 시를 좋아했다. 15세에 그녀는 예수 그리스도의 십자가 고난에 관한 영적 비극인 세계적 영혼을 썼다. 예브게니야는 예배에서 그녀의 시를 알렸고, 그 결과로 어린이와 청소년 서클을 인도했다. 그녀의 유명한 시는 '순교자', '그리스도의 사역자', '경건', '십자가의 사랑', '당신은 행복에 대해 우느냐', '죽음의 꽃', '주님이 원하시는 것', '청년에게', '내 영혼', '하나님에 관한 빛의 노래' 등이다. 시오라의 일부 시는 [우크라이나 침례교]와 [침례교] 잡지에 실렸다. 시오라 자매는 민감하고, 섬세하고, 고귀한 영혼을 가졌고, 그녀의 시 하얀 백합에 그것이 잘 나타나 있다.

하얀 백합은, 섬세하고, 섬세하며,
눈처럼 하얗고 온유한 마음의 천사들이다.
그들은 많은 사람들에게 소심해 보인다….
아니다! 그들은 강하고, 부유하다.

복음주의 기독교침례회 역사의 지면에, 언급할 가치가 있는, 두 연합회 잡지에 많은 형제자매들의 시가 실렸다. 표도르 사닌의 시는 단순함과 진실함으로 특징되어 자주 기독교인 잡지와 부록에 게재되었다. 파벨 부르미스트로프의 시 '경이로운 게네사렛 호수'는 신자들의 애송 찬송이 되었다. 로푸힌은 부르미스트로프와 함께 [기쁜 소식[잡지에 실렸다. 유명 작가는 리하체프, 오프로바, 본다렌코, 추라코바, 클류조프, 치미할로프, 코발 코프, 랴센코, 네스베타이로프, 쇼스텐코, 시치카렌코, 코즈민 등이다. 1928~1929년에 복음주의 기독교침례회 잡지 출판의 중단과 관련하여 형제회에서 기독교 시문학의 발전을 추적하는 것은 더는 어렵다. 그다음 기간에 시인들의 창작 활동과 시의 질은 눈에 띄게 감소했다. 당시 가장 유명한 작품은 시베리나(1900~1973년), 추넨코(1902~1982년)와 지둘로바(1912~1981년)의 시였다. 전후 시기 예배에서 이전 시대 시인의 시가 자주 낭송되었다. 그런데 이상적이고 현대 신자들의 열망이 표현된, 새로운 시적 창작을 위한 긴급한 필요가 무르익었다.

현대 시인

리디야 리보브나 짓코바는 1925년에 신자 가정에서 태어났다. 자매는 하나님 말씀의 동사와 기독교 시인의 작품 속에서 자랐다. 작품은 시, 서사시, 큰 규모의 음악 작품의 가사 등 다양한 음악 장르로 구별된다. '십자가에서 7단어', '복음주의~침례교 운동의 새벽', '모스크바 교회 백주년을 맞아', '화평케 하는 사람은 복 있다'. 대부분 시는 복음찬송이 되었다. '땅은 들으라!', '주 나의 하나님', '당신은 나와 함께', '그리스도의 편지', '꺼지지 않는 불' 등이다. 짓코바의 작품은 신자들의 생활에서 일어나는 다양한 사건들을 반영한다. 시는 그리스도 안에서 승리의 삶이 주제가 되어 지배하기 때문에 경쾌하다.

주님, 당신을, 축복합니다.
이 땅에서 삶과 신앙을 위해…
영원한 진리로부터 어디로 가겠습니까?
내 마음에 타오르는 동사들? 그들은~ 생명, 영생의 기초요,
그 안에 기쁨, 고통, 노동이 있습니다.

조국에 관한 사랑의 주제와 평화 운동은 여류 시인과 가깝다.

주위의 모든 것이 처음이다.
해안과 건물, 관습, 연설, 네온 등…
그러나 나는 애수에서 벗어나는 법을 모른다.
나와 함께 고향에서 10일이 없다!
그녀의 슬픔에 대해서, 마치 나의 어머니에 관한 것처럼,
다시 고향의 마음을 꿈꾸며 엎드리고,
나는 또한 지금 잘 이해하고,
땅에 키스를 하고, 집으로 돌아온다.

평화를 만들고, 마음을 여는 자,
평온하고, 현명하고, 부드럽고, 끝까지 충실한 자들이 복 있다
그들은 사랑으로 살고 어둠 속에서 빛을 비춘다.
그리고 평화의 깃발을 지구 전체에 높이 단다.

스테판 코하네츠(1940년 출생). 작품의 특징은 영적 분석, 새로운 표현 형식에 관한 끊임없는 연구이다. 시에서 시인은 다양한 문체의 접근법을 사용한다.

나의 주님과 하나님은 생명이니, 모든 것의 기반이다.
모든 것이 그들을 위한 것이고, 모든 것은 그에게로 향한다.
그는 성령이시고, 그는 빛이시고,
그는 진리요, 말씀이시며, 하나님은 사랑이시다!
영원히~ 세대에서 세대로.

빅토르 자로프는 신자들의 모임에서 서사시적 형식의 작품으로 유명하다. 자로프의 시는 하나님의 말씀에 관한 깊은 지식에 매료되었다. 예술적 특징은 민족 예술에 가깝다. 자로프의 작품은 '백학이 난다', '고요한 별' 등의 복음 찬송의 멜로디로 사용되었다.

미하일 코주봅스키(1953 년생)는 우크라이나어와 러시아어로 서정적 작품을 썼다. 그의 시는 상상력이 풍부하며 낙관적이다.

거룩한 교회, 만남의 시간이 가까이 왔다!
신랑이 오고 있다! 하지만 너는 일해, 살아.
영의 일치와 평화와 사랑 안에서
높은 부르심을 받은 자가 천국에 합당하다.

복음적인 내용의 가장 유명한 시는 '보지 않으면~믿지 않을 것이다', '행함이 없

는 믿음은 죽었다', '보라, 곧 오리라'이다. 아래 시는 '돌이 굴러갔다'의 4행시이다.

    우울한 사슬의 힘이 깨졌다.
    죽음의 부패에서 온 모든 사람에게
    원하던 해방을
    부활하신 예수님은 옮긴다!

코주봅스키의 작품에서, 고향 땅에 관한 사랑이 분명히 나타났다.

    즐거운 아침이 상쾌함으로 숨 쉬고,
    단정한 곱슬머리는 자작나무에 시끄럽고,
    바람은 평화롭게 귀를 기울이고,
    고향땅의 빵 냄새가 풍긴다. 풀과 이슬을 씻는다.
    호밀은 무르익는 것을 걱정하면서,
    나는 사랑스러운 변경을 좋아하는데, 그것이 맞다.
    너는 우리 땅에서 더 나은 땅을 찾을 수 없지.

형제회 내에 시적인 창의력을 발휘할 수 있는 형제자매들이 많이 있다. 그들 중 일부의 명단은 다음과 같다. '착한 일을 서두르라', '친구여, 화해하라', '나의 추수 터' 등의 찬송가 저자인 줄라이, 복음성가 '뻐기는 참나무', '엄마', '땅에 내려온 저녁 그림자'의 가사를 저자 부진니와 부르착, 아브라모프, 쿠즈미나, 마자로바, 바세나나, 사브첸코, 코발레바, 폴리슉, 키야시코, 크라스넨코바, 코발레프, 벨로볼 등이며, 형제들 소식 잡지에는 어떤 저자의 시가 예배에서 낭송되는지 실려 있다.

제8장
연합회 형제회 교회의 현대 생활

　　복음주의 기독교침례회 교회는 우리 조국의 끝없는 광활함에 따라 흩어져 있다. 복음주의 기독교침례회는 100개 이상의 민족과 국적으로 구성되어 있으며 문화, 풍습과 종교적 신념이 다른 우리나라의 2억5천만 인구 구성 중 일부이다. 자신들의 생활과 사역으로 신자들은 복음적인 교리의 빛을 반영한다. 형제회 교회에서 서로 다른 국적의 신자들이 살며 평화와 사랑으로 일하고, 다음의 복음서 말씀을 확신한다. 그리스도 안에서 헬라인이나 유대인이 없다. '야만인이나 스구디아인이나 종이나 자유인이 차별이 있을 수 없나니 오직 그리스도는 만유시요'(골 3:11).

　　복음주의 기독교침례회의 발생은 1860년대이다. 가장 오래된 교회는 남캅카스, 우크라이나의 남부, 발트해 연안에 있다. 교회와 신자 그룹은 극동지역, 사할린 섬, 캄차카 반도, 연해주 지역 등 동부 변두리에 있다. 북단의 교회는 노릴스크, 보르쿠타, 인타, 식팁카르, 아르한겔스크, 무르만스크 도시에 있다. 가장 남부의 교회는 오시, 페르가나, 아시가바트, 예레반, 바투미에 있다. 신앙 고백의 권리와 보장을 제공하는, 1977년 새로운 소련 헌법이 발표된 이후 교회의 생활과 활동에 더 유리한 조건이 형성되었다. 1980년부터 복음주의 기독교침례회 소속 많은 교회는 자력으로 300개 이상의 교회들이 신축과 구건물 수리를 했다. 형제회 교회 생활은 많은 유사점을 가지고 있다. 그들은 신자가 없는 장소에서도, 믿음에 따라 소중한 형제자매를 찾고, 주님을 사랑하고 영화롭게 하고, 주의 말씀에 따라 생활하려고 노력하고, 서로 돕고 지원한다. 우리는 정확한 통계가 없지만 대략 형제회는 약 50만 명의 지방 교회 회원들이 있다. 등록된 교회 외에, 비등록 교회와 신자 그룹이 있다. 교회의 영적, 조직적 및 물질적 강화를 위한 다방면적 지원은 복음주의 기독교침례회 총연합회 상임위원회와 선임목회자들이 제공한다. 복음주의 기독교침례회의 개별 교회 활동의 역사와 기술에 관한 자료, 영적 생활의 다양성, 복음 설교 및 기독교인의 사역에 관한 소개는 부록 1에 기록되어 있다.

복음주의 침례교회의 구조와 사역

개신교 복음주의 기독교침례회 교회의 형태. 단순한 예배는 초대교회로 거슬러 올라간다. 가톨릭과 정교회와 같은 역사적인 교회에서 정해진 것과 같은 엄격한 예배 순서를 가지고 있지 않고 의식은 없다. 예배의 기초는 설교로 이루어진다(딤후 4:1~2). 예배 모임은, 기본적으로, 하나님의 말씀 읽기와 3~4명의 말씀 설명(설교), 회중 찬송과 찬양대 찬양, 기도가 포함된다. 기도는 배워서 된 것이 아니라, 마음에서 나온 것이며, 최후의 만찬(요 17장), 겟세마네 동산(마 26:39~42)에서 하나님 아버지께, 나사로의 무덤 옆에서(요 11:21)의 그리스도께서 하신 기도의 실례에서 나온 것이다. 신자들은 '주님! 우리에게 기도를 가르쳐 주세요(눅 11:1)'라는 요청에 따라 그리스도께서 제자들에게 알려 주신, 주님의 기도 '하늘에 계신 아버지'를 사용한다.

교회의 예배는 1주일에 2회에서 6회까지 진행된다. 신자들은 예배에 억지로가 아니라 마음의 요청에 따라오며 내가 하나님 여호와께서 하실 말씀을 들으리니(시 85:8), 또한 그분을 영화롭게 하고 하나님의 말씀을 통해 영혼을 강화하고 영혼의 평화를 얻는다.

교회의 목회자는 신자의 영적 상태와 교회의 사업 진행, 형제회의 참여와 인도에 관한 책임이 있다. 목회자에게 요구되는 것이 얼마나 높은지 성서에 잘 나타나 있다. 교회 회원들은 또한 그에게서 참된 목자를 보고 싶어 한다. 설교자 또한 교회에서 선출되며, 예배와 신자들과의 사적인 대화에서 성시를 설명한다. 음악적 능력을 지난 교회 회원 중에서 지휘자와 찬양대원이 지명된다. 많은 교회에 오케스트라가 있다. 큰 교회에서는 여러 개의 찬양대가 봉사한다. 성악 음악의 기술이 전반적으로 높아지고 있다. 찬양대는 고전과 현대 작가의 영적 작품을 실행한다. 오케스트라 공연과 시낭송은 교회의 축하예배, 기념행사, 헌신의 시간에 자주 이루어진다.

구원받기 위한 주님의 팔은 짧지 않았다는 간증을 하고, 사람들은 교회에서 회개 기도와 함께 주님께로 회심하고 있다. 그 후 새로운 회심자들이 믿음과 하나님 말씀 진리로 교육받아 굳건하게 되도록 그들과 면담을 시행한다. 교회 회원이 되기 위해서는 중생의 체험과 침례 받는 것이 필요하다. 증인들이 참석한 가운데 교회 사역자 위원회와 회원 회의의 면담 시간에, 새로운 회심자가 예수 그리스도를 개인적인 구주, 하나님 앞에서 죄인을 의롭게 하시는 분, 화해자로서(롬 5:1~10) 믿는지 그리고 회개했는지를 묻고 확인한다. 이전의 침례 과정은 '그리스도의 계명을 믿고 침례를 받는 사람은 구원을 얻을 것이요, 믿지 않는 사람은, 정죄를 받으리라'(막 16:16)를 실행하고, 믿음에 따라 거룩한 물 침례를 받는 것이다. 침례는 일반적으로 자연의 물가에서 행해지고, 일부 교회는 침례탕에서 한다. 침례의 순서는 다음과 같다. 침례 받을 사람에게 "당신은, 예수 그리스도가 하나님의 아들이요, 당신의 구주이심을 믿습니까?, 선한 양심으로 하나님께 봉사하겠습니까?"를 묻는다. 확신 대답 후 침례를 실시하는 목회자는 "성부와 성자와 성령의 이름으로 침례를 준다"라고 선포하고, 침례 받는 사람은 "아멘"으로 대답하고, 그 후 목회자는 침례 받을 사람을 물에 한 번 넣는다.

침례교회에서 그리스도의 두 번째 계명은, 주의 만찬(성찬), 혹은 떡 나눔(마 26:26~28)이다. 주의 만찬은 침례 받은 교회 회원이 참석한다. 주의 만찬은 보통 매월 첫 번째 일요일에 실시되고 교회의 기본적인 영적 생활이다. 신자들은 떡 나눔의 참여를 준비하는데, 주님 앞에서 금식과 기도로 자신을 돌아보고, 필요한 경우 이웃과의 상호 관계를 회복시킨다. 주의 만찬 실시 중에 목회자는 바울 사도의 서신을 읽고, 구속의 대가와 우리의 합당한 교제에 특별한 관심을 기울인다. '그러므로 누구든지 주의 떡이나 잔을 합당하지 않게 먹고 마시는 자는 주의 몸과 피에 대하여 죄를 짓는 것이니라. 사람이 자기를 살피고 그 후에야 이 떡을 먹고 이 잔을 마실지니'(고도 11:27~28), 그리스도의 말씀은 최후의 만찬에서 제자들에게 전해졌다. (눅 22:17~20).

떡과 잔을 들고 소리 내어 기도한다. 주의 만찬 참가자는 믿음으로 그리스도의 몸과 피에 대해 교제를 하는 것이다. 떡을 떼는 것이 이루어질 때 일어나는 일의 본질과 중요성에 대해 교회 회원들의 관심이 나타난다. 우리가 축복하는바 축복의 잔은, 그리스도의 피에 참여함이 아니며, 우리가 떼는 떡은, 그리스도의 몸에 참여함이 아니냐?(고전 10:16) 주님의 만찬을 위해 특별히 구운 떡과 포도주를 사용한다. 중병에 걸린 회원들은 집에서 주님의 만찬에 참여한다. 그 목적을 위해 교회 사역자들이 그들을 방문한다. 목회자와 조력자는 결혼, 신생아와 환자를 위한 기도, 사망한 회원들의 매장에 참여하며, 어려운 생활 환경과 영적인 고민에 대해 충고한다.

복음주의 기독교침례회 신자들은 선을 행하고 모든 사람에게 사랑을 보여주기 위해 노력한다. "우리는 그가 만드신 바라 그리스도 예수 안에서 선한 일을 위하여 지으심을 받은 자니 이 일은 하나님이 전에 예비하사 우리로 그 가운데서 행하게 하려 하심이니라"(엡 2:10). 선을 행하는 동기는 믿음과 사랑이다. "그의 계명은 이것이니 곧 그 아들 예수 그리스도의 이름을 믿고 그가 우리에게 주신 계명대로 서로 사랑할 것이니라"(요일 3: 23). 사랑은 주변 세상에서 우리 사역의 원동력이다. 그리스도인들은 양심적인 노동자, 평화를 만드는 자, 죄악에서 떨어진 사람, 이웃에게 자비와 민감성을 나타내는 사람들로 알려져 있다. 신자들은 자선 활동에 참여하고, 고아원, 양로원, 병원, 교도소 등을 방문하여 돌본다.

교회의 절기

복음주의 기독교침례회 신자들은 성서에서 정해진 다음과 같은 보편적인 기독교 절기를 축하한다. 성탄절, 크리스마스, 주현절(예수의 침례), 예수의 성전봉헌, 종려주일, 주 예수 그리스도의 예루살렘 입성 또는 종려 주일, 성모 영보 대축일, 성목요일, 부활절, 승천, 삼위일체(성령강림절), 주님의 변모. 형제회에 수립된 다른 명절은 추수 축제 혹은 추수 감사절, 화합의 날이 있다. 전통적으로 신자들은 기도로 새해를 맞이한다.

추수감사절은 성서적인 명절이다(출 23:16). 보통 9월 마지막 주일에 축하한다. 감사예배는 농업인들의 노동에 관한 감사기도, 창조주께서 허락하신 땅의 소산물에 관한 찬양을 한다. 더불어 영적인 결과의 의미도 주목된다. 그 날 신자들은 형제회의 필요를 위해 헌금 사역에 참여한다.

화합의 날은, 교단에 속한 교회의 연례행사로, 총연합회의 1주년 기념일인 1945년 10월 27일을 본 교단에서 제정했고, 10월 마지막 주일에 축하한다.

교회 절기의 날짜는 교단에서 간행하는 달력에 기록되어 알려진다. 성탄절, 부활절, 성령 강림절, 화합의 날, 추수감사절에는 교단 지도부에서 지역 교회에 축하 메시지를 보낸다. 메시지는 축하예배에서 낭독된다.

상임위원회는 지역 담당 선임목회자를 통해 교회로 성서, 형제들 소식 잡지, 달력, 찬송가, 경건 도서를 보낸다. 아래는 국내 지역별 교회 생활을 간략하게 요약한 것이다.[584]

러시아 연방 교회의 생활

러시아 영토의 약 70%는 유럽 및 아시아 지역이 차지하고 있고 면적은 1,710만 제곱킬로미터다. 1981년 인구 조사에 따르면 공화국의 인구는 1억 3,920만 명이다. 이와 관련하여 1979년의 자료에 따르면 러시아인이 82.6%이고, 100개 이상의 다른 민족들이 공화국 영토에 살고 있다.

러시아 연방 내에는 다양한 신앙 고백을 하는 신자들이 있다. 복음주의 기독교 침례회, 기독교신앙복음주의(오순절), 메노파, 정교회, 루터교, 안식일교 등이다. 또한, 대표적인 세계 종교인 유대교, 이슬람교, 불교 신자도 있다.

공화국 내에서 사역하고 있는 교단 소속 540개의 등록된 교회와 약 600개의 미

---

584. Zhizn' tserkvey drugikh regionov osveshchena v razdele Natsional'nyye bratstva i denominatsii Soyuza yevangel'skikh khristian~baptistov. [다른 지역의 교회 생활은 복음주의 기독교침례회의 국가별 형제회와 교단 항목에 기록되어 있다.]

등록의 크고 작은 그룹의 신자들이 있다. 교회와 그룹은 주로 대도시와 중소도시에 집중되어 있고, 농촌 지역에는 적게 분포되어 있다.

러시아 연방은 시급히 전도해야 할 추수지가 널리 분포되어 있다(요 3:35). 가장 멀리 떨어진 행정 구역인 시베리아, 북부 변경, 극동, 통과 불가능한 타이가와 거대한 산속에서 사는 보이지 않는 신자들은, 바다의 등대처럼 살면서, 복음의 빛을 전파하고 있다. 교회에서 사역하고 있는 목회자는 518명이고, 그 가운데 330명은 안수받았다. 교회 목회자의 사역은, 원칙적으로, 지역담당 선임목회자와 목회자 협의회 주관으로 안수한다. 그런데 아직도 많은 곳에서 사역자의 부족을 느끼고 있다. 현재 200개의 교회와 큰 그룹에 담임 목회자가 없다. 연맹 지도부는 이 문제를 해결하기 위해 많은 노력을 기울이고 있다.

여기서 그리스도의 말씀을 기억하는 것이 적절할 것이다. "추수할 것은 많되 일꾼이 적으니 그러므로 추수하는 주인에게 청하여 추수할 일꾼들을 보내 주소서 하라"(눅 10:2). 지역별 지도부는 1979년에 선출되었다. 지도부에는 선임목회자 클리멘코, 부선임목회자 로그비넨코, 샤트로프, 파스트, 1980년에 공화국 연합회의에서 로그비넨코는 러시아 연방 회장으로 선출되었고, 돌마토프, 샤트로프, 파스트는 부회장으로 지명되었고, 파스트는 1986년까지 부회장직을 감당했다. 10명의 목회자가 공화국별 목회자 협의회에 임명되었다. 선임목회자의 사무실은 모스크바에 있다. 수년에 걸쳐 지도부 형제들은 지역 교회의 목사들과 함께 대규모의 영적 조직적 활동을 실행했고, 그 결과 교회와의 관계가 수립되었다. 공화국 규모의 사업을 개선하기 위해 23개 지역으로 나누었다. 모스크바와 레닌그라드와 같은 커다란 교회는, 지역에 속하지 않는, 독립교회의 지위를 받았다. 17개 지역은 유럽 지역에 위치하고, 나머지 지역은 시베리아 및 극동 지역에 있다. 각 지역은 선임목회자에 의해 운영되고, 5~9명의 사역자로 구성된 목회자 협의회를 가진다. 선임목회자의 대부분은 성경 통신과정에서 신학교육을 받았다. 니콜라예프(북서부 지역 선임목회자), 미츠케비치(V.A. 칼리닌, 스몰렌스크와 탐보프 지역 선임목회자), 페디치킨(모스크바, 블라디미르, 이바노보, 코스트로마, 야로슬라블 지역 선임목회자) 3명은 영국의 스펄전 성서대학을 졸업했다. 동시에 많은 사역자는 신학 교육과 함께 고등 또는 중등교육을 받았다.

공화국간 목회자 협의회 회의가 분기마다 열렸고 지역 교회의 영적 사역과 생활을 평가하도록 허용했다. 목회자 협의회는 보통 2~3명의 선임목회자들의 보고를 경청한다. 해당 지방(또는 변경)에서의 복음전도 사역의 상태를 미리 파악하기 위해 목회자 협의회 회원 가운데 1명을 보낸다. 회의가 진행되는 동안, 지역의 교회를 방문한 형제는, 사역자의 사역결산을 보충한다. 또한, 목회자 협의회는 해마다 지역의 선임목회자, 그들의 부선임목회자와 선임목회자 조력자, 6~8개의 지역 사역자 회의를 위해 2개의 공화국 회의를 진행 한다. 사역자 회의에서는 그들의 복음 전파 사역을 격려하고 고취하는, 성경 말씀 나눔과 기도의 교제를 한다. 교회의 영적인 삶과 관련된 질문, 신자 교육에 있어 기독교 의무의 올바른 이해, 교회와 가정과 교회에서의 합당한 생활 등이 다루어진다. 목회자 협의회의 회원들은 1년 동안 지역 교회 곧 40개 이상의 변경과 주 단위 교회를 방문한다. 공화국 협의회는 또한 선임목회자와 지역 교회와의 서면 관계를 유지하고 신자들의 많은 편지에 관한 답변을 한다. 공화국과 지역 단위 목회자 협의회의 사역 및 지역 교회 사역자들의 연합 목적은 그리스도 교회의 구성, 복음 전파, 기독인이 사회에서 당연히 해야 할 역할과 교리적 진리의 올바른 교육이다. 꽤 중요한 측면의 활동은 교회 일치의 달성과 현재의 영적 조직적 문제의 해결이다. 조직적 문제는 교회 건물의 신축과 수리, 새로운 교회의 등록, 경건 서적의 제공과 관련되어 있다.

최근 공화국 안에서 교회 수가 증가하고 있음이 감지되었다. 도시로 신자들이 유출되어 약 20개의 시골 교회가 폐쇄 동안, 105개의 새로운 교회가 등록되었다. 교회 성장이 눈에 띄는 주 단위 지역은 북서, 크라스노야르스크, 크라스노다르스크 지방, 로스토프, 모스크바이고, 북캅카스 공화국 등이다. 새로운 교회는 일반적으로 새로운 도시와 경제적으로 발전하고 산업화 된 도시에서 나타난다. 새로운 교회와 신자의 그룹이 조직된 지역은 북서부 주인데, 크라스노야르스크 지방, 극동 등이고, 그 밖의 공화국은 실례로 유즈노 사할린스크, 페트로파블롭스크캄차트카이다. 지난 10년 동안 매년 약 1,800명의 신입 회원들이 침례를 통해 러시아 연방 교회에 합류했다. 오렌부르크와 옴스크주 메노파 교회들에서 눈에 띄는 성장이 관찰되었다. 최근 몇 년 동안 분리파로부터 등록된 교회로 약 2,000명이 돌아왔다. 의심할 여지 없이, 신자가 늘어나고 새로운 교회가 등록됨에 따라, 영적 사역이 심화하고 교회 건물의 확장과 수리의 필요성이 요구되고 있다. 최근 수년 동안 북서부 주와 로스토프 주에서 10개 이상의 교회가 건축되었다. 1987년 이래 스몰렌스크의 신축 교회에서 예배가 진행되고 있다. 또한, 최근 수년 동안 블라디미르, 이바노보, 코스트로마, 모스크바, 야로슬라블 주에서 모두 약 15개의 중요한 의미가 있는 교회 입당식과 건축이 있었다. 최근 수년 동안, 쿠이비셰프, 로스토프나도누, 마이코프, 아바칸, 체그도민, 오렌부르크와 같은 대도시에 새로운 교회 건물이 세워졌다. 공화국 신자들의 힘으로 총 116개의 교회가 건축되고 수리되었다.

지역 교회의 민족 구성은 대부분 혼합되어 있다. 다수의 자치 공화국의 교회는 토착민 신자들이 포함되어 있는데 추바시인, 모르도바인, 독일인, 코미인 등이다. 독일인으로 구성된 교회는 오렌부르크와 옴스크주, 알타이, 하바롭스크, 크라스노야르스크 지방에 집중되어 있다. 오세티야인 교회도 있다.

교회가 공화국 영토 전역에 분산되어 있음을 주목해야 한다. 북부지역, 시베리아, 극동은 기후 조건과 장소에 접근하기 어려움으로 인해 교회는 주로 도시에만 집중되어 있고 소수 민족은 거의 없다. 대형 교회는 인구 밀도가 높은 유럽 지역에 있다.

신자의 수가 가장 많은 지역은 크라스노다르 지방이다. 선임목회자는 성서 과정을 졸업한 예리소프이다. 이 지역에는 53개의 교회가 있다. 매년 200명 이상의 새로운 신자들이 주님께 약속하며 나타나고 있다. 예배는 편안한 교회에서 실행된다. 짧은 기간 동안 변경 지방에 10개의 아름다운 교회가 건축되었다. 많은 교회에서는 대형 성가대가 운영되고 있다.

공화국에서 하나님의 말씀은 교회를 구성하고 있는 다수 신자의 언어로 설교한다. 민족이 섞여 있는 교회의 예배에서는 성서를 러시아어로 읽고, 설교자는 신자들이 이해할 수 있는 언어로 설교한다. 이렇게 오세티야인, 코미인, 추바시인, 모르도바인 및 다른 국적의 신자들이 설교한다. 안타깝게도, 많은 신자는 모국어로 성서와 복음서를 가지고 있지 않다. 복음서는 몇 가지 언어로 되어 있다. 신자들의 완전한 영적 생활을 위해서는 복음서와 성서를 소수 민족의 언어로 번역하는 것이 매우 필요하다. 민족어로 된 경건 서적과 신학 서적은 없다. 그와 달리 최근에 교회들은 연맹과 성서공회에서 출판하는 경건서적을 개선된 방법으로 받고 있다.

이와 관련하여 추가로 기억해야 할 것은, 경건 서적의 일부인 성서, 신약성서, 악보 찬송가 포함한 찬송가 등을 교회연합회(연맹에 소속되지 않은, 역자 주)에서 출판 배포한 것이다. 그런데도 성서, 복음서, 사복음서대조집, 성서 사전, 회중을 위한 악보 찬송가 등이 공화국에 여전히 부족하다. 어린이를 위한 교육 자료는 없다. 러시아 연방 내 교회에서 가장 어려운 과제 중 하나는, 다른 지역들과 마찬가지로, 오순절, 메노파, 연맹 미소속 교회 신자들과의 통합이다. 통합 활동은 연맹 총회와 상임위원회의 결정으로 진행된다.

북서부 주, 시베리아, 극동, 크라스노다르 변경 및 기타 지역에 기독교신앙 복음주의(오순절) 교회가 있다. 대부분의 오순절 교회는 연맹에 소속되지 않은 채, 많은 곳에서 독립적인 등록교회로 사역하고 있다. 약 50교회의 오순절 교회와 약 10개의 메노파 교회가 있고, 교회연합회 측은 30개의 교회와 200개의 그룹이 있다. 그런데 여전히 많은 오순절 교회와 메노파 교회가 미등록 교회로 남아 있다.

인재에 관한 절실한 질문으로 돌아가서, 우리는 우랄, 동서 시베리아, 극동, 벨고로드, 오룔 및 기타 러시아 중부 주 등에도 사역자가 부족하다는 것을 말한다. 목회자의 신학 교육은 심각한 문제이다. 공화국의 넓은 지역에서 일하기 위해서는 신학적으로 준비된 사역자들이 필요하다. 신자들은 깨어서 하나님을 기쁘게 하는 생활방식을 인도한다. 그들은 공화국의 회사, 집단농장과 국영농장에서 근면하다 일한다. 많은 신자는 그들의 직업에 관한 결과로 정부 및 다른 상을 받았다.

우크라이나 교회의 생활

우크라이나 공화국 영토의 면적은 60만 제곱킬로미터 이상이다.[585] 인구는 1987년 1월 1일 현재 5,120만 명이고 우크라이나인과 약 100개의 다른 민족과 국민으로

---

585. *Sovetskaya Ukraina. Politizdat Ukrainy,* 1986. [소비에트 우크라이나. 정치문헌출판사, 1986년]

이루어져 있다. 도시 인구는 공화국에서 66%에 이른다. 우크라이나는 온화한 기후를 가지고 있고, 비옥한 토지를 보유하고 있으며 천연자원이 풍부하다. 아름답고 부드러운 자연은 언제나 사람들을 그곳으로 끌어들였다.

이웃의 부족들과 민족들은 지역의 재산과 부지런한 국민을 수차례 침략했다. 그 땅의 자유를 위한 투쟁에서 많은 피가 뿌려졌다. 많은 슬픈 이야기가 드니프르(슬라브티치) 비탈과 관련되어 있고, 한때 러시아 도시의 어머니로 불린 공화국 수도의 이야기인 키예프 연대기에 포함되어 있다. 키예프 도시는 1240년 바투칸 무리 때문에 점령되고 파괴되었다. 수세기가 지난 후 위대한 조국 전쟁에서 아름다운 도시는 독일 침입자들에 의해 폐허가 되었다. 해방 후, 키예프는 복원되었지만, 일부 소중한 문화유산과 예술 작품들, 예를 들어, 키예프~페체르스크 수도원 합주 우스펜스키 대성당은 전쟁의 화염으로 완전히 없어졌다. 우크라이나의 역사와 문화는 풍부하다.

고대 우크라이나의 땅에는 동슬라브인의 조상인 안티인과 러시아인이 살고 있었다. 나중에, 여기서 폴랴네족, 드레블랴네족, 크리비치, 북방인, 로드미치 등이 키예프루스의 일부가 되었다. 러시아, 우크라이나, 벨로루시 3형제 민족의 뿌리는 옛 키예프 루스 영토에 살았던 고대 러시아 민족으로 거슬러 올라간다.[586] 알려진 대로, 우크라이나는 기독교의 요람이다. 드네프르 비탈의 꼭대기인 블라디미르 언덕에는 천 년 전에 루스의 침례를 완료한 블라디미르 러시아 대공의 기념비가 서 있다.

정교회의 역사학자인 마카리 대주교는 키예프 루스의 경계 내에서 기독교 출현을 사도시대까지 연관시킨다. 일부 역사적 문헌은 사도 안드레가 도나우 강에서 드니프르까지 복음을 전파했다는 증거를 가지고 있다. 나중에 그는 복음을 전한 이유로 아카이아의 파트라스에서 십자가형을 당한 것으로 알려졌다.

러시아의 기독교인에 관한 첫 번째 정보는 아스콜드와 디르 대공의 이름과 관련된다. 865년에 그들의 군대는 콘스탄티노플을 탈취하려고 시도했지만, 바다에서 일어난 폭풍 때문에 거의 모든 군인이 죽었다. 생존자들은 하나님의 손가락을 보

---

586. Tam zhe. [위의 책]

고, 우상으로부터 하나님께 돌아섰고 866년에 그들은 침례를 받았다.

올가 여자 대공이 955년 콘스탄티노플을 방문했고, 연대기에 따르면 거기서 침례를 받았다. 그녀의 아들, 스뱌토슬로프 대공은 그의 어머니가 죽자, 심지어 자신의 병사들까지도 제외하지 않고 기독교인을 박해하기 시작했다. 스뱌토슬로프 후에, 그의 아들 야로폴크가 대공의 자리에 올랐다.

980년에 블라디미르가 대공의 자리에 올라 그리스도인의 박해를 재개했다. 그런데 그는 조상들의 신앙을 거절하게 만든 것과, 핍박받는 그리스도인의 끈기에 관한 이유를 이해하려고 노력했다.

연대기 작성자들이 설명한 것처럼, 블라디미르 대공은 여러 종교의 대표자들에 관한 심각한 논의와 면담의 결과로 기독교를 채택하기로 했다. 그런데 로마인과 비잔틴의 신앙 고백 가운데 선택에 앞서, 그는 현장에서 더 나은 신앙을 결정하기 위해 로마와 콘스탄티노플에 사절단을 보냈다. 사절단은 돌아온 후 블라디미르 대공에게 현명한 할머니인 올가 여대공의 모범을 따르고 기독교신앙을 받아들이라고 강하게 조언했다. 그 목적을 위해 그는 그리스 식민지 코르순(헤르소네스)를 점령하고 콘스탄티노플에 그를 위해 안나 공주를 보내라고 요구하는 최후통첩을 보냈다.

코르순의 협상 결과에 따라 성직자 대표들이 신부와 함께 도착했다. 얼마 후 블라디미르 대공의 발표가 이루어졌고 그의 침례식에서 왕가를 뜻하는 바실리라는 침례명을 받았다. 그 후 블라디미르 대공과 안나 공주의 결혼식이 성대히 열렸다. 그 후에 그들은 키예프로 돌아왔다. 불가리아 정교회의 선교사와 그리스 성직자들이 슬라브 언어로 신앙의 진리를 시민들에게 교육하고 두 사람과 함께 예배를 드리기 위해 도착했다. 오랜 시간이 지나지 않아 이교도 결혼 생활에서, 태어난 많은 귀족과 왕가의 아들들이 침례를 받았다. 그러나 키예프의 이교도 주민들은 조상들의 전통에 여전히 충실했으며 그리스도인들의 이해하기 어려운 신앙의 채택에 반대했다. 그때, 마카리가 말했듯이, 블라디미르 대공은 침례 받으러 오지 않는 사람은 '나를 반대하는 것이다'라는 법령을 포고했다.

지정된 날에 강가의 지정된 장소에서 주민들이 어린이와 노인과 함께 모였다. 그리스 성직자들의 교육후 국민들의 대규모 침례가 진행되었다. 988년 8월 초에 일어난, 이 사건은 '루스의 침례'로 역사에 포함되었다.

키예프에서 기독교가 채택되면서 교회 건축이 시작되었다. 1037년에 처음으로 성 소피아 성당이 세워졌다. 여기에 첫 번째 대주교와 주교의 직분이 세워졌다. 최초의 키예프-페체르스크 루스 수도원은 11세기 키예프에 세워졌다. 교회와 수도원은 계몽의 중심지가 되었고, 교회와 다른 전례 서적을 포함한, 도서관이 만들어졌다. 수도원에서는 키예프 루스의 역사-연대기가 기록되었고, 영적 도서, 문화적 가치를 지닌 다른 문서들로 구성되었다.

12세기 초부터 네스토르 연대기 작가는 여기서 유명한 [원초 연대기] - 키예프 루스 시대의 역사적 문서를 기록했다. 키예프 루스의 문헌적 문화유산은 매우 중요하다. 11~12세기와 관련된, 80권의 책이 우리에게 다가왔다. 그 가운데 가장 오래된 것은 [오스트로미르 복음서]인데 노브고로드 시장 오스트로미르를 위해 1056~1057년에 필사된 것이다. 리비우와 오스트록에서 최초의 인쇄공인 이반 표도로프가 작업했다고 회상하는 것이 적절할 것이다. 그는 1574년에 우크라이나어로 최초의 책 [사도]를 출판했다.[587] 페도로프는 1581년에 유명한 [오스트로미르 성서]를 인쇄했다.[588] 이 성서는 동부슬라브족의 문화 발전에 탁월한 역할을 했다.

우크라이나의 인구는 주로 기독교 신앙인 정교, 가톨릭, 개신교 형태로 신앙을 고백한다. 19세기 중반에 복음주의 침례회 교리의 신자들이 나타났다. 우크라이나 남부에 침례교 운동이 탄생했다. 운동의 창시자는 예핌 침발과 이반 랴보샤프카였다. 얼마 후에 오순절 교회와 안식일 교회와 다른 분파들이 생겨났다. 비기독교 종교 가운데 유대교는 우크라이나에 널리 퍼져있다. 현재 우크라이나에 복음주의 침례회 신자들이 많이 살고 있다. 복음주의 기독교침례회 총연맹에 소속된 교회의 반은 우크라이나에 있다. 1988년 1월 1일 자료에 따르면, 우크라이나에 등록된 교회는 1,497개다. 교회에서 하나님의 말씀은 8개 언어로 전파되고 있다. 교회의 생활 일부는 본 장의 부록 1에 기록되어 있다. 500~1,000명 이상의 회원을 가진 중대형 교회는 주로 도시에 있다. 그러나 서부 우크라이나에서는 예외적으로, 개별 농촌

---

587. *Posobiye po istorii SSSR*, 1984, s. 46. [소련 역사 교재], 1984년, p. 46.
588. Nemirovsky E. L. *Ivan Fedorov*, 1985, s. 147. [네미로프스키, 이반 페도로프, 1985년, p.147]

교회의 회원 수가 500명 이상 되는데, 실례로, 리우네 주의 말리쳅체비치, 볼린 주의 고로호프, 자카르파탸 주의 자레치에 등이다. 많은 교회가 다음의 주에 집중되어 있다. 빈니차 70개, 볼린 80개, 도네츠크 63개, 키예프 70개, 리우네 132개, 흐멜니츠키 65개, 체르카시 67개 교회이다.

1세기가 넘는 역사 동안 우크라이나 형제회는 많은 기쁨을 경험했으나, 교회의 생활과 개별 신자들의 운명에 반영된 어려움이 있었다. 우크라이나 대표 선임목회자 멜니코프의 증언에 따르면, 1941년까지 공식적으로 활동하는 교회가 하나도 남아 있지 않아서, 전쟁이 끝난 시기에 우크라이나 교회는 사실 새롭게 만들어져야 했다. 약 10개의 교회는 법적으로 계속 존재했다. 정부가 전쟁 초기에, 신자들의 공동체 재등록과 예배 허용을 발표한 사실을 주목해야 한다. 그런데 우크라이나가 전쟁에 휩싸여 점령당했기 때문에, 허가를 활용한 경우는 적었다. 남자들은 군대에 동원되거나 기업들과 함께 후방으로 대피했다.

점령 상태에서, 신자들은 의사소통을 위해 노력했고, 국가적 고난에 처한 사람들을 주님의 방법으로 격려하고 연합으로 기도하기 위해 모였다. 점령, 파괴, 이동의 어려움의 상태는 교회연합 활동의 진행을 허용하지 않았다. 우크라이나에서 후퇴하면서, 나치는 무자비하게 가능한 모든 것을 파괴했고, 사소한 혐의로 주민들을 사살했다. 드니프로페트로우스크에서 독일 군대가 후퇴할 때 신자 일부가 희생되었고, 콘드라텐코비 가족이 포함되었는데, 아버지, 어머니, 딸과 두 어린아이였다. 전쟁의 공포를 경험한 후 교단의 신자들은 하나님의 선물로 평화의 가치를 인정하고 하나님의 선하심을 위해 일하고 있다.

현재 복음주의 기독교침례회 교회는 청년들이 많다. 청년 신자들은 적극적으로 교회 생활에 참여하고, 신자들의 영혼을 비추는 등불과 같은 하나님의 말씀을 사랑한다(시 119:105). 청년들은 음악 사역에 참여한다. 형제들은 설교하고, 집사와 목회자 사역을 한다. 대부분의 우크라이나 교회들은 찬양대가 있고, 일부 교회는 2~3개 찬양대와 여러 개의 오케스트라가 있는데, 실례로 키예프, 하르키우, 자포로지에, 리우네, 오데사, 심페로폴, 루츠크, 리비우, 체르니우치, 도네츠크 교회들이다. 우크라이나 형제회는 성장하고 있는데, 매년 3,500~3,700명이 믿음으로 침례를 받는다. 지난 10년 동안 84개의 교회가 등록되었다. 1987년에 11개 교회가 개척되었고, 그 시기에 3개 교회는 숫자가 적어서 등록이 해제되었다. 등록교회 숫자는 복음주의 기독교침례회 연합회에 소속된 교회뿐만 아니라, 독립적으로 등록된 여러 교회도 있다. 1988년 1월 1일에 135개 교회가 독립적으로 등록되었고, 그중 복음주의 기독교침례회는 37개의 교회와 3,746명의 신자가 있다. 키예프의 중앙 교회는 약 1천 명의 회원이 있다. 기독교신앙복음주의 교회는 98개 교회에 9,507명의 회원이 있다.

선임목회자(이바노프란키우스크 주는 체르니우치와 연합, 미콜라이우는 헤르손 주와 연합) 23명이 25개의 주지역 교회를 돌보고 있다. 공화국에서의 영적 사업은 대표 선임목회자 두혼첸코와 부대표 코멘단트 기독교신앙복음주의 업무담당 글루홉스키, 카르펜코가 이끌었다. 공화국 목회자 협의회는 15명으로 구성되었다. 대표 선임목회자의 사무실은 키예프에 있다. 목회자 협의회 회원은, 원칙적으로, 5년 동안 선출되어 공화국 교회의 대표자로서 회의에서 사업에 관해 보고했다.

공화국 목회자 협의회는 분기당 회의를 최소 1회 개최한다. 회의에서 협의회 회원들은 지역별로 예정된 모임에 관한 계획, 통합 관련 활동, 복음 전파 사업에 관한 상태에 대해 사역자들의 보고와 영적 주제에 관한 발제를 듣는다. 사역자 임원회의는 그리스도의 교회에서 그들에게 맡겨진 일에 관한 적절한 관계에서의 영적 성장을 위한 수단으로 사용된다.

선임목회자는 필요한 경우 행정 기관에 대해 교회 대표자로서 활동한다. 지역 교회의 예배는 선출된 사역자가 인도한다. 우크라이나 교회의 총 사역자 수는 1,172명이며, 그중 약 9백 명이 안수받았다. 사역자 중 약 3분의 1은 성서통신과정을 졸업했다. 대부분 지역 교회에는 목사가 있고, 큰 교회에는 여러 명의 목사와 집사가 사역한다. 여전히 목회자와 신학교육의 문제는 의제에서 빠지지 않고 있다.

예배 모임은 주로 지방 행정부 장소나 개인으로 임관한 교회에서 이루어진다. 최근 몇 년 동안 지역 교회들이 교회부지를 확보하고, 건축하고, 수리하는 가능성이 점점 늘어나고 있다.

체르니우치, 리비우, 오데사, 미콜라이우, 자포로지에, 멜리토폴, 얄타, 셰페티프카, 카미야네츠포돌스키, 샤흐타르스크, 흐멜니츠키, 도네츠크, 마키이우카, 마리우폴, 키예프 (스비아토시노 교회), 이르펜에 있는 2개의 교회가 건축되고 수리되었다. 크리보이록, 노보모스코프스크 및 다른 도시에서 3개의 교회가 건축되고 수리되었다.

농촌 지역에서도 신자들이 교회 건물을 건축하고 수리하고 있다. 농촌 지역은 다음과 같다. 자카르파탸주의 자레치에, 벨리키루치키, 올호비예라지, 자포리자 주의 카멘스코에, 체르니우치주의 네스보야, 리비우주의 졸로체프, 오데사주의 셰우첸코이다.

우크라이나 교회에서 설교와 찬양은 러시아어와 우크라이나어로 행해진다. 우크라이나어 성서는 쿨리시, 네추야레비츠키, 풀유이, 박사의 번역본을 사용하지만, 신자들은 오기엔코 교수의 번역본을 즐겨 사용한다. 두혼첸코의 주도하에 우크라이나 문학어 규범에 따라 신약성서와 시편 번역의 준비 작업이 진행되고 있다. 악보 있는 복음 성가집이 출판되었다. 우크라이나 형제회는 세계의 교회와 국제적인 관계를 유지하고 있다. 두혼첸코는 1975년부터 침례교세계연맹의 총회위원회 회원이었고, 그의 조력자 코멘단트는 1986년부터 1988년까지 유럽침례교 연맹의 집행위원회 위원이었다. 현재 코멘단트는 유럽 연맹의 복음화 분과위원회 위원이다. 1987년에 우크라이나 형제회는 미국의 캘리포니아 침례교 연합회와 접촉했다.

매년 키예프에 도착하는 20명 이상의 공식적인 종교 대표단과 많은 외국인 여행객들이 공화국 센터를 방문한다. 우크라이나 형제회의 사역자들은 평화유지 회의와 교파연합회의에 참여한다. 우크라이나의 교회는 평화기금, 적십자사, 유네스코, 아동기금에 헌금한다.

카자흐스탄의 복음주의 침례교 형제회

카자흐스탄의 끝없이 넓은 지역에 복음주의 기독교침례회, 재침례교도, 메노파, 기독교신앙복음주의, 다른 종파의 신자들이 살고 있다. 복음주의 기독교침례회 연맹에 소속된 교회와 그룹은 152개이고, 그중 108개는 공식적으로 등록되어 있다.

독립적인 복음주의 기독교침례회, 메노파 형제 교회, 복음주의 사도파 교회에 소속된 신자 수는 2천 명 이상이다. 미등록 교회와 교회협의회 그룹과 기독교신앙복음주의 교인들에 속한 신자 수는 4천 명 이상이다. 현지 주민인 카자흐인들은 이슬람 신앙을 고백한다.

카자흐스탄 형제회 교회는 카라간다, 알마타 2개, 잠불, 침켄트, 제트사이, 슈친스크, 사란스크, 파블로다르 주에 9개의 커다란 교회가 있다. 주마다 500명 이상의 회원이 소속되어 있다. 작은 교회들과 그룹들은 농촌에서 그리스도의 빛을 전파하고 있다. 교회의 약 절반이 공화국의 미개척 지역에 있다. 교회는 러시아인, 독일인, 우크라이나인, 벨로루시인 및 기타 민족으로 이루어져 있다. 러시아어와 독일어 예배도 운영되고 있다. 그런데 민족성의 차이가 신자들의 일치와 조화를 방해하지 않는다. 독일어 예배를 정기적으로 인도하는 교회가 있고, 다른 교회는 예배 중 1~2개의 설교를 독일어로, 나머지는 러시아어로 한다. 혼합된 교회의 찬양대는 두 가지 언어로 찬송가를 부른다. 형제회 교회들에서, 56명의 목회자와 25명의 집사가 활동하고 있다. 당시 큰 교회는 1명의 안수받은 사역자가 50~70명의 신자에게 적합했는데, 작은 교회와 그룹에게 사역자의 문제가 더 심각했다.

안수받지 않은 형제와 자매들이 71개 교회와 그룹을 인도하고 있다. 최근 수년 동안 많은 교회에서 사역을 위해 젊은 형제들을 선출했다. 교회에서는 젊은 사역자의 교육에 관심을 기울이고 있다. 이 문제에 관한 큰 도움은 통신 성서강좌이다. 교회의 사역자들은 매년 공화국회의에 참여한다. 회의의 중요한 부분은 선임목회자와 그의 협력자 활동한 일에 관한 보고이다. 일반적으로 복음주의 기독교침례회 총연합회 상임위원이 회의에 참석한다. 방문하는 형제들은 연맹 교회의 생활에 관해 보고한다. 회의 참석자의 관심은 영적인 발제의 발표이다. 모임에서 가장 중요한 순간 하나는 교회의 관리에 관한 어려운 문제에 관한 의견 교환이다. 알마아타 교회는 비슷한 모임을 조직하는데, 적극적으로 참여한다.

1980년에 본교단 카자흐스탄 대표 선임목회자에 콜레스니코프를 대신하여 고렐로프가 선출됐다. 1974년에 대표 선임목회자의 조력자는 하나님의 축복받은 사역자 비르츠(1923~1988)였다. 그다음에는 선임목회자의 조력자로 3명을 선출했다.

그들에게 4~5개의 주가 배정되었다. 이렇게 카자흐스탄은 카자흐스탄 남부, 카자흐스탄 동부, 카자흐스탄 중부, 북서부의 4개 지역으로 나누어졌다. 지방회 총회에서 선임목회자에게 큰 도움이 되었던 것은, 공화국내 모든 지역에서 온 경험 많은 목회자들이 포함된 공화국 목회자 회의였다. 1980년부터 공화국 교회들은 형제회 신년주간기도회를 여름에도 주간기도회를 추가로 진행하는 것에 동의했다. 기도회 프로그램은 여러 교회에서 준비한다. 이 지역의 주요 교회의 출현과 현대적 생활의 역사는 부록1에서 다룬다.

중앙아시아의 교회

중앙아시아 지역은 우즈베키스탄, 타지키스탄, 투르크메니스탄의 3개 공화국이 연합되었다. 이 지역은 22개의 교회와 17개의 그룹이 있다. 지역의 대표 선임목회자는 성서 과정을 졸업한 세린이다.

복음의 진리는 러시아 민족의 전도를 통해 중앙아시아에 도달했다. 1896~1898년에 이슬람교를 고백하는 투르크메니스탄인, 우즈베크인, 타지크인, 카자흐스탄인, 키르기스인 및 다른 민족들이 사는 러시아 제국의 변방 지역 개발에 따라, 적절한 입법 조치가 포고되었고, 러시아 이주민들을 그 지역에 정착시키기 위한 유리한 조건을 만들었다. 그들은 세금이 면제되었고, 그들의 자녀들은 종교적 이유로 병역이 면제되었다. 이주자들은 50년 동안 혜택을 누릴 수 있었다. 그들은 그 변방에서 복음의 첫 전도자가 되었다.

현재 큰 교회는 타슈켄트, 두샨베, 아시가바바트 등 대도시에 있다. 시골 교회는 일반적으로 작다. 교회 생활과 발생 역사는 부록 1에 포함되어 있다. 지역 교회는 잘 갖추어진 교회 건물을 가지고 있다. 성서 과정 졸업생들이 주로 교회의 영적 사역에 수행하고 있다. 25개의 찬양대가 지역 교회에서 찬양 사역을 하고 있다. 우즈베크인, 타직인, 투르크메니스탄인 등 지역 주민들도 교회를 방문한다. 현재 많은 사람이 하나님의 말씀에 관심이 있고 모국어 성서를 구하고자 하는 소망을 나타내고 있다. 토착민의 언어로 된 경건 서적이 없다면 그러한 요구를 만족하게 할 수 없다. 일부 지역에서는 주민들이 아픈 사람을 러시아 율법 선생을 의미하는 목회자에게로 데려와서 기도해 달라고 한다. 사람들이 믿음으로 행하고, 그의 기도에 따라 하나님이 병을 고치신다는 것을 언급할 필요가 있다. 우즈베키스탄의 부하라와 투르크메니스탄의 네빗다그에서 반복적으로 기도해 달라고 요청한 사례가 있었다. 치유된 경우 소식은 주변 사람들 속에서 매우 빠르게 전파되었다. 무슬림 가운데 진리에 관한 갈증이 눈에 띄고 있다. 일부 이슬람교도는 코란이 구원을 주지 않는다는 확신을 가지고 스스로 진리를 찾기 시작했다.

해마다 새로운 회원에 관한 거룩한 침례가 교회에서 실행되어, 하나님의 자녀들에게 기쁨과 격려가 되고 있고, 친척과 친구들의 회개와 복음 전파의 원만함에 관한 기도의 시행으로 감동되고 있다.

키르기스스탄 교회의 생활

키르기스스탄은 영토는 작지만, 공화국의 인구 밀도는 매우 높다. 키르기스인, 러시아인, 우크라이나인, 우즈베크인, 둥간인, 아제르바이잔인, 투르크인을 비롯하여 80여 민족을 대표하는 약 4백만 명이 이곳에 살고 있다. 인구 대부분은 키르기스인으로 이슬람교를 믿는다.

복음주의 침례교 신자들은 키르기스 전체에 살고 있고, 그들은 16개의 등록된 교회들로 연합되어 있다. 또한, 주님의 얼굴 앞에 교제를 위해 모일 수 있는 작은 그룹이 있다. 이 지역에서의 사업은 선임목회자인 시조프가 이끄는 목회자 협의회와 함께 이루어진다.

이슬람교도들은 복음주의 기독교침례회 신자와 교회 성직자에 대해 친절하고 우호적인 관계이다. 신자들은 방해를 받지 않고 예배를 인도했다. 지역의 특징 중 하나는 신자들의 다국적 구성이다. 대부분의 교회는 러시아와 독일 민족의 신자로 구성되어 있다. 독일인 신자들은 교회 회원의 절반 이상을 차지한다. 그러므로 신자들의 통일성을 보존하고 국가적 환경에서 불일치를 피하려고, 양측의 이익이 고려되고 기지와 관용이 나타나게 된다. 결과적으로 러시아~독일 교회에서 갈등과 분열은 일어나지 않고 있다. 민족이 섞인 교회에서는 예배가 러시아어와 독일어로 진행된다. 독일인 교회의 예배 시간에 설교는 독일어와 러시아어로 시행된다. 이것은 복음 전도의 일에 열매를 맺고 있다(부록 1 참조).

주님께서 우리에게 계명으로 말씀하셨던, 사랑과 연합과 만장일치로 신자들이 사역을 이루어간다. 복음주의 기독교침례회 연맹에 소속된 교회 외에, 교회 협의회 지지자, 루터교, 가톨릭, 우유파, 오순절, 정교회, 안식일교, 기타 신자들이 포함되어 있다. 그들 가운데 많은 사람이 형제 관계를 수립하고, 회의하고 상호 이해에 도달했다. 모든 것이 복음의 정신 안에서 그리스도의 사랑과 사역의 열매이다.

지역의 교회 건물은 좋은 상태이고, 모든 교회의 건물은 재건축되고 수리되었다. 교회를 새롭게 건축한 곳은 프룬제, 오를롭프카, 오시, 크라스나야 레치카, 톡막, 프르제발스크, 롯프론트이다. 교회를 재건축한 곳은 이바노프카 역, 카라발타, 레닌폴, 탈라스, 잘랄아밧이다.

매년 한 주간의 기도회가 교회에서 진행된다. 신자들은 기도 예배에 명절처럼 기꺼이 기쁘게 모인다. 모임은 큰 군중들의 회집이 된다. 예배에서는 도시와 마을의 복지와 하늘의 평화에 대해 언제나 기도된다.

교회 회원들은 공화국의 사회적 문제와 경제적 결정에 대해 무관심하지 않다. 실례로, 시골 지역에서 집단농장 지도부의 부탁으로 신자들은 추수를 빨리 끝낼 수 있도록 불편한 시간에 들녘과 정원으로 일하기 위해 나간다. 레닌폴, 롯프론트와 다른 마을에서는, 아이들과 연금생활자를 포함한 신자들이, 무료로 정성을 다해 들판의 어떤 일이라도 수행한다. 프룬제에서는 수년 동안 지구 실행위원회의 요청에 따라 신자들은 수확과 동물 먹이 준비를 위해 청소를 진행했고, 언제나 예상된 표준량을 초과했다. 많은 형제와 자매들, 집단농장과 공장의 노동자들은, 명예 농부와 생산 돌격대원이라는 이름을 가졌다. 레닌폴 마을의 교인 얀첸은, 그의 집 벽에 부착된 표시로 입증된 명예 농부이다. 그렇게 자기 일로, 시골에서 인정받은 사람이 얀첸 외에도 더 있다. 무엇보다도 신자들은 평화기금, 문화 재단, 적십자사, 아동기금 등에 기부한다.

남캅카스 교회의 생활

남캅카스는 성서에 따른 배경의 땅이다. 홍수가 일어난 후, 아라랏 산에서, 노아의 방주가 멈췄다는 것은 알려진 사실이다. 현재 아라랏 산은 터키에 있고, 아라랏 골짜기는 아르메니아에 있다. 아르메니아에서 아라랏 산 봉우리의 장엄함을 감상할 수 있다.

남캅카스는 이미 1세기에 죄인들의 구원에 관한 복음이 전파되었다. 이 변경 지역에서, 안드레, 다대오, 바돌로매 사도들이 복음을 전파했다. 예수 그리스도의 사도인 가나안 사람 시몬은 흑해 연안, 노비아폰, 조지아에서 그의 삶을 마쳤다.

4세기까지, 아르메니아, 그루지야, 알바니아(남캅카스에 있는 고대 알바니아는, 현대 알바니아와 아무런 관련이 없다)의 남캅카스 국가의 주민들은, 비밀리에 기독교를 믿었다. 4세기에 이 국가들에서 기독교는 국가 종교의 지위를 획득했다. 아르메니아에서는 계몽가 그레고리가 이것을 장려했고, 조지아에는 계몽가 니나가 복음 전파에서 많은 일을 했다. 그 당시 성서의 책들이 그 민족 언어들로 번역되었다. 그 결과, 신약성서의 아르메니아어와 그루지야어 번역은 학문적 연구에 큰 의미가 있었다. (알바니아어 번역본은 분실되었다). 현재 신약성서본문을 연구하는 학자들은 그리스어 원본을 연구할 때 이 고대 번역본을 사용하고 있다.

이슬람교의 출현으로, 남캅카스 민족은 적대하는 회교도 국가에 의해 포위되었다. 이슬람교도들은 기독인에게 몇 차례 불과 칼로 그들의 신앙을 강요하는 시도를 했다. 가혹한 투쟁에서 조지아인과 아르메니아인은 참된 신앙을 유지할 수 있었다. 그런데 알바니아인은, 기독교에서 이탈하여 완전히 사라질 때까지, 회교로 동화되었다. 그들 대신에 아제르바이잔 민족이 남캅카스에 나타났다.

이 지역에서, 특히 조지아는 항상 종교적 관용을 중시했다. 아제르바이잔은 전통적 이슬람교, 조지아는 정교회, 아르메니아는 정교회 등 서로 다른 신앙을 가졌음에도 불구하고, 과거 이 나라들에서는 서로 다른 종교와 민족의 사람들이 항상 피난처를 찾았다. 현재, 정교회, 가톨릭, 아르메니아 정교회(아르메니아~사도 교회), 개신교, 유대교, 회교(시아파와 수니파) 신자들이 함께 지내고 있다. 개신교는 비교적 최근에 들어왔다.

지난 세기, 팔레스타인 근처에서 살기 원했던 우유파는 남캅카스로 이주했다. 그 후 독일계 이주민 루터교인이 뒤따랐다. 이제 남캅카스의 개신교 분파 가운데 가장 많은 숫자는 복음주의 기독교침례회이다.

남캅카스 교회의 쎈터는 트빌리시에 있다. 1867년에 이 도시에서 형제회 역사가 시작되었다. 지난 15년 동안 선임목회자 크비리카시빌리가 남캅카스 지역을 이끌고 있다. 그의 협력자로 아제르바이잔 담당은 그루비치, 아르메니아 담당은 아반에샨이다. 목회자 협의회에는 그루지야 교회 출신 3명, 아르메니아 교회 출신 2명, 러시아 교회 출신 4명 등 9명의 목회자가 포함되어 있다.

남캅카스에서는 평균 150명의 사람이 매년 침례를 받는다. 개종자의 70% 가 조지아 사람이다. 신입 회원 중 압도적 다수는 청년과 중년층이다. 많은 사람이 중등 혹은 고등 교육을 받았다.

교회는 시설이 잘 갖추어진 건물을 가지고 있고, 신자들은 교회 건물을 소유하고, 건축하고, 재건축할 가능성이 있다. 남캅카스의 대도시 트빌리시 (민족 교회 4개), 수후미, 바투미, 포티, 루스타비, 예레반, 바쿠 교회는 찬양대가 있고, 노보울리야놉카 마을에는 오케스트라가 있다.

신자들은 형제들 소식 잡지를 관심 있게 읽는다. 잡지는 교회 형제회를 연결하는 고리 역할을 하고, 영적 지식을 깊게 하고, 하나님 말씀의 진리를 정확하게 이해하는 데 도움이 된다. 다른 민족의 신자들을 위해서 잡지의 영적인 글과 본 교단의 메시지가 그들의 모국어로 번역된다.

교회 회원들은 양심적이고 정직하게 일하고, 집단의 사회생활에 참여한다. 신자 중에는 노동 경력자, 특별한 수상자, 국가유공자로 조국 전쟁 참전 용사와 상이군인 등이 있다. 현재 남캅카스에는 38개의 교회에 회원 수는 4,700명 이상이다.

조지아

연구자들은 조지아에서 4세기 이전에 기독교가 공인되었다고 추측했는데, 그것을 증명하는 문서는 보존되지 못했다. 그런데 최근 동부 조지아 발굴에서 고고학자들이 기독교 교회의 기초와 2~3세기로 추정되는, 기독교 매장지를 발견했다. 4세기 초 미리안 왕 통치 시대에, 당시 조지아의 수도였던 므츠헤타에서 카파도키아(갑바도기아)의 니나의 도움으로 기독교는 국가 종교로 선포되었다.

수세기 동안 조지아 사람들은 그들의 신앙과 자유를 지켰다. 지난 세기 중간에 고대 그루지야 땅에 처음으로 복음주의 기독교침례회 교회가 생겨났다. 전달된 자료를 보면, 첫 번째 조지아의 침례교인은 후치시 빌리였고 1912년 복음적인 규정에 따라 침례를 받았다.

지역 주민들을 위한 복음 전파의 일에 큰 도움을 준 것은 러시아인 형제와 자매들이었다. 남캅카스 침례교 연합회는 1919년에 남캅카스 기독교침례회 총회를 주최했다. 벨로우소프가 연합회 회장으로 선출되었다. 총회에서 조지아 복음화를 위한 방향이 정해졌다.

1919년 3월 12일에 티플리스 침례교회 홀에서 조지아 사람들을 위한 예배 모임이 있었다. 1913년에 빌나(현재 빌뉴스)에서 모론츠 형제에게 침례를 받은 칸델라키는 자국 백성들을 위한 복음 전도 사역을 꾸준히 했다. 그런데 사역자의 생애는 슬프게 끝났다. 조지아 동부로 가는 선교 여행 중에 그는 타살되었다. 그러나 칸델라키가 시작한 조지아 복음화 사역은 그의 죽음으로 멈추지 않았다. 형제의 사역은 다른 전도자들에 의해 계속되었다.

1945년에 시행된, 침례교와 복음주의 기독교가 통합된 이후 코초라제가 트빌리시에서 조지아인 가운데 최초로 목회자로 안수받았다. 현재 조지아에는 16개의 교회가 있으며, 회원의 대부분은 조지아 사람이다. 최근 몇 년 동안 공화국의 교회에는 풍성한 은혜가 있었다. 많은 사람이 하나님과 화해하여 신자가 되는 기쁨을 경험했다. 포티, 죽디디(서부 조지아), 루스타비(동부 조지아)에 있는 새로운 교회들이 공화국에 등록되었다. 칸델라키가 순교한, 카헤티야와 구르자니에 조지아 교회가 세워졌다. 고리 교회의 등록 문제가 해결되었다. 트빌리시 교회는 교회 건물을 재건할 수 있는 허가를 받았다. 이 교회의 역사는 부록 1에 있다.

오랫동안 조지아 신자들은 읽기 어려운 고대 조지아어로 된 성서를 사용했다. 1980년부터 조지아 교회는 성서 번역연구소에서 현대 조지아어로 번역한 신약성서를 사용하고 있다. 조지아의 정교회는 현대 조지아어로 성서 전권을 인쇄할 준비를 하고 있다. 원본으로부터 성서 번역은 조지아 학자 그룹이 실행했다. 현대 조지아어 성서 출판은 의심할 여지 없이 조지아 문화의 위대한 업적이다.

아르메니아

그림 같은 산악 지역의 주민들은 자신들의 역사와 문화를 당연히 자랑스럽게 여긴다. 아르메니아 수도 예레반은 아름다운 고대 도시이다. 예츠미아진에서 그리 멀지 않은 곳에 종교적 중심지인 아르메니아~사도 교회가 있다. 여기에 아르메니아의 건축기술과 기독교 시대 문화의 웅장한 기념비가 있다.

전설에 따르면 다대오와 바돌로매 사도는 아르메니아 최초의 복음 전파자였다. 진리를 받아들인 사람들은 박해를 받았다. 기원전 4세기 초 트르다테 3세와 교육가 그리고리 통치 시기에 기독교는 아르메니아의 국교가 되었다. 메스로프 마슈토츠에 의해 5세기 초에 문자가 만들어진 후, 성서가 아르메니아어로 번역되었다. 알려진 대로, 나중에 아르메니아 교회는 아르메니아 사도(아르메니아 그레고리) 이름을 받아들였다.

아르메니아의 복음주의 운동은 지난 세기에 나타났다. 아르메니아에 복음이 널리 전파되도록 강력한 촉진자 역할은 스위스 바젤 출신의 루터교 선교사 펠리치안 자렘바 와 아우구스트 디트리히(1821년)였다. 아르메니아 언어를 공부한 후, 자렘바와 디트리히는 고르니 카라바흐의 슈샤, 예레반, 알렉산드로폴(현재 레니나칸)에서 전도했다. 이 거룩한 일에 아르메니아 사람 미르자 파루흐가 도움을 주었다. 선교사들은 복음 전파와 함께 아르메니아에 학교와 보육원을 열었다. 선교사의 활동이 그레고리오 교회의 지도부에 알려졌을 때, 그들은 전도자들에게 아르메니아를 떠나도록 강요했다. 선교사들은 '하나님께서 심으신 것은, 그가 반드시 자라게 하실 것이라'는 마지막 말을 했다. 바로 그런 일이 일어났다.

아르메니아 사람을 위한 자렘바의 활동이 끝나자, 공식적인 교회를 떠난, 두 가지 자치적인 흐름이 아라랏 형제회 안에서 아르메니아는 샤마힌스코에, 아제르바이잔은 샤마흐에 나타났다. 형제회는 독립적으로 활동했고 침례교 연합회나 복음주의 기독교와 관련이 없었다.

바젤 선교사들의 복음을 받아들인, 슈샤 시내 몇 가정이 함께 모여, 복음주의 기독교침례회 신자들의 최초 그룹을 만들었다. 그 결과 1890년에 슈샤에서 50명의 회원으로 구성된 첫 번째 교회가 조직되었다. 교회 목회자 다비도프와 그의 조력자 아가루노프는 티플리스 침례교회의 마자예프에 의해 교사직으로 안수받았다. 이어서, 레니나칸, 스테파나반(스테파나케르트)에서 신자 그룹이 조직되었다. 파트바칸 타라얀 편집자가 바쿠에서 출판한 바리 루르 좋은 소식 잡지는, 해외와 캅카스에 사는 아르메니아인의 각성에 중요한 역할을 했다.

30년대에는 모든 종교 단체의 활동이 신자에 관한 억압으로 중단되었다. 1944년부터 신자의 상태가 좋아졌다. 1947년에 아르메니아 개신교 아라랏 형제회와 샤마흐 형제회가 본 교단에 합류했다. 아르메니아 신자들은 현대 아르메니아어 성서와 악보 있는 복음찬양집을 가지고 있다. 예레반 교회의 역사는 부록 1에 포함되어 있다.

아제르바이잔

수도 바쿠는 카스피 호수의 해변에 있는 아름다운 도시로, 아제르바이잔의 문화 행정 및 정치의 중심지이다. 도시의 오래된 구역은 이슬람 사원, 이슬람 학교, 고대 유적 등 전형적인 동양 도시의 강한 인상을 받고 있다.

앞서 말한 바와 같이, 현대의 아제르바이잔 영토에 고대 기독교 국가가 있었다. 그 후 아제르바이잔에 터키 계통의 아제르바이잔 민족이 정착했다. 그 이후로 무슬림 문화가 그 땅에서 이루어졌다. 아제르바이잔 무슬림의 종교적 중심지는 바쿠에 있다.

신약성서는 지난 세기에 아제르바이잔어로 번역되었다. 그런데 아제르바이잔 사람들은, 이슬람교를 믿는 다른 민족처럼, 기독교 교리를 받아들이는 것이 어렵다. 바젤 선교사들은 선한 흔적을 남긴, 영적 교육적 활동을 그 지역에서 실시했다. 유명한 목회자인 파블로프는 아제르바이잔 사람들에게 복음을 전하기 위해 아제르바이잔어를 공부했다. 그와 함께 남캅카스에서 복음주의 운동을 했던 선구자는 이바노프였다.

믿음으로 인해 박해받은 많은 신자가 아제르바이잔 땅을 방문했다. 러시아 정부는 최초의 복음 전도자 우크라이나인과 러시아인들을 러시아 국경으로 추방했다. 특히 혹독한 추방 장소는 기류시(고리스)였다.

20세기 초에 많은 설교자와 선교사들이 아제르바이잔을 방문했다. 하나님의 말씀을 전파하기 위한 더 좋은 토양은 러시아인의 마음으로 나타났다. 그 후에 기독교침례회 신자들의 교회와 그룹이 하치마스, 잘랄아바트, 란코란, 샤마흐, 바르타센스키, 케다벡, 피줄리, 네프테찰린스크와 키로바밧에 발생했고, 숨가이트에서는 20년 동안 교회가 있었다. 현재 공화국에는 러시아 교회가 있고, 아제르바이잔 신자도 있다. 아제르바이잔어 예배는 아직 시행되지 않고 있다. 기독교침례회와 이슬람교 사이에 우호적인 관계가 이루어졌다는 사실에 주목해야 한다.

복음주의 기독교침례회 재외동포의 생활

러시아 · 우크라이나 형제회

러시아 · 우크라이나 복음주의 기독교침례회 연맹이 1919년 미국에서 창설되었다. 연맹의 초대 회장은 플라톤 이바노비치 다비둑(1919~1957년)이었고, 나중에 이반 악센티에비치 크메타(1957~1974)로 교체되었다. 현재 연맹의 지도력은 레오 노비치, 샤호프, 볼트네프 및 다른 형제들이 수행하고 있다. 연맹 사무실은 애슈퍼드에 있다. 여기에 연맹의 부서들, 라디오 스튜디오, 양로원이 있다. 양로원을 포함한, 모든 센터 업무는, 장기간 하나님의 일에 봉사한 실로디가 주관하고 있다. 연맹의 활동은 캐나다, 라틴 아메리카와 호주에 거주하는 슬라브 민족 출신의 신자들 생활과 관련되어 있다.

1916년부터 연맹은 영적으로 교훈을 주는 2개의 잡지 [씨 뿌리는 자]와 [진리]를 간행하기 시작했는데, 같은 해에 [진리를 뿌리는 자] 이름의 잡지로 통합되었다. 다비둑둑과 크메타와 하르츨라는 장기간 잡지의 편집장을 역임했다. 1928년에 우크라이나를 떠난, 시인이자 영적 작가인, 크메타는 우크라이나 침례교 잡지에 적극적으로 활동했던 한 사람이다.

러시아 · 우크라이나 형제회의 유명한 영적 작가인 로고진, 살로프 아스타호프, 크메타, 골루스탄탄츠, 하르즐라의 이름을 주목해야 한다.

해마다 연합영성집회가 애슈퍼드에서 개최되고, 때로는 복음주의 기독교침례회 총연합회 대표들이 참석한다. 1950년 이후 복음주의 기독교침례회 총연합회와 러시아 · 우크라이나연맹 사이의 형제회 관계가 수립되었다. 연맹 지도자들은 국내의 복음주의 기독교침례회 총연합회 소속 교회를 자주 방문하면서 신자들의 선한 생활을 간증한다.

미국에 있는 복음주의 기독교침례회 우크라이나연맹은 오랫동안 가르부죽이 지도하고 있다. 연맹은 미국과 다른 국가에서 사는 우크라이나인들을 연합시킨다. 연맹의 연합집회가 정기적으로 개최된다. 집회에서는 다양한 영적 문제와 함께 우크라이나 독립 창간에 관한 민족주의적 질문도 떠올랐다. 연맹 지도부는 본 교단 소속 교회들과 형제적 친교를 거부한다.

캐나다에는 2개의 연합회가 있는데 서부와 동부 연합회이다. 서부 연합회와 우크라이나 침례회는 좋은 관계를 수립했다. 지도부는 퍄토흐, 브리치, 스코보로드코이고, 미국의 코발축은 자주 우크라이나의 교회를 방문했다.

세계복음주의 기독교연맹에는 연합된 슬라브 민족, 미국과 다른 나라에 사는 복음주의 기독교인들을 포함한다. 연맹은 프로하노프가 30년대에 해외 체류 중 조직했다.

세르게이가 연맹을 장기간 지도하고 있다. 연맹의 사무실은 시카고에 있다. 1960년부터 연맹은 본 교단과 좋은 관계를 유지하고 있다. 거의 매년 세르게이는 소련을 방문하고 있다. 그는 교회에서 설교하고, 본 교단의 사업에 참여하고 있다. 세르게이의 설교는 형제들 소식 잡지의 지면에 실렸다. 슬라브 민족 교회 연합회의 유능한 사역자들이 복음방송 준비에 참여하고 있다.

에스토니아 형제회

제2차 세계 대전 5년 동안과 소비에트 권력 확립 이후 에스토니아에 있는 자유 교회의 수가 30% 줄었다. 많은 신자가 전쟁 중에 사망했고, 다른 신자들은 해외로 떠났다. 외국에서 복음 전파와 교제에 관한 영적 노력의 필요를 느낀 신자들이 교회를 조직했다.

에스토니아 교회는 뉴욕에서는 1918년부터, 상파울루에서는 1926년부터, 시드니에서는 1930년부터 존재했다. 시드니 교회는 지금도 운영되고 있고 호주 복음주의 교회로 알려져 있고, 다른 교회도 있다.

에스토니아 신자들은 미국의 레이크우드, 볼티모어, 샌프란시스코, 로스앤젤레스에 교회를 세웠다. 남아메리카 아르헨티나의 부에노스아이레스에 에스토니아 교회가 있다. 호주의 애들레이드와 멜버른에 교회가 있다. 스웨덴의 스톡홀름, 노르스커링, 고덴부르크, 웁살라, 에스킬스투나, 쿠믈라, 예테보리, 헬싱보리에서 에스토니아 교회와 그룹이 발생했다.

해외에 거주하는 에스토니아인의 가장 큰 교회는, 캐나다의 토론토와 밴쿠버에서 조직되었다. 시간이 지나서 스웨덴의 많은 에스토니아인이 캐나다로 이주했으며, 이와 관련하여 스웨덴의 에스토니아 교회는 여러 곳에서 중단되었다. 에스토니아인은 세계 여러 나라에서 일하고 있고, 또한 여러 복음주의 및 국제종교기구에서도 주요 직책을 맡아 일하고 있다. 에스토니아인의 복음주의 활동은 이집트, 남아프리카 공화국, 자이르, 뉴기니, 칠레, 브라질 및 기타 국가에 이르렀다.

현재 활동적인 교회는 토론토, 밴쿠버, 스톡홀름, 고덴부르크, 시드니, 뉴욕, 부에노스아이레스, 샌프란시스코, 상파울루에 있다. 1984년부터 해외 에스토니아 침례교회 중앙협의회 회장은, 칼유리드이며, 그는 토론토 교회에서 목회자로 사역하고 있다. 해외의 신자들은 고국에 있는 교회들과 긴밀한 접촉하고 있는데, 그들은 하나의 목표인 사람들의 영적 계몽이란 이름으로 일하고 있기 때문이다.

라트비아 형제회

많은 라트비아 신자들이 라트비아 국외에 거주하고 있는데, 그들 또한 언제나 고국에 있는 신자들과 교제하려고 노력했다. 1890년에 많은 라트비아 침례교인들 브라질로 이주했다. 이민자들은 교회를 세웠지만, 불행히도 복음 전파에는 거의 관심이 없었다. 브라질에서 전도 활동이 많이 증가한 것은 20년대 초반에 발생한 이민 운동 때문이었다. 이민자들은 오랜 자연환경에서 경제적이며 영적인 생활을 시작했고, 새 땅에서 그들의 주요 사명이 복음 전파임을 깨달았다. 전도는 지역 주민인 포르투갈 사람들과 슬라브 사람들 사이에서 순조롭게 진행되었다. 1944년에 라트비아인들은 볼리비아에 복음을 전했다. 1950년에 라트비아 침례교회 연합회가 브라질에서 조직되었다. 유명한 영적 사역자는 다음과 같다. 부틀러스 박사, 인키스(R.) 박사, 인키스(Y.) 박사, 락셰비츠스, 에이흐마니스, 로니스, 그리고로비치, 도벨스, 추룩스, 루카키스 등이다.

1890년에 최초의 라트비아 침례교회가 미국에 세워졌다. 1914년에 이미 7개의 라트비아 침례교회가 미국에 있었다. 제2차 세계 대전 후 많은 라트비아인이 미국으로 이주하여 1950년에 미국 라트비아 침례교 연합회가 창립되었고, 1954년부터 추쿠르스(1907~1986) 회장이 재직했다. 미국에 거주하는 라트비아 신자들은 교회 음악의 발전과 경건 도서출판에 크게 이바지했다. 여러 시기에 음악 분야에서 크비스틴트 목사, 신학박사 다우그마니스, 신학석사 바스케와 시베른스, 예글티스, 오딘시, 카롤스, 바시티카, 부이비데 등 다른 사역자들이 활약했다. 소련 내 라트비아 형제회 교회와 미국 내 라트비아 침례교회들 사이에 활발한 교류가 있었다.

외국 땅에 있는 신자들의 미래를 생각하면서, 추쿠르스 목회자는 1960년에 다음과 같이 썼다.

"이민 생활하는 소수의 라트비아 침례교도는, 자신들의 활동을 어려움 없이 계속 발전시키고 있지만, 그들이 라트비아 교회의 미래를 보장할 수 없다. 라트비아에 거주하는 사람들만이, 라트비아 복음주의 사업을 더 멀리 역사적인 관점으로 계속할 수 있다."

리투아니아 형제회

리투아니아의 복음주의 기독교 형제회는 규모가 작고, 적은 수의 리투아니아 신자들이 해외에 거주한다. 일반적으로 리투아니아를 떠난 사람들은 북아메리카의 대규모 식민지에 정착했다. 1920~30년대에 미국의 일부 도시에서는 리투아니아어로 하나님의 말씀이 전파되었다. 실례로, 매사추세츠주의 우스터에서 유오자스 라타카스가 이끄는 리투아니아인의 작은 교회가 있었다. 시간이 흐르자 신자들의 자녀들은 영어를 사용하는 교회로 옮겨갔고, 작은 그룹들은 사라졌다. 제2차 세계대전 후 아르헨티나의 부에노스아이레스에, 발레니스가 이끌었던 리투아니아인의 작은 교회에서 있었는데, 얼마후 교회는 운영을 중단했다. 현재 복음 전도자 알기르다스 유레나스 박사가 미국에 거주하고 있다. 유레나스는 성서를 리투아니아어로 새롭게 번역하고 있다. 유레나스가 번역한 신약성서와 시편은 성서 공회를 통해 3번 출판되었다.

복음주의 기독교침례회 연합회의 연대별 주요 사건

1763년 – 7월 22일 러시아 지역에 외국인을 활용하여 정착촌 개발을 결정한 예카테리나 2세의 선언문 발표. 이주 시작.

1785년 – 흑해 북부 연안(노보로시아) 정착촌 개발을 위한 외국인 개척자 이주 선언.

1787년 – 9월 7일 노보로시아 이주 메노파의 복지와 특권에 관한 예카테리나 2세의 법령 발동.

1789년 – 첫 번째 메노파 집단 228가정의 남부 러시아 도착, 드네프르 지역 호르티츠야 섬으로 이주.

1812년 – 12월 6일 성서 공회의 상트페테르부르크 설립, 1814년 9월 4일부터 러시아 제국 국민에게 하나님 말씀을 전파할 목적으로 러시아 성서 공회로 전환.

1817~1820년 – 뷔템베르크 출신 경건파 - 분리파의 러시아 남부 이주.

1821년 – 알렉산더 1세가 바젤선교회 주도의 이슬람교도, 아르메니아인, 독일인 프로테스탄트 대상 선교업무 실행을 허용. 첫 번째 선교사 펠리치안 자렘바와 아브구스트 디트리흐의 캅카스 도착.

1822년 – 신약성서를 최초로 일상 러시아어로 번역하여 2만 부 출판. 1818년부터 사복음서 3만 부 출판.

1823년 – 바젤선교회 요한 본켐퍼 목사가 헤르손 지방 정착촌 로르바흐, 보름스에 도착. 개혁파 가운데 시계파 운동의 활성화.

1824년 – 몰로치니에보디 출신 메노파, 영적전사파, 우유파의 이주 완료.

1826년 – 니콜라스 1세의 칙령에 따른 러시아 성서 공회 폐쇄.

1835년 – 러시아 내 바젤 선교회의 활동 금지. 캅카스에서 선교사 추방.

1845년 – 뷔템베르크 분리파 초청으로 에두아르드 뷔스트 목사가 정착촌 노이고프눙에 도착.

1854~1855년 – 첫 번째 신경건파 메노파 그룹이 정착촌 크론스베이데와 아인락에서 발생.

1858년 – 신성종무원의 신구약 성서 러시아어 번역 승인.

1858년 – 오니셴코의 회심과 독일계 시계파에 합류.

1860년 – 라투시니의 회심.

1860년 – 메노파 그류퍼의 공동체 조직.

1860년 – 신메노파 베커와 바르텔이 쿠루샨강에서 첫 번째 침례식 거행.

1860년 – 러시아어 4 복음서의 시노드판 발간.

1861년 – 농업인 개혁, 러시아의 농노제도 폐지.

1860년 – 1862년 오스노보 마을, 카를로프카 마을, 오스트리코프 농장에서 최초의 시계파 공동체 발생.

1862년 – 시노드 번역의 러시아어 신약성서 전권 출판.

1862년 – 신메노파 웅거가 침례를 받다.

1863년 – 러시아 내 성서 보급을 위한 공회 발생.

1863년 – 독일계 침례교 이주민들이 남캅카스, 티플리스 지역에 최초의 독일침례교 공동체를 조직.

1864년 – 신구단치그 지역에 최초의 독일계 침례교 공동체 발생

1865년 – 그류퍼가 신메노파로 분리, 정죄, 그류퍼파 발생.

1867년 – 카를로프카, 류보미르카 마을에 우크라이나 최초 침례교회 발생.

1867년 – 본켐퍼가 우크라이나 남부 개척지 로르바흐에 도착.

1867년 – 칼바이트가 러시아 침례교 선구자 보로닌에게 쿠라 강에서 침례 거행.

1869년 – 티플리스에 러시아 침례교 공동체 탄생.

1869년 – 웅거가 우크라이나 침례교 선구자 침발에게 수가클레야 강에서 침례 거행.

1869년 – 온켄이 우크라이나 남부 침례교와 신메노파 공동체에 도착.

1869년 – 러시아 성서 보급 공회 승인.

1870년 – 침발이 랴보샤프카에게 침례 거행.

1871년 – 랴보샤프카가 라투시니에게 침례 거행.

1871년 – 파블로프가 이바노프에게 침례 거행.

1872년 – 신메노파 형제회 연합회 조직.

1874년 – 레드스톡 경의 상트페테르스부르크 도착.

1874년 – 파시코프, 코르프, 보브린스키의 회심.

1875년 – 페이커(M.G., A.I.) 형제들의 러시아 노동자 잡지 발행 시작.

1876년 – 러시아어 시노드 판 성서 전권 출판.

1876년 – 파시코프가 설립한 영성 도덕 독서장려회 내무부 승인.

1876년 – 온켄이 파블로프를 국내선교사로 안수.

1876년 – 파블로프가 함부르크 신앙고백서를 러시아어로 번역.

1878년 - 타우리드 현 노보바실리예프카에서 최초의 러시아 침례교 공동체 발생.

1878년 - 북캅카스 지방 블라디캅카스에 최초의 러시아 침례교 공동체 조직.

1879년 - 러시아 침례교 공인 관련 마콥스키 회람의 공포.

1882년 - 고멜친에 침례교 공동체 발생.

1882년 - 러시아 침례교회에 전달되지 않은 마콥스키 회람의 해설.

1882년 - 류케나우 정착촌에서 메노파와 침례교의 최초 연합 모임.

1882년 - 보로닌이 복음성가집 믿음의 소리 발간.

1883년 - 5월 3일 법령에서 모든 분파 대표자의 예배 시행 권리 부여.

1884년 - 파시코프가 상트페테르부르크에서 소집한 파시코프파, 침례교, 신메노파, 시계파, 자하로프가 참석한 첫 번째 연합총회.

1884년 - 노보바실리예프카에서 첫 번째 러시아 침례교 총회, 러시아 침례교연합회 창립.

1884년 - 영성 도덕 독서장려회 폐쇄.

1884년 - 파시코프와 코르프가 러시아에서 추방됨.

1883~1885년 - 볼가 지역 최초의 침례교 공동체 출현.

1884년 - 마자예프의 회심과 침례 받음.

1885년 - 블라디캅카스 침례교 총회.

1886년 - 쿠반주 침례교 지방회 총회.

1886년 - 프로하노프의 회심.

1887년 - 프로하노프의 침례 받음, 공과대 입학 목적으로 상트페테르부르크 도착.

1887년 - 제1회 반종파선교사 대회.

1887년 - 파블로프와 보로닌의 첫 번째 오렌부르크 추방.

1889년 - 스타브로폴 지방의 니콜스코예에서 러시아 침례교 총회 혹은 연례회의.

1889년 - 블라고베셴스크 지방의 아무르와 극동지역에서 최초의 침례교 공동체 발생.

1889년 - 프로하노프가 상트페테르부르크에서 대담 잡지 비공식적으로 발행 시작.

1890년 - 침례교 총회.

1890년 - 우크라이나, 캅카스, 벨로루시에서 남캅카스의 기류시, 예리반, 엘리사벳폴 지구 및 시베리아로 사역자들이 추방됨.

1890~1891년 - 슈샤에 최초의 아르메니아인 침례교 공동체 조직.

1891년 - 제2회 반종파선교사 대회.

1891년 - 파블로프가 오렌부르크로 두 번째 추방됨.

1892~1893년 - 파시코프가 상트페테르부르크에 일시 체류.

1894년 - 시계파와 침례교 관련된 법령 ~ 1894년 9월 3일 자 내무부 공문.

1894년 - 니콜라이 2세의 왕위 계승관계로 침례교도 및 기타 신도들의 추방 기간이 늘어남.

1889~1894년 - 베데커 박사가 러시아 유럽 지역 및 아시아 지역 방문 선교.

1895년 - 시베리아 미누신스크 지방에서 침례교 공동체 발생.

1895년 - 파블로프와 프로하노프의 강제 국외이주.

1896년 - 러시아 침례교 공인.

1897년 - 제3회 반종파선교사 대회.

1897년 - 시베리아 서부 옴스크에서 침례교 공동체 발생.

1898년 - 프로하노프의 귀국.

1898년 - 마자예프가 소집한 차리친 침례교 대표자 회의.

1900년 - 마자예프(A.M.), 칼바이트, 홀스툰, 이바노프, 랴소츠키 등 침례교 지도자들이 추방지에서 석방됨.

1901년 - 파블로프의 고향으로 귀가.

1902년 - 로스토프나도누에서 침례교 총회.

1902년 - 프로하노프가 복음성가집 하프 발간.

1903년 - 차리친에서 침례교 총회.

1904년 - 로스토프나도누에서 침례교 및 복음주의 기독교 총회

1904~1905년 - 페테르부르크에서 프로하노프 복음주의 기독교공동체 조직.

1905년 – "종교적 관용의 시작 강화" 관련 4월 17일 자 법령 발효.

1905년 – 복음주의 기독교침례회 명칭을 수용한 로스토프나도누 침례교 및 복음주의 기독교 총회.

1905년 – 런던에서 개최된 제1차 침례교 세계대회에 복음주의 기독교침례회 대표단 참석.

1906년 – 프로하노프가 [기독교]인 잡지를 정기적으로 간행하기 시작.

1906년 – 10월 17일 자 법령 "교육과 행동의 순서… 정교회에서 분열된…"

1906년 – 1906년 10월 17일 자 법령을 명확하기 위한 탄원서 준비에 따른 키예프 복음주의 기독교침례회 총회.

1907년 – 침례교, 복음주의 기독교, 상트페테르부르크에 있는 자하로프파 연합 총회.

1907년 – 로스토프나도누에서 침례교 총회.

1907년 – 마자예프(D.I.) 주관으로 정기 잡지 침례교 발행 시작.

1907년 – 페틀러의 상트페테르부르크 도착.

1907년 – 프로하노프의 러시아 복음주의연맹 조직.

1908년 – 상트페테르부르크에서 복음주의 기독교공동체 최초 등록.

1908년 – 키예프 침례교 총회.

1908년 – 모스크바 제1차 기독교 청년연합대회

1909년 – 페틀러가 정기 간행물 믿음, 1910년부터 손님 발행을 시작.

경건 서적 영화 출판소 조직

1909년 – 오데사에서 침례교 총회(미완료).

1909년 – 상트페테르부르크에서 제1차 전 러시아 복음주의 기독교 총회, 전 러시아 복음주의 기독교 기반 조성.

1909년 – 상트페테르부르크에서 제2차 기독교 청년연합대회.

1909년 – 로스토프나도누에서 침례교 총회.

1910년 – 상트페테르부르크에서 침례교 총회.

1910년 – 상트페테르부르크에서 제2차 전 러시아 복음주의 기독교 총회.

1911년 – 중부 러시아 지역에서 침례교 신앙고백의 자유에 관한 커지는 제한.

1911년 – 모스크바에서 침례교 총회, 제정시대의 마지막 총회.

1911년 – 상트페테르부르크에서 제3차 전 러시아 복음주의 기독교 총회.

1911년 – 필라델피아에서 개최된 제2차 세계침례교대회에 침례교와 복음주의 기독교 대표단 참석.

1912년 – 블라디캅카스에서 침례교와 복음주의 기독교 공동회의.

1912년 – 상트페테르부르크에서 복음의 집(교회) 시작.

1913년 – 프로하노프 페테르부르크에서 성서연구강좌 시작.

1914년 – 제1차 세계 대전 시작, 복음주의침례회 신자 박해 재개.

1915년 – 페틀러가 러시아에서 추방됨.

1917년 – 2월 혁명. 억압적인 추방지에서 석방되어 돌아온 복음주의침례회 지도자들.

1917년 – 블라디캅카스에서 침례교연맹 복원 총회.

1917년 – 상트페테르부르크에서 복음주의 기독교인들의 네 번째 총회.

1917년 – 월 혁명.

1917년 – 모스크바에서 제5차 복음주의 기독교 총회.

1918년 – 1월 23일 자 국가에서 교회 분리 관련 레닌 포고령.

1918년 – 최초의 복음주의침례회 농업 경제 공동체 출현.

1919년 – 러시아소련사회주의공화국 인민위원회.

1919년 – 1월 4일 자 종교적 신앙에 따른 군복무 면제 포고령 발표.

1919년 – 러시아침례교연맹 임시지도부 구성. 연맹의 집단지도부 체제 시작.

1919년 – 상트페테르부르크에서 제6차 복음주의 기독교 총회.

1920년 – 모스크바에서 전 러시아침례회 총회. 두 연맹 통합 문제 결정.

1920년 – 모스크바에서 복음주의 기독교 제7차 총회. 두 연맹의 통합 문제 논의.

1921년 – 러시아소련사회주의공화국 인민위원회 산하 기독교 집단농장조직 특별위원회 설립.

1921년 – 트베리에서 제6차 기독교 청년연합대회.

1921년 – 모스크바에서 침례교 총회.

1921년 – 상트페테르부르크에서 제8차 복음주의 기독교 총회.

1922년 – 프로하노프가 러시아 정교회에 호소 - "복음의 외침"

1923년 – 스톡홀름에서 개최된 제3차 침례교 세계대회에 침례교와 복음주의 기독교 대표단 참여.

1923년 – 상트페테르부르크에서 복음주의 기독교 제9차 총회.

1923년 – 모스크바에서 제25차 침례교 총회.

1924년 – 침례교와 복음주의 기독교의 공동성서강좌가 상트페테르부르크에서 개설.

1924년 – 침례교연맹 이전 지도체제로 복귀.

1924년 – [기독교] 잡지 출판 재개.

1924년 – 프로하노프의 프라하 목사 안수.

1925년 – 복음주의 기독교의 성서강좌가 상트페테르부르크에서 재개

1925년 – 전 우크라이나 침례교 총연맹 내 우크라이나침례교공동체 협의회 재조직.

1925년 – 침례교 잡지 출판 재개.

1926년 – 우크라이나 침례교 정기 발간 시작.

1926년 – 레닌그라드에서 제10차 복음주의 기독교 총회.

1926년 – 전 러시아 복음주의 기독교연맹이 성서 25,000권 출판.

1926년 – 제26차 침례교연맹 총회. 연방에 기초한 연맹의 신 업무 관리체제 수용.

1927년 – 침례교 성서강좌가 모스크바에서 12월에 시작. 1927년 전 러시아 복음주의 기독교연맹이 신약성서 25,000권, 10 복음성가 집 25,000권, 악보 포함된 10 복음성가 집 10,000권, 성서 10,000권 출판.

1928년 – 토론토 제4차 침례교 세계대회에 침례교와 복음주의 기독교 대표단 참석.

1928년 – 4 복음서 대조집 1만 권 출판.

1928년 – 호전적 무신론자연맹 활성화.

1929년 – 전 러시아 중앙집행위원회와 러시아소련사회주의공화국 인민위원회의에서 결정한 종교단체에 관한 4월 8일 자 법령.

1929년 – 종교적 신앙고백과 반종교적 선전의 자유를 명시한 헌법 제4조 개정.

1929년 – 연방침례교연맹의 활동중단.

1930년 – 전 러시아 복음주의 기독교연맹의 활동중단.

1930년 – 침례교연맹의 복원.

1931년 – 전 러시아 복음주의 기독교 연맹의 복원.

1929~1935년 1차 박해.

1932년 – 전 러시아 복음주의 기독교연맹 사무실을 레닌그라드에서 모스크바로 이전.

1935년 – 침례교연맹의 활동중단.

1937년 – 2차 박해.

1941년 – 위대한 조국 전쟁 중 전국적인 박해. 형제회 생활의 활성화.

1942년 – 공동 사업에 침례교와 복음주의 기독교의 화합. 조국 해방에 관한 전국민적 일에 모든 침례교인과 복음주의 기독교인의 동참 호소.

1942년 – 복음주의 기독교와 침례교의 임시연맹을 모스크바에서 구성.

1944년 – 복음주의 기독교와 침례교의 형제회 교단 통합 및 복음주의 기독교침례회 총연합회로 통합.

1945년 – 8월 합의에 따른 기독교신앙 복음주의(오순절파)와 복음주의 기독교침례회의 통합.

1945년 – 형제들 소식 잡지 출간 시작.

1945년 – 연합의 날 축하 행사.

1946년 – 형제회 연맹의 명칭에서 와 사용과 두 형제회의 통합 완료.

1955년 – 런던에서 개최된 제9차 침례교 세계대회에 복음주의 기독교침례회 총연합회 대표단 참석.

1956년 – 복음주의 기독교침례회 총연합회가 복음성가집 15,000부 출판.

1957년 – 복음주의 기독교침례회 총연합회가 성서 10,000부 출판.

1958년 – 복음주의 기독교침례회 총연합회가 유럽침례교연합회에 가입.

1958년 – 평화보존 기독인 대회에 복음주의 기독교침례회 총연합회 대표단의 참석.

1959년 – 복음주의 기독교침례회 총연합회 규약과 지침서 채택.

1960년 – 선도적 그룹의 분리.

1960년 – 리우데자네이루에서 개최된 제10차 침례교 세계대회에 복음주의 기독교침례회 총연합회 대표단 참석.

1962년 – 복음주의 기독교침례회 총연합회의 세계교회협의회 가입.

1963년 – 모스크바에서 복음주의 기독교침례회 총연합회 총회.

1965년 – 미국 마이애미에서 개최된 제11차 침례교 세계대회에 복음주의 기독교침례회 총연합회 대표단의 참석.

1966년 – 제39차 복음주의 기독교침례회 총연합회 총회.

1966년 – 메노파 형제회가 총연합회 형제회 소속으로 공동 사업 시작.

1967년 – 러시아·우크라이나 복음주의침례교 형제회 발생 100주년 기념.

1968년 – 통신성서강좌 시작.

1969년 – 제40차 복음주의 기독교침례회 총연합회 대표단 총회.

1970년 도쿄에서 개최된 제12차 침례교 세계대회에 복음주의 기독교침례회 총연합회 대표단 참석.

1974년 – 제41차 복음주의 기독교침례회 총연합회 총회.

1974년 – 복음주의 기독교침례회 총연합회와 교회 연합회에 소속되지 않은 오순절 가운데 독립교회 출현.

1975년 – 스톡홀름에서 개최된 제13차 침례교 세계대회에 복음주의 기독교침례회 총연합회 대표단 참석. 성서 공회와 연합 사업관계 구축.

1976년 – 러시아 정교회의 시노드 번역 성서 100주년 출간기념 성서 출판.

1979년 – 제42차 복음주의 기독교침례회 총연합회 총회.

1980년 – 토론토 제14차 침례교 세계대회에 복음주의 기독교침례회 총연합회 대표단 참석.

1985년 – 제43차 복음주의 기독교침례회 총연합회 총회

1985년 – 로스앤젤레스에서 개최된 제15차 침례교 세계대회에 복음주의 기독교침례회 총연합회 대표단 참석.

1988~1989년 복음주의 기독교침례회 총연합회가 러시아 정교회 루스 침례 1,000주년을 축하.

제 2 부

국제 형제회와 복음주의 기독교침례회 연합회 교단

제9장
몰도바 형제회

몰도바 국민의 영적 부흥사

몰도바 복음주의 부흥은 세 가지 뿌리에서 생겨났고 동시에 발전했다.

키시너우 부흥

복음주의침례교 운동의 요람 중 하나는 1806년에 형성된 키시너우 우유파 공동체였다. 1900년에 200명의 회원이 있었다. 당시 공동체의 목회자는 세멘 바실리예비치 라흐마노프였고, 설교자는 교양있고 활력있는 안드레이 표도로비치 이바노프였다. 그의 직업은 정원사였고 다양한 사람들과 소통할 기회를 얻었다. 진리를 열심히 추구하면서, 그는 성서를 연구하고 회심했고, 주님께 회심한 사람은 자발적이며 의식적으로 침례를 받아야 한다는 것을 깨달았다. 그는 깨달음을 우유파와 정교회 신자들과 나누었다. 1906년부터 이바노프는 가족, 친구, 지인을 그의 집에 초대하여 함께 성경을 연구했다.

나중에 이바노프는 우유파에서 분리된 약 10명의 그룹과 함께 숲에서 모임을 하기 시작했다. 그의 아버지, 표도르 이바노비치와 그의 어머니, 아가피야 스피리도노브나는 아들의 행동에 대해 곧바로 불만을 말했고 우유파 교리를 변형시키려는 것에서 그를 구할 수 있는 가능한 모든 방법을 시도했다. 아들의 재교육에 대해 어머니는 특별한 열정을 보였다. 오데사에 있는 우유파 공동체를 방문했을 때, 그녀는 파블로프를 만났다. 이바노바는 아들의 주장을 꺾지 못한 상태에서 파블로프를 초대했고 그에게 아들이 침례를 받아서는 안 된다고 설득해 달라고 부탁했다.

파블로프는 초대를 수락했고 1906년 키시너우를 처음 방문했다. 그는 일부 형제들과 함께했다. 그들은 이바노프의 확신을 바꾸도록 하지 않았고 반대로, 하나님의 말씀을 굳건히 붙잡으라고 교육했다.

이런 방법으로, 복음을 받아들이기 위해 주님께서 준비하신, 진리를 추구하는 사람들의 그룹이 키시너우에 나타났다. 그들은 키시너우 교회의 최초의 산돌이 되었고 몰도바에서 복음주의 침례운동을 위한 기초를 마련했다.

정교회 신자 속에서 새로운 탐색

1902년 키시너우에 군복무를 위해 22세의 보로네시 출신 티혼 파블로비치 히즈냐코프가 도착했다. 군복무 후 그는 간병인으로 일했고, 다음에 간호사로 일했다. 히즈냐코프는 매우 종교적이고 호기심 많은 사람이었다. 어느 날 그는 성직자인 친구에게 성서에 대해 질문했고 독립적으로 연구하기 시작했다. 이사야 44장 10~21절과 요한복음 4장을 읽으면서, 그는 하나님은 영이시며, 인간이 만든 형상이 아니라는 하나님께 신령과 진정으로 예배해야 한다는 것을 깨달았다(행 17:24~25).

이 진리는 히즈냐코프의 마음에 큰 감동을 주었고, 그는 친구와 가족들에 깨달음을 나누었다. 그때 히즈냐코프는 관사에서 살았는데, 그곳에는 그 외에도 많은 병원 직원들이 살고 있었다. 가까운 거리에 그의 친구인 이오시프 콘스탄티노비치 자블로츠키의 아파트가 있었는데, 그는 우크라이나 사람이었고, 병원에서 목수로 일했다. 어느 날 히즈냐코프는 그의 친구에게 계시된 진리를 알려주었다. 그는 자기 방법으로 자신의 친구인 그로셰빅에게 그 사실을 전달했다. 처음에 3명이 모였고, 그 후에 부인들과 함께 모여 성서를 연구했고, 하나님께 어떤 종류의 경배가 좋은지 이해하려고 노력했다. 그 후 다른 이웃들이 그들에게 합류했다. 그 결과, 1907년에 히즈냐코프가 이끄는 또 다른 성서 연구 그룹이 조직되었다. 그들은 집에서 모였다. 그 당시 히즈냐코프는 우유파 출신의 진리 추구자가 그들 옆에 살았다는 사실을 미처 알지 못했다. 이바노프 역시, 히즈냐코프 그룹에 관해 전혀 몰랐다.

티라스폴

오데사 침례교회 회원인 노인 형제가 1905년, 혁명의 혼란스런 사건의 오해로 티라스폴로 추방을 당했다. 그는 몰도바에 살면서, 사람들을 바라보며 그리스도, 구원, 영생에 관해 그들에게 선포할 기회를 찾고 있었다. 형제로부터 멀지 않은 곳에 그와 가깝게 지내던 정교회 가족이 살고 있었다. 가장은 블라디미르 이바노비치 페드첸코(1870~1947)였고, 그의 아내 율리야 이바노브나(1881~1972)는 교회 합창단에서 노래했다. 형제는 그들과 그리스도의 은혜에 관해 이야기하기 시작했다. 율리야 이바노브나가 오데사에 있는 동생을 방문하고자 했을 때, 노인은 율리야 이바노브나가 방문할 집에 그의 아내가 찾아가도록 그의 아내에게 편지를 썼다.

가까운 일요일에 일부 신자들이 정해진 주소에 모였다. 그들은 1909년 새해를 맞이하기 위해 신자들과 함께 율리야 이바노브나를 친절하게 초청했다. 특히 시편 선한 아버지의 말씀에 귀를 기울여, 이시오와 타타르 형제의 진심 어린 기도가 그녀의 마음을 감동하게 했다.

율리야는 러시아어 성서를 사서, 집으로 돌아와 여동생 지나이다 이바노브나와 함께 읽기 시작했다. 곧 그녀의 생활은 완전히 바뀌었다. 주님께서 그녀가 구원을 얻도록 그녀의 마음을 열었다. 율리야는 여러 차례 오데사로 예배를 다녔다. 수차례 방문 가운데 그녀는 주님께 회심했고 같은 해에 침례를 받았다. 오데사 교회의 크라핍니츠키 목회자가 그녀에게 침례를 주었다.

1907~1917년의 복음주의 침례교 운동

키시너우 복음주의 교회 출현

성령께서는 그리스도의 교회를 건설하는 일을 계속하면서, 키시너우에 있는 신자들의 두 그룹의 연합을 위한 길을 열었다. 그것은 다음과 같이 진행되었다. 미하일은 우유파 주장에 따라 이바노프를 친형제처럼 히즈냐코프와 함께 서로 소개했고, 그가 하나님을 믿고 복음서를 읽는 것을 알았다. 이바노프는 그 사실을 형제에게 알리고, 즉시 히즈냐코프를 찾았고 신자들이 그의 그룹에 합류하도록 제안했다. 그 무렵 이바노프는 이미 상트페테르부르크를 방문하고 프로하노프를 만났다. 상트페테르부르크에서 그는 성서와 영적 잡지를 받았고, 또한 오데사 교회와 연락을 유지했다.

얼마 후 이바노프, 레베덴코, 티호미로프는 기도 모임을 위한 공간을 임대했다. 그들에게 히즈냐코프 그룹이 합류했다. 그런데 장소는 하나님의 말씀을 듣고 싶은 모든 사람을 수용할 수 없었다. 그 때 이바노프는 파블로프에게 오데사 형제들이 키시너우 형제들이 합법적으로 교회 건물을 소유할 수 있도록 도와달라고 요청했다.

문제를 해결하기 위해 이바노프, 레베덴코, 티호미로프는 오데사로 떠났다. 1908년 3월, 면담을 시험을 거쳐 그들에게 침례를 주었다. 그렇게, 1908년은 몰도바에서 복음주의 교회가 탄생한 해가 되었다. 같은 해 오데사 흑해에서 히즈냐코프 부부가 침례를 받았다.

지방 행정부에 제출한 교회 건물 탄원서가 받아들여졌다. 신자들은 교회 건물을 시작할 수 있도록 허가를 받았다. 라비노비치 형제는 개인 비용으로 벤데르스카야 거리에 있는 큰 홀을 예배 장소로 임대했다. 그 당시 키시너우 교회에 큰 도움이 된 것은 파블로프, 티모셴코, 마자예프, 플루트조프, 프랴트킨 형제들의 방문이었다.

그런데 교회를 인도하기 위해서는 목회자를 선출해야 했다. 오데사 형제들은 그 사역에 이바노프가 가장 적합하다고 판단했다. 1909년 교회와 합의한 후 그를 오데사에 초청했고 목회자 사역을 위해 안수했다. 동시에 그는 몰도바 대표 선임목회자가 되었다. 곧 교회에서 자블로츠키, 고로홀린스키, 보이체홉스키 형제들을 집사로 안수했다. 자블로츠키와 고로홀린스키는 설교 사역에 참여했다.

교회는 성장하고 영적으로 강화되었다. 얼마 후 벤데르스카야의 임시 교회 건물은 모인 사람들을 더는 수용할 수 없었다. 라비노비치는 메샨스카야 20번지(현재 미추리나 거리)에 있는 그의 집을 예배 장소로 제안했다.

1912년 히즈냐코프는 찬양대를 조직했다. 처음에 찬양대원은 16명으로 구성되었다. 복음성가집이 충분하지 않아서 찬양대원들은 성가집의 내용과 멜로디를 외워야 했다. 1914년 제1차 세계 대전이 일어났다.

그 무렵 교회에는 이미 약 50명의 회원이 있었다. 일부 형제들은 전방으로 소집되었다. 제국 당국은 공개 예배가 반정부 활동이 될 것을 우려하여, 신자들이 교회에서 모이는 것을 금지했다. 그러나 주님은 시련 속에서 교회를 남겨 두지 않으셨고, 모임은 계속되었다.

1918년에 몰도바(베사라비아)의 많은 영토가 루마니아 왕의 지배로 넘어갔다. 초기에는 이전처럼 교회의 위치가 똑같이 유지되었고, 루마니아인들은 특별한 금지를 하지 않았다. 고무된 신자들은 공개적으로 모이기 시작했고, 낮에 침례를 시행했다. 보통 키시너우 호수와 철도역 근처의 호수에서 침례를 했다. 그 무렵 교회는 100명으로 늘어났다.

제1차 세계 대전이 끝난 후 병사들이 고향으로 돌아왔고. 많은 사람이 전쟁 중에 믿음을 가졌다. 그리고 주님은 그들을 복음의 증인으로 사용하셨다. 성령께서 죄인들이 회개하고 새로운 삶을 살도록 깨우시고 행동하셨다. 베사라비아에서는 처음에는 한 곳에서, 그 후는 다른 곳에서 복음주의 신념의 소그룹 신자들이 나타났다.

1909년부터 티라스폴에서 그리스도 안에 있는 산 믿음에 대해 율리야 페드첸코가 전도했다. 1911년에 첫 신자가 도시에 나타났다. 모임이 커져서, 나베레즈나야 거리에 있는 집을 빌려야 했다. 그런데 곧 신자들은 어려움을 겪었고, 다시 집에서 창문을 닫은 채 모여야 했다. 지난 짧은 시간 동안 율리야 페드첸코의 남편 블라디미르 페드첸코가 회심했다. 그는 신앙의 자유를 얻기 위해서, 1912년 헤르손 주지사에게 갔다. 신자들은 교회를 시작을 허가받았고 여러 곳에서 경건 서적과 전도를 시작했다. 율리야 자매는 그 무렵 침례교 대표가 되어 구세군을 조직했다. 티라스폴 교회는 오데사 신자들과 형제적인 친밀한 관계를 유지했다. 역사적 상황 이래 1944년 이후 두 교회의 긴밀한 소통이 회복되었다.

1918~1944년의 복음 전파

1918년까지 몰도바 복음주의 교회들은 대부분 키시너우와 티라스폴 지역에 위치했다. 그해 말경 선교 활동은 벌치, 브리체니, 글로 스크, 플로레슈티, 노보아닌스키, 코톱스키, 불카네시티, 체아드르룬가, 카훌, 칸테미르 등 10개 지역으로 확산되었다.

몰도바 북부의 영적 활동

벌티는 키시너우 이후 복음주의 사역의 두 번째 중심 도시가 되었다. 몰도바의 북부는 키시너우보다 10년 늦게 하나님의 말씀이 뿌려졌지만, 복음적인 활동은 더 큰 성과를 얻었다. 벌티에서 최초 복음 전도자는 표도르 예고로비치 가르코니차(1880~1921년)와 전방에서 회심한 이반과 바실리로트 친형제였다. 그들은 키에프 교회에서 침례를 받았고 잘 훈련된 설교자였다. 1918년에 벌티에서 신자 그룹이 조직되었다. 같은 해에 키시너우 교회에서 다음과 같은 몰도바 형제회의 사역자들과 지도자들이 처음으로 만났다. 히즈냐코프, 아버르부흐, 레베덴코, 벨로우소프(M.Ya.), 탑라토프 등이다. 만남에서 아버르부흐는 개척교회 생활의 이해와 그들에게 영적이며 실제적인 도움을 줄 수 있도록 이바노프와 히즈냐코프를 벌티로 보내줄 것을 제안했다.

1919년 10월에 이바노프는 벌티의 레웃 강가에서 8명의 회심자에게 처음으로 침례를 주었다. 다음 해 봄에 히즈냐코프는 같은 장소에서 18명의 사람에게 침례를 주었다. 1920년 말까지 약 100명의 회원이 교회에 있었다. 교회 지도력은 가르코니차와 로트가 담당했다. 가르코니차는 1921년 여름 비극적으로 사망했고, 그의 사역은 이반 바실리예비치 소로찬이 계속했다. 후에 형제는 몰도바 형제회의 저명한 인물이 되었다. 그는 1920년 6월에 벌티에서 믿었고, 같은 해 11월에 침례를 받았으며, 1921년 초에 집사 안수를 받았다. 6개월 후 소로찬은 목회자 사역에 안수받았다. 1925년 그의 지도력 아래 벌티에 교회가 건축되었다. 1927년에 그는 벌티에 있는 목회자와 지휘자를 위한 강좌를 시작했다. 주님께서 충실한 사역자에게 영감을 주셨고 모든 삶의 환경 속에서 지켜주셨다.

1918년 레프 야코블레비치 아베르부흐와 그의 아내가 하나님의 사역을 위해 키시너우에 도착했다. 그는 유태인이었다. 아베르부흐는 안수받은 목회자였고, 훌륭한 설교자요 바이올린 연주자이자, 찬양대 지휘자였다. 형제는 '약속된 메시아~세상의 구세주'가 그의 백성에게 오는 것을 전파했다. 아베르부흐는 교회에서뿐만 아니라 다른 장소에서도 모임을 가졌다.

1919년 미하일 야코블레비치 벨로우소프(1877~1973)는 오데사에서 고향 키시너우로 이사했다. 젊은 시절에 정교회 성가대에서 노래를 부른 후 군대에서는 오케스트라 지휘자를 했다. 벨로우소프는 성숙한 영적 사역자로 키시너우에 도착했다. 그는 찬양대 지휘자 사역을 받아들였고 지역 교회의 지휘자 양성 과정을 조직했다. 나중에, 형제는 몰도바의 다른 교회에서도 비슷한 과정을 인도했다. 그는 1927년에 집사로 안수받았고, 수년 동안 교회의 두 번째 목회자로 재직했다.

몰도바 형제회 사역자 중 벨고로드~드네스트롭스키 출신의 안톤 알렉세예비치 레베덴코를 언급해야 한다. 주님께 회심한 후, 그는 교회에서 활동적이었고, 키시너우 교회의 설교자였고, 후에 베사라비아 복음주의 연합회의 회원이었고, 베사라비아 복음 전도자 5명 중에 속했다. 그는 몰도바 외에도 오데사주 교회에서도 봉사했다.

베사라비아 복음주의 기독교 연합회

1920년에 베사라비아 복음주의 기독교연합회는 교회와 신자 그룹을 연합시키고 영적이고 실질적인 도움을 주고자 조직되었다. 연합회 회장은 바실리예비치 아시예프를 선출했고, 부회장은 부실로, 실행위원은 이바노프, 레베덴코, 아베르부흐, 히즈냐코프, 타라프라토프가 포함되었다. 1920년에 아시예프는 교회 생활의 실습과 교회 및 그룹 대표들과 친분을 위해 베사라비아 형제자매들을 키시너우로 초청했다. 300명이 넘는 사람들이 모임에 왔다. 사랑의 정신으로 실행된 모임에서 연합회 지도자들과 지역교회 사역자들과의 관계가 확립되었다.

연합회는 경건 서적 출판에 책임을 느꼈다. 키시너우와 다른 교회들의 영적인 풍성함을 위해 이바노프는 [우크라이나 침례교], [기독교인], [진리의 말씀], [새벽별], [충성, 씨 뿌리는 사람] 등의 잡지를 구독 주문했다. 또한, 1920~1922년에 베사라비아 복음주의 기독교연합회는 [친구] 잡지를 출판했다. 출판사의 책임자는 부실로였고, 그의 일은 타를레프가 계속했다. 발행인 자격은 아베르부흐가 맡았다. 잡지는 러시아어와 루마니아어로 간행되었다. 루마니아 부서는 오랫동안 부쿠레슈티 신학대학원장이었던 잔 스타네스쿠가 많은 유익한 기사를 썼다. 또한, 잡지의 부록과 복음성가집이 출판되었다.

루마니아 정부에 등록된 복음주의 교회는 어린이 출생증명서의 발급 책임이 있었다. 당시 예배를 방해받지 않고 인도하기 위해 종교부는 책임자의 성명이 기록된 교회 존재권리에 관한 등록증명서를 발급했다.

1921년에 형제회의 저명한 사역자 보리스 파블로비치 부실로(1893~1942년)가 키시너우 교회의 목회자로 선임되었다.

부실로는 몰도바 시시카니 마을의 정교회 사제 가정에서 태어났다. 그는 오데사 신학대학원에서 공부한 후 의과대학교에서 공부했다. 형제는 대학생 때에 주님을 자신의 개인적인 구세주로 알았다. 1919년에 키시너우로 이사했고 1920년 5월에 믿음으로 침례를 받았다. 1년 후 키시너우 교회는 비공개 투표에서 그를 목회자로 선출했다. 이미 언급했듯이, 그는 출판사의 책임자였다. 주님은 젊은 목회자의 사역을 풍성하게 축복하셨다. 1922년에 형제는 목회자 사역에 안수를 받았다.

교회는 성장했고 메샨스카야 거리에 있는 교회 건물은 매년 비좁아졌다. 신자들은 주님께서 하나님의 자녀들의 영적 필요를 충족시키고, 하나님의 이름을 찬양할 수 있는 넓은 공간을 구입할 수 있도록 기회를 달라고 기도했다. 1922년에 교회는 역전거리 2번지에 교회 건물을 건축하기 시작했다. 미래 교회 건물의 첫 돌은 부실로 목회자가 놓았다. 연말까지 교회가 준비되었다.

1922년에 복음 사역의 저명한 사역자인 왈터 포미치 크레크헷이 교회에 도착했다. 형제는 넓은 활동 영역이 있었는데, 키시너우와 벌티뿐만 아니라, 아케르만과 몰도바 남쪽의 다른 지역에서도 사역했다. 젊고 유능한 설교자인 루덴코는 주님을 위해 많은 일을 했다.

키시너우 교회에서 하나님의 사업은 방해가 일어나지 않고 성공적으로 발전했다. 형제들이 다른 교회에서는 어려움을 겪었지만, 그들은 모두 하나님의 도움으로 승리했다. 신자들은 두려움 없이 그리스도 안에 있는 구원에 대해 다른 사람들에게 전파했다. 주님은 구원받은 사람들을 변함없이 교회에 붙이셨다.

복음 전파 활동의 중심지는 키시너우였다. 몰도바 전 지역 사역자들이 조언과 도움을 얻고, 자신들의 경험을 나누고, 주님 앞에서 교제를 통해 위로를 받고자 중앙교회에 모였다. 키시너우 교회는 목회자들을 위해 열심히 기도했고, 주님께서는 그들의 사역을 지원하셨고 영적으로 강화하셨다. 주님으로부터 영감을 받은 형제들은 열심을 나타내며 새로운 사역지를 선택했다. 노인과 홀로된 신자들을 위한 양로원이 세워졌다. 양로원 건설은 부분적으로 그리스 민족인 코즈모풀로 형제가 재정지원을 했다. 교회 청년들이 양로원 건축기금 모금에 참여했다.

1921년에 몰도바에서 농지개혁이 시행되었는데, 그 기간 집주인의 땅이 농민들에게 나뉘었다. 토지가 없는 농업인들은 그들의 몫을 늘릴 기회가 있었다. 이웃 지역인 체르니우치 지역에는 토지가 부족하여, 많은 농업인이 베사라비아로 이주했다. 정착민 중에는 신자들도 있었다. 정착민들은 프린츠 카를(현재 크라스노아르메이스크)라는 큰 마을을 설립했다. 호틴스크 지역과 폿비르노에, 스탑차니, 네도보엪치, 네스보야 등의 마을 주민들이 이곳으로 모여들었다. 하나님의 말씀은 크라스노아르메이스크, 자로자니, 우슈 레이, 출룩, 노비브라투샨, 가시파르, 발라시네시트, 발차트 등 마을에 풍성히 뿌려졌다.

체르니우치 형제와 자매들은 몰도바 교회 생활에 새로운 추진력을 가져왔다. 그들은 훨씬 평온하고 균형 잡혀있고 지혜로운 사람이었다. 정교회와 그들의 관계는 심각하지 않았다. 그들은 몰도바의 형제회 사역자들에게 유익한 영향을 주었다. 그러한 평화로운 스타일의 사람들은 크라스노아르메이스크 출신의 키퍅, 그레차니, 보드나리 등이었다. 체르니우치 지역에서 온 형제와 자매들은 세상에 그리스도의 빛을 개인적인 생활에서 보이기 위한 움직임을 추구했다. 그들은 몰도바 교회의 생활에 평화와 균형을 전해 주었다.

유태인 복음주의 기독교 교회의 결성

아베르부크 부부의 열심 있는 8년 동안의 사역 결과로, 키시너우에 있는 많은 유대인이 주 예수 그리스도를 그들의 개인적 구세주로 받아들였고 그분을 따랐다. 당연히 그들은 당연히 모국어로 하나님의 말씀을 듣고 싶었다. 유대인 예배를 따로 인도할 필요가 있었다. 이와 관련하여 1926년에 두 번째 교회 베델이 메샨스카야에서 시작되었다. 아베르부흐는 고대 히브리어로 하나님의 말씀을 설교하고 이디시어로 통역했다. 그는 또한 예배에 봉사하는 오케스트라를 조직했다.

교회 안에 가난한 소녀들이 무료로 교육받는 재봉실습장이 조직되었다. 그 당시 도시의 유명한 사람인, 유대교 회당장 노탄 페이긴이 믿음을 가졌다. 그의 가족도 얼마 되지 않아 회심했다. 그의 개종은 종교적인 유대인들에게 강한 영향을 끼쳤고, 그들은 예수 그리스도의 복음에 대해 강한 관심을 보이기 시작했다. 점점 더 새로운 사람들이 주님께 그들의 마음을 두었다. 그 후 페이긴은 영적 사역자가 되어 죽기 전까지 일했다. 전쟁 중에 그의 가족은 많은 유대인의 운명과 함께했고, 그의 아들 프로임만 살아남았다.

유대인 교회는 다른 민족의 신자들을 받아들였다. 일부 러시아인 신자들이 여러 이유로 아베르부흐가 지도하는 교회로 옮겨왔다. 키시너우에서 2개의 교회가 공식적으로 예배를 시작했다.

베사라비아 복음주의 기독교침례회 연합회 총회

베사라비아 복음주의 기독교연합회가 존재한 7년 동안, 총회에서만 해결할 수 있는 많은 문제가 쌓였다.

1927년에 키시너우에서 이 목적으로 몰도바 교회의 대표자들의 첫 번째 총회가 소집되었다. 연합회 결산 보고와 사업토의 후 새로운 안건이 대의원들의 검토를 위해 제출되었다. 총회 내 전도 분과가 만들어졌고, 레베덴코, 히즈냐 코프, 루덴코, 지보프 형제들과 칼다라루 자매가 포함되었다. 다음 회기의 연합회장은 아시예프, 부회장은 부실로가 선출되었다.

총회에서 복음주의 기독교와 침례교 교회들의 통합이 이루어졌다. 이와 관련하여 연합회 이름을 베사라비아 복음주의 기독교침례회 연합회로 바꾸기로 결정했다. 이렇게, 몰도바 형제회는 러시아·우크라이나 형제회보다 17년 일찍 통합을 이루었다.

1928년에 몰도바 형제회 교회 대표자들의 두 번째 총회가 이루어졌다. 총회에서 조직구성의 변화가 있었다. 베르사비아 전체 영토를 6개의 지구로 나누었고, 지구별 전도자가 임명되었다. 지구에는 영적 센터가 있고, 센터 내에는 비서, 회계원 및 다른 사역자들이 있었다. 모든 재정은 센터에 모인 후 연합회로 보냈다. 지구 전도자 자격으로 레베덴코, 히즈냐코프, 소로찬, 타플라토프, 마단, 간축, 포판이 활약했다. 총회에서 청년활동단체와 청년들의 영적 필요를 충족시킬 목적으로, 지보프가 이끄는 기독교청년회가 설립되었다.

당시 복음화에 관한 대규모 사업은 서적상들이 주도했고, 그들은 하나님의 말씀과 다른 경건 서적을 사람들에게 보급했다. 주요 사업인 경건 서적 보급은 청년 불프 차한과 프로임 페이긴이 담당했다. 몰도바 형제회는 해외에서 영적 사역을 하는 다음의 사람들을 지원했다. 오스테린데는 아프리카에서 선교했고, 디미트로프는 불가리아에서 선교했다. 마단은 베사라비아의 문둥병자 가운데 사역했다.

키시너우와 다른 도시에서는 설교자와 지휘자와 주일학교 교사 양성 과정을 운영했다. 그 일에 적극적인 참여자는 고로홀린스카야, 칼다라루, 자매들과, 크레크헷, 주렌코였다. 얼마 후 그 일에 네프라시, 마르친콥스키, 필브란트., 길 박사 등이 합류했다. 그들 중 일부 형제자매들이 부쿠레슈티 신학교에서 공부했다. 슬로봇치코프, 로트, 마란둑 형제들과 칼다라루, 다니체비치, 수보티나 자매들이다.

마르틴콥스키 교수는 수도에서 전도의 밤을 특별히 임관한 큰 홀에서 진행했다. 진리를 알고자 하는 간절한 청중들이 행사에 많이 왔다. 사역은 복된 열매를 가져왔다. 당시 베사라비아 연합회는 [생명의 빛] 잡지, 복음성가집, [가족의 친구] 달력, 성서 연구 교재 등을 인쇄했다.

키시너우 지역의 명망 있는 사역자 가운데 마트페이 페토로비치 키퍅(1900~1983)을 언급할 만하다. 그의 특징은 겸손, 온유, 평온함, 단순함이다. 그는 50년 동안 몰도바에서 가장 큰 교회의 하나인 코토프스키 지구의 붉은 군대 마을 교회에서 목회자로 일했다. 오랫동안 자치공화국 목회자협의회 회원이었다.

1930년에 몰도바 형제회의 제3차 총회가 키시너우에서 개최되었는데, 자문회의 성격을 가졌다. 연합회의 활동에 관한 지도부의 보고를 듣고 토론한 후, 총회 참가자들은 사업을 승인하고 현재의 연합회 지도부 구성을 다음 임기까지 하는 것을 승인했다.

1930~1939년에 몰도바 형제회교회의 총회는 해마다 개최되었다. 베사라비아 전역에서 지방 당국에 대한 불만과 무방비 상태의 교육을 받지 못한 시골 신자들을 위한 중재 요청이 연합회 직원들에게 접수되었다.

유명한 교회 사역자

30년대에 이탈리아에서 공부한 뛰어난 오페라 가수 브란찬이 회심했다. 브란찬은 몰도바에서 전도 사역에 열심히 일했다. 그는 교회를 방문하여 아름다운 노래로 청중의 마음을 그리스도께 이끌었다.

영적 사업에서 특별한 용기로 구별되는 두 자매는 리디야 이바노브나 칼다라루(1906~1978년)와 에반겔리나 사모일로브나 고로홀린스카야(지보프 가정 출신) 이다. 형제들이 어떤 위임을 해도 그들은 감당할 수 있었다. 그것은 그들이 항상 주님과 교제 속에 머물러 있었다는 사실로 설명되었다. 칼다라루는 어렸을 때부터 그녀의 삶을 그리스도께 헌신했다. 그녀는 부쿠레슈티에 있는 신학교에서 공부한 후, 베사라비아 지역의 복음 전파를 위해 여행을 많이 했다. 자매는 수레와 도보로 이동해야 했다. 어려움에도 불구하고, 그녀는 항상 기뻐하고 영적으로 깨어 있었다. 그녀의 사역 표어는 '찬송과 복음적인 신앙을 위해'였다.

고로홀린스카야는 베사라비아 복음주의 기독교침례회 연합회 전도자로 사역했고 몰도바 여행을 많이 했다. 그뿐만 아니라, 자매는 지휘자 과정에서 음악과 노래를 가르치면서 연합회 사역자들을 도왔다. 루마니아 정부 통치기에 그녀는 지방 당국의 강요에 따라 7번 체포됐다.

쿨류이 오랫동안 벌티 교회에서 사역했다. 그는 1922년에 침례를 받았다. 그는 의사로 일했는데 주변 사람들과 교회 회원들의 사랑을 받아 큰 영향력이 있었다.

주님은 그에게 신체적 질병뿐만 아니라, 영적 질병으로부터 사람들을 치유하는 선물을 주셨다. 그는 겸손하고 사려 깊었고 그의 얼굴은 자주 선한 웃음으로 가득했다. 그의 설교는 영적인 아름다움으로 구별되었고 동시에 청중들에게 영혼을 치유하는 약을 제공하였다.

주렌코가 몰도바 교회에서 10년간 사역했다. 그는 벌티 지역의 영적 센터에서 비서로 일했고 설교자였다. 전쟁이 끝난 후 주렌코는 부쿠레슈티에서 살았다. 그는 1981년에 사망했다. 포판은 노보아넨스크 지역에서 전도자로 사역했다. 몰도바의 영적 추수지에서 축복받은 흔적은 어반을 통해 파리에 남겼다.

1939년 무렵 몰도바는 200개 교회에 약 1만 명의 신자가 연합된 것으로 집계되었다. 같은 해에 루마니아 정부는 복음주의침례회 교회를 인정했고, 결과로 신자들은 비교적 자유를 얻었다. 1940년에 베사라비아는 소련에 통합되었다.

1941년에 2차 세계 대전이 시작되어 일부 형제들은 전방으로 소집되었다. 전쟁 중에 키시너우 교회 건물은 군 병원으로 사용되었다. 키시너우 교회의 신자들은 우유파 교회에서 모였다. 1942년에 교회와 목회자 부실로가 시험을 받았다. 형제는 루마니아로 떠날 기회가 있었지만, 참 목자처럼 그는 어려운 시기에 무리를 떠나지 않았다. 1942년 6월 22일 키시너우 교회는 보리스 파블로비치와 작별 인사를 했다. 하나님의 사역자는 투옥되었고, 3주 후에 그는 사망했다.

전쟁 이후 몰도바 교회

제2차 세계 대전은 나라 안에 셀 수 없는 고통과 상실을 가져왔다. 대략 3가정당 누군가는 사망했다. 많은 행정 구역들이 폐허가 되었다. 키시너우는 큰 고통을 겪었다.

전쟁으로 분열된, 몰도바 교회 형제회는, 생활과 봉사로 돌아갔고 각 교회는 나름대로 힘과 기회를 발휘하여 살았다. 몰도바에서 하나님 사업의 조직과 회복을 위해 복음주의 기독교침례회 연합회 실행위원회는 이바노프를 몰도바 교회의 전권대표로 보냈다. 그는 벌티와 체아드르룬가의 신자 방문을 시작으로, 1946년 1월에 사역에 착수했고 복음주의 기독교침례회총연맹의 위임을 받고 공화국 지역 교회 대표회의를 1946년 2월 15~25일에 키시너우에서 개최했다. 그 무렵 몰도바는 88개의 교회에 3,085명의 신자가 연합된 것으로 집계되었다. 회의에는 슬로봇치코프, 벨로우소프, 소로찬, 히즈냐코프, 루덴코 등이 참석했다. 그 회의는 몰도바 형제회 복음주의침례교 연합회 제13차 총회라고 간주할 수 있다.

1946년 3월 10일에 키시너우 교회는 목회자 사역에 하나님의 추수터에서 경험 많은 사역자인 루덴코를 선출했다. 그는 같은 해 7월에 안수받았다.

1946년 3월 1일부터 이반 티모페예비치 슬로봇치코프가 몰도바 대표 선임목회자로 사역을 시작했다. 그는 1931년에 목회자 안수를 받았다. 그는 1934~1938년에 부쿠레슈티에 있는 신학교에서 공부했고, 1939년에 벌티 교회의 담임 목회자였다. 슬로봇치코프는 교회 목회자 사역을 브루진스키에게 물려주었다. 슬로봇치코프는 1950~1973년 동안 몰다비아 선임목회자 부대표로 사역을 역임했고 동시에 1977년까지 키시너우 교회의 목회자였다.

이바노프는 1948년 1월까지 몰도바 교회 전권대표로 자신의 복된 사역을 계속했다. 1950~1957년 동안 몰도바 대표 선임목회자 사역은 아스타호프가 담당했다. 1957년 복음주의 기독교침례회 총연맹 상임위원회는 몰도바 대표 선임목회자 사역에 포노마르축(1892~1968)을 임명했다.

그는 18세의 청년 시절에 회심했고, 1918년에 그는 미콜라이우 교회에서 믿음에 의해 침례를 받았다. 1925년에 그는 오데사로 이사했고 보로나예프가 이끄는 기독교신앙 복음주의(오순절) 연합에 합류했다. 1926년에 오데사에서 기독교신앙 복음주의 전 우크라이나 총회가 개최되었고, 포노마르축은 드니프로 페트로우스크, 자포리자, 크리보이록, 마리우폴 지역 담당교회 대표로 선출되었다. 전쟁 기간, 그는 크라스노이바노프카에 살았고, 그 후 드네프로 제르진스크로 이사했다. 1945년 8월에 포노마르축은 오순절 교단과 복음주의 기독교침례회 교단과의 통합회의에 참여했다. 회의에서 포노마르축은 복음주의 기독교침례회 총연맹 우크라이나 대표 선임목회자 부회장으로 선출되었다. 그런 위치에서 그는 통합 문제에 열심히 일했다.

1963년에 키시너우에서 포노마르축 대표의 사회로 몰도바 교회 대표들의 제14

차 총회가 개최되었다. 부서 관련된 문제와 통일 전망에 대해 토의한 후, 대의원들은 복음주의 기독교침례회 총연맹 회의에 보낼 대의원을 선출하였다. 그 회의는 복음주의 기독교침례회 제38차 연합총회로 알려졌다. 그 회의에서 포노마르축은 복음주의 기독교침례회 총연맹 위원으로 재선되었다. 1965년에 그는 건강상의 이유로 휴식을 취했다.

1965년 3월 7일 키시너우에서 공화국 교회 목회자들의 회의가 열렸다. 이 회의는 몰도바 형제회 교회 대표들의 제15차 총회로 간주한다. 총회는 복음주의 기독교침례회 총연맹 대표 미츠케비치가 인도했다. 몰도바 대표 선임목회자는 경험 많은 사역자인 벌티교회 목회자인 말란축(1900~1981)이 선출되었다. 그는 1939년까지 지구 전도자로 사역했고, 많은 어려움으로 고통을 받았고, 여러 번 헌병들에게 구타를 당하기도 했으나, 모든 상황에서 주님의 충성스러운 자로 남았다.

1966년 키시너우에서 말란축 회장의 주도하에 몰도바 형제회 교회 대표자들의 제16차 총회가 개최되었다. 말란축의 완료된 사업에 관한 결산 보고를 들은 후, 그의 선임목회자 사역 및 회장단 임원 선출의 승인이 있었고, 제39차 모스크바 복음주의 기독교침례회 총연맹 총회 대의원으로 선임되었다.

1969년 키시너우에서 몰도바 교회들이 보낸 대의원들이 제17차 총회로 모였다. 총회에 앞서 보고 및 선거 회의가 원만하게 진행되었다. 총회 참가자들은 선임목회자에 관한 긍정적인 평가를 했다. 회의에서 제40차 총연맹 총회에 보낼 대의원이 선출되었다. 회의에서 말란축은 복음주의 기독교침례회 총연합회 위원 후보로 선출되었다. 말란축의 사역 기간에 중요한 사건은 1965년에 키시너우 교회가 일린스카야 거리 41번지에 새로운 교회 건물을 사들인 것이다. 교회 건물에 선임목회자의 사무실이 마련되었다.

몰도바 형제회는 말란축의 사역에 긍정적인 평가를 했다. 그가 하나님의 백성들을 사랑으로 봉사했다는 것이 알려졌다. 말란축은 회장단 회의의 명예 회원으로 남아 있었고 얼마 동안 그는 열심히 사역했다. 그는 새로운 선임목회자인 세들레츠키를 돕는 실제적인 큰 도움을 제공했다. 1981년 11월에 말란축은 세상을 떠났다.

1973년 8월 25일에 몰도바 형제회가 제18회 총회라고 말하는, 공화국 목회자 회의가 키시너우에서 열렸다. 회의는 복음주의 기독교침례회 연맹 대표 이바노프와 감사위원장 체르노퍄토프가 인도했다. 몰도바 선임목회자직 사역은 만장일치로 세들레츠키가 선출되었다. 그는 1958년부터 체르니우치 교회에서 목회 사역을 하면서, 동시에 지역담당 선임목회자의 조력자였고, 나중에는 파블로다르에서 사역했다.

1974년에 복음주의 기독교침례회 제19차 총회라고 불리는, 몰도바 교회 대표자들의 공화국회의가 키시너우에서 개최되었다. 회의에 참석하기 위해 모스크바에서 복음주의 기독교침례회 총연합회 이바노프 총회장이 도착했다.

세들레츠키 주재로 회의가 진행되었다. 선임목회자 세들레츠키의 결산 보고를 들은 후, 그를 만장일치로 다음 회기 사역까지 연임시켰고 본 교단의 제41차 총회의 대의원과 손님으로 선출했다. 1974년 12월 11~13일에 모스크바에서 개최된 제41차 총회에서 세들레츠키는 감사위원으로 선임되었다.

1979년 10월 26~27일에 키시너우에서 2백 개 이상의 교회 대표들이 참석한, 제20차 복음주의 기독교침례회 몰도바 형제회 총회가 개최되었다. 총회에 본 교단 대표로 파듀힌 상임위원과 바실리엔코 위원이 참석했다. 선임목회자의 결산 보고 후 그의 업무를 토의했고 승인되었다. 세들레츠키는 다음 임기까지 재임되었다. 추가로, 회의에서 선임목회자의 조력자 2명을 선출했는데 기독교 신앙 복음주의 출신 로긴노프와 아가포노프였고, 목회자협의회 임원진도 재신임했다. 1979년 12월 18~20일에 개최된, 모스크바 연합총회에서, 세들레츠키는 본 교단의 상임위원이 되었고 아가포노프는 본 교단 후보회원으로 선출되었다.

1980년 5월 30~31일에 몰도바 형제회의 제21차 총회가 키시너우에서 개최되었다. 총회에 모든 교회와 그룹을 대표하는 200명이 넘는 교회 대표들이 참석했다. 회의에서 제기된 주요 질문은, 교회직임에 관한 것이었다.

1981년 9월 4~6일에 선임목회자 세들레츠키 주도로 키시너우에서 형제회 역사 최초로 지휘자와 오케스트라 지도자를 위한 이틀간의 공화국세미나가 열렸다. 세미나에 참가하기 위해 통신성서 과정의 협력자 곤차렌코와 다른 음악 사역자들이 모스크바에서 도착했다.

현재 지역의 지도력은 선임목회자, 2명의 조력자, 9명의 목회자협의회 위원, 4명의 후보위원에 의해 행사되고 있다. 몰도바 영토는 여러 구역으로 구성된 13개의 지구로 나누어져 있다. 그 지구는 목회자협의회 위원에게 배정된다.

몰도바 형제회는 다민족으로 구성되어 있다. 몰도바인 외에, 러시아인, 우크라이나인, 독일인, 집시 및 기타 민족들, 대규모 신자들은 가가우즈인과 불가리아인이다. 몰도바에는 체아드르룬가, 베시기오즈, 베샬마, 키리엣룬가 등에서 주로 가가우즈인으로 구성된 교회가 있다. 그들은 가가우즈어로 예배를 진행하고, 경건 서적은 러시아어와 몰도바어가 사용된다. 불가리아 민족의 신자들이 몰도바의 여러 교회에 있는데, 타라클리야, 발야페르제이 등의 일부 교회는 대부분 불가리아인으로 이루어져 있고, 예배는 불가리아어로 진행된다. 신자들은 러시아어 성서를 사용한다.

기독교신앙 복음주의 교회

1945년부터 몰도바 교회에 성령 침례 교리를 주장한, 이즈마일 오순절 교회의 아르톰 목회자가 방문했다. 또한, 마힐료우와 그 주변 우크라이나에서 형제들이 도착했다.

오순절 신도의 가르침에 관심을 보인, 키시너우 교회의 일부 회원들은, 가정에서 대화와 기도를 위해 모였다. 그들 중에 랴셴코와 그의 친척이 있었다. 그렇게 기독교신앙 복음주의 교회가 키시너우에 나타났다. 1956년에 60명이 참여했다. 교회의 지도자는 단이었다.

1958년에 오순절 교인들은 복음주의 기독교침례회의 소속되었으나, 얼마 되지 않아 거기서 나왔다. 하지고이체프가 체아드르룬가에서 키시너우로 왔을 때, 그와 단 사이에 견해차가 생겨서, 결과적으로 교회가 두 그룹으로 분리되었다.

몰도바 남부에서 오순절은 1928년에 카바프샤 마을에 처음 나타났다. 벌치와 몰도바 북부에서는 1945년에 나타났고, 그들은 주로 우크라이나 출신이었다. 1945년에 오순절 신앙을 확신하는 마힐료우포돌스크 출신 룝칙이 운게니 지역에 왔다. 그는 여기서 작은 그룹을 조직했다. 1965년 공동회의에서 한 교회로 신자들이 연합했다. 연합의 일에 큰 공헌을 한 형제들은 세르바티, 아가포노프(Ya.F.), 아가포노프(L.F.), 리소보이 등이었다. 회의에서 운게니에 있는 연합교회의 목회자는 복음주의 기독교침례회 출신의 세르바티가 선출되었다. 그는 지금까지 계속 재직하고 있다. 몰도바의 기독교신앙 복음주의와 복음주의 기독교침례회의 통합은 흔하게 이루어졌다.

1981년 10월 27일과 1982년 4월 21일에 키시너우에서 기독교신앙 복음주의 대표자들의 통합 문제에 따른 두 번의 공화국회의가 열렸다. 회의 중 한 번은 복음주의 기독교침례회연맹의 대표인 보즈뉴과 네스테류이 참석했다.

현재 기독교신앙 복음주의 17개 교회가 복음주의 기독교침례회 연맹에 소속되었고, 7개 교회는 독립적으로 사역하고 약 30개 교회는 미등록 교회이다.

찬양 사역

첫 번째 교회의 예배는 기도, 하나님의 말씀 설교와 찬양이 포함되었다. 찬양 또한, 복음의 설교로서 봉사했다. 이미 언급했듯이, 몰도바 최초 찬양대는 키시너우 교회에서 나타났고, 음악적 재능이 있는 히즈냐코프가 조직했다. 찬양대는 16명의 대원으로 구성되어 1912년부터 활동하기 시작했다. 찬양대원들을 찬송가를 기억과 청음으로 불렀지만, 마음 깊은 곳에서 이루어져서, 그들의 찬양은 특히 감동적이었고 청중을 움직였다. 음악적 관점에서 볼 때 완벽하지 못했으나 영적인 면에서 찬양대 사역은 축복이 되었다.

1918년에, 정교회 찬양대에서 지휘와 찬양을 했던 벨로우소프가 키시너우로 옮겨 왔다. 그는 찬양대 지도를 맡았고 찬양대원들이 악보를 보고 성악 규칙과 요구 사항에 맞게 노래하는 것을 가르치기 시작했다. 벨로우소프는 지휘자 훈련 강좌를 첫 번째로 실시했다. 1962년까지 몰도바에서 찬양 사역은 벨로우소프가 주도하였다.

1920년 벌치 교회에 두 번째 찬양대가 나타났다. 정교회 찬양대 지휘자였던 볼데스쿠가 그 찬양대를 조직했다.

1908년부터 1944년 사이에 30개 이상의 찬양대가 몰도바에서 만들어졌다. 많은 교회에서 키시너우와 벌티 교회 형제들의 도움을 받아 전쟁이 끝난 후 찬양대가 생겨났다. 최초의 현악 오케스트라는 1919년에 키시너우에서 고로홀린스카야 자매에 의해 조직되었다. 오케스트라는 기본적으로 젊은 음악가들로 구성되었다. 그 후 키시너우에 관악 오케스트라 사역이 시작되었다. 1925년에 발티 교회에서 바이올린, 기타, 만돌린 및 발랄라이카로 구성된 현악 오케스트라가 만들어졌다. 1935년에 안토노프카 마을의 교회에서 현악 오케스트라가 결성되었고, 오케스트라 악기는 음악가들에 의해 직접 제작되었다. 전쟁이 끝난 후 오케스트라는 몰도바의 여러 교회에 나타났다.

현대의 몰도바 형제회 생활

몰도바는 영토에 크지 않은 공화국으로 많은 정원과 포도원이 있다. 몰도바인은 손님 접대를 잘하고 친절하며 신자들이 많다. 현재 몰도바에는, 복음주의 기독교침례회 연맹에 소속된, 124개의 등록 교회가 있고, 28개 교회가 후속 등록을 위해 준비되어 있고, 약 30개의 작은 그룹이 등록된 교회에 포함되어 있다. 17개의 등록된 오순절 교회가 복음주의 기독교침례회 연맹에 소속되어 있고, 7개의 독립교회, 31개의 미등록 교회가 있다. 교회협의회를 지지하는 교회는 2개의 독립교회와 26개의 미등록 교회가 있다.

몰도바의 지리적인 위치와 그 역사는 다민족 형제회의 구성 요인이 되었다. 형제회 구성의 기초는 몰도바인 34%와 우크라이나인 37%로 되어있다. 다른 민족의 신자들은 다음과 같이 구성된다. 가가우즈인 10%, 러시아인 4%, 불가리아인 3%, 기타 민족이다. 이것은 지역 신자들의 영적 생활에 흔적을 남기게 되어 형제자매들은 교회 구성원의 가족 관습 및 민족적 전통에 대해 조심스럽고 존중하는 태도를 촉구한다.

몰도바의 교회는 현재 151명의 목회자, 161명의 집사, 863명의 설교자가 사역하고 있다. 75개의 찬양대가 모두 2천 명 이상의 찬양대원과 함께 주님을 찬양하고 있고 찬양대와 함께 120명의 지휘자가 활동하고 있다.

많은 사역자는 통신성서 과정을 마친 사람들이다. 교육을 마친 후 그들은 더 열정적으로 사역하고 있다. 안토노프카 시골 교회의 집사였던, 파벨 가브릴로비치 바쿨로프스키는 성서 과정을 마친 후 레진지역의 치니셰우치 마을로 이주를 자원했다. 교회에서 그는 목회자로 안수를 받았다. 위로부터 동기 부여를 받은 3명의 청년이 지도하는 형제가 없는, 러시아 교회에서 영적 사역을 하려고 이주했다.

몰도바 형제회는 60개의 교회 건물이 있고, 72개의 교회는 임대 건물에서 예배하고 있다. 지난 5~7년 동안 키시너우와 벌티에 있는 아름다운 교회를 포함하여, 28개의 교회 건물이 구매되고 수리되었다.

지난 10~15년 동안 지역 교회에서 매년 평균 450~500명이 침례를 받았다. 몰도바 형제회는 나이별 구성에서 비교적 젊다. 신자의 거의 절반이 30세 미만이고, 30~60세는 약 1/3, 60세 이상은 1/5이다. 교회에서 여성은 전체 회원 수의 65%이다. 교회 회원 150명 이상이 고등 및 준고등교육을 받았고, 약 50%는 중등 교육을 받았다.

몰도바 교회에 외국 손님들이 자주 방문한다. 1986년 불가리아 대표단이 방문했다. 방문단에는 침례교연맹과 오순절 연맹의 지도자들이 포함되었다. 손님들은 키시너우와 벌티 교회에서 하나님의 자녀들과 기쁜 교제했다. 1987년 4월에 스웨덴의 오순절 대표단이 몰도바 교회를 방문했다. 손님들은 키시너우와 벌티 교회에서 예배에 참여했고, 또한 등록된 교회와 미등록 교회의 오순절 지도자들과 만났다. 그들은 키시너우에 있는 복음주의 기독교침례회 교회들에서 공동으로 예배에 참여했다. 외국인 관광객들도 교회를 방문했다.

1986년에 몰도바 소비에트 사회주의 공화국 과학아카데미의 참여 아래 성서 번역 및 복음성가집의 현대 몰도바어 번역이 진행되었다. 1989년에 성서와 복음성가집 8천 권을 받았다. 신자들은 모국어로 된 경건 서적에 대해 주님께 감사드렸다.

키시너우 교회

키시너우 교회는 몰도바 교회의 어머니 교회라고 부를 자격이 있다. 이미 언급했듯이, 교회의 역사는 공화국 내 복음주의 운동의 발전에 유익한 영향을 미쳤다. 교회는 70년대에 신자들이 수적으로 늘어나 넓은 교회 건물에 관한 필요가 절실했다. 그래서 신자들은 키시너우에 새로운 교회를 건축하는 문제가 결정되자 매우 기뻐했다. 아가포노프(L.F.) 목회자가 이끄는 지도자들은 열심과 끈기로 당국과 건설회사에 건축을 여러 번 청원했다. 자립적인 교회 건축 상황은 느헤미야에서 4장에 기록된 예루살렘 성벽 건축의 묘사와 비교될 수 있다. 신자들의 헌신적인 노동, 다른 교회들의 형제회적 도움, 주변 주민들의 친절한 태도 등은 모든 면에서 건축의 성공에 이바지했다. 건축과 관련된 어려움을, 하나님의 자녀들은 믿음의 시험으로 받아들여 인내심을 가지고 이겨냈다. 숙련공과 조력자들이 이웃 교회에서 오고 다른 교회 신자들이 음식과 건축 자재를 보냈을 때, 그들의 마음은 위로와 격려를 받았다. 하나님의 은혜로 1년 반 만에 교회 건축이 성공적으로 완료되었다. 1986년 6월 29일에 교회 헌당식이 성대하게 이루어졌다. 교회의 축하 행사에 복음주의 기독교침례회 총연합회 로그비넨코 총회장이 참여했다.

1987년 말에 확보된 자료에 따르면, 키시너우 교회는 약 1,200명의 회원으로 집계되었는데 대부분 복음주의침례교 신앙을 고백하는 신자들이었고, 기독교신앙 복음주의 신자는 약 60명이었다. 키시너우 교회의 통합은 자연스럽게 일어나서, 하나님의 자녀들은 그들이 과거에 어느 교회에 속했든지, 차이를 두지 않는다. 민족 분포와 관련하여 교회의 다수는 우크라이나인(55%)과 몰도바인(25%)이고, 나머지는 러시아인, 가가우즈인, 불가리아인, 독일인, 유대인 및 다른 민족의 대표로 구성되어 있다. 예배는 원칙적으로, 러시아어로 진행되지만, 모든 예배에서 한 번의 설교는 통역 없이 몰도바어로 선포된다. 키시너우 교회의 3개의 찬양대는 러시아어와 몰도바어로 찬송한다. 최근에 조직된 3번째 찬양대는 노인들로 구성되었다. 찬양대는 자체 연주목록과 청중이 있다. 키시너우에는 오랜 전통을 지닌 여성 모임이 생겨났다. 모임 발생에는 형제회에서 유명한 리디야 이바노브나 크리니츠카야와 설교자 마르가리타 레츨라프 자매들이 있다. 자매들의 모임은 영적이고 교육적인 목적을 추구하며, 보통은 매우 따뜻한 분위기에서 진행된다. 여성들은 짧은 설교를 하고, 찬양하고 여러 번 진정한 기도를 한다. 현재 자매 모임은 올가 페도로브나 모칸, 세라피마 이바노브나 추르칸, 디나 니키포로브나 카르펜터가 주도했다. 카르펜터 자매는 설교자이면서 형제협의회의 감사위원이다. 자매는 러시아어와 몰도바어로 설교한다. 몰도바인 및 다른 민족 출신 신자들 사이는 매우 좋은 관계가 형성되어 있다.

벌티 복음주의 기독교침례회 교회

1987년 8월에 교회는 두 가지 기념적인 사건이 있었다. 신자들의 힘으로 건축된 신축 교회 건물의 헌당식과 교회 건물에 베다니라는 명칭을 부여했다. 벌티 교회에는 2층 난간이 있다. 아름다움에 있어서 키시너우 교회에 뒤지지 않는다. 침례탕은 교회 전면부 찬양대 앞에 마련되어 있다. 화가는 그 공간을 수채화로 멋지게 장식하여, 침례를 마치 자연 속에서 하는 것처럼, 인상을 남겼다. 신축 교회 헌당식은 전체 교회가 준비했다. 청년 시인들은 시 형식으로 교회 건축 동안 허락하신 하나님의 도움에 관해 이야기했다.

신자들은 도시의 다른 교회와 공화국의 시골에서 주님을 열정적으로 찬양하고 있다. 그들은 또한 양심적으로 기업과 그들의 토지에서 일한다. 신자들은 복음에 따라 그들의 노동과 생활을 통해 주변 사람들에게 빛을 비추고자 노력하고 있다.

몰도바 복음주의 기독교침례교회사의 주요 사건

1908년 – 최초의 복음주의 교회 출현.

1912년 – 키시너우 교회 첫 번째 찬양대 창립.

1918년 – 몰도바 북부에 교회 출현.

1919년 – 키시너우 교회 최초의 오케스트라 창설.

1920년 – 베사라비아 복음주의 기독교연합회 구성.

1922년 – 키시너우 교회 첫 번째 목회자 안수.

1922년 – 키시너우 첫 번째 교회 건물 개관.

1927년 – 복음주의 기독교침례회 제1차 연합총회 개최

1940년 - 몰도바 소비에트 사회주의 공화국 구성.

1945년 - 몰도바 기독교신앙 복음주의 출현. (오순절)

1945~1949년 - 이바노프 복음주의 기독교침례회 연맹 전권대표 사역(선임목회자)

1950~1957년 - 아스타 호프(F.R.)의 선임목회자 사역.

1957~1964년 - 포노마르축의 선임목회자 사역.

1965~1973년 - 말란축의 선임목회자 사역.

1973년 부터 - 세들레츠키의 선임목회자 사역.

1981년 - 제1회 공화국 지휘자 음악가 세미나.

1989년 - 몰도바어 성서와 복음성가집 출판.

제10장

에스토니아 형제회

에스토니아의 기독교 발생

기독교는 1세기에 유럽에서 빠른 속도로 전파되었으나, 그다음에 속도가 조금 느려졌고, 그 후는 완전히 멈췄다. 10세기에 북쪽에서 기독교의 확산이 계속되었고, 선교사들은 발트 해안의 거주민인, 쿠르시인, 리브인, 에스토니아인, 라트비아인 사이에서 일했다. 그런데 선교사들의 사역 효과가 적었다. 가톨릭 교회 지도부는 그것을 이용했고, 교황 인노첸시오 3세는 알베르트 주교 주도로 독일인들에 의해 수행된, 십자군을 발트 민족에게 보냈다. 1200년에 십자군은 23척의 배로 드비나 강 입구에 도착하여 정복을 시작했다. 십자군 전쟁은 13번 실행되었다.

6년 안에 라트비아인, 리브인, 쿠르시인이 정복되었고 기독교화되었다. 에스토니아인들은 기독교 강요를 강하게 저항했다. 기독교로 전환은 매우 간단했다. 마을 주민들은 한 곳에 모여, 큰 그릇에서 물을 떠서 그 물을 뿌리고, 라틴어로 해당 단어를 읽었다. 그렇게 사람들은 그리스도인이 되었다. 오랫동안 에스토니아 사람들은 그 의식을 받아들이지 않았다. 그들은 침례의 물을 씻어냈다. 그런데 지속한 피 묻은 전투 후에 1,227명의 에스토니아 사람들은 강제로 복종해야 했다. 이렇게, 그들은 기독교신앙과 무자비한 주인을 받아들였다.

루터교 종교개혁

에스토니아인은 기독교 가르침에 관한 이해가 부족했다. 그들의 성지가 파괴되고, 교회가 세워졌지만, 그들은 옛 민속 종교를 계속 따랐다. 독일에서 루터교 종교개혁이 시작된 16세기 초에, 새로운 신앙이 발트 제국에서 빠르게 퍼졌다. 개혁은 1517년에 시작되었고, 1524년에 새로운 믿음의 설교자들이 이미 발트 해에 도착했다. 사람들은 기꺼이 믿음을 받아들였다. 당시 가톨릭 수도원의 활동은 금지되었고, 그들의 토지는 나누어져, 종교개혁 발전에 이바지했다.

루터 교회의 새로운 현상이 모국어로 전파되었고, 신자들은 또한 교회 노래를 배웠다. 청년들은 기독교신앙의 가장 중요한 진리를 설명했다. 그래서 사람들은 기독교를 알게 되었다. 그런데 영적 깨달음의 과정은 천천히 일어났다.

힘든 전쟁의 시기가 닥쳤고, 많은 선한 일의 시작이 중단되었다. 에스토니아 남부에서는 가톨릭 복원을 힘쓰는 폴란드인들이 일시적으로 지배했다. 루터교계 스웨덴의 통치 아래에 있을 때, 교회 부흥이 다시 시작되었다. 교회 탁자용 책이 출판되었고, 사람들은 교육을 받았다. 그런데 힘든 북부 전쟁(1700~1721년)은 이전에 이룩한 모든 것을 파괴했다. 1710년에 에스토니아는 러시아에 합병되었다.

헤른후트 운동

긴 전쟁과 파괴적인 전염병은 지구 상에서 에스토니아 사람들을 지우겠다고 위협했다. 인구는 10만 명으로 줄어들었다. 국가는 파괴되고 황폐해졌다. 교회는 평화로운 생활의 회복에 중요한 역할을 했다.

당시 독일의 할레에서 경건주의라 불리는 활발한 영적 운동이 생겼다. 영적 생활의 또 다른 중심은 헤른후트였다. 운동의 추종자들을 헤른후트파라 했다. 그들은 회개를 전하고 기독교 경건을 추구했다. 운동의 추종자들이 크게 이바지한 것은 1715년에 신약성서의 에스토니아어로 번역, 1739년에 5천 권의 성서와 새로운 노래책 및 기타 경건 서적의 출판이다.

경건주의 목사들은 특히 신자들의 교육에 관심을 가졌다. 학교에서 사람들은 글자를 배웠고 점차 기독교의 본질에 대해 알았다. 대부분 에스토니아 교회의 교사는 경건주의자와 훌륭한 영적 사역자였다.

1736~1743년에 첫 번째 부흥은 헤른후터에 의한 설교의 결과로 일어났다. 사람들은 진실로 자신들의 죄를 회개했고, 그들의 생활은 안과 밖이 모두 변화되었다. 사람들의 영적이고 도덕적인 갱신은 전쟁의 무거운 상처를 치유하는 데 도움이 되었다. 나라는 평화로 가득했다.

에스토니아 서부의 부흥

19세기 초 헤른후트파의 영향력이 향상됐다. 대규모 부흥이 시작되었다. 에스토니아에서 약 250개의 교회 건물이 지어졌고, 약 10만 명의 신자가 연합되었다. 부흥은 사람들의 도덕적 성품을 변화시켰다.

국민 4명 중 1명이 복음 설교에 영향을 받았고 믿음 생활을 시작했다. 그런데 영적 생활의 기쁨은 헤른후트파 추종자들에게는 여전히 남의 것으로 남았다. 설교는 주로 죄에 관한 회개와 관련이 있었고, 그 당시에는 구원과 양자에 대해서는 전파되지 않았다. 참된 영적 생활의 표지는 그리스도인의 겸손한 모습으로 여겨졌다. 1876년에 영적 부흥이 상승했다. 최초의 부흥은 서부 해안과 보름시섬에 사는 스웨덴 사람들을 움직였다.

스웨덴에서 전도자 겸 교사들이 왔다. 그리스도에 관한 설교는 스웨덴 사람을 움직였고, 그 후 에스토니아인도 움직였다. 이번 부흥은 예수 그리스도를 믿는 신앙을 통해서 그들이 하나님의 자녀가 되었기 때문에, 회개하고 주님을 찬양했던 이전의 사람들과 달랐다. 일부 장소에서는 신자들이 기뻐서 소리치고, 환호성을 울렸다. 헤른후트파는 그런 폭풍우와 같은 기쁨의 표현은 남의 일처럼 느꼈고, 그들은 그 현상을 받아들일 수 없었다. 그래서 교회 지도자들은 부흥의 걸림돌이 되었고 공개적으로 그들을 반대하기 시작했다. 그러나 어떤 것도 부흥의 물결을 멈출 수 없었다. 곧 부흥은 히우마, 사레마, 보름시섬을 포함한 에스토니아의 서부 전역을 덮었다. 사람들의 생활은 도덕적 관계에서 뿌리째 변했다.

1882~1904년의 자유교회와 침례교회의 발생

자유교회의 시작

신자들은 성서에 관심이 많아졌다. 그들은 커다란 관심을 가지고 성서를 읽고 연구했고 그들 주변 사람들에게 복음을 전파했다. 하나님의 말씀은 사람들의 마음을 움직이게 했고, 그들을 주님께 향하게 했다.

신약성서를 읽으면서, 회심한 사람들은 어린이의 침례에 관한 지침을 찾지 못했다. 그때 신자들이 목사에게 설명을 요청했으나, 사역자의 대답은 그들을 만족하게 하지 못했다. 그들은 스웨덴 선교사들과 이야기를 나눴고, 선교사들은 침례 후 회심한 사람들만 받아들이는 교회가, 스웨덴에 있다고 이야기했다. 조언을 들은, 젊은 형제들은, 그 문제에 관해 하나님의 말씀을 연구하고, 주님의 응답을 기다리기로 했다. 보름시 신자들은 1877년부터 주의 만찬을 별도로 수행하기 시작했다. 그들은 술을 남용한 목사와 교제하기를 거부했다.

부흥의 중심지 리달라에서는 가장 긴장된 상황이 전개되었다. 리달라와 보름시에서 사건을 조사한 후 지도자들은, 신자들을 위한 교회가 필요하다는 결론을 내렸다.

1882년 9월 13일 일요일 회의 후, 5명의 젊은 형제들은 야외에서 성찬식을 거행했다. 교회 목사는 그들의 행위에 관한 회개와 교회로 복귀를 요구다. 그런데 형제들은 그들의 결정을 포기하지 않았다. 그러자 다음 주일에 목사는 강단에서 그들을 교회에서 출회한다고 발표했다. 많은 신자가 출회 당한 형제들과 함께 교회를 떠났다.

당시의 침례에 관한 질문은 매우 심각한 의제였다. 그 문제가 분명해지자, 침례를 거행하기 위해 제비뽑기로 형제를 선출했다. 침례는 교회에서 했던 것처럼 물을 뿌리는 관수례로 행해졌다. 1882년 말까지 40명이 침례를 받았고, 첫 번째 교회가 조직되었다. 교회는 오직 믿음으로 침례 받은 사람들만 받아들였고, 성찬식을 거행했다. 이러한 모든 행동은 박해로 이어졌고, 형제들에게 벌금이 부과되고, 투옥되기도 했다. 그러나 교회의 기쁨은 사라지지 않았다.

최초의 침례교회

1884년에 합살루 출신 신자들은, 믿음에 근거하여 침례를 실시하는 교회가 상트페테르부르크에 있다는 것을 알게 되었다. 3명의 형제가 그것을 알아보려고 상트페테르부르크에 파견되었고, 그들은 독일계 침례교 목회자 아담 시베를 만났다. 파견된 형제들은 소책자 [침례교도, 그들은 누구이며 그들은 무엇을 믿는가?]를 받았다.

형제들은 보고, 듣고, 읽고 이해한, 모든 것을 상세히 분석했고, 그 규칙이 그들이 추구했던 것임을 이해했다. 시베 목사는 합살루에 초청되었고, 1884년 2월 중순에 도착했다. 신자들은 복음 진리에 그렇게 감동되어, 봄을 기다리지 않고, 얼음 구멍 속에서 침례를 받았다. 그 목적을 위해 1884년 2월 24일에 17명의 형제와 자매가 썰매를 타고 운그루 강가에 갔고, 거기서 침례가 이루어졌다. 이틀 후 15명이 추가로 침례를 받았다.

믿음으로 침례를 받고 상트페테르부르크 독일침례교회의 지교회로 조직되었다. 교회 지도자는 아우구스트 요간슨이 되었다. 지교회는 공식적으로 등록되었고 이후로 법적 근거에 따라 활동이 계속되었다.

리달라의 신자들은 침례를 받지 않았는데, 그들은 이미 침례를 받았다고 간주했다. 사실, 그들 중 일부는 물속에 담그는 것을 통해 재침례를 받았다. 처음에 150명에 이르는 신자 그룹이, 침례교와 연합하지 않았다. 1898년에 모임을 할 수 있는 권한이 없었기 때문에 그들은 어쩔 수 없이 침례교에 합류했지만, 그들의 영적인 저장소에는 기쁨의 형제들로 남아 있었다.

1884년 봄에 시베는 새로운 회심자의 침례를 목적으로 다시 합살루를 방문하였다. 합살루에서 30명과 히우마에서 몇 사람들이 침례를 받았다. 여름에는 약 200명이 침례를 받았다.

그해에 탈린에 교회가 생겼다. 1884년 7월 25일 리가에서 2명의 패르누 형제가 침례를 받았다. 얼마 후 독일침례교회의 줄리어스 헤르만 목사가 리가에서 패르누에 도착했다. 그는 1884년 8월 18일 새 신자 8명에게 침례를 주었다. 이것이 에스토니아의 네 번째 침례교회의 창립 이야기이다.

연합회 활동 시작

얼마 동안 합살루, 캐르들라, 탈린 교회는 상트페테르부르크 지교회로, 패르누 교회는 리가교회의 지교회로 남아 있었다. 그런데 독일교회들은 비러시아 신자들을 통합한 러시아 침례교 연합회에 소속되어 있었기 때문에, 독립적으로 활동하고 있을지라도, 그들의 지교회는 등록된 상태였다. 따라서 이미 1887년 연합회 보고서에는 합살루 지교회 목회자 요한슨, 패르누 지교회 목회자 밀, 보름시 목회자 렌베르그의 이름이 나온다. 1897년 연합회 보고서에서 합살루교회와 캐르들라교회는 자치교회로 소개되었다. 1897년에 탈린교회 (목회자 테테르만)와 리달라 교회가 독립되었고, 패르누교회는 1896년부터 독립되었다. 1897년에 합살루, 캐르들라, 탈린, 패르누 교회가 연합회에 공식적으로 허입되었다.

1900년에 에스토니아 교회는 합살루, 탈린, 패르누, 캐르들라, 루무교회를 포함한 러시아침례회 소속연합회를 조직했다. 같은 해에 리달라 교회도 연합회에 합류했다. 이렇게, 1900년은 에스토니아 침례회 창립 연도로 간주되어야 한다. 형식적으로 연합회는 러시아연합회 일부로 남아 있었지만, 실제 활동은 독립적이었다. 러시아침례회 연합회와 연관성은 적었다. 1886년부터 형제들은 교회 회의를 개최하기 시작했다.

처음에 그들은 합살루 교회에서 모였다. 1896년에 탈린, 1897년에 패르누, 1898년 캐르들라에서 회의가 개최되었다. 매년 1회, 때로는 2회의 회의가 열렸다. 연합회 사업은 막 시작되어, 많은 문제가 떠올랐다. 1895년에 자유교회들과 통합이 되어 연합회 회원은 1천 명을 넘었다. 1900년에 연합회는 1,434명으로 구성되었다. 그 후 5년 동안 1905년을 포함하여 연합회원은 2,164명에 달했다. 침례교연합회 회장의 책임은 패르누교회 목회자 유리 밀이 지명되었다. 요한슨은 1906~1908년에 연합회 회장을 역임했고, 테테르만은 1908~1920년까지 연합회를 이끌었다.

교회 찬양

루터교회와 헤른후트 공동체는 예배에서 보통 느린 곡조로 세밀한 조화를 이룬 합창으로 찬양했다. 영적 부흥기에 신자들은 구원의 기쁨을 표현하기 위해 새로운 음악 형식을 찾기 시작했다. 1882년에 스웨덴어 일부 장음계 찬송가가 번역되었는데, 특히 찬송의 후렴이 특히 노래를 생동감 있게 했다. 찬송가 번역은 주로 테테르만이 했다. 그는 또한 시온의 노래 찬양 집을 출판했다. 클란만은 찬양 사역의 두 번째 이바지한 자이다. 그는 루터교 신자로 테테르만과 협력했다. 그들은 어린 양의 영광송이라는 찬양 집을 출판했다. 찬양집의 일부가 나와 신자들 사이에 큰 인기가 있었다. 찬송가는 때로는 한 시간 이상, 힘을 다해 찬양했다. 찬양은 하나님 자녀들의 마음을 따뜻하게 했고, 하나 되게 했으며 서로를 가깝게 했다.

찬양대 활동 시작

교회 내 회중 찬양과 함께 찬양대의 합창곡이 발전하기 시작했다. 헤른후트 내에서 특히 큰 발전이 있었다. 에스토니아에서 합창곡의 창시자는 테테르만 이다. 1886년에 패르누 교회에서 시작되었다. 테테르만은 합살루에 찬양대를 설립했고, 캐르들라 찬양대는 1887년에 나타났다. 테테르만 이 떠나자 찬양대 사역 활동이 눈에 띄게 감소했다. 탈린교회는 찬양대 합창이 안정적으로 발전했다. 1890년 말에 테테르만은 목회 사역을 위해 탈린으로 이사했다. 이듬해 초기에 찬양대가 창립되었다.

전반적으로 자유교회의 예배에서 찬양대 합창은 어려움을 겪고 있음이 감지되었고, 어떤 경우에는 침례교회와 관계에서 차이가 원인으로 작용하기도 했다.

테테르만은 찬양대용 악보 찬양에 관한 관심을 보이면서, 기쁜 복음찬양과 방랑자의 하프 소리를 성가집을 출판했다. 1898년부터 야콥슨과 기네만은 정기적으로 찬양대용 성가집을 출판했다. 성가집에 포함된 여러 찬송가는, 회중 찬송에 사용되었다.

1905~1913년의 전도 확산

복음주의 기독교회 발생

복음주의 기독교는 유대인 전도자 요하네스 루바노비치(1866~1941년)가 관련된, 탈린에서 영적 부흥의 결과로 나타났다. 루바노비치는 1885년에 믿었고, 1895

년에 탈린에서 설교를 시작했는데, 그의 설교는 효과가 있었다. 루바노비치는 네덜란드, 스위스, 독일에서 복음을 전했다. 1905년에 탈린으로 돌아가서 계속해서 그리스도를 전파했다. 처음에는 여러 장소에서 모임이 진행되었고, 나중에는 사람들이 야외에서 모였다. 수천 명의 청중이 복음을 경청했고, 많은 사람이 주님께 향했다. 1905년 말에 루바노비치는 다시 독일로 떠났고, 그의 출발과 함께 일부에서는 복음 부흥이 중단되었다.

모두 약 1천 명이 믿음을 가졌는데, 대부분은 헤른후트 교회에 합류했고, 일부는 침례교에 연합했다. 위의 두 교회에 합류하지 않은 그룹은, 계속해서 분리된 교회를 조직하려고 시도했다. 그러나 그것은 1910년에만 가능하였다. 교회는 복음주의 기독교라는 명칭을 얻었는데, 이미 1908년에 상트페테르부르크에 같은 명칭이 등록되었기 때문이었다.

이 교회는 러시아 복음주의 기독교와 함께 주로 이름으로 통일되었고, 그 당시 교리적 연결은 약했다. 새로운 교회에서는 유아 침례와 믿음에 따른 침례가 같은 것으로 간주하였다. 모든 신자는 주의 만찬에 참여할 수 있었다. 나중에 이러한 방향을 따르는 신자들을 자유교회라 부르기 시작했다. 그들은 핀란드, 스웨덴 및 기타 국가에서 자유교회와의 관계를 확립했다.

그 교회의 에스토니아 지도자는 1892년에 회심한, 에두아르드 릴리엔탈 (1871~1952)이었다. 그는 헤른후트 형제들 가운데 설교했는데, 매우 친절하고 인품이 좋은 사람이었다. 모임은 그의 집에서 열렸다. 1913년 릴리엔탈은 신축 교회 건설에 재정을 지원했다. 교회 개척 즈음에 50명이 집계되었으나, 곧 그 수는 130명으로 증가했다. 그는 1923년까지 복음주의 기독교 목회자였다. 그는 이 사역을 남겨놓고 예수 제자 교회를 개척하여 1937년까지 유지했다. 노년에 릴리엔탈은 루터교회로 돌아갔다.

오순절 운동의 탄생은 타르투에 있는 자신의 집에서 모임을 하기 시작한, 마리아 브라시 미망인의 회심과 관련이 있다. 모임에서 그녀는 해외에서 설교자를 초청했다. 모임의 손님 가운데 1907년 에스토니아에 성령 침례 교리를 가져온 영국의 패트릭 자매가 있었다. 그 후 모임을 지원하고 확산시키기 위한 복음 운동이 독일 출신의 폴, 벨크만, 위터, 실링 등의 오순절 목사들을 통해 일어났다. 1908년에 브라시는 자신의 비용으로 큰 교회 건물을 건축했다. 많은 사람으로 혼잡한 예배 외에 성서연구과정과 집회를 열었다. 그런데 곧 운동은 감소했고 상당한 규모는 얻지 못했다. 1911~1916년 기간에 브라시는 월간 영성 잡지 [하늘로]를 출판했다. 모데르존 목사와 폴 목사 및 다른 신학자들이 잡지에 설교를 실었다.

1907년부터 탈린에 러시아 남부에서 오우린과 라이머, 스위스에서 피터 시미트, 독일에서 실링 등의 오순절 사역자들이 방문했다. 그들의 활동으로 오순절의 구역이 형성되었다. 신자들은 아파트에서 모였다. 독일에서 탈린에 도착한 위터는 침례교회 하나를 오순절 활동으로 바꾸어놓았다. 1914년에 탈린에서 대규모 오순절 대회가 개척되었다. 대회에는 리가, 나르바, 타르투, 상트페테르부르크 등의 도시에서 대표들이 참석했다. 제1차 세계 대전 중 외국인의 에스토니아 입국이 금지되면서, 오순절 운동이 쇠퇴하였다.

나르바는 에스토니아에서 오순절 운동이 나타난 3번째 장소였다. 1908년에 핀란드의 오순절 지도자 페카 하카라이넨이 전도를 위해 초대받았다. 그의 설교는 성공적이었고, 젊은 사람들이 특히 새로운 운동에 매료되었다. 그런데 하카라이넨은 완전한 거룩함에 관한 견해를 넓히기 시작했기 때문에, 사역에서 제외되었다.

1909년 나르바에 복음주의 기독교라 불리는 교회가 세워졌다. 처음에는 하카라이넨이 지도했고, 그가 1912년 핀란드로 돌아가자 알렉산드르 숨만넨 교회지도자가 되었다. 1914년에 교회는 60명의 회원이 집계되었다. 그 후 교회는 오순절 연합에 합류했음에도, 복음주의 기독교의 명칭을 유지했다.

감리교회

감리교의 움직임은 위에서 언급한 분파의 출현과 동시에 발생했다. 감리교 신자들은 영적으로 침례교 신자들과 친했고, 그들 사이는 좋은 상호 관계가 유지되어왔다.

상트페테르부르크에서 감리교회는 금세기에 나타났다. 사레마섬 출신의 에스토이나인 태헤가 첫 번째로 믿었다. 1905년 그는 섬 전도에서 시작했다. 태헤는 기본적으로 헤른후트의 교회에서 설교했고, 탈린과 타르투에서도 했는데, 그의 사역은 주목할만한 성공은 가져오지 않았다. 1908년부터 신자들이 공동으로 성찬식을 거행하기 시작했다. 시모네 감독은 1910년 공식적으로 변경에 감리교회를 설립했다. 교회 설교자로 1941년까지 감리교 신자들의 지도자였던 프리카스카를 임명했다. 곧 몇 개의 감리교회가 사레마에 개척되었다. 1912년에 칼 쿠마의 지도력 아래 작은 감리교회가 타파에 생겼다.

침례교회의 성장

1900~1914년 동안에 교회의 생활이 확장되고 심화하였다. 교인 수는 1,300명에서 3,330명으로 2.5배 많아졌다.

에스토니아 서부에서 시간이 지나자 작은 부흥이 일어났다. 보름시와 수틀레파에서는 교회의 독립성을 얻었다. 가장 큰 교회는 리달라에 있었고, 1914년에 440명의 회원이 있었다. 이 지역의 중요한 사역자는 합살루 교회의 목회자 아우구스트 요간슨(1864~1921) 이었다. 그는 첫 번째 새신자들과 함께 침례를 받았고 바로 신자 그룹의 지도자가 되었다. 요한슨은 1893~1894년에 함부르크 침례교 신학교에서 공부했다. 1906~1909년에 그는 침례교연합회에서 책임있는 사역을 맡았다. 나중에 요한손은 탈린에 있는 교회의 목회자로 일했고, 말년에는 합살루에서 활동했다.

침례교회와 자유교회의 활동은 히우마섬 전체 주민에게 영향을 미쳤다. 새로운 교회와 그룹이 생겼고, 교회 건물이 지어졌고, 찬양대 합창곡이 개발되었고, 신자들과 양육 교육이 이루어졌다. 페에테르 카우프스(1856~1926)가 섬 전도자로 일했다. 그는 교회에서 40년 동안 목사로 사역했다. 그는 열정적인 전도자였고, 교회의 참된 목사요 훌륭한 기획가였다. 커다란 생활의 어려움과 많은 고난(형제는 교회 모임 때문에 14번 체포되었다)과 관련하여, 그는 일할 수 있는 능력을 잃었고 1910년에 아들 칼에게 사역을 넘겼다. 칼 카우프스는 1932~1944년까지 침례교 연합회의 총무였다. 패르누 교회는 유리 밀(1861~1910년) 목회자 지도로 원만하게 발전했다. 교회는 수적으로 성장했고, 평화와 사랑이 교회 안에 가득했다. 밀은 에스토니아와 리보니아 침례교 연합회의 초대 총무로, 많은 교회를 선한 조언으로 협력했다. 유감스럽게도, 밀은 50세를 채우지 못하고, 인생의 전성기에 사망했다. 같은 시기에 히우마 섬에서 온 전도자들이, 사레마섬에서 복음적인 활동을 시작했다. 그들이 섬에서 열심히 일한 결과 침례교의 첫 번째 그룹이 등장했다.

자유교회의 전도

당시 침례교회는 내부 구조에 특별히 중점을 두었고, 자유교회는 복음 전파에서 더 효과적이었다. 자유교회의 에스토니아 역사는 다음과 같다. 상트페테르부르크에서 시작된 교회는, 영국 성서공회 지부를 이끌었던 알렉산드르 네이만이었다. 복음은 상트페테르부르크와 프스코프 지역 근처의 에스토니아 마을에 전파되었다. 거기서 부흥이 일어났고 생명력 있는 교회가 조직되었다. 지난 세기말에 복음 전도자들은 타르투와 에스토니아 남부의 시골로 보내졌다. 얀 파이드라손(1858~1936) 교사는 타르투에서 일했고, 칼뮬베르크(1868~1961)는 버루, 타르투 및 다른 도시와 시골에서 복음을 전했다. 타르투에는 4개의 교회가 세워졌다. 개척자는 자유교회의 신자들이었으나 그들은 바로 침례교에 연합했다. 이렇게 러시아에서 에스토니아 남부로 부흥이 전파되었다.

출판 및 문서 활동

개척교회는 경건 서적에 필요가 컸다. 그런데 문서의 출판허가를 받는 것이 어려웠다. 1897년에 테테르만은 소책자 [아르마스 벤드(사랑하는 형제)]를 출간하기 시작했다. 그 책자에 내용이 풍부한 영적인 글, 교회 생활 정보 및 성서 주석 등이 실렸다. 1904년부터 영적 잡지가 출간되었지만, 당면한 어려움 때문에 잡지는 매달 새로운 이름으로 출판되었다. 1906년에 한 달에 두 번 발행되는 테케쿠아야 (여행자) 잡지의 출판허가를 얻었다. 잡지 편집자는 테테르만이었다. 잡지에 실린, 대부분 글은, 번역 글이었는데, 당시에는 유능한 작가들이 적었다. 잡지에는 또한 성서의 책별 해석이 실렸다.

1911년에 [엘루케밧(봄의 생명)]이라는 이름의 청년용 잡지가 나왔다. 발행인은 패르누교회의 투타르 목회자였다. 얼마 후 테테르만과 펠스베르크가 주도 하는 인쇄소가 설립되었다. 구독자가 적고, 신자들 가운데 경건 서적과 관련하여 의견 차이가 있어서, 형제들은 큰 어려움 속에서 일해야 했다.

1914~1920년의 교회 생활

제1차 세계 대전 중, 목회자와 다른 사역자를 포함한 대부분 형제는 전방에 동원되었다. 많은 이들이 전쟁에서 돌아오지 않았다. 교회 생활은 동결되었다. 1917년에 모든 교회가 폐쇄되었다. 신자들은 아파트, 시골의 오두막, 숲 속에서 비밀리에 모였다.

에스토니아의 소비에트 정권은 1917년 말에 설립되었다. 곧 독일 점령이 뒤따랐고, 그 후 내전이 시작되었고, 1920년까지 계속되었다. 전쟁이 끝난 후 교회는 다시 열렸다. 살아남은 형제들은 그들의 교회로 돌아왔고, 교회 생활이 복구되기 시작했다. 그것은 쉽지 않은 일이었다. 재정적 상황은 형편없었다. 침례교연합회 회장인 테테르만과 뛰어난 복음 전도자 크라비를 비롯하여 많은 목사가 이민했다.

평화로운 시간은 교회를 회복시키는 시간이었을 뿐 아니라, 신자들의 영적 삶을 심화시키는 시간이 되었다. 교회는 장기간의 부흥과 갱신과 성장을 경험했다.

1922~1936년의 영적 상승기

히우마섬의 부흥

15년 동안을 살펴보니 부흥 운동은 풍성했고, 거의 모든 공화국을 휩쓸었다. 그런데도 복음주의 운동의 중심은 에스토니아 서부에 남아 있었다. 첫 번째, 가장 큰 부흥은 하류 마을에서 1922년에 시작되었다. 전쟁이 있기 전에는 활기찬 영적 생활이 있었다. 먼저 형제들은 두 개의 신자 그룹이 구성된, 사레마에서 하나님의 말씀을 전했다. 그다음 히우 섬의 남쪽 부분에 전파된, 새로운 부흥이 일어났다. 800명의 사람이 주님께 회심했다.

이듬해에 큰 부흥은 없었지만, 여전히 교회는 계속해서 성장했다. 1936년, 히우 섬에 거주하는 모든 성인 3명 가운데 1명은 신자였다. 찬양대가 활동했고, 주일학교가 있었다. 히우 섬에서 탈린으로 이주한 젊은 신자들은 지역 교회를 채웠다. 주님은 본토에 있는 교회에서 사역을 위해 이주한 영적 사역자들을 그분의 추수지로 보냈다.

1860년대에 에스토니아인 그룹이 북캅카스로 이주했다. 거기서 그들은 폿고르노예 마을을 설립했다. 1920년초 에스토니아인 야코프 야코블레비치 고름의 전도로 인해 그 마을에 교회가 생겼다.[589]

현재 에스토니아인 신자 그룹은 스타브로폴 지방 안드로포프 지역 폿고르니 마을에 등록되어 있고, 세르게이 니키토비치 사빈스키가 지도하고 있다.

오순절 교회의 생활

1922년 전도자 볼데마르 엘빙손과 닐 카스트버그가 스웨덴에서 에스토니아에 도착했다. 그들은 발트해 연안의 릭홀데에서 일하기 시작했다. 그들의 사역결과 눈에 띄는 부흥이 일어났고, 1924년 초에 최초의 오순절 교회가 나타났는데, 이름을 자유교회라 했다. 같은 해에 카스트버그는 캐르들라에 오순절 교회를 설립했다. 곧 거기에 교회 건물이 건축되었다.

1925년에 엘빙손은 탈린에 정착했다. 그는 오순절 연합회와 협력했고, 교회를 조직했으며 오순절 운동의 지도자로 일했다. 엘빙손은 출판사 '빛'을 설립하고 같은 이름의 잡지를 간행했다. 이 출판사에서 신자들의 사랑을 받은 승리의 노래 찬송가 모음집이 나왔다. 멀지 않아 오순절 활동은 공화국 전체로 퍼졌다. 일부 침례교회도 오순절 교회로 옮겼다. 다른 분파의 오순절 교회와는 관계를 유지하지 못했다.

복음주의 기독교 운동의 발전

전쟁 전까지 에스토니아 탈린에 복음주의 기독교 교회가 하나 있었다. 1923년

---

589. Baptist, 1927, No 4. [침례교, 1927년, 4호]

에 교회가 분열되었다. 그 결과 대부분 신자는 릴리엔탈 교회에 남았다. 그들은 교회를 신축했다. 복음 전도에 좋은 시절을 만나 영적 활동은 매우 빠른 속도로 발전했고, 새로운 교회가 많이 생겨났다. 복음주의 기독교 잡지가 출판되었다. 복음주의 기독교 신자들은 다른 교파 신자들과 협력으로 영적 집회를 개최하고, 성서강좌를 시작했다. 성서강좌는 칼 마를레이(1891~1981년)가 주도했다. 그는 좋은 교육을 받았고 능력 있는 사역자로 홍보했다. 그의 조력자는 요하네스 라크였는데 1945~1960년에 에스토니아 선임목회자의 조력자였다. 라크는 친절한 성격에 재능있고 성실한 사역자였다. 1936년에 복음주의 기독교회 신자 수는 3,500명에 달했다.

사역자 양성

1914년까지 많은 사역자는 함부르크와 로지 성서신학교에서 교육을 받았다. 또한, 단기성서과정이 실시되었다. 1922년에, 침례교 설교자를 위한 신학교가 설립되면서, 영적 교육 분야의 상황이 개선되었다. 신학교는 케일라에 있었고 나중에 탈린으로 옮겼다. 아담 포딘은 신학교 설립자이자 1933년까지 학장을 역임했다. 아담 이후 1940년까지 오스왈드 탸특이 학장이었다. 신학교 교육은 4년 과정이었다. 가르치는 일을 준비하기 위해, 일부 형제들은 신학교를 졸업한 후 해외에서 유학을 계속했다. 또한, 신학교 내에 교회 사역자를 위한 3개월 과정을 열었다.

포딘은 신학교의 창립자로서뿐만 아니라 널리 알려져 있다. 그는 베데커 박사와 함께 러시아에서 교도소를 방문하며 복음을 전파했다. 1906년부터 그는 그 사역을 혼자서 계속했다. 포딘은 특별히 나환자들을 위한 사역을 했다. 그는 불우한 사람들에게 의약품을 공급할 뿐만 아니라, 그들을 위로하고, 그리스도께 초청하고, 회심자에게는 침례를 거행했다. 고귀한 활동으로 포딘은 적십자사로부터 두 번째 중요한 상을 받았다. 그는 20년 동안 케일라 교회 목회자로 사역했고 수년 동안 침례교연합회 회장이었다.

1931~1935년의 부흥

주님은 1932년 겨울에 리달라와 수틀레파에 큰 영적 부흥을 주셨다. 수백 명의 영혼이 그리스도께 향했다. 리달라의 교회는 가장 큰 침례교회 중 하나가 되었고, 몇 개의 지교회를 가지가 있었고 약 800명의 회원이 있다.

그 기간에 에스토니아 전역에서 부흥이 관찰되었다. 1935년에 아비스페아에 복음주의 기독교 교회가 조직되었다. 탈린에서 도착한 호헨제 형제가, 사레마 섬의 서쪽 류만다에, 전도한 결과, 복음주의 기독교 교회가 생겼다. 두 교회 모두 아름다운 교회를 건축했다.

1931년 남부 에스토니아에서, 그때까지 부흥과 거의 상관없었던, 무스트와 팔루페라에서 부흥이 일어났다. 지역 교회는 수적으로 증가했다. 임마누엘 교회가 타르투의 중심지가 되었다.

교회활동의 주요방향

유리한 환경에서 교회의 영적 활동은 여러 방향으로 개발되었다. 1936년에 침례교 신자의 총 수는 7,500명에 달했다. 다른 세 흐름의 교회들을, 함께 계산하면, 신자들의 수자가 그 정도 되었다. 교회 찬양대와 기악 오케스트라는 창조적 큰 발전을 경험했고, 새로운 찬양대가 조직되었다. 여러 악보 찬양집이 나왔다. 모든 복음주의 분파들이 자신의 잡지를 간행했다. 자유교회는, 알려진 바대로, 처음에는 잡지 간행을 반대했었으나, 또한 은혜의 목소리 잡지를 발행하기 시작했다. 다른 경건 서적이 출판되었다. 출판 작업을 수행하기 위해 침례교회는 문서 공회를 만들었다. 복음주의 기독교침례회는 공동체의 사회생활에 참여했다. 그들은 주변 사람들과의 상호 관계에서 좋은 영향을 주었던, 고아와 노인 돌보는 일을 실행했다.

1939~1945년의 교회

교회 생활의 발전이 언제나 상승 곡선을 그리는 것은 아니다. 15년 동안 계속된 에스토니아에서의 위대한 영적 상승 뒤에, 침체가 있었고, 그 후 교회 생활의 쇠퇴가 일어났다. 대부흥은 1936년에 정지되었다. 개인적인 회심이 있었으나, 그 수는 겨우 사망자 수를 채우는 정도였다.

그 당시 세계는 긴장이 고조되었다. 의심할 바 없이, 그것은 영적 분위기에도 영향을 미쳤다. 1939년 제2차 세계 대전이 발발했다. 에스토니아는 3년 동안 독일 점령하에 있었고, 최전선이 2번이나 공화국을 통과했다. 기본적으로 모든 형제는 전방에 있었다. 탈린과 타르투에 있는 많은 교회가 파괴되었다. 전쟁 전에 7개 교회가 나르바에 있었는데, 거의 완전히 파괴되었다. 사람들의 대피와 재정착이 진행되었다. 전쟁이 끝난 후, 신자들이 함께 다시 모이기 시작했을 때, 4개의 연합회 신자의 수가 3분의 1로 감소하였다. 사역자가 충분하지 않았고, 교회는 많은 젊은 회원을 잃었다.

1945~1980년의 교회 생활

전쟁이 끝난 후, 생존한 복음주의연합회 사역자들은 신자들을 모아서, 교회를 조직하고 등록했다. 에스토니아 교회의 지도자들이 복음주의 기독교침례회 총연맹에 접촉한 후에, 카레프와 레빈단토는 1945년 5월에 현장 상황을 파악하기 위해 탈린에 도착했다. 에스토니아 교회 연합회 지도자들은 복음주의 기독교침례회연맹과 협력과 연합에 대해 준비되었다는 의사를 표시했다. 복음주의 기독교인들이 침수로서 침례를 받지 않은 사람들을 교회에서 허입했기 때문에, 일반적인 순서를 유지하기 위해, 이후에는 침례 받은 신자들만 교회에서 허입할 것을 합의했다. 그러나 침례 받지 않은 교인이 바로 침례 받을 필요는 없으나 침례는 권유했다.

자신들의 차례로, 립스톡, 라크, 타이크, 실도는 모스크바 복음주의 기독교침례회연맹 상임위원회에 참석했다. 상임위원회에서 립스톡은 복음주의 기독교침례회 총연맹 위원으로 선출되었고 에스토니아 대표 선임목회자로 임명되었다. 라크는 그의 조력자가 되었다. 에스토니아에 선임목회자용 사무실이 만들어졌고, 관리자로 실도스가 임명되었고, 그는 후에 선임목회자가 되었다.

실도스 사망 후 선임목회자 직책과 복음주의 기독교침례교 상임위원회 위원직에 탈린에 있는 칼류 교회의 목회자 로베르트 페트로비치 비주가 선출되었다. 그 당시 많은 도시에는 여러 교회가 다양한 복음주의 교파에 속해 있었다. 거의 모든 교회가 한 교회로 연합되었다. 1950년에 탈린에서 8개의 교회가 통합되었다.

정부 결정으로 도시의 가장 큰 올레비스테 교회가 신자들에게 제공되었다. 탈린에서 칼류스카야 교회와 독일교회가 독립교회로 남았다. 시간이 지나면서 처음으로 러시아 교회가 생겨났고, 러시아 교회도 독립적으로 활동했다. 패르누에서 신자들의 큰 연합이 이루어졌는데 4개의 교회가 하나로 통합되었다. 타르투에서 3개의 교회가 하나의 교회로 통합되었다. 오순절 교회 또한 복음주의 기독교침례회에 합류했다. 에스토니아에서 연합되지 않은 오순절 교회는 없었다.

함께 일할 때 교회 운영에 관한 지혜와 영적 태도가 요구되었다. 얼마 지나지 않아 형제자매들은 그들이 한 가족이며, 한 가지 목표를 위해 노력한다는 것을 깨달았다. 여러 면에서 그것은 다른 경향을 가진 지도자들의 일치에 이바지했다. 형제들은 하나님의 자녀들이 사랑 안에서 살면, 모든 사람에게 축복이 된다는 것을 이해했다. 1961년 러시아·우크라이나 형제회가 분열되었을 때에, 에스토니아 형제회는 연합을 고수했고, 한 사람도 자신의 교회를 떠나지 않았다.

형제회 교회에서 큰 관심은 목회자 교육과 단결에 집중되었고 계속되었다. 선임 목회자 옆에서 형제자문회가 함께 했다. 사역자들은 모든 문제를 함께 논의했다. 발트연안국가 선임목회자인 레빈단토는 형제회의에 참석하여, 친절한 조언을 주었다. 태륵, 올빅, 비주의 주도로 1956~1960년에 진행된 신학 과정은 사역자들이 일치된 생각으로 양육하도록 도왔다.

수년간에 걸친 공동 작업을 통해 에스토니아 형제회는 복음주의 기독교침례회 총연맹 지도부와 선하고 신뢰할 수 있는 관계를 맺었다. 에스토니아 형제들은 형제들 소식 잡지 출판에 힘껏 도움을 제공했다. 특별한 축복은 에스토니아 출신의 6명 형제를 해외에서 신학 교육을 받을 기회를 얻어 왔다. 침례교 세계연맹 회장단 하그롭스, 맥콜, 부스사무총장 ~ 데니와 클라스가 에스토니아를 방문했다.

현대 에스토니아 형제회교회의 생활

작은 발트 해 연안 공화국, 에스토니아의 영토에서, 복음주의 기독교침례회 외에, 복음주의루터교, 정교회, 가톨릭과 감리교회, 제7일안식일교회, 정교회 구교도,

오순절 등이 복음 전파의 사업에 협력과 사역을 하고 있다. 탈린에 유대인 회당이 있다.

교회들과 종교단체들 사이는 좋은 관계가 형성되어 있고, 사역자들은 회의, 기념일 및 다른 교회 행사에서 만난다. 에스토니아 형제회 교회 생활에서 중요한 사건은 1984년에 복음주의 기독교침례회 100주년 축하 행사를 가장 오래된 교회들인 합살루교회, 탈린의 칼류 교회, 패르뉴 교회, 히우마 섬의 캐르들라 교회에서 기념한 것이다. 각 교회에서는 첫 번째 사역자인 요한손, 테테르만, 밀, 카우프스와 선임 목회자인 립스톡, 실도스, 비주 등의 사역자들을 회상했다.

최근 수년 동안 에스토니아 탈린에 있는 3개의 교회, 코흐틀라야르바, 나르바, 패르누, 발가 등지에서 많은 교회가 독립교회로 등록되었다. 복음주의 기독교침례회 형제회교회는 독립교회들과도 우호적인 관계를 유지하고, 경건 서적을 공유하며, 형제회 모임에 초대하고 있다.

형제회 소속 79개 교회에서 다음과 같은 사역자들이 일하고 있다. 42명의 안수받은 목회자, 26명의 목회자 조력자, 11명의 신자 그룹 지도자 그들 가운데 10명은 영적 사역을 위해 시민의무가 면제되었다. 49명의 사역자는 영적 사업과 산업 활동을 병행하고 있다. 선임목회자 직책을 수행한 최고령자는 79세, 최연소자는 28세였다. 최근 몇 년 동안 코힐라, 타르투, 빌얀디, 파이데, 아브 스페아, 코예루, 라플라, 비루, 케흐라, 하류 등 많은 교회에서 젊은 목회자가 선출되었다. 지난 37년 동안 올레비스테 교회에서 25명의 목회자가 배출되었다.

교회 예배는 에스토니아어, 러시아어, 핀란드어, 독일어로 진행된다. 신자의 약 15%는 러시아인으로 구성되어 있다. 에스토니아에서 건축된 교회와 수리 중인 교회는 코흐틀라야르베, 파이데, 옐바, 하류, 안츨라, 라플라, 리달라에 있다. 56개의 교회에 찬양대가 있고, 1,010명의 찬양대원이 연합되어 있고, 70명의 지휘자가 사역하고 있다.

형제회 생활에서 중요한 사건은, 1985년 2월 23일 탈린에서 개최되었던, 공화국 회의였다. 회의에서 새로운 목회자협의회를 선출했다. 선임목회자는 홀로 메릴루, 그의 대리인 요세프 탐모, 목회자협의회 명에 회원으로는 경험 많은 로베르트 비주와 칼류리데가 선출되었다.

목회자협의회 회원은 에스토니아의 9개 지역을 대표한다. 협의회 옆에 교육, 청년, 전도, 음악, 문서, 관리 등의 부서가 만들어졌다. 교회 목회자와 다른 사역자들의 자격을 향상하기 위해 주제별 협의를 월 1회 진행한다. 많은 젊은 목회자들이 모스크바에서의 통신성서 과정을 마쳤다. 음악 부서는 찬양대의 새로운 연주목록과 지휘자 자격 향상을 위해 노력한다.

교회는 선임목회자와 복음주의 기독교침례회 총연맹의 요청으로 출판된 찬양집, 잡지, 영적 달력, 기타 도서를 받는다. 에스토니아 형제회는 복음주의 기독교침례회 총연맹에서 경건 서적과 다양한 정보를 감사함으로 받고 있다. 교회들은 복음주의 기독교침례회 총연맹 상임위원들을 손님으로 의미 있게 만난다.

에스토니아의 교회들은 기꺼이 평화 기금에 헌금한다. 체르노빌 원자력발전소 재해 희생자들과 기타 필요한 곳에 도움을 제공했다.

역사적 교회

합살루교회

보름시와 서부 에스토니아의 영적 부흥의 결과로 1884년 2월 24일에 첫 번째 기독교침례교회가 합살루에 설립되었다. 교회의 목회자는 아담 시베였고, 지역 지도자는 유리 자이직이 선임되었다. 아우구스트 요간손은 순회 설교자로 사역했다. 1년 후 자이직과 요간손은 사역을 교환했다.

처음에는 신자들이 헤벨의 집에서 예배를 위해 모였으나, 곧 장소는 성장하는 교회를 수용할 수 없었다. 다음에 신자들은 자이직의 집에서 두 개의 방을 얻어 모임을 했다. 1885년에 교회는 자체교회 건물을 짓기로 했다. 신축 교회의 헌당식은 1886년 5월 22일에 이루어졌다. 이후에 부흥은 히우마, 보름시, 노아로치(수틀레파) 등을 덮었다. 얼마 후 거기서 성장하는 교회들이 나타났다.

합살루 교회는 오랫동안 다른 교회들의 모교회로 남아 있었다. 합살루 교회에서 최초의 공화국 침례교 대회가 개최되었다. 첫 번째 대회는 1886년 6월 23일 신축 교회 건물에서 열렸다. 1890년에 최초의 성서강좌가 합살루 교회에서 진행되었다. 1894년에 교회는 독립적으로 되었다. 세기의 전환기에 새로운 교회를 건축할 계획이 잡혔다. 그러나 1909년 가을에 옛 교회 건물을 증축하는 것만 실행되었다. 1923년 12월 16일에 교회의 목회자로 요하네스 립스톡이 선출되었고 에스토니아 침례교연합회 회장을 겸했다. 1929년에 신자들은 새로운 교회를 건축했다.

1946년부터 1983년 12월 21일 사망할 때까지 합살루 교회의 목회자는 구스타프 페르디난트 닐박이었다. 현재는 성서통신과정 졸업생인 아들 유리 닐박이 목회자로 일하고 있다. 현재 교회의 회원은 214명이고 찬양대가 섬기고 있다.

탈린 칼류교회

상트페테르부르크의 시베 목사가 율레미스타 호수에서 8명에게 침례를 거행한 후, 칼류 교회가 1884년 5월 7일 창립되었다는 것을 기억한다. 탈린에 마디스 핀슬러가 지도하는 상트페테르부르크 독일 침례교회의 지교회가 조직되었다.

예배 모임을 진행할 목적으로 신자들은 수르페르누 대로 1번지에 있는 칼텐브룬의 집에 있는 작은 방을 빌렸다. 1885년 요하네스 한스만이 교회의 지도자가 되었다. 카잔교회 근처의 집에서 모임을 하기 위해 새로운 장소를 임대했다. 1890년에 교회의 지도력은 안드레스 테테르만이 받아들였다. 5년 후 교회는 탈린에서 처음으로 독립적인 침례교회가 되었다. 예배는 도시의 여러 지역에서 진행되었는데, 심지어 킥인데쾩 탑, 울레미스테 호수 근처, 톤디스크 숲 등에서 이루어졌다. 4년 동안 교회 회원들은 수르로시크란치 거리에 있는 임대 건물에서 모였다. 장소가 예배에 참석한 모든 사람을 수용하지 못했기 때문에, 바론 폰 익스킬의 재정으로 새로운 교회를 우스칼라마야 거리에 건축했다. 교회는 주님께 소망을 두고 미래를 바라보았다. 1902년 12월에 형제회 가운데 가장 아름다운 교회 건물의 하나인 새로운 교회가 신축되었다.

교회에서 테테르만이 1920년까지 목회자로 일했다. 1944년 11월, 전쟁 막바지에 로베르트 비주 목사가 선출되었고, 나중에 에스토니아 형제회의 선임목회자가 되었다. 그는 1974년까지 목회자로 사역했다. 1974~1978년에 테켈이 목회자로 활동했고, 1978년부터는 유리 푸삭이 재직했다. 교회 회원 수는 191명에 달했다. 교회는 영적으로 살아 있고, 성장하고 있고, 찬양대와 연주단은 주님을 찬양하고 있다.

히우마섬

전도활동은 합살루 교회 신자들과 협력으로 1884년 7월 15일에 시작되었다. 교회의 집사로 유한 이엠을 선출했다. 모임은 쿡카, 팔루킬라, 탐멜라, 투발라에서 진행되었다. 신자들은 번갈아 가며 마을에 모였다. 나중에 시베의 조언에 따라 니굴라 칼류의 집이 있는, 투발라 마을이 모임 장소로 결정되었다. 주 정부는 예배를 실행할 수 있는 허가를 주었다. 1886년은 히우마의 영적 역사에서 전환점이었다. 그해에 교회는, 침례 받은 신자들의 히우마 침례교회라 불렸고 합살루 교회의 지교회였으며, 독립적인 교회가 되었다. 교회의 직접적인 지도는 시베에 의해 실행되었다. 1886년에 교회 건물을 건축할 계획이었다. 그런데 1893년에 신자들은 건축을 착수할 수 있었다. 교회 장소를 선택하는 데 시간이 오래 걸렸다. 멀지 않아 퓨할레파 교회는 인근 지역에서 부흥의 중심지가 되었다. 또한, 같은 지역에 교회를 건축할 계획이었다. 그런데 시베의 조언에 따라 교회는 캐르들라에 건축되었다. 1894년 2월 17일 캐르들라 교회는 자립했다. 1895년 9월 오래 기다렸던 교회가 캐르들라에 건축되었다. 건축은 매우 어렵게 진행되었다. 지역 주민들은 대부분 매우 가난했지만, 그들은 건축 헌금을 했다. 얼마 뒤에 캐르들라 교회의 전도활동은 히우마섬 전역으로 퍼졌다. 복음 전파 활동은 카이나와 엠마스테에서 더욱 성공적이었다. 첫 번째 교회는 1901년에 독립했고, 두 번째 교회는 1903년에 자립했다. 그 교회들이 많은 새로운 공동체를 조직했다.

그런데 실업으로 많은 주민이 히우마를 떠날 수밖에 없었다. 주로 직업 욕심이 강한 사람들이 떠났다. 일부 교회의 선진 회원들과 설교자들이 섬을 떠났다. 그러나 그런 불리한 상황에도 불구하고, 히우마는 복음주의 기독교침례회 교회가 밀집된 지역으로 변해갔다. 현재 섬에는 13개의 교회가 있고 377명의 회원이 있다. 캐르들라의 가장 큰 교회는 약 100명이 집계되었다.

패르누 임마누엘 교회

1884년 8월 18일, 리가에 있는 독일침례교회의 젊은 설교자 율리우스 헤르만은 신디 공장의 저수지로 들어가는 강가에서, 8명의 회심자에게 침례를 주었다. 그중에는 미래의 에스토니아 침례교 연합회의 오랫동안 지도자를 역임했던 탈린 칼류 교회의 목회자 테테르만이 있었다. 리가에서 침례식이 있기 얼마 전에, 유리 밀과 요한 밀이 침례를 받았다. 그 후 유리 밀은 패르누 교회의 첫 번째 목회자가 되었고 에스토니아와 리보니아 침례교연합회 회장이 되었다. 1896년까지 교회는 리가 교회의 지교회로 남아 있었다. 마침내 헨노 거리에 땅을 사들일 때까지, 어려운 시기에 신자들은 여러 장소에서 모였다. 여기에 교회가 세워졌다. 교회 입당식은 1896년 11월 24일에 있었다. 신자들은 그 교회에서 현재까지 모이고 있다. 1908년에 교회 건물은 재건축되었다.

1953년 3월 1일에 3개의 독립교회 곧 1884년에 설립된 패르누 교회, 1909년에 발생한 복음주의침례회 패르누 살림 교회, 패르누 베델 침례교회 (1916년) 가 하나로 통합되었다.

통합된 패르누 교회는 복음주의 기독교침례회 임마누엘 교회라는 명칭을 얻었다. 처음에는 여러 형제가 교회를 섬겼다. 1959년부터 알베르트 탐모 목회자가 재직했고, 1975년 11월부터 성서 과정을 졸업한 목사가 재직했다. 회원 수는 300명 이상이고, 찬양대와 연주단이 있다. 예배는 에스토니아어와 러시아어로 진행된다.

올라프 교회

1950년 9월에 올라프 교회에서 탈린의 8개 복음주의 교회가 통합된 것은 에스토니아 형제회에서 가장 중요한 사건 중 하나였다.

올라프 교회의 명칭은 노르웨이 왕 올라프 하달스손(995~1030년)의 이름에서 유래되었고, 후에 그를 성인으로 선언했다. 올라프 교회에 관한 첫 정보는 1267년 무렵으로 올라간다. 처음에는 건물이 가톨릭 교회를 위해 지어졌고, 종교개혁 이후 교회는 루터 교회가 되었다. 올라프 교회는 전체적으로 탈린과 에스토니아의 영적 생활에 큰 영향을 미쳤다. 루터교의 종교개혁이 탈린에 있는 올라프 교회에서 시작되었다고 말할 만하다. 18세기 에스토니아 형제회 교회 들의 부흥이 시작된 장소는, 1736년 진젠도르프 백작이 설교했던 올라프 교회였다. 19세기에 많은 복음주의 부흥 설교가들이 올라프 교회에서 사역했고, 영향력은 교회를 넘어 멀리 퍼졌다. 1944년까지 독일인 공동체가 올라프 교회에 있었다.

새로운 올라프 교회에는 네 가지 신자들의 성향이 포함되어 있는데, 침례교, 복음주의 기독교, 오순절, 자유기독교이다. 성대한 교회 입당식이 1950년 9월 17일에 있었다. 예배는 에스토니아 대표 선임목회자 립스톡이 인도했고, 손님은 모스크바에서 복음주의 기독교침례회 총연맹 사무총장 카레프와 리가에서 발트 해 연안 대표 선임목회자 레빈단토 등이 참석했다. 올라프 교회의 공동 목회자는 높은 신학 교육을 받은, 오스왈드 태륵과 오스카 올빅을 선출했다.

전쟁 후 교회 건물이 장기간 의도된 목적에 따라 사용되지 않아 쓸모없게 되었기 때문에, 교회의 대수리는 일치된 기독교적인 가족이라는 목적으로 다른 신앙을 가진 신자들이 연합하도록 하는 일을 도와주었다. 1981년 교회에 큰 침례탕이 만들어졌다. 교회의 공동영적 사업은 38년 동안 은혜로 계속되고 있다. 영적으로 하나 되고, 열심, 사랑과 희생에 관한 준비성 등으로 신자들은 생활과 일을 구별하였다.

올라프 교회는 시간이 지나면서 에스토니아 형제회 전체의 모 교회가 되었다. 경험 많은 영적 사역자들이 지도하면서 교회는 에스토니아 형제회 전체에 영적인 축복을 가져왔다. 형제회에 새로운 시대가 시작되었고, 목회자를 위한 성서와 기도의 시간이 진행되었고, 과거에 행해졌던 영성 대회의 모임을 회상하는 주일 예배가 시작되었다.

교회의 좋은 음향시설은 찬양대와 음악 활동을 위한 훌륭한 기회를 제공한다. 전통을 고려하여, 공동 사역의 첫 해에 조직된, 모든 찬양대의 대원들이 포함된, 연합찬양대 외에, 2개의 혼성 찬양대와 남성 찬양대와 여성 찬양대, 만돌린 및 기악 합주단이 조직되었다. 교회에서는 청년 찬양대가 찬양하고 음악그룹과 합주단(상투스, 에바다, 글로리아)과 여러 실내악단이 사역하고 있다. 음악 및 성악 사역의 발전에서 오르간이 특별한 역할을 하고 있다. 오르간은 회중 찬양의 반주와 대규모의 성악~교향곡 공연에도 사용된다.

실도스 선임목회자가 오랫동안 교회에서 재직했고, 부선임목회자는 라크, 자문 위원은 태륵과 올빅이 재직했다. 석사 학위자 태륵 목회자가 1950~1971년에, 오스카 올빅은 1950~1977에 재직했다. 1971년부터 현재까지는 메릴로 목회자가 재직하고 있다. 올빅 목회자의 사망 이후, 훈트 대리 목사가 재직하고 있다. 교회에는 1,320명 이상의 회원이 있다. 약 40명의 형제가 설교로 봉사한다.

새로운 세대의 목사가 생겨나면서 교회 사역은 만장일치와 사랑과 열심의 정신으로 계속되고 있고, 젊은 형제들은 적극적으로 사역하고 있다. 올라프 교회는 다민족 형제회 안에서 가치 있는 역할을 계속 수행하고 있다.

형제회 시문학

에스토니아 복음주의침례교 형제회의 첫 번째 시인이며, 찬양대와 기악 합주단의 창설자이자, 기독교 잡지 편집인과 출판 기획가를 역임한 안드레스 테테르만(1854~ 1925)을 기억해야 한다.

그는 30년 넘게 탈린에 있는 복음주의 침례교회의 첫 번째 목회자로 재직했고, 오랫동안 연합회 회장에 재직했다. 테테르만의 시작품은 그가 사망한 지 2년 후인 1927년에 출판되었다. 시집에는 다양한 기독교 주제로 265개의 시가 수록되어 있다.

선배 시인들 가운데 유명인은 패르누 교회 소속의 밀라 크림(1896~1979년) 자매가 있다. 그녀의 시집 [어두운 밤]을 통해서는 1926년에 출판되었다. 크림의 작품은 다양한 잡지에 실렸다. 그녀는 생애 동안 1천여 개의 시를 썼고, 대부분은 기도시이고, 일부는 음악으로 만들어졌다. 그녀의 시에서는 슬픈 어조가 들리고, 분명히 외로움과 개인적인 근심이 반영되었다. 그러나 그녀의 시선은 예수 그리스도에게 고정되어 있고, 그녀는 그분 안에서 위안을 찾았고 슬픈 생각을 극복했다.

페테르 신크(1902~1957년)는 기독교 시문학 분야에서 특별한 자리를 차지하고 있다. 그는 복음 전도자였기에 그의 시는 특히 교회 사역에 적합하다. 신크는 헤른후터 교회의 회원이었고, 그의 아내 마리 신크는 올라프 교회의 작곡가이자 회원이었다. 그녀는 남편의 많은 시작품을 내용으로 작곡했다. 작품은 독창과 합창으로 공연되고 있다. 신크의 시적 유산은 작지만, 예술적 수준은 뛰어나다.

형제회 시인 가운데 가장 유익한 시인의 한 사람은 라이네 순디아였다. 1982년 자매는 비극적인 교통사고로 사망했다. 그녀는 주로 성서 주제로 시를 썼다. 그녀는 설교를 듣고 영감을 받았다. 찬양집에는 순디아의 시가 130곡의 내용으로 실려 있다. 그녀는 또한 주요 서사시 작품을 가지고 있는데 ~ 침례 요한, 예수 그리스도, 사도 베드로와 바울과 다른 성서 인물들에 관한 서사시이다. 특히 그리스도의 고난에 관한 주제는 여류시인에게 매력적이었다.

올라프 교회의 시인 알베르트 루초는 시작품이 많지 않지만, 다른 사람들 못지않게 시에 관한 열심이 대단했다. 일부 젊은 시인들은 시를 현대 시 형식으로 쓰려고 시도한다. 그러나 대부분의 기독교 시인들은 단순하고 접근 가능한 수단을 쓴다.

에스토니아 기독교침례교회사의 주요 사건

1202~1227년 – 에스토니아 기독교 시작.

1524년 – 루터교 종교개혁 시작.

1686년 – 남부에스토니아어 신약성서 출판.

1715년 – 현대에스토니아어 신약성서 출판.

1739년 – 에스토니아어 성서 5천 권 출판.

1876년 – 보름시섬 부흥 시작.

1882년 – 리달라 최초 자유교회 기반.

1884년 2월 24일 – 합살루 최초 믿음 침례

5월 7일 – 탈린 최초 침례교회 기반.

7월 15일 – 히우마섬 침례교회 설립.

8월 18일 패르누 최초 믿음 침례.

1905년 – 복음주의 기독교 영적 사역 시작.

1910년 – 복음주의 기독교 교회 출현.

1922년 3월 5일 – 케일라 침례교 신학교 시작.

1924년 - 최초 오순절 교회 혹은 자유 복음교회 조직

1945년 - 에스토니아 교회 연합. 복음주의 기독교침례회 총연맹 가입.

1956~1960년 - 탈린 신학강좌.

1945~1960년 - 요아네스 립스톡 에스토니아 교회 선임목회자 사역.

1963~1970년 - 알렉산드르 실도스 에스토니아 교회 선임목회자 사역.

1970~1985년 - 로베르트 비주 에스토니아 교회 선임목회자 사역.

1984년 - 에스토니아 형제회 100주년.

1985년 이후 - 홀로 메릴로 에스토니아 교회 선임목회자 사역.

제11장
라트비아 형제회

준비된 길

12세기에 독일 기사단은 라트비아 사람들을 정복하고 노예로 삼아 기독교 신앙을 가져왔다. 수세기 동안 가톨릭은 명목상의 공식 종교를 유지했으나 일반 사람들 속에 깊이 침투하지 못했다. 16세기에 라트비아에서 종교개혁이 시작 되었고, 주민들은 새로운 종교와 교회 예배에 폭 넓은 관심을 가졌다. 특히 종교개혁은 리가 주민들의 환경에 깊이 들어왔다.

주민들에게 기독교 의식이 깊어진 후 다음 단계로 라트비아어 성서 번역이 이루어졌다. 번역 작업의 대부분은 독일에서 라트비아로 정착한 복음주의 루터교 목사 에른스트 글뤽(1652~1705년)이 실행했다. 1685년에 신약성서가 번역 출판되었고, 1689년에 성서가 출판되었다. 이 사건은 종교생활에 중요한 의미가 있었을 뿐 아니라, 라트비아 국민의 다음 세대 문화 발전에 영향을 미쳤다.

1829년에 비제메에서 복음을 전했던 헤른후트 형제들이 새로운 영적부흥을 가져왔다. 같은 해에 비제메에 있는 형제회에 속한 많은 라트비아 농민들에게 영향을 주었던, 영적 사역이 특별한 발전을 경험했다. 결과적으로 죄에 관한 일반 사람들의 태도가 변화되었고, 동시에 도덕의 향상과 도덕 교육의 수준이 높아졌다. 그 다음 1세기 동안 형제회는 라트비아인들의 영적 생활에 강한 영향을 끼쳤다. 그러나 1860년부터 이러한 흐름의 복된 영향력은 약화되었다. 복음의 소식은 하나님의 다른 사자들에 의해 전달되었다.

침례교 형제회의 출현

1847년 항구 도시 벤츠필스의 남쪽에 있는 지라 마을에 열심 있는 루터교인 함부르게르스가 정착했다. 그는 교사였다. 당시의 모든 선생님과 마찬가지로, 그는 자신의 학생들에게 엄격했고 까다로웠다. 그런데, 함부르게르스는 다른 사람들과 구별되는, 참되고 살아 있는 경건함이 있었다. 청소년들에게 학교의 지식을 가르치면서, 그는 무엇보다도 진리에 관한 지식의 원천으로서 그들을 하나님께 인도하려고 노력했다. 교사는 학생과 부모님과 함께 성서를 읽고 기도했다. 또한, 그는 배운 기도가 아니라, 마음에서 나오는 말로, 하나님께 호소하는 것을 가르쳤다. 그것은 청소년들의 삶에 깊은 인상을 남긴, 전에는 들은 바 없는, 새로운 현상이었다. 함부르게르스는 또한 농촌 가정에 성서를 배포했다.

그런데 함부르게르스의 행동은 현지 지주와 공식 교회 목사들의 비난을 받았다. 1849년에 관계가 너무 악화하였기에, 그는 지라 마을에 교사 자리를 남기고 떠나야 했다. 그러나 사람들의 마음속에 뿌려진 하나님 말씀의 씨앗은 계속 자라났다. 곧 진리를 찾고자 하는 사람들의 동아리가 형성되었다. 그룹 회원들은 함께 모여 성서를 읽고, 하나님의 뜻을 깨닫고 진리 이해에 도달하기를 바라면서 기도했다. 영적 진리를 갈망하는 사람들은, 처음에는 모 교회인 루터교회를 떠나는 생각에서 멀리 있었다. 그들은 열린 마음으로 그들이 궁금하게 생각하는 질문들을 교회 사역자에게 물어보았다. 그러나 복음서에 그리스도에 대해 '자기 땅에 오매 자기 백성이 영접하지 아니하였으나(요 1:11)'로 입증된 바와 같이, 그들도 그런 일을 당했다. 부흥을 경험한 사람들은 반복적으로 교회 지도자들에게, 모든 기독교인은 하나님의 말씀에 따라 살아야 한다고 확신시켰다. 그들은 주일에 주님의 잔을 든 손으로, 다음 날에 노동자들에게 술을 권하는 것은, 불가능하다고 말했다. 그러나 그들의 의도가 진실함에도 불구하고, 그들은 오해를 샀다. 지라와 그 주변 마을에서 진리를 찾던 사람들은, 나중에 목회자가 된 함부르게스의 학생인, 예르네스테 예글리티스 (1830~1920)의 인도를 받았다. 1855년 무렵에 아담 게르트네르스가 동아리에 가입했다. 라트비아에서 침례교회의 기원에 관한 역사는 주로 그의 이름과 관련이 있다. 라트비아 농민들은 하나님의 말씀과 신자들을 통해 진리를 찾았다.

라트비아 농민들은 하나님의 말씀과 신자들을 통해 진리를 찾았다. 루터교 목사는 언젠가 미국에서 그들을 침례교인과 비슷한 사람들을 만났다고 말했다. 그 당시 침례교인이라는 단어는 아직 진리를 찾는 사람들에게 아무것도 말해 주지 않았다.

1850년대 후반에 리예파야와 근교로 메멜(현재 리투아니아의 클라이페다)에서 일부 침례교인 가족이 이주했다. 1859년에 리예파야 근처의 작은 마을 그로비냐에서 게르트네르스는 독일인 침례교 신자 브란드마니스 가족을 만났다.

그들은 밤낮으로 성서를 읽고 대화하며 보냈다. 주요 주제는 믿음에 의한 침례였다. 지라 동아리 회원들은 전에는 결코 그것에 대해 생각하지 않았다. 새벽이 오자, 게르트네르스는 서서 다음의 역사적인 말을 한다. 나는 이제 내가, 어디에 서 있고, 이제 내가 해야 할 일을 알았다.

그 대화 후에 곧 브란드마니스는 신자들에게 침례 교리를 더욱 철저하고 깊이 설명해주기 위해, 지라에 도착했다. 처음에는 예글리티스를 포함한 많은 사람이, 침례의 본질을 이해하지 못했지만, 복음의 진리가 승리 했다. 남은 문제는, 누가 침례를 실시할 것인지 결정해야 했다. 브란드마니스는 새로운 회심자에게 침례를 실행하지 않았다.

복음의 빛을 깨달은 사람들은, 그 당시에 지라에만 있지 않았다. 50년대 중반 무렵 리예파야에 신자의 그룹이 나타났다. 그룹은 상인 칸디스가 지도했고, 베트헤르스와 칼소네 선생이 포함되었다. 벤츠필스에서 1859년에 부흥을 경험한 사람들은 야니스 빅스트롬스의 지도에 따라 하나님의 말씀을 매일 공부하기 위해 모이기 시작했다. 복음의 씨앗은 여기서 좋은 땅에 떨어져 싹이 났다. 1935년에 라우베르트스 목회자는 다음과 같이 기록했다. 죄에 관한 두려움은 성서에서 하나님의 뜻을 찾도록 자극했고, 그 실행의 길은 하나님과 화해를 위한 갈증으로 나타났다. 한 가지 분명한 것은, 하루처럼, 더는 그렇게 살아서는 안 된다는 것이었다. 깨어난 신자들은 성서가 가르치는 생활을 실천하기 시작했다. 그들은 함부르게르스가 교육한 대로, 더불어 주님께 기도하기 위해서, 가정이나 숲에서 모였다.

그다음 역사를 규명하는 것으로 옮겨가기 전에, 또 하나의 사건을 잠시 주목해 보자. 그 사건이 라트비아 침례교 운동을 계속해서 발전시키는 직접적인 영향을 준 것은 아니지만, 그런데도 어느 정도 의미가 있다. 1855년에 라트비아인 프리드리히 야콥슨은 직장을 찾아 리예파야에서 메멜로 왔다. 거기서 그는 믿음을 가졌고 1855년 9월 2일에 믿음으로 침례를 받았고 메멜 공동체의 회원이 되었다.

4년 후 그의 어머니가 메멜에서 침례를 받았다. 이렇게, 야콥슨이 믿음으로 침례 받은 최초의 라트비아 신자가 되었다. 그 후 그는 리예파야와 리가 교회의 회원이었다.

메멜에서 침례

믿음에 따른 침례의 진리를 확신한, 개척자 형제들은 메멜에서 침례를 거행하기 위한 가능성을 찾고자 여행을 시작했다. 그 여행에서 라트비아인 9명이 준비되었고, 리예파야서 2명의 독일인 자매가 합류했다. 하나님의 특별한 인도 덕분에 그들은 7일 동안 해외여행을 할 수 있는 권한을 얻었다. 메멜에서 브란드마니스 형제는 그들에게 교회를 소개했다. 교회 회원 회의에서 도착한 형제자매들이 자신들의 믿음과 그리스도 안에서의 새로운 삶에 대해 간증했다.

믿음에 따른 침례 이후의 일어난 것에 대해 다음과 같은 기록이 남아 있다.

다음 사람들: 아담 게르트네르스, 안나 게르트네르스, 야니스 얀슨, 안드레이스 케제, 예캅스 예크스, 크리스토스 베르진스, 안드레스 잔코우스키, 카스파르 지르니엑스, 야니스 드로베니엑스는 그들의 고백에 따라 오늘 그리스도의 죽음과 함께 침례를 거행했고 지역 침례교회 회원으로 허입되었음을 이와 같이 증명한다.

메멜, 1860년 9월 2일. 침례교회 설교자 겸 대표 니메츠

이 침례를 라트비아 침례교 신자들은 그들의 역사적인 시작으로 간주하고, 기억하며 항상 그것을 하나님께 감사하고 있다.

침례 받은 사람들은 기쁜 마음으로 집으로 돌아갔다. 그런데 지방 당국은 그들

의 여행에 대해 알게 되었다. 게르트네르스는 체포되어 투옥되었다. 그 후 그는 교도소를 옮겨 다녔다. 나머지 참가자들은 심문을 받거나 경고를 받았다. 그런데 어려움은 신자들의 믿음을 더욱 강하게 했다.

1861년 6월에 두 그룹의 신자들이 메멜로 갔다. 2차와 3차에 걸친 메멜 여행 동안 22명이 침례를 받았다. 세 번째 여행 참가자들은 체벌과 벌금을 받았다. 그러나 그로 인해 그들이 선택한 길은 좁은 길이라는 사실을, 더욱 확신하게 되었다.

라트비아 최초의 믿음에 의한 침례

메멜에는 주로 우자바 마을의 주민들이 방문했다. 지라 마을 신자들은 교회에서 침례 받을 때가 빨리 오기를 간절히 기다렸다. 1861년 8월에 메멜 교회에서 게르트네르스에게 라트비아 목회자 사역에 관한 안수식이 거행되었다. 1861년 9월 21일 밤부터 9월 22일까지(구력에 따르면 9월 9일부터 10일까지) 게르트네르스는 라트비아에서 믿음으로 첫 번째 침례식을 거행했고, 72명은 주님과 서약을 했다.

1913년 리지 목회자는 그 사건을 침례자 회고록에 따라 다음과 같이 기록했다. 9월 9일 저녁에 침례를 받은 사람들이 걸어서 또는 말을 타고 침례 받을 장소로 모이기 시작했다. 모두 도착했을 때, 벌써 밤이 시작되었지만, 모인 사람들은 주변 집들이 조용해질 때까지, 조금 더 기다렸다. 먼저 게르트네르스가 짧은 설교를 한 후, 라트비아 최초로 믿음에 의한 침례를 실행하기 위해 물속으로 들어갔다. 그것은 9월 10일 밤 1시에 일어났다. 예글리티스와 동료들을 포함하여 72명이 침례를 받았다. 침례 후 모든 참석자는 강둑에서 성찬식을 했다. 그들은 손전등이 희미하게 비춘, 잔디 위에 놓인 테이블 주위에 모였다.

라트비아에서 두 번째 침례는 한 달 후 진행되었다. 침례교 신자들은 쿠르젬에 있는 우리 선배들을 찾지 못했다고 그 결과에 대해 1950년에 인키스 목회자가 기록했다. 그러나 선배들은 침례교 신자들을 찾았고 만났다. 그러면 그들은 침례교 신자들을 어디에서 발견했을까? 하나님의 말씀 안에서였다. 그들이 진리의 말씀으로 침례교도를 발견했을 때, 그들은 악천후, 폭풍우와 우박 속에서 메멜로 보내졌다.

우리 조상들은 원래의 출처인 성서에서 평안을 찾았다. 그것을 읽으면서 주위 사람들이 성서에 쓰인 대로가 아니라, 다른 방식으로 일한다는 것을 알았다. 우리 형제들은 최종 결정이 내려질 때까지, 저녁부터 아침까지 성서를 읽었다고 예이데마니스 목회자가 1900년에 썼다.

메테르스 목회자는 그 사건을 다음과 같이 평가한다(1960년). 우리 공동체의 모습은 어떤 외국 선교활동의 결과가 아니다. 그들의 기원은 독특한 민간 종교 운동에서 나타난다.

그들은 보물을 찾았고, 그들의 모든 삶은 다음 해에, 그 보물을 다른 사람들에게 전해주는 역할만 했고, 신자들은 어려움에 상관없이 그것을 했다(예글레 목회자, 1934년).

복음의 확장

영적 사역은 1875년까지 라트비아 침례교회가 공식적으로 소속된 공동체였던, 메멜에 있는 독일인 침례교회 공동체와 협력으로 성장하고 발전했다. 게르트네르스가 영적 지도자로 승인되었다.

아담 게르트네르스(1829~1875년)의 직업은 재단사였다. 메멜에서 침례를 받은 후 교회의 영적 성장에 큰 열심을 가지고 일했다. 그는 하나님의 말씀을 깊이 연구했다. 그의 종교적 신념 때문에 게르트네르스는 반복적으로 투옥과 벌금형을 받았다. 그런데 가택연금 상태가 되자, 그는 밤에 침례식을 거행했다. 그는 1866년부터 감독직을 자유로이 수행했고 동시에 1874년까지 사카 교회와 아이즈푸테 교회의 목회자 사역을 담당했다.

아담 게르트네르스는 자신의 어깨에 무거운 짐을 지고 라트비아 초기의 영적 사역을 담당했다. 그는 자신의 신념에 대해 점점 더 엄격해졌을 뿐 아니라, 다른 교회들의 유익을 위해 일했다.(리지 목회자, 1935년).

예캅스 스쿠야딩그세(1820~1874년) 목회자는 리예파야 교회의 관리자였고 가장 가까운 협력자인 게르트네르스는 청년 리더의 교사와 열정적인 전도자였다. 라트비아의 교회와 신자의 급속한 성장은 형제들이 그리스도의 말씀을 마음속에 가깝게 받아들인, 여러 환경이 작용했다. '너희는 온 천하에 다니며 만민에게 복음을 전파하라. 믿고 침례를 받는 사람은 구원을 얻을 것이나, 믿지 않는 사람은 정죄를 받을 것이다(막 16:15~16). 설교는 교회뿐 아니라 아파트와 야외 및 시장에서 행해졌다. 다른 사람에 보물, 또는 복음을 전달하는 것이 침례교 신자들의 첫 번째이자 가장 중요한 과제였다. 그리스도께 사람을 인도하는 일은 여러 시간을 교회 생활에 직결되는 삶의 동력으로서 긴장 혹은 이완이었다. 다음과 같은 뛰어난 전도자들을 거명한다. 안드레이스 페틀러, 인드리키스 헤르만손, 카를리스 하르트마니스, 임마누엘레 알트마니스, 카를리스 란콥스, 에두아르데 고디닙, 루치야 실리냐, 카를리스 비키스, 아우구 스츠 코르프스, 파울스 질베르트스 등이다. 그들은 빌립처럼, 하나님을 찾는 사람들에게, 참된 길을, 보여 주기 위해 광야로 떠났다(행 8:26).

복음 전도의 규모가 커짐에 따라 형제들은 그 일을 체계화하는 조치를 하게 되었다. 전도 사업을 위한 상당한 지원은 1891년에 야니스 알렉산드르 프레이(1863~1950) 주도로 복음주의 선교운동 기관을 설립하는데. 이바지했다. 이 기관은 1905년까지 유지되었다. 그 기관 지도부의 위임을 받아 전도자들은 라트비아, 러시아, 팔레스타인, 브라질 등을 방문했다. 1905년 융커는 자신의 사역인 리가노방선교회를 시작했고 그 일을 1915년까지 계속했다. 선교회 사역자들은 복음 전파 외에, 삶의 밑바닥에 떨어진 사람들과 술 중독자들을 도왔다. 전도 활동에 다른 나라의 유명한 사역자들도 도움을 주었는데 그 가운데 영국인 전도자 베데커 박사가 있다. 그는 라트비아에서 여러 번 설교했다. 1906년 리예파야와 1907년 벤츠필스에서 성서연구과정에서 카르겔, 크레케르, 포딘시 사역자들이 강사로 활동했다. 그들의 강연과 설교는 영적인 일꾼들에게 깊은 인상을 주었고 현장에서 전도 활동을 높이는 새로운 요인이 되었다. 1920~1930년에 캐나다에서 오스왈드 스미스, 브라질에서 리차드 인키스 박사, 영국에서 클락과 벨 등의 유명한 전도자들이 라트비아를 방문했다.

라트비아 전도자들은 먼 나라에서 복음을 전파했다. 안드레스 스타니슬랍스와 아우구투스 푹스는 중국에서 사역했고, 마르그리에타 빈타데 타르히나와 예르네스트 싱거는 인도에서 전파했고, 미켈리스 로드지닌과 카트리나 프리덴 베르크는 미국 대륙에서 복음을 선포했고, 아르비스 예이치마니스와 루타 얀소네는 볼리비아에서 그리스도를 전파했다.

1950년대에 페테르손 목회자와 마트로시스 지휘자 주도로 리예파야에서 시미츠 목회자와 예제르린샤 지휘자의 협력하에 리가에서 예배 후 특별 초청 집회가 열렸다. 집회에서 많은 사람이 회심했다.

구원의 귀중한 소식을 사람들에게 전파하는 것은 현재도 라트비아 침례교의 중요 사역으로 남아 있다. 교회에서 설교와 찬송가를 통해 구원 초청이 전달된다. 신자들의 개인 간증 또한 복음 선포에 이바지하고 있다. 영적이고 교육적이고 초청 성격의 예배가 정기적으로 진행되고 있다. 신자들은 노래와 음악을 통해 시의 형식으로 그리스도를 전파한다. 노인과 청년들이 주님께 마음을 열고 새로운 생활을 시작하는 것에 대해 주님께 감사한다. 주님은 특별 초청 예배를 축복하신다. 실례로, 1981년에 15명의 사람들이 아이즈푸테(시테르네 목회자) 교회에서 회개했다. 1982년 벤츠필스(루드빅스 목회자) 교회에서 15명이 또한 회심했다. 1983년 리예파야(예이산스) 교회에서 17명의 청중이 믿었다. 라트비아 형제회 역사에는 수많은 사례가 포함되어 있는데, 한 사람이 침례를 받을 때가 있었고, 수십 명의 신자가 주님께 서약했던 침례식도 있었다.

침례교 연합회 조직

1869년에 라트비아 침례교 대표자들의 첫 번째 총회가 열렸다. 총회는 처음에 연합 사업을 했다. 그 이후로, 교회 대의원 총회는 교회연합사업의 최고 기관이 되었다.

1875년에 총회는 선교위원회 지도 하에 독일침례교회 연합회와 독립적으로 라트비아 침례교연합회를 설립하기로 했다. 위원회의 초대 회장은 리가 제일 교회의 목회자 예캅스 룸베르그스(1846~1923년)였다. 그는 회장직을 1884년까지 수행했고, 연합회가 진행한 많은 활동을 활발히 추진했다. 그런데 1884년에 연합회 내부 불화의 결과로 침례교는 두 개의 분파로 나뉘었다. 1891년에 교회들은 다시 하나의 연합회로 통합되었다.

제1차 세계대전은 사람들의 정상적인 생활 리듬을 깨뜨렸다. 그것은 교회 생활에도 반영되었다. 많은 난민이 러시아의 내부로 떠났다. 그러나 포성이 멈추자마자, 지역 교회와 침례교연합회는 일을 재개했다. 1918~1923년에 라트비아는 영적 부흥의 물결에 휩쓸렸다. 그 축복받은 시간에 수십만의 영혼이 예수 그리스도 안에서 구원을 찾아 발견했다. 영적 부흥은 침례교회뿐만 아니라, 다른 복음주의 교파의 교회들에도 영향을 미쳤다.

그러나 부정적인 현상도 있었다. 신자들은 다양한 종류의 계시와 꿈의 인도를 받게 되었고, 성서와 교회의 중요성을 훼손시켰다. 그러한 현상들이 가지고 오는 위험은, 그 당시에는 알려지지 않았고, 영적 질병이 교회에 나타났다. 많은 장소에서 정죄와 교만의 정신이 나타났고, 누가 뛰어난 사람으로, 더 거룩하고 의로운 사람으로 존경받아야 하는, 싸움을 불러일으켰다. 교회 소유에 관한 예언에 기초한 또 다른 분파가 생겼다. 분파 지지자들은 신자들의 구원을 위해, 휴거를 준비하기 위해, 마치 하나님께서 택한 사람들을 모으고 있다는, 브라질로 떠날 것을 촉구했다. 이른바 브라질 운동은 고국에서 멀리 떨어진 브라질로 2천 명이 넘는 신자들을 데려갔고, 많은 지역 교회를 부분적으로 또는 완전히 깨트렸다. 그 운동의 격려자는 과거에 합리적이고 침착한 목회자로 자신을 나타냈던, 리가 마태 교회 목회자, 야니스 인키스(1872~1958)였다. 그는 1921년에 브라질로 이주했다. 라트비아 교회에서 그 운동은 깊은 흔적을 남겼고, 메아리는 우리 시대에도 느껴졌다.

1926년의 복잡한 상황에서 분열이 발생했다. 사실은, 연합회 지도부 프레이 발트스, 라우베르트스, 프레이, 메테르스, 두벨자르스, 리즈 등은 좀 더 근본적이고 보수적인 형태의 사업을 고수해 왔다.

형제들은 교리와 관련하여, 경험 없는 사업 방법과 성급한 결론을 허용하지 않았다. 페틀러, 라우담스, 쿠르치티스, 크라우제, 레디네 등이 이끄는 두 번째 연합회는 활동적인 영적 사업의 길을 따랐다. 형제들은 부흥의 정신으로 새로운 형태의 사역을 추구했다. 그러나 점차 두 연합회의 지도자들은 라트비아의 복음주의 침례회에 분열적인 사업은, 명예롭지 않다는 것을 이해하게 되었다. 림베니엑스가 이끄는 특별위원회 위원들의 도움을 받아 화해의 길을 찾는 것이, 성공적으로 마무리되었다. 1934년에 두 개의 연합회는 하나로 통합되었다. 통합된 연합회는 메테르스 회장과 라우담스 부회장이 이끌었다.

복음주의 기독교침례회 연합형제회 사역

제2차 세계대전은 많은 유럽 민족에게 막대한 파괴와 고통을 가져 왔다. 고통은 라트비아 민족과 침례교 형제회의 몫으로 떨어졌다. 많은 교회가 파괴되었고, 신자들은 전 세계에 흩어졌다. 많은 영적 사역자들이 해외로 떠났다.

1944년 9월 13일 리가 시의 해방 이후 평화로운 삶을 회복하기 시작했다. 1944년 11월 11~12일에 리가에서 해방된 지역의 교회 대표자 총회가 열렸다. 교회 복구 사업의 일은 엘가바 지역 아트모다(부흥) 교회의 카를리스 라체 클리스(1904~1970년) 목회자가 책임을 졌다. 그는 설교자와 지도자의 능력을 타고났다. 총회에서 임시연합회장으로 라체클리스, 부회장 바체를 선출했다. 1940년 라트비아가 소련 구성에 포함되었기 때문에 영적 사업을 새로운 사회 정치적 조건에서 수행해야 했다.

1945년 4월에 리가에서 총회가 열렸는데, 여기에는 복음주의 기독교침례회 총연맹의 사무총장인 카레프와 위원인 레빈단토가 참석했다. 그들은 1944년 10월 복음주의 기독교~침례교총연맹의 창설, 목적과 가능성에 관해 이야기했다. 1945년 4월 21일에 교회 대표자 회의가 개최되었고, 거기서 라트비아 침례교회가 복음주의 기독교침례회 총연맹에 가입하는 결의안이 채택되었다. 총회에서 그 후부터 라트비아 선임목회자를 감독이라 부르기로 했다. 1945년 10월에 발트해 선임목회자로 복음주의 기독교침례교 총연맹 위원인 니콜라이 알렉산드로비치 레빈단토(1896~1966년)가 되었다. 그는 갑작스러운 죽음이 왔을 때까지 사역했다.

라트비아의 침례교회의 연합 사업은 대체로 전통적인 구조를 보존했다. 최고 기관은 교회 대표자들의 총회이다. 다양한 상황에서 여러 시기의 연합 사업의 문제는 영적 사역자 회의와 대회에서 결정되었다.

감독 사역은 카를리스 라체크리스(1945~1946년), 아우구스트 코르프스(1946~1948년), 안드레이스 레들리호스(1949~1952년), 프리치스 훈스(1953~1959년), 페테리스 예글레(1966~1977년) 등 선출된 목회자들이 담당했다. 감독은 동시에 복음주의 기독교침례회 총연맹의 회원이었다. 리가 지역 관리자인 야니스 리즈는 1948~1950년 복음주의 기독교침례회 총연맹 후보 회원이었다. 1966년 6월에 동시에 예글레(1903년 출생)는 감독 선출직과 감독협의회 회원으로 선출되었다.

감독협의회는 정기적으로 회의를 진행하고, 교회의 영적 필요를 돌보고 있다. 협의회는 큰 권한을 사용하며, 회원들은 다음의 저명한 영적 사역자들이 있다. 아볼린시, 바우마니스, 비키스, 체칼로프, 예이산스, 예제린시, 인케나슉, 루드 킥스, 펠체르스, 페테르손스, 스텔리스, 바스케, 얀손스 등이다.

1967년 1월에 교회 사역자들을 위한 공화국 연금을 만들었다. 연금은 은퇴한 사역들에게 큰 축복이자 지원으로 이바지하고 있다.

1977년 10월 교회 대의원 총회에서, 에글레 감독은 고령에 따른 목회 사역의 사임을 발표했다. 그를 대신하여 리예파야의 치아나 교회의 목회자 야니스 테르비스(1936년 출생)가 선출되었고, 부회장은 알프레드스 페테르손(1910년 출생) 목회자가 되었고, 총무는 아르투레 시쿠부르스(1932년 출생) 목회자가 되었다. 에글레는 감독협의회 명예 회원으로 선출되었다. 1979년 12월 복음주의 기독교침례회 총연맹의 위원과 상임위원회 후보 위원으로 선임되었고, 1985년 제43차 총회에서 그는 상임위원회 위원이 되었다.

지도부에서는 릴리야 리예피냐(1945~1949) 사무실 비서, 체칼로프 (1949~1959) 목회자, 아우구스트 쿠라우제(1963~1972) 목회자 등이 함께 일했다. 1985년부터 부회장은 야니스 예이산스(1929년 생) 목회자, 사무실 비서는 에드가레 고디닌 (1957년 생)이었다.

라트비아 교회들에게 환영받은 손님들은 다음과 같은 복음주의 기독교침례회 총연맹 지도자들이었다. 회장 짓코프(Y.I.), 이바노프(I.G.), 클리멘코, 로그비넨코, 사무총장 카레프, 비치코프, 부회장은 체르노퍄토프, 짓코프 (M.Ya.), 사무부총장 미츠케비치, 그니다 등이다. 짓코프(M.Ya.)는 라트비아에서 영적 사업의 특성에 관한 깊은 이해를 보였다.

라트비아 형제회 지도부 형제들은 복음주의 기독교침례회 연맹의 교회를 순서에 따라 방문하고 있다. 훈스 감독은 에스토니아의 교회를 방문했다. 러시아·우크라이나 형제회 100주년을 기념하는 동안 예글레 감독과 인케 나스 목회자는 키예프와 하르키우의 교회를 방문했다. 체칼로프 목회자와 바스케 목회자는 레닌그라드 교회를 방문했다. 테르비스 감독은 1980년 바쿠 교회의 100주년 기념식에 참석했고, 1982년 민스크와 1983년 레닌그라드의 신축 교회 헌당식에 참석했으며, 1987년에 트빌리시에서 러시아·우크라이나 형제회 120 주년 기념식에 참석했다. 또한, 바우마니스, 라그디닌, 스트렐리스, 셰르시베프, 시쿠부르스 등이 형제회 교회를 방문했다.

또한 라트비아 모든 형제회와 교회에 마찬가지로, 60년대 초반에 교단 내 회에서 일어난 분열은 고통스러운 기억을 남겼다. 영으로 시작했으나 육체로 끝났다(갈 3:3). 교회 내적인 생활을 갱신하고 강화하려는 시도는 많은 교회에서 화합을 깨트렸다. 라트비아의 교회 지도자들은 언제나 협력 사역의 길을 옹호하고 독단성과 같은 참을 수 없는 개인주의는 변함없이 저항했다. 라트비아의 교회역사는 얼마나 빨리 화합을 잃을 수 있고, 그것을 되돌리는 것이 얼마나 어려운지 적지 않은 교훈을 전해주었다. 당시 알려진 사역자들 닥니스, 예글레, 얀손스, 라체클리스, 몰차노프, 스트렐리스, 시밋테, , 바스케 등은 사역의 구조 조정에 관한 필요성을 잘 알고 있었고, 그들은 무엇보다도 상호 신뢰와 화합을 유지하려고 노력했다. 체칼로프와 바스케 목회자들과, 세바스티야노프 시인은 교단의 화해위원회(1966~1969년)에서 활동했다.

에글레 감독은 1974년 복음주의 기독교침례회 총연합회 제41차 총회에서, 다음과 같이 발표했다. 소수인 라트비아 형제회는 교단 총회에 참가하여, 큰 기쁨을 경험하고 있다. 우리를 교단에 소개한다면, 큰 포도나무의 작은 가지이다. 그러나 그 가지에도 나름의 사명이 있다. 우리는 조용하고 평화롭게 진정한 그리스도인으로 살며 우리의 의무를 다하려고 한다. 우리는 싸움을 해서는 안 되며, 서로 화합하고 사랑 안에서 살아야 한다.

지역 교회의 생활

라트비아 기독교침례회 교회는 무엇보다도 교단적인 동질성으로 구별된다. 라트비아 형제회 역사가 시작된 이래로, 모든 교회는 하나님의 말씀과 교회의 내부구조를 본질에서 이해하는 침례교 신자로 구성되었다.

영적 교육과 설교의 우선권은 교회의 목회자에게 주어졌다. 최근 수년 동안 러시아·우크라이나 형제회의 영향을 받아 집사와 다른 영적 사역자의 사역에 점점 더 많은 장소가 확보되고 있다.

동시에 라트비아 교회와 함께 러시아인과 독일인 신자 그룹이 존재하고 있다. 제2차 세계대전 전후로 독일인 신자들은 이민을 갔다. 라트비아에서 러시아인들 가운데 전도사역의 시작은 금세기의 첫 10년과 관련되어 있다. 현재 러시아 침례교회는 리가, 다우갑필스, 야넬가브, 예캅필스에 있다. 개별 신자 그룹이 리예파야, 야우넬가바, 벤츠필스, 오그레 교회에 함께 있다. 교회 생활과 활동에 대해 더욱 잘 이해하기 위해 그들 중 일부의 역사를 살펴본다.

벤츠필스 교회는 1861년에 설립되었다. 시간이 지남에 따라, 그것은 가장 큰 교회 중 하나가 되었다. 1871년에 최초의 침례교회 건물이 벤츠빌스에 세워졌고, 1895년에 신축 교회를 건축했는데, 지금까지 라트비아에서 가장 큰 교회 건물로 남아 있다. 1870년에 그 교회에서 혼성 찬양대 사역이 시작되었다. 1886~1915년과 1918~1923년의 34년 동안 크리스츠 힌텐베륵스가 지도했고, 그의 뒤를 이어 재능 있는 바이올리니스트 아돌페 티세가 이끌었다. 1886~1940년 교회는 일반 중등학교에 도움을 제공했다. 학교의 지도자들은 교회 회원이었던 마우치스와 질니엑스 교사였다. 벤츠필스 교회는 유명한 시인 카를리스 리예 츠니엑스와 젤마 제니트의 작품과 관련되어있다.

1866~1876년에 교회의 초대 목회자는 지칠 줄 모르는 순회 전도자 안드레 이스 얀콥스키(1834~1902년)였다. 1876~1889년에, 형제회에서 가장 열정적인 설교자의 한 사람인 야니스 네이북스가 교회에서 사역했다. 상트페테르부르크에 있는 프로하노프의 성서연구과정에서 공부한 안드레이스 베르막스 목회자는 15년 동안

교회에서 재직했다. 1944~1984년까지 교회는 신학대학원 졸업생 제니스 류드빅스(1911~1986)가 지도했다. 그는 교회의 사려 깊은 교사였다. 1988년부터는 칼닌시 목회자로 재직하고 있다.

리예파야 지방의 베들레헴 교회는 1863년에 설립되었다. 교회의 초대 목회자는 라트비아의 유명한 침례교 창립자 에캅스 스쿠야딘그세였다. 혼성 찬양대는 1870년에 교회에서 찬양하기 시작했다. 같은 해에 교회는 유능한 설교자 마르티니프 리즈(1844~1896)를 목회자로 선출했다. 그는 또한 영적 작가였다. 라즈 목회자 다양한 관점의 사고방식을 가지고 있었다. 그는 이른바 에큐메니칼 견해를 가졌다. 그런데 당시 그로 인해 갈등 상황이 만들어졌고 상태가 오래 계속되었다. 교회는 목회자를 지지했고, 연합회와 관계는 멀어졌다. 그런 상황을 만족하지 못한 일부 교인들은 1878년에 분리되어 리예파야 나사렛 교회를 설립했다. 교회는 1950년까지 유지되었다. 1880~1923년에 베들레헴 교회의 목회자는 룸베륵스였다. 교회는 생명력있는 복음 정신으로 구별되었다. 결과로, 지교회가 조직되었다. 현재 리예파야에는 1890년에 창립된 파빌라 교회와 1903년에 창립된 치아나 교회가 있다.

프리예쿨레 교회는 1866년부터 존재해 왔다. 찬양대 찬양의 시작은 1879년으로 거슬러 올라간다. 주변 주민들에게 커다란 축복은 1889년에서 1939년까지 교회에서 운영되었던 일반중등학교였다. 학교는 35년 동안 교회의 초대 목회자의 아들인 클라비스 교사가 책임졌다. 교회는 1884년에 건축되었다. 교회는 다음의 목회자들에 의해 지도되었는데, 클라비스는 30년, 디예납스는 27년, 바르빈스는 20년 동안 재직했다. 제2차 세계대전 중 교회 건물은 파괴하였고 활동은 중단되었다.

교회는 도시의 현재의 국경에서 몇 킬로미터 떨어져 있었다. 금세기 초에 도시가 급속히 성장하기 시작하여 두 번째 교회가 필요했다. 그래서 프리예스쿨 기차역 교회 혹은 치안 교회가 조직되었고, 제2차 세계대전 후까지 사역이 계속되었다. 1912년에 지어진 교회당은 전쟁중 파괴되었지만, 1948년에 교회는 새로운 교회당을 지었다. 1950~1986년에 찬양대는 하리스 사울레(1925~1986년)가 인도했다. 70년대에 독일인 침례교 신자들이 또한 모였다.

지안교회에서는 다음의 유명한 설교자들이 사역했다. 야니스 디예납스는 20년,

유리스 바르빗스는 15년, 아르빗스 바스케와 아우구스트 크라우제는 각각 10년, 알프레드스 페테르손스는 13년 동안 재직했다. 1977~1987년 동안 교회의 목회자는 성서통신과정을 졸업한, 1929년생인 구나르스 바우만니스였다. 1988년부터는 1930년생인 아르놀드스 시테르네이다.

리가제일교회

1860년대에 침례교 신자 몇 가정이 리가로 이주했는데, 그들 가운데 벤츠필스 출신 도로테야와 야니스 지르니엑스가 있었다. 신자들은 영적 교제를 시작했다. 1867년 6월에 게르트네르스는 리가에서 처음 믿음으로 침례를 받았다. 그렇게 리가에서 최초의 교회가 생겼다. 교회는 지르니엑스가 지도했다. 룸베르그스 목회자가 1872~1883년에 재직했다. 1870년에 발트와 케제의 지도로 혼성 찬양대가 시작되었다. 같은 해에 라트비아 침례교회에서 청년회 활동이 처음으로 시작되었고, 1873년에 주일학교가 처음으로 조직되었다. 1875년에 룸베르그스 목회자는 라트비아 침례교연합회 회장으로 선출되었다. 그의 선임 이후로 리가제일교회가 연합회에서 중심적인 교회가 되었다. 1913년에 리즈 목회자는 다음과 같이 기록했다. 리가 교회에 평화와 화합이 가득하여 활발한 활동을 했었다면, 다른 교회들도 평화롭게 지냈을 것이다. 리가 교회에서 일어난 불화와 분열 현상은 라트비아의 거의 모든 교회에 일정 부분 영향을 주었다. 내부적인 불화의 결과로 교회는 점차 붕괴하였고 1890년에 사라졌다. 교회를 떠난 대부분 회원은 마태교회를 설립했다.

리가마태교회

1888년 약 350명이 리가 제일교회에 남아서 영적 활동을 자율적으로 시작했다. 1902년에 교회는 혁명거리(현재 이름) 50~6번지에 아름다운 교회당을 건축했다.

1945년부터 마태 교회는 라트비아의 형제회의 중심적인 교회로 간주하고 있다. 교회에는 또한 연합회 사무실이 있고, 여기서 총회 회의와 목회자 회의가 있었다.

빌헬름 크룸스는 1888~1926년에 교회 찬양대를 이끌었고, 1936년부터는 지휘자 겸 작곡가인 야니스 예제리닙이 이끌었다. 동시에 교회의 주요 지휘자로 많은 새로운 지휘자, 피아니스트 등 다른 음악가들이 자랐고 활동했다. 뛰어난 목회자들이 신자들에게 설교하고 교육했다. 시인이자 신학자인 야니스 인키스 는 22년(1899~1921년), 재능있는 강해자인 쿠르치티스는 10년, 뛰어난 설교자인 아우구스트 크라우제는 13년 동안 재직했다. 1964~1987년에 아르빗스 바스케(1912~1987년) 목회자가 재직했는데, 그는 신학교를 졸업한 후 설교학 이론과 실제의 전문가가 되었다. 현재는 바시틱스 목회자가 재직하고 있다. 리가에는 다른 라트비아 교회가 있다. 아젠스칼른스 교회는 1884년에 설립되었고, 골고다 교회는 페틀러에 의해 1912년에 설립되었다.

옐가바교회

1860년대 후반, 리가 제일교회 회원들은 복음을 전하기 위해 옐가바 근처에 도착했다. 1875년 옐가바에서 교회가 개척되었고 항상 그리스도를 전파하려고 준비되었다. 1882년에 교회가 건축되었고, 후에 증축되었다. 1959년에 칼른스 목회자 주도로 교회 옆에 목회자 주거용으로 2층 벽돌집 아파트 2채를 건축했다. 1987년에 구교회당 자리에 현대식 교회당을 건축했다.

교회 생활은 항상 영적 상승을 느낄 수 있었는데, 복음적인 설교와 영적 사역자들의 양육이 있었다. 제2차 세계대전 후 교회에서 러시아인 신자 그룹이 조직되었다. 옐가바 교회는 1970년부터 7명의 형제를 다른 교회에서 봉사하도록 파송했다.

유명한 목회자요, 시인 겸 편집인이었던 페테리스 라우베르트스(1875~1964년)는 옐가바 교회에서 12년 동안 재직했다. 신자들의 훌륭한 조언자였던 아르투르 시쿠부르스 목회자가 1974~1984년에 재직했고 현재는 예이산스 목회자가 재직 중이다.

다우갑필스교회

다우갑필스 교회 신자들은 1886년에 모임을 시작했다. 다우갑스에 교회가 설립된 것은 1889년이다. 부흥 기간에 교회는 라트갈래에서 전도사역의 중심지가 되었지만, 그 수는 많지 않았다. 현재 신자들은 루터교회에서 모이고, 예배는 러시아어로 진행한다.

아돌프스 예글리티스 목회자가 1922~1944년까지 교회에서 재직했다. 그의 지도력 아래 다우갑필스 교회와 라트갈래의 추수 지에서 부홀츠, 체칼로프, 포펠류, 크리옙스 등이 활동했다. 1977년부터 성서통신과정 졸업생인 블라디미르 코발렌코(1948년생) 목회자가 교회에 재직했다.

부흥교회

1906년 러시아 사람들 가운데 조직된 복음주의 활동이 리가에서 시작되었다. 1924년에 교회 개척에 관한 노력은 빌헬름 페틀러(1883~1957) 목회자가 다시 시작했다. 체칼로프(1975) 목회자는 부흥교회 역사상 가장 축복받은 일들은 초대 목회자인 페틀러의 이름과 관련이 있다. 그는 온 마음과 열정을 다해 교회에 헌신했다. 그는 탁월한 복음 설교자로 러시아어, 라트비아어, 독일어, 영어 및 기타 언어에 능통했다. 그러나 무엇보다도 그는 기독교 사랑의 언어를 알고 있었다. 그가 하나님의 모든 자녀를 똑같이 사랑했다고 기록했다.

처음에 신자들은 구원 교회당에서 모였고, 1949년부터 그들은 슬로카스 거리 90번지에 있는 교회에서 모임을 했고, 일구치엠스의 라트비아 교회 신자들이 교회를 건축했다.

페틀러 목회자가 1924~1936년에 교회에서 재직했고, 체칼로프 목회자는 31년 동안 재직했다. 1981년부터 교회는 성서통신과정을 졸업한 겐나지 파블로비치 자발리(1950년생) 목회자가 재직하고 있다. 현재 찬양대는 하를로프가 지도하고 있다.

또한 리가에 러시아 침례교회가 존재하고 있다. 1965년에 세워진 베다니 교회의 초대 목회자는 스테파노프(1965~1987년)였다. 연합회에 소속되지 않은 교회는 가가린 거리에 있고 목회자는 본다렌코이다.

제2차 세계대전 기간과 이후에 교회 회원수가 감소하였다. 많은 교회당이 파괴되거나 압수당했다. 현재 라트비아 형제회 교회는 훌륭한 교회당을 가지고 있다. 건물 개선에 많은 주의를 기울이고 있다. 교회당과 창고의 확장 및 전면적인 수리를 마친 교회들은 다음 도시에 있다. 아이즈푸테(교회 협의회 회장 아케르펠트스), 예캅필스(야코블레프), 쿨디가(유르말리스), 칸다바, 그로비 나(푸첸스), 리예파야(비쇼프스와 그라릭체), 슬로카 (플린체), 투쿰스 (　케르 트스), 탈시(네일란트스), 벤츠필스 (아라이스와 베르젠시), 우자바, 바이네드 (크루민시) 등이다. 신자들은 지역 교회와 라트비아 교회와 복음주의 기독교침례회 총연맹의 필요에 대해 자원하여 헌금하면서 그들의 관심을 보여준다.

찬양대와 음악

라트비아 사람은 합창곡을 매우 좋아한다. 1864년에 디클리 마을에서 최초의 국민찬양 축제가 개최되었다. 헤른후트 공동체의 4부 혼성 찬양은 유명해졌고 루터교회에 널리 퍼졌다. 첫 번째 4부 혼성 찬양대는 리가의 리예파야와 벤츠필스 도시에서 1870년에 시작되었다. 라트비아의 침례교회에서 합창곡 찬양의 설립자는 리가 제일교회의 지휘자 마르티닌 케제(1850~1922년)였다. 그는 여러 교회의 찬양대 조직을 도왔다. 그는 1877년부터 리가에 있는 치안 독일 교회의 집사와 지휘자로 재직했다.

지휘자는 항상 교회에서 눈에 띄는 자리를 차지했는데, 찬양대 지도뿐만 아니라, 찬양대원의 영적인 교사로 일했다. 대부분 지휘자는 집사와 교회 위원회 위원이었다.

최초의 지휘자 양성과정은 1878년에 케제의 지도에 따라 조직되었다. 그 후 오랫동안, 찬양대원협회(1891~1914) 회장인 지휘자 안드레이스 게게리스가 양성기관을 이끌었고, 지휘자연합회(1929~1944)는 지휘자 겸 작곡가인 리닥스 회장이 이끌었다. 1947년까지 지휘자 양성과정에서 27명의 수료생이 배출되었다.

라트비아 교회의 음악과 찬양사역의 특징은 혼성 찬양대다. 1925년 6월 21~22일에 리예파야에서 제1회 찬양축제가 개최되었는데 1천 명 이상의 찬양대원이 참석했다. 1935년 6월 9~10일에 리예파야에서 제2회 찬양축제가 개최되었는데 1,400명의 찬양대원들이 모였다. 대규모 찬양대는 라트비아 침례교회 1960년에 100주년 행사와 1980년에 120주년 행사에 참여했다. 전쟁이 끝난 기간에 일했던 라트비아 교회의 유명한 지휘자가 있는데, 특히 주목할 사람들은 다음과 같다. 야니스 에제리닙, 레오니드 하를룹, 아르빗스 히르시, 구나르스 크네시스, 야니스 렉테르스, 아르투레 마트로지스, 예캅스 스쿠야, 테오도르 시발브, 야니스 발마니스 등이다.

찬양대와 함께 동시에 음악 그룹, 기악 및 현악 오케스트라가 봉사했다. 다양한 시기에 리닥스, 안나 라스마네, 에제리닙, 크라우야 등이 리가에서, 스쿠야 등은 아이즈푸테에서, 게르트네르스 등은 프리예쿨레에서, 헤르미네 미예메, 마트로지스, 추쿠르스 등은 리예파야에서 오케스트라 지도자로 일했다.

찬양대 연주곡목

처음에 찬양대의 연주곡목에는 영어와 독일어의 복음 성가집에서 번역된 곡이 수록되었다. 171곡의 찬송곡이 수록된 첫 번째 합창 찬송가인 체리바스 아우세클리스(희망의 새벽)는 인드리키스 필리닌이 1884년에 출판했다. 합창곡 출판에 관한 커다란 업적은 에캅스 시마니스(1865~1941년)가 담당했다. 그는 지휘자였기 때문에 연주곡목의 중요성을 잘 알고 있었다. 1902~1932년에 시마니스는 728곡의 찬송을 수록한 합창 찬송가 6권을 출판했다. 또한, 그는 1천곡 이상의 찬송곡을 석판 인쇄로 낱장 출판했다. 시마니스에 의해 출판된 찬송가는 여전히 침례교회 합창 연주곡목의 중요 곡목으로 사용되고 있다. 또한, 라트비아의 다른 교단에서도 사용한다.

최초의 라트비아어 전문 작곡가는 카를리스 인키스(1873~1918년)로 그리기스 인키스 목회자의 아들이었다. 그는 또한 지휘자로 봉사했다. 인키스는 상트페테르부르크 음악대학교에서 음악 교육을 받았고 프로하노프의 성서강좌에서 강사로 일했다. 그의 찬양은, 장엄한 음조를 가지고 있어, 지금도 널리 사용되고 있다.

카를리스 리닥스(1893~1942년)는 15세의 나이에 리가의 아겐스칼른 교회의 지휘자가 되었다. 나중에 그는 리가 신학교 교회의 찬양대를 지휘했고, 동시에 신학교에서 노래와 음악을 가르쳤다. 리닥스는 40곡 이상의 음악 작품을 창작했다.

야니스 에제리닙 (1910년생)은 1927년부터 지휘자로 봉사했다. 그 전에는 리가국민음악대학교에서 수학했고, 1936년부터 마태 교회의 종신 지휘자가 되었다. 에제리닙은 감독 위원회 위원 겸 형제회의 선임 지휘자였다. 그는 60곡이 넘는 성악 작품의 작곡가이다.

지휘자 겸 오르간 연주자인 빅토레 바시틱스(1912년생)는 라트비아 음악 대학에서 공부했다. 그는 1944년에 미국으로 이주하여 거주하고 있다. 그는 몇 권의 찬송가를 만들었다. 바시틱스는 또한 높은 음악적 수준과 영적 경험을 섬세하게 전달하는 특색을 띤 100곡이 넘는 작품을 창작했다.

아놀드스 북스티니시(1900~1989년) 작곡가는 소그룹 찬양대원 및 경배용 많은 일반 찬송곡과 2부 혼성곡을 창작했다.

또한 에두아르드스 바시틱스, 헤르미네 그리굴레, 아르빗스 카울리닙, 아르빗스 푸르베스, 다니엘스 욱스티니시, 빅토르 코스탄 작곡가들의 작품을 주목해야 한다.

도서 출판

1875년에 리스(M.)는 독일침례교 창립자인 온켄의 책 성서의 신앙고백과 설명을 번역하여 출판했다. 이 출판은 라트비아 침례교의 폭넓은 출판 활동의 시작에 이바지했다.

기독교침례교의 교리에 관한 기본 저서는 철학 박사인 리하르드 인키스 목회자의 [우리는 무엇을 믿는가?](1934년, 402페이지)를 들 수 있다. 믿음에 따른 침례, 성령 교리 및 많은 다른 신학적 문제는 인키스, 라우베르츠 등 목회자들이 헌신했다. 성서의 책별 주석과 해설은 프레이, 쿠르치티스, 라우베르츠, 인키스, 엑시테인스, 목회자들이 헌신했다.

성서를 연구하는 목회자들에게 큰 도움이 된 책은 1895년에 출판된 프레이의 예수께서 사셨던 땅이었다. 책은 라트비아어로 몇 차례 출판되었고, 러시아어, 독일어, 리투아니아어와 에스토니아어 언어로 또한 번역되었다. 성서 역사와 지리학은 라우베르츠, 에글레, 히르시에 의해 서술되었다.

교회 목회자들은 설교의 작성과 출판에 큰 관심을 가졌다. 목회자의 설교집은 별도로 출판되었다. 프레이, 라우베르츠, 엑시테인스, 클라우제, 체룩스, 바스크스, 젤미티스, 아보티니시 등의 목회자 개별 설교집이 나왔다. 정기적인 간행물에 자신들의 설교와 기사를 올린 저자들은 룸베르그스, 쿠르치티스, 인키스, 에글레, 레디네, 리스, 시베른스, 베그네르스, 테르비츠, 욱스티닙 등이다.

라트비아 침례교회 50주년과 관련하여 리스 목회자는 1913년(336페이지)에 [라트비아 침례교회의 출현과 향후 발전]이라는 책을 썼다. 형제회의 역사를 연구하고 보존하는 커다란 일은 야니스 크론린스가 담당했다. 그는 1925년에 [우리 찬양대와 노래](136페이지)라는 이름으로 찬양대의 역사를 집필했고, 1964년에는 명예 신학박사인 프레이의 전기 [밝은 길을 따라서](288페이지)를 집필했으며, 이외에 다른 책을 썼다. 라트비아 침례교 역사는 라우베르츠, 메테르스, 클라우픽스, 추쿠르스, 로니스, 세바스티야노프, 테르비스 등이 헌신했다.

번역된 경건 도서는 대량으로 출판되었다. 거의 모든 유명한 침례교 저자들 및 타 교단 신학자들의 저서가 번역되었다. 축복받은 작업은 프레이와 그의 아내 루드밀라 프레이, 인키스, 에밀리아 클랴비나, 스투르마니스, 페틀러(R.), 인케나 스, 릴리야 아마르트니예체, 노라 라피냐 등 형제자매들이 활동했다.

경건 서적 보급에 특별한 위치를 차지한 것은 프레이의 출판사와 서점이다. 그는 베데커 박사의 격려와 지원으로 1881년에 그 사업을 시작했다. 수년 동안 328권의 다른 책과 총 3백만 부가 출판되었다. 편집자 크론린스는 프레이 출판사에 빚진 적이 없는, 영적 삶의 영역을 상상하기란 어렵다고 1964년에 기록했다. 프레이발츠, 안티마니스, 라우베르츠, 페틀러, 크라우제 등 또한 경건 서적 출판사를 운영했다.

처음 20년 동안 신자들은 루터교 찬양집과 헤른후트 형제회 찬양집의 노래를 찬양했다. 1880년에 룸베르그스 목회자가 정리하고 출판한 [티티바스 발스(믿음의 소리)라는 복음성가집이 처음으로 발행되었다. 독일어 본문은 유명한 라트비아 국민 작가인 에르네스테 딘스베르기스가 번역했다. 그는 또한 성가집에 포함된 많은 찬송가 가사의 저자이기도 하다. 1909년에 인키스 목회자와 크룸스 지휘자가 만든 [우리의 복음성가집]이라는 새로운 찬양집이 출판되었다. 일반 [회중 찬양집]은 라우베르츠와 페틀러에 의해 출판되었다. 1978년 3월 리가에서 712곡의 찬송가가 포함된 [침례교 공동체를 위한 복음성가집]이 출판되었다. 성가집의 편집장은 시인인 마르타 다크네였고, 그녀의 협력자는 젤미티스와 스트렐리스 목회자, 에제리닙 지휘자였다. 이전에 에제리닙 지휘자가 만든 성가집에 관련된 [멜로디 성가집]이 1981년 리가에서 인쇄되었다.

정기 간행물

라트비아 침례교 정기 간행물의 시작은 1881년에 간행되어 1887년까지 출판된 주간지 전도자이다. 주간지의 출판인 겸 편집인은 룸베르그스였다. 1905년부터 1915년까지 프레이는 주간지 [아보츠(봄)]을 출판했다. 1921~1940년 동안 [교회연합회 잡지(기독인의 소리)]가 월 2회 출판되었다. 그 밖에 많은 다른 간행물이 출판되었다.

복음주의 기독교침례회 총연맹의 잡지인 형제들 소식이 1945년부터 모스크바에서 간행되기 시작했다. 개인적으로 헌신한 사람들은 다음과 같다. 리스는 라트비아 침례교 역사에 관한 자료 공개, 레빈단토, 훈스, 체칼로프, 크라우제는 교회 생활 보고서 작성, 인케나스, 체칼로프, 페테르손스, 바스케는 영적인 글, 하를로프는 노래와 음악에 관한 글, 세바스티야노프는 시 등을 발표했다.

달력 또한 정기 간행물에 관련된다. 프레이가 1888년에 달력을 발행하기 시작했다. 수년간 달력은 교회 연합회와 페틀러에 의해 출판되었다. 1979년에 라트비아 침례교회 달력이라는 제목으로 달력이 다시 출판되었다. 달력 작업은 테르비스가 했다. 달력에는 약 80페이지 분량의 매일 성서 읽기용 본문, 지역 교회의 가장 중요한 기념일과 일반 기독교 역사, 그뿐만 아니라 설교, 형제회 생활 및 활동 기록, 시 등이 실려 있었는데, 달력에 관한 큰 관심은 해외에 거주하는 라트비아인들에게 나타났다.

라트비아 침례교 시문학

영적 시문학의 발전은 경건 서적 개발 및 출판에 밀접하게 관련되었다. 1880년대에 최초의 잡지 전도자(1881~1887)가 출판되기 시작했다. 그 시기에 첫 번째 찬양대가 교회에 나타나면서 새로운 텍스트가 요구되었다.

경건한 예배에서 필수적인 부분은 시낭송이었다. 전도자 잡지 지면에 침례교 최초 시인들인 룸베르그스, 블룸바흐, 루시키스의 시가 실렸다. 최초의 교사이자 시인인 베르툴리스 블룸바흐의 시는 1884~1885년에 별도의 시집으로 출판되었다.

라트비아에서 영적인 시작품을 발표한 사람은 야니스 인키스(1872~1958년)로 간주된다. 그의 뛰어난 시적 재능은 이미 청년 시절에 나타났다. 1897년에 100편의 시작품을 포함하는 영적 노래라는 이름의 시집을 출판했다. 1909년에, 앞서 언급했듯이, 우리의 복음성가집이 출판되었는데, 1014곡의 찬송가 중에서 113곡이 인키스의 작품이었고, 195곡은 다른 언어로 번역되었다. 인키스의 특징은 그의 영적시에서 현대 문학적 언어를 사용하고 대담한 시적 특성 및 비교를 활용하는 것이다.

형제회의 다른 재능 있는 시인은 카를리스 리예치니스(1882~1906년) 인데 훌륭한 찬송가의 원문에 그의 작품이 있다. 오늘도 교회에서 저자가 작시한 복음성가는 큰 사랑을 받고 있다.

아우구스츠 마테르스(1887~1976) 목회자는 라트비아 기독교 시문학에서 특별한 서정적 음률을 가져 왔다. 그의 시에는 인간 영혼의 깊이가 드러난다.

알베르츠 예이흐마니스(1887~1965년) 목회자는 특별한 서사시의 재능을 가졌다. 그의 시는 교회의 정기 간행물에 실렸고, 1931년에 발행된 장미 창문 시집에 포함되었다.

에이흐마니스는 시적 단어의 정교한 달인이다. 그의 시에는 서정적 내용이 많고, 동의어, 은유 및 다른 문학적 단어들이 사용된다. 에이흐마니스의 시는 복음적인 시문학에서 가장 뛰어나다.

시인 오틸리아 바시티카(1885~1985년)의 작품은 다양한 주제를 다루고 있다. 그녀는 자주 사람들의 고난을 언급하고 평화와 정의에 대해서도 쓴다. 그녀의 시적 주제는 주로 하나님의 말씀, 그리스도의 교회, 기독교 청소년이다. 바시티카의 시는 1958년과 1972년에 두 권의 시집으로 출판되었다. 바시티카는 또한 회중 찬양과 찬양대를 찬송가를 많이 작시했고, 그녀는 다른 언어에서 시를 번역하기도 했다.

뛰어난 시적 단어의 달인 젤마 제니테Zelma Zenite(1899년생)가 라트비아 형제회에서 계속 일했다. 1935년에 그녀의 시집 [영원한 문]이 출판되었다. 시집은 형제회에 소속된 모든 시인들을 위한 참고서가 되었다. 제니테의 작품은 영적 깊이, 신자의 종교적 고민의 섬세한 묘사 등으로 구별되었다. 제니테는 또한 찬양대용 찬송가 작시자와 번역가로 잘 알려져 있다.

마르타 다크네(1900~1977년) 시인은 작품에서 어린이 주제에 많은 관심을 보였다. 목회자였던 그녀의 남편이 사망한 후, 그녀의 작품에는 새로운 주제가 나왔는데, 교회 사역자들의 헌신적인 봉사였다. 다크네는 찬양대 및 회중 찬양용 찬송가, 특히 독창자를 위한 찬송가를 많이 작시했다. 그녀는 1978년 리가에서 출판된 복음성가집 편집장을 지냈다.

빌리스 젤미티스(1908년생) 목회자의 작품은 신자들을 기쁘게 했다. 그는 신자들의 영적 성장을 시로 표현했고, 회중용 찬양가의 가사를 주님께 향한 사랑과 충성으로 노래했다. 그의 시집은 1985년에 출판되었다.

라트비아 시인들이 작품에서 표현한 주요 주제는 예수 그리스도 안에서 사람들에게 열려있는, 하나님의 사랑이었다. 시인들에게 개인적으로 가깝고 특별한 주제들이 널리 사용되었다. 성령과 그의 능력과 행동에 관해서 인키스, 페틀러, 드레스카, 스트렐리스 등이 많이 썼다. 그리스도의 교회는 라우베르츠., 다크네, 익클라바, 멜루마, 페테를레비차 등이 썼다. 중생한 사람의 생활에 대해서 라체클리스, 제니테, 스트렐리스 등이 썼다. 복음의 빛으로 비추어 본 사회 문제는 첼름스, 프레이덴펠트스, 바시티카, 그린베르게, 사르칸스, 긴테레 등이 썼다. 사랑의 능력과 위대함은 예이흐마니스, 라첵레, 레이티스, 멜루마, 스피굴리스, 얀손스 등이 노래했다. 그리스도의 재림은 라톤스, 페틀러, 리예 피닙, 메이예레, 루드빅스 등이 썼다. 많은 성서 이야기를 시적 형태로 서술한 사람은 페틀러, 제니테, 익클라바 등이다. '소망'을 시적 형태로 널리 알린 사람은 레그지닌, 스투르마니스, 젤미티스, 멜룸마, 파우제르스 등이다.

시인들의 텍스트에서 라트비아의 작곡가인 인키스, 바시틱스(J.), 바시틱스(E.), 카울리닙, 북스틴시, 푸룹스 등은 합창공연을 위한 찬송가를 작곡하고 만들었다.

시인들과 문학가들이 회중 찬양 및 성가대용 찬송가 번역하는 일에 큰 공헌을 했다. 번역가 가운데 특히 효과적으로 일한 사람은 그린탈스, 프레이, 인키스, 라우베르츠, 나트라, 마르쿠스, 블룸베르그스, 페틀러, 베체록스, 스투르 마니스, 마시틱스 등이다. 라트비아 시인의 많은 시를 러시아어로 번역한 마르 그리타 멜루마(1904년생) 시인의 노력을 언급해야 한다.

이미 언급했듯이 영적시의 발전은 교회 정기 간행물에 의해 촉진되었다. 간행물 지면에 는 항상 초보자와 유명한 기성 시인 모두에게 열려있었다. 많은 시인이 자신의 작품을 별도의 시집으로 모을 수 있었다. 그 가운데 블룸바흐스, 인키스, 리예츠니엑스, 페틀러, 에이프마니스, 알트마니스, 야우노졸라, 제니테, 그리예텐스, 바시티카, 메테르스, 다크네, 젤미티스 등이 있다. 1925년에 라트비아 침례교 시인들의 뛰어난 시를 모은 시선집이 [시의 뜨락]이라는 제목으로 출판되었다. 그것은 32명 작가의 시문학 작품이 포함되었고, 그것을 편집한 사람은 메테르스였다. 특별한 시선집은 1978년에 리가에서 출판된 침례교 공동체를 위한 노래책이다. 책에는 라트비아의 침례교 문학가 67명의 원문이 실려 있다. 라트비아 침례교회의 달력 또한 기독교 시인들의 시를 실었다. 영적인 산문 또한 예술적 창작품에 속한다.

첫 번째 이야기 새로운 믿음은 1910년에 카를리스 인키스(1873~1918년) 작곡가가 썼다. 기독교 이야기를 제니테(하나님의 손, 목동 유리의 첫 번째 여름), 페틀러 (마케도니아의 부름), 바시티카(오해), 다크네, 폴레, 멜루마, 크론린스 등이 썼다. 영적 시 작품이 계속 발전하고 있고 그것이 복음 사역과 간증의 필수적인 부분임을 주님께 감사드린다.

다양한 교회사역

870년에 리가 제일교회에서 청년회 활동이 시작되었다. 점차적으로 청년회는 모든 교회에서 운영되었다. 청년들을 변화시키고 참된 기독교인과 모범적인 시민으로 만들 수 있는 성서의 진리가 널리 알려졌다. 청년들 사이에서 활동한 유명한 지도자들은 룸니엑스, 질니엑스 교사, 클랴비나, 크론린스, 푸트나에르 글리스 편집인, 라스마 클라우픽스 종교교육학 석사, 리예핀스 시인, 루셰비체, 펠체르스, 진게레 목회자 등이었다.

1870년에 그람즈스키 교회에서 최초의 일반 교육과정의 침례교 학교가 설립되었다. 뒤에 유사한 학교가 벨다, 프리예쿨레, 벤츠필스, 리예파야, 스밀 테네, 리가에 있는 교회에서 개교되었다. 가장 뛰어난 침례교 교사는 블룸바흐, 클라비스, 마우치스, 룸니엑스, 엘베르츠, 엘리자베테 헤니냐, 에일리야 미제냐, 칼닌시, 푸르마니스 등이다.

1873년에 리가 제일교회에서 주일학교를 열었다. 1873년에 스위스에서 온 감리교인 빌헬름 리터(1847~1906년) 교수가 리가 공과대학교에서 일하기 시작했다. 그는 리가에 도착하여 같은 믿음의 신자를 찾았다. 침례교 신자들과 알고 지낸 후, 리터는 지르니엑스 목회자에게 자기 나라 학교의 기본 활동을 설명했다. 리가에서 그의 활동은 잘 준비된 강좌를 개설함으로써 촉진되었다. 사역의 큰 업적은 룸베르그스, 프레이, 루셰비치, 쿠르치티스, 레딘스, 코르프스, 다우그마니스, 레야메이예르스, 메테르스 등의 목회자가 제공했다.

현재 종교교육의 문제는 모든 기독교 가정의 고민과 관심사의 주제이다. 자녀들은 부모와 함께 자유롭게 예배 모임에 참석할 수 있고, 억지가 아니라 의식적으로 하나님에 관한 태도와 교회에 속한 사람들의 태도를 결정할 수 있다.

1882년에 최초의 자매회가 리가의 아겐스칼른스 교회와 사카스에 있는 교회에서 조직되었다. 자매회는 매우 축복받은 활동으로 시작되었다. 자매회의 보살핌은 다른 나라에서 미망인 및 고아에 관한 보호와 전도 활동이 포함되었다. 1929년 루치야 크론린스와 오티디야 바시티카가 이끄는 자매연합회가 결성되었다. 자매회는 복음을 전할 추수지에서 여성 집사와 그들의 사역을 준비하도록 도왔다.

교회 사역자

교회에서의 영적 생활의 지도자는 항상 성직자였다. 라트비아 형제회는 장로, 설교자, 목사의 세 가지 영적 직책이 있다. 형제회의 지도부는 성직자 곧 목사로서 충분한 자격이 있고, 설교자로 사역을 하고 있고, 장애물이 없다는 것을, 확인한 후에, 보통 안수가 시행된다. 목사만 안수를 받는다. 성직자가 되기 위해서는 먼저 신성한 소명 의식과 교회의 동의가 필요하다. 이에 따라 신학교육은 매우 바람직하나 필수는 아니다.

주님은 그의 부르심에 응답하고 자신의 생애를 사역에 헌신할 준비가 되어 있는, 젊은 형제들을 영적인 사업에 보내신다. 목회자들의 생활과 사역의 어려움을 잘 아는, 아들들이 적지 않게 아버지를 뒤따른다는 사실은 흥미롭다. 동시에 교회는 축복받은 가족의 영향으로 젊은 세대의 양육에 큰 역할을 하고 있는데, 거룩한 소명의 높은 요구를 따르는, 젊은이들의 성품이 교회에서 만들어지고 있다. 1937년에 레디네 목회자는 신학교는 목회자를 준비하고, 영적 일꾼은 살아 있는 교회가 준비한다고 썼다.

복음주의 운동이 시작된 이래로 사역자들은 다른 사람을 가르치려는 사람은, 자신이 배워야 한다는 것을 잘 이해했다. 그래서 1874년에 지도부 형제들은 6개월 성서연구과정에 헤르만, 리스(M.), 룸베르그스를 함부르크로 보냈다. 그 후 1878년에, 거명된 형제들은 리예파야에 성서연구과정을 조직했다. 다음 해에 50개의 강좌가 개설되었다. 1960년에 클라우픽스 목회자는 그 과정은 오랫동안 라트비아 침례교 신학교 직원을 위한 것이었는데, 직원들을 한 가족으로 모으고 영적인 일을 하도록 준비했다고 기록했다.

라트비아 형제들이 처음으로 외국 교육기관에서 교육받은 것은 독일의 함부르크 침례교 신학교였다. 1889년에 인드리키스 에이데마니스 목회자가 함부르크 신학교를 졸업했다. 1903년에 페틀러는 영국의 스펄전 대학에서 공부했다. 제1차 세계대전 이후, 일부 형제들은 미국의 뉴톤신학대학교, 영국, 캐나다, 스웨덴, 브라질의 신학대학원에서 공부했다.

1907년 러시아 최초의 신학교인 로지 신학대학원이 개교했다. 거기서 공부한 형제들은 에르드베륵스, 알트마니스, 림베니엑스이다. 5명의 라트비아인이 상트페테르부르크에 있는 프로하노프의 성서연구과정에서 공부했다. 1922년 1월 8일 신학교가 리가에서 개교되어 영적 교육의 새로운 기회가 제공되었다. 신학교의 조직과 후속 조치에 큰 공헌을 한 사람은 연합회 지도자 프레이 목회자였다. 1923년에 미국 레들랜드 대학은 프레이에게 명예 신학박사 학위를 수여했다. 다크니스 목회자는 1955년에 프레이 박사는 신학교의 사람이었다. 그는 신학교 교장이자 학생들의 아버지였으며, 영적인 것과 세상적인 필요를 똑같이 돌보았다. 프레이의 영향으로 경건과 훈련과 만장일치의 영이 신학교에 가득했다고 기록했다.

신학교의 교수는 목회자이자 교사인 리스 지휘자이자, 작곡가인 리닥스, 교육학석사 크론린스, 철학 박사 스투덴테, 기술자 딘베르그스와 푸타나에르글리스 등이다. 외국 신학교를 졸업한 신학학사 엑시테인스와 시베른스도 신학교에서 교수로 일했다. 1930년에 프레이 박사는 교장직을 사임했고, 역사학 석사인 야니스리스(1883~1953년) 목회자가 교장이 되었다. 53명의 학생이 리가신학교를 졸업했다.

나중에 바스케는 1972년에 다음과 같이 기록했다. 나는 훌륭한 교육자인 리스 목회자에게 깊은 감사를 드린다. 그는 들판의 돌 같이 평범한 젊은 나를 도와주었고, 내가 진실한 사람이 되도록, 자신의 모든 힘을 다 사용했다. 그것은 쉬운 일이 아니었다. 그는 우리 교회 역사상 가장 위대한 사상가로, 믿음의 형제이자 학생들에게 기독교 지식의 관점에서, 사람과 현상과 사물을 생각하고, 평가할 것을 가르쳤다.

리가에서 1925~1929년에 페틀러 목회자 지도아래 성서학교가 있었다. 성서 학교에서는 페틀러(R.), 쿠르치티스, 코르프스, 바가르스 목회자들과 지휘자 아담 등이 가르쳤다. 성경 학교의 교육과정은 활발한 실제적인 활동과 결합되었다. 약 30명의 학생이 학교를 졸업했다.

오늘날의 영적 사역을 위한 큰 축복은 모스크바의 통신성서강좌가 이바지했다. 16명의 목회자가 강좌를 졸업했다. 강좌의 활동적인 교수인 체칼로프는 기독교 윤리를 가르쳤다. 하를로프 지휘자는 음악의 역사를 강의했고, 테르비스 감독은 교육위원회의 위원이었다. 페테르손스 목회자는 1968년에 다음과 같이 기록 했다. 우리 동료들의 얼굴을 보면, 당신은 본능적으로, 그들이 다양하다고 생각하지만, 우리는 한가족이다. 한 사람은 삶의 행복에 미소 짓고, 다른 사람은 깊은 걱정과 실패를 경험했다. 그러나 그들 모두는 우리를 사역으로 부르신, 주님께 충성스럽게 남아 있으며, 결정적인 것은 사람의 평가가 아니라, 주님의 마지막 말씀임을 깨닫는다.

라트비아 국외 라트비아 침례교회의 생활

많은 신자는 공화국 밖에 살고 있다. 그들은 라트비아에서 믿음으로 연결된 형제자매들과 교제하기를 항상 열망한다. 1860년대 전반기에 많은 침례교 가족이 리투아니아로 이주했다. 그 결과 7개의 라트비아 침례교회가 나타났다. 그 교회들은 라트비아 출신 목회자 프리치스 크룸닌, 프리치스 울베르트스, 카르존스 등과 라트비아어를 알고 있는 게리카스와 인케나스, 리투아니아 목회자들이 봉사하고 있다. 현재는 일라캬이에 1개의 교회가 남아 있다. 1881년 에스토니아에서 설립된 유일한 라트비아 교회는 루가 라우라에 있다. 수년 동안 교회는 오시스와 키레이스 설교자가 지도했다. 그런데 1945년에 대부분의 회원들이 출국한 관계로 영적 활동이 중단되었다. 에스토니아 복음주의 기독교침례회 소속의 유명한 지도자 아담 포디닌(1862~1941년)은 라트비아인이었다. 1860년대 중반에 라트비아 농부들은 토지를 얻고 생활 조건을 개선하려는 희망으로 노브고로드 지역으로 이주했다. 이주민 가운데 침례교 신자가 많았다. 1869년에 라트비아인으로 구성된 최초의 침례교회가 루비노에 세워졌다. 시간이 지남에 따라 노브고로드 지방에 12개의 교회가 나타났다. 신자들은 활발하게 교회 활동을 했고, 동족들에게 복음을 전했다. 유감스럽게도, 그들은 러시아어로 전도하지 않았기 때문에, 간증이 제한되었다. 모든 일은 일부 목회자들의 주관하에 인도되었다. 교회 관리자는 에캅스 인키스, 야니스 푸쿠칼리스, 안드레이스 칼렌베르그스 등의 목회자였다. 에캅스 두벨자르스 목회자가 교회 관리자로 봉사한 1918~1924년에는 전도가 특히 활발했다. 1924~1930년 기간에 교회들의 대표는 율리 칼닌시 감독이었다.

노브고로드의 영적 추수지에서 뛰어난 사역자이 늘어났는데, 시인 레그지닌 과 메테르스 목회자 비톨스와 클라우픽스 등이다. 라트비아 교회는 또한 심비르스크, 우파, 스몰렌스크 지방 및 러시아의 다른 장소에도 있었다.

교회 관계와 사회생활

처음부터 라트비아 침례교회의 생활은 독일 침례교연맹과 긴밀하게 연결되어 있었다. 교회는 내부 생활에 관련된, 실제적인 문제 이해와 바른 성서 진리 해석에 관한 독일침례교의 입장을 받아들였다. 1889년에 러시아어를 구사하지 않는 침례교연합회가 조직되었다. 연합회 지도부는 장기 위원은 프레이였다. 러시아 신자들 사이에서는 페틀러, 페틀러(R.), 알트마니스, 푸케 등의 목사와 지휘자 아다메, 인키스 등이 일했다.

라트비아 침례교회는 침례교세계연맹과 견고한 관계를 유지하고 있다. 그들은 총회에 참석했고, 지도부 구성에 포함되었다. 침례교세계연맹 실행위원회 구성에 여러 시기에 프레이 박사와 리스 목회자가 포함되었다. 수년 동안 워싱턴에 있는 침례교세계연맹 본부에서 클라우픽스, 목회자와 로데 두벨자르스가 일했다. 많은 유명한 침례교세계연맹 지도자들이 라트비아를 방문했다. 1926년에 총재 멀린스 박사, 1930년에 맥닐 박사, 1937년에 트루엣 박사, 1971년에, 하그룹스 박사, 1984년에 맥콜 박사 등이다. 침례교세계연맹 사무총장 루시부룩 박사와 루이스 박사는 여러 차례 라트비아를 방문했고, 노르데하욱 박사는 1966년에, 클라스 박사는 1980년에, 로츠 박사는 1989년에, 유럽침례교연맹 사무총장 붐펠만은 1983년에 라트비아 교회를 방문했다. 제2차 세계대전 후 스웨덴, 이탈리아, 캐나다, 미국, 헝가리, 폴란드, 일본, 덴마크 등 다른 나라에서 많은 기독교 지도자들이 교회를 방문했다.

교회와의 관계에서 에큐메니칼 접촉을 주목할 필요가 있다. 그런데 먼저 신자들은 언제나 유연하게 관계하며 에큐메니칼 운동은 다소 불신한다는 것을 말할 필요가 있다. 그런데도 형제회는 다른 교단의 그리스도인들과 분리될 수 없다. 모든 것보다 더 밝은 그리스도인 화합의 영은 특히 복음 성가집에 포함된 찬송가와 경건 서적에 나타나 있다. 많은 노래집과 찬송가의 저자는 다양한 복음주의 교단의 대표자들이다. 일부 교회의 기념 예배에 복음주의 루터교회의 유명한 목사들이 참석했다. 대주교 메스테레스, 말도니스 박사, 프레이 박사, 클레페리스 교구감독, 리예파 교구감독, 칼닌스 감독, 대주교 레오니드, 안식일교회 대표 등이다. 기독교침례회 교회 지도자들이 복음주의 루터교회 대주교 투르스 박사와 마툴리스 박사와 대주교 레오니드 초청으로 교회들의 기념 예배에 참석했다.

라트비아 신자들은, 모든 기독교인과 같이, 우리 지구의 평화 보전 문제에 대해 깊이 우려하고 있다. 그래서 그들은 평화를 위한 많은 대표와 대화를 추구한다. 레빈단토, 훈스, 에글레, 테르비스, 감독들과 체칼로프, 크라우제 목회자들은 총연합회 회의에 참여했다.

예배에서는 평화가 모든 사람의 생활을 지도하고, 땅 위의 사람들이 신뢰하며 살 수 있도록, 세상의 보통 사람들과 국가 지도자들의 마음에 보내는 요청과 기도가 행해진다. 신앙고백은 표시되고, 설교에서 지속해서 신자의 생활 속에서 사회적으로 유용한 일의 중요성이 강조된다. 우리 교회의 회원들은 공장과 기업, 디자인 사무소와 병원, 과학 연구소와 문화기관, 집단 농장 및 국가 농장에서 같은 열정을 가지고 일한다. 라트비아 형제회는 해외에 있는 라트비아 신자들과 좋은 관계를 유지하고 있고, 특히 1950년에 조직된 미국 및 브라질의 라트비아 침례교연합회와 좋은 관계이다(자세한 내용은 7장 참조).

라트비아 침례교회사의 주요 사건

1847~1860년 – 에글리티스(1830~1920)의 주도로 벤츠필스, 리예파야 근교, 쿠르젬 (쿠를란디야)에서 농민 부흥 발생.

1855년 9월 2일 – 야콥손이 메멜(현재 클라이페다) 에서 믿음으로 침례 받다. 라트비아 최초의 침례교 신자가 되다.

1860년 9월 2일 – 메멜에서 9명의 라트비아인 침례 받다. 라트비아 침례교 공동체의 역사가 시작되다.

1861년 9월 22일 – 라트비아 침례교회 설립자 게르트네르스(1829~1875년)가 새 신자 70명에게 벤츠필스 근처의 지라스 강에서 믿음으로 침례를 주다.

1866~1874년 – 게르트네르스 라트비아 침례교 감독으로 재직.

1869년 – 노브고로드에 최초의 라트비아 침례교 공동체 설립.

1870년 – 침례교회의 첫 혼성 찬양대가 리가, 리예파야, 벤츠필스에서 조직되다. 최초의 청년회가 리가에 나타나다. 최초의 중등일반학교가 그람즈다 마을의 침례교회에 설립되다.

1875년 – 라트비아 침례교 연합회의 선교위원회가 조직되고 룸베르그스 (1846 ~1923년)가 1875~1884년까지 회장 재임.

1880년 – 룸베르그스 편집하에 최초의 회중 찬양용 티티바스 발스 (믿음의 소리) 복음성가집이 출판되다.

1881~1887년 – 룸베르그스 편집하에 최초의 라트비아 침례교 정기 간행물인 주간지 복음 전도자가 발행되다.

1885~1906년 – 목회자 겸 작가 프레이(1863~1950)의 출판사, 서점 활동.

1890년 – 브라질과 미국에 최초의 라트비아 침례교회가 조직되다.

1891~1905년 – 프레이 지도 하에 라트비아, 러시아, 브라질, 팔레스타인에서 복음주의 선교회 활동하다.

1902~1932년 – 시마니스(1865~1941) 지휘자가 6권의 찬송가집과 1천 곡 이상의 찬송가를 낱장 석판 인쇄로 출판하다.

1905~1915년 – 융커 주도로 리가 노방선교 활동하다.

1905~1915년 – 프레이와 인키스(1872~1958) 편집하에 주간지 아봇스 (샘물) 발행하다.

1905년 – 시인 겸 목회자 라우베르츠(1875~1964년)가 편집한 회중 찬송가 무수 디예스미니엑스(우리의 찬양) 출판하다.

1913년 – 리스(1883~1953)의 라트비아 침례교 역사에 관한 최초의 기본적인 책 라트비아 침례교 공동체의 출현과 발전이 출간되다.

1918~1923년 – 라트비아와 다른 교회에 큰 영향을 준 부흥이 일어나다.

1921~1923년 – 인키스 목회자 영향으로 라트비아 침례교 신자들의 브라질 이민 운동. 침례교 신자 약 2000명이 이주하다.

1921~1940년 – 라트비아 침례교 연합회 잡지 크리스티가 발레스(기독교 목소리) 출판되다.

1922~1940년 – 명예 신학박사 프레이(1922~1930년 기간)와 역사학 석사 리스 (1930~1940년 기간) 지도 하에 리가 침례신학교를 운영하다.

1923년 – 스톡홀름에서 제3회 침례교세계대회. 프레이가 이끄는 라트비아 대규모 대표단이 참석하다. 리닥스(1893~1942년) 작곡가의 지도하에 대표단에서 혼성 찬양대가 조직되다. 총회에서 프레이는 침례교세계연맹의 집행 위원으로 선출되다.

1925년 – 1천 이상의 찬양대원이 참여한 제1회 찬양축제.

1925~1929년 – 페틀러가 주관한 리가의 선교 및 성서학교 활동.

1926~1934년 – 라트비아에서 라트비아 침례교연합회와 라트비아인 침례교연합회의 2개 연합회가 활동하다.

1927~1943 – 라트비아 침례교 연합회 회장은 시인 겸 목회자인 메테르스 (1887~1976년)였고, 그 기간에 연합회 명예 회장은 프레이 박사였다.

1935년 – 제2회 라트비아 침례교 찬양축제. 약 1,400명이 참여했고, 바시틱스, 리닥스, 티세가 지휘하다.

1945년 4월 21일 – 라트비아 침례교회와 복음주의 기독교침례회 총연맹의 합병에 관한 결의안을 채택한 교회 대표자 총회. 라첵리스(1904~1970)가 복음주의 기독교침례회총연맹 라트비아 대표 감독과 선임목회자로 선출되다.

1945~1966년 – 레빈단토(1896~1966)가 복음주의 기독교침례회 총연맹 발트공화국 대표 선임목회자와 복음주의 기독교침례회 총연맹 선임 부총회장이 되다.

1960년 5월 28~29일 – 리가에서 라트비아 침례교 공동체 창립 100주년을 기념하다. 기념행사에 복음주의 기독교침례회총연합회 총회장 짓코프(1885~1966년), 우크라이나의 선임목회자 안드레예프 에스토니아 선임목회자 립스톡(1883~1961년) 참석하다. 기념 예배에서 라우베르츠가 설교하고, 훈스가 역사적 개요를 설명하다.

1966~1977년 – 복음주의 기독교침례회총연합회 예글레 회원이 라트비아 침례교회 감독이 되다.

1968년 – 모스크바에서 복음주의 기독교침례회총연합회가 주관하는 성서통신

과정 시작. 1988년까지 라트비아 목회자 16명이 과정 수료.

1975년 7월 8~13일 – 스톡홀름에서 개최된 제13차 침례교세계연맹에 에글레가 복음주의 기독교침례회총연합회 대표단으로 참석하다.

1977년 10월 28~29일 – 총회에서 테르비스 목회자가 라트비아 복음주의 기독교침례회 감독으로 선출되다. 페테르손(1910년생)이 부감독이 되다. 에글레가 명예 감독과 감독협의회 명예 종신회원으로 선출되다.

1978년 – 다크네(1900~1977년) 시인 편집하에 712곡 찬송가가 포함된 라트비아어 회중 찬양용 복음성가집이 출판되다.

1978년 – 테르비스 감독과 바스케 목회자 미국 침례교회를 방문하다.

1979년 – 테르비스 편집하에 라트비아어로 침례교회용 달력 출판을 시작하다.

1981년 – 지휘자 겸 작곡가인 에제린샤(1910년 출생)의 편집하에 1978년에 발간된 복음성가집이 악보가 첨가되어 출판되다.

1982년 2월 – 비치코프와 테르비스 주도로 탈린교회 (시쿠부르스)에서 복음주의 기독교침례회 총연합회 교리 세미나 개최.

1984년 – 침례교세계연맹 총회장 맥콜 박사와 복음주의 기독교침례회 총연합회 짓코프 부총회장 리가를 방문하다.

1985년 – 라트비아 침례교 125주년 기념식.

1986년 – 복음주의 기독교침례회 총연합회 로그비넨코 총회장이 라트비아 침례교회를 방문하다.

제12장
리투아니아 형제회

리투아니아 기독교 역사 개요

리투아니아 거주민의 대다수는 리투아니아인이다. 그들의 북부 이웃은 라트비아인이다. 신앙에 따르면 리투아니아인은 로마 가톨릭과 관련되어 있고, 라트비아인은 대부분 개신교 신도이다.

리투아니아인이 기독교 신앙으로 개종한 것은, 리투아니아 통치자들이 가톨릭을 받아들인 14세기에 시작되었다. 오랫동안 리투아니아인은 자주 불과 칼에 의해 무력으로 전파된 기독교의 수용을 거부했다. 기독교 교육의 핵심이 장기간 리투아니아 언어를 모르는 폴란드 사람들에 의해 주로 전파되었기 때문에, 사람들에게는 이해하기 어렵고 이상한 것으로 남아 있었다.

1569년에 로마 가톨릭 교회는 예수회를 리투아니아에 초청했다. 열정적으로 가톨릭교를 보호하고 종교개혁을 반대하는 학생들을 양성하기 위해 빌뉴스에 학교를 세웠다. 내부의 힘이 부족했던 종교개혁은 중단되었고 박해를 받았다. 복음주의적 개혁 교구는 빌뉴스, 케다이냐이, 켈메, 비르자이 등 주변 지역에서 만 주로 남았고, 지역 귀족의 보호 아래 있었다.

서유럽의 대학에서 교육받은 귀족들을 통해 리투아니아에 종교 개혁적 생각이 확산하였다. 복음주의 개혁교회에 수많은 교구가 나타났다. 그런데 종교개혁은 일반적으로 새로운 종교로의 전환이 형식적으로 일어났기 때문에, 사람들 속에 깊이 뿌리 내리지 못했다. 농노들은 보통 집주인의 신앙을 따랐다. 또한, 목사도 부족했고, 가장 중요한 것은 리투아니아어 성경이 없었다. 루터의 독일어 본문 성서에서 리투아니아어로 완전한 번역이 1579~1590년에 되었지만, 인쇄는 되지 않았다.

16세기에 독일 국경 근처에 루터교 교구가 나타났다. 약 700년 동안 (13세기~20세기) 클라이페다 지역에 살았던, 리투아니아인 가운데 거의 5분의 1이 독일인 권력과 영향력 아래 있었다. 프로이센 동부뿐만 아니라 클라이페다 지역 주민들 대부분은 개신교 신도였고 루터교회에 속해 있었다. 1735년에 성경이 리투아니아어로 인쇄되었고 많은 목사 그룹이 준비되었다.

18세기 초에 클라이페다 주민들은 독일 경건주의의 영향을 받았다. 많은 장소에서 영적 부흥이 시작되었고 부흥되는 그룹이 생겨났다. 사람들은 진리를 찾았고 살아있는 신앙을 통해 그것을 발견했다. 일부는 그들이 소속된 교회에 남아서, 루터교와 개혁주의자 사이에서 구원에 관한 갈등을 일깨웠고, 다른 사람들은 독립 교회를 세웠다. 19세기 초, 리투아니아인 가운데 최초의 전도자인 유르쿠나스가 자신의 활동을 시작했다. 그에게 목수인 클림쿠스 그리겔라이티스가 합류했다. 조직된 교회는 리투아니아 기도공동체로 등록되었다. 그 후 프러시아 동부 복음주의 기도공동체가 나타났다. 설립자는 크리스투파스 쿠카티스(1844~1914년)였다. 그는 20세에 중생을 경험하고 예수 그리스도 안에서 새로운 삶을 전도하기 시작했다. 기도공동체에 소속된 신자들은 여러 곳에 교회를 건축하고, 찬양대 찬양에 많은 관심을 기울였고, 교회 신문을 발행했다.

복음주의 운동의 영적 토대는 회개와 모범적인 기독교인의 생활이었고, 신자들의 침례 문제는 제기되지 않았다. 새로운 교회가 출현하면서, 신자들은 많은 반대자를 만났지만, 일부 역사적인 교회의 목사들은 새로운 분파에 대해 매우 우호적으로 대했다.

복음주의 기독교침례회 운동의 시작

리투아니아에서 영적 부흥은 여러 가지 방법으로 시작되고 진행되었다. 최초의 침례교회는 1841년에 클라이페다 (이전 지명은 메멜)에서 독일인 신자들로 구성되었다. 교회는 클라이페다 출신의 젊은 목수인 에두아르드 그림에 의해 시작되었다. 그는 학교를 졸업하고 기술을 배웠고, 1830년에 해외로 돈벌이를 나갔다. 그림은 스위스 취리히에 살면서 개혁교회에서 나와 작은 공동체를 이끌었던 프렐리흐 목사를 만났다. 교회 신자들은 메노파 의식에 따라 관수례만 수용했다. 그림은 프렐리흐 목사가 설교하는 예배에 참석했다. 머지않아 그는 주님께 회심하고, 침례를 받았고 취리히 주변의 다른 사람들에게 구원의 기쁨을 전파하기 시작했다. 1837년에 그림은 클라이페다로 돌아왔다. 친구들은 그에게 일어난 변화를 알아차렸으나, 원인은 이해할 수 없었다. 자신의 고향에서 회심에 대해 아무에게도 전파할 수 없었기에, 그림은 스스로 고독함과 불행함을 느꼈다. 2년 동안의 침묵 후 성령강림절에, 성서 속의 질문 '아담아, 너는 어디 있느냐?'(창 3:9)가 그의 마음속에 들렸다. 그는 주님 앞에 진실로 회개했고 복음의 진리와 그리스도 안에서의 새로운 생활을 전파할 능력을 받았다. 그림은 신약성경을 읽고 기도하기 위해 친구들을 그의 아파트에 초청했다. 하나님의 성령이 일하기 시작했고, 11명이 주님께 회심했으며, 그림은 그들에게 관수례를 행했다.

그런데 곧 클라이페다의 모든 교회 목사들이 모인, 도시 행정부에 소환되었고, 그들은 그가 활동을 중단하도록 엄중히 경고했다. 그런데도 그림은 그리스도에 관한 복음전파를 그치지 않았다. 결과로 직장에서 해고되고 집을 잃었다. 모임은 당시 한 신자의 집에서 열렸다. 방문객 중에는 침례교 목사의 아들로 당시 클라이페다에 살고 있던 영국인 조셉 헤이그가 있었다. 헤이그는 그림에게 영국 침례교의 생활과 하나님의 말씀에 근거한 침례에 관해 이야기했다. 그림과 다른 신자들은 신약에 관한 심층적인 연구에 착수하여 침수를 통한 침례의 필요성을 확신하게 되었다. 누가 그들에게 침례를 주어야 하는지에 관한 의문이 생겼다. 헤이그는 독일 침례교에 요청하자고 조언했다. 그림은 조언에 따라 함부르크에 있는 온켄 목사에게 침례식 집례를 위해 목사를 보내달라는 요청의 편지를 썼다. 요청에 따라 온켄은 전도자 렘메르스를 보냈다. 베를린에서 클라이페다로 오는 도중, 렘메르스는 주로 걸어다니면서 복음의 씨앗을 뿌렸다. 나중에 그 지역에 신자들의 공동체가 생겼다. 렘메르스는 새신자들을 진리로 교육하고 견고하게 하면서 클라이페다에서 몇 주 동안 지냈다.

1841년 10월 2일에 온켄이 클라이페다에 도착했다. 밤늦게 도착한 그 날에 그는 댄강에서 16명의 자매에게 침례를 주었다. 10월 3일, 쿠로니안 해안에서 9명의 형제가 침례를 받았다. 그 날 저녁 성찬식 후 온켄은 교회를 창립했다. 그림을 목회자로 선출했고, 온켄은 그를 목사로 안수했다.

복음주의 기독교침례회 교회

클라페이다 교회

그림 목회자는 행정부 관리와 전통적인 교회, 다른 어려움에도 불구하고 열심히 사역을 계속했다. 클라이페다 교회는 성장했다. 1851년에 신자들은 넓은 교회를 건축했다. 당시 그림이 신자들 그룹과 함께 미국으로 이주하여, 계속해서 그의 동포들에게 복음을 전파했기 때문에, 목회자로 니메츠가 선출되었다.

클라이페다 교회의 활동은 도시 근처에 있는 많은 마을까지 확장되었다. 처음에 전도 활동은 독일인 거주자들 사이에서만 이루어졌다. 그런데 1853년에 빌키차이 마을 출신의, 클라이페다 교회 회원으로 리투아니아어를 아는, 카를 알브레흐트가 리투아니아인으로 처음 침례를 받은 후, 클라이페다와 그 주변의 리투아니아인에게 복음을 전파하여 교회로 보내졌다.

1854년에 도시에 큰 불이 났다. 대부분 주택과 거의 모든 교회 건물들이 파괴되었다. 그런데 침례교회 건물은 무사했다. 다른 교회들이 예배를 진행하고 학교 공부를 할 수 있도록 교회는 재난을 당한 피해자들에게 넓은 마음으로 교회 문을 열었다. 그 당시 리투아니아인의 마음속에 하나님의 말씀을 듣고자 하는 강한 간절함이 있었다. 곧 3개의 리투아니아 교회가 창립되었다. 리투아니아인 가운데서 하나님의 말씀을 전파하는 형제가 발견되었다. 그들은 기독교 문서의 출판을 보살폈다. 새로운 복음성가집이 준비되고 인쇄되었다. 알브레히트, 브루오지스, 스크비르블리스와 그의 아들 스크비르블리스, 카이리스, 압스콜리스, 슐키스 등의 형제들이 열심히 일했다. 교회 창립 순간부터 찬양대 찬송이 행해졌다.

1860년 9월 2일에 니메츠는 11명의 라트비아 출신 신자에게 침례를 주었는데, 그 가운데 게르트베르스와 그의 아내가 있었다. 그렇게 라트비아 침례교회가 시작되었다.

개신교회에 속한 리투아니아인들 사이에서 복음전파가 더욱 성공적으로 계속되었다. 클라이페다 변경 지역과 동부 프로이센의 마을과 시골 지역에 교회가 생겨났다. 1911년에 리투아니아 기독교 문서 출판협회가 조직되었다. 협회는 제2차 세계 대전이 시작될 때까지 지속되었다. 협회 직원들은 리투아니아 전역에 복음을 전하기 위해 많은 일을 했다.

제2차 세계 대전 동안 클라이페다 지역이 점령되기 전까지 3개의 리투아니아 침례교회가 있었고, 그 가운데 2개 교회는 리투아니아 복음주의 기독교침례회 연합회에 소속되었고, 그 외에, 2개의 독일교회가 있었다.

1944년에 독일교회의 거의 모든 회원이 독일로 떠났다. 클라이페다 부근에는 소수의 리투아니아 신자가 남아 있었다. 도시에 있는 침례교회는 사라졌다. 나머지 형제자매들은 클라이페다에서 40km 떨어진 예배당에 모였다. 그러나 1960년에 그 교회도 사라졌다.

1948~1949년에 일부 러시아 신자들이 클라이페다에 왔다. 그들은 러시아어로 예배를 진행했다. 때때로 예배에 리투아니아인이 참석했다. 1966년에 작은 교회는 정해진 건물에서 모일 수 있는 허가를 받았다. 1968년에 리투아니아 신자들의 증가한 숫자의 요청으로 리투아니아어 정기 예배 모임을 조직했다. 1977년에 교회는 등록을 받았고, 1980년에 건물을 재건축하고 교회의 필요에 맞게 조정할 수 있는 허가를 받았다. 리투아니아 그룹은 작은 찬양대가 있다. 교회 회원들은 복음주의 운동의 풍성한 과거에 합당하게 되고, 그리스도의 언약을 성취하고, 복음을 전파하기 위해 노력하고 있다.

복음전파의 두 번째 장소는 라트비아 국경에 있는 마제이카이아이와 스쿠오다스 근교이다. 여기서 침례교회가 조직되었다. 19세기 말에 많은 라트비아인이 리투아니아로 이주했는데, 그 당시 농장을 임대하거나 토지를 구매하기가 더 쉬웠기 때문이었다. 침례교 신자들은 타민족의 신앙으로 인한 핍박이 없다는 이유로 리투아니아로 이주했다. 결과적으로 1889년 스쿠오 다스에, 1902년 마제이카이아이에, 1907년 일라키아에 교회가 개척되었다. 그런데 하나님의 말씀을 라트비아어로 설교하였기 때문에, 그들은 리투아니아 주민에게 많은 영향을 미칠 수 없었다. 제2차 세계 대전 후 많은 신자는 다시 라트비아로 이주했다. 현재 리투아니아에 있는 3개의 라트비아 교회 중에서 일라키아 교회만 남아 있다. 하나님의 자녀들은 시설이 잘 갖추어진 교회 건물을 가지고 있고 리투아니아 교회들과 연락을 유지하면서 열심히 일하고 있다.

카우나스에 있는 독일 침례교회가 한때는 활동적이었다. 그것은 19세기 말에 폴란드와 독일 노동자들의 이민과 관련하여 발생했다. 그리스도 안에서 구원의 첫 번째 전도자는 시나이데르였다. 그는 역무원이었고 프로이센 동부의 예이트쿠나이에 있는 침례교회에 소속되었다. 직장을 따라 카우나스로 이주하여, 역동적인 기독교 사랑으로, 그는 동족에게 복음을 전했다. 1886년 재능있는 청년 아브구스트 시톨텐고프 부부는 바르샤바에서 카우나스로 이주했다. 그는 모든 여가와 힘을 하나님의 추수지에 있는 동료들을 위한 활동에 바쳤다. 결과로, 같은 해 가을 카우나스에 첫 주일 학교가 창립되었고 연합찬양대가 생겼다. 1889년에 카우나스 교회는 독립했다. 1890~1898년에 카우나스 근교의 샨차이에 아름다운 교회가 건축되었다. 1914년에 교회는 400명의 회원과 5개의 지교회가 있었고, 그 가운데 하나는 빌뉴스에 있었다. 대부분 신자는 독일민족이었고, 러시아인과 리투아니아인도 있었다. 1932년에 리투아니아 침례교회가 개척되었고 1934년에 러시아 교회가 개척되었다. 그러나 1941년에 일어난 독일 주민의 본국 귀환과 전쟁은 그 교회들의 활동을 거의 완전히 중단시켰다. 현재 카우나스에는 다양한 교파에 속한 리투아니아인과 러시아인 소수의 신자 그룹이 있다.

리투아니아 북부의, 비르자이와 주변 지역은, 종교개혁 시기부터 일부 개혁 교구가 보존되었다. 개혁교회는 19세기 말에 영적 부흥이 일어났는데, 사람들의 마음 속에 하나님의 말씀과 기독교 생활에 관한 생생한 관심을 불러 일으켰다. 예배 후 사람들은 집마다 모여서 성서를 읽고 영적 주제에 관해 이야기했다. 처음에 개혁교회의 목사들은 그 점을 호의적으로 다루었지만, 사람들이 교회의 교리와 전통을 넘어서기 시작했을 때, 갈등이 일어나고 편협함이 드러났다.

비르자이 출신의 비켄타스 투차스 청년은 진리를 먼저 더 깊이 알고 싶어 했다. 라트비아의 바우스카에서 살면서, 그는 침례교 신자를 만나 회개와 중생의 필요성에 관한 확신을 하게 되었다. 그는 삶을 그리스도께 바치고 침례식에서 이것을 간증했다. 비르자이로 돌아와서, 투차스는 그리스도 안에서 구원의 기쁨과 중생의 필요성에 관한 복음을 전파하기 시작했다. 3명의 소녀가 복음을 받아들였고, 그 가운데 1명은 1901년 리가에서 침례를 받았다. 몇 년 후 비르자이에 있는 그룹은 12명이 되었다.

복음전파운동은 개혁교회 사역자들의 강한 반대를 경험했다. 그런데도 복음의 빛은 꺼지지 않고, 다양한 방법으로 사람들의 마음에 계속 다가갔다. 복음주의 기독교 비르자이 교회의 유명한 사역자의 한 사람은 퍄트라스 비예데리스(1864~1932년)는 일자리를 찾기 위해 군 복무를 마치고 처음에는 라트비아로 이주했고, 후에 미국으로 이주했다. 그는 거기서 힘든 노동으로, 적은 재산을 모았지만 행복하지 않았다. 비예데리스는 삶의 의미를 찾기 시작했다. 진리를 찾아서 신자들과 알게 되었고, 그리스도 안에서 영혼의 평화를 구하고 찾았다. 비예데리스는 하나님의 추수지에서 일하기 시작했지만, 그의 마음은 고향 생각이 간절했다. 1911년에 비예데리스는 비르자이로 돌아왔다. 처음에는 그리스도에 관한 설교를 했고, 복음의 성공을 깊이 믿었다. 그의 고향 사람들은 그리스도에 대해 차갑게 반응했고, 그는 적개심을 가진 개혁교회의 목사들을 만났다. 그러나 주님께서는 형제의 활동을 축복하시고 여기서 교회를 세우셨다. 2년 후 교회는 이미 신앙으로 침례 받은 50명의 회원이 있었다. 비예데리스는 교회 등록에 도움을 받기 위해 상트페테르부르크에 있는 프로하노프에게 도움을 요청했다. 1913년에 복음주의 기독교 비르자이 교회는 페테르부르크 복음주의 기독교회의 지교회로 등록되었다. 비예데리스는 평생 교회에서 부지런히 일했다. 그 외에 복음은 시무케나스, 크랴그제, 바랴코이스 등에 의해 전파되었다. 단치그에서 성서 강좌를 마친 1932년에 비예데리스는 전도 활동을 시작했다. 그는 1981년 8월 19일 그의 81세에 자신의 지상의 삶을 마쳤다. 50세에 형제는 비르자이 교회의 목사가 되었다. 그의 아내는 재능있고 독창적인 시인이었는데, 그녀는 작품으로 많은 영적 시를 남겼으며, 그들 중 일부는 음악으로 표현되었다.

제1차 세계 대전 후, 리투아니아의 여러 장소에서 사람들이 다양한 방법으로 그리스도 안에서 살아있는 신앙을 갖게 되었다. 그러나 그들은 분리되어 살았고 서로 교제하지 못했다. 리투아니아에서 신자들의 친교와 연합에 관해서 테오도라스 게리카스(1891~1946년) 형제가 열심히 일했다. 그의 아버지는 리투아니아 사람이었고, 어머니는 라트비아 사람이었고, 라트비아에서 태어나 자랐다. 어린 형제는 그리스도께 회심했고 성서와 다른 경건서적을 보급했다. 그는 1911년에 함부르크로 침례교 신학교 공부를 위해 떠났다. 그런데 병역과 전쟁이 그의 공부를 중단시켰다. 1921년 신학교 졸업 후에, 게리카스는 리투아니아로 돌아와 영적인 일을 시작했다. 그는 많은 여행을 했고, 개별 신자들과 그룹을 방문하여, 하나님의 말씀을 전파하고, 진리를 구하는 사람들과 부흥을 경험한 사람들을 도왔다. 사귐이 끊어진 하나님의 자녀를 모아, 가능하면 교회를 세웠다. 게리카스는 리투아니아어, 라트비아어, 러시아어 및 독일어를 잘 알고 있었기 때문에, 다른 국적의 사람들 사이에서도 일했다.

1923년에 게리카스는 작은 월간 잡지 [티오소스 드라우가스(진실의 친구)] 및 다른 경건 서적을 발행하기 시작했다. 게리카스는 젊은 형제자매들이 교육을 받고 영적 사업을 준비하도록 보살폈다. 2명의 형제를 라트비아 침례교 신학교가 있는 리가로 보낼 기회가 있었다. 비르자이 지역 출신의 요나스 인케나스가 1925~1929년에 신학교에서 공부했다. 신학교 졸업 후 그는 미국 뉴톤 신학대학교(1929~1932년)에서 공부를 계속할 기회를 얻었다. 졸업 후 형제들은 리투아니아와 라트비아 교회의 리투아니아 북부 지역에서 일하도록 인케나우스에게 요청했다.

1932년에 게리카스는 카우나스 시에 정착했는데 당시 리투아니아의 수도였다.

그는 1932년 리투아니아 카우나스 교회를 기반으로 목회를 시작했다. 그는 또한, 리투아니아 침례교 신자들의 시민 행정 등록소를 지도했고 1933년에 리투아니아 침례교 연합회 초대회장이 되었다. 동시에 게리카스는 개인적인 전도와 함께 인쇄된 성서 보급에 큰 의미를 부여했다. 그 분야에서의 프레이단카스, 쿠트라, 클룸비스 등이 활동했다. 어린이와 청소년 잡지의 출판과 악보 포함된 복음성가집 발간에 인케나이테 및 인케네네 자매들이 큰 수고를 했다. 게리카스의 도움을 받아 그들 또한 신학대학 교육을 받았다.

1940년에 게리카스는 카우나스 독일인 교회의 목회자가 되었고, 그해에 그 교회의 신자들과 함께 독일로 떠났다. 1946년에 고향으로 돌아가다 병이 들어 사망했다. 게리카스는 예켈만과 함께 동독의 베를린에 묻혔다. 1938년 통계에 따르면 리투아니아에는 13개의 침례교회와 여러 소그룹이 있고, 약 1천 명의 신자가 있다.

빌뉴스 교회의 생활

빌뉴스 복음주의 기독교침례회 교회는 복음주의 기독교침례회와 기독교 신앙 복음주의 교회들의 통합 후 1948년에 조직되었다. 복음주의 기독교침례회 교회는, 자료에 따르면 1912년에 생겼다. 그 당시 빌뉴스로 불렸던, 빌노에서 처음으로 복음을 전파한 사람은, 상트페테르부르크 부흥으로 알려진, 가가리나 공작부인이었다. 교회의 첫 번째 목회자가 누구인지 알려지지 않았다. 소볼레프가 1922년에 목사로 재직했고, 그를 이어 1931년까지 엘리넥이 재직했다. 1928년에 교회는 교회 건물을 확보했고, 거기서 1950년까지 신자들이 모였다. 1931~1948년에 아나나세녹 목회자가 교회에서 재직했다. 1939년까지 빌뉴스는 폴란드 지배를 받았기 때문에 리투아니아 신자와의 연락이 닿지 않았다. 빌뉴스 가 리투아니아로 재통일되고 반환된 후 복음주의 기독교침례회 교회는, 1933년 6월 6일 클라이페다에서 조직된 총회에서 리투아니아 복음주의 기독교침례회 연합회에 합류했다.

1923년에 기독교 신앙 복음주의 그룹이 빌뉴스에 생겼다. 최초의 전도자는 코뱌코와 스코베이 자매였다. 1928년에 마잘로가 교회의 목회자가 되었다. 1934~1940년에 판코가 목회사로 재직했다. 1940년부터 1948년 복음주의 기독교침례회와 통합되기까지 스코베이 목회자가 재직했다. 그는 1978년까지 일시적인 중단이 있었지만, 연합회 교회에서 영적 돌봄 사역을 했다. 그 후 수년 동안 랍체비치 목회자가 재직했다. 1982년부터 판코 목회자가 교회에서 재직하고 있다.

1967년에 통합된 교회는 등록되었고 곧 교회 건물을 확보했다. 하나님의 말씀은 리투아니아어, 러시아어, 폴란드어로 설교한다. 교회는 음악과 찬양 사역을 하는 2개의 찬양대가 있고 2개의 오케스트라가 있다. 빌뉴스 교회의 신자들은 50년대의 시험의 시기에 깨어 있어 주님을 찬양했다. 어려운 시기에 타티야나 미하일로브나 그레트첸코 자매는 찬양대를 조직했고, 그녀는 1947~1966년까지 찬양대의 선임 지휘자였다. 알렉세이 바실리예비치 자보체냐 형제가 1966~1980년에 지휘자로 재직했다. 1980년부터 현재까지 빌뉴스 교회 성가대의 선임 지휘자는 바실리 블라디미로비치 코발축이다. 찬양대 지휘자로 통신 성서 과정을 졸업한 리마스 쿱스티스와 알렉산드르 쿠롭스키, 발렌틴 미하일로비치 루카슉이 재직하고 있다. 교회에는 작은 교향악단과 관악단이 있다. 관악단 주관자와 지도자는 루카슉(1972년생)이었다. 현재는 콘스탄틴 아르 카디예비치 갈라부르도가 관악단을 지도하고 있다. 1983년 12월 31일 예배에서 작은 교향악단이 처음으로 공연했다. 교향악단의 지도자와 기획자는 코발축과 쿱스테네이다.

현대 리투아니아어 성경이 아직 출판되지 않아서, 교회는 리투아니아어 문서의 어려움이 있다. 리투아니아어 신약성서는 1982년 가톨릭교회에 의해 간행되었다.

리투아니아 침례 600주년을 1987년에 기념했다. 기념일과 관련하여 가톨릭 교회는 리투아니아어 신약성서의 출판 허가를 받았다. 리투아니아에는 빌뉴스, 비르자이, 일라캬이, 클라이페다에 등록된 4개의 복음주의 기독교침례회 교회가 있다. 일부 소그룹의 신자들이 다른 곳에서 활동하고 있다. 보다시피, 그것은 작지만, 주님의 손에서는 작은 것도 축복이 될 수 있다.

전쟁이 끝나고 리투아니아 복음주의 기독교침례회의 지도력은 경험 많은 목회자 인케나스에게 맡겨졌다. 그는 1959~1978년에 가족과 함께 라트비아에 살았다. 1981년 초에 하나님의 추수지에서 오랫동안 섬긴 인케나스는 리투아니아 대표 선임목회자로 선출되었다. 1983년에 주님은 충실한 그의 사역자를 천국으로 부르셨다. 현재 공화국 선임목회자는 판코이다.

시문학

리투아니아의 영적 시문학은 풍부하지 않다. 리투아니아의 개혁교회와 루터교회는 주로 폴란드어와 독일어의 찬송가를 번역하여 복음성가로 사용했다. 기독교침례회 신자들은 복음성가와 시를 독일어, 라트비아어, 영어 및 러시아어에서 번역했다. 20세기 초에 클라이페다에서 독일어를 리투아니아어로 번역한 복음성가집이 출판되었고, 작은 규모의 찬송가 모음집이 일부 출판되었다. 1938년에 악보를 수록한 복음성가집이 출판되었고, 성가집을 만드는데 도로테야 인케나이테(1908~1975년) 자매의 노력이 많이 들어갔다. 그녀는 약 300곡의 찬송가를 번역했고, 대부분은 찬양대에서 사용하고 있으며, 약 100편의 시는 라트비아 형제회에서 가장 뛰어난 시인들의 작품이다.

페루는 가장 뛰어난 사람 가운데 한 명이고 신자들에게 사랑받는 여류시인 오네(안나) 베데레네 (1902~1966년)는 많은 영적 시를 창작했다. 인케나스의 아내 마리야 인케네네는 복음성가와 시문학 작품 번역에 많은 노력을 기울였다. 그녀는 30년 동안 심한 질병으로 고생 중이며 병상에 매여있는 상태이다. 마리야 페트로브나 자매는 질병에 관한 자신의 태도를 다음과 같이 표현했다. 만약 내가 건강했더라면, 나는 영적인 일에 그렇게 많은 시간을 결코 바칠 수 없었을 것이다. 주님께서는 무엇을 하실지 알고 계신다. 모든 영광을 그에게 돌린다!

리투아니아 형제회 주요 사건

1590년 – 리투아니아어 성경 번역되다.
1735년 – 리투아니아어 성경 전권이 출판되다.
1841년 – 독일인 신자들로 구성된 최초의 침례교 공동체의 기초가 클라이페다(메멜)에 세워지다.

1853년 – 리투아니아 최초 믿음에 따른 침례식이 거행되다.

1924년 – 리투아니아 침례교 잡지 티에소스 드라우가스 (진실한 친구) 발간되다.

1933년 – 리투아니아 침례교 연합회가 조직되다.

제13장
벨로루시 형제회

기독교 시작(10~19세기 중엽)

벨로루시 민족은 드레고비치, 크리비치, 라디미치 부족 후손의 영토가 리투아니아 대공국에 포함된 후, 13세기에 형성되기 시작했다. 하얀 루스라는 이름은 벨로루시 동부 사람들의 기독교 채택과 관련이 있고, 동시에 10세기의 키예프 루스의 침례와 관련이 있다. 그 땅에서 침례에 관한 동기는 블라디미르 대공의 아들인, 폴로츠크 대공에서 비롯되었다.[590] 벨로루시 사람들은 기독교를 거룩하고, 밝고, 친근한 믿음으로 받아들였고 자신의 땅을 이교가 오랫동안 지켜지고 많은 사람이 침례 받지 않은, 곧 다른 신앙을 가졌다는 의미에서 검은 민족인 서쪽의 검은 루스와 구분하여 하얀 루스라 했다. 19세기에 와서야 하얀 루스라는 이름이 현재 공화국의 전체 영토와 관련되기 시작했다.

10~13세기에 벨로루시의 종교 생활에서 선도적 역할은 정교회가 했다. 그 당시 투로프에 사람들 가운데서 예수 그리스도의 살아있는 믿음을 전파하려고 힘쓴, 유명한 기독교 운동가 키릴 투롭스키(1130~1182년)가 살았다.

---

590. *Istoriya Belorusskoy SSR*. Izd. Nauka i tekhnika. Minsk, 1977, s.29,58. [소련 벨로루시의 역사, . 과학과 기술 출판사, 민스크, 1977, p.29, 58.]

폴란드와 리투아니아를 한 국가로 통합한, 크레바 연방이 1385년 결정된 후, 벨로루시 땅에 강제로 가톨릭이 심어지기 시작했다. 그런데 과정은 벨로루시 가운데 확고한 정교회와 개혁교회의 강한 영향에 의해 제지된다.

15세기 벨로루시 영토에 얀 후스의 기독교 사상이 침투했다. 벨로루시를 포함한 리투아니아 공국의 많은 젊은이는 프라하를 문화의 요람이라고 생각하고 거기서 교육을 받으려고 노력했다.

1413년에 얀 후스의 추종자 프라하의 제롬이 벨로루시를 방문했다. 그는 두 달 동안 비쳅스크[591] 도시의 원하는 모든 사람에게 얀 후스의 가르침을 소개했다. 종교개혁은 16세기 상반기에 폴라츠크에서 살았던 벨로루시 사람들의 유명한 계몽가 게오르기 스코리나 (프란치스크)의 종교적 견해와 삶에 큰 영향을 미쳤다. 스코리나의 운동은 독일의 루터, 스위스의 칼뱅과 츠빙글리의 운동과 일치했다. 모스크바의 정교회 신학자들이 스코리나가 1517년~1525년에 프라하에서 번역한 성서의 출판을 승인하지 않은 것은 루터의 성서가 미치는 영향을 보았기에 우연이 아니다. 1535년에 슬루츠크시에 최초의 개신교 공동체가 나타났다. 교리적으로 그들은 칼빈주의와 가깝다. 16세기 후반에 개혁운동은 대규모로 진행되었다. 벨로루시의 위인 라드지윌리, 사페기, 호트케비치, 티시케 비치 등이 칼빈주의를 수용했다.[592]

브레스트의 대성당에서 개신교에 대항하여 1596년 우니아트(정교회와 가톨릭의 혼합, 역자 주) 교회가 결성된 후에 박해가 일어나 폭동, 방화, 고문, 살인을 불러왔다. 결과적으로 대부분의 개혁교회는, 이단적인 반 삼위일체 분파 때문에 영적으로 약화되어 사라졌다.

18세기에 폴란드의 3개 구역 근처의 벨로루시 땅이 러시아에 합병되면서 가톨릭교회가 장래에 벨로루시 복음화를 위한 옆문의 지위를 잃어버렸다. 그 후 네 가지 경로를 통해 생명으로 인도하는 복음의 말씀이 벨로루시 사람에게 전해졌다. 19세기 후반에 벨로루시의 가난한 농민들이 고향을 떠나 일자리를 찾아 러시아와 우

---

591. *450let belorusskogo knigopechataniya,* 1517~1967 gody. Izd. AN BSSR, Minsk, 1968, s. 46~47.[벨로루시 인쇄술 450년, 1517~1967년. AN BSSR, Minsk, 1968, p.46~47.]
592. *Katolitsizm v Belorussii.* Izd. Nauka i tekhnika. Minsk, 1987. s. 14. [벨로루시의 가톨릭교. 과학과 기술 출판사. 민스크, 1987년. p. 14.]

크라이나 남부로 떠났다. 그들은 거기서 그리스도의 살아있는 증인들을 만났다. 많은 사람이 하나님의 말씀을 받아들였고, 고국으로 돌아가서 그들의 동족들에게 전도했다. 고멜 지역과 벨로루시 동부에 복음주의 기독교침례회 교회가 그러한 역사 속에서 나타났다.

제1차 세계 대전 중 벨로루시 서부 주민들 일부가 난민으로 러시아의 여러 곳에서 살았다. 그들은 복음주의 기독교침례회 예배에 참석했고 주님께 돌아섰다. 고향으로 돌아온 믿음을 가진 사람들이 그리스도를 전파하기 시작했다.

19세기에 러시아 제국에 포함된 중부 폴란드에 많은 침례교회가 생겨났다. 그러나 지방 정부와 정교회의 박해로 많은 기독교 가정이 벨로루시 서부와 우크라이나로 이주했고 거기서 복음을 계속 전했다.[593] 제1차 세계 대전 후 복음 전도자들은 포로였다가 믿었던 벨로루시 가족들이었다.

가난한 벨로루시 가족은 서유럽과 미국으로 일하러 떠났다. 거기 외국 땅에서, 일부 사람들은 구원의 복음을 받아들였다. 그들 또한 이웃 사람들의 마음속에 하나님의 말씀을 뿌렸다.

19세기 말과 20세기 초에 책 판매원들이 벨로루시인에게 복음을 전파하는 데 중요한 역할을 했다. 미나 로디오노비치 베레소프는 민스크와 마힐료우와 고멜 주에서, 안톤 그리고리예비치 키르춘은 흐로드노 주에서, 예레미야 테렌티 예비치 미하일로프와 마르틴 로스는 벨라루스 북부 지역에서 일했다. 벨로루시 수도에서 책 판매원은 게라심 스테파노비치 안드류호프 등이었다.

그렇게 주님의 도움과 신자들의 힘으로 이웃에 관한 뜨거운 사랑이 움직여 벨로루시 사람들에게 복음화가 이루어졌다. 그러나 19세기 후반에 시작된 벨로루시의 복음화는 큰 어려움을 겪었다. 정교회와 가톨릭 성직자들이 복음화를 반대했다. 그들은 설교자들을 이단과 시계파라 말했고, 분열주의자와 반란자로 선포했고 권력 대표자들의 손에 넘겨주었다.

---

593. Edward Kupsch: *Geschichte der Baptisten in Polen* 1852~1932. Zdunska Wola, 1932, s. 55~58. [에드워드 쿱시: 1852~1932년 폴란드 침례교 역사. 즈둔스카 볼라, 1932년, p. 55~58.]

19~20세기 초의 복음 전파

고멜주 도브루시 지구의 우트 마을은, 아마도, 벨로루시 사람들이 처음으로 복음을 들은 장소였으며, 그들은 복음을 받아들였고 교회로 합류했다. 우텝스크 공동체는 정교회 성직자와 제정 정부로부터 많은 박해를 받았다. 그러나 신자들은 믿음을 굳게 하여 오늘날까지 그리스도에 관한 증거를 간직했다. 안타깝게도 공동체의 발생 상황과 최초의 침례식 날짜에 대해 아는 바가 없다.

우텝스크 교회의 최초의 목회자들의 이름은 니코노르 코펜코프, 다비드 요시포비치 레브제니코프, 우스틴 세메노비치 코펜코프, 마카르 키릴로비치 키류센 등이다. 교회의 등록 문서가 있었고 문서보관소도 있었으나, 안타깝게도 보존되지 않았다. 1905년에 우트 마을의 신자들은 훌륭한 교회를 건축했다.

1879년에 복음의 빛이 마힐료우 지방의 고멜현 우소히 마을에 빛났다. 1882년에 복음주의 신자들의 신앙고백이 고멜현의 체체르스크에 나타났다. 상트페테르부르크 부흥에 이바지한 체르트코바 공작부인이 복음을 전파했다. 아버지 영지가 체체르스크에 있었고, 거기서 복음 집회가 열렸다. 모임에는 친구들뿐만 아니라 그들의 하인과 평민들도 초대되었다. 시간이 지나자 체체르스크에서 개종자 그룹이 조직되었다. 그룹은 상트페테르부르크의 신자들에 의해 가능한 모든 방법으로 지원을 받았다. 그들은 경건서적을 보내주었고 물질적인 도움을 주었다.

1880년대 후반에 복음의 기쁜 소식이 비텝스크와 민스크 현에 전파되었다. 1888년에 비텝스크 도시에서 독일인 개척자들을 통해 라트비아 정교회 신자들이 믿음을 가졌다. 그 보다 조금 일찍 전직 군인이었던 야코블레프를 통해 벨로루시인 코레넵스키와 도브걀로가 회심 했다. 1885년에 야코블레프는 복음전파의 죄목으로 남캅카스로 추방되었다. 비텝스크에서 복음전파 사역은 코레넵스키와 도브걀에 의해 계속되었다. 그들은 봅투토 자매 집에서 예배 모임을 가졌다. 그러나 지방 당국은 신자들을 박해하기 시작했고, 경건 서적을 압수했다.

1883년 폴로츠크 지역에서 페도트 심첸코가 복음을 전파했다. 그는 1877~1878년 러시아~터키 전쟁 중 미콜라이우에서 주님께 회심했다. 그는 농민 스테판 세메노프를 도왔다. 그러나 곧 두 복음 전도자는 남캅카스로 추방되었다.

19세기 말에 민스크 지방에 복음이 전파되었다. 민스크에서는 벨란 형제가 이끄는 신자 그룹이 조직되었다. 20세기 초부터 후반까지 최초의 기독교침례회 공동체가 흐로드노현에서 나타났다. 하나님의 말씀의 설교자들은 발트해 연안 국가에서 왔다. 당시 라트비아에는 이미 기독교침례회 교회가 있었다. 그러나 복음의 말씀을 받아들이기에는 흐로드노 땅이 너무 견고했다. 주민들은 주로 가톨릭으로 구성되었고 정부 대표자 역시 모든 힘을 다해 하나님 말씀의 전파를 제지했다. 그런데도 1905년에 브레스트 현의 지역 중심지인 프루자니에 복음주의 기독교침례회 교회가 나타났다. 그 후 벨로루시에서 가장 큰 교회 중 하나가 되었다.

이런 방법으로 20세기 초와 후반은 복음주의 가르침이 벨로루시에 침투한 시기였다. 복음 전파의 길에서 많은 장애물을 만났지만, 복음의 씨앗은 사람들의 마음 속에 심어졌고 때가 되어 풍성한 열매를 맺었다.

1905~1917년 복음주의 침례회 운동의 발전

1905년 이후 벨로루시에서는 복음주의 기독교인과 침례교인의 교회들이 조직되었는데, 사역자들이 어떤 연합회 소속하에 하나님의 말씀을 전했느냐에 따라 구분되었다.

1908년에 고멜에 교회가 생겼다. 다음과 같은 경로로 발생했다. 1907년에 나움 보리소비치와 삼손 보리소비치 프리호드코는 우크라이나 남부에서의 돈벌이를 마치고 고멜 현의 할치 마을로 돌아왔다. 프리호드코가 시계파 신자가 되어 이콘(성화) 숭배를 중지하고, 정교회 신앙을 거부했다는, 소문이 마을에 퍼졌다. 소식은 지방 당국에 전달되었다. 곧 사제와 시골 경찰이 그에게 왔다. 그들의 조치로 프리호드코 형제들은 치안 법원에 끌려갔고, 판결로 마을에서 퇴거당했다. 형제들은 고멜 시로 강제로 이주당했다. 거기서도 그들은 아파트에서 복음 집회를 열었다. 곧 첫 번째 개종자들이 나타났다. 그들에게 침례를 주기 위해 우쳅스크 교회의 목회자인 렙젠코프를 초대했다. 고멜에서 1909년부터 정기적으로 예배 모임이 진행되었다.

프로하노프가 이끄는 복음주의 기독교 연합회는 고멜의 사역을 위해 마르크 그리고리예비치 게라시멘코와 이반 바실리예비치 도브고폴로프를 보냈다. 그들은 전도자로 사역했고 동시에 성경, 신약성경, 새벽 별, 추수지, 손님 잡지 등 경건 서적을 배포했다.

1912년 우텝스크 교회처럼 고멜 교회도 등록을 마쳤다. 교회 목회자로 게라시멘코가 선출되었다. 지휘자 알렉세이 야코블레비치 두보델로프의 지도 아래 찬양대 봉사가 시작되었다. 우텝스크 교회 사역자들이 고멜 교회를 방문하고 가능한 모든 방법으로 지원했다.

미나 로디오노비치 베레소프가 1912년에 라트비아의 리바바에서 근무하면서 신자가 되었다. 제대 후 그는 복음주의 기독교 연합회에 합류했다. 프로하노프는 베레소프를 전도자이자 겸 책 판매원으로 벨로루시에 보냈다. 베레소프의 사역을 통해, 바브루이스크 주변 마을에 신자 그룹이 구성되었다.

그들은 바브루이스크를 그들의 중심지로 선택했다. 복음주의 기독교 교회가 시작되었고, 교회의 첫 번째 목회자는 베레소프였다.

복음주의 기독교 연합회 대리자 예브멘 이바노비치 프로호로프가 체리코프에서 하나님의 말씀을 선포했다. 1917년까지 약 40명의 회원으로 구성된 교회가 되었다. 교회의 목회자로 프로호로프가 선출되었다. 하나님의 말씀은 모힐료우까지 도달했다. 비쳅스크에서는 영적 부흥이 훨씬 전에 시작되었다. 그런데 코레네프스키, 야코블레브, 도브걀로의 활동은 중지되었다. 비쳅스크의 소그룹 신자들은 1909년까지 교제를 위해 계속 모였다. 그 해에 라트비아인 휴고 카를로비츠 숀헤르트가 비쳅스크에 도착했다. 그는 열정적으로 복음을 전파하기 시작했다. 그에게 러시아에서 온 자블로스키 골루봅스키가 합류했다. 1910년 숀헤르트 집에서 기독교침례회 예배 모임이 진행되었다. 숀헤르트는 정교회, 가톨릭, 루터교가 연합된 도시의 금주 협회인 파란 십자가를 알게 되었다. 그는 협회에서 복음을 전파했다. 협회의 많은 회원이 신자가 되어 기독교침례교회에 합류했다. 주님은 그의 사역자와 동역자의 활동을 축복하셨고, 교회는 빠르게 성장했다. 1914년에 숀헤르트는 교회 등록을 마쳤다.

민스크 지방에서는 복음이 19세기 말과 20세기 초반에 도달했다. 최연장자의 한 사람인 트리폰 게라시모비치 크리보노스(1888~1978년)의 증언에 따르면 1912년 민스크에 기독교침례회 교회가 존재했고, 교회 건물이 있었다고 한다.

벨로루시에서 보리스 스테파노비치 체베룩 목회자가 재직했는데 그는 재능 있고 복음전파 분야에서 축복받은 사역자였다. 그는 민스크의 거주자들 가운데 진리의 말씀을 처음 전파한 게라심 스테파노비치 안드류호프의 전도를 통해 신자가 되었다. 안드류호프는 서적상이었다. 그는 민스크 브레스트역 근처에 경건 서적 창고 매장을 가지고 있었다. 1913년에 안드류호프는 복음전파로 인해 유배되었다. 시간이 지나면서 영적 부흥이 민스크 전체로 퍼졌다.

호로드노 지방의 첫 번째 교회는 소수가 있었다. 20세기 초에 호로드노에는 다양한 신자 그룹이 있었다. 박해로 인해 그들은 집에서 하나님의 말씀을 읽고 기도를 했다. 1906년 페틀러가 호로드노 신자들을 방문했다. 그는 그들과 교제를 나누었고 주님을 신뢰하자고 그들을 격려했다. 안타깝게도, 형제들의 체포로 형제회 교제는 갑자기 중단되었다. 호텔 방에서 불법 모임을 개최했다는 이유로 당국은 참가자들을 2주간의 체포를 부여했다.

3년 후 페틀러는 다시 호로드노 신자들을 방문했다. 그는 당국에 교회 건물을 개방해 달라고 청원했지만 거절당했다.[594] 같은 해에 벨로우소프가 상트페테르부르크에서 호로드노에 왔다. 시토프 형제들의 집에서 신자들의 모임이 열렸고, 모임에 청년 마르친콥스키가 방문했다. 제1차 세계 대전 중 호로드노에는 거의 모든 신자가 점령된 도시를 떠났으므로 모임은 중단되었다. 그러나 복음주의적 열정은 꺼지지 않았고, 개인 전도자들이 계속해서 호로드노 시민들을 대상으로 활동했다.

1917~1929년 교회의 영적 상승

혁명 후 복음 전도는 벨로루시 땅의 가장 먼 구석까지 빨리 확산되었다. 많은 도시와 시골에 복음주의 기독교 교회와 침례교회가 생겨났다. 혁명 직후 민스크에 데

---

594. Baptist, 1911, 22 [침례교, 1911년, 22호]

미드 요시포비치 폴랴코비치, 코르네이 페트로비치 유르지츠, 파벨 아파나 시예비치 악슈치츠가 도착했다. 그들은 발트해 연안 국가에서 페틀러의 성경학교를 졸업하고 고향에서 일하도록 보내졌다. 재능있는 사역자들은 민스크 침례교회에서 적극적으로 활동했고 다른 곳에서도 성공적으로 일했다.

당시 민스크 교회는 체베룩 목회자가 재직하고 있었다. 체베룩은 신실한 사역자와 주님의 동역자로서 신자들의 마음속에 자신에 관한 좋은 기억을 남겼다. 그는 요한복음 10장 11~14절의 예수 그리스도를 닮은 참 목자였다. 그는 신자들에게, 사랑하는 아버지와 같은 사역자였고, 모든 사람의 필요를 알고 사랑과 인내로 교회를 보살폈다. 그는 베드로전서 5장 1~3절의 억지로 하지 말고, 하나님의 뜻을 따라 자원함으로 하며, 더러운 이득을 위하여 하지 말고, 기꺼이 하며 그리스도의 양무리를 돌보았다. 체베룩은 자신의 복된 사역을 통해 교회 관리를 위한 견고한 토대를 마련했고 장래에 주님께 헌신의 모범을 보였다. 20년대 초에 체베룩은 찬양대를 조직했고, 그가 초대 지휘자였다. 체베룩은 1929년까지 목회자로 재직했다. 1937년에 그는 많은 목사와 운명을 나누면서 사역을 떠나야만 했다. 그는 타향에서 영원으로 떠났다.

20년대 초에 복음주의 기독교 연합회 벨로루시 대표 선임목회자로 콜루베프가 재직했다. 그는 여러 장소에서 교회를 조직하고, 새로운 회심자에게 침례를 주었으며 목회자 선출을 지도했다. 1924년에 빅토르 니콜라예비치 체츠네프가 복음주의 기독교 연합회에서 민스크로 왔다. 골로베프와 체츠네프는 민스크에서 두 번째 복음주의 기독교 교회를 열었다. 체츠네프가 목회자로 재직했고 이반첸코는 찬양대 지휘자와 설교자로 봉사했다. 나중에 체츠네프가 골로베프를 대신하여 벨로루시 대표 선임목회자가 되었다. 그는 바브루이스크, 고멜, 비텝스크, 마힐료우 및 그에게 위임된 다른 장소에서 교회의 목회적 돌봄에 참석했고, 또한 복음주의 기독교 공화국 총회와 지역 모임에 참여했다.

민스크에서 복음주의 기독교 교회는 1933년까지 사역을 했고, 침례교회는 1937년까지 예배 모임을 진행했다. 민스크 주 슬루츠크에서 큰 부흥이 있었고 많은 사람이 침례를 받았다. 1925년에 270명의 새로운 신자들이 침례를 받았다. 슬루츠크의 복음전파는 재능있는 사역자 벨리츠코가 담당했다. 1921년에 그는 슬루츠크 기독교침례교회의 초대 목회자로 선출되었다. 그는 고린도전서 3장 10절에 있는 교회를 세우는 올바른 기초를 가진 경험 많은 사역자였다. 그는 설교자들과 정기적으로 대화를 나누며 복음을 전파하고 하나님의 사업을 수행하는 방법을 가르쳤다. 벨리츠코는 사랑으로 신자들을 교육했다.

슬루츠크 교회의 첫 번째 모임은 지역 목회자가 기꺼이 그 목적을 위해 제공한 칼빈주의 교회에서 열렸다. 그러나 곧 그 장소는 폐쇄되고 신자들은 집에 모이기 시작했다. 슬루츠크 신자들에게 커다란 사건은 1924년에 자발적인 헌금으로 교회를 건축한 것이었다. 슬리바 마을의 사무세비치는 교회 건축을 위해 겸손한 방법으로 암소를 헌물 했다. 그는 전쟁이 끝난 후 어려운 시기에 그렇게 했다. 그 희생의 사례는 교회의 다른 회원들에게 기독교 사랑의 불을 붙였다.

1925년에 슬루츠크에서 복음주의 기독교 연합회 사역자 지방 총회가 있었다. 20년대 말에 교회는 민스크 지역에서 가장 큰 교회 중 하나가 되었고 주지역과 멀리 외곽까지 복음의 소식을 전파하는 역할을 했다. 민스크와 슬루츠크의 침례교와 복음주의 기독교 사역자들이 노력한 결과 20년대 초에 민스크주 찰레비차에 교회가 생겼고, 1921년 보리소프에, 1922년 레소브냐 등지에 교회가 세워졌다.

수년간의 시험 기간에 라듀케비치와 다른 형제들이 신자들의 마음에 믿음과 소망으로 지원했다. 라듀케비치는 장애인임에도, 흩어져있는 신자들을 방문하고, 하나님의 말씀과 기도로 가르치고 격려했다.

안톤 미트로파노비치 케츠코(1907~1978년)가 찰레비치 침례교회에서 영적으로 거듭났는데, 후에 그는 벨로루시 형제회 교회에서 수년 동안 일했다. 케츠코는 1927년에 침례를 받았다. 1940년에 그는 민스크로 이주했고, 1942년에 민스크 침례교회의 목회자가 되었다. 1968년에 케치코는 민스크 주 선임목회자로 선출되었고 임종 전까지 재직했다.

미콜라우 침례교회에서 온 벨리는 1953~1958년에 민스크 교회의 목회자로 재직했다. 그는 온화한 성격, 사랑과 겸손으로 구별되었다. 그는 교회에 변함없이 주님께 순종하고 사랑할 것을 촉구했다.

1920년대에 민스크주 볼로진 교회가 급속히 성장하기 시작했다. 1923년에 이반, 그레고리, 알렉산드르 코발레프스키 3명이 회심을 했다. 그들은 교회 활동에 참여했다. 로스와 크라셰닌이 하나님의 백성들을 위해 많은 일을 했다. 로지 신학교를 졸업한 젊은 판체비치가 목회자로 30년대에 재직했다. 전쟁 중에 판체비치는 벨로루시 서부 교회의 선임목회자로 재직했다.

1909년에 창립된 고멜교회는 게라시멘코 목회자가 재직하던 20년대에 복된 발전을 했다. 두보델로프 지휘자가 지도하는 찬양대가 교회에 조직되었고, 재능 있는 설교자들이 봉사했다. 고멜교회의 사역자들의 보살핌 덕분에 새로운 교회가 1919년에 고멜리친과 페트리코프에, 1919년에 체체르스크 등지에 나타났다. 1923년 두 개의 독립적인 교회가 중앙고멜교회를 기반으로 출현했다. 첫 번째 교회는 툴루로프 목회자가 재직했고, 노보벨리츠크 교회는 코발레프 목회자가 재직했다.

20년대 마힐료우에서 코마로프, 두다레프 및 코발레프 형제들이 전도 활동을 했다. 그들은 시립 병원에서 간병인으로 일하며 병원 지하실에서 모임을 진행했다. 주님께 회심한 후, 그들에게 마힐료우 기술학교 학생 텔레쇼프가 합류했다. 첫 번째 개종자가 나타나면 교제모임은 아니시모프 집으로 옮겨졌다. 1922년에 침례교 연합회는 고멜 지역 출신인, 바라노프를 마힐료우 목회자로 보냈다. 그는 교회의 훌륭한 목자가 되었다. 그가 열심히 봉사하여 교회는 영적으로 강화되었고 숫자도 증가했다. 바라노프는 특히 죄인들의 구원에 대해 관심이 많았고, 복음 전도를 위해 주변 마을에 사역자를 보냈다. 모길레프 주변에서 사역한 결과 5개의 작은 교회가 조직되었다.

1926년에 복음주의 기독교 연합회는 연합회 성경 과정을 졸업한 스톨로비치, 스트루코프, 비츠코프 3명을 마힐료우로 보냈다. 그 사역자들은 마힐료우에 두 번째 복음주의 기독교 교회를 열었다. 스트루코프가 교회의 목회자로 선출되었다. 나중에 그 사역은 비츠코프가 대신했다. 기독교인 잡지 1927년 2호에 마힐료우에서 개최된 복음주의 기독교 제1회 총회 참가자들의 사진과 드네프르 강에서 행해진 28명 신자의 침례식에 관한 내용이 게재되었다.

바브루이스크에 있는 복음주의 기독교 교회가 베레소바 목회자의 지도 하에 영적으로 성장하고 강화되었다. 20년대에 벨라루스에서 가장 큰 교회 중 하나로 성장했다. 1925년 복음주의 기독교 제1회 지방 총회가 복음주의 기독교 비쳅스크 교회 목회자 타라슉, 지도하에 바브루이스크에서 열렸다. 1931년에 같은 도시에서 벨라루스 대표 선임목회자 체츠네프 지도로 복음주의 기독교 제2회 지방회 총회가 개최되었다. 1937년에 바브루이스크 기독교침례회 교회는 폐쇄되었다.

20년대에 비쳅스크 침례교회에서 셴게르트 목회자가 재직했고, 또한 영적 성장을 목도했다. 우크라이나 침례교 잡지 1927년 11호에는 셴게르트 지도로 비쳅스크에서 진행된 지휘자 및 음악 강좌 수강생 사진이 실렸다. 1920년에 복음주의 기독교 연합회는 비쳅스크에 교회를 조직하기 위해 타라슉을 보냈다. 1920~1930년에 복음주의 기독교 교회의 목회자로 타라슉, 에브도키모프, 스테파노프가 재직했다. 1924~1927년에 비쳅스크에서 큰 부흥이 있었고, 많은 사람들이 침례를 받았다. 1937년에 비쳅스크에서 복음주의 기독교회와 침례교회는 활동이 중지되었다. 1941년에 침례교회와 복음주의 기독 교회가 하나의 교회로 통합되었고 필리모노프 목회자가 이끌었다. 셴게르트와 에브도키모프의 사역으로 폴로츠크에 복음주의 기독교침례회 교회가 1920년에 조직되었다. 니키텐코가 목회자로 선출되었다. 오르샤에서 스비리덴코 목회자가 재직했다. 폴로츠크, 오르샤, 레펠에 있는 교회는 30년대에 폐쇄되었다.

전쟁 전에는 비쳅스크 주의 일부는 폴란드의 영토였다. 그 지역의 복음 전파 분야에서 유명한 사역자는 미하일로프(1908~1981년)이다. 그는 16세에 신자가 되었다. 1년 후 그는 침례를 받고 전도자로와 서적상으로 주님을 섬기기로 헌신했다. 미하일로프의 사역 결과로 기독교침례교회가 그의 고향 페레델리 마을에 조직되었다. 교회에 이름 있는 키르춘, 판체비치, 제쿠즈말레이가 방문했다. 1929년에 미하일로프는 브레스트의 지휘자 과정에서 공부한 후 성경 과정을 계속 공부했다. 그의 활동으로 여러 마을에 교회가 생겼다. 그는 글루보코에 교회의 목회자로 선출되어 전쟁이 끝날 때까지 목회했다. 1953~1973년까지 그는 폴로츠크 주의 선임목회자로 재직했고, 그 후 몰로데츠넨스크, 비쳅스크, 브레스트 3개 주의 선임목회자였다.

30년대에 벨로루시 교회들이 어려웠고, 많은 신자들이 과도한 박해와 억압 속에서 고생했다. 1937년 무렵 복음주의 기독교와 침례교의 모든 교회가 문을 닫았고, 대부분 목회자와 설교자들은 억압되었고 시베리아로 추방당했다.

초대 목회자인 체베룩이 1929년에 처음으로 박해를 받아 3년형을 선고받았으나, 민스크 침례교회는 1937년까지 계속 기능을 했다. 민스크로 돌아온 후에 체베룩은 다시 체포되어 3년형을 선고받았다. 돌아온 후, 그는 민스크에서 살 권리가 없어서, 바브루이스크에 정착했고, 거기서 1937년에 세 번째로 체포되었다. 1937년에 폴랴코프가 체포되었는데, 그는 민스크 주지역의 스타로도로지스키 지구의 포다레스카야 침례교회의 설립자이자 목회자였다.

민스크 침례교회는 로만 바실리예비치 둡코 목회자가 체베룩을 대신했는데, 그는 1935년에 박해를 받았다. 그 모든 목사가 추방지에서 생을 마감했다. 둡코 이후에 교회는 목회자 없이 남았고, 교회의 지도력은 스테판 티모페예비치 레미제비치가 담당했다. 레미제비치는 1937년에 체포되어 1945년에 돌아 왔는데, 1948년에 카라간다 스텝 지역으로 추방되었고, 거기서 1956년에 다시 돌아왔다.

1937년에 민스크 침례교회에서 10명의 자매가 체포되었고, 그 가운데 체베룩의 친자매 엘리자베타 스테파노브나 체베룩이 포함되었다. 그들 중 한 사람도 수용소에서 돌아오지 않았다. 교회의 마지막 목회자였던 니키타 이바노비치 부카소프가 1935년에 바브루이스크의 교회에서 체포되었다. 부카소프는 친형제 레미제비치가 보살폈으나 전쟁 중 영양부족으로 수용소에서 사망했다. 민스크주에서 레소벤스카야 교회의 사역자 루카 미하일로비치 글라 트키와 1947년에 집으로 돌아온 포다레스카야 교회의 표트르 로카시와 다음 사역자들이 박해를 받았다. 보리소프스카야 교회의 악슈치츠 목회자, 포다레 스카야 침례교회 사역자 아니심 킴펠, 마힐료우주 볼론프스카야 교회의 목회자 트로핌 로프스키, 볼론프스카야 교회 설교자 콘스탄틴 파블로비치 쿠하로프, 우텝스카야 교회의 목회자 마카르 스테파노비치 키류셴코, 고멜주 그랴다 교회의 목회자 이반 티모페예비치 파블류 등 다수이다. 그들의 이름을 모두 나열하는 것은 불가능하지만, 그들은 하늘에 있는 생명책에 기록되어 있다.

어려운 외부 환경에도 불구하고, 그리스도의 교회는 계속 생존했다. 신자들은 집에서 모여 하나님의 말씀을 읽고 간절히 주님께 기도했다. 오늘날 우리가 그리스도의 복음을 자유롭게 전파할 수 있었다는 사실은, 의심할 바 없이 30년대 신자들의 기도와 노력의 결과이다.

벨로루시 서부의 교회 생활

브레스트와 흐로드노주 주민들은 제1차 세계 대전과 내전 동안 큰 어려움을 겪었다. 그 후 1939년까지, 그들은 벨라루스에서 분리되었다. 제1차 세계 대전 시기에, 그 지역은 최전선이 되었고, 치열한 전투가 치러졌다. 사람들은 그들의 고향을 떠나야 했다. 일부 피난민은 러시아 내부로 갔고, 다른 사람들은 서유럽과 미국으로 떠났다. 혁명 후, 벨라루스 서부주(브레스트, 흐로드노, 벨로스 톡스코예, 빌렌스코예)는 폴란드 부르주아에게 넘겨졌다. 당시 폴란드 영토에 침례교회와 복음주의 기독교회가 많이 있었다.

당시 러시아 제국에 영토에 속했던 폴란드에 있는 최초의 침례교회는, 1858년 11월에 아다모프에서 조직되었다. 27명이 거룩한 침례를 통해 주님과 약속을 맺었다. 침례 받은 사람 가운데 시골 교사였던 독일인 고트프리트 알프가 있었다. 그의 이름은 폴란드 땅에서 복음주의 침례교 운동의 발전과 관련이 있다. 그는 1861년 8월 폴란드 아다모프에 있는 첫 번째 침례교회의 목회자가 되었다.[595] 지역은 차르 정권으로 인해 큰 박해를 당해, 침례교 신자들은 어려움을 겪었고, 1863년부터 폴란드 중부에서 볼린 지역과 벨로루시 남부로 기독교침례회가 이주하는 물결이 시작되었다. 고난은 우크라이나 서부와 벨로루시의 복음 활동에 이바지했다.

1915년 독일 출신의 모든 침례교 신자들이 독일과의 전쟁으로 인해 폴란드 중앙으로부터 억류되었다. 러시아에서는 당시 여러 지역에 존재한 교회에 합류했다. 1918년 무렵에 폴란드의 서부 영토에는 36개의 침례교회가 있었는데, 구성원 대부분은 독일인이었다. 또한, 복음주의 기독교와 자유 기독교 교회가 있었다.

---

595. E. Kupsch Geschichte … S. (45). [쿱시. 역사… p. 45.]

제1차 세계 대전 후 벨라루스와 우크라이나 서부 지역에서, 일시적으로 폴란드 (브레스트 평화 조약에 따라)에 합류한, 많은 슬라브 교회가 나타났다. 1921년 10월 1일 바르샤바에서 폴란드 슬라브 침례교연합회가 조직되었고, 페트라시가 회장이 되었다. 연합회에 서부 벨로루시와 우크라이나의 침례교회도 포함되었다.[596] 그해에 연합회 통합을 목적으로 복음주의 기독교 목회자들과의 형제 회의가 시작되었다. 그렇게, 1923년 6월 7일부터 10일까지 브레스트에서 개최된 침례교와 복음주의 기독교의 공동 총회는, 교리적으로 가까운 신자들의 연합회 통합을 선언했다. 총회 참석자들은 두 연합회의 통합은 폴란드에서 성공적인 영적 사업을 위해 필요하며 교리적으로 유사한 흐름을 하나의 연합회로 통합하기로 했다고 결론을 내렸다. 연합회는 폴란드 복음주의 기독교침례회 연맹으로 불렸다. 이전에 발행했던 침례교 잡지 [자유로운 기독교인[을 연합회 형제회 잡지로 러시아어와 폴란드어로 매월 발행하기로 했다.

연합회 상임위원회는 회장 카롤 스트르젤레츠, 부회장 루드비히 센데롭스키, 회계 스팔렉, 서기 보르트케비치, 상임위원 니치포룩을 선출했다. 브레스트 침례교회의 목회자 제쿠츠말레이와 다른 사역자들이 연맹의 위원회에 포함되었다.[597] 그렇게, 폴란드 영토에서 벨라루스와 폴란드 형제들은 여러 이유로 그 당시 미처 러시아에 올 수 없었던 신자들의 연합을 실현했다. 공동사역 기간에 하나님 백성의 연합이 중요하다는 것을 보여 주었다.

1924년 9월 24~25일에 브레스트에서 폴란드 복음주의 기독교와 침례교의 두 번째 총회가 열렸다. 총회에서 센데롭스키가 회장으로 선출되었다. 센데롭스키 [가 재직하는 동안 침례교인과 복음주의교인 사이의 관계, 특히 상임위원회가 문제가 되었다. 1925년 3월 17~19일에 브레스트에서 네 번째로 총회에서 통합이 깨졌고, 침례교와 복음주의자는 별도로 일하기 시작했다. 1926년에 로지에서 폴란드 침례교연합회 총회가 개최되었고, 폴란드 슬라브 침례교연합회 상임위원회를 선출했

---

596. H.R. Tomaszewski Grupy Chrzescijanskie typu Ewangeliczno~baptystycznego na terenie Polski od 1858 do 1939 roku. Warszawa, 1978, s. 53. [토마스제우스키. 1858~1939년 폴란드 테레니 복음 주의 침례회 신자그룹. 바르샤바, 1978, p.53.]
597. *Svobodnyy khristianin*, 1923, No 5. [자유로운 기독교인, 1923년, 5호]

고, 회장에 믹스, 부회장에 브레스트 출신 제쿠즈 말레이가 선출되었다.[598] 같은 해에 로브노에서 폴란드 복음주의 기독교 총회가 개최되었다.

침례교 연합회는 대규모 전도 사업을 진행했고, 성경 강좌를 만들고 목회자를 위한 신학교도 조직했다. 경건 도서는 연합회 인쇄소 나침반에서 인쇄되었다. 1937년에 연합회는 85개 교회와 275개 지교회에 13,800명의 회원이 집계되었다. 연합회의 영적 중심지는 흐로드노주의 브레스트 교회와 젤바 교회였다.

특히 제쿠즈말레이가 복된 사역을 했는데, 브레스트 침례교회를 조직했고 브레스트주에 다른 많은 교회를 세웠다. 제쿠즈말레이(1889~1949)는 흐로드노 주의 슬로님 지역에서 태어났고 교사에게 입양되었다. 그는 초등교사 학교를 마치고 교사와 학교 감찰관으로 일했다. 군대에 복무하면서 신자가 되었고 1912년 비아위스토크에서 침례를 받았다. 그는 1913~1914년 상트페테르부르크 성서 강좌에서 영적 훈련을 받았다.

1920 [년에 그는 브레스트에 도착하여 복음 사역을 시작했다. 첫 번째 회심자와 침례식을 마친 후 그는 조직된 교회에서 목회자로 선출되었다. 브레스트에서의 모임은 처음에 지하실 공간에서 하다가 극장의 홀을 빌렸다. 1926년에 교회는 예배당을 지었다. 교사인 그의 아내 세라피마 아다모브나는 청소년 찬양대를 지도했다. 지칠 줄 모르는 제쿠즈말레이 설교자는 주지역의 모임을 은혜 가운데 인도했다. 그는 복음을 전파했을 뿐만 아니라, 서부 벨로루시의 교회의 사역자를 양성하기 위해, 성서 및 지휘자 과정을 조직했다.[599] 그 큰 사업에 안드로슉, 스말, 코롤축 등 다른 사역자들이 함께했다. 형제들의 전도 노력 덕분에 신자들 그룹과 교회들이 여러 곳에서 만들어졌다.

브레스트주 코브린과 주변에서 20~30년대에 침례교 연합회, 복음주의 기독교 연합회와 그리스도 교회 연합회의 사역자들이 전도했다. 기독 교회연합회는 우크라이나 서부 일부와 리투아니아, 브레스트와 흐로드노 주까지 복음을 전했다. 역사는 신학 박사 야로셰비치 목사와 밀접한 관련이 있다. 그는 1924년 연합회를 조직

---

598. *Slowo prawdy*, 1926, No 11. [진리의 말씀, 1926년, 11호]
599. Tam zhe, 1927, No 4. [앞의 책, 1927년, 4호]

하고 회장이 되었다. 부회장 겸 잡지 기독교 연합의 편집장으로 부코비치가 임명되었다. 서기는 사체비치였다. 연합회 활동은 점차 확장되었다. 러시아어, 우크라이나어 및 폴란드어로 된 성경, 신약성경, 경건도서 등이 대량 출판되어 배포되었다. 큰 교회에는 주일학교가 있었고, 성경 및 지휘자 과정이 주기적으로 열렸고, 기악과 현악 오케스트라가 봉사했고, 청년회 동아리가 만들어졌다. 총회는 정기적으로 소집되었고 복음적인 대화가 야외에서 진행 되었다. 총회는 원칙적으로 침례식으로 끝났다. 교회는 새로운 회원이 채워졌고 영적으로 성장했다. 1939년경에 그리스도 교회 연합회는 약 70개 교회가 소속되었다.

그 무렵 1904년에 태어난 젊고 재능 있는 야스코가 사역에 임명되었다. 그는 1923년에 주님께 헌신했다. 시적 재능이 많은 그를 영적 시인으로 형제회에서 인정하게 되었다. 그는 러시아어와 벨로루시어로 영적인 주제로 작시했다. 드로기친스키 지역의 골룹치차 침례교회에서 그는 말씀과 찬양으로 봉사했다. 주님은 야스코를 불러 그리스도 교회 연합회의 기독교 연합과 침례교 연합회의 등대 잡지에서 일하게 하셨다. 1939년까지 야스코는 잡지 편집자로 일했다. 야스코는 고린도전서 13장 13절의 내용을 바탕으로 믿음, 소망, 사랑의 3부작을 썼고 시편을 러시아어로 서사시로 바꾸었다. 그의 시는 의미가 있고, 선율이 아름답고, 찬송시는 영적 교훈을 주었다. 야스코는 1944년에 슬로님 침례교회의 목회자로 재직했고, 그는 독일인들과 함께 체포되어 강제 수용소에 인질로 보내졌다. 도중에 야스코는 도주했다. 1945년에 그는 미국으로 떠났고 거기서 러시아 슬라브 침례교 연합회에 합류했다. 야스코는 러시아어와 벨로루시어로 몇 권의 악보가 포함된 찬양집을 발간했다.

1930년에 코브린에서 셴데로프스키가 이끄는 성서 강좌와 지휘자 강좌가 진행되었다. 핀스크 시내 교회에 여러 시골에서 살던 신자들이 합류했다. 교회 조직에 협력한 형제들은 국, 바이닥, 세르북 등이다. 교회의 첫 모임은 1920년 여름에 대장장이 푸가체프의 집에서 열렸다. 마을 사람들은 대장장이의 마당에 가족과 함께 왔다. 거기에서 복음의 메시지가 핀스크 지역 전체에 퍼졌다. 핀스크폴레샤 주민 가운데 영적 부흥이 시작되었다.

전쟁 중의 재난과 전후의 폐허와 방랑의 고난으로 인해 마음 밭이 복음의 씨앗을 받아들일 준비가 되었다. 전쟁이 끝난 후, 사람들은 벙커, 참호, 토굴에서 살았다. 들에는 잡초와 관목이 자라고 있었고, 땅을 갈 수 있는 말이나 씨앗이 없었다. 여름에는 사람들이 어떻게든 쐐기풀, 들시금치, 괭이밥풀 로 겨우 살아갔지만, 겨울에는 굶주림이 시작되었다. 사람들은 영적, 육체적인 굶주림으로 메말라갔다. 그래서 구원에 관한 복음의 메시지를 보통 사람들이 쉽게 받아 들였다. 그들은 대화에 주의 깊게 들었고, 진심으로 기도하고, 주님께 회심하고 회개하여, 침례를 받았다.

수도원의 벽에 인접한 핀스크 시장 광장은, 인접 마을에서 시골의 큰 시장에 온 농부들에게 주님을 전도할 수 있는 편리한 장소였다. 교회가 성장하고, 찬양대가 조직되었고, 영적 동아리, 청년 형제들이 장년들과 함께 활발히 활동했고 새로운 장소에서 모임이 구성되었다. 셀리셰 마을과 핀스크 주변 둡노비치에 새로운 회심자 그룹이 생겼다. 곧 영적 사역자의 준비가 필요하게 되었다. 형제들을 성서와 지휘자 과정에 보냈다. 신자들은 교회를 건축했고, 교회의 목회자로 스뱌토식이 재직했다.

핀스크에서의 복음화 운동에 관한 정교회 사제들의 우려는, 그 운동을 중단하기를 원하여, 공개 토론을 준비하기 시작했다. 동일한 목적으로 핀스크 수도원의 가톨릭 수도사는 농촌 지역을 돌면서, 가톨릭 신앙의 토대가 되는, 이콘과 인쇄물을 나눠주면서 소개했다. 핀스크 교회는 자유로운 형제로 불린 무라시코프 추종자 및 다른 사람들에 의해서 퍼진, 다양한 거짓 교리로부터 큰 시련을 경험했다고 말해야 한다. 그들의 쓴 열매는 오늘날 우리 교회에서 나타난다.

브레스트 주에서 20년대 후반과 30년대 초반에 셀류지치키, 판코, 네드벳스키가 이끄는 기독교신앙복음주의(오순절) 운동이 증가했다. 그 결과 기독교신앙 복음주의 교회가 여러 곳에서, 특히 브레스트와 핀스크주에서 나타났다. 전쟁이 끝나고 거의 모든 교회가 복음주의 기독교침례회 총연맹에 가입하여 등록 되었다.

1920년대에 하리토노비치, 카플리치, 겔리츠가 루니네츠키 지역에서 전도했다. 불코보 교회의 목회자 오브로베츠가 거기서 많은 일을 했다.

브레스트 지역에는 20세기 초에 복음주의 기독교 교회가 생겼다. 재능있는 푸호프스키와 갈라부르드가 활동했던, 프루자니 마을에서 눈에 띄는 부흥이 일어났다. 30년대에 프루자니 교회는 이미 500명 이상 집계되었다.

1922년에 하나님의 축복받은 사역자 크라셰닌이 로지에서 흐로드노로 왔다. 그는 침례교회를 열었다. 크라셰닌은 지역 교회의 목회자로 선출되었다. 1925년에 그 자리는 로지 성경학교를 졸업한 멜니축으로 대체되었다. 1930년 무렵 주변 지역을 포함하여 흐로드노 교회는 최대 300명의 신자가 집계되었다.

1915년에 옴스크에서 신자가 되어 침례를 받은 키르춘이 1922년에 고향 젤바로 돌아왔다. 그와 함께 다른 형제들이 흐로드노 지역으로 돌아왔고, 그들은 지역에서 책판매원과 전도자로 복음 전파 활동에 동참했다. 젤바 마을에서 키르춘이 지도하는 침례교회가 세워졌다. 교회는 흐로드노 지역 복음 활동의 중심지가 되었다. 기독교침례교회는 가까운 마을인 리다Lida, 볼코비스크 등에 조직되었다.

키르춘의 직업은 교사였다. 그는 또한 재능 있는 설교자여서 신자들의 마음에 큰 사랑을 얻었다. 그의 활동은 널리 알려졌다. 흐로드노 마을에 온 설교자들을 키르춘 추종자라고 했는데 그 설명으로 충분하다. 음악적 재능이 있는 키르춘은 젤바 교회에서 찬양대를 조직했고, 그의 아들 키르춘이 찬양대를 지도했다. 교회 지도자들은 성경과 지휘자 과정에서 훈련받았다. 키르춘은 흐로드노 주에서 교회 대표자들의 지역 총회를 열었다. 키르춘은 1939년 55세의 나이로 복음의 추수지를 남기고 영원히 떠났다. 그의 아들 알렉산드르가 아버지의 일을 계속했다.

전쟁 이후와 현대의 벨로루시 형제회 생활

제2차 세계 대전은 벨로루시 국민들에게 많은 고통을 가져왔다. 전쟁이 시작되고 바로 몇 달 사이에 벨로루시는 점령당했다. 민스크와 다른 도시들은 폐허로 변했다. 하틴 기념관은 벨로루시 국민의 고통으로 상징된다. 파시스트에 의해 주민들과 함께 태워진 벨로루시의 많은 마을이 대표적이다. 하틴의 종소리는 신자들이 예수 그리스도께서 계시해 주신 진리의 길을 걷고, 평화를 위해 기도하며 일하도록 촉구한다.

전쟁 기간의 고난은 그리스도를 따르는 자들을 하나로 연합시켰고 영적 부흥에 자극이 되었다. 벨로루시 침례교회와 복음주의 교회는 자신들의 주도로 1944년 모스크바에서 열린 통합 총회가 열리기 오래전에, 하나의 연합회로 합병되어 공동 예배를 실행해 왔다. 그 무렵 벨로루시 동부와 서부 주가 재결합되었다. 지역의 복음주의 기독교회와 침례교회는 복음주의 기독교침례회 총연맹에 가입하였다. 전쟁 후 시기에는 복음주의 기독교침례회 총연맹의 지도하의 중앙 집중적 사역이 특징이다. 벨로루시 복음 사업의 대표자인 선임목회자로 체츠네프가 세워졌고, 주별 선임목회자가 선출되었다. 그들은 지역의 교회에서 사역을 완수했고 완수한 영적 사업에 관해 복음주의 기독교침례회 총연맹에 보고했다. 공화국 대표 선임목회자는 가능한 모든 방법으로 지역 선임목회자들을 도왔다.

1944년부터 공화국 대표 선임목회자로 체츠네프(1944~1957), 벨리세칙(1957~1976)이 재직했고, 1976년부터 스웨덴 스톡홀름 침례교 신학교를 졸업한 부카티가 재직하고 있다.

1960년대에 일어난 분열로 인해 벨로루시 교회는 많은 어려움을 겪었다. 분열은 위임을 받은 지방 당국이 교회 생활에 지독한 개입의 결과였다. 벨로루시에서 모든 교회의 신자들은 법령과 지침서를 알게 되었을 때, 도움과 보호를 보내 주시도록 주님께 기도했다. 그런데 교회가 분리되는 것을 어디서나 막을 수는 없었다. 브레스트, 민스크 주의 포다레스카야, 고멜 주의 우텝스카야 등에서 교회 등록을 상실한 교회들이 교회협의회로 먼저 옮겨갔다. 목회자와 다른 사역자들이 영적 아버지로서 행동하지 않고, 금지와 처벌로 분리를 멈추려는 교회들이 분리되었다. 그렇게 비쳅스크, 오르샤, 베레지노, 모힐료우, 볼코비스크, 고멜, 젤바의 교회가 분리되었다. 복음주의 기독교침례회 총연맹 안에서 영적 상황을 복구하고, 복음의 정신을 충족시키지 못하는 문서를 취소한 후, 일부 신자들은 교회로 돌아왔다. 그런데 교회협의회 사역자에 의해 징계를 받은 사람들은, 여전히 신자들이 만장일치로 일하고 주님을 영화롭게 하는 것을 방해했다.

민스크 교회의 생활과 활동은 그 시기의 벨로루시 형제회 역사를 어느 정도 반영하고 있다. 교회의 회복은 복음주의 기독교침례회 교회의 가장 오래된 사역자인 라구타(1888~1974년)에 의해 촉진되었다. 라구타는 사람들에 관한 사랑과 단순함으로 구별되는, 믿음이 깊은, 기도의 사람이었다. 그는 설교자와 집사로서 교회에서 일했다. 형제의 몫으로 많은 시련이 있었지만, 주님은 사역자를 기적적으로 지키고 방어하셨다. 1941년에 시험을 경험한 후, 그는 민스크로 돌아왔고 사역을 계속했다. 힘든 전쟁 중에 그는 집에서 집으로 폐허가 된 민스크의 거리를 걸으며 흩어져있는 하나님의 자녀를 한 무리로 모았다. 라구타는 집에서 신자들과 함께 개인적인 대화와 기도를 나누며 격려하고 굳게 했다. 그는 목자의 넓은 마음과 사람들에 대해 아버지의 사랑을 가졌다. 그의 활동은 민스크 교회의 형성과 성장에 이바지했다. 사실상 그는 교회의 첫 번째 목회자였다. 1941년 8월 그는 예배를 인도하고 집에서 주의 만찬을 거행했다. 라구타는 사망할 때까지 민스크 교회 신자들의 사랑과 큰 권위를 누렸다.

1941년 민스크에 청년 케츠코가 도착했다. 그는 탁월한 기획력을 가졌다. 그는 개척된 교회에서 일을 시작했고 곧 교회의 목회자로 선출되었다. 1941~1942년에 페트로프, 크리보노스 등이 사역에 참여했다. 어려운 전시 기간에 케츠코 지도하에 교회는 2개의 고아원을 보살폈다. 신자들은 부모 잃은 어린이들을 위해 돈, 음식, 옷을 모았다.

복음주의 기독교침례회 총연맹은 지도부는 하나님의 사역을 지원하기 위해 계속해서 민스크와 공화국의 다른 도시로 책임 있는 사역자들을 보냈다. 예를 들어, 이바노프(I.G.)는 1945~1966년 동안 여러 차례 벨로루시 교회를 방문하여, 선임목회자들이 많은 교회를 설립하는 것을 도왔고, 총회전의 지역 회의와 공화국 총회의 진행에 참여했다. 1948년에 카레프가 민스크 교회를 방문했다. 1965년에 카레프와 레빈단토가 민스크 교회를 두 번째 방문했고 교회 헌당식에 참여했다. 1958년에 짓코프(Ya.I.)가 민스크 교회를 두 번 방문했다. 그는 체츠네프의 장례식에 참석했고 벨로루시 목회자 회의에도 참석했다. 70~80년대에 벨로루시의 교회들에 클리멘코, 비츠코프, 짓코프(M.Ya), 그니다, 콜레스니코프, 로그비넨코 등이 방문했다.

1980년에 교회는 8백 명을 수용할 수 있는 예배당을 재건축했다. 교회에는 공화국 및 민스크주를 대표하는 선임목회자의 사무실이 있다. 교회 생활에서 기쁜 사건은 70주년을 축하하는 행사였다. 기념행사에 복음주의 기독교침례회 총연맹에서 귀한 손님이 참석했는데 연맹의 사무총장 비츠코프와 라트비아 형제회 선임목회자 테르비스였다. 그들은 말씀 봉사에 참여했다. 교회의 최고령 사역자인 카나투시가 민스크 교회 생활 및 유래의 역사를 준비하여 읽었다. 예배 중에 찬양대는 복음성가를 찬양했다. 전쟁 전후 시기에 우리는 형제들 옆에 아직도 서 있다, 형제자매들 이야기해 주시오 등이 찬송되었다. 민스크 교회는 살아있으며 성장하고 있다. 매년 새 신자들이 침례를 받고, 그 가운데는 청년이 많다. 찬양대는 새로운 찬양 대원으로 채워지고 있다.

민스크에서 1963~1985년에 벨로루시 형제회 교회 대표자들의 총회가 개최되었다. 복음주의 기독교침례회 벨로루시 형제회 안에서 많은 좋은 변화가 70~80년대에 있었다. 새로운 교회가 개척되고, 예배당이 새롭게 지어지고, 젊은이들이 교회에서 성장하고, 찬양대와 오케스트라의 봉사가 향상되었다. 현재 복음주의 기독교침례회 총연맹에 소속된 교회는 195개이며, 26개 교회는 독립적으로 등록되었다. 그들 중 가장 큰 규모는 브레스트에 있는 독립 교회로 약 1,000명의 신자가 집계되고 복음주의 기독교침례회 총연맹의 사역자와 교회들과 우호적인 관계를 유지하고 있다. 교회 신자들은, 등록하지 않은 채 집에서 수년 동안 모이다가, 1984년에 아름다운 예배당을 건축했고, 현대식 교회 건축 구조를 하고 있으며 벨로루시에서 가장 큰 교회이다.

벨로루시 형제회는 연합된 형제회이다. 교회는 복음주의 기독교인, 침례교인, 오순절교인으로 구성되어 있다. 현재 신자들 사이는 평화롭고, 친근한 상호 관계를 유지하고 있다. 1980~1987년까지 벨로루시에 등록된 교회는 63개이다. 그중 39개 교회는 복음주의 기독교침례회 총연맹에 소속되었고 24개 교회는 독립적으로 활동한다. 민스크, 브레스트, 마힐료우, 바브루이스크, 볼코비스크, 고멜, 보리소프, 리다, 몰로데치노, 볼로진, 스타로빈 등의 33개 교회는 새로운 예배당을 건축했고 29개 교회는 재건축했다.

지난 8년 동안 벨로루시 교회에서 약 5천 명의 사람들이 침례를 받았는데, 그것은 매년 6백 명 이상 침례를 받았다는 것이다. 62명 형제의 목사 안수가 진행되었다. 벨로루시 교회의 지휘자 세미나가 3회 열렸고 지역 목회자 세미나가 있었다.

복음주의 기독교침례회 교회 신자들의 민족 구성을 보면 일반적으로 다민족이며, 주로 벨로루시인, 우크라이나인, 러시아인이고 다른 민족도 있다. 교회의 예배는 보통 러시아어로 진행되고, 신자들은 러시아어 성경을 사용한다. 많은 시골 교회에서는 벨로루시어로 예배가 진행된다. 현대 벨로루시어 성경은 없다. 1927년에 나침반 출판사가 폴란드에서 출판한 벨로루시어 신약성경과 70년대 캐나다와 미국에서 출판된 성경은 현대 언어의 규범에 맞지 않은 번역의 불완전성 때문에, 신자들이 사용하지 않고 있다.

벨로루시는 행정적으로 6개 주로 나누어졌다. 각 주의 교회는 선임목회자가 봉사하고, 목회자 협의회가 있다. 지역 교회는 목회자와 교회 회의로 사역이 운영된다. 형제회 지도부는 집단 체제로 수행된다. 공화국 대표 선임목회자인 부카티는 목회자 협의회 위원들과 일주일에 한 번 회의하고, 긴급 사안을 함께 논의한다. 그 사역 방법은 많은 긍정적인 결과를 가져 왔다.

찬양대 합창곡

앞서 언급했듯이 벨로루시 합창단은 20세기 초에 등장했다. 1912년 고멜 교회에서 두보델로프가 조직한 작은 규모의 찬양대가 예배 모임에서 찬양했다. 1910년 비텝스크에서 교회를 조직한 직후 셴게르트가 찬양대를 창설했다. 우텝스카야 교회에서는 50명 이상의 잘 훈련된 찬양대가 봉사했다. 이름이 알려진 돕시코프와 이바넨코 지휘자가 교회에 재직했다.

찬양대 찬양은 1920~1930년대에 더욱 발전했다. 1923년 우텝스카야 교회에서 고멜 교회의 지휘자 프리호드코 지도로, 지휘자 강좌가 진행되었다. 여러 주에서 참석한 약 20명의 찬양 사역자들이 강좌에서 훈련을 받았다. 체베룩 목회자가 1928년까지 민스크 침례교회 찬양대를 운영했고, 다음은 라페츠키가 대신했다. 슬루츠크 교회 찬양대는 1922년에 교회의 초대 목회자인 벨리치코가 조직했고, 그는 솔로비야와 카레두 지휘자를 준비시켰다. 50년대 이후로 찬양대는 네델코에 의해 운영되었다. 그는 바이올린 반주에 맞춰 성시를 낭송했다.

벨로루시 서부 교회에서 찬양대 찬송의 성공적으로 발전했다. 브레스트주 프루자니 교회의 찬양대는 1923년에 개종한 전직 정교회 시편 낭송자였던 볼로 세비치에 의해 조직되었다. 성서대학에서 공부한 갈라부르드는 찬양대에서 나팔로 연주하며 찬양했다.⁶⁰⁰ 같은 주에 있는 날라즈니키 마을의 교회에서 보이토비치 지도로 찬양대는 오랫동안 신자들에게 기쁨을 주었다. 서부 벨로루시 전역에서 유명한 기악 합주단이 봉사했다. 국은 핀스크 교회의 찬양대 찬양에 열정을 바쳤다. 1924년부터 바이코 청년이 찬양대 사역을 이끌었다. 초기 찬양 대원들이 민요 멜로디로 5성가집에서만 불렀다면, 바이코는 공연목록에 찬양대 찬양을 포함시켰다. 또한, 그는 코브린 도시와 토르고시치 마을의 교회에서 찬양대를 조직했다. 1936년에 코브린 교회 찬양대는 미국 교회를 방문했다. 바이코는 찬양대와 합주단 활동에 자신의 삶을 헌신했고, 지휘자 과정을 인도하고 찬양대원들과 개별 교육도 했다.

바라노비치 도시 교회의 찬양대는 찬양대원의 모범으로 이바지했다. 1926~1927년에 미국에서 지휘자 자하렌코, 바르샤바에서 시나노프, 구사룩, 로브노에서 카지미르스키가 교회를 방문했다.⁶⁰¹ 당시 차윤이 찬양대와 함께 봉사했다.

1922년부터 세라피마 아다모브나 제쿠츠말레이 자매가 브레스트 교회의 찬양대를 이끌었다. 그녀는 청년 찬양대와 연습을 시작했다. 브레스트에 새로운 러시아어 예배 모임이 시작되었다. 청중들은 조화로운 영적 노래를 좋아했다. 정교회 성당의 한 성악가는 일반 사람들이 찬양에서 높은 수준의 결과를 낸 것에 대해, 놀라움을 표현했다. 브레스트와 볼린에서 침례식과 교회 절기는 여러 찬양대와 기악 합주단이 함께하여 큰 전도 축제로 변했고, 노보엘냐, 자부디예, 핀스크, 스트리간치 마을에서도 침례식이 진행되었다.⁶⁰²

30년대 벨로루시 서부에 기독교신앙복음주의(오순절) 교회가 개척되었고, 특히 말로데치나와 근처에서 개척되었다. 신자들은 우크라이나에서 지휘자 구리노비치를 초청했다. 그는 여러 지역 공동체에서 찬양대를 조직했고, 크라숩시나 마을에서 단기 지휘자 강좌를 운영했다. 흐로드노 교회의 찬양대는 1922년에 시작되었다. 흐로드노주의 젤바 마을에 있는 찬양대는 1924년에 찬양대원 겸 지휘자요 축복받

---

600. Zhurnal Gost', 1927, No 11. [손님 잡지, 1927년, 11호]
601. Zhurnaly Gost', 1927, No 11; Vernost', 1936, No 6~9. [손님 잡지, 1927년, 11호; 충성, 1936년, 6~9호]
602. Gost', 1927, No11. [손님, 1927년, 11호]

은 설교자인 키르춘에 의해 조직되었다. 흐로드노 주에서는 이미 언급했듯이 찬송가 발행인이고 시인이며 번역가인 야스코가 활동하고 있었다. 그는 슬로님 기독교 침례교회에서 목회자와 지휘자로 재직했다. 시적인 재능과 외국어를 알고 있었기에, 그는 영어, 독일어, 폴란드어 및 체코어로 된 많은 복음성가를 러시아어로 번역했다. 1920년에 비쳅스크 교회의 찬양대는 두 배로 성장했다. 성령의 도움으로 로스빗 정교회 교구 찬양대원들이 개종하고 침례를 받았다. 그들은 교회 찬양대에 합류했다. 키리첸코, 치팟, 샬니 형제들의 지도로 찬양대는 음악성이 향상하였고 아름다운 음악을 제공했다. 애국 전쟁 후 찬양대는 도시뿐만 아니라 농촌 교회에서도 나타났다. 처음에는 전문적인 음악 및 지휘자 훈련을 받지 않은 지휘자들이 지도했는데, 하나님 사역에 관한 사랑은 타오르는 불과 같았다.

1946년에 민스크 교회에서 카나투시는 주님을 영화롭게 하려는 소망을 가진 신자들을 모아 찬양대를 조직했다. 마힐료우 교회의 지휘자 토마셰프스키 또한 찬양대 노래 애호가들과 함께 일하기 시작했다. 시간이 지남에 따라 찬양대원과 지휘자와 음악교육을 받은 작곡가도 나타났다. 유능한 지휘자 코스탄(1922년 생)은 음악을 세밀하게 이해하며 민스크 주의 호보옙스카야 교회에서 자랐다. 그는 1940년에 찬양대를 지도하기 시작했다. 후에 그는 리가 교회 찬양대 지휘자가 되었다. 형제들의 창의력은 흥미롭고 조화로운 결합, 짧은 주제, 합창 파트의 전문성으로 구분된다.

50년대에 민스크, 고멜, 비쳅스크, 오르샤, 마힐료우, 바브루이스크, 브레스트, 코브린, 핀스크 등지에 있는 교회의 찬양대 찬양은 이미 상당한 연주 수준으로 올라왔다. 1948년에 민스크교회 찬양대는 찬양대원에게 찬송가 연주에 특별한 감정적인 태도를 접목시킨 에브투호비치가 지도했다. 핀스크 교회에 사랑하는 형제 알렉산드르 바실리례비치 카레프의 기억에 남는 방문이 있었다. 그는 찬양대와 함께 찬양을 몇 곡 배웠다. 찬송가 약속은 항상 남는다를 부르고, 신자들은 대대로 다음의 말을 전하고 있다. 이 찬송가는 카레프 형제가 우리에게 가르쳤다. 60년대에 형제회에서 일어난 분열은, 찬양대 봉사에 큰 충격을 주었다. 70년대에 찬양대는 새로운 찬양대원으로 보충되었다. 현재 벨로루시 교회의 찬양대 찬양은 신자들을 기쁘게 한다. 1982년 브레스트에서 1983년과 1986년에 민스크에서 공화국 지휘자 세미나가 개최되었다.

벨로루시 복음주의 기독교침례교회사의 주요 사건

1517~1519년 – 게오르기 스코리나 벨로루시어로 성경을 출판하다.

1580년 – 벨로루시어로 복음서를 출판하다.

1879년 – 마힐료우 지방 고멜 현에 최초의 복음주의 교회가 출현하다.

1905년 – ~ 민스크에 침례교회 조직되다.

1923년 6월 7~10일 – 폴란드 복음주의 기독교회와 침례교회의 제1회 연합 총회가 브레스트 시에서 개최되다.

1924년 9월 24~25일 – 폴란드 복음주의 기독교회와 침례교회의 제2회 연합 총회가 브레스트 시에서 개최되다.

1924년 – 코블린시 중앙에 그리스도 교회 연합회 결성되다.

1925년 – 복음주의 기독교 제1회 지역 총회가 바브루이스크에서 개최되다.

1927년 – 나침반 출판사에서 벨로루시 신약성경 출판하다.

1931년 – 복음주의 기독교 제2회 지역 총회가 바브루이스크에서 개최되다.

1944년 – 복음주의 기독교, 침례교, 기독교신앙복음주의, 그리스도교회연합회 통합되다.

제14장
기독교 복음주의 신앙

오순절 운동의 발생

1945년 8월 복음주의 기독교침례회 형제회에 기독교복음주의신앙 혹은 오순절 교단이 포함되었다. 그 무렵 오순절 교단 역사는 약 40년이 되었고 발생사는 아래와 같다.

19세기 말에 외국 기독교인들 가운데 특별한 영적 체험을 추구하는 사람들이 나타났다. 신자 생활에서 거듭남의 증거는 반드시, 성령 침례 사건이 뒤따라야 한다는 것이었다. 어떤 방법으로 침례가 일어나야 하는지, 그 당시의 신자들은 아직 몰랐다. 그런 구도자 한 명은 작은 감리교회의 목사였고, 다른 한 명은 로스앤젤레스에 있는 흑인 침례교회의 시모어였다. 매일 그는 성령 침례에 관해 교회와 함께 기도했다.

1906년 4월 9일 그 교회에서 한 신자가 알 수 없는 언어로 말하기 시작했다. 그 사건으로부터 오순절 운동 신자들은 그들의 역사를 시작한다. 며칠 후 또 다른 그룹의 신자들이 그 경험을 했고, 그 후 다른 그룹들도 나타났다.

로스앤젤레스에서 기독교인의 생활에 새로운 현상이 발생하면서 주로 감리교와 침례교를 중심으로 다른 지역으로 빠르게 퍼졌다.

유럽에서 미국으로 건너 온 많은 이민자가, 오순절 교회에 합류했고 고국으로 돌아가서 각국에서 새로운 가르침을 전파했다. 그런 방법으로 이 운동은 이탈리아, 불가리아, 러시아 및 다른 나라에 도착했다.[603]

러시아 북부의 오순절 운동

1911년 미국의 오순절 신자 스미트(다른 발음~시미트, 시밋트~저자)는 헬싱포어 교회에서 설교했는데, 그 당시는 러시아에 포함되었지만, 지금은 핀란드의 헬싱키에 있다. 러시아 복음주의 기독교 교회의 일부 회원들이 새로운 가르침을 따랐고 자신들을 오순절 신자라고 부르기 시작했다.[604] 그 교회의 지도자 이바노프(A.I.)도 새로운 가르침을 받아 들였다. 스모로딘과 복음주의 기독교 전도자 프로호로프도 합류했다. 1913년 말에 복음주의 기독교 교회에 20명의 오순절 신자가 집계되었다.[605]

그 후에 오순절 신자들이 복음주의 기독교회와 분리하여 독립적인 교회를 형성했다고 믿을 만한 근거가 있다.

그렇게 오순절 교회가 러시아 북부에 나타났다. 1913년에 오순절 교회는 이미 비보르크에 있었다. 얼마 후에 교리의 추종자들이 상트페테르부르크에 나타났다. 자료 부족으로 인해 오순절 확산에 관한 세부적인 내용을 밝힐 수 없다. 그런데 20세기 초에 오순절 공동체와 그룹이 모스크바, 노브고로드, 뱌트카(현재 키로프), 비쳅스크와 마힐료우주에 존재한 것이 확실하다.[606] 북부 오순절 운동이 남캅카스에 도달했다. 1914년 10월 27일 이바노프와 스모로딘이 티플리스에서 설교했다. 손을

---

603. Doklad Kareva A.V., 20 avgusta 1959 g. VSEKHB, g. Moskva. Rukopis'. Arkhiv VSEKHB. [카레프 보고서 1959년 8월 20일, 복음주의 기독교침례회총연맹, 모스크바, 수기원고, 복음주의 기독교침례회 총연맹 문서보관소]
604. Prokhanov I.S., O Dukhe Svyatom, Yego darakh i deystviyakh. Avg. 1924. Rukopis'. Arkhiv VSEKHB. [프로하노프. 성령, 그의 선물과 행동. 1924년 8월. 수기원고. 복음주의 기독교침례회 총연맹 문서보관소]
605. Pis'mo M. A. Il'ina I. S. Prokhanovu ot 29 noyabrya 1913 g. Arkhiv VSEKHB. [프로하노프에게 1913년 11월 29일자로 보낸 일리나의 편지, 복음주의 기독교침례회 총연맹 문서보관소]
606. Kale V. *Yevangel'skiye khristiane v Rossii...* s. 255. [칼레. 러시아 복음주의 기독교… p.255.]

없을 때, 아르메니아인 한 형제가 익숙하지 않은 언어(방언)를 선물로 받았다.⁶⁰⁷ 우르샨이 헬싱포르에서 설교했다.⁶⁰⁸ 그는 새로운 언어의 필요성에 특별히 강조하면서, 그때 삼위일체 하나님을 모르면서, 세상의 예수 그리스도 안에 아버지와 아들과 성령이 나타났다고 가르쳤다. 우르샨은 침수침례는 오직 예수님의 이름으로 진행해야 한다고 가르쳤다. 우르샨의 추종자들은 자신들을 사도 기독교인이라고 부르기 시작했다. 1927년 모스크바에 놀테와 스베클리치니가 지도하는 두 개의 사도 기독교 공동체가 있었다.

러시아 서부의 오순절 운동

러시아 서부 오순절 운동의 시작은 테르노필주 비콥치 마을의 주민인 일축 포르피리 안토노비치 (1881~1956년)과 나고르니 트로핌 세메노비치(1879~1962년)와 관련되어 있다. 1911년에 그들은 동네사람들과 함께 미국으로 일을 하러 떠났다. 거기서 그들은 신자가 되었고 오순절 교회에서 침례를 받았다. 1919년 말에 고향으로 돌아와서 마을 사람들에게 복음을 전파하기 시작했다. 복음의 첫 열매로 주님께 온 사람들은 자신들의 친척과 이웃이었다. 신자 중에는 작은 성가대를 조직한 젊은 교사 델리바가 있었다. 1921년에 오순절 그룹은 테르노필에 있는 소수의 복음주의 침례교 신자들과 관계를 맺기 시작했다. 일축은 페틀러와 게체가 참석한 복음 집회에 참석했다.

1922년에 비콥치에서 믿음으로 첫 번째 침례를 개최할 예정이었지만 경찰에 의해 제지되었다. (1920~1939년에 우크라이나 서부와 벨라루스 서부가 폴란드의 영토에 포함되었다). 비콥치 신자들의 침례식은 스타리올렉시네츠 마을에서 다음 해에 거행되었다. 1921년부터 테르노필에 복음주의 기독교 공동체가 존재했다. 침례는 리브

---

607. Pis'mo I. Gorislavskogo ot 28 oktyabrya 1914 g. iz Tiflisa. Arkhiv VSEKHB. [고리슬라프스키의 1914년 10월 28일자 티플리스에서 보낸 편지. 복음주의 기독교침례회 총연맹 문서보관소]
608. Shenderovskiy L. Yevangel'skiye khristiane. Vozrozhdennoye yevangel'skoye dvizheniye v istoricheskoy khristianskoy tserkvi. Istoricheskiy ocherk (XIX~XX vv.). Izd. Kanadskogo soyuza yevangel'skikh khristian, 1980. [셴데로프스키. 복음주의 기독교인. 역사적인 기독교 교회에서 부활한 복음주의 운동. 역사 에세이(19~20세기). 1980년. 캐나다 복음주의 기독교 연합Canadian Union of Evangelical Christians]

네 공동체 복음주의 기독교 루치키 목회자가 실시했다.[609] 40명이 침례를 받고 주님과 약속을 했다. 비콥치 신자들을 오순절 교인으로 부르기 시작했다.

크레메네츠의 부흥은 테르노필의 다른 장소의 부흥과 관계없이 나타났다. 첫 번째 복음전파는 이반 게리스의 편지가 역할을 했다. 1917년 9월, 그는 필라델피아에서 그의 가족에게 다음과 같이 썼다. 나는 신자들을 만났고, 그들이 나를 주님께 인도했다. 나는 그분에게서 세상의 어떤 보물과도 바꿀 수 없는 큰 선물을 받았다. 오직 하나님만이 의롭다. 하나님과 화목하라, 그가 당신을 구원하실 것이다.[610] 친척들은 편지를 다시 읽었지만, 이반에게 무슨 일이 일어났는지 이해할 수 없었다.

1921년 5월에 게리스의 요청으로 크레메네츠 시에 미국에서 집사로 안수받은 조셉 체르스키가 도착했다. 그는 세 번의 예배를 인도했다. 1922년에 일축, 나고르니, 안토뉴이 초청 예배를 진행했다. 크레메네츠에서 루치키, 코린, 네치 포룩, 구사룩도 설교했다.

1922년 6월에 페렛미르카에서 루치키는 첫 번째 크레메네츠 사람인 신치콥 스카야에게 침례를 주었다. 그녀는 게리스의 친자매이다. 같은 해에 오제랸케 마을에 있는 기독교침례교회의 세메니나 목회자는 믿음에 의한 침례식을 크레메네츠에서 2회 실시했다.

1923년 가을에 게리스가 크레메네츠에 왔다. 그의 설교 활동은 큰 영적 부흥을 이끌었다. 동시에, 오순절 교인과 침례교인 사이의 경계가 그 당시에 더욱 명확하게 정의되었다.

1923년 말에 침례교인들은 별도의 교회를 조직했다. 오순절 교회의 지도자는 체르스키가 되었고, 게리스는 크레메네츠에 거주하도록 초청되었다. 게리스는 영적 활동을 계속하고 총회를 준비했다.

제1회 총회. 1924년 5월 1~6일, 크레메네츠에서 게리스의 지도로 오순절 기독교인의 첫 번째 총회가 진행되었다. 약 50명의 형제자매가 총회에 참석했다. 테르

---

609. Nachalo yevangel'skogo dvizheniya na Ternopolytsine. Rukopis'. Arkhiv [테르노필 복음주의 운동의 시작. 수기원고. 문서보관소]
610. Probuzhdeniye. Yevangel'skoye dvizheniye na Ternopol'shchine. Rukopis', 1983 (na ukr. yaz.) I. Gerasevich.[부흥. 테르노폴 지역의 복음주의 운동. 수기원고, 1983년(우크라이나어). 게라세비치]

노필의 오순절 운동이 총회에 차지하는 비중은 내부 생활을 규정한 규약, 예정된 사업 계획과 정돈된 교리가 채택된 사실에서 판단할 수 있다. 복음주의 침례회 교리와 오순절 교인들의 차이는 성령 침례의 이해로 구별된다. 성령 침례는 중생과 관련이 없고, 익숙하지 않은 언어가 나타나거나 그렇지 않아도 가능하다. 총회에서 세족식에 대해서는 다뤄지지 않았다.

총회에서 체르스키와 일축이 목회자로 안수받았다. 게리스가 떠난 후 체르스키가 영적 사업을 지도했다. 1927년 가을에 게리스는 다시 한 번 크레 메네츠에 왔다. 그는 1928년 2월에 여기서 오순절 형제회 제2회 총회를 소집했다. 총회에는 10명의 손님을 포함하여 122명이 참석했다. 총회에서 오순절 교회 연합회가 창설되었고, 연합회 지도부 구성은 회장 게리스, 부회장 일축, 회계 체르스키, 협의회 위원 투르, 야르몰류, 베르비치키, 칸디바, 나고르니, 크라숍스키, 안토뉴 이다.

일부 형제들은 교회의 여러 사역을 위해 안수를 받았다. 총회는 복음화, 크레메네츠 교회 건축을 포함한 7가지 결의안을 채택했다.

볼린의 오순절 교인 가운데 첫 설교자는 포로에서 고향 구타로 돌아온 야르몰류이었다. 자볼로티예 주변 지역에서 1924년부터 야르몰류은 성령 침례에 관한 질문을 특별히 설명하며 복음을 전파했다. 얼마 후 그 교리는 미국에서 믿음을 가진 카플룬이 전파했다. 1920년에 그는 고국으로 돌아와 촐니차를 사역지로 정했다. 카플룬은 복음주의 기독교 출신이었다. 1925년 무렵 촐니차, 코스튜흐노프카, 체르니시, 콜카, 붓카 등의 마을과 키베르치 시 등지에 오순절 교회와 소그룹이 생겼다. 줍졸로타 레프는 촐니차 교회의 목회자로 선출되었다. 볼히니아 지역에 최초의 복음 전파자 중에서 빌레비치, 도로시케비치, 필리몬축, 사치를 거명해야 한다. 고로호프 지역에서 일축과 그린축, 벨로루시의 카멘카 시르스키 지역에서 레오노비치, 셀지치키, 파블로프스키, 푸가치 등이 일했다.[611]

기독교신앙 복음주의 연맹

---

611. Kratkiy istoricheskiy ocherk o vozniknovenii i zhizni khristian very yevangel'skoy na Volyni. 1924~1982 gody. Rukopis'. Arkhiv VSEKHB. [볼린 기독교 신앙 복음주의 기원과 생활에 관한 간략한 역사 에세이. 1924~1982년. 수기원고. 복음주의 기독교침례회 총연합회 문서보관소.]

1928년에 오순절 연합회 "하나님의 성회"는 단치그(현재의 폴란드, 그단스크)에 센터가 있는 동유럽 선교회가 조직되었다. 러시아, 우크라이나, 폴란드, 독일 교회를 하나의 연맹으로 통합하기로 결정이 채택되었다. 선교회 회장인 스완슨과 그의 협력자 버크고츠와 슈미트는 먼저, 게리스와 협상을 했고, 그가 이끌고 있는 연합회가 연맹 사역으로 합병되어야 한다고 제안했다. 얼마 후 그러한 합의에 도달했다.

1929년 5월 볼린 지역의 스타라야 촐니차 마을에서 우크라이나, 러시아, 폴란드, 독일 오순절 교회 대표들의 첫 번째 총회가 개최되었다.[612] 총회장으로 촐니차 교회의 줍졸로타레프 목회자가 선출되었다. 총회에서 기독교 복음주의 신앙연맹이 결성되었고, 복음주의 분파에 관한 새로운 이름이 채택되었다. 연맹의 지도부 선거와 규약 승인이 이루어졌다. 연맹 위원회는 11명의 형제가 포함되었다. 연맹 회장 베르흐골치, 부회장 체르스키, 서기 줍졸로타레프, 회계 콤사로 구성되었다. 총회는 연맹 위원회에 연맹의 출판 활동을 조직하고, 설교자와 지휘자 양성을 실행하고, 당국에 연맹 등록을 청원하도록 위임했다.

이후로 기독교복음주의신앙 연합 총회는 정기적으로 열렸다. 1933년 5월 23~25일까지 셸체 마을에서 연례 총회가 열렸다. 132명의 대표가 총회 업무에 참석했다. 총회는 지난해 연맹 회원 수가 12,204명에서 15,441명으로 증가했다고 보고했다.[613] 동시에 여러 교회의 신자들이 다양한 잘못된 가르침에 빠졌다는 것을 알아야 한다. 1933년 로지(폴란드)에서 열린 기독교 복음주의 신앙 제7차 총회에서 연맹은 21,500명의 신자가 집계되었다. 연맹의 성장은 전도와 새로운 교회와 지역 연합회 신자들의 가입으로 촉진되었다.

1930년 4월 7일에 핀스크 지역의 복음주의 기독교인 약 1천 명이 기독교복음주의신앙 연맹에 합류했다. 1932년 10월 22~24일에 핀스크에서 개최된 총회에서, 폴레스키 지구의 약 600명의 신자들이, 총회에서 연맹에 가입하였다. 또한, 1932년 10

---

612. Nachalo yevangel'skogo dvizheniya na Ternopolytsine. Rukopis'. Arkhiv VSEKHB. [테르노필 복음주의 운동의 시작. 수기원고. 복음주의 기독교침례회 총연합회 문서보관소.]
613. Predystoriya khristian very yevangel'skoy v zapadnykh oblastyakh Ukrainy i Belorussii. Rukopis'. Arkhiv VSEKHB. [우크라이나와 벨로루시 서부지역의 기독교신앙복음주의 신자들의 선역사. 수기원고. 복음주의 기독교침례회 총연합회 문서보관소.]

개월 만에 501명의 사람이 침례를 받았다. 핀스크 지구의 총회가 시작될 무렵 3,700명 이상의 교회 회원이 집계되었다. 1934년에 4개의 현과 폴레시야의 한 지역이 연맹에 가입했다.⁶¹⁴

1934년에 리비우 지역에 사는, 기독교복음주의신앙의 첫 번째 총회가 오스트립칙 필니 마을에서 개최되었다.⁶¹⁵ 총회에 베르흐골치, 시미트, 페디신이 참석했다. 총회의 주된 결과는 기독교복음주의신앙 연맹에 가입하는 것이었다. 리비우에서 진행된 영적 활동은 성공했다. 1927년 1월에 힐치치 마을에서 골렘비엡스키와 리우네주 출신 다비둑둑의 설교 결과로 2명의 형제와 1명의 자매가 침례를 받았다. 1928년에 골렘비엡스키는 오스트립칙필니 마을에서 인근 마을로부터 약 120명의 개종자에게 침례를 실시했다. 제2차 세계 대전이 시작될 무렵, 이미 리비우 주에는 기독교신앙 복음주의에 연합된 28개의 시골 교회와 2개의 도시 교회에 약 1,500명의 신자가 집계되었다. 그러나 연맹 활동은 전쟁 초기에 중단되었다.

목회자 양성. 설교자 및 지휘자 양성 문제는 기독교복음주의신앙 1929년의 첫 번째 총회에서 논의되었다. 그해 8월 19일에서 9월 13일까지 스타라야 촐니차에서는 런던에서의 온 시미트와 헤이즈가 주도하는 연맹의 첫 번째 성서 강좌가 열렸다. 성서 강좌는 거의 매년 조직되었다. 1934년 7월 16일부터 9월 6일까지 진행된 과정의 프로그램은 다음 과목들로 구성되었다.

기독교 개요(파르 강사)
성령과 그의 활동(기)
사도행전(파르).
예언(파르)
복음 전도자의 활동(시미트)
교회의 임무와 연맹의 지도력(베르흐골트)

---

614. Tam zhye. [위의 책]
615. Kratkaya istoriya vozniknoveniya i razvitiya yevangel'skogo dvizheniya na territorii L'vovskoy oblasti. Rukopis'. Arkhiv VSEKHB. [리비우 주 지역 복음주의 운동의 출현과 발전 요약사. 복음주의 기독교침례회 총연맹 문서보관소.]

에베소서, 골로새서(그린스트릿).

레위기의 성막과 제사(그린스트릿)

성령과 오순절(기).

찬양대와 음악(줍졸타레프).

그 후 성서학교는 단치그에서 운영되었고 3년 동안 270명의 사역자들이 졸업했다. 1935년 10월에 성서대학이 단치그에서 문을 열었다.[616] 1929년 6월~7월에 줍졸타레프 지도하에 촐니차에서 첫 번째 지휘자 강좌가 열렸다. 강좌에 30명의 자매와 20명 이상의 형제들이 공부했다. 지휘자 양성 과정은 다음 해에도 계속되었다.

출판 활동

1929년부터 기독교복음주의신앙 연맹은 러시아어로 [화해자]라는 잡지를 출판하기 시작했고 편집인은 시미트였다. 1930년부터 잡지에 유명 기독교인 작가 도날드 기가 협력했다. 1935~1939년에 게라세비치(게리스의 친형제)는 우크라이나어로 [하나님 교회의 건축자]라는 잡지를 발행했다. 게리스는 잡지를 위한 자료 준비에 적극 참여했다. 1936~1939년에 크레메네츠에서 [복음의 소리] 잡지가 우크라이나어로 출판되었다. 잡지의 편집인은 베르비츠키였고 페디신은 관리 작업을 맡았다.

1931년 1월에 게라세비치는 크레메네츠에서 작은 복음성가집 [작은 보물창고]를 우크라이나어로 출판했다. 성가집에는 소로코푸트가 러시아어와 폴란드어 찬송가에서 번역한 곡, 게라세비치의 찬송가 일부와 유명 작가들의 작품이 포함되었다. 1937년에 게라세비치는 소로코푸트, 베르비츠키, 페디신과 함께 찬송가 모음집을 출판했다. 그 모음집이 작은 보물창고보다 훨씬 널리 사용되었다. 그래서 1939년에 모음집의 2판이 출판되었다.

---

616. Predystoriya khristian very yevangel'skoy v zapadnykh oblastyakh Ukrainy i Belorussii, Rukopis', Arkhiv VSEKHB. [우크라이나와 벨로루시 서부지역의 기독교복음주의신앙 신자들의 선역사. 필사본. 복음주의 기독교침례회 총연합회 문서보관소.]

우크라이나 남부의 기독교복음주의신앙 연합회 형성 보로나에프의 활동

기독교복음주의신앙 운동은 이반 예피모비치 보로나에프에 의해 시작되었다. 1908년에 회심한 후에 그는 이르쿠츠크에서 복음주의 침례교회 설교자로 활동하다가 후에 크라스노야르스크로 갔다. 그는 1912년에 가족과 함께 미국으로 건너가 러시아 침례교회의 목회자로 재직했다. 교회는 윌리암스 목사가 재직하는 오순절 교회 건물에서 예배를 진행했다. 그는 오순절의 교리를 보로나에프에게 소개했다. 1919년에 보로나에프는 침례교회를 떠나 뉴욕에 러시아 오순절 교회를 개척했다.[617]

1920년에 보로나에프는 콜토비치와 함께 미국을 떠났다. 고국으로 돌아오는 길에 그들은 불가리아와 터키에서 머물렀다. 그들은 터키에서 성찬식 중에 떡과 잔을 받기 전에 세족식을 하는, 안식파 오순절 교회를 알게 되었다. 그 후 세족식이 국내에서 기독교복음주의신앙 교회를 구별하는 특징이 되었다.

1921년 8월에 보로나에프와 콜토비치는 가족과 함께 오데사에 도착했다. 처음에 침례교 신자들과 복음주의 기독교 신자들의 따뜻한 환영을 받았다. 나중에 보로나에프가 성령 침례의 표지로 방언을 설교하기 시작했고, 그 결과 교회에서 의견 차이가 발생했다. 그 때 보로나에프는 분리하여 예배를 시작했다. 형제회의 상황이 악화되었고, 일부 교회에서는 분열이 일어났다.

1922년에 오데사 기독교복음주의신앙 공동체 이름으로 새로운 교회가 등록되었다.[618] 새로운 교회를 따르는 오순절교회 신자들은 성령 침례가 반드시 방언을 동반해야 한다고 믿었다. 그들은 성찬식을 할 때, 위에서 언급한 바와 같이 세족식을 하고 특히 누룩을 넣지 않은 빵을 사용했다.

1924년 오데사 지역의 나제즈다 농장에 또 하나의 오순절 교회가 생겼는데, 거

---

617. Bratskiy vestnik, 1974, 6, s. 54. [형제들 소식, 1974년, 6호, p.54.]
618. Vozniknoveniye i razvitiye religioznogo dvizheniya khristian yevangel'skoy very (pyatidesyatnikov) v Sovetskom Soyuze. Rukopis'. Arkhiv VSEKHB. [소련 시절 기독교복음주의 신앙(오순절) 운동의 출현과 발전. 필사본. 복음주의 기독교침례회 총연합회 문서보관소.]

기에 침례교회가 있었다. 순회 설교자 파블로프는 오데사 기독교 복음주의 신앙 교회를 방문하고 오순절 신앙을 확신하게 되었다. 교회 회원의 상당수가 그를 따랐다. 1년 후 새로 조직된 교회는 예배당을 건축했고, 찬양대가 조직되었다. 오데사 근처의 마야키 마을에 커다란 기독교 복음주의신앙 교회가 생겼다. 티라스폴, 라젤나야, 체브리콥스키, 베레좁스키, 미콜라우 등에 소규모의 교회가 개척되었다.

대체로, 오순절 교회는 이미 복음주의 기독교와 침례교회가 있는 곳에서 나타났다. 크림에서는 오순절 운동이 대중성을 획득했다. 보로나에프가 크림 교회를 여러 번 방문했고, 자발니가 활동했다. 당시 키예프, 폴타바, 체르니히우, 빈니차, 키로보흐라드, 드니프로 페트로우스크, 하르키우 및 우크라이나의 다른 주에서도 오순절 교회가 개척되었다.

자포리자주 폴로기 출신의 크라베치는 보스크레센카 교회 개척의 이야기를 다음과 같이 증언한다.[619] 우리 지역의 부흥은 1923~1924년에 시작되었다. 25명의 사람들이 성령을 받기 위해 강하게 기도하기로 동의했다. 그런 다음 신자들은 재산을 팔고 신자들이 어떻게 성령을 받는지 알기 위해 동서남북으로 4명의 형제를 보냈다. 두 형제는 아무 결과 없이 돌아왔고 세 번째 형제는 베르단스크 여행에서 선생을 만났다. 선생 가운데 한 사람이 성령 침례에 관한 견해를 설명했다. 네 번째 형제는 보로나에프를 개인적으로 만나 성령 침례를 경험했다. 그렇게 보스크레센카 마을에 교회가 생겼다. 그러나 교회 신자들은 바른 양육을 받지 못한 어린 아이들과 같았고, 그래서 곧 교만과 다른 유혹에 빠졌다. 일부는 죽은 자를 부활시키려 했고, 다른 이들은 임의로 예언했다. 보스크레센카 교회의 질서를 바로 잡기 위해 보로나에프, 포누르코, 포노마르축이 도착했다. 그러나 많은 사람들이 그들을 만나 질책했다. 당신들은 사람인데 우리에게 무엇을 하겠는가, 우리는 하나님의 직접적인 말씀을 듣는다. 그러나 하나님의 영이 작용하여, 모든 신자들은 결국 합의에 이르렀고 형제들의 좋은 충고를 받아 들였다.

1924년에 주 연합회가 결성된 오데사 주의 오순절 교인들의 첫 번째 총회가 오

---

619. Tam zhe [위의 책]

데사에서 열렸다. 총회 지도부는 회장 보로나예프, 부회장 파블로프, 회계 콜토비치, 서기 카치, 운영위원회 위원 돌젠코프가 포함되었다.

1925년 9월 2~4일에 오데사에서 오데사주 기독교복음주의신앙 두 번째 총회가 열렸다.[620] 총회에 24개 교회에서 36명의 대의원과 17명의 손님이 참석했다. 총회는 교리, 자매기도회, 기독교 기념일 축하, 다른 교회와 관계, 결혼과 이혼, 안수식 등에 관한 결의안을 채택했다. 총회는 전 우크라이나 기독교 복음 주의신앙 조직에 관한 제안을 승인했다. 주연합회 지도부 구성은 일부 확대되었고, 회장은 보로나예프가 연임되었다.

얼마 후 하르키우에서 전우크라이나 기독교복음주의신앙 연맹이 등록되었다. 1926년 9월 21~23일에 오데사에서 열린 전우크라이나 총회에 60명의 대표가 참석했다. 보로나예프가 총회를 주재했다. 총회 결산 보고에서 형제회 교회의 향후 성장에 대해 발표되었다.

당시 오데사의 큰 교회는 400명의 회원이 집계되었다. 드니프로페트로우스크, 키로보흐라드, 헤르손, 미콜라우, 카메네츠포돌스카, 빈니차주 지역에서 교회가 눈에 띄게 성장한 것이 관찰되었다. 총회 기간에 보로나예프는 영적 사역자들의 안수식을 수행했는데 그들 중 비코프, 쿠즈멘코, 파블로프, 포누르코, 포노 마르축, 포들레스니, 륨신 등이 있다. 전우크라이나 기독교 복음주의신앙 연맹 회장으로 보로나예프가 선출되었고, 콜토비치와 갈축이 부회장, 운영위원으로 파블로프, 륨신, 쿠시네로프, 서기는 포들레스니가 선임되었다.

1927년 10월 8~12일까지 제2차 전 우크라이나 기독교복음주의신앙 총회가 오데사에서 개최되었는데, 우크라이나 출신 대의원들과 모스크바, 우랄, 남캅 카스, 시베리아, 극동 교회의 손님들이 참석했다. 그 무렵 우크라이나에는 총 신자 수가 25,000명에 이르는 약 400개의 교회가 등록되었다. 총회에서 결정된 가장 중요한 쟁점 중 하나는 군복무에 관한 태도였다. 문제에 관한 철저한 토론 끝에 다음과 같

---

620. Protokol vtorogo oblastnogo s"yezda khristian yevangel'skoy very, sostoyavshegosya v Odesse s 2 po 4 sentyabrya 1925 g. Mashinopisnaya kopiya. Arkhiv VSEKHB. [1925년 9월 2~4일 오데사에서 개최된 기독교복음주의신앙 두 번째 지방회 정기총회 회의록, 타자기 사본. 복음주의 기독교침례회 총연합회 문서보관소.]

은 결의안이 채택되었다. 기독교복음주의신앙을 가진 교회 회원들은 모든 국민과 동등하게 군 복무를 해야 한다. 총회는 연맹 운영위원회에 전도자 잡지 출판을 조직하도록 위임했다. 1928년에 8종류의 잡지가 발행되었다. 총회 참가자들은 또한 연맹 지도부를 다음과 같이 선출했다. 회장 보로나에프, 부회장 콜토비치와 갈축, 운영위원 파블로프, 릅신, 쿠시네로프, 총회 서기 포들레스니 등이다.

전 우크라이나 총회 후 크레멘축, 빈니차, 도네츠크, 드니프로페트로우스크 등지에서 지방회 총회가 열렸다. 30년대에 기독교 복음주의 신앙 연합회는 등록이 상실되었고 활동이 중단되었다.

기독교복음주의신앙의 연합형제회 생활 · 8월 합의서

기독교복음주의신앙내 많은 신자들은 전쟁의 어려운 시기에 복음주의 기독교침례회 형제회와 연합에 대해 생각하기 시작했다. 1943년 7월 드니프로페트로우스크 교회의 책임있는 목회자 포누르코와 포노마르축은 멜리니코프와 샤포발로프에게 복음주의 기독교침례회와의 연합 가능성을 논의하자는 제안을 했다. 오순절 형제들은 말했다. 우리는 목자들은 양들을 두 무리가 아니라 하나로 돌보아야 한다. 목회자들은 만남에서 동의했고 공통된 이해를 달성하는 데 필요한 논의의 범위를 결정했다. 우선 방언으로 말하는 것과 세족식 문제가 포함되었다. 그러나 전쟁 기간으로 회의가 이루어지지 않았다.[621]

전쟁 후 복음주의 기독교침례회 총연합회와 연합할 수 있는 기회가 생겼다. 1945년 8월 19~29일 국내에서 하나님 백성들의 연합에 관한 회의가 모스크바에서 개최되었다. 그 목적으로 27명의 책임있는 전도자들이 참석했다. 회의에서 기독교 복음주의 신앙과 복음주의 기독교침례회의 단일 연맹으로 통합에 관한 협정이 초안되고 채택되었다. 문서를 8월 합의서라고 했다. 합의서 내용은 아래 항목과 같

---

621. Kratkaya istoriya vozniknoveniya tserkvi khristian very yevangel'skoy (pyatidesyatnikov) v SSSR. Rukopis', 1983. Arkhiv VSEKHB. [소련 시절 기독교복음주의신앙(오순절교회) 교회 출현에 관한 요약사. 수기원고, 1983년. 복음주의 기독교침례회 총연맹 문서보관소.]

다.[622]

1. 기독교복음주의신앙 교회가 복음주의 기독교침례회 교회와 단일 연맹으로 연합된다.
2. 통합 연맹은 모스크바에 공동 지도부 센터와 단일 금고를 둔다.
3. 지도부 센터 구성에 기독교복음주의신앙 대표도 포함된다.
4. 기독교복음주의신앙 영적 사역자들은 복음주의 기독교침례회와의 통일 전에 가졌던 선임목회자, 목회자, 집사 등의 영적 직책을 유지한다.
5. 양측은 사도행전 1장 8절에 쓰인 대로 위로부터 능력이 임하는 것은 방언의 표지가 있거나 없거나 모두 가능하다는 것을 인정한다(행 2:4, 8, 17:39, 10:46, 19:6).
6. 양측은 성경에 근거하여 각종 방언은 성령의 은사 중 하나이고, 모든 사람에게 부여되는 것이 아니라 원하는 사람에게 주어진다. 고린도전서 12장 4~11절. 이것은 또한 같은 장의 30절의 말씀에 의해서도 확인된다. 다 병 고치는 은사를 가진 자이겠느냐? 다 방언을 말하는 자이겠느냐? 다 통역하는 자이겠느냐?
7. 양측은 통역이 없는 방언은 유익이 없으므로 남아 있어야 함을 인정하지 않는다. 사도 바울은 고린도전서에서 14장 6~9, 28절에서 만일 통역하는 자가 없으면 교회에서는 잠잠하라고 매우 분명하게 말하고 있다. 양측은 그 원칙을 사도 바울을 통해 주님께서 주신 규칙으로 간주한다.
8. 통역자가 없을 때 방언의 무익성에 관한, 위에서 언급한 사도 바울의 말씀을 수용하여 양측은 공중 모임에서 방언을 자제하도록 동의했다.
9. 사회자는 모임에서 성령님의 역사와 함께 예배의 질서와 품위(고전 14:40)를 깨트리는 현상이 나타날 수 있음을 인정한다. 양측은 하나님은 무질서의 하나님이 아니라 평화의 하나님(고전 14:33)을 기억하여, 그런 현상을 반대하며

---

622. Nastol'naya kniga presvitera. M., 1982, ch. I, s. 152~153. [목회자 핸드북. M., 1982년 1권, p. 152~153.]

교육적인 활동을 취할 것을 동의했다.

10. 복음주의 기독교침례회 신자들이 세족식 관습을 갖지 않는다는 사실에 비추어 본 협정서는 기독교복음주의신앙 신자들은 예배 질서의 단일성과 일치를 위해 복음주의 기독교침례회 신자들과 함께 그 문제에 관한 공통의 이해를 달성하기 위한 교육활동을 실행하기를 권고한다.

11. 복음주의 기독교침례회와 기독교복음주의신앙 양측은, 쌍방의 기쁨과 축복받은 공동 사업에 대해 가장 신실한 형제적 상호 관계가 확립되도록, 가능한 모든 조치를 한다.

12. 본 협정서에 서명한 후 양측은 교회들에게 통합 성립에 관해 공포하고 국내에서 믿음에 따라 모든 가까운 기독교인들이 통합된 위대하고 영광스런 일에 관한 감사기도를 요청한다.

판코, 바시케비치, 포노마르축, 비다시는 기독교복음주의신앙을 대신하여 문서에 서명했다. 1945년 8월 24일에 성대하게 통합이 이루어졌다.

기독교복음주의신앙 교회는 그 사건을 즐거운 반응을 불러일으켰고 승인되었다. 회의에서 돌아온 샤투라 형제는 다음과 같이 알렸다.[623]

순조롭게 바라노비치에 도착했다. 9월 2일 우리는 바시케비치가 참석한 지구 회의를 했다. 회의에 사람들이 많았다. 나는 주님께서 정확한 시간에 모스크바에서 열린 회의를 통해 기독교복음주의신앙과 복음주의 기독교침례회를 하나의 교단으로 기적적인 통합을 이루게 하셨다고 전달했다. 모든 사람은 기쁨으로 빛났고, 일부 신자들은 너무 감동하여 기쁨의 눈물을 흘렸다.

사역자 구성을 유지한 채로[624] 400개 이상의 교회가 한 교단으로 통합되었지만, 교회들은 단일 예배 순서를 준수하기 위해 노력했다.

1947년에 복음주의 기독교침례교 연맹에 사도 기독교가 가입했다. 그들은 다음

---

623. Bratskiy vestnik, 1976, No 1, s. 65. [형제들 소식, 1976년, 1호, p.65.]
624. Tam zhe, 1946, No 4, s. 16. [위의 책, 1946년, 4호, p.16.]

내용으로 협정서에 서명했다.[625]

1. 사도 기독교 대표단 스모로딘, 시시코프, 프루드니코프는 복음주의 기독교침례회 총연맹 및 1945년 8월에 서명한 기독교복음주의신앙 책임대표단 포노마르축, 비다시, 판코, 바시케비치와의 협정서에 전적으로 동의하고, 추종자들이 모든 사항을 준수하도록 촉구했다.

2. 믿음에 기초한 침례는, 주 예수 그리스도께서 행하신 다음의 명령대로 실시한다. 성부와 성자와 성령의 이름으로 침례를 주고 (마 28:19, 행 8:16, 10:48, 19:5), 예수 그리스도의 이름으로. 두 침례 사이에 차이가 있는 것 같지만, 동일하다. 그러므로 침례는 아버지와 아들과 성령의 이름으로 또는 예수 그리스도 이름으로 하며, 재침례를 실시하지 않으며, 그들의(사도 기독교) 침례도 같은 효력이 있음을 인정한다. 이상의 내용에도 불구하고, 복음주의 기독교침례회 총연합회 교회에서는 이후의 침례는 물속에서 당신에게 성부와 성자와 성령의 이름으로 침례를 준다고 소리 내어 거행한다.

3. 복음주의 기독교침례회에서 수용된, 가르침과 질서를 모욕하는 성격의, 모임과 사적인 대화에서의 모든 태도는 금지된다. 해당하는 경우, 지도를 받아야 하고 교정되지 않은 무례한 사람은 교회로부터 출회한다.

4. 위에서 언급된 모든 사항을 받아들인 사도 기독교는, 복음주의 기독교침례회 안의 동등한 회원으로 포함되며 교회들에서 채택된, 일반적인 질서에 순종한다. 통합의 순간부터 기독교 복음주의 신앙 대표자들은 연맹 지도부의 일원이 된다.

현재 복음주의 기독교침례회 총연맹 회원은 다음과 같다. 포노마르축, 포누르

---

625. Zapis' sobesedovaniya VSEKHB s predstavitelyami khristian v dukhe apostolov Smorodinym Nikolayem Petrovichem, Shishkovym Nikolayem Ivanovichem i Prudnikovym Yefremom Moiseyevichem, sostoyavshegosya v Moskve po Malomu Vuzovskomu per., d. 3, v sredu 2 aprelya 1947goda: Nastol'naya kniga presvitera. M., 1982, ch. I, s. 154. [1947년 4월 2일 수요일, 모스크바 말리 부좁스키 골목 3번지에서 열린 사도기독교회 대표 니콜라이 페트로비치 스모로딘, 니콜라이 이바노비치 시시코프, 예프렘 모이세예비치 프루드니코프와 회담 기록: 목회자 핸드북. M., 1982, 1권, p.154.]

코, 네스테룩, 보즈뉴, 샤트로프, 글루호프스키, 블라디코, 빌라스 등이다. 일부 사역자들은 복음주의 기독교침례회 총연맹 상임 위원회 구성에 포함되었다. 보즈뉴(1985~1923)은 1979~1985년에 복음주의 기독교침례회 총연맹 부회장이었다. 1986년에 기독교복음주의신앙 지도자와 복음주의 기독교침례회 총연맹 상임위원회 위원으로 빌라스가 선출되었다. 기독교 복음주의 신앙 출신의 형제들도 선임목회자와 부선임목회자로 지명되었다.

통합 형제회에서 기독교 복음주의 신앙의 길은 통합된 지 30년이 지난, 1975년에 복음주의 기독교침례회 총연맹 상임위원회에 확실한 결과를 가져 왔다.[626] 주목되는 것은, 복음주의 기독교침례회와 기독교 복음주의 신앙의 상호관계는 기본적으로 좋은 관계가 수립되었고, 신자들이 사랑과 평화로 지내고 있다는 것이다. 당시 단일 연맹으로 통합시 약 3만 3천 명의 기독교 복음주의 신앙 신자들이 가입되었다. 그들은 320개 이상의 혼합된 교회 중 기독교 복음주의 신앙 소속 230개 교회의 회원이었다. 2만 명 이상의 회원을 가진 500개가 넘는 교회와 그룹은 통합되지 않고 남았다. 대부분 그들은 교회 등록과 8월 협정을 수락하지 않은 사람들이 포함되었다. 복음주의 기독교침례회와 연합된 기독교 복음주의 신앙 상호관계는 벨로루시, 발트해 연안국, 볼린, 리브네, 키로보흐라드, 테르노필, 자카르파탸, 리비우, 키예프주 등 여러 지역에서 좋은 관계가 이루어졌다. 일부 기독교 복음주의 신앙인으로 구성된 교회에서는, 복음주의 기독교침례회 출신 형제들이 목회자로 재직했고, 복음주의 기독교침례회 교회에서도 오순절 출신의 목회자가 재직했다.

복음주의 기독교침례회 총연맹 상임위원회는 복음주의 기독교침례회와 기독교 복음주의 신앙의 공동 사역의 성공과 통합 작업에 이바지하는 모든 것을 계속하고 있다. 복음주의 기독교침례회 총연맹은 모스크바와 키예프에서 우크라이나의 선임목회자를 통해 연합된 기독교복음주의신앙의 책임있는 사역자들을 회의에 반복적으로 소집했다. 복음주의 기독교침례회 총연맹 상임위원회의 요청서에는 8월 합

---

626. O yedinstve s khristianami very yevangel'skoy(sodoklad P. K. Shatrova, zachitannyy na plenume VSEKHB 22~23 oktyabrya 1975 goda). ~ Bratskiy vestnik, 1976, 1, s. 64~70. [기독교복음주의 신앙의 통합(1975년 10월 22~23일 복음주의 기독교침례회총연합회 상임위원회에서 발표된 샤트로바의 공동보고서). 형제회 소식, 1976년, 1호, p.64~70.]

의서에 기초한 통합의 중요성을 강조하고 통합의 발전과 강화를 촉구하는 내용이 있었다.

화합을 이루고 견고히 하려는 목적으로 복음주의 기독교침례회 총연맹 임원들은 여러 번 국내에 있는 교회 방문에 헌신했다. 1975년에만 통합되지 않은 기독교 복음주의신앙인들과 150회의 대화를 가졌다. 그 일은 열매를 가져왔다. 실례로, 1970~1975년에 오순절 출신 약 7천 명의 신자들이 연맹에 합류되었다. 많은 연합되지 않은 기독교 복음주의 신앙교회들이 연맹과 독립적으로 등록되었다. 1975년에 25개 이상의 기독교 복음주의 신앙 자치 교회가 있었다. 기독교복음주의신앙 교회와의 일치 문제에서 불가피하게 발생하는 어려움과 주님께서 그 분야에서 허락하신 축복은, 제7장 1944~1985년 복음주의 기독교침례회의 생활에 자세히 설명되어 있다.

1985년 말경, 기독교 복음주의 신앙의 현황은 세 그룹이 존재했다. 복음주의 기독교침례회 총연맹에 소속된 신자들은 45,000명 이상이었다. 그 교회들은 1945년 8월 합의서에 근거하여 연맹에 가입했고, 우크라이나, 벨로루스, 몰도바와 다른 장소에 있다. 이와 함께 연맹에 소속되지 않고, 등록이 범죄 행동이라는 주장 때문에, 등록하지 않은 기독교 복음주의 신앙교회도 있다. 그러나 70년대에 그 교회들 사이에 많은 교회가 독립적으로 등록하는 과정이 시작되었다. 1986년 무렵 2만 명이 넘는 신자를 가진, 200개 이상의 교회가 이미 등록되었다. 그들은 주로 키예프, 하르키우, 체르니우치 등지의 큰 교회들이다.

기독교복음주의신앙 교회들의 등록이 계속되고 있다. 기독교복음주의신앙의 3번째 그룹인, 만 명 이상의 신자들은, 여전히 비등록 상태로 남아 있다. 그 교회 지도자인 벨리, 표도로프, 이바노프, 카민스키, 멜닉 등의 감독들이 분리된 많은 그룹의 신자들을 돌보고 있다.

비등록 기독교 복음주의 신앙 교회와 복음주의 기독교침례회 총연맹 사이의 긴장 관계는 점차적으로 약화하고 사라지고 있고, 복음주의 기독교침례회 총연맹은 공동 회의와 대화를 통해 적지 않게 협력하고 있는데, 경건 도서를 공급하고, 교회 사역자들을 위한 성경통신과정은 통합에 상관없이 진행되고 있다.

외국의 기독교복음주의신앙 교단과의 관계 개선은 어느 정도 이루어지고 있는데, 특히 1967~1986년 동안 세계 하나님의 성회 회장이었던 짐머만, 대표와 교류하고 있다. 동유럽 하나님의 성회 대표 로버트 먀키시 목사는 수차례 복음주의 기독교침례회와 기독교 복음주의 신앙교회를 방문하여 설교했고, 하나님 백성의 일치에 대해 목회자들과 대담을 하였다. 복음주의 기독교침례회 총연합회 상임위원회는 지속적으로 기독교복음주의신앙과 일치를 강화하고 확대하기 위해 노력하고 있다. 그 일은 전도부와 기독교 통합부와 지역 및 주 목회자 회의에서 실행하고 있다. 기독교 복음주의 신앙교회는 복음주의 기독교침례회 총연합회내 소속이며, 복음주의 기독교침례회 총연합회와 상임위원회에 그들의 대리자가 있다. 1967년 이래로 오순절 교회는 세계와 유럽의 기독교인 대회에 적극적으로 참여해 왔다. 1987년 마지막 총회에서 빌라스는 유럽 기독교 복음주의 신앙 협의회 회원으로 선출되었다.

기독교복음주의신앙 역사의 주요사건

1906년 - 미국에서 오순절 운동의 출현.

1911년 - 러시아 북부(현재 헬싱키)에서 미국 오순절교회 스미스의 설교

1919년 - 테르노필주 비콥치 마을에서 오순절 전파 시작.

1919년 - 미국 뉴욕에서 러시아 오순절 교회 조직

1921년 - 보로나예프와 콜토비치의 러시아 도착.

1923년 - 비콥치 마을에서 오순절 신자들의 최초 침례식.

1923년 - 오데사에서 기독교복음주의신앙 공동체 최초 등록.

1924년 - 게리스 지도하에 크레메네츠에서 오순절기독교 제1회 총회. 볼린(야르몰류)에서 오순절 복음 전파 시작.

1924~1925년 - 오데사에서 제1회와 제2회 오데사 주 오순절 총회

1925년 - 볼린에서 오순절 교회와 그룹 발생.

1926년 - 오데사에서 전 우크라이나 오순절 총회.

1927년 – 오데사에서 제2회 전 우크라이나 총회.

1928년 – 크레메네츠에서 오순절 기독교 제2회 총회.

1929년 – 볼린의 스타라야 촐니차에서 제1회 오순절 총회. 기독교 복음주의 신앙연맹 조직. 기독교복음주의신앙의 잡지 화해자 (편집자 시미트) 발행

1934년 – 리비우 지역 기독교복음주의신앙 제1회 총회. 성서 강좌 개설.

1935~1939년 – 우크라이나어 하나님 교회의 건축자 잡지 발행.

1936~1939년 – 베르비츠키 편집하에 우크라이나어 복음의 소리 잡지 발행.

1945년 – 복음주의 기독교침례회총연합회와 통합.

1970~1980년 – 기독교 복음주의 신앙 교회의 독립적인 등록.

1989년 – 기독교 복음주의 신앙 교회의 복음주의 기독교침례회 총연합회 탈퇴.

제15장
메노파 형제회

역사적 배경

메노파의 러시아 이주

메노파는 16세기에 등장하여 그 시기에 중앙 유럽 전체를 휩쓴 재침례파의 강력한 운동의 발전으로 소개할 수 있다. 19세기 60년대에 메노파 형제회 공동체가 러시아에서 형성될 즈음에 메노파는 이미 300년이 넘었다. 러시아는 외국 정착민들에게 문을 열었다. 1762년 12월 4일과 1783년 7월 22[627]일에 예카테리나 2세가 공포한 두 선언 이후 외국인이 홍수처럼 들어왔다. 거의 모두 독일인이었다. 최초의 정착민들은 볼가에 정착하여 104개의 정착촌을 이루었는데, 그중 31개는 가톨릭 정착촌이었고 나머지는 루터교 정착촌이었다. 정착민의 수는 약 2만 5천 명이었다.[628]

그 당시 러시아에 독일 공동체가 이미 존재했었다. 루터교 최초의 공동체는 1576년에 모스크바에서 결성되었다.[629] 19세기 말경, 1897년 인구 조사 자료에 따

---

627. Bondar' S. D. Sekta menonitov v Rossii. Pg., 1916, s. 1~2. [본다르, 러시아의 메노파 분파. Pg., 1916년, p.1~2.]
628. Kahle W. Auisatze zur Entwicklung der evangelischen Gemeinden in Ruland. Leiden, 1962, S. 6. [칼레, 러시아 개신교 공동체의 발전. 라이덴, 1962년, p.6]
629. Tam zhe, s. 21 [위의 책, p. 21]

르면, 러시아에 약 180 만 명의 독일인 거주하고 있었는데, 종교적 분포는 루터교 76.01 %, 개혁파 3.57 %, 메노파 3.68 %, 기타 개신교 1.12 %, 가톨릭 13.53 %, 정교회 0.75 %, 기타 기독교인 0.07 %, 유대교 1,27 %였다.630 그러나 첫 번째 재정착은 성공적이지 못했다. 그들 중 거의 땅 소유가 없었고 기술자였기에 개척지 주민들은 새로운 땅을 개발할 준비가 되지 못했다.

한편 러시아는 마침내 흑해 연안을 확보했다. 1773년에 크림 칸국을 정복했고 타우리아 현으로 개명되어 러시아에 편입되었다. 나라의 변두리에 사람이 살지 않은 드넓은 토지가 생겼다. 정부는 과거의 사례를 고려하여 외국인을 통한 토지 개간 방법을 활용하기로 했다.

1789년 프로이센 서부에서 메노파 228가정이 예카테리노슬라프군에 도착했다. 1797년에 168가정이 다시 이주했다. 서부 프로이센에서 호르티츠키(현재 자포리자 근처) 메노파 개척지 조직에는 모두 400가정이 이주했다. 경제적 어려움이 매우 커서 교회에 어려움이 발생했다. 첫 번째 이주민 가운데 설교자는 한 사람도 없었다. 코르넬리우스 레기르 지도자와 코르넬리우스 바르카이틴 선생이 프로이센에서 호르티차에 도착하자 비교적 질서가 잡혔다.

다음 그룹의 메노파 이주민들은 타우리드 지방의 몰로치니보디로 보내졌다. 1803~1840년에 모두 1150정이 프로이센에서 그 지역으로 이주했다. 남부 러시아의 메노파교회 공동체의 조직은 호르티치키의 지도자 요한 비베와 몰로찬스크 공동체 지도자 야콥 엔스631가 1805년에 승인하여 완성되었다.

러시아의 프로이센 메노파는 두 개의 개척지를 추가로 조직했는데, 1853년에 케펜탈스키 또는 암트락, 1861년에 알렉산드르탈스키 또는 알트사마라였다.632

엔스의 사역 기간은 특별히 어려운 상황이었다. 프로이센의 여러 공동체에서 온

---

630. Warns J. *Ruland und das Evangelium*. Kassel, 1920, s.18~22. [러시아와 복음, 카셀, 1920년, p.18~22.]
631. Friesen P. . *Die Alt~Evangelische Mennonitische Bruderschaft in Ruland (1789~1910) in Rahmen der mennonitischen Gesamtgeschichte*. Halbstadt, 1911. Daleye: Frizen. Istoriya. [프리젠. 메노파 역사와 관련된 러시아의 옛 복음주의 메노파 형제회(1789~1910). 할브스타트, 1911년. 이후는 프리젠, 역사로 줄임.]
632. Mennonite Encyclopedia, v. I~IV. Scottdale, 1956~1959. Vol. III, 1958, p. 852. (Daleye: Men: entsikl.). [메노파 백과 사전, 1~4권, 스콧데일 Scottdale 1956~1959. 3권, 1958년, p. 852 (이후는 메노: 백과사전으로 줄임).]

형제들은, 수 세기 동안 자신들에게 익숙한 규칙이 존재했고, 새롭게 살아가는 방법을 배워야했다. 교회의 권위 이외에, 권면과 파문보다 더 가혹한 형벌을 사용하는, 세속 권력을 대리하는 메노파 자치 기관이 있었다. 특히 스스로 문제를 만들어 결과적으로 1812~1819년에 몰로찬스크 공동체에서 작은 공동체라 불리는 그룹이 분리되었다. 그룹의 지도자는 전직 교회 교사였던 클라스 라이머였다. 공동체 회원들은 몰찬스크 메노파 교도들 가운데 첫 번째로 회심한 설교자들이었다. 라이머의 종교적 분위기는 참된 경건함으로 구분하였지만, 그는 회개의 기쁨을 경험하지 못했다. 라이머가 다른 경건 서적을 읽고 적그리스도의 빠른 출현과 전면적인 배교의 표지를 연구했다. 공동체는 또한 의류, 일상생활 등과 관련하여 더 엄격하게 구분했다. 작은 공동체인 관계로 메노파 전체에 큰 영향을 주지 않았으나, 40년 후에 발생한 메노파 형제회 공동체가 나타나게 되는데 일정 부분 역할을 했다.

메노파 공동체의 성서 공회 참여

1819~1820년 몰로치니에보디로 프리스키와 스타로플라멘스키 메노파 분파가 추가로 이주했는데, 지도자인 프란츠 헤르츠와 피터 베델은 활동적인 기독교인이었다.[633] 그들은 바로 정착지 교회 생활에 합류했다. 당시 1821년 12월 상트페테르부르크에서 승인을 받은 성서공회 지회가 몰로찬스크 지역에 조직되었다. 지회의 업무에 적극적으로 참여한 몰로찬스크 메노파 지도자는 당시 플렘스카야 공동체를 설립했던 베른그라드 파스트와 헤르츠와 베델이었다. 지회는 독일어 성서 판매를 지원하도록 요청받았다.[634]

눈에 띄는 이익과 함께 성서공회 활동은, 몇 가지 어려움을 가져왔다. 많은 신자는 회장이나 지회장과 같은 이름이 익숙하지 않았다. 여러 가지 혼란으로 회원 사분의 삼이 플렘스카야 공동체로부터 1822~1824년에 분리가 일어났다. 공동체에는 파스트가 지도하는 약 150가정이 남았다. 공동체는 나중에 오룔 공동체라 불렸

---

633. Tsit. po: Frizen, Istoriya, s. 75. [프리젠, 역사에서 인용. p.75.]
634. Tam zhe, s. 114; takzhe Bondar' S. D. Sekta menonitov, s. 102. [위의 책, p.114 ; 본다르, 메노파 분파, p.102.]

고, 초대 메노파 형제회에 큰 도움을 주었다.

그나덴펠트 공동체

토비아스 폿

오룔 공동체의 축복받은 사업 중 하나는 1820년에 동급생 메노파 학교를 창설한 것이다. 학교에서 1822~1829년에 메노파 형제들의 선구자였던 토비아스 폿 선생이 일했다. 폿은 1791년 7월 16일 브렌켄곱스발드 프란츠탈 메노파 공동체의 설교자 가족에서 태어났다. 공동체는 1830년대에 러시아로 이주한 후 몰로치나야 그나덴펠트스카야 공동체에서 조직되었다. 어린 시절 폿은 하나님을 경외하는 마음을 가진 교사들에 의해 자랐다.[635]

16세에 그는 고향 마을에서 교사가 되었다. 1818년 융스틸링 글의 영향으로 자신의 죄를 깨닫고 회개했으며 주님으로부터 죄 사함을 받았다. 폿은 독일에서 경건주의자들과 교류했다. 그는 러시아의 몰로치나야에 진실된 기독교 성향의 학교를 만들고 있음을 알고, 거기서 가르치는 것에 동의했다. 폿은 오룔학교에서 아이들을 가르칠 뿐 아니라, 저녁 모임을 인도했는데, 진지한 기도회가 있었고, 많은 신자가 모였다.

폿은 러시아에서 생애를 마쳤다. 폿의 활동은 오룔에서 중요한 결과를 가져 왔다. 폿과 파스트 이후 주님을 아는 깊은 지식과 기독교의 생활에 관한 추구는 오랫동안 공동체에서 사라지지 않았다. 메노파 형제회 공동체의 첫 번째 목회자인 겐리 규베르트는 폿이 작사한 노래를 간절한 마음과 기쁨으로 불렀고, 그의 활동을 큰 사랑으로 평가했다. 바로 폿의 사역을 통해 많은 사람이 복음의 가르침에 대해 최초의 잊을 수 없는 인상을 받았다. 폿의 사역 기간에, 러시아의 메노파 신자들 가운데 처음으로 살아있는 기독교 공동체가 신자들 사이의 관계에서 실제로 들어갔다.

1835년~1840년에 브렌켄곱스발드 프란츠탈(프로이센 동부) 공동체 회원들이 몰

---

635. Avtobiografiya T. Fota privedena u Frizena. *Istoriya*, s. 569572. [폿의 자서전은 프리젠. 역사, p.569~572. 인용]

로치니에보디로 이주했고 그나덴펠트 개척지를 형성했다. 그때 이후로, 오룔 공동체 형제회의 중심은 그나덴펠트로 옮겨졌다. 변화기 이전까지, 공동체의 교회 생활은 특히 18세기 말에 번성했다. 두 번의 주일 예배와 토요 모임 외에, 공동체의 교사나 지도자의 통제하에 신자들의 집에서도 모임이 열렸다. 모임에서 설교는 행해지지 않았지만, 모든 사람이 자신의 의견을 말할 수 있었다.

공동체와 헤른후트 형제들과의 관계 또한 흥미롭다. 1812~1835에 공동체는 헤른후트의 후원 아래 있었다. 그것은 다음과 같이 일어났다. 1812년 이후 프로이센의 왕 프레드릭 윌리엄 3세는 헤른후트 형제들의 모임과 그들의 보호 아래 있는 신자들을 제외한, 모든 개인적 종교 집회를 금지했다. 그때 공동체는, 집에서 모임을 계속하고자 하여, 헤른후트의 후원을 받아들였고, 후원과 함께 어느 정도, 헤른후트 측이 공동체의 내부생활 감독을 수용했다. 그나덴펠트 개척지와 공동체의 역사 [636]에 따르면, 헤른후트의 영향으로 분명한 성경의 이해, 생생한 기독교, 복음 전파 활동에 관한 마음의 반응, 교육에 관한 관심이 나타났다. 공동체의 지도자인 프리드리히 빌헬름 랑게(1841~1849년), 아우구스트 렌츠만(1854~1877년), 빌헬름 랑게(1812~1841)는 거듭난 기독교인이었다.

몰로치나야의 부흥

에두아르드 뷔스트 목사

1845년에 에두아르드 휴고 오토 뷔스트 목사가 뷔르템베르크 분리주의자 (루터파에서 나온, 극단적 경건주의자) 개척지인 노이고프눙에 도착했다. 그를 통해 러시아 남부의 독일 개척지에서 커다란 부흥이 일어났고, 메노파 형제회 공동체가 발생하게 되었다. 뷔스트는 메노파 토양에 경건주의 씨앗을 뿌렸다.

다른 경건주의 방향과 달리, 필립 야콥 스페너와 알브레히트 벵겔의 이름과 관련된, 뷔르템베르크 경건주의는 전국민적 성격을 띠었다.[637] 19세기 30년대 중반까

---
636. Tsit. po: Frizen. Istoriya, s. 83. [프리젠. 역사 p.83. 인용]
637. Schmidt K. D. Grundri der Kirchengeschichte. Gttingen, 6, Auflage., 1975, S. 414~426. [시미트. 교회사 개

지 경건주의 기초는 예언에 관한 믿음으로 이루어졌다. 예를 들어, 성경적 예언의 연구를 기초로, 벵겔은 그리스도의 재림이 1836년에 일어날 것이라고 확증했다. 그러나 예언의 가까운 성취에 관한 믿음은 곧 깊은 영적 생활 추구에 자리를 내주었고, 후자는 구 경건주의에서 신 경건주의로 옮겨갔다. 루트비히 고파커와 관련된 신 경건주의의 추종자들은 내면의 상태, 구세주의 사랑과 기독교 선행의 존재에 특별한 관심을 기울였다.[638]

뷔스트는 신 경건주의의 전형적인 대표자였다. 그는 1818년 2월 23일 뷔르템베르크의 무르하르트에서 태어났다. 1835년에 튀빙겐 대학에 입학하여 1841년에 졸업했다. 1843년부터 뷔스트는 지역 경건주의자들과 교류를 시작했다. 그는 설교자와 성서의 시간(독일어로 시계) 모임 지도자로 순조로웠다. 다음 해에 경건주의자와 접촉으로 인해, 뷔스트에게 이전 장소에 남을 것을 제안받았다. 그는 다른 교회의 부목사가 되었다. 그는 이미 열심히 회개의 필요성을 설교했다. 뷔스트는 경건주의자들뿐만 아니라, 헤른후트 형제회와 감리교 신자들과도 긴밀한 교류를 유지했고, 감리교 신자들 사이에서 설교하기 위해 미국으로 가려고 했다. 그러나 주님께서는 그를 다른 길로 인도하셨 다. 27세의 목사는 러시아로 오라는 초청을 받았다.[639]

뷔스트 목사는 1845년 9월 28일 노이고프눙 마을에서 첫 번째 설교를 했다. 지역교회는 사람들로 가득했는데, 청중 중에는 전에 뷔르템베르크의 경건주의자들과 교류했던, 많은 메노파 신자들이 참석했다. 뷔스트는 다음과 같이 말했다.[640] 이사야서 40장 6절에 "말하는 자의 소리여: 이르되 외치라! 대답하되: 내가 무엇이라 외치리이까?"라고 쓰여 있다. 내 앞에 성경이 있다. 나는 진리로 가득한 말씀을 여러분에게 말해야 한다. 하늘의 목소리가 요구하고, 그것에 대해서도 물어볼 것이다.

요, 괴팅겐, 6판, 1975년, p.414~426.]
638. Prinz J. Die Kolonien der Brdergemeinde. Ein Beitrag zur Geschichte der deutschen Kolonien Sdrulands. Moskau, 1898. [프린스. 형제회의 개척지. 남부 러시아의 독일인 개척지 역사에 관한 공헌. 모스크바, 1898년]
639. Krker A. Pfarrer Eduard Wst, der groe Erweckungsprediger in den deutschen Kolonien Sdrulands. Leipzig, 1903. [크뢰커. 에두아르드 뷔스트 목사, 남부 러시아의 독일인 개척지 에서의 위대한 부흥 설교자. 라이프치히, 1903년]
640. Vstupitel'naya propoved' pastora E. Vyusta privedena u Frizena, s. 175~182. [뷔스트 목사의 첫 설교는 프리젠의, p. 175~182에서 인용.]

당신들은, 그러나 성경 중심의 어디에 있고, 이 중요한 순간에 나는 무엇을 당신들에게 말해야 하는가? 그를, 하나님께 영광을, 성경의 모든 페이지에 나와 있는 그분은 십자가에 못 박히시고, 나와 당신의 죄를 위해 고통당하신 나와 당신의 주님과 구세주이시며, 나와 당신에게 평화, 평안, 구원, 생명과 행복을 주시는 예수 그리스도이시다.

뷔스트의 설교는 많은 사람의 마음을 움직였고, 사람들은 자신들의 죄를 회개했다. 부흥은 뷔스트가 사역한 공동체뿐만 아니라, 메노파 공동체에도 움직였다. 하나님 사역자의 명성은 순식간에 널리 퍼졌다. 뷔스트가 1846년부터 매년 개최했던, 복음 축제의 방문자는 개척지 주변뿐만 아니라, 하르키우와 모스크바에서도 왔다.

뷔스트는 몰노찬스크 메노파와 특히 긴밀한 관계를 맺었다. 그는 자주 메노파 신자들에게 설교했고, 메노파 설교자들은, 스스로 그들의 공동체에 복음을 전했다. 뷔스트가 결혼하기로 했을 때, 그나덴펠트 공동체의 지도자 프리드리히 빌헬름 란게가 결혼식을 거행했다.

회심한 사람들은 교류를 추구했다. 첫 번째 메노파의 한 사람인 야콥 베커는 일기에, 메노파 형제들과 교훈의 시간을 가졌다고 기록했다.[641] 그나덴펠트에서는 형제들과의 만남이 이루어졌는데, 모든 개척지에서 매주 그런 모임을 진행하기로 결정이 되었고, 또한 모든 사람이 그 모임을 방문할 수 있도록 다양한 날짜를 정했다. 1858년까지 그 모임에서 환영받은 손님은 뷔스트 목사였다. 신자들은 말씀으로 뿐만 아니라 행동으로도 복음을 전파하는 데 도움을 주었다. 일주일에 한 번, 자매들은 바느질과 뜨개질을 위해 모였고, 수공예 자금으로 얻은 수익금은 하나님의 일에 사용되었다. 복음 전파의 또 다른 형태는 책 판매였다. 그 사역은 루터교 신자 카페스의 사역에서 주님께 회심한 덴마크인 포르흐감머였다. 그는 1859년 볼가로 보내졌고 거기 있는 독일 사람들 가운데 일했다. 곧 형제는 메노파에게, 그를 도울 수 있는 2명의 형제를 보내달라고 부탁했다. 그의 요청이 받아 들여, 1859년 9월에 바르

---

641. Unruh. A. N. Geschiehte der Mennoniten~Brdergemeinde(1860~1954). Winnipeg, 1955. S. 31~32. Daleye: Unruh: Istoriya. [운루흐. 메노파 신자의 역사(1860~1954). 위니펙, 1955년. p. 31~32. 이후는 운루흐:역사로 줄임]

텔과 야콥 베커가 도착했다.[642]

메노파 형제들은 학교를 세우기로 했는데, 그 학교는 고아들과 빈곤한 가정의 자녀를 우선 수용했기 때문에, 나중에 보육 학교라 불렸다. 뷔스트를 따르는 형제들이 학교에 큰 관심을 보였다. 기부금은 또한 하르키우와 모스크바 형제들도 참여했고, 상트페테르부르크와 레벨(현재 탈린)에 있는 신자들도 학교에 관심을 가졌다. 메노파의 요한 클라쎈은 학교에 큰 관심을 보였다. 그는 레벨과 같이 1854년과 1857년에 학교 문제로 상트페테르부르크에 두 차례 다녀왔다. 클라쎈이 첫 번째 방문하는 시기에 서적상과 뷔스트파 전도자 빌헬름 바르텔이 함께 갔다.

학교는 1857년에 문을 열었다. 그런데, 생명력 있는 기독교인 교사가 부족 하다는 그들의 의견에 따라, 모든 형제에게 학교 교사들이 마음에 들지 않았기에, 그것은 심각한 불일치를 가져왔다. 1858년 무렵 형제들 가운데 두 방향으로 나누어졌다. 뷔스트의 사역에 만족하지 않는 기쁜 사람들과 온건한 또는 교회로 세워진 사람들이었다.[643]

뷔스트 목사의 설교는 부흥과 구원에 맞추어졌다. 그는 그리스도 안에서 주어진 자유로운 하나님의 은혜의 충만함을 뜨겁게 전파했다. 뷔스트의 성화에 관한 교리는 두 번째 단계로 물러섰다. 설교에서 나타난 진리의 불균형은 곧 스스로 드러냈다. 이른바 기쁨파 성향에 관련된 일부 형제들은, 복음의 메시지를 일방적이고 표면적으로 이해했으며, 뷔스트파 형제 중에는 점차 기쁨파 혹은 춤추는 그룹 형태로 나타났다. 1858년 가을 뷔스트의 교구인 로젠 펠트에서 개최된 회의에서, 여러 방향의 최종적인 분리가 이루어졌다. 분리된 기쁨파의 지도자는 루터교 신자이며 전직 교사였던 카페스였다. 기쁨파 그룹은 메노파 형제들 사이에서도 일어났다. 1858년에 일부 루터교회 목사의 요청에 따라, 뷔스트 목사는 교구 밖에서 설교하는 것이 금지되었다. 뷔스트는 1859년 7월 13일에 사망했다.

호르티차 개척지의 부흥은 동시에 시작되었고 독립적으로 발전했다. 호르치차 지역의 크론스바이드 개척지에서 루트비히 고파커의 설교를 듣고 요한 레벤 청년

---

642. Unruh. Istoriya, s. 47. [운루흐. 역사, p.47.]
643. Frizen. Istoriya, s. 87~89. [프리젠. 역사, p.87~89]

이 복음의 빛에 들어왔다. 그것은 1853년 2월 2일에 일어났다. 새신자들이 그리스도에 대해 간증하기 시작했고, 곧 관심 있는 사람들의 모임이 만들어졌다. 그들은 함께 하나님의 말씀을 읽고, 기도하고 노래했으며, 때와 장소에 상관없이 다른 사람들에게도 그리스도에 관해 이야기했다. 새신자들은 큰 기쁨을 경험했고, 그들은 자주 함께 모여 서로를 사랑하게 되었다. 짧은 시간 안에 신자의 수가 50명으로 증가했다. 회심은 매우 감정적으로 표현되었고, 그들은 작은 공동체에서의 회개 기도를 기억했다.

그런데 거기서는, 같은 시기에 로르바흐 개척지에서 본켐퍼 목사를 통해 일어난 부흥과 같은, 회개의 기쁨은 여전히 경험할 수 없었다. 그 사건 이전에도 크론스베이데에서 형제들과 교류를 원했던, 일부 사람들은 성경 읽기를 통해 아인락(현재 자포리자 시의 일부) 개척지에서 믿음을 가졌다. 그러나 지도자들의 지혜로운 결정이 이루어지지 않아, 형제들은 이전의 미혹됨으로 인해 사역에서 중단된, 메노파 교회 공동체의 전직 교사인 크론스 바이드스키 영향 아래로 떨어졌다. 그는 레벤과 일부 신자들을 끌어들이는 데 성공했다. 후자들은 성경의 다음 내용을 잘못 해석했다. 깨끗한 자에게는 모든 것이 깨끗하다.[644], 이제는 그것을 행하는 자가 내가 아니요, 내 속에 거하는 죄니라를 신자들은 모든 일에 아무것도 행동하지 않고, 그들은 하나님의 뜻을 행한다고 했다. 하나님은 그의 자녀들을 해롭게 할, 죄의 생각을 허용하지 않을 것이라고 기대했고, 일부는 심각한 죄에 빠졌다. 곧 쓰라린 대가를 치러야 했다. 1855년 1월 25일에 야콥 얀첸이 이끄는 19명은 메노파 교회 공동체의 소속을 거부하고 자신들의 지도자로 레벤을 선출했다. 공동체를 떠난 사람들은 교회의 출회와 행정 처분을 받았다. 그러나 몇 주 후에 출회된 사람들이 다시 공동체 회원으로 받아들였다. 교회 밖에서 영적 모임을 진행하는 것은 그들에게 금지되었다.[645]

아인락의 형제 모임은 몇 년 후인 1859~1860년에 겐리 노이펠트, 아브람 웅거

---

644. 디도서 1장 15절, 역자
645. Yepiskop Aleksiy. Materialy, s. 6. Dnevnik Genrikha Eppa, tsit. po: Frizen, Istoriya, s. 237. Dnevnik Abrama Ungera, tsit. po: Frizen. Istoriya, s. 238. [알렉시 감독, 자료, p.6. 겐리 엡의 일기, 프리젠. 역사, p. 237에서 인용. 아브람 운거의 일기, 프리젠. 역사, p. 238에서 인용]

와 코르넬리우스 웅거의 지도로 복구되었다. 모임에서는 주로 기도와 복음 전파에 집중되었고, 여러 소책자를 읽었는데, 그중에는 함부르크 침례교인의 침례 받은 기독교인 공동체의 선교적 전단지가 있었다. 그 상황으로 인해 웅거(A)는 교회 공동체와 침례에서 떠날 생각을 했다. 노이펠트는 침례에 관한 질문에 관심이 없었기 때문에 웅거(A)는 침례에 관한 편지를 써서 온켄에게 보냈고 회신을 받았다.

첫 번째 성찬식

몰로찬스크 교회 공동체와 분리

1859년 가을, 몰로치나야의 일부 메노파 형제들은 성찬식에 자주 참석하고 싶다는 원함을 말했다.(그 당시 성찬식은 교회에서 일 년에 두 번 실행되었다.) 신자들은 그나덴펠트 공동체의 지도자 아우구스트 렌츠만에게 그가 합당하다고 여기는 사람들에게 주의 만찬을 자주 특별하게 실시해주고, 더불어 그것의 필요성을 그들이 느끼도록 요청하며 호소했다.[646] 그런데, 그들은 그것을 거절당했다.

1859년 11월 10일 엘리자벳폴에서 코르넬리우스 빈스의 집에서 학교 교사 아브람 코르넬센의 지도 하에 첫 번째 주의 만찬이 형제들 가운데 실행되었다. 그것이 신자들에게 알려지자, 형제들을 반대하는 분노가 일어났다. 그나덴펠트 공동체의 여섯 명의 젊은 회원들은 설교자들과 면담하라는 권유를 받았고, 그 시간 동안 그들은 해당하는 교육을 받았다. 형제들은 하나님의 말씀과 양심에 위배 되지 않는 것에, 순종할 것이라고 약속했다. 1859년 12월 19일과 27일에, 설교자와 메노파 형제들이 그 여섯 명의 형제들이 한 약속을 받아들인, 두 개의 그나덴펠트 공동체 형제회의가 열렸다. 그러나 공동체의 일부 구성원은 계속해서 그들의 행동을 원망했다. 그러자 요한 클라센, 야콥 라이머와 다른 일부 형제들은 형제회의를 떠나야만 했다.

---

646. Pis'mo Avg. Lentsmana ot 16.3.1863, tsit. po: Frizen. Istoriya, s.187. [1863년 3월 16일자 렌츠만의 8월 편지. 프리젠. 역사, p.187에서 인용]

메노파 형제회 공동체의 발생

메노파 형제회 공동체가 시작된 것은 1860년 1월 6일에 그나덴펠트 공동체의 18명 회원이 서명한 탈퇴 발표였다. 형제들은 그들을 둘러싼, 명목상 그리스도인들의 명백한 가치 없는 삶을 언급하면서, 교회 공동체의 회원 자격을 거부하고 교회에 관한 성경의 진리에 관한 이해를 시작했다. 교리적으로 우리는 메노와 완전히 동의한다. 우리는 믿음에 따른 증거로 신자의 침례를 인정한다, 그러나 믿음에 따른 것이 아닌, 공부해서 외운 것은, 하지만 하나님의 영에 의해 진실 되고, 살아있고, 창조된 믿음에 따라 성찬식은 참된 신자들의 믿음을 견고하게 하며 신자 상호의 언약과 친교의 표시이다. 형제들은 또한 세족식, 사역자 선출과 출회를 다루었다. 육체를 따라 살도록 준비된 사람과 스스로 죄를 범한 사람은 모두 교회에서 출회해야 한다. 만약 죄인이 죄를 인정하고 그것을 회개한다면, 예수 그리스도의 은혜로 인한 죄의 용서는 출회하지 않기에, 그런 경우 출회하지 않는다.[647]

1860년 5월 30일에 교사의 선출이 있었다. 이렇게 몰로찬스키 형제회 공동체의 조직이 완료되었다. 27명의 형제가 비밀 투표에 참여했고, 각각 두 명의 후보자를 두고 투표했다.[648] 하인리히 휴버트와 야콥 베커는 설교 사역에 선출되었다. 공동체의 대표는 선거에서 더 많은 표를 얻은 휴버트가 되었다. 6월 5일에 선출된 형제들을 안수했다. 그들을 위해 공동체에서 가장 오래된 신자인 프란츠 클라센이 기도했고, 곧 공동체의 집사에 의해 확인되었다.

메노파 형제 공동체의 첫 번째 침례

1860년 9월에 교회 공동체에서 침례를 받지 않은 두 명의 젊은 자매가 침례를 받고 싶다는 의사를 표시했다. 두 자매에 관한 검토를 마친 후 공동체 구성원들은 베커가 자매들에게 침례를 가르치라고 위임했다. 그때부터 형제들은 침례의 형태에

---

647. Frizen. Istoriya, s. 189~192. [프리젠. 역사, p.189~192.]
648. Frizen. Istoriya, s. 201. Protokol ~ tam zhye, s.67.[프리젠. 역사, p. 201. 회의록~위의 책, p.67.]

대해 숙고했다.⁶⁴⁹ 그 무렵 일부 형제들은 이미 물에 잠기는 침례가 필요하다는 확신에 도달했다는 것을 주목해야 한다. 1837년 라이머는, 교회공동체에서 물을 뿌리는 침례가 있기 전에 이미, 침수침례를 받아들인, 앤 저드슨의 전기를 읽었기 때문에 침수침례에 대해 심각하게 생각하게 되었다. 라이메르는 침수침례를 실시하는 신자가 어디에 있는지 그의 아버지에게 물었다. 아버지는 1835년에 프로이센에서 그런 사람들을 만났다고 대답했다. 침수침례를 지지하는 사람들은 요한 클라센, 베커였다. 베커는 클라센이 마가복음 1장 9~10절, 사도행전 8장 38절에 기초하고, 침례 단어의 저지독일어 디펜은 물에 잠기다로, 침수침례가 정확함을 확신했다고 썼다. 형제들은 메노 시몬스의 글에서, 처음부터 사도들의 침례는 흐르는 물에서 침례가 실행했다는 인용문을 발견했다. 침례 문제는 공동체가 숙고할 과제로 다시 떠올랐다.

메노파 형제 공동체의 첫 번째 침례식이 1860년 9월 23일에 쿠루샨 강에서 실행되었다. 처음에 베커가 믿음에 따라 바르텔을 침수침례를 실시했고, 그 뒤에 바르텔이 베커를 침례를 실시했고, 그 후에 3명의 자매에게 세 번 침수침례를 실시했다. 가을에도 침례식이 몇 차례 있었다.

1860~1861년 겨울에 몰로찬스키 형제들과 폴란드에 거주하던, 침례교 설교자 알프와 메노파 표트르 에버트의 서신 교환이 시작되었다. 에버트는 공동체로부터 형제들의 탈퇴와 비슷한 시기에 침례를 실시했던 첫 번째 침례를 설명하는 편지를 받았다. 그 사건에 관한 내용이 담긴 편지는 몰로치니보디에서 메노파, 루터교, 침례교의 큰 모임에서 낭독되었다. 지역에는 침례교 공동체가 있었다. 그러나 편지에서 볼 수 있듯이, 침례교와 메노파 형제회 사이에는 일치가 없었는데, 후자는 군복무에 관한 태도와 세족식 실시로 차이가 있었다.⁶⁵⁰

---

649. Dnevnik Yakova Bekkera, tsit. po: Unruh. Istoriya, s. 67. [야콥 베케르의 일기, 운루흐. 역사, p.67에서 인용.]
650. Frizen. Istoriya, s.244~245. [프리젠. 역사, p.244~245.]

클라센의 상트페테르부르크 방문

몰로찬스키 공동체에서 기쁨의 시기

지방자치정부와 형제들의 관계는 개선되지 않았고 나빠졌다. 그래서 1860년 10월 31일 클라센은 형제들의 위임을 받아 포르감머와 함께 공동체 기금 마련을 위해 상트페테르부르크를 두 번째 방문했다. 클라센은 쿠반에서 메노파 형제 공동체를 위한 새로운 개척지 개발 허가를 받는 구체적인 목표가 있었다. 클라센은 1862년 6월까지 수도에서 계속 노력했고 황제에게 청원서를 제출한 후 정착지 개발 허가를 받았다.

공동체는 성장했다. 1861년 1월 1일에 이미 공동체 회원은 성인 102명이 집계되었고, 그중 40명은 가장이었다.[651] 1861년 봄에 새 회원들이 침례를 받았다. 5월에 휴버트가 믿음에 의한 침례를 받았다. 허버트는 라이메르와 30명 이상의 새신자들에게 침례교육을 했고, 그중 3명이 처음으로 침례를 받았다. 10월에 몰로찬스키 공동체의 대부분 회원은 침수침례를 받았다. 그런데 당시 믿음에 기초한 침례는 아직 의무 사항이 아니었다.

그 시기 공동체의 영적인 생활에 뷔스트 시기에 시작되었던, 기쁨파가 존재했다. 영적 질병을 제거하는 데 시간이 걸렸다. 빌헬름 바르텔은 1861년 4월 8일 공동체의 상황에 대해 다음과 같이 썼다.[652] 형제들 사이에서 성서 이해를 위한 질문에서 마찰이 발생하고 있다.

호르티차에 공동체 설립

1861년에 호르티차에서 아브라함 웅거, 겐리 엡과 요한 레벤이 몰로찬스크 개척지를 방문했다. 그것은 호르티차와 몰로찬스크 형제들 관계에서 최초의 접촉이었다. 그들은 6월 11일 야콥 라이머의 집에서 대화하는 동안, 전에 크론스베이데에서 발생한 것이, 몰로찬스크 공동체에서도 발생할 수 있다는 우려를 표명했다. 나중에

---

651. Tam zhye, s. 297. primech.1.[위의 책 p.297. 각주.1]
652. Tsit. po: Unruh. Istoriya, s. 110. [운루흐. 역사, p.110에서 인용]

호르티차 형제들은 공동체 방문에 관한 그들의 인상을 전했다. 침례식은 하나님의 말씀에 따라 행해졌지만, 경건함은 없었다. 웅거는 집에 도착하여 라이머에게 편지를 썼는데, 헤른후트 형제회 역사에서 슬픈 사례를 인용하면서, 지나친 감성에 맞서도록 그를 권유했다.[653]

그 이후로 일부 몰로찬스크 형제들, 특히 라이머는 지나친 기쁨의 표현에 대해 단호한 입장을 가졌다. 라이머는 호르티차 형제들과 만난 후 일주일이 지나서, 클라센에게 하나님의 영감에 따라 큰 모임을 피하게 되었다고 편지에 썼다.[654] 그럼에도 웅거의 우려는 정당화되었다. 신자들 가운데 죄로부터 자유에 관한 교리가 발전했는데, 그들에게 죄는 죽었다고 간주했다. 오류는 형제 중 한 명이 심각한 죄에 빠졌을 때, 분명해졌다.

그 후 분별력이 생겼고 자유에 관한 가르침은 책망을 받았다. 그런데 설교 할 때, 거짓 가르침의 발생 요인인 헌신으로부터 자유로운 은혜와 기쁨이 섞인 강조점은 제거되지 않았다.

1861년 가을에 전직 학교 교사였던 호르티차의 메노파 게르하르트 윌러가 신자가 되었다. 그는 같은 해 10월에 침례를 받았고, 그 후 교육에서 제외되었다. 윌러는 호르티차로 갔고, 거기서 웅거의 집에서 머무를 수 있었고 곧 호르티차 형제들의 지도자가 되었다. 웅거는 침례 교육을 위해 함부르크에서 온켄이 방문하기로 한 것을 거부했다고 주장했고 (웅거는 1860년부터 이 주제에 관련하여 온켄과 서신 교환했다), 윌러는 신자들이 몰로찬스크 형제들에게 합류하도록 촉구했다. 1862년 봄에 웅거, 하인리히 노이펠트와 다른 형제들이 몰로치나야에 도착했다. 1862 년 3월 4일에 그들은 윌러에 의해 침례를 받았다. 3월 11일과 18일 아인락의 드네프르에서 처음으로 침례식이 있었다. 믿음에 의한 침례는 35명에게 거행되었다. 같은 날 노이펠트, 웅거 A, 윌러를 교사로 선출했다. 따라서, 아인락 공동체의 설립일은 1862년 3월 11일로 간주하여야 한다. 웅거의 영향 아래 믿음에 따른 의무적인 침수침례

---

653. Pis'mo A. Ungera YA. Reymeru ot 15.6.1862 dolzhno byt': 15.6.1861. ~ tak u Frizena, khotya po kontekstu Frizena [웅거가 1862년 6월 15일자로 라이메르에게 보낸 편지는 프리젠에 의하면 1861년 6월 15일 이어야 한다. 프리젠의 컨텍스에 따르면]

654. Tsit. po: Frizen i. Istoriya, s. 225. [프리젠. 역사, p.225에서 인용]

와 제한적인 성찬식이 공동체에 소개되었다. 점차로 그 원칙은 몰로찬스키 공동체에 뿌리를 내리게 되었다.[655]

몰로치나야와 마찬가지로, 여기서도, 형제들은 박해를 피할 수 없었다. 교회 공동체로부터 출회를 당한, 일부 형제들은, 메노파의 특권의 상실을 위협받았다. 행정 조치도 적용되었다. 예를 들어, 빌헬름 얀첸은 구금, 구타, 음식이 제한되었다. 그러나 어려움은 믿음에 의한 침수침례를 받으려는 마음을 더욱 강하게 했고, 첫 번째 기회를 실행했다. 당면한 어려움 때문에, 형제들은 윌러를 상트페테르부르크로 보내 정부가 새로운 공동체를 인정하도록 탄원했다.

1862년 5월에 아이락 공동체의 교사인 웅거와 노이펠트는 경찰 집행관에게 심문을 받았다. 형제들의 대답은 최초의 서면 신앙고백으로 고려될 수 있었다.[656] 1862년 7월 12일에 웅거, 노이펠트, 윌러, 베르크가 예카테리노슬라프 교도소에 수용되었다. 거기서 약 2주를 보낸 후, 그들은 공동체로 돌아왔다. 그러나 반가운 만남은 오래 가지 못했다. 돌아온 형제들 사이에서 복음 이해에 관한 이견이 생겼다. 웅거, 베르크, 노이펠트는 윌러와 동의하지 않았지만, 웅변적이고 더욱 권위 있는 윌러는 노이펠트를 설득시켰다. 윌러가 큰 권위를 가지고 있어서, 거의 모든 공동체가 점차 그의 편으로 옮겨갔다. 웅거와 일부 형제들은 윌러의 행동에 동의하지 않았다. 그러나 주어진 상황에서 해결책을 찾지 못한 웅거는 교사직을 거절했다. 사건은 강한 믿음을 가진 형제들이 영적인 영향력을 미치는 것으로 작용했다.[657] 청년들에 관한 몰로찬스크 공동체의 지도력은 점차 벤자민 베커와 베른하르트 페너에게 옮겨갔다. 윌러는 같은 마음으로 아인락에서 그들과 함께 행동했다. 그들 모두는 기쁨의 현상을 높이 인정했다. 교회 지도력의 처리 방법은 출회였다. 공동체 생활의 어려운 시기는 1862년에서 1865년까지 지속하였다. 특히 1864년과 1865년 초에 박해가 있었다.

1864년 여름에 규베르트가 속한 오룔 교회 공동체의 일부 회원들이 몰로찬스크

---

655. Friesen. Istoriya, s. 245~246. [프리젠. 역사, p. 245~246.]
656. Tam zhe, s. 270~272. [위의 책, p. 270~272.]
657. Friesen. Istoriya, s. 279. [프리젠. 역사, p. 279.]

공동체에 합류한 것은 주님께 기쁘게 생각한다. 신입 회원들은 푯과 파스트와 그들의 동료들에 의해 교육받았다. 강경한 형제들 처지에서는 매우 빨리 반대자를 만났다. 그 후 합류한 형제들은 메노파 형제회 교회에서 축복받은 사역자가 되었다.

1865년 초에 합류한 형제들과 지도부의 의견에 동의하지 않은 공동체 안의 오래된 회원들은 단호한 행동에 반대했다. 1865년 4월 1일에 그들은 경건, 설교자 면직을 위한 근거, 출회와 사역에서 위선적 현상에 관한 문제를 다루는 편지를 썼다. 편지는 공동체 영적 생활의 정상화를 위한 토대를 마련했다.[658]

공동체에서 질서가 점차 회복되기 시작했다. 그 과정에서 주요 역할은 1862년부터 쿠반에서 살았던 클라센이 맡았다. 6월 26~27일에 그나덴하임 (몰로치나야)에서 교인 전체회의가 개최되었고, 성공적인 사역에 놓여있는 모든 장애물은 제거되었다.

그때부터 많은 주민이 메노파 형제회 공동체에 관심과 호의를 보였다. 그것은 쿠반에 메노파가 정착하도록 조직 허가를 받은, 클라센의 공헌이 적지 않다. 그 결과 토지가 없는 메노파 100가정이 이주했다. 1865~66년 겨울에는 게르만 페테르스가 이끄는 기쁨파와 강경파 약 20명의 지지자가 몰로찬스크 공동체를 떠나 별도의 공동체를 이루었다. 거기서 얼마 동안 윌러가 활동했다. 1867년에 윌러는 호르티차 메노파 공동체로 돌아왔고, 나중에 그는 미국으로 이주했다.

아인락에서 발생한 어려움을 극복하기 위해 함부르크 침례교 공동체의 아우구스트 리비히가 도움을 주었다. 그는 아인락에 2주밖에 머물지 않았지만, 그의 활동은 공동체에 매우 큰 축복이었다.[659]

1865~1917년의 혁명 전 시기

1865~1872년 몰로찬스크와 쿠반 공동체

1865년 6월 개혁에서 절정에 이르던, 형성 기간의 걱정과 경험을 한 후, 메노파 형제회 공동체의 생활은 새로운 단계로 들어섰다.

---

658. Polnyy tekst ~ tam zhye, s. 291~292. [전체 내용은~ 위의 책, p. 291~292]
659. Friesen. Istoriya, s. 291~292. [프리젠. 역사, p. 291~292.]

몰로찬스크 공동체의 활동은 다시 계속되었고 슈미트, 얀츠와 집사 파스트를 교사 도우미로 선출했다. 규베르트 목회자는 신자들 사이에서 무한한 존경을 받았다. 1869년 여름에 24세의 아브람 셸렌베르크를 교사 협력자로 선출했다. 공동체는 계속해서 조금씩 성장했다. 공동체의 일부 구성원들이 쿠반과 페테르스 그룹을 떠난 후 회원 수는 약 100명이 되었다. 1860~1865년에 몰로찬스크에서 299명이 침례를 받았고, 1866~1872년에는 164명이 침례를 받았다. 그다음 7년 동안은 그해의 평균 증가율이 이전의 불안정했던 6년보다 거의 2.5배가 낮았다.[660]

당시 예배의 성격이 점차 바뀌었다. 주로 교훈적~경건주의적 예배였고, 예배의 기본은 설교였다. 공동체 회원들은 문자 그대로 지도부에 그것을 요구했고, 모든 사람은 교회 조직과 하나님의 말씀 설교에 목말라 있었다. 그들의 사랑받는 설교자는 슈미트였다. 공동체와 지방 정부 사이의 상호이해가 일치되었다.[661] 1872년 무렵에 저지독일어 방언에서 문학 독일어로의 전환이 기본적으로 완료되었다. 쿠반 공동체는 몰로찬스크 형제들과 긴밀한 접촉을 유지했다. 불행히도 자료가 너무 적게 남아 있다. 공동체는 경제적인 어려움은 물론, 몰로찬스크와 호르티차에서 유입된, 신자들의 과도한 기쁨 표현의 원인으로 발생한 영적 어려움을 극복했다. 어떤 사람들은 성찬을 식용으로 사용하려고 빵을 떼는 것을 피했지만, 그들은 일상적인 문제에 영적 의미를 전달하면서, 빵을 뗐다. 볼가 출신의 루터교 형제들은 60년대 초반에 그들을 방문한, 기쁨파의 견해를 고수했다. 그러나 그 문제는 결국 해결되었다. 1873년부터 공동체의 영적 보살핌은 휴버트에게 맡겨졌다. 개척지 관리는 클라센이 실행했다.[662]

1865~1872년 아인락 공동체

아인락 공동체의 연합은 1864~1865년의 일정 시기에 노이펠트와 웅거의 지지자로 분열되어 어려움이 있었다. 많은 사람들은 웅거를, 다소 형식주의적 사고방식의

---

660. Friesen. Istoriya, s. 387. [프리젠. 역사, p. 387.]
661. Polnyy tekst ~ tam zhe, s. 390. [전체 내용 ~ 위의 책, p. 390.]
662. Polnyy tekst ~ Frizen. Istoriya, s. 298. [전체 내용 ~ 프리젠. 역사, p. 298.]

율법주의자이자 지나친 영향력이 있는 독일인 침례교인의 친구로 간주했다. 그런데 그 상황에서 주님은 더 낫게 모든 것을 변경할 수 있는 길을 열어주셨다. 1868년 봄에, 함부르크 신앙고백 디르샤우 공동체의 집사였던 칼 벤친은 프로이센 서부에서 호르티차로 이사했다. 벤친은 생동적인 재능과 다양한 교육을 받은 기독교인이었다. 또한, 그는 공동체에서 지켜졌던, 규칙을 잘 알고 있었다.

1868년 7월 10일 아인락에서 밴친 형제가 주재한 공동체의 회원 회의가 열렸다. 다음과 같은 중요한 결정이 내려졌다. 공동체는 아인락 공동체라 한다. 마르쿠스란드(후에 안드레아스펠트)와 검은 눈 지역에 지회를 설립한다. 사역자의 직임은 ~ 목회자, 교사, 집사로 한다. 사역자들은 공동체에서 선출된다. 목회자의 사역은 침례식, 성찬식, 결혼식, 신자들의 격려와 권고가 포함된다. 또한, 목회자의 책임은 교회 문서의 운영과 공동체의 일반 통계가 포함되었다. 목회자가 공동체의 직인을 보관한다. 목회자와 공동체에 통보 없이 침례식을 하지 않으며 교회에서 공동체 회원을 출회하지 않는다.

메노파 공동체에 이러한 결정은 새로운 것이 아니었다. 몰로찬스크 공동체는 함부르크 헌장처럼 결정적이지는 아니었지만, 이미 오랫동안 실행해 왔다. 그런데 아인락의 많은 신자는 모든 규칙을 바빌로니아 법으로 간주하여 어떤 서면 결정도 인정하지 않았다. 침례교인 리비히와 벤친이 방문함으로써 규칙이 더 고통스럽지 않게 세워질 수 있었다.

1868년 7월 14일 웅거가 목회자로 선출된 또 다른 회원 회의가 열렸다. 선거위원회는 벤친과 요한 윌러 노인(학교 교사 게르가르트와 요한의 아버지)으로 구성되었다. 투표 결과 웅거 21표, 렙 9표, 표트르 프리젠 5표를 받았다. 투표 결과는 일부 형제들이 여전히 교회 구조와 관련된, 문제 해결에 참여하기를 거부한다는 것을 보여준다.[663]

1869년 요한 게르하르트 온켄은 함부르크에서 아인락에 도착했다. 여행에 앞서 그는 알타나이단치그에 있는 형제들을 방문했다. 온켄은 설교자 형제들의 일치를

---

663. Frizen. Istoriya, s. 381. [프리젠. 역사, p. 381.]

위한 시도를 했다. 1869년 10월 18일에 웅거의 집에서 모임이 개최되었고, 온켄은 웅거를 목회자로, 렙을 교사로, 다른 웅거(K.)와 니켈을 집사로 안수했다. 벤친은 20명의 가정이 있는, 검은 눈 마을에서 침례교 공동체의 설교자로 안수되었다. 온켄은 호르티차 형제들과 약 10일 동안 체류했다. 추위가 시작되어, 그는 몰로찬스크의 노인 형제들을 방문했다.

온켄이 침례교 신자였기 때문에, 많은 사람은, 공동체에서 안수받은 목회자와 교사는 침례교 신자라고 간주했다. 침례교인들과 공동 성찬식, 병역의무에 관한 태도, 당시 침례교 신자들이 메노파처럼 엄격하지 않았던 흡연에 대해 토의했다. 문제를 철저히 토론 후 형제들은, 메노파의 권리를 잃지 않도록, 침례교와 분리하는 것이 낫다는 결론에 도달했다. 렙은 그 의견에 동의했으나, 웅거는 그들의 권리를 잃지 않고, 침례교와 공동으로 사역할 수 있다고 생각했다. 그때 렙은 메노파와 침례교가 두 개의 분리된 공동체를 유지하고, 영적 교제와 합동 성찬식을 하자고 제안했다. 제안이 만장일치로 채택되었다. 메노파 권리를 사용하지 않은 사람들은 침례교 공동체에 합류했다. 담배 흡연자는 교회에서 나타난다는 결론이 내려졌고, 그 결과 10명 이상의 형제들이 제명되었고, 그 가운데 사역자도 있었다.

1871년 6월에 형제들이 초청하여 1년 기한으로 리비히는 가족과 함께 아인락 공동체에 다시 왔다. 당시 공동체는 영적 건강상태가 좋지 않아, 형제는 열심히 일해야 했다. 그는 어떤 그룹도 지지하지 않았고, 주님께 반대파를 소개했다. 곧 사람들은 형제의 활동과 동행하는 축복을 주목했다. 공동체의 교사들은 평화와 화합의 길로 들어섰다.

1년 후 리비히는 도브루자로 갔다. 주님은 그의 사역을 통해 신자들 가운데 많은 좋은 일을 행하셨다. 순회 설교자의 활동이 정돈되었고, 공동체 상호 간의 관계도 회복되었다. 물질적인 사역과 재정 분배의 질서가 수립되었다. 리비히가 설교자와 설교자 양성을 위한 1개월 성서강좌를 운영했다. 그 후 강좌는 매년 운영되었다. 리비히는 교리에 대해서는 변화를 전혀 주지 않았다. 1872년 말에 아인락 공동체는 188명이 추산되었고, 검은 눈 지역 침례교 공동체는 61명의 회원으로 구성되

었다.⁶⁶⁴

메노파 형제회 공동체의 연합회의. 메노파 형제회 공동체가 나타난 지 12년 후에 첫 번째 형제회 공동체의 연합회의가 있었다. 회의는 안드레아스펠트에서 1872년 5월 14~16일에 있었다. 그런데 회의록은 보존되지 않았다. 웅거는 회의에서 전도위원회가 구성되었고, 위원은 웅거, 윌러, 파스트, 파스트 등 7명의 형제가 포함되었다고 증명했다.⁶⁶⁵ 모든 사역자는 자신들의 활동에 관한 일기를 기록할 의무가 있었고 분기별로 위원회 비서에게 보냈다. 비서는 기록들을 바탕으로 분기별 보고서를 작성하여 공동체에 배포했다.

첫 번째 연합회의 참가자들은 미래의 수십 년 활동 프로그램을 계획했다. 1872년부터 회의가 매년 개최되었고, 그 가운데 일부는 매우 중요했다. 예를 들어, 1876년에 회의에서는 침례교와의 교류, 성경적 침례를 받지 않은 사람들과의 합동 성찬식, 이민 문제 등이 논의되었다. 1882년 의제에서 러시아 침례교와 함께 일하는 문제가 떠올랐다. 회의는 자문의 성격을 띠었기 때문에, 공동체의 형제 협의회가 채택한 후에만, 그들의 결정이 개별 공동체에서 유효했다. 사실 연합회 결정은 거의 모든 공동체에 예외 없이 채택되었다. 교회는 연례 대회에 완전한 신뢰를 표현했는데, 왜냐하면 각 공동체는 경험 많고 현명한 형제들인 목회자, 설교자 및 다른 사역자를 회의에 보냈기 때문이다. 영적 사역자 모임은 개별 공동체와 신자 그룹 간의 교류를 강화하는 역할을 했다. 리빅 형제는 연합회의에서 초기에 회의를 주재했다.⁶⁶⁶

국외 출국 운동

클라스

70년대 러시아에 거주하던 독일인 메노파 공동체는 처음으로 군복무에 관한 해결책을 찾아야 했다. 1871년 병역의무에 관한 새로운 법안이 만들어져, 처음으로 내

---

664. Tam zhe, s. 380~386. [위의 책 p.380~386.]
665. Frizen. Istoriya, s. 394. [프리젠. 역사, p. 394.]
666. Tam zhe, s. 431. [위의 책 p. 431.]

용이 발표되었고, 메노파에게도 전파되었다. 세부적인 설명을 위해 상트페테르부르크에 파견된 대표단은 아무 성과도 없었다. 그 결과 미국으로의 이민이 시작되었다. 그런데 병역의무 규정에는 메노파가 무기 휴대 자유에 관한 조항이 포함되었다. 대부분 청년은 러시아 남부에서 숲 개간 부대, 해군청 기술자, 소방대로 보내졌다.[667]

1870~1880년에 국외 출국 운동과 관련하여 메노파에 마르틴 클라센과 클라스 엡이 주도하는 새로운 방향이 나타났다. 엡은 다니엘서에 관한 자신의 해석으로 유명해졌다. 몰로찬스크 개척지에서는 아브람 페테르스가 운동의 지도자였다. 그는 메노파 형제회 교회 공동체에서 1873년에 분리된 그룹을 이끌었다.[668] 그룹의 구성원들은 메노파 형제회 공동체와 침례에 관한 태도가 달랐다. 공동체의 신자들은, 볼가의 형제들처럼 계시를 받았는데, 하나님의 백성(제12장) 곧 메노파를 위한 피난처는, 융 스틸링의 견해에 따라, 서양이 아니라 중앙아시아에 있어야 한다는 것이었다. 1880년 몰로찬스크 개척지에서 수십 가정과 볼가 강에 있는 케펜탈스크 교회 지구에서 많은 가정이 투르케스탄으로 떠났다. 그러나 대부분 이주민은 엡에게 실망했다. 거기에는 경제적이고 영적인 이유가 있었다. 예를 들어, 엡은 자신을 거룩한 삼위일체의 네 번째라고 선언했다.[669] 우크라이나를 거친 이주민의 일부는 미국으로 떠났고, 5개 마을 출신의 다른 그룹은 타슈켄트에서 200마일에 있는 아울리에아타 지구의 시르다리야 강에 정착촌을 이루었다. 나중에 여기 또한 메노파 형제회 공동체가 조직되었다. 엡은 교회로부터 출회하였고 1913년에 혼자서 생을 마쳤다.

1872~1885년 아인락 공동체

1872년 첫 번째 회의 이후에 형제회 공동체간 활동에서 주도적인 역할은 아인락 공동체가 담당했다. 곧 침례교에 관한 태도를 명확하게 규정할 필요가 다시 무르익었다. 이유는 프로이센 출신의 침례교인 에두아르드 렙케가 1872년부터 전도 활동을 했기 때문이었다. 시간이 지나자 그는 극단적인 형태의 메노파 교리를 고수하

---

667. Tam zhe. [위의 책.]
668. Tam zhe. [위의 책.]
669. Dyck C.J. An Introduction to Mennonite History. Scottdale, 1967 [다이크, 메노파 역사 개요. 스콧데일, 1967.]

기 시작했다. 렙케는 무기를 들지 않는 신자들만, 구원이 이루어질 것이라고 가르쳤다. 그러한 신념으로, 그는 메노파의 견해와 충돌을 보였지만, 공동체에서 계속 활동했다. 1876년에 웅거는 어려운 경제 상황으로 인해 목회자의 사역을 떠났다. 1880년 3월 12일에 그는 영원히 떠났다.

새로운 목회자인 렙은 렙케의 활동 관계로 침례교와 교류를 중단시키려 시도했다. 렙케의 견해가 발표된 교인 전체회의가 개최되었다. 그런데 주님은 적대적인 감정을 허용하지 않으셨다.

침례교와의 교류에 관한 질문은 몰로치나야에서 열렸던, 1876년 회의에서 재고되었다. 아인락 출신 요한 지멘스의 제안에 따라 그의 허가는 연기되었다. 그렇게, 1870년에 형제들이 취한 결정은, 변하지 않았다.

1879년에 아인락 공동체에 소속되지 않은 사람이, 결혼을 원하는 문제가, 어려움으로 떠올랐다. 오랜 토론 끝에 웅거의 제안이 채택되었다. 제안은 다음과 같다. 침례를 받지 않았고 공동체에 속하지 않았지만, 결혼하기를 원하는 공동체 구성원의 자녀들은, 모임에 참석하고 도덕적인 생활을 할 것을 약속한다는 서면 확인서를 제출해야 한다. 그런 방법으로, 젊은이들은 공동체에 속한 가까운 사람으로 간주하였고, 공동체의 가르침과 규칙의 진실함을 인정했다. 그들은 신자가 되고 침례를 받은 후 공동체의 회원이 될 수 있었다.

1879년 3월 27일에 러시아의 침례교도들은 개신교의 독립 분파로 인정되었다. 지방 행정부는 침례교를 메노파 형제회로 간주하려고 시도했다. 그러나 메노파 형제들이 당국에 청원한 후, 1873년에 구성되고 1876년 바젤에서 출판된 교리와 요한 윌러가 1880년 3월 6일에 러시아어로 번역한 것을 제시하자 내무부는 호르티차 마을 행정부에 아인락 공동체 회원은 메노파로 간주해야 한다고 명령서를 발행했다.

1885년 무렵 아인락 공동체는 6개의 지회가 있었다. 침례를 통해 704명이 교회의 회원으로 허입되었다. 1885년 1월 6일에 회원 수는 500명이었고 메노파 공동체의 총 1,800명이었다. [670]

---

670. Frizen. Istoriya, s. 407. [프리젠. 역사, p. 407.]

1872~1885년 몰로찬스키 공동체의 생활

첫 번째 회의와 몰로찬스크 공동체 창립 25주년 축하 사이 기간에 파스트, 쉘렌베르크, 슈미트, 이삭, 쉘렌베르크, 윌러 사역자들이 공동체를 지도했다. 1873년 쿠반에서 규베르트가 떠난 후, 31세의 쉘렌베르크가 1876년에 공동체의 목회자가 되었다.

1875년부터 일부 지역에서 페테르스, 공동체의 교회 및 형제회 공동체와 연합 회의가 있었다. 회의는 다양한 방향의 메노파 형제들의 연합 만남의 시작으로 기억되었다. 1875년 9월 6일 류켄나우에서 개최된 회의 중 하나를 쉘렌베르크가 주재했다. 엥거는 회의에 대해 다음과 같이 기록했다. 아주 큰 교회에서 있었다. 형제들로 가득했다. 주요 목적은…. 서로 다른 의견에 대해 논쟁하는 것이 아니라, 사랑으로 만나 협의하는 것이었고, 하나님 나라의 활동에는 이미 많은 어려움이 있었다. 나는 그러한 연합의 조건이 우리 공동체에 위험을 가져온다고 생각하지 않는다, 왜냐하면 사랑의 길에서 진리인 하나님의 말씀으로 이겨내야 하기 때문이다~그것이 진리이다.[671] 회의에서는 무엇보다 침례 문제를 논의했다. 다음 해에 회의에 참석한 대부분은 메노파 몰로찬스크 형제회 공동체는 믿음에 의한 침수침례를 채택했다.

70년대 초반에 공동체는 몰로찬스크 정착촌의 중심에 있는, 류켄나우 정착지의 여관 건물을 사들여, 교회로 개조했다. 교회에서는 매월 첫째 일요일에 예배를 진행했다. 다른 날의 예배는 몰로찬스크 이전 관례대로 여러 개척지에 있는 형제들의 집에서 순서대로 진행되었다. 주님은 교회 건물 구매와 함께 복을 주셨는데, 1882년 가을에 형제회의에서 류켄나우에 새로운 교회를 건축하기로 했고, 1883년 10월 2일에 헌당식이 있었다. 몰로찬스크 공동체의 25주년 무렵에 믿음에 근거하여 침례 받은 사람은 1,074명이었다. 그 무렵 교회 회원 수는 지교회를 포함하여 약 500명이었다.[672]

---

671. Frizen. Istoriya, s. 409~410. [프리젠. 역사, p. 409~410.]
672. Tam zhe, s. 410~412, 417. [위의 책 p. 410~412, 417.]

1872~1885년에 발생한 공동체

몰로찬스크 공동체의 첫 번째 회의와 25주년 사이의 기간에 몇 개의 새로운 공동체가 나타났다. 1875년 7월 15일에 프리덴스펠트(예카테리노슬라프현 로시카렙스카야면 미로폴 마을)에 공동체가 설립되었다. 공동체의 지난 역사는 다음과 같다. 1867년 가을에 몰로찬스크 메노파가 프리덴스펠트 개척지를 조직했다. 정착민 중에는 메노파 형제 몇 가정이 있었다. 첫 번째 모임은 지하 통나무 집에 있었다. 곧 5명의 새 신자가 침례를 받았다. 몇 년 동안 슈미트와 윌러가 봉사했다. 공동체는 계속해서 성장하여, 주요 공동체와 분리될 때에 45명의 구성원과 약 125명의 참석자가 포함되었다. 1885년 1월 6일에 약 100명의 신자가 공동체에 집계되었다. 동시에 티가 자그라도프카에 공동체가 설립되었다. 공동체의 첫 번째 교사는 1873년 5월에 선출된 렙케였다. 1882년부터 신자들은 자신의 예배당을 소유했다. 1886년 1월 6일에 공동체는 약 100명의 회원이 집계되었다. 공동체의 설립부터 136명의 침례가 시행되었다.[673]

그 시기에 메노파 형제회 공동체는 이미 볼가, 간사우, 사마라현의 노보 우젠스코예, 케펜탈스카야면의 포포프카 정착지 등에 존재했다. 공동체들은 1870년에 베커, 바르텔, 포르감머가 활동한 결과로 발생했다. 그러나 나중에 대부분 형제는 이민을 갔고, 나머지는 침례교 연합에 합류했다.[674] 또 다른 공동체가 예카테리노슬랍프 지방의 마리우폴 지역의 그루나우 개척지에 있었다. 에두아르드 뷔스트 목사가 1850년에 거기서 설교했다. 그의 설교를 통해 많은 루터교 신자들과 천주교 신자들이 변화되었다. 새로운 회심자들은 성경 연구와 기도를 했고, 신자 수가 급속히 증가했다.

첫 번째 어려움이 생겼을 때, 많은 사람이 믿음이 식었다. 그룹은 자유에 관한 가르침을 비켜 갈 수 없었다. 1866년에 몰로찬스크에서 피츠와 슈뢰더가 침례를 받았고, 후에 두 명이 또 침례를 받았다. 일부 신자들은 나중에 돈 지역으로 이주했는데, 그들은 이전에 몰로치나야에서 재이주한, 형제들을 만났다. 예배는 코르넬슨

---

673. Tam zhe, s. 425~427. [위의 책 p. 425~427.]
674. Frizen. Istoriya, s. 429~430. [프리젠. 역사, p. 429~430.]

(떠나라는 통지의 저자)이 주도했다. 1875년에 렙케가 사역했다. 그의 설교를 통해 많은 사람이 믿었고 침례의 필요성을 이해하게 되었다. 침례받은 사람의 숫자가 200명으로 증가했습니다. 1885년 무렵 공동체의 회원은 300명으로 집계되었다. 총 538명의 새로운 회심자가 침례교육을 받았다. 공동체 구성원들이 비 메노파였기 때문에, 두 공동체는 모두 1887년에 침례교 연맹에 가입했다.[675]

1885년 이후의 메노파 생활

1885년에 시작된 그다음 30년은 러시아에 있는 메노파의 경제적 활동이 급증한 시기였다. 그 기간 개척지의 수는 2.5배 증가했다. 새롭게 형성된 정착지 중 가장 큰 것은 다음과 같다. 사마라 현 (1890년에 설립된 14개 마을)의 노이사마라(플레샤노프스크), 우파 지방의 다블레카노보(1894년에 19개 마을), 오렌부르크 정착지(1898년 14개 마을), 옴스크 정착지(1899년 29개 마을), 파블로다르 정착지(1906년 14개 마을), 슬라브고로드 정착지(1908년 58개 마을). 보통 새로운 정착지에 재정착한 사람 중에는 메노파 형제들이 있었다. 새 장소에서 공동체의 지교회가 만들어졌고, 공동체는 신자들의 영적 상태를 관찰했다. 복음 전도자들이 지교회를 방문했다. 지교회 대표자들은 연례회의에 참석했다. 지교회는 점차 독립된 공동체가 되었다. 새로운 개척지에서 메노파 형제회 공동체가 특히 빠르게 성장했다.[676]

공동체의 성장과 영적 생활의 활성화에 중요한 요소로 이바지한 것은, 여러 개척지에서 때때로 일어났던 부흥이었다. 실례로 스팟과 크림의 첸탈 마을 공동체의 사례를 본다. 1883~1884년에 스팟, 토쿨착 및 다른 마을에서 커다란 영적 부흥이 일어났다. 몰로치나야에서 사역하던 전도자들이 크림을 방문했다. 그들은 독일인 마을에서 전도하고 경건 서적을 배포했다. 베데커 박사가 보급한 문서가 특히 효과적이었다. 새로운 회심자들은 서로 교제하려고 노력했다. 예배 참석 외에, 신자들은 상호 교육을 위해 모였고, 그들은 성경을 공부하고, 성경 주석과 교육적 글과 스펄전의 설교집을 읽었으며, 다른 사람들에게 하나님의 은혜로운 행동에 대해 간증

---

675. Tam zhe, s. 427~429. [위의 책 p. 427~429.]
676. Men. entsikl., t. IV, s. 381~389 [메노. 백과, 4권, p. 381~389]

했다. 곧 새로운 회심자들은 몰로찬스크와 자그라디프카 개척지에서 크림으로 이주한 메노파 형제들과 교류하게 되었다. 전도자들은 또한 마가복음 16장 15절 너희는 온 천하에 다니며 만민에게 복음을 전파하라.는 그리스도의 명령에 따라 행동하여, 그룹을 방문했다.

사역자들은 당면한 질문에 관한 답을 얻기 위해 신자들에게 다음과 같이 권고했다. 성경을 주의 깊게 공부하면, 모든 것이 분명해질 것이다. 곧 주님께 회심한 많은 사람이 믿음에 근거한 침례의 필요성을 이해했다. 1885년 4월 28일에 21명이 침례를 받았다. 같은 해에 교회 건축이 시작되었다.[677]

복음주의 메노파 형제회

1903년 공개적인 성찬식을 시행하는 경향이 나타났다. 이미 언급했듯이, 공동체가 생겨나기 시작한 맨 처음에는, 중생한 기독교인만 주의 만찬을 허용했고, 아인락 공동체가 형제회가 세워진 후에는 제한적인 성찬식의 원리가 수립되었다. 연장자 세대의 형제들은 그 질서를 고수했지만, 그 당시 젊은 형제들, 특히 해외에서 교육받은 형제들(예를 들어, 발트하임 출신 표트르 켄, 스위스의 상트크리쇼나 성서 학교 졸업생)과 복음 전도자들은, 모든 거듭난 사람들이 성찬식에서 함께 친교 하기를 원했다.

그 문제에 관해 교회에서 활발한 토론이 있었다. 그러나 공동체와 목회자 대표로 구성된 전도위원회가, 개입하여 공동 성찬식 실시를 금지했다. 형제회에서는 그 결정에 관련하여 분리가 무르익었다. 결국 바실리예프카 회의에서 문제를 최종적으로 해결해야 했다. 그러나 주님은 마귀가 하나님 왕국의 경영에 손해 끼치는 것을 허용하지 않으셨다. 회의 진행이 예정된, 바로 그때, 프레제와 운루는 수용되어 있었고, 그 후 회의 개최를 허가받지 못했다. 형제들은 문제를 원만하게 해결한 하르키우 지방의 로르베륵에 다시 모였다.[678]

형제회 일부가 소망했던 모든 기독교인과 친교 하려는 노력이 반영된 공개적인 성찬식이 시행되었다. 20세기 초에 몰로찬스크 개척지에는 공동으로 성경을 연구

---

677. Frizen. Istoriya, s. 465~467. [프리젠. 역사, p. 465~467.]
678. Unruh. Istoriya, s. 227~228. [운루흐. 역사, p. 227~228.]

하고 성찬식에 참여하는, 다양한 공동체에서 모인 신자들의 모임이 있었다. 형제들은 점차 공동체를 구성하려는 생각들에 접근했고, 1905년 5월 16일에 그것은 실현되었다. 공동체의 이름을 몰로찬스크 복음주의 메노파 형제회라고 정했다. 형제회의 지도부 구성에는 메노파 형제회로부터 여러 설교자가 선출되었다. 형제회의 지도부에 구성된 사역자는 류켄나우 메노파 형제회 공동체의 지도부에 포함되었다. 지난 수년간 복음주의 형제회 기독교인 중 베데커 박사가 많은 사역을 했고, 한때 과학자였던 에른스트 스트리터 교수(1846~1922)도 그렇다. 두 사역자는 메노파 형제들에게 큰 영향을 미쳤다. 베데커는 무엇보다 자신의 경건한 생활을 보여주었고 신자들의 일치가 얼마나 중요한지 이해했다. 스트리터는 하나님의 나라에 관한 복음적인 교리와 그의 신부인, 그리스도의 몸인 교회의 가르침을 연구했다. 교회에 관한 존경, 죽은 자의 첫 번째와 두 번째 부활, 기타 진리를 가르쳤다. 수년 동안 재능 있고 교육받은 많은 설교자에게 그런 신학 연구는 훌륭한 학교로 이바지했다.

복음주의 메노파 형제회 공동체는 리히트펠트(몰로치나야), 헤르손 지방의 티가에 여러 개 존재했다. 노이사마라 개척지에는 메노파 형제회 공동체와 공식적으로 연합된, 가끔은 복음주의 메노파 형제회 공동체로 불렸던 공동체 연맹이 있었다. 공동체에서 신자의 침례는 침수로만 시행되었지만, 다른 형태의 침례도 가능하다는 사람들 또한 공동체의 회원으로 받아들여졌다. 공동체의 일부 회원은 다시 침례를 받았다. 나중에 공동체 연맹은 메노파 형제회 공동체와 합병했다.[679]

메노파 교회와 접촉

1910년 10월 26~27일에 베르단스크 지방의 쉰지에서 메노파 총회가 열렸는데, 처음으로 메노파의 교회와 형제회가 모였다. 형제회가 모든 대의원 중 3분의 1을 차지했다. 토론의 주제는 종교 단체와 공동체 관련 법률 초안에 관한 간단한 설명의 특정 조항을 명확히 하려는 러시아의 메노파 공동체가 표현한 규정이었고, 또한 신경 질환 환자를 위한 베다니 병원의 설립, 티가에 청각 장애인 학교 설립, 교회 도

---

679. Frizen. Istoriya, s. 723~725. [프리젠. 역사, p.723~725.]

서 및 찬송가 출판 등도 고려되었다.[680] 총회는 외부적 환경의 힘으로, 메노파 교회 공동체와 형제회 간의 공식적인 협력을 시작하게 되었다. 사실, 종교 단체에 관한 법안이 작업 되고 있을 때, 메노파는 종교 분파로 취급되었다. 자신들의 권리를 보호하기 위해 메노파는 함께 행동해야 했다. 쉰지 총회에서 신앙업무 위원회(뒤에 교회사업 위원회)가 조직되었고, 기능에 정부 관련 대표부가 포함되었다. 위원회 위원 3명 중 메노파 형제회 겐리 브라운이 있었다.[681] 공동사업에 메노파 형제들의 참여는 형제회 안에서 활발한 토론의 대상이었다. 메노파 교회와 형제회의 상호관계는 1917년 9월 20일 베르단스크의 교회 업무위원회 확대회의에서 채택된, 복음주의 메노파 교리의 기본 원리로 확정되었다.

25주년 무렵 형제회는 5개 공동체와 10개의 지부 공동체에 회원 수는 모두 1,800명이 집계되었고 방문자는 4천 명이었다. 1880년에 공동체 하나가 침례교 연맹에 가입했다. 공동체에서 사역은 4명의 목회자, 35명의 부목회자와 설교자, 20명의 집사와 20명의 예비 설교자들이 인도했다. 일곱 공동체와 지부는 예배당을 소유했다.[682]

1910년에 메노파 형제회 공동체의 수는 40개가 되었고, 회원 수는 7천 명이 되었고, 방문자는 17,000명에 이르렀는데, 대략 러시아 전체 메노파의 5분의 1에 해당 되는 숫자였다. 가장 큰 공동체는 류켄나우 공동체였고, 소속된 사람은 모두 2,600명이었다. 새롭게 조직된 개척지 비율은, 기존의 개척지에 비해 눈에 띄게 높았다.[683]

1917~1929년의 혁명 후 시기

축복과 어려움

10월 혁명 이후, 메노파의 생활에서 큰 변화가 일어났다. 이전의 제한점인 메노파 신자들 사이에서만 복음의 전파는 취소되었고, 러시아 사람들 가운데 복음 선포

---

680. Protokol konferentsii ~ Frizen . Istoriya, s. 546~547. [회의록~프리젠. 역사, p. 546~547.]
681. Men. entsikl., t. III, s. 218. [메노. 백과. 3권, p.218.]
682. Frizen. Istoriya, s. 438. [프리젠. 역사, p. 438.]
683. Tam zhe, p. 728. [위의 책, p. 728.]

의 결과 대규모로 믿음을 받아들였다. 1918년 9월 14~16일[684], 하르키우 지방의 바실리예프카 공동체에서 혁명 이후 첫 번째 총회가 있었고, 지난 1년 반 동안 메노파 공동체는 전도 목적을 위해 수만 루블을 헌금했다고 보고했다. 헌금으로 영국성서공회는 5만 권의 성경을 인쇄했고, 그 무렵 배포했다. 시편이 포함된 신약성서를 러시아어로 약 20만 권을 인쇄하기로 했다. 하르키우 근처 반티세보 기차역에서 게라시멘코를 포함한 전도자들의 소식이 들렸다. 지역별로 복음 전도자를 배정할 때 러시아 사람들 가운데 전파하도록 위임되었다. 많은 형제는 러시아와 우크라이나 외에, 시베리아와 나림과 수르구트 지역에서도 전도했다.[685]

그 기간에 메노파 교회와 러시아인 신자들과의 협력이 특히 지역에서 깊어졌다. 때로는 공동 전도집회를 진행했다. 우리의 나뭇잎 신문에, 바르빈코베(하르키우 지방)의 메노파 형제회 공동체에서 볼코프의 설교를 통해 부흥이 일어났고, 결과로 25명의 러시아인과 독일인이 주님께 회심했다는 기사가 있었다.[686]

국내 전쟁은 신자들에게 많은 고통을 주었다. 메노파의 기본 원칙 중 하나인 자기 방어를 위한 목적조차도 폭력을 거부한다는 원칙이 시험을 받았다. 마흐노 폭력단이 1918~1920년에 여러 번 몰로찬스크와 호르티타 정착지 (모두 8개월)를 점령했다. 1919년 3월부터 1918년 11월까지 마흐노의 공격 시기에 일부 메노파 청년들이 무기를 들었는데 가톨릭, 루터교, 메노파로 구성된 방어 부대가, 3개월 동안 무정부주의자들의 공격을 저지했다. 가톨릭 정착지 블루멘탈이 방어의 중심지가 되었다.[687] 그러나 모든 메노파가 그런 방식으로 대응한 것은 아니다. 메노파 센터 총무인 표트르 빈스(전 러시아 메노파 협회의 본부)의 최후 진술은 다음과 같다.[688] 나는 죽을 준비가 되어 있다. 나를 기관총으로 쏘거나 칼로 살해할 수 있지만, 나는 주님 안에 있어 축복이다. 주님은 나를 돌보실 것이다. 힘든 시기에 2천 명이 넘는 메노파 신자들이 질병과 전쟁으로 사망했다. 내전과 1921~1923년의 기근으로 메노파 일부는 캐나다와 다

---

684. Protokol konferentsii ~ Unruh. Istoriya, s. 316~323. [회의록 ~ 운루흐. 역사, p. 316~323.]
685. Unruh, Istoriya, s. 351~365. [운루흐. 역사, p. 351~365.]
686. Tam zhe, p. 366. [위의 책, p. 366.]
687. Epp F. Mennonite Exodus. Altona, 1962, p. 35. [엡. 메노파의 출애굽. 알토나, 1962년, p. 35.]
688. Tam zhe, p. 36. [위의 책, p. 36.]

른 나라로 이주를 시작했다.⁶⁸⁹ 전후 시기는 황폐화로 인해, 새로운 어려움이 있었지만, 영적 상황은 축복받은 해였다. 주님은 특히 자기 자녀들에게 가까이 계셨다.

그 기간에 영적 사업은 어떤 방향으로 발전했는가? 1928년에 멜리토폴 공동체 총회에서 낭독된, 발제에서 영적 생활을 심화시키는 다음의 방법을 제시했다. 교회 사역자의 정기적인 교류, 성화와 회개에 관한 설교의 조화, 회원 회의 및 형제 협의회 참여, 사역자들의 교인 심방, 주님의 만찬 참여, 교육적인 예배에 활발한 참여, 특히 기도회와 성경 공부 모임 참여, 사역자들의 은사 사용.⁶⁹⁰

사역자 양성

혁명이 끝나고 교회 사역자 준비 작업은 조금 나아졌다. 그때까지 메노파의 오랜 전통에 따라 사역자는 교회 자체 준비 과정을 통과했다. 성서의 시간이 주된 역할을 했다. 그것은 19세기 말까지 계속되었다. 체계적인 신학 교육을 받고자 하는 열망으로, 20세기 초 메노파 청년들은 함부르크, 베를린, 브레멘에 있는 침례신학교에서의 공부를 위해 독일 유학을 떠나기 시작했고, 스위스의 상트크리쇼나 성서학교와 영국의 스펄전 대학으로 떠났다. 1910년에 메노파 형제회 교회에서 함부르크신학교 졸업생 4명, 상트크리쇼나 졸업생 2명과 신학 박사 1명이 사역을 했다.⁶⁹¹

1918년 가을에 행정부는 심페로폴 근처의 촌그라프에 성서학교(신학교)를 설립할 수 있는 허가를 내주었다. 처음에는 함부르크 신학교 졸업생 비네와 브라운이 학교에서 가르쳤다. 1919년에 2명의 교사 운루와 라이머가 신학교에서 일하도록 초청받았다. 신학 과목과 함께 수학, 물리학, 자연과학을 가르쳤다. 교육 프로그램은 3년 과정으로 계획되었고 1년은 예비 과정으로 놓았다. 1921년 5월 27일에 8명의 졸업생이 나왔다. 1921년에 학교에서 45명의 학생이 공부했고, 그중 10명의 자매가 있었다. 교육 과정과 신학교의 조직은 함부르크 신학교와 비슷했다. 학생들을 교육시키는 방법은 스스로 찾아야 했다. 학교 내 설교자 과정과 이동 성경학교가

---

689. Tam zhe, p. 37. [위의 책, p. 37.]
690. Unruh. Istoriya, s. 335~349. [운루흐. 역사, p. 335~349.]
691. Frizen. Istoriya, s. 720~722. [프리젠. 역사, p. 720~722.]

운영되었다. 촌그라프 신학교는 1924년까지 지속되었다.⁶⁹²

또 다른 성경학교는 우파 근처의 다블레카노보에 있었다. 학교는 1923년 9월 칼 프리트리히슨에 의해 설립되었고 칼은 교장 겸 교사였다. 학교가 존재하는 동안 13명이 교육을 받았는데, 9명은 메노파 형제회에서, 1명은 교회에서, 2명은 복음주의 메노파에서, 1명은 침례교에서 왔다. 시베리아에서 6명이 공부하러 왔고, 5명은 투르케스탄, 1명은 알트 사마라, 1명은 우파에서 왔다. 1926년 4월에 3명의 입학생 중에서 1명만 졸업했다.⁶⁹³ 언급된 교육 기관들과 함께, 켄이 지도한 오렌부르크 정착지 안의 성서학교가 비공식적으로 활동했다.

형제회 자료

1925~1927년에 시베리아와 투르케스탄을 포함한, 러시아 연방 내 메노파 형제회의 숫자는 회원 5,871명과 방문자 5,406명, 몰로찬스크 공동체는 회원 1,245명과 방문자 1,256명이었다. 우크라이나 공동체는 회원 1,867명과 방문자 2,875명이었다. 총계는 8,983명의 회원과 12,519명의 방문자가 집계되었고, 국내 메노파 가운데 약 4분의 1에 해당하는 수치이다.⁶⁹⁴

1930~1940년의 영적활동 하락기

이 기간의 시작은 전국가적인 산업 공업화와 농업 집단화 계획의 이행과 일치했다. 수십 년 동안 쌓아 온, 메노파 정착촌의 생활 방식은, 새로운 시대의 요구 사항을 충족시키지 못했다. 새로운 조건은 많은 사람들에게 익숙하지 않았다. 전에는 신자들이 주로 종교적인 방향 사이에서 선택해야만 했지만, 이제는 선택의 폭이 매우 넓어졌다. 신자들 일부는 교회를 떠났지만, 많은 사람들은 마음속에 믿음을 간직했다.

그 시기의 초반에 많은 메노파 신자들은 국내의 여러 적합하지 않은 곳에 있었

---

692. Unruh, Istoriya, s. 241~251. [운루흐. 역사, p. 241~251.]
693. Men. entsikl., t. IV, s. 545. [메노. 백과, 4권, p. 545.]
694. Unruh, Istoriya, s. 396. [운루흐. 역사, p. 396.]

다. 그들의 재정착은 계속되었다. 대조국 전쟁 동안 많은 신자들은 중앙 아시아, 카자흐스탄, 시베리아로 피난가거나 군대의 노동 지원에 동원되어, 양심적으로 모든 사람들과 함께 일했다. 그 이동은 메노파 교회의 지리적 위치를 본질적으로 변화시켰고 독일 메노파 주요 공동체가 우크라이나로부터 카자흐스탄과 중앙아시아로 이동하기 위한 전제 조건을 만들었다.

30년대 초에 메노파 형제회는 복음주의 침례교 형제회의 슬픈 운명을 공유했다. 교회의 지도자들은 영적인 활동을 계속할 수 없었고, 모임은 중단되었다. 교회는 폐쇄되었다. 당시 형제회 전체와, 교회의 개별 회원들은 수많은 극적인 사건을 겪었다. 나중에 불의하게 고통을 받았던 형제자매들의 선한 이름이 복원되었다.

그런데, 그럼에도 불구하고 복음적인 진리의 불은 계속 타올랐다. 그 불은 평범한 형제자매들이 유지했다. 전쟁 기간에, 러시아 형제자매들이 집회 기회를 가졌을 때, 독일계 신자들이 합류했다. 두샨베에서 메노파 형제들이 1947년에 처음으로 복음주의 기독교침례회 공동체를 받아 들였고, 노보시비르스크에서는 1948년에 일어났다.[695]

그런 방법으로, 당시 메노파와 복음주의 기독교침례회 총연맹과의 연합에 관한 기초가 세워졌고, 그 일은 훨씬 늦게, 60년대에 일어났다. 바로 그 혹독한 시기에 많은 형제와 자매가 메노파 교회에서 침례를 받았고 주님을 따르는 길에 있었다. 어려운 시기에 시험받은 메노파 형제회는, 국내의 복음주의 기독교인과 침례교인이 걸었던 것과 같은 방식으로, 걸어갔다고 말할 수 있다. 때로는 그 길들이 우연히 겹쳤거나 옆을 지나쳤는데, 상호이익을 얻게 되었다.

영적활동 상승기

메노파 형제회 교회들은 50년대 중반까지 2차 세계 대전의 결과를 계속 경험했다. 전쟁 시기와 첫 번째 전후 기간의 생활 조건이 여전히 어려웠지만, 일정 수준의 교회 생활은 이루어졌다. 형제들이 사역을 시작하고 20년대에 안수를 받고 주님이

---

695. Bratskiy vestnik, 1969, No 3, s. 69. [형제들 소식, 1969년, 3호, p. 69.]

수년간 지키신, 주님의 포도원에서 형제들의 일이 다시 시작되었다. 사실 그들은 새로운 곳에서 교회를 만들고 일을 다시 시작해야 했다. 주님은 그들의 사업을 풍성하게 축복하셨다. 그 해에 많은 사람이 회심 했다. 교회의 새로운 회원들은 이전 세대의 영적 경험을 받아들였다.

교회의 회복에 참여한 형제들 중에 베르그만(1899~1979년)이 있었다. 그는 1924년에 신자가 되었고, 믿음에 근거한 침수침례를 받았고 몇 개월이 지나서 오렌부르크주 카멘카에 있는 성서학교의 학생이 되었다. 베르그만은 1928년에 안수를 받았다. 그 후 사역 진행이 불가능하자, 가족과 함께 우크라이나로 이동했다. 1944년에 베르그만은 카라간다에 있었다. 그는 신자들과 교제하고 설교했다. 그의 사역을 통해 많은 사람이 주님께 돌아왔다. 복음주의 기독교침례회의 지도부는 그에게 독일계 신자들을 돌보도록 위임했다. 1954년부터, 독일어로 설교할 기회가 생기자, 그는 기꺼이 그 일을 교회에서 실행했다. 1957년에 베르그만은 새롭게 조직된 메노파 형제회 교회로 이동했고 두 교회에서 합당한 권위를 사용했다.

전, 후 메노파 형제회 교회사에서 좋은 흔적을 남긴 다른 사역자는 파스트(1886~1981년)였다. 그는 1908년에 신자가 되었고, 1911~1913년 스위스의 상트크리쇼나 성서학교에서 공부했다. 1931년 3월까지 파스트는 알렉산드르탈(현재 쿠이비셰프주)에서 설교하고 찬양대를 지도했다. 다음 23년은 극동에서 살았다. 1955부터 약 10년간 파스트는 테미르타우에 살았고 그 시기에 카자흐스탄 중앙부와 다른 지역의 많은 독일 교회를 방문했다. 지난 14년 간 그는 침켄트 지역의 제티사이에서 사역했고, 일요일마다 4번의 예배에서 설교했다.

러시아인과 우크라이나인 형제들의 간증을 통해 독일인 가운데 여러 곳에서 부흥이 일어났다. 오르스크의 사례는 다음과 같다. 노동 부대에 메노파 가정 출신의 많은 여자 청년들이 있었다. 그들은 한때 그리스도 교회 연합에서 활동한 고르디욱의 설교를 통해 신자가 되었다. 신자가 된 자매들은 1945년 12월 15일과 1946년 2월 3일에 도시의 공업 회사 중 하나의 따뜻한 기술 용수에서 침례를 받았다.

50년대 후반에 여러 곳에서 부흥이 관찰되었다. 부흥의 결과로 독일인 메노파 교회가 여러 곳에서 생겨났다. 새로운 교회는 또한 많은 가정이 이주한 결과로 나타났다. 예를 들어, 제티사이의 큰 교회는 많은 신자가 코스트로마 주에서 이주한 결과로 1957년에 생겼다.

주님은 오렌부르크 주에 있는 교회 복원 활동에 폿, 프란즈, 자바드스키 등을 사용하셨다. 1946년에 신자들은 다시 모이기 시작했는데, 먼저 성경을 공부하기 위해, 다음에는 복음 전파를 위해 모였다. 주님은 복을 풍성하게 부어 주셨다. 1940년대 후반에 페트로프카 마을에서 주변 8개 마을에서 온 98명이 침례를 받았다.

50년대 말의 부흥은 엔그브레흐트와 다른 형제들의 노력을 통해 새로운 자극을 받았다. 그 후 하나님의 자녀들은 새로운 시험과 어려움을 맞이했다. 교회의 특별한 축복은 70년대 후반에 경험되었다. 그때부터 지역에서 교회를 건축할 기회가 열렸다. 부록 1에는 키르기즈스탄과 러시아 연방의 일부 메노파 교회사에 관한 내용이 있다.

지방에 있는 복음주의 기독교침례회와 메노파 사이의 친교는, 1963년 모스크바에서 열린 총연맹에서 발전되었다. 메노파 형제회는 복음주의 기독교침례회 연맹을 받아들이기로 결정되었다. 총회에서 카라간다 출신의 알러트는 다음과 같이 말했다. 나는 당신들과 우리들 사이의 불일치를 볼 수 없다. 나는 복음주의 기독교침례회 총연합회가 메노파 공동체를 받아줄 것을 총회에 요청한다.[696] 그 요청은 무관심하게 남겨지지 않았고, 1964년 7월 복음주의 기독교침례회 총연맹 확대 상임위원회에서 다음의 결정이 내려졌다. 가장 짧은 시간에 소련 내 메노파 전체의 숫자와 위치를 파악한다. 침례교의 관습에 따라 침수침례를 받은 메노파 형제들은, 아무 조건 없이 복음주의 기독교침례회 교회에서 받아들인다. 복음주의 기독교침례회 총연합회에 가입하는 메노파 교회가 자신들의 언어로 설교와 노래할 수 있는 권리를 청원한다. 복음주의 기독교침례회 교회가 없는 지역에 있는, 메노파 형제회 그룹의 등록 신청을 청원한다.[697]

1966년에 열린 다음 총회에 메노파 형제회 대표단 75명이 도착했다. 그들의 요청으로 총회에서 다음과 같이 발표되었다. 지난 1963~1966년은 위대하신 우리 주 예수 그리스도의 놀라운 은혜의 결과였다. 그들은 독일계 침례교와 메노파 형제들

---

696. Bratskiy vestnik, 1963, No 6, s. 40. [형제들 소식, 1963년, 6호, p. 40.]
697. Tam zhe. 1976, No 3, s. 69~70

이 같은 형제회에 속한다는 것에 특별하게 느꼈다. 축복은 특히 세상의 연합에 일치의 영(엡 4:3)이 가득한 곳에서 나타났다. 뜨거운 열망은 예수 그리스도의 기도가 하나가 되어(요 17:21)로 실행되었고 화합을 위해 노력하며, 우리는 다음과 같이 복음주의 기독교침례회 총연맹 총회에 다음과 같이 선포한다.

- 우리는 당신들과 형제이다.
- 우리에게는 하나의 목표, 하나의 추구, 하나의 과제가 있다.
- 우리에게는 믿음도 하나, 주님도 한 분, 침례도 하나이다(엡 4:5)

우리가 선포한 문장에 근거하여 우리는 복음주의 기독교침례회 총연맹의 기본 원칙, 신앙고백과 규약의 모든 것을 인정한다.[698]

그 이후로 복음주의 침례교 및 메노파 형제회는 공식적으로 공동 사역을 실행했다. 1966년부터 메노파 형제회의 대표들은 복음주의 기독교침례회 총연합회(이하 본교단으로 줄임)에 포함되었다. 연합회가 있는 곳은 어디서나, 메노파 형제회는 목회자, 집사, 설교자, 지휘자, 찬양대 사역을 수행하며, 선임목회자 아래 협의회의 위원이 되었다. 위르츠는 1979~1988년 본교단 위원에 포함되었고, 그는 1974~1979년에 본 교단 후보 위원이 되었다. 크리거는 1969~1974년에 본 교단 위원이었다. 파스트는 1974~1986년에 상임위원이었다. 엔스 위원이었다. 바움바흐는 1987~1988년에 본 교단 상임위원회에 포함되었다. 메노파 형제회와 통합 관련한 형제들 회의와 만남은 1967년, 1973년, 1976년, 1978년, 1983년에 이루어졌다. 이와 관련하여 1969년 3월에 본 교단 상임위원회에서 카레프가 메노파 형제와의 연합 작업은 우리에게 가장 만족스럽다고 말한 것을 기억하는 것이 적절하다.

성서통신과정에 메노파 형제들이 정기적으로 교육을 받았다. 목회자 한 명은 해외에서 신학 교육을 받았다. 교회에 필요한 독일어 성경이 채워지고 있다. 1977년에 독일어 복음성가집이 출판되어 이전 성가집을 대체했다. 1985년에 성가집이 다시 발행되었다. 1956년부터 세계 메노파 형제회와 공식적인 접촉이 유지되고 있다.

---

698. Bratskiy vestnik, 1976, No 3, s. 69~70. [형제들 소식, 1976년, 3호, p. 69~70.]

본 교단과 독립메노파 공동 대표단은 1978년 7~8월에 미국에서 있었던 제10차 메노파 세계대회에 참가했다. 주님은 그의 백성을 복 주셨다. 많은 공동체가 교회를 건축 또는 재건축했다.

메노파 형제회 교회의 찬양

메노파는 풍부한 찬양의 전통을 가지고 있다. 프로이센의 메노파 공동체에서 예배는 복음주의 교회의 경우와 마찬가지로, 오르간 음악이 아닌 회중 찬양을 사용했다. 신자들은 악보있는 성가집으로 찬양했고, 악보 보는 법은, 일반적으로 학교에서 가르쳤다. 예배의 분위기는 엄숙한 찬양으로 결정되었다. 많은 사람이 찬양으로 인해 주님께 나왔다.[699] 그 후, 그들이 악보 없는 찬양집을 사용하기 시작했을 때, 노래는 다소 엄숙함을 잃었다.

메노파 형제회 공동체에서 찬양하는 것은 침례교와 특히 감리교의 전통에서 어느 정도 영향을 받았다. 감리교회에서 연주된 멜로디를 아주 좋아했던, 뷔스트 목사의 개인적인 취향이 반영되었다. 회중 찬송용으로 침례교 성가집인 '글라우벤쉬티머~믿음의 목소리'가 사용되었다. 첫 번째 침례식 때 성가집에 있는 찬송가를 불렀다.[700] 처음에는 예배에서 힐러와 고스너의 성가집으로 찬양했다. 글라우벤스쉬티머에서 멜로디를 가져와 찬송가의 가사를 편집했다. 때때로 회중 찬송은 하모니카와 바이올린 연주가 함께했다. 러시아 메노파에 의해 쓰인 찬송가 또한 불렸다. 특히 신자들에게 사랑받은 찬송가는 폿의 작품이었다. 1865년에 찬양에 악기 반주 순서가 도입되었고, 지금까지 음악과 찬양은 공동체가 조절하고 있다.[701]

1977년부터 교회들은 새로운 복음성가집인 자멜반트(영적 노래)를 사용하고 있다. 성가집은 497곡의 찬송가로 구성되어 있으며 에스토니아의 펑크가 적극적으로 참여하여 6권의 오래된 찬양집을 토대로 편집되었다.

---

699. Geyeze G. Kratkaya istoriya nashikh menonitskikh brat'yev. Rukopis'. Tsit. po: Frizen. Istoriya, s. 91~92. [메노파 형제회 요약 역사. 필사본. 프리젠. 역사, p. 91~92.에서 인용]
700. Friesen. Istoriya, s. 243. [프리젠. 역사, p. 243.]
701. Tam zhe. s. 332, 338, 78. [위의 책, p. 332, 338, 78.]

메노파 형제회 교회는 19세기 지난 10년 동안 찬양대 합창곡이 확산 되었다.[702] 프리덴스펠트 공동체 찬양대에 관한 정보가 있다. 찬양대는 70명의 찬양대원으로 구성되어 있고 주일 아침 예배 외에, 장례식, 결혼식, 병상에서 찬양을 했다. 1895년에 열렸던 합창제와 10번의 추가 예배, 250곡 이상의 찬송가를 배웠다. 1902년에 찬양대는 찬양대 축제, 침례식, 결혼식, 다른 교회 행사에 참가하려고 23개 지구에 36차례의 여행을 떠났다. 찬양대장은 베르나드 딕이었다. 러시아 남부에 있는, 교회 찬양대의 찬양대장들이 찬양대 연합회를 설립했는데, 무엇보다 경험이 적은 찬양대를 돕기 위한 모임이었다. 찬양대 지도자는 2~3일 동안의 세미나에서, 1910년대에 유명했던 자신들의 기술을 완성하였다. 경험 많은 찬양대장은 지역 합창 찬양대를 도왔다.

1908년부터 코넬리우스 노이펠트가 찬양대장 세미나 교육에 적극적으로 참여했다. 그는 스위스 바젤 대학과 영국 스펄전 대학에서 영적 교육을 받았고 풍부한 지식과 높은 음악적 문화로 구별되었다. 찬양대장 세미나와 함께, 노이펠트는 1909~1910년에 찬양대원, 찬양대장, 복음찬양 애호가를 위한 잡지 [아우프베르스] - [앞으로]를 발간했다. 특히 찬양 기법, 화성법, 찬양대장 일기의 제목 아래 여러 공개적인 글들은 주목할 만하다. 글의 일부는 당시 교회에 있었던 오케스트라로 인해, 악기 음악에 맞춰졌다. 찬양대는 디지털 녹음 시스템을 사용했다. 찬양대장은 더 복잡한 음악에 관심을 가졌다. 전쟁이 끝나자 갈프슈타트 공동체에서는 이미 헨델, 바흐, 멘델스존의 성악극이 들렸다. 좋은 전통으로 자리잡은 찬양대 축제가 복구되었다. 그러나 20년대 후반에 찬양대 활동은 중단되었다. 그 후 메노파 교회에서 찬양대 노래가 발전된 것은 50년대 중반부터이다. 60년대 초반에 많은 교회의 예배에서 악기 음악이 소리를 내기 시작했다.

---

702. Materialy o khorovom penii pocherpnuty iz: Berg Uesli. Khorovoye peniye sredi menonitov Rossii. 1895~1928 gg. Mennonayt kuoterli rev'yu, iyul', 1982. Goshen, SSHA. [찬양대 합창곡 자료는 베르그 웨슬리Berg Wesley에서 인용했다: 러시아 메노파의 합창곡. 1895~1928년. 메노파 분기별 평가 Mennonitet Quarterley Review, 1982년 7월. 고센Goshen, 미국.]

출판 활동

오랫동안 메노파 형제회는 자신들의 경건 도서 출판에 관한 필요성을 느끼지 못했다. 신자들은 독일에서 출판된 도서를 사용했다. 정기 간행물도 나오지 않았다. 또한, 종교 전단지를 발간하기 위한 허가 얻기가 어려웠다. 총회의 결정에 따라 3권의 책이 출판되었다. 웅거가 1873년에 정리한 메노파 형제회의 교리(라이프치히, 1876년), 1862년 5월 7일 자 호르티차 지역 형제들의 답변, 1902년에 메노파 형제 공동체의 교리이다.

영적 교화 및 정기 간행물 출판의 시작은 아브람 야코블레비치 크레커(1863~1942년)와 야곱 이바노비치 크레커(1872~1948년)의 이름과 관련이 있다. 그들은 얼마 동안 교사로 일했다. 아브람 크래커는 도브루자(루마니아)에서 설교자로 사역한 후 크림 지방의 스팟으로 이사했다. 그 무렵 그는 이미 문서 사역의 경험이 있었다. 1897년 아브람 크래커는 1918년까지 매년 출판된, 기독교 가정 달력을 독일어로 출판했다. 그후 기독교 연감(1900~1905년)과 뜯는 기독교 달력 (1899~1917년)을 간행했다. 아브람 크래커는 1903~1920년에 메노파 형제회 공동체의 프리덴스쉬티머~ 세계의 소리 기관 편집자이자 발행인이었다.[703]

1894~1898년에 야곱 크래커는 함부르크 침례신학교에서 공부했다. 러시아에 도착하여 그는 크림에서 복음 전도자로 일했다. 크래커는 시계파를 처음 만났고 베데커 박사를 알게 되었다. 베데커가 그에게 미친 영향에 대해, 크래커는 나중에 다음과 같이 썼다. 그는 우리를 러시아 시계파 형제들과 상트페테르부르크 상류 사회에서 일어난 영적 부흥의 생활에 가까이하도록 이끌었다. 나는 처음으로 교회 교리의 빛에서 일어나는 것이 아니라, 하나님의 일하심에 비추어 형제를 보는 것을 배웠다.[704]

야곱 크래커는 믿음에 따라 이름에 상관없이 모든 형제자매에게 열린 마음으로 그의 일을 했다. 영적 작가로서 그의 재능은, 독일에 살았던 1910년 이후로 완전하게 나타났다. 1904년에 최초의 메노파 출판사가 조직되었고, 사장은 메노파 형제회

---

703. Men. entsikl., t. III, s. 245~246. Frizen. Istoriya, s. 672. [메노. 백과, 3권, p. 245~246. 프리젠. 역사, p. 672.]
704. Tsit. po Kale. Yevangel'skiye khristiane v Rossii, s. 59. [칼레. 러시아 복음주의 기독교인, p. 59. 에서 인용]

브라운이 되었다. 1909년에 출판사 무지개가 그 기반으로 만들어졌고, 브라운, 야곱 크래커, 프로하노프가 지도부를 구성했다. 책은 러시아어와 독일어로 출판되었다. 1917년까지 출판사는 약 200권의 인쇄된 출판물을 발행했다.[705] 1925년 11월부터 1928년 6월까지 [우리 나뭇잎] 신문이 출판되었는데, 그것은 메노파 공동체 총연합회의 기관지였다. 간행물의 편집인은 에디거였고 발행인은 마르텐스였다.[706]

첫 번째 독일인 침례교회

믿음에 근거한 침례

이전 세기 중반에 시작된, 복음주의적 부흥은, 러시아 남부의 많은 독일 정착촌에 영향을 미쳤다. 그것은 또한 헤르손 지방에 있는 2개의 정착촌 알트단치그와 나이단치그에 영향을 미쳤다. 본켐퍼 목사가 어느 시기에 알트 단치그(현재 키로보흐라드 주 크룹스코에 마을)에 부흥의 불을 붙였다. 1858년에 주님은 또 하나의 강한 부흥을 허락하셨다. 개종자 그룹은 17세의 요한 프리츠 카우가 이끌었는데, 그는 마을 주민들 사이에서 깊은 존경심을 받았다.

메노파 형제회의 모범적인 영향으로 그 지역에 믿음에 근거한 침례가 이루어졌다. 첫 번째 침례는 1864년 5월 10일 나이단치그에서 삼위일체 기념일에 일어났다. 메노파 형제회의 윌러와 베커 설교자는 루터교, 개혁주의자, 가톨릭 출신의 7명의 형제와 4명의 자매에게 침례를 주었다.[707] 그 사건으로 인해 많은 충돌적인 반응과 의견이 나타났고, 이에 대해 지역 신문이 보도했다. 침례 받은 사람들 중에 특별한 선물로 구별된 사람은 지도자로 선출된 프리드리히 엥겔이었다. 엥겔은 새로운 개종자들의 교육과 침례를 계속했다. 그러나 곧 엥겔을 포함한 침례를 받은 형제들은 해외로 추방당했다. 그들은 당시 터키의 일부였던, 불가리아에 속한 도브루자에 갔

---

705. Kale. Yevangel'skiye khristiane v Rossii, s. 485; Men. entsikl., t. IV, s. 246; Unruh. Istoriya, s. 254. [칼레. 러시아 복음주의 기독교인, p. 485; 메노. 백과, 4권, p. 246; 운루흐. 역사, p. 254.]
706. Men. entsikl., t. IV, s. 787. [메노. 백과, 4권, p. 787.]
707. Rozhdestvenskiy A. Yuzhnorusskiy shtundizm, s. 44~45, so ssylkoy na Busha. Yepiskop Aleksiy. Materialy, s. 141~142, 148. [로즈데스트벤스키. 남부 러시아 시계파, p. 44~45. 부시 인용. 알렉시 감독. 자료, p. 141~142, 148.]

다. 1878년부터 도브루자는 루마니아에 속했다. 주님은 형제들의 사역을 새로운 곳에서 복주셨다. 독일 이주민들 사이에서 부흥이 일어났고 아우구스트 리비히가 지도하는 툴체아에 침례교회가 개척되었다. 리비히는 이전에 부쿠레슈티에서 일했다. 그는 함부르크에서 신학 예비 훈련을 받았다. 알트단치그에서 사건은 다른 방향으로 발전했다. 마을 주민들은 거의 새로운 교리를 따랐다. 1864년 9월 15일에, 코발스키 메노파 형제회에서 20명이 침례를 받았다. 1869년 공동체 역사상 가장 큰 침례식이 알트단치그에서 일어났다. 웅거가 침례를 거행했다. 침례 받은 사람들 중에는 침발이 있었다. 1869년 10월에 온켄이 알트단치그에 2주간 체류했다. 그는 교인 전체회의를 수차례 열었고, 공동체를 조직했고, 사역자를 선출했다. 공동체의 목회자는 프리츠카우가 되었다. 그는 함부르크에서 온지 얼마 안 되었지만 1년 동안 성서 연구를 지도했고 교회의 영적 사역을 조직하는 일을 했다. 프리츠카우는 1869년 4월 온켄에 의해 사역 안수를 받았다.

온켄이 알트단치그에 머무는 동안 세 번의 침례와 성대한 사역자 안수식이 있었다. 독일 침례교의 가장 오래된 사역자의 방문은 러시아 남부 최초의 독일 침례교 공동체에 풍성한 복을 가져왔다. 그는 아인락과 오데사의 메노파 공동체와 나이단치그에 있는 신자들을 방문했다. 오데사에서 온켄은 루터교와 개혁주의자 가운데 이미 침례교인의 마음을 품은 100명 이상의 신자를 발견했다. 온켄은 그들 가운데 거의 매일 활동했다.[708] 알트단치그에서 오데사로 온켄과 동행한 사람은 프리츠카우와 윌러이다. 또한, 오데사 온켄은 멜빌을 만났다. 온켄은 오데사에서 10일을 머문 후 그가 리비히를 만났던 툴체아로 갔다.

오데사 교회

1860년대에는 주로 개혁 교회에 속한 신자들의 개별 모임이 열리기 시작했다. 그들 가운데 와그너와 베르제베(직업은 외과 의사)가 있었다. 그들은 도시 교도소에 독일계 침례교인 3명이 있다는 것을 알았다. 리비히는 1909년 3월 3일자 필브란트에

---

708. Didih 鍋~ h. Sid1憶. Sektierer imd Stundisten. Die Entstehung das russischen Freikirchentums. Berlin, 1985. p.107. [디드리흐, 하.흐., 『개척자, 이단과 시계파. 러시아 자유교회의 출현』. 베를린, 1985. p.107.]

게 보낸 편지에, 그들은 노보단치그 출신이지만, 그들의 이름이 언급되지 않았다고 썼다.709 오데사 형제들은 죄수를 방문하기 시작했고, 나중에 석방되었다. 노보단치그 형제 1명이 어느 날 베르제베에게, 믿음으로 침례 받았는지 물었다. 그 질문은 베르제베가 성경에 관심을 가지도록 촉구했다. 베르제베는 하나님의 말씀을 읽고, 침례 받겠다는 의지를 느꼈다. 그때 또 다른 질문이 있었다. 누구에게서 그는 침례 문제를 너무 많이 걱정했는데, 그가 바다로 가서 아버지와 아들과 성령의 이름으로 물에 들어간 후에야, 마음이 진정되었다. 다른 사람들도 침례를 간절히 원했다.

1870년 5월 프리츠카우는 러시아 남부의 독일 마을을 5주간 여행했다. 여행의 마지막 도착지는 오데사였다. 거듭난 루터교도와 개혁교인들이 모든 지역에서 친절하게 하나님의 사역자와 만났다. 그들은 기꺼이 은혜의 설교와 예수 그리스도의 보혈을 통한 죄 사함을 기쁘게 받아들였다. 그러나 프리츠카우는 자신의 설교에서 침례 문제에 대해 의식적으로 언급하지 않았다. 그러나 그 질문은 진리를 찾는 사람들을 설레게 했기 때문에, 그들 자신이 대답을 찾기 위해 그에게 왔다.

그렇게, 설교하고 대화를 하면서, 프리츠카우는 오데사 앞의 마지막 역인 안넨탈에 도착했다. 여기에 그는 또한 교회 방문자 무리에게 큰 환영을 받았다. 침례 받기를 원했던 오데사 출신의 신자들이 안넨탈에 왔다. 침례자 확인 모임은 마을에 살았던 모든 신자의 참여로 실행되었다. 안넨탈 근처 고프눙스부르크의 흑해에서, 많은 증인이 참석한 가운데 1870년 5월 25일에 공식적인 침례식이 거행되었는데 3명은 오데사에서, 10명은 안넨탈에서 온 새신자들이었다. 침례식 후 성찬식이 있었다. 같은 해에 윌러가 오데사에서 일하기 시작했다. 그러나 그의 사역은 다소 고립되었다. 윌러에게 침례받은 17명은 후에 지역 교회에 합류했다. 윌러는 1874년에 오데사에서 사역을 마쳤다.

윌러의 초청으로 메이어가 알트단치그에서 오데사로 왔다. 1870년 여름에 볼린 지방에서 여기로 온드라가 잠깐 들렀다. 6월 17일에 온드라는 앞서 언급한 베르제

---

709. Dem Herrn die Ehre! 35 jhriges Jubilum der deutschen Baptistengemeinde in Odessa, Nejinskaja 55. Ein geschichtlicher berblick nebst Jahresbericht fr das Jahr 1908 und Gemeinderegeln. [주님을 공경하시오! 오데사 네진스카야 55에 있는 독일 침례교회 35주년 기념. 1908년 연례 보고서와 공동체 규약에 관한 역사적 개요.]

베를 포함하여 오데사에서 온 2명의 형제에게 안넨탈에서 침례를 주었다. 베르제베는 그리스도의 가장 뜨거운 증인의 한 사람이었다. 메이어는 1870년까지 작은 공동체를 이끌었다. 1871년 5월부터 시작하여 1872년 말까지 오데사에서 슐츠가가 일했다. 1871년에 복 받은 주님의 증인 실릭이 부쿠레슈티에서 그의 가족과 함께 오데사로 이사했다.

프리츠카우의 초청으로 1874년 4월 18일에 리비히가 안넨탈로 이사했다. 그 당시 오데사와 그 주변 마을에는 이미 67명의 신자가 있었으며 대부분이 안넨탈에 거주했다. 리비히의 도착으로 영적 활동이 되살아났고 모든 것이 잘 되었다. 주님이 복 주셔서 짧은 시간에 30개의 지교회가 나타났다. 그 결과 안넨탈 교회는 러시아 남부의 가장 큰 교회 중 하나가 되었다. 리비히가 오데사에 도착한 이후로 지역 교회는 독립할 수 있었다. 지역에서 세 번째로 독립한 공동체는 요한니스탈이었다. 리비히는 설교자 클루트, 피셔, 부스, 고른바하 등과 함께 일했다. 리비히를 돕기 위해 레만이 목회자로 선출되었다. 온드라와 다른 형제들이 러시아로부터 강제 추방을 당한 후, 레만이 오데사에서 볼린에 있는 독일인 공동체로 파송되었다. 주님은 새로운 장소에서 레만의 사역을 풍성하게 복 주셨다. 리비히를 돕기 위해 마르가 선출되었지만, 곧 그는 크림으로 파송되었다. 리비히는 1887년 11월 18일까지 오데사와 인근 독일 정착촌에서 은혜롭게 사역을 했다. 그 후 얼마 동안 그는 로지에서 사역했다. 리비히는 러시아에서 추방된 후 독일과 미국에서 사역했다.

1888년 5월에 오데사 교회의 목회 사역은 프리젠이 이어받았다. 신자들은 그를 마음이 매우 따뜻한 사람으로 기억했다. 그러나 1895년에 오랜 질병으로 인해 사역을 떠나야 했다. 1898년 11월 필브란트가 교회 목회자가 되었다.

볼린

최초의 침례교 신자들이 1858년에 폴란드에서 볼린 지방으로 이주했다. 1861년의 농민 개혁이후, 비교적 저렴한 가격으로 땅을 가질 수 있게 되자, 볼린으로 향하는 이주민의 물결이 크게 증가했다. 여기로 관심을 가진 사람들은 폴란드 뿐만 아니라 독일에서 왔다. 1874년 무렵 약 1천 명의 침례교 신자들이 볼린으로 이주했다.⁷¹⁰ 그러나 교회의 급속한 성장과 이질적인 구성으로 인해 교회에서는 건강하지 않은 현상과 거짓 가르침이 생겨났다. 1865년에 함부르크에서 신학 교육을 받은 온드라는 상황을 현저하게 개선시켰다. 그는 볼린 독일 침례교 형제회 중앙 공동체인 노이도르프 공동체에서 목회를 했다. 그와 함께 라인홀트 쉬바가 일했다. 그러나 1877년 두 사역자는 정교회 신자 미혹 혐의로 러시아에서 추방되었다.

연합회 활동

1870년에 알트단치그에서 프리츠카우, 온드라와 여러 메노파 형제들은 연맹에 가입하는 교회 연합 문제를 논의했다. 리비히는 러시아에 도착하자 연합회 활동의 아이디어는 또 다른 지지자를 얻었다. 1874년 10월에 알트 단치그에 온드라와 여러 형제들이 볼린에서, 리비히가 이끄는 툴체아와 오데사 대표들이 도착했는데 그 중에는 리비히의 친형제인 헬무트 리비히가 포함되었다. 메노파 형제회는 그 사건에 관련되었다. 따라서 상당수의 형제회 공동체 대표자들이 모였다. 첫 번째 회의에서 러시아 남서부와 불가리아 독일 침례교 연합회가 조직되었다. 연합회의 지도자로 리비히가 만장일치로 선출되었다.⁷¹¹ 특별히 단서 조항이 있었는데, 총회의 결정은 공동체의 독립성을 제한해서는 안 되며, 그 결정은 조언과 권고로 해석되어야 한다는 것이다. 첫 번째 총회의 결정서가 모든 공동체에 보내졌음에도 불구하고, 보존되지 않았다.

1875년 연차 총회에서 공동체는 상호 방문을 진행하기로 결정되었다. 남부 러시아 출신 형제들은 볼린 공동체를 자신의 공동체처럼 방문해야 했고, 반대의 경우도 마찬가지였다. 그 결정은 교회 청년회에 결과적으로 축복이 되었고 영적 및 수적인 성장에 이바지했다. 튼튼한 관계를 맺은 공동체 사이에서, 한 공동체의 경험은 모든 신자의 자산이 되었다.

첫 번째 총회 이후 몇 년이 지난 후 불가리아 형제들은 오스트리아 침례회 연합회에 가입했다. 1884년 볼린에서 독일 침례교 러시아 연합회가 포함된 남부 러시아 침례회와 함께 러시아 서부 침례교 연합회가 조직되었다. 첫해의 연합회장은 리

---

710. Diedrich, s. 100~104. [디드리히, p.100~104.]
711. Pritskau I. Istoriya, s. 75~82. [프리츠카우. 역사, p. 75~82.]

비히가 되었고 그 후에 노이단치그 공동체의 요한 케슬러 목회자가 되었다. 케슬러 사망 후, 연합회장은 오데사의 필브란트가 되었다.

1908년의 독일 침례교회에 관한 일부 통계 자료가 보존되었다.[712] 러시아 서부 연합회가 가장 컸다. 여기에 6,592명의 회원, 16개의 공동체와 150개의 작은 공동체가 포함되었다. 그다음은 2,750명의 회원, 16개의 공동체와 120개의 작은 공동체로 구성된 남부 러시아 연합회가 따랐다. 볼가 연합회는 607명의 회원, 4개의 공동체와 5개의 작은 공동체로 집계되었다. 그때 러시아 동부에는 4개의 교회와 685명의 회원에, 49개의 지교회를 공동체가 있었다. 상트페테르부르크, 리가, 리바바에 6개의 교회와 3개의 지교회와 494명의 회원이 있었다. 리비히 지도로 첫 성경 강좌가 안넨탈에 열렸다. 온드라와 케슬러가 리비히를 도왔다. 그 후 강좌가 정기적으로 열렸다. 목회자 양성에 관한 활동은 1907년에 로지 교회에 신학교가 개교하면서 발전하였다. 그러나 1910년에 공식적으로 폐쇄되었다. 러시아 독일 침례교 연합회는 자신의 기관지인 잡지 [하우스프로인트] - [집 친구]가 있었다. 불행히도, 이후의 독일 침례교 역사에 관한 문서 정보는 보존되지 않았다.

메노파 형제회 역사의 주요사건

1789년 - 메노파의 러시아 이주 시작.

1812년 - 소규모 공동체 조직의 시작.

1821년 - 성서공회 몰로치나야 지부 조직.

1822년 - 폿의 활동 시작.

1845년 - 뷔스트 목사의 부흥운동.

1853년 - 흐르티차 부흥 시작.

1859년 - 형제 모임에서 첫 번째 주의 만찬.

1860년 - 몰로치나에서 메노파 형제회 공동체의 조직, 목회자 선출과 안수, 믿

---

712. Fetler V. A. Statistika baptistov. SPb., 1910. [페틀러. 침례교 통계. 상트페테르부르크, 1910년.]

음에 근거한 최초의 침수침례.

1862년 – 아인락 메노파 형제회 공동체의 조직. 웅거와 노이펠트 (호르티차 지역 형제들의 대답)가 정리한 최초의 신앙의 기초 문서.

1869년 – 온켄의 아인락 도착.

1872년 – 메노파 형제회 공동체의 첫 번째 연합회의.

1873년 – 러시아 남부 메노파 공동체 연합회의 믿음 침례 규약과 신앙고백 출판.

1902년 – 러시아 남부 메노파 공동체 연합회의 믿음 침례 신앙고백 출판.

1900년대 – 복음주의 메노파 형제회 공동체의 출현.

1904년 – 메노파 출판사 조직(1909년 무지개 출판사로 전환)

1910년 – 쉰지에서 메노파 총회.

1929년 – 영적 활동의 약화 시작.

1955년 – 영적 활동의 강화 시작.

1963년 – 총연합회 정기총회에서 메노파 형제회 교단의 복음주의 기독교침례회 총연합회 가입 문제 채택.

1966년 – 복음주의 기독교침례회총연합회와 공동 사업 시작.

1989년 – 메노파 러시아 남부 이주 200주년 축하.

제16장
복음주의 침례교 형제회 교리 개요

요약된 신앙의 교리나 고백은, 기독교 교리의 기본을 설명하고 신앙의 일치를 강화하는 목적으로 사용된다. 일반적으로 교리는 하나님, 인간, 구원, 교회, 이웃 및 다른 진리 등에 관한 가르침이 포함된다. 교리는 하나님 말씀의 기본 진리에 관한 통일된 이해를 가지고 지역 교회들이 동의를 표현한 것으로 생각할 수 있다. 교리의 목적은 또한 신자들의 종교 생활의 내용을 결정하는 것으로 구성된다. 교리에서 가장 중요한 첫 번째 자리는, 여전히 기독교 교리의 근거가 되는 하나님의 말씀에 있다. 교리는 다시 개정되고, 확장되고, 발전될 수 있다.

이러한 일반적인 입장은 국내에서 복음적인 기독교인의 고백으로 교회가 사용했고 사용하고 있는 교리를 위해 받아들일 수 있는 입장이다. 중요한 교리의 목적은 소망에 관한 이유를 묻는 자에게 대답할 수 있도록 구성하는 것이다(벧전 3:15). 과거에 교리는 지역 교회가 등록할 때나 다른 경우에, 그들의 예배 수행이 합법적임을 인정받기 위해 신자들의 요청에 따라 보통 행정 당국에 제시되었다. 따라서 교리는 신자의 생활 자체에 놓인 실질적인 문제에 특별한 주의를 기울였다. 복음주의 침례교 형제회 교회의 역사에서 다양한 교리가 사용되었다. 본 개요는 시간 순서대로 널리 알려진 10개의 교리를 포함했다.

러시아 형제회 새신자의 신앙고백

이 교리는 헤르손 지방의 오스노바 마을의 침례교회에서 사용되었다. 1871년에 라투시니가 손으로 쓴 것으로 1873년에 그에게서 압수된 사본 1장이 보관되어 있다. 교리 작성자는 알 수 없다. 내용을 분석해 볼 때, 교리는 노비스타 리단치그에 있는 독일침례교 신자들이 요청한, 함부르크 고백에 기반을 두었다. 라투시니가 1871년에 교제하고 있었던, 윌러를 통해 교리 문서가 전달되었음이 분명하다. 그들이 러시아 공동체와 관련하여 공동으로 편집한 것은 제외되지 않았다.

신앙고백과 침례교 공동체의 구조

또는 함부르크 신조는 1847년에 함부르크에서 작성되고 인쇄되었다. 많은 유럽 국가의 침례교도와 러시아내 독일 침례교도들이 사용했다. 1873년에 웅거는 그것을 기초로 메노파 공동체의 교리를 만들었다. 1876년에 파블로프 는 남캅카스 기독교침례회 공동체를 위해 그 교리를 독일어에서 러시아어로 번역했다.

러시아 침례교 신앙고백은 1879~1880년에 랴보샤프카가 작성했다. 신앙고백서는 마콥스키 공문의 지시에 따라, 헤르손 지방의 예배당 사용에 관한 청원서를 내무부에 보낼 때, 기독교침례회 류보미르카, 폴타프카, 오스노바, 랴스노폴 교회들을 대신하여, 랴보샤프카, 쿠시네렌코, 라투시니가 1881년에 제출했다.

상트페테르부르크 신자의 복음주의 신앙의 상징은 1895~1897년에 작성되었다. 작성자는 밝혀지지 않았다. 1897년 상트페테르부르크 부흥 때까지 신자들은 문서화된 신앙고백, 또는 신앙의 상징은 없었다.

러시아 메노파 형제회 공동체의 신앙고백은 1902년에 메노파 형제회에서 채택되었다.

기독교침례회 신앙고백은 파블로프에 의해 1906년에 출판되었고, 1928년에 오딘초프에 의해 재출판되었다. 신앙고백은 함부르크 신조를 명확히 번역한 것으로 파블로프가 번역했다.

기독교 복음주의 신앙고백의 요약 교리는, 프리젠이 1903년에 작성했고, 쿠시네로프가 키예프에서 그로시츠카야와 다른 신자들의 재판에 첨부했다. 1908년에 프로하노프의 요청으로 교리의 일부가 수정되어 오데사 복음주의 기독교 지방회에 제출되었고, 1909년에 예카테리노슬라프 총회에서 채택되었다.

복음주의 신앙의 설명 또는 복음주의 기독교 교리는 1910년에 프로하노프가 작성했다. 1924년에 재출판되었다. 복음주의 기독교 교리 요약 설명은 카르겔이 1913년에 두 번째 상트페테르부르크 복음주의 기독교 공동체를 위해 작성했다. 기독교 신앙복음주의 교리요약 (오순절)은 아마도, 보로나예프가 1925년에 오데사에서 작성했을 것이다.

살펴 본 교리에는 다음과 같은 항목이 있다. 하나님, 사람, 죄, 그리스도의 교회, 침례와 주의 만찬, 지역 교회의 사역자, 결혼, 그리스도 재림, 심판, 행정 질서(국가 권력) 등이다. 다른 항목은 하나님의 말씀, 구속과 구원, 선택, 은혜의 말씀, 은혜로운 구원의 방법, 죄인의 회심, 거룩 등이고 하나님의 법에 관한 내용은 교리에 포함되어 있지 않다. 세족식 주장은 메노파 형제회와 오순절 교회의 교리에 포함되었다. 맹세, 원수에 관한 사랑 등은 침례교 교리에 포함되었다. 모든 교리의 저자들은, 하나님과 사람 사이의 중재자 역할은 천사나 사망자 누구도 관련이 없고, 오직 그리스도에 속한다고 강조했다.

언급된 교리는 성격과 내용에 따라 두 그룹으로 나눌 수 있다. 침례교, 복음주의 기독교, 메노파 형제회, 오순절 또는 대부분 교회 형제회 등의 공통적인 교리와 지역교회 및 신자 그룹에서 사용되는 개별 교리이다.

첫 번째 교리그룹은 신학적 연구, 복음적으로 깊이 서술된 진리, 성경 본문에 근거를 삼고 철저히 살핀 진리로 구별된다. 내용에 따르면 그것은 침례교 공동체의 신앙고백과 조직의 질서에 가깝고 그에 기초하고 있다. 첫 번째 그룹은 1902년의 메노파 형제회 공동체의 신앙고백, 온켄(파블로프)의 침례교 기독교인 신앙고백, 복음주의 기독교인의 교리(프로하노프), 기독교 신앙 복음주의 교리 요약 등에서 가져왔다. 약간 특별한 경우로 라투시니의 러시아 형제회 새신자의 신앙고백은 가치가 있다.

신앙고백은, 특정한 교회에 속하는 단순성, 간결성과 독창성으로 구분된다. 특히 러시아 침례교인의 신앙고백(랴보샤프카), 상트페테르부르크 복음주의 신자의 신앙의 상징, 기독교 복음주의 신앙고백의 요약 교리 (프리젠), 복음주의 기독교 교리 요약 설명(카르겔)을 주목할 필요가 있다.

신론

교리의 첫 번째 그룹에 속한 신론은, 주로 하나님의 삼위일체에 대해 말한다. 하나님 아버지, 하나님의 아들, 하나님 영은 자신의 본성과 완벽한 영원, 평등, 불가분의 특성을 가진다. 아버지는 참된 영원하신 하나님이시고, 아들도 참된 영원하신 하나님이시며, 성령도 참된 영원하신 하나님이시다. 우리는 한 하나님을 믿는다. 우리는 성부와 성자와 성령은 한 분이나 본질, 의지와 행동은 각각이라고 믿는다.

메노파 형제회 교리에서 가장 자세히 하나님의 세 인격의 교리가 서술되었고, 하나님의 아들 그리스도는 참 하나님이시고 참사람이라는 것이 강조되었다. 프로하노프가 작성한 교리에, 성령은 아버지에게서 나왔고 아버지와 아들이 보냈다고 말한다. 기독교신앙복음주의 교리는, 구약에서 하나님은 반복적으로 그의 삼위일체, 그의 현시와 계시 다양성을 증거하고 복수로 말한다고 특히 강조한다.

교회론에서도 하나님의 삼위일체를 강조한다. 프리젠이 작성한 교리에서, 아버지와 아들과 성령은 하나의 본질이고, 분리되지 않고, 합해지지 않는 거룩한 삼위일체라고 말한다. 카르겔이 작성한 교리는, 3위의 인격에서 하나님의 순서적인 계시를 강조한다. 성부는 거룩하고, 정의롭고, 올바르다. 성자는 하나님의 사랑과 은혜를 사람들에게 보이셨다. 성령은, 성자를 영화롭게 하며, 죄의 세계를 드러내고, 사람을 새로운 삶으로 거듭나게 한다. 동일한 진리가 기독교 복음주의 신앙의 교리에 서술되었다.

랴보샤프카는 다음을 인정한다고 말했다. 모두 정교회의 상징에 설명되었고 모두 성서에 근거했기에 때문에 정확하고 모두 동의한다.

성서론

메노파 형제회 교리를 제외한 모든 교리에서, 성서론은 제외되었는데, 신구약 정경은 성령에 의해 진정으로 영감을 받은 것으로 인정되었다. 신약과 구약 모두 인류에게 주어진 유일한 하나님의 진정한 계시가 조화롭게 구성되었고, 하나님을 아는 지식의 유일한 원천이며, 또한, 기독교인의 신앙과 행동에 관한 규칙과 척도이다. 프로하노프의 교리는 서면(외부) 계시뿐 아니라, 신자들을 가르치는 비서면(내부)계시와 성령의 기름 부음에 관해서도 말한다(요일 2:20, 27). 내부 계시가 없으면 외부의 계시, 즉 성경에 접근할 수 없다.

두 번째 집단의 교리에서, 랴보샤프카, 프리젠, 카르겔의 교리에는 성서론이 빠져 있다. 카르겔은 정경 구성에서 성서는 우리의 구원에 관한 하나님의 계시가 본질적으로 충분하고 필요하다고 증명했다.

인간론

이 항목의 주요 성격은 다음과 같이 서술되었다. 하나님께서는 첫 사람을 거룩하게, 의롭게, 능력 있게 창조하셨고 그분을 영화롭게 하고 그분과 연합함으로 복을 얻게 하셨다. 거짓되고 은밀한 행동을 통해 우리 조상들은 하나님으로부터 멀어졌고 자신과 자손을 영적, 육체적인 죽음으로 운명지었다. 모든 사람들은 타락에 동참했고 근본적으로 자연을 손상시켰고, 악에 기울어졌다.

프로하노프의 교리는, 사람은 자유 의지로 만들어졌다는 것을 강조했고, 거기서 인간의 타락이 나타났고, 결과로 불순종, 하나님의 뜻에 관한 불일치로 위반하여, 인간은 하나님과의 거룩함과 복된 교제를 잃었다. 인간이 가지고 있는 자유 의지의 존재는 구원의 문제와 관련된, 복음의 기본 진리 중 하나이다.

라투시니가 사용한 교리에서 인간은 자연에 따르면 영적으로 눈이 멀었다. 즉, 그는 자신의 죄를 보지 못하고 죄의 끔찍한 결과를 깨닫지 못한다고 언급했다.

개별 교회의 교리와 똑같지만, 더 간추려 말했다.

죄론

첫 번째 그룹의 모든 교리에서, 유전적인 죄가 언급된다. 모든 사람은 한 몸에서 발생했으며, 그래서, 죄로 잉태되어 태어나며, 모든 악에 능하고 기울어졌다. 죄의 정의는 프로하노프의 고백에서 가져왔다. "죄를 짓는 자마다 불법을 행하나니 죄는 불법이라"(요일 3:4). 기독교복음주의신앙의 교리는 죄에 빠진 인간은 죄의 종이 되었다고 추가했다.

랴보샤프카는 아담이 죄를 지었고, 우리 모두는 그의 자녀이니 자연적으로 죄를 지었다. 기독교복음주의신앙의 상징에서, 인류는 자연 상태에서 신성이 결여하고 완전히 타락했다고 말한다. 카르겔은 타락의 결과를 다음과 같이 설명한다. 죄로 인해 모든 사람이 감염되었고, 분노의 자녀가 되었고 죄에 관한 벌을 받았는데, 그것이 죽음이다. 카르겔의 교리는 모두 죽음에 대해 자세하게 말한다. 육체적인 죽음 이후, 즉 죽음은 영적, 신체적, 영원한, 또는 둘째 사망이다(계 20:12~15).

구속과 구원론

일부 교리에서는 구속과 구원의 차이가 없다. 구속에 대해 말하는 경우, 구원에 관한 것으로, 구원 아래 구속이 있음을 의미한다. 라투시니와 랴보샤프카의 교리에는 이 부분이 빠져있다.

구속의 교리는 함부르크 신조에 짧지만 충분하고 완전하게 서술되어 있다. 우리는 하나님이 그의 거룩한 공의를 온전히 만족할 뿐만 아니라, 인간의 타락의 끔찍한 결과로부터 사람을 속죄할 수 있다고 믿는다. 그러므로 하나님은 독생자 예수 그리스도를 구속의 희생을 위해 영원부터 예정하셨다. 살아계신 하나님의 아들 그리스도는, 죄 지은 육신의 모습으로 이 땅에 나타나, 영원한 하나님의 본성을 사람과 연결하였다. 그리스도는 우리를 위해 하나님의 율법을 성취함으로, 하나님께 완전한 순종을 보여 주셨고, 우리를 위해 그분의 몸과 생명을 희생하셨다. 그리스도는 우리 죄의 형벌과 하나님의 진노를 자신이 지셨다. 그리스도에 의해 성취된, 영원하고 완전한 구속은, 우리 구원의 유일한 이유이다. 그 결과 우리는 모든 죄의 용서, 의롭다 함, 정의, 영원한 생명을 선물로 받았다. 구속으로 말미암아 우리는 죄를 미워하고 죄에 대해 죽고, 선을 원하고 선을 창조할 힘을 얻는다. 그와 같이, 여기서 구원은 구속의 결과로 설명된다. 기독교침례회 신앙고백에서 그 진리는 거의 같은 순서로 반복된다.

프로하노프가 작성한 신앙고백에서 구속과 구원은 동등한 개념으로 서술되었다. 구원 혹은 구속 자체는, 중재자를 통해 하나님이 마땅히 이룰 수 있었다. 그런데 동시에, 구속은 구원의 유일한 방법이라고 말한다. 우리가 보는 바와 같이, 구속의 개념은 다른 의미를 포함한다. 구속은 구원의 수단이다. 구속에 관한 메노파 형제회는 사람은 하나님의 어린 양 예수 그리스도 구속의 희생을 통해서만, 하나님의 저주와 영원한 죽음과 분노에서 구속받을 수 있다.고 매우 간단하게 말한다. 기독교복음주의신앙의 교리에서, 구속이 그리스도에 의해 성취된다는 점을 강조하지만, 구원을 받기 위해서는, 모든 사람이 개인적으로 그리스도께 나와서 그리스도가 완성한 구원을 받아야 한다.

개별 교회에 속한 교리에서는, 구속과 구원에 관해 아주 짧게 말한다. 예를 들어, 프리젠의 교리에서 사람은 예수 그리스도의 속죄와 화해의 희생을 통한 영원하고 완전하고 만족스러운 하나님의 의를 통해서만 구원받을 수 있다고 한다. 이 주제에 관한 상트페테르부르크 신자들의 신앙상징은 영적 출생, 또는 위로부터의 태어남이 없이는 아무도 구원받을 수 없다고 말한다.

카르겔의 교리에서, 구원은 하나님 자신이 예수 그리스도의 인격 안에서 성취하셨다. 모든 사람을 위해 그리스도께서 대신 죽으심의 결과로, 하나님은 속죄, 화해, 죄의 용서, 칭의와 영생을 제공하신다. 그런데 하나님의 구원의 일이, 만약 인간에게 일어나지 않는다면 사람에게는 소용없는 것으로 남는다. 첫 번째는 그리스도께서 우리의 협력 없이 이미 행하셨고, 두 번째는 성령께서 인간의 동의하에 이루실 것이다. 성령께서는 그리스도의 희생, 회개, 그리스도께서 성취하신 구원에 관한 신뢰를 우리에게 주신다.

그리스도의 교회론

함부르크 신앙고백과 파블로프가 정리한 기독교침례회 신앙고백에 그리스도의 교회에 관한 가장 짧고 다양한 교리가 서술되어 있다. 기독교 교회는 그리스도의 참된 제자들의 연합이며, 교회는 하나님의 말씀에 기초하여 세워진 것이다. 교회를 위한 변치 않는 규칙과 지침은 신약성서이다. 땅 위에 있는 그리스도의 교회로 합류는 침례를 통해 이루어진다. 주님을 향한 모든 회심이 하나일 수 없지만, 구원의 길을 향해 상호 교훈, 위로, 협조의 목적을 가지고, 하나님의 산돌로 이루어진 유일한 하나님 집인 교회는 한 몸의 지체처럼 서로 연결되어 있어야 한다.

메노파 형제회 교리에서도 교회론은 큰 관심을 가진다. 거기에는 교회를 구성하고 있는 신자들의 특성이 있는데, 참된 교회에 속한 흔적이 보인다. 흔적 가운데 다음이 열거된다. 예수 그리스도를 믿는 참된 신앙과 회심의 열매는, 부지런한 성경 연구와 복음 전파, 그리고 침례와 주의 만찬, 공개적 고백, 살아 있는 기도, 이웃 사랑, 그리스도의 재림 기대 등 그리스도께서 세우신 것을 이루는 것이다. 자신의 생활에서 그 모든 것을 실행하는 사람이 그리스도로 중생한 사람이며 그분의 몸의 참된 지체이다.

프로하노프의 교리에서는 우주적, 지역적, 가정적 교회의 정의가 있다. 지역 교회는 하나의 믿음(하나의 고백), 하나의 사랑과 소망으로 연결된, 같은 지역에 사는, 거듭난 사람들의 모임, 사회, 공동체로 정의한다. 지역 교회의 목적은 회원들 사이에서 그리스도의 왕국을 확신하고 그것을 세상에 널리 전파하는 것이다.

기독교신앙복음주의 교리에서 그리스도의 교회는 살아있는 유기체, 그리스도의 몸이라고 했고, 교회 안에는 하나님의 말씀으로 정해진 엄격한 교회의 규칙과 질서가 있어야 한다.

지역 교회론 가운데 상트페테르부르크의 신자 교리와 카르겔의 교리를 강조할 필요가 있다. 모든 진실한 그리스도인들의 첫 번째 교리라고 믿는 것은 법질서에 합류하는 것인데(법질서의 의미는 설명되지 않음~저자 주), 그리스도 교회의 머리는 그리스도 자신이다. 복음 선포는 죄인을 회개로 인도하고 신자들을 거룩하게 살도록 가르치는 그리스도로 인해 정해진 중요한 수단이다. 의무는 '너희는 온 천하에 다니며 만민에게 복음을 전파하라'는 구세주의 계명을 이행하는 것이다. 카르겔의 교리에서 우주적 교회에 관한 간략한 설명이 있는데, 교회는 이 세상에 살면서, 성도로 부르심을 받은 구원받은 사람들과 이미 구원받아 주님과 함께 하늘에 있는 자들로 구성된다. 그 사람들이나 다른 사람들이나 한 몸을 이루며, 머리는 그리스도이다.

교회 사역자론

이 주제에 관한 대부분 교리에서 교회의 머리는 주 예수 그리스도이며, 땅에서 교회의 다른 주요한 직위가 없다는 것을 강조하고 있다. 각 지역 교회는 자신들의 회원들 가운데 안수를 통해 사역에 헌신하는 목회자(선임 혹은 감독), 교사, 집사를 선출한다. 안수식은 성경이 기록된 대로, 주님이 세우신 것을 의미한다. 교회 사역을 위해 선택된 사람을 자기 공동체 혹은 다른 공동체의 목회자들이 그들의 부름 받은 사역을 위해 손을 얹고 기도한다.

프리젠의 교리에서는, 사역에 관한 확증은 안수받은 목회자가 손을 얹고 선포하여 이루어지는 것이 추가되었다. 프로하노프의 교회 사역자 안수론은 다른 교리와 크게 다르다. 목회자와 집사의 안수는 먼 지방으로 사역자 파송, 치유, 침례 때에 손을 얹는 것과 같은 의미로 이해하며, 그것은 교회가 엄숙한 기도를 하는 특별한 종류이다. 안수는 치유의 경우처럼 각 교회가 믿음과 성령의 약속을 가진 그리스도인들과 연합하여 실행할 수 있다. 이에 기초하여, 안수할 때 안수받지 않은 목회자가 참여할 수 있으나, 그런 경우에도 만약 안수받은 사람이면 더 좋다는 것을 주목해야 한다(프로하노프의 안수식과 손 얹음에 관한 설명에서 인용했다).

함부르크 기독교침례회의 교리, 복음주의 기독교와 메노파 형제회의 교리에서는 무엇보다도 목회자와 집사, 교사의 의무와 교회 사역자 규칙에 관한 순종이 명시되어 있다. 카르겔은 사역자에 대해 아주 설득력 있게 썼다. 예수 그리스도께서 처음에 그의 교회에 사도, 선지자, 전도자, 목자와 교사를 주시는 것처럼, 필요에 따라 지금까지 계속해서 그들을 주시는 것이다. 우리가 보듯이, 카르겔은 목회자와 집사를 기억하지 않았지만 암시되어 있다. 사역자의 자질에 대해서 말할 때는, 사도 바울이 디모데와 디도에게 보낸 편지의 전통적인 인용구를 사용했다. 기독교복음주의신앙의 교리는 사역자의 종류를 감독(감독자), 목사, 전도자, 설교자, 남자 집사, 여자 집사, 남자 격려자, 여자 격려자로 분류한다.

침례와 주의 만찬론

거의 모든 교리에서 침례와 주의 만찬은 그리스도께서 세우신 것으로 언급하며 신자들의 영적 생활을 위한 은혜로운 수단으로 받아들인다. 라투시니와 상트페테르부르크 신자의 교리에서 이 의식은 보이지 않는 은혜로운 선물을 알리는 '신비'에 중요성을 부여한다. 그런데 다른 교리의 내용에서 성찬은 그런 의미를 주지 않는다.

라투시니와 상트페테르부르크 신자의 교리에서, 침례는 선한 양심의 약속일뿐만 아니라, 죄 씻음과 예수 그리스도의 죽음 및 부활의 상징이며, 침례는 약속의 확인이며, 성령을 통한 헌신의 표시이며, 눈에 보이는 교회에 연합하는 수단이라 했다. 메노파 형제회와 프리젠의 교리에서 침례를 중생의 상징이고 그리스도와 교회와 함께하는 연합의 상징(표지)이며, 그리스도의 피로 내적인 부정을 깨끗하게 하는 것으로 설명한다.

함부르크 고백과 다른 형태에서 침례는 믿음과 사랑의 첫 번째 열매이며, 주님과 그분의 교회에 순종하는 것으로 서술되었다. 침례는 또한 믿음으로 침례 받은 사람이 예수 그리스도와 물에 잠겼고, 그런 방법으로 그와 함께 죽었고, 묻혔고 부활했으며, 그의 죄가 씻겼고 하나님 아버지께서 기뻐하고, 사랑받는 자녀가 된다는 확신이다. 침례 교리에서는 누가 침례를 하고 침례의 형태와 의례가 설명되어 있다. 침례는 신자가 아버지와 아들과 성령의 이름으로 물속에 한 번 잠기는 방법으로 된다.

프로하노프가 작성한 교리에서는 두 가지 유형의 침례가 있다. 영적 침례는 성령을 통한 침례로, 성령을 받을 때 나타난다. 그것은 새로운 피조물의 시작을 표시하고 위로부터의 탄생과 성령의 은사를 동반한다. 그리스도의 죽음 안에 있는 침례는, 곧 사람의 영혼 속에 커다란 전환으로, 죄에 대해 죽고 의에 대해 일어나 그리스도를 닮아가는 것이다. 물 침례는 성령으로 침례 받는 신자의 영혼에 나타나는 외적 표시이다. 그것은 영적 침례를 받은 사람들만을 위한 의미와 능력이 있다.

카르겔의 침례 교리는 매우 간단하지만, 충분히 완전하고 분명하게 서술되어 있다. 랴보샤프카는 침례 예식에 관한 다음과 같이 알려준다. 형제(자매)는, 평생 깨끗한 양심으로, 그분을 충실히 섬기겠다는 약속을 하나님께 드린다는 것을 기억하라! 하늘과 땅과 물과 많은 형제자매가 그 일의 증인이다. 나는 성부와 성자와 성령의 이름으로 당신에게 침례를 준다.

첫 번째 그룹의 교리에서 성찬의 주제는 무엇보다도 그리스도인의 실생활에 관한 성찬의 중요성이 강조되고 있다. 성찬을 통한 성도들의 친교는 최고의 표현으로 나타난다. 성찬은 성경 말씀에 따라, 사랑, 평화, 일치를 위해 신자들을 연합한다(고전 10:17). 그다음은 말한다. 만찬의 거룩한 표지인 빵과 포도주에 그리스도는 영적인 방법으로 신자들에게 자신의 몸과 피를 먹으라고 제공했다. 라투시니의 교리에도 나와 있다. 우리는 그리스도의 신비를 인정하며 그리스도와 친교 및 신자 사이의 친교 표지 안에서 그의 고통과 죽음을 기억한다.

프로하노프의 교리에서는 성찬을 6가지로 보았다. 먼저 성찬은 그리스도의 죽음과 하나님과의 영적 교제를 표시한다. 고난 당하시고 부활하신 구세주, 그리스도의 죽음 곧 죄에 관한 죽음, 그리스도 안에서 신자들의 일치, 마지막으로, 하나님의 나라에서 구속을 기다리는 기쁨과 완성을 기대하는 신자의 참여로 인한 신자에게 있는 영적 생활의 의존도를 표시한다.

지역 교회의 교리에서 프리젠은 다음과 같이 주님의 만찬을 설명했다. 주님의 만찬은 빵(보통의), 포도주(잔)의 모습으로 이루어진다. 빵과 포도주는 거룩한 본질의 표지로 그리스도의 몸과 피의 상징이다. 신자는 영적이며 신비적인 방법으로 구세주의 몸과 피에 연합한다. 카르겔의 교리에서는 주의 만찬은 주님 자신의 기억을 위해 제공되었다. 자신을 우리에게 주신 것은 우리를 위해서만 아니라, 영적인 하늘의 음식으로도 주셨다고 설명했다(요 6:51).

결혼론

교리 작성자들은 결혼을 남편과 아내의 상호 지원, 인류의 지속 및 간통을 피하려고 하나님이 확정하신 것이라고 한목소리로 말한다. 한 남자에게는 한 명의 아내가 있어야 하며, 한 여자에게도 한 명의 남편이 있어야 한다. 다른 한 배우자가 사망한 경우만 주안에서 두 번째 결혼할 수 있다. 간통의 경우에만 이혼이 허용된다. 기독교침례회 신앙고백에서는 이혼 허용을 인정하는데, 불신자가 악의적으로 포기하는 경우이다. 이와 관련하여 카르겔을 제외한 거의 모든 교리 작성자들은 무고한 측의 두 번째 결혼은 허용한다. 카르겔은 이혼한 사람은 결혼하지 않고 남아 있어야 한다고 주장한다.

프로하노프는 결혼의 중요성을 지적하면서, 가족을 사회의 기초라고 했다. 결혼을 영적(도덕적)이고 육체적인 두 가지 연합으로 설명한다. 결혼에 관한 항목에서 메노파 형제의 교리는, 가족생활의 거룩함과 결혼의 튼튼한 의미가 강조되었다.

국민질서론(국가 권력)

이웃, 사회, 국가의 구성원과 시민으로서 신자와 관련하여 기독교적 행동의 기본 원리와 규칙은, 교리의 세 부분으로 구성된다.

그리스도의 교회 - 지상 교회의 의무는 세상의 죄인들을 구원하는 복음 전파이다.

결혼 - 결혼은 거룩할 뿐만 아니라, 시민적인 제도로서 시민적인(국가적인) 확증을 받아야 하며, 시민의 질서 항목도 동일하다.

확실한 시민의 문제는 함부르크의 고백과 그 기초를 토대로 작성된 교리에 서술되어 있다. 특히, 기독교침례회 신앙고백은 다음과 같이 말한다.

행정부는 하나님으로부터 세워졌고, 하나님은 선한 사람들을 보호하고 악한 자를 벌할 수 있도록 권한을 정부에게 주었다고 믿는다. 만약 법률이 우리의 기독교 신앙 의무를 자유롭게 수행하는데 제한하지 않고, 모든 경건한 생활에서 조용하고 평화로이 그들의 어려운 과제를 가볍게 해야 한다면, 우리는 국가 법률에 조건 없이 따라야 할 의무가 있다. 우리는 또한 하나님의 명령에 따라, 정부가 하나님의 뜻과 자비 아래서 평화와 공의를 지키고, 정부에게 위임된 권위를 사용하도록, 정부를 위해 기도해야 할 의무가 있다.

우리는 신약성서 시대에서 정부가 유용하게 칼을 사용했고, 하나님의 법에 근거한 권리와 의무를 가지고, 악한 행동을 한 사람을 벌주고 자기 나라의 시민을 방어하기 위해 칼을 사용했다고 믿는다. 따라서 정부가 우리에게 병역 의무를 요구할 때, 우리는 그 의무를 져야 한다. 우리가 행정부의 지위를 받는데 우리 입장에서 믿음을 방해하는 것은 없다.

프로하노프는 이와 관련하여 다음과 같이 기록했다. 우리는 소작료처럼 병역의무를 수용하지만, 우리는 그 문제에 대해 다르게 생각하는 사람들과 교제한다. 나아가 자기 국민을 사랑하고 국민의 선을 위해 우리의 생명을 바치도록 준비하면서, 우리가 그 사랑의 이름으로 어떤 국민들에게 원한을 느끼는 것은 가능하지 않다. 우리는 국민의 국가적 특성은 다툼과 전쟁의 원인이 아니라, 모든 인류의 궁극적인 선을 위해 봉사해야 한다고 믿는다. 우리는 원수를 사랑하라고 가르치는, 그리스도의 영이, 사람들의 의식속에 들어갈 때, 인애와 진리가 같이 만나고, 의와 화평이 서로 입맞추었으며(시 85:10)가 될 것을 믿는다. 우리는 다가오는 세상의 승리를 믿는다. 그들의 칼을 쳐서 보습을 만들고, 그들의 창을 쳐서 낫을 만들 것이며, 이 나라와 저 나라가 다시는 칼을 들고, 서로 치지 아니하며 다시는 전쟁을 연습하지 아니하리라(사 2:4). 우리는 기도와 생활로, 말과 행동으로 그 시간이 가까이 오도록 협력하는 것이 자신의 의무라고 생각한다.

이 주제에 관한 카르겔과 기독교 복음주의 신앙의 교리에서 하나님께 봉사하는 것만은 인간적인 개입이 용납될 수 없음을 우리는 인정하며 '가이사의 것은 가이사에게, 하나님의 것은 하나님께 드린다'고 말했다.

주님의 재림, 죽은 자의 부활과 마지막 심판론

미래에 관한 진실은, 함부르크 고백과 거기서 만들어진 것에 자세히 기술되어 있고, 위에서 사용된 라투시니의 신앙고백에도 있다. 우리는 권세와 영광중에 우리 주 예수 그리스도의 재림을 믿는다고 마지막에 말한다. 그리고 우리는 주님의 임재의 날을 구속의 면류관이라고 생각한다. 왜냐하면, 그날 모든 사람의 눈에 그분의 구속 사역의 진리와 경이로운 위엄이 보일 것이기 때문이다. 사람들은 영광의 왕과 그와 함께하는 신부, 그의 교회를 볼 것이다. 그리스도 안에서 죽은 사람들은 썩지 않는 영광으로 육체적으로 부활하기 때문에, 그들은 그분을 보고, 그와 같이 될 것이며, 영원히 그와 함께 통치할 것이다.

재림이 보일 것이라는 프로하노프의 교리에 기록되어 있다. 그러나 프로하노프는 그리스도 재림에 앞서 악의 증가, 적그리스도의 등장, 적그리스도의 타락, 죽은 자의 첫 번째 부활과 천년 왕국의 시작이 와야 한다고 언급했다. 카르겔은 구속받은 자를 위한 모든 천사와 그의 모든 사람과 함께 하는 그리스도의 오심을 세상에 보이지 않게 될 것과 모든 사람의 눈에 보이게 될 것으로 구분했다.

기독교신앙복음주의 교리에서 이 주제에 대해 이렇게 말했다. 하나님의 말씀은 그리스도께서 그의 신실한 사람들을 위해 다시 오실 것을 가르친다. 그분 안에서 죽은 사람들은 부활할 것이고, 그를 믿는 사람들은 구름에서 변화하고 기뻐하며 주님을 만나게 될 것이다. 그분을 기대하지 않은 사람들에게 그는 도둑같이 올 것이다. 그러나 그를 기다리는 사람들은 놀라지 않을 것이다.

모든 교리에서 최후 심판론은 다음과 같이 비슷하게 설명되었다. 우리는 또한 모든 사람이 그리스도 앞에서 나타날 때, 세상의 심판을 위해 불신자의 부활을 믿는다. 하나님의 아들은 그분을 믿고 따르는 모든 사람에게 영원한 복을 줄 것이고, 모든 불신자에게는 영원한 정죄의 선고를 내리게 될 것이다. 그 생활 후 인간의 복과 고통은 변하지 않고 영원하며, 하나의 상태에서 다른 상태로 이동이 불가능하며, 죽음 이후의 구원도 불가능하다.

아래는 일부 신앙고백에 포함된, 다른 인용된 교리이다.

선택론은 함부르크의 고백, 기독교침례회와 복음주의 기독교인의 고백에 기록되어 있다. 처음 두 고백은 다음과 같이 설명한다. 구속을 습득하는 시간 동안에, 사망한 인류는 하나님 아버지에 의해 선택된 사람들이다. 그들의 이름은 하늘에 기록될 것이며, 그들은 자신을 그의 백성으로, 그가 자신의 목숨을 내놓았던 그의 무리 안에 있는 양으로, 그의 유산으로, 그의 필사적인 싸움의 결과로, 그의 신부로 구세주의 손에 넘겼다. 그리스도 예수 안에서 영원한 생명이 구세주를 통해 주어졌고, 그리스도를 믿음으로 이어져야 하는 거룩함과 최후의 영원한 복에 관한, 모든 수단은 그 시간에 예정되었다. 하나님의 그 결정은 변하지 않고 영원히 확정되어, 선택받은 자들은, 그리스도의 손에서 뺏길 수 없고, 하나님의 능력으로 그들이 하나님의 영광의 상속자가 될 때까지 믿음과 사랑 안에서 지켜진다.

이러한 함부르크 신앙고백의 전통적인 칼빈주의적 입장은 저자의 한 사람인 온켄이 젊은 시절에 칼빈주의 영향을 강하게 받았기 때문이다. 그런데 복음주의 침례회 형제회는 신학 박사 멀린스가 침례교 잡지에 발제했던 선택에 관한 다른 견해를 가지고 있다. 선택을 하나님 편에서의 임의적인 선택으로 간주할 수 없다. 사람들을 하나님께 설득하고 이끄는 복음, 성령, 교회, 설교자 등 모든 수단은, 하나님께서 사람을 구원할 수 있도록 보여줄 필요가 있다. 왜냐하면, 그 사람이 하나님을 선택할 수 있도록, 하나님이 그를 선택하셨기 때문이다.

프로하노프 역시 그 견해를 지지하면서 다음과 같이 썼다.

하나님의 은혜는 모든 사람에게 제공되며, 영원한 구원이 예정으로만 된 것은 아니다. 각 사람의 영원한 구원 혹은 영원한 심판에 관한 하나님의 예정은, 하나님의 초청을 받아들일 것인지 아닌지, 그 예지와 예견에 기초한다. 하나님의 은혜는 인간의 자유를 억압하지 않고, 극복하지 못하도록 하지 않으며, 인간이 은혜를 완성하려는 적극적인 참여를 배제하지 않는다. 그런데 인간 자신이 자유로운 의사결정에 따라 은혜를 거부할 수 있다.

은혜로운 구원의 수단에 관한 교리는 기독교침례회와 메노파 형제회의 고백에 내용이 있다. 은혜로운 수단은 하나님의 말씀, 침례, 주의 만찬, 신자들의 교제와 기도이다. 주님은 그런 수단을 통해 죄인을 주님께 인도하고 그들에게 그리스도를 통한 구원을 제공한다. 기도는 평화와 거룩함의 상태를 달성하기 위한 사람들이 사용하는 은혜로운 수단이다. 기도는 새로운 삶의 순간부터 시작되어 결코 중단되지 않아야 한다.

기독교복음주의 신앙 교리에서는 기도를 특별 항목으로 정해서 특별하게 말한다. 진정한 기도는 먼저 기도자의 마음을 채우는 필요와 느낌에 해당하는 말로 표현되어야 한다. 그것은 반드시 마음에서 나와야 하고 하나님의 은혜에 관한 신앙의 삶에서 영감을 받아야 한다. 기도는 인간의 행위가 아니라 하나님 자비의 표현이다. 신자들은 신중하게 깨어서 기도해야 한다. 프로하노프의 교리에서 기도에 관한 기술은 위에서 언급한 내용과 비슷하다.

죄인의 회심교리는 기독교~침례회, 메노파 형제회, 복음주의 기독교의 신앙 고백과 함부르크 고백에 내용이 있다. 살아 있고 효과적인 하나님의 말씀으로, 사람은 깊은 죄 잠에서 깨어나, 하나님 앞에서 자신의 죄와 죄책을 깨닫고 진심으로 회개한다. 사람에게 다가오는 위험을 깨닫고, 그는 유일한 구속자이자 구세주인 그리스도께 도움을 청하여, 그리스도를 믿어 죄 용서를 받아, 하나님의 자녀가 되고 영생의 상속자임을 간증한다. 이것은 죄인의 마음에 엄청난 변화이고 예외적인 성령의 역사이다. 주님은 그의 자비로 그분의 말씀에 강하고 생명을 주는 행동으로 함께하며 죄인의 거듭남을 실행하신다. 죄인의 마음을 열고 그의 영혼을 밝혀 주며 그리스도를 생생하게 믿도록 한다. 인간은 자신의 죄의 본성을 바꾸는 것에 무력하다. 어떠한 인간의 영향력 - 현대 문화, 교육, 도덕적인 법 - 도 인간을 변화시킬 수 있는 힘이 없다. 오직 성령만이 죄인을 새로운 삶으로 거듭나게 한다.

성화론에 관한 항목은 카르겔의 뛰어난 저서 [그리스도]는 우리의 성화를 포함한 많은 교리에 관한 내용이 없다. 성화론은 프리젠과 일부 다른 교리에서 발견된다.

성화의 본질은 하나님을 향한 거룩한 자녀들의 사랑이다. 그 사랑은 마음속에 성령에 의해 생산되고 보존되며 자라며, 점차 사람을 하나님의 형상으로 변화시킨다. 그리스도인의 헌신 생활은 평생 지속한다. 우리의 의는, 얼룩진 옷과 같아서, 우리는 하나님의 용서하시는 은혜가 끊임없이 필요하다. 우리의 의는 그리스도 안에 숨어 있다. 그리스도 안에서 거하는 깨어있는 그리스도인만이 거룩한 삶을 살 힘을 가지고 있다.

그리스도인의 생활에서 거룩한 율법의 의미는 함부르크의 고백, 메노파 형제회와 랴보샵카의 교리에서 말하고 있다. 그리스도인의 생활에서 거룩한 율법의 중요성은 함부르크의 고백에도 자세히 기술되어 있다. 율법은 죄에 관한 지식을 제공하고 그리스도에 관한 안내자로 작용해야 한다. 율법은 죄인에게 율법의 완전함과 완벽함, 놀라운 내용과 영적 중요성과 그것을 지킬 수 없다는 것을 보여주고, 그래서 율법은 은혜와 용서의 필요성을 일깨운다. 하나님 율법의 요구 사항을 충족시키려고 시도하는 사람은, 자신의 실패가 드러나 그리스도께 온다. 게다가 이것은 미래에 선함의 그림자로 나타난 율법의 의례적인 부분을 말하는 것이 아니라, 율법의 도덕적 측면에 관한 형태로, 십계명에 기록된 대로 하나님의 율법 안에서 하나님의 본질과 뜻이 모든 시간에 맞춰진 표현이었다.

그 항목에서 4번째 계명은, 안식일과 관련되어 설명되었다. 신약성경 요한계시록에서 안식일은 주님께 헌신하는 날로, 주님의 날로 불렀다. 율법 조항이 아니라 영에 따라 기독교 안식일은 우리에게 땅의 노동에서 휴식을 취하는 기쁜 날이다. 분명히, 당시 안식일의 올바른 이해는 안식일주의자의 가르침이 확산된 관계로 의미가 매우 중요했다.

랴보샵카는 율법 항목에서, 의식 일부가 아니라, 그리스도인의 생활에서 도덕적 부분의 의미가 있다고 강조했다. 우리는 하나님 앞에서 우리의 범죄를 깨닫기 위해, 구약의 율법을 지킨다. 신약성경으로부터 우리는 더 지혜롭게 되는데, 왜냐하면 예수 그리스도를 통해, 가치 없는 죄인을, 용서하시는 하나님을 알기 때문이다. 우리는 성경에 근거가 없다는 것을 인정하지 않는다.

세족식은 메노파 형제회와 기독교 복음주의 신앙의 교리에서 주장한다. 후자의 교리에서는 세족식이 주의 만찬 항목에서 우연히 언급되었다. 주의 만찬을 거행하기 전에 우리는 우리의 발이 깨끗하게 되도록, 서로 발을 씻는 것에 관련된 그리스도의 명령을 지킨다. 메노파 형제회 신앙의 상징에서도 '이것은 공동체의 모본이며 우리 구주의 명령이다'고 기록되어 있다. 시간이 지나면서 메노파 형제회 교회 대부분은 세족식 의례를 하지 않았다.

서약(맹세)은 기독교침례회와 메노파 형제회, 함부르크의 고백에 나온다. 처음 두 개의 고백에서 다음 내용이 기록되었다. 우리는 기독교인에게 서약 사용이 금지되어 있음을 인정한다. 그러나 진리의 증인들 속에서 합법적으로 요구되고, 제공되고, 정중하고, 엄숙한 하나님의 부름은 특별한 형태로만 표현되는 기도이다. 메노파 형제회는 다음과 같이 밝혔다. 우리의 말은 진실 되어야 하고, 우리의 '예'와 '아니오'는 최고의 서원처럼 완전히 진실 되게 실행되어야 한다. 원수 사랑과 복수 불가능은 메노파 형제회 교리에 기록되었다. 앞서 언급한 바와 같이, 프로하노프 역시 그 문제에 대해 다음과 같이 말했다. 자기 국민을 사랑하고 국민의 선을 위해 우리의 생명을 바치도록 준비하면서, 우리가 그 사랑의 이름으로 어떤 국민에게 원한을 느끼는 것은 가능하지 않다.

교회 질서와 교회 위계론

이 주제는 함부르크 고백, 기독교침례회와 메노파 형제회 및 기독교 신앙 복음주의 고백에 언급되어 있다. 또한, 지역 교회 회원의 의무, 교회 내무 문제의 해결

방법, 교회 회원의 허입과 제명, 교회 권징의 기초 등이 기술되어 있다.

기독교 신앙 복음주의는 열거된 내용 외에, 성령의 보내심에 관한 하나님의 약속, 부모와 자녀의 상호관계, 연장자 및 과부에 관한 관계, 청년들의 행동 규칙, 정당과 국가적인 선거에 관한 신자들의 태도 등에 관한 질문을 다루었다.

첫 번째 질문에 대해 다음과 같이 대답한다. 신자들은 성령 침례, 불, 위로부터 임하는 성령의 은사에 관한 하나님의 약속에 속해 있다. 성령 침례를 통해서 도덕적 생활과 하나님과 사람을 섬기기 위한 능력이 제공된다.

정당에 관한 태도는 다음과 같은 방식으로 표현되었다. 우리는 그(그리스도)의 영적인 몸, 곧 이 세상에 속하지 않은 교회의 회원이기 때문에, 우리는 어떤 정당에도 가입하지 않고 그들의 행사에 참여하지 않는다. 국가 선거에 관한 시민의 의무와 태도의 수행에 관련하여, 모든 기독교인들은 하나님 앞에서 양심에 따라, 모든 폭력 없이 국민들에게 선을 가져오고 평화롭고 사랑으로 살기 위해 노력하는 사람에게 투표한다.

연합형제회 교리

1985년 제43차 총회에서 복음주의 기독교침례회의 새로운 교리가 채택되었다.[713] 교리는 우크라이나 선임목회자 두혼첸코 책임 아래 본 교단 위원회가 오랫동안 작업하였다. 교리의 첫 번째 초안은 1980년 형제들 소식 잡지 4호에 실렸다. 최종안은, 결론적인 논의 결과를 고려하여, 열세 장으로 구성되었다.

1. 하나님의 말씀 또는 성경
2. 하나
3. 삼위일체 하나님
4. 예수 그리스도 ~ 하나님의 아들
5. 성령

---

713. Bratskiy vestnik, 1985, No 4, s. 33~49. [형제들 소식, 1985년, 4호, p.33~49.]

6. 인간

7. 그리스도의 교회

8. 물 침례

9. 주의 만찬

10. 일요일

11. 결혼과 가족

12. 예수 그리스도의 재림과 심판

13. 국가 관계

총회가 승인한 교리는 신자들의 영적 교육을 위한 보조 자료로 지역 교회들에게 추천되었다.[714] 본질적으로 승인된 교리는 이 장에서 논의된 교리와 일치한다.

---

714. Tam zhe, No 3, p. 54. [위의 책, 3호, p.54.]

부록

| 부록 1 |
교단 소속 개교회 생활의 기록

| 부록 2 |
복음주의 기독교침례회 총회 연도별 기록표

| 부록 3 |
복음주의 침례교 운동가 약력

부록 1
교단 소속 개교회 생활의 기록

러시아 연방 교회

복음주의 기독교침례회 모스크바 교회

복음의 빛은 캅카스, 남부 우크라이나, 상트페테르부르크보다 모스크바에 훨씬 늦게 도달했다. 영적 부흥이 북쪽에 있는 수도 상트페테르부르크에서는 처음부터 부유한 귀족 상류계급에서 시작되었다면, 모스크바에서는 일반 대중들 사이에서 시작되었다. 모스크바 사회의 상위 계층은 복음의 진리에 귀를 막았다.

레드스톡 경은 1876년에 시민 신문에, 모스크바의 주민은 복음에 대해 준비된 형태로 위치하지 않았다.고 썼고, 상트페테르부르크의 귀족들은 따뜻하고 호의적으로 맞이했다.[715] 영국인 설교자는 그리스도를 전파하기 위해 모스크바를 방문했다. 그러나 레드스톡은 맹목적인 청중들과 충돌했고, 일부 장소에서 개인적인 회심이 있었지만, 그의 사역은 눈에 띄게 성공하지 못했다.

그러나 러시아 국가의 중심부에 하나님의 나라의 복음이 선포되었다(마 24:14).

---

715. Bratskiy vestnik, 1982, No 5, s. 50 [형제들 소식, 1982년, 5호, p.50.]

그래서 많은 사람이 주님의 은혜를 경험할 수 있었다(벧전 2:3; 시 34:9). 모스크바의 부흥은 요한복음 16장 14절에 있는 성령의 역사와 다름이 없다.

위대한 작가 도스토예프스키는 러시아 국민들을 하나님을 찾는 사람이라 했다. 판크라토프는 그의 책 [신을 찾는 자]에서 신을 찾는 것은 러시아에서 오래전부터 시작되었다고 썼다. 그 저자는 모스크바에 약 100년 전에 로즈데스트벤카에 '구멍' 이라는 여관이 있었다고 소개한다. 서로 다른 신앙을 가진 사람들이 철학적이고 종교적인 토론을 하면서 차를 마시기 위해 모였다. 어느 때 모임에는 러시아의 종교 철학자 솔로비예프, 유명한 사회 지도자, 출판인, 작가들인 체르트코프, 보보리킨, 치리코프, 불가코프, 베르자예프, 성직자 브리호니체프 등이 방문했다.

역사가이며 작가인 카람진은 러시아를 알고 싶다면 모스크바에 가야한다고 말했다. 바로 '구멍' 여관은 러시아의 종교적 사상을 알 수 있는 모스크바의 장소였다. '구멍' 여관은 러시아의 종교적 사고에 대해 알 수 있는 모스크바의 장소였다. 복음주의 침례회 운동의 개척자들인 시니친, 바실리예프 등이 '구멍' 여관을 방문했다. 시니친은 유명한 공장주 스미르노프와 함께 일했고 바실리예프는 홀스트르가 이끄는 성서공회의 책 판매상이었다. 오랫동안 시니친은 스미르노프의 술을 만드는 회사에서 일했다. 그런데 어느 날 주인에게 와서 말했다. "주님의 이름으로 말하는데, 당신은 고향 사람임에도 나에게 악마 같은 일을 시켰다!" 그 후 시니친은 공장에서 일을 그만두고 바실리예프와 함께 러시아에서 성서를 배포하는 성서공회의 서적상으로 일하기 시작했다. 두 친구는 도시를 걸어 다니며 사람들에게 성서를 권했다.

서적상 형제들은 모스크바 시민들에게 복음 안에서의 삶의 의미를 전파했다. '복음을 가지라!' 그들의 설교는 짧았고, 다른 사람들이 하나님의 말씀을 읽도록 하는 것이 거룩한 빛이라고 생각했다. 전도자들의 초청이 사람들에게 전해지자, 그들의 마음은 말할 수 없는 기쁨으로 가득했다. 그들은 성서 배포의 일을 생애 마지막까지 충실하게 했다. 숨을 거두기 얼마 전에 시니친은 하나님께서 맡겨주신 모든 일을, 그의 종은 완료했다. '나는 평안히 내 아버지께 떠날 준비가 되었다'고 말했다.

1881~1882년에 공회의 서적상 스테판 바실리와 친구 이반 보차로프는 체계적인 복음서 읽기를 시작했다. 그리스도의 진리에 목마른 사람들은 진정한 열정으로,

복음서에 기록된 영생의 동사를 연구했다. 복음서를 읽으면서, 그들은 그들의 죄와 부패를 깨닫게 되었다.

서적상들이 활동하면서, 자신을 그리스도인이라 하는 사람들과 충돌했는데, 실제로 그들은 하나님의 말씀을 전혀 몰랐다. 그래서 많은 사람이 진심으로 떨면서 러시아어 성경을 읽고 들었다. 그리스도를 향해 마음속에서 타오른 사랑의 불꽃을 끄는 것은 이제 불가능했다. 하나님의 말씀 안에서 사람들은 그들의 삶이 초대 교회의 삶과 멀리 떨어져 있음을 보았다.

바실리예프 그룹의 영적 활동 기간에 다른 복음주의 모임이 모스크바에서 진행되었다는 점을 주목해야 한다. 예를 들어, 니키스카야 거리에 있는 로파틴의 집에 모인 슈발로바 백작 부인의 그룹이다. 그룹은 프루가빈의 저서 [상류층의 분열]에 기록된 러시아의 종교 운동연구자들인, 상트페테르부르크의 레드스톡파와 파시코프파가 직접 참여하여 발생했다.

북쪽 수도의 기독인들은 그리스도의 가르침을 따르려는 모스크바 사람들의 마음속에 있는 싹튼 믿음을 힘껏 도와주었다.

1882년에 신자들은 한 그룹으로 합병되었고, 1인 지도자가 선출되었고, 모임의 순서가 결정되었다. 연합된 교제는 많은 사람이 모였다. 서적상 스타리닌과 성직자 테를레치키는 파시코프파에 관한 그의 책에서, 교제 모임에 파시코프 자신이 상트페테르부르크에서 왔다고 밝혔다. 모스크바 사람들이 파시코프의 설교를 매우 진지하게 들었다. 다른 시기에 카르겔, 델랴코프, 베데커 박사와 같은, 유명한 복음 설교자들이 모스크바를 방문했다. 베데커는 모스크바에서 톨스토이와 만남과 대화를 가졌다. 복음 설교자는 위대한 러시아 작가에게 그리스도 안에서의 구원에 대해 간증할 기회를 놓치지 않았다.

프루가빈 연구가는 슈발로바 그룹을 떠난 신자들이 7년 동안 부티르키에서 모였다고 밝혔다. 1890년대 초에 홀린은 사라토프에서 모스크바로 이사했다. 그는 1889년에 젊은 니콜라이 바실리예비치 오딘초프 사역자가 인도하는 사라토프의 모임에서 신자가 되었다. 홀린은 모스크바에서 일하면서 매년 모스크바에 일하러 오는 칼루가 지방의 우콜리츠 마을에서 온 고향 친구를 만났다. 대화에서 형제는 그리스도 안에서의 구원에 관한 기쁜 소식과 영원한 삶에 관한 이야기를 나눴고, 성령이 우콜리츠 사람들의 마음을 움직이기 시작했다.

1892년에 홀린은 믿음에 근거하여 10명의 새로운 회심자들에게 침례를 주었다. 하나님 자녀의 교제 모임은 다른 신자에게서 떨어져 아르부좁스키 골목에서 이루어졌는데, 그룹의 존재에 대해서는 잘 알려지지 않았다. 많은 원하는 사람들이 성서의 말씀을 듣기 위해 교제 모임에 왔다. 나중에, 홀린은 신자 그룹과 함께 칼루가 지방으로 돌아갔다. 그들이 우콜리츠 마을에 도착한 뒤에 복음주의 공동체가 조직되었다. 모스크바에 남은 신자들은 지역 공동체의 구성원이 되었다.

복음주의 기독교 공동체

복음주의 동아리는 구원을 추구하는 많은 영혼을 위해, 생명의 터전으로서 1897년에 모스크바에서, 조직되어 활동했다. 동아리 지도자인 표도르 사벨리예비치 사벨리예프는 아주 부유한 사람이었고, 모스크바 사회에서 큰 영향을 가졌다. 사벨리예프는 하나님을 열심히 찾는 사람이었고, 모든 여가 시간을 하나님에 관한 대화에 바쳤다. 1897년에 그는 서적상 포미체프 스테판 나자로프를 만나 그에게서 복음서를 구매했다.

판크라토프는 하나님을 찾는 사람 책에 관한 사벨리예프의 관심을 다음과 같이 기록했다.

몇년 전에 표도르 사벨리예비치는 다른 모든 사람처럼 교회 예배를 빠지지 않는 모범적인 방문자였다. 일이 잘되면 두꺼운 초를 세우고, 잘못되면 3 코페이카 초를 샀다. 쟁반에 동전을 올려놓았고, 가난한 사람들에게 2 코페이카를 나누어 주었다. 밤에 그는 정교회에 가서 성 판텔레이몬 또는 이베리아 성화(이베리아 성모 성화)에게 기도했다. 위대한 사순절에 그는 금식하며 회개했다. 내 인생에서 한 번의 회개였다. 나는 스스로에 대해 특별히 나빴다고 느끼지 못했지만 모든 것을 회개하고 회개했다고 사벨리예프는 말했다. 시간이 지나면서, 나는 어디에서 영원을 보낼 것인지 점점 더 생각하게 되었다.

어느 날 사벨리예프는 교회에서 하나님의 말씀을 들었다. 성직자가 또렷하게 읽었고, 사벨리예프의 귀에 '너의 죄와 불법을 나는 기억하지 않을 것이다'라는 말씀이 들렸다. 말씀은 우울한 감옥을 통과하는 빛줄기처럼 그의 마음을 비쳤다. '이게 뭐지?! 용서인가? 이것이 행복이다! 이런 말은 어디에서 왔지?' 하고 그는 생각했다. 짧은 시간에 사벨리예프는 슬라브어로 4복음서를 읽었지만, 아무것도 이해하지 못했다. 그 후 그는 러시아어로 복음서를 가지고 읽은 내용을 생각하면서 다시 읽기 시작했다. 그는 요한1서에서 아이들아 여러분의 죄가 그의 이름으로 용서받았다(요일 2:12)라는 표현을 읽을 때, 단어들이 그의 영혼에 스며들었다. "주님, 이것이 어떤 행복인지요? 얼마나 큰 기쁨인지요!"라고 사벨리예프는 말했다. 그는 너무 기뻐서 어린이처럼 울었다. 사람들은 미소를 짓고, 부드럽게 쳐다보았다. 모든 세상이 따뜻하게 느껴졌다. 고통은 내 어깨에서 누그러졌다. 나는 구원 받았다는 것을 깨달았다.

사벨리예프는 계속해서 간절함으로 복음서를 연구했다. 얼마 후, 그 주변에는 진리 추구자들의 동아리가 조직되었다. 이 은혜로운 일에 사벨리예프의 가장 가까운 동료는, 나중에 복음주의 기독교의 모스크바 교회의 대담한 설교자가 된, 이반 야코블레비치 불리닌과 엘리자베타 콘스탄티노브나 라주모바가 있었다. 신자들은 라즈굴랴이 거리와 멀지 않는, 데니숍스키 골목에서 모였다.

1903년 사벨리예프는 상트페테르부르크를 방문했다. 그는 파시코프 그룹과 만났고 그들에게 침례를 줄 수 있는 설교자를 모스크바에 보내달라고 요청했다. 형제들은 사벨리예프의 요청에 응답했다. 곧 상트페테르부르크에서 바실리 이바노비치 돌고폴로프와 니콜라이 야코블레비치 야코블레프가 도착했다. 사역자들은 하나님의 도움으로 동아리 회원들이 그리스도를 믿는 신앙 안에서 굳건해 지고 온 마음으로 믿음을 받아들일 수 있도록 많은 일을 했다. 그 해에 돌고폴로프가 모스크바 근처 클랴지마 강에서 사벨리예프에게 침례를 실시했고, 그의 사례를 따라 다른 동아리 회원들도 침례를 받았다. 얼마 후에 복음주의 기독교 모스크바 공동체가 조직되었고, 지도자로 사벨리예프가 선출되었다.

1907년에 사벨리예프의 초청으로 상트페테르부르크에서 알렉세이 레오니도비치 안드레예프가 모스크바에 왔다. 후에 안드레예프는 교단에서 유명인이 되었다.

그때가 복음주의 운동의 전성기였다. 모스크바의 신자들이 복음전도자로 유명한 프로하노프를 찾아갔다. 시내 여러 지역에 교회가 개척되었다. 1907년 기독교 잡지에 여러 교회의 주소들이 기록되어 있다. 루뱐카 광장 9번지, 볼콘스카야 대공부인의 집이 있는 스레텐스키 불바르 거리, 라즈굴야프의 토크마코프 골목 3번지 5호 아파트 등이다.

1909년에 전 러시아 복음주의 기독교 연합회가 결성되었다. 그 해에 복음주의 기독교 모스크바 공동체는 법적인 지위를 갖게 되었다.

사벨리예프는 자선 활동에 참여하여, 하나님의 일을 위해 많은 헌금을 했고, 전 러시아 복음주의 기독교 연합회에 헌금을 보냈다. 사벨리예프는 공장에 고용된 근로자의 노동에 대해 공정하게 지불했고, 불우 한 사람들을 꾸준히 지원했다. 혁명 이후에 그는 자발적으로 재산을 국가 관리로 넘겼다.

모스크바 교회의 목회자인 사벨리예프는 1917년과 1919년의 총연맹 총회에 적극 참여했다. 1944년에 사벨리예프는 복음주의 기독교와 침례교의 통합에 관한 역사적인 회의에 참석했다. 사벨리예프는 아주 오래 살았다. 그는 1947년에 84세로 세상을 떠났다.

침례교 공동체

1909년에 모스크바 침례교 집회는 포크로프카 12번지에 있는 보고몰로프 집에서 진행되었다. 공동체 지도자는 니콜라이 야코블레비치 야코블레프였다. 1910년부터는 세묜 프로코피예비치 스테파노프가 공동체의 지도자였다. 그는 훌륭한 설교자였다. 당시 시행중인 법에 따라, 야코블레프는 침례교 교사 증명서가 있었다.

신자들은 여러 장소 모였고 다양한 이름으로 불렸다. 신자들은 복음주의 기독교와 침례교의 다른 연합회에 속해 있었지만 평화롭고 조화롭게 지냈다. 침례교와 복음주의 공동체의 회원들은 서로를 방문하고, 함께 기도하고, 복음 찬송가를 부르고,

주의 만찬에 참여했다. 침례교회는 복음주의 기독교 사역자들을 하나님의 말씀 전파를 위해 초청했다. 복음주의 기독교회도 침례교 설교자들에게 강단을 제공했다.

1908년 부활절에, 작지만 중요한 기독교 청소년 대회가 열렸는데, 복음주의 기독교에서 12명 그리고 침례교에서 8명이 참석했다. 대회 곧 청년 활동은 '모두 하나가 되자'(요 17:21)라는 표어 아래 개최되었다. 대회에는 침례교의 유명 인사들인 티모센코, 다츠코, 말린, 레즈초프, 콜로미예츠와 복음주의 기독교의 트로스노프, 안드레예프, 짓코프(Ya.I.)가 참여했다. 청년 연합대회는 청년과 성인 신자들의 열망이 반영되었고, 분열은 하나님의 뜻에 위배되며 어떤 것으로도 정당화 될 수 없었다.[716]

모스크바 복음주의 운동의 시작은 복음주의 침례교 형제회 역사상 가장 어두운 포베도노스체프의 시기에 있었다. 프루가빈은 당시 모스크바에서 신자에 관한 재판이 열렸다고 기록한다. 결과적으로 많은 사람들이 행정 명령으로 남캅카스와 에레반 지방에 5~7년간의 추방을 당했다. 베데커는 당시 티플리스에 유배된 쇠고랑을 찬 모스코바 사람들에 대해 알렸다. 박해 시기에 많은 신자들은 모스크바를 떠나야 했다. 도시에 남아있는 사람들은 아파트에서 소그룹 모임을 가졌다. 경찰은 신자들이 모여 있는 곳을 추적하여 예배는 중단되었고 폭동이 일어났다. 상트페테르부르크의 마리나 로샤 거리에 있는 볼프의 집에서 있었던 폭동 때 카르겔은 기적적으로 경찰에 의해 잡히지 않았다.

신자들의 박해는 1905년 4월 17일 종교자유 포고령과 그 후 1906년 10월 17일 법령이 발표될 때까지는 1905년 내내 계속되었다. 10년이 조금 지나 모스크바 공동체 생활에 또 다시 어려움이 발생했다. 담당 공무원들은 교회를 폐쇄했고, 지도부 형제들을 시베리아로 추방했다.

공동체에는 사역할 수 있는 형제가 거의 나지 않았다. 찬양대원이 충분하지 않아서, 찬양대는 점점 약해졌다. 1916년 무렵 모스크바 공동체 침례교는 큰 손실을 입었다. 사랑받는 열정적인 설교자 스테파노프 목회자가 세상을 떠나서 공동체는

---

716. Bratskiy vestnik, 1957, No 3, s. 62. [형제들 소식, 1957년, 3호, p.62.]

매우 어려운 상황이 되었다. 그러나 그 상황에서 신자들은 침울함에 빠지지 않았다. 그들은 쉬지 않고 기도했고 어두운 구름이 걷히고 햇빛이 비치는 시간이 올 줄 믿었다.

머지 않아 주님은 공동체에 새로운 사역자들을 보내셨다. 바실리 구리예비치 파블로프는 공동체내 복음 사역 분야에서 유명 인사가 되었다. 파블로프는 목회자로 재직했다. 그의 아들 파블로프(P.V.)와 설교자 겸 기독교 작가인 티모셴코와 미하일 로프와 모르도비 등이 그를 도왔다. 실질적인 도움을 준 사람들은 이바노바, 예시나, 모르도비나, 보차로바 여집사들과 여러 자매들이다.

돌고폴로프와 사벨리예프 외에도 복음주의 기독교 공동체에서 우르시테인, 치리코프, 트카첸코, 라스토보 형제들, 삼사코프, 스베트리치니 형제들, 찬양대장 쟈브린 등이 사역했다.

1917년 4월 23일 전에 개혁교회 건물이었던 모스크바 말리 부줍스키 골목 3번지에서 복음주의 기독교회가 입당식을 했다. 그 교회는 이후 우리 형제회의 중심지가 되었다.

혁명 이후 모스크바 교회 생활은 새로운 단계로 접어들었다. 상트페테르부르크에서 모스크바로 수도가 옮겨지면서 복음주의 침례회 교회의 활동 분야가 눈에 띄게 확장되었다. 전쟁 중에 신자들이 모였던 예배당은 더 이상 모든 사람들을 수용할 수 없었다. 집회는 수도의 여러 구에서 진행되었다. 모스크바의 전도자들이 복음 사역을 위해 다른 도시를 방문했다.

1917년 12월 25일부터 1918년 1월 1일까지 프로하노프의 주도하에 제5차 전러시아 복음주의 기독교 총회가 모스크바에서 개최되었다. 총회의 첫 번째 회의들 사이에 영화관 "포럼", 공업대학교 박물관, 시의회 건물, 샤스키 대학과 상업대학교 대강당에서 대규모 집회가 개최되었다. 집회 주관은 복음 주의 기독교 지역 교회가 담당했다.

당시 복음주의 기독교 공동체의 은혜로운 사역자는 이바노프(I.G.), 찬양대장 겸 대원 아시이였다. 자매 중에는 마리아와 올가 표도로바(마리아 요시포브나 모토로나와 올가 요시포브나 코발코바)가 열심히 사역했는데, 첫 번째 자매는 설교로, 두 번째 자매는 찬양으로 봉사했다. 그 무렵 첫 번째 찬양대의 독창 찬양자로 폴리나 이바노브나 벨라예바가 관련되어 있는데 그녀는 하나님의 추수터에서 유명한 사역자인 벨랴예프의 딸이다.

침례교 공동체에서 유명한 사역자들 외에, 게오르기 게오르기예비치 슬레사레프, 표트르 바실리예비치 젤토프가 사역했다. 찬양 사역은 침례교 연합회 사역자 파벨 바실리예비치 파블로프의 부인 베라 바실리에브나 파블로바와 다리야 바실리예브나 로시나 등이 열심히 일했다. 찬양대에서 모즈고바가 찬양했는데, 후에 침례교 연합회 사무실의 직원이 되었다.

1920년대에 모스크바 주 페로보에 두 개의 교회, 미티시, 류베르치, 포돌스크, 세르푸호프, 이반테옙카, 페레르바 등에서 공동체가 시작되었다.

다른 복음주의 교파 신자들도 수도에서 복음의 빛 확산에 이바지했다. 뿐만 아니라 상트페테르부르크로, 모스크바에서 윌리엄 부스에 의해 설립된 세계적 기독교 단체인 구세군이 활동했다. 구세군 지회 직원은 포크로프카에 본부를 두었다.

구세군이 러시아에서 폭 넓은 활동을 시작했다는 사실을 동시에 주목해야 한다. 1913년에 구세군 소식 잡지가 상트페테르부르크에서 출판되었다. 1917년에, 또 상트페테르부르크에서 [구세군의 찬양이라는 복음성가집이 출판 되었다. 그런데 구세군의 활동은 국내에서는 더 이상 발전하지 못했다. 해외에서는 구세군이 지금까지 활동하고 있다.

20년대에 복음주의 침례회 청년들의 군인회가 설립되었다. 딕(J.J.)과 유시케 비치가 조직했다. 모임의 발생 역사는 다음과 같다. 제1차 세계 대전 중 일부 메노파 형제들은 의무부대에서 일했다. 신자로서, 그들은 부상병에게 복음 전파의 기회를 놓치지 않았다. 집으로 돌아온 형제들은 전도를 계속했고, 외래 병원, 진료소, 입원 병원을 방문하며 부상당하고 병든 사람들에게 구원의 복음을 전파했다. 군인회는 포크로프카에서 모였다.

1907년에 생겨난 금주 생활이란 이름의 복음주의 공회는 명성을 얻었다. 공회의 초기 활동에서 헌신한 사람은 이반 니콜라비치 콜로스코프였다. 콜로스코프는 보통 사람이었고 상트페테르부르크의 금주 운동가 이반 추리코프의 추종자였다. 술집과 주막의 단골손님을 대상으로 계몽 활동을 시작한 콜로스코 는 짧은 시간 동안 수천 명을 회개하게 하고 금주 생활로 인도했다.

콜로스코프가 술 중독자에게 새로운 삶을 시작하도록 설득하는 능력은 놀라웠다. 그는 훈계자인 척하지 않았고 길게 말하지 않았으며, 사람들과 단순하게 같은 사람으로서 대화했다. 콜로스코프는 결코 종교적 교리를 설명하지 않았다. 마르친 코프스키는 콜로스코프의 활동에 대해 그것은 마음과 마음의 대화였다고 썼다. 청바지 차림에 키가 작은 보통 남자였고, 연한 갈색 머리에 머리는 이반 동생 동화처럼 스포츠형으로 짧게 깎았다. 그는 사람들이 갈증 날 때 물을 마시듯 하나님의 말씀을 설명했다.

콜로스코프의 대화는 그 목적으로 구매한 변모 광장 근처의 포치토보이 거리에 있는 집에서 실시되었다. 대화 모임에 방문한 많은 사람이 하나님께 회심했고, 금주의 맹세를 하면서 자신의 죄를 회개했고, 경건한 생활을 시작했다.

20년대에 콜로스코프는 복음주의 기독교와 가까워졌고 프로하노프는 개인 자격으로 금주회 모임에 여러 번 강사로 참여했다. 그 후 복음주의 기독교(금주 운동자)는 모스크바의 포치토바야와 볼쇼이 야키만카 거리에 두 개의 교회가 있었고, 모스크바 교외의 라멘스코예, 클린, 오레호보주예보에도 있었다.

20년대에 복음주의 기독교 금주회는 노동조합, 농장개척지를 칼레디노 마을과 모스크바 주의 베르제초보에 조직했고 고아를 위한 개척지도 조직했다. 모스크바에서는 자신들의 비용으로 4개의 채식 식당을 운영했다. 그런데 1929년 복음주의 기독교 금주회의 교회와 노동 기업 운영은 정지되었다.

1947년 세묜 다닐로비치 마카로프가 이끄는 복음주의 기독교 금주회는 복음주의 기독교침례회 연맹에 가입했다. 마카로프 사망 후 복음주의 기독교침례회 총연맹 소속 기독교 금주회는 폴토르지치키가 대표가 되었는데 그는 모스크바 교회의 사역자였던 오를로프의 집사 안수식에 참여했다. 금주회 신자들은 주님께 소망을 둔 모든 사람과 함께 조화를 이루며 세상에서 살고 있다(딤전 4:10).

전쟁 기간에 모스크바 신자들은 모든 국민과 함께 모든 어려움과 고난을 겪었고 자신들의 힘을 승리를 위해 모았다. 전쟁 기간에 모스크바 교회의 예배 참석자는 훨씬 적었다. 참석자 가운데 청년들은 거의 보이지 않았고 대부분은 노인과 장애인이었다. 하나님의 자녀들은 전쟁터에 있던 그들의 아들과 딸, 친척, 친구들을 위해 기도했다. 많은 신자는 가족 사망의 통지서를 받은, 말할 수 없는 고통당한 자들을 위한 위로를 사역자들에게 요청했다. 전쟁 중 교회 목회자 사역은 오를로프가 담당했다. 1944년 복음주의 기독교침례회 연맹 결성 이후 교회의 1번 목회자는 복음주의 기독교침례회 총연맹 회장 짓코프(J.I)가 선출되었다.

1945년 5월 모스크바 교회에서 주님께 기쁨과 감사함으로 가득한 전쟁 종료 기념 기도회가 있었다. 신자들의 생활은 조금씩 평화로운 길을 걷기 시작했다.

전후 시기에 모스크바 신자들에게 사랑받는 설교자는 복음주의 기독교침례회 총연맹 사무 총장인 카레프였다. 1954년에 모스크바 교회의 목회자는 레닌그라드 출신 카르포프가 되었다. 1954년부터 모스크바 교회는 교회 회원을 위한 영적 보살핌에 관한 커다란 사역을 진행했다. 일요일에는 낮 예배가 진행되었다. 성찬식은 한 달에 3회 실행되었는데 일요일에 2회(오전과 낮 예배)와 화요일에 1회였다.

성령께서 청중의 마음에 역사하셨고, 교회는 영적으로 수적으로 성장했다. 회심한 신자들이 침례 전 확인과정을 통과했다. 교회는 새신자들에게 침례를 실시했다. 대부분 신자는 영적으로 건강했으며 어떤 거짓된 가르침에 관심을 가지지 않았다. 그래서 1961년 형제회 교회에서 분열이 일어났을 때, 그 질병은 모스크바 교회에 영향을 미치지 않았다.

1962년 교회는 카레프, 이바노프, 모토린 대표가 포함된 집행부를 구성했다. 1964년에 교회의 두번째 목회자로 짓코프(M.J.)가 안수를 받았고, 1년 후 짓코프는 안드레예프, 레빈단토, 모토린에 의해 목회자 사역 안수를 받았다. 1965년에 티모첸코와 코발코프가 교회회의에 포함되었고, 셰페토프와 사브첸코는 교회의 설교자로 승인되었다.

당시 모스크바 교회의 목회자 지도부는 짓코프(J.I.) 원로 목회자, 카르포프 목회자, 집사 사벨리예프, 페디치킨, 벨리치킨, 짓코프(M.J.), 레베데프였고, 그들은 교회의 설교자였다.

설교자 중 가장 뛰어난 사람은 카레프였다. 보통 카레프는 일요일과 목요일 예배에서 교훈적인 설교를 했다. 몇 번의 예배를 계획한 그의 주제 설교가 특별했다. 많은 청중은 하나님 사역자들의 설교를 받아쓰거나 말로 전달했다. 카레프의 설교와 글은 [형제들 소식] 잡지에 실렸다.

예배 중 봉사자들은 교회 목회자를 도왔다. 그들 중 이노치킨, 마튜힌, 폴로수힌, 라자레프는 모스크바 교외에 있는 교회에서 목회자 사역을 했다. 1966년 말에 카르포프가 은퇴하자 모스크바 교회의 선임목회자는 짓코프 (M.J.)가 되었고, 부 선임목회자는 사벨리예프가 되었다.

비츠코프는 1967년부터 모스크바 교회의 설교자였다. 모스크바 교회의 강단에서 형제들뿐만 아니라 모토리나, 트루비나, 로스쿠토바, 필리푝 등의 여성 신자도 설교했다. 복음주의 기독교침례회 총연맹 클리멘코 총회장이 모스크바로 이동하여, 교회에 지혜로운 사역자가 한 명 더 보충되었다.

1977년에 알페로프, 부젠코프, 그로모프, 코발레프, 쿠즈네초프, 모호프, 오를로프, 사브첸코, 소콜로프, 히홀 등을 집사로 선출했다. 후에 로긴, 실라예프, 테테린이 집사로 지명되었다.

1979년 사벨리예프 은퇴와 관련하여 교회 회의 추천으로 코발레프가 목회자로 선출되었고 1년 후에 목회자로 안수받았다. 1979년 총회 후 모스크바 교회 생활에 복음주의 기독교침례회 총연맹의 상임위원인 로그비넨코, 그니다, 보즈뉴, 콜레스니코프가 참여하게 되었다.

1980년에 회원회의에서 로그비넨코가 모스크바 교회의 1번 목회자로 선출되었다.

1984년 11월에 히홀, 테테린, 실라예프의 목회자 안수식과 예피시닌, 졸로타 렙스키의 집사 안수식이 있었다.

1987년 가을에 사브첸코, 쿨리코프의 목회자 안수식과 주콥스키, 로긴, 모호프, 소콜로프의 집사 안수식이 있었다. 최근 몇년 동안 매년 침례를 통해서 150~160명의 새로운 회원들이 모스크바 교회에 합류하고 있다.

찬양 사역

모스크바의 신자들 가운데 누가 찬양 사역을 처음으로 시작했는지 밝히기 어렵다. 1910년 이후 사역한, 찬양대 지도자들의 이름이 지금까지 내려 왔다. 찬양 대장 푸케 형제, 포크로프카 교회에서(1913년) 사역한 유명한 침례교 사역자 파블로프의 아들 파블로프, 라즈굴야프 교회 찬양대에서 사역한 자우제 등이다.

1919~1923년에 메샨스카야 거리와 말리부좁스키 골목에 있는 공동체에서 유명한 가수이자 찬양대장인 아시예프가 봉사 했다. 1926년에 스레텐스카 교회에서 찬양대장 트카첸코가 사역했고, 그의 아버지 트카첸코는 모스크바 교회의 제1 찬양대의 찬양대장이었다. 여성 찬양대 지도자들도 있었는데 특히 표도로바는 툴린스카야 거리의 교회에서 1925~1927년 동안 찬양대를 지도했다. 1926년에 아파나시예프는 말리 부좁스키의 교회에서 찬양대를 지도했다. 후에 모르도비와 콘코바가 모스크바 교회 찬양대의 찬양대장으로 사역했다.

비소치키는 전체 형제회와 모스크바 교회를 위한 교회 음악과 찬양 사역 발전에 크게 이바지를 한 유명한 찬양대장이다. 교회의 찬양 그룹은 크로시킨이 지도했다. 찬양대의 독창자는 비률린과 니지닉이었고, 후에 보에보딘과 블리노프가 독창을 했다. 1933년부터 체르나체프가 찬양대에서 독창을 했다.

1955년에 수년 동안 제일찬양대에서 봉사하던 능력있는 트카첸코가 오데사에서 모스크바로 이동했다.

자매 가운데, 탁월한 찬양대원으로는 카비셰바, 콜레소바, 스코트니코바, 셰이코가 있다. 알렉세예바(비소치카야)와 벨레예바는 독창자로 50년 넘게 찬양했다. 지금 제일 찬양대의 여성독창자는 그리시케비치, 페트로바, 코텔니 코바, 팀첸코 등이다.

1963~1964년에 찬양 그룹에 기초하여 두 번째 찬양대가 조직되었고, 찬양대장은 크로시킨이었다. 모스크바 신자들과 방문자들은 특히 찬양대의 찬송가, '오 성령', '주의 귀를 기울여', '불행이 더 심할 때', '섬들아 조용하라' 등을 특히 좋아했다. 제2찬양대에는 1960년에 조직된 민속 악기 합주단이 있었다. 합주단 찬양대의 연

주곡목으로 제때에 크게 이바지한 사람은 솀킨이다.

제3 찬양대는 모스크바 교회에서 10년 이상 봉사했다. 곤차렌코가 찬양대를 이끌었다. 찬양대의 연주곡목은, 형제회 현대 작곡가인 스키르디, 바추카, 크레이만 등의 작품들과 함께 아르한겔스키, 보르트냔스키, 헨델, 베토벤, 베델의 고전작품이 포함되었다. 찬양대의 독창자는 베레지노이와 카라쿠츠였다. 찬양대의 상당 부분의 찬양은 아카펠라로 수행되었다. 실내 교향악 합주단의 뛰어난 실력의 공연 사역은 유명하다.

1986년 7월에 제3찬양대 찬양대원과 음악가 그룹은 네덜란드 암스테르담에서 개최된 국제복음전도자 대회에 참석했다. 대회 참석자들은 러시아 신자들의 영감 어린 찬양을 기꺼이 받아들였다.

모스크바에서 가장 큰 오르간 중 하나가 말리 부좁스키에 있는 교회의 실내에 설치되어 있다. 찬양대와 회중 찬양은 오르간, 풍금 또는 피아노 반주가 따른다. 오랜 세월 동안 오를로프와 트카첸코가 오르간 연주자로 봉사했다. 현재는 포타포바, 졸로타레바, 곤차렌코 등이 봉사하고 있다. 신자들은 봉사자들을 사랑과 존경으로 대우하며 기도로 그들의 활동을 지원한다.

1986년 전 연합 레코드 회사 멜로디야에서 복음주의 기독교침례회 내 주요 교회 찬양대를 녹음한 앨범을 발표했다. 앨범은 두 개의 레코드판으로 구성되었는데 고전 종교 음악과 러시아어, 우크라이나어, 라트비아어, 에스토니아어로 된 현대 작곡가의 작품이 포함되었다.

모스크바 찬양대는 레코드판 작업에 가장 적극적으로 참여했다. 트카첸코는 레코드판 녹음에 관한 꼼꼼한 작업을 이끌었다. 모스크바 교회 찬양대는 기도와 경배 찬양 및 가르침과 교훈적 내용을 포함한 찬양을 했다. 그래서 찬양대를 두 번째 강단이라 말할 수 있다. 많은 사람이 감동적이고 교훈적인 찬양을 통해 주님께 돌아섰다. 모스크바 교회는 복음주의 침례회 형제회 가운데 가장 오래되고 큰 교회의 하나이다. 현재 교회에는 약 5천 명의 회원이 있다. 중앙 교회 혹은 예루살렘 교회라 부를 자격이 있다. 신자들은 형제회 교회의 생활을 알려고, 영적 질문과 교회 경영의 답변을 얻으려고, 자신들의 기쁨과 슬픔을 공유하려고, 광활한 전국의 모든 곳곳에서 모스크바 교회로 왔다. 이슬방울에 비친 태양처럼 모스크바 교회는 형제회 전체 생활이 축소판으로 반영되었다. 모스크바 교회의 공간에서 다른 기독교 교단의 대표들과 모임, 복음주의 기독교침례회 총회가 개최되었다.

교회 내부는 복음주의 기독교침례회 연합위원회, 러시아 연방 선임목회자 사무실, 지도자 양성부, 형제회 소식 잡지 출판부, 총회의 국제부 및 타 기관이 자리잡고 있다.

모스크바 교회는 총회에서 초청한 외국인 손님들과 관광객을 받아들인다. 손님들은 예배에 참여한다. 교회는 매주 6회 예배와 찬양대와 합주단의 연습이 진행된다.

모스크바 신자들은 자신의 교회를 사랑한다. 1917년부터 지금까지 말리 부좁스키 골목거리에 있는 교회의 예배는 중단되지 않았다. 전쟁의 시기에 황폐함과 굶주림의 시기에도 하나님의 자녀들은 기도회로 모였다.

1982년 모스크바 교회는 모스크바에서 복음주의 운동의 출현 이후 100주년을 기념했다.

형제회 다른 교회들처럼, 주님을 향한 모스크바 교회의 주요 사역 방향은, 복음 전파, 신자의 영적 교육, 그리스도 안에서 연합의 성취이다. 카레프는 신자들이 연합하는 것의 중요성을 다음과 같이 말했다. "통합된 형제회로 완성된 복음주의 교단의 연합과 신자들의 연합의 중요성을 알지 못하는 형제 혹은 자매가 우리 사이에 한 사람이라도 있어서는 안 된다." [717] 주님은 자신이 다시 오시는 날까지 그의 자녀들이 교회의 증인이 되기를 원하신다. 모스크바 교인들은 그리스도의 명령을 성취하기 위해 노력하고 있다.

레닌그라드 교회 생활

레닌그라드 교회는 국내에서 가장 오래된 교회이다. 1984년에 110년을 기념했다. 사실 레닌그라드 교회의 역사는, 우리 복음주의 형제회 요람 가운데 한 역사이

---

717. Bratskiy vestnik, 1945, No3, s.8 [형제들 소식, 1945년, 3호, p.8.]

다. 레닌그라드 교회에서는 프로하노프, 페틀러, 카르겔, 짓코프(J.I.), 두브롭스키, 사닌, 카레프, 성서강좌 기획가 비코프, 복음의 집 교회 목회자 실로프, 시임 겸 작곡가 카자코프, 찬양대장 케셰, 설교가 짓코프(A.I.) 등 여러 유명한 사람들이 사역했다.

레닌그라드와 전국적인 복음주의 운동의 융성은 혁명 전후의 시기와 삼십년대까지 지속되었다. 20년대에 레닌그라드와 그 주변에는 28개의 복음주의 기독교회와 15개의 침례교회가 있었다. 바실리예프스키 섬의 젤랴보바 거리에 있는 복음주의 기독교회 구원의 집 외에, 도시의 여러 지역에 있는 옛 교회 건물에서 집회가 진행되었다. 페트로그라드 쪽, 넵스카야 자스타바 뒤, 리고보, 르젭카와 집회 목적으로 극장, 서커스장, 대학교를 임대했다.

1927년부터 교회는 점차 폐쇄되기 시작했다. 1930년에 젤랴보바 거리에 있는 복음주의 기독교회는 스트레만나야 거리로 옮겼는데, 이 건물은 정교회의 금주회가 모였던 장소였다. 복음의 집 교회가 폐쇄된 후, 침례교회는 시트닌스카야 거리에 있는 전에 루터 교회였던 곳에서 예배를 진행했다. 그 후 교회는 전에 개혁 교회 건물이 있는 베레이스카야 거리로 옮겼고, 거기서 1936년 말까지 신자들이 모였다.

교회 신자들은 비텝스크 기차역 근처의 목조 2층 건물에서 가장 오랫동안 예배 모임을 진행했다. 그런데 교회 형제들이 강단에서 예배 금지를 발표하는 슬픈 날이 왔다. 예배 참석자인 베라 드미트리예브나 푼크와 안토니나 알렉산드로브나 콜로바노바는 다음과 같이 회상했다. 마지막으로 찬송가 '우리가 만날 때까지', '하나님이 당신과 함께 하실 것이다'를 찬양한 후 예배 참석자들 모두가 눈물을 흘렸다. 예배가 끝난 후 우리는 전차 정류장에서 오랫동안 기다렸고, 아무도 떠나고 싶지 않아, 작별이 불가능했다. 우리 앞에 전쟁이 기다리고 있고 전쟁이 끝난 후 교회가 다시 열릴 수 있다는 것을 우리 가운데 누구도 생각할 수 없었다.

1937년부터 1946년까지 레닌그라드의 모든 교회는 공식적으로 폐쇄되었다. 신자들은 집에서 모였고, 많은 사람이 흩어졌다. 레닌그라드 교회의 마지막 목회자인 소콜로프는 신자들의 집을 방문하여 성찬식과 장례식을 인도했다. 그는 가장 어려운 봉쇄 시기에 계속 봉사했다.

봉쇄 기간의 교회(1941~1944. 1.)

레닌그라드 봉쇄 900일, 유례없는 자기 통제, 용기, 애국심의 표현은 놀라웠고 전 세계를 계속 놀라게 했다. 군인들과 함께 사랑받는 도시를 여성, 어린이, 노인들이 지켜냈다. 미국 신문 뉴욕타임지는 다음과 같이 기록했다. 역사상 레닌그라드 시민들이 보여준 오랜 기간의 인내 사례를 발견할 수 없을 것이다. 그들의 공적은 연대기 역사에 일종의 영웅적인 신화로 기록될 것이다. 레닌그라드는 러시아에서 무적의 정신을 구현한다.

미국 국민의 이름으로 루즈벨트 미국 대통령은 레닌그라드에 모든 민족들로부터 고립되어 있으면서, 성공적으로 사랑하는 도시를 방어한, 그의 용감한 군인과 충성된 남성, 여성, 어린이를 기념하는 특별한 증서를 보냈다. 도시 수호자와 봉쇄 지역 사람들 가운데는 많은 신자가 있었다. 레닌그라드 교회 기념 예배에서 어떤 시인은 그의 시에서 "레닌그라드 사람들의 금식은 지구 상에서 가장 길었던 신자들의 금식이었다"고 썼다.

레닌그라드 교회 110주년 예배에서, 사무차장 그니다는 다음과 같이 말했다. 내가 끔찍한 전쟁 시기에 바로 여기에 있도록, 주님은 내 영혼의 유익을 위해 그렇게 하셨다. 나는 레닌그라드 봉쇄의 어려운 시기에 주님께 돌아섰다. 나는 레닌그라드 전선에서 부상당하여, 병원에 입원했고, 가정 교회에서 회개했다. 1944년에 카르포프에 의해 레닌그라드에서 침례를 받았다.

물론, 매우 어려웠지만, 시련의 때에 주님은 살아 계신 하나님이라는 것을 모든 사람에게 보여 주셨다! 봉쇄의 견딜 수 없는 여건 속에서도 참으로 희생적인 교회인 레닌그라드 교회는 계속해서 살아 있었다. 그렇다, 우리는 교회 건물이 없고, 아무것도 없었지만, 오늘 우리는 손으로 만들지 않은 하나님의 집을 가지고 있다. 복음서는 말한다. 당신은 하나님의 살아 있는 성전이다!

형제자매들은 봉쇄 가운데 직장과 거주지에서 구세주를 전파했다. 그때 그리스도는 교회의 머리였다. 성령이 역사하여, 사람들이 회개하고, 주님께 돌아섰으며 침례를 받았다. 그것은 믿을 수 없는 일이 일어났다! 고립 속에 있던 사람들은, 밤낮으로 조국 해방을 위해 기도했다. 승리에 관한 믿음은 신자들과 비신자들을 감동시켰다.

전쟁이 끝난 후 레닌그라드 교회에서 침례식이 거행되는 동안 침례 받은 200~300명이 주님께 서약한 것은 유명하다. 전쟁을 통과하고 믿음을 지킨 사람들이 믿음을 갖게 되었다. 흩어짐과 박해와 시련의 기간에 레닌그라드 교회의 신자들은 "마른 뼈"(겔 37:4)가 아니었다.

굶어서 죽어가고, 극단적인 영양실조에 있던 사람 가운데는, 의심할 바 없이, 죽음을 앞두고 언젠가 신자들에게서 들었던 복음의 말씀을 기억하는 사람들이 있었다. 부상 당하고, 피 흘린 많은 사람이, 주님의 이름을 불렀다. 우리는 오직 영원에서 복음의 결과 곧 주님의 이름을 부르고 구원받은 사람들을 볼 수 있을 것이다.

주님은 흩어져 있는 기간 동안 레닌그라드에 있었던 작은 가정 교회들을 축복하셨다. 그중 한 사람으로 영적 나이로 최고 연장자와 교육가로 여기는 그룹에 쿠블리치키와 브류하노프, 카르포프, 코사레프, 시크라보프, 예로슉, 베닉 자매, 보그다노바, 파블로바 등이 포함되었다. 신자들은 교회가 폐쇄되었을 때, 서로 친구였고 그들은 계속해서 친교를 위해 모였다. 성찬식을 위해 신자들은 포도주 대신에 크랜베리 주스를 사용했고 그들의 식량을 나누었다. 1937년에 금식과 기도 후, 가능한 대로 교회 설립을 성취할, 그룹의 목회자로 카르포프를 선출했다. 전쟁이 시작되었을 때, 카르포프는 국민 민병대에 자원했다. 그는 부상당했고 건강을 회복 후에는 후방의 비전투원으로서 복무하도록 결정되었다. 봉쇄된 교회 회원들은 점차 적어졌다. 한 사람씩 차례로 주님께 떠났다. 그들 중 일부 사례는 다음과 같다.

엘레나 테렌티에브나 예로슉은 스트레만나야 거리의 교회에서 침례를 받았다. 자매는 전쟁이 일어났을 때, 내 손에는 3명의 어린아이가 있었다. 우리는 새로운 마을 지역에 살았는데, 가까운 곳에 군용 비행장이 있어서, 심하게 폭격을 당했다. 주변에 불이 활활 탔다. 우리는 아이들과 함께 두더지처럼 토굴에서 계속 숨어서 살았다. 음식을 위해 배급과 자녀용 카드를 받았다. 빵의 기준량은 하루에 125g이었다. 빵은 보통 조각으로 나누었고, 가장 힘든 것은 빵

조각을 빨리 먹지 않고 기다리는 것이었다. 그 작은 조각을 먹기 전에 그녀는 자녀들과 함께 주님께 감사 기도했다. 매일 아침 그녀는 주님의 축복을 구했다. 음식을 찾으러 쓰레기통을 뒤졌다. 다행히 오래된 뼈를 발견하면 그것을 잘라서 삶았다. 여름에는 질경이 뿌리와 다른 풀을 먹었다. 아이들은 건강했고, 우리 집은 무사했다. 우리는 기적적으로 살아남았다. 오직 하나님의 사랑이 우리 가족을 구했다. 어느 날 나는 배급 카드와 지갑을 잃어버리고 절망 가운데 주님께 간절히 외쳤다. 모든 희망을 잃어버린 채 집으로 갔는데, 갑자기 도로에 떨어진 지갑을 보았다. 그것은 기적이었다. 아무도 그것을 가져가지 않았다. 거기서 무릎을 꿇고 눈물을 흘리며 주님께 감사했다.

마리야 파블로브나 보로비에바는 1933년 스트레만나야 교회에서 침례를 받았다. 그녀는 다음과 같이 말했다. "전쟁이 시작될 무렵, 그녀에게는 다섯 명의 자녀가 있었고 오흐타 구역에서 살았다. 폭격 후 기절한 물고기가 물 위에 떠올랐고 우리는 물고기 잡는 법을 배웠다. 하나님은 우리를 축복하시고 모든 것을 도와주셨다. 공장에서 일할 힘을 주셨다. 또한, 텃밭에서 일하면서 다른 사람들을 도왔다. 아침에는 참석한 모든 사람에게 따뜻한 음식을 대접하기 위해 보통 큰 주철 그릇에 야채스프를 끓였다. 모든 필요로 하는 사람들에게 마음이 열려 있었고, 다른 사람들을 봉사하면서 큰 기쁨을 얻었다."

예프로시냐 이바노브나 바라뉴 자매는 "남편이 전선으로 떠나, 나는 상점 청소부로 일했고, 아이들을 유치원에 데려다주었다고 회상했다. 1942년 4월의 끔찍한 기아의 시기에 나는 모든 배급 카드를 잃어버렸지만, 주님은 우리를 불행에 남겨놓지 않으셨다. 하나님의 은혜로, 넵스키구에 있는 우리 집은 집중적인 총격을 받았음에도 손상을 당하지 않은 채로 지켜졌고, 유리조차도 폭발 충격에 날아가지 않았다."

옐리자베타 이바노브나 미구노바는 다음과 같이 말했다. "전에 남편은 하나님을 반대했다. 전선에서 온 그의 편지 가운데 '나는 주님을 만났어, 우리가 여기서 만날 수 없다면, 천국에서 만날거야'라고 썼다. 남편은 사망했고, 나는 그가 영원한 거처에서 나를 기다릴 것이라는 소망으로 살고 있다. 우리가 봉쇄 속에서 어떻게 굶주렸는지 말하기 어렵다. 아들이 양가죽을 요리했다고 생각할 수 있는데, 문 옆 덤불에서 등유 냄새를 맡으면서 요리를 먹었다. 그런데 우리는 텃밭이 있어서 시내에 살았던 사람들보다 더 나았다. 우리 텃밭에 전쟁 동안 매우 커다란 채소가 자라고 있었음을 언급할 필요가 있다. 우리에게 그렇게 큰 당근과 감자는 그 후에는 절대 있지 않았다. 우리는 그것을 우리를 향한 하나님 사랑의 표지와 우리에 관한 보호로 받아들였다. 신자들과의 관계는 중단되지 않았고, 우리는 함께 기도했고, 할 수 있는 것을 나누었다."

베라 알렉산드로브나 소볼레바는 그녀의 추억을 나누었다. "소콜로프 형제는 우리 지역의 신자들을 방문했다. 형제는 몸이 피곤하고, 연약했으나, 우리를 가능한 대로 영적으로 깨웠고 견고하게 했다. 우리는 기도하고 찬송가를 불렀고 우리 집에서 성찬식을 거행했다. 밤에는 추워서 잠을 잘 수 없었다. 우리는 빵 배급 줄에 서기 위해 새벽이 오기를 간절히 기다렸다. 나는 어머니와 함께 밤마다 성경을 읽었다. 우리는 추위에 떨며 담요와 외투로 오두막 비슷한 것을 만들었고, 등잔불 옆에서 차례로 성경을 읽었다. 하나님의 말씀은 강력하게 일했고, 나의 영은 주님과 교제로 기뻐했다. 우리는 기나긴 봉쇄의 밤에 하나님 말씀의 능력을 바로 알게 되었다. 레닌그라드는 최전방 도시였다. 전선은 도시 외곽을 지나서 복판까지 도보로 접근할 수 있었다. 군대 작업장, 이탄 추출장, 최전방에서 우리는 주님과 사람들을 위해 봉사했다."

알렉산드라 이바노브나 이바보프는 수백 명의 부상자를 전선에서 옮겼다. 아마, 레닌그라드 전선 출신의 한 전직 군인은 지금도 자신의 구원자인 그녀의 친절한 말을 기억할 것이다. 알렉산드라 이바노바는 "친구여, 기도해요. 하나님의 보호를 구해요." 말하면서 조심스레 상처에 붕대를 감았다. 그리고 총탄 밑으로 기어서 돌아갔다. 부상병들은 그녀의 말을 감사함으로 받았다. 이바노바의 여자 친구인 간호사들은 그녀에게 "슈라, 소리 내어 기도해, 우리가 너의 기도를 따라할 게"라고 요청했다.

베라 드미트리예브나 푼크는 간호대학교 학생으로 병원에서 부상병을 돌보고, 거리에서 부상자들을 모았다. 그녀의 아버지 다닐로프는 매일 성경을 읽고 가정 기도회를 했다.

나탈리야 게오르기예브나 소로키나는 여전히 혈액 기증자인데 3급의 영양 장애를 겪지 않았다. 굶주린 상태에서 부상자들에게 어떻게 헌혈하는 것이 가능했는지 소로키나에게 질문하자, 그녀는 "나는 철도청에서 근무하면서 많은 슬픔을 당하고, 죽어가는 사람들을 보면서, 고통받는 그들을 돕기 위해 뭔가를 하려고 했다"고 대답했다. 나탈리야는 그녀가 가진 혈액을 기증했다.

봉쇄 가운데 사람들은 풍요에서가 아니라 빈곤에서 관대했다. 주님은 그의 자녀들에게 도움의 손길을 내미셨다. 신자들은 길에서 굶주리고 넘어진 상태로 얼어가는 사람에게 지나가는 사람이 해바라기 기름 한 숟가락을 그의 입에 넣어 준 것을 기억한다. 그에게 어떻게 기름이 있었으며 그 낯선 사람이 누구인지 알 수 없었으나, 그는 선한 사마리아인처럼, 모르는 사람을 외면하지 않았다.

다른 형제는 길을 걷다가 힘이 없어서 쓰러졌다. 정신을 차려보니 모르는 소녀가 그를 데리고 간 곳은 빵집이었다. 빵집에서 그는 끓는 물 한 잔을 먹고 기력이 돌아왔다.

율리야 니콜라예브나 골로비나는 다음과 같이 회상했다. "어느 날, 세 아들을 재우고 굶주림으로 인해 고통스러운 죽음을 준비하고 있었다. 갑자기 문을 두드려 열어보니, 문턱에는 전선에서 빵과 곡물을 가져온 형제가 서 있었다."

찬양대원 베라 페트로브나 자이체바는 라흐틴스카야와 싯닌스카야 거리에 있는 모임의 찬양대에서 어릴 때부터 찬양했다. 전쟁 중에 그녀는 믿는 어머니와 세

자녀와 함께 살았고, 항공기 공장에서 조립공으로 일했다. 우리는 모든 레닌그라드 시민들과 함께, 얼어있는 거리를 청소하고, 눈을 치우고, 썰매로 물을 옮기고, 빵 배급 줄을 서고, 직접 만든 실내용 난로의 연료를 찾았다. 우리는 모두 추위와 괴혈병과 귀찮은 곤충으로부터 고통을 당했다. 그러나 그 모든 상실 속에서 우리는 생명의 제공자를 바라보며 기도했다. "우리 두 사람 나와 어머니는 작은 가정 교회였고, 우리는 영적 쇠퇴를 느끼지 않았다"고 자이체바는 말했다.

레닌그라드 교회의 회원 수백 명이 소중한 레닌그라드 방어 훈장을 받았다. 많은 사람이 청년이었을 때, 국가의 상을 받았다. 전쟁 중 아이들은 더 빨리 자랐다.

교회 회복

레닌그라드 교회의 전직 목회자였던 알렉세이 니콜라예비치 카르포프는 전쟁 후 영적 생활이 어떻게 진행되었는지 회고했다. "어느 날 봉쇄 시기에 집에서 사역했던 소콜로프 목회자가 나에게 와서 말했다. '우리가 교회에서 일을 재개할 수 있도록 허락이 되었어요.'"

레닌그라드 신자들을 잘 아는 짓코프(Ya.I.)와 카레프는 그룹을 조직하라고 권했다. 그룹에 치조프, 야코블레프, 아나니예프, 비노그라도프, 크류치코프, 바실리예프, 카르포프가 포함되었다.

공식적인 허가서를 가진, 교회의 개방까지, 신자들은 모이킨, 흐레노프, 추바로프, 지둘로프, 이즈마일로프의 가정에서 모였고 다른 사람들은 앞에서 말한 사람들의 집에 예배를 위해 모였다. 오랫동안 장소를 찾다가 창고로 사용된 볼샤야오흐타 거리에 있는 건물을 찾았는데 그곳은 전에 정교회당이었다. 신자들은 당시 돈이 없었지만, 건물을 재건하기 위해 아낌없이 헌금했다. 건물은 형편없는 상태였고, 유리는 부서졌고, 벽은 포탄의 탄흔이 있었고, 난방과 조명은 없었다. 그러나 방문한 신자들은 그런 조건에도 기뻐했다. 1946년 가을에, 그들은 예배를 시작했다.

처음에 세르게이 아르히포비치 소볼레프가 교회 찬양대를 지도했고 얼마 후, 게오르기 알렉세예비치 티호미로프와 알렉세이 이바노비치 오를로프 찬양대장의 지도를 받은 아킴 이사예비치 예린이 그 사역을 이어갔다. 오르간 연주자는 이리나 카자코바(1935년 박해 시기에 우파에서 유배 생활, 카자코프의 딸)와 베라 드미트리예브나 푼크였다. 카레프가 사역을 재개한 후 교회에서 거행한 첫 번째 결혼식은, 현재 모스크바 교회의 회원인 이리나 카자코바였다.

1950년 무렵 교인 수는 3,600명에 달했다. 1946~1950년에 치조프가 교회의 목회자였다. 카르포프는 1950~1954년까지 목회를 했고, 그 후는 오를로프가 목회자로 일했다. 1960년부터 레닌그라드의 영적 분야에서, 재능있고 축복받은 하나님의 사역자 아나톨리 니콜라예비치 키류한체프가 봉사했다. 그는 신학 교육을 받았고(런던의 스펄전 침례교 대학을 졸업했다) 열정적인 설교자였다. 키류한체프는 진정으로 교회를 위해 빛나고 뜨거운 등불이었다. 인생의 전성기였던 42세의 1966년에, 주님은 그를 그분의 처소로 부르셨으며, 레닌그라드 교회의 신자들은 그의 죽음을 크게 슬퍼했다. 그러나 주님은 그분의 자녀를 위로했다. 1980년까지 은퇴할 때까지 사역을 수행했던 세르게이 페트로비치 파듀힌이 1966년에 레닌그라드 교회의 지도력을 받았다. 1980년에 표트르 바리소비치 코노발칙이 레닌그라드 교회의 담임 목회자로 선출되었다.

교회 수리

1960년에 교회는 오흐타이에서 포클론나야 언덕으로 옮겼다. 새로운 건물은 이전보다 훨씬 작았고, 방문객 수는 꾸준히 증가하여, 집회는 비좁고 불편했다. 80년대에 교회 확장 문제가 매우 급격히 제기되었지만, 요청에 관한 시 당국의 첫 번째 응답은 부정적이었다. 사역자들은 모스크바에 호소했다. 요청은 종교위원회에서 재심 되었고 곧 받아들여졌다. 시집행위원회는 교회 확장과 추가로 2개의 측면 발코니로 사용 가능한 공간의 300㎡ 증축을 결정했다.

프로젝트의 수석 건축가로, 국가 수상자인 부하예프는 찬양대, 강단, 내부 공간을 계산한, 오래된 건물의 부속 건물에 관한 성공적인 해결책을 발견했다. 증축 구조는 현대 개신교 교회 스타일로 이루어졌다.

신자들은 건축 소식에 기뻐했다. 헌금 모금이 광고되자, 그들은 하나님의 일에 관한 사랑으로, 온 마음을 다해 헌금했다. 많은 사람이 저금한 것을 헌금했다. 예를 들어, 교회의 목회자인 알렉세예프는 건축을 위해 자신이 저금한 것을 모두 가져왔다. 교회 회원들뿐만 아니라 교회 방문자들도 헌금했다.

시간이 지났고 공사가 시작될 때까지, 토목 기술자이자 건축가인 볼로킷킨이 주도하는 공사가 진행되었다. 건축은 활기를 띠었고, 신자들은 건축에 참여할 수 있었다. 많은 어려움이 있었다. 2년간의 공사가 계속되었다. 동시에, 예배는 중단되지 않았고, 사역자와 교회 회원 모두에게 특별한 축복의 근원이 되었다. 정면 공사가 끝날 때, 드물게 따뜻하고 건조한 가을 날씨가 되었다. 시공사에서 벽돌 조적공의 어려움이 있었을 때, 교회는 베르디체프시에서 마주르츠가 이끄는 조적공 팀을 불러왔다. 주님은 신자들이 건축에 도움을 주도록 마음을 움직이셨고 보조 근로자의 부족은 느낄 수 없었다. 형제들의 도움 요청에 대해 찬양대가 뜨겁게 반응했다. 찬양 연습 후, 그들은 벽을 쌓기 위한 목재들을 기쁘게 옮겼다.

주님은 건설에 참여한 모든 사람을 지켜 주셨고, 작은 사고조차도 한 번도 일어나지 않았다. 건설 현장에는 사랑과 상호 협력의 분위기가 가득했고, 그 시간에 교인들은 서로를 더 잘 알게 되었다. 증축 공사에 315,000루블이 지출되지만, 헌금이 더 많이 되었다. 형제들은 재정이 충분하니, 건축을 위해 앞으로 헌금하지 말라고 광고해야 했다. 1983년 1월에 증축된 교회의 성대한 봉헌식이 있었다. 많은 손님과 레닌그라드 시민들이 목회자 사무실, 음악 녹음을 위한 음향 기기와 장비, 찬양대원을 위해 단을 높인 3개의 발코니, 1,150석의 새롭게 단장한 홀을 구경할 수 없었다.

레닌그라드 교회는 현재 3천 명 이상의 등록 교인이 있다. 교회의 나이와 사회적 구성은 다양하다. 신자들은 매우 다양한 직업을 대표한다. 신자들의 사회적 활동은 영적 그리스도인으로서 직장과 생활에서 복음주의적 이상을 실행하고, 도시의 복지와 사회의 도덕적 건강한 환경을 돌보는 것으로 나타난다. 일부 교인은 근로상을 받았고, 헌신적인 노동에 관한 감사장을 가지고 있다.

대가족 가정이 있다. 예를 들어, 교회 목회자인 스타샥은 부모에게 순종하고 다른 사람들이 기뻐하는 7명의 자녀가 있다. 장남은 교인이고 찬양대원이며 그의 아내는 찬양대 독창자이다. 스타샥은 20년 동안 별 조합에서 선반공으로 일하고 있고, 경쟁의 승자로 노동 영웅이다. 1985년 1월 4일 레닌그라드 노동자 신문에서는 유명한 선반공 스타샥에 관한 기사가 실렸다. 그는 1988년에 성경통신과정을 졸업했고, 열심히 주님께 봉사하고, 설교하며 그의 가족을 돌보고 있다.

러시아의 보석 조합 선임 기술자 예브게니 네젤스키, 뛰어난 기술자 겸 설교자 발레리 모로조프, 설교자와 선반팀장과 기술부 위원장인 블라디미르 일린, 20년 이상 전력 조합에서 금속공으로 일한 아나톨리 플라토노프 집사, 노동 현장에서 모범이 되고 우호적인 관계를 가졌던 많은 다른 형제자매 등에 관한 좋은 의견을 들을 수 있다.

설교자 빅토르 아브데예프는 교통 조합에서 운전자로서 일하면서 영향력 있는 인물이었다. 그는 국민 배심원으로 선출되었다. 압데예프가 법원 심리에 참여할 때 이혼 소송은 특히 신중하게 다루어졌다. 그는 부부를 화해시키고 가정을 지키기 위해 모든 노력을 다했다. 표도르 카르포비치 노비치키는 기술자로 일하면서 회사에서 금주 모임을 이끌었다. 이러한 예는 많다.

교회 생활은 주로 기도회로 이루어졌다. 레닌그라드 교회는 훌륭한 설교자가 풍부하다. 코노발칙, 볼로키트킨, 미할축, 골로빈, 노비치키, 포도세노프, 오를로프, 셰르바코프, 스타샥, 타란 등 30명 이상이 꾸준히 설교한다. 각기 다양한 교육과 영적 훈련과 생활 경험을 가진 사역자들은 뭔가 자신만의 것으로 설교한다. 신학적 내용이 다른 형제들의 설교는 마음에서 나오므로 언제나 진실하다.

파듀힌의 설교는 어려운 생활로 고통받는 사람들에게 깊이 침투했다. 노인은 거의 시력과 청력을 잃어서 강단에 간신히 올라선다. 그런데 곧 세르게이 페트로비치가 말하기 시작하면, 그의 목소리는 강해지고, 청중 앞에서 더는 노인이 아니라, 그리스도의 확고한 증인이 되었고, 누구도 무관심하게 남지 않았으며 영혼이 하늘 높이 올라갔다.

교회 형제모임의 지도부는 집회의 형식과 내용에 관해 토론한다. 교회의 건강한 영성은 형제모임의 결정으로 정해진다. 일요일 예배 후 교회 사역자들은 집으로 가는 것을 서두르지 않는다. 목회자, 집사, 설교자들은 사람들에 둘러싸여 일부는 대화하고, 다른 이들은 가정의 기쁨과 슬픔을 나누기 위해 집으로 초대한다. 회개 초청 메시지는 예배 때마다 울려 퍼진다.

거의 예배 때마다 회개 기도를 원하는 사람들이 강단으로 나온다. 한 달에 2회, 둘째와 넷째 일요일에, 보통 합주단이 참여하는 청년 초청집회가 있는데, 특히 진리를 찾는 방문자가 많이 참석한다. 죄인들의 회개 초청에 찬양대의 찬양이 사람들의 마음을 특별히 움직이는 역할을 한다. 많은 찬송가의 가사는 기도, 훈계, 위로와 같이 들린다.

레닌그라드 교회에는 각각 약 100명의 찬양대원으로 구성된 3개의 찬양대가 있다. 찬양대의 연주목록은 풍부하고 다양한데 고전과 현대 작곡가 약 7백 작품이 포함되었다. 여전도회는 발렌티나 파블로브나 라첸코바가 이끈다. 여전도회는 교회 내 아프고 외로운 교인을 돌본다. 실례로, 교인들은 어려서부터 진행성 마비의 중병을 앓아 온 나탈리야 도브리니나의 생활에 참여하고 있다.

교인들은 나탈리야 집에서 손님이 아니라, 집안일을 도와주고, 환자를 돌보고, 경건 도서와 녹음된 예배 테이프를 가져다준다. 나타샤 도브리니나는 언제나 혼자였는데 지금은 큰 가족이 있다. 경험 많은 교인들은 찬양대와 함께 장례식에 참여한다. 교회 자매들은 다자녀 가정의 요청에 응답하여 그 가정의 부모가 예배에 참여할 수 있도록 어린이를 돌본다. 그 가족을 옷, 신발, 재정 등 물질로 돕는다. 청년회 교제는 교회에서 정기적인 성서 연구, 젊은 형제자매의 문학 창작력 소개, 기독교 역사 연구, 레닌그라드 지교회 방문, 양로원과 홀로된 사람과 환자 방문 등으로 이루어진다.

1984년부터 수요일마다 청년들이 불신자들과 만나는 모임이 교회 건물에서 열린다. 모임에 성경과 기독교 역사 특히 복음주의 기독교침례회 역사에 관심이 있는 학생과 교사, 노동자, 의사, 예술가, 철학가 등이 참석한다.

불신자와 토론 모임은 레닌그라드 교회 청년회의 교외 활동의 한 형태이다. 많은 토론 참여자들이 뒤에 교회 모임에 참석하기 시작했다. 방문객의 특별한 관심이 나타난 모임은 거룩한 침례식이었다. 침례식은 일 년에 세 번 실행되는데 부활절

전, 여름과 겨울이 끝날 때였다. 최근 몇 년 동안 침례 받은 자의 수는 매해 약 100여 명이다. 침례 신청자들은 침례 전 검증 모임에 초대되고, 그 시간에 형제회의 구성원과 신청자들의 증인들이 침례 신청자의 간증과 신앙 고백을 듣는다. 침례 신청자는 과거에 대해 공개적으로 이야기하고, 그리스도와 만남과 가정과 직장에서 일어난 생활 방식의 변화 등에 대해 솔직하게 간증한다.

그리스도께 회심한 여러 이야기가 아래에 간략하게 소개되었다. 청년은 다음과 같이 간증했다. "나는 오랫동안 고통스럽게 회개의 길을 갔다. 어렸을 때부터 하나님에 관해 들었지만, 그리스도를 알지 못했다. 내 손으로 나는 내 영혼을 파괴하는 모든 일을 했다. 마음 깊은 곳에서, 심판이 나를 기다리고 있음을 알았지만, 방탕한 생활을 했다. 나는 6년 동안 교도소에서 보냈다.

어느 날 교도소 규칙을 어겨서 독방 생활을 했고, 불쌍하고 도움을 받을 수 없는 상태에서, 처음 의식적으로 무릎을 꿇었다. 기도가 끝난 후 차분해졌고, 차가운 바닥에 누워서 잠을 잘 잤다. 그 후 교도소 수감 기간에 나는 기독교인처럼 행동하려고 노력했다. 선행으로 나의 석방이 앞당겨졌다. 의심에 가득 찬 영혼으로 레닌그라드에 돌아왔다. 나의 아내는 나의 방탕한 생활과 술 중독에 지쳐 교도소에 수감되기 전에 나와 이혼했다. 6살이었던 아들은 물론 나를 잊어버렸다. 갑자기 나는 거리에서 그들을 만났다. 사실은 그 세월 동안 그들은 나를 위해 기도하고 나를 기다렸다. 나의 생활은 변화되었다. 나는 집회를 가기 위해 서둘렀고, 성경을 탐구하고 내 인생에서 일어난 변화에 놀라고 있었다. 이제 나는 술에 관한 흥미를 잃어 버렸고, 내 안에 새로운 사람이 사는 것처럼 느꼈다."

테아(T.A.)의 간증이다. "유소년과 청년기에 나는 격렬했다. 자신을 절대 부정하지 않았고, 즐거움을 찾았고, 큰 사랑을 꿈꿨다. 시집을 갔지만, 가족과 아이들은 내게 짐이 되었다. 남편은 모든 것을 참고 용서했다. 그런데 나는 집이나 직장에서 나의 꿈을 찾을 수 없었다. 저녁 늦게 나는 내가 어디로 가는지 모르는 채, 거리를 따라 걸었고, 갑자기 정교회를 보았다. 교회 문이 열려 있었고, 안에는 향불이 타고 있다. 계단에서 나는 무릎을 꿇고 소리쳤다. 주님! 저를 용서해 주세요!" 이전에 그렇게 울어 본 적이 없었고, 내 앞에 모든 수치가 나타났다. 내 지인 가운데 신자가 없었기 때문에 내가 그 기도를 어떻게 했는지 모른다. 집에 돌아오니, 마음에 놀라운 평화와 평안이 있었고, 남편과 아이들에 관한 사랑을 느끼고 있었다. 그 날 저녁, 남편이 라디오에서 복음 방송을 찾았고, 나는 들어 보자고 요청했다. 그리고 놀라운 이야기를 들었다. 연사는 거리에서 일어난 나의 일에 관한 증인이었다. 나중에 나는 그것이 회개라는 것을 깨달았다."

집에서 나를 몰라보았고, 직장에서도 나에게 무슨 일이 일어났는지 모두 이해할 수 없었다. 아무도 그 무엇도 구세주와 만난 기쁨을 빼앗을 수 없었다. 나는 라디오 방송에서 포클론나야 언덕에 복음주의 교회가 있다는 것을 알았다. 내가 집회에 왔을 때, 나는 곧 이것이 내 영혼이 오랫동안 찾고 있었던 것임을 깨달았다.

예엘(E.L.) 자매는 어린 시절부터 주님을 알고 있었다. "전쟁 전, 신자들이 아파트에서 모였고, 우리 집에서도 모인 것을 기억한다. 어머니는 스트레만나야 교회를 다녔고, 나중에는 오흐타 거리를, 나는 다른 길을 선택하여 세상으로 떠났다. 12년 전 어머니는 죽음이 가까이 오고 있음을 느끼시고 내가 주님을 찾을 수 있도록 나에 대해 큰 소리로 기도했다. 어머니의 죽음 이후, 하나님을 찾으려 노력했으나, 모임에 참석하겠다는 생각이 없었는데, 끊임없이 뭔가 나를 괴롭혔고, 어머니가 죽음 직전에 하신 기도가 내 귀에 맴돌았다. 어머니의 기도에서 벗어날 수 없었다. 설명할 수 없지만, 갑자기 내가 죄인임을 깨달았고 예배에 참석했다. 내가 어떻게 강단으로 나가 무릎을 꿇었는지 기억이 나지 않는다."

군에 입대하기까지 일반적으로 살았고 삶의 의미에 대해 생각하지 않았다고 청년 베엔(V.N.)은 간증했다. "군대에서 어려움을 겪고, 나는 다른 이들을 지배하기 위해 강해져야 한다는 결론을 내렸다. 제대 후 가라데를 배우기 시작했다. 훈련을 마친 후, 술을 마신 후 우리는 지나가는 사람을 위협했다. 나는 무릎 관절 부상하여 병원에 갔기 때문에 가라데 훈련을 곧 중지해야 했다. 거기에 간호사가 있었는데, 나는 그녀를 지켜보았는데, 그녀는 뭔가 특별했다. 그녀는 모든 환자에 대해 충분한 인내심을 가지고, 친절한 말로 대했다. 그리고 그 일은 일어날 필요가 있었는데, 퇴원 후 나는 거리에서 그녀를 만났고 그녀가 침례교인 것을 알았다. 그녀는 나에게 성경을 주었고 나를 예배로 인도했다. 주님이 나를 그 끔찍한 회사에서 인도했다는 것은 기적이었다. 내가 어린 시절 조롱했던 정교회 교인 할머니의 기도에 따른 것 같다. 회개하고 오랫동안 외출하지 못했고, 구석에 앉아 은밀히 울었으나 크리스마스 저녁에는 더 이상 하나님께 저항할 수 없는 그런 음악과 노래가 들렸다."

데페(D.P.)는 청소년 시절부터 하나님을 찾았다. 그는 "오랫동안 나는 정교회를 다녔다고 했다. 빛이 처음에 나타났고 그다음에 별이 나타났다는 우주의 기원에 관한 이론을 알게 되었을 때, 무신론은 끝났다. 모세가 과학자들이 지금 발견하고 있는 것을 알고 있다는 것은 놀라운 일이 아닌가? 그는 그런 식으로 가르쳤다. 성경의 첫 번째 장에 기록된 것이 과학적 발견과 일치하는가? 그 후 그는 다양한 종파를 연구하면서, 회당과 가톨릭 교회를 방문했으나 영혼을 위한 음식을 받지 못했다. 포클론나야 언덕에 있는 교회는 우연히 갔다. 전화번호부를 통해 알게 된, 교회의 주소에 흥미를 지녔고 가기로 했다. 모임이 끝난 후 모르는 사람이 내게 다가와 키스로 인사했다. 내게서 담배 냄새가 났지만, 그는 나를 피하지 않았다. 나는 단순함과 친절한 분위기의 모임에 깊은 인상을 받았다. 설교는 내 영혼을 향했고 내 질문에 대답했다. 수줍음을 극복하고 질문을 하기 시작했고, 청년회를 다녔고, 성경 공부, 신자와 비신자의 만남, 동년배 친구들과 사귐을 시작했다. 회개 후, 마음에 평화와 평안이 찾아왔다."

예.에르. E.R. 폴란드계. "부모님과 친척 모두 열렬한 가톨릭 신자이다. 남편은 내가 부모적 신앙을 바꾸기로 한 것에 놀랐다. 믿기 전에는 하나님과 관련된 모든 것에 대해 매우 부정적이었다. 부모는 무자비하고 엄하게 하여 나를 하나님에게서 멀어지게 했다. 어린 시절에 우리는 많은 벌을 받았고 그 결과로 차분하게 성경에 관해 들을 수 없었다. 우크라이나에서 레닌그라드로 왔다. 그리고 필요한 일이 일어났는데, 포클론나야 언덕 교회에 다니는 자매가 기숙사 룸메이트가 되었다. 처음에는 그녀를 거부했으나, 그녀는 친절한 천사였고, 나는 그녀를 좋아하게 되었고, 우리는 함께 라디오 방송을 들었다. 빌리 그레이엄이 설교할 때, 처음으로 교회 예배에 참석했다. 그의 설교는 마침내 내 인생을 결정적으로 바꾸어 놓았고, 나는 그리스도께 내 마음을 주었다.

주민증 사진을 보니 전에 얼마나 우울했던 얼굴이었던가, 노인 같은 얼굴에 눈은 멍하니 있었다. 나도 나를 알지 못했다. 누구의 기도로 주님이 나를 믿는 자매와 같은 방에 두게 하셨을까 생각해 본다. 아마도, 할머니의 기도인 것 같다. 그녀는 진실한 기독교인이었고 매우 친절했고 살아 계신 하나님을 알고 교회에 갔다."

진리 탐구에서 에스이(S.I.)는 많은 미혹에 빠졌다. "요가와 마약에 중독되었다. 나는 어디에서나 삶의 의미와 진리를 아는 사람들을 찾았다. 미술과 음악에서 이상을 추구했지만 모든 것에서 낙심했다. 요가에 심취하여 일정한 지식의 수준에 도달했다. 내가 책임 지고 말하는데, 그것은 나뭇가지로 그리스도를 가리는, 거짓말의 나무와 같은 사탄의 가르침이었다. 요가 본래의 깊은 뿌리를 뽑을 수는 없었으나, 하나님의 자비로 그 미혹에서 빠져나올 수 있었다. 요가를 하면서 나는 성경을 손에 들고 공부하기 시작했다. 성경은 진리는 오직 그리스도 안에 있고 그리스도의 희생과 개인적인 회개를 통하지 않고는 구원의 다른 길이 없다는 것을 나에게 보여 주었다. 하나님 앞에 나를 세우고 내 탐구의 모든 비참함을 보여준 것은 바로 성경이었다. 이전 친구들과 관계를 완전히 끊었고, 나는 그들을 설득할 힘이 없어서, 그들을 위해 기도하고 있다. 주님은 나를 마약 집착에서 해방시켰고 나는 어떠한 물약도 사용하지 않았다. 그 악한 습관을 스스로 없애는 것은 불가능하고, 위로부터의 힘과 성령의 힘이 필요하다는 것을 확신한다. 포클론나야 언덕 교회에 오게 된 것은 우연이었다. 아내와 함께 산책하다가 호기심으로 교회를 잠깐 들어갔다. 두 번째 모임에서 회개했고 성서를 읽기 시작했다."

에스데(S.D.)는 믿지 않는 가정에서 태어났다. 그녀는 이렇게 말한다. "나는 이스라엘 민족 출신의 커다란 친척이 있었지만, 구약성서조차도 읽지 않았다. 나는 살아 계신 하나님에 관해서 아무것도 몰랐다. 딸의 괴로운 경험이 시작될 때까지 그렇게 지금까지 계속되었다. 마침내 친구가 나를 포클론나야 언덕 교회의 한 사람에게 데리고 갔다. 모임에 참석하기 시작했는데, 고등 교육을 받은 자신을 지적이고 폭넓은 사고를 하는 사람으로 여겼음에도 아무것도 이해하지 못했다. 한 형제가 내게 말했다. '당신 딸을 돕고 싶다면 스스로 시작하십시오.'

내가 주님을 처음 부르짖을 때, 내 삶에서 기적적인 변화가 시작되었다. 그러나 오랜 시간이 지난 후에야 나는 죄인임을 깨달았고 딸에 관한 나의 눈물은 내 모든 잘못된 삶에 관한 쓰디쓴 대가였다. 딸과 나의 환경 모두에서 변화가 일어났다. 주변의 옛 친구들이 크게 바뀌었다. 일부는 내게서 완전히 멀어졌고, 다른 이들은 관심을 가지고 살아 계신 하나님에 관해 이야기해 달라고 한다."

거의 매주 일요일 혹은 교회 절기의 모임에 다양한 기독교 교파의 대표들과 외국인 손님이 참여한다. 레닌그라드 교회 신자들은 설교자와 세계 여러 나라에서 온 관광객을 상냥하게 맞이한다. 1984년 가을에 미국인 설교자 빌리 그레이엄의 레닌그라드 교회에서의 강연이 특히 은혜로웠다. 그는 시편 23편을 설교했다. 설교가 끝나자 빌리 그레이엄은 그리스도를 향해 시작의 첫 발을 떼거나 그리스도와 관계를 새롭게 하도록 청중을 초청했고, 거의 모든 사람이 손을 들고 자신의 의지를 표현했다. 빌리 그레이엄의 방문 후 사람들은 오랫동안 회개 기도를 하기 위해 나왔다. 레닌그라드 시민은 전쟁과 봉쇄에서 살아남았기 때문에, 그들은 평화의 가치가 무엇인지 알고 있었다. 레닌그라드 교회에서는 지구 상에 사는 사람들의 평화와 번영을 위해 끊임없이 기도한다. 레닌그라드 교회는 매년 평화 재단에 7천 루블을 기부함으로써 지지자들과 평화의 주창자들을 실질적으로 후원한다. 레닌그라드 교회 신자들은 여러 자연재해 피해자를 돕는 데 아낌없이 헌금한다.

스몰렌스크 교회

스몰렌스크 지역의 복음주의 운동의 출현은 1907년 무렵 페트로그라드에서 알렉산드롭카 수도원 지역의 마을에 도착한 엘리세예프와 관련되어 있다. 엘리세예프는 마을에서 공동체를 조직했고 얼마 후에 약 100명이 합류했다. 1911년 스몰렌스크에서 복음주의 침례 교회가 설립되었다. 로슬라프 시에 공동체가 발생한 것은 1차 세계 대전과 관련이 있다. 오스트리아 헝가리 포로의 간증을 통해, 몇 사람이 회심했고, 그들 중 한 사람이 1917년에 조직된 그룹의 신자들을 인도했다. 1914~1922년에 복음주의 교회가 뱌지마, 옐냐 도시와 코로비노, 쿠스톱카, 데미돕스키 마을에, 글린콥스키, 도로고부스키, 포친콥스크 지역에 나타났다. 구원의 기쁜 소식이 많은 사람에게 미쳤다. 복음을 듣고 사람들은 마음이 녹았고, 죄를 회개하고, 새로운 삶으로 다시 태어났으며 주를 위한 교회 활동을 위해 연합했다. 혁명 후에도 스몰렌스크에서는 전도 활동을 계속할 수 있는 유리한 여건이 조성되었다. 복음주의 기독교회는 지방 및 지구 총회를 개최했고, 교회에서 감사절, 시와 음악회, 청년 교제, 찬양대와 합주단 연주 등을 실시했다.

폴데보와 보로실로보 마을에 있는 정교회에서 토론회가 있었는데, 복음주의 청년들이 적극적으로 참여했다. 청년 신자도 또한 복음을 전파했다. 30년대 초반 스몰렌스크 주에 복음주의 기독교침례회는 40개가 넘는 공동체가 있었고 그들 중 일부는 교인이 100명에서 200명에 이르렀다. 1934~1937년에 신자들은 박해를 당했다. 교회들은 폐쇄되었고, 목회자는 체포되어 유죄 판결을 받았다. 전쟁 중 대부분 신자는 흩어졌다. 전쟁이 끝난 후 일부 교회 만이 부분적으로 복구되었다.

뱌지마에 있는 교회의 역사는 비극적이었다. 1928년에 교회는 200명이 넘었다. 30년대에 폐쇄되었고, 1964년에야 10명 사람로 구성된 교인들이 모이기 시작했다. 60년대에 주도 그룹은 그 지역의 신자들에게 강한 영향을 미쳤고, 결과로 많은 사람이 등록 교회에서 분리되었다. 교회협의회의 미등록 교회에는 현재 약 150명이다.

1987년에 스몰렌스크 교회는 새로운 교회 건축을 완료했다. 같은 해 11월 헌당식에 비츠코프, 돌마토프, 미츠케비치 등이 참석했다. 스몰렌스크 교회의 교인은 226명이다. 교인들은 주지역의 다른 지구에 살고 있다. 작지만 조화롭게 찬양하는 찬양대가 예배에서 주님을 경배한다.

로스토프 교회

러시아 연방의 교회 구성은 로스토프주, 다게스탄, 카바르디노 발카르, 북오세티야, 체첸~잉구쉬, 칼미크 자치 공화국을 포함한 넓은 지역을 포함한다. 이 지역에는 32개의 복음주의 기독교 침례 교회가 있다. 그 가운데 로스토프 교회가 가장 크다. 이 지역의 선임목회자로 돌마토프가 재직하고 있다.

현대 교회의 생활을 설명하기 전에, 역사를 살펴본다. 1761년에 테모르닛스키 정착지 근처에 요새가 설립되었는데, 요새는 드미트리 로스톱스키 대주교를 기념하여 로스토프로 이름이 지어졌다. 요새 주변에서 발전한 도시는 로스토프 나도누로 불려졌다.

1779년에 아르메니아 이주민들은 요새 근처에 나히체반 도시를 세웠는데, 도시는 1929년 로스토프 지역에 포함되었다. 로스토프는 기독교를 신앙 고백한 사람들이 설립했기 때문에 도시에 사원과 대성당이 건축되었음을 기억해야 한다. 첫 번째 건축된 포크롭스키 사원이 있고, 1891년에 알렉산드르 넵스키 대성당이 건축되기 시작했다. 복음의 소식이 로스토프에 도달한 것은 1892년이다.

그 외곽에서 구원의 첫 번째 전달자는 엘리사 쿠즈미치 칼라체프였다. 여기서 몇 마디 하는 것이 적절할 것이다. 칼라체프는 1863년 트베리 지방에서 태어났다. 신앙은 정교회 신자였고 천국을 상속받기 위해, 선행으로 하나님을 기쁘게 하려고 노력했다. 칼라체프는 거룩한 장소를 방문하는 순례자를 받아들이고, 가난한 자를 먹이고 입혔다. 어느 날 그는 몇 켤레의 구두와 부츠를 팔려고 만들었고 그것을 시장에 가져갔다. 그는 신발을 다 팔고서, 남자 정장을 사라고 권하는 여자를 주목했다. 알고 보니 그 옷은 중병에 걸린 남편의 옷이었고, 그녀는 그것을 팔아서 아이들을 먹이려고 했다. 칼레체프는 옷값을 지불했고, 그 옷은 불행한 여자에게 바로 돌려주었다. 한 번 이상 그는 좋은 행동으로 하나님을 기쁘게 하려고 그런 방식으로 행동했다. 어느 날 칼라체프는 부담감으로 길을 따라가다가, 길에서 주님을 만났고, 그가 어디로 그의 발길을 향해야 하며, 거리 이름과 집 번호를 지시하는 소리를 들었다. 문을 두드리고 집으로 들어가라. 거기서 구원의 참된 길을 너에게 지시할 것이라고 그에게 말했다. 음성에 순종하여, 칼라체프는 지시된 주소로 갔고, 그때에 그 장소에서 예배가 행해졌다. 첫 번째 기도 모임에서 칼라체프는 주님께 자신의 마음을 드렸다.

1891년에 그는 믿음으로 침례를 받았다. 다음 해에 너희는 '온 천하에 다니며 만민에게 복음을 전파하라'는 그리스도의 명령을 이행하기를 원하여, 칼라체프는 그의 가족과 함께 로스토프로 이사하여 그리스도를 진실하게 전파하고 복음 전도 모임을 진행하기 시작했다. 1892년은 로스토프 교회의 탄생일로 간주된다. 1896년 무렵 신자 그룹은 이미 25명으로 구성되었다. 그러나 1897년 어머니의 고소를 근거로 칼라체프는 체포되어 추방되었다. 갇힌 상태에서도 이송되는 교도소와 마차에서 그리스도에 대해 끊임없이 전파했다. 영적 지도자 없이 남은 교회는 영적으로 계속해서 성장했으나, 복음주의 기독교침례회는 제국 정부의 박해로 인해 매우 어려웠다. 신자들은 밤에 비밀의 장소에서 기도회를 진행해야 했다. 1899년에 보이첸코가 그 당시에 40명으로 구성된 교회를 이끌기 위해 로스토프에 왔다. 1902년에 마자예프가 로스토프를 방문했다. 같은 해에 로스토프에서 전체 러시아 침례교 총회가 개최되었다. 나중에 몇 차례 총회가 더 있었다. 1906년 1월에 당국이 허용한 신자들의 첫 번째 모임이 많은 청중이 참여와 함께 개최되었다. 동시에, 방문했던 레이메르가 찬양대를 조직했고, 그 후에는 보이첸코와 시도로프가 대신했다.

1915년 한 교회에서 마자예프의 제안에 따라 로스토프 교회와 나히체반 교회가 조직되었다. 그 교회는 교인들이, 특히 젊었고 세상에서 상호 공동의 교제를 나누고 살았다. 교회마다 자체 찬양대가 있었다. 로스토프 교회에서는 프리데이레이흐 찬양대장이 활동했고, 나히체반 교회에서는 프루시콥스키가 찬양대를 인도했다. 20년대에 복음주의 기독교침례회는 풍성한 은혜를 경험했다.

도시와 시골에서 새로운 교회가 개척되고 교회 건축이 되었다. 12개의 지방회가 조직되었다. 로스토프시는 남동부 지방회의 중심지가 되었고 회장은 뱌좁스키였다. 복음주의 지방회는 광범위하고 다양한 사역을 했다. 성서, 복음서, 복음성가집, 잡지와 소책자를 출판하여 전국에 배포했다. 주님이 교회에 구원받은 사람들을 붙이셨다. 그래서 풍성한 은혜를 경험하면서 지역 교회는 영적으로 성장하고 발전했다. 그 해에 많은 전도자가 사역이 확장되어 전국의 가장 먼 구석까지 구원의 메시지가 전파되었다. 국가가 흉작으로 인해 기근이 심할 때, 로스토프 교회와 전체 교인의 지도부는 물질적 수단으로 필요에 정성껏 반응했다. 병원과 식당도 조직하여 신자와 비신자의 자녀들에게 무료 식사를 제공했다. 병원과 식당은 대체로 자매들이 봉사했다. 1933년까지 로스토프~나히첸반 교회의 목회는 콥테프가 했다. 그해의 예배 모임은 마자예프가 교회에 기증한 집에서 열렸다. 1925년에 교회는 대학로에 새로운 교회를 건축했다. 30년대에 교회는 긴밀한 상황에 놓였고, 교인들은 힘든 경험을 했다. 그리스도를 따르는 많은 사람은 자유를 박탈당했다. 그러나, 로스토프 교회 사역자들은 여전히 복음의 빛이 달하지 않은 장소인, 먼 시베리아에 가서 계속해서 복음을 전파했다. 주님은 그들의 전도를 통해 새로운 빛을 비추셨고, 많은 사람이 새로운 삶을 위해 태어났다. 그 당시 교인들은 눈물을 흘리며 눈을 들어 하늘로 보며 그들의 마음에 깊은 소망을 지니고 '내 고향은 하늘에, 내 집은 하늘에' 찬송가를 불렀다. 그러한 협조적인 말을 담고 있다. 그러나 모든 것이 꿈처럼 지나갈 것이고, 길이 있을 것이며, 나는 하나님 아버지와 함께할 것이다. 내 집은 천국에 있다! (찬송가 547장). 그 해 빛나고 타오르는 불같은 사랑의 많은 사람들이 우리를 떠났지만, 그들의 고난은 열매가 있었다. 고통스런 손실은 가족은 물론 교회를 위한 믿음의 시험이 되었다. 교회의 문은 닫혔지만, 주님이 요한계시록 3장 8절에 말했던 구원의 문이 닫히지 않았다. "볼지어다 내가 네 앞에 열린 문을 두었으되 능히 닫을 사람이 없으리라."

전쟁 기간에 사람들은 하나님 구원의 사랑에 관한 소식을 간절히 들었다. 찬송가의 가사는 삶의 진리로 가득했다. 밤이 깊어질수록 별은 더 밝아지고, 고난이 깊어질수록 하나님을 더 가까이한다. 기도회가 1945년에 로스토프 아디게옙스키 거리 68번지 집에서 시작되었다. 처음에 교인들은 작은 방에서 모이다가 나중에 집 전체가 교회 소유가 되었다. 그 당시 목회는 카르나우호프에 의해 안수받은 쿠치킨, 코셀레프, 셈첸코, 스카를루핀, 자십킨, 옙스트라텐코가 참여했다. 1959년에 교회가 예배당을 잃어버렸을 때는 릴레예바 거리와 가까운 집에서 예배 드렸다.

수적으로 성장한 교회는 상시적인 교회 건물이 필요했다. 교회 지도부의 청원에 관한 응답으로, 새로운 교회를 건축할 허가를 받았다. 로스토프 교인들은 건축 기간에 풍성한 은혜를 경험했다. 그들은 기꺼이 건축 비용을 초과하는 헌금을 했다. 사이좋은 한 가족처럼 전체 교회가 일했다. 건축은 비덴코가 감독했다. 짧은 시간에 자치공화국의 교회 가운데 최고 건축물이 되었고, 넓은 공간과 잘 꾸며진 보조 공간이 있다. 예배 시간에 설교와 구원 초청 찬양을 통해, 하나님을 찾는 사람들이, 회개하면서 주님께 나와, 주님께서 허락하신 축복에 관한 끊임없는 감사를 올린다.

덧붙이면 그리스도의 가르침의 빛은 로스토프뿐만 아니라, 교인들의 열심을 통해, 신자 그룹이 생겨난 가까운 도시와 시골에도 퍼졌다. 새로운 커뮤니티가 있다는 것을 추가할 수 있습니다. 로스토프 지역에는 3천 명이 넘는 복음주의 기독교침례교인이 있고 믿으려고 하는 사람들이 많다. 신자들은 주님을 섬기며 정직한 노동자와 그들의 나라에 합당한 시민의 모범을 보여준다.

식팁카르 교회

코미 자치 공화국 영토의 북부는 북극권 너머에 있다. 그곳은 혹독한 땅이다. 코미 공화국의 수도 식팁카르는 공화국 남부에 있다. 1936년에 62세의 바실리 이바노비치 우그류모프가 아르한겔스크주의 토이마 마을에 왔다. 그는 제정 러시아 군대에 근무하면서 믿음을 가졌다. 그는 식팁카르에서 10킬로미터 떨어진 칫 마을에서 추방을 피해, 마구간에서 살면서 마구를 수리하고, 마을 주민용 방한 부츠를 만들었다.

그는 7년 동안 주님께 고향의 부흥과 친구를 보내달라고 기도했다. 주님은 그의 기도에 응답하셨다. 1932년에 안톤 루키치 안토노프와 22세의 아들 니콜라이가 프스코프주 카라미셰보 마을에서 우흐타 마을에 정착하기 위해 왔다. 안톤 안토노프는 곧 세상을 떠났고, 아들 니콜라이는 12년 동안 우흐타에 살았다. 1943년 니콜라이 안토노프는 소집되었으나 전방에 배치되지 않았고, 전방에 필요한 신발을 만드는 식팁카르에 배치되었다. 식팁카르에서 니콜라이는 기숙사에서 살았다. 형제는 밤에 강가로 가서 주님께 기도하고 집중하는 것을 좋아했다.

2년 전 아르한겔스크에서 파벨 바실리예비치 포포프가 식팁카르에 도착했다. 어느 날 집에서 머물고 있었는데, '기도 중에 내 백성에게 가라'는 목소리를 들었다. 파벨은 오랫동안이 그 말의 의미를 이해하지 못했다. 소집 후에 파벨은 코르트케로스키 구역의 모르디노 마을의 벌목공으로 배치되었다. 그해 겨울은 매우 추웠고, 따뜻한 옷과 신발이 없어서, 가장 힘든 조건에서 일해야 했다. 파벨은 가능한 대로 사람들을 도왔다. 일을 마친 후 늦은 밤, 겨울과 여름에 그는 기도하기 위해 소나무 쪽으로 가는 것을 선택했다. 1943년 포포프는 중병에 걸려 식팁카르로 보내졌다. 더운 어느 여름에, 형제는 왼쪽 강변으로 가라는 명령을 들었다. 의심하지 않고 그는 그 부름에 순종했다. 강변에서 포포프는 두 젊은이를 보았다. 그들은 하나님에 관해 이야기하고 비를 내려달라고 기도했다. 포포프는 그들의 기도에 합류했다. 두 젊은이 중 한 사람은 니콜라이 안토노프였다. 포포프는 그들이 그리스도 안에 있는 형제라는 말을 듣고 그의 눈에서는 기쁨의 눈물이 흘러나왔다. 곧 형제들은 첫 마을에 살아 계신 하나님을 믿는 사람이 살고 있음을 알았고 그들은 그를 수소문했다. 그는 우그류모프였다. 오랫동안 모임을 기다려 왔던, 세 명의 믿음의 사람들이 이제 함께 했다. 1943년 9월의 파벨의 아내 예카테리나 이바노브나와 딸 갈리나는 거룩한 침례를 받았고, 그들은 식팁카르 지역 교회의 첫 번째 교인이 되었다. 그 때 이후로 성찬식이 이루어졌다. 1952년에 교인 숫자 20명이 되었는데, 교회의 등록과 교회 창립을 청원할 수 있었다. 1956년에 교인들은 도시의 중심에 작은 집을 구매했다. 그 당시 크라스노자톤스키 마을 출신으로 대부분 독일인으로 구성된 신자 그룹이 교회에 합류했다. 교회의 목회자는 메르지콥스키가 선출되었다. 1958년, 도시 재건 중에 교회 건물이 없어졌다. 교회를 잃은 많은 신자가 국내의 다른 지역으로 흩어졌다.

메르지콥스키 목회자가 떠났다. 니콜라이 안토노프가 목회 사역을 받아서 20년 동안 봉사했다. 안토노프는 1978년에 세상을 떠났다. 1958~1961년에 신자들은 파벨 바실리예비치 콜리긴의 작은 집에서 모였다. 파벨 바실리예비치는 많은 고통과 어려움을 겪었다. 그는 세 번의 전쟁 에 참여했다. 마지막 전쟁 동안, 그는 심각한 부상을 입었고 전방에서 두 아들을 잃었다. 현재 콜리긴 교회의 설교자이다. 1961년에 교인들은 교회의 필요에 맞는 주택을 구매했고, 1979년 건물을 전체적으로 수리했다. 그 기간에 이반 일리치 사야핀이 설교자로 봉사했다. 그는 모범적인 기독교인이었고 교회의 좋은 선생이었다. 1978~1980년에 리처드 구스 타보비치 뮬러가 목회자로 봉사했다. 1980년 10월에 형제는 세상을 떠났다. 1979년에 교회는 재건축되었다. 뮬러는 건축 공사에 적극 참여했다. 1980년에 뱌체슬라프 자하로비치 세렌첸코의 적극적인 지원을 받아 교회에 찬양대가 설립되었다. 오랫동안 막심 이바노비치 소로킨이 북서 변방을 담당하는 선임목회자로 봉사했고, 그는 식팁카르 교회 교인들과 함께 기쁨과 슬픔을 나누었다. 1980년에 세르게이 이바노비치 니콜라예프가 교회의 목회자가 되었다. 현재 그는 북서부 지역 담당 선임목회자이다. 니콜라예프는 교회를 영적으로 향상하기 위해 많은 일을 했다. 식팁카르 교회는 복음주의 기독교침례교 소속되어 있고 민족별 구성은 코미인, 독일인, 우크라이나인, 러시아인 등 다양하다. 복음은 러시아어와 코미 어로 전파된다. 코미족 언어로 신약성서가 있고 현재 사용되고 있다. 현재 목회자는 성서통신강좌를 졸업한 콥자르 젊은 목사이다. 집행기구 모토린(코미페르미츠카 민족 출신) 의장이 교회 조직에 관한 훌륭한 업적을 세웠다.

노보시비르스크 교회

하나님의 말씀은 도시의 성장과 함께 노보시비르스크에서 퍼지기 시작했다. 1891년에 오비 강 오른쪽 강변에 있는 크리보셰코보 마을에는 700명이 살았다. 1897년에 이미 약 8천 명의 주민이 집계되었고, 마을은 노보니콜 라옙스크시로 바뀌었다. 1926년에 도시 이름이 노보시비르스크로 바뀌었다. 현재 노보시비르스크는 시베리아 최대의 과학 연구 단지로 150만 명의 인구가 살고 있다. 서부 시베리아 지역은 노보시비르스크, 케메로보, 톰스크 주와 알타이 지방이 포함된다. 복음주의 기독교침례회 소속 37개의 교회와 15개의 신자 그룹이 생활하고 있다. 교회협의회와 기독교 신앙 복음주의 소속의 5개의 공인된 독립 단체가 있다. 보로디노프 선임목회자는 수년 동안 봉사하고 있다. 지역의 중심 교회는 노보시비르스크 교회이다. 고령 신자로부터 받은 자료에 따르면 복음주의 신앙 고백의 첫 신자들은 1903~1904년에 노보시비르스크에 도착했다. 정착민의 대부분은 우유파였다. 그들은 복음의 진리를 심을 수 있는 가장 비옥한 땅이었다. 노보니콜라옙스크 에서 복음 전파의 시작은 1903년으로 거슬러 올라간다. 그 해에 표트르 루키치 프롤로프, 스테판 마티베예비치 파스코노프, 세레브랴니코프, 페르미노프 설교자가 도착했다. 형제들의 지도력으로 약 30명의 신자가 노보니콜라옙스크에서 복음주의 침례교 공동체의 시작을 알렸다. 1910년에 신자의 수는 150명에 달렸다. 기도회는 프롤로프 집에서 정기적으로 있었다. 주님은 사람들을 거듭나게 하셨고 교회를 세우셨다. 1911년에는 두 개의 공동체가 생겼다. 모임은 오비 대로와 크라스노야르스카야에서 진행되었다. 교회에서는 이반 쿠즈미치 쿠델, 야코프 데미도비치 안토센코,

니콜라이 아르센티예비치 로마쇼프, 로만 안드레 예비치 그로미코, 알렉산드르 스피리도노비치 아나닌, 표도르 피메노비치 쿡센코, 바실리 루키치 다닐로프, 미하일 아키모비치 오를로프, 필립 그리고리 예비치 파트콥스키, 표도르 바실리예비치 리시치키, 바실리 그리고리예비치 칼미코프, 바실리 아르센티예비치 스베틀리치니 등이 많은 사람이 봉사했다.

1928년에 이미 교회에 600명 이상의 교인이 있었다. 40년대에 신자들은 주린스카야 거리 35번지에서 모였다. 1944년에 노보시비르스크에서, 연합회 성격보다 조금 일찍, 복음주의 기독교인들과 침례교인이 연합했다. 파트콥스키와 리시치키가 연합의 중요한 역할을 했다. 당시 교회의 설교자들은 미츠케비치, 다닐로프, 아니셴코, 아리스킨, 그네드코프, 제레브넨코, 그로미코, 알두닌, 락, 보로디노프 등이었다.

1945년에 교인 수는 1천 명이었다. 1956년에 독일계 신자의 작은 그룹이 노보시비르스크 교회에 포함되었다. 곧 그룹은 200명에 달했다. 현재, 독일계 신자들의 예배는 독일어로 진행되고, 목회자와 설교자가 활발히 활동하고 있으며, 찬양대도 있다. 1961년에 오비 강 지류의 이냐 강변에 새로운 교회가 건축되었다. 이냐 강에서 새신자들의 침례식은 교회의 큰 행사가 되었다. 침례식 동안 강변에서 설교와 회중 찬양이 울려 퍼졌다. 보로디노프, 칼미코프, 볼리니흐가 교회 지도자로 오랫동안 봉사했다. 1988년 초에 가장 오래되고 존경받은 목회자로 교회에서 50년 동안 봉사한 그레고리 페트로비치 락이 세상을 떠났다. 표트르 가브릴로비치 아리스킨은 찬양대에서 40년부터 찬양했고, 오랫동안 찬양대장이었다. 그는 대가족이었지만, 결코 사역을 남겨 둔 적이 없었고, 열심으로 연습하고 찬양대원을 존중했다. 1987년 81세의 아리스킨은 교회를 가다가 심장마비로 사망했다. 현재, 주요 찬양대는 바실리 이바노비치 파블로프가 지도하고, 두 번째 찬양대는 알렉산드르 그리고리예비치 멜리니코프가 일하고, 독일 찬양대는 야코프 바흐만이 지도한다.

여러 교단의 외국인 손님과 관광객들이 노보시비르스크를 방문하는데, 보통 그들은 복음주의 기독교침례회 교회의 생활에 관심이 있다. 종종 노보시비르스크 교회에 공식 대표단이 방문한다. 미국에서 빌리 그레이엄 박사, 침례교 세계연맹 사무총장 클라스 박사, 먀키시, 서독에서 체시키, 보르콥스키, 포겔, 영국에서 목레이,

동독에서 담만, 덴마크에서 유럽침례교연합회 사무총장 봄폴 만 등 많은 지도자가 교회를 방문했다.

크라스노야르스크 교회

크라스노야르스크 지역과 투바 자치 공화국은 시베리아 지역의 일부이며 예니세이 강 유역에 있다. 지역의 중심 도시는 크라스노야르스크이다. 주민들의 종교는 다양하여 정교회인, 구교도인, 복음주의 기독교인, 침례교인, 오순절 교인, 재림교인, 여호와의 증인, 불교인 (대부분 투바인) 등으로 구성되어 있다.

지역은 광대한 영토에 흩어져 있는 복음주의 기독교침례회 소속의 28개 교회가 있다. 지역 담당 선임목회자로 포베레이가 오랫동안 재직하고 있다. 교회는 다국적 민족으로 러시아인, 우크라이나인, 독일인, 에스토니아인, 라트비아인, 몰도바인, 하카스인, 벨로루스인, 코미인, 모르드비아인, 폴란드인 등으로 구성되어 있다. 이것은 이 지역의 교회에서 대표되는 민족의 완전한 목록은 아니다. 신자들은 한 형제의 가정에서 산다. 지역에서 크라스노 야르스크 교회가 가장 크고 약 500명의 교인이 있다. 교회의 목회자는 스테판축이다. 아바칸 교회는 약 300 명의 신자가 있고, 셉초프가 목회자로 일한다. 지역 교회는 목회자의 필요가 있다. 6개 교회는 지도력을 자매들에게 위임했다.

시베리아 선임목회자 포베레이는 복음주의 기독교침례회 교회의 생활을 다음과 같이 이야기 한다. 시베리아의 복음주의 기독교침례회 형제회는 풍부한 역사가 있다. 역사의 시작은 지난 세기 80년대 말과 90년대 초와 연관되며, 죄수로 추방된 신자들이 고통스러운 여정을 통과하여 그리스도의 복음을 시베리아로 가져온 때까지 거슬러 올라간다.

영적 부흥은 1892년에 시작되었는데 카메네치 포돌스크 지방에서 크라스노야르스크 지역으로 종교적 신념과 복음적 생활에 따라 추방당한 베르비치키의 도착과 관련되어 있다. 베르비치키는 가족과 함께 오추리 근처의 노보포크롭카 마을에 정착했다. 베르비치키의 편지로 1895년에 헤르손 지방에서 야코프 트카첸코 가족과 그리고리 팟콥스키 가족이 도착했고 1896년에 표도르 바실리예비치 카르니치키 가족이 도착했다. 정착민은 평범한 농민이었다. 복음 전파의 현장인 미누신스크 지역에서 첫 번째 결실은 추방지 정착민 코코린이었다. 이렇게 멀리 떨어진 땅에 하나님의 사랑의 씨앗이 뿌려지기 시작했다. 우크라이나 고향 사람들이 베르비치키에게 편지로 질문했다. '시베리아의 변방에, 햇빛은 있어요? 형제는 이곳은 넓고 많은 농토가 있다'고 대답했다. 그 결과 몇 가정이 자발적으로 시베리아로 이사했고, 그들은 미누신스크 지역에 처음으로 침례교 공동체를 위한 기초를 마련했다.

러시아 출신 형제들의 조언에 따라 신자들은 니콜라이 질린스키를 목회자로 선출했다. 그 후 오추리 마을의 교회는 수백 명을 수용할 수 있는 교회 건물을 구매했다. 영적 가치를 간절히 바라는 많은 사람이 기꺼이 하나님 생명의 말씀을 들었다. 그리스도를 영접한 사람들은 거룩한 침수침례를 통해 교회에 합류했다. 그 당시 교회 새신자의 침례는 보통 주님의 침례 절기에 맞춰졌다. 크라스노야르스크 지역의 복음주의 기독교침례회 교회의 상세한 역사를 편집한 막달린은 침례받은 사람들은 주로 보고슬랍코 마을의 신자였다고 다음과 같이 설명한다.

오지 마을의 연못가, 댐 근처에 사람들이 모여들었다. 혹한의 겨울 날씨였다. 마을의 공휴일은 주님의 침례 절기였다. 젤린스키가 첫 번째로 얼음물에 들어갔고, 그에게 순서대로 하얀 옷을 입은 침례 받을 사람들이 다가왔다.

엄숙한 침묵 속에서 혹한의 공기를 가르면서, 형제는 큰 소리로 말한다. 당신은 예수 그리스도가 하나님의 아들, 당신의 구원자이심을 믿습니까?, 예, 믿습니다는 확신의 대답이 들렸다. 당신의 믿음에 따라 아버지와 아들과 성령의 이름으로 침례를 주노라!그 말을 한 후, 젤린스키는 침례 받는 사람을 물속에 넣었다. 몇 명의 새로운 회심자들이 침례를 받았다. 주님께 감사 기도를 하고 마쳤다. 질린스키는 물에서 마지막으로 나왔다. 이후로 거의 1세기가 지났다. 예니세이 강 주변의 생활은 많이 변했다. 1981년에 크라스노야르스크에서 열린 지역 목회자 회의 후 우리는 총회장 로그비넨코와 다른 손님들에게 우리 지역에서 멀리 떨어진 작은 교회들을 방문할 것을 제안했다. 주일 아침에 손님들은 크라스노야르스크 교회의 예배에 참여하고, 저녁에는 아바칸 교회의 형제자매와 교제를 나눴다. 비행기로 예니세이 강

상류이며 크라스노야르스크 지역의 남쪽에 있는 하카스 자치구의 중심 도시인 아바칸의 중심에 도착했다. 최근에 새로운 교회 건물이 건축되었다. 9월 초 아침에 우리는 지역 교회 목회자들의 환대를 받으며, 가장 멀리 떨어졌고, 북쪽으로 150㎞ 니콜라옙코와 알렉산드롭카에 있는 교회에 자동차로 도착했다.

아바칸에서 도로는 시베리아의 오래된 도시 미누신스크를 통과한다. 따뜻한 가을 날씨였다. 우리는 비옥한 미누신스크의 분지를 통과했다. 도중에 저수지 오른쪽에 있는 북쪽에서 첫 번째 장애물이 나타났다. 예니세이의 지류는 투바 강이었다. 작은 바지선을 통해 건너편으로 건너갔다. 그다음은 도로가 강가의 넓은 범람원을 가로질러 둑길을 따라 있었다. 왼쪽에는 인공 저수지가 있고, 예니세이 강의 암벽이 보였다. 멀리 오른쪽에 사얀산맥의 푸른 산줄기가 보였다. 우리는 자연의 매혹적인 아름다움을 즐겼다. 찬송가 가사가 생각났다. "

위대하신 하나님, 창조주의 손으로 창조한 모든 세상을 볼 때, 저의 영혼이 주님께 찬양합니다. 주님은 얼마나 위대하신지요! 우리는 무르익은 곡물로 뒤덮인, 언덕이 많은 들판을 질풍같이 달려, 두 시간 만에 니콜라옙카에 도착했다. 그곳은 전형적인 독일인 마을로 지난 세기 말에 볼가 지역의 독일계 루터교인 여러 가정이 이주한 후 형성되었다. 현재는 국영 농장 주택이 위치 하고 있다.

지역 교회의 형제자매가 우리의 도착을 간절히 기다리고 있었고 교회에 모였다. 그들은 귀한 손님을 진심으로 환영했다. 교회는 46명의 교인으로 구성되어 있고 주로 연금생활자 나이이다. 교회의 목회자는 셰인마예르이다. 교회에서의 모임은 독일어로 진행된다. 로그비넨코의 방문은 교회에 기쁘고 축복된 행사가 되었다. 최근에 목회자는 세상을 떠난 아내로 인해 슬픔을 경험했다. 우리가 할 수 있는 한 복음의 말씀으로 형제를 위로했다. 예배가 끝나자 우리는 더 멀리 떠났다. 시골길은 우리를 작은 강을 따라 흐르는 아름다운 계곡으로 인도했다. 오른쪽과 왼쪽에는 여러 가지 색깔로 나는 숲으로 덮인 산이 우뚝 솟아 있었다. 길을 따라 마을은 드물었다. 알렉산드로브나 마을에 주택은 76호가 있었다. 여기에 사는 대부분은 지난 세기말에 볼리냐에서 이주한 독일인이었다. 1893년에 침례교인 6가정이 이곳으로 왔다. 그들은 쉽지 않은 여정의 모든 어려움을 견뎌내며 6천 킬로미터를 말을 타고 왔다.

사람들이 시베리아의 외딴곳에 어떻게 도달할 수 있었는지 놀라울 뿐이다. 타이가와 강 유역에 그들은 첫 번째 집을 지었다. 마을에 사는 루드비히 알렉산드로비치 케르시는 이미 70세이다. 그는 이 마을에서 태어났고, 그의 아버지는 다섯 아들과 함께 이곳으로 왔다. 마을에는 발 형제가 인도하는 36명의 사람들로 구성된 작은 교회가 있다. 그는 20년 동안 국영 농장에서 광범위한 프로필 정비사로 일했다. 그는 여러 번 상을 받았다. 그는 일곱 자녀의 아버지이다.

우리는 저녁에 알렉산드롭카에 도착했다. 대부분 신자는 국영 농장의 들판과 농장에서 여전히 일하고 있었다. 우리는 최근에 복원된 교회를 살펴보았고, 아직 페인트 냄새가 남아 있었다. 모스크바에서 온 형제의 말을 들으려고 많은 사람이 왔다. 그들은 형제가 읽고 설명하는 하나님의 말씀을 주의를 기울이며 간절히 들었다. 참으로 멀리 떨어져 있고 행사가 드물었던 시베리아에 있는 작은 교회에 지도부 형제들이 방문한 것은 우연이 아니었다. 교제는 신자들에게 많은 기쁨을 가져다 주었고, 의심할 여지 없이 손님들의 기억 속에 오랫동안 남았을 것이다.

전도 및 기독교 연합 부서의 대표인 세들레치키와 보즈뉴이 크라스노야르스크 변방 지역에 여러 차례 방문했다. 그들은 전도와 연합의 활동에서 큰일을 했다. 그 결과 복음주의 기독교침례회 밖에 있었던 많은 형제자매가 크라스노야르스크와 아바칸의 교회로 돌아왔다.

지역의 신자들은 전 세계 평화를 위해 끊임없이 기도해 왔다. 공장과 회사와 노동 현장에서의 자신들의 몫을 열심히 함으로써 그들은 사람들의 복지에 이바지하고 있다. 교회와 개인 신자들은 평화 기금에 헌금했다. 하나의 사례를 들면, 나자로보에 사는 시각장애인 욘킨은 평화 기금에 개인 저축의 상당 부분 을 헌금했고 기금 활동에 적극적인 참여에 관한 감사장을 받았다.

극동 교회

극동 지역은 하바롭스크 지방, 연해주 지방, 아무르주, 캄차트카주, 사할린주, 마가단주로 구성된다. 지역 교회 생활의 특징의 하나는 주민들의 계속되는 이동이다.

지역에는 21개의 교회가 있다. 교회 규모는 20~350명으로 크지 않다. 또한, 신자들은 사할린, 마가단, 캄차카 등 여러 도시에 흩어져 있다. 주요 교회는 하바롭스크, 첵도민, 블라디보스토크, 블라고베셴스크 교회이다. 지역 선임목회자는 막심축이 담당하고 있다. 위에서 언급한 바와 같이 교회 구성원의 상시적인 변화의 어려움과 먼 거리를 이겨내야 하기에 극동 지역 교회의 사역자들은 헌신이 특징이다. 옵슈코프는 하나님의 사랑과 열정으로 주님의 터전에서 많은 일을 했다. 그는 페레야슬랍스크와 하바롭스크 교회에서 사역했고, 니콜라옙스크, 블라고베셴스크 교회, 폴렛노예, 예카테리노슬랍카, 호르 기차역 교회 등에서 사역했다. 우수리스크 교회의 리하치키 목회자는 신자들의 연합을 위해 많은 노력을 했다. 그는 공장에서 일했고, 대가족으로 인해 부담이 있었고, 건강이 특별히 좋은 것은 아니었음에도 가까운 마을의 신자들을 돌보는 한편, 50명 이상의 교인들이 있는 교회에서 커다란 사랑과 감동을 주며 사역했다. 어떤 교회에서는 사역자가 부족하다. 따라서 하바롭스크 지방에 있는 비킨스크 교회의 목회자 베스롭은 영적인 일과 관리 일을 함께한다. 니콜라옙스크나아무르의 교회에서는 시마기나 자매가 그룹을 인도하고 있다.

프리모르스키 지방의 아르세니옙스크 교회에서 사역하는 브루센초프의 사역을 특히 주목할 필요가 있다. 그는 나이 많음과 연약함에도 불구하고, 시소옙카와 바르폴로메옙나 신자들뿐만 아니라, 200km 이상 거리의 카발레로보와 달리네고르카 마을도 방문했다. 그는 항상 신자들의 연합을 위해 뜨거운 열망으로 움직였다. 신자들의 연합 활동에 아무르주 라이치힌스크 교회의 트로히멘코와 베흐테레프가 많은 노력을 했다. 그리고 오늘날까지도 베흐테레프는 나이 많음과 질병에도 불구하고 커다란 사랑과 열정으로 교회 안과 밖에서 봉사했다. 그는 라이친힌스크 교회에 포함되지 않은 아르하라, 자비틴스크, 부레야 역에 거주하는 신자 그룹을 섬기고 있다. 또한, 베흐테레프는 극동지방 교회 목회자 협의회의 위원으로서 아무르주 교회와 그룹을 돌보았다.

하바롭스크 교회

1987년에 하바롭스크 교회는 창립 70주년을 기념했다. 교회는 1917년에 시작되었다. 같은 해에 복음주의 기독교침례회는 교회 건물을 구매했다. 1919년까지 거기서 예배가 진행되었다. 그때는 국내 전쟁과 일본의 개입으로 불안한 시기였다. 극동 해방과 소비에트 정권 확립 후, 신자들은 파괴된 국가 경제의 회복에 동참했다.

1930년 초부터 1946년까지 집회는 신자들의 집에서 주로 이루어졌다. 1944년 전쟁 중에 구리예바와 치르코바 두 여성 신자는 흩어진 신자들을 모았는데, 모두 약 40명이었고, 테렌티이 예피모비치 리트비노프의 집에서 기도회로 모이기 시작했다.

1945년에 교회가 등록되었고, 교인들은 코시친을 목회자로 랍춘을 집사로 선출했다. 1983년까지 교회 찬양대장은 막심축 자매가 봉사했다. 교회는 집회를 위해 건물을 임대했고, 후에 하바롭스크 교회의 교인이 300여 명에 달했을 때, 교회 건물을 구매해야 할 필요성이 생겼다.

1949~1954년 기간에 견고한 통나무로 만든 교회가 건축되었고 현재까지 사용되고 있다. 교회 건축은 코시친과 춘의 주도로 진행되었다. 모든 형제자매가 참여했다. 1954년에 신축 교회에서 감사 예배를 했다. 이제 교회에서 복음 설교와 주님을 경배하는 일이 중단되지 않을 것이다.

1928년 이후 1967년에 처음으로, 하바롭스크 교회에서 복음주의 기독교침례회 극동 지역 목회자 확대회의가 시베리아 및 극동 담당 선임목회자 라옙스키와 복음주의 기독교침례회 연맹 대표 파듀힌와 샤포발로프롭의 주도 하에 개최되었다. 그 후 몇 년 동안 극동 지방 목회자들의 회의가 거의 매년 열렸다. 현재 교회는 350명의 교인으로 구성되어 있다.

보르트뉴 자매와 바벤체바 자매가 찬양대를 인도한다. 찬양은 오르간, 피아노 및 현악기 반주와 함께한다. 하바롭스크 교회는 기독교 신앙 복음주의 소속 독립교회의 신자들과 교류 관계를 유지 하고 교회 협의회 회원들과 좋은 관계 회복을 위해 모든 일을 하고 있다. 일본, 스웨덴, 독일, 헝가리, 동독, 서독 등 여러 국가 출신의 그리스도인 대표단이 하바롭스크 교회에 여러 번 방문했다.

첵도민 교회

1947년부터 독일계 신자들이 마을에서 집집마다 모여 영적 집회를 시작했다. 1949년 베르겐이 지도자로 선출되었다. 그 당시 그룹은 34명이 집계되었다. 1969년에 신자들은 교회 건물을 구입했고, 68명으로 구성된 교회가 등록되었다. 교회에는 또한 첵도민, 저지대 첵도민 및 중간 우르갈 마을의 신자들이 포함되었다. 텝스가 교회의 목회자로 선출되었다. 1979년에 첵도민 교회는 창립 30주년을 맞이 했다. 그 무렵 교인 수가 160명으로 늘어났고, 지난 10년 동안 약 100명의 신입 회원이 침례를 받았다. 교회에서 설교는 독일어와 러시아어로 진행 된다. 찬양대의 찬양은 현악 합주단과 오르간, 아코디언, 기타 연주와 함께 한다. 수년 동안 텝스가 찬양대를 지도했다. 현재는 무트와 프리젠(Ya.Ya.)의 지도하에 찬양대가 찬양한다. 1987년 교회는 200명에 조금 못 미쳤는데, 약 50명이 찬양대원이었다. 교회는 특징은 거의 같은 수의 남녀 신자가 있다는 점이다. 교회의 설교자는 텝스(A.D.), 텝스(F.F.), 텝스(V.D.), 티센, 프리젠(V.I.), 시테판, 오트 등 청년들이다. 1982~1983년에 첵도민 교회 교인들은 자신들의 힘으로 교회를 건축했다. 교회 건축은 프리젠(V.I.), 텝스(D. F.), 텝스 (F. F.)가 주도했다.

블라디보스토크 교회

블라디보스토크는 태평양 연안의 편리한 해안과 경치가 아름다운 언덕에 위치하고 있습니다. 이 도시에서도 복음의 말씀은 설교와 찬송가로 전파되고, 주님은 그 생명의 씨앗을 진리를 찾는 마음의 밭에서 자라게 하신다. 블라디보스토크 교인들은 시차가 적용되어 국내에서 가장 빠른 시간에 주님께 감사의 아침 기도를 하고, 새해와 크리스마스와 부활절 및 기타 명절을 처음으로 맞이하는 것을 기뻐한다.

블라디보스토크 공동체 출현의 역사는 다음과 같다. 1913년에 안드레이 그리고리예비치 코솔랴포프가 쿠페롭스카파디 마을의 치틴스카야 거리에 있는 몰로칸 거리 3번지 라즈발랴예프 집에서 기도회를 가졌다. 코솔랴포프 외에도 바스카코프, 자부치키 및 포노마레프가 하나님의 말씀을 전파했다. 포노마레프는 두 명의 딸이 있었고, 그들은 회중 찬양을 인도했다. 1920년까지 소그룹 신자 모임이 있었다. 1921년부터 복음이 널리 전파되기 시작했다. 여러 유명한 사역자들이 교회를 방문했다. 페틀러(R.A.), 비네, 쉬프코프, 스크보르초프 등이다. 블라디보스토크에서 러시아 침례교 선교사 협의회가 조직된 해가 바로 그 해이다. 협의회는 예배용 찬송가 160곡과 주일 학교용 55곡의 찬송가를 제작했다.

침례교인과 함께 복음주의 기독교인이 스베틀란스카야 거리에 있는 집에서 모였다. 그러나 영적 평안은 오래 가지 못했다. 1925년에 모든 교회가 폐쇄되었고 신자들은 여러 장소로 흩어졌고, 나머지는 비밀리에 집에서 모였다. 독일계 교회와 폴란드계 성당도 폐쇄되었다.

1930~1937년에 복음주의 기독교 교회는 세 번째 라보차야 거리 10번지 건물에서 유지되었다. 교회 목회자는 프로코펜코였고, 찬양대는 고르바초프가 지도했다. 1937년 8월에 교회 지도자들이 체포 되었고, 경건 도서는 몰수 당했으며, 교회는 공식적으로 운영이 중단되었다. 그러나 뿌리깊은 노인, 자매들은 여러 곳에서 그룹으로 모였다. 후에 그들은 첫 번째 라보차야 거리에 있는 고랴샤야 자매 집으로 합류하여 교제를 했다.

그룹의 목회자는 노인 신자 야첸코였고 나중에 그는 자기 집을 집회 장소로 제공했다. 그 집은 블라디보스토크에서 26킬로미터 떨어져 위치했다. 신자들은 적어도 40 분이 걸리는 기차를 타고 왔고, 그 다음 30분을 더 걸어 갔다. 그 집에는 풍금이 있었다. 기도회는 매주 일요일에 있었다. 공동체가 눈에 띄게 커지면서 청년들이 나타났다. 방이 좁아졌을 때 교인들은 셀렌긴스카야 거리 72번지에 있는 집을 샀고, 그 곳에 큰 교회를 건축했다.

마카로프의 지도 아래 교회 찬양대가 만들어졌다. 동시베리아와 극동지역의 선임목회자인 라옙스키가 가끔 교회를 방문했다. 1960년에, 교회 건물은 허가를 받지 않았기 때문에 철거되었다. 교인들 일부는 집에서, 다른 사람들은 철거된 교회에서 모였다. 교회가 예배당을 잃음으로 인해서 걱정과 고민이 많았다. 1964년에 블라디보스톡 교회가 등록되었고 건물을 제공받았다. 교회의 목회자로 베체르가 선출되었다. 찬양대 사역은 마카로프의 지도 아래 계속 되었다. 축하 예배와 다른 교회에서 봉사하기 위한 현악 합주단이 교회에 조직되었다.

짓코프(M. Ya.), 두혼첸코, 샤트로프가 여러 번 교회를 방문했다. 70년대에 전에 분리되었던 교인 30명 이상이 교회에 합류했고, 후에 오순절 교인 7명으로 이루어진 가정이 합류했다. 1975년 교회의 필요에 따라 예배당이 철거되었기 때문에, 나로드니대로에 있는 2층 건물을 정했고, 건물은 교회로 수리되었다.

1980년에는 성서 통신 과정을 졸업한 마카로프가 만장일치로 목회자 사역에 지명되었다. 현재 4명의 형제와 4명의 자매가 설교에 참여하고 있다. 교회 구성원은 다민족으로 러시아인, 우크라이나인, 몰도바인, 독일인, 롬인(집시), 추바시인, 타타르인이 포함된다. 복음은 러시아어로 전파된다.

교회에는 많은 젊은 신자들이 있고, 찬양과 성시 낭송과 여러가지 봉사를 한다. 블라디보스토크에는 오순절교회, 재림교회, 비공인침례교회 그룹이 또한 있다. 블라디보스토크 교회의 대다수 교인은 공장에서 활발히 일하고 있고, 많은 사람들은 그들의 일에 관한 감사장과 상을 받았다. 모트리는 운전기사로 일하고 있는데 행정부의 상을 받았다. 조국 전쟁에 참여하여 상과 메달을 받은 교인들이 있다.

블라고베셴스크 교회

블라고베셴스크는 러시아와 중국의 국경 역할을 하는 아무르 해안에 위치하고 있다. 아무르주와 블라고베셴스크시에서 처음으로 전도한 설교자는 델랴코프이다. 1889~1898년에 델랴코프는 도시와 근교 복음의 터전에서 지칠 줄 모르고 일했다. 그는 그의 무덤이 있는 아무르주 길친 마을에서 세상을 떠났다. 델랴코프의 제자는 포틀로프 형제들, 콘드라토프, 십코프, 비네 가족, 구스토먀 소프와 곤차로프 형제들, 코시친 등 많다. 수년간 복음주의 운동이 활발히 일어 나면서 체세프와 코시친, 주라블레프 등 다른 가족들이 침례를 받았다. 교회는 빠르게 성장했다. 1913년에 십코프의 주도하에 연해주 복음주의 침례회 형제회 총회가 소집되었다. 그 총회에서 복음주의 기독교침례회 극동 연합회가 창립되었고 블라고베셴스크에 센터를 두었다. 연합회 초대 회장은 십코프였다. 후에 센터는 하바로프스크로 이동했다. 블라고베셴스크에서 경건 서적이 출판 되었다. 교회의 목회자는 체세프, 코시친, 십코프, 비네였다. 교인은 800명이었고 수적으로 계속 성장했으며 현악과 관악 합주단이 봉사했다.

침례교와 복음주의 기독교 총회의 지도자인 마자예프, 바텐코, 체체트킨, 스테판 노프, 오딘초프, 구스토먀소프, 파블로프 등이 블라고베셴스크 교회를 방문했다. 교회 생활은 1936년까지 그렇게 흘러갔다. 그 후 교회는 강제로 활동을 중단해야 했다. 1944년까지 신자들은 집에 모였다. 나중에 교회가 등록할 수 있는 권리를 받았을 때 그들은 교회 건물을 구입했다. 교회를 복구하는 동안 장로는 시린킨이 목회자로, 코롭코프와 쿠르노소프가 집사로 봉사했다. 얼마 후 찬양대가 조직되었다. 1947년에 쉬린킨이 세상을 떠나자, 솔로드코프가 목회자로 재직했다. 솔로드코프가 가족의 상황으로 인해 새로운 장소로 떠났을 때, 스톨야르축(1958년)이 목회자로 선임되었다. 그런데 그도 곧 블라고베셴스크로 떠났다. 1963년부터 블라셴코가 목회자로 일했다. 1974에 코발렌코를 목회자로 선출했는데, 1979년에 비극적으로 사망했다. 교회는 성서 통신 과정을 졸업한 가다이축 집사를 목회자로 선출했다. 가다이축은 극동 지역 교회 목회자 협의회 위원이다. 교회의 집사로 노스코프가 선출되었는데, 그는 블라고베셴스크에서 250킬로미터 이상 떨어진 쉬마놉스크에서 신자 그룹을 섬기고 있다.

블라고베셴스크 교회는 넓고 편안한 교회 건물을 가지고 있는데, 도시의 오래된 지역, 목조 주택들 가운데 위치하고 있다. 예배 시작 전에 교회는 보통 카레프 및 다른 형제회 사역자들의 설교 녹음을 경청한다. 또 다른 좋은 전통이 있다. 주일 오전 예배 후에, 모든 신자들은 교회에서 조촐한 식사를 하도록 초대받는다. 식사를 하는 동안, 형제회 내의 사건들에 대해 의도치 않은 대화가 이루어지고, 교인들은 그들의 영적 및 가족의 경험들을 나눈다. 복음주의 기독교침례회 총회 상임위원회와 러시아 연방 사역자들은 극동 지역 교회의 창립에 관한 큰 관심은 보이고 있다. 지도자들은 이 지역 교회를 방문하여 목회자 회의와 세미나를 진행한다. 샤트로프는 이 지역을 여러 번 방문했다.

수자노보 교회

오렌부르크주에 있는 수자노보 마을은 이반 파블로비치 표트르가 1911년에 설립했다. 그는 이웃 동네인 알렉산드롭스키 지구의 데옙카(현재는 즈다노 프카) 마을에서 이주하여 가족과 함께 작은 땅을 샀다. 이주한 사람들은 8 가정이었다. 친척들이 말했듯이, 페테레 할아버지는 집을 짓기 전에 이미 가족이 있던 자녀들을 모아놓고, 주님께서 그들의 일을 축복하셔서, 새로운 마을이 많은 사람들에게 피난처로 사용될 수 있도록 무릎 꿇고 기도했다.

도착한 사람 가운데 메노파 교인이 있었고 그들은 데옙카 공동체의 일원이 되었다. 제1차 세계 대전 중, 남자들은 군대에 동원되었다. 집으로 돌아오는 길에 그들은 좁은 원을 그리며 어린이들과 함께 모여 성서를 읽고 기도했다. 페테레는 1916년에 사망했고, 그의 아내 수잔나는 1912년 새로운 마을에 건설이 진행될 당시 데옙카에서 세상을 떠났다. 그녀를 기념하여 마을 이름을 수자노보라고 불렀다. 20년대 중반에 수자노보 마을의 신자들이 거룩한 침례를 받았고 메노파 형제들에게 합류했다. 그 당시에 그들은 16명이었다.

1917년에 페테르스의 아들 페테레는 아내와 자녀들과 함께 시베리아로 떠났다. 그는 오비 강의 하류를 따라 톰스크 너머 500킬로미터 떨어진 곳에 복음을 전파를 위해 정착했다. 그의 가족은 큰 어려움과 손실을 견뎌야 했지만, 주님은 그의 사역을 축복하셨고, 사람들은 그리스도께 회심했다. 그들은 주로 오스야크족, 러시아 민족, 퉁구스족 가운데서 전도했다. 페테르스 가족은 1930년에 수자노보로 돌아왔다. 페테르스의 막내 아들 안드레이는 튜멘 지역에서 전도했다. 페테레스의 손자 이반 아브라 모비치 윌러는 20년대 중반에 카르겔 이 지도하는 레닌그라드 성서 학교에서 공부했다. 수자노보에 돌아와서, 그는 또한 열정 적으로 복음을 전파하기 시작했다. 마을은 성장했다. 신자들은 집에서 정기적인 집회를 가졌다.

이반 파블로비치 페테르스 찬양대장이 지도하는 찬양대가 생겼다. 사역자들과 찬양대원들이 이웃 러시아 마을을 방문하여 복음을 전했다. 1931년에 5명의 새 신자가 침례를 받았다. 그 당시 교회에는 30명이 넘는 교인들이 있었다. 30년대에 많은 신자들은 수자노보에서 안식처를 찾았고, 가장을 잃은 가정들이 쉴 수 있었다. 곧 교회는 폐쇄되었다. 1937년에 12명이 수자노보 마을에서 체포되었다. 70년대에 고향 사람들은 그들의 사후 복권 통지를 받았다.

믿음의 희생자 중에는 페테레(P.I.), 페테레(D.I.), 페테레(I.P.), 비베(N.Ya.), 테이흐립, 엔스, 노이펠트, 비베(A.Ya.), 넷카우, 켈러, 윌러이다. 전쟁 후, 교회는 부흥을 경험했다.

1947년에 설교자 안드레이 폿이 수자노보에 왔다. 하나님의 말씀을 듣고자 하는 모든 사람들, 특히 청년들이 모였고 기도회가 있었다. 예배하는 동안 많은 영혼이 회개하고 그리스도를 마음에 받아 들였다. 축복받은 교제 후에, 청년들은 자주 하나님의 말씀을 경청하기 위해 모였다.

그 해에 젊은이에게 열정적으로 사역한 사람은 윌러 셀렌베르크가 있다. 1954년에 주님을 경외하고 진리를 찾는 사람들은 신자들의 집에서 모임을 재개했다. 1954~55년 겨울에 큰 부흥이 있었다. 많은 사람들이 그들의 죄를 회개하고 주님 안에서 평화와 기쁨을 얻었다. 믿음이 식었던 교인들이, 회개의 합당한 열매를 맺고, 교회의 품으로 돌아 왔다. 1955년 렘펠과 엥브레흐트가 마을에 왔다. 그들은 복음에 기초하여 신자들에게 침례받을 필요가 있다고 설명했다. 전에 침례 받은 신자들을 통해 교회가 재건되었고, 교회에 약 30명이 합류했다. 교회 지도자로 렘펠을 선출했다. 첫 번째 침례식이 1955년 6월 25일에 거행되었고 교회의 큰 축제가 되었다. 75명의 새 신자가 믿음으로 침례 받았다. 교회의 동의를 얻어 블록이 켈러와 비베(A.A.),에게 처음으로 침례를 주었고, 3명이 나머지 새신자들에게 침례를 주었다. 건강상의 이유로 렘펠은 침례를 거행할 수 없었다. 유일하게 안수 받은 형제로서 그는 침례 받은 사람들에게 차례대로 손을 얹고 기도했다.

성경 본문은 데살로니가전서 5장 23~24절, 빌립보서 1장 6절이 낭독되었다. 같은 해 8월에 침례식이 또 있었고 8명이 침례를 받았다. 1958년 가을 추수 감사절에 노이펠트와 켈러를 복음 전도자로 안수했다. 행사는 신자들에게 많은 기쁨을 주었다. 그러나 1959년에 교회는 새로운 시험을 만났다. 렘펠은 키르기스스탄으로 강제로 떠나야 했다. 수자노보 교회는 그에게 기도한 후 보냈다. 주님은 그의 가는 길과 새로운 장소의 정착을 축복하셨다. 신자들은 나중에 렘펠이 교회를 방문했을 때, 여러 번 큰 축복을 경험했다. 1961년 가을에 노이펠트와 켈러(Ya. I.)는 이르쿠츠크 지역으로 5년간 추방되었다. 얼마 후 켈레(P.I.), 클라센, 페테레(Ya. P.), 딕(Ya. V.)이 추방되었다. 1964년에 신자들이 모여 교회의 절기를 다시 시작했다. 그후 몇 년 동안 블록, 비베(Ya.A.), 시린이 사역자로 안수를 받았다. 그들은 힘든 복음전파 분야에서 열심히 일했다. 기도회는 딕(N.D.), 비베(P.Ya.), 렘펠, 데특센, 얀첸, 힐데브란트, 클라센의 가정 에서 이루어졌다. 수자노보 마을의 교회는 하나님의 자비로 발전했고, 신자들은 집에서 열심으로 예배하기 시작했다. 그들은 여름용 모임 장소를 증축했으나, 겨울에는 큰 불편을 겪었다. 교회 건물이 필요했고 신자들은 간절히 주님께 기도했다. 1975년에 주택 하나가 교회로 증축되었다. 1976년에 교회가 등록되었다. 블록의 지병 때문에 노이펠트가 목회자로 선출되었다. 1984년 1월 1일에 교인은 377명이었다. 찬양대가 2개 였다. 주요 찬양대는 찬양대원이 50명이었고 페테레(G.I.), 켈러 찬양대장의 지도를 받았다. 현악과 기악합주단이 있다. 신자들에게 잊을 수 없었던 행사는 1980년 10월 클리멘코의 교회 방문이었다. 크리거 선임목회자와 코니핀, 세르펩스키가 여러 번 교회를 방문했다.

우크라이나 교회

키예프 교회

키예프와 키예프 인접 도시에 복음주의 기독교와 침례 교회가 출현할 즈음에 이미 작은 교회가 코샤콥카와 차프린카 마을에 있었다. 1871년 키예프 인접 도시에 복음을 전파한 사람은 헤르손 지방 오스노바 마을 출신의 게라심발라반 이었다. 랴소츠키는 믿음을 가진 후 코샤코보 마을에서 복음을 전파하기 시작했다. 1872년 러시아 제국 정부의 박해로 신자들에게 고난의 시기가 찾아왔는데, 랴보샤프카는 차플린카 공동체를 방문했다. 그는 신자들을 격려하고 그들의 신앙을 진리 안에서 굳게 했다. 랴보샤프카는 1877년에 다시 차플린카 마을을 방문했고, 또한 키예프와 인근 마을에서도 설교했다. 1877~1887년에 파블로프가 그 곳을 방문하여 신자들에게 설교하고 침례를 주었다.

고레니치 마을 출신의 연로한 신자들은, 같은 마을 출신의 알렉세이 페체니가 그리스도에 대해 전도했을 때, 비트노프가 키예프에서 살고 있었다고 말했다. 비트노프가 그리스도께 회심한 후, 그의 집에 마을 주민들에게 복음을 전했던 페체니, 가이다이 등이 찾아왔다. 최초의 개종자 중에는 키예프 철도청에서 기술자로 일하는 다니일 마르티노비치 티모셴코가 있었다. 회심 후, 형제는 열정적으로 하나님의 말씀을 전파하기 시작했다.

1886년에 키예프 신자들은 교회를 조직했고, 티모셴코가 초대 목회자로 선출되었다. 그는 박해에도 불구하고 담대히 복음을 전파했다. 그의 전도를 통해 많은 사람들이 구원의 길을 걷게 되었다. 1888년에 보레치키, 야셴코, 스테파노프, 쿠시네로프, 모로조프 등이 주님께 회심했다. 그들은 열정적인 복음 전파자가 되었고, 나중에 그들은 큰 박해를 당했다.

1894년에 티모셴코가 체포되기 전 마지막 집회에서, 교회는 프라보베로프를 목회자로 선출했다. 그 이후 1906년까지 키예프의 신자들은 심한 박해를 당했다. 쿠시네로프는 대학에서 법학과를 졸업하고 1894년부터 신자들에 관한 부당 행위를 탄원하고 책임감을 갖고 용감하게 그들을 방어하는 역할을 담당했다. 근거없는 많은 고소가 기각되었고, 그의 탄원으로 유죄 판결을 받은 신자들이 석방되었다. 쿠시네로프에 관한 기억은 형제회 역사에서 항상 보존될 것이다.

1900년 초에 키예프에서 체코인 신자 폴락이 살았다. 교회가 넓은 공간이 필요하다는 것을 알고, 1904년에 질랸스카야와 카라바옙스카야 거리의 교차 지점인, 104~27번지에 있는 그의 집의 일부를 예배 장소로 기증했다. 그 집에서 1949년까지 예배가 열렸다.

금세기 초에 키예프는 지역 교회와 연맹 규모에서 모두 복음 전도자가 풍성했다. 야셴코, 티모셴코, 키리첸코, 브라운시타인, 코솔라포프, 메텔리차, 크메타 등 유명한 전도자의 이름을 기억하는 것으로 충분하다. 코솔라포프는 지토미르에서 사역했고 메텔리차, 체르카시 구역의 자시코보 마을에서 일했다. 영적 분야에서 43년의 경험을 가진 뮬러는 키예프 교회의 교육 부분에 크게 헌신했다.

1905년에 기독교침례교와 복음주의 기독교 공동체가 키예프에서 활동했다. 복음주의 기독교 교회의 기반은 복음주의 기독교 교회가 이미 존재했던 오데사, 세바스토폴, 드니프로페트로우시크에서 키예프로 이주한 형제들이 마련했다. 오래 다닌 형제들의 증언에 따르면, 교회 지도자들은 복음주의 기독교회에 합류하기 원하는 신자들을 방해하지 않았기 때문에, 복음주의 기독교회의 조직은 평온했다.

복음주의 기독교회는 고리키 거리에 예배 장소를 임대했다. 교회가 세워지는 동안에 트카첸코 목회자가 재직했다. 침례교회에서는 프라보베로프 목회자가 재직했다. 교회 상호 관계는 아주 좋았고, 목회자들은 두 교회에서 설교할 수 있었다.

1920년 이후, 예고로프가 복음주의 기독교회의 목회자로 재임했다. 그는 교인들을 잘 알고, 교인 방문하는 것을 좋아했고, 기도를 많이 했고, 하나님의 말씀을 전했다. 키예프 교회 생활에 가장 적극적으로 참여했던, 수다레프가 키예프주의 다른 곳에서 복음을 전파했다.

1932년에 프라보베로프의 사망으로 인해 키예프 교회 목회자로 우크라이나 침례교 연맹의 코스튜코프 회장이 초대되었다. 그는 경험이 풍부한 지도자로 형제회에 널리 알려졌고, 교회를 위해 지칠 줄 모르며 사랑이 많은 목사였다. 그는 키예프 공동체에서 짧은 시간 동안 봉사해야만 했다. 그 기간에 우크라이나 침례교 연맹은 해체되었고 형제들은 압박의 힘든 시기에 처했다.

1933년에 코스튜코프는 유죄 선고를 받았고, 1936년에 예고로프도 같은 운명에 처했고, 1937년에 모르구노프는 추방당했다. 많은 형제와 자매들의 운명이 나뉘어졌는데 다음과 같다. 나자렌코, 벨로우소프와 그의 아내, 시치코프, 시바로프, 시나이데르만, 자볼로트니 등이다. 1936년에 키예프의 모든 교회는 폐쇄되었다.

키예프~스뱌토신스카야 교회와 얌스카야 교회

교인들은 어려움에도 불구하고, 가정마다 모여서 예배 모임을 계속했다. 1938년 1월 1일 교인 그룹이 키예프 외곽의 스뱌토시노에 있는 도브렌코의 아파트에서 신년 기도회로 모였는데 그 가운데 라주바예프 부부와 크루첸코 부부 등이 참여했다. 코스튜코프 이후 기독교침례교회의 목회자는 메텔리차와 도브렌코가 재직했고, 라주바예프는 집사로 선출되었다.

주일예배는 페르보마이스카야 45번지에서 진행되었다. 예배에 교인 자녀들이 참여했다. 예배에서는 하나님의 말씀을 읽고, 찬송가를 부르고, 성시를 낭독하고, 기도를 했다. 이웃 사람들이 그 사실을 알고 나서 그들도 교인들에게 연합했다. 긴밀한 환경 속에서 사람들이 주님께 회심했으나, 그 때에 침례식은 거행하지 않았다. 그렇게 키예프~스뱌토신스카야 교회가 생겨났다.

점령 기간 동안 도시에 남아 있던 키예프 신자들은, 계속해서 모였고, 그들은 피 묻은 전쟁의 종료와 침략자로부터 조국의 해방을 위해 하늘과 땅의 주님께 간절히 기도했다. 집회는 여러 다른 장소에서 개최되었고, 기도의 필요성을 모두가 느꼈기 때문에, 장소마다 사람들로 가득했다. 삼손노프스카야 거리의 교회뿐만 아니라, 1943년에 코르조프 목회자가 재직한 스파스카야 거리의 교회도 개방되었고, 코롭첸코 목회자가 재직한 슬로보트카 교회도 개방되었다.

1943년 6월 23일 키예프 해방 직후 스뱌토신스카야 교회에서 첫 번째 침례식이 9명의 새신자들에게 거행되었다. 교회는 영적으로 성장했고, 주님께 회심이 계속되었고, 새신자의 침례식이 거행되었다. 신자 들은 세베르나야 거리 33건물을 임대했다. 현재의 교회는 알렉산드롭스카야 거리33에 위치하고 있다.

1943년에 도브렌코는 시비닥에 의해 목회자로 안수받았고, 1945년에 라주바예프는 집사로 안수받았다. 교회는 수적으로 성장했고, 1950년 무렵에 이미 교인이 130명이었다. 시로타가 지도하는 작은 찬양대가 조직되었다.

갈라구로프가 1954년부터 찬양 대장을 계속했고 그 전에는 케칙이었다. 이텐코가 1951~1956년에 목회자로 재직했고, 1956~1971년에는 멜닉이 재직했다. 1971년부터 스뱌토신스카야 교회의 목회자는 라분스키였다.

현재 교회에는 700명의 재적 교인이 있고 2개의 찬양대가 있다. 성서 과정을 마친 이바노프(V.F.)와 미로시니첸코가 찬양대 봉사를 담당했다. 신자들은 교회를 튼튼하게 재건축했다. 1989년에 800석 규모의 새로운 예배당이 건축되었다. 1944년 복음주의 기독교와 침례교가 통합된 후 키예프에서 성관한 예배가 있었고, 두 교파의 신자들이 모두 참여했다. 신자들은 주의 백성들의 일치에 대해 주님께 진정으로 감사했다.

키예프 교회의 생활에 적극적으로 참여했고 주의 사역에 오래동안 헌신한 안드레예프 사역자가 1944년부터 우크라이나 담당 선임목회자로 재직했다. 복음주의 기독교회는 크라스노아르메이스카야 거리 14번지, 레니나 거리 53~A번지, 솔로멘카에 있는 리톱첸코의 집, 엥겔스 거리에 있는 교회 등 여러 장소에서 예배했다. 1941년부터 레니아 거리 53~A번지에서 예배가 재개되었다. 미츠케비치가 1946년부터 키예프 교회의 목회자로 재직했다. 침례교인은 질랸스카야 거리에서 예배했고, 파트코프스키가 목회자로 재직했다.

1949년에 복음주의 기독교와 침례교가 하나의 교회로 통합되었다. 예배는 스파스카야 6번지에서 실시되었다. 현재의 거리 이름인 얌스카야 70번지에 있는 키예프 중앙교회의 목회자로 포노마르축과 예뉴코프가 서로 다른 시기에 재직했다. 파블로프스키, 리호데예프, 코주보프스키가 1972년부터 목회자로 재직했다. 현재 두혼첸코, 파블로프스키, 코주보프스키가 목회자로 재직하고 있다. 교회에는 쿨비치, 아나스타시예프, 밀레예프가 이끄는 3개의 찬양대가 있다. 칼라시닉이 지도하는 현악단이 봉사하고 있다. 키예프 교회의 목회자들은 성서 과정 졸업생이다. 키예프에는 다르니치카야, 쿠레넵스카야 및 다른 교회가 있는데, 한 때 다른 교회에서 분리되었다. 실례로 푸호바에 있는 교회 연합회 소속 독립교회가 있고 목회자는 벨리치코였다. 키예프 교회 신자 수가 4천 명이 넘었다.

다르니치카야 교회는 1934년에 설립되었다. 1937년까지 신자들은 보리스 폴스코예 대로에 있는 개인 집에서 모였는데 약 50명이었다. 예배로 모이는 것이 엄격히 금지되었다. 전쟁 초기에 다르니차 외곽의 셰우첸코 농장에 있는 개인 주택에서, 신자들이 기도회로 모이기 시작했다. 1944년 말에 다르니차 공동체는 공식 등록되었다.

1945년 8월 협약이 채택된 후, 다르니차에 살고있는 오순절 교회와 복음주의 기독교침례회가 하나의 교회로 통합되었다. 기독교 신앙 복음주의 목회자였던 안드레이 안토노비치 스니트코가 통합 교회의 목회자가 되었다. 그러나 교회에서 분열이 시작되었는데, 스니트코를 대신한 스트로기가 봉사할 때도 계속되었다. 그래서 도시 교회의 경험 있는 바실리 니콜라예비치 주릴로가 사역에 초빙되었다. 교회의 영적 상태가 크게 개선되었고 주님께 회심하는 사람들이 있었다. 1971년에 활동적이고 열정적인 타라스 티모페예비치 셰우첸코가 목회자로 선출되었다. 불행하게도 그는 인생의 전성기에 갑자기 사망했다. 교회는 집회 장소를 여러 번 바꾸었다. 1965년에 쿠네츠의 도움으로 야로슬라바 갈라나 거리에 있는 두 번에 걸쳐 재건축된 건물을 구입했다. 이제 다르니차 교회는 700석 규모의 아름다운 예배당이 있다.

1968년부터 다르니차 교회의 첫 번째 목회자는 쿠네츠였다. 1972년부터 그는 키예프 주 선임목회자의 조력자로 협력하고 있다. 1981년부터 키예프주의 선임목회자로 쿠네츠가 재직하고 있다. 부선임목회자는 크리보루치코이고 조력자는 슬로보댜닉이다.

쿠레넵스카야 교회

쿠레네프카는 한 때 우크라이나 수도의 변두리였다. 지금은 대형 현대 건물이 있는 인구 밀집 지역이다. 전쟁 전에는 레니나와 질랸스카야 거리에 있는 두 개의 커다란 공동체의 교인이었던 많은 성도들이 거기서 살고 있었다. 1936~1937년에 두 공동체는 폐쇄되었다. 그러나 교제와 기도를 위해 신자들은 집에서 소그룹으로 모였다. 전쟁이 시작될 무렵, 레오니드 페륜코는 집회를 위해 그의 집의 일부를 제공했다. 공동체는 처음에 약 50명의 회원으로 구성되었고, 목회자로 페륜코가 선출되었고, 그의 조력자는 쿠리예눅, 집사는 마초비티가 선출되었다. 작은 교회는 이전 회원들의 복귀와 주님께 회심한 새로운 사람들로 인해 점차적으로 성장하기 시작했다. 교회는 독일 점령이 끝난 후 1944년 말에 공식적으로 등록되었다.

페륜코는 1966년 사망할 때까지 쿠레넵스카야 교회의 목회자로 재직했다. 그는 1948년부터 키예프주 선임목회자의 조력자로 협력하면서 목회를 했다. 1963년부터 그는 키예프 주 선임목회자로 재직했다. 1966~1967에 라분스키가 쿠레넵스카야 교회의 목회자였고, 1967년부터는 토팔이 목회자로 재직하고 있다. 현재 재적 교인 수는 120명 이상이다. 예배는 교회로 개조된 페륜코의 미망인 집에서 이루어지고 있다. 교회의 수적 성장은 크지 않지만 교인들은 그들의 교회를 사랑하며 세상에서 선한 합의 속에서 살고 있다.

자포리자 교회

1884년에 기독교침례회 첫 번째 독립 총회가 노보바실리예프카 마을에서 개최된 것으로 알려졌다. 총회에서 러시아인 침례교 연맹이 창립되었다. 윌러가 회장으로 선출되었다. 노보바실리엡스카야 교회, 아스트라한 교회, 노보스파스카야 교회는 우크라이나 남부에 있는 교회의 출현과 발전에 커다란 영향을 끼쳤다. 교회에서 형제회 집회가 자주 열렸다. 갈브스탓(현재 몰로찬스크)에 무지개 출판사가 있었고, 아스트라한 마을에는 교회 사역자들이 영적 교육을 받은 신학교가 있었다. 2층 건물의 신학교를 자크가 건축했다.

현재 자포리자 주에는 31개의 복음주의 기독교침례회 교회가 있다. 이 지역에서 가장 큰 교회는 자포리자에 있고 교인은 800명 이상이다. 도시에 4개의 교회가 있고 총 1,545명의 교인이 있다. 매년 100명 이상의 새로운 신자들이 침례를 받는다. 침례는 보통 자연 수역에서 이루어지며 교회에는 큰 축제가 된다. 20명 이상의 교인으로 구성된 작은 시골 교회들도 있다.

복음주의 기독교침례회 총회에 소속된, 레보베레지나야 교회는 오순절 교회로 구성되어 있다. 2개의 오순절 교회는 독립적으로 등록되어 있는데, 자포리자 교회는 250명의 재적 교인이 있고, 멜리토폴 교회는 120명의 교인이 있다. 또한, 등록되지 않은 오순절 교회 그룹과 교회 협의회 지지자 약 150명도 있다. 최근 수년 동안 자포리자와 멜리토폴의 예배당이 재건축 되었고 카멘스코예 마을에도 건물이 건축되었다.

자포리자주 지역에는 등록된 우유파 교회 4개, 안식일 교회 3개, 정교회 교회 6개가 있다. 여호와의 증인 그룹과 월터스 그룹이 있다. 이미 복음주의 침례교 운동의 출현의 서두에, 신자들은 사회에서의 시민으로서의 책임과 위치와 역할을 올바르게 이해했으며, 그리스도께서 그분의 제자들에게 맡기신 책임 '너희는 세상의 소금이다', '너희는 세상의 빛이다'라는 마태복음 5장 13~14절의 의미를 알고 있다. 자크가 열심히 노력하여 아스트라한 마을에 우체국, 병원, 약국이 생겼다. 대조국 전쟁 기간 동안 고아와 사망자 가족을 위한 기금을 위해 여러 번 헌금했다. 신자들은 구호 사역에 많은 헌금을 했다. 노보스파스카야 교회의 자매들은 군인들을 위해 모직 양말과 통장갑을 만들었다. 22개의 지역 교회에는 대조국 전쟁에 참전하여 훈장과 메달을 받은 90여 명의 참전 용사와 장애인 참전 용사가 있다. 형제 자매들은 공동체 생활에서 벗어나지 않았다. 그들은 사람들의 슬픔과 기쁨을 나누면서 복음의 계명을 실행했다. 즐거워하는 자들과 함께 즐거워하고 우는 자들과 함께 울라(롬 12:15). 자포리자 교인들은 평화 기금에 기부했다. 매년 1,600루블을 기부한다.

에티오피아에 있는 굶주린 사람들의 필요에 부응하여 신자들이 기꺼이 반응하여 2,4000 루블이 모아졌다. 체르노빌 원자력 발전소 사고 후 폐쇄를 위해 교회는 약 9천 루블을 기부했다. 1987년 베르흐네호르티치차 교회 교인들이 고아원의 필요를 위해 950루블을 모았다. 130명의 교인들이 용감한 사업으로 훈장과 메달을 받았다. 안나 스테파노브나 샤홉체바는 소련의 명예 기증자라는 직함이 있고, 메달과 훈장을 받은 약 100명의 다자녀를 둔 어머니들이 있다.

키로보흐라드 교회

이 지역은 우크라이나 남부 복음주의 운동의 요람으로 알려져 있다. 류보미르카 마을은 우크라이나 형제회 개척자의 한 명인 랴보샤프카의 고향이다. 그에 관한 기억은 형제회 신자들의 마음 속에 간직되어 있다. 최초의 우크라이나 사람으로 믿음에 의해 침례받은 예핌 침발이 카를로프카(현재는 크룹스코예) 마을에서 태어났다. 1987년 키로보흐라드 교회는 창립 120주년을 맞았다. 불행하게도 첫 번째 교인에 관한 정확한 자료는 없다. 1890년부터 코스튜코프가 목회를 시작했다. 같은 해에 교회 찬양대의 봉사가 시작된다. 1924~1941년에 티를릭이 찬양대를 지도했다. 다음 30년 동안 찬양대 대장은 작곡가로도 알려진 바시스티였다. 1970~1973년에 레미가일로가 찬양대를 지도했고 1973~1980년에 렙첸코가 찬양대장으로 봉사했다.

현재는 통신 성서 과정에서 찬양대 운영 과정을 수료한 포그렙냐크가 찬양대를 지도하고 있다. 1976년에 키로보흐라드 교인들이 자발적으로 헌금하여 새로운 예배당을 건축 했다. 교인들은 주님께 감사와 기쁜 마음으로 예배하고 있다.

등록된 35개의 교회가 키로보흐라드 지역에 있고, 그 중 한 교회는 오순절 교회이며 독립적으로 등록되었다. 교회내 교인의 민족 구성을 보면 교인의 약 80%가 우크라이나인이고, 10%는 몰도바인이며 나머지는 러시아인과 기타 민족이다. 교회에서 하나님의 말씀은 러시아어로 전달된다. 대조국 전쟁 참여와 노동의 성공으로 인해 170명의 교인이 훈장과 메달을 받았다. 10명 이상의 자녀를 출산하고 양육한 4명의 자매는 어머니 영웅 훈장을 받았다. 지역의 6개 교회인 키로보그라드스카야, 알렉산드리스카야, 스베르들롭스카야, 포모시냔 스카야, 보브리네치카야, 즈나멘스카야 교회는 모두 교인수가 100명 이상이다. 큰 교회는 찬양대가 있다. 키로보흐라드 교회에는 두 개의 찬양대가 있는데 현악과 기악 합주단이다. 합주단은 스베르들롭스카야 교회에도 있다. 찬양대의 연주 목록은 복음주의 기독교침례회 총회에서 발간한 곡조 있는 찬송가 모음집에 수록된 찬송가를 우선으로 한다. 교회 예배는 은혜 가운데 행해졌고 교인들은 기도회와 다른 사람들을 섬기는 일을 열심히 하고 있다.

리비우 교회

리비우 도시는 13세기 중반에 갈리치아~볼히니아 공국의 다니엘 갈리츠키 대공[718]이 만들었다. 730년의 역사 동안 많은 고난이 도시를 지나갔다. 14세기 후반에 리비우는 폴란드 왕국의 통치하에 있었고, 18세기 말부터 오스트리아 제국의 일부였으며, 1차 세계 대전 이후 부르주아 폴란드에 다시 포함되었다.

1939년에 리비우는 다른 우크라이나 서부 도시들처럼 소련 연방의 일부가 되었고, 소비에트 우크라이나에와 재결합되었다. 이러한 역사적 시기를 리비우 지역의

---

718. Buichik V. S., Lapka R.M., Zustrich, Lviv, 1987. 부이칙 베.에스., 랍카 알.엠, 만남, 리비우, 1987.

기독교인의 생활을 살펴볼 때 기억해 두어야 한다. 이곳의 기독교 신앙고백은 천주교(과거 국가 교회), 정교회, 아르메니아 정교회, 개신교의 형태 로 나타난다. 개신교 교회는 상대적으로 최근에 생겨났다.

복음주의 교리의 최초 전파자들은 1920년 리비우에 왔다. 그들은 고로독스키 지구의 핏고레치키와 라바루스카야 지역의 마흐닉이었다. 그 지역에서 그리스도의 복음이 널리 전파되기 시작했다. 구원의 첫 소식은 라바루스카야의 류티와 코작이 받아들였다. 그들의 침례는 1921년 8월 23일에 블라디미르 지구의 볼린에서 실시되었다. 얼마 후 불레가가 믿음을 가졌다. 그는 구세주를 향한 사랑에 불타서, 기꺼이 밀 50킬로그램을 우크라이나어 성서 보급을 위해 헌물했다. 불레가는 하나님의 말씀과 그리스도를 사람들에게 전파했다. 1921년에 말과 행동으로 구원의 복음을 전파했던, 율리야 사비치 자매가 리비우에 왔다. 그녀와 함께했던 사람들이 기억하는 그녀의 경건한 삶은 본 받을 가치가 있었다. 사비치는 그녀 자신과 그녀가 가진 모든 것보다 주님의 사역에 헌신 했다 ~ 고린도후서 8장 5절. 1921년 후반에 성서를 잘 아는, 노련한 사역자 페트라시가 리비우에 왔다. 그는 노래와 음악을 매우 좋아했다. 그는 사비치 자매와 함께 하나님의 나라를 확장하기 위해 계속 일했다. 사비치는 아파트를 신자들에게 널리 개방했다. 볼로냐 거리 (현재는 젤레즈노도로지나야) 44 번지에 있는 그녀의 작은 방은 기도회를 위한 최초의 장소였다. 곧 사비치의 방은 하나님의 말씀을 듣고 싶어하는 사람들을 더 이상 수용할 수 없었다. 복음을 듣기 위해 많은 사람들이 거리에 있었다. 집회는 거의 매일 있었다. 1922년에 더 넓은 공간을 구입하는 것에 대해 질문이 떠올랐다. 신자들은 투르게네바 거리에 있는 최대 50명을 수용할 수 있는 방 2칸짜리 아파트를 찾았다.

1921년에 젤레비치가 리비우에 도착했다. 페트라시와 사비치는 기쁨으로 젤레비치를 맞이했다. 얼마 후 그는 교회의 사역자가 되었다. 그는 오랫동안 주님을 위해 열심히 봉사했고, 1982년에 세상을 떠났다.

믿음에 따른 첫 번째 침례는 1922년에 이루어졌다. 페트라시가 침례를 주었다. 그렇게 리비우 복음주의 기독교침례회 교회가 시작되었다. 페트라시는 리비우 교회 이외에, 리비우 도시의 다른 복음주의 교회에서도 일했다. 그는 젊은 신자들의 교육에 세심한 주의를 기울였으며 설교자들과 세미나와 교제를 했다. 그는 설교자들에게 모든 회심하지 않은 '영혼은~복음화를 위한 현장이고, 모든 거듭난 사람은~전도자이다'라는 모토를 따르자고 제안했다. 설교자의 대부분은 청년이었고, 그들은 가톨릭 지지자들의 강력한 반대에도 불구하고, 담대하게 그리스도를 전파했다. 몇 가지 사례를 살펴본다. 사비치와 같은아파트에 살았던 유쟈 체르네치 소녀가 믿음을 갖게 되자, 그녀의 어머니와 가족에 박해의 물결이 닥쳤다. 그러나, 어린 소녀의 영혼에 심겨진 살아있는 말씀은, 많은 눈물로 뿌려져, 자신의 열매를 결실했다. 1921년에 리우네의 라바루스키 지역에서 니치포룩과 스테파뉴이 침례식을 거행하기 위해 도착했다. 불행히도 침례받은 신자들은 라바루스카야 교도소에 수감되었다. 사비치는 그들의 석방 방법을 찾았다. 그녀는 그 사건을 루바루스카야로 곧바로 떠난 니치포룩에게 알렸다. 그런데 그가 도착하기 전에 형제 자매들이 석방되었다. 교회가 성장하면서 다시 예배당에 관한 문제가 떠올랐다. 적당한 건물 찾기, 구입 기금 모금, 문서의 등록 등 의심할 바 없이, 어려움에 직면했지만, 신자들은 모든 것을 극복하고 보상을 받았다. 1933년에 교인 수는 이미 약 200명에 달했다. 예배는 우크라이나어와 폴란드어로 진행되었는데, 거주지와 신자들의 민족 구성을 고려하여 두 번째 교회를 조직할 필요가 생겼다. 신자의 분리는 그러한 근거로 이루어졌으나, 교회 사이는 강한 유대 관계를 유지했다.

세메닌이 1922년에 테르노폴리치나 지역의 오제랸카 마을에서 복음 전파를 시작했다. 그는 같은 해에 리비우 신자들에게 널리 보급된, 우크라이나어 최초 기독교 노래집 [순례자의 노래]를 출판했다. 1924년에 라바루스키 지역에서 류티와 바르나를 로지 신학교에 보냈다. 1925년에 갈리시아 복음주의 기독교침례회 첫 번째 총회가 라바루스키 지역 자비리에 마을에서 개최되었다. 총회에 페트라시, 핏고레치키, 쿠브린, 류칙, 도마쇼베치, 올리시코 등 교회 지도자들이 참석했다.

1926년에 갈리시아 복음주의 기독교침례회 교회 대표자들의 두 번째 총회가 개최되었다. 총회에서 교회 대표자들로 구성된 위원회가 선출되었다. 위원회 지도부의 업무는 선교사로 리비우 지역에서 활동한 바실리 페레탓코에게 위임했다. 무엇보다도 총회에서 [진리의 사자] 잡지 출판 문제가 결정되었다. [진리의 사자] 잡지는 1927년에 출판되었다. 영적이며 교육적인 잡지에는 구원의 복음과 성서의 이해하기 어려운 내용을 설명하고, 어린이를 위한 시와 새로운 회심자를 위한 조언을 실었다. 잡지 외에도 설교와 신자의 생활에 관한 이야기가 있는 별도의 소책자가 출판되었다. 1932년에 갈리시아 복음주의 기독교침례회 연합위원회는 악보가 포함된 기독교 찬양집을 발행했다. 같은 해에 잡코~포타포비치가 진리의 사자 편집 업무에 합류했다. 라바루스카야에 벤스키와 카지미르스키가 가르치는 찬양대장을 위한 과정이 개설되었다.

신자들은 축복뿐만 아니라 도중에 어려움도 만났다. 1937년에 믿음에 따른 거룩한 침례를 두 교회에서 27명이 받았다. 가톨릭 지지자들이 침례 받은 사람자들에게 심한 비난을 퍼부었다. 박해에도 불구하고 부흥이 계속되었고, 얼마 되지 않아 100명이 또 주님께 회심했다. 같은 해에 리샥은 교회 찬양대를 조직하여 계속 일했다.

졸로체프 지구내 리비우 지역의 오순절 교회는 1927년에 등장하기 시작했다. 리우네주 지역의 첫 번째 복음 전도자는 골렘비엡스키였다. 제2차 세계 대전 무렵에 신자들의 생활은 비교적 평온 했다. 그 기간 동안 국교인 가톨릭 교회측의 박해가 완화되었다. 신자들은 주변 사람들에게 복음의 메시지를 방해없이 전파할 수 있었다. 신자들은 하나님의 말씀을 풍성하게 공급받았다. 앞으로 우리는 그것이 번영기에 따르는 시련을 이겨내는 데 도움이 되었다고 말할 수 있을 것이다. 경건 서적이 출판되었고, 교회 대표자들의 대규모 총회가 열렸다. 전도 활동은 국내 선교사와 다른 나라에서 도착한 사람들이 실행했다.

바르샤바에서 멀지 않은 라도스트에 있는 성서 학교에서 청년 설교자의 영적 준비를 했는데, 그 중에는 여성 전도자들도 있었다. 찬양대 운영자를 위한 정기적인 과정도 개설되었다. 살펴 본 기간 동안, 시리, 가브리시 케비치, 키셀릭이 리비우 교회의 목회자로 재직했다. 가브리시케비치와 키셀릭은 안수를 받았다. 그들은 지금까지 계속 교회에서 봉사하고 있다.

전쟁 기간에 리비우 교회를 포함한 지역 교회들은 어려운 시험이 있었다. 교회 생활은 크게 바뀌었다. 총회 개최, 기독교 경건 서적 출판 및 배포, 학교 에서의 종교 교육은 불가능해졌다. 수년간의 시험 기간 동안, 신자들의 영적 생활의 주요 장소는 하나님께 일용할 양식과 피할 곳 및 가족과 친구들을 위해 중보 기도하는 곳으로 옮겨졌다.

에스겔 선지자가 언젠가 말한 것처럼, 교회는 자신의 땅 뒤의 무너진 벽에 서 있었다. 에스겔 22장 30절. 그 사역을 완수하며 신자들은 주님으로부터 기도 응답을 받음으로써 격려를 받았다. 전후 몇 년 동안, 리비우 교회 생활에서 일부 변화가 일어났다. 1944~1945년에 복음주의 기독교, 침례교, 오순절 교회의 세 교파가 하나의 연합회로 통합되었다. 이전에 여러 교회에 속했던 신자들이 하나로 연합되어 대형 교회가 되었다. 그 과정에서 목회자와 일반 교인들은 자신들의 전통과 성경의 특정 부분에 관한 이해를 필연적으로 가져 왔다. 그 후 몇 년 동안 리비우 교회에 우크라이나, 벨로루시, 몰도바, 러시아, 루마니아 의 다른 지역 신자들로 채워지는 것이 관찰되었다. 새로운 교인의 합류로 인해 설교자, 집사, 찬양대장, 찬양대원의 수가 증가했다. 신자들의 마음은 교회의 증가와 새로운 교인들이 주님을 찬양하려는 노력을 보면서 기뻐했다. 그러나 새로운 조건에서 형제 사랑과 화합의 분위기를 조성하는데 교회 지도자들의 관용과 지혜가 필요했다.

전쟁 종료 후 지휘자로 레비치키와 테레슉이 임명되었고, 카지미르스키는 음악적 재능 있는 형제들을 양성하는 일을 했다. 1959~1975년에 교회 목회자로 코르순이 재직했다. 선임 찬양 대장으로 보에보다가 봉사했다. 형제들의 사역은 리비우 교회에 축복으로 이바지했다. 교회는 새로운 회심자들로 채워졌다.

1961년에 갈리나 그루스카야 거리에 있는 제7일 안식일 교회가 사용하는 같은 건물에서 예배가 시작되었다. 장소가 모든 사람들을 수용할 수 없어서 1부, 2부 예배로 나누었다. 비좁고 다른 혼란으로 인해 신자들은 더 넓은 장소를 위해 진심으로 기도하게 되었다. 제 때에 주님께서 신자들의 기도에 응답하셨다. 1981년에 복음주의 기독교침례회 중앙교회의 목회자 피릭은 갈리나 그루스카야에 있는 예배당 재건축 허가를 받았다.

오순절 교회를 위해서는 세마포르나야 거리에 있는 건물이 정해졌고 말스키 목회자와 고르캅축 목회자가 인도하는 두 개의 커다란 교회가 예배하고 있다.

1982년 재건축 후 두 예배당은 성대하게 봉헌되었다. 지금은 도시에 3개의 아름다운 예배당이 있고, 5개의 교회 교인들이 다른 시간에 예배로 모이고 있다. 예배는 우크라이나어와 러시아어로 이루어진다. 또한 리비우에는 56 개의 교회가 있고, 그 중 33 개는 오순절 교회이다. 규모가 큰 교회는 라바루스카야, 보리스슬라프, 스트리, 졸로치우, 니콜라에프 시와 기차 마을에 있다. 지역 교회들은 그들의 예배당을 가지고 있다. 최근 몇 년 사이에 새로운 교회 건물이 스트리, 보리스슬라프, 졸로치우, 라바루스카야 등의 도시와 바탸티치와 고르냐 마을에 건축되었다. 리비우주 선임목회자 사역은 성경과정을 수료한 마트비입이 담당하고 있다.

하르키우 교회

하르키우는 1656년에 설립되었고 도시는 매우 빨리 성장했다. 1917~1934년에 하르키우는 우크라이나의 수도였다. 하르키우는 우크라이나 복음주의 운동의 중심지 가운데 하나이다. 여기서 이바노프(V.N.), 짓코프(I.I.), 이바노프 (E.N.)와 친형제 이바노프(A.N.) 등 교단의 유명한 인사들이 사역했다. 하르키우 교회에 마자에프, 이바노프(V.V.), 발리힌 등과 같은 침례교 유명 인사들이 방문했다.

복음주의 침례회 성향의 신자 수가 늘어남에 따라 정교회 성직자들과 지역 경찰들의 감시가 강화되었다. 시계파와 함께 반대에 대해 엄격한 조치가 취해졌다. 혁명 전에 정교회를 떠나려면 주지사 이름의 신청서가 요구되었다. 주지사는 정교회 교구 사제에게 그것을 알리고, 사제는 자신의 차례에 정교회를 떠나기 원하는 사람들과 면담했다. 정교회 내에 남아 있기를 거부하는 경우, 사제는 신자를 교회에서 제명하고, 그를 배신자와 이교도로 파문했다. 그 후에 주지사는 믿음으로 침례를 받을 수 있는 권한을 주었다. 신자들은 결혼 등록과 개인 민원의 해결과 호적 등록 시 큰 어려움을 겪었다. 어린이의 등록은 교구 사제들에 의해 관리되었다. 복음주의 침례회 신자들은 정교회에서 자녀들을 침례 받지 않았기 때문에 어려움을 겪었고, 공립학교에서 자녀들이 입학하는 것도 어려웠다.

1892년 발리힌은 7명의 새로운 회심자가 침례를 주었다. 그 해는 침례교 공동체가 발생한 해로 간주된다. 1906년부터 종교 단체를 조직할 수 있게 되었다. 그들의 활동은 규칙에 의해 조정되어야 했다. 공동체 관리는 선거관리 위원회에 맡겨졌다. 그러한 종교 단체는 학교, 고아원, 양로원, 기술학교 등의 기관을 설립할 수 있었다. 비슷한 자선 단체가 하르키우 공동체에서 조직되었다. 호로실로프가 단체의 대표로 선출되었다. 그 단체의 활동이 드러났다. 마자예프는 신자들이 이차적인 문제로 인해 중요한 영적 생활과 전도의 깊이가 벗어나지 않도록 권고했다. 그것으로 인해 불일치가 발생하여 호로실로프가 주도하는 15명이 교회를 떠났다. 원래의 공동체는 침례교라 했고, 새로운 공동체는 복음주의 기독교라 했다. 이것은 1908년에 일어났다.

예배당은 알렉산드롭스카야(현재 크라스노아르메이스카야)와 에카테리노슬 라프스카야(현재 스베르들로바)의 거리에 있었다. 1910년에 두 번째 침례 교회가 스타로모스코프스카야 거리에 개척되었다. 1909년에 목회자로 안수받은 디덴코가 가족과 함께 건물로 이사해서 왔다. 2년 후 교회는 모스크바 거리에 크고 햇볕이 잘 드는 장소를 임대했다. 그 시기의 공동체는 평화롭고 활기찼다. 집회에 사람들로 가득찼고, 영적으로 충만한 설교자들이 하나님의 말씀을 전파했다. 보로딘, 알레힌, 크메타, 다치코, 돕브냐 등이 설교로 봉사했다. 교회의 찬양대는 20세기 초에 만들어지기 시작했다. 찬양대는 레이메르(A.A.), 레이메르(G.I.), 다치코, 포그렙냐, 돌젠코, 칼린첸코, 플레흐네비치(1892~1956)가 지도했다. 네프라시와 파블로프가 공동체를 자주 방문했다. 안수받은 카플리옌코가 1917년에 목회자로 재직했고, 보로딘은 1921년, 투피코프는 1926년이었다. 다음 해에 리사야가라 거리와 몰차놉스키 골목 거리에 2개의 침례교 공동체가 개척되었다. 하르키우에서 코스튜코프가 주도하고 전체 우크라이나 침례교 연맹이 주관한 영성교육총회가 여러 번 개최되었다. 잡지 [우크라이나 침례교인]과 복음찬송가 모음집 [고향의 멜로디]가 출판되었다.

20년대는 우크라이나 전역에 영적 성장의 시기였고, 복음주의 침례교 운동이 확장되고 깊어졌다. 신자들은 주변 사람들에게 복음의 메시지를 자유롭게 전파했다. 하르키우에서는 회심자의 수가 증가했다.

1947년까지 복음주의 기독교 공동체에서 마로조프 목회자가 재직했다. 보이노프, 드라넨코, 수넨코가 하나님의 말씀을 설교했다. 주님께 회심한 미센코 퇴역 장군이 드미트리옙스카야 20번지에 살고 있었는데 그의 집 1층을 예배 장소로 제공했다. 보이노프 회장은 복음주의 기독교 공동체의 사무실을 그 곳으로 옮겼다. 드미트리옙스카야 예배당은 약 400명의 사람들을 수용할 수 있었기에 추가적인 장소가 필요했다.

1925년에 복음주의 기독교는 이예틴스카야(현재 플레하놉스카야)와 사하로 자봇스카야 거리에 있는 2개의 교회를 개척했다. 교회 지도자는 하나님의 일에 열심으로 사역한 전도자 히르니였다. 인근 마을에도 작은 공동체가 만들어졌다.

1926년에 복음주의 기독교 연맹은 공동체에서 지도자로 일하던 타라슉(1886~1945)과 모토린(1895~1974)을 하르키우에 보냈다. 같은 해에 전체 우크라이나 복음주의 기독교 총회가 열렸다. 거기서 모토린이 지도하는 지방회가 조직되었다. 형제회 목회자들은 우크라이나에서 하나님의 사업을 확장하기 위한 여러 가지 사업을 실행했다.

형제 협의회가 만들어졌고, 다양한 기독교 문서가 출판되었고, [전도자] 잡지가 출판되었으며, 정기적인 성경공부와 기도회가 있었다. 젊은 설교자들은 영성 훈련을 받았다. 많은 사람을 레닌그라드 성서 강좌로 보냈다. 설교 분야에서 타라슉, 보그다노프, 포타포프, 모토린, 이스토민, 네델킨(1890 ~ 1972) 등이 일했다. 카르겔, 프로하노프, 카레프, 두브롭스키, 비코프, 카자코프, 모르구노프 등 총회 전도자들이 하르키우 교회를 방문했다

1927년 6월에 5일간의 전우크라이나 기독교 영성 대회가 프로하노프의 참여로 시립 아동 극장에서 진행되었다. 대회는 신자들의 마음에 커다란 인상을 남겼다. 대회 기간에 하르키우에서 4천 명 이상의 신자들과 모스크바와 레닌그라드, 우크라이나의 타지역에서 온 대표들이 참여했다.

1929년부터 신자들의 상황이 크게 바뀌었다. 교회가 닫히기 시작했다. 어려운 상황에서 교회의 많은 목회자들은 그들의 영적인 활동을 포기해야 했다. 1930~1937년에 두 명의 자매를 포함하여 27명의 교회 사역자와 일반 회원이 박해를 받았다. 그러나 신자들의 집에서 교제를 위해 모일 수 있었다. 1941년까지 집회

는 도시의 변두리와 막힌 골목에서 이루어졌다. 예배는 고령의 알레힌이 인도했다. 신자들은 교제와 공동 기도를 기뻐했다. 1940~1941년 겨울에 복음주의 기독교와 침례교가 통합되었다. 그러나 통합 후, 공동 집회는 잠시 동안 이루어졌다.

1941년 4월 부활절 예배에 참석한 신자들은, 예배당에 지붕이 없고 많이 파괴된 것을 발견했다. 그리하여 전쟁이 시작될 즈음에 하르키우의 모든 교회는 폐쇄되었다. 다른 지역의 교회 신자들도 비슷한 경험을 했다. 1941~1943년 전쟁 기간 동안, 전쟁의 격전지가 도시를 4번 거쳐갔다. 시내의 주거용 아파트는 완전히 비었다. 점령 중에 도시에 머물렀던 사람들은 음식, 연료, 전기없이 지냈고 모든 시민권을 박탈당했다. 가혹한 환경에서 살아남은 성도들은 도시의 주민들과 온 국민을 위해 서로에게 손을 뻗쳤다. 신자들은 공동체를 재건하는 방법을 찾고, 동시에 전례 없는 재난에서 신속한 구원 그리고 보호와 자비를 위해 주님께 부르짖었다. 그들은 공동체의 재산과 집회 장소를 찾기로 결정했다.

오랜 중보기도 후 이전에 복음주의 기독교 집회로 모였던, 드미트리옙스카야 거리에서 집회 허락을 받았다. 회의가 전에 열렸던 방에서. 두 번째 건물은 콘트로스카야 거리에 위치했고 기독교침례회 예배 장소로 정해졌다. 예배는 매주일 아침에 있었다. 1944년 초에 짓코프가 모스크바에서 하르키우에 왔다. 그는 사역자들을 지지하고 격려했다. 그 해 봄에 오를로프는 알레신, 표도로프, 이스토민을 집사로, 샤포발로프를 전도자로 안수했다.

1944년 가을에 복음주의 기독교와 침례교가 하나의 교회로 통합되었고, 드미트리옙스카야 거리의 예배당이 중앙 교회가 되었다. 곧 3개의 교회가 도시에서 유지되었는데, 보이노프, 목회자가 재직한 드미트리 옙스카야 교회, 콤파니에이 목회자의 소몹스카야 교회, 이스토민, 목회자의 길스카야 교회였다. 보이노프는 그 당시에 90개의 그룹과 교회가 있었던 하르키우주 담당 선임목회자로 재직했다.

중앙 공동체가 거의 2,000명의 교인을 성장했기 때문에 교회 용도의 큰 건물을 구입하는 문제가 떠올랐다. 시당국은 야로슬랍스카야 거리 28번지에 있는 구교도 교회 건물의 사용을 제안했다. 건물은 전쟁 중 화재로 심하게 손상되었다. 1948년 봄에 공동체는 수리를 시작했고, 같은 해 11월에 새로운 교회에서 예배를 시작했다.

1948~1965년에 교회는 복음주의 기독교침례교 연맹의 규정과 빈번한 지도력의 교체로 인해 큰 어려움과 혼란을 겪었다. 1961년에 하르키우 교회에서 분열이 일어났다. 분리된 신자들은 다른 곳에서 그룹으로 모였다.

1963~1964년에 악리토프가 선임목회자로 재직했다. 1965년에 교회와 주 담당 목회자직은 샤포발로프(1909~1981)에게 맡겨졌다. 교회의 상황이 더 좋게 바뀌었고, 교회는 수적으로 그리고 영적으로 성장하기 시작했다. 1978년 샤포발로프가 건강상의 이유로 사역을 1970년에 목회자로 안수받은 조력자 스타루힌에게 물려주었다. 1972년 말에 하르키우 중앙 교회의 교인은 1,547명이었다. 1988년에는 교인이 1,682명이었다.

현재 하르키우주에는 연맹에 소속된 42개의 교회가 있다. 도시에는 복음주의 기독교침례회가 3개 있는데, 첸트랄나야(중앙), 오스노뱐스카야, 야스노 폴랸스카야 교회이다. 오스노바 교회와 야스노폴랸스카야 교회는 각각 약 300명의 교인이 있다. 또한 오순절 독립교회와 3개의 교회협의회 교회가 있다.

1987년까지 중앙교회 목회자로 스타루힌이 재직했다. 1987년에 다치코를 목회자로 선임했다. 찬양대와 합주단을 가진 교회가 있다. 코시, 주코프, 플로트니코프, 마흐노가 중앙교회의 찬양대 사역을 한다.

오스노바 교회에서는 카바노프와 셰프첸코가 목회자로 재직하고 있다. 야스나야폴랸스카야 교회에서는 크리보셰예프, 루네프, 다치코(1987년까지), 오랴빈스키가 재직하고 있다.

오데사 교회

오데사의 기독교침례회 형제회 역사는 1875년에 시작되었다. 바로 그 해에 라투시니가 오데사 지방의 오스노보 마을에서 1873년 스테판트로얀의 설교를 듣고 주님께 회심한 이반 바실리예비치 리시친에게 침례를 주었다. 리시친은 오데사에서 빵집을 했는데, 그곳이 첫 번째 복음주의 집회 장소가 되었다. 얼마 후, 독일 신자의 아들을 통해, 리시친은 복음서를 읽고 구원을 찾는 사람들과 만나게 되었다. 그 가운데 레비치키와 그레베뉴이 있었다. 1870년부터 오데사에 있었던 독일 공동체의 지원으로 첫 번째 러시아 침례교 그룹이 나타났다. 정교회와 행정부 측이 새로운 그룹에 관한 적대적인 태도로 신자들의 체포와 구타를 명시했고, 신자들은 도시 외곽에 있는 주택이나, 버려진 채석장과 지하 묘지에서 보통 늦은 저녁이나 밤에 비밀리에 모였다. 박해가 약해지자 신자들은 도시 외곽에 있는 날리치니(현재는 라트비스키) 거리 내리막에 있는 장소를 임대했다. 그러나 여기서도 집회는 종종 적대적인 사람들과 경찰과 지역 성직자들에 의해 고무된 사람들에 의해 중단되었다. 그러나 박해에도 불구하고 신자 그룹은 성장했고 영적으로 강화되었다.

1884년에 그룹에서 교회가 조직되었고 빌홉스키, 크랍첸코, 나자렌코가 교회를 이끌었다. 신자들이 모인 장소는 예배에 적합했다. 절기와 주일 집회에 독일인 교회의 교인 필브란트가 지도하는 작은 찬양대의 찬양이 함께했다. 찬양대는 10명의 찬양대원으로 구성되었다. 얼마 후 필브란트 자리를 데니슉이 대신했다. 오데사 교회의 형성 기간에 라투시니, 랴보샤프카 등 축복받은 지도자들이 방문했다. 독일인 형제회에서 최고령인 온켄이 오데사에서 열흘 동안 머물렀다.

1905년 10월 종교의 자유에 관한 법령이 발표된 후 신자들은 합법적 지위로 바뀌었다. 오데사 침례 교회는 헤르손스카야 거리(현재 파스테라) 12번지의 건물 2층에 1,000명까지 수용할 수 있는, 대형 홀에서 예배를 했다. 그런데, 기독교 역사에서 흔히 일어났듯이, 자유는 축복과 기쁨을 가져왔을 뿐만 아니라 어려움과 상심도 가져 왔다.

1906년에 함부르크 침례교 신학교 졸업하고, 재능 있는 설교자인 크랍첸코를 지도자로 하여 약 150명에 달하는 신자 그룹이 교회에서 분리되었다. 그룹은 복음주의 기독교 최초 교회로 등록되었다. 예배당은 리셀리옙스카야(현재는 레닌나)에 위치했다.

얼마 후 재능있고 고등교육을 받은 고치키를 지도자로 하는 또 다른 그룹이 교회에서 분리되었다. 새롭게 조직된 교회는 그라도나찰니치카야(현재는 페레콥스카야 포베다) 24번가에 위치했다. 그렇게 복음주의 기독교의 두 번째 교회가 생겨났다.

유명한 설교자인 페틀러와 이바노프 등 사역자들이 헤르손스카야에 방문했다.

그들의 설교는 신자들에게 교훈과 영감을 주었다. 형제들의 사역은 교회 성장을 촉진시켰고 짧은 시간에 교인이 250명에 달했다. 1907년에 파블로프가 티플리스에서 오데사로 이동했다. 그는 헤르손스카야 교회에서 1915년까지 목회자로 재직했다. 파블로프는 믿음으로 침례 받은 모든 그리스도인들을 연합시키는 위대한 일을 했다. 그 목적을 위해 그는 침례교와 복음주의 기독교의 연합 모임을 6회 진행했고, 류케르의 오라토리오 베들레헴으로와 다른 음악 작품을 연합찬양대가 공연하도록 힘썼다. 그런데 빌홉스키와 나자렌코 측의 파블로프에 대해 부정적인 태도는 1910년에 그가 오데사에서 두 번째 침례교회의 개척 허가를 연맹의 지도부에 요청해야 하는 결과를 가져왔다. 교회는 프로호롭스카야(현재 스타로티나)와 몰도반카 거리에서 개척되었다. 1910년에 고치키의 사망과 크랍첸코가 오데사를 떠남으로 인해 복음주의 기독 교회가 하나로 통합되었다.

    신자들은 토르고바야(현재는 크라스나야 그바르디) 33번지에 있는 커다란 홀을 임대했다. 1914년까지 벨로우소프가 목회자로 재직했다.

    또한 오데사에는 약 50 명으로 구성된 복음주의 유태인 교회가 있었다. 교회 는 레온로젠베륵이 지도했다. 교회 건물은 쿠즈네치나야 (현재는 첼류스킨체프) 23번지에 위치했다. 키예프 출신의 유대교인 유명한 전도자 샤피로가 자주 교회를 방문했다. 네젠스카야 거리(현재는 프란츠 메렌가)에 있는 독일 교회도 유지되었다. 교회에 브라운이 목회자로 재직했고, 류벡이 뒤를 이었다. 제 1 차 세계 대전 중 독일 영향력을 배제한다는 구실로 오데사에서 복음주의 침례회 교회가 폐쇄되었고, 지도자들은 서부 시베리아로 추방되었다. 그러나 신자들은 영적 교제를 잃지 않았고, 집에서 모였고, 주님은 신자들을 박해로부터 보호하셨다. 당시 오데사에는 기독학생회가 있었다. 학생회 지도자 유크는 러시아 기독대학생 지도자 마르친콥스키에게 강한 영적 영향력을 미쳤다. 2월 혁명 후 추방당한 형제들이 집으로 돌아왔다. 그들은 황제 정권 하에서 신념의 희생자로서 명예롭게 만났다. 교회가 다시 재개되었다. 독일인과 유대인 공동체의 신자들은 이전 건물로 돌아왔다. 이전에 여러 건물을 옮겨다닌, 침례교회는 그라도나찰니치카야(현재는 페레콥스카야 포베다) 9번지에 위치했다. 브론시테인이 목회자로 재직했다. 1924년에 보로파예프가 만든 부서와 관련하여 사마라에서 침례교 연맹에 의해 파견된 슈킨이 뒤를 이었다. 교회의 집사는 쥬진이었고 설교자는 도로페예프, 빌홉스키였다. 아카펠라 찬양대는 크루고데츠와 티헨코가 지도했다. 교회의 회중 찬양은 풍금 반주를 했다.

복음주의 기독교회 일부는 교회 위치를 옮겼다. 오랫동안 신자들은 톨스토이 거리 21번지에서 모였다. 교회 지도자는 발라시, 크라핍니치키, 세르듀코프 세 사람이 재직했다. 설교자로는 모토린, 트카첸코, 학생회원 나가쳅스키, 유크, 비소치키가 참여했다. 찬양대는 찬양대장 트카첸코와 페르시아노프에 의해 운영되었다. 비소치키 기억으로는 복음주의 기독교회의 찬양대가 침례교회의 찬양대보다 떨어졌지만, 기술적인 높은 수준과 깨끗한 연주가 특징이었다고 한다.

1920년에 전 러시아 복음주의 기독교 총회의 위임 하에 모토린이 지도하는 오데사주 지방회가 조직되었다. 20년대에 교회 생활의 특별한 사건은 보로나예프의 도착과 그의 활동이다. 보로나예프는 1921년 8월 콜토비치와 함께 미국에서 오데사에 도착하여 침례 교회 신자들의 환대를 받았다.

당시에 지도자들이 없었는데, 보로나예프는 그것을 활용했고, 뜨겁고 수려한 설교로 많은 성도들의 마음을 재빨리 사로잡았다. 그는 성령침례는 반드시 익숙하지 않은 언어의 흔적이 동반되어야 한다고 확신하며, 무의식적으로 성령침례에 관한 설교로 옮겨갔다. 보로나예프의 활동은 교회에서 분리를 가져왔다. 곧 보로나예프는 설교에서 제외되었고 스타로포르톱란톱스카야와 티라스폴스카야 거리가 만나는 곳에 있는 프타시니코프의 집에서 분리하여 예배를 시작했다.

1921년 말에 침례교인과 복음주의 기독교인 약 100명이 예배에 참석했다. 1923년에 오데사 기독교 복음 신앙(오순절 교회) 공동체라는 이름으로 새 교회가 등록되었다. 1924년부터 전 우크라이나와 지역 기독교 복음 신앙 총회가 구성되었고, 독립적인 연맹이 조직되었다. 연맹을 이끄는 주요 교회는 1926년에 약 400명의 교인이 집계된 오데사 교회였으며 교인들의 대부분은 침례 교회 출신이었다. 오데사 오순절 교회의 지도부는 보로나예프 외에도 콜토비치와 노들레스니가 참여했다. 1928년 보로나예프는 [전도자] 잡지 출판에 착수했다. 30년대에 복음주의 침례교의 형제회뿐만 아니라 조국의 모든 이에게 젖줄이었다.

1932년에 신자들에 관한 억압의 첫 번째 물결이 전체 우크라이나 침례교 연맹을 강타했다. 거의 모든 주요 사역자들이 박해를 받았고, 연맹은 해산되었다. 1937년에 오데사에 있는 모든 교회는 폐쇄되었다. 슈킨, 보로나예프, 모르구노프 등 지도자들이 체포되었다. 그런데 신자들은 비공식적인 소그룹 형태로 계속 모였다. 전쟁 중, 오데사는 루마니아 통치하에 점령되었고, 그 당시 알려진 바와 같이, 정교 신앙을 강제로 주입했다. 그러나 전시의 어려움에도 불구하고 신자들은 영적인 교제를 계속했다.

그 기간에 루치네츠와 크라핍니치키가 교회를 인도했다. 도시가 해방된 후 1944년 4월부터 1950년대까지 루터교회에서 집회를 진행했다. 교회 재산은 신자들에 의해 완전히 보존되었다. 통합된 교회의 목회자로 크라핍니치키가 재직했다. 그는 1944년 모스크바에서 개최된 복음주의 기독교와 침례교 총회에서 오데사 교회의 대표였다.

1945년 11월에 루치네츠가 지도하는 약 200명의 오순절 교회가 교회에 합류했다. 페르시아노프와 티헨코의 지도하에 찬양대 봉사가 재개되었다. 1945년에, 크라핍니치키는 오데사주 선임목회자로 임명되었다. 그는 1955년까지 교회 목회와 그 사역을 겸했다. 1950년에 오데사 교회는 세로바 거리 34번지의 건물을 할당받았다. 교회 건물은 새롭게 단장되었다.

교회의 임시 목회자로 봉사했던 비소치키가 예배를 인도했다. 다음 해에 교회 목회자는 니쿨린과 콜레스니코프가 되었다. 1955년에 이즈마일스카야주가 오데사주에 통합되었다. 그 해부터 1960년까지 리포바가 오데사주 선임목회자로 재직했다. 1961~1964년에 크바셴코가 선임목회자로 재직했고, 1964~1968년에 쿠즈멘코가 교회 목회자와 선임목회자를 겸직했다.

60년대 오데사 교회는 심각한 시련을 겪었다. 쿠즈멘코의 설교가 교육적이었지만, 예배는 오히려 공동체 원칙보다 교구를 통해 이루어졌다. 설교는 기관의 회원들만 참여했고, 감사 위원회는 가끔 했다. 기도 교제, 성서 강해, 시 낭송은 예배의 순서에서 제외되었다. 어린이들과 미성년자는 예배 참여를 허용하지 않았다. 모든 것이 교회에서의 분리와 교회협의회 결성을 위한 전제 조건을 만들었다. 처한 상황에서 일부 교인들은 영적으로 식어졌고 교회를 떠났다. 1969년에 로그비넨코가 목회자로 선출되었다. 그는 10년 동안 재직했다. 그 기간 동안 많은 병적인 문제를 없애고 교회내 형제들의 상호 관계를 회복할 수 있었다. 1975년에 예배당이 재건축 되었다. 1979년에 로기비넨코는 복음주의 기독교침례회 전체 협의회에서 일하기 위한 사역 전환으로 인해 목회자 직에서 자유롭게 되었다. 목회자 직은 현재까지 사역하고 있는 이바노프(E.Z.)가 선출되었다. 오데사 연합 교회는 주로 우크라이나인과 러시아인으로 구성되어 있고 교인은 1천 명 이상이다. 매년 침례를 통해 교회에 새로운 사람들이 합류한다. 교회에는 집사와 설교자로 그룹이 있다. 예배는 러시아어로 진행된다. 1965~1987년까지 오랫동안 보루시코가 찬양대를 운영했다. 교회의 찬양 사역은 2개의 찬양대와 합주단이 봉사하며, 안토노프와 테렌코 찬양대장이 운영과 지도를 하고 있다. 1969년부터 오데사주 선임목회자로 찹이 재직하고 있다.

남캅카스 교회

트빌리시 교회

5세기 이래로 트빌리시는 아름다운 고대 도시로 조지아의 수도이다. 도시에서는 장엄한 기독교 대성당 옆에 유대교 회당과 이슬람 사원을 볼 수 있다. 트빌리시는 러시아 · 우크라이나 복음주의 침례회 형제회의 요람이다. 현재 트빌리시 교회는 4개의 민족의 교회로 구성된다. 한 장소에서 예배는 그루지야어, 러시아어, 아르메니아어, 오세티야어로 시간을 달리하여 진행된다.

러시아 교회. 네 교회 중 가장 오래된 교회는 러시아 교회이다. 교회의 기원에 관한 역사는 3장과 8장에 설명되어 있다. 1944년에 두 교파가 통일합 즈음에 트빌리시에는 침례 교회와 복음주의 기독교 교회가 존재했다. 침례 교회는 크라신스키가 이끌었다. 복음주의 기독교회의 영적 지도력은 두하닌이 맡았다. 하나님의 도우심으로 트빌리시 연합 교회는 120년 전에 시작된 복음 사업을 계속하고 있고 하나님의 풍성한 축복을 경험했다. 재적 교인은 556명이다. 교회의 목회자는 미로넨코 찬양대장은 60년 동안 벨로우소프였고, 1987년부터 예고로프와 갈라구로프가 찬양대와 함께 봉사하고 있다.

그루지야 교회

트빌리시 그루지야 교회는, 이미 언급했듯이, 1919년에 발생했다. 그 당시 신자들은 현대 그루지야어 성경이나 복음 찬송가 모음집을 갖고 있지 않았다. 1925년 칸델라키는 그루지야어로 번역된 21 곡이 수록된 "믿음의 소리 "라는 작은 복음찬양집을 출판했다. 1927년에 쿠타텔라제 자매가 바투미에서 트빌리시로 이사하여 평생을 자신의 고향 사람들에게 복음을 전하기 위해 헌신했다.

시를 쓰는 재능이 있는 쿠타텔라제 자매는 그루지야어로 러시아어 복음 찬양 모음집에서 많은 찬송가를 번역했다. 성경을 현대어로 번역할 필요성을 잘 아는 그녀는 신약성서와 시편 번역본을 기존의 고대 조지아어 번역본에 기초하여 번역했다. 그 번역이 출판되지 않았지만 설교자에게 큰 도움이 되었다.

그루지야 교회의 첫 번째 목회자 코초라제가 1968년에 사망 후 볼가시빌리가 목회자로 안수받았다. 볼가시빌리 재직시 언젠가 작은 교회가 수적으로 크게 증가했다. 1984년 중병이 발생한 후 볼가시빌리는 세상을 떠났다. 현재 교회는 목회자 쿠메라시빌리, 조력자 손굴라시빌리, 찬양대장은 짐셸레이시빌리 자매이다.

아르메니아 교회

트빌리시에서 아르메니아인들 가운데 복음주의 운동이 시작된 것은 1921년으로 간주된다. 그 해에 자하럇이 바쿠에서 트빌리시로 왔는데, 그가 도착할 무렵에 이미 소수의 아르메니아인 신자들이 있었다. 그들 중 일부는 러시아인 복음주의 기독교회에 참석했고, 다른 사람들은 침례 교회를 선호했다. 또한, 작은 그룹의 아르메니아 개신교(유아세례파)가 있었다. 복음주의 운동을 돕기 위해 복음주의 기독교 연맹은 타라얀과 전도자 갈루스탄을 트빌리시로 보냈다. 그 무렵에 그리샤와 안긴 바바얀 신자 부부가 키슬로봇스크에서 트빌리시로 이사했다. 그렇게 1926년에 최초의 아르메니아 기독교 복음주의 교회가 트빌리시에 세워졌고, 트빌리시에 50명의 교인이 있었고, 자하랸이 목회자였다. 트빌리시 아르메니아 교회 창설에 적극적으로 참석한 사람은 아베티소프, 바바얀과, 하노얀, 타레얀츠, 갈루스탄이다.

1929년부터 아스리얀이 목회자로 재직했다. 1936년에 아르메니아 교회는 폐쇄되었다. 1941~1943년에 아르메니아 교회의 신자들은 아루튜노프의 집에서 모였다. 러시아와 그루지야의 교회 신자들은 별도의 모임을 가졌다. 1943년에 아루튜노프, 자니아시빌리, 로디오노프, 아리신의 협력으로 교회는 건물을 구입하고 등록된 교회로서 민족별 언어로 예배를 시작했다. 1952년까지 아리신은 아르메니아 교회의 목회자로 재직했고, 그 다음 28년 동안 아루튜노프가 목회자로 재직했다. 현재 아르메니아 교회의 교인 수는 150명에 이른다. 교회에는 설교자, 찬양대, 찬양대장이 있다. 아루튜노프 목회자와 찬양대 대장 미스케르쟌은 성서 과정을 수료했다.

오세티야 교회

트빌리시에 있는 오세티야 교회는 오세티야 언어로 예배가 진행되는 남캅카스에서 유일한 교회이다. 언어와 민족적 차이에도 불구하고, 오세티야인과 그루지야인들은 수세기 동안 이웃으로 평화롭게 살고 있다. 또한 트빌리시에 거주하는 모든 오세티야 사람들은 그루지야어를 잘 구사한다. 오세티야 교회 설립 이전에 오세티야 신자들은 그루지야 교회의 교인이었다.

트빌리시에 있는 오세티야 교회의 출현은 그루지야 교회의 첫 번째 목회자 코초라제와 관련이 있다. 그의 도움으로 1965년에 오세티야 그룹을 위한 예배 시간이 마련되었다. 1년 후 신자들은 독립적인 교회를 조직했다. 교회의 첫 번째 목회자로 크비리카시빌리가 선출되었다. 현재 그는 남캅카스의 선임목회자로 재직하고 있다. 그와 함께 카르코자시빌리, 목회자와 조지로프, 찬양대장이 협력하고 있다. 교회에는 270명의 신자가 있다.

예레반 교회

40년대에 송환된 많은 아르메니아인들이 고향으로 돌아왔고, 그들 가운데 신자가 있었는데, 그들은 주로 어린 시절에 침례를 받았다. 예레반에서 그들은 침례교와 복음주의 기독교에 연합했고, 미카엘랸이 인도하는 공동체를 조직했다. 1947년 7월 19일 복음주의 기독교침례회 총회협의회 결정에 따라 예레반 교회는 연맹 구성에 포함되었다. 그 일로 돌아가서, 우리는 유아세례 문제에 대해 카레프와 오를로프가 오랫동안 협의를 했다는 것을 알 필요가 있다. 그 후 아르메니아 신자들은 침례의 복음적인 내용을 인식했다. 1957~1974년에 교회는 이집트에서 돌아온 콘술랸이 지도했다. 그는 터키의 이즈미르에 있는 신학대학에서 교육을 받았다. 콘술랸은 아르메니아로 이주하기까지 불가리아에서 공동체의 목회자였다. 1974년 가족의 문제로 그는 출국했다. 현재 아르메니아 교회의 교인 수는 387명이다. 1974년부터 지금까지 교회는 성서강좌를 수료한 아반에샬 목회자가 지도하고 있다. 예레반의 아르메니아 교회에는 소규모의 러시아 신자들이 포함되어 있다.

바쿠 교회

바쿠 교회는 1980년에 창립 100주년을 기념했다. 바쿠의 러시아 복음주의 기독교침례교회의 역사는 복음의 터전에서 탁월하게 사역한 이바노프와 관련이 있다. 1880년에 바쿠로 이주한 이바노프는 교회 지도자가 되었고 1917년까지 목회자로 재직했다. 바쿠에서 이바노프는 우유파 공동체에서 설교 사역을 시작했다. 1917년에 이바노프는 좋지 않은 환경으로 인해 옙파토리야 지역으로 옮겨야 했다. 그 후 그는 아들과 함께 타우리드 지방의 노보바실리 예프카로 이사했다. 1918년 말에 이바노프는 중병에 걸렸다. 바실리 바실리 예비치는 중병으로 몸이 말랐지만, 정신적인 평화와 상처받은 마음을 간직 하면서, 의식을 완전히 찾았다. 1919년 2월 9일에 그는 방문한 신자들에게 작별 인사를 하고, 모두가 떠났을 때, 조용히 아들과 며느리에게 나는 집으로 간다.라고 말하면서 숨을 거두었다. 현재 교회는 성서 과정을 수료한 그루 비치가 지도하고 있다.

카자흐스탄 교회

알마타 교회

알마타 교회는 1917년에 설립되었다. 교회의 출현은 기독교침례교인 이주민 자도로지니, 브릴, 벨릭, 오베르, 벤젤, 야코벤코, 오삿치, 티모페예프 가정이 우크라이나와 오렌부르크 지역에서 알마티시에 도착한 것과 관련이 있다. 신자들의 가정은 집에 모여서 영적 교제를 시작했다. 그들은 복음서를 읽고, 보통의 기독교 찬송가를 부르고 기도했다. 나중에 기독교침례회 그룹의 지도자가 된 자도로지니가 교제 모임을 인도했다. 새롭게 조직된 교회는 10명으로 구성되었다. 1918년에 예배 모임의 지도력을 이어받은 마르티얀 요시포비치 오니셴코가 알마티에 왔다. 그는 1920년까지 교회에서 봉사했다. 주님은 형제들의 사역을 축복하셨고, 특별히 정교회 출신의 새로운 사람들이 교회에 연합했다.

1920년에 중앙아시아 침례교 변경 사역분과는 세미레치에지역으로 전도자 미하일 표도로비치 구도시니코프를 보낸다. 그의 부지런한 보살핌으로 알마타 교회는 수적으로 눈에 띄게 성장했고 1923년 무렵 이미 100명의 교인이 있었다. 부유한 형제 중 한 명이 예배 모임을 위해 자신의 집을 제공했다. 당시 교회는 모든 교회 활동을 실행할 수 있는 안수 받은 목회자가 긴급하게 필요했다. 1923년에 침켄트 지방내 메젠스킴에서 안수받은 사역자 구도시니코프를 목회자로 선출했다. 그렇게 구도시니코프는 알마타 교회에서 최초의 안수받은 목회자가 되었다. 그 무렵 아브라멘코와 랏첸코는 16명의 찬양 대원으로 구성된 찬양대를 조직했다. 다른 교회 출신의 판텔레이 다비도비치 카피노스가 찬양대의 지도력을 이어 받았다. 그는 찬양 대원들에게 곡조의 조음과 4부로 된 노래를 가르쳤다. 찬양대장은 젊은 구도시니코프가 참여했다. 1924년 6월 23일 예배에서 찬양대가 노래한 첫 번째 찬송가는 '폭풍 같은 인생에 배를 띄운다'였다. 1927년에 침례교 총회 전도자 크리자놉스키가 알마타 교회를 방문했다. 한 달 동안 그는 매일 교훈적 집회를 진행했고 영감있는 설교로 교회를 교육했다. 영적 충전을 받은 신자들이, 이웃에게 열심히 그리스도를 전파하기 시작했다. 결과로 교회는 수적으로 성장했다.

1930년에 알마타 교회는 예배당을 잃었지만, 신자들은 한 형제의 집에서 계속 모였다. 그 후 몇 년 동안 교회는 더 많은 제약을 받는 상황에 처하게 되었고 많은 어려움을 참아야 했지만, 주님은 그의 백성을 떠나지 않았고 슬픔 가운데서 위로를 보내셨다. 1930년에 전임 침례교연맹총회 부총회장과 성서 강좌 교수였던 이바노프~클리시니코프가 모스크바에서 알마타로 추방되었다. 재능있고 교육받은 목회자는 9개의 외국어를 구사했다. 그의 사역과 특히 불같은 설교는 슬퍼하는 사람들을 격려하고 위로했으며 죄인의 마음을 어루만졌다. 그런 방법으로 긴밀한 환경에서 교회는 깨어났고 주위 사람들에게 복음 교육의 빛을 비추었다.

얼마 후 복음 사역에서 많은 경험이 있는 또 다른 축복받은 사역자인 마자예프(G.I.)가 페트로파블롭스크에서 알마타에 도착했다. 그는 신자들의 생활에 진정으로 참여했고 교회에서 설교 사역에 봉사했다. 그는 복음을 전하고 가르치고 영적으로 교인들을 교육할 뿐 아니라, 고아와 가난한 사람들을 진심으로 가르쳤다.

30년대에 박해의 모진 바람이 교회에 불었고, 알마티까지 불어왔다. 하룻밤에 29명의 교회 목회자들이 체포되었다. 대부분은 집으로 돌아가지 못했다. 1953년 이후 많은 사람들이 복권되었다. 1932~1935년에 교회의 정기사역이 중단되었다. 신자들은 비밀리에 집에서 모였고 눈물과 한숨으로 주께서 그의 백성들을 구원해 주시도록 기다리며 기도했다. 1936년에 공개적인 교회 사역이 재개될 수 있는 기회가 있었다. 시간은 모호하고 긴장되며 불안과 두려움이 있었다. 그러나 신자들은 주님을 신뢰하며 발티바엡스카야 건물에서 사역을 재개했다. 교회 목회자는 갈렌코프였고 쿠첸코가 협력했다. 그러나 영적인 해빙은 오래 가지 못했다. 끔찍한 1937년이 찾아왔다. 여기저기서 교회 사역자들이 체포되었고, 예배당은 폐쇄되었다. 1938년 초에 알마티에 있는 교회는 활동을 중단했다. 그 후로 집회는 공개적으로 열릴 수 없었다. 신자들은 공동 기도회를 위해 소그룹으로 집에서 계속 모였다. 그 당시에는 큰 위험을 안고 있었다. 1941년에 발생한 전쟁으로 기독교인의 어려운 상황이 더욱 악화되었다. 그러나 암담한 어둠 속에서 전능하시고 그의 자녀들을 높은 하늘에서 지켜보시는 주께서, 그의 의지에 따라 모든 어려움을 이기고 세우실 것으로 생각되었다. 그때가 왔고 그분은 위대한 기적을 이루셨다. 예배당은 앙상한 뼈대와 화재의 잿더미만 남았으나, 주님은 죄인들이 회개하도록 하셨고, 신자들에게 그의 자녀들에게 놀라움과 기쁨을 주셨고 주위 사람들에게 전도하게 하셨다. 알마아타 교회의 재개는 1943년에 시작되었는데 특히 콜로티와 관련이 있다. 그는 안수받은 목회자로서, 두려움없이 살아남은 신자들을 모아, 주님 앞에서 사역을 재개했다.

첫 공개 집회에 6명만이 참석하기로 동의했다. 의심할 여지없이, 여전히 공포스러운 두려움이 있었다. 그런데 콜로티는 진정으로 무한한 열정과 사랑을 보여주었다. 가까운 주일에 약 30명의 신자들이 예배에 왔다. 집에서 모였지만 콜리티는 상시적인 예배당을 구입할 생각을 벌써 하고 있었다. 곧 부텐코는 그 목적을 위해 발티바엡스카야 거리에 있는 자신의 창고를 제안했다. 신자들은 그것을 개조하는 준비에 착수했다. 건물은 작았고 오목한 덩어리였다. 두 개의 벽은 진흙으로 되었고 천장과 바닥은 흙이었다. 그곳은 100명 이상을 수용할 수 있었다. 1944년 초에 교회는 공식적으로 등록되었다.

몇 년 동안에 안수받은 목회자 티호노프(N.D.), 루킨, 티모첸코가 알마티에 왔다. 지역 교회에 합류한 그들은 신자들에게 열심히 예배에 참석하고 주님을 위해 일하도록 촉구하는 말과 행동으로 활약했다. 곧 도시에 복음주의 기독교침례회 교회의 예배 재개 소식이 알려졌다. 믿음이 식어지고 떨어진 많은 교인들이 그리스도의 발 옆에서 영혼의 평온을 얻고자, 하나님 백성들의 교제 모임에 손을 뻗쳤다. 하나님의 말씀을 듣기 위해 찾아 온 방문객들 사이에서 부흥이 시작되었다. 같은 해 봄에 믿음에 의한 첫 번째 침례식이 거행되었고, 1년 후 교인 수는 이미 300명을 넘었다. 그래서 교회 지도자들은 더 넓은 예배당을 구입하기로 결정했다. 교회 사역자들의 위임을 받고 벨로코빌렌코 집사는 적당한 집을 물색했다. 교회는 계속 성장했고 찬양 사역이 완성되었다.

1943년에 재능있는 찬양대장 티호노프가 전쟁이 끝난 후 부상병으로 전방에서 돌아왔다. 그는 아는 지식과 열심으로 교회 찬양대 조직에 힘썼다. 약한 건강을 신경쓰지 않고, 모든 힘과 지식과 재능을 좋아하는 일에 바쳤다. 짧은 시간에 16명의 대원으로 구성된 찬양대가 조직되었다. 찬양대가 주님을 찬양하고 교회가 기뻐했던 첫 번째 찬송가는 '어둠에서 빛이 비춘다', '오 주님, 저는 당신의 종입니다', '오 영원하신 성령'이었다.

찬양으로 주님께 영광 돌리기 원하는 사람들이 찬양대에 채워졌다. 1946년에 이미 50명의 찬양대원이 있었고, 4년 후에는 찬양대에서 100명이 노래했다. 찬양대 대장은 티호노프, 부텐코, 리조프가 활동했다. 티호노프 지도 아래 젊은 사역자 쿡센코, 브로니치키가 찬양대에서 훈련과 지도를 했다. 얼마 후 찬양대장은 샤포발로프, 오트루뱌니코프, 레댜예프가 이어갔다. 티호노프의 제자들인 바비치, 가겔간스, 베델이 찬양대장이 되었다. 1946년에 티호노프가 목회자로 선출되었다. 복음주의 기독교침례회 총회협의회에서 티호노프를 카자흐스탄 담당 선임목회자로 임명했다. 그는 복음전파의 분야에서 축복받은 사역자였다. 교회는 영적으로 확대되고 강화되었고, 사역은 신령과 진정으로 이루어졌다. 침례는 일년에 두 차례 행해졌다.

1949년에 교회는 688명의 교인이 집계되었다. 티호노프와 함께 다른 형제들도 활약했다. 50년대에 복음주의 기독교침례회 임원인 사무총장 카레프와 부총회장 골랴예프가 교회를 방문했다. 교단 지도부 임원들의 방문은 교인들에게 많은 기쁨과 교훈을 가져왔다. 그런데, 손님들과 함께한 교인들은 '두려워하지 말고, 무서워하지 말라'와 '나의 집은 천국에 있다'라는 두 곡의 회중 찬송가를 배웠다. 알마티 교회의 역사에 대해 말하자면, 1947년에 등록된 알마티역에서 교회가 조직된 것을 언급해야 한다. 교회는 부덴니 거리 16번지에 예배당을 구입했다. 교회 창립 이래로 목회자는 루킨이었다.

1964년에 첫 번째 알마티 교회가 있는 대지가 다른 단체로 옮겨졌다. 신자들은 교회 건물 없이 남게 되었고, 그들은 신중하게 교회 건물을 해체하여 다른 장소로 재료를 옮겼다. 그러나 새로운 교회 건축을 청원하면서 교회 사역자들, 특히 피얀코프 목회자는 예상치 못한 어려움에 직면했다.

1964년 알마타 교회는 큰 손실을 입었다. 일어난 사건을 마음 깊이 생각하고 교회의 어려운 상황을 고민하면서 피얀코프는 중병에 걸려 세상을 떠났다. 교인들은 주어진 상황의 심각성을 깨달았다. 겸손한 마음으로 가득한 신자들은 그 경험에서 특별히 가까워졌고, 금식 기도를 함께 했으며, 자신들의 죄를 고백하고 주님께 도움을 요청했다. 주님께서는 신자들의 고통을 아시고 도움의 손길을 주셨다. 1964년 겨울에 교회는 교회 건축 허가를 받았다. 그 동안 집회는 교인의 반 정도를 수용할 수 있는 난방이 되지 않는 작은 공간에서 진행되었다. 1965년에 총회 임원인 팀첸코와 파듀힌이 교회를 방문했다. 손님들이 참석한 가운데 나코네치니가 목회자로 선출되었다. 1966년에 교회 건축이 완료되었고 5월 8일에 봉헌되었다.

1967년부터 교회는 러시아어와 독일어로 예배하고 있다. 1980년에 알마티 교회는 구 건물이 철거될 상황이어서 예배당 구입에 관한 질문이 다시 제기 되었다. 7개월 동안 모든 교인들이 희생적으로 참여하면서 비케토바 거리에 새로운 예배당이 건축되었다. 1980년 10월 26일에 교회는 성대하게 하나님의 집 헌당을 축하했다. 알마티에서는 매주 5회 예배가 진행된다. 주님께서 교회를 풍성하게 축복하셨다. 예배에서는 하나님의 사랑과 죄인들의 구원에 관한 간증을 하고, 영감 받은 찬양대 합창으로 주님을 영화롭게 하며, 신자들을 위로하고 기쁨을 준다. 특히 성대한 분위기에서 절기 집회가 열린다. 많은 영혼들이 최근 수년 동안 주님을 그들의 구세주로 받아들이고 평화를 발견했다.

교회 통계에 따르면 지난 7년 동안 370명의 회심자가 있었다. 그러나 한 분 주님은 구원받은 사람이 교회가 존재하는 동안 교회로 얼마나 합류했는지 알고 계신다. 1987년에 첫 번째 알마티 교회는 창립 70주년을 기념했다. 지난 5년 동안 집사로 4명이 선출되었고, 목회자로 3명이 지명되었다. 교회에는 안수 받은 4명의 목회자가 재직하고 있다. 두 번째 찬양대는 80명이 찬양하고, 주요 찬양대는 100명이 넘는 찬양대원으로 구성되었다. 30명의 음악가로 구성된 민속 악기의 합주단이 봉사하고 있다. 예배는 러시아어와 독일어로 진행된다. 교인 250여 명은 독일계이다. 찬양대에서 1곡은 독일어로 찬양한다. 현재 교인은 1천 명 이상이고, 14명의 안수 받은 목회자와 약 25명의 설교자가 사역하고 있다. 두 번째 알마아타 교회는 창립 50주년을 기념했다. 교인은 약 1천 명이다. 두 개의 찬양대가 찬양하고 정기적으로 신입 교인의 침례가 이루어진다.

잠불 교회

　잠불은 고대 기독교인들이 살았던 땅에 위치하고 있다. 먼 옛날에 잠불은 타라즈라 불렸고, 러시아어로는 저울이라는 의미이다. 도시는 중국에서 유럽에 이르는 대실크로드에 위치하고 있고 상업의 중심지였다. 아랍과 비잔틴 역사가들의 증언에 따르면, 이슬람 이전시기에 많은 기독교인들이 타라즈와 그 주변에 살았으며 기독교 대성당 교회가 있었다. 교회는 또한 메르케 도시와 키르기스스탄 남부에도 존재했다. 940년에 이 땅은 무슬림 종족에 의해 정복당했고 교회는 모스크로 개조되거나 폐쇄되었다. 그것은 고고학적 발견에 의해 입증되고 있다. 그래서 이전에 시장 지역이었던 곳에 건축 중에 몇 미터의 깊이에서 큰 찰흙 주전자가 발견되었는데, 일탁 장로라는 비명이 보존되었다. 고고학자들은 그 발견물을 8~10세기 것이라고 추측한다. 고령 교인들에 따르면, 기독교침례회는 1909년에 잠불에 나타났다고 한다. 처음에 신자들은 정교회를 방문하여 찬송가를 불렀고 교구민들과 대화했다. 1916년에 작은 그룹의 신자들이 현대적인 서점에서 모였다. 레닌폴 마을의 형제들이 잠불 교회의 초기에 도움을 주었다. 그 목적으로 그들은 교회를 조직하고 예배 모임을 인도할 수 있는 사역자를 보내달라고, 중앙아시아 복음주의 기독교침례회에 청원했다. 1920년 청원서에 응답하여 축복받은 전도자 셰티닌이 잠불에 왔다. 하나님의 도움으로 여러 어려움을 극복하고 그는 적당한 방을 임대하여 기도회를 시작했다. 첫 모임에 이미 믿음으로 침례받은 7명이 왔다. 기쁨의 눈물로 하나님의 자녀들의 첫 번째 교제가 이루어졌다. 복음주의 모임의 소식이 매우 빨리 도시 전역에 퍼졌다. 사람들이 관심을 가지고 모임에 왔다. 주님은 하나님의 말씀을 통해 목마른 사람들에게 은혜를 부어 주셨다. 그렇게 복음 빛이 타올랐고 잠불에서 부흥이 시작되었다. 1920년 6월 10일에 탈라스강에서 셰티닌은 소수의 신자들에게 첫 번째 침례를 주었다. 침례 받은 사람들 중에는 프롤로프와 그의 아내가 있었다.

1925년 6월 30일에 교회의 위임을 받은 도비자는 고리키 거리 23번지에 있는 건물을 구입했다. 거기서 5년 동안 예배를 했고, 많은 사람들이 주님께 회개했다. 두말할 필요없이 그 시간은 교회에게 특히 축복이 되었다. 사역자들은 복음 전도를 위해 주변 마을들을 방문했다. 사람들은 영생의 이야기를 절실하게 귀 기울였다. 인근 마을에서 하나님의 자녀들이 생겨났다. 특히 주발린스키 지역의 마을에서 풍성한 결과가 나타났다. 1930년 12월에 예배당 주변에 학교와 소년 소녀 단원 피오니르 집이 나타났고, 잠불의 교회는 폐쇄되었다. 다음 해 2년 동안 예배는 집에서 이루어졌다. 1932년에 교회는 초가 지붕 아래에 작은 가건물을 구입했다. 수리 후 정기 모임이 시작되었다. 신자들은 그들이 다시 예배당을 가질 수 있어서 기뻐했다. 30년대와 다음 해에는 신자들에게 고난과 시련이 찾아왔다. 1932년에 쿠즈네초프와 룻콥스키가 1934년에 고령의 마자예프(G.I.)가 잠불로 추방되어 도착했다. 그들은 교회 생활에 적극적으로 참여했다. 교회의 지도력은 일반적인 낮은 교육을 받은 형제들이 이끌었지만, 영적지도력은 안수받은 사역자들이 이끌었다. 1937년에 잠불 교회는 큰 슬픔을 겪었고, 신자들은 서머나 교회의 길을 통과했다(계 2:8~10). 영적지도자들은 강제 추방되었다.

그러나 멀리 떨어진 곳에서도 그들은 계속해서 복음을 전파했다. 교회가 공식적으로 문을 닫았음에도 불구하고, 믿음의 불은 하나님의 참된 자녀들의 마음 속에 소멸되지 않았다. 소그룹의 형제 자매들은 집에서 모였고, 그들은 하나님의 말씀을 읽었고, 하나님의 보좌에 뜨거운 기도와 찬양을 했다. 주님은 밤에 기도와 노래를 듣고 신자들의 청원을 들어 주셨다. 1943~1944년에 해빙기가 시작되었는데, 그것은 교회를 위한 축복의 시기였다(계 2:7~11).

교회가 합법적으로 된 후 스베르들로바에 있는 유클라옙스카야 자매의 집에서 집회가 열렸다. 1944년 7월에 스미르노프가 30명의 회심자에게 침례를 주었다. 침례 받은 자와 침례식 기도는 쿠즈네초프가 했다. 그 후 신자들이 구입한 예배당에서 집회가 열렸다. 1946년 9월 19일은 신자들에게 잊을 수 없는 하루였는데, 교회가 공식적으로 등록되었다.

스미르노프는 교회를 복원하기 위해 많이 노력했다. 예배당에 살면서 깊은 믿음을 가졌으며 눈에 띄지 않게 사역한 마슬롭스카야 자매에게 주의를 기울일 만한 가치가 있다. 젊은 신자들이 그녀에게 특별히 비상하게 끌렸다. 1946년에 예배당이 재건축되었다. 저녁 예배는 등유 등을 사용하여 진행되었다. 그러나 하나님의 집에서 복음의 소리가 전파되었고 교회는 영적으로 수적으로 성장했다. 지난 10년이 동안 예배당 확장에 관한 필요가 떠올랐다. 건축 공사는 나자르체프, 레바노프, 도로신이 주도했다. 노인 신자들은 70년대 후반에 이미 비좁았던 새 예배당을 잘 기억한다. 예배당이 얼마나 크고 아름다웠는가 생각되는데, 1957년에 재건축을 했다. 신자들은 재원이나 힘을 구하지 않았고, 주님께 영광을 돌리기 위해 스스로의 힘으로 예배당을 건축했다. 교회를 재건축한 해에 70명의 침례를 받았다. 교회에게 침례식 날은 잊을 수 없는 축제가 되었다. 청년들이 미리 물을 모으기 위해, 카라스강에 작은 댐을 만들었다. 거기서 침례를 거행했다.

　얼마 후 쿠즈네초프 목회자의 건강이 급격히 악화되었고, 그의 생애가 얼마 남지 않았다. 죽음 직전에 그는 교회에서 우애롭고 친밀한 형제들의 조언을 들으며 교회에서 일하면서 조금 더 살기를 원했다고 말했다. 그의 한마디는 교회와 사역자들 사이의 좋은 영적 분위기를 증거하고 있다. 그런데 주님은 그분의 계획을 가지고 계셨다. 1957년 7월에 주님은 그의 사역자를 영원으로 부르셨다. 많은 교회의 신자들이 사역자의 장례식에 참석했다. 그런 붐비는 장례 행렬은 고령자들조차 기억하고 있지 않았다. 온 도시가 하나님의 종에게 작별 인사를 하러 온 것 같았다. 묘지로의 행렬은 천천히 움직였고, 신자들은 무덤에서 영원한 거처에 관한 찬송가를 불렀고 해당하는 성경의 내용을 읽었다. 쿠즈네초프 사망 후 리시치키가 목회자로 선출되었다. 그는 과거에 많은 고난을 당했고, 사역에서 배제되어 사역을 할 수 없었으나 나중에 복권되었다. 형제회가 분리되어 많은 교인들에게 질병과 같은 영향을 미쳤다. 그러나, 그 때의 어려움에도 불구하고 교회는 계속 성장했다. 리시치키는 1976년까지 목회자로 재직했고, 그 후에 건강 상태로 인해 사역을 그만두었다. 1976년에 겟츠가 사라니에서 잠불로 이주했다. 그는 만장일치로 교회의 목회자로 선출되었다. 그는 교회 생활에 새로운 흐름을 도입했다. 그는 새로운 예배당과 그 건축을 위한 청원에 많은 노력을 했다. 겟츠는 다양한 재판소에 수

차례 신청서와 함께 청원했다. 교회 건축에 큰 도움을 준 사람은 교회협의회 코르쳅스키 회장이었다. 교회 건축의 큰 일에 책임지고 헌신한 사람은 펜네르와 푼크였다. 교회 건축에 전교인이 참여했고, 청년들이 특별했다. 주님은 교회 사업을 축복하셨고, 건축 재원이나 자재나 일군이 부족한 일이 없었다. 교회는 신자들의 자금으로 건축되었고, 기초 공사는 9개월 동안 진행되었다. 1980년 12월 1일에 건축이 시작되었고, 1981년 9월 초 교회는 새로 지은 교회를 사용했다. 현재 잠불 교회는 900명의 교인이 있고, 두 명의 목회자가 일하고 있다. 그 가운데 아파나시예프는 성서통신강좌를 수료했다. 음악과 찬양 사역은 찬양대와 합주단이 참여하고 있다. 복음은 러시아어와 독일어로 전파되고 있다. 매년 약 30명의 새로운 신자들이 교회에 합류하고 있다.

중앙아시아 교회

타슈켄트 교회는 중앙아시아 복음주의 기독교침례회의 중심 교회이다. 교회는 2세기 전에 발생했다. 타슈켄트에 복음이 들어 온 것은 1896~1898년에 러시아 중부와 시베리아에서 이주해 온 정착민에 의해서였다. 그들은 타슈켄트 근교에 있는 상하부볼린, 이스칸데르, 베카바디, 가잘켄트 마을에 정착했다. 정착한 신자들은 당시 타슈켄트에서 아무것도 듣지 못했기에 기도회를 개최하기 시작했다.

1902년에 일류힌 가족이 톰스크에서 우즈베키스탄의 국경 수비대에 가까이 있는 보엔카 지역으로 이주했다. 교회는 일류힌과 사마라에서 온 코르네프, 타슈켄트 거주민으로 성서공회의 서적상인 브레디힌에 의해 개척되었다. 코르네프와 브레디힌은 교회의 첫 번째 지도자가 되었다. 모임은 신자의 가정에서 교대로 개최되었다. 예배의 첫 번째 방문자는 타슈켄트에서 복무중인 군인들로 ~ 사령부 서기 다치코, 스탓니코프, 세르기옌코, 플롯니코프, 포그레브냐, 말시킨, 투루힌, 율렌코였다. 군인들은 장교를 포함하여 다른 군복무자들을 복음을 들으라고 초대했다. 하나님께 회심한 군인 투루힌과 율렌코는 바로 침례를 받았다. 첫 번째 침례식은 그 무렵 타슈켄트 교회를 방문했던 총회 전도자 체체트킨이 거행했다.

1905년에 이반 세바스티야노비치 투루힌이 타슈켄트 교회의 첫 번째 목회자로, 율렌코와 카슐린이 집사로 선출되었다. 예배 장소로 살라르강 근처의 집을 빌렸다. 살라르강에서 새로운 신자가 침례를 받았다. 투루힌은 사교적이고 친절한 성격에 말을 잘하는 설교자였다. 그는 교회에 충실한 사역자라는 것을 보여 주었다. 1909년 가을에 마자예프가 타슈켄트 교회를 방문했다. 그의 방문은 교회에 축복과 기쁨을 가져왔다. 투루힌 사망 후 1914년에 율렌코가 얼마 동안 목회자 직을 수행했다. 1919년에 모르도비아가 목회자로 선출되었다. 그는 고등교육을 받았고 하나님의 말씀에 대해 깊이 알고 있었다. 그는 사역에서 경건 서적 출판과 메노파와 연합에 관한 필요성을 강조했다. 1926년 카파노바 거리에 예배당이 건축되었다. 1925~1928년에 중앙아시아 침례교 연맹의 총회가 타슈켄트에서 개최되었다. 총회에서 영적 및 조직적 문제가 논의되었고 연맹의 임원 선거가 있었다. 1910년까지 예배에서 회중 찬양이 사용되었다.

나중에 매우 유능한 형제 자매들이 찬양 그룹을 조직했다. 찬양대의 첫 번째 지도자는 포로흐였다. 그 다음은 사마라에서 타슈켄트로 이주한 클리베디 부부가 찬양대를 이끌었다. 그들은 1922년까지 찬양대에서 봉사했다. 클리베도프가 떠난 후 뛰어난 음악적 재능을 가진 셰페르가 찬양대를 운영했다. 타슈켄트 교회의 찬양대는 재능있는 찬양대원과 독창자가 풍부한데 바리톤 벨로글라조 프, 다닐로바 자매, 체르냐예바 자매, 레빈단토 자매 등이다. 1927년에 침례교 연맹 오딘초프 총회장이 타슈켄트 교회를 방문해서, 찬양대의 찬양에 대해 다음과 같이 칭찬을 했다. 나는 크고 작은 수백 개의 교회를 방문했지만, 나는 이런 축복받은 찬양대의 찬양을 처음 들었다.

1930년에 레빈단토 자매가 타슈켄트를 떠나면서, 이별의 찬양으로 시인 니콜라이 니키틴의 '말 그리고 저기에 있다면', '영혼은 구름 뒤에 자신의 사랑을 간직한다'를 노래했다. 자매의 찬양은 오랫동안 타슈켄트 사람들의 기억 속에 남았다. 타슈켄트 교회의 신자들은 세계 속에서 서로를 조화와 사랑으로 살면서, 복음의 터전에서 열심히 사역했고, 사랑의 모임을 자주 가졌다. 형제 자매들은 타슈켄트 주변의 러시아 교회와 독일 교회를 방문했다. 그 당시에 15개의 공동체와 10개의 신자 그룹이 있었다. 설교자와 찬양대원들은 걸어서 혹은 말을 타고 30킬로미터 이상을 갔다. 1924~1932년까지 교회는 여러 명의 목회자가 교체되었다. 그 해 중앙아시아의 교회들은 전국 각지에서 온 많은 사역자들을 받아 들였다. 그들의 사역은 교회 생활에서 좋은 흔적을 남겼다. 1929~1932년에 타슈켄트 교회의 목회자는 연맹 소속 전도자 크리자놉스키였다. 하나님 자녀들의 사역 중에 끔찍한 시험이 있었다. 1932년 2월 13일에 교회는 폐쇄되었다. 많은 목회자들은 억압 당했고, 남은 목회자들은 여러 곳으로 흩어졌다. 1932년 2월부터 1944년 10월까지 타슈켄트 교회의 신자들은 흩어졌다. 신자들은 집에서 모였고, 특히 젊은이들은 열심히 사역했다. 교회의 생활의 복원은 침례교와 복음주의 기독교가 하나의 연맹으로 통합된 1944년 모스크바 회의가 이바지를 했다. 1945년 초에 목회자로 마트베에프가 지명되었다. 오랜 방황 끝에 신자들은 정상적인 영적 생활로 돌아왔고, 그리스도의 교회는 양적으로 영적으로 성장했다. 집회는 처음에 고르데예바 8번지에 있는 이바노프의 집에서 진행되었다. 거기서 더 이상 모두를 수용할 수 없자, 신자들은 도시의 다른 지역인 보엔카, 카라수, 베샤가치, 구도시 등에서 그룹으로 모이게 되었다. 얼마 후 교회는 보로실로바 거리에 있는 집을 빌려서 다시 연합하여 예배를 진행할 수 있었다.

    1950년에 목회자로 스트루나체프가 선출되었다. 우즈베키스탄 선임목회자는 펜코프가 1948년부터 재직했다. 1952년 4월 카라카이는 타슈켄트 교회의 목회자가 되었다. 같은 해에 그는 우즈베키스탄과 타지키스탄 공화국의 선임목회자가 되었다. 목회자의 조력자로 셈첸코, 집사로는 발라시킨, 간디빈, 샤포발로프, 프레디바일로, 루덴코, 오치첸코, 키신스키가 사역했다. 50년대에 타슈켄트 교회에 새로운 어려움이 나타났다. 1956년에 교회가 분리되었고, 대다수의 신자들이 스트루나체프의 지도하에 모이기 시작했고, 다른 사람들은 푸틸린을 지도 목회자로 선임하여 카라스에서 예배를 진행했고 그 뒤에 두 번째 교회를 조직했다. 카라카이 목회자는 자스트로이쉬코프 거리에서 몇몇 신자들과 집회를 인도했다. 교회 분열의 어려움이 계속되었다. 1961년에 신자들 중 일부가 분리되어 교회를 결성했는데 지금은 교회협의회 소속이다. 회의는 코라블레프 목회자 지도 아래 쿠이류 지역에서 집회가 진행되었다.

　1960년 4월에 바슉이 선임목회자로 재직했다. 1961년 12월 총회 지도부가 타슈켄트 신자들의 화합을 회복시키기 위해 파견한, 파듀힌이 목회자 직을 이어받았다. 파듀힌의 노력으로 화합의 좋은 결과를 가져왔음을 주목해야 한다. 타슈켄트 교회는 자스트로이쉬코프 거리에 중심지를 조직했고, 다른 교회의 신자들이 합류기 시작했다. 1962년에 파듀힌은 우즈베키스탄, 타지키스탄, 투르크메니스탄 공화국의 선임목회자로 선출되었다. 그는 기독교인의 일치를 위한 사역 방향을 추구했다. 1966년 총회 지도부는 파듀힌을 모스크바에서 일하도록 불렀다. 타슈켄트 교회의 목회자 직은 장기 사역자 콜가노프에게 맡겨졌다. 사모투긴은 선임목회자로 봉사하기 시작했다. 간디빈, 콘스탄 틴노프, 탸니코프, 오고롯니코프 집사들이 콜가노프와 협력으로 사역했다. 70년대 초, 젊은 사역자인 펜코프와 세리이가 목회자의 조력자로 선출되었다. 교회 일에 콜레스니코프, 이바노프, 드레스뱌니코프가 참여했다. 1976년에 콜카노프는 목회자직을 펜코프에게 전달했다. 목회자의 조력자로 세리이가 선출되었다. 집사직에 젊은 형제들 네베로프, 탸니코프, 로조보이가 지명되었다. 조금 늦게 자하로프, 안드레우스, 압드레우스, 아베티소프, 카르카우스, 스코모로 호프가 사역을 시작했다. 현재 타슈켄트 교회와 목회자들은 신자들 사이에서 평화와 일치를 이루기 위해 노력하고 있다. 중앙교회와 카라수교회는 교회의 평등 문제에 있어서 일치에 도달했으며 상호 접촉을 유지하고 있다. 카라수 교회는 독립적으로 등록했다. 샵쿠노프가 오랜 시간 목회자로 재직했다.

　그 후 몇 년 동안 지역의 지도부에 변화가 있었다. 은퇴로 떠난 사모투긴 대신 공화국회의에서 선출된 키비링으로 바뀌었다. 1984년에 그의 해외 이주로 인해 선임목회자 사역은 보리스 니콜라예비치 세리리가 이어 받았다. 타슈켄트 교회에는 좋은 찬양대와 재능 있는 찬양대장이 있었다. 1945년에 안드레우스가 찬양대를 지도했다. 1년 후, 찬양대는 활동적인 주보프가 이끌었다. 찬양대의 두 번째 찬양대장은 사모투긴이었다. 교회가 분리된 후 파르켄트 지역의 찬양 대는 주보프가 이끌었다. 한스는 중앙교회에서 찬양대를 운영했다. 그 교회에서 서로 다른 시간에 레미조바 자매, 페레베르탄, 달레치키, 발리시카노프, 티호노 프 등이 찬양대장으로 봉사했다.

현재 교회의 주요 사역은 로조바야, 미신, 트카첸코가 지도하는 두 개의 찬양대가 봉사하고 있다. 합주단이 있다. 카라수 교회에서는 주보프와 세메류의 지도하에 두 개의 찬양대가 찬양한다. 타슈켄트의 교회들은 성장하는 교회들이다. 중앙 교회는 1,300명 이상이고, 카라수 교회는 약 300명의 교인, 쿠이류스카야 교회는 300명이고 교회 협의회 소속이며 150명 이상이다. 교회는 시설이 잘 된 예배당에서 예배를 진행하고 있다.

자스트로이쉬코프 거리에 있는 교인들은 1984년에 신축 예배당 완공과 봉헌식으로 인해 특별한 기쁨을 경험했다. 타슈켄트 다민족 교회로, 우크라이나, 벨라루스, 독일, 아르메니아, 한국, 우즈벡, 타타르, 러시아 민족이 있다. 교회의 예배는 러시아어로 이루어진다. 페르가나 교회의 역사는 1922년으로 거슬러 올라간다. 그 해에 탐보프체프 가족이 부줄룩에서 페르가나로 왔다. 탐보프 체프의 생활은 그의 주변과 직장에서, 그리고 거주지에서 사람들을 위한 빛의 역할을 했다. 가족 구성원의 높은 도덕성과 덕목은 이웃의 관심을 끌었다. 매주일마다 진실한 기독교인으로 가족과 함께 성경을 읽고 영적 찬송가를 불렀다. 선지자 다니엘처럼 그는 떠오르는 태양을 맞이하며 자기 집의 창문을 열고 주님께 기도했다. 어느 주일, 요새에서 근무하는 병사인 그로세프가 그 집을 지나갔다. 아름다운 노래에 매료되어 그는 집에 들어갔다. 그 날 이후로 그로세프는 탐보프체프 가족의 주일 예배에 참석하기 시작했다. 그는 작은 복음주의자들의 밭에서 첫 번째 결실이었다. 그리스도께 회심한 그로세프 복음을 전하기 시작했다. 그리스도를 마음에 받아 들인, 두 번째 방문객은, 교양 있는 여성은 크라소비타야였다. 그 다음은 체르니코프, 바카노프스키예의 어머니와 딸이 회심했다. 작은 교회의 회원들은 은혜의 보좌로 뜨거운 기도를 했고, 회심자 수가 늘어났다. 그리스도의 복음의 빛은 도시의 경계를 넘어 퍼졌으며 목마른 영혼들은 그 빛에 손을 뻗었다. 공동체는 다른 도시에서 신자들이 페르가나에 오면서, 특히 1929년부터 빠르게 성장했다.

성장한 교회의 첫 번째 목회자는 말레예프가 선출되었다. 그 당시 신자들은 탐보브체세프의 집에서 모였다. 1934년에 신자들이 예배당을 구입했다. 1937년에 교회는 약 230명의 교인이 있었다. 파트코프스키, 야킴체프, 가브라스 등이 설교했다.

1937년에 신자들은 많은 고난을 겪었다. 교회는 고립되었다. 불같은 고난이 7년 동안 지속되었다. 1944년에 교회가 다시 열렸다. 신자들이 더 이상 볼 수 없다고 생각한, 파트코프스키가 페르가나를 방문했다. 그는 교회를 등록할 수 있다는 가능성에 관해 기쁜 소식을 가지고 왔다. 교회 생활이 회복되기 시작했다. 페르가나 교회는 마치 꺼져가는 모닥불의 불씨에, 바람이 불자 불이 붙는 것 같았다. 곧 집회용 건물을 구입했다. 교인들은 마슬랴코프를 목회자로, 체크마레프를 교사로 선출했다. 1948년에 시베리아에서 진첸코가 페르가나로 이주했다. 교회의 동의로 그는 목회자로 선출되었고, 교회의 영적 활동이 더욱 활발하게 되었다. 그는 진실된 목자의 자질을 가지고 있었고 소심한 마음의 사람들에게 선한 영향을 끼쳤다. 격려를 받은 사역자들은 복음을 담대하게 전파하기 시작했다. 그 다음 수년 후 신자들은 교회의 필요를 충족시키기 위해 재건축된 새로운 건물을 구입했다. 페르가나 교회의 구성원은 대부분 러시아와 독일 민족이었다. 독일계 신자들을 위한 주일에 예배가 1회 있었다. 집회에 이슬람 교도도 방문했고, 타지크인 설교자로 봉사하고 있다. 기독교 신앙에 관한 지역 주민의 관심이 눈에 띄게 되었다. 1986년에 비극적으로 사망한 집사의 아들인 청년의 장례식이 있었다. 장례식에 그의 동료들이 교회에 왔다. 교회의 목회자는 우즈베크어로 설교를 했다. 참석한 노인 무슬림들은 무슬림 방식으로 우즈베크어로 설교하는 러시아인 회교 성직자가 정시 기도를 읽는 것처럼 듣고 만족감을 표했다.

교회에는 600명의 교인이 있다. 그들은 크고 작은 공장과 집단 농장에서 일하며, 고난의 시기에는 면화 수집에 참여했다. 교인 중에는 정부로부터 상을 수상한 사람들도 있다. 실례로, 전직 광부인 교회 집사 보그다노프는 레닌의 훈장을 받았다. 두샨베 교회에는 현재 800명이 넘는 신자가 있다. 1929년 만년설로 뒤덮인 높은 산악 지역에 복음의 첫 번째 빛이 비쳤다. 그 당시 두샨베에서 멀지 않은 곳에, 진흙과 천막으로 지은 육종시험장에서, 하나님의 말씀 때문에 유배된, 불가코프와 레세프 목회자가 가족과 함께 살고 있었다. 얼마 후에 유덴코가 그의 가족과 함께 도착했다. 그 가족들은 사마르칸트에 살면서 종종 자신의 업무로 마을에서 마을로 다니는 자르키흐 덕분에 서로 알게 되었다. 성령의 인도에 힘입어 자르키흐는 형제

자매들을 방문하며 그들과 교제를 나누었다.

1930년에 다닐렌코, 간자, 빌리즈뉴, 얄란스키 등이 두샨베에 왔다. 다닐렌코는 교회의 첫 번째 목회자로 선출되었다. 신자들은 복음의 가르침을 전파하여, 그 빛은 수세기의 불신의 어두움을 점차적으로 밝게 비추었다. 성령님 사람들을 깨닫게 하셨고, 회심자들은 침례를 받아 교회에 연합했다. 교인들에게 성찬식이 거행되었다. 교회는 빠르게 성장했다. 침례교인과 복음주의 기독교인이 포함되었으나, 얼마 후 두 교파의 교인들은 분리하여 모였다. 1936년 말에 새해를 공동으로 축하하기로 결정했다. 교인의 공통적인 기쁨으로 가까운 관계의 두 교파는 하나의 교회로 통합되었다. 공동의 노력으로 예배 집회를 위해 건물을 구입하였고, 그 건물은 여전히 유지되고 있다. 1937년부터 중앙 아시아의 교회들은, 다른 지역과 마찬가지로, 치명적 손실을 가져온, 많은 시련을 겪었다. 교회는 폐쇄되었고, 신자들은 그룹으로 모였으며, 가능한대로 서로서로 영적으로 물질적으로 격려하며 도왔다. 1943년에야 지역에 따라 교회가 문을 열었다. 첫 번째 예배에서 신자들은 전선에서 목숨을 잃고, 교도소, 추방지에서 사망한 형제들을 눈물로 기억했다. 그와 관련하여 하나님의 말씀은 우리에게 다음과 같이 말한다. "하나님의 말씀을 너희에게 일러 주고 너희를 인도하던 자들을 생각하며 그들의 행실의 결말을 주의하여 보고 그들의 믿음을 본받으라"(히 13:7).

두샨베에서 신자들은 초기에 폴리슈, 자매의 집에서 모였고 후에는 티엔테레브 집에서 모였습니다. 전방에서 랴셴코가 돌아왔을 때, 그는 지도부에 선출되었다. 1944년에 교회가 등록되었다. 예배에 35명의 형제 자매들이 참여했다. 그들은 주님께서 그의 자녀들의 기도를 들어주셔서 감사했다. 몇 년이 흘렀다. 복음 전파는 청중의 마음을 움직였고 점차적으로 교회는 200명으로 성장했다. 교인 중 압도적 다수는 러시아인이었고, 다음은 독일인과 오세티야인이었고, 다른 민족의 신자도 있었다. 1956~1958년에 교회에는 16개 민족이 포함되었다. 주일 낮에는 독일어 예배가 진행된다. 교회에는 두 개의 찬양대가 있는데, 러시아어와 독일어로 찬양한다. 신자들은 사랑과 조화 속에 살며, 민족적인 기초에 관한 불일치는 발생하지 않았다. 1979년 두샨베 교회는 창립 50주년을 맞았다. 새로운 세대의 신자가 있다는 것은 하나님의 풍성한 축복을 증명한다. 1980년에 교회는 예배당 재건축의 허락을 받았다. 일 년이 흘러서 새로운 예배당이 준비되었고, 뒤에 건설과 관련된 쉽지 않은 일과 걱정이 있었다. 건설 현장에서 신자들의 사심 없는 헌신은 주위 사람들에게 선한 증거로 작용했다. 1981년 3월에 예배당 헌당식이 있었다. 행사에서 교회에 허락하신 주님의 모든 자비로우심에 대해 감사했다. 신자들은 도시의 회사에서 일하고, 면화 수확에도 적극적으로 참여한다. 교회의 두 번째 목회자 루드비히 이바노비치 쉬크의 가족은 노동 왕조가 되었다. 그와 그의 아들과 딸이 섬유 노동자이다.

아시가바트 교회

투르크메니스탄은 대부분의 영토가 사막이어서, 공화국에는 도시가 적다. 인구의 압도적 다수는 이슬람교를 고백하는 투르크멘인, 우즈베크인, 카자흐인으로 구성되어 있다. 러시아인들은 주로 파견된 석유, 가스, 에너지 전문가이다. 투르크메니스탄의 러시아 이주민들 가운데 복음의 진리를 처음 전파한 사람은 모로조프, 드루진, 옵샤니코프였다. 모로조프와 드루진은 블라디캅카스에서 1890년 아시가바트에 도착한, 사벨리예프의 전도로 우유파에서 개종했다. 사벨리예프는 복음주의 기독교침례회 공동체에 속해 있었다. 그 해 사마르칸트 지방에서 태어나, 메노파를 통해 믿음을 가진 옵샤니코프가 아시가바트에 도착했다. 처음에는 이주한 형제들이 우유파와 함께 집회를 진행했고, 후에 그들은 믿는 아르메니아 신자들과 연합했다. 신학 교육을 받은 이사이 투만냔츠가 그룹 지도자로 선출되었다. 예배는 러시아어와 아르메니아어로 진행되었고 통역을 했다. 1892년에 아시가바트에서 20킬로미터 떨어진 곳에서 지방 행정부의 도움으로 형제들은 켈티치바르(후에 쿠로팟킨스키로 개명) 마을 조직했다. 예배는 복음주의 침례교 신앙고백의 정신으로 진행되었다.

1896년에 몇 명의 신자 가족이 트베리 지방에서 도착했고, 그 가운데 프로하노프(S.A.)와 함께 믿었던, 일류힌이 있었다. 1898년 유형지 생활을 마친 후 프리호드코가 왔다. 교회의 첫 번째 목회자는 모로조프였고, 몇 년 후 드루진이 목회자로 재직했다. 1902년부터 20년 동안 프리호드코는 쿠로팟킨스 공동체의 목회자로 재직했다.

러시아인과 아르메니아인의 연합 교회는 1908년까지 존재했다. 정교회와 우유파에서 개종한 러시아 이민자들이 기독교침례회 러시아 공동체를 아시가바트에서 조직했다. 교회의 첫 번째 목회자는 북캅카스 출신의 카바예프였다. 1910년부터 수년 동안 교회는 모로조프의 아들 모로조프(Ya. A.)에 의해 인도되었다. 1912년 모로조프는 로스토프나도누 총회에 대의원으로 참여했다. 교회는 약 25명의 대원으로 구성된 찬양대가 있고, 쿨라긴이 찬양대를 지도했다. 당시 교회는 100명의 교인으로 구성되었다.

1931년에 파블로프가 세미팔라틴스크에서 왔는데, 바로 교회 사역에 합류했다. 집회를 위한 건물을 빌렸고, 새로운 회심자들이 침례를 받았다. 예배 모임은 1937년까지 방해 받지 않고 진행되었다. 다음 해의 어려움을 고려하여 많은 신자들은 아시가바트를 떠났다. 1944부터 신자들은 소그룹으로 모이기 시작했다. 1948년에 발생한 지진 후, 모임은 키레예프의 아파트에서 진행되었다. 거룩한 침수침례를 통해 주님과 약속을 한 새로운 신자들이 연합했다. 그런데 아시가바트 교회는 1977년에 등록을 받았고 그 후 예배당을 임대했다. 1981년에 신자들은 기도회를 위한 건물을 구입하고 재건축했다. 아시가바트 교회는 작고, 32명이다. 그 밖의 사람들 중에 투르크멘 형제가 하나님의 말씀을 설교하고 있다.

키르기스스탄 교회

이스쿨 호수 지역과 탈라스 계곡의 발굴에 의해 입증된 바와 같이, 기독교는 1세기에 키르기스스탄에 들어왔다. 키르키스스탄 남부의 도시 오시는 우리 시대가 시작되기 약 900년 전에 조성되었고, 1세기에 이미 그리스도인들이 살았다. 키르기스스탄의 복음주의 기독교침례회 교회는 독일계 메노파 신자들의 정착과 관련되어, 100년 이상의 역사를 가지고 있다. 새로운 비옥한 땅을 찾고 세상의 영향으로부터 젊은 세대를 보호하며 공동체의 영적 건강을 지키기 위해 행정부의 허가를 받은 아브람 야코블레비치 페테르스가 이끄는 45가정의 메노파는 1881년 8월 1일에 우크라이나의 남쪽에서 타슈켄트 방향으로 떠났다. 정착민들은 타슈켄트 총독 카우프만과의 협의에 따라 아울리에아타(현재는 잠불)로 떠났고, 그 후 탈라스 계곡의 자유로운 지역에 정착했다. 1882년 4월 4일 니콜라이폴(현재는 레닌폴)에 첫 번째 독일인 마을이 만들어졌고 메노파 공동체가 세워졌다. 거기서 메노파 교회에 속한 약 500명의 신자들이 아직도 일하면서 살고 있다. 1982년 교회는 창립 100주년을 기념했다. 따라서 키르기스스탄 영토에서 그리스도의 첫 번째 증인은 메노파였다. 그런데, 키르기스스탄 정착한 메노파 신자들은 보통 그들의 신앙을 강화하면서 자신들의 그룹만 모였기 때문에, 사실 기독교적 이상은 주민들에게 전파되지 못했음을 주목해야 한다.

그 해에 메노파와 함께 러시아 정착민들도 키르기스스탄에 도착했고, 그들도 마을을 조직했다. 1886년 키르기스스탄 북부에 레베디놉스코에, 벨로봇스코에, 프레오브라젠스코에 등의 러시아 마을이 생겼다. 1년 전 이스쿨 지역에는 이미 6개의 러시아 마을이 있었고, 피시펙 지역에는 10개의 러시아 마을이 있었다. 1870~80년대에 이주의 물결이 탈라스 계곡에 이르렀고, 1905년에는 키르기스스탄 남쪽에 이미 25개의 러시아 농민 정착촌이 있었다.

프룬제 교회

1907년은 복음주의 침례교 운동이 키르키스스탄의 수도 프룬제에 발생한 날짜로 간주된다. 같은 해에 침례교인 베르샷스키와 그의 아내가 오렌부르크 지방에서 피시펙(지금은 프룬제)에 도착했다. 이전에 그는 키예프 지방의 페샤노예 마을에 살았는데, 그 부부는 거기서 믿음을 갖고 침례를 받았다. 1908년에 또 다른 기독교인 가족이 피시펙에 왔는데, 마루딘이 아내와 딸과 함께 도착했다. 마루딘은 집을 구입하여 복음적 예배를 시작했다. 처음에는 그들에게 10명까지 참석했다. 베르샷스키가 작은 모임을 이끌었다. 곧 마루딘의 집에서 하나님의 말씀을 듣고자 하는 모든 사람들을 수용할 수 없었고, 작은 공동체는 다른 장소를 옮겨갔다. 공동체의 지도력은 1913년에 키르기스스탄에 도착한 콥툰 형제가 받았다. 푸잔코프와 할랍킨 두 청년이 주님께 회심하면서 교회 생활이 특별히 활기를 띠었다. 회심 후에 그들은 설교와 찬양으로 공동 체에서 봉사하기 시작했다. 많은 신자들이 그들의 모범을 따랐고, 새로운 영적 자극을 받은 공동체가, 짧은 시간에 크게 성장했다. 1916년에 교회는 이미 100명이 넘었다. 교회의 놀랄만한 성장은 셰티닌, 푸잔코프, 할랍킨 형제들이 교회를 지도했던 1919년이었다.

현재 프룬제 교회는 1,900명의 교인으로 구성되어 있고, 그 가운데 3분의 2는 러시아인이고, 나머지는 독일인이다. 교회에는 4개의 찬양대가 있는데, 두 개는 러시아 찬양대이고 두 개는 독일 찬양대이다. 각 찬양대는 약 90명의 대원으로 구성되어 있다. 1975년에 교회는 넓은 예배당을 건축했다. 매년 침례를 통해 새로운 회원들이 교회에 가입한다. 1987년에 침례 받은 사람들 중에 두 명의 키르기즈인 청년이 있었다.

칸트와 톡막에 있는 교회에는 1천 명의 교인이 있고, 그 가운데는 독일계 신자가 많다. 키르키스스탄에 독일계 신자로 구성된 교회는 롯프론트, 이바노프카, 레닌폴, 오를로브카, 인테르나치오날에 있다. 탈라스, 카라발타, 잘랄아바 트, 로마노프카, 크라스나야 레치카, 오시에는 혼합된 민족으로 구성된 교회가 있다. 프르제발스크와 판필로프카의 교회는 주로 러시아인들로 구성되어 있다. 최근 몇 년 동안 프룬제, 카라발타, 오시, 판필로프카, 크라스나야레치카 등의 교회에는 이전에 무슬림이었던 키르기스스탄인과 우즈베크인이 포함되었다. 이러한 모든 변화를 신자들은 기뻐하고 있고, 예수 그리스도 안에 나타난 하나님의 사랑이 무슬림 민족이 받아들이기 시작했다는 것을 증명한다.

톡막에 있는 교회에는 오순절 교인도 포함되었다. 민족과 교파의 다양성에도 불구하고, 신자들은 하나님과 사람 앞에서 그들의 의무를 다 하면서 사이 좋은 가족으로 살고 있다.

부록 2
복음주의 기독교침례회 총회 연도별 기록표

일련번호	총회차수	총회명	일시 장소	의장	표어, 의제, 참석자
1	1	침례교 회의	1879.10.7. 티플리스	파블로프 베.게.	캅카스 교회 대표들.
2	2	연합 회의	1882.5.20. 타우리드 지방 류켄나우	윌러 이.이.	메노파와 침례교 공동 참여.
3		1차 연합 회의	1884.4.1-5. 페테르부르크	파시코프 베.아. 코르프 엠.엠.	파시코프파, 침례교, 메노파, 시계파, 신우유파.
4	3	러시아 침례교 1차 총회	1884.4.30.-5.1. 노보바실리옙카, 타우리드 현, 베르단스 키군	윌러 이.이.	러시아 남부와 캅카스의 침례 받은 기독교인 또는 침례교인, 신자연합회의. 러시아 침례교인 연합회 조직. 러시아인과 우크라인 대상 복음 전도 문제 해결. 남 캅카스 침례교 대표들의 불참. 자하로프 제.데., 손님으로 참석.
5	4	침례교 총회	1885.4.3-6. 블라디캅카스 (현재 오르조니키제)	윌러 이.이 파블로프 베.게.	전도와 공개 성찬식 문제 해결. 델랴코프 야.데. 손님으로 참석.
6	5	침례교 총회	1886.12.26-30. 쿠반주	마자예프 데.이.	전도와 전도자 지명 문제 해결.
7	6	침례교 총회	1887.12.29.- 1888.1.1.	마자예프 데.이.	형제회 지도부 조직. 빌러의 연합회 의장 사퇴 청원의 승인.

일련 번호	총회 차수	총회명	일시 장소	의장	표어, 의제, 참석자
8	7	침례교 총회	1889.1.6.-12. 스타브로폴 니콜스코예	보그다노프 예.엠.	기독교 형제회 연차회의. 마자예프 데.이. 불참. 극동 전도자로 델랴코프 지명.
9	8	침례교 총회	1890.3.27. 니콜스코예	마자예프 데.이.	전도 사업과 물질적 도움 제공.
10	9	침례교 총회	1891.1.10-18. 고리카야 발카	마자예프 데.이.(?)	[대담] 잡지 발간의 필요성. 이바노프 베.베.와 발리린 에프.페 전도자로 선임.
11	10	침례교 총회	1898년, 차리친	마자예프 데.이.	복음주의 기독교 파시코프파와 공동사업 합의 도달.
12	11	침례교 총회	1902년, 로스토프나도누	마자예프 데.이.	페테르부르크 복음주의 기독교 측 돌고폴로프 베.이.와 마트베예프 게.엠. 통합문제 해결
13	12	침례교 총회	1903년, 차리친	마자예프 데.이.	통합문제 논의. 1905년에 확정된 "복음주의 기독교 침례회" 명칭 최초로 승인.
14	13	침례교 총회	1904년, 로스토프나도누	마자예프 데.이.	페테르부르크,키예프,코노토프,세바스토폴 복음주의 기독교 대표자 참석. 침례교 연합회 예전 명칭 고수 승인에 대한 교회들의 요청서가 총회 주소로 제출.
15	14	복음주의 기독교 침례회 총회	1905년 5월 로스토프나도누	마자예프 데.이.	"복음주의 기독교 침례회" 단일 명칭으로 확정.
16	15	복음주의 기독교 침례회 총회	1906.12.3.-6. 키예프	프라포베로프 데.아.(?)	1906.10.17.일자 포고령 설명 요청과 관련된 준비 성격의 총회.
17	16	2차 복음주의 기독교 침례회 통합총회	1907.1.15.-2.1. 페테르부르크	카르겔 이.베.	침례교, 복음주의 기독교, 신우유파, 다른 복음주의 교파의 합동 총회
18	17	침례교 총회	1907.5.25-30. 로스토프나도누	마자예프 데.이.	선교회 규약 작업. 월간잡지 "침례교도" 창간.
19	18	침례교 총회	1908년 5월 키예프	사벨리예프 이.카.	사역자의 신학교육 문제 해결. 페테르부르크 복음 집 건축에 대한 제안 발의.
20	1	전러시아복음주의기독교 총회	1909.9.14-19. 페테르부르크	프로하노프 이.에스.	회의 성격의 총회. 신자의 일치와 기독교 청년의 통합 문제 재고. 페테르부르크 성서 대학 창설과 6주 성서 강좌 제안 발의.

일련 번호	총회 차수	총회명	일시, 장소	의장	표어, 의제, 참석자
21	19	전러시아 침례교 총회	1909.9.27.-10.7. 로스토프나도누	마자예프 데.이.	1905년 4월 17일자 포고령에 근거한 법적인 교회 등록. 기독교 침례회 신자 자녀 학교 교육 문제 해결.
22	20	전러시아 침례교 총회	1910.9.1-9. 페테르부르크	파블로프 베.게.	신자 자녀용 학교 문제와 자선 사업 및 경건 서적 발간 문제 해결.
23	2	전러시아 복음주의기독교 총회	1910.12.28.-1911.1.4. 페테르부르크	프로하노프 이.에스.	복음주의 기독교 연맹 명칭 승인. 전러시아복음주의기독교 연맹의 규약과 교리 작업.
24	21	전러시아 침례교 총회	1911.9.25.-10.1. 모스크바	마자예프 데.이.	차르 제정 시대에 개최된 마지막 러시아 침례교 총회. 선임 목회자 사역 도입 제안.
25	3	전러시아 복음주의기독교 총회	1911.12.31.-1912.1.4. 페테르부르크	프로하노프 이.에스.	복음적 설교와 교회 찬양 문제 해결; 복음주의 기독교의 올바른 규정 재고.
26	22	전러시아 침례교 총회	1917.4.20.-27. 블라디캅카스	마자예프 데.이.	침례교 복원 총회. 복음주의 기독교 측의 트로스노프 에프.엠., 사닌 에프.이. 참석.
27	4	전러시아 복음주의기독교 총회	1917.5.17.-25. 페테르부르크	프로하노프 이.에스.	침례교와 복음주의 기독교 연맹 차원 교육 위원회 준비. 침례교 측에서 파블로프 페.베., 티모셴코 엠.데. 참석
28	5	전러시아 복음주의기독교 총회	1917.12.25.-1918.1.5. 모스크바	프로하노프 이.에스.	통합 문제 상정. 전도 목적, 고아원, 양로원, 성서 강좌를 위한 헌금 모금 약정서 작성
29	6	전러시아 복음주의기독교 총회	1919.10.12.-18. 페트로그라드	프로하노프 이.에스.	임시 전 러시아 공동협의회에 대한 규정안 작업. 기아 구호 요청의 승인.
30	23	전러시아 침례교 총회	1920.5.27.-6.6. 모스크바	실로프 이.엔.	주요 의제는 두 교단의 한 연맹으로의 통합 문제
31	7	전러시아 복음주의기독교 총회	1920.5.27.-6.7. 모스크바	프로하노프 이.에스.	두 교단의 통합, 전도, 외국 및 이단 선교회 활동, 성서 강좌 등의 문제 해결.
32	24	전러시아 침례교 총회	1921.10.30.-11.8. 모스크바	파블로프 페.베.	주요 의제: 전도와 기아 구호
33	8	전러시아 복음주의기독교 총회	1921.12.1-10. 페트로그라드	프로하노프 이.에스.	총회 표어: "그리스도를 위한 러시아". 전도, 사역자 안수, 기아 구호에 대한 문제 논의.
34	9	전러시아 복음주의기독교 총회	1923.9.1.-10. 페트로그라드	프로하노프 이.에스.	주요 의제는 군복무 관련 문제.

일련 번호	총회 차수	총회명	일시 장소	의장	표어, 의제, 참석자
35	25	전러시아 침례교 총회	1923년12월 모스크바	파블로프 베.게.	복음 전도의 확산, 소비에트 정부 및 군 복무에 대한 신자의 태도 논의.
36	10	전러시아 복음주의기독교 총회	1923.9.1.-10. 페트로그라드	프로하노프 이.에스.	복음 전도, 신자의 영적 교육, 경건 서적 출판, 군복무 등 관련된 문제 해결.
37	26	전러시아 침례교 총회	1926.12.14.-18. 모스크바	오딘초프 엔.베.	군복무 이행에 관한 최종 결정. 지역교 회 연합회에 연방 형태의 운영 도입.
38	37	복음주의 기독교침례회 총연맹 회의	1944.10.26.-29.	오를로프	두 연맹의 통합 문제 해결. 복음주의기 독교침례회 총연맹 협의회 총회장 짓코 프 야.이. 선출.(1966년까지 재임); 사무 총장 카레프 아.베.(1971년까지 재임). 복음주의기독교침례회 총연맹 협의회 명칭 1946년 승인.
39	38	복음주의 기독교침례회 총연맹 총회	1963.10.15. 모스크바	짓코프 야.이., 카레프 아.베., 이바노프 이.게.	통합에 대한 의제 설정; 러시아 복음주 의 기독교 침례회 규약 심의 및 확정. 메 노파 교단의 연맹 허입 신청서 제출.
40	39	복음주의 기독교침례회 총연맹 총회	1966.10.4.-7. 모스크바	짓코프 야.이., 카레프 아.베., 이바노프 이.게.	통합 문제 심의; 통합위원회 선출. 복음주의 기독교 침례회 요약 교리 채택; 러시아 복음주의 기독교 침례회 운동 역사 기록에 대한 제안 발의. 1974 년까지 총회장 직을 재임한 이바노프를 복음주의 기독교침 례회 총연맹 총회장 으로 선출.
41	40	복음주의 기독교침례회 총연맹 총회	1969.12.9.-11. 모스크바	카레프 아.베., 이바노프 이.게., 미치케비치 아.이.	총회 표어: "다 하나가 되어"-요한복음 17장 21절. 교회 협의회 형제회 교회와 통합 문제 승인. 1971년까지 사무총장으로 재임한 비치 코프를 복음주의 기독교 침례회 총연맹 부총회장으로 선출.
42	41	복음주의 기독교침례회 총연맹 총회	1974.12.11-13 모스크바	이바노프 이.게., 비치코프 아.엠., 미츠케비치 아.이., 파듀힌 에스.페.	총회 표어: "성령으로 연합하여" - 에베 소서 4장 3절. 복음주의 기독교 침례회 규약의 개정 및 보충 삽입에 대한 제안 실행. 복음주의 기독교 침례회 총연맹 총회장 으로 클리멘코 아.예.를 선출.

일련 번호	총회 차수	총회명	일시 장소	의장	표어, 의제, 참석자
43	42	복음주의 기독교침례회 총연맹 총회	1979.12.18.-20. 모스크바	클리멘코 아.예. 비치코프 아.엠. 그니다 이.에스. 두혼첸코 야.카. 지트코프 엠.야.	총회 표어: "하나님의 뜻은 이것이니 너희의 거룩함이라"-데살로니가전서 4장 3절. 복음주의 기독교 침례회 규약 확정. 복음주의 기독교 침례회 교리 작업 심의.
44	43	복음주의 기독교침례회 총연맹 총회	1985.3.21.-23. 모스크바	클리멘코 아.예. 비치코프 아.엠. 두혼첸코 야.카. 로그비넨코 베.예. 지트코프 엠.야. 콜레스니코프 엔.아. 그니다 이.에스.	총회 표어:"이같이 너희 빛이 사람 앞에 비치게 하여" - 마태복음 5장 16절. 총회는 복음주의 기독교 침례회 교리를 승인하고 그것을 교회에서 신자들의 영적 양육용 부교재로 추천. 복음주의 기독교 침례회 총연맹 총회장으로 로그비넨코 베.예.를 선출.

■ 주

1. 국내에서 복음주의 운동 출현 이후 침례교 연맹은 26번의 총회를 개최했고, 복음주의 기독교 연맹은 10번을 개최하여, 모두 36번의 총회가 개최되었다고 본다. 1944년의 복음주의 기독교침례회 전체 회의는 복음주의 기독교침례회 37차 총회의 역사에 포함되었다.

2. 때로 일부 예외를 제외하고 총회의 차수가 인정되지 않았기 때문에, 침례회 총회의 차수 번호를 모두 신뢰하기에는 어려움이 있다. 더욱이, 러시아 제정 시기에 신자들의 박해를 고려할 때 일부 총회는 불법적으로 개최되었고, 그 결과로 그들에 관한 정보와 채택된 결정이 현재까지 미치지 못했다.

부록 3
복음주의 침례교 운동가 약력

알렉세예프 사벨리 알렉세예비치 Alekseev Savely Alekseevich(1853~1926년)는 영적 분야에서 많은 일을 했고, 상트페테르부르크 복음주의 기독교 공동체의 목회자 겸 설교자였다. 파시코프파가 발행한 잡지 러시아 일꾼에서 복음적인 가르침을 배웠다. 1884년 알렉세예프는 온 마음을 다하여 주님께 회심했고, 2년 후 거룩한 침수침례를 받았다. 1888년에 상트페테르부르크 복음주의 기독교 공동체의 목회자로 선출되었다. 개인적으로 파시코프, 카르겔, 청년 프로하노프를 잘 알고 지냈다. 1890년과 1893년에 하나님의 말씀을 전파했다는 이유로 구금되었다. 1893년에 7년 동안 남캅카스로 추방되었다. 1903년에야 상트페테르부르크로 돌아와 계속해서 목회자로 재직할 수 있었다. 알렉세예프는 1926년에 중병을 앓은 후 세상을 떠났다.

아나닌 알렉산드르 스피리도노비치 Ananin Alexander Spiridonovich(1895~1943년)는 시베리아 지역 침례교 연합회 회장이자 옴스크 교회의 목회자로 침례교 연맹에서 유명 인사이다. 1914년에 믿음을 가졌다. 처음에는 옴스크에서 기독청년회를 이끌었다. 1921년에 크리게르에 의해 목회자로 선출되고 안수받았다. 1924~1931년에 시베리아 침례교 연합회 회장을 역임했다. 1928년에 캐나다 토론토에서 개최된 침례교 세계 대회에 참가했다. 아나닌은 침례교 잡지에 교리에 관한 많은 글을 썼다.

안드레예프 알렉세이 레오니도비치 Andreev Alexei Leonidovich(1882~1966년)는 복음주의 기독교침례회 부회장과 우크라이나 담당 선임목회자를 역임했다. 트베리 지방의 오스트로바 마을에서 태어났다. 14세에 상트페테르부르크로 와서 복음주의 기독교 공동체를 참석하기 시작했다. 18세에 뜨겁게 진심으로 하나님께 회심했고 1904년에 거룩한 물 침례를 받았다. 1907년에 모스크바로 이사했다. 거기서 복음주의 기독교 공동체의 목회자로 선출되었다. 1931년에 복음주의 기독교 연합회 사무국이 레닌그라드에서 모스크바로 옮겨졌을 때, 전국 복음주의 기독교 연맹의 상임위원회는 그를 전국 복음주의 기독교 연맹의 총회장 대리(부총회장)로 선출했다. 복음주의 기독교단과 침례교단이 통합될 때까지 재임했다. 통합 후, 1944년에, 그는 키예프로 이사했고 우크라이나 담당 선임목회자로 봉사했다. 안드레예프는 1923년 스톡홀름, 1928년 토론토, 1955년 런던에서 열린 세 차례의 침례교 세계 대회에 참석했다(안드레예프의 사역에 관한 더 자세한 내용은 형제들 소식, 1947년 제3호, 14쪽, 1966년, 제4호, 69쪽 참조).

발리힌 표도르 프로호로비치 Balikhin Fyodor Prohorovich (1854~1919년) 타우리안 지방의 아스트라한 마을에 있는 우유파 가정에서 태어난, 침례교 연맹의 유명한 사역자요 목회자이며 전도자이다. 1879년 하르키우에서 청년 발리힌은 짓코프 (I.I.)가 이끄는 성서공회 소속의 서적상을 만났다. 하나님에 관한 서적상과의 대화는 그의 우유파 신앙을 뒤흔들었다. 보로닌, 파블로프, 윌러, 보그다노프와 만남은 발리힌에게 잊혀지지 않은 감동을 주었다. 형제들과 대화 후, 믿음과 사랑을 깊이 깨닫고 예수 그리스도의 속죄의 희생을 통한 하나님과의 화해와 중생의 문제에 관한 복음적 이해에 도달했다. 1882년에 믿음에 근거하여 침례를 받았고 1년 후 그가 속한 공동체와 헤르손 지방의 타지역과 블라디캅카스와 상트페테르부르크에서 담대하게 하나님의 말씀을 전파했다. 1884년에 노보바실리예프카에서 개최된 침례교 총회에 참석했다. 2년 후 아스트라한카 마을의 공동체에서 목회자 사역을 수락했고 멀지않아 러시아 침례교 연맹 총회장인 윌러를 통해 목회자로 안수받았다. 그 후 침례교 연맹은 발리힌을 복음 전도자로 수차례 임명했다. 그는 여러 유럽 국가를 방문했다. 복음의 확신으로 인해 시베리아의 나림변방으로 추방되었다. 아스트라한카 마을에서 생을 마쳤다(형제들 소식, 1955년 제1호, 64쪽 참조).

바축 세르게이 안드레예비치 Batsuk Sergey Andreevich(1910~1983년)는 찬양대장, 작곡가, 설교자였다. 브레스트주에서 태어났다. 어린 시절에 음악과 노래를 좋아했다. 1925년에 시모노비치 마을에 있는 복음주의 기독교침례교회의 예배에 처음으로 참석했다. 청년의 영혼은 찬양의 멜로디에 깊은 감동을 받았고, 신자 모임에 정기적으로 참석하기 시작했다. 1928년에 믿음에 근거하여 침례를 받았고, 찬양대에서 찬양과 기독교시 작시와 복음을 전파하면서 시모노비치 교회의 생활에 합류했다. 1932년부터 시작하여 자벨레비에 마을에서 찬양대장과 전도자로 봉사했고, 1937년에 찬양대장 강좌에서 공부했다. 그 당시 자신의 첫 번째 음악 작품을 창작했고, '나는 왜 혼자서 찬양합니까?', '내 마음은 준비 되었다. 등은, 나중에 침례교회에 널리 알려지게 되었다. 대부분의 찬송가 내용을 직접 작사했다' 1953년에 가족과 함께 드니프로 페트로우스크주 드니프로제르젠스크로 이주하여 지역 교회 생활에 합류했다. 거기서 찬송가, 오라토리오, 기도 시편 중 수십 곡의 음악 작품을 창작하여 작가로서 이름을 얻었다. 1971년에 거주지를 키예프로 옮겼다. 키예프 중앙교회에서 창작 작업과 설교 봉사를 했다(형제들 소식 1978년, 제2호, 66쪽).

베데커 프리드리히 Bedeker Friedrich(1823~1906년경)는 러시아에서 복음을 전했다. 독일 출신으로 루르 지방의 에센에서 태어났다. 학업을 마치고 문학 박사 학위를 받았다. 1860년에 영국으로 이주했다. 1866년에 레드스톡의 집회에서 주님께 회심했다. 자신의 구세주에 관한 첫사랑에 불타서 자신의 이전 일을 남겨두고 전적으로 전도 활동에 헌신했다. 복음전파 분야에 40년간 일했다. 복음전파의 사명으로 영국외에, 독일, 스위스, 오스트리아, 이탈리아, 터키, 슬라브 국가들을 방문했다. 러시아에서 18년 동안 복음전도에 전념했다. 러시아에서 성취한 주목할만한 활동은 상트페테르부르크 에서 사할린으로 떠난 두 번의 여행이었는데, 복음설교와 성서를 보급했다. 교도소와 8개의 수용소에 있었던 기독교인 수감자들에게 베데커의 활동은 특별한 축복이 되었다.

벨로우소프 미하일 야코블레비치 Belousov Mikhail Yakovlevich(1877~1973년)는 키시나우 교회의 목회자와 찬양대장으로 봉사했다. 키시나우의 정교회 가정에서 태어났고 어려서부터 정교회를 방문했다. 청소년 시절 정교회 찬양대에서 찬양했다. 오데사로 이사하면서 미하일은 침례교인을 만났고 곧 그리스도를 개인적인 구주로 받아 들였다. 1919년부터 키시나우 복음주의 기독교침례회 교회에서 찬양대장으로 봉사하기 시작했다. 그의 공헌으로 키시나우와 베사라비아(몰도바)의 다른 지역에 찬양대장 교육이 시작되었다. 1927년에 키시나우 교회의 안수 집사였고, 나중에 두 번째 목회자로 선출되었다. 노년에 시력을 잃었지만, 어려운 상황에서도 믿음으로 신자들과 교제를 계속했고 끊임없이 그들을 위해 기도했다.

벨로우소프 세르게이 바실리예비치 Belousov Sergey Vasilyevich(1882~1925년)는 티플리스 교회에서 목회자와 찬양대장직을 수행했고 남캅카스 침례교 연합회 회장을 역임했다. 침례교인 가정에서 태어났다. 1904년에 회심했고 얼마 후 믿음으로 침례를 받았다. 1913년에 티플리스 찬양대를 운영하기 시작했다. 1919년에 남캅카스에서 조직된 침례교 연합회장으로 선출되었다. 그 직책을 생애동안 감당했다. 1923년에 스톡홀름에서 개최된 제3회 세계 침례교 대회에 참석했다. 같은 해 티플리스 교회의 목회자로 선출되었다. 1925년에 연맹지도부는 그를 [침례교] 잡지 편집인으로 임명했으나, 주님은 달리 판단하셨고, 그 해에 벨로우소프는 세상을 떠났다.

벨로우소프 표도르 이바노비치 Belousov Fyodor Ivanovich(1880~1932년)는 복음주의 기독교 연맹의 복음 전도자로 유명하다. 트베리 지방에서 태어났고 부모는 정교회 신자였다. 상트페테르부르크에 살면서 1901년에 처음으로 파시코프의 집에서 행해지는 예배에 참석했다. 성령은 청년 벨로우소프의 마음을 감동시켰고, 그리스도를 믿고 교회에서 일하기 시작했다. 1909년 제1차 전 러시아 복음주의 기독교 연맹 총회에서 대의원으로 참가했다. 1912년에 전 러시아 복음주의 기독교 연맹에서 그를 오데사 교회 사역을 위해 보냈지만 오랫동안 사역하지 못했다. 2년 후 다른 기독교인들과 함께 체포되어 나림 변방으로 추방되었다. 혁명 후 석방되었다. 카잔과 뱌트카(키로프) 교회에서 사역을 했고, 1928년에 사역을 모스크바로 옮겼다. 기독교 시문학 분야에서도 활동했다.

부크레예프 알렉세이 마르코비치 Bukreev Alexei Markovich(1885~1929년)는 목회자, 전도자, 전 우크라이나 침례교 연맹 부총회장을 지냈다. 드니프로페트로우스크

주 바실코프카 마을의 농민 가정에서 태어났다. 소년이 5세가 되었을 때, 가족은 아버지를 잃었고, 방랑과 많은 어려움을 견뎌야 했다. 1905년에, 청년 부크레예프는 처음으로 지역 침례교 공동체 집회를 참석하여, 구원의 복음을 받아 들였고 같은 해에 교인이 되었다. 2년 후, 벌써 뜨겁고 진실되게 복음을 전파했다. 연맹 지도부는 로지에 있는 성서 강좌로 그를 보냈다. 1909년 강좌를 마친 후, 바실코프카로 돌아왔다. 1년 후 지역 교회 목회자로 선출되고 안수를 받았다. 그후 몇 년 동안 현재의 도네츠크주에서 전도자로 사역했다. 하나님의 도우심으로 2년 동안의 사역으로 복음주의 기독교침례회 중남부 연합회를 창설했다. 1914~1917년에 수십 개의 교회를 조직하고 수천 명의 신자들에게 침례를 주었다. 1924년에 전 우크라이나 침례교 연맹 상임위원으로 선출되었고, 1928년에 연맹의 부총회장을 역임했다. 같은 해에 캐나다 토론토에서 개최된 침례교 세계 대회에 참석했다. 30년대에 박해를 받았다.

부실로 보리스 파블로비치 Bushilo Boris Pavlovich (1893~1942년)는 1927년에 베사라비아 복음주의 기독교침례회 연합회 부회장을 역임했고 기독교 잡지 친구의 발행인이자 키시나우 교회의 첫 번째 목회자였다. 몰도바의 시시칸 마을에 있는 정교회 성직자 가정에서 태어났다. 시골 학교를 졸업한 후 오데사 신학교에 입학했다. 그런데, 신학교를 중퇴하고 오데사 의과대학으로 전학했다. 해부학을 공부하면서 청년은 창조주와 인간의 창조자에 대해 생각하기 시작했다. 이러한 성찰은 그를 진리에 관한 의식적인 탐구로 이끌었다. 그리고 성서를 읽고 공부하면서 그것을 발견했다. 1920년 5월에 부실로는 키시나우에서 거룩한 침수침례를 받아 교회에 연합했다. 1921년에 키시나우 교회는 그를 목회자로 선출했고, 다음 해 목회자로 안수했다. 같은 해에 영적 잡지 친구의 발행 작업에 착수했다. 1927년에 베사라비아 복음주의 기독교와 침례교가 첫 번째 총회에서 두 교파가 하나의 연합회로 통합되었고, 부실로가 통합된 연합회의 부회장으로 선출되었다. 그후 20년 동안 연합회 지도부에 포함되었다. 주님의 신실한 사람 부실로는 어려운 시험의 시간이 남아 있었다. 1942년 6월에 비극적으로 사망했다.

비코프 뱌체슬라프 이바노비치 Bykov Vyacheslav Ivanovich(1884~1942)는 복음주의 기독교 총연맹의 부총회장과 레닌그라드 성서 강좌 교수를 역임했다. 정교회 신자 가정에서 태어났다. 어린 시절과 청소년기를 탐보프 지방의 모르샨스크에서 보냈다. 상트페테르부르크 종합공과대학교를 졸업했다. 1909년에 상트페테르부르크에서 믿음을 가졌고, 침례를 받았으며 영적 사역을 시작했다. 독일어에 능통했기 때문에, 프로하노프는 그를 타우리드 지방의 알렉산더 크로네 독일 정착지에서 학교를 개교하라고 보냈다. 교사 활동과 더불어 아스트라한카와 노보바실리예프카 마을에서 설교했다. 1919년 이후 아스트라한카에 있는 실제 중등학교에서 가르쳤다. 1922년에 프로하노프의 제안으로 복음주의 기독교 교단 쎈터에서 일하기 위해 페트로그라드에 돌아왔다. 다른 기독교인들과 함께 스톡홀름에서 1923년에 개최된 침례교 세계대회에 참석했다. 레닌그라드 성서강좌 운영에 큰 역할을 했고, 1924~1928년에 해석학을 강의했다. 1926~1930년에, 바실리옙스키Vasilievsky 섬 공동체를 지도했다. 비코프는 기독교인 잡지에 영적 기고를 한 저자로 유명하다. 비코프는 레닌그라드 봉쇄 기간에 사망했다.

베르비츠키 미하일 아파나시에비치 Verbitsky Mikhail Afanasevich (1900~1944년)는 기독교신앙복음주의 연합회 회장 조력자와 [복음의 목소리] 잡지 편집장인으로 활동했고, 목회자였다. 테르노필주 라노베츠키 지구의 페치르냐 마을에서 태어났다. 1922년에 복음의 길에 들어섰고, 1928년에 기독교 신앙 복음주의 교회의 목회자로 안수 받았다. 1933년에 기독교 신앙 복음주의 연합위 원회 위원에 포함되었고 연합 회장의 조력자였다. 1936~1937에 [복음의 소리] 잡지 편집자였다. 그는 또한 [복음 찬송가 모음집] 편집위원회에 포함되었다. 그의 지도하에, 우크라이나어로 [시편 복음 찬송가 모음집]이 출판되었다. 1944년에 베르비츠키는 전방으로 떠났다. 그는 전쟁이 끝나기 직전에 사망했다.

윌러 요한 Wheeler Johann (1839~1888년)은 침례교 연맹의 첫 번째 총회장이며 전도자이다. 러시아 남부의 교사 가정에서 태어났다. 다방면의 교육을 받았고, 러시아어를 잘 했다. 어린 나이에 메노파 공동체에 연합했고 1872년에 웅거를 통해 안수 받았다. 윌러의 주도로 1882년에 류켄나우에서 열린 회의에 러시아 형제들이 초청되었고 거기서 전도위원회 위원장으로 선출되었다. 1884년 4월 파시코프와 코르프가 소집한 페테르부르크 제1차 합동 총회에 참석했다. 1884년 4월 노보바실리예프카에서 개최된 회의에서 러시아 침례교 연합회 총회장으로 선출되었다. 그러나 얼마 뒤 복음 전파와 러시아인에게 침례 실시로 정교회 신도를 유혹한다고 여겨져, 제국 당국에 의해 박해를 받았다. 윌러는 강제로 루마니아로 이주해야 했고, 2년 동안 툴체아에 있는 러시아 침례교 공동체에서 사역했다.

보즈뉵 드미트리 레온티에비치 Voznyuk Dmitry Leontyevich(1923~1985년)는 복음주의 기독교침례회 총연맹 부총회장을 역임했다. 테르노필주 슙스키 지구 루스카야 구타 마을의 정교회 신자 가정에서 태어났다. 1937년에 그는 그리스도를 개인적으로 받아들였고 2년 후 믿음으로 침례를 받았다. 대 조국 전쟁 기간에 전투에 참여하여, 부상을 입었고 전쟁 종료 직전에 제대했다. 1945년에 슙스키 복음주의 기독교 교회의 교인이 되었다. 하나님의 말씀을 전파하면서 교회에서 봉사를 시작했다. 교회는 기독교 신앙 복음주의 연합에 소속 되었다. 1950년에 교회 실행부서의 대표로 선출되었고, 1957년에 목회자로 재직했다. 1968년 지역 목회자 회의에서 테르노필 주 담당 선임목회자로 위임되었다. 같은 해 우크라이나 공화국 목회자 협의회원이 되었다. 1969년 복음주의 기독교침례회 총연맹 총회에서 후보 위원으로, 1974년 총회에서는 위원으로 선출되었다. 1979년부터 갑작스런 죽음 직전까지, 보즈뉵은 복음주의 기독교침례회 총연맹 부총회장과 상임 위원을 역임했다.

보로닌 니키타 이사예비치(1840~1905년)는 러시아 최초의 침례교인이며 티플리스 공동체의 목회자였다. 보로닌이 침례 받은 날짜는 러시아에서 러시아 · 우크라이나 복음주의 침례교 운동의 시작으로 간주된다. 그는 사라토프 지방 발라쇼프의 우유파 가정에서 태어났다. 얼마 후 상업에 종사한 그의 부모는 티플리스로 이사했다. 거기서 젊은 보로닌 역시 상업에 종사했다. 다양한 사람들과의 만남과 대화를 통해 삶의 의미, 하나님과 영원에 대해 생각하게 되었다. 우유파의 열정이 있었기 때문에, 엄격한 규칙을 준수하고 경건함으로 구별된, 보로닌은 지역 우유파 공동체의 지도자가 되었다. 그런데 그는 회개와 회심과 침례에 관한 우유파의 견해를 완전히 나누지 못했다. 보로닌은 1867년에 그에게 귀중한 봉사를 제공해 칼바이트를 침례 교회로 인도해 준, 유명한 서적상이자 장로교인 야코프 델랴코비치 델랴코프를 만났다. 1867년 8월 20일에 칼바이트는 쿠라강에서 보로닌 에게 침례를 주었다.

얼마 후 보로닌과 그와 함께한 6명은 우유파 공동체에서 분리되어 러시아 최초의 침례교 공동체의 토대를 마련했다. 보로닌은 공동체의 지도자가 되었다. 주님은 그의 유산을 풍성하게 축복하셨는데, 3년 후 티플리스에서 믿음에 근거하여 침례받은 사람의 수는 이미 78명에 달했다. 티플리스에서 침례교 공동체가 출현한 소식은 남캅카스 전역에 퍼졌다. 살아있는 하나님의 말씀을 간절히 듣기 원하는 사람들이 티플리스에 오기 시작했다. 1887년에 보로닌은 체포되었고 경찰 감시 아래 오렌부르크 수용소로 4년 동안 보내졌다. 수용소에서 돌아 오자 그는 다시 볼로그다 수용소 5년형을 받았다. 여러 수용소에서 보낸 몇 년 동안, 그의 건강이 크게 악화되었다. 1905년 5월 로스토프나도누의 전러시아 침례교 총회에 도착했고, 보로닌은 중병에 걸렸으며 얼마 후 세상을 떠났다.

비주 로베르트 페트로비치 Vyzu Robert Petrovich(1914년생)는 복음주의 기독교침례회 총연맹의 상임위원, 에스토니아 선임목회자, 탈린 교회 목회자를 역임했다. 타르투에서 신자 가정에서 태어났다. 청년시절 주님께 회심했다. 침례교 신학교를 졸업한 후 타르투 교회 목회자의 조력자로 봉사했다. 1943년에 대학을 졸업했고, 다음 해에 탈린 교회의 목회자로 선출되었다. 1964년부터 에스토니아 선임목회자의 사무총장으로 재직했다. 1969년 총연맹 총회에서 비주는 복음주의 기독교침례회 총연맹 상임위원으로 선출되었다. 1970년 4월에 에스토니아 선임목회자로 재직했다. 1979년부터 비주는 복음주의 기독교침례회 총연맹의 상임위원이 되었다. 1985년에 사역에서 은퇴했다(형제들 소식, 1974년, 제3호, 64쪽).

비소치키 니콜라이 이바노비치 Vysotsky Nikolai Ivanovich(1898~1988년)는 찬양대장, 작곡가, 설교자였다. 오데사에서 태어났다. 젊은 시절에 주님을 알았고 오데사 교회에서 설교자와 찬양대장으로 봉사하기 시작했다. 1921년에 청년 총회의 대의원이었고, 1921년과 1926년에는 복음주의 기독교 총회 대의원이었다. 1948~1951년에 오데사주 선임목회자의 조력자로 협력했고, 그 후 키예프(1951~1953년)와 모스크바(1954~1959년)에 교회에서 찬양대장과 설교자로 봉사했다. 형제회에서 찬송가의 작곡가로 유명하다. 그의 작품 가운데 '주님, 당신을 바라봅니다'는 형제회 음악과 음악가 유산의 황금 기금에 포함되었다. 1966년 총연맹 총회에서 조정 업무를 맡았다. 그 후 수년 동안, 성서 통신 과정과 복음주의 기독교침례회 역사에서 찬양대장 활동 자료 준비에 중요한 이바지를 했다(형제들 소식, 1978년, 제5호, 71쪽).

게리카스 테오도라스 Gerikas Theodoras(1891~1946년)는 리투아니아 침례교 연합회 회장 겸 목회자와 설교자로 유명하다. 라트비아에서 태어나 자랐다. 아버지는 리투아니아 사람이었고 가톨릭 신자였다. 어머니는 라트비아 사람이고 루터교 신자였다. 청년 시절에 게리카스는 그리스도를 믿는 신앙을 가졌고 프레이의 출판사에서 서적상으로 일하기 시작했다. 1921년에 함부르크 침례교 신학교를 졸업하고 리투아니아로 사역을 위해 돌아왔다. 1923년부터 월간지 [티에소스 드라우가스](진리의 형제)를 발간하기 시작했다. 1927년에 샤울랴이에 공동체를 조직했고, 1932년에 카우나스로 이사했고, 침례교 공동체의 목회자로 봉사했다. 1933년에 목회자로 안수 받았다. 1933년 리투아니아 침례교 총회에서 게리카스는 리투아니아 침례교 연합회 회장으로 선출되었다. 1940년에 신자들의 요청에 따라 독일계 카우나스 침례교회에서 목회자로 재직했다. 1941년에 본국 송환에 따라 독일로 떠났다. 도중에 병에 걸려 사망했고 베를린에 묻혔다.

골랴예프 일리야 안드레예비치 Golyaev Ilya Andreevich(1859~1942년)는 러시아 침례교 연맹 총회장 겸 사라토프 주 발라쇼프 교회의 목회자였다. 우유파 가정 출신이다. 청년 시절에 주님은 그에게 진리의 길을 보여 주셨다. 발라쇼프에 도착한 침례교인 체트베르닌과 데마킨을 만났고 뒤에 이바노프를 만났다. 형제들과의 교제는 그의 영혼에 지울 수 없는 감명을 주었고 영적 탐구에 영향을 주었다. 페스키에서 온 친구와 함께 데마킨에게서 침례를 받았다. 골랴예프와 데마킨의 협력 사역 결과 발라쇼프와 페스키에 커다란 침례 교회가 설립되었다. 골랴예프는 50년 이상 발라쇼프 교회에서 목회자로 재직했다. 하나님의 말씀을 전파하면서 많은 나라를 여행했다. 형제회내 활동적인 지도자로 침례교 연합회 총회장을 3번 역임했다. 1911년에 러시아 침례교 대표단의 대표로 미국 필라델피아에서 개최된 침례교 세계대회에 참석했다. 타슈켄트에서 투병 생활 중 사망했다(형제회 소식, 1945년, 제2호, 28쪽).

그라체프 유리 세르게예비치 Grachev Yuri Sergeevich(1911~1973년)는 하나님 사역

분야에서 열정적인 일꾼이었고, 쿠이비셰프 교회의 설교자 겸 러시아 형제회 역사에 관해 많이 기고한 기고자이다. 침례교 신자의 후손이었다. 아버지는 사마라에 있는 교회의 지도자이자 설교자였다. 18세의 청년 그라체프는 주님과 거룩한 약속을 맺었고 침례 후 주님을 전파하기 시작했다. 성인이 되어 설교자의 사역을 계속했다. 수년 동안 그라체프는 복음주의 기독교침례회 역사에 관한 자료를 수집하는 데 헌신했다. 많은 글이 형제들 소식 잡지에 실렸다. 직업은 의사였다. 박해를 받았고 중병에 걸려 세상을 떠났다.

다츠코 파벨 야코블레비치 Datsko Pavel Yakovlevich(1884 ~ 1941년경)는 침례교 연맹 회계를 역임했고, 전 우크라이나 침례교 연맹의 부총회장이었으며 모스크바 성서강좌에서 가르쳤다. 젊은 나이에 그리스도 안에서 구원의 소식을 받아들였고, 열심히 하나님의 말씀을 전파하기 시작했다. 1908년에 모스크바에서 개최된 제1차 기독교 청년 대회에 참석했다. 1911년에 리가 신학교를 졸업했다. 같은 해 미국에서 개최된 제2차 침례교 세계 대회에 참석했다. 1925년에 하르키우에서 개최된 우크라이나 침례교 연맹의 제4차 총회에서, 다츠코는 연맹의 부총회장으로 선출되었다. 1926년에 우크라이나 형제회 지도부가 우크라이나 침례교 잡지 발행에 착수했을 때, 다츠코는 잡지의 책임 편집자가 되었다. 제26차 침례교 총연맹 총회에서 침례교 연맹의 회계로 선출되었다. 1927년 모스크바에서 성서 강좌 개강 후 교수 활동에 참여하기 시작했다. 신자들은 그를 재능 있는 시인으로 알고 있다. 시 작품 가운데 일부는 침례 교회의 즐겨 부르는 찬송가가 되었는데, '당신은 나의 구세주', '예수', '영혼의 구세주' 등이 널리 알려졌다. 침례교 잡지에 실린 영적 깊이가 있는 다수의 글을 기고했다. 박해를 당해 고향과 친구로부터 멀리 떨어져 사망했다.

델랴코프 야코프 델랴코비치 Delyakov Delyakovich 야곱(1829~1898년)는 서적상으로 일했고, 러시아 국내 전도자였고, 노년의 몇 년 동안은 블라고베셴스크 침례교 공동체를 이끌었다. 야코프 델랴코비치 델랴코프(그의 본명은 카샤 야굽)는 민족의 뿌리는 앗시리아인이다. 짓코프의 자료에 의하면 그는 페르시아(현대의 이란) 우르미야에서 태어났다. 성서 학교를 수료한 후 델랴코프는 러시아에 왔다. 오랫동안 바쿠, 엘리자벳폴, 티플리스와 블라디캅카스 등지의 남캅카스에서 성서공회 서적상으로 일했다. 1867년에 티플리스에서 정교회로부터 나온 신자들과 접촉을 시작했다. 델랴코프는 보로닌에게 침례를 준 칼바이트를 우유파였던 보로닌에게 소개했다. 델랴코프는 성서보급과 함께 자신의 신념을 전파했다. 당시 그는 장로교 인이어서 유아 세례의 필요성을 확신했다. 니즈니 볼가 지역을 여행하면서 차리친 부근에 있는 두보프카 마을에 도착했다. 거기서 그는 미망인 기독교 신자 안나 바실리예브나 짓코바를 만났고 그의 운명은 그녀와 관련되었다. 안나 바실리예브나 에게는 이미 델랴코프의 일을 돕고 있는 장성한 아들 이반 이바노비치 짓코프가 있었다. 1880년대 초, 그들은 페테르부르그에 있는 파시코프가 출판한 경건 서적을 함께 배포했다. 델랴코프는 1884년 페테르부르그에서 개최된 복음주의 교단 대표자들의 첫 번째 연합 총회에 참여했다. 시간이 지나면서 델랴코프는 유아 세례에 관한 자신의 견해를 바꾸었다. 1886년에 그는 침례를 받았고 러시아의 많은 도시와 마을에서 기독교침례회 그룹을 만들기 시작했다. 그가 제정 당국에 의해 박해를 받게 되었을 때, 침례교 연맹 총회장 마자에프는 활동의 성격을 바꾸라고 조언했다. 1889년에 그는 블라고베셴스크로 이사했다. 1895년에 그는 잘 조직된 침례교 공동체를 이끌었다. 델랴코프는 블라고베셴스크에서 생애를 마쳤고 아무르주 길친 마을에 묻혔다.

제쿠츠말레이 루카 니콜라예비치 Dzekuts~Maley Luka Nikolaevich(1889~1949년)는 벨로루시 형제회 개척자 중 한 사람으로 브레스트 교회의 목회자와 찬양대장이었다. 흐로드나주의 슬로님 지역에서 태어났다. 사범학교를 졸업 후 교사와 학교 감독관으로 일했다. 벨로스톡에 있는 러시아 군대에서 복무하는 동안 그리스도를 믿었고 1912년에 독일 침례 교회에서 침례를 받았다. 후에 페테르부르크의 프로하노프가 만든 성서 강좌에서 공부했다. 1920년에 슬로민스크 지역에 있는 고향으로 돌아왔고, 1921년에는 브레스트로 옮겼다. 브레스트에서 침례교 공동체를 조직하여, 목회자로 봉사했고, 단기 성서과정과 찬양대장과정을 개설했다. 브레스트 주에서 전도 분야에서 일한 결과로 신자들의 공동체가 생겼다. 2차 세계 대전 후 그의 생애를 마친 폴란드에서 살았다.

두브롭스키 블라디미르 알렉산드로비치 Dubrovsky Vladimir Aleksandrovich(약

1900~1968년)는 전국 복음주의 기독교 연합회 회계와 레닌그라드 성서 강좌의 재정 업무를 담당했다. 레닌그라드뿐만 아니라 러시아내 다른 지역 교회에서 설교자로 알려져 있다. 그가 기고한 여러 편의 영적인 글들은, 기독교 잡지에 실렸는데, 그 중 가장 유명한 것은 만나, 하늘의 새들, 달려가시오, 탕자등이다. 1926~1928년에 성서, 신약, 사복음서 대조서, 곡조와 무곡조 복음성가집 출판에 적극 참여했다. 그후의 생애는 쉽지 않았다. 그런데, 슬픔의 계곡을 지나면서 하나님의 축복의 원천을 발견했다. 뇌출혈로 밝고 활기찬 시간이 없어졌고 사역자는 완전히 무력해졌다. 심페로폴에서 세상을 떠났다(형제들 소식, 1969년, 제2호, 69쪽).

옙스트라텐코 안드레이 레온티에비치 Evstratenko Andrey Leont'yevich (1863~1921년)는 시베리아 침례교 연합회 회장, 목회자, 전도자였다. 고향은 마힐료우 지방의 우소히 마을이다. 정교회 환경에서 자라고 양육되었고 열심있는 정교회 신자였다. 청년기에 러시아 남쪽에서 시작된 시계파 운동과 만나면서 이후 그의 모든 삶이 결정되었다. 19세에 그리스도를 믿고 작은 공동체의 교인이 되었다. 회심은 기독교 신자들이 심한 박해와 잦은 구금을 당하던 포베도노스체프 시기 초반에 발생했다. 1886년 그는 아내와 함께 침례를 받았다. 프리마첸코, 목회자가 추방된 후 옙스트라텐코가 사역을 대신했다. 1887년에 마자예프의 조언에 따라 박해가 훨씬 약했던, 캅카스로 이주했다. 그를 따라 공동체의 25가정이 이사했다. 캅카스에 정착한 사람들은 프로홀라드나야역 근처에서 자신들의 농장을 구성하고 이름을 가리쿠샤라 했다. 그 기간 동안 옙스트라텐코는 캅카스와 시베리아로 전도 여행을 많이 했다. 이르티시강에서 1897년에 그는 3명의 회심자에게 침례를 주었다. 그는 평생 동안 3천명 이상의 신자에게 침례를 주었다. 1899년 옙스트라텐코와 농장의 거의 모든 거주민들이 시베리아로 이주했다. 옴스크에서 공동체를 조직하고 설립하는 데 많은 일을 했다. 그리스도를 전파하며 많은 다른 지역을 방문했다. 1904년에 이바노프와 빈스에 의해 시베리아 지역 목회자로 안수 받았다. 같은 해에 시베리아 연합회 회장으로 선출되었고 맡은 사역을 생애 동안 감당했다. 전국 침례교 연맹 정기 총회에 참석했다. 그는 1911년에 시베리아 대표 자격으로 미국 필라델피아에서 열린 제2차 침례교 대회에 참석했다.

짓코프 이반 이바노비치 Zhidkov Ivan Ivanovich(1858~1928) 성서공회 창고 책임자, 그 후 복음주의 침례교 형제회의 유명인사, 상트페테르부르크 복음주의 기독교 공동체의 목회자였다. 그는 러시아 남부의 경건한 우유파 가정에서 태어났다. 그는 어린 시절부터 성서 읽기를 좋아했고, 70대 초반에 볼가 저지대에 복음의 소식이 전파되기 했을 때, 믿음으로 침례를 받았다. 침례 후, 짓코프는 하나님의 분야에서 열심히 일하기 시작했다. 1876~1896년에 짓코프와 그의 계부였던 델랴코프는 영국 성서 공회 활동에 밀접하게 관련되었다. 서적상으로 일하기 시작했고, 1883년부터 하르키우에 있는 공회의 창고 관리자가 되었다. 성서를 나눠 주면서 모든 사람에게 구세주를 전파했다. 그의 아파트에서는 정기적으로 복음 집회를 열렸다. 1901년에 페테르부르크에 도착하여 복음주의 기독교 공동체 생활에 합류했다. 10년 후 볼가로 돌아와 복음 전파에 큰 성과를 얻었다. 1925년에 목회자로 안수받았다. 1926년에 전국 복음주의 기독교 제10차 레닌그라드 총회에 참석했고, 1927년 여름에 레닌그라드로 옮겨 복음주의 기독교 공동체에서 목회자로 재직했다.

짓코프 야코프 이바노비치 Zhidkov Yakov Ivanovich (1885~1966년)는 유명한 복음주의 침례교 운동가, 복음주의 기독교침례회 총연맹 총회장, 모스크바 교회 명예 목회자, 세계 침례교 연맹의 부회장, 기독교 평화 협의회 자문위원회 위원을 역임했다. 그는 볼가에서 구체적으로는 차리친 근처 두보프카의 작은 마을에서 태어났다. 17세에 그리스도께 회심했고, 1년 후 1903년에 침례를 받았다. 얼마 후 짓코프는 페테르부르그로 이사했고 열정적으로 복음주의 기독교 공동체에서 일하기 시작했다. 거기서 그는 여러 해 동안 복음전파에 열심히 협력했던 프로하노프와 가까워졌다. 1913년에 야코프 이바노비치는 차리친으로 돌아왔다. 거기서 그는 침례교회 활동에 합류했다. 1917년에 짓코프는 차리친 복음주의 기독교 교회의 지도자가 되었고, 복음주의 기독교와 침례교가 통합된 1920년 이후에, 볼가 저지대에서 연합된 복음주의 두 교단 신자들과 공동으로 사역하는 데 동참했다. 1924년에 짓코프는 레닌그라드에서 있었던 전국 복음주의 기독교 연맹 총회의 상임위원회에 참여했다. 상임위원들은 그를 전국 복음주의 기독교 연맹의 부총회장으로 일하도록 초청했다. 그의 참여로 대형판 성서, 신약, 사복음서 대조, 악보와 무악보 복음성가집이 출판되었다. 프로하노프가 해외로 떠난 1928년에 짓코프는 복음주의 기독교 연맹 총회장이 되었고, 1932년에 연맹 사무실과 함께 모스크바로 이주했다. 1944년에 복음주의 기독교와 침례교의 공동 회의에서 짓코프를 통합 연맹의 대표로 선출했다. 그 직임은 그의 남은 생애 동안 계속되었다. 1954년 야코프 이바노비치는 스웨덴, 영국, 미국의 침례교와 퀘이커 신자들을 스웨덴에서 만나기 위해 침례교 지도자들과 함께 처음으로 해외에 나갔다. 이듬해 런던의 침례교 세계대회에서 짓코프는 침례교 세계 연맹의 부회장으로 선출되었고, 1960년에 리우데자네이루 대회에서 부회장에 재임되었다. 기독교 평화 운동 시작 해인 1958년에 프라하에서 개최된 기독교 평화회의 자문 위원회에 포함되었다. 1962년 파리에서 열린 세계교회협의회 중앙위원회 회의에도 참석했다. 짓코프는 다양한 기독교 잡지에 많은 글을 기고했다(형제들 소식, 1945년, 제2호, 67쪽; 1957년, 제3호, 69쪽; 1967년, 제1호, 51쪽).

이바노프 안드레이 페드로비치 Ivanov Andrey Fedorovich(1882~1943년)는 키시나우 복음주의 침례회 교회의 목회자였고 몰도바의 형제회를 만든 한 사람이다. 이바노프는 우유파 가정 출신으로 키시나우에서 태어났다. 이바노프의 영적 각성과 부흥은 파블로프와 티모셴코의 설교의 영향으로 나타났다. 복음주의 가르침을 받아들인 후 신앙에 근거한 침례의 필요성을 인식했고, 그는 같은 생각을 가진 사람들과 함께 우유파 공동체를 떠났다. 이바노프는 1908년 3월에 오데사에서 침례를 받았다. 1년 후 그는 목회자로 안수 받았다. 이바노프는 1차 세계 대전을 제외하고, 그 일을 거의 끝까지 수행했다. 1941년에 이바노프는 체포되어 유죄 판결을 받았고, 2년 후 감옥에서 사망했다. 1957년에 이바노프는 사후 복권이 되었다.

이바노프 바실리 바실리예비치 Ivanov Vasily Vasilyevich(1846~1919년)는 복음주의 침례교 형제회의 유명한 사역자, 바쿠 교회의 목회자, 침례교 잡지의 편집인, 영적 작가였다. 어린 시절과 그의 생애 대부분을 엘리자벳폴 지방의 노보이바노프카 마을에서 보냈다. 우유파 가정에서 자란 그는 그리스도를 믿는 사람들은 반드시 침례를 받아야 한다는 복음의 진리를 청년기에 들었다. 1871년 10월 31일 25세의 나이에 이바노프는 쿠라강에서 침례를 받았다. 1895년 이바노프는 선교 활동으로 인해 체포되어 슬루츠크로 추방되었다. 추방 기간 종료 후 바쿠에 도착하여, 곧 교회 목회자가 되었다. 1900~1917년 기간에 목회자로 재직했다. 문학적 재능을 가진 이바노프는 1889년부터 출간된 비공식적 잡지 대담 출판에 많은 일을 했고, 1907년부터 침례교 연맹의 잡지인 침례교 공식 기관에서 일을 계속했다. 이바 노프는 1879년에 티플리스에서 개최된 제1차 형제회 회의에 참석했고, 여러 총회의 대의원이었다. 1884년에 노보바실리예프카 총회에서 그는 복음 전도자로 선출되었다. 그는 1905년과 1911년의 제 1, 2차 세계 침례교 대회의 대의원이었다. 1908년 8월 베를린에서 개최된 유럽 침례교 대회에 참석한 대표단에 포함되었다. 1913년 그는 침례교 잡지 편집자의 일을 맡았다(형제들 소식, 1982년, 제1호, 47쪽).

이바노프 일리야 그리고리에비치 Ivanov Ilya Grigorievich(1898~1985년)는 몰도바 담당 선임목회자를 역임했고, 후에 복음주의 기독교침례회 총연맹 총회장을 지냈다. 그는 20세의 나이에 그리스도를 그의 구세주로 받아들였고, 모스크바 교회에 합류하여 복음 전도에 열심히 일하기 시작했다. 1924년에 이바노프는 레닌그라드 성서 강좌를 수료 하고 순회 전도자로서 일을 계속했다. 박해 기간 동안, 많은 선배 형제들과 마찬가지로, 이바노프도 추방 당하여 솔로베츠키 수용소와 백해 운하 건설에 참여했다. 1944년 초에 카레프와 짓코프는 이바노프를 총회로 초빙했고 그에게 몰도바 선임목회자의 사역을 맡겼다. 복음주의 기독교침례회 총연맹 상임위원으로 연맹의 회계 업무를 오랫동안 맡았다. 1966~1974년에 복음주의 기독교침례회 총연맹 총회장을 지냈다. 영적 활동 외에도 평화를 견고히 하는 일에 많은 노력을 기울였다. 1974년부터 복음주의 기독교침례회 총연합회 연금생활자가 되었다. 1985년 2월 1일, 그는 87년의 생애를 마치고 세상을 떠났다(형제들 소식, 1968년, 제3호, 75쪽; 1978년, 제3호, 55쪽; 1988년, 제4호, 83쪽).

이바노프 - 클리시니코프 파벨 바실리예비치 Ivanov~Klyshnikov Pavel Vasilievich(1896~1943년)는 침례교 연방 연합회 서기였다. 아버지 이바노프가 수용소 생활을 보냈던 슬루츠크에서 태어났다. 1906년에 사마라에 있는 공립 학교에서 공부했다. 어렸을 때 그리스도께 회심하여 믿음에 근거하여 침례를 받았다. 1917년에 모스크바 국립대학교 법학과를 졸업하고 옙파토리야에서 변호사로 일했다. 그의 가족은 아버지와 함께 1918년부터 타우리드 지방의 멜리토폴군의 노보바실리예프카에서 살았다. 1923년 제25차 침례교 연맹 총회에서 이바노프 - 클리시니코프는 침례교연맹 협의회원이 되었고, 1926년 제26차 침례교 연맹 총회에서 침례교 연방 연합회 운영부회장과 연맹의 서기로 선출 되었다. 1929년과 1933년에 박해를 받아 알마아타와 카라간다의 수용소에서 지냈다.

인케나스 요나스미켈레비치 Inkenas Jonas Mikelevich(1905~1983년)는 라트비아 형제회 사역자, 복음 전도자, 리투아니아 선임목회자를 역임했다. 리투아니아에서 태어났다. 청년기에 주님께 회심하여 그의 신실한 추종자가 되었다. 리가에 있는 신학교를 졸업했다. 1932년 미국 유학을 가서 신학대학교를 졸업하고 학사 학위를 받았다. 1934년 베를린에서 개최된 세계 침례교 대회에 참석했다. 1947~1951년에 리투아니아 담당 선임목회자로 봉사했다. 1956~1978년에 가족과 함께 라트비아에서 살았고 영적 사역을 했다. 인추칼른스 교회 운영위원회 회장이었고, 1966~1978년에 리예파에 교회에 재직했다. 1966년에 공화국 감독 협의회 위원에 포함되었다. 1966, 1969, 1974, 1979년에 총연맹 정기총회의 대의원이었다. 생애 말년을 클라이페다에서 지냈다. 1981년부터 리투아니아 선임목회자로 봉사했다. 사역 이후 세상을 떠났다(형제들 소식, 1983년, 제6호, 57쪽).

카자코프 니콜라이 알렉산드로비치 Kazakov Nikolai Alexandrovich(1899~1973년)는 형제회에서 작곡자와 시인으로 알려져 있다. 그는 또한 레닌그라드 성서강좌의 강사와 교회 설교자로 활동했다. 티플리스의 기독교 가정에서 태어났다. 1916년 공립학교를 졸업하고 페트로그라드 공과대학교에 입학했다. 페트로그라드에서 그리스도께 돌아왔고 지역의 복음주의 기독교 교회 젊은이들과 교류했다. 1921년부터 전국 복음주의 기독교 협의회에서 작곡가로 일했고 후에는 설교자로 일했다. 복음주의 기독교단의 위임을 받아 하나님 말씀을 선포하기 위해 여러 지방을 다녔다. 7년 동안 악보 복음성가집과 기독교인 잡지에 카자코프가 만든 음악 작품 60개 이상이 인쇄되었다. 1925~1928년 기간에 카자코프는 성서강좌 내 찬양 대장 교육을 담당했다. 1930년부터는 시민 업무로 옮겼다. 1935년에 박해를 받아 가족과 함께 레닌그라드에서 우파로 추방당했다. 전쟁의 4년 동안 전방에 있었고, 붉은 별 훈장을 받았다. 인생에서 많은 어려움에도 불구하고, 음악활동을 포기하지 않았다. 몇 곡의 찬송가, 크리스마스 음악회, 크리스 마스 오라토리오와 같은 주요 작품을 창작했다. 1967년에 복음주의 기독교침례회 형제회 100주년을 맞이하여, 카자코프는 100주년 제목의 음악 작품을 창작했다. 또한 사슴이 시냇물을 찾듯이 찬송가 역시 그의 작품이다. 생애 마지막 4년은 레닌그라드 에서 보냈다(형제들 소식, 1973년, 제5호, 67쪽).

칼베이트 마르틴 카를로비치 Kalveyt Martin Karlovich(1833~1918년)는 우유파에서 회심한 보로닌에게 침례를 주었다. 티플리스 공동체의 집사였다. 리투아니아의 작은 마을 타우락에 있는 매우 가난한 루터교 가정에서 태어났다. 13세에 마틴은 다른 가정에 넘겨졌다. 독일에서 리투아니아로 이주한 루터교 가족이 그를 입양했다. 그 가족은 리투아니아인들에게 복음을 전하기 위해 하나님이 선택한 그릇이었다. 활발한 대화와 하나님 말씀을 함께 읽은 결과 막내 딸이 믿음을 가졌다. 그 후, 그녀는 칼베이트의 아내가 되었고, 1858년 5월에 칼베이트 부부는 이웃 마을에 살았던, 침례교인을 통해 믿음에 근거하여 침례를 받았다. 1863년에 마르틴 칼베이트는 코카서스에서 군복무를 하고 있는 친형제에게로 이사했다. 마르틴 부부와 함께 그리스도인 두 자매가 티플리스에 도착했다. 1867년 8월 20일에 칼베이트는 쿠라강에서 보로닌에게 침례를 주었다. 복음을 전파하면서 당국과 성직자측의 박해를 피하지 않았다. 1891년에, 예리반 지방에 있는 기류시에 5년간 추방되었고, 그 후에 예리반에서 국가 헌병의 감시하에 살았다. 추방 기간이 3년간 연장되었다. 추방 기간이 종료된 후 칼베이트는 티플리스로 돌아왔고, 얼마 후 딸이 사는 프로흘라드나야 마을로 이사했다. 그 곳에서 그는 자신의 생애를 마감했다.

칸델라키 일리야 미하일로비치 Kandelaki Ilya Mikhailovich(1888~1927년)는 조지아 사람들에게 복음을 전했다. 그는 조지아에서 태어났다. 그는 티플리스 기술 학교에서 공부했다. 그는 25세에 그리스도를 개인적인 구세주로 믿었으며 거룩한 침례를 통해 그리스도와 약속을 맺었다. 1924년 5월 18일 칸델라키는 티플리스 교회에서 교사로 안수 받았다. 1926년 1월 1일 칸데라키는 침례교 연맹에 의해 조지아인 대상 복음 전파를 위해 초빙되었다. 그는 티플리스에서 한 그룹의 그루지야 신자들과 찬양대를 조직했다. 조지아어로 복음성가집 믿음의 노래도 출판했다. 침례교 연맹의 위임을 받아 복음서를 조지아어로 번역하기 시작했다. 1926년 12월 제26차 전국 연합 침례교 총회에 대의원으로 참석하여, 거기서 조지아인 전도에 관해 발표했다. 칸델라키는 카헤티야와 서부 조지아로 전도 여행을 자주 떠났다. 당시 그 지역에서 일하는 것은 큰 위험을 안고 있었다. 1927년 8월 24일 카헤티 마을 회의에 소환된 후 종교적인 동기로 악의를 품은 사람에 의해 사망했다. 칸델라키는 티플리스에 묻혀 있다.

카르겔 이반 벤냐미노비치 Kargel Ivan Veniaminovich(1849~1937년)는 영적 작가와 성서 해석자로 알려져 있다. 그는 페테르부르크 교회의 목회자이자 하나님의 말씀을 전하는 설교자였다. 침례교의 유명한 지도자 파블로프의 증언에 따르면 카르겔의 영적 탄생은 티플리스에서 일어났다. 청년 카르겔은 열심히 하나님의 말씀을 읽었고, 성경에 기록된 구세주의 모습 페이지에서 강한 감동을 받았다. 그리스도와 그의 부활의 능력을 더 알기 원해, 함부르크 침례교 신학교를 졸업했다. 카르겔은 유명한 복음주의 활동가인 파시코프와 코르프와 함께 페테르부르크의 상류사회에서 그리스도의 가르침을 전파했다. 1884년에 카르겔은 페테르부르크에서 개최된 복음주의 분파 대표자들의 첫 번째 합동 총회에 적극적으로 참여했다. 같은 해에 그는 노보바실리예프카에서의 회의에 참석했다. 파시코프와 코르프가 러시아에서 추방된 후 카르겔은 그들의 일을 대신하여 계속했다. 1903년 그는 베를린에서 열린 유럽 침례교 회의에 대의원으로 참석했다. 오랫동안 그는 프로하노프와 함께 일했다. 그는 영국인 설교자 베데커와 함께 러시아 전역과 사할린으로 전도 여행을 했다. 그는 문학 및 설교 활동을 함께하며 1924~1928년 기간에 레닌그라드의 성서 강좌에서 5년간 가르쳤다. 카르겔은 장수했고, 죽기 전까지 총명함과 좋은 기억력을 유지했다(형제들 소식, 1979년, 제6호, 47 쪽).

카레프 알렉산드르 바실리예비치 Karev Alexander Vasilyevich(1894~1971)는 러시아 복음주의 침례교 운동가, 복음주의 기독교침례회 총연합회 사무총장, 형제들 소식 잡지 편집장, 영적 작가이자 열정적인 복음 설교자로 유명하다. 페테르부르그의 철도 공무원 가정에서 태어났다. 3살 때 아버지를 여의었고, 5살 때 어머니는 그를, 부모 중 한 명을 잃은 어린이들이 사는 보육원 학교에 보냈다. 5년 후 학교를 마친 후 독일어 중등학교에 입학했다. 1913년 1월에 그의 방에서 경건 서적을 읽으면서 마음 속에 주님을 향한 사랑으로 타올라 기도하면서 회심했다. 1914년 12월에 침례를 받았고 페트로그라드 복음주의 기독교 교인이 되었다. 중등학교를 졸업하고 종합공과 대학교의 사회경제학과에 입학했다. 대학교 학업을 병행하며 예배 모임과 기독교 학생회에 참석했다. 1915년 3월 5일에 첫 번째 설교를 했다. 그 후 설교, 현악 합주단 연주, 잡지 [소명] 편집, 잡지 기고 등으로 페트로그라드 공동체에서 일하기 시작했다. 1922년 군복무를 마친후 카레프는 복음주의 기독교 연맹 교단에서 영적인 일에 전적으로 헌신했다. 등록부서장이 되었고, 성서 강좌에서 가르쳤고, 자주 자리를 비우는 프로하노프를 대신했다. 그 기간에 카레프의 문학적 창의력이 꽃을 피웠다. 모스크바에서 전도자로 복음전도 활동을 계속하면서, 전국을 다녔다. 1944년에 복음주의 기독교단과 침례교단 회의에서 카레프는 복음주의 기독교침례회 연맹 사무총장으로 선출되었다. 그 일을 생애 마지막까지 감당했고, 동시에 [형제들 소식] 편집장을 역임했다. 1953년에 카레프는 처음으로 해외 여행지 스웨덴을 방문했다. 모두 약 40번의 해외 여행을 했다. 또한 사회적이고 종교적인 활동가로 알려져 있다. 세계 평화 협의회, 평화 재단, 소련~미국 관계 연구소 협의회의 회원이었다. 과중한 일이 건강에 영향을 주었다. 1968년 어려운 수술을 받았다. 1971년 11월 24일 복음주의 기독교침례회 총연맹 상임 위원회 회의에 관한 보고서를 작성하다가, 자신의 책상에서 사망했다(형제들 소식, 1955, 제1호, 57쪽; 1974년, 제6호, 69쪽).

케세 알베르트 이바노비치 Keshe Albert Ivanovich(1889~1961년)는 찬양대장, 작곡가, 설교자였다. 페테르부르크의 복음주의 성향 신자 가정에서 태어났다. 아버지는 레닌그라드 공동체에서 관현악단을 지도했다. 음악적 재능은 어린 시절에 나타났다. 그는 정확하게 노래하고, 첼로와 피아노를 잘 연주했다. 타고난 능력과 근면함 덕분에, 체계적인 음악 교육을 받지 못했지만 뛰어난 창의적인 결과를 거두었다. 15년 동안 레닌그라드 복음주의 기독교 공동체의 찬양대장이었고, 교향악단을 운영했으며, 오케스트라 음악 작품을 창작했다. 주목할만한 영적 찬송가를 썼고, 그 중 일부는 악보가 있는 복음성가 모음집에 포함되었다. 작곡가 카자코프와 함께 복음성가집의 편집 작업에 참여했다. 영적 잡지에 실린 음악과 노래에 관한 수 많은 글을 기고했다. 몇 년 동안 많은 어려움과 아픔을 겪었다. 자신의 생애 마지막 해를 설교자로 봉사했던, 크라스노다르 지방 템류에서 보냈다. 거기서 주님과 그 백성들이 사는 세계로 영원히 떠났다(형제들 소식, 1981년, 제4호, 45쪽.).

키르춘 안톤 그리고리예비치 Kircun Anton Grigorievich(1880~1938년)는 흐로드노 주의 젤뱐스키 지구에 있는 마리치 마을에서 태어났다. 직업은 교사였다. 제1차 세계 대전 중에 그는 옴스크에 살았고, 거기서 믿음을 가졌고, 옴스크 침례교회에 합류했다. 1922년에 젤뱐스키로 지구로 돌아와 지역 주민들에게 하나님의 말씀을 전파하기 시작했다. 얼마 후 작은 마을 젤바에서 사역을 통해 침례교 공동체가 형성되었고, 목회자로 재직했다. 1923년에 8명의 회심자들에게 처음으로 침례를 주었다. 그 중에는 그의 아내와 아들이 있었는데, 나중에 아들은 지역 교회 찬양대에서 찬양대장으로 봉사했다. 흐로드노 지역에서 하나님의 역사가 이루어 졌다.

클리멘코 안드레이에 옙티히예비치 Klimenko Andrey Yevtikhiyevich(1913년생)는 1974~1985년 기간에 복음주의 기독교침례회 총연맹 총회장, 1979~1980년에 러시아 연방 담당 선임목회자, 쿠이비솁스카야 교회의 목회자를 역임했다. 사마라 주(현재는 쿠이비솁스크 주)의 트로이츠크 시골에 있는 정교회 신자 가정에서 태어났다. 1925년에 믿음을 가졌고, 1927년에 침례를 받았으며, 그 후 그리스도와 갈보리 십자가에서 성취한 속죄에 대해 설교하기 시작했다. 1930년에 쿠이비세프로 이사하여 설교자의 사역을 계속했고, 그후 교회의 집사가 되었다. 1949년에 목회자로 안수 받았다. 1963년에 여러 주의 선임목회자 직을 맡았고 그 해에 복음주의 기독교침례회 총연맹 회원이 되었다. 1971년에 복음주의 기독교침례회 총연맹 상임위원회의 총회에서 복음주의 기독교침례회 연맹의 부총회장으로 선출 되었다. 1974년 복음주의 기독교침례회 총연맹 총회에서 복음주의 기독교침례회 총연맹 총회장의 직무를 맡았다. 1985년에 사역에서 은퇴했다(형제들 소식+ 1973년, 제5호, 65쪽; 1978년, 제5호, 68 쪽).

코발코프 바니파티 미하일로비치 Kovalkov Vanifatiy Mikhailovich (1898~1989)는 복음주의 기독교침례회 총연맹의 회원, 통합위원회 위원장(1966년)을 역임했고 복음주의 기독교침례회 역사 자료 수집을 위해 일했다. 랴잔주의 프로투라 마을에 있는 농업인 다자녀 가정에서 태어났다. 1917년에 그리스도를 개인적인 구세주로 믿었고 다음 해에 침례를 받았다. 1920년에 류보미르카에서 개최된 지방회에서 순회 설교자로 임명 되었다. 1921년에 제2차 전국 우크라이나 침례교 총회에서 전도자 사역을 맡았다. 1922~1923년에 찬양대장 아담 주도로 모스크바 제2침례 교회에 개설한 찬양대장 강좌에서 공부했고, 파블로프와 티모셴코가 운영한 단기 성서 강좌에서도 공부했다. 침례회 교단 총회에 많이 참석했다. 형제들 소식 잡지에는 하나님의 분야에서 활동한 사역자에 관한 회상과 복음주의 기독교침례회 소속 일부 교회의 발생 역사에 관한 개요를 기고한 코발코프의 글이 있다(형제들 소식 1979년, 제2호, 67쪽).

콜로스코프 이반 니콜라예비치 Koloskov Ivan Nikolaevich(1874~1932년)는 복음주의 기독교 절제 운동의 지도자였다. 툴라 지방의 농민 가정에서 태어났다. 젊었을 때 페테르부르크에 살면서 페테르부르그 절제운동가 요한 추리코프(사마라의 요한)와 가깝게 지냈고 그에게서 절제 생활의 교육을 받았다. 모스크바 환락가 단골 손님들 사이에서 사역을 시작하면서 짧은 시간에 많은 사람들에게 회개와 절제의 생활을 촉구했다. 마르친코프스키는 사람들을 설득할 수 있는 그의 능력은 놀랍다고 그에 대해 기록했다. 1911년에 콜로스코프는 정교회에서 출회되었고 부트리스카야 교도소에서 1년 형을 선고 받았다. 석방 후 절제 생활회를 조직하여 계속 활동했다. 1920년대에 복음주의 기독교인들과 특히 개인적으로 프로하노프와 가까워졌는데 포로하노프는 수차례의 절제 대담에 참여했다. 모임 결과로 그는 침례를 받았고 얼마 후 복음주의 기독교 절제회를 조직했다. 그런데 콜로스코프는 복음주의 기독교 계열에서 4년 남짓 머물렀고 오순절 교리에 매료되어 떠났다. 다음 몇 년 동안 노동 조합, 2개의 농업 정착촌을 모스크바 근교 칼레디노와 베르제초보 마을에 만들었고 고아들을 위한 정착촌도 만들었다.

코르프 모데스트 모데스토비치 Korf Modest Modestovich(1843~1936sus)는 페테르부르크에서 복음주의 부흥 운동의 첫 번째 지도자의 한 사람이고, 영적 도덕적 문서 출판사의 회원이었다. 귀족 가문의 후손이었고 왕실에 가까웠다. 아버지는 니콜라이 1세와 알렉산드르 2세 황제 밑에서 높은 공직에 있었다. 어렸을 때부터 국가에 봉사하기 위해 준비했다. 그 당시 하나님에 대해 진지하게 생각하지 않았지만, 청년 시기에 정교회를 열심히 다녔다. 1874년 레드스톡과의 만남은 그에게 잊을 수 없는 인상을 남겼다. 1874년 3월 5일 예배 모임 후 기도로 주님께 회심했다. 회심 후 페테르부르그 공동체에서 복음을 전하기 시작했다. 기쁨으로 복음의 빛을 간이 숙박소, 교도소, 보호시설, 여인숙 등에서 전파했다. 그와 대화하면서 사람들의 마음은 신앙으로 불타올랐고 새로운 삶을 갈망했다. 1876년에 파시코프 주도로 영적 도덕적 독서 장려회가 조직되었고, 파시코프가 지도자가 되었고 코르프는 그를 도왔다. 1878년에 복음주의 모임이 금지되었을 때, 코르프 부부는 도시의 여러 지역에 가난한 사람들을 위한 바느질 수선소를 열었다. 거기서도 사람들은 하나님의 말씀을 듣고 기도할 수 있었다. 파시코프와 코르프는 1884년에 페테르부르크에서 개최된 복음주의 분파 대표자들이 모인 첫 번째 연합 총회의 주최자였다. 1884년 6월에 코르프와 가족은 해외로 추방되었다. 그는 장수하여, 주님과 복음 교리에 충실하게 남아 있다가, 94세로 세상을 떠났다.

코스튜코프 안드레이 프로코피예비치 Kostyukov Andrey Prokofievich(1880 ~ 1940년경)는 전 러시아 침례교 연맹 회원, 전 우크라이나 연맹 총회장, 목회자, 전도자였다. 체르니고프현 클린촙스키군 키바치 마을의 대가족 농민 가정에서 태어났다. 중등학교 졸업 후 아버지를 떠나 침례교인 친형이 있는 얄타로 이사했다. 거기서 주님께 회심 하고, 침례를 받았고 기독청년회 지도자로 모임을 이끌었다. 1909년에 엘리자벳그라드 공동체에서 전러시아 침례교 총회 대의원으로 선출되었다. 당시 우크라이나의 여러 도시를 방문하여 열정적으로 하나님의 말씀을 전했고 새로운 교회를 개척했다. 1913년에 엘리자벳그라드 공동체는 그를 목회자로 선출했다. 그런데 그는 오랫동안 그 사역을 수행 할 수 없었다. 다음 해에 체포되었고 제국 당국에 정교회 신자 미혹 혐의로 기소되었다. 2년후 보로네시로 추방되었고, 1917년에야 가족과 함께 엘리자벳그라드로 돌아왔다. 전 우크라이나 침례교 연맹의 모든 총회에 참석했다. 마지막으로, 1928년에 하르키우에서 개최된 제5차 총회에서 연맹의 총회장으로 선출되었다. 코스튜코프의 참여 아래 우크라이나어 복음서, 찬송가 모음집 [하프], 악보 찬양집 [고향의 노래], 잡지 [우크라이나 침례교]와 다양한 소책자가 출판되었다. 1923년 스웨덴 스톡홀름 침례교 세계대회, 1928년 캐나다 토론토 침례교 세계대회에 참석했다. 박해를 받은 코스튜코프는 친척과 친구들로부터 멀리 떨어져 사망했다.

쿠시네로프 이반 페트로비치 Kushnerov Ivan Petrovich는 키예프 침례교회의 교인이었고 제정 러시아 시대에 신자들의 법적인 권리를 방어했다. 1894년에 사역을 시작 했는데, 시계파에 관한 극심한 박해 시기였다. 조정 법원과 시골 당국에서 시작하여 국가 원로원에 이르기까지 법정에서 신자들의 권리를 옹호했으며, 수감되고 추방된 사역자 들을 또한 면회했다. 고등 법원에 관한 그의 항소에 근거하여, 원로원의 상고 분과는 종교적 신념에 관한 형벌에 관한 많은 판결을 취소해야만 했다. 쿠시네로프의 활동 분야는 교회 개척용 탄원서가 포함되었다.

쿠흐만 오토 이바노비치 Kuhman Otto Ivanovich(1889~1944년)는 서부 시베리아 담당 선임목회자를 역임했고, 복음주의 기독교 총연맹 협의회 위원이었다. 청년기에 믿음을 가졌고 오데사의 복음주의 기독교 공동체에 연합했다. 제1차 세계 대전이 시작되었을 때, 코브노에 살았는데 종교적 신념으로 인해 리투아니아에서 뱌트카로 추방되었다. 쿠흐만은 복음주의 기독교 뱌트카 교회의 생활에서 설교자와 교회운영위원장으로 적극 활동했다. 1929년에 서부 시베리아의 선임목회자로 이동했고, 1931년에 전국 복음주의 기독교 총연맹의 감사위원으로 선출되었다. 1937년에 쿠흐만이 기소되었으나 사후 복권이 되었다.

레빈단토 니콜라이 알렉산드로비치 Levindanto Nikolai Aleksa drovich(1896~1966년)는 복음주의 침례교 형제회의 유명한 사역자이고, 발트해 연안 국가의 선임목회자와 복음주의 기독교침례회 총연맹 부총회장을 역임했다. 사라토프의 기독교 가정에서 태어났다. 1907년에 부모와 함께 사마라로 이사했는데, 당시 침례 교회가 이미 있었다. 레빈단토는 1911년 15세에 기독청년모임에서 회심했고, 2년 후 믿음으로 침례를 받았다. 1918년에 레빈단토는 지역 성서 강좌를 수료했고, 1921년에 모스크바 침례교 연맹에서 서기직을 제안받았다. 연맹 이사회와 협의회원으로 몇 차례 선출 되었다. 1931년에 쿠이비셰프, 울리야노프스크 주와 바시키르 자치공화국 담당 선임목회자로 재직했다. 복음주의 기독교단과 침례교단이 하나의 교단으로 통합하는 회의를 소집한 주도자의 한 사람이다. 통합 회의에서 복음주의 기독교침례회 총연맹 위원으로 선출되었다. 1945년에 발트해 공화국 선임목회자직을 맡았다. 수년 동안 복음주의 기독교침례회 총연맹 부총회장을 지냈다. 복음주의 기독교침례회 총연맹 대표단의 일원으로 스웨덴, 영국 및 미국을 방문했다. 갑작스런 심장 마비로 사망했다(형제들 소식, 1962년, 제2호, 31쪽; 1966년, 제2호, 59쪽).

리비히 아우구스트 Liebig August는 독일 침례 교회의 목사였고, 러시아의 복음주의 운동에서 두드러진 인물이다. 메노파 목회자 웅거를 독일에서 러시아로 초청했다. 1866년에 아인락 정착촌에 있는 신메노파 공동체에서 2주를 보냈다. 1871년 러시아에 다시 와서 남쪽의 메노파 정착촌에서 1년을 살았다. 그의 주도로 메노파 공동체의 첫 번째 회의가 열렸다. 1874년에 리비히는 오데사로 이주하여 1887년까지 교회에서 은혜로운 사역을 했다. 1880년에 파블로프를 조언자로 승인하고 마자예프를 집사로 안수했다. 그후 우츠 사역지에서 한동안 사역했다. 러시아로부터 추방된 후 독일과 미국의 교회에서 계속 활동했다.

립스톡 요하네스 Lipstok Iogannes(1883~1961년)는 복음주의 기독교침례회 총연맹 위원과 에스토니아 담당 선임목회자를 역임했다. 에스토니아의 북부에 있는 하류마주 발클리 마을에서 태어났다. 부모를 일찍 여의고 숙모 집에서 자랐다. 1901년에 그리스도를 개인적인 구세주로 믿었고 그 해에 테테르만에 의해 침례를 받았다. 1908~1910년에 우츠 침례교 신학교에서 공부했고, 졸업 후 얼마 동안 리가에서 에스토니아 교회를 지도했다. 1911년에 리가를 떠났고 곧 룸무발클라스에 있는 교회에서 설교자로 일하기 시작했고, 거기서 곧 안수 받았다. 교회에서 10년 이상 원만하게 사역을 했다. 1923년부터 생애 끝까지 합살루에 있는 교회의 목회자로 재직했다. 1921년에 에스토니아 침례교 연합회는 그를 회장으로 선출했다. 1934년부터 연맹의 부회장을 지냈다. 1945년에 복음주의 기독교단과 침례교단이 통합된 후 립스톡은 복음주의 기독교침례회 총연맹 위원으로 포함되었고 에스토니아 담당 선임목회자로 재직하기 시작했다. 교회 목회자 양성에 대해 관심을 끊임없이 가졌다. 1922년에 그의 주도로 에스토니아에 신학교가 개교되었고, 1956년에 신학 과정이 시작되었다. 하나님의 사역자는 근본적인 영적 사역의 결과인 신약으로 보는 그리스도를 사후에 저술로 남겼다. 립스톡은 단기간에 심한 중병에 걸린 후 사망했다.

랴소치키 이반 데멘티예비치 Lyasotsky Ivan Dementyevich(1841~1909년)는 키예프 지역의 첫 번째 신자이자 전도자였다. 코시야코프카 마을에서 태어났다. 1870~1871년에 헤르손 지방에서 키예프 지방에 온 시계파 게라심비텐코의 설교를 듣고 믿었다. 1872~1874년에 복음 전도로 인해 수감되었다. 1876년에 오스노바 마을의 라투시니에 의해 침례를 받았다. 랴소치키가 참여하여 코시야코프카에서 공동체가 조직되었고, 1882년에는 약 100명의 교인이 있었다. 1882년에 두 번째 수감되었다. 극심한 박해가 특히 1889년에 있었는데, 당국이 키예프 지방에서 살 권리를 박탈했고, 10명으로 구성된 가족은, 소 달구지를 끌고 여행하면서, 피난처를 찾아야했다. 처음에 헤르손 지방에 머물다가, 후에 베사라비아의 벤데르로 이주했다. 마침내 스타브로폴 지방의 니콜스키 마을에 정착했다. 1890년 다시 체포되어, 당시 복음 전파의 이유로 추방된 많은 사람이 있는 기류시로 추방되었다. 기도 모임을 하려고 가장 멀리 있는 기류시 산 길을 따라 60킬로미터 떨어진 제브라일 마을로 갔다. 혹독한 환경에서 5년형을 두 번 보냈다. 1901년에야 자유의 몸이 되었다. 1908년 2월까지 그와 가족이 나히체바니나도누(현재는 로스토프나도누)에 살았던 것으로 알려져 있다. 그의 죽음에 관한 자세한 내용은 없다.

마자예프 안드레이 마르코비치 Mazaev Andrei Markovich(1848~1928)는 침례교 연맹의 사역자, 연맹의 선교위원회 회원, 티플리스 교회의 집사였다. 티플리스 근교 보론초프카 마을에 사는 우유파 가정에서 태어났다. 보로닌과 함께 티플리스 우유파 공동체의 교인이 되었다. 1875년에 그리스도께 회심한 후에 침례를 통해 주님과 계약을 맺었다. 파브로프가 침례를 주었다. 침례 후 주일 학교에서 교사로 일했다. 1879년에 티플리스 침례 교회의 집사로 선출되었고 1880년에 리비히를 통해 목회자로 안수받았다. 1882년 타우리드 지방의 류켄나우 회의에서 침례교 연맹 선교위원회 위원에 포함되었고 1891년까지 거기서 일했다. 1886년, 1889년, 1890년 총회 활동에 참여했다. 1891년 정교회 신도를 미혹한 혐의로 바쿠 지방의 쿠바로 5년간 추방되었다. 그런데 추방 기간 종료 후 4년이 더 연장되었다. 추방에서 돌아온 1899년에 티플리스 교회에서 집사로 계속 봉사했다. 차기 총회의 결정에 따라, 자카스피 지역내 쿠반주의 마이코프로 파송되었다. 티플리스에서 자신의 사역을 정리했다.

마자예프 가브리일 이바노비치 Mazaev Gavriil Ivanovich(1858~1937년)는 침례교 연맹의 경리와 전도자였다. 친형과 함께 주님께 회심했다. 1884년에 유명한 사역자 보그다노프에 의해 침례를 받았다. 침례 후 많은 도시와 마을을 방문하여 설교를 했다. 1887년 침례교 연맹 총회에서 연맹의 경리로 임명 받았다. 경리직을 1904년까지 계속했다. 1905년부터 옴스크 공동체에서 목회자로 봉사했고 시베리아 침례교 연합회 회장을 지냈다. 여러 번 총회에 참석했다. 1914년에 오딘초프와 함께 시베리아와 블라고베셴스크의 신자 그룹을 방문했다. 혁명 이후 시기에 침례교 연맹의 전도자로 일했다.

마자예프 데이 이바노비치 Mazaev Dey Ivanovich(1855~1922년)는 복음주의 침례교 운동의 유명 인사로, 침례교 연맹 총회장, 침례교 잡지 편집자, 목회자, 설교자, 전도자 였다. 고향은 타우리드 지방의 노보바실리예프카이다. 그의 부모는 우유파인데 정교회에서 나왔다는 이유로 타우리드로 추방되었다. 1865년에 추방 기간이 종료되었고, 가족은 쿠반으로 이사했다. 이 지역에서 처음으로 물우유파가 생겨나면서 침례에 관한 열띤 논쟁이 시작되었는데, 마자예프도 참여했다. 1883~1884년에 콜로스코프와 파블로프의 설교는 마자예프의 영적 상태에 강한 영향을 미쳤다. 1884년에 이바노비치를 포함한 7명의 회심자가 침례를 받았다. 그는 하나님 말씀의 설교자와 재능있는 기획자였다. 1885년에 신자들은 그를 지역 교회의 목회자로 선출했다. 1886년에 마자예프는 루마니아로 떠난 윌러를 대신하여 침례교 연합회 회장으로 선출되었다. 짧은 휴지기를 보내고 1920년까지 재직했다. 포베도노스체프의 핍박 기간에 그는 하나님의 왕국을 위해 많은 일을 할 줄 알았다. 그의 지도력 아래 침례교 총회가 여러 번 열렸다. 1905년에 마자예프는 런던에서 개최된 첫 번째 침례교 세계대회에 참석했다. 1907년 그의 협조로 침례교 잡지가 출간되었다. 잡지에는 마자예프가 정리한 러시아 침례교회의 교리가 실렸다. 신자들의 영적 성장과 양육에 큰 역할을 했던 소책자를 출판했다. 마자예프는 사람들 사이에서 널리 알려져 있었는데, 그의 재치있는 지혜와 창의성으로 인해 그를 러시아의 솔로몬이라 불렀다. 그는 북캅카스에서 국회의원 후보로 선출되었지만 고위직에서 그를 더 이상 발전하지 못하도록 막았다. 좁은 공간에서 많은 사람들의 모임에서 특히 정교회인과 토론에서 영적 대화를 현명하게 이끌 줄 알았던 마자예프와 같은 사람은 어디에도 없었다. 마자예프는 모즈독에서 사망했다(형제들 소식, 1953년, 제2~3호, 95쪽).

마르친콥스키 블라디미르 필리모노비치 Martsinkovsky Vladimir Filimonovich (1884 1971년)는 우크라이나 서부의 데레만 농촌에서 태어났다. 1904년 그는 기독 학생회 지도자 니콜라이의 전도를 통해 그리스도께 회심했다. 1907년에 페테르부르크 대학교의 역사 언어학과를 졸업하고 흐로드노 김나지움에서 교사로 일했다. 페테르부르크로 이사 와서, 그는 청년들과 교류했고 기독학생회 서기가 되었다. 그는 성서연구 그룹을 조직 했다. 페테르부르크, 모스크바, 키예프, 오데사, 사마라의 대학, 기관, 기업, 교도소에서 성서 주제에 대해 강의했다. 1913년 그는 학생회 조직을 위해 모스크바로 이사했다. 1919년부터 그는 사마라 대학에서 윤리학을 가르쳤다. 1930년에 삶의 여정은 그를 팔레스타인으로 인도했다. 거기서 그는 히브리어와 아랍어를 배워 그 언어로 복음을 전파했다. 그는 그들을 대상으로 복음은 믿을 만한가?, 인생의 의미, 고난의 의미 등 많은 기독교 소책자를 출판했다. 마르친콥스키는 생애를 팔레스타인에서 마쳤다.

맛베예프 그리고리 맛베예비치 Matveyev Grigory Matveyevich(1863년생)는 복음주의 기독교 연맹의 부회장과 회계를 역임했다. 트베리 지방의 아파나소보 시골에서 태어났다. 15세의 청소년은 페테르부르크에 갔는데, 나쁜 무리의 영향을 받게 되었다. 그런데 도덕적인 타락에도 불구하고, 더 나은 생활 방식에 관한 추구는 사라 지지 않았다. 원로원 위원의 시종이었던 그는 처음으로 죄인들의 구세주 그리스도에 관한 메세지를 들었다. 주님께 회심하고 바로 침례를 받았다. 1905년에 페트로그라드 공동체의 회계로 선출되었고, 나중에 복음주의 기독교 총연맹의 부총회장과 회계를 맡았다.

멜리니코프 니콜라이 니콜라예비치 Melnikov Nikolai Nikolayevich는 1904년에 드니프로 페트로우스크의 신자 가정에서 태어났다. 1918년에 회심했고, 같은 해 믿음으로 침례를 받고 복음주의 기독교 드니프로페트로우스크 공동체의 교인이 되었다. 1920년에 자포리자주의 쿠프리야노프카 마을 공동체에서 일하기 시작했다. 1927년에 드니프로 페트로우스크에 살면서 전도자의 사역을 했고, 후에 침례교 주 연합회 부회장을 역임했다. 1944년에 드니프로페트로우스크주 교회를 지도하는 위임을 받았다. 1945년에 안드레예프에 의해 안수를 받았다. 1946년에 복음주의 기독교 총연맹 감사위원이 되었고, 1956년에는 우크라이나 담당 부선임목회자가 되었다. 1966년 3월부터 복음주의 기독교 총연맹 부총회장과 우크라이나 선임목회자가 되었다. 1970~1975년에 세계침례교연맹 운영위원회 위원을 역임했다. 1975년에 사역에서 은퇴했다.

미츠케비치 아르투르 요시포비치 Mickiewicz Artur Iosifovich(1901~1988년)는 복음주의 기독교침례회 총연맹 부사무총장과 회계를 역임했다. 리투아니아의 코브노(현재 카우나스)에 있는 침례교 가정에서 태어났다. 청소년기에 그리스도께 회심했다. 1918년에 믿음으로 침례를 받았다. 1919년에 복음주의 기독교 청년 연합회에서 그를 전도자로 선출했다. 뱌트카, 모스크바, 노보시비르스크 등지에서 활동했다. 1926년에 복음주의 기독교 뱌트카 지방회 참가자들은 그를 복음주의 기독교 총연맹 뱌트카 부서 책임자로 선출했다. 1929년에 니즈니노브고로드, 뱌트카, 페름주와 우드무르트 자치공화국의 선임목회자가 되었다. 1934년에 카라간다 수용소에서 3년형을 선고 받았고, 1942년에 다시 10년 형을 선고받고 바르나울로 보내졌다. 전쟁 후 복권되었다. 1946년부터 미츠케비치는 키예프 주 선임목회자, 키예프 교회 목회자, 우크라이나 담당 부선임목회자가 되었다. 1966년에 복음주의 기독교침례회 총연맹 사무부총 자격으로 모스크바로 이동했다. 1974년부터 복음주의 기독교침례회 총연맹 회계로 일하기 시작했다. 1965년 8월 이후 통신 성서 강좌의 조직에 참여했다. 1968년 2월에 강좌의 책임자가 되었다. 1955년 런던, 1960년 브라질 침례교 세계 대회에 참가했다. 브라질 대회에서 세계 침례교 연맹 집행 위원회 위원으로 선출되었다. 미츠케비치는 1958년 베를린 유럽침례교 회의, 프라하 평화회의, 유럽 교회 회의에 참석했고, 유럽침례교회의에서 자문위원회 위원으로 선출되었다. 1980년에 은퇴하고 생애를 마감할 때까지 키예프에서 살았다(형제들 소식, 1975년, 제1호, 59 쪽; 1988년, 제3호, 59쪽).

모르구노프 니콜라이 게오르기예비치 Morgunov Nikolai Georgievich는 복음주의 기독교 총연맹의 전도자로 일했다. 그는 19세에 주님께 회심했다. 침례 받은 후 그는 교회 사역에 동참했다. 그는 설교를 했고, 프스코프 교회를 돌보았고, 복음주의 기독교 총연맹의 전도자로 활동했다. 모르구노프는 러시아와 우크라이나의 여러 교회를 방문했다. 1924년부터 그는 오데사에서 거주했다. 1934년에 그는 우크라이나의 복음주의 기독교 교회에서 일하기 위해 오데사에서 키예프로 옮겼다. 그는 그 사역을 3년 동안 이행했다. 1937년 그는 박해를 당했다. 모르구노프는 40년대 초반에 사망 했는데, 마지막 생애는 알려지지 않았다.

모토린 이반 이우도비치 Motorin Ivan Iudovich(1895~1974년)는 복음주의 기독교침례회 총연맹 상임위원과 회계를 역임했다. 그는 오데사에서 태어났다. 1907년에 그는 주님 께 회심하여 오데사 복음주의 기독교 공동체에 연합했다. 1912년에 파블로프에게 침례를 받았다. 1920년에 모토린은 복음주의 기독교단과 침례교단의 통합 총회에 참여했다. 같은 해에 오데사 복음주의 기독교 연합회 회장으로 선출되었다. 1924년에 모토린은 복음주의 기독교 총연맹의 대표자 곧 러시아 복음주의 형제회 대표 자격으로 슬라브계 신자들의 연합을 위해 베를린에 파송되었다. 독일에서 귀국한 후 모토린은 하르키우로 이사했고 우크라이나 복음주의 기독교 연합회 부서를 이끌었다. 그의 지도력 아래 잡지 전도자가 출판되었다. 동시에 모토린은 쉬운 성경 사전을 출판했다. 그는 1944년에 복음주의 기독교단과 침례교단의 통합 회의에서 참여했다. 1953년에 그는 복음주의 기독교침례회 총연맹의 전임 사역으로 옮겼다. 1966년 총연맹 총회에서 복음주의 기독교침례회 총연맹 위원으로 선출되었고, 다음 총회에서 상임위원회에서 총연맹의 상임위원과 회계로 선출되었다. 1972년에 그는 시력을 잃었다. 모토린은 생을 마칠 때까지 형제회에 관한 관심과 하나님의 사역에 대해 기도를 계속 했다(형제들 소식, 1974년, 제6호, 66쪽).

니콜라이 파벨 니콜라에비치(1860~1919년)는 러시아에서 기독교 학생 운동을 주도했고, 페테르부르크에서 기독학생회 회장이었다. 그는 귀족 가정에서 태어났다. 그는 아버지를 일찍 여의고 기독교인 어머니가 그를 양육했다. 학창 시절에 니콜라이는 주변 환경이 이끌었던, 죄 많은 생활에 빠졌다. 그런데 1885년에 그는 죄 많은 생활 방식을 버리고 하나님의 말씀을 연구하는 데 전적으로 헌신했다. 카르겔과의 만남은 그의 영혼에 선한 의도를 더 무르익게 강화시켰다. 진정으로 그리스도를 사랑한 그는 성서 공회에 가입했다. 법학의 고등교육을 받고 여러 유럽 언어를 알아, 니콜라이는 영어, 프랑스어, 독일어, 핀란드어, 스웨덴어로 설교를 했다. 통역사로서 그는 베데커를 도왔고, 카르겔과 함께 그를 동행하여 치타까지 전도 여행을 했다. 1899년 세계 학생 연합회 총무인 존 모트와 칼 프리스 회장을 면담한 후 니콜라이는 대학생 사역을 시작했다. 그는 성령의 주제에 관해 강연하고, 페테르부르그, 모스크바, 키예프 및 다른 도시에서 하나님의 말씀을 전했다. 세계 학생 연합 대회에 참가했다. 그리스도 안의 구원에 대해 청년들에게 전파하는 것이 그의 삶의 의미가 되었다. 니콜라이에 의해 조직된 기독교 운동은 초교파 성격이었다. 대학생 청년 사역에 매진하기 위해 니콜라이는 국가 협의회에서 일을 그만두고 개인적인 삶을 구축하는 것을 거절했다. 그는 경건 서적에 많은 관심을 가졌다. 1906년에 그는 마가복음 연구 주석을 썼다. 니콜라이는 장티푸스로 사망했다.

오딘초프 니콜라이 바실리예비치 Odintsov Nikolai Vasilievich(1870~1938년)는 하나님의 분야에서 목회자와 복음 전도자로 활약했고, 침례교 연맹의 회장을 지냈다. 그는 사라토프 지방의 발라쇼프에서 태어났다. 그는 19세에 주님께 회심했다. 그녀의 아들이 복음의 길을 선택한 것을 알게 된, 어머니는 집에서 그를 쫓아냈지만, 아들의 경건한 생활을 보고, 곧 그녀 자신이 그리스도께 회심했다. 1891년에 니콜라이 바실리 예비치는 침례를 받았고 사라토프 기독교침례교회에 합류했다. 오딘초프는 자신을 하나님의 말씀을 열정적으로 전하는 설교자로 보여 주었다. 1909년에 그는 연맹의 복음 전도자로 봉사하도록 안수받았다. 그 때부터 우크라이나, 캅카스, 볼가, 시베리아, 극동 에 이르기까지 여러 지역을 순회했다. 또한 기독교 잡지 기독교인, 침례교, 청년의 친구, 손님, 진리의 말씀에 협력했다. 20년대 초에 오딘초프는 침례교 연맹의 중앙 기관에서 일하기 위해 모스크바로 이사했다. 1925년부터 침례교 잡지의 편집장이 되었고, 1년 후 연방 침례교 총회장으로 선출되었다. 더불어 모스크바 제1침례 교회 에서 설교하는 데 열심을 다했다. 1927년에 오딘초프는 1929년까지 운영되었던 성경 강좌의 기관 허가를 얻었다. 1928년 6월에 토론토에서 개최된 제4차 세계침례교 대회의 침례교 연맹 대표단을 이끌었다. 인생 말년에 많은 슬픔으로 가득했고, 박해를 당했으나, 시험에서도 주님을 신뢰하는 것을 포기하지 않았다(형제들 소식, 1970년, 제6호, 62쪽; 1988년, 제2호, 44쪽).

올빅 오스카르 간소비치 Olvik Oscar Gansovich(1914~1977년)는 교단에서 탈린의 올라프 교회 목회자와 기독교 작가, 신학자로 알려져 있다. 그는 에스토니아의 라크베레에서 태어났다. 그는 김나지움 중등학교를 졸업하고 타르투 대학교 신학대학에 입학했다. 학생 시절에 그리스도를 향한 뜨거운 사랑이 불타올라 그리스도를 개인적인 구세주로 받아 들였다. 1938년에 믿음으로 침례를 받고 교회에서 일하기 시작했다. 1941년 11월~1950년 10월 기간에 복음주의 기독교 카르멜 교회에서 설교자로 봉사했다. 그후 교회 운영위원회 회장으로 선출되었고, 1960년부터 탈린에 있는 올라프 교회에서 목회자로 재직했다. 신자들은 그를 기독교 작가로 알고 있고 그의 글은 형제들 소식에 실려있다. 올빅은 교단 연차 총회에 교회 대표로 여러 번 참석했다(형제들 소식, 1978년, 제2호, 67쪽).

온켄 요한 게르하르트 Onken Johann Gerhard(1800~1884년)는 독일 바렐에서 태어났다. 1814~1823년 기간에 그는 스코틀랜드와 영국에서 살았다. 그는 스코틀랜드 개혁 장로교회에 다녔다. 1820년 런던의 감리 교회 중 한 곳에서 설교를 듣고, 그의 마음이 움직여, 그리스도를 받아들여 하나님의 자녀가 되었다. 그 무렵 온켄의 영국 선교사 협의회와 첫 번째 접촉이 이루어진다. 1823년 12월에 함부르크에서 정착했고 그때부터 완전히 복음 전파에 전념했다. 그는 영국 선교사 협의회 내 대륙 협의회에서 처음으로 일했고, 1828년부터는 경건 서적 출판에 매진했다. 자신의 생활에서 초대 교회의 모범을 따르기 원하는 신자들의 그룹이 하나님의 사역자 주위에 만들어졌다. 교회 창립을 향한 결정적인 시작은, 1834년 4월 22일 미국에서 온 바르나스 시어스 교수가 온켄을 포함하여 7명에게 침수침례를 준 것이다. 침례 받은 신자들은 최초의 독일 침례교 공동체에 포함되었고, 목사와 설교자는 온켄이 되었다. 거의 반세기 동안 온켄은 독일과 다른 나라에서 쉬지 않고 하나님의 분야에서 일했다. 그의 사역에서 특히 중요한 이정표는 1853~1854년 미국 방문과 1864년과 1869년의 러시아 방문이었다. 그가 크게 이바지한 것은 독일 침례교단 출판 활동과 사역자 양성 분야이다. 온켄이 1849년에 창립한, 독일 침례교 연맹은 1884년 무렵에 총 3만명 이상의 회원과 165개의 교회로 구성되었다. 온켄은 취리히에서 세상을 떠났다.

오를로프 미하일 아키모비치 Orlov Mikhail Akimovich(1887~1961년)는 복음주의 기독교침례회 연맹에서 수년 동안 사역했고, 모스크바 교회와 레닌그라드 교회의 목회자를 역임했다. 옛 트베리 지방의 루가 마을의 정교회 신자 가정에서 태어났다. 1908년에 파시코프의 집에서 진행된 복음주의 기독교 기도회에 참석했다. 그후 오를로프는 신자가 되었고, 침례를 받고 주님께 열심히 봉사하기 시작했다. 1914년 프로하노프가 주관한 성서 강좌를 수료한 후 그는 레벨(현재 탈린)에 영적 사역을 하기 위해 파송되었다. 1917년 모스크바에서 개최된 제5차 러시아 복음주의 기독교 총회에서 그는 레벨 교회의 대의원이었다. 1918년부터 페트로그라드 교회에서 봉사했고, 전국 복음주의 기독교 연맹 지도부의 위임을 받고 지역 교회를 방문했다. 1920년에 오룔로 이사했다. 그의 노력에 힘입어 복음주의 기독교 총연맹의 오룔 지방회가 조직되었고, 3개월 과정의 성서 강좌가 2회 개강 되었다. 1923년 스톡홀름 침례교 세계 대회에 대의원으로 참석했다. 1924년에 프로하노프와 카르겔에 의해 목회자로 안수 받았다. 1927~1931년에 복음주의 기독교 총연맹 시베리아 지방회 회장으로 재직했다. 1931년에 모스크바로 이사했다. 1931년 총회 이후 오를로프는 복음주의 기독교 총연맹 서기로 재직했다. 1938년 1월부터 1944년 10월까지 복음주의 기독교 총연맹 총회장 대리로 재직했다. 1944년 10월부터 오를로프는 모스크바주 선임목회자와 모스크바 교회 목회자 그리고 복음주의 기독교 총연맹 부총회장으로 재직했다. 1954년부터 레닌그라드, 프스코프, 칼리닌주 담당 선임목회자와 레닌그라드 교회 목회자로 재직 했다. 심각한 질병으로 1961년에 모스크바로 이사했다. 거기서 세상을 떠났다.

파블로프 바실리 구리예비치 Pavlov Vasily Guryevich(1854~1924년)는 복음주의 침례교 운동에서 뛰어난 인물 중 한 명으로, 침례교의 연맹의 회장, 침례교 잡지 편집장, 목회자, 불타는 복음의 설교자였다. 16세에 바실리 파블로프는 러시아 최초의 침례교인 보로닌을 만났다. 1871년에 보로닌에 의해 믿음으로 침례를 받았다.

1875~1876년에 파블로프는 함부르크의 신학교에서 공부했다. 독일 침례교 창립자 온켄에 의해 사역자 로 안수받았다. 1880년에 티플리스 기독교침례회 교회의 전도자로 공식 승인되었다. 캅카스와 러시아의 다른 지역에서 전도를 많이 했다. 전도의 장을 넓히기 위해 러시아내 다양한 민족의 언어를 포함하여 많은 언어를 공부했다. 그의 생애 동안 약 25개의 언어와 민족어를 알았다. 1882년에 파블로프와 보로닌은 복음성가집 믿음의 소리를 발간했다. 1884년에 페테르부르크에 도착하여 파시코프와 코르프가 소집한 복음주의 분파 신자들의 연합 총회에 참여했다. 1887년에 파블로프와 보로닌은 4년간 경찰감시하에 오렌부르크로 추방되었다. 1891년에 추방 생활에서 돌아온 파블로프는 복음을 전하지 않겠다는 서명을 거부하여, 다시 오렌부르크 대초원으로 새로운 추방 선고를 받았다. 두 번째 추방 기간이 만료된 후, 다가오는 위험을 피하기 위해, 루마니아의 툴체아로 이민을 갔다. 이민 기간 동안 미국, 독일 등 다른 국가를 방문했다. 1900년에 티플리스로 돌아 왔다. 1905년 런던에서 개최된 세계 침례 교 대회에 참석했다. 1907~1914년 기간에 오데사 기독교 침례 교회를 이끌었다. 1909년에 로스토프나도누에서 열린 전국 러시아 총회에서 파블로프는 침례교 연맹의 총회장으로 선출되었다. 1910년에 마자예프는 침례교 잡지 출판을 파블로프에게 넘겼다. 1911년에 제2차 세계침례교대회 참석을 위해 미국을 방문했다. 파블로프의 활동은 차르 정부에 위험했다. 혁명 직전에 그에 관한 소송이 제기 되었다. 1916년부터 바실리 구리예비치는 모스크바 침례 교회의 목회자로 재직했다. 1923년에 무슬림에게 전도하는 특별한 사명을 가지고 남캅카스로 이주했다. 바쿠에서 사망했고 티플리스에 묻혔다(형제들 소식, 1945년, 제 3호, 28쪽; 1979년, 제5호, 44쪽).

파블로프 파벨 바실리예비치 Pavlov Pavel Vasilyevich(1883~1936년) 역시 복음주의 침례교 운동의 유명인사로, 러시아 침례교 총연맹 총회장, 잡지 진리의 말씀 발행인 , 모스크바 제2침례 교회 목회자를 역임했다. 그는 티플리스에서 태어났다. 1895년부터 아버지 바실리 구리예비치바 파블로프와 함께 루마니아에서 이민 생활을 했다. 그는 툴체아에서 주님께 회심하고 복음 사역 분야에서 일하기 시작했다. 1900년에 파블로프 가족은 티플리스로 돌아왔다. 파블로프는 공동체에서 찬양대를 조직하여 13년 동안 성공적으로 이끌었다. 1913년 5월에 그는 모스크바로 이주했다. 그의 이동은 사역 때문이었다. 1916년에 이바노프가 파블로프를 목회자로 안수했고, 1918년에 그는 모스크바 제2 침례 교회에서 목회자로 재직했다. 1917년부터 잡지 진리의 말씀 출판이 재개되었고, 그는 출판사 책임자가 되었다. 티모센코는 잡지 편집인으로 일했다. 내전 중, 그는 침례교 연맹의 운영위원이었다. 1923년에 파블로프는 침례교 대표단의 일원으로 스톡홀름에서 개최된 침례교 세계 대회에 참석했다. 파블 로프는 가족과 친구들로부터 멀리 떨어져 감옥에서 자신의 땅에서의 삶을 마쳤다. 사후에 복권되었다.

판코 이반 칼린니코비치 Panko Ivan Kalinnikovich(1901~1964년)는 오순절 교회의 지도 자로, 기독교 신앙 복음주의 교단(오순절)과 복음주의 기독교침례회 교단과의 연합 옹호자로서 형제회 교단 역사에 포함되었다. 그는 타우리드 지방의 농업인 가정에서 출생했다. 그는 1918년에 키예프 교회의 침례교 목회자 프라보베로프를 통해 믿음을 갖게 되었다. 같은 해에 판코는 파블렌코에 의해 믿음으로 침례를 받았다. 1924년부터 판코는 주님의 포도원에서 일하기 시작했다. 1934년에 그는 폴란드에 있는 기독교 신앙 복음주의 교회의 목회자로 재직했다. 1935~1939년에 그는 폴란드에 있는 기독교 신앙 복음주의 연합회 부회장을 역임했다. 판코는 1944년부터 러시아 기독교 신앙 복음주의 지도자가 되었다. 1945년, 기독교 신앙 복음주의 교단과 복음주의 기독교침례회 교단이 통합된 후 판코는 벨라루스 담당 부선임목회자가 되었다. 그는 남은 생애 동안 교단의 일치에 힘썼다(형제회 소식, 1964년, 제6호, 62쪽).

파시코프 바실리 알렉산드로비치 Pashkov Vasily Alexandrovich (1832~1902년)는 상트페테르부르크 복음주의 부흥 운동의 첫 번째 지도자의 한 사람으로, 설교자와 영적 도덕적 독서장려회 설립자였다. 그는 청년기와 성인의 시기를 군인으로 보냈다. 그는 큰 재산을 모았고 대령으로 은퇴했으며, 그 당시 러시아 최고 부자 중 한 명이었다. 페테르부르크에서 영국인 설교자 레드스톡과의 만남과 대화를 통해 그는 하나님께 회심했다. 그것은 1874년에 일어난 일이었다. 그 후로 그리스도를 위한 일은 파시코프의 삶의 의미와 내용이 되었다. 파시코프의 좋은 집은 페테르부르크에서 복음 전파의 장소로 바뀌었다. 비보르크 쪽에 있는 그의 다른 집에서도, 복음주의 집회가 행해졌고, 저렴한 저녁 식사를 제공하는 식당이 열렸다. 1876년에 파시코프 회장 주도로 영적 도덕적 독서 장려회가 창설되었고, 기독교 내용의 책이 출판되었다. 책을 배포하기 위해 장려회는 러시아 전역을 순회하는 독자적인 서적상이 있었다. 1877년에 정부는 파시코 프가 공개 집회 하는 것을 금지했다. 페테르부르크에서 그리스도에 관해 공개적으로 증거할 수 있는 기회를 빼앗긴 파시코프는 다른 지역에서 복음을 전파했다. 무엇보다도, 그는 친구인 코르프와 함께 페테르부르크의 여러 지역에 가난한 사람들을 위한 옷수선 공방을 열었다. 거기서 일하는 사람들 역시 하나님의 말씀을 들을 수 있었다. 1882년에 파시코프는 페테르부르크에 도착한 조지 뮬러에 의해 침례를 받았다. 1884년 4월 1일에 파시코프는 코르프 백작의 도움으로 러시아의 복음주의 분파 대표들의 첫 번째 연합 총회를 조직했다. 같은 해에 파시코프는 러시아에서 추방되었다. 파시코프는 망명지에서 사망했고 로마의 개신교 묘지에 묻혔다.

포노마르축 드미트리 이바노비치 Ponomarchuk Dmitry Ivanovich(1892~1968년)는 기독교 신앙 복음주의 연합회를 이끌었다. 통합된 후에 복음주의 기독교침례회 총연맹 우크라이나 담당 선임목회자의 조력자와 몰도바 선임목회자를 역임했다. 오데사 주의 베레좁스크Berezovsk의 정교회 신자 가정에서 태어났다. 그가 10세였을 때, 그의 어머니가 주님께 회심했고, 이후 양육은 6명의 자녀들을 복음적 가르침의 정신으로 진행했다. 주님은 어머니의 마음을 기뻐하셨다. 모든 자녀들이 주님을 따르는 사람이 되었다. 1915년부터 그리스도를 전파하기 시작했다. 1918년에 믿음으로 침례를 받았다. 1925년 오데사에 중심지가 있는 기독교 신앙 복음주의 연합회에 합류했다. 1년 후 드니프로페트로우스크, 자포리자, 크리보로지스키, 마리우폴 지역의 대표로 선출되었다. 1944~1945년에 포노마르축 은 기독교 신앙 복음주의 연합회를 이끌었다. 1945년 8월, 복음주의 기독교침례회 교단과 기독교 신앙 복음주의 교단의 통합에 관한 회의에서 포노마르축은 복으주의 기독교침례회 교단에 포함되었고 우크라이나 담당 선임목회자의 조력자로 선출되었다. 8월 합의에 근거한 복음주의 기독교침례회와 오순절 교회가 통합하는 일에 적극적으로 참여했다. 1957년에는 복음주의 기독교침례회 총연맹 상임위원회는 포노마르축을 몰도바 담당 선임 목회자로 이동시켰다. 1965년에 은퇴하여 키예프로 이사했다. 그곳에서 세상을 떠 났다(형제들 소식, 1947년 제1호, 61쪽; 1968년, 제1호, 56쪽; 1968년, 제4호, 74 쪽).

포누르코 가브리일 가브릴로비치 Ponurko Gavriil Gavrilovich(1889~1978년)는 기독교 신앙 복음주의 연합회 회장과 드니프로페트로우스크주와 자포리자주 선임목회자를 역임했다. 체르카시 지역의 가난한 농업인 가정에서 태어났다. 1911년에 가족은 드니프로페트로우스크주 퍄티핫카로 이사했다. 거기서 복음주의 기독교 공동체를 다니기 시작했다. 1912년 퍄티핫카 공동체의 교인이 되었다. 1919년에 공동체의 전도 자로 선출되었고 발Ball E.A.,을 통해 안수를 받았다. 1924년에 레닌그라드에서 성서 학교를 마친 후 복음주의 기독교 총연맹의 전도자로 활동했다. 그 무렵 기독교 신앙 복음주의 가르침을 알게 되어, 그것을 받아들였고 기독교 신앙 복음주의 연합회로 옮겨 활동했다. 1927년에 연합회 교회 대표자 총회에서 연맹 회장으로 선출 되었다. 1955년에 복음주의 기독교침례회 총연합회에 가입했고 드니프로페트로우스크와 자포리자주 선임목회자직을 맡았다. 10년 동안 재직했다. 말년에 드니프로페트로 우스크주 크룹스카야 마을에서 목회자로 재직했다. 거기서 생애를 마쳤다.

프라보베로프 데멘티 알렉세예비치 Pravoverov Dementiy Alekseevich(1865~1932)는 침례교 연맹의 사역자와 키예프 공동체의 목회자였다. 민스크주 슬루츠크 Slutsk에서 태어났다. 유년기 이후 키예프에서 지냈다. 어머니와 함께 티모센코 Tymoshenko D.M.,가 설교하는 복음주의 집회에 참석했다. 그리스도의 사랑에 관한 말씀을 듣고 큰 변화를 가져왔다. 1889년에 키예프 침례교 공동체의 교인이 되었고 그리스도에 대해 두려움 없이 전파하기 시작했다. 복음 전도를 하면서 위협을 받고, 구타를 참고, 구금 되었지만, 하나님의 사랑으로부터 결코 떨어지지 않았다. 1894년 목회자로 선출되었고 수년 동안 그 사역을 감당했다. 복음 설교 외에, 많은 도시와 시골을 방문했다. 1907년 페테르부르크 통합 총회와 그 이후 총회에 참석했다.

프리츠카우 요한 예프레모비치 Prickau Johann Efremovich(1842~1924년)는 러시아 남부의 독일인 대상 복음주의 운동가였고, 구단치그 정착촌 공동체의 목회자였다.

구단치그에 있는 독일 개척자 가정에서 태어났다. 지역에서 선교사의 활동 결과로 매일 저녁과 일요일 낮에 모여 기도의 시간을 갖는 신자의 그룹이 만들어졌다. 1864년에 구단치그에서 처음으로 침례식이 있었다. 침례받은 사람 가운데 요한 프리츠카우가 있었다. 복음의 깊은 진리를 알고 싶어서, 프리츠카우는 함부르크에서 공부했다. 저명한 침례교 운동가 온켄이 독일에서 체류하는 동안 그를 전도자 사역을 위해 안수했다. 그 후 프리츠카우는 베사라비아, 니콜라예프, 오데사 등의 도시 주변에 있는 독일인 정착촌에서 많은 일을 했다. 적극적으로 러시아 침례교와 협력했다. 신앙으로 인해 추방과 투옥의 위협에 처한 러시아 신자들을 보호하려고, 전문가 자격으로 자주 법정에 출두했다.

프로하노프 이반 스테파노비치 Prokhanov Ivan Stepanovich(1869~1935년). 복음주의 침례교 운동의 탁월한 지도자라고 확신을 가지고 말할 수 있고, 복음주의 기독교 전러시아 협의회 회장으로서 러시아의 가장 먼 곳의 신자들에게도 알려져 있다. 기독교 작가, 시인, 저술가, 찬송가 번역가, 목회자, 열정적인 설교자였다. 블라디캅카스에서 태어났다. 어린 시절부터 하나님, 영원, 삶의 의미에 관한 질문에 관심을 가졌다. 프로하노프의 영적 세계에 관한 유익한 영향은 우유파 출신의 부모님에 의해 제공 되었다. 후에 부모님과 함께 복음적 교리를 따르는 사람들의 모임에 참석했다. 18세에 침례를 받고 지역 공동체에 합류했다. 페테르부르크 공과대학교를 졸업한 후 같은 생각을 가진 사람들과 함께 심페로폴에 도착하여, 러시아에서 처음으로 베르토그라드라는 복음주의 코뮌을 만들었다. 그것이 거부되어 기소되어 잠시 외국으로 출국 했다. 고국으로 돌아온 후 리가와 상트페테르부르크와 러시아 전국을 돌며 복음을 전파 하면서 기독교 분야에서 활약했다. 영어, 독일어, 프랑스어를 잘 알고 있었고 고대 히브리어와 그리스어를 알고 있었다. 1909년에 상트페테르부르크에서 첫 번째 전체 러시아 복음주의 기독교인 회의를 소집했다. 총회에서 복음주의 기독교 연맹이 조직 되었고, 회장으로 선출되었다. 1911년에 필라델피아 세계 침례교 대회에서 세계 침례교 연맹의 부회장으로 선출되었다. 1913년에 상트페테르부르크에서 일한 결과로 성서 학교가 개교되었다. 기독교 문서 출판에 많은 힘을 기울 였다. 1902년에 복음 찬양집 구슬리를 작업하여 출판했고, 1904~1905년에

[현의 마음]이라는 제목 아래 시집 작업을 했다. 1905년에 기독교인 잡지 발간에 착수했고, 제1호는 1906년 1월 1일에 출판되었다. 1910년부터 주간 기독교 신문 [새벽별]을 발간했다. 또한 찬송가 [새로운 하프], 연례 캘린더 [좋은 상담가], 복음찬양 모음집 [새로운 노래와 찬송가 모음집 시리즈] 등이 출판되었다. 출판 활동에서 가장 중요한 업적은 성서, 신약, 사복음서 대조서 출간이다. 1923~1928년에 레닌그라드 성서 강좌에서 가르쳤다. 말년의 몇 년은 해외에서 보냈다. 독일에서 투병중 사망했다. 베를린에 묻혔다. (형제들 소식, 1945년, 제2호, 21쪽; 1979년, 제4호, 44쪽; 1988년, 제1호, 3~6쪽).

라투시니 미하일 티모페예비치 Ratushny Mikhail Timofeevich(1830 ~ 1915년경)는 러시아 남부의 복음주의 침례교 운동의 창시자 중 한 사람이다. 헤르손 지방의 오데사군의 오스노바 마을에서 태어났다. 15세에 옆 동네에 살던, 구두수선공 오니셴코의 수선소에서 기술을 배웠다. 후에 오니셴코는 일자리를 구하러 헤르손 정착지에 갔는데, 거기서 개혁파 경건주의자를 만났다. 그들로부터 그리스도에 관해 알았고 자신의 생각을 라투시니와 나누었다. 1861년부터 라투시니는 집에서 복음서를 읽으며 영적 대화를 시작했다. 오스노보 마을에 영적 부흥이 일어났다. 지역 당국은 신자들에게 여러가지로 방해를 했고 라투시니는 시계파를 확산시키는 주요 범인으로 간주되었다. 1865년, 1867년 그리고 1868년에, 세 번 구금되었고, 유죄 판결을 받고 수감되었다. 1871년 6월 8일 40세였을 때, 친구이자 그리스도 안에서 형제인 랴보샤프카에 의해 침례를 받았다. 1882년 타우리드현 베르단스크군에 있는 류케나우 정착촌에서 개최된 복음주의 신앙고백을 하는 신자 대회에 참가했다. 1884년 페테르부르크에서 개최된 연합 총회에 대의원으로 참석했다. 같은 해에 노보바실리예프카에서 개최된 최초의 러시아 침례교 총회를 참석했다. 80세의 나이에 1911년 상트페테르부르크 전러시아 복음주의 기독교 제3차 총회에 참석했다. 고향 오스노보에서 생애를 마감했고, 죽는 날까지 주님께 충실히 남아있었다. 정확한 사망 날짜는 알려지지 않았다(형제들 소식, 1980년, 제6호, 41쪽).

레드스톡 그렌빌 Redstock Grenville (1833~1913년)은 상트페테르부르크에서 복음각성의 시작의 기초를 놓은 영국인 설교자이다. 레드스톡 경은 오래된 영국 귀족 가정의 출신이다. 한 때 옥스퍼드 대학교에서 공부했지만 졸업하지 않았고 크림 합병 전쟁에 참여하기 위해 러시아로 파견되었다. 전쟁터에서 심한 열병에 걸려 생사에 직면하면서 하나님 앞에서 자신의 죄를 깨닫게 되었다. 친구의 충고에 따라 구세주에게 기도로 회심했고 영적 구원 뿐만 아니라 신체적으로 건강의 회복을 얻었다. 런던으로 돌아와 레드스톡은 주님을 위해 열심히 일하기 시작했다. 그의 견해에 따르면, 플리머스 형제 또는 다르비 분파와 가까웠다. 얼마 후 믿음으로 침례 받았다. 1866년에 대령 계급의 군복무를 중단하고 전적으로 그리스도를 전파하는 일에 헌신했다. 1867년 네덜란드의 제이스트에서 사역했고, 그 다음 해는 파리에서 전도했다. 사망 전까지 프랑스에서 복음 전도 활동을 계속했다. 1874년 러시아에 왔다. 상트페테르부르크에서 설교와 대담으로 상류층을 대표하는 많은 사람들이 회심시켰는데, 대표적인 사람은 파시코프, 코르프, 보브린스키, 리벤 백작 부인 등이다. 여러 번 상트페테르부르크를 방문했다. 1880~1910년에 하나님의 말씀을 전파하는 사명으로 인도에 7번 갔다. 하나님의 사역자는 러시아 복음화 역사에 큰 흔적을 남겼다. 파리에서 사망했다.

리스 야니스 Rice Janis(1883~1953년)는 목사, 복음주의 기독교침례회 총연맹 회원, 세계 침례교 연맹의 집행위원회 위원을 역임했다. 라트비아의 벤츠필스의 목사 가정 에서 태어났다. 1901년 믿음을 가졌고 침례를 받았다. 라트비아 대학교 역사 학과를 졸업했고 역사학 석사 학위를 받았다. 1922년 리가의 신학교 교회에서 목회를 했고, 1924년에 목사로 안수 받았다. 1922년부터 리가 신학교에서 가르치기 시작했다. 1930년부터 신학교 학장이 되었다. 1913~1917년과 1923~1945년에 라트비아의 침례교 연합회 협의회 위원으로 선출되었다. 1948년에 복음주의 기독교침례회 총연맹 협의회 위원 후보로 선출되었다. 1923년과 1934년의 세계 침례교 연맹의 대회에 참석했다. 1934~1947년 기간에 세계 침례교 연맹의 집행위원회 위원으로 일했다. 또한 기독교의 일반 역사를 연구했다. 1913년에 라트비아 침례교 역사에 관한 책을 출판했다. 생애 마지막 몇 년 동안, 교도소에 있는 러시아 사람들에게 많은 설교를 했다. 이르쿠츠크에서 70세로 삶을 마감했다.

랴보샵카 이반 그리고리예비치 Ryaboshapka Ivan Grigorievich(1831~1900년)는 러

시아 남부에서 복음주의 침례교 운동 첫 번째 지도자의 한 사람으로 알려져 있고, 복음의 진리를 지칠 줄 모르고 전파하는 설교자였다. 헤르손 지방의 류보미르카 마을 교회의 목회자였고 불타는 복음의 설교자였다. 보통 사람 출신이었다. 어린 시절부터 영적 문제에 대해 걱정했다. 그 질문에 관한 답을 찾기 위해 구단치그 주민 마르틴 규브네르 와 함께 복음서를 읽고 독일인 형제들의 성서의 시간 모임을 방문했다. 그 모임은 랴보샵카를 하나님께 인도했다. 그리스도 안에서 구원과 삶의 의미를 발견한 후 주변 사람들에게 증거하기 시작했다. 하나님의 말씀을 전파했다는 이유로 1867년과 1868년에 두 번 구금되었다. 예핌 침발에 의해 1870년 4월에 침례를 받았다. 1882년 타우리드 지방의 류케나우 개척지에서 열린 복음적 고백에 관한 신자들의 회의에 참석했다. 1884년 상트페테르부르크에서의 복음주의 대표자 연합 총회와 노보바실리예프카 침례교 제1차 총회에 대의원으로 참석했다. 총회 참석자들은 랴보샵카를 키예프 지방 복음 전파자로 파송했다. 1885년에 블라디캅카스에서 개최된 총회에서 랴보샵카 를 헤르손 지방과 키예프 지방의 전도자로 선출했다. 포베도노스체프 박해 시기에 남캅카스로 경찰 감시하에 5년 형을 받아 추방되었다. 석방된 후, 처음에 터키로 이주했고, 거기서 불가리아로 다시 이주했고, 거기서 불가리아, 루마니아, 러시아, 우크라이나 사람들에게 큰 영감으로 설교했다. 불가리아에서 사망했다(형제들 소식, 1981년, 제6호, 57쪽).

사벨리예프 표도르 사벨리예비치 Saveliev Fedor Savelievich(1863~1947년)는 모스크바 복음주의 기독교 교회의 창립자이자 첫 번째 목회자로 알려져 있다. 주변에서 부자와 영향력 있는 사람이었고 또한 열정적인 하나님을 찾는 사람으로 구별되었다. 1897년에 성서 공회 서적상 나자로프로부터 기독교 진리를 들었다. 1903년에 페테르부르크에서 파시코프 그룹을 만났고 그 해에 모스크바에서 믿음으로 침례를 받았다. 1909년에 복음주의 기독교 모스크바 공동체의 합법화를 확보했고 공동체의 첫 번째 목회자가 되었다. 1935년까지 목회 사역을 했고, 그후 모스크바주 카시라로 옮겼다. 그는 1917년과 1919년의 총연맹 총회에 참석했다. 1944년에 복음주의 기독교와 침례교 총회에 참석했다(형제들 소식, 1947년, 제6호, 64 쪽).

사닌 표도르 이바노비치 Sanin Fedor Ivanovich(1890~1942년)는 복음주의 기독교

북캅 카스 지방회장, 설교자, 기독교 시인이었다. 그는 페테르부르크의 노동자 가정에서 태어났다. 청년 시절에 위로부터의 중생을 경험하고, 믿음으로 침례를 받아 페테르 부르크 복음주의 기독교 교회에 연합했다. 설교의 재능이 나타났고, 열심히 주님께 봉사했다. 복음 설교자로서 캅카스에서 우유파 주민을 대상으로 사역했다. 1917년에 복음주의 기독교 연맹은 사년을 북캅카스 지방회장으로 임명했다. 1928년에 퍄티고르스크에서 개최된 복음주의 기독교 총회에서 북캅카스 복음주의 기독교 지방회장으로 재선되었다. 1930년에 박해를 받았다. 기독교 시작품을 많이 썼다 (형제들 소식, 1980년, 제6호, 45쪽).

슬레기나 도미니키야 그리고리예브나 Slegina Domnikia Grigor'yevna (1873~1958년)는 복음주의 기독교침례회 교회의 평범한 교인이었지만, 하나님 사업의 성공에 대해 뜨겁게 기도한 기도의 여성이었다. 사마라 지방의 외딴 마을에 있는 가난한 구교도 농업인 가정에서 태어났다. 3살 때 완전히 시력을 잃어 버렸다. 처음에 일반 학교에서 공부했고, 그 후 시각 장애인을 위한 전과정 자격시험을 통과하여 교사가 되었다. 1909년에 주님께 회심했다. 그리스도에 대해 쉬임없이 간증했고, 복음 찬양과 다른 책을 시각장애인용 점자책으로 만드는 작업을 했다. 1923년에 침례를 받았다. 대조국 전쟁 시기에, 쿠이비솁스카야 교회에 남성 지도자가 사라졌을 때, 그녀는 신자들을 돌보는 책임을 감당했다. 어머니로서 많은 고난 받는 신자들을 돌보았다. 피난민의 가족들은 그녀의 집에 교대로 머물렀다. 전선의 소식을 나누고, 하나님의 말씀을 듣고, 주님 앞에서 사람들과 함께 기도하고 마음을 열고 대화하기 원하는 신자들은 그녀를 찾아왔다. 그녀의 작은 아파트에서는 매일 정오에 기도회가 있었다. 기도자들은 그리스도의 교회, 전선에 있는 군인들, 희생자 가족을 위해 간구 했다. 전쟁이 끝난 후, 기도 모임에 의해 보존된 쿠이비솁스카야 교회는 짧은 시간에 복구되었다. 38년 동안 교직에 봉사했다. 22년 동안 정규 학교에서 일했고 16년은 시각 장애인 학교에서 보냈다. 남동생과 아내가 사망한 후 남겨진 3명의 고아를 양육하는 일을 했고 아이들이 교육을 받도록 도왔다. 총명한 지혜를 간직하며 빛과 지혜를 그녀에게 주셨던, 주님과 구세주에 관한 생생한 소망을 간직한 채, 85년의 생애를 마치고 영원으로 떠났다(요일 5:20).

스테파노프 바실리 프로코피예비치 Stepanov Vasily Prokofievich(1874~1938년)는 침례교 연맹의 활동가, 탐보프 주 페스키 교회의 목회자, 설교자, 찬양 대원이었다. 우유파 가정 출신이다. 캅카스 출신의 복음 전도자 데마킨을 통해 1891년에 그리스도를 믿었다. 다음 해에 믿음으로 침례를 받았고 다른 사람들에게 하나님의 말씀을 전하기 시작했다. 페테르부르크에서 군복무를 했고 고향 페스키로 돌아왔다. 신자들은 사역을 위해 차리친으로 떠난 친형 세몬 프로코피예비치 대신에 그를 목회자로 선출했다. 1903년에 스테파노프는 유명한 사역자 마자예프와 이바노프에 의해 목회자로 안수 받았다. 복음 전파를 위해 러시아의 여러 지역을 방문했다. 사역은 여러 방향으로 진행되었다. 침례교 연맹 지도부에서 일했고, 침례교, 우크라이나 침례교, 손님 등의 잡지에 협력했고, 1911~1914년에 청년의 친구라는 기독교 잡지를 출간했다. 많은 복음 찬양의 지은이이다. 두 차례 세계 침례교 대회에 참석했는데, 1911년 미국과 1921년 스웨텐 대회였다. 말년은 보리소글렙스크 에서 보냈다. 1938년에 주님은 눈물도 없고 고통도 없는 영원한 거처로 그를 부르셨다(형제들 소식, 1969년, 제4호, 64쪽; 1974년, 제5호, 79쪽.)

스테파노프 세몬 프로코피예비치 Stepanov Semyon Prokofievich(약1872 1916년)는 침례교 연맹의 책임 있는 사역자, 전도자였다. 탐보프 지방의 페스키에서 태어났다. 어려서부터 성경을 읽으려는 큰 열심이 있었다. 청년시절 여러 번 마을을 방문한 델랴코프(여전히 유아세례 지지자였다), 타우리드 지방의 아스트로한카 출신의 바실리 예프, 데마킨, 이바노프 등의 설교자들과 알게 되었다. 목회자들과의 만남과 대화의 영향으로 주님께 회심했고 1890년에 데마킨에 의해 발라쇼프에서 침례를 받았다. 1893년 마자예프에 의해 목회자로 안수 받았다. 1897년에 영적 사역을 위해 차리친으로 이사했다. 1906년과 1907년 로스토프나도누의 전 러시아 침례교 총회에서 운영위원 으로 선출되었다. 또한 모스크바 제일 침례교회 목회자의 사역을 받아들여 그의 생애 동안 재직했다.

타타르텐코 이반 야코블레비치 Tatarchenko Ivan Yakovlevich(1899~1972년)는 우크라이나 목회자 협의회 회원, 복음주의 기독교침례회 총연맹 상임위원, 도네츠크 주 선임목회자를 역임했고 뛰어난 설교자였다. 엘리자벳그라드에서 태어났다. 1916

년 엘리자벳그라드로 이사하여 예수 그리스도를 자신의 구주로 믿었다. 1918년에 믿음으로 침례 받았다. 1926년에 지역 교회의 목회자로 선출되었다. 그후 얼마 동안의 사역을 중단한 것을 제외하고 영적 사역에 전생애를 헌신했다. 체계적인 교육을 받지 못했지만 독서를 좋아했으며 많은 지혜로운 조언으로 교단을 풍성하게 했다. 그의 관심은 신앙, 지혜, 신자였다. 신자들은 내용이 풍부하고 설득력 있는 그의 설교를 좋아했다. 1957년 도네츠크주 선임목회자로 선출되어 15년 동안 재직했다. 1963년 복음주의 기독교침례회 총연맹 총회에서 상임위원이 되었다(형제들 소식, 1973년, 제1호, 64쪽).

테테르만 안드레이 Tetermann Andrei(1854~1925년)는 에스토니아 침례교 연합회 회장을 역임했다. 에스토니아의 토리 관구내 탐미스투에서 태어났다. 그리스도께 회심한 후 1884년에 패르누 침례교회에 연합하여 기독교 도서를 보급하는 서적상으로 일하기 시작했다. 1890년부터 탈린에서 사역했다. 1897년 탈린제일교회 신자들은 그를 목회자로 선출했다. 1920년까지 재직했다. 1904년에 기독교 잡지 순례자 출판에 착수했다. 악보있는 찬양집을 포함하여, 여러 기독교 도서 출판을 위해, 인쇄소를 설립했다. 1908년부터 1920년 이민 가기 전까지 에스토니아 침례교 연합회장을 지냈다. 에스토니아 침례교단에 시인, 스웨덴 복음 찬양의 에스토니아어 번역자, 교회 찬양대와 주일학교 기획가로 알려져 있다. 말년의 몇 년 동안 미국에 거주하면서 뉴욕에 있는 에스토니아 침례 교회의 목회자로 봉사했다.

티모센코 미하일 다닐로비치(1880~1938년)는 침례교 교단의 저명한 인물이고, 설교자, 진리의 말씀 잡지 편집자, 기독교 작가로 활약했다. 신자 가정에서 태어났다. 아버지는 설교자였고 그리스도의 이름으로 많은 고난과 박해를 경험했다. 가족은 베지차(브랸스크)에서 오랫동안 살았다. 어린 시절부터 성서 읽기를 좋아했다. 후에 우쯔 침례회 신학교를 졸업했다. 1913년부터 4년 동안 사역 중단한 후 1917년부터 파블로프와 함께 진리의 말씀 잡지를 출판했고 침례교 잡지에서 협력했다. 1914년 12월에 나림 변방으로 추방되었다. 1917년 추방에서 돌아와 파블로프와 함께 잡지 진리의 말씀 출판을 위해 일했다. 많은 침례교 총회 업무에 참석했다. 1930년에 침례교 연맹 지도부 구성원이 되었다. 1933년에 박해를 받았다. 사망 과정은 알려지지 않았다.

팀첸코 세르게이 트로피모비치 Timchenko Sergey Trofimovich(1902~1971년) 복음주의 기독교침례회 총연맹의 부회장을 지냈다. 폴타바 지방의 로흐비치 마을에 있는 정교회 신자 가정에서 태어났다. 주님께 처음으로 회심한 사람은 부모였고, 그 후에 그가 회심했다. 그는 1918년 파블렌코에 의해 믿음으로 침례를 받았다. 1921년, 1923년, 1926년에 모스크바에서 열린 세 번의 전 러시아 복음주의 기독교침례회 총회에서 감사 위원으로 선출되었다. 1929년에 호먁에 의해 폴타바 공동체의 목회자로 안수 받았다. 여러 시기에 아르테모프스크, 알마타, 수미주 롬니에서 목회를 했다. 1952년에 가족과 함께 모스크바로 이사했다. 1963년에 모스크바 교회에 설교자로 초청되었다. 여러 교회를 순회하며 설교했고, 가는 곳마다 신자들의 연합을 촉구했다. 1966년 총연합회 정기 총회에서 복음주의 기독교침례회 총연합회 위원으로 선출되었고, 다음 총회에서 연합회의 부총회장이 되었다. 그 사역을 남은 생애 동안 감당했다(형제들 소식 + 1972년, 제1호, 68쪽).

탸륵 오스왈드 아도비치 Tyark Osvald Adovich(1904 1984년)는 탈린 교회 목회자, 신학자, 기독교 작가, 하나님 분야에서 훌륭한 사역자였다. 에스토니아의 히우마 섬에서 신자 가정에서 태어났다. 아버지는 침례 교회의 목회자로 재직했다. 고향 마을에서 교육을 받기 시작하여 캐르들라에서 계속 공부했고, 후에는 합살루의 교사 학교에서 공부했다. 교사 학교를 마치고 에스토니아 침례교 신학교에 입학하여 1925~1928년 동안 공부했다. 그후 미국에서 신학교를 졸업했고 신학 석사 학위를 받았다. 1929년에 고향으로 돌아와 복음 사역에 합류했다. 탈린의 알리카 교회에서 20년 동안 목회를 했다. 1950년에 일어난 알리카 교회와 올라프 교회가 통합된 후에 통합 교회의 목사였다. 많은 신학 논문의 저자로 알려져 있으며, 일부는 잡지 형제들 소식에 실렸다. 에베소서와 로마서 주해, 마가복음과 요한복음 주석 등을 저술했다. 그의 책은 교단의 유명한 신학 저서에 포함되었다. 1984년 5월 25일에 사망했다(형제들 소식, 1979년, 제6호, 64쪽; 1984년, 제4호, 58쪽).

웅거 아브람(1820~1880년)은 믿음으로 침례 받은 메노파이다. 목회자였고, 우크라이나 침례교 개척자인 침발에게 침례를 주었다. 메노파 가정에서 태어났다. 회심은 1850년대에 일어났다. 1859~1860년에 아인락의 메노파 공동체 생활에 적극적으로 참여했다. 함부르크 침례교 소식지를 읽고 침수침례의 필요성에 관한 생각에 도달했다. 그 무렵 온켄과 최초의 접촉이 이루어졌다. 1862년 3월 4일에 몰로치나야의 윌러로부터 침례를 받았고 침례후 공동체의 교사로 선출되었다. 아인락 메노파 공동체가 침례교의 침수침례와 제한적 성찬식의 원칙을 세우는 데 이바지했다. 1868년 7월 14일에 아인락 공동체의 목회자로 선출되었다. 이듬해에 독일에서 도착한 온켄에 의해 목회자로 안수 받았다. 1873년에 메노파 형제 공동체의 교리를 작성했다. 교리의 기초는 독일 침례교 신조였다. 1869년에 최초의 우크라이나 침례교인 침발에게 침례를 주었다. 그것은 러시아·우크라이나 복음주의 침례교 운동 역사에 관한 그의 공헌이다.

페틀러 빌헬름 안드레예비치 Fetler Wilhelm Andreevich(1883~1957년)는 저명한 하나님의 사역자, 잡지 [신앙]과 [손님]의 발행인, 상트페테르부르크 복음의 집 교회 목회자를 지냈다. 라트비아 탈시의 유명한 침례교 운동가 가정에서 태어났다. 청소년기에 아버지를 통해서 침례를 받았다. 1903~1907년 동안 페틀러는 런던의 스펄전 침례교 대학에서 공부했다. 졸업 후 상트페테르부르크에서 일했는데 귀족들과 가난한 사람들 사이에서 하나님의 말씀을 전파했다. 상트페테르부르크에서는 이미 존재하는 복음주의 기독교 교회 외에, 그의 도착과 함께 침례 교회 공동체가 형성되었다. 그의 협력으로 얼마 후 모스크바에서 침례교회가 문을 열었다. 1911년 말에 성대하게 열렸던 페테르부르크에 있는 복음의 집 교회 건축에 많은 공헌을 했다. 시간이 지난후 활동을 리가로 옮겼다. 그의 참여로 라트비아의 수도에 교회가 개척되었다. 1915~1920년에 미국에서 사역했고, 그후 폴란드로 이주하여, 1924년까지 목회자 양성에 힘썼다. 1924년에 리가로 돌아와 1928년까지 존재한 성서 학교 책임자가 되었다. 리가에서 잡지 신앙과 손님을 출판했고, 선교사 협의회와 협력했고, 많은 청중을 대상으로 복음을 전했고 찬양대를 이끌었다. 라트비아에서 그의 다양한 활동은 1939년까지 계속되었다. 페틀러의 마지막 생애는 미국에서 보냈고, 거기서 세상을 떠났다.

프레이 야니스 알렉산드르 Frey Janis Alexandr(1863~1950년)는 교회 목사, 기독교

작가, 라트비아 침례교 연합회 회장, 세계 침례교 연맹 부회장 겸 집행위원회의 집행 위원을 지냈다. 리투아니아의 수딘차이에서 태어났다. 1880년에 주님께 회심하고 믿음으로 침례를 받았다. 1883년부터 시작하여 몇 년 동안 다양한 리가 공동체에서 목회자로 봉사했다. 1886년에 라트비아 침례교 연합회 위원으로 선출되었고 그후 연합회 회장을 수회 역임했다. 1927년부터 라트비아 형제회 명예 회장을 지냈다. 1891~1905년에 라트비아에서 복음적 선교 활동을 이끌었다. 1893년에 침례 교회에서 체계 적인 성서 읽기를 조직했다. 1890년대부터 제국주의 전쟁이 시작될 때까지 기독교 서적을 출판했다. 많은 설교와 기독교 소책자를 출판했다. 1895년에 라트비아어로 출판 된 그의 책 예수 그리스도가 살았던 땅은 많은 독자들의 주목을 끌었고, 그후 러시아어, 독일어, 에스토니아어, 리투아니아어로 번역되었다. 1905~1915년에 주간지 [근원자와 잡지 [청년의 친구]를 출판했다. 1915년 10월에 복음 전파의 이유로 차르 제국 정부에 의해 시베리아로 추방되어 1917년 8월까지 수용소 생활을 했다. 1922년 1월에 라트비아 침례교단은 리가에서 신학 대학원을 개설했는데, 프레이가 원장이 되었다. 1930년까지 라트비아에서 신학 교육을 이끌었다. 1913년 제2차 유럽 침례교 대회에 참여했다. 1920년부터 세계 침례교 연맹의 부회장이었으며 1923년과 1928년에 세계 침례교 대회의 총회에 참석했다. 1923년 총회에서 세계 침례교 연맹 집행위원회의 위원으로 선출되었다. 프레이의 다방면의 활동을 인정하여 미국 레들랜드 대학교에서 명예박사 학위를 수여했다. 생애는 필텐(이전 펠텐)에서 마감되었다.

프리젠 표트르 마르티노비치 Friesen Petr Martynovich(1849~1914년)는 러시아 남부에서 활약했고, 복음적 교파 연합 운동가들의 수호자였다. 러시아에 메노파 형제회 역사의 저자이다. 몰로치니보디의 시파라우 마을에서 태어났다. 메노파 형제회 공동체가 처음 으로 발생하는 시기에 그는 10세였다. 갈시타트(현재는 몰로찬스크)의 중등학교를 졸업한 후 스위스에서 교육을 계속했으며 나중에 오데사와 모스크바에서 공부했다. 1873~1886년에 갈시타트 중앙학교에서 가르쳤고, 나중에 교장이 되었다(1880~1886년). 1884년에 공동체에서 봉사를 위해 안수를 받았다. 교육 활동을 떠나서, 그리스도의 교회에서 일하기 위해 전적으로 헌신했고, 동시에 러시아내 메노파 형제회 역사를 기록하는 일에 많은 노력을 했다. 세바스토폴의 러시아 복음주의 기독교 공동체에서 13년 동안 봉사했다. 생애의 주요 업적은 1911년에 갈시타트에서 출간된 메노파 일반 역사적 관점에서 다룬 러시아내 구파 복음주의 메노파 형제회(1789~1910년)라는 책이다. 복음적 생활을 하는 신자들, 특히 메노파 교회 형제들의 연합에 큰 공헌을 했다. 시력을 거의 잃은, 하나님의 사역자는 마지막 생애를 티가 (몰로치나야)에서 보냈고, 거기서 세상을 떠났다.

호듀시 야코프 니키티치 Hodush Yakov Nikitich(1879~1963년)는 복음주의 기독교 총연맹 지방회 회장과 전도자였다. 드빈스크의 노동자 가정에서 태어났다. 17세에 회심하여 1906년 침례를 받고 드니프로페트로우스크 교회에 합류했다. 설교의 재능이 있었다. 1909년 베를린에 있는 성서신학교에 가서 3년 동안 공부했다. 졸업한 후 드니 프로페트로우스크로 돌아와서 전국적인 복음 전도자의 사역을 했다. 1913년에 정교회 신자 미혹 혐의로 체포되었다. 1914년 10월에 목회자로 안수 받았다. 안수식은 카르겔, 프로하노프, 페트로프, 및 라이메르에 의해 거행되었다. 안수 후에 복음주의 기독교 총연맹 지도부는 그를 극동으로 파송했다. 1924년에 복음주의 기독교 총연맹 지방회 회장으로 선출되었다. 또한 기독교인 잡지 사역에 협력했다. 1931~1937년에 그는 쥬바노프와 함께 드니프로페트로우스크 복음주의 기독교와 침례교 교회에 봉사했다. 전쟁이 끝난 후 드네프로페트로우스크 교회에서 목회했고 거기서 세상을 떠났다.

침발 예핌 Cymbal Efim(1830 ~ 1880년경)은 헤르손 지방의 엘리자벳그라드군 카를로프카에 있는 침례교 공동체의 목회자와 설교자였다. 1860년대에 믿음을 가졌다. 회심은 구단치그 개척지에서 멀지 않은 곳에 살았던 독일인 침례교의 영향을 받았다. 소규모 공동체가 카를롭카에서 발생했을 때, 회원들은 침수침례의 필요성과 복음적인 성찬식을 강하게 확신했고, 집회는 침발의 집에서 이루어졌다. 침발은 정교회 성직자가 심문하는 동안에도 그리스도의 사랑을 증거했다. 1869년 6월 11일에 웅거를 통해 30명의 독일인과 침례를 받음으로써 공개적으로 자신의 신앙을 고백했다. 나중에 유명한 인사가 된 형제들에게 침례를 주었는데, 복음사역 분야에서 유명한 사역자인 랴보샤프카가 포함되었다. 침발과 다른 사역자들의 노력을 통해 복음이 빠른 속도로 확산되었고 엘리자벳그라드 군의 11개 시골의 많은 주민 들이 믿음을 가졌다.

체베룩 보리스 스테파노비치 Cheberuk Boris Stepanovich(1882년경~1937년경)는 민스크 침례 교회 최초의 목회자이다. 1912년에 민스크에서 복음주의 성향의 신자 그룹을 이끌 었다. 직업이 구급요원이었기 때문에 사람들에게 영적인 것뿐만 아니라 의료 지원도 제공했다. 1921년에 민스크 교회에서 찬양대를 조직했다. 찬양대를 지도하고 솔로로 찬양했다. 1928년까지 목회자로 사역했다.

체르노퍄토프 미하일 파블로비치 Chernopyatov Mikhail Pavlovich(1904년생)는 복음주이 기독교침례회 총연합회 부회장과 툴라주 담당 선임목회자를 지냈다. 툴라에 있는 하나님을 경외하는 가정에서 태어났다. 1917년부터 그의 집에서 복음 집회가 있었다. 1919년에 믿음을 가졌고, 농업 공동체 통일에서 지내면서, 1922년에 주님과 약속을 했다. 1926년부터 레닌그라드의 성서강좌에서 공부했다. 1930~1935년에 툴라 교회 설교자와 복음주의 기독교 툴라 지방회 서기로 봉사했다. 이후 몇 년 동안 시베리아에 있었고 노보시비르스크주에서 사역했다. 1963년에 복음주의 기독교침례회 총회 업무에 참가했다. 1964년에 툴라 교회의 신자들은 그를 목회자로 선출 했고, 2년 후 목회자로 안수 받았다. 1966년 총회에서 복음주의 기독교침례회 총연합회 감사위원장으로 선출되었다. 툴라, 칼루가, 랴잔, 벨고로드 및 쿠르스크주 담당 선임목회자로 봉사했다. 1974년에 총연합회 정기 총회에서 복음주의 기독교침례회 총연합회 부총회장으로 선출되었고, 성서강좌에서 사역했다. 1979년에 은퇴했다(형제들 소식, 1979년, 제6호, 62쪽).

체르트코바 엘리자베타 이바노브나 Chertkova Elizaveta Ivanovna (1834년경 ~ 1923년경)는 복음주의 운동의 유명한 활동가이다. 젊은 시절에 그녀는 레드스톡Redetok경을 통해 그리스도께 회심했고, 자신을 하나님 분야의 사역에 헌신했다. 예배 모임이 그녀의 집에서 진행되었다. 알렉산더 2 세의 웅장한 궁정을 떠나서 그녀는 생애 끝까지 주님과 그의 백성을 섬겼다.

체츠네프 빅토르 니콜라예비치 Chechnev Viktor Nikolayevich(1882~1958)는 복음주의 기독교침례회 총연맹 상임위원회의 위원과 벨로루시 담당 선임목회자를 지냈다. 그는 18세에 주님을 믿고 주님과 약속을 했다. 음악적 재능을 지닌 그는 드니프로페트로우 스크주 니지네드니프로우스크 Lower Dnipro 공동체에서 찬양대장으로 봉사하기 시작했다. 1914년에 공동체의 목회 사역을 받아 들였다. 1917년까지 목회 사역을 계속했고 붉은 군대에 징집된 이유로 사역을 떠났다. 1918년에 군복무를 마치고 영적 사역으로 돌아왔고 드니프로페트로우스크주 퍄티핫키Pyatikhatki에서 복음주의 기독교 공동체를 인도했다. 1924년 그의 능력에 관심을 가진 프로하노프는 그에게 경험이 많은 영적 사역자가 필요한, 민스크 사역을 권고했다. 1944년에 개최된 복음주의 기독교와 침례교 회의에서 벨로루시 담당 선임목회자와 상임위원회 위원으로 선출되었다. 생애 말년까지 그 일을 했다(형제들 사역, 1958년, 제5~6호, 19쪽).

십코프 게오르기 이바노비치 Shipkov Georgy Ivanovich(1865 ~ 1940년경)는 신학자와 기독교 작가, 전러시아 침례교 연맹의 극동지방회 회장과 블라고베셴스크 교회의 목회자를 지냈다. 그는 볼가의 우유파 가정에서 태어났다. 청년 시절 독서를 많이 했고 외국어를 공부했다. 1889년에 블라고베셴스크에서 살면서 처음으로 복음을 들었다. 주님께 회심한 후, 모든 자유 시간을 영어, 불어 및 독어로 된 경건서적을 읽고 신학 공부에 힘썼다. 1894년에 베이징에 있는 미국대학교 신학과에 입학하여 1898년에 졸업했다. 13년 동안 블라고베셴스크 침례교회 목회자로 봉사했고, 7년 동안은 교사로 봉사했다. 다음 12년 동안 침례교 연맹 극동 지방회 회장이었고, 후에 부회장을 역임 했으며, 나중에 연맹은 침례교 극동연맹으로 개명되었다. 가족과 친구들로부터 멀리 떨어져 구금되어 생애를 마쳤다.

야스놉스카야 마리야 니콜라예브나 Yasnovskaya Maria Nikolaevna는 1914년부터 페틀러 Fetler V.A.와 공동으로 잡지 손님을 편집했다. 귀족 가정 출신으로 그녀의 마음을 움직인 것은 모스크바에서의 레드스톡Redetok 경의 설교였는데 그녀는 설교를 듣기위해 특별히 페테부르그에서 왔다. 영어에 능통했고 번역가와 하나님 말씀의 설교자로 많이 일했다. 파시코프의 국외 추방후 복음주의 기독교 교회 지도자들과 계속 연락을 취했다. 해외로 나가는 대표단에 포함되었다. 1913년 두 번째 유럽 침례교 대회에 참석했다.

■ 참고문헌

러시아 · 우크라이나 형제회
간행 도서

1. 알렉세이(도로드니친) 주교. 『시계파로 알려진 러시아 남부 신침례교』. 캅카스 스타브로폴, 1903. Yepiskop Aleksi, y (Dorodnitsyn). Yuzhnorusskiy neobaptizm, izvestnyy pod imenem shtundy. Stavropol'~Kavkazskiy, 1903.
2. 알렉세이(도로드니친) 주교. 19세기 후반 러시아 남부 종교 합리주의 운동사 자료. 카잔, 1908. Yepiskop Aleksi, y (Dorodnitsyn). Materialy dlya istorii religioznoratsionalisticheskogo dvizheniya na yuge Rossii vo vtoroy polovine XIX stoletiya. Kazan, 1908.
3. 아르셴예프, 카.카., 양심의 자유와 관용~논문집. 상트페테르부르크, 1905. Arsyen'yev, K. K., Svoboda sovesti i veroterpimost'.~ Sbornik statey. SPb., 1905.
4. 아스타피예프, 엔.아., 『러시아 성경 보급 공회(1863~1893) 기원과 활동 개요』. 상트페테르부르크, 1895. Astaf'yev, N. A., Obshchestvo dlya rasprostraneniya Svyashchennogo Pisaniya v Rossii(18631893 gg.). Ocherk yego proiskhozhdeniya i deyatel'nosti. SPb., 1895.
5. 바갈리 데.이. 『우크라이나의 방랑 철학자 스코보로다 게.에스.』 하르키우, 2판, 1928, Bagaliy D. I. Ukrains'kiy mandrivniy filosof G. S. Skovoroda, izd. 2~ye, Kharkiv, 1928,
6. 베른시테인, 에스.베., 『철학자 콘스탄틴과 메포디』. 모스크바, 1984. Bernshteyn S.V. Konstantin~filosof i Mefodiy. M., 1984.
7. 본다르, 에스. 데., 『러시아의 이단 메노파』, 페트로그라드, 1916. Bondar' S. D. Sekta mennonitov v Rossii, Pg., 1916.
8. 본켐머, 카., 시계파 형제회 기사~오데사 소식, 1868, 56호, 3월 14일자. Bonekemper K. Stat'ya o bratstve Stund Odesskiy vestnik, 1868, 56 ot 14 marta.
9. 브록하우스, 에프.아., 예프론, 이.아., 『백과사전』. 상트페테르부르크, 1896. Brockhaus, F. A., Efron, I. A. Encyclopedic Dictionary. SPb.,1896.
10. 붓케비치, 테.이., 『러시아의 이단과 분파의 개관』. 페트로그라드, 1915. Butkevich T. I. Obzor russkikh sekt i tolkov. Pg., 1915.
11. 보브리셰프~푸시킨, 아.엠., 『법원과 종파~이단』. 상트페테르부르크, 1902. Bobrishchev~Pushkin A. M. Sud i raskol'niki~sektanty. SPb., 1902.
12. 본치~브루예비치, 베.데., 『복음주의 침례교 이단 추적』. 헌트, 1902. Bonch ~ Bruyevich V. D. Presledovaniye baptistov yevangel'skoy sekty. Hants, 1902.
13. 본치~브루예비치, 베.데., 『러시아 이단과 종파의 역사와 연구에 관한 자료들. 침례교... 시계파...』. 상트페테르부르크, 1908. Bonch ~ Bruyevich V. D. Materialy k istorii i izucheniyu russkogo sektanstva i raskola. Baptisty... Shtundisty... SPb., 1908.

14. 브레디힌, 이.베.,『소련의 역사』. 모스크바, 1976. Bredikhin I. V., Fedosov I. A. Istoriya USSR. M., 1976.
15. 보로노프, 아.,『시계파. 소러시아내 종교와 일상 생활 개요』. 상트페테르부르크, 1884. Voronov A. Shtundizm. Ocherki religiozno~bytovoy zhizni v Malorossii. SPb., 1884.
16. 비소츠키, 아.엘.,『우유파와 시계파 계열 돈분파』~선교적 평론, 1987, 11월호, 1권. Vysotskiy A. L. Donskiye tolki v molokanstve i shtundizme.Missionerskoye obozreniye, 1897, noyabr', kn. 1.
17. 기둘랴노프, 이.베.,『소련의 정교 분리』. 모스크바, 1926. Gidulyanov I. V. Otdeleniye tserkvi ot gosudarstva v SSSR. M., 1926.
18. 그레코프, 베.데.,『키예프 루시』. 모스크바, 1939. Grekov B. D. Kiyevskaya Rus'. M., 1939.
19. 달톤, 게.,『종무원장 포베도노스체프에게 보내는 공개 편지』. 라이프치히, 1890. Dal'ton G. Otkrytoye poslaniye ober~prokuroru pravitel'stvuyushchego Sinoda K.P. Pobedonostsevu. Leyptsig, 1890.
20. 소련의 26차 침례교 총연맹 총회. 모스크바, 1927. 26~y vsesoyuznyy s"yezd baptistov v SSSR. M., 1927.
21. 도로드니친, 아.,『19세기 후반 러시아 남부의 종교 운동』. 카잔, 1909. Dorodnitsy n A. Religioznoye dvizheniye na yuge Rossii vo vtoroy polovine XIX stoletiya. Kazan', 1909.
22. 드라고마노프, 엠.,『우크라이나 침례교 형제회』. 콜로미야, 1893. Dragomanov M. Pro bratstvo khresteliv, abo baptistiv na Ukraini. Kolomiya, 1893.
23. 복음의 외침. 페트로그라드, 1922. Yevangel'skiy klich. Pg., 1922.
24. 박물관 역사 종교 무신론 연감, 4권(1962). 레닌그라드, 1962. Yezhegodnik MIRA(Muzeya Istorii Religii i Ateizma). VI (1962 g.). L., 1962.
25. 예멜야노프, 게., 러시아 남부의 합리주의.~ 조국의 메모 잡지, 1878, 3, 5호. Yemel'yano v G. Ratsionalizm na Yuge Rossii. Otechestvennyye zapiski, 1878, 3, 5.
26. 잡코~포타포비치, 엘.,『우크라이나 기독교 광명』. 위니펙~체스터, 1952. Zhabko-Potapovich L. Khristove svitlo v Ukraini . Winnipeg~Chester, 1952.
27. 지보토프, 엔.엔.『상트페테르부르크 교회 분열』. 상트페테르부르크, 1891. Zhivotov N. N. Tserkovnyy raskol Peterburga. SPb., 1891.
28. 제 10 차 복음주의 기독교 총연맹 총회 회의록. 레닌그라드, 1927. Zapis' zasedaniy 10~go vsesoyuznogo s"yezda yevangel'skikh khristian. L., 1927.
29. 이바노프, 베., 마자예프, 데.,『1905년 런던세계침례교대회』. 로스토프나도누, 1908. Ivanov V., Mazayev D. Vsemirnyy kongress baptistov v Londone v 1905 g., Rostov~na~Donu, 1908.
30. 이즈베스티야. 1923. 8월 12일자 180호. Izvestiya, 1923, 180 ot 12 avgusta.
31. 프로하노프, 이. 에스., 편.『복음주의 기독교 교리 요약』. 1판. 상트페테르부르크, 1910; 2판, 레닌그라드, 1924. Izlozheniye yevangel'skoy very, ili Veroucheniye yevangel'skikh khristian. Izd. I. S. Prokhanova, izd. 1~ye. SPb., 1910; izd. 2~ye. L., 1924.
32. 파블로프, 베.게., 편. 기독교침례회 신앙 고백. 1906. Ispovedaniye very khristian~baptistov. Izd. V.G. Pavlova, 1906.
33. 오딘초프, 엔.베., 편. 기독교침례회 신앙 고백. 1928. . Ispovedaniye very khristian~baptistov. Izd. N.V. Odintsova, 1928.
34. 세라예바, 에스.아., 편,『소련의 역사. 사회주의 시대』. 3판, 재작업 보충, 모스크바, 1983. Istoriya USSR. Epokha sotsializma. Pod red. Serayeva S. A., izd. 3~ye, pererab. i dopoln. M., 1983.

35. 칼리니체바, 제.베., 『침례교의 사회적 본질』. 레닌그라드, 1972. Kalinicheva 3. V. Sotsial'naya sushchnost' baptizma. L., 1972.
36. 칼리스토프, 이., 티플리스의 러시아 공동체 ~ 교회 소식 잡지. 상트페테르부르크, , 1879, 49호; 1880, 32호. Kallistov I. Russkaya obshchina v Tiflise. Tserkovnyy vestnik. SPb., 1879, 49; 1880, 32.
37. 칼네프, 엠.아., 『독일인과 시계파』. 모스크바, 1897. Kal'nev M. A. Nemtsy i shtundizm. M., 1897.
38. 클리바노프, 아.이., 『러시아 이단 종교사(1860~1917년)』. 모스크바, 1965. Klibanov, A.I., Istoriya religioznogo sektantstva v Rossii (60~ye gody XIX v. ~ 1917 g.). M., 1965.
39. 클리바노프, 아.이., 『러시아 국민의 사회적 유토피아』. 모스크바, 1977. Klibanov, A.I., Narodnaya sotsial'naya utopiya v Rossii. M., 1977.
40. 크메타, 이., 복음주의 기독교침례회 100주년(소련과 타지역). 자료 모음집: 복음주의 기독교침례회 100주년(1867~1967년), 애쉬포드, 1967. Kmeta I. A. 100~letniy yubiley yevangel'skikh khristian~baptistov (v USSR i rasseyanii).V sb.: 1867 1967 gg.Stoletiye yevangel'skikh khristian~baptistov. Ashford, 1967.
41. 콤소몰스카야 프라우다, 1928년 3월 30 일자 신문. Komsomol'skaya pravda, 1928, 30 marta.
42. 콤소몰스카야 프라우다, 1928년 4월 11 일자 신문. Komsomol'skaya pravda, 1928, 11 aprelya.
43. 콤소몰스카야 프라우다, 1928년 4월 17 일자 신문. Komsomol'skaya pravda, 1928, 17 aprelya.
44. 코니, 아.에르., 『생명의 길』. 1권. 상트페테르부르크, 1912. Koni A. R. Na zhiznennom puti. T. 1. SPb., 1912.
45. 코르프, 엠.엠., 회고록.~테예캬이야. 1923, 11~13호.(라스카, 엘., 아르데르, 아.아.. 에스토니아어에서 번역, 1973. 필사본. 복음주의 기독교 침례회 총연합회 문서보관소). Korf M. M. Moi vospominaniya. Teekyayya, 1923, 11~13(perev. s estonskogo L. Raski i A. A. Ardera, 1973. Rukopis'. Arkhiv VSEKHB).
46. 코스튜코비치, 엘.에프., 『벨로루시의 칸트 문화』. 민스크, 1975. Kostyukovich L. F. Kantovaya kul'tura v Belorussii. Minsk, 1975.
47. 소련 공산당 대회 및 중앙상임위원회 결의와 결정. 모스크바, 1970. CPSU(Communist Party of the Soviet Union) v rezolyutsiyakh i resheniyakh s"yezdov, konferentsiy i plenumov TSK. M., 1970.
48. 크라스노제노프. 양심과 관용의 자유에 관한 문제 새시대, 1911, 10월 21 일. Krasnozhenov. K voprosu o svobode sovesti i o veroterpimosti. Novoye vremya, 1911, 21 oktyabrya.
49. 기독교 복음주의 신앙(오순절) 오순절 교리 요약. 오데사, 1925. Kratkoye voucheniye khristian yevangel'skoy very (Pentecost), pyatidesyatnikov. Odessa, 1925.
50. 카르겔, 이.베., 편. 복음주의 기독교 교리 요약. 상트페테르부르크, 1913. Kratkoye izlozheniye vероucheniya yevangel'skikh khristian. Izd. I.V. Kargelya. SPb., 1913.
51. 쿠시네로프 이.,페., 러시아 복음주의 운동의 발생, 발전, 현재 위치 및 파시코프파, 침례교, 우유파 공동체 등 러시아 복음주의 기독교의 필요에 관한 요약. 상트페테르부르크, 1905. Kushnerov I.P. Kratkaya zapiska o vozniknovenii, razvitii, o nastoyashchem polozhenii yevangel'skogo dvizheniya v Rossii i o nuzhdakh russkikh yevangel'skikh khristian, izvestnykh v obshchezhitii... kak pashkovtsy, baptisty, novomolokane i t.p. SPb., 1905.
52. 라티머, 에르.에스., 『베데커 박사의 삶과 사역』. 상트페테르부르크, 1913. Latimer R.S. Zhizn' i trudy doktora F.V. Bedekera. SPb., 1913.
53. 레베딘체프, 페., 『러시아 남부 시계파 발생과 확산의 역사 자료. 키예프 유물』. 1884, 10권. Lebedintsev P. Materialy dlya istorii vozniknoveniya i rasprostraneniya shtundy na Yuge Rossii. Ki-

yevskaya starina, 1884, t. 10.
54. 레베딘체프, 페., 『키예프현의 침례교와 시계파. 키예프 유물』. 1885, 3권. Lebedintsev P., Baptizm, ili shtunda v Kiyevskoy gubernii. Kiyevskaya starina, 1885, t. 3.
55. 레스코프, 엔. 에스., 『귀족의 분열(레드스톡 경의 교육과 설교)』. 모스크바, 1877. Leskov N. S. Velikosvetskiy raskol (Lord Redstok, yego ucheniye i propoved'). M., 1877.
56. 리바노프, 에프. 베., 『분열주의자와 죄수』. 상트페테르부르크, 1872. Livanov, F.V., Raskol'niki i ostrozhniki. SPb., 1872.
57. 리벤, 에스. 페., 『러시아의 영적 부흥』. 코른탈, 1967. Liven, S.P., Dukhovnoye probuzhdeniye v Rossii. Korntal', 1967.
58. 루뱌놉스키, 에프. 페., 『회고록, 1 권』. 키예프, 1872. Lubyanovskiy, F.P., Vospominaniya, t. 1. Kiyev, 1872.
59. 류비모프, 페. 페., 국민의 종교와 신자 구성. 통계: 러시아내 아시아지역, 1권. 연도 미상. Lyubimov P. P. Religiya i ispovednyy sostav naseleniya. V sb.: Aziatskaya Rossiya, t. 1. B/g.
60. 리나, 게. 에스., 『침례교: 환상과 현실』. 모스크바, 1977. Lyalina, G.S., Baptizm: illyuzii i real'nost'. M., 1977.
61. 마르가리토프, 에스., 『러시아 신비주의와 합리주의 이단사』. 심페로폴, 1914. Margaritov S. Istoriya russkikh misticheskikh i ratsionalisticheskikh sekt. Simferopol', 1914.
62. 호전적 무신론자 1929년 2 차 총회 자료. 모스크바, 1929. Materialy 2~go vsesoyuznogo s"yezda voinstvuyushchikh bezbozhnikov 1929 g. M., 1929.
63. 멜구노프, 에스., 시계파 혹은 침례교? 러시아 사상, 1904. Mel'gunov S. Shtundisty ili baptisty? Russkaya mysl', 1904.
64. 멜구노프, 에스., 『러시아의 교회와 국가』. 모스크바, 1907. Mel'gunov S. Tserkov' i gosudarstvo v Rossii. M., 1907.
65. 지역 연대기. 오렌부르크 지방, 1893, 136호. Mestnaya khronika. Orenburgskiy kray, 1893, 136.
66. 메셰르스키, 베., 『대도시 상트페테르부르크의 사도』. 상트페테르부르크, 모스크바, 1876. Meshcherskiy V., kn. Lord apostol v bol'shom peterburgskom svete. SPb., M., 1876.
67. 메셰르스키, 베., 『레드스톡 경께 보내는 편지』. 상트페테르부르크, 1876. Meshcherskiy V., kn. Pis'mo k lordu Redstoku. SPb., 1876.
68. 선교평론, 1899, 9월. Missionerskoye obozreniye, 1899, sentyabr'.
69. 선교평론, 1900, 2월, 11월 Missionerskoye obozreniye, 1900, fevral', noyabr'.
70. 선교평론, 1909, 7호. Missionerskoye obozreniye, 1909, 7.
71. 엔. 게. 류보미르 시계파.~엘리자벳그라드 소식, 1877. 22호. N. G. Lyubomirskiye shtundisty. Yelizavetgradskiy vestnik, 1877, 22.
72. 주간소식, 1897, 30호, 33호. Nedelya, 1897, 30, 33.
73. 네드젤니츠키, 이., 『시계파 발생의 원인과 교리 분석』. 상트페테르부르크, 1899. Nedzel'nitskiy I. Shtundizm, prichiny poyavleniya i razbor ucheniya yego. SPb., 1899.
74. 보브린스키 백작 추도문 ~ 주간소식, 1894년, 42 호, 10 월. Nekrolog grafa A. P. Bobrinskogo. Nedelya, 1894, 42, oktyabr'.
75. 노비츠키, 오., 『영적전사파의 역사와 교리』. 키예프, 1882. Novitskiy O. Dukhobortsy. Ikh istoriya i veroucheniye. Kiyev, 1882.
76. 새시대, 1901, 9월 25일자 254호.. Novoye vremya, 1901, 254 ot 25 sentyabrya.

77. 성서 강좌. 상트페테르부르크, 1913. O Bibleyskikh kursakh. SPb., 1913.
78. 오볼렌스키, 페.페., 러시아 이단 이론가들의 교리에 관한 비판적 분석: 영적전사파,우유파,시계파. 카잔, 1900. Obolenskiy P. P. Kriticheskiy razbor veroispovedaniya russkikh sektantov~ratsionalistov: dukhobortsev, molokan i shtundistov. Kazan', 1900.
79. 예배의식, ~ 영적기독교 우유파 소식, 1928, 6호. Obryadnik, Vestnik dukhovnykh khristian~molokan, 1928, 6.
80. 1814년 성서 공회의 성공, 상트페테르부르크, 1815. Ob uspekhakh Bibleyskikh obshchestv v 1814 g. SPb., 1815.
81. 오데사 소식, 1869, 38호. Odesskiy vestnik, 1869, 38.
82. 『종교와 교회』. 모스크바, 1981. O religii i tserkvi. M., 1981.
83. 오를레안스키, 엔., 『러시아소련공화국 종교단체법』. 모스크바, 1930. Orleanskiy N. Zakon o religioznykh ob"yedineniyakh RSFSR. M., 1930.
84. 크라스노제노프 기고에 관한 폴론스키의 답변.~새시대, 1901. Otvet L. Polonskogo na stat'yu Krasnozhenova. Novoye vremya, 1901.
85. 오데사 소식 통신원 오데사 소식, 1876, 63 64호. Ot reportera Odesskogo vestnika. Odesskiy vestnik, 1876, 63 64.
86. 러시아 대표단 대표 파블로프 베.게.의 1923년 6월 26일 스톡홀름 세계침례교대회에서의 발표 침례교, 1925년, 2호. Pavlov V. G. Doklad ot imeni russkoy delegatsii na Vsemirnom kongresse baptistov v Stokgol'me 26.6.23 g. Baptist, 1925, 2.
87. 파블로프, 베.게., 강제수용소 회상. 국립종교사박물관. 본치브루예비치의 이단관련 자필 원고집. Pavlov V. G. Vospominaniya ssyl'nogo. ROMIRA(GMIR). Sobraniye rukopisey po sektantstvu V. D. Bonch~Bruyevicha.
88. 『11~12세기초 고대 루시 문학의 기념비』. 모스크바, 1978. Pamyatniki literatury Drevney Rusi. XI nachalo XII veka. M., 1978.
89. 파시코프파와 시계파.~선교평론, 1987, 1권. Pashkovshchina i shtundizm. Missionerskoye obozreniye, 1897, kn. 1.
90. 복음주의 기독교침례회에 관한 편지. 티플리스, 1916. Pis'ma k brat'yam yevangel'skikh khristian~baptistov. Tiflis, 1916.
91. 『포베도노스체프에게 보내는 1884~1894년 기간의 편지와 메모. 두번째 책의 절반』. 모스크바, 1925~1926. Pobedonostsev K. Pis'ma i zapiski 18841894 gg. Polutom 2~y. M., 1925~1926.
92. 프라우다, 1928, 4월 13일자. Pravda, 1928, 13 aprelya.
93. 행정부 소식, 1903, 2월 28일자 47호. Pravitel'stvennyy vestnik, 1903, 47 ot 27 fevralya.
94. 행정부 소식, 1904, 12월 14일자 283호. Pravitel'stvennyy vestnik, 1904, 283 ot 14 dekabrya.
95. 행정부 소식, 1905, 4월21일자 83호. Pravitel'stvennyy vestnik, 1905, 83 ot 21 aprelya.
96. 1920년 5월 27일부터 6월 6일까지 모스크바에서 개최된 복음주의 기독교침례회 총연합회 총회 회의록. 모스크바, 1920. Protokol vserossiyskogo s"yezda yevangel'skikh khristian~baptistov, sostoyavshegosya v g. Moskve s 27 maya po 6 iyunya 1920 g. M., 1920.
97. 프로하노프, 이.에스., 러시아 복음주의 기독교, 침례교, 기타 관련 기독교인의 법적 지위에 관한 기록, 상트페테르부르크, 1913. Prokhanov I. S. Zapiska o pravovom polozhenii yevangel'skikh khristian, a takzhe baptistov i srodnykh im khristian v Rossii. SPb., 1913.
98. 프로하노프, 이.에스., 자서전~복음주의 신앙, 1934. Prokhanov I. S. Avtobiografiya. Yevangel'ska-

ya vera, 1934.

99. 프루가빈, 아.에스., 『상류층의 분열 ~ 특권 환경에서의 종교 추구 개요』. 상트페테르부르크, 1909; 『이단은 왜 러시아에서 떠나는가? 유럽 소식.』 상트페테르부르크, 1913년 10월. Prugavin A. S. Raskol vverkhu. Ocherki religioznykh iskaniy v privilegirovannoy srede. SPb., 1909; Otchego sektanty begut iz Rossii. Vestnik Yevropy. SPb., 1913, oktyabr'.

100. 페~스키, 베.페., 독일계 우크라이나 시계파에 관한 반응 편지~키예프 유물, 1884, 11호. P~skiy B. P. Pis'mo v redaktsiyu o nemetsko~khokhlatskoy shtunde. Kiyevskaya starina, 1884, 11.

101. 다른 소식.~ 주간소식, 1894, 12월 11일자 50호. Raznyye izvestiya. Nedelya, 1894, 50 ot 11 dekabrya.

102. 스타호비치의 주장.~새시대, 1901, 9월 25일자 254호. Rech' M. A. Stakhovicha. Novoye vremya, 1901, 254 ot 25 sentyabrya.

103. 리즈시키, 엠., 『러시아 성경 번역사』. 노보시비르스크, 1978. Rizhskiy M. I. Istoriya perevodov Biblii v Rossii. Novosibirsk, 1978.

104. 로단, 아., 루시 시대 최초의 복음주의 운동. 연도 미상. Rodan A. Pervoye yevangel'skoye dvizheniye na Rusi. B/g.

105. 로즈데스트벤스키, 아., 『러시아 남부의 시계파』, 상트페테르부르크, 1889. Rozhdestvenskiy A. Yuzhnorusskiy shtundizm. SPb., 1889.

106. 사진, 아.에스., 『비교 신학』. 상트페테르부르크, 1907. Sazhin A. S. Sravnitel'noye bogosloviye. SPb., 1907.

107. 살로프아스타호프, 엔.이., 『기도의 비밀과 능력』. 연도 모름. Salov~Astakhov N. I. Sekret i sila molitvy. B/g.

108. 스베틀로프, 예., 하나님 왕국의 전달자. Svetlov, E. Vestniki Tsarstviya Bozhiya.

109. 스코보로다, 게., 『소치. 1, 2권』. 모스크바, 1973. Skovoroda G. Soch. v 2~kh tomakh. M., 1973.

110. 침례교 통계. 상트페테르부르크, 1910. Statistika baptistov. SPb., 1910.

111. 스텝냐크랍친스키, 에스.엠., 『작품집1, 2권, 2권, 시계파 파벨 루덴코』. 모스크바, 1958. Stepnyak~Kravchinskiy S. M. Sobr. soch. v 2~kh tomakh, t. 2. Shtundist Pavel Rudenko. M., 1958.

112. 스티브, 페., 1917~1935년의 러시아 침례교 연맹. 박사 논문. 미국, 캔자스주, 1976. 마이크로필름 (영문 자필 원고에서 번역). Stive P. Soyuz baptistov Rossii. 1917 1935 gg. Dokt. diss. Kanzas, SSHA, 1976. Mikrofil'm (perev. s angl. Rukopis').

113. 재판과정. 주간소식, 1895, 6월 25일자 26호. Sudebnyye protsessy. Nedelya, 1895, 26 ot 25 iyunya.

114. 테네로모, 이., 우리 시대의 종교적 추구.~ 세계, 1909. Teneromo I. Religioznyye iskaniya nashikh dney. Mir, 1909.

115. 테를레츠키, 게., 파시코프파 이단. 상트페테르부르크, 1891. Terletskiy G. Sekta pashkovtsev. SPb., 1891.

116. 우신스키, 아.데., 성서에 기초한 우크라이나 시계파의 교리. 키예프, 1883. Ushinskiy A. D. Veroucheniye malorosskikh shtundistov, razrabotannoye na osnovanii Svyashchennogo Pisaniya... Kiyev, 1883.

117. 우신스키, 아.데., 『정교회의 농촌 주민 가운데 시계파와 다른 유사 이단의 합리적 교리 발생에 관한 이유와 그들의 교리 확산에 관한 반대 조치』. 키예프, 1884. Ushinskiy A. D., O prichinakh poyavleniya ratsionalisticheskikh ucheniy shtundy i nekotorykh drugikh podobnykh sekt

v sel'skom pravoslavnom naselenii i merakh protiv rasprostraneniya ucheniy etikh sekt. Kiyev, 1884.

118. 핀데이젠, 엔., 『러시아 음악사 개요』. 모스크바, 1928. Findeyzen N. Ocherki po istorii muzyki v Rossii. M., 1928.

119. 하를라모프, 이., 시계파~러시아 사상, 1885, 10~11권. Kharlamov I. Shtundisty. Russkaya mysl', 1885, kn. 10 i 11.

120. 헤르손 교구 보고서, 1873, 1호. Khersonskiye yeparkhial'nyye vedomosti, 1873, 1.

121. 차이첸코, 베., 『트로힘 진킵스키의 글』. 리비우, 1893. Chaychenko, V., Pisaniya Trokhima Zin'kivs'kogo. L'viv, 1893.

122. 치스토비치, 이.아., 『러시아어 성서 번역사』. 상트페테르부르크, 1899. Chistovich, I. A., Istoriya perevoda Biblii na russkiy yazyk. SPb.,1899.

123. 셴데롭스키, 엘., 『복음주의 기독교. 기독교회사에 부활한 복음주의 운동. 19~20세기 역사 개요』. 캐나다 복음주의 기독교 연합회 출판사, 1980. Shenderovskiy L. Yevangel'skiye khristiane. Vozrozhdennoye yevangel'skoye dvizheniye v istoricheskoy khristianskoy tserkvi. Istoricheskiy ocherk (XIXXX vv.). Izd. Kanadskogo soyuza yevangel'skikh khristian, 1980.

124. 시계파와 파시코프파, ~ 신앙과 이성. 하르키우, 1884년 1월, 2권. Shtundizm i pashkovshchina, Vera i razum. Khar'kov, 1884, yanvar', kn. 2~ya.

125. 셰르비나, 에프.아., 우크라이나 시계파. ~ 주간소식. 상트페테르부르크, 1877, 1~2호. Shcherbina F. A. Malorosskaya shtunda. Nedelya. SPb., 1877, 12.

126. 유딘, 페., 『노보우젠스키 침례교인.~ 러시아 문헌, 1권』. 모스크바, 1913. Yudin P. Baptisty Novouzenskiye. Russkiy arkhiv, t. 1. M., 1913.

127. 유자코프, 에스. 엔., 『대백과사전』. 상트페테르부르크, 1904. Yuzhakov S. N. Bol'shaya entsiklopediya. SPb., 1904.

128. 유니츠키, 아., 바쿠현의 침례교, ~ 교회 보고서에 추가, 1891, 28호. Yunitskiy A. Baptizm v Bakinskoy gubernii, Pribavleniye k Tserkovnym vedomostyam, 1891, 28.

129. 야세베치보로다옙스카야, 베.이., 『신앙을 위한 투쟁』. 상트페테르부르크, 1912. Yasevich~Borodayevskaya V. I. Bor'ba za veru. SPb., 1912.

130. 디드리흐, 하.흐., 『개척자, 이단과 시계파. 러시아 자유교회의 출현』. 베를린, 1985. Didih H. Ch. Siedler, Sektierer und Stundisten. Die Entstehung des russischen Freikirchentums. Berlin, 1985.

131. 『개신교 지역사전』. 겔트바흐, 에., 부르크하르트, 에., 하임부허, 카., 부퍼탈, 1978. Evangelisches Gemeindelexikon. Hrsg. v. E. Geldbach, H. Burkhardt, K. Heimbucher. Wuppertal, 1978.

132. 구체, 비, 『러시아 시계파의 서부 유래. 러시아 복음주의 운동의 시작』. 카셀, 1956. Gutsche, W., Westliche Quellen des russischen Stundismus. Anfange derevangelischen Bewegung in Russland. Kassel, 1956.

133. 카할레, 비., 『러시아와 소련의 복음주의 기독교. 이반 스테파노비치 프로하노프(1869~1935) 복음주의 기독교와 침례교의 길』. 부퍼탈과 카셀, 1978. ahle W. Evangelische Christen in Russland und der Sovetunion. Ivan Stepanovic Prochanov (1869 1935) und der Weg der Evangeliumschristen und Baptisten. Wuppertal u. Kassel, 1978.

134. 카터펠트, 아., 『자렘바의 펠리치안~캅카스의 복음증거』. 슈투트가르트 와 바젤, 1939. Katterfeld A. Felician von Zaremba ein Christuszeuge in Kaukasus. Stuttgart u. Basel, 1939.

135. 신학 사전. 젠슨, 하.하., 트렙스, 하., 베를린, 1981. Theologisches Lexikon. Hrsg. v. H.~H. Jens-

sen u. H. Trebs. Berlin, 1981.
136. 트로터, 예.『레드스톡 경, 통역과 기록』. 런던 북부. Trotter E. Lord Radstock, an Interpretation and a Record. London, n. d.
137. 반스, 이.,『러시아와 복음』. 카셀, 1920. Warns, J., Russland und das Evangelium. Kassel, 1920.
138. 침례교, 1907~1911, 1914, 1917, 1925~1929. Baptist, 1907~1911 , 1914, 1917, 1925~1929 gg.
139. 우크라이나 침례교, 1926~1928. Baptist Ukrainy, 1926~192 8 gg.
140. 전도자, 1920, 10~11호. Blagovestnik, 1920, 10 i I.
141. 형제 소식, 1945년 이후. Bratskiy vestnik, s 1945 goda.
142. 형제 메모 ("기독교" 잡지 부록), 1906 ~ 1910, 1913 ~1914. Bratskiy listok (prilozheniye k zhurn. Khristianin), 1906 ~ 1910, 1913~1914 gg.
143. 형제 연합, 1920, 1~ 2호. Bratskiy soyuz, 1920, 1 i 2.
144. 믿음, 1909, Vera, 1909 g.
145. 손님, 1910~1914. Gost', 1910~1914 gg.
146. 청년 포도원지기, 1909, 1913. Molodoy vinogradnik, 1909, 1913 gg.
147. 진리의 말씀, 1913~1914, 1917~1918, 1921~192 2년. Slovo istiny, 1913~1914 , 1917~1918 , 1921~192 2 gg.
148. 새벽별(신문), 1910~1913, 1915~1918, 1920~1922. Utrennyaya zvezda (gazeta), 1910~1913, 1915~1918 , 1920~1922 gg.
149. 기독교인, 1908, 1924~1928. Khristianin, 1908, 1924~1928 gg.

미간행 도서

150. 8 / 4~1929년 중앙 상임위원회의 결의안, 복음주의 기독교침례회 교리와 함께 선도 그룹이 제안한 조항에 상응하는 1960년 조항 분석과 복음주의 기독교침례회 총연합회의 설명적 편지. 자필 원고. 복음주의 기독교침례회 총연합회 문서보관소. Analiz Polozheniya 1960 g. i Instruktivnogo pis'ma VSEKHB v sootvetstviis Polozheniyem, predlozhennym initsiativnoy gruppoy, veroucheniyami YEKHB iPostanovleniyem VTSIK ot 8/IV1929 g. Rukopis'. Arkhiv VSEKHB.
151. 안드라시코, 엠. 엠., 자카르파탸주 복음주의 기독교침례회 형제회 역사에 관한 간략한 소개. 자필 원고, 1980. Andrashko M. M. Kratkoye opisaniye bratskoy istorii yevangel'skikh khristian~baptistov Zakarpatskoy oblasti. Rukopis', 1980.
152. 벨라우소프, 아. 에스., ~ 주님은 나의 능력과 노래. 필사본, 1972. Belouso v A. S. Gospod' ~ sila moya i pesn'. Rukopis', 1972.
153. 벨라우소프, 아. 에스., 칼베이트, 에스. 엠.의 약력. 필사본, 1979. Belouso v A. S. M. K. Kal'veyt, biograficheskiy ocherk. Rukopis', 1979.
154. 벨크, 게. 이., 메노파 찬양. 필사본, 1971. Velk, G.I., O menonitskom penii. Rukopis', 1971.
155. 타슈켄트 복음주의 기독교침례회 교회 창립 80주년(1902~1982). 복음주의 기독교침례회 총연합회 문서보관소. Vos'midesyatiletiye Tashkentskoy tserkvi yevangel'skikh khristian~baptistov(1902~1982) . Rukopis'. Arkhiv VSEKHB.
156. 아스트라한 주지사 회람 요약. 국립종교사박물관, 1권, 항목 8, 사건 2. Vypiska iz tsirkulyara Astrakhanskogo gubernatora. ROMIRA(GMIR), kn. 1, opis' 8, delo 2.
157. 비소츠키, 엔. 이., 복음주의 기독교침례회 교회 찬양과 음악. 모음집. 연구, 1978. Vysotski y N. I. Peniye i muzyka v tserkvakh yevangel'skikh khristian~baptistov. Sborniki. Issledovaniye, 1978.

158. 비소츠키, 엔.이., 프로하노프 이.에스.와 청년 신자, 필사본, 1981. 복음주의 기독교침례회 총연합회 문서보관소. Vysotski y N. I. I. S. Prokhanov i veruyushchaya molodezh'. Rukopis', 1981. Arkhiv VSEKHB.
159. 신앙의 영웅 사존트 카푸스틴스키. 자필원고 사본. 복음주의 기독교침례회 총연합회 문서보관소. Geroy very Sazont Kapustinskiy. Kopiya rukopisi. Arkhiv VSEKHB.
160. 그라체프, 유.에스., 러시아 복음주의 기독교의 찬양대 역사. 필사본, 1970. 원고, 1970. Grachev YU. S. Iz istorii pesnopeniy yevangel'skikh khristian v Rossii. Rukopis', 1970.
161. 시계파와 파시코프파 재판건의 증언 추가. 국립종교사박물관; 펀드 2, 목록 15, 사건 94, 번호 54046. 필사본. Dopolneniya k pokazaniyam po sudebnomu delu shtundistov i pashkovtsev. ROMIRA(GMIR); fond 2, opis' 15, delo 94, 54046. Rukopis'.
162. 옙투호비치, 게.엠., 형제회 음악 유산. 필사본, 1981. Yevtukhovich G. M. Muzykal'noye naslediye nashego bratstva. Rukopis', 1981.
163. 1959~1969년 복음주의 기독교침례회 총연합회 상임위원회 회의록 및 의장단 회의록. 복음주의 기독교침례회 총연합회 문서보관소. Zapisi zasedaniy plenumov i protokoly Prezidiuma VSEKHB za 19591969 gg. Arkhiv VSEKHB.
164. 모스크바 말리 부좁스키 골목 3번지 건물에서 개최된 복음주의 기독교침례회 총연합회와 사도 기독교 대표단 스모로딘 니콜라이 페트로비치, 시시코프 니콜아이 이바노비치, 프룻니코프 예프렘 모이세예비치와의 회담 기록. 1947년 4월 2일 수요일, 복음주의 기독교침례회 총연합회 문서보관소. Zapis' sobesedovaniya VSEKHB s predstavitelyami khristian v dukhe apostolov so Smorodinym Nikolayem Petrovichem, Shishkovym Nikolayem Ivanovichem i Prudnikovym Yefremom Moiseyevichem, sostoyavshegosya v Moskve po Malomu Vuzovskomu per., d. 3, v sredu 2 aprelya 1947 g. Arkhiv VSEKHB.
165. 1931년 8월 23일 회의록. 필사본. 복음주의 기독교침례회 총연합회 문서보관소.. Zapis' soveshchaniya ot 23 avgusta 1931 g. Rukopis'. Arkhiv VSEKHB.
166. 1923년 12월 13일 복음주의 기독교 총연맹 목회자 위원회 성명서. 복음주의 기독교침례회 총연합회 문서보관소. Zayavleniye Komissii presviterov vo VSEKH ot 13.12.1923. Arkhiv VSEKHB.
167. 러시아 종교 관련 네프라시 여사의 역사적 문서. 애슈퍼드, 미국. Istoricheskiye dokumenty g~zhi Neprash otnositel'no religii v Rossii. Ashford, USA.
168. 지토미르주 복음주의 기독교침례회 발생사. 필사본, 1981. 복음주의 기독교침례회 총연합회 문서 보관소.
169. 멜리토폴 복음주의 기독교침례회 교회의 발생사. 169. Istoriya vozniknoveniya Melitopol'skoy obshchiny yevangel'skikh khristian i baptistov. Rukopis'. Arkhiv VSEKHB.
170. 극동의 복음주의 기독교침례교 교회 개척 역사와 교회 생활. 1889~1981. 필사본, 복음주의 기독교침례회 총연합회 문서보관소. Istoriya nasazhdeniya i zhizni tserkvey yevangel'skikh khristian~baptistov na Dal'nem Vostoke. 18891981 gg. Rukopis'. Arkhiv VSEKHB.
171. 칼베이트, 엠.카., 마르틴 카를로비치 칼베이트의 자서전. 1913. 필사본 복사. 복음주의 기독교침례회 총연합회 문서보관소. Kal'veyt M. K. Avtobiografiya Martina Karlovicha Kal'veyta. 1913. Kopiya rukopisi. Arkhip VSEKHB.
172. (케셰 아.이.). 알베르트 이바노비치 케셰. 사망. 필사본, 1978. 172. (Keshe A. I.) . Al'bert Ivanovich Keshe. Nekrolog. Rukopis', 1978.
173. 코발코프, 베.엠., 모스크바 공동체 사역 계속과 1906~1915년 공동체의 특징. 필사본, 1977.

Koval'kov, V. M., Prodolzheniye raboty odnoy iz Moskovskikh obshchin i yeyokharakternyye osobennosti s 1906 po 1915 god. Rukopis',
174. 코발코프, 베.엠., 모스크바 형제회 역사. 필사본. 복음주의 기독교침례회 총연합회 문서 보관소. Koval'kov V. M. Istoriya moskovskogo bratstva. Rukopis'. Arkhiv VSEKHB.
175. 1895년 9월 18일자 쿠타이스크 군인현 공문 사본. 번호 940. 국립종교사박물관, 펀드 2번, 목록 16번, 사건 31번. Kopiya tsirkulyara Kutaisskogo voyennogo gubernatora ot 18 sentyabrya 1895 g. 940. ROMIRA(GMIR), fond 2, opis' 16, delo 31.
176. 벨로루시 복음주의 침례교 운동 발생의 요약 역사. 필사본, 1981. 복음주의 기독교침례회 총연합회 문서 보관소. Kratkaya istoriya vozniknoveniya yevangel'sko~baptistskogo dvizheniya v Belo-russii. Rukopis', 1981. Arkhiv VSEKHB.
177. 1870~1875년에 아르메니아인에게 전달된 하나님의 빛 요약사. 콘술랸의 회고 기록, 1980. 복음주의 기독교침례회 총연합회 문서보관소. Kratkaya istoriya proniknoveniya Bozh'yego sveta v sredu armyanskogo naroda v18701875 godakh. Iz zapisey vospominaniy Konsulyana, 1980. Arkhiv VSEKHB.
178. 남캅카스 복음주의 기독교침례회 교회 활동의 요약. 필사본, 1980. Kratkiy ocherk deyatel'nosti tserkvey yevangel'skikh khristian~baptistov v Zakavkaz'ye. Rukopis', 1980.
179. 복음적 신앙고백 기독인의 교리 요약. 프리젠 페.엠., 작성. 자필원고 사본, 복음주의 기독교침례회 총연합회 문서보관소. Kratkoye veroucheniye khristian yevangel'skogo ispovedaniya. Sostavi-tel' Frizen P. M. Kopiya rukopisi. Arkhiv VSEKHB.
180. 소련 복음주의 기독교침례회 요약사 강의. 필사본, 1973. 복음주의 기독교침례회 총연합회 문서 보관소. Lektsii po kratkoy istorii yevangel'skikh khristian~baptistov v SSSR. Rukopis',1973. Arkhiv VSEKHB.
181. 마자예프, 게.이, 회고록(개인 일기 기록). 자필원고 사본. 복음주의 기독교침례회 총연합회 문서 보관소. Mazayev G. I. Vospominaniya (Zapiski iz lichnogo dnevnika). Kopiya rukopisi. Arkhiv VSEKHB.
182. 1944.10.26~29 모스크바에서 개최된 소련 복음주의 기독교침례교 총연합회 회의 자료. 복음주의 기독교침례회 총연합회 문서보관소. Materialy vsesoyuznogo soveshchaniya yevangel'skikh khristian i baptistov SSSR, sostoyavshegosya v Moskve 26 29 oktyabrya 1944 g. Arkhiv VSEKHB.
183. 멜리니코프, 엔.엔., 1941~1946년의 우크라이나 복음주의 기독교침례회 요약사. 필사본. 복음주의 기독교침례회 총연합회 문서보관소. Mel'nikov N. N. Kratkaya istoriya yevangel'skikh khris-tian~baptistov na Ukraine s 1941 po 1946 god. Rukopis'. Arkhiv VSEKHB.
184. 넓은 볼린 지역의 복음주의 운동의 시작. 필사본. 복음주의 기독교침례회 총연합회 문서보관소. Nachalo yevangel'skogo dvizheniya na obshirnoy Volyni. Rukopis'. Arkhiv VSEKHB.
185. 복음주의 기독교침례회 교회의 찬양과 음악. 강의2. 자필원고 사본. 복음주의 기독교침례회 총연합회 문서보관소 필사본. Peniye i muzyka v tserkvakh yevangel'skikh khristian~baptistov. Lektsiya II. Kopiya rukopisi. Arkhiv VSEKHB.
186. 1966~1969년 복음주의 기독교침례회 총연합회와 교회협의회 대표들과의 서신. 복음주의 기독교침례회 총연합회 문서보관소 필사본. Perepiska VSEKHB s predstavitelyami Soveta tserkvey, 1966 1969 gg. Arkhiv VSEKHB.
187. 1955~1956년 비다시의 편지와 호소. 복음주의 기독교침례회 총연합회 문서보관소. Pis'ma i obrashcheniya A. I. Bidasha za 19551956 gg. Arkhiv VSEKHB.

188. 1942년에 소련내 전국 침례교와 복음주의 기독교를 향한 호소 편지. 인쇄물. 복음주의 기독교침례회 총연합회 문서보관소. Pis'mo~vozzvaniye ko vsem baptistam i yevangel'skim khristianam v SSSR ot 1942 g. Tipografskiy ekzemplyar. Arkhiv VSEKHB.
189. 보로닌이 1887년 11월 9일에 오렌부르크에서 파시코프에게 보낸 편지. 복음주의 기독교침례회 총연합회 문서보관소. Pis'mo Voronina N. I. Pashkovu V. A. ot 9 noyabrya 1887 g. Orenburg. Arkhiv VSEKHB.
190. 복음주의 기독교침례회 총연합회가 1946년 4월 16일에 보낸 서신, 서신 번호 3828. 복음주의 기독교침례회 총연합회 문서보관소. Pis'mo VSEKHB ot 17/IV~194 6 g., 3828. Arkhiv VSEKHB.
191. 감옥과 수용소에서 보낸 이바노프의 편지. 국립종교사박물관, 폰드 2번, 항목 16번, 사건 189번. Pis'mo Ye. N. Ivanova V tyur'me i ssylke. ROMIRA(GMIR), fond 2, opis' 16, delo 189.
192. 이바노프 클리시니코프의 1933년 5월 3일자 편지, 개인 소장. Pis'mo P. V. Ivanova~Klyshnikova ot 3.5.1933. Chastnoye sobraniye.
193. 코스트로민이 1901년 8월 9일에 본치 브루에비치에게 보낸 편지. 국립종교사박물관, 펀드 2번, 항목 16번, 사건27번. Pis'mo F. P. Kostromina V. D. Bonch~Bruyevichu ot 9 avgusta 1901 g. ROMIRA(GMIR), fond 2, opis' 16, delo 27.
194. 코스트로민이 본치 브루에비치에게 보낸 편지. 국립종교사박물관, 펀드 2번, 항목 16번, 사건 33번. Pis'mo F. P. Kostromina V. D. Bonch~Bruyevichu. ROMIRA(GMIR), fond 2, opis' 16, delo 33.
195. 파블로프가 본치 브루에비치에게 보낸 편지. 국립종교사박물관, 펀드 2번, 항목 16번, 사건2번. Pis'mo V. G. Pavlova V. D. Bonch~Bruyevichu. ROMIRA(GMIR), fond 2, opis' 16, delo 2..
196. 파시코프가 드미트리 알렉산드로비치 백작에게 보내는 편지. 1887. 복음주의 기독교침례회 총연합회 문서보관소. Pis'mo V. A. Pashkova grafu Dmitriyu Aleksandrovichu. 1887. Arkhiv VSEKHB.
197. 복음주의 기독교침례회 교회협의회 대표 마이보로다가 복음주의 기독교침례회 총연합회 1966년 총회 형제들에게 보내는 서신. 복음주의 기독교침례회 총연합회 문서보관소. Pis'mo predstavitelya Soveta tserkvey yevangel'skikh khristian~baptistov G. I. Mayborody brat'yam VSEKHB na s"yezd 1966 g. Arkhiv VSEKHB.
198. 시시코프의 1934년 1월 7일자 편지. 개인 소장. Pis'mo Shipkova G.I. ot 7 yanvarya 1934 g. Chastnoye sobraniye.
199. 포슬라르, 베., 몰도바의 영적 찬양의 발전사. 필사본, 1980. Poslar ' V. Istoriya razvitiya dvukhovnogo peniya v Moldavii. Rukopis', 1980.
200. 러시아 복음주의 운동의 발생, 발전, 현재 상태에 관한 프로하노의 요약서. 필사본 복사본, 1970. 복음주의 기독교침례회 총연합회 문서보관소. Prokhanov I. S. Kratkaya zapiska o vozniknovenii, razvitii i o nastoyashchem polozhenii yevangel'skogo dvizheniya v Rossii... Kopiya rukopisi, 1970. Arkhiv VSEKHB.
201. 비니차 교회의 찬양과 음악 개발법. 필사본, 1980. Puti razvitiya peniya i muzyki v Vinnitskoy tserkvi. Rukopis', 1980.
202. 두샨베 교회 창립 50주년. 필사본. 복음주의 기독교침례회 총연합회 문서보관소. Pyatidesyatiletiye Dushanbinskoy tserkvi. Rukopis'. Arkhiv VSEKHB.
203. 라주넨코, 이.카., 하르키우 지역의 찬양대 합창곡의 발생사. 필사본, 1980. Razunenko I. K. Istoriya zarozhdeniya khorovogo peniya na Khar'kovshchine. Rukopis', 1980.
204. 국립종교사박물관, K~I, 항목 8번, 사건 2번, 민사 사건534번. ROMIRA(GMIR), K~I, opis' 8, delo

2 i gr. delo 534.

205. 사빈스키, 에스.엔., 복음주의 기독교침례회 정기 간행물(잡지). 필사본, 1982. . Savinskiy S. N. Periodicheskiye izdaniya (zhurnaly) yevangel'skikh khristian~baptistov. Rukopis', 1982.

206. 사니나, 엔.베., 사닌에 관한 회상. 필사본, 개인 소장. Sanina N. V. Iz vospominaniy o F. I. Sanine. Rukopis'. Chastnoye sobraniye.

207. 파시코프파 이단의 정보. 레닌그라드 정교회 신학대학원 (LPDA) 문서보관소, 문서 번호 92683번, 1,3부. Svedeniya o sekte pashkovtsev. Arkhiv Leningradskoy pravoslavnoy dukhovnoy akademii (LPDA), 92683, razdely 1 i 3.

208. 파시코프파 이단의 정보. 레닌그라드 정교회 신학대학원 (LPDA) 문서보관소, 문서 번호 92683번, 5부. Svedeniya o sekte pashkovtsev. Arkhiv LPDA, 92683, razdel 5.

209. 파시코프파 이단의 정보. 레닌그라드 정교회 신학대학원 (LPDA) 문서보관소, 문서 번호 93683번, 4부. Svedeniya o sekte pashkovtsev. Arkhiv LPDA, 93683, razdel 4.

210. 프로하노프의 목사 안수 증명서. 복음주의 기독교침례회 총연합회 문서 보관소. Svidetel'stvo o rukopolozhenii I. S. Prokhanova. Arkhiv VSEKHB.

211. 세믈렉, 엘.예., 형제회의 음악적 유산. 필사본. 1979. Semlek L. E. Muzykal'noye naslediye nashego bratstva. Rukopis', 1979.

212. 세뱌스티야노프,에스.베., 페틀러 로버트 안드레예비치. 필사본, 1973. 복음주의 기독교침례회 총연합회 문서보관소. Sevast'yanov S. V. Fetler Robert Andreyevich. Rukopis', 1973. Arkhiv VSEKHB.

213. 세뱌스티얀노프,에스.베., 우를라웁, 이.야., 탄생 125 주년 (1854~1979). 필사본, 복음주의 기독교침례회 총연합회 문서 보관소. Sevast'yanov S.V. Urlaub I. YA. K 125~letiyu so dnya rozhdeniya (1854 1979 gg.). Rukopis'. Arkhiv VSEKHB.

214. 침례교 연합회 시베리아 지방회와 카자흐스탄 복음화. 필사본, 복음주의 기독교침례회 총연합회 문서보관소. Sibirskiy otdel Soyuza baptistov i yevangelizatsiya Kazakhstana. Rukopis'. Arkhiv VSEKHB.

215. 시조프, 엔.엔.,키르기스스탄의 기독교 발생사와 현대 교회의 사역. 필사본, 1981. 복음주의 기독교침례회 총연합회 문서보관소. Sizov N. N. Istoriya vozniknoveniya khristianstva v Kirgizii i sluzheniye tserkvi v nashe vremya. Rukopis', 1981. Arkhiv VSEKHB.

216. 상트페테르부르크 신자들의 복음주의 신앙의 상징. 필사본. 복음주의 기독교침례회 총연합회 문서보관소. Simvol yevangel'skoy very Peterburgskikh veruyushchikh. Kopiya rukopisi. Arkhiv VSEKHB.

217. 기독교신앙복음주의 교단의 복음주의 기독교침례회와 한 교단으로 연합 협약서, 1945. 복음주의 기독교침례회 총연합회 문서 보관소. Soglasheniye ob ob"yedinenii khristian very yevangel'skoy s yevangel'skimi khristianami~baptistami v odin soyuz, 1945. Arkhiv VSEKHB.

218. 잡지 대담에 실린 1895~1896년의 기고문. 국립종교사박물관, 펀드2번, 항목 16번, 사건 200번. Stat'i v zhurnale Beseda, 18951896 gg. ROMIRA(GMIR), fond 2, opis' 16, delo 200.

219. 스트루찰리나(아리시나), 테.베., 표도르 안토노비치 아르신의 전기. 필사본. 복음주의 기독교침례회 총연합회 문서보관소. Struchalina (Arishina) T. V. Biografiya Fedora Antonovicha Arishina. Rukopis'. Arkhiv VSEKHB.

220. 테르비츠, 야., 라트비아 침례교회사. 참고자료. 필사본 복사본. 1972. 복음주의 기독교침례회 총연합회 문서보관소. Tervits YA. Istoriya baptistskoy tserkvi Latvii. Spravka. Kopiya rukopisi,

1972. Arkhiv VSEKHB.
221. 하스, 베., 옌킨스, 페., 바젤선교회 문서보관소에 따른 참고자료. 러시아 남부와 페르시아에서의 바젤선교회. 필사본. 복음주의 기독교침례회 총연합회 문서보관소. Khaas V., Iyenkins P. Spravochnik po arkhivu Bazel'skoy missii. Bazel'skaya missiya v Yuzhnoy Rossii i Persii. Rukopis'. Arkhiv VSEKHB.
222. 셸퍄코바, 베., 나의 아버지 쿠즈마 마르티노비치 셸파코프의 전언. 필사본, 1956. Shel'pyakova V. Po rasskazam moyego ottsa Kuz'my Martynovicha Shel'pyakova. Rukopis', 1956.
223. 복음주의 기독교침례회 노보바실리옙카, 아스트라한카, 노보스파스키 공동체 창립 100주년 보고서. 필사본 복사본, 1978. 복음주의 기독교침례회 총연합회 문서보관소. Yubileynyy doklad k 100~letiyu vozniknoveniya obshchin yevangel'skikh khristianbaptistov v Novovasil'yevke, Astrakhanke, Novospasskom. Kopiya rukopisi, 1978. Arkhiv VSEKHB.
224. 복음주의 기독교침례회 페르가나 교회 기념일 보고서. 필사본, 1981. 복음주의 기독교침례회 총연합회 문서보관소. 메노파 도서 목록 7, 8, 15, 16번 참조. Doklad na yubileye Ferganskoy tserkvi yevangel'skikh khristian~baptistov. Rukopis',1981. Arkhiv VSEKHB. Sm. takzhe poz. 7, 8, 15, 16 spiska literatury o menonitskom bratstve.

몰도바 형제회

1. 세들레츠키, 카.에스., 키시나우 교회 70주년 기념 보고서. 필사본, 1978. Sedletski y K. S. Doklad k 70~letiyu Kishinevskoy tserkvi. Rukopis', 1978.
2. 세들레츠키, 카.에스., 몰도바의 복음주의 기독교침례회 교회 생활에 관한 요약사. 필사본, 1973. 러시아·우크라이나 형제회 도서목록 199번 참조. Sedletski y K. S. Kratkiy istoricheskiy ocherk o zhizni tserkvey yevangel'skikh khristian~baptistov Moldavii. Rukopis', 1973. Sm. takzhe poz. 199 spiska literatury o russko~ukrainskom bratstve.

에스토니아 형제회

1. 침례교인은 누구이며, 무엇을 믿는가? (에스토니아어). 탈린, 1928. Baptisty, kto oni i chemu veryat? (na est. yaz.). Tallinn, 1928.
2. 침례교회의 교리와 규약(에스토니아어). 탈린, 1917. Veroispovedaniye baptistskoy tserkvi i ustav (na est. yaz.). Tallinn, 1917.
3. 부시, 엠., 『리달라 부흥의 역사』 (에스토니아어). 리달라, 1928. Bush M. Istoriya ridalaskogo probuzhdeniya (na est. yaz.). Ridala, 1928.
4. 비주, 에르., 복음주의 기독교침례회 교회사.(에스토니아어, 필사본). 탈린, 1958. Vyzu R. Istoriya tserkvi YEKHB (na est. yaz. Rukopis'). Tallinn, 1958.
5. 달, 하.베., 투타르, 하., 부흥의 시간 (에스토니아어). 탈린, 1929. Dall X. V., Tuttar X. Vremya probuzhdeniya (na est. yaz.). Tallinn, 1929.
6. 에스토니아 침례 교회의 역사적 앨범(에스토니아어). 탈린, 1911. Istoricheskiy al'bom baptistskikh tserkvey Estonii (na est. yaz.). Tallinn, 1911.

7. 카웁스, 카., 『밭고랑을 따라』 (에스토니아어). 케일라, 1926. Kaups K. Po polevym borozdam (na est. yaz.). Keyla, 1926.
8. 락스, 이., 『1905~1930년 복음주의 기독교 교회』 (에스토니아어). 탈린, 1930. Laks I. Tserkov' yevangel'skikh khristian 1905~1930 gg. (na est. yaz.). Tallinn, 1930.
9. 미트로힌, 엘.엔., 『침례교(에스토니아어)』. 탈린, 1970. Mitrokhin L. N. Baptizm (na est. yaz.). Tallinn, 1970.
10. 사도적 발자취 50년(에스토니아어). 탈린, 1934. 50 let po apostol'skim tropam (na est. yaz.). Tallinn, 1934.
11. 실도스, 오., 『에스토니아 교회사』 (에스토니아어). 타르투, 1938. Sil'dos O. Istoriya estonskoy tserkvi (na est. yaz.). Tartu, 1938.
12. 테테르만, 아.,(에스토니아어). 탈린, 1934. . Tetermann A. (na est. yaz.). Tallinn, 1934.

라트비아 형제회

1. 『하늘로 기고집』 (라트비아어). 크론린스, 야., 구성. 리가, 1935, 96페이지. . Vverkh. Sbornik statey. Sost. YA. Kronlins (na latyshek, yaz.). Riga, 1935, s. 96.
2. 크론린스, 야., 『우리 찬양대와 찬양』. (라트비아어) 리가, 1925, 136페이지. Kronlins YA. Nashi khory i pesni (na latyshek, yaz.). Riga, 1925, s. 136.
3. 크론린스, 야., 『광명의 길』. 명예 신학 박사 프레이의 전기(1863~1950년) (라트비아어). 미국, 1964, 288페이지. Kronlins YA. Po svetlomu puti. Biografiya pochetnogo doktora bogosloviya YA. A. Freya (18631950 gody) (na latyshek, yaz.). SSHA, 1964, s. 288.
4. 『침례교인은 누구이며, 그들이 원하는 것은 무엇인가?』 유럽??침례교 제 1 차 총회 자료, 기고집. 인키스 구성. 리가, 1909, 192페이지. Kto takiye baptisty i chego oni khotyat? Materialy 1~go s"yezda baptistov Yevropy. Sbornik statey. Sostavitel' i perevodchik YA. Inkis (na latyshek, yaz.). Riga, 1909, s. 192.
5. 라우베르츠, 페., 『나의 삶에서 하나님의 손』. 자서전(라트비아어), 리예파야, 1928, 64페이지. Lauberts P. Bozhiya ruka v moyey zhizni. Avtobiografiya (na latyshek, yaz.). Liyepaya, 1928, s. 64.
6. 추쿠르스, 엑시테인스, 메테르스 편집, 『생명의 길』 기고집 (라트비아어). 미국, 1960, 384페이지. Put' zhizni. Sbornik statey (na latyshek, yaz.). Red. koll. F. Chukurs, R. Ekshteyns, A. Meters. SSHA, 1960, s. 384.
7. 러시브룩, 데., 『유럽의 침례교 운동』 (영어). 런던, 1923, 208페이지. Rashbruk D. Dvizheniye baptistov v Yevrope (na angl. yaz.). London, 1923, s. 208.
8. 리스, 야., 라트비아 침례교 공동체의 발생과 발전(라트비아어). 리가, 1913, 336페이지. Riss YA. Vozniknoveniye latyshskikh baptistskikh obshchin i dal'neysheye ikh razvitiye (na latyshek, yaz.). Riga, 1913, s. 336.
9. 예켈만, 오., 은혜의 기적(독일어). 메멜, 1928, 240페이지. Ekel'man O. Chudo blagodati (na nem. yaz.). Memel', 1928, s. 240.
10. 시테인스, 에르., 강한 연대. 선별된 기고, 시테인스, 엠. 구성(라트비아어). 캐나다, 1979, 304페이지. Ekshteyns R. Krepko privyazannyy. Izbrannyye stat'i. Sostavitel' M. Ekshteyns (na latyshek, yaz.). Kanada, 1979, s. 304.

형제회 정기 간행물 및 정기 간행물 기고

라트비아어

11. 전도자, 1881~1887. Yevangelist, 1881~1887 gg.
12. 아보츠(샘), 1905~1915. Avots (Rodnik), 1905~1915 gg.
13. 1906~1914년, 1923~1939년의 크리스티가이 베스트네시스(기독교 소식). Kristigay vestnesis (Khristianskiy vestnik) 19061914 i 19231939 gg.
14. 1921~1940년의 크리스티가 발스(기독교의 소리). Kristiga balss (Khristianskiy golos), 1921 1940 gg.
15. 1950년 이후 미국에서의 크리스티가 발스(기독교의 소리). Kristiga balss (Khristianskiy golos), s 1950 goda v SSHA.
16. 1927~1940년의 리타 스타리(아침의 빛). Rita stari (Utrenniye luchi), 19271940 gg.
17. 테르비츠, 야., 개척자의 발자취. ~ 1980년 라트비아의 침례교회 달력, 28 ~ 32페이지. Tervits YA. Po stopam zachinateley. Kalendar' 1980 goda dlya baptistskikh tserkvey Latvii, s. 28 32.
18. 테르비츠, 야., 그날 밤 ~ 1981년 라트비아의 침례교회 달력, 28 ~ 31페이지. Tervits YA. V tu noch'. ~Kalendar' 1981 goda dlya baptistskikh tserkvey Latvii, s. 28~31.
19. 담부르스, 예., 세 번째 귀환. ~ 카록스(깃발), 1974, 10호, 134~137페이지. 러시아어
20. 비츠코프, 아. 엠., 1970~1974년의 복음주의 기독교침례회 총연합회 활동 연례보고서~ 형제들 소식, 1975, 1호, 35, 46, 51 페이지. Bychkov A. M. Otchetnyy doklad o deyatel'nosti VSEKHB za 1970~1974 gody.~ Bratskiy vestnik, 1975, 1, s. 35, 46, 51.
21. 리스, 야., 프레이 형제~ 형제들 소식, 1947, 7호, 39~42 페이지. Riss YA. Brat YA. A. Frey.~ Bratskiy vestnik, 1947, 7, s. 39~42.
22. 리스, 야., 라트비아 복음주의 침례교 운동의 발생.~형제들 소식, 1948, 2호, 58~61페이지. Riss YA. Vozniknoveniye yevangel'sko~baptistskogo dvizheniya v Latvii.~Bratskiy vestnik, 1948, 2, s. 58~61.
23. 리스, 야., 레빈단토, 엔.아., 라트비아 선임목회자 코르프의 사망 형제들 소식, 1948, 5호, 56~62페이지. Risc YA., Levindanto N. A. Konchina starshego presvitera po Latvii A.M. Korpa.~ Bratskiy vestnik, 1948, 5, s. 56~62.
24. 짓코프, 야.이., 에스토니아와 라트비아 교회 방문 형제들 소식, 1949년, 2호, 70~80 페이지. Zhidkov YA. I. Poseshcheniye estonskikh i latviyskikh tserkvey.~ Bratskiy vestnik, 1949, 2호, 70~80페이지.
28. Mitskevich A. I. Presviterskoye soveshchaniye Latviyskogo bratstva yevangel'skikh khristian~baptistov.~ Bratskiy vestnik, 1970, 5, s. 67~70.
25. 훈스, 에프., 80세의 표트르 라우베르트 목회자께 ~ 형제들 소식, 1955, 6호, 54~57페이지. Khuns F. K 80~letiyu presvitera Petra Lauberta.~ Bratskiy vestnik, 1955, 6, s.54~57.
26. 훈스, 에프., 야니스 알렉산드르 프레이 신학 박사 묘비 설치. 형제들 소식, 1955, 6호, 58~61 페이지. Khuns F. K postavleniyu nadgrobnogo pamyatnika doktoru bogosloviya bratu Yanisu Aleksandru Freyu.~ Bratskiy vestnik, 1955, 6, s. 5861 .
27. 훈스, 에프., 리가 러시아 교회 목회자 체칼로프의 사역 25 주년 기념 예배. 형제들 소식, 1956, 2호, 29~32페이지. Khuns F. Blagodarstvennoye bogosluzhebnoye sobraniye po sluchayu 25~letiya dukhovnoy raboty presvitera Rizhskoy russkoy tserkvi I. V. Chekalova.~ Bratskiy vestnik, 1956, 2, s. 29~32 .
28. 미츠케비치, 아., 라트비아 복음주의 기독교침례회 교단의 목회자 회의 형제들 소식, 1970, 5호,

67~70페이지. Mitskevich A. I. Presviterskoye soveshchaniye Latviyskogo bratstva yevangel'skikh khristian~baptistov. ~ Bratskiy vestnik, 1970, 5, s. 67~70.
29. 예글레, 페., 크라우제, 아., 카를리스 라체클리스 목사에 관한 회고. 형제들 소식, 1970, 6호, 58~59페이지. Egle P., Krauze A. Pamyati pastora Karlisa Latseklisa.~Bratskiy vestnik, 1970, 6, s. 58~59.
30. 예글레, 페., 크라우제, 아., 프리드 예발도비치 훈스 목사에 관한 회고. ~형제들 소식, 1972, 1호, 72~74페이지. Egle P., Krauze A. Pamyati pastora Frida Eval'dovicha Khunsa. ~Bratskiy vestnik, 1972, 1, s. 72~74.
31. 예글레, 페., 체칼로프, 이.베., 75세 크라우제 형제에 관한 회고. 형제들 소식, 1972, 1호, 76~77페이지. Egle P., Chekalov I. V. 75~letiye brata A. P. Krauze.~Bratskiy vestnik, 1972, 1, s. 76~77.
32. 클라우픽스의 재방문. 형제들 소식, 1971, 5호, 25~26페이지. R. K. Klaupiks snova posetil nas.~ Bratskiy vestnik, 1971, 5, s. 25~26.
33. 라트비아 목회자 회의, 형제들 소식, 1978, 1호, 74~77페이지. Latviyskoye presviterskoye soveshchaniye,~ Bratskiy vestnik, 1978, 1, s. 74~77.
34. 정보. 라트비아 형제회 120 주년을 맞이하여. ~ 형제들 소식, 1980, 6호, 64페이지. Informatsiya. V etom godu ispolnilos' 120 let latyshskomu bratstvu.~ Bratskiy vestnik, 1980, 6, s. 64.
35. 정보. 체칼로프의 70 세 생일 ~ 형제들 소식, 1980, 6호, 64~65페이지. Informatsiya. Bratu I. V. Chekalovu ispolnilos' 70 let.~ Bratskiy vestnik, 1980, 6, s. 64~65.
36. 정보. 인케나스의 75세 생일 ~ 형제들 소식, 1980, 6호, 65~68페이지. Informatsiya. Ispolnilos' 75 let I. M. Inkenasu.~ Bratskiy vestnik, 1980, 6, s. 65~68.
37. 정보. 페터슨의 70세 생일 ~ 형제들 소식, 1981, 1호, 74페이지. Informatsiya. Ispolnilos' 70 let so dnya rozhdeniya A. YA. Petersona.~ Bratskiy vestnik, 1981, 1, s. 74.

리투아니아 형제회

1. 진리의 친구, 1924~1940년, 리투아니아 침례교 월간 신문. Drug istiny, 1924~1940 gg.~ yezhemesyachnaya gazeta baptistov Litvy.
2. 생명의 복음(리투아니아어). 미국. 연도 미상. Zhivoye Yevangeliye (na litovskom yaz.). SSHA. B/g.,
3. 카우나스 침례 교회 요약사(리투아니아어). 카우나스. 1939. Kratkaya istoriya Kaunasskoy baptistskoy tserkvi (na litovskom yaz.). Kaunas, 1939.
4. 복음주의 기독교 비르자이스카야 교회 요약사 (리투아니아어). 필사본, 1975. 라트비아 형제회 도서 목록 9 번 참조. Kratkaya istoriya Birzhayskoy tserkvi yevangel'skikh khristian (na litovskom yaz.). Rukopis', 1975. Sm. takzhe poz. 9 spiska literatury o latviyskom bratstve.

벨로루시 형제회

1. 벨로루시 소비에트 사회주의 공화국의 역사. 과학과 기술 출판사. 민스크, 1977, 29, 58페이지. Istoriya Belorusskoy SSR. Izd. Nauka i tekhnika. Minsk, 1977, s. 29, 58.
2. 1517~1967년의 450년 벨로루시 도서출판 역사, 벨로루시 국립과학아케데미. 민스크, 1968. 450 let

belorusskogo knigopechataniya, 15171967 gody. Izd. AN BSSR. Minsk, 1968.
3. 벨로루시의 가톨릭교. 과학과 기술 출판사. 민스크, 1987, 14페이지. Katolitsizm v Belorussii. Izd. Nauka i tekhnika. Minsk, 1987, s. 14.
4. 쿱쉬 에드바드. 1852~1932년의 폴란드 침례교 역사. 즈둔스카 볼라, 1932. Kupsch Edvard . Geschichte der Baptisten in Polen 1852~1932. Zdunska Wola, 1932
5. 침례교, 1911, 22호. Baptist, 1911, 22.
6. 토마스젭스키, 하. 베., 1858~1939년의 폴란드 복음주의 침례교 유형의 기독교 단체. 바르샤바, 1978, 53페이지.
7. 자유 기독교, 1923. Svobodnyy khristianin, 1923.
8. 진리의 말씀Slowo Prawdy, 1926~1927.
9. 손님, 1927, 11호. Gost', 1927, 11.
10. 충성, 1936, 6~9호. Vernost', 1936, 6~9.
11. 기독교인, 1927, 2호. Khristianin, 1927, 2.

메노파 형제회

1. 이파토프, 아. 엔., 『메노파는 누구인가』. 알마아타, 1977. Ipatov A. N. Kto takiye menonity. Alma~Ata, 1977.
2. 발더스, 게., 토이러 브루더 온켄. 『문서와 책에 담긴 요한 게르하르트 온켄의 삶』. 베를린, 1979. 쭌ld憶s G. Theurer Bruder Oncken. Das Leben Johann Gerhard Onckens in Dokumenten und Bildern. Berlin, 1979.
3. 벤더, 에이치. 에스., 『재세례의 비전』. 스콧데일, 펜실베이니아, 1972. ender H. S. The Anabaptist Vision. Scottdale, Pa., 1972.
4. 딕., 시. 제이., 『메노파 역사 개요』. 스콧데일, 펜실베이니아, 1967. D埰k . J. An Introduction to Mennonite History. Scottdale, Pa., 1967.
5. 엡, 에프. 에이치., 『메노파의 이주』. 알토나/만., 1962. Epp F. H. Mennonite Exodus. Altona/Man., 1962.
6. 프리드만, 알., 『재침례파의 신학』. 스콧데일, 펜실베이니아, 1973. Friedmann R. The Theology of Anabaptism. Scottdale, Pa., 1973.
7. 프리젠, 피. 엠., 메노파 역사 관련된 러시아 구복음주의 메노파 형제회(1789~1910). 할프슈타트, 1911. Friesen P. M. Die Alt~Evangelische Mennonitische Bruderschaft in Russland(1789~1910) im Rahmen der mennonitischen Gesamtgeschichte. Halbstadt, 1911.
8. 기독교침례회에 연합된 러시아 메노파 형제회 교리. 할프슈타트, 1902. Glaubensbekenntnis der Vereinigten Ghristlichen Taufgesinnten mennonitischen Brudergemeinde in Russland. Halbstadt, 1902.
9. 카흘레, 비., 러시아 복음주의 공동체 발전에 관한 서술. 라이덴, 1962. ahle W. Aufstze zur Entwieklung der evangelischen Gemeinden in Russland. Leiden, 1962.
10. 크란, 시., 『메노 시몬스(1496~1561). 침례교의 역사적 공헌』. 카를스루에, 1936. rahn C. Menno Simons (1496~1561). Ein Beitrag zur Geschichte der Taufgesinnten. Karlsruhe, 1936.
11. 크로커, 아., 『에두아르드 비스트 목사, 러시아 남부 독일 개척지의 위대한 부흥사』. 라이프치히,

1903. Kroker A. Pfarrer Eduard Wiist, der grosse Erweckungsprediger in den deutschen Kolonien Südrusslands. Leipzig, 1903.
12. 레만, 이., 『독일 침례교 역사. 1848~1870년의 2부』. 2 판, 카셀, 1922. Lehmann J. Geschichte der deutschen Baptisten. Zweiter Teil von 1848 bis 1870. 2. Aufl. Cassel, 1922.
13. 『메노파 백과사전, 1~15권』, 스콧데일, 1956~1959. Mennonite Encyclopedia, v. 1~15. Scottdale, 1956~1959.
14. 펜너, 하., 『국제 형제회. 메노파 역사』. 카를스루에, 2판, 1960. Penner H. Weltweite Bruderschaft. Ein mennonitsches Geschichtsbuch. Karlsruhe, 2. Aufl., 1960.
15. 프린스, 이, 『형제회 개척지. 러시아 남부 독일 식민지에서 역사적 공헌』. 모스크바, 1898. Prinz J. Die Kolonien der Brudergemeinde. Ein Beitrag zur Geschichte der deutschen Kolonien Sdruss. lands. Moskau, 1898.
16. 프리츠카우, 이, 『러시아 남부 침례교회사』. 오데사, 1914. Pritzkau J. Geschichte der Baptisten in Sd~Russland. Odessa, 1914.
17. 슈미트, 카. 데., 『교회 역사의 개요』. 괴팅겐, 1975. Schmidt K. D. Grundriss der Kirchengeschichte. Gttingen, 1975.
18. 토우스, 제이. 에이., 『메노파 형제회 교회의 역사. 순례자와 개척자』. 힐스보로. 캔자스, 1975. Tews J. A. History of the Mennonite Brethren Church. Pilgrims and Pioneers. Hillsboro. Kansas, 1975.
19. 운루흐, 아. 하., 『메노파 역사~형제회』, 위니펙, 1955. Unruh A. H. Geschichte der Mennoniten~ Brdergemeinde (1860~1954). Winnipeg, 1955.
20. 웨스틴, 게.,. 수세기 동안의 자유 기독교 공동체의 길. 카셀, 1956. 나중에 러시아 우크라이나 형제회 도서 목록 참조. Westin G. Der Weg der freien christlichen Gemeinden durch die Jahrhunderte. Kassel, 1956. Sm. takzhe poz. 2, 7, 129, 131, 132, 136, 140 spiska literatury o russko~ukrainskom bratstve.

기독교신앙복음주의 형제회

1. 소련내 기독교신앙복음주의 종교 운동의 발생과 발전(오순절). 필사본. 복음주의 기독교침례회 총연합회 문서 보관소. Vozniknoveniye i razvitiye v SSSR religioznogo dvizheniya khristian very yevangel'skoy (pyatidesyatnikov). Rukopis'. Arkhiv VSEKHB.
2. 복음주의 기독교침례회 총연합회 1959년 8 월 20일자 카레프의 보고서. 필사본. 복음주의 기독교침례회 총연합회 문서 보관소. Doklad A. V. Kareva 20 avgusta 1959 g. VSEKHB, g. Moskva. Rukopis'. Arkhiv VSEKHB.
3. 리비우 지역 복음주의 운동의 발생과 발전 요약사. 필사본. 복음주의 기독교침례회 총연합회 문서 보관소. Kratkaya istoriya vozniknoveniya i razvitiya yevangel'skogo dvizheniya na territorii L'vovskoy oblasti. Rukopis'. Arkhiv VSEKHB.
4. 소련내 기독교신앙복음주의 교회의 발생 요약사(오순절). 필사본, 1983. 복음주의 기독교침례회 총연합회 문서 보관소. Kratkaya istoriya vozniknoveniya Tserkvi khristian very yevangel'skoy (pyatidesyatnikov) v SSSR. Rukopis', 1983. Arkhiv VSEKHB.